如东县人大志

2008—2023

《如东县人大志》编纂委员会　编

方志出版社
Publishing House of Local Records

图书在版编目（CIP）数据

如东县人大志．2008—2023 /《如东县人大志》编纂委员会编．—北京：方志出版社，2023.10

ISBN 978-7-5144-5844-2

Ⅰ．①如…　Ⅱ．①如…　Ⅲ．①地方各级人民代表大会—工作概况—如东县—2008-2023　Ⅳ．① D624.534

中国国家版本馆 CIP 数据核字（2023）第 215174 号

责任编辑：李晓晓
责任校对：张玉霞
责任印制：梅中英
出 版 者：方志出版社
地　　址：北京市朝阳区潘家园东里 9 号（国家方志馆 4 层）
邮　　编：100021
网　　址：http://www.zgfzcb.cn
发　　行：方志出版社图书营销中心（010-67110500）
印　　刷：南通超力彩色印刷有限公司
开　　本：889 毫米 ×1194 毫米　　1/16
印　　张：40.75
字　　数：1156 千字
版　　次：2023 年 10 月第 1 版
印　　次：2023 年 10 月第 1 次印刷
定　　价：498.00 元

《如东县人大志（2008—2023）》编纂委员会

《如东县人大志（2008—2023）》编纂办公室

《如东县人大志（2008—2023）》编纂人员

主　编： 陈昌龙

副主编： 王亚军　卜其银　徐　健

总　纂： 虞建宣

副总纂： 沈伯华　顾久芬　管　霖　冯万富

分　纂： 唐李红　邵晓蔚　徐萌萌　於崇铭　朱雨军　李明飞　刘苏滨　顾诗荣

序

砥砺前行铺展历史画卷，不负韶华再续时代华章。在全县上下持续推进高质量发展，在新征程上全面推进中国式现代化如东新实践的关键时刻，《如东县人大志（2008—2023）》出版发行了，这是全县人民政治生活中的一件大事，意义深远，可喜可贺！

修志事业“伴民族，随历史，代代相传，永不断章”，它是中华民族的优良传统，是文化强国的重大工程。如东县人大常委会按照国务院《地方志工作条例》规定，于2022年12月启动《如东县人大志》的续修，人大志编纂委员会、编纂班子及人大工作者以开拓求新的思维，敢为人先的勇气，科学严谨的态度，传承“清苦、艰苦、辛苦，甘心、安心、专心”的史志人作风，在短短1年时间内完成编纂出版工作。《如东县人大志（2008—2023）》的完成，既为繁花似锦、争奇斗艳的中华史志园增添了一抹亮色，又为如东物质文明、政治文明、精神文明、社会文明、生态文明建设作出了贡献。

成就书写历史，经验启迪未来。伴随新中国前进的步伐，人民代表大会制度已经在如东大地生根开花，结出丰硕成果。如东县人大及其常委会坚持中国共产党的领导、人民当家作主和依法治国有机统一，紧紧围绕全县工作大局，认真履行宪法和法律赋予的职责，紧扣“四个机关”定位，持续打造责任人大、规范人大、实效人大、活力人大“四个人大”，充分发挥地方国家权力机关作用，为推进地方民主法治建设，促进全县经济和社会发展，发挥了重要作用。《如东县人大志（2008—2023）》以习近平新时代中国特色社会主义思想为指导，坚持辩证唯物主义和历史唯物主义观点，遵循实事求是的思想路线，坚持思想性、科学性、资料性、著述性相统一的原则，全面展示了如东人大十五届常委会以来不断创新发展的历程，生动记述了16年中全县各级人大组织、人大代表和人大工作者务实苦干、踔厉前行，奋力打造全过程人民民主基层实践新高地的光辉业绩，成为人们了解16年如东人大工作的宝鉴和信史。

“以铜为镜，可以正衣冠；以史为鉴，可以知兴替”。新编修的《如东县人大志（2008—2023）》正是为了发挥“存史、育人、资政”的作用。这次续修的《如东县人大志（2008—2023）》，资料真实全面，史实广博厚重，体例严谨，文字流畅，图文并茂。不仅为世人了解如东人民代表大会制度发展历史轨迹提供重要史料，也为今后地方国家权力机关发挥工作监督和法律监督作用提供了宝贵经验。在我们深入学习和全面贯彻习近平新时代中国特色社会主义思想的重要时刻，《如东县人大志（2008—2023）》以丰富而翔实的史料，让人们深刻认识江山就是人民、人民就是江山的根本政治立场，深刻认识坚持统筹发展和安全是我们党治国理政的一个重大原则，深刻认识“三个务必”的谆谆教导和团结奋斗的时代要求。如东各级人大组织、人大代表和人大工作者的奋斗实践充分表明，新思想是指引前进的根本遵循，党的领导是事业发展的坚强保证，高质量发展是保持经济社会持续健康发展的必然要求，以人民为中心是一切工作的出发点和落脚点，提振精气神是干事创业的动力源泉。以史为镜，告慰先人，启迪来者。《如东县人大志（2008—2023）》为子孙后代留下弥足珍贵的精神财富，生动闪亮，历久弥新。

《如东县人大志（2008—2023）》的出版发行，不仅让今天的如东人，而且要让后来人，能够看到如东人大在前进道路上的每一段历史、每一个印迹，从而总结经验，践行宗旨，为民造福。教育引导全县广大党员干部特别是人大工作者和人大代表，牢固树立以人民为中心的发展思想，坚持一切为了人民、一切依靠人民，自觉问计于民、问需于民，始终与人民同呼吸、共命运、心连心，着力解决人民群众急难愁盼问题，把惠民生、暖民心、顺民意的工作做到群众心坎上，增强人民群众的获得感、幸福感和安全感。全县各级人大代表和人大工作者要发扬先辈崇文尚德、求实创新的优良传统和作风，践行“厚德力行，耕海图强”的新时代如东精神，紧扣“强富美高”（经济强、百姓富、环境美、社会文明程度高）总目标，围绕“争当表率、争做示范、走在前列”总要求，立足新发展阶段，贯彻新发展理念，构建新发展格局，在各自岗位上担当作为、积极履职，努力在奋力谱写中国式现代化如东新实践中，集聚人大智慧、贡献人大力量。

《如东县人大志（2008—2023）》出版发行，对于进一步加强人大制度的宣传，增进社会各界对人民代表大会及其常委会性质、地位和作用的认识，增强人民群众的人大意识和法治意识，更好地开展地方人大工作，提高新时代人大工作的水平和成效，都具有十分重要而深远的意义。回顾过去，以史为鉴；展望未来，任重道远。站在40多年坚实发展的基础之上，如东县人民代表大会制度建设和人大工作必将迎来更加美好的明天！《如东县人大志（2008—2023）》的编纂工作，得到各级领导和专家以及各个方面的大力支持和热切帮助。为了出版这部志书，编纂人员以情系志，广征博采，字斟句酌，一丝不苟，付出了辛勤劳动。值此《如东县人大志（2008—2023）》付梓之际，对所有为编纂《如东县人大志（2008—2023）》付出心血的同志，一并致以诚挚的谢忱和敬意！

是为序。

如东县人大常委会 党组书记 主　任 陈昌发

2023年9月

凡 例

一、本志以马克思列宁主义、毛泽东思想、邓小平理论、“三个代表”重要思想、科学发展观、习近平新时代中国特色社会主义思想为指导，坚持辩证唯物主义和历史唯物主义的立场、观点和方法，贯彻实事求是、秉笔直书、详略得当的原则，全面、系统、客观记述如东县人民代表大会的历史和现状，彰显地方特色，体现时代特征。力求思想性、科学性、资料性相统一。

二、本志记事上溯起于2008年1月，下限止于2023年9月成书之时。大事记和文前彩页迄于成稿之日。为反映事物的完整性，部分内容适当上溯至2007年12月。

三、本志体裁为述、记、志、传、图（照）、表、录诸体并用。事以类聚，类为一志，横排纵写，纵不断主线，横不缺要项。全志以总述为冠、大事记为经、章节目为纬。大事记以编年体为主，辅以纪事本末体。

四、本志以第三人称记述。采用语体文、记述体，语言朴实、严谨简练、事核文直、秉笔直书。为保持事物之间的内在联系，对跨章节间交叉内容的记述，采用“互见法”。图照、表格随文而行，丛录、编后记殿后。

五、本志主体篇目设章、节、目、子目4个层次，个别6个层次。全志设8章，共115万字。

六、本志人物，除行文中以事系人外，设“人物·荣誉”章，人物按“生不立传”原则，对人大工作有着重要影响的去世人物，采用人物传略形式，以卒年为序，记载其生平和事迹，人物生卒年均书公元纪年；对2008—2023年4届县人大常委会主任、副主任采用人物简介形式，以届次为序，记载其简历。“荣誉”以表彰时间先后为序，收录县级及以上表彰的先进集体和先进个人。

七、本志中较长专用名词（如文件、会议、公报、组织机构名称等）多次出现，在第一次出现时使用全称，并括注简称，再次出现时可用简称。如“中国共产党第十一届中央委员会第三次全体会议”，简称“中共十一届三中全会”；“中共如东县委员会”，简称“县委”；“如东县人民政府”，简称“县政府”；“如东县人民代表大会”，简称“县人代会”；“如东县人民代表大会常务委员会”，简称“县人大”或“县人大常委会”；“人民政府”“监察委员会”“人民法院”“人民检察院”，并用时简称“一府一委两院”。

八、本志凡未用全称的“省”“市”“县”均指江苏省、南通市、如东县。志书重要资料来源、浓缩语、专用名词等皆作注释括注于文中。凡年代前未标明世纪者，均指21世纪。

九、数字用法、标点符号用法分别采用国家标准《出版物上数字用法》（GB / T 15835—2011）、《标点符号用法》（GB / T 15834—2011），计量单位采用国家技术监督局1993年12月发布的《量和单位》系列国家标准。

十、本志资料来源于县档案馆、县人大办公室档案室、镇人大主席团、中国共产党如东历史、县志、年鉴、组织史、镇（乡）志、融媒体中心及专业志书等，部分通过调查采访口述史资料，经考证、鉴别后入志。

全国文明城市——如东县城

2022 年 10 月摄

如东县城“三河六岸”眺景

2022 年 4 月摄

2022 年 11 月摄

如东县人大常委会机关办公处所

2022年8月摄

使命与责任

① 2007 年 12 月 26 日，如东县第十五届人民代表大会第一次会议
② 2012 年 3 月 23 日，如东县第十六届人民代表大会第一次会议

①2017 年 1 月 10 日，如东县第十七届人民代表大会第一次会议
②2022 年 1 月 11 日，如东县第十八届人民代表大会第一次会议

关怀与身教

①2008 年 5 月，时任中共江苏省委书记、省人大常委会主任梁保华（左三）到如东视察

②2012 年 4 月，中共江苏省委原书记、省人大常委会原主任陈焕友（左三）到如东视察洋口港建设

③2016 年 5 月，时任中共江苏省委书记，省人大常委会主任罗志军（左四）到中天储能科技公司调研

④2021 年 2 月，时任中共江苏省委书记、省人大常委会主任娄勤俭（左五）到如东调研

①2012 年 5 月，时任江苏省人大常委会副主任张艳（左四）视察洋口港

②2014 年 10 月，时任江苏省人大常委会常务副主任蒋宏坤（右一）调研如东经济发展工作

③2015 年 9 月，时任江苏省人大常委会副主任许仲梓（右一）到如东督办省人大重点建议办理情况

④2015 年 12 月，时任江苏省人大常委会党组书记、常务副主任蒋定之（左一）、副主任赵鹏（左二）到如东调研指导洋口港开发建设工作

⑤2008 年 12 月，时任江苏省人大常委会副主任丁解民（右五）调研视察洋口港

⑥2018 年 3 月，江苏省原省长季允石（前排左二）到如东调研

① 2015 年 10 月，时任江苏省人大常委会副主任刘永忠（左三）到如东开展耕地质量管理条例执法检查

② 2020 年 8 月，时任江苏省人大常委会党组副书记、副主任王燕文（右三）率队到如东开展执法检查和调研活动

③ 2023 年 5 月，江苏省人大常委会副主任曲福田（左三）到如东开展专项督查

④ 2023 年 4 月，江苏省人大常委会副主任周广智（前排左三）专题调研如东基层治理工作

① 2009 年 5 月，时任中共南通市委书记、市人大常委会主任罗一民（左一）到如东视察经济社会发展工作

② 2012 年 10 月，时任中共南通市委书记、市人大常委会主任丁大卫（右二）到如东调研指导洋口港开发建设工作

③ 2018 年 3 月，时任中共南通市委书记、市人大常委会主任陆志鹏（前排左二）到如东调研经济社会发展工作

④ 2020 年 9 月，时任中共南通市委书记、市人大常委会主任徐惠民（右二）视察如东县人大代表履职服务中心并参加人大代表接待日活动

①2022年8月，时任中共南通市委书记、市人常委会主任王晖（右四）到如东调研经济社会发展工作

②2023年3月，中共南通市委书记吴新明（左一）到如东调研

③2012年4月，时任南通市人大党组书记、常务副主任黄利金（左一）到如东参加“三解三促”活动

① 2016 年 5 月，时任南通市人大常委会党组副书记、常务副主任陈斌（左二）到如东调研人大代表小康行工作

② 2016 年 10 月，南通市人大常委会党组副书记、常务副主任庄中秋（左四）调研如东县镇两级人大换届选举工作

③ 2023 年 9 月，南通市人大常委会党组副书记、副主任姜永华（右四）带队到如东，专项督查三项重点工作落实推进情况

④ 2021 年 7 月，时任中共如东县委书记沈峻峰（右二）、县长陈慧宇（右一）等县领导陪同在南通省人大代表视察如东县人大代表履职服务中心

民生与福祉

①2009 年 1 月，时任中共如东县委书记周铁根（右一）慰问困难党员

②2013 年 2 月，时任中共如东县委书记、县人大常委会主任詹立风（后排右二）到长沙镇慰问困难群众

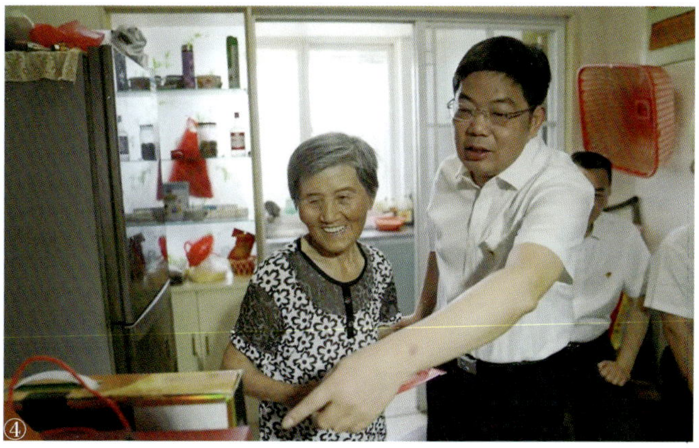

①2017 年 1 月，时任中共如东县委书记潘建华（左二）慰问困难群众
②2020 年 1 月，时任中共如东县委书记沈峻峰（左一）开展春节送温暖慰问活动
③2022 年 6 月，中共如东县委书记陈慧宇（左二）到城中街道慰问老党员
④2023 年 6 月，中共如东县委副书记、县长陈雷（左二）慰问困难党员

①2008年12月，县人大常委会党组书记、主任张桂英（右一）到企业一线开展帮扶活动

②2022年9月，县人大常委会党组书记、主任陈昌龙（左二）走访慰问城中街道百岁老人

③2022年8月，县人大召开2022年民生实事和重点建议办理工作推进会

①2022年11月，县人大常委会副主任徐鸿斌（左一）到栟茶镇三星村调研农村发展情况

②2022年8月，县人大常委会副主任翟建华（右三）到双甸镇宗奎村调研“三农”工作

③2022年11月，县人大常委会副主任缪卫宏（右一）到光荣院调研退役军人保障工作

④2022年5月，县第十七届人大常委会副主任刘旭峰（右二）督查文明城市长效管理情况

法治与监督

①2010年5月，县人大常委会视察县人民法院工作

②2008年3月，县人大常委会调研阳光岛建设情况

③2013年5月，在如东县人大常委会第21次主任会议上听取《中华人民共和国环境保护法》执法检查情况报告

④2013年7月，县人大听取民事行政诉讼法律监督工作情况汇报会

①2014 年 3 月，县人大调研视察双甸镇鹤井幼儿园工作情况

②2014 年 6 月，县人大跟踪督查县城整治违法建筑工作

③2015 年 5 月，在县第十六届人大常委会第 54 次主任会议上对《畜禽规模养殖污染防治条例》执法检查整改落实情况进行专题询问

④2015 年 12 月，县人大督查《中华人民共和国水污染防治法》执法情况

① 2016 年 6 月，县人大常委会到县国税局调研了解“营改增”完成情况

② 2017 年 7 月，县人大常委会到南通外向型农业综合开发区调研、跟踪项目建设和跨江融合接轨上海工作情况

③ 2020 年 10 月，县人大常委会调研大数据中心工作

④ 2021 年 4 月，县人大常委会到南通外向型农业综合开发区（苴镇街道）调研农业经济发展情况

①2013年6月，县人大“一号议案”推进交办会

②2017年7月，县十七届人大一次会议代表议案、重点建议办理落实推进会

③2018年8月，2018年度人大代表议案、重点建议办理情况汇报会

① 2021 年 4 月 8 日，2021 年度人大建议和政协提案交办会

② 2016 年 12 月 29 日，在县第十六届人大常委会第四十二次会议上，任职人员向《中华人民共和国宪法》宣誓

③ 2022 年 9 月 29 日，在县第十八届人大常委会第六次会议上，县人大常委会党组书记、主任陈昌龙（右二）向任职人员颁发任命证书

④ 2014 年 11 月 17 日，县人大召开农村基础设施建设专项工作评议会议

①2016年9月2日，县人大配合评议南通市级政府部门工作动员会

②2021年3月16日，县人大召开服务项目建设和中小企业发展重点职能部门专项工作评议动员会

③2016年2月20日，县第十六届人大五次会议专项评议部门工作

④2018年9月，县人大成立预算联网审查监督室揭牌仪式

代表与基层

①

②

①2016年4月18日，县人大五级人大代表助力小康“五百”工程行动部署会

②2016年10月，“万名代表小康行”主题实践活动代表小康行走进南通新闻广播直播室

①

②

③

①2016年9月，县人大调研全县五级人大代表助力小康"五百"工程行动情况

②2015年10月16日，县人大召开"问项目"视察交流会

③2018年2月27日，县人大召开全县镇区人大工作暨人大代表助力小康五项行动部署会

①

②

③

④

⑤

⑥

① 2018 年 9 月，县人大常委会举办如东县第三期企业界人大代表沙龙活动“互联网 + 制造业”专题研修班

② 2018 年 10 月，县人大常委会组织四级人大代表巡河、“问河长”现场会

③ 2020 年 6 月，如泰运河水环境整治县人大集中“问河长”“问局长”现场会

④ 2020 年 11 月，县人大常委会召开“问河长”“问局长”推进会暨第 67 次主任会议

⑤ 2022 年 3 月，县人大常委会召开全县人大代表“践行双聚双高　助力乡村振兴”主题实践活动现场推进会

⑥ 2023 年 2 月，县人大常委会召开全县人大代表“践行双聚双高　助力乡村振兴”主题实践活动暨“双创”工作部署会

① 2023 年 5 月，县人大常委会召开全县各级人大代表“牢记嘱托、感恩奋进”学习实践暨“五加一”主题实践活动现场推进会

② 2018 年 10 月，时任县政府县长沈峻峰（后排左二）在如东经济开发区开展“接待人大代表日”活动

③ 2022 年 6 月，中共如东县委书记陈慧宇（左三）在如东经济开发区参加“接待代表日暨代表联系选民日”活动

④ 2023 年 2 月，中共如东县委书记陈慧宇（左六）、县人大常委会主任陈昌龙（左五）出席欢送全国人大代表薛济萍赴京参会座谈会

⑤ 2022 年 7 月，县人大常委会党组书记、主任陈昌龙（左三）到掘港街道周店村开展如东县领导干部人大代表“接待代表日暨代表联系选民日”活动

⑥ 2022 年 6 月，中共如东县委副书记、县长陈雷（右二）参加掘港街道洋岸村“接待代表日暨代表联系选民日”活动

①

②

③

①2020 年 7 月，开展县人大常委会部分组成人员集中联系人大代表活动
②2019 年 12 月，县人大常委会召开全县镇区街道人大工作会议
③2023 年 2 月，县人大召开全县各镇区街道人大工作交流会

初心与使命

① 2016 年 12 月，县第十七届人大代表培训会议

② 2019 年 4 月，县人大在西安举办学习贯彻中共十九大精神做好新时代人大工作研修班开班仪式

①2020 年 8 月，县人大举办人大制度建设能力培训班现场教学活动

②2023 年 4 月，县人大常委会组织人员在湖南省长沙市中南大学举办江苏如东人大代表履职能力与综合素养提升培训班

③2019 年 6 月，县人大组织人大代表监督工作专题培训

④2016 年 4 月，县人大组织开展《中华人民共和国环境保护法》学习培训活动

①2020年5月，县人大党组理论学习中心组举办《中华人民共和国水污染防治法》专题讲座

②2021年5月，县人大常委会机关党组开展集中学法活动

③2020年5月，县人大举办全县四级人大代表宪法日“讲法典　学法典”集中培训会

④2019年3月，县人大机关党支部组织全体党员参观中共一大会址

⑤2019年10月，县人大组织参观海安市“七战七捷”纪念馆，开展红色主题教育活动

⑥2021年5月，县人大组织参观如皋市“红十四军纪念馆”，开展红色基地忆党史不忘初心跟党走主题党日活动

①2019年10月，县人大机关到县委党校开展“不忘初心、牢记使命”主题教育

②2014年3月，县人大办及各委室党的群众路线教育实践活动动员会议

③2021年7月，县人大为光荣在党50年老党员颁发纪念章

④2023年4月，县人大机关党组开展4月份主题党日活动

⑤2021年6月，县委第四巡视组巡察人大常委会机关党组情况反馈会

⑥2020年6月，县人大机关开展文明实践志愿服务活动

实践与创新

①

②

③

④

①2020年4月20日，县人大常委会党组书记、主任陈昌龙在中共南通市委人大工作会议暨设立市人大常委会40周年大会上发言

②2022年5月23日，县人大常委会党组书记、主任陈昌龙在中共江苏省委人大工作会议上作关于《不负新时代 展现新作为 推动如东人大工作高质量发展》发言

③2022年10月13日，县人大常委会党组书记、主任陈昌龙在长三角全过程人民民主基层实践工作交流研讨会上作交流发言

④2021年9月18日，中共如东县委人大工作会议暨纪念如东县人大设立常委会40周年大会

人民代表报

第4079期 今日8版 2019年10月26 星期六 农历己亥年九月廿八 国内统一刊号CN14-0041 邮发代号21-42 人民代表网网址：www.rmdbw.gov.cn

RENMINDAIBIAOBAO

代表“问”河长 生态奔小康

问现场 河长背上是发汗的

（下转第二版）

①

人民代表报

第4487期 2021年12月30 星期四 国内统一刊号CN14-0041 邮发代号21-42 人民代表网网址：www.rmdbw.gov.cn

RENMINDAIBIAOBAO

人大助力区域高质量发展的『如东担当』

■ 本报通讯员 王玲玲

强企沙龙注解如东人大“首要课题”

（下转第二版）

②

人民代表报

第4187期 今日8版 2020年7月9 星期四 农历庚子年五月十九 国内统一刊号CN14-0041 邮发代号21-42 人民代表网网址：www.rmdbw.gov.cn

RENMINDAIBIAOBAO

共谋共建 “问”出清水绿岸新提升

■ 本报通讯员 周莉莉

问答抢会如泰运河生态关切

（下转第二版）

③

人民代表报

第4550期 2022年12月13 星期二 国内统一刊号CN14-0041 邮发代号21-42 人民代表网网址：www.rmdbw.gov.cn

RENMINDAIBIAOBAO

江苏如东：打造全过程人民民主实践高地

新时代 新征程 新伟业

（下转第二版）

④

①2019年10月26日，《人民代表报》头版头条刊载如东人大“问河长”活动经验新闻

②2021年12月30日，《人民代表报》头版头条刊载如东人大助力区域高质量发展新闻

③2020年7月9日，《人民代表报》头版刊载如东人大“问河长”活动经验新闻

④2022年12月13日，《人民代表报》头版刊载如东打造全过程人民民主实践高地新闻

① 2020 年 4 月 25 日，《人民代表报》第三版登载《坚持守正创新　切实担当作为　全力谱写人大工作新篇章》

② 2022 年 5 月 24 日，《新华日报》第 7 版登载《不负新时代　展现新作为　推动如东人大工作高质量发展》

③ 2023 年 7 月 18 日，全国人民代表大会官网刊登《如东人大：助推挖掘人口素质红利　共促人口高质量发展》

④ 2022 年第 6 期，《人民与权力》杂志刊载如东县人大常委会党组书记、主任陈昌龙文章

① 如东县人大代表服务中心
② 如东经济开发区人大代表服务中心
③ 洋口镇人大代表服务中心
④ 南通外向型农业综合开发区（苴镇街道）人大代表履职服务中心
⑤ 掘港街道人大代表服务中心
⑥ 城中街道人大代表履职服务中心
⑦ 栟茶镇人大代表服务中心

① 丰利镇人大代表履职服务中心
② 马塘镇人大代表服务中心
③ 曹埠镇人大代表履职服务中心
④ 岔河镇人大代表履职服务中心
⑤ 新店镇人大代表履职服务中心
⑥ 双甸镇人大代表服务中心

①

②

③

④

⑤

① 河口镇人大代表履职服务中心

② 袁庄镇人大代表服务中心

③ 大豫镇人大代表服务中心

④ 长沙镇人大代表服务中心

⑤ 2017 年，县人大获评全省人大机关系统先进集体

目 录

第一章　县人民代表大会代表

第二章　县人民代表大会

第三章　县人民代表大会常务委员会

第四章 特色工作

第五章 组织建设

第六章 代表工作

第七章 镇（区、街道）人民代表大会

第八章　人物·荣誉

丛录

总述

如东县人大志 2008—2023
RUDONG XIAN RENDA ZHI

沧海桑田，五彩如东。

人大实践，光泽如东。

如东，地处长江三角洲入海口北翼、江苏省东部和南通市域东北部，东濒黄海，与日本、韩国隔海相望；南依长江，与苏州、无锡、常州、上海隔江为邻，紧靠南通市通州区；西与如皋市相接，连接长江流域的内陆地区；北连苏北大平原，与海安市毗邻。介于北纬32°12′～32°36′、东经120°42′～121°22′。全县总面积约2000平方公里，户籍人口98.26万人，耕地面积10.85万公顷，海岸线全长85.69公里，约占全省1/9。为长三角最具投资价值县（市）。自2003年起，县域经济基本竞争力连续20年跻身全国百强县（市）行列。

一

如东，“上汇江淮，下吞东溟”。远古时是大陆附近浅海区，西周时为一块卵形沙洲，称扶海洲。春秋时吴越争霸，夫差“封其民于江淮之间”。越灭吴后，勾践又移民于江淮之境。先民们在这块江潮海浪中崛起的绿洲上辟我草莱、煮海为盐、稼穑渔猎、凿井为市，遂成“东方福地”。东晋义熙七年（411）建立如皋县，如东地域为如皋县东乡。民国29年（1940）10月，新四军东进抗日，为适应斗争形势需要，于次月，以运盐河（通扬运河）为界，将如皋县一分为二，以东为如皋（东）县，以西为如皋西南行政公署，次年为如西县。民国34年（1945）9月，如皋县易名如东县，如西复名为如皋县。如皋（东）县政府初设马塘，1951年11月东迁掘港。

如东物产丰饶，资源优势明显。农作物主要以水稻、小麦为主，兼有油料、蔬菜、瓜果，盛产优质蚕茧。如东大米闻名遐迩，棉花曾三度皮棉总产超百万担，受到国务院表彰。狼山鸡被列为世界八大名鸡之首。如东还是全国粮食生产先进县、全国商品瘦肉猪基地先进县、全国山羊板皮出口先进县、平原绿化先进县。如东近海资源丰富，被评为全国海鲜之乡。80年代，开辟“海上迪斯科”和“空中交响乐”2个特色旅游项目。如东工业基础雄厚，沿海开放开发走在全省前列。2008年10月，10万～30万吨级洋口港实现初步通航，被国务院批准对外实现一类口岸开放。如东拥有丰富的太阳能、风能、潮汐能、生物质能等绿色能源，开发前景广阔，新能源年上网电量超过全社会用量1.5倍，高新技术产业产值占比达到47%。2010年获“国家绿色能源示范县”称号。2021年，如东建成亚洲单体规模最大的海上风电场群。新能源、新材料、化工、机电、纺织等发展成为如东支柱产业。小洋口风景区成为国家AAA级旅游景区。2020年11月，如东荣膺“全国文明城市”称号。如东以建设更高水平全国文明城市为抓手，补短板、强功能、提品质，有序推进城市更新和乡村振兴，建成喜润城、上河印巷、“三河六岸”、鹤鸣公园等城市地标，县城建成区绿地率达到38.5%。通苏嘉甬北延如东段、如通苏湖城际铁路前期工作进展顺利，洋吕铁路、洋通高速二期加快建设。南通市首家省级“绿色矿山”花落如东，“美丽海湾”获评首批省级示范项目，空气质量全省排名第一，拥军优属工作以南通市最高分获评省双拥模范县。如东魅力无限，以长三角经济圈作引擎，有独特自然优势为基础，中国式现代化在如东大地上将充分展现可观可感的现实图景。

二

2008—2023年，如东县人民代表大会历经第十五届、十六届、十七届、十八届4个届次，先后有张桂英、周铁根、詹立风、陈昌龙担任县人大常委会主任，其中周铁根、詹立风在任中共如东县委书记时兼任如东县人大常委会主任；同时，先后有徐志平、杨成泉、沈更生、蔡瑞平、冒亚平、冯力如、唐国均、徐鸿斌、刘旭峰、罗晓东、陈晓莉、赵尊兵、翟建华、缪卫宏担任副主任。其间，增设县人大财政经济委员会、法制委员会、监察和司法委员会以及社会建设委员会，如东县人民代表大会组织机构日趋完善。

“十一五”至“十四五”期间，如东县人民代表大会及其常委会健全体制，高效运行，让人民代表大会制度在基层焕发生机和活力；依法行权，创新探索，人大自信和人大干劲得以充分释放和提升；监督有为，支持有方，坚持接地气、察民情、聚民智，以有效监督助推大事，持续增进民众福祉；不忘初心、牢记使命，坚持高站位、突出高标准、追求高质量，特色工作持续深化，品牌效应不断彰显，全力推进全县经济社会高质量发展。

以打造“四个人大”为引领，在落实党委决策部署上忠诚履职。常委会始终把坚持中国共产党领导摆在人大工作首位，着力打造“责任人大、规范人大、实效人大、活力人大”，以“四个人大”建设品牌推动全县人大系统提高政治站位、保持政治定力、强化政治规矩，把自觉成为“政治机关”的新要求贯穿人大工作全过程、全方位，始终保持与党委同心同向同力。常委会立足全面小康和高质量发展中心任务，把推动中共如东县委重大决策部署的贯彻落实，作为人大工作的重中之重，依法行使监督职权，支持和促进“一府一委两院”实现各项工作目标。

以服务中心大局为指向，在集聚发展动能上高效履职。常委会将助推发展作为人大行权履职的第一要务，紧紧围绕县委中心开展监督与支持工作。聚焦洋口港开发建设、重大项目推进、特色产业板块打造、营商环境优化、向海发展先导区打造等涉及发展大局的重要议题，形成人代会议案，一以贯之持续跟踪督办，转化为县域经济高质量发展的新动能。一批百亿级项目相继落户如东并顺利投产，县域经济基本竞争力排名实现突破性跃升，城乡面貌焕然一新。常委会还先后对文化、教育、广电、体育事业发展、食品卫生安全、突发公共卫生事件处置、农民健康工程、新型农村合作医疗、残疾人保障、慈善事业、养老服务等议题进行视察和调研，提出建议意见，促进全县各项社会事业协调健康发展。

以发挥代表作用为抓手，在践行全过程人民

民主上创新履职。常委会始终坚持以人民为中心，发挥代表来自人民、植根人民的优势，持续开展五级人大代表“回选区、见选民、听意见”、“访选民、问项目、评部门”、助力小康“五百”工程、“强企、助村、通达、清水、法治”五项行动、“践行‘双聚双高’、助力乡村振兴”主题实践活动和“牢记嘱托、感恩奋进”学习实践活动等，发动全县五级人大代表助推产业发展、督查环境整治、推动乡风文明、开展志愿服务，帮百姓解难题、办实事。如东人大全过程人民民主创新实践受到广泛关注，县人大作为全省基层人大的代表，在“长三角”三省一市全过程人民民主的基层实践工作交流研讨会上作经验交流。常委会围绕水环境整治和“河长制”落实，创造性开展人大代表“问河长”工作，实行清单交办、清零整改“两清”闭环督查推进，全县市考以上断面水质大幅改善。为此，南通市“助力清水行动，建设水美乡村”工作现场推进会特在如东召开，如东经验向全市推广。《人民代表报》对该项工作在头版头条作了专题报道，认为全民治水的如东路径值得推广借鉴。

以夯实基层基础为保障，在强化自身建设上务实履职。常委会坚持“政治坚定、业务精良、务实高效、勤政廉洁”的工作要求，全面加强自身建设，不断提高履职能力和工作水平。通过大力营造学习氛围，完善学习制度，增强自身战斗力、学习力和创造力。深入学习中共十八大、十九大和二十大精神以及习近平新时代中国特色社会主义思想，努力提升自身政治素质。常委会始终把握新时代人大工作的规律特点，传承使命担当，积极探索履行职责的新机制新方式。着力打造如东智慧人大“四新工程”建设品牌，创新设立以“中心—站—点”为载体的线下履职平台和以“网站—公众号—小程序（App）”为矩阵的线上履职体系，使“智慧人大”真正成为建设“四个机关”的新抓手、落实“两个联系”的新平台、强化“两个服务”的新窗口和服务“五级代表”的新家园。通过制定加强镇（区、街道）人大建设工作意见、镇（区、街道）人大考核办法等完善镇（区、街道）人大工作机制，激发基层干劲，激活“神经末梢”。坚持文化“育人”，将“精品意识”“工匠精神”贯穿人大依法履职全过程，有力推动人大干部、人大代表素质提升，在守正创新中不断提高工作质量和水平。2017 年，如东人大常委会机关获评全省人大机关系统先进集体。2020 年 4 月，如东人大作为全市唯一基层人大在南通市委人大工作会议暨纪念南通市人大设立常委会 40 周年大会上作交流发言。2022 年 5 月，如东人大作为全省 6 家单位之一代表在省委人大工作会议上作交流发言，如东人大工作经验在全省、全市推广。

三

担当方显本色，奋斗铸就辉煌。如东人大将继续激扬踔厉奋发的豪情，展现务实奋进的质态，凝聚砥砺前行的力量。更加自觉地在政治立场、政治方向、政治原则、政治道路上同以习近平同志为核心的党中央保持高度一致，坚持用习近平法治思想和关于坚持和完善人民代表大会制度的重要思想指引方向、武装头脑，统领新时代全县人大工作。紧紧围绕党委中心工作，将与党委同心、与法律同向、与“一府一委两院”同力、与代表同行、与时代同步的“五同”理念，贯穿人大工作始终。充分发挥和运用好人大监督职能，紧扣党委战略部署，实施正确监督、有效监督、依法监督，为有效推动全县经济社会高质量发展，贡献人大智慧和力量。将“全过程人民民主”镌刻在人大工作全过程，引领各级人大代表深入基层、深入一线，充分发挥人大代表参与决策、监督协助、桥梁纽带和模范带头作用，有效回应群众关切、解决群众问题、满足群众需要，切实增强人大代表的归属感、荣誉感和责任感。进一步加强人大机关建设，不断提升人大代表和人大工作者履职能力，恪守初心、不辱使命，对标对表、担当作为，为推动如东高质量发展和社会治理现代化走在前列奋力前行，再立新功，谱写出更加辉煌的人大新篇章！

如东人大，不负使命；

踔厉奋发，再续辉煌！

大事记

2007 年

12 月

26—30 日　如东县第十五届人民代表大会第一次会议召开。大会听取和审议政府工作报告及其他报告；选举县第十五届人大常委会主任、副主任和委员；选举县政府县长、副县长，县法院院长，县检察院检察长；选举出席南通市第十三届人民代表大会代表。

2008 年

1 月

5 日　上海市卢湾区人大常委会副主任王丽华率团到如东考察旅游资源开发情况，县领导潘建华、徐志平陪同参观。

23 日　全国人大内司委主任黄镇东、交通部办公厅原副巡视员汪临发一行到洋口港考察。南通市政府副市长徐辉，县委书记周铁根、县人大常委会副主任徐志平等陪同考察。

26 日　县第十五届人大常委会举行第一次会议，任命新一届政府组成部门负责人。

3 月

13 日　江苏省人大环境资源城乡建设委员会副主任陈裕斌一行到如东调研。

4 月

10 日　县人大机关举办中共十七大报告辅导讲座，县人大机关在职人员和离退休干部参加学习。县委党校副校长吴金明对十七大报告中高举中国特色社会主义旗帜做系统解读。

14—15 日　县人大在县发改委召开评议工作预备会和动员会。县人大常委会党组书记、主任张桂英到会讲话。

21 日　县人大常委会党组书记、主任张桂英带领常委会组成人员视察海洋环境保护工作。视察洋口化工园区排污处理系统、3 个入海排污口、3 个保护区、3 个养殖区情况及洋口港经济开发区，听取海上施工环境保护及港区新城规划建设中生活污水治理情况。

6 月

11 日　县人大召开“一号议案”（关于大力推进环境革命、加快实现城乡面貌大变样的议案）办理进展情况汇报会。听取县政府汇报“一号议案”办理情况及部分重点承办单位工作进展情况。县人大常委会副主任徐志平出席会议并提出要求。

19 日　县人大常委会党组书记、主任张桂英参加联系代表活动日活动，听取镇和企业 5 名人大代表对政府工作落实、沿海开发、城市建设、环境保护等工作的建议意见，并对建议办理提出要求。

7 月

2 日 县人大常委会党组书记、主任张桂英约见县委常委、常务副县长潘建华，反馈人大代表就沿海经济开发、规划编制管理、服务企业发展、防止青少年犯罪等提出的建议和意见。

8 日 江苏省人大财经委副主任张益新带领《江苏省水上搜寻救助条例》立法调研组到洋口港调研。

11 日 县第十五届人大常委会召开第四次会议，任命姜晓静为县政府副县长。

15 日 县人大召开会议，部署“人大代表之家”创建工作。县人大常委会党组书记、主任张桂英到会讲话。县人大常委会副主任徐志平对“人大代表之家”建设提出要求。

8 月

6 日 县人大常委会党组书记、主任张桂英带领县人大全体领导到县民政局调研，对民政部门和民政干部提出要求。

9 月

8 日 江苏省哲学社会科学界联合会副主席、省经济学会会长、省人大常委会原秘书长顾介康一行 3 人，到如东调研改革开放 30 年县域经济发展情况。县委书记周铁根介绍如东县改革开放 30 年经济社会发展情况，并就县域经济发展阶段、发展路径等问题与顾介康等进行交流。

是日 县人大常委会党组书记、主任张桂英带领部分组成人员到县发改委调研全县工业投入、节能降耗工作。调研组听取发改委汇报后，针对项目源减少、项目建设速度放缓、项目科技含量不高现状，提出相关建议。

10 日 县人大常委会副主任杨成泉、蔡瑞平一行到县环保局，专题调研污染减排工作。

10 月

17 日 江苏省人大人事代表联络委员会副主任孙庭兆到如东调研“人大代表之家”创建工作。县人大常委会副主任蔡瑞平陪同调研。

24 日 县人大督查组对县交通局办理“一号议案”情况进行督查。县人大常委会党组书记、主任张桂英到会提出要求。

11 月

4 日 南通市人大常委会副主任汤桑林、张毓余等一行到如东视察《中华人民共和国烟草专卖法》及其《实施条例》贯彻实施情况。县人大常委会副主任杨成泉陪同视察。

5 日 南通市人大常委会副主任宋飞一行到如东视察节能减排工作。宋飞一行参观秸秆发电厂、恒发污水处理厂和泰禾化工有限公司，肯定如东节能减排工作取得成绩，并提出要求。县委常委、副县长彭忠汇报如东节能减排工作开展情况。县人大常委会副主任杨成泉陪同视察。

11 日 县人大举行《如东县人大志》（重修）首发式。县人大常委会党组书记、主任张桂英回顾县人大 30 年主要历程。市人大常委会有关领导，县领导周铁根、詹立风、张桂英、陈昌龙、沈更生、蔡瑞平、余科、潘金环、陆锡泉出席首发仪式。

12 日 县人大常委会对县城管局办理“一号议案”情况进行督查，对县城市容环境整治、环卫保障等工作给予肯定。县人大常委会党组书记、主任张桂英参加督查并提出要求。

14 日　县人大常委会党组书记、主任张桂英一行视察“一号议案”实施情况，实地查看人民桥改造、污水管网收集系统等 16 项市政工程。听取县建设局相关负责人工作汇报，并提出要求。

20 日　县人大常委会部分组成人员到兵房镇视察“一号议案”办理工作。县人大常委会副主任杨成泉提出要求。

21 日　县人大常委会党组书记、主任张桂英一行到县卫生局听取《突发公共卫生事件应急条例》贯彻落实情况汇报，并提出要求。

26 日　县人大常委会党组书记、主任张桂英，副主任徐志平、沈更生、蔡瑞平视察农业综合开发工作。对全县农业资源开发工作表示满意，并对 2009 年工作提出要求。

12 月

13 日　全国人大常委会委员、致公党中央副主席、河海大学副校长严以新教授一行考察洋口港。

15 日　县人大常委会党组书记、主任张桂英一行到县检察院，听取职务犯罪预防工作汇报，并提出要求。

17 日　江苏省人大常委会副主任丁解民率省人大财经委等部门领导，到如东调研沿海海事及水上搜救工作，赞扬洋口港建设工程实现零伤亡目标是了不起的奇迹。南通市政府市长丁大卫，县领导周铁根、詹立风、张桂英陪同调研。

是日　县人大常委会党组书记、主任张桂英一行视察沿海经济开发区，听取县委常委、沿海经济开发区党工委书记陈建华关于 2008 年园区基础设施、招商引资及管理规划等方面工作汇报。

25 日　县第十五届人大常委会召开第七次会议，会议补选王炳发、姜晓静、童玉林为县第十五届人大代表。会议接受潘建华辞去县政府副县长职务请求。会议根据县长詹立风提请的任职议案，任命卢瑞华为县政府副县长。

2009 年

1 月

9—12 日　如东县第十五届人民代表大会第二次会议在县会议中心召开。会议听取和审议政府工作报告及其他报告，并作出相应决议。

20 日　县第十五届人大常委会第八次会议召开。会议审议通过县人大常委会 2009 年工作要点和有关人事任免事项。

3 月

12 日　苏州市人大常委会原主任周福元率代表团到如东视察，参观洋口港会展中心、黄海大桥、太阳岛建设项目和沿海风电场，听取县委书记周铁根介绍如东经济发展和洋口港开发建设情况。南通市人大常委会副主任宋飞，县人大常委会党组书记、主任张桂英和县长詹立风陪同视察。

20 日　县人大机关召开学习实践科学发展观活动动员大会。县人大常委会党组书记、主任张桂英对人大机关干部提出要求。

25 日　县第十五届人大常委会第九次会议召开。会议听取和审议县政府关于扶持中小企业发展情况工作报告等。

是日　县人大机关举办学习实践科学发展观专题讲座。县委党校副校长吴金明作讲座。

26 日　射阳县人大常委会副主任李权一行到

如东考察学习财政预算监督工作。

30 日 全县人大代表建议交办工作会议召开。县政府常务副县长顾淑英对承办单位提出要求，县人大常委会副主任徐志平参加会议。

4 月

15 日 浙江省绍兴市越城区人大常委会主任赵国苗一行 9 人到洋口港考察。县人大常委会副主任徐志平陪同考察。

21 日 南通市人大机关 50 余名党员，到如东调研学习实践科学发展观活动和沿海开发工作。县委书记周铁根介绍如东实施港口开发、项目建设及生态旅游等情况。县人大常委会党组书记、主任张桂英，副主任徐志平陪同调研。

24 日 县人大召开新时期如东精神座谈会。部分人大常委会委员和县镇人大代表参加讨论。

6 月

9 日 县人大常委会党组书记、主任张桂英带领副主任、督导员调研县城总体规划修编情况，并对修编工作提出建议意见。

12 日 县第十五届人大常委会第十次会议召开。会议听取和审议县政府关于县城总体规划修编情况报告等。

16 日 建湖县人大常委会主任王耀武一行到如东洋口港考察。县人大常委会副主任徐志平陪同考察。

26 日 县人大常委会党组书记、主任张桂英，副主任徐志平等和部分委员视察全县重点交通基础设施建设。视察组听取全县上半年交通工作推进情况和下半年工作思路，实地视察 S225、S334 等交通工程建设现场，并对交通部门提出要求。

7 月

13 日 县人大常委会到县发改委专题了解全县上半年经济运行情况，听取副县长刘才盛汇报上半年全县工业经济和项目建设情况。县人大常委会党组书记、主任张桂英对下半年工作提出建议要求。

16 日 县人大常委会组织部分组成人员视察公安工作。实地查看看守所，听取县公安局关于全县公安队伍建设情况汇报。县人大常委会党组书记、主任张桂英提出建议意见。

23 日 县人大常委会专题视察供电服务工作。实地查看马塘 220 千伏变电站，岔河农民集居点、供电营业厅和县电力调度室，听取县供电公司关于全县供电服务工作情况汇报。县人大常委会党组书记、主任张桂英提出建议意见。

30—31 日 县第十五届人大常委会第十一次会议召开。会议听取和审议县政府 2009 年上半年国民经济和社会发展计划执行情况报告等。

8 月

10 日 县人大召开“一号议案”办理情况汇报会。听取县政府常务副县长顾淑英关于“一号议案”办理情况汇报，以及县发改委、县劳动和社会保障局、县水务局等部门“一号议案”办理情况报告。县人大常委会党组书记、主任张桂英主持会议并讲话。

25 日 江苏省人大常委会副主任丁解民一行到如东检查《中华人民共和国农村土地承包法》《江苏省农村土地承包经营权保护条例》执行情况。检查组听取县委书记周铁根介绍如东经济社会发展情况，副县长于立忠汇报如东一法一条例执行情况和土地流转工作。县人大常委会党组书记、主任张桂英，副主任杨成泉陪同检查。

9 月

1 日　全县镇人大工作会议召开。县人大常委会副主任徐志平总结换届后镇人大工作基本情况，县人大常委会党组书记、主任张桂英提出要求。

5 日　中共中央委员、全国人大常委会原委员林丽韫到如东考察文化旅游工作。

17 日　江苏省直机关（南通组）人大代表到如东洋口港，就江苏沿海开发规划和发展进行专题调研。调研组听取县长詹立风介绍如东区位优势、港口开发及经济社会发展情况，听取洋口港经济开发区管委会主任周建飞介绍洋口港开发建设情况等。南通市人大常委会副主任陆玉明，县人大常委会党组书记、主任张桂英，副主任徐志平陪同调研。

28 日　县第十五届人大常委会第十二次会议召开。会议听取和审议县政府关于全县小区物业管理情况报告等；通过有关人事任免事项。

10 月

13 日　县人大常委会党组组织机关党员学习中共十七届四中全会精神。县人大常委会党组书记、主任张桂英提出要求。

27 日　南通市人大常委会有关领导到如东接待部分市人大代表。县内市人大代表围绕沿海开发、大交通建设、滩涂利用、饲料加工市场管理、饮水安全、新农村建设以及社区自治组织建设等20个问题进行发言，并提出建议。县人大常委会副主任徐志平陪同接待。

11 月

5 日　全国人大常委会委员、全国人大内务司法委员会主任委员、全国人大常委会代表资格审查委员会主任黄镇东，携江苏在北京中直单位全国人大代表一行到如东，调研沿海开发建设情况。江苏省人大常委会副主任李全林，南通市人大常委会副主任宋飞，县委副书记潘建华，县人大常委会党组书记、主任张桂英，副主任徐志平陪同调研。

30 日　县第十五届人大常委会第十三次会议召开。会议听取和审议县政府关于全面达小康建设指标完成情况报告等；通过有关人事任免事项等。

12 月

10 日　江苏省人大环境资源城乡建设委员会主任委员陶培荣一行到如东调研城乡供水情况。县人大常委会副主任沈更生陪同调研。

13 日　江苏省人大农业和农村工作委员会主任宋家新一行到如东，调研农民专业合作经济组织发展和运行情况。县人大常委会副主任杨成泉陪同调研。

29 日　县第十五届人大常委会第十四次会议召开。会议听取和审议县政府关于 2010 年国民经济和社会发展计划（草案）等；补选 1 名市人大代表；通过有关人事任免事项。

2010 年

1 月

12—15 日　如东县第十五届人民代表大会第三次会议在县会议中心召开。会议听取和审议政府工作报告及其他报告，并作出决议。“关于加快推进如东旅游业跨越发展的议案”被列为大会

“一号议案”。会议补选卜其银为县第十五届人大常委会委员。

2 月

4 日　县第十五届人大常委会第十五次会议召开。会议审议通过县人大常委会 2010 年工作要点和有关人事任免事项，票决确定县环保局为接受县人大评议单位。

3 月

30 日　县第十五届人大常委会第十六次会议召开。会议听取和审议县政府关于全县农桥建设情况报告等，并通过相应决议。

4 月

14 日　第九届全国人大常委会副委员长曹志到洋口港视察。

5 月

31 日　县第十五届人大常委会第十七次会议召开。会议听取和审议县环保局工作情况测评等；通过相关人事任免事项。

7 月

23 日、30 日　县第十五届人大常委会第十八次会议召开。会议听取和审议县政府 2010 年上半年国民经济和社会发展计划执行情况报告等；通过相关人事任免事项。

29 日　全国人大常委会委员、香港立法会原主席、香港马会董事、里骏集团有限公司主席范徐丽泰率香港特别行政区全国人大代表一行在县长詹立风陪同下，视察洋口港建设现场。南通市委书记罗一民、县委书记周铁根先后向范徐丽泰介绍南通、如东发展情况。南通市委常委、市委秘书长黄巍东，县领导顾淑英等陪同视察。

29—30 日　江苏省人大常委会副主任朱龙生率部分省人大代表到如东视察渔业港口和渔业船舶管理情况。县委书记周铁根介绍如东经济社会发展和洋口港开发建设情况。

9 月

30 日　县第十五届人大常委会第十九次会议召开。会议听取和审议县政府关于贯彻执行《中华人民共和国城乡规划法》情况报告等；通过接受代表辞职决定。

11 月

30 日　县第十五届人大常委会第二十次会议召开。会议听取和审议县政府“关于加快推进如东旅游业跨越发展的议案”办理情况报告等；通过有关人事任命事项等。

12 月

27 日　县第十五届人大常委会第二十一次会议召开。会议听取和初审县发改委关于 2011 年国民经济和社会发展计划（草案）等；补选市人大代表。

2011 年

1 月

7—10 日 如东县第十五届人民代表大会第四次会议在县行政中心召开。会议听取和审议政府工作报告及其他报告，并作出决议。

26 日 县第十五届人大常委会第二十二次会议召开，审议通过县人大常委会 2011 年工作要点和有关人事任免事项，票决确定县安监局、县住建局和县民政局为接受评议单位。

3 月

25 日 县第十五届人大常委会第二十三次会议召开，听取和审议县政府关于城乡公共交通发展情况报告和县人大常委会专题调研报告，通过相关人事任命事项。

28 日 县人大常委会在行政中心召开 2011 年评议工作培训动员会。县人大常委会副主任徐志平、杨成泉等领导，县住建局、民政局、安监局 3 个接受评议部门负责人，14 个镇人大主席、秘书等出席会议。会议由县人大常委会副主任杨成泉主持。县人大人事代表工委负责人向与会人员作评议业务辅导。县人大常委会党组副书记、副主任徐志平对评议工作提出要求。

29 日 县人大常委会党组副书记、副主任徐志平在如东大饭店会议中心，与到如东考察交流的贵州省绥阳县人大代表团进行交流，并陪同绥阳县人大代表团参观如东城市博物馆、洋口港经济开发区和沿海经济开发区。

4 月

14 日 县人大机关党支部召开支部大会，选举产生新一届支部委员会。

18 日 县第十五届人大常委会第二十四会议召开，听取和审议代表辞职报告并通过代表辞职决定。

5 月

9 日 县人大常委会召集县政府办、科技局、发改委、经信委、人社局、农业委员会、科协以及财政局召开如东关于《中华人民共和国科技进步法》执法情况座谈会。与会单位领导汇报贯彻实施《中华人民共和国科技进步法》有关情况。县人大常委会副主任冒亚平参加会议。

26 日 县人大常委会召开第六十九次主任会议，通报 3 家接受评议单位迎评情况等。

30 日 县第十五届人大常委会第二十五次会议召开，听取和审议县政府关于贯彻落实《中华人民共和国科技进步法》情况等报告，通过对评议单位测评和相关人事任命事项。

6 月

20 日 县人大常委会到县教育局视察学前教育情况。县政府副县长姜晓静汇报如东县学前教育发展情况。县人大常委会党组副书记、副主任徐志平到会提出要求。

24 日 县第十五届人大常委会第二十六次会议召开，通过关于副县长潘建华代理县长决定，审议并通过陈昌龙、张蓉蓉、王智任副县长决定。

7 月

14 日 县人大常委会到县检察院视察检察院队伍建设情况。县人大常委会党组副书记、副主任徐志平，副主任杨成泉、沈更生、蔡瑞平、冒亚平出席活动。县检察院检察长顾祖林汇报县检察院队伍建设情况。

29日　县第十五届人大常委会第二十七次会议召开，听取和审议县政府2011年上半年国民经济和社会发展计划执行情况等报告，作出相关审议意见。

8月

5日　县人大常委会党组在行政中心召开以“坚持以人为本执政为民理念，发扬密切联系群众优良作风”为主题的民主生活会。会议由县人大常委会党组副书记、副主任徐志平主持，常委会党组成员参加会议，副主任沈更生列席会议。

9月

27日　县第十五届人大常委会第二十八次会议召开，听取和审议县政府关于“五五”普法情况及“六五”普法规划情况报告等，通过相关人事任命事项。

10月

10日　新疆维吾尔自治区人大常委会党组副书记、副主任张国梁率自治区相关人员到如东考察。县委副书记、代县长潘建华，县委副书记周建飞，县人大常委会副主任沈更生陪同考察洋口港。

11月

22日　县第十五届人大常委会第二十九次会议召开，听取和审议相关报告，通过关于表彰优秀建议和优秀承办单位决定和县镇人大换届选举有关事项。

12月

2日　全县县镇两级人大换届选举工作会议在县行政中心召开。县委书记、县人大常委会党组书记、主任詹立风出席会议并讲话。县人大常委会党组副书记、副主任徐志平作动员讲话。县委副书记周建飞主持会议。

7日　县选举委员会召开第一次会议。会议由县选举委员会副主任张正权主持。会议明确县选举委员会工作职责，讨论确定县选举办公室各组职责、人员及分工；讨论通过选举委员会公告、换届选举工作计划、选民登记核对办法；通过各镇选举委员会组成人员建议名单、县人大代表选区划分方案、各镇人大代表选区划分方案及镇人大代表名额分配方案。县人大常委会党组副书记、副主任徐志平到会提出要求。

26日　县第十五届人大常委会第三十次会议召开，讨论通过关于召开如东县第十六届人民代表大会第一次会议决定，补选市人大代表，通过相关人事任命事项。

2012 年

2 月

3 日　县人大常委会组织召开大豫镇第七选区县人大代表候选人与选民见面会暨南通市县乡人大换届选举介绍代表候选人工作现场观摩会。市人大及各县（市）区人大常委会相关负责人到会观摩指导。

3 月

24—28 日　如东县第十六届人民代表大会第一次会议在县行政中心召开。会议听取和审议政府工作报告及其他报告；通过如东县第十六届人民代表大会第一次会议选举办法；选举县第十六届人大常委会主任、副主任和委员；选举县政府县长、副县长，县法院院长，县检察院检察长。会议以举手表决方式，通过议案审查报告。大会选举产生南通市第十四届人大代表 70 名。

4 月

16 日　无锡市人大常委会原党组书记、主任吴钊一行到如东考察。县委常委、纪委书记刘才盛，县人大常委会副主任冯力如，县政府副县长江华陪同考察洋口港。

23 日　南通市人大常委会党组书记、副主任黄利金赴长沙镇三民村开展“三解三促”（了解民情民意、破解发展难题、化解社会矛盾，促进干群关系融洽、促进基层发展稳定、促进机关作风转变）调研活动。县委书记、县人大常委会党组书记、主任詹立风，县人大常委会党组副书记、副主任陈昌龙等领导陪同调研。黄利金听取洋口港开发情况汇报和长沙镇三民村村民代表反映情况，看望和慰问村里老村干、老党员和困难户。

25 日　县人大常委会在行政中心召开评议工作培训动员会。县人大常委会党组副书记、副主任陈昌龙到会讲话。会议由县人大常委会副主任沈更生主持。县人大常委会副主任唐国均出席会议。

26 日　全国人大常委会原副委员长盛华仁到如东考察洋口港建设情况。县委书记、县人大常委会党组书记、主任詹立风汇报洋口港建设情况。县人大常委会党组副书记、副主任陈昌龙陪同考察。

5 月

上旬　县人大常委会分成 4 个调研组，由分管主任带领，深入各镇和相关部门听取工作汇报，召开多个层面座谈会，就相关水利建设重点、热点、难点问题进行询问和探讨，并视察部分农村水利建设现场。县人大常委会党组副书记、副主任陈昌龙肯定各镇农田水利基础设施建设所取得成绩，并提出要求。

18 日　县第十六届人大常委会召开第二次主任会议。听取县人民银行负责人关于县金融行业服务地方经济发展情况和县工商银行负责人关于围绕港口和项目建设做好服务工作情况汇报。县人大常委会党组副书记、副主任陈昌龙作总结讲话。

31 日　县人大常委会在县行政中心召开《中华人民共和国食品安全法》执法检查动员会，对执法检查活动进行动员部署。县政府副县长姜晓静汇报全县食品安全工作情况，县卫生局、质监局、农委、工商局以及洋口镇人大作表态发言。邀请南通市卫生监督所书记王咸钢作食品安全法知识讲座。县人大常委会党组副书记、副主任陈昌龙到会提出要求。

6 月

1 日　镇江市人大常委会副主任卢章平一行到如东考察洋口港建设情况。县人大常委会党组副书记、副主任陈昌龙陪同考察。

7 日　县人大常委会党组副书记、副主任陈昌龙等带领县人大办公室、财经工委相关人员在如东经济开发区（苴镇）调研，听取如东经济开发区党工委书记徐鸿斌关于开发区经济发展工作情况报告。

13 日　南通市人大常委会副主任张小平一行到如东调研计划生育政策实施情况。听取副县长姜晓静《关于如东县计生政策实施情况的报告》，并提出针对性意见建议。县人大常委会党组副书记、副主任陈昌龙，副主任唐国均陪同调研。

22 日　县人大常委会召开第五次主任会议，视察苴镇何丫村南美白对虾养殖基地和万亩海参园区，听取县海洋渔业局负责人关于全县现代渔业园区建设情况汇报。

7 月

12 日　县人大常委会党组副书记、副主任陈昌龙带领县人大办公室及相关工委人员赴掘港镇调研上半年经济运行情况。

13 日　县人大常委会党组副书记、副主任陈昌龙带领县人大相关人员到县发改委调研上半年国民经济发展情况。

16 日　县人大常委会党组副书记、副主任陈昌龙带领县人大相关人员到县财政局调研上半年财政收支预算执行情况。

19 日　县人大常委会党组副书记、副主任陈昌龙带领县人大全体副主任、部分督导员以及各工委负责人到县城管局，专题听取县城管局关于人大代表建议办理暨城管工作专题汇报。

25 日　县人大常委会党组副书记、副主任陈昌龙一行到岔河镇，开展县人大领导联系代表接待日活动，并调研相关民生实事工作推进情况。重点听取岔河镇关于自来水厂回购工作汇报。

30 日　县人大常委会召开县镇人大代表视察“2012 年县政府为民办实事项目”现场会，县人大常委会领导、县政府分管领导、县人大各委室负责人、县政府相关部门负责人、各镇人大主席以及市县镇部分人大代表参加会议。与会人员沿线视察袁庄、双甸、岔河、马塘 4 个镇，集中参观包括袁庄镇袁海农业休闲园区、双甸镇高前村、岔河镇污水处理厂、“在水一方”生态园、马塘镇富民农机合作社等在内的 8 个为民办实事项目点，听取各个项目基本情况、实施进度、规划等介绍。参观结束后，在马塘镇政府召开现场会。县人大常委会党组副书记、副主任陈昌龙提出要求。

8 月

8 日　县人大常委会党组副书记、副主任陈昌龙一行到县人社局，视察该局为民办实事情况。

30 日　县人大常委会党组副书记、副主任陈昌龙等一行赴南通外向型农业综合开发区，对该区发挥资源优势、促进沿海开发等课题进行调研。

31 日　南通市人大常委会副主任施建中一行到如东督查城乡居民普遍饮用长江水工程推进情况，听取副县长江华作《关于如东县区域供水情况报告》，提出建议意见。县人大常委会副主任沈更生陪同调研。

9 月

6 日　安徽省蚌埠市淮上区人大常委会党组书记孙本国、常务副区长崔兴浩一行到如东考察。

县人大常委会副主任沈更生陪同考察。

12 日 县人大常委会党组副书记、副主任陈昌龙等领导及各委室负责人视察如东供电公司，听取县供电公司服务经济发展情况汇报。实地参观苴镇供电所、110 千伏云浦变电所以及县供电公司共产党员服务队建设场景。

14 日 南通市人大常委会副主任程静带领调研组到如东专题调研职业教育发展情况。实地视察如东第一职教中心校以及与学校进行校企合作的南通大东有限公司。县人大常委会副主任唐国均陪同调研。

17 日 县人大常委会与县总工会召开第十一次联席会，视察《江苏省工会劳动纪律监督条例》贯彻执行情况。

26 日 县人大常委会召开专业代表小组成立大会，正式建立财政经济、农业农村、环境资源城乡建设、科教文卫、内务司法 5 个专业代表小组。县人大常委会党组副书记、副主任陈昌龙到会讲话。

10 月

4 日 全国人大常委会原副委员长顾秀莲一行到洋口港视察，她寄语如东再接再厉，围绕港口引领发展思路，不断拓宽视野，抢抓江苏沿海开发战略机遇。南通市委书记、市人大常委会主任丁大卫，南通市人大常委会副主任施建中，县委副书记、县长潘建华，县委副书记周建飞，县人大常委会党组副书记、副主任陈昌龙陪同视察。

17 日 县人大常委会党组副书记、副主任陈昌龙会同县委、县政府分管农业领导，带领县涉农部门负责人赴南通外向型农业综合开发区，调研该区 2013 年申报农渔业项目对接工作。

18 日 南通市人大环境资源城乡建设工作座谈会在如东召开，专题讨论全市拆迁安置房建设情况，剖析存在问题，并提出解决方案。县人大常委会党组副书记、副主任陈昌龙，副主任沈更生，督导员蔡瑞平参加会议。

19 日 江苏省人大外事委主任袁静波到如东视察。县委书记、县人大常委会党组书记、主任詹立风，县人大常委会党组副书记、副主任陈昌龙等领导陪同。

中旬 县人大常委会党组副书记、副主任陈昌龙带队深入袁庄、栟茶镇部分村和企业，围绕镇村经济发展、为民办实事实施情况、企业运行状况以及代表工作等议题展开调研。

21 日 南通市人大常委会副主任刘璠率全国骨科专家组一行到如东考察。县委书记、县人大常委会党组书记、主任詹立风，县人大常委会党组副书记、副主任陈昌龙等陪同考察。

24 日 县人大常委会党组副书记、副主任陈昌龙深入河口镇部分企业，调研企业转型升级助推地方经济发展相关情况。

11 月

6 日 全县镇人大工作会议召开。县人大常委会及相关机构负责人，各镇人大主席、副主席参加会议。参观曹埠镇工业园区、掘港镇第二代表之家等 6 个现场，实地视察了解镇人大在推进发展、关注民生、服务代表等方面取得的实效。县人大常委会党组副书记、副主任陈昌龙肯定换届后各镇人大所做工作，并提出要求。

9 日 江苏省人大信访督办处处长董丽华、副处长陈越等到如东考察，召开信访督办工作座谈会。县人大常委会副主任沈更生、督导员蔡瑞平等参加会议。

15 日 无锡市人大常委会及所属市区人大领导到如东考察现代农业项目建设情况。县人大常委会党组副书记、副主任陈昌龙，副县长江华陪同考察。

19日　县委书记、县人大常委会党组书记、主任詹立风到南通外向型农业综合开发区调研。县委副书记周建飞，县人大常委会党组副书记、副主任陈昌龙参加调研活动。

23日　县人大常委会党组副书记、副主任陈昌龙带领常委会及相关委室负责人，到县行政服务中心开展调研活动。

12月

5日　县人大召开办公会。县人大常委会党组副书记、副主任陈昌龙主持会议。传达南通市人大常委会党组书记、副主任黄利金在市人大工作座谈会上讲话精神。

14日　县人大常委会党组副书记、副主任陈昌龙率领县人大主任会议全体成员到沿海经济开发区专题调研。

是日　县人大召开人大工作座谈会，县人大常委会党组副书记、副主任陈昌龙主持会议，县人大部分委室负责人和全县14个镇人大主席、部分人大代表参加会议。镇人大主席、人大代表对县人大常委会工作报告修改完善提出意见建议，并对县人大2013年工作安排提出建议。

20日　南通市人大常委会副主任施建中一行到如东，视察城乡居民普遍饮用长江水工程建设情况，并实地查看县供水中心、长沙供水站等地。

2013年

1月

16—19日　如东县第十六届人民代表大会第二次会议在县行政中心召开。会议听取和审议政府工作报告和县人大常委会工作报告，审查其他报告，并通过相关决议。大会依法定程序选举陈宝来、陈晓晴为如东县第十六届人大常委会委员。

2月

1日　县人大召开办公会。县人大常委会党组副书记、副主任陈昌龙主持会议。传达县四套班子领导分工调整情况，并对县人大常委会领导及党组成员分工和联系指导各镇人大工作以及县人大人员变动情况进行说明。

4日　县人大常委会党组副书记、副主任陈昌龙带领县委组织部、民政局相关负责人，到南通外向型农业综合开发区，慰问困难户，并送上慰问金和慰问品。

25日　县人大常委会党组副书记、副主任陈昌龙带领常委会相关领导和工作人员，分别在岔河镇、新店镇调研镇人代会准备工作。

3月

6日　县人大召开办公会。县人大常委会党组副书记、副主任陈昌龙主持会议。会议围绕“关于立足‘三实’（求实、务实、落实）狠抓项目建设，促进全县经济又好又快发展议案督办的实施意见（讨论稿）”“关于对县卫生局开展工作评议的实施方案（讨论稿）”“2013年人大代表工作安排（讨论稿）”“关于进一步加强人大宣传工作的实施意见（讨论稿）”“县人大常委会听取和审议县政府关于社会化养老体系建设情况的工作报告的活动方案”展开讨论，与会人员提出建议意见，对相关工作方案进行修改和完善。

11 日　南通市人大常委会党组书记、副主任黄利金率队到如东，对如东养老服务体系建设开展专题调研。

19 日　南通市人大常委会副主任程静一行到如东，视察调研如东县体育事业可持续发展情况。县人大常委会党组副书记、副主任陈昌龙陪同调研。

28 日　县人大常委会召开专题会议，对实施人大“一号议案”督办、《中华人民共和国环境保护法》执法检查、县卫生局工作评议 3 项重点工作作出部署。县人大常委会党组副书记、副主任陈昌龙主持会议并提出要求。

4 月

7 日　县人大召开办公会，县人大常委会党组副书记、副主任陈昌龙主持会议。各委室围绕实施“一号议案”督办、《中华人民共和国环境保护法》执法检查、县卫生局工作评议 3 项重点工作展开讨论。各领导小组办公室分别汇报对推进 3 项重点工作的安排和打算，与会人员对相关工作方案提出建议意见。

15 日　县人大启动与低收入家庭“结对帮扶”活动，机关全体工作人员奔赴南通外向型农业综合开发区，与近海村、何丫村 23 户低收入家庭进行结对，开展调查了解和慰问帮扶工作。

16 日　泰州市姜堰区人大常委会副主任汤文林一行到如东调研，开展专题询问先进经验和成功做法活动。县人大常委会副主任唐国均陪同调研。

18 日　由南通电视台、南通广播电台、《南通日报》、《江海晚报》记者组成的市人大《代表之声》栏目组到如东，专题就高效特种养殖项目——南美白对虾项目进行采访。县人大常委会党组副书记、副主任陈昌龙，副主任唐国均陪同采访。

26 日　南通市人大常委会党组书记、副主任黄利金率市人大常委会部分组成人员，到如东视察产业重大项目推进情况。县委书记、县人大常委会党组书记、主任詹立风主持召开汇报会，并向黄利金一行介绍如东县“十二五”后重大工业和生产性服务业项目建设基本情况。市人大常委会副主任施建中、程静参加调研，县领导周建飞、陈昌龙等参加视察活动。

5 月

8 日　县人大组织召开宣传工作暨业务培训会议，对各镇人大及 23 个具有执法职权的县级机关部门人大宣传工作通讯员进行业务培训。县人大常委会副主任唐国均出席会议并讲话。

是日　县人大常委会党组副书记、副主任陈昌龙带领财经工委人员等一行到县经信委调研全县工业经济运行情况。

16 日　县项目建设推进会暨“一号议案”办理动员会召开。副县长王智通报 1—4 月工业项目建设情况。县委副书记周建飞出席会议并讲话。

23 日　县人大常委会召开第二十次主任会议。听取和审议县法院关于商事审判工作情况报告。

27 日　县人大常委会召开第二十一次主任会议。听取县委组织部人事任免提名和县人大相关工委关于对县卫生局开展工作评议的调查报告和《中华人民共和国环境保护法》执法检查情况报告。

31 日　县第十六届人大常委会第十二次会议召开，首次邀请公民代表列席会议。

6 月

14 日　县人大常委会召开“一号议案”推进交办会。县人大常委会副主任冯力如就“一号议案”推进交办工作作出部署，县人大常委会党组副书记、副主任陈昌龙主持会议，并提出要求。

是日　县人大常委会召开专题会议，听取县城管局负责人关于人大代表建议办理落实情况汇报。县城管局共主办、协办人大代表建议 13 件，涉及城市环境保洁卫生、户外广告管理、违法建筑管控查处、交通停车秩序整治等领域。县人大常委会党组副书记、副主任陈昌龙到会讲话。

19 日 全国人大常委会副委员长沈跃跃率领全国人大常委会执法检查组到如东，就《中华人民共和国可再生能源法》贯彻实施情况进行执法检查。执法检查组视察江苏国信如东生物质发电有限公司和江苏海上龙源风力发电有限公司。

20 日 县人大常委会召开第二十二次主任会议。与会人员实地视察如东供合农资连锁有限公司、掘港镇农产品质量安全监管服务站、县城中心市场、县农产品质量检测中心。

25 日 县人大常委会副主任沈更生带领住建、交通、国土等部门负责人，实地查看如东经济开发区公租房项目、新光安置区二期、通洋高速工程等城建交通项目。听取住建、交通、国土、规划等部门关于“一号议案”办理情况，着重听取老旧小区改造、安居工程建设、高速公路规划建设和各部门紧扣项目建设、有效化解矛盾、不断强化服务等情况。

26 日 县人大召开“一号议案”办理督查推进会，对“一号议案”办理工作进行中期评价。副县长王智代表县政府就县人大“一号议案”办理情况作专题汇报。县人大常委会党组副书记、副主任陈昌龙提出要求。

7 月

3 日 县人大召开办公会，县人大常委会党组副书记、副主任陈昌龙主持会议。县人大各委室围绕重点建议督办、计划预算执行及招商引资专题调研、民事行政诉讼法律监督情况调研等重点工作进行部署。

4 日 县人大常委会党组副书记、副主任陈昌龙带领相关负责人赴县地税局调研。

22 日 无锡市人大常委会党组书记、主任姚建华，无锡市委常委、纪委书记周铁根带领无锡市人大考察团到如东参观考察。县委书记、县人大常委会党组书记、主任詹立风，县委副书记、县长潘建华，县人大常委会党组副书记、副主任陈昌龙等陪同考察。

是日 县人大常委会召开第二十四次主任会议，听取和审议民事行政诉讼法律监督工作情况报告。

23 日 县人大常委会党组副书记、副主任陈昌龙带领部分人大常委会组成人员，视察重点交通项目，并就县交通运输局承办人大代表建议办理落实情况进行点评。

24 日 县人大常委会召开会议，专题听取县文广新局负责人关于人大代表建议办理和该局工作情况汇报。县人大常委会党组副书记、副主任陈昌龙到会提出要求。

30 日 县第十六届人大常委会召开第十四次会议。听取和审议县政府关于 2013 年上半年全县国民经济、社会发展计划执行情况报告等。

8 月

5 日 县人大召开办公会，县人大常委会党组副书记、副主任陈昌龙主持会议。人大各委室重点围绕关于组织开展“百名代表回选区见选民活动”通知和参加回选区见选民活动百名代表名单（征求意见稿）展开讨论，与会人员提出建议意见，对相关材料进行修改和完善。

6 日 县人大召开专题会议，对“百名代表回选区见选民听意见”活动进行部署。会议由县人大常委会党组成员、办公室主任卜其银主持，全县 15 个代表小组负责人参加会议。

20 日 南通市人大常委会副主任王向红一行到如东视察村庄环境整治工作。实地查看双甸镇高前村、马塘镇潮北村等5个村环境整治情况，并深入农户家中调查。县领导冯力如、江华陪同视察。

22日 县人大常委会召开第二十六次主任会议，听取和审议全县闲置空闲土地清理工作情况报告。

23日 县人大常委会党组副书记、副主任陈昌龙带领12名市、县人大代表及相关部门负责人视察全县食品安全工作。

29日 县人大常委会党组副书记、副主任陈昌龙，副主任沈更生等部分县人大代表到栟茶镇，参加县人大代表“回选区、见选民、听意见”活动。陈昌龙一行视察栟茶城镇建设情况，实地参观如石机械项目区、生态休闲农庄建设现场、三星村村容规划等。陈昌龙一行在三星村召开座谈会，听取栟茶镇情况介绍，并邀请县发改委等有关部门负责人以及部分市、县、镇三级人大代表为栟茶镇发展出谋划策。

9月

3日 县人大召开办公会，县人大常委会党组副书记、副主任陈昌龙主持会议并提出要求。常委会组成人员围绕机关作风、农村基础设施建设、基层干部队伍建设等问题，分别交流各自在选区听取的选民意见，并就解决相关问题提出意见建议。

26日 县人大常委会召开第二十八次主任会议，专题听取全县新能源产业发展情况报告，并视察大众燃气公司、江苏龙源如东海上风电场、江苏海力风电设备有限公司等新能源利用、设备制造企业。

27日 县十六届人大常委会召开第十五次会议，通过人事任免事项，听取和审议县政府关于实施“五个一批”［每个镇（区）编制一个农渔业产业布局规划，新建一批千亩设施种养园区，新建一批投资500万元以上种养基地，培育一批农业产业特色村，引进（培育）一批投资规模不少于1000万元农渔业加工或流通、休闲项目］农（渔）业项目情况工作报告等。

29日 县人大常委会召开“百名代表回选区见选民听意见”活动情况交流会，岔河、掘港、马塘等14个镇人大及机关代表小组分别交流活动开展情况，并就下一阶段如何推进进行交流。县人大常委会党组副书记、副主任陈昌龙出席会议并讲话。

10月

9日 县人大召开办公会，县人大常委会党组副书记、副主任陈昌龙主持会议。县人大各委室总结“百名代表回选区见选民听意见”活动开展后情况，就如何交办落实收集整理的建议意见进行讨论。

9—10日 青海省人大常委会党组副书记、副主任沈何一行到如东考察。县委书记、县人大常委会党组书记、主任詹立风，县委副书记、县长潘建华，县人大常委会党组副书记、副主任陈昌龙等陪同考察。

15日 南通市人大常委会党组副书记、副主任王向红，副主任程静到如东视察新刑事诉讼法贯彻实施情况。县人大常委会党组副书记、副主任陈昌龙，副主任唐国均陪同视察。

17日 县人大常委会召开第二十九次主任会议，听取和审议县政府关于全面提升人口计生公共服务水平，努力实现人口均衡发展的报告。

24日 县人大常委会召开第三十次主任会议，听取县总工会关于《江苏省工会劳动法律监督条例》贯彻实施情况报告。

25—26日 南通市人大常委会党组副书记、副主任王向红一行到如东，就社会养老服务体系建设和中心镇建设开展调研，并实地视察河口镇、栟茶镇中心镇建设情况和掘港镇养老服务机构。

县人大常委会党组副书记、副主任陈昌龙，副主任唐国均陪同调研。

11 月

6 日　县人大召开办公会，县人大常委会党组副书记、副主任陈昌龙主持会议。人大各委室汇报“百名代表回选区见选民听意见”活动开展后交办落实收集整理的建议意见情况。

8 日　县人大常委会党组副书记、副主任陈昌龙带领常委会成员和人大代表，专题视察“一号议案”办理落实情况。视察县实验小学异地新建、洋口港 10 万吨级码头等 10 个重大项目建设现场。县发改委、洋口港经济开发区相关负责人分别就“一号议案”办理落实及洋口港项目建设情况进行汇报。

22 日　县人大常委会召开第三十一次主任会议，听取和审议县住建局负责人关于县城老旧小区改造、物业管理、市政工程建设和管理情况工作报告。与会人员视察富春江路、友谊路改造、青园新村改造等项目建设现场。

28 日　县第十六届人大常委会召开第十六次会议。会议通过人事任免事项，听取和审议关于“一号议案”、人大代表建议、常委会决议审议意见办理落实情况工作报告等。

12 月

3 日　县人大召开办公会。县人大常委会党组副书记、副主任陈昌龙主持会议。人大各委室分别交流并讨论修改 2014 年县人大常委会和主任会议议题以及各工委专题视察和调研议题。

23 日　县人大常委会召开第三十三次主任会议，听取和审议交通运输工作情况报告。与会人员视察海启高速服务指挥部、通洋高速建设现场。

2014 年

1 月

11—13 日　如东县第十六届人民代表大会第三次会议在县行政中心召开。会议听取和审议政府工作报告和县人大常委会工作报告，审查其他报告，并通过相关决议。

2 月

7 日　县人大召开办公会，县人大常委会党组副书记、副主任陈昌龙主持会议，县人大机关全体人员参加会议。各委室对常委会第十八次会议组织服务工作以及镇人民代表大会例会指导工作进行重点讨论。

13 日　县第十六届人大常委会召开第十八次会议，审议通过人事任免议案和有关工作要点、意见。

26 日　县人大召开群众路线教育实践活动领导小组办公室及工作组第一次会议，县人大常委会党组成员、办公室主任卜其银主持会议，县人大办及各委室党的群众路线教育实践活动领导小组办公室及各工作组全体负责人、工作人员参加会议。

3 月

7 日　县人大办及各委室召开党的群众路线

教育实践活动动员会议，部署教育实践活动。县人大常委会领导、县人大机关全体人员和县委督导组相关人员参加会议。县人大常委会党组成员、办公室主任卜其银主持会议并作动员讲话。县委第二督导组组长戴杨到会讲话。县人大常委会党组副书记、副主任陈昌龙提出要求。

是日 县人大召开办公会。县人大常委会党组副书记、副主任陈昌龙主持会议。各委室重点围绕开展对县农委工作评议实施方案、县人大代表“访选民问项目评部门”主题活动组织推进方案和活动计划以及2014年人大常委会开展教育实践活动学习计划进行讨论。

13日 南通市人大常委会党组副书记、副主任王向红带领市人大机关部分工委、科室负责人到如东，就加强和改进人大工作开展专题调研活动。调研组听取县人大常委会党组副书记、副主任陈昌龙关于如东县人大工作情况汇报，参观掘港镇第二人大代表之家，并听取县镇人大干部、人大代表对加强和改进人大工作、充分发挥人大代表作用、加强人大自身建设等方面提出的意见和建议。

21日 县人大常委会召开第三十六次主任会议。听取县政府关于县第十六届人大三次会议代表建议办理工作计划报告。

是日 县人大常委会举办涉农法规和惠农政策专题讲座，丰富党的群众路线教育实践活动学习内容。

25日 县第十六届人大常委会召开第十九次会议。听取和审议县政府关于全县学前教育发展情况工作报告和县人大常委会调查组关于全县学前教育发展情况调查报告。

4月

3日 县人大召开专题会议，全面部署《畜禽规模养殖污染防治条例》执法检查工作。县人大常委会副主任沈更生主持会议，县人大常委会领导、各委室负责人、各镇人大主席、县环保局等被检查单位负责人出席会议。县人大常委会党组副书记、副主任陈昌龙到会讲话。

是日 县人大召开办公会。县人大常委会党组副书记、副主任陈昌龙主持会议。县人大环资城建工委负责人对《县人大常委会关于开展〈畜禽规模养殖污染防治条例〉执法检查的实施方案》作说明，与会人员讨论并提出修改意见。

10日 县人大常委会党组副书记、副主任陈昌龙带领县人大有关工委负责人和县农办、县财政部门有关人员到栟茶镇江安村选区访问选民，调研农村经济发展中的难点问题。

16日 县人大常委会党组副书记、副主任陈昌龙带领县人大相关委室负责人，与县内部分省、市人大代表交流座谈。

24日 县人大常委会党组副书记、副主任陈昌龙带领相关委室负责人到马塘镇调研，听取马塘镇主要负责人相关工作情况汇报。

28—29日 南通市人大科教文卫工作座谈会在如东召开，兄弟县（市、区）科教文卫工作负责人就基层公共医疗卫生服务体系建设情况展开交流。县人大常委会党组副书记、副主任陈昌龙介绍如东县经济社会发展和科教文卫工作。市人大常委会副主任程静到会讲话。与会人员还参观如东县第三人民医院、栟茶镇三星村卫生服务站以及南通市未成年人社会实践基地。

29日 县人大常委会召开第三十七次主任会议，听取县发改委关于《多层次资本市场与直接融资》的专题讲座和全县企业直接融资工作情况汇报。

5月

6日 县人大邀请南京师范大学地理科学学院教授、博士生导师徐敏到如东，作关于海域使用和管理知识专题培训讲座。

7 日 江阴市人大常委会副主任朱敏带领调研组到如东，就加强人大自身建设和代表履职工作进行调研。

是日 县人大常委会副主任唐国均带领相关人员到如东经济开发区（苴镇），对评议县农委工作进行调研。实地视察蔡桥村石明华生资供销点、凤阳村徐兵养猪场和英联生物饲料公司开工建设情况。听取苴镇负责人对开展评议县农委及相关部门工作举措，部分县镇人大代表分别围绕《畜禽规模养殖污染防治条例》执行、规范种子市场管理、秸秆综合利用等问题提出建议意见。

13 日 县人大常委会副主任冯力如带领县人大执法检查工作第二调研组到丰利镇调研。听取镇政府相关负责人关于《畜禽规模养殖污染防治条例》贯彻执行情况汇报及镇人大主要负责人关于执法检查工作开展情况汇报。部分县镇人大代表，镇兽医站、环保所、水利站、农业服务中心相关负责人及养殖大户代表等，围绕农村畜禽污染、农委工作、规范种子市场管理等问题提出建议意见。

13—14 日 南通市人大办公室系统工作座谈会在如东召开，市人大办公室相关领导和南通各县（市、区）人大办公室负责人参加会议。

14 日 县人大常委会副主任沈更生带领人大执法检查工作第一调研组到洋口镇调研《畜禽规模养殖防治污染条例》执法检查情况。实地参观洋口欣洋生猪养殖家庭农场和兴洋家禽养殖有限公司。听取镇政府相关负责人关于《畜禽规模养殖污染防治条例》贯彻执行情况汇报及镇人大主要负责人关于执法检查工作开展情况汇报，洋口镇兽医站站长、水利站站长、村支部书记、养殖户代表围绕《畜禽规模养殖防治污染条例》执行、农村环境整治、规范养殖户行为等提出建议意见。

19 日 县人大常委会党组副书记、副主任陈昌龙带领县人大办相关负责人，到苴镇何丫村开展“三解三促”活动。

23 日 县人大常委会召开第三十八次主任会议，听取县法院关于人民法庭工作情况报告。

29 日 县第十六届人大常委会第二十次会议召开。会议通过相关人事任免，听取和审议县农委关于接受人大评议搞好自查自纠的工作报告等。

6 月

4 日 县人大召开办公会，县人大常委会党组副书记、副主任陈昌龙主持会议。听取县人大财经工委关于国民经济计划和预算指标体系知识讲座，县人大常委会副主任沈更生围绕“访选民”主题活动组织情况和活动情况进行阶段性总结。

27 日 县人大常委会召开第四十次主任会议。听取县海洋与渔业局关于全县海洋渔业特色产业发展情况报告。

月底 县人大常委会党组副书记、副主任陈昌龙带领常委会部分组成人员及相关工委人员到县国税、地税部门调研上半年两税征收任务完成情况。

7 月

2 日 县人大召开办公会，县人大常委会党组副书记、副主任陈昌龙主持会议。县人大内务司法工委举办《中华人民共和国物权法》知识讲座，“访选民”小组成员围绕活动开展后收集整理的选民意见建议、相关镇区活动情况进行汇报。与会人员还就《关于加强县人大常委会同代表联系、代表同人民群众联系的意见》进行讨论，并提出修改意见。

是日 县人大常委会党组副书记、副主任陈昌龙带领常委会部分组成人员到沿海经济开发区，调研项目建设、招商引资、财政收支等情况。

9 日 县人大在如东经济开发区（苴镇）召开全县“访选民”活动情况交流会，总结交流上半年“访选民”活动开展情况，研究部署下一阶段工作。县人大常委会党组副书记、副主任陈昌龙对“访选民”活动提出要求。

10 日 县人大举行如东县市人大代表专题视察审议活动。代表们审议产城融合发展的制度创新、陆海统筹发展、区镇合一、扩权强镇等沿海开发系列方案落实情况，视察洋口港经济开发区石材产业园、10 万吨级石化码头、海上龙源风电试验场、三一重工等重大项目建设现场。县人大常委会副主任沈更生到会讲话。

14 日 县人大常委会党组副书记、副主任陈昌龙带领相关人员到县审计局调研同级审计情况。

17 日 县人大办牵头县国税局、县委农办、县开发局、残联、农行、农发行等部门到南通外向型农业综合开发区开展挂钩联系活动。

18 日 县人大常委会党组副书记、副主任陈昌龙带领人大部分人员到县商务局调研。

22 日 县人大常委会召开第四十一次主任会议，听取和审议县检察院监所检察工作专题报告。

23 日 县人大常委会党组召开党的群众路线教育实践活动专题民主生活会。南通市委督导组组长葛维先参加并指导民主生活会。县委书记、县人大常委会党组书记、主任詹立风主持专题民主生活会。县人大常委会党组副书记、副主任陈昌龙，党组成员、副主任冯力如、唐国均及县人大常委会其他党组成员出席会议，县人大常委会副主任沈更生列席会议。

24 日 县人大常委会党组召开专题民主生活会情况通报会。县委书记、县人大常委会党组书记、主任詹立风主持会议并讲话。县人大常委会党组副书记、副主任陈昌龙通报县人大常委会党组专题民主生活会情况。市委督导组领导，县人大常委会副主任沈更生、冯力如、唐国均，县人大督导员杨成泉，县第十六届人大常委会全体组成人员，县人大机关全体干部，各镇人大主席及部分人大代表和党员群众代表参加会议。

29 日 江苏省人大法工委主任孙如林率省人大、省气象局调研组到如东开展立法调研，征求《江苏省气候资源保护和开发利用条例（草案）》的修改意见和建议。副县长蒋树建介绍如东陆上与海上风电场、太阳能开发利用及设备制造、云水资源开发利用等情况。县发改委、能源局、气象局、环保局、水务局等相关部门负责人分别对气候资源保护和开发利用工作及“条例（草案）”提出意见和建议。

是日 县第十六届人大常委会第二十一次会议召开。会议听取和审议县政府关于如东县国民经济和社会发展“十二五”规划纲要实施中期评估的工作报告；通过相关人事任免等。

是日 江苏省人大法制委主任委员张新民率省人大法制委、外事委、省商务厅及省港澳办联合调研组一行到如东，就《江苏省保护和促进香港澳门同胞投资条例（草案）》开展调研。县人大常委会党组副书记、副主任陈昌龙陪同调研。

8 月

1 日 南通市人大工作座谈会在如东召开。会议讨论通过《关于进一步加强和改进人大工作的意见》和《关于评议市级政府部门依法行政工作的实施方案》。市人大常委会党组书记、副主任黄利金主持会议并讲话，县委书记、县人大常委会党组书记、主任詹立风在会上介绍如东县经济社会发展情况。各县（市、区）人大常委会交流 2014 年亮点工作。县人大常委会积极探索代表活动新路径，开展“访选民、问项目、评部门”系列主题活动，得到与会人员一致好评。

5 日 县人大召开办公会，县人大常委会党组副书记、副主任陈昌龙主持会议。县科技局负责人作科技创新助推经济发展讲座。与会人员讨论《如东县人大常委会关于对农村基础设施建设工作进行专项评议的方案》，并提出修改意见。

7日 县人大召开人大办及各委室领导班子专题民主生活会情况通报会。县人大常委会党组成员、办公室主任卜其银通报县人大办及各委室领导班子专题民主生活会情况。县委第二督导组组长戴杨参加会议并讲话。

8日 县第十六届人大三次会议议案办理情况通报会召开，听取县政府关于县第十六届人大三次会议确定5个重点议案办理情况汇报。

19日 县人大召开农村基础设施建设专项工作评议部署会。涉评部门包括县发改委、财政局、农办、住建局、交通运输局、农委、水务局、农机局、农业资源开发局、国土局10个部门。县人大常委会副主任唐国均对此次活动进行工作部署，县交通局、水务局、大豫镇等5个重点涉评部门和相关镇主要负责人做表态发言。县委常委、常务副县长沈峻峰，县人大常委会党组副书记、副主任陈昌龙，副县长蒋树建分别讲话。

26日 县人大常委会召开第四十三次主任会议，听取县农委对加强农资监管情况报告。

9月

2日 江苏省人大代表南通代表团第四小组专程到如东，视察指导沿海开发工作。县委书记、县人大常委会党组书记、主任詹立风介绍如东县经济社会发展和沿海开发情况，县委副书记、县长潘建华参加活动。县人大常委会党组副书记、副主任陈昌龙主持汇报交流会。

是日 扬州市邗江区人大常委会副主任徐圣龙一行到如东，调研社会救助工作开展情况。

3日 县人大召开办公会。县人大常委会党组副书记、副主任陈昌龙主持会议。县住建局作《江苏省物业管理条例》专题讲座。各委室交流2013年后常委会决议决定、审议意见和主任会议纪要跟踪落实情况，讨论市人大代表报告履职情况方案、市人大评议部门迎评调研方案。

是日 县人大召开农村基础设施专项工作评议情况交流会。县发改委、财政局、农办、住建局、交通运输局、农委、水务局、农机局、农业资源开发局、国土局分管领导分别就接受人大评议工作情况进行交流。县人大常委会副主任唐国均到会讲话。

9日 县人大常委会党组副书记、副主任陈昌龙到南通外向型农业综合开发区，督查部分在建项目建设推进情况。先后督查刘埠国家一级渔港项目、东海高效设施园艺基地、南通荷合每美传统农业项目基地等一批在建项目，并听取开发区负责人和相关项目负责人情况介绍。

10日 南通市人大常委会领导王向红、施建中、张小平一行视察如东高标准农田建设工作，在河口镇农业综合开发高标准农田建设项目区开展实地调研。县委副书记、县长潘建华，县人大常委会党组副书记、副主任陈昌龙等参加调研活动。

12日 县人大常委会党组副书记、副主任陈昌龙带领县人大常委会相关负责人，到县工商局开展迎接市人大评议市政府部门工作调研活动，重点听取县工商局工作情况汇报和市工商局在如东履职情况。

22日 县人大常委会召开第四十四次主任会议，听取县交通局关于全县农村公路建设和管理情况报告。与会人员视察通洋高速，县道长掘线、长兵线和掘港镇农村公路等建设管理情况。

25日 扬州市邗江区人大常委会副主任徐金才一行到如东调研教育工作。

29日 县第十六届人大常委会第二十二次会议召开。会议听取和审议县政府副县长蒋树建关于加快土地流转、促进高效规模农业发展情况工作报告和县人大常委会专题调查组关于加快土地流转、促进高效规模农业发展情况调查报告。

10 月

3 日 如皋市人大常委会党组书记、主任谢新民及离退休老干部一行到如东，考察沿海旅游业及洋口港开发情况。

6 日 扬州市邗江区人大常委会副主任曹占田一行到如东学习考察土地管理法律法规执行情况。

9 日 县人大召开办公会，县人大常委会党组副书记、副主任陈昌龙主持会议。与会人员交流“访选民”意见建议督办情况、“问项目”推进情况，专项工作评议相关推进工作，讨论县第十六届人大四次会议筹备事项。

13 日 江苏省人大常委会党组副书记、常务副主任蒋宏坤一行，在南通市人大常委会副主任施建中陪同下，到如东调研新农村建设情况。蒋宏坤一行先后参观洋口港阳光岛、南通外向型农业综合开发区如东现代渔业产业园区工厂化海参育苗车间、如东东海高效设施园艺基地、小洋口温泉国际城、栟茶镇江安千亩设施农业园区和江凌千亩设施水产养殖园区。县委书记、县人大常委会党组书记、主任詹立风介绍如东推进社会主义新农村建设的做法。

中旬 启东市人大常委会副主任倪国冲一行到如东，考察沿海农渔业、旅游业、工业以及港口开发情况。

23 日 县人大常委会召开第四十六次主任会议，听取县住建局关于市政工程建设、保障房建设、县城老旧小区改造和小区物业管理工作报告。

27 日 县人大常委会党组和人大办及各委室领导班子召开党的群众路线教育实践活动总结大会。县人大常委会党组副书记、副主任陈昌龙作总结讲话。

30 日 县人大召开省、市、县、镇四级人大代表“问项目”现场交流会议，总结交流 2014 年开展人大代表“问项目”活动情况。人大常委会主任会议成员，县委常委、常务副县长沈峻峰，省、市、县、镇四级人大代表，各镇人大主席和机关代表小组组长，县相关部门主要负责人和分管负责人，如东经济开发区和高新技术产业开发区管委会主要负责人参加会议。与会人员视察掘港中心市场迁建、县城第二污水处理厂、如东科技城、三一如东产业园特种车辆装备制造、明阳风电风机制造、县中医院迁建等项目建设现场。县委常委、常务副县长沈峻峰，县人大常委会党组副书记、副主任陈昌龙提出要求。

11 月

7 日 县人大召开办公会，县人大常委会党组副书记、副主任陈昌龙主持会议。各镇人大和机关代表小组负责人分别交流 2014 年各自工作突出亮点，并对 2015 年人大工作提出建议。县人大“访选民、问项目、评部门”3 个专题活动小组分别交流工作推进情况。各委室交流 2015 年工作思路、工作重点、工作举措和 11 月工作安排。对农村基础设施建设专项评议工作进行业务培训。

17 日 县人大召开农村基础设施建设专项工作评议会议。县发改委、财政局、农办、住建局、交通运输局、农委、水务局、农机局、农业资源开发局、国土局 10 个涉评部门负责人围绕各自承担职能和任务进行回头看并作专题汇报，人大代表们现场问询。县人大常委会副主任唐国均对 2014 年农村基础设施建设评议工作进行总结和部署。马塘镇人大、河口镇政府作交流发言。县人大常委会党组副书记、副主任陈昌龙，副县长蒋树建分别讲话。

是日 扬州市人大人事代表工委主任孙玉培一行到如东，考察基层人大代表工作以及港口开发情况。

21 日 县人大常委会党组副书记、副主任陈昌龙一行赴栟茶镇调研经济社会发展情况。视察阳光福利中心、茗海花园、便民服务中心、如石机械公司退城进区项目、江凌农业示范园区等项目现场。

24日 县人大召开调研全县教育工作汇报会，听取县教育系统相关人员对全县教育现代化发展情况汇报。与会人员就社区教育发展、优化学前教育布局、提高赴外省市进修培训教师比例、教育资源优化等问题作交流。县人大常委会党组副书记、副主任陈昌龙到会讲话。

27日 县第十六届人大常委会第二十三次会议召开。会议作出人事任免，听取县政府关于代表议案建议和常委会审议意见办理落实情况工作报告等。7名市人大代表作履职情况报告。

12月

4日 县人大召开人大代表培训会议。邀请江苏省人大人事代表联络委员会副主任孙庭兆作《认真履行代表职责，充分发挥代表作用》专题讲座。县人大人事代表工委负责人对人大代表如何提交议案建议进行业务指导。

是日 全县人大工作会议在县行政中心召开。县委全体常委，县人大常委会全体组成人员，县法院、检察院负责人及各镇（区）、各部门主要负责人参加会议。县委书记、县人大常委会党组书记、主任詹立风，县委副书记、县长潘建华，县人大常委会党组副书记、副主任陈昌龙分别讲话。县法院院长娄宏春、县检察院检察长顾祖林作大会发言。

5日 县人大召开办公会议，县人大常委会党组副书记、副主任陈昌龙主持会议。各委室讨论修改2015年县人大常委会和主任会议议题以及各工委专题视察和调研议题。

10日 盐城大丰市人大常委会党组副书记、副主任吴家祥一行到如东，考察学习沿海开发、预算审查等亮点工作。

11日 县人大常委会党组副书记、副主任陈昌龙率县人大常委会各委室负责人到县城管局，就如何增强代表议案、建议办理工作实效，提高问题解决率开展实地调研。

29日 县人大组织对新一届县政府组成部门拟任负责人进行任前法律知识考试。

30日 县第十六届人大常委会第二十四次会议召开。审议通过有关人事任免事项，听取和审议县政府关于2015年国民经济和社会发展计划（草案）报告等。

2015年

1月

7日 县人大召开办公会。县人大常委会党组副书记、副主任陈昌龙主持会议。与会人员交流县人代会准备工作情况，审看人大专题片。

24—26日 如东县第十六届人民代表大会第四次会议在县行政中心召开。会议听取和审议政府工作报告和县人大常委会工作报告，审查其他报告，并作出相关决议。

2月

10日 县第十六届人大常委会第二十五次会议召开。会议通过《关于设立县各经济园区人大工作委员会的决定（草案）》，通过有关人事任免议案。

3 月

4 日 县人大常委会召开贯彻实施《江苏省人民代表大会常务委员会关于促进全民阅读的决定》座谈会，县全民阅读领导小组成员单位、各镇（区）分管负责人、基层文化站站长参加会议。相关部门、单位代表，优秀读书代表交流发言。副县长姜晓静出席座谈会，并对在如东贯彻实施“决定”作工作部署。县人大常委会副主任唐国均参加座谈会。

6 日 县人大召开办公会。县人大常委会党组副书记、副主任陈昌龙主持会议。洋口港经济开发区、如东高新技术产业开发区、沿海经济开发区等各园区人大工委负责人和县人大各委室负责人交流讨论 2015 年重点工作安排，以及执法检查、“访问评”主题实践活动实施方案等方面工作。

19 日 县人大常委会召开第五十次主任会议，听取县安监局关于全县安全生产监管工作情况报告。

26—27 日 南通市人大常委会党组书记、副主任黄利金率领调研组到如东，调研水环境整治情况。县委副书记、县长潘建华，县人大常委会党组副书记、副主任陈昌龙参加活动。调研组先后抽查岔河镇南桥村、兴河村，大豫镇一门闸村、九龙村的河道整治、管护工作推进情况，赴掘港镇芳泉河、如泰运河等地，听取河道整治情况介绍。

30 日 县人大常委会召开 2015 年重点工作部署会。县人大常委会副主任沈更生、冯力如、唐国均分别对《中华人民共和国水污染防治法》执法检查、人大代表“访问评”主题实践活动以及“一府两院”人员述职评议工作进行专题部署。县政府常务副县长沈峻峰，县人大常委会党组副书记、副主任陈昌龙分别讲话。

是日 县第十六届人大常委会第二十六次会议召开。会议听取和审议县政府关于补齐资源短板、完善薄弱环节，加快推进县城基础教育现代化步伐的报告等，通过人事任免议案。

4 月

8 日 县人大举办《中华人民共和国畜牧法》知识讲座，邀请省农委畜牧局局长宋晓春主讲。

13 日 县人大机关召开“三解三促”活动对接工作座谈会，会议由县人大常委会党组成员、人大办主任卜其银主持，人大机关和岔河镇龙发村班子全体成员参加座谈。

16 日 县人大常委会党组副书记、副主任陈昌龙带领部分县人大代表和县人大常委会主任会议成员一行到洋口港经济开发区开展“问项目”活动。县委常委、洋口港经济开发区党工委书记张蓉蓉汇报洋口港开发建设相关情况。参观港口新城区、临港工业区、岛上作业区部分在建、投产项目。部分县人大代表就项目建设相关情况与洋口港经济开发区负责人进行现场询问与交流。

27 日 县人大常委会召开第五十二次主任会议，听取和审议县政府关于实施划定畜禽养殖禁养区、限养区意见情况汇报。

28 日 县人大召开推进科技创新加快转型升级调研座谈会。会议由县人大常委会副主任唐国均主持。县科技局负责人汇报如东县实施创新驱动发展战略情况。县人大常委会党组副书记、副主任陈昌龙到会讲话。

29 日 如皋市人大常委会党组副书记、副主任张元健一行到如东，考察回购自来水厂的经验和做法。县人大常委会副主任沈更生介绍如东县关于实施农村水厂回购推进区域供水基本工作。

5 月

4 日 县人大常委会邀请哈尔滨工业大学深圳研究生院教授董文艺，作《中华人民共和国水污染防治法》专题讲座。县人大常委会党组副书记、副主任陈昌龙，县人大机关全体人员，各镇人大主席、各区人大工委主任、机关代表小组组长、各镇人大秘书，部分县镇人大代表，各镇（区）分管环保负责人，县环保局、水务局、农委主要负责人、分管负责人，县法院、发改委、公安局等12个部门分管负责人听取讲座。

是日 县人大召开办公会，县人大常委会党组副书记、副主任陈昌龙主持会议。各园区人大工委负责人和县人大各委室交流讨论开展《中华人民共和国水污染防治法》执法检查等工作。

5日 县人大常委会党组副书记、副主任陈昌龙带领《中华人民共和国水污染防治法》执法检查第一检查组赴栟茶镇开展执法检查。检查组实地查看水污染突出问题现场，栟茶镇污水处理厂、向荣河、岔栟河北段、兴镇村十四组四级河和浒澪中心河。听取镇政府贯彻实施《中华人民共和国水污染防治法》情况汇报及镇人大开展自查情况汇报，并与与会镇环保、水利、兽医、村镇建设部门负责人及部分县镇人大代表开展座谈。

是日 县人大常委会副主任冯力如一行到岔河镇对贯彻实施《中华人民共和国水污染防治法》情况进行执法检查。

6—7日 县人大常委会副主任沈更生、冯力如分别带领县人大执法检查组，到丰利、曹埠等镇检查《中华人民共和国水污染防治法》执行情况。

12日 南京市江宁区人大常委会副主任、区总工会主席孟向前一行到如东，学习考察人大代表履职活动等相关情况。县人大常委会党组副书记、副主任陈昌龙介绍如东县经济社会发展情况和县人大工作情况。

13日 徐州市丰县人大常委会副主任刘玉成一行到如东考察，县人大常委会副主任冯力如陪同考察。

19日 县人大常委会党组副书记、副主任陈昌龙带领县人大常委会部分组成人员赴县发改委，调研全县创新驱动产业转型升级工作。

20日 县人大常委会召开第五十三次主任会议，听取和审议县法院执行工作情况汇报。

22日 县人大常委会副主任冯力如、唐国均带领部分县人大代表，赴沿海经济开发区开展“问项目”活动，并调研该区创新驱动产业转型升级工作。

28日 县第十六届人大常委会第二十七次会议召开。会议听取县政府关于贯彻实施《中华人民共和国水污染防治法》情况工作报告等。县委书记、县人大常委会党组书记、主任詹立风出席会议。

6月

3日 县人大召开办公会，县人大常委会党组副书记、副主任陈昌龙主持会议。各园区人大工委和县人大各委室负责人交流讨论《中华人民共和国水污染防治法》执法检查中出现问题督促整改情况和开展“访问评”主题实践活动等相关工作。

15日 县人大常委会党组副书记、副主任陈昌龙带领县人大办、县人大财经工委、科教文卫工委、内务司法工委相关人员到中天科技集团调研。调研组一行参观中天宽带、江东金具等中天科技集团下属企业生产现场，与中天科技集团和河口镇相关负责人座谈交流。

16日 县人大举办“三严三实”（严以修身、严以用权、严以律己；谋事要实、创业要实、做人要实）专题教育党课，县人大常委会党组副书记、副主任陈昌龙主讲。

是日 县人大常委会党组副书记、副主任陈昌龙带领部分委室人员到县公共资源交易中心专题视察调研。

17日 县人大常委会党组副书记、副主任陈昌龙带领常委会部分组成人员到江苏九九久科技股份有限公司调研。

29日 县人大常委会召开第五十五次主任会议。听取和审议县政府关于推进创新驱动战略，促进产业转型升级的情况报告。

7月

1—7日 县人大常委会组织县人大干部赴全国人大会议中心参加2015年第九期地方人大代表和干部培训班学习。

9日 县人大和县海洋与渔业局邀请江苏省海洋与渔业局海域管理处副处长李荣军作《中华人民共和国海域使用管理法》专题讲座。

中旬 县人大常委会党组副书记、副主任陈昌龙率县人大常委会部分组成人员，分别到县地税局、国税局调研税收工作推进情况。

30日 县第十六届人大常委会第二十八次会议召开。会议听取和审议相关工作报告，通过人事任免决定。县委书记、县人大常委会党组书记、主任詹立风出席会议。

8月

4日 县人大召开办公会，县人大常委会党组副书记、副主任陈昌龙主持会议。与会人员听取《中华人民共和国社会保险法》专题讲座。

17日 浙江省平湖市人大常委会副主任柯卫明带领人大常委会组成人员，以及该市发改委、教育局等单位负责人，到如东调研职业教育工作。县人大常委会副主任唐国均陪同调研。

18日 县人大召开人大代表视察农村基础设施现场暨“访选民”活动交流会。县人大常委会党组副书记、副主任陈昌龙主持会议并讲话。县人大代表视察马塘镇马南村农业综合开发项目、岔河镇南桥村小型农田水利项目、栟茶镇栟江线农村公路提档升级工程、沿海经济开发区刘环村美丽乡村建设项目、丰利镇兴南村一事一议财政奖补项目和如东经济开发区凤阳村土地综合整治项目。高新技术产业开发区、袁庄镇政府负责人分别交流农村基础设施建设推进情况，曹埠镇、双甸镇人大主席分别交流“评部门”工作推进情况。部分人大代表与涉评部门负责人开展交流。县人大常委会副主任唐国均作农村基础设施建设评议工作阶段性小结，部署下一阶段工作。县政府副县长蒋树建对各镇和涉评部门提出要求。县人大常委会副主任沈更生总结前一阶段“访选民”活动开展情况，并部署下一阶段工作。

19日 南通市人大常委会副主任施建中一行到如东调研基层医疗卫生服务体系建设情况，实地参观县第三人民医院、苴镇中心卫生院、苴镇九阳村卫生室等地，了解基层医疗卫生体系建设、人才队伍建设、服务方式等情况。

20日 县人大常委会召开第五十七次主任会议，听取县人力资源和社会保障局关于全县社会保障情况工作报告。

24日 县人大常委会召开第五十八次主任会议，听取和审议县检察院关于查办和预防职务犯罪工作情况报告。

25日 县人大召开配合评议市政府部门工作调研和2015年履职报告工作动员部署会，县人大常委会党组副书记、副主任陈昌龙主持会议并提出要求。

是日 陕西省旬阳县人大常委会副主任杨纪元一行到如东，考察人大内务司法工作。

9月

1日 县人大常委会党组副书记、副主任陈昌龙带领县人大部分人员到南通外向型农业综合开发区调研。

2日 县人大召开办公会，县人大常委会党组副书记、副主任陈昌龙主持会议。邀请县卫计委负责人作关于医药卫生体制改革走向及如东县具体实践的专题讲座，各园区人大工委、街道人大负责人和县人大各委室负责人参加会议。

6日 县人大组织部分市人大代表，对南通市科技局、民政局等12家市级政府部门进行工作评议。县文广传媒中心和如东高新技术产业开发区分别汇报工作。市人大代表分别就农村环境污染、社会养老、社区居家养老服务、社区建设、体育产业健康发展等问题，提出建议和意见。

8日 县人大常委会召开第五十九次主任会议。会议听取和审议县政务中心、市场监管局、住建局、农办、教育局、民政局6家单位关于2015年重点建议办理落实情况报告。

20日 江苏省人大常委会副主任许仲梓带领省人大部分工委负责人和部分省人大代表，到如东开展代表建议督办活动。陈昌龙等6名省人大代表向大会提出“关于进一步加强医疗卫生资源向基层下沉的建议”，该建议被省人大常委会主任会议确定为2015年重点督办建议。督办组一行先后视察马塘镇潮南村卫生室、马塘医院、马塘镇卫生所和县人民医院，听取县政府副县长姜晓静专题汇报，并就基层一线医疗卫生相关情况与部分一线医疗卫生代表交流。

22日 县人大常委会召开第六十次主任会议，听取和审议县政府关于如东县公立医院综合改革情况报告。

29日 县第十六届人大常委会第二十九次会议召开。通过有关人事任免决定，听取部分市人大代表履职报告。

10月

15日 海安县人大常委会副主任章曙东一行到如东，考察学习县人大常委会在街道、园区设立人大工委相关工作。

是日 县人大召开“问项目”视察交流会，县人大常委会副主任冯力如主持会议。与会人员视察如东经济开发区重通叶片、如东高新技术产业开发区生命健康产业园、如东汽车城、曹埠镇乐贝帝家居、马塘镇鑫斯达机械、马塘镇诺嘉机械铸件6个重点项目现场，县发改委有关领导作全县项目建设情况报告，部分镇（区）人大领导交流“问项目”工作。县人大常委会党组副书记、副主任陈昌龙到会讲话。

是日 县人大常委会召开党组（扩大）会议，传达全省县乡人大工作和建设座谈会精神，县人大常委会党组副书记、副主任陈昌龙主持会议并讲话。

22日 南通市人大到如东专题视察“绿色南通”决议贯彻执行情况。实地视察通洋高速、外环路、洋口港工业园区、柞榛苗木园、长江路景观绿化等造林绿化现场。副市长赵闻斌汇报全市造林绿化工作进展以及下一步工作打算。县委副书记、县长潘建华介绍如东造林绿化情况。市人大常委会党组副书记、副主任王向红讲话。市人大常委会副主任程静，县领导陈昌龙、于立忠、冯力如、蒋树建参加活动。

23日 丹阳市人大常委会副主任蒋明辉率团到如东，就“十三五”规划编制及初审工作进行考察交流。

26日 县人大常委会党组副书记、副主任陈昌龙一行到县市场监督管理局，调研该局成立后运行情况和全县食品安全管理工作。

28日 江苏省人大常委会副主任刘永忠一行，在南通市人大常委会副主任程静陪同下，到如东检查《江苏省耕地质量管理条例》执法情况。县委副书记、县长潘建华，县人大常委会党组副书记、副主任陈昌龙等陪同检查。

29日 县人大常委会召开第六十二次主任会议。听取和审议全县食品药品安全监管工作情况报告。

11 月

10 日 县人大常委会党组副书记、副主任陈昌龙带领财经工委人员一行，到县高新技术产业开发区调研“十二五”规划执行情况与“十三五”规划编制情况。

11 日 县人大召开镇（区）人大工作座谈会。县人大常委会党组副书记、副主任陈昌龙主持会议并讲话。

20 日 县人大常委会召开第六十三次主任会议，听取县政府关于全县城市规划建设管理情况工作报告。

26 日 江苏省人大代表省直南通、扬州、泰州组到如东视察洋口港经济开发区发展情况。县委副书记周建飞，县人大常委会党组副书记、副主任陈昌龙，副县长王智陪同视察。

27 日 县第十六届人大常委会第三十次会议召开。听取和审议县政府关于如东县国民经济和社会发展“十二五”规划执行、“十三五”规划纲要编制情况工作报告等。

30 日 县人大常委会党组副书记、副主任陈昌龙带领县人大执法检查组一行，对 2015 年《中华人民共和国水污染防治法》执法检查中存在的突出问题整改情况进行督查。检查组实地督查曹埠镇、岔河镇、栟茶镇、长沙镇存在问题整改情况。

12 月

2 日 县人大召开办公会，县人大常委会党组副书记、副主任陈昌龙主持会议。县人大常委会领导、各委室负责人以及各园区人大工委、街道人大负责人交流发言。会议讨论 2016 年县人大常委会会议、主任会议及各委室开展审议、视察和调研议题。审看《中华人民共和国水污染防治法》执法检查工作专题片。

16 日 江苏省人大常委会党组书记、常务副主任蒋定之，省人大常委会党组成员、副主任赵鹏一行到如东，调研指导洋口港开发建设工作。县委书记、县人大常委会党组书记、主任詹立风陪同调研，县人大常委会党组副书记、副主任陈昌龙，县委常委、洋口港经济开发区党工委书记于立忠参加活动。

23 日 县人大常委会召开第六十五次主任会议，听取县交通局关于全县交通基础设施建设和管理情况报告。

29 日 县第十六届人大常委会第三十一次会议召开。会议听取和审议县政府关于全县 2015 年国民经济和社会发展计划执行情况及 2016 年国民经济和社会发展计划（草案）的报告等。

2016 年

1 月

7 日 县人大召开办公会，县人大常委会党组副书记、副主任陈昌龙主持会议。县人大常委会领导、各委室负责人以及各园区人大工委、街道人大负责人讨论并修改《县人大常委会关于深入开展县人大代表“访选民、问项目、评部门”主题实践活动的实施意见》。

是日 县人大常委会党组组织召开“三严三实”专题民主生活会。

12 日 县第十六届人大常委会第三十二次会议召开。会议补选周剑浩、潘建华、戴泽晖 3 人为南通市第十四届人大代表。

2 月

18 日 县第十六届人大常委会第三十三次会议召开。会议表决通过《关于接受詹立风辞去县第十六届人大常委会主任职务请求的决定》。

18—20 日 如东县第十六届人民代表大会第五次会议在县行政中心召开。会议听取和审议政府工作报告和县人大常委会工作报告，审查其他报告，并作出相关决议。

29 日 县人大常委会召开2016年重点工作部署会。县人大常委会副主任沈更生、唐国均分别就县人大常委会关于开展《中华人民共和国环境保护法》等执法检查专项工作和县人大开展“访选民、问项目、评部门”主题实践活动作动员部署。县人大常委会党组副书记、副主任陈昌龙提出要求。

是日 县人大常委会召开全县人大系统干部会议，县人大常委会党组副书记、副主任陈昌龙到会讲话。

是日 县第十六届人大常委会第三十四次会议召开。会议通过2016年工作要点，通过县人大代表“访选民、问项目、评部门”主题实践活动实施意见。

3 月

1 日 南通市人大调研组到如东调研县人大发挥代表主体作用情况。

3 日 县人大常委会党组副书记、副主任陈昌龙带领部分常委会组成人员到江苏道蓬科技有限公司调研石墨烯产业项目。

4 日 县人大召开全县水利基础设施建设情况座谈会，听取“十二五”期间全县水利基础设施建设情况和相关工作打算。县水务局、财政局、农机局等相关部门负责人参与座谈并交流。县人大常委会党组副书记、副主任陈昌龙出席座谈会并讲话。

8—9 日 县人大常委会党组副书记、副主任陈昌龙带领县人大常委会部分委室负责人和县发改委主要负责人赴新沂、沭阳两地考察交流。

14 日 县人大常委会党组副书记、副主任陈昌龙带领相关人员到南通外向型农业综合开发区，对刘埠国家一级渔港建设进展情况以及金海岸现代农渔业产业园基础设施配套和产业项目落户情况2个重点项目开展调研。

21 日 南通市人大常委会依法治市调研组到如东调研依法治市工作情况。市人大常委会副主任施建中一行在行政中心分别听取县依法治县领导小组办公室、县政府、县法院、县检察院、县司法局等单位关于依法治县、建设法治政府、公正司法、法制宣教等情况汇报，并开展座谈交流。调研组一行采取明察暗访形式，先后到江苏如通石油机械股份有限公司、南通大东有限公司、如东县供电公司、南通爱普医疗器械有限公司等单位，详细了解企业在安全生产、环境保护、工人合法权益等方面情况。县人大常委会党组副书记、副主任陈昌龙，县委常委、政法委书记杨小军，县人大常委会副主任唐国均，副县长程军陪同调研。

25 日 县人大常委会召开第七十次主任会议，专题听取全县土地资源开发利用和管理情况报告。

30 日 县第十六届人大常委会第三十五次会议召开。听取和审议县政府关于全县水利基础设施建设情况工作报告等。

4 月

7 日 县人大召开办公会，县人大常委会党组副书记、副主任陈昌龙主持会议。会议讨论

《如东县人大常委会关于实施五级代表助力小康“五百”工程行动（动员、组织干部代表助建百个小康村、专业代表助推百个项目、企业代表助帮百个困难户、农业代表助护百条河道、各界代表助办百件实事）工作方案（征求意见稿）》。

18日 县人大召开《中华人民共和国环境保护法》学习培训会，邀请江苏省人大环境资源城乡建设委员会委员张弛授课。县人大常委会组成人员，县人大机关全体干部，各镇（区、街道）人大主席（人大工委主任）、副主席（人大工委副主任）、人大秘书，县级机关代表小组组长、联络员，部分县级机关主要负责人、分管负责人和相关人员，部分省、市、县、镇人大代表参加培训。

是日 县人大召开专题会议，县人大常委会党组副书记、副主任陈昌龙部署五级人大代表开展助力小康“五百”工程行动。

21日 南通市人大常委会党组副书记、副主任王向红带领检查组到如东，检查《中华人民共和国环境保护法》执行情况。县人大常委会党组副书记、副主任陈昌龙陪同检查。副县长蒋树建向检查组汇报如东县贯彻落实《中华人民共和国环境保护法》自查情况。检查组视察南通大东有限公司、如东经济开发区电镀工业园、马塘镇沼气发电项目。

26日 县人大常委会党组副书记、副主任陈昌龙带队赴双甸镇、袁庄镇、栟茶镇、丰利镇、马塘镇调研了解“人大代表助力小康‘五百’工程行动”部署情况。

28日 县人大常委会召开第七十二次主任会议，听取和审议全县文化队伍建设情况报告。

5月

10日 县人大召开办公会。会议听取6个园区人大、5个推进组、宣传组落实助力小康“五百”工程行动部署会情况的交流发言。县人大常委会副主任唐国均就县人大赴相关镇区调研情况作专题点评。县人大常委会党组副书记、副主任陈昌龙主持会议，并对开展“五百”工程行动提出要求。

是日 县人大机关党总支召开“两学一做”（学党章党规、学系列讲话，做合格党员）学习教育工作动员部署会。党总支书记、办公室主任卜其银作专题党课辅导讲话，县人大常委会党组副书记、副主任陈昌龙提出要求。

是日 县人大常委会党组副书记、副主任陈昌龙带领相关工委负责人赴栟茶镇，调研代表助力小康“五百”工程行动推进情况。

23日 县人大常委会召开第七十三次主任会议，听取和审议县法院关于立案登记制改革工作情况报告。

25日 县人大常委会副主任冯力如带领相关工委人员调研了解马塘、岔河、双甸、丰利和新店5个镇“五百”工程行动开展情况。

26日 南通市人大常委会党组副书记、常务副主任陈斌到如东调研“万名代表小康行”主题实践活动推进工作。县委副书记、县长潘建华陪同调研，并主持召开情况汇报会。县人大常委会党组副书记、副主任陈昌龙汇报如东“万名代表小康行”主题实践活动开展情况。陈斌一行先后到掘港街道港南社区、碧霞小区、临湖苑安置小区，察看多个不同类型、不同层级代表，利用行业优势、工作特点，为群众办实事、解难题现场，并与人大代表、群众代表现场交流。

30日 县人大常委会召开第三十六次会议，听取县政府关于《中华人民共和国环境保护法》等执法检查整改落实情况报告；听取和审议县人大常委会任命的“一府两院”工作人员履职报告。

6月

2日 县人大常委会党组副书记、副主任陈昌龙和县人大代表、南通五建瑞景置业工程部经理汪拥军走进 FM97.0 南通新闻广播直播室，向全市广大听众介绍如东县人大开展的五级代表助力小康“五百”工程行动。

7 日 县人大开展《中华人民共和国职业教育法》专题培训，邀请如东中等专业学校校长余飞作专题讲座。

是日 县人大召开办公会，县人大常委会党组副书记、副主任陈昌龙主持会议。各园区人大负责人交流“五百”工程行动特色做法和进展情况；6 个推进组组长交流典型培育和行动推进情况；人大机关干部代表交流各自对接和助力相关工程行动情况。

是日 县人大召开动员会，进一步推进项目建设与招商引资工作。县人大常委会党组副书记、副主任陈昌龙主持会议。

13 日 县人大常委会党组副书记、副主任陈昌龙到南通外向型农业综合开发区，调研通威渔光一体如东有限公司和刘埠国家一级渔港项目建设进展情况。

15 日 县人大常委会组成人员和部分企业界人大代表视察江苏联合职业技术学院如东分院、如东中等专业学校。

是日 南通市人大常委会副主任程静以人大代表身份，带领南通市人民代表大会如东代表团第四小组部分代表，到岔河镇开展“助建小康村”活动。县人大常委会党组副书记、副主任陈昌龙参加活动。

28 日 县人大常委会召开第七十五次主任会议，听取和审议县政府关于全县职业教育发展情况报告。

29 日 县人大召开五级代表助力小康“五百”工程行动推进会，县人大常委会副主任唐国均主持会议。会议学习南通市人大常委会党组副书记、常务副主任陈斌在“万名代表小康行”活动情况交流会上的讲话精神，并对开展人大代表争当环境保护“啄木鸟”活动和“五百”工程行动 3 张清单报告活动进行部署。县人大常委会党组副书记、副主任陈昌龙提出要求。

7 月

4 日 县人大常委会党组副书记、副主任陈昌龙带领常委会部分组成人员到县财政局，调研上半年财政收支指标完成情况。

5 日 县人大召开办公会。县人大常委会党组副书记、副主任陈昌龙主持会议。会议部署助力小康“五百”工程行动现场推进活动。

6 日 县人大常委会党组副书记、副主任陈昌龙带领相关工委人员到沿海经济开发区开展调研活动。

13 日 县人大常委会党组书记、副主任陈昌龙带领常委会部分组成人员到县发改委，调研上半年国民经济和社会发展计划发展情况。

14 日 南通市人大常委会副主任程静在县人大常委会党组书记、副主任陈昌龙等陪同下，带领市人大相关委室负责人到如东就“调动保护企业家积极性和推进重大产业项目建设”开展视察、调研活动。

15 日 县第十六届人大常委会第三十七次会议召开，审议并通过对县“一府两院”的人事任免事项。

19 日 县人大常委会党组书记、副主任陈昌龙带领相关负责人到高新技术产业开发区，就人大代表助力小康“五百”工程行动推进情况、“啄木鸟”活动开展情况等进行调研。

20 日 县人大常委会党组书记、副主任陈昌龙带领相关负责人到洋口港经济开发区，就人大代表助力小康“五百”工程行动推进情况、“啄木鸟”活动开展情况等进行调研。

26 日 县第十六届人大常委会第三十八次会议召开。会议通过相关人事任免事项，听取和审议县政府关于2016年上半年国民经济社会发展计划、财政预算执行情况以及2015年同级审计工作情况报告等。

8月

3日 由南通市人大常委会牵头组织,《人民日报》、中央电视台、新华社、《新华日报》、江苏卫视、江苏省电台等10多家中央和省级媒体近30名记者到如东,集中采访如东县"万名代表小康行"主题实践活动。县人大常委会党组书记、副主任陈昌龙向媒体记者介绍如东县五级代表助力小康"五百"工程行动开展情况。

4日 县人大邀请县农办负责人作《农村土地承包法律法规》专题培训。

是日 县人大召开办公会,县人大常委会党组书记、副主任陈昌龙主持会议。会议交流年中人民代表大会例会准备情况和"五百"工程行动中的典型事例。

是日 县第十六届人大常委会第三十九次会议召开,通过相关人事任免事项。

8日 县人大常委会党组书记、副主任陈昌龙陪同泰国正大集团副董事长陈丹一行,到南通外向型农业综合开发区考察。

15日 县人大常委会党组书记、副主任陈昌龙带领部分人员到双甸镇、栟茶镇调研,了解两镇"五百"工程行动进展情况及年中镇人民代表大会例会准备情况。

24日 南通市人大常委会副主任施建中一行到如东调研人大"万名代表小康行"主题实践活动开展情况。县人大常委会党组书记、副主任陈昌龙等陪同调研。调研组一行先后视察江苏中天科技股份有限公司光伏支架及铝包钢扩产项目建设现场、河源污水处理厂以及县人大代表助帮的困难户家庭。陈昌龙汇报如东县"五百"工程行动情况以及下一阶段打算。部分镇人大主席介绍各自镇"五百"工程行动进展情况。

25日 县人大常委会召开第七十八次主任会议,听取和审议关于重点建议办理情况报告。

27日 在全国人大代表、江苏省农业委员会党组书记、主任吴沛良带领下,江苏部分全国人大代表到如东专题调研现代农业发展工作。县委书记潘建华,县人大常委会党组书记、副主任陈昌龙陪同调研。

30日 县人大常委会召开第七十九次主任会议,听取和审议县检察院关于刑事检察情况报告。

9月

2日 县人大召开配合评议市级政府部门工作动员会。县人大常委会党组书记、副主任陈昌龙主持会议。

19日 县人大在河口镇召开全县五级人大代表助力小康"五百"工程行动观摩交流会,与会人员参观河口镇人大代表助推项目、助帮困难户、助办实事等典型现场。河口镇、马塘镇、高新技术产业开发区人大就党委、人大组织推进"五百"工程行动作经验交流。县人大常委会党组书记、副主任陈昌龙作总结讲话。

21日 全县县镇两级人大换届选举工作会议召开,安排部署县镇两级人大换届选举工作。县委书记潘建华到会讲话。县人大常委会党组书记、副主任陈昌龙作换届选举动员讲话,县领导曹雁卉、张蓉蓉分别部署换届选举的组织、宣传工作。县委副书记任新峰主持会议。

22日 县人大常委会召开第八十次主任会议,听取和审议县发改委关于推动企业创新转型情况工作报告。

27日 县第十六届人大常委会第四十次会议召开,对县政府及相关部门推进全县农村基础设施建设情况开展专项工作评议,并通过《县人大常委会关于做好县镇两级人大换届选举工作的意见》，建立县选举委员会。

29 日　县选举委员会召开第一次会议，明确县选举委员会工作职责，讨论确定县选举办公室各组工作职责、人员及分工；讨论通过选举委员会公告、换届选举工作计划等。县人大常委会党组书记、副主任、县选举委员会主任陈昌龙提出要求。

10 月

13 日　县人大常委会党组书记、副主任陈昌龙和大豫镇人大主席胡俊、河口镇人大代表徐爱林以及洋口镇第三代表之家王兴富共同走进南通新闻广播直播室，向全市广大听众介绍如东县人大开展的五级代表助力小康“五百”工程行动。

是日　县选举委员会召开第二次会议，县人大常委会党组书记、副主任、县选举委员会主任陈昌龙主持会议。会议通过《如东县县镇两级人民代表大会换届选举选民登记核对办法》，审查各镇选举委员会组成人员建议名单，审查批准县镇两级人大代表选区划分方案，讨论确定县人大代表结构分配方案。

18 日　南通市人大常委会党组副书记、常务副主任庄中秋，副主任程静到如东调研县镇两级人大换届选举工作。县委书记潘建华，县人大常委会党组书记、副主任陈昌龙参加调研。陈昌龙汇报县人大常委会 2016 年工作基本情况和县镇两级人大换届选举工作。

24 日　全县人大换届选举转段工作会议召开，部署宣传发动和选民登记核对阶段工作。各镇人大主席（区人大工委主任）、人大秘书、县选举委员会各组成员参加会议。县人大常委会副主任、县选举委员会副主任唐国均参加会议并讲话。

25 日　县人大常委会召开第八十二次主任会议，听取县住建局、县城管局和县行政审批局相关负责人关于城市规划、建设及相关管理情况的工作报告。

11 月

9 日　江苏省人大常委会委员、农委副主任梁学忠一行到如东，就《江苏省河道管理条例》立法开展调研。南通市人大常委会党组副书记、副主任曹斌，县人大常委会党组书记、副主任陈昌龙，副主任冯力如，副县长陈春柳陪同调研。

18 日　县人大召开机关全体干部会议。县委常委、组织部部长曹雁卉作人大机关人事调整相关情况说明。县人大常委会党组书记、副主任陈昌龙提出要求。

21 日　全县人大换届选举第二次转段工作会议召开，对下一步换届选举工作进行辅导培训，同时就代表候选人考察相关工作提出要求。

22 日　县人大常委会党组书记、副主任陈昌龙到沿海经济开发区（洋口镇）、马塘镇，对两个镇换届选举工作推进情况开展调研。

是日　国家林业局打击乱捕滥猎滥食和非法经营候鸟等野生动物违法犯罪活动监督检查第四督导组到如东，察看勺嘴鹬保护情况，县人大常委会党组书记、副主任陈昌龙，副县长徐炜陪同检查。

29 日　县第十六届人大常委会第四十一次会议召开。会议通过相关人事任免事项，听取和审议县政府关于代表建议办理和常委会审议意见落实情况的工作报告。

12 月

2 日　县人大召开办公会，县人大常委会党组书记、副主任陈昌龙主持会议。各委室讨论后 5 年和 2017 年工作计划。

3 日　县选举委员会第三次会议暨人大党组会议召开。县人大常委会党组书记、副主任、县选举委员会主任陈昌龙主持会议。会议听取县选举委员会组织组关于正式代表候选人产生基本情况汇报，听取县委组织部关于正式代表候选人审查情况说明，并审核通过县各选区正式代表候选人名单。

8日 江苏省人大常委会、人民代表报社在南通举办“万名代表小康行”理论研讨会，县人大常委会党组书记、副主任陈昌龙介绍如东人大分类助推“五百”工程行动经验。

16日 县选举委员会召开第四次会议暨县人大常委会代表资格审查委员会会议，对选举产生的352名县第十七届人大代表进行审查。县人大常委会党组书记、副主任、代表资格审查委员会主任委员陈昌龙主持会议。

21日 县人大常委会党组书记、副主任陈昌龙带队到县发改委，调研2016年国民经济和社会发展计划执行情况及2017年国民经济和社会发展计划安排情况。

22日 如东县第十七届人大代表培训会议召开，对新当选的352名人大代表进行履职培训。县委书记潘建华出席会议并讲话。江苏省人大人事代表联络委员会原副主任孙庭兆围绕人大代表如何履职进行专题培训。全体人员观看警示教育片《警钟》。县人大常委会党组书记、副主任陈昌龙主持会议并提出要求。

29日 县第十六届人大常委会第四十二次会议召开。会议通过相关人事任免事项，听取和审议县政府关于2017年全县国民经济和社会发展计划（草案）报告等。

2017年

1月

10—13日 如东县第十七届人民代表大会第一次会议在县行政中心会议厅召开。会议听取和审议政府工作报告和县人大常委会工作报告，审查其他报告；选举县第十七届人大常委会主任、副主任和委员；选举县政府县长、副县长，县法院院长、县检察院检察长。通过大会议案审查报告和各项决议。

3月

7日 县人大召开办公会。县人大常委会党组书记、主任陈昌龙主持会议。会议讨论修改《县人大常委会关于进一步提升项目服务质效专项工作评议实施方案》、《县人大常委会关于开展〈中华人民共和国农产品质量安全法〉执法检查的实施方案》和《如东县人大常委会关于开展人大代表助力小康“五项行动”主题实践活动的实施意见》（强企、助村、通达、清水、法治）。

10日 县人大召开2017年重点工作部署会，对提升项目服务质效专项工作评议、《中华人民共和国农产品质量安全法》执法检查和人大代表助力小康“五项行动”3项工作进行动员和部署。县委常委、常务副县长于立忠到会讲话。

27日 县人大常委会党组书记、主任陈昌龙到南通外向型农业综合开发区何丫村，与基层群众话家常、摸实情、听建议。

29日 县第十七届人大常委会第二次会议召开，会议通过有关人事任命，听取和审议关于如东县城乡公交一体化发展情况报告。

4月

14日 县人大常委会召开党组会议，县人大常委会党组书记、主任陈昌龙主持会议，县人大常委会全体党组成员出席会议，县人大常委会副主任沈更生列席会议。陈昌龙传达全省市县人大常委会负责人学习会议精神，学习省委和省人大常委会有关文件精神，并对县人大常委会贯彻落实会议精神进行部署。县人大常委会党组班子召开民主生活会，全体班子成员分别做对照检查。

是日 县人大邀请江苏省农业行政执法总队调研员狄崇兰讲授《中华人民共和国农产品质量安全法》相关知识。县人大常委会执法检查组全体成员、县各职能单位分管领导等共 180 多人参加培训学习。县人大常委会副主任徐鸿斌主持会议并提出要求。

18 日 新沂市人大常委会党组书记、主任张长征一行到如东，考察如东县人大代表工作、履职平台建设、基层人大工作规范化建设等情况。

是日 南通市人大常委会主任接待人大代表座谈会在如东举行。市人大常委会党组副书记、常务副主任庄中秋与如东县各级人大代表重点围绕农村扶贫开发和农民增收致富工作进行交流。全国人大代表、县委书记潘建华参加座谈并发言。庄中秋一行还到南通大东有限公司、沿海经济开发区（洋口村、南渔村）开展实地调研。县人大常委会党组书记、主任陈昌龙，副主任沈更生参加座谈和调研活动。

18—19 日 县人大常委会副主任徐鸿斌带领《中华人民共和国农产品质量安全法》执法检查领导组办公室成员及县政府办、农委、市监局分管领导和相关工作人员赴海门市、金坛区考察学习，听取海门市、金坛区实施农产品质量安全法情况介绍，并实地考察金坛区朱林镇农产品监管站和金坛区农产品检测中心。

20 日 县人大常委会党组书记、主任陈昌龙和丰利镇人大主席朱德军，市人大代表、江苏通洋律师事务所主任孙永红，县人大代表、栟茶镇三星村党委书记李勤走进南通新闻广播直播间《代表访谈录》节目，与全市广大听众交流如东县 2017 年人大工作和代表履职情况。

20—21 日 县人大常委会副主任唐国均带领人大教科文卫工委及县政府办、教育局等相关部门负责人到无锡市滨湖区、江阴市，考察学习教育现代化建设方面的经验和做法，县政府副县长陈春柳参加考察。

25 日 县人大举行机关党总支及所属各支部换届选举会议，选举产生新一届县人大机关总支委员会、机关支部委员会和老干部支部委员会。县人大常委会党组书记、主任陈昌龙出席会议，并对贯彻落实全省市县人大常委会负责人学习会议精神、全面提升人大机关作风建设水平提出要求。

是日 县人大常委会召开第三次主任会议，听取和审议如东推进教育现代化创建工作情况报告。

26 日 山东省荣成市人大常委会副主任刘书国一行到如东，考察学习如东县海洋经济工作情况，重点考察紫菜养殖工作。县人大常委会副主任徐鸿斌介绍如东经济社会发展情况，重点介绍紫菜产业现状及发展思路。

5 月

4 日 县人大召开办公会，交流提升项目服务质效专项工作评议、《中华人民共和国农产品质量安全法》执法检查和人大代表助力小康“五项行动”3 项重点工作前阶段工作成效，并研究制定下一阶段措施。县人大常委会党组书记、主任陈昌龙主持会议。

是日 县人大常委会召开党组会议，专题研究部署党风廉政建设工作，县人大常委会党组书记、主任陈昌龙主持会议并提出要求。县人大常委会党组成员、办公室主任卜其银向常委会党组通报南通市党风廉政建设督查组到如东专题检查县人大常委会党组党风廉政建设相关情况。班子全体成员共同学习市党风廉政建设领导组下发的领导班子主体责任清单和班子成员责任清单相关具体要求。

19 日 县人大召开全县人大代表助力小康“五项行动”推进会。县人大常委会党组书记、主任陈昌龙到会讲话。

22 日 县人大常委会党组书记、主任陈昌龙到南通外向型农业综合开发区，调研该区项目建设和跨江融合接轨上海工作情况。实地走访联系对象、困难户和联系企业，认真听取群众反映情况。

23 日 县人大常委会党组书记、主任陈昌龙带队视察如东《中华人民共和国农产品质量安全法》贯彻落实情况。实地视察如东农贸中心市场食用农产品快检室、南通中江农业发展有限公司检测室、在建中的县综合检验检测中心。

26 日 县第十七届人大常委会第三次会议召开。会议听取和审议提升项目服务质效专项工作评议涉评部门工作情况报告等，通过人事任免议案。

6 月

5 日 县人大常委会党组书记、主任、县跨江融合对接服务上海工作组组长陈昌龙一行到沿海经济开发区，就跨江融合对接服务上海工作开展督查。12 日，陈昌龙一行到如东经济开发区，就跨江融合对接服务上海工作开展督查。19 日，陈昌龙带领县跨江融合对接服务上海工作组，到河口镇开展督查。20 日，陈昌龙一行到洋口港经济开发区，就跨江融合对接服务上海工作开展督查。

8—9 日 县人大常委会党组书记、主任陈昌龙带领办公室人员先后到连云港赣榆区、连云港经济技术开发区和盐城市盐都区进行考察调研。

22 日 县人大常委会召开第五次主任会议。会议听取关于《江苏省社会保险基金监督条例》贯彻实施情况工作报告。

是日 县人大常委会召开第六次主任会议，听取县法院行政审判工作情况报告。

26 日 县人大常委会党组书记、主任陈昌龙率县人大领导班子成员、各委室主任、各镇（区）人大负责人到泰州市姜堰区、海安县考察学习。

27 日 县人大召开全县镇（区）人大负责人学习交流会，听取各镇（区）人大主要负责人关于外出学习考察人大工作的收获、上半年人大工作开展情况以及下半年人大工作打算汇报。县人大人事代表工委就开展镇（区）人大工作作专题辅导。县人大常委会党组书记、主任陈昌龙提出要求。

29 日 县人大办机关党支部召开“两学一做”学习教育“旗帜鲜明讲政治”专题交流会，重温入党誓词，参观苏中四分区反“清乡”斗争资料陈列馆，接受革命教育。县人大常委会党组书记、主任陈昌龙，副主任唐国均、刘旭峰以普通党员身份参加活动。

7 月

6 日 县人大常委会党组书记、主任陈昌龙带领相关委室人员到县发改委调研上半年国民经济和社会发展计划执行情况。

10 日 县人大召开县第十七届人大一次会议代表议案、重点建议办理落实推进会，听取县政府及相关部门关于县第十七届人大一次会议确定的大会议案和重点建议办理落实情况报告。县委常委、常务副县长于立忠到会讲话。县人大常委会党组书记、主任陈昌龙对 2 件议案和 10 件重点建议办理落实推进情况表示肯定，并就推进办理提出要求。

是日 县人大常委会党组书记、主任陈昌龙带领部分常委会组成人员到县国税局调研。

20 日 南京市人大常委会副主任、南京市总工会主席臧正金到如东，调研工会资产管理、阵地建设等工作。南通市人大常委会副主任、南通市总工会主席葛玉琴主持座谈会，县人大常委会党组书记、主任陈昌龙参加活动。

24 日　县人大常委会召开第八次主任会议，听取县政府关于《中华人民共和国残疾人保障法》贯彻实施情况的工作报告。

31 日　县第十七届人大常委会第四次会议召开。会议听取县政府关于如东县 2017 年上半年国民经济、社会发展计划执行情况的报告等。

8 月

13 日　由县人大与中国政法大学联合举办的如东县人大干部履职能力提升培训班在重庆市开班。县人大常委会副主任唐国均作开班动员。县人大常委会党组书记、主任陈昌龙在开班仪式上讲话。培训共 5 天，学员对人大监督工作、人大干部履职能力、新时期代表工作、《中华人民共和国预算法》与政府预算报告审查等内容进行专题学习。县人大常委会委员、县人大机关全体干部、各镇（区、街道）人大主席（工委主任）参加培训。全体学员参观和考察重庆在如东投资的大型国有企业重庆中车长客轨道车辆有限公司和重庆通用航空公司。

29 日　县人大常委会召开第九次主任会议。听取县检察院关于 2013 年后反渎职侵权工作情况报告。

31 日　县人大常委会组织部分委员、人大代表就全县旅游业发展情况进行专题视察调研。调研组到栟茶镇、沿海经济开发区、洋口港经济开发区、循环经济产业园等镇（区），实地视察了解旅游项目开发及配套设施建设情况。听取县文广新局（旅游局）关于全县旅游工作情况报告，并与相关部门交流研讨旅游产业发展思路。县人大常委会党组书记、主任陈昌龙，副主任沈更生，党组副书记、副主任唐国均参加调研。

9 月

3—4 日　县人大常委会党组书记、主任陈昌龙带队专项考察调研石墨烯产业发展情况。先后参观无锡格菲电子薄膜科技有限公司、常州碳星科技有限公司、江南石墨烯研究院、恒利宝纳米新材料科技有限公司、常州第六元素材料科技股份有限公司，视察洋口港石墨烯产业园规划建设情况，现场视察道蓬科技有限公司、南通强生光电科技有限公司、南通恒辉手套有限公司、如东石墨烯研究院、如东金友机械有限公司，并与相关园区、企业负责人座谈交流。

7—8 日　县人大常委会党组书记、主任陈昌龙到岔河、新店、曹埠、栟茶等镇调研项目建设，督查对接服务上海和人大代表助力小康“五项行动”开展情况。先后视察岔河银河工业园区、南通荣坤纺织有限公司、新店尤力体育股份有限公司、江苏松柏纺织品有限公司、信昌玻璃有限公司等企业和项目现场，听取相关镇主要负责人关于项目建设、接轨上海和“五项行动”推进情况汇报。

12 日　南通市人大环境资源城乡建设委员会主任张松泉率队到如东召开调研座谈会，广泛征求相关部门、各界代表对城市住宅物业管理条例意见。县人大常委会副主任沈更生参加调研。

18 日　盐城市射阳县人大常委会副主任周明荣带队到如东，考察产业规划、招商引资、项目建设相关情况。县人大常委会副主任刘旭峰陪同考察。

19 日　县人大办机关党支部召开“算好廉政账”专题教育会议。组织学习县委组织部和县纪委相关文件精神，县人大常委会党组书记、主任陈昌龙以普通党员身份参加支部活动并交流发言。与会人员针对学习内容谈心得体会。

是日 江苏省人大常委会检查组一行到如东，开展《中华人民共和国种子法》执法检查。县人大常委会党组书记、主任陈昌龙，副主任徐鸿斌陪同检查。检查组一行先后视察如东县种子有限公司种子销售门市部、南通中江农业发展有限公司种子加工中心、掘港街道十里墩村水稻新品种综合测试基地、苴镇街道肖桥村水稻新品种示范点、江苏中江种业科技有限公司蔬菜种苗基地，重点检查种质资源保护、育种创新体制机制、品种审定和登记管理、种子生产经营许可、种业监督管理等工作情况，了解《中华人民共和国种子法》贯彻实施情况及遇到困难和问题。

22 日 县人大常委会召开第十次主任会议，听取县政府关于全县重大项目建设情况工作报告。

23 日 县人大常委会党组书记、主任陈昌龙带领县安监局、信访局、海洋与渔业局负责人，到南通外向型农业综合开发区督查安全生产、社会稳定大排查大整治工作。

25 日 县人大在栟茶镇召开人大代表助力小康“五项行动”暨代表之家建设现场推进会（简称栟茶推进会）。与会人员参观河口镇第三代表之家，河口镇中天科技智慧工厂，栟茶镇新庄村中引河、栟新路，栟茶镇新庄村卫生室，栟茶镇美业小镇项目，栟茶镇工业园鑫科建设有限公司，观看栟茶镇相关项目宣传片，各镇（区、街道）、机关代表团人大负责人交流下一阶段推进“五项行动”及代表之家建设打算。县人大常委会党组书记、主任陈昌龙到会讲话。

28 日 县第十七届人大常委会第五次会议召开。会议听取和审议县政府关于全县旅游业发展情况工作报告等。

10 月

11 日 县人大常委会召开办公会，县人大常委会党组书记、主任陈昌龙主持会议。各园区人大工委报告栟茶推进会会议精神部署落实情况。

17 日 县人大常委会党组书记、主任陈昌龙带队到南通外向型农业综合开发区现场调研督查安全生产、社会稳定、项目建设情况。

26 日 县人大常委会召开第十二次主任会议，听取和审议县文广新局关于全县基层综合性文化服务中心建设情况报告。

27 日 县人大常委会党组书记、主任陈昌龙到所在选区，开展“回选区、见群众、听意见”活动，带领县农办、海洋与渔业局、水务局、交通局等部门负责人视察掘苴路火车道周边路况和东海社区梨园路拓展工程，与 10 多名南通外向型农业综合开发区人大代表和选民群众座谈交流，听取意见建议。

30 日 县人大常委会召开第十三次主任会议，听取和审议 2017 年市政工程及“三河六岸”工程推进情况报告。

11 月

2 日 县人大常委会党组召开学习中共十九大精神（扩大）会议，县人大常委会党组书记、主任陈昌龙主持会议并讲话。

是日 县人大常委会召开办公会，部署县第十七届人大二次会议筹备工作和 2018 年人大工作思路调研工作。

6—7 日 县人大常委会副主任徐鸿斌带领县人大部分委室人员和县农业资源开发局主要领导到宝应、宜兴考察学习，听取两个县（市）农村基础设施建设和高标准农田建设情况。实地考察宝应县小官庄镇农业综合开发项目、宜兴市阳羡茶产业园和张渚镇南门村。

10 日 南通市人大常委会原主任秦兆桢等 70 多名市人大常委会老领导在县人大常委会党组书记、主任陈昌龙，党组副书记、副主任唐国均陪同下，考察如东县经济社会发展情况。

15 日　县人大常委会党组书记、主任陈昌龙带领人大常委会主任会议成员，到河口镇、双甸镇、岔河镇视察农村基础设施和高标准农田建设情况。

20 日　县人大常委会召开第十四次主任会议，听取和审议县政府关于全县农村基础设施建设和高标准农田建设情况报告。

24 日　县第十七届人大常委会第六次会议召开。会议作出有关人事任免决定并补选市人大代表，听取和审议县政府关于代表议案建议办理和常委会决议决定执行及审议意见落实情况工作报告。

12 月

8 日　如皋市人大常委会副主任张勇一行到如东考察，就失地农民保障情况交流各自经验和做法。县人大常委会副主任刘旭峰参加活动。

13 日　县人大召开办公会，县人大常委会党组书记、主任陈昌龙主持会议。会议围绕 2018 年县人大常委会主要工作计划和县第十七届人大二次会议筹备工作情况进行交流。

是日　县人大常委会党组书记、主任陈昌龙带领主任会议成员及相关工委人员到县财政局调研。

14 日　县人大常委会党组书记、主任陈昌龙一行到县国税局、地税局调研。

21 日　县人大常委会召开第十六次主任会议，听取和审议全县交通运输基础设施建设和管理情况报告。

29 日　县第十七届人大常委会第七次会议召开，听取关于 2018 年如东县国民经济和社会发展计划（草案）、2018 年如东县财政预算及部门综合预算（草案）的报告等。

2018 年

1 月

15—18 日　如东县第十七届人民代表大会第二次会议在县行政中心召开。听取和审议政府工作报告和县人大常委会工作报告，审查其他报告，并作出相关决议。大会选举闫静翔为县监察委员会主任。“关于着力打造特色产业板块，进一步提升区域竞争力的议案”被列为大会议案。

18 日　县第十七届人大常委会第八次会议召开，通过县人大常委会 2018 年工作要点和相关人事任免事项。

2 月

6 日　县人大召开办公会。会议讨论通过《如东县人大常委会 2018 年人大代表助力小康“五项行动”主题实践活动实施方案》《如东县人大常委会 2018 年度镇（区、街道）人大工作考评办法》《如东县人大常委会 2018 年评议县级政府部门工作实施方案》《如东县人大常委会关于开展〈中华人民共和国促进科技成果转化法〉执法检查实施方案》。

8 日　县人大办组织机关党支部及老干部党支部全体党员，开设中共十九大专题讲座。县委党校常务副校长吴金明受邀解读中共十九大精神。

27 日　县人大常委会召开全县镇（区）人大工作暨人大代表助力小康“五项行动”部署会。县人大常委会党组副书记、副主任唐国均对人大代表助力小康“五项行动”、部门工作评议和《中华人民共和国促进科技成果转化法》执法检查 3

项工作进行动员和部署。3 名人大代表、2 个专项行动组和 2 个镇（区）作助力小康履职故事和专项行动成果交流发言。县人大常委会党组书记、主任陈昌龙出席会议并提出要求。会议由县人大常委会副主任沈更生主持。县人大常委会副主任徐鸿斌、刘旭峰出席会议。县人大常委会全体组成人员、部分省市人大代表、相关部门主要负责人和办公室主任、县人大全体机关干部、县级机关代表小组全体人大代表参加主会场会议。辖区内省、市人大代表，县、镇两级人大代表，高新技术产业开发区、如东经济开发区议政员，各镇人大主席、副主席，各（区、街道）人大工委主任、副主任，各镇（区、街道）人大秘书在分会场收看会议实况。

3 月

14 日　县人大常委会副主任刘旭峰带领相关人员到大豫镇，听取大豫、马塘和丰利 3 个镇人大贯彻县人大召开镇（区）人大暨代表助力小康“五项行动”部署会情况和 2018 年人大工作突破点和着力点等情况汇报。

是日　县人大常委会副主任沈更生率第一督导组到岔河，召开相关镇（区）人大负责人座谈会，听取关于 2017 年度全县环境状况和环境保护目标完成情况意见，并与部分镇（区）就开展“五项行动”情况进行交流。

15 日　县人大常委会副主任徐鸿斌带队到河口镇调研，袁庄镇、栟茶镇、河口镇人大负责人分别就贯彻落实县部署会精神、2018 年人大工作开展、推动实施“五项行动”等进行汇报交流。

22 日　全县镇（区、街道）人大工作座谈会召开，交流全县基层人大重点工作和人大代表助力小康“五项行动”部署情况，安排部署下一步人大工作。与会人员参观洋口新城 PPP 项目、小洋口风电产业园、沿海经济开发区规划馆、沿海经济开发区综合信息管理暨应急指挥平台和新洋口人法治文化小区。县人大常委会党组书记、主任陈昌龙出席会议并讲话。

26—27 日　浙江省苍南县人大考察团一行 12 人到如东，考察学习紫菜养殖用海管理和冷藏网技术，县人大常委会副主任徐鸿斌陪同考察。

28 日　县人大常委会党组书记、主任陈昌龙带领县人大常委会主任会议成员和县环保局、住建局、农委、发改委等相关部门，专题视察县“263”专项行动工作进展，了解全县环境状况和环境目标完成情况。

4 月

3 日　县第十七届人大常委会第九次会议召开。通过相关人事任免，听取县政府关于 2017 年度全县环境状况和环境保护目标完成情况报告等。

9—10 日　福建省福鼎市人大常委会副主任郭如盾一行 6 人到如东，考察学习紫菜产业发展情况。县人大常委会副主任徐鸿斌陪同考察。

10—12 日　县人大常委会副主任刘旭峰带队到洪泽区、丹阳市、海安县等地人大部门，考察学习预算联网审查监督工作。

11—12 日　县人大常委会党组副书记、副主任唐国均带领县人大执法检查第二小组（评议工作第二调研组）一行到如东经济开发区、双甸镇等镇（区、街道），就《中华人民共和国促进科技成果转化法》执法检查工作和评议县级部门工作进行调研。

12—13 日　县人大常委会副主任徐鸿斌带领县人大执法检查第三小组人员到沿海经济开发区（洋口镇）、栟茶镇、河口镇和袁庄镇，就《中华人民共和国促进科技转化法》执法检查和评议县级机关部门工作开展调研。

16—18 日　县人大常委会党组书记、主任陈昌龙率考察团一行到陕西省汉中市南郑区，开展对口协作扶贫攻坚考察交流活动。召开如东人大和南郑人大协作交流座谈会。

20日 县人大召开调研座谈会，听取相关部门关于《中华人民共和国促进科技成果转化法》组织实施情况专题报告。县科技局、发改委、财政局、农委、海洋与渔业局等部门根据自身职能，就执法职责履行、扶持政策制定与落实、产学研活动开展、载体和平台建设、人才支撑等情况作重点介绍。县人大常委会党组副书记、副主任唐国均参加会议并讲话。

22—25日 县人大常委会副主任徐鸿斌带领县人大农业农村工委负责人、县政府办和县海洋与渔业局相关人员，到连云港市连云区和山东省荣成市考察学习现代渔业工作。

23日 县人大邀请中共江苏省委党校决策咨询中心主任盛华根教授为全县企业家及政府相关部门作《科技创新与江苏经济发展高质量》专题讲座。县领导唐国均、杨晶晶及县人大执法检查组全体成员、各镇（区、街道）人大负责人参加讲座。

是日 县人大常委会副主任刘旭峰带领相关人员到马塘镇，调研《中华人民共和国促进科技成果转化法》执法检查、评议部门及人大代表助力小康“五项行动”等人大工作开展情况。马塘镇、丰利镇、大豫镇人大主席分别汇报交流。

26日 县人大常委会党组书记、主任陈昌龙率人大主任会议成员、部分常委会组成人员、人大代表一行，对县教育现代化建设情况进行专题视察。实地视察掘港镇幼儿园、曹埠初中、马塘初中等地，了解各所学校教育现代化创建工作进度及存在困难。副县长陈春柳汇报全县教育现代化建设情况。

27日 县人大常委会召开第二十一次主任会议，听取县政府关于全县建筑业发展情况报告。

5月

2日 县人大召开办公会，县人大常委会党组书记、主任陈昌龙主持会议。会议交流人大代表助力小康“五项行动”、评议县级政府部门、《中华人民共和国促进科技成果转化法》执法检查等重点工作进展情况。

3日 东台市人大常委会党组书记、主任崔康带领该市发改委、海洋与渔业局、水务局和相关镇（区）负责人到如东，考察学习渔港规划建设工作，县人大常委会党组书记、主任陈昌龙接待并介绍如东经济社会发展情况。

8—12日 县人大在南京首次举办宣传信息员培训班。邀请江苏省委研究室处长何巨、省人大宣传处处长邵学益和南京市人大人事代表工委副主任程新元授课。县人大人事代表工委、研究室负责人以及各镇（区、街道）人大宣传信息员，县人大机关部分工作人员参加培训。

14日 县人大常委会党组书记、主任陈昌龙一行到栟茶镇，对相关项目建设、重大民生工程以及人大代表助力小康“五项行动”推进情况进行调研。

16日 县人大举办第一期企业界人大代表“沙龙”活动，通过“谋发展、话责任、谈履职”，共同助推全县经济社会高质量发展。化工、新型能源、纺织服装等各个行业企业界人大代表，围绕企业发展、要素保障、优化项目建设环境等方面进行交流。县人社局、发改委、环保局、行政审批局等部门负责人逐一解答并提出建议。县人大常委会党组书记、主任陈昌龙，县委副书记陈雷参加活动并讲话。

22日 县人大常委会党组书记、主任陈昌龙到沿海经济开发区，对市人大代表参与人大代表助力小康“五项行动”情况进行调研。

23 日　县人大常委会党组书记、主任陈昌龙到如东循环经济产业园（大豫镇），对相关项目建设及人大代表助力小康“五项行动”推进情况进行调研。

30 日　县第十七届人大常委会第十次会议召开。听取和审议县政府关于贯彻实施《中华人民共和国促进科技成果转化法》情况的工作报告等。

6 月

2 日　邳州市人大常委会党组书记、主任胡汉军一行在县人大常委会党组书记、主任陈昌龙，党组副书记、副主任唐国均陪同下，考察如东县经济社会发展情况以及人大代表助力小康“五项行动”主题实践活动开展情况。

6 日　县人大常委会机关举行以“解放思想、追赶超越、争当先锋，推动高质量发展”为主题的解放思想大讨论活动。县委宣讲团成员单国锋作《以思想的大解放促进如东经济社会的大发展》宣讲。

11 日　如东人大干部研修班在浙江大学西溪校区开班。县人大常委会党组书记、主任陈昌龙作动员讲话，学员对宪法与人大监督制度、人大对政府预算监督、管理谋略、创新思维、国际安全局势、宏观经济形势等内容进行专题学习。14日，如东人大干部研修班举行结业典礼，县人大常委会党组副书记、副主任唐国均讲话。

13—14 日　陕西省汉中市人大常委会党组书记、主任张雁毅带领汉中市人大相关人员，到如东开展对口交流活动。2016 年 10 月，按照中央和苏陕两省关于东西部扶贫协作统一部署，南通市与汉中市结为新一轮结对帮扶市，如东县与汉中市南郑区建立结对关系。南通市人大常委会党组副书记、常务副主任庄中秋，县委书记潘建华，县委副书记、县长沈峻峰，县人大常委会党组书记、主任陈昌龙，副县长、汉中市南郑区副区长徐炜参加活动。张雁毅一行先后参观小洋口旅游度假区、洋口港经济开发区、如东经济开发区、如东规划展览馆等地。

28 日　县人大常委会召开第二十三次主任会议，听取和审议全县“五位一体”（河道、道路、绿化、垃圾处理、设施设备维护）长效管护、农村基础设施建设和高标准农田建设工作报告。

7 月

3 日　县人大常委会召开办公会。听取各区人大工委负责人关于“五项行动”开展情况、人大代表之家建设情况等工作汇报，听取“清水”“通达”“助村”等行动组关于代表助力小康品牌打造的设想，讨论研究代表议案建议办理工作。县人大常委会党组书记、主任陈昌龙主持会议并提出要求。

4 日　县人大机关召开“进一步解放思想，激励新时代新担当新作为”专题组织生活会。县人大常委会党组书记、主任陈昌龙，党组副书记、副主任唐国均，副主任徐鸿斌、刘旭峰以普通党员身份参加活动。会议学习中共中央《关于进一步激励广大干部新时代新担当新作为的意见》。

16 日　县人大常委会党组书记、主任陈昌龙带队调研县财政局，听取 2017 年县本级财政决算（草案）及 2018 年上半年预算执行情况报告。

17 日　南通市人大常委会党组副书记、常务副主任庄中秋一行到如东，视察城乡义务教育一体化发展情况。县人大常委会党组书记、主任陈昌龙等领导陪同视察景安初级中学、马塘小学。

18 日　县人大常委会党组书记、主任陈昌龙一行到县发改委，调研了解上半年国民经济和社会发展计划完成情况。

23 日　南通市人大农业委、法工委负责人带领市农委、国土局、环保局和法制办相关人员一行 10 人到如东，开展《南通市畜禽养殖污染防治条例》立法调研工作，县人大常委会副主任徐鸿斌陪同调研。

24日 县人大常委会召开第二十四次主任会议，听取和审议县法院、检察院、公安局上半年工作报告。

30日 县第十七届人大常委会第十一次会议召开。听取县政府关于2018年上半年国民经济和社会发展计划执行情况报告等和人事任免议案。

8月

7日 县人大召开办公会。讨论研究"强企""清水""通达""助村"行动组工作推进方案，交流"五项行动"情况交流会及人大代表议案、重点建议办理情况汇报会筹备工作情况。

是日 贵州省毕节市七星关区人大领导到如东，考察交流县人大在推进民生实事、促进代表履职等方面相关情况。县人大常委会党组副书记、副主任唐国均介绍如东县经济社会发展基本情况和县人大相关工作。

20日 县人大在循环经济产业园（大豫镇）召开全县人大代表助力小康"五项行动"工作推进会，对2018年"五项行动"开展情况"回头看"，并部署下一阶段工作。与会人员参观视察大豫镇人大第八代表之家、大豫镇特色农业核心示范园等"五项行动"现场。县人大常委会党组副书记、副主任唐国均对各镇（区、街道）组织开展人大代表助力小康"五项行动"情况逐一点评。县人大常委会党组书记、主任陈昌龙对县镇（区、街道）人大下一阶段落实此次会议精神提出要求。

22日 县人大常委会党组书记、主任陈昌龙率队专题视察全县城乡公交一体化推进情况，听取和审议副县长徐东俊所作关于全县城乡公交一体化发展情况的工作报告。

23日 2018年度人大代表议案、重点建议办理情况汇报会召开。对大会议案、重点建议办理工作情况进行"回头看"，总结交流前期办理情况，并对下一阶段办理工作提出要求。县委常委、常务副县长杨中坚到会讲话。与会人员实地视察县城龙王河整治项目、世纪花苑燃气改造情况、新光河整治工程等现场，详细了解相关重点建议办理落实情况。县发改委、农办、环保局、人社局、文广新局等部门汇报所承办议案、重点建议办理情况。部分提出议案、重点建议的人大代表和县人大工委负责人就办理情况进行审议并与承办单位交流。县人大常委会党组书记、主任陈昌龙对承办单位提出要求。

28日 县人大常委会召开第二十六次主任会议，听取和审议县政府关于全县公共卫生服务体系建设情况报告。

31日 县人大开展企业界人大代表助力小康"强企行动"第二期"沙龙"活动。洋口港经济开发区、沿海经济开发区以及企业界人大代表就发挥企业作用，提升产业发展层次，致力于打造如东特色产业板块谈体会、提建议。县人大常委会党组书记、主任陈昌龙，县委副书记陈雷分别讲话。

9月

11日 县人大常委会党组书记、主任陈昌龙带领相关委室负责人到袁庄镇，调研项目建设及人大代表助力小康"五项行动"推进情况。

是日 县人大召开"十三五"规划中期评估相关部门负责人座谈会。县发改委、商务局、环保局、住建局等8家单位就各自所涉及"十三五"规划经济社会发展各项指标完成情况和重点任务、重大事项、重点工程和重大产业项目目标任务完成情况、存在问题及对策建议等方面内容进行交流发言。县人大常委会副主任刘旭峰参加会议并讲话。

12日 县人大举行预算联网审查监督综合查询系统开通仪式，标志着如东县人大预算联网审查监督工作迈出坚实一步。县人大常委会党组书记、主任陈昌龙和县委常委、常务副县长杨中坚共同为如东县人大预算联网审查监督室揭牌。

12—14 日 陕西省汉中市南郑区人大常委会党组书记、主任马咏梅带领人大考察组一行到如东，考察如东经济社会发展情况，并就两地人大协作进行交流。县人大常委会党组书记、主任陈昌龙，县委副书记陈雷陪同考察。汉中市南郑区黎坪镇黎坪景区和南郑区法镇负责人介绍旅游产业和以茶产业带动美丽乡村建设情况，县文广新局、沿海经济开发区、编办以及相关企业负责人互动交流。

17 日 县人大第三期企业界人大代表“强企”沙龙活动“互联网＋制造业”专题研修班在贵阳开班。县人大常委会党组书记、主任陈昌龙，副主任刘旭峰出席开班仪式，县人大相关委室负责人，部分企业界人大代表参加研修。

19 日 南通市人大常委会副主任黄卫成带领市人大外事民宗侨台委人员到如东，调研宗教活动场所管理情况。

26 日 县人大常委会召开第二十七次主任会议，听取和审议县政府关于全县重大项目建设情况汇报和“关于着力打造特色产业板块，进一步提升区域竞争力的议案”办理落实情况报告。

28 日 县第十七届人大常委会第十二次会议召开。会议听取和审议县政府关于《如东县国民经济和社会发展第十三个五年规划纲要》执行情况（中期评估）报告等，通过人事任免事项。

30 日 县人大组织开展“创新驱动发展，科技成就梦想”如东企业家走进中天科技现场交流暨市人大代表如东第一代表小组活动。企业家们参观中天科技海缆有限公司、中天储能科技有限公司、中天科技精密材料有限公司生产车间，听取中天科技集团创新模式和成果汇报，中天科技集团董事长薛济萍与企业家们分享交流创新科技、创新管理体会。县人大常委会党组书记、主任陈昌龙讲话。县委副书记陈雷主持交流会。县领导曹雁卉、杨晶晶参加活动。

10 月

10 日 县人大常委会党组召开扩大会议。会议学习省委关于国有资产管理情况向人大报告制度以及县委关于健全人大讨论决定重大事项制度、政府重大决策出台前向人大报告的实施方案、县政府关于重大决策出台前向县人大及其常委会报告工作制度等文件精神。部分委室负责人交流感想和工作打算。县人大常委会党组书记、主任陈昌龙主持会议并讲话。

是日 县人大常委会召开办公会。会议重点研究人大代表助力小康“清水行动”“人大代表问河长”活动方案，并对县人大常委会主任、副主任，县政府县长、副县长，县监察委员会主任，县法院院长，县检察院检察长“接待人大代表日”活动方案以及“千名代表听百案”相关工作进行讨论，会议部署县第十七届人大三次会议相关筹备工作。

15 日 江苏省人大农委副主任陈惠娟率领省人大常委会执法检查组到如东，调研海洋环境保护执法检查和海洋经济立法贯彻落实情况。陈惠娟一行视察小洋口国家海洋公园、如东香鲸展览馆和中石化江苏洋口港液化天然气（LNG）码头，对如东入海排污口设置与管理、重点海域排污总量控制、海域生态保护红线、海洋环境保护规划、海洋生态保护补偿和排污许可等主要法律制度措施落实情况进行重点检查。县人大常委会党组书记、主任陈昌龙，县委常委、常务副县长杨中坚等领导陪同视察。

是日 连云港市人大常委会党组副书记、常务副主任杨莉一行到如东，考察沿海开发和生态建设工作。南通市人大常委会党组副书记、常务副主任庄中秋，县人大常委会党组书记、主任陈昌龙陪同考察。

22日　县人大常委会举行人大代表“问河长”现场会。省、市、县、镇四级人大代表巡查九洋河岔河段、红星河双甸段等4条河道，围绕全县“河长制”落实情况、河道治理难点等话题对相关部门负责人展开询问。副县长陈春柳给予答复，县委常委、统战部部长蒋树建就下一步推进“河长制”工作提出意见，县人大常委会党组书记、主任陈昌龙在会上讲话。

25日　县人大常委会在县法院开展“千名代表听百案”活动。县人大常委会党组书记、主任陈昌龙参加活动并提出要求，县委常委、政法委书记杨小军到会讲话。

29日　县人大常委会副主任徐鸿斌到如东经济开发区（苴镇街道）金凤村人大代表之家，开展县领导“接待人大代表日”活动，听取部分县人大代表、人大议政员对全县经济社会发展的重点工作和人民群众普遍关切热点问题的建议意见。

30日　县人大常委会召开第二十九次主任会议，听取和审议县政府关于《农药管理条例》贯彻实施和《中华人民共和国农产品质量安全法》审议意见落实情况报告。

11月

1日　县人大常委会党组副书记、副主任唐国均赴岔河镇，开展“接待人大代表日”活动，与10余名县镇两级人大代表交流座谈。

5日　县人大常委会副主任刘旭峰到大豫镇，开展“接待人大代表日”活动，听取人大代表对经济工作发展意见和建议。

12日　县人大常委会党组书记、主任陈昌龙到南通外向型农业综合开发区参加“接待人大代表日”活动，与市、县、镇三级人大代表交流座谈，听取他们对于全县经济社会发展、民生热点问题、加强和改进人大工作等方面的意见建议。

13日　县人大组织召开座谈会，调研了解县政府及各相关责任部门2018年为民办实事项目完成情况。县住建局、交通运输局、人社局、教育局、卫计委等15个责任部门汇报2018年为民办实事项目完成情况、存在问题和建议。县人大常委会副主任刘旭峰到会讲话。

15—16日　上海市静安区人大工作研究会会长杨惠德一行到如东考察，并就两地经济发展、旅游业合作进行商讨。县人大常委会党组书记、主任陈昌龙陪同考察。

16日　县人大常委会副主任沈更生带队在高新技术产业开发区召开部分镇（区、街道）人大工作座谈会。高新技术产业开发区、洋口港经济开发区、新店镇、曹埠镇4个镇（区、街道）人大主席（工委主任）交流2019年人大工作思路，并对县人大组织开展“五项行动”提出意见建议。

20日　浙江省嘉善县人大常委会主任郑明一行到如东考察，先后参观县规划展览馆、阳光岛、掘港街道虹桥社区代表之家，详细了解如东县代表工作、人大常委会自身建设和乡村振兴等情况。县人大常委会党组副书记、副主任唐国均介绍如东经济社会发展情况、人大工作、乡村振兴情况。

21日　南通市人大信访督办室主任吴建秋一行到如东调研信访老户处理工作。县人大常委会副主任刘旭峰参加调研。县公安局、县检察院、县法院、县信访局4家单位分别汇报所掌握信访老户情况及处置工作。

29日　县人大常委会党组书记、主任陈昌龙带队调研县监察委员会，了解县监察委员会组建后贯彻落实《中华人民共和国监察法》情况。

是日　县第十七届人大常委会第十三次会议召开。听取和审议县政府关于2018年度为民办实事情况工作报告等。

12月

12—14日　县人大常委会副主任刘旭峰带

领财经工委等相关部门人员到东海县考察学习国有资产监督管理工作。

17—18 日 县人大常委会党组书记、主任陈昌龙带队到县发改委、财政局、税务局、审计局和商务局开展专题调研，了解全县 2018 年计划及财政预算执行总体情况、运行主要特点、主要困难和问题，2019 年计划及财政预算编制工作思路、初步方案以及审计问题整改情况，招商引资工作等。

21 日 县人大常委会召开第三十一次主任会议，听取和审议全县城市建设管理和交通基础设施建设工作情况报告。

25 日 县第十七届人大常委会第十四次会议召开，补选市人大代表。

29 日 县第十七届人大常委会第十五次会议召开。会议通过相关人事任免，听取和审议县政府关于如东县 2018 年国民经济和社会发展计划执行情况与 2019 年国民经济和社会发展计划（草案）等。

2019 年

1 月

22—25 日 如东县第十七届人民代表大会第三次会议在县行政中心召开。听取和审议政府工作报告和县人大常委会工作报告，审查其他报告，大会选举陈慧宇为县政府县长；通过关于设立如东县第十七届人民代表大会监察和司法委员会、社会建设委员会的决定；通过大会议案审查报告和各项决议。

2 月

19 日 县人大常委会召开党组（扩大）会议。会议传达和学习县综合表彰暨经济工作和作风效能建设会议、县第十四届纪委四次全会等会议和县委书记沈峻峰讲话精神，明确常委会领导、党组成员工作分工。部署 2019 年县人大 4 项重点工作，分别是人大代表助力小康“五项行动”深化工作、《中华人民共和国水污染防治法》执法检查暨人大代表“问河长”工作、政府民生实事督办工作、人大系统自身建设和履职能力提升工作。明确各项重点工作组织领导和近期重点任务。县人大常委会党组书记、主任陈昌龙主持会议并提出要求。

28 日 县第十七届人大常委会第十六次会议召开。听取和审议相关人事任免议案等。

是日 县人大常委会召开全县镇（区、街道）人大工作会议。县人大常委会党组副书记、副主任唐国均就深化人大代表助力小康“五项行动”主题实践活动、开展好“人大代表履职能力提升年”活动和进一步推动镇（区、街道）人大工作等方面作动员部署。县人大常委会党组书记、主任陈昌龙对镇（区、街道）人大工作提出要求。与会人员集中观摩如东县农村产业融合发展示范区、高新技术产业开发区泛半导体产业园、人大学习馆、虹桥人大代表之家、生命健康产业园。观看高新技术产业开发区人大代表助力小康“五项行动”专题片。高新技术产业开发区、袁庄镇、洋口港经济开发区人大作情况介绍和表态发言。

3 月

19 日 县人大常委会党组书记、主任陈昌龙带领相关委室负责人，分别到栟茶镇、河口镇，实地调研镇污水处理相关工作。

是日 全县人大宣传工作座谈会召开。县人大常委会党组副书记、副主任唐国均到会讲话，县委宣传部、县文广传媒中心相关负责人应邀作人大监督工作和代表履职风采宣传辅导。

22日 县人大常委会机关党支部组织机关全体党员到上海参观中共一大会址，实地开展“不忘初心、牢记使命”主题教育。县人大常委会党组书记、主任陈昌龙，党组副书记、副书记唐国均参加活动。

4月

3日 县人大常委会召开第三十六次主任会议，听取和审议县政府关于县第十七届人大第三次会议代表建议办理工作计划报告。

11日 浙江省海宁市人大常委会副主任朱海英带领该市农业农村局、市场监督管理局分管负责人和部分镇人大主席到如东，考察学习农产品质量安全执法检查和美丽乡村建设工作。县人大常委会副主任徐鸿斌陪同考察。

15日 县人大召开督查助推“清水绿岸”提质行动推进会。邀请江苏省生态环境厅法规处专家周应品作《新水污染防治法解读》专题讲座。县人大常委会副主任徐鸿斌对督查助推工作作具体部署。县人大常委会党组书记、主任陈昌龙主持会议并讲话。

16日 县人大组织开展2019年首期企业界人大代表“强企”沙龙活动。洋口港经济开发区相关负责人介绍洋口港在打造能源岛、产业港方面情况以及一期石化新材料产业园整治工作。各镇（区、街道）人大主席（人大工委主任）汇报各镇（区、街道）企业人大代表在加强环境保护、污染防治、安全生产等方面集中反映的问题、建议和意见。县人大常委会党组书记、主任陈昌龙讲话。

20—26日 县人大常委会组织人员到陕西省西安市，参加由中国政法大学举办的“学习贯彻中共十九大精神，做好新时代人大工作”专题培训。县人大常委会组成人员，各镇（区、街道）人大主席（工委主任）、副主席（副主任）、人大秘书，部分县人大代表，县人大工作人员参加培训。县人大常委会党组副书记、副主任唐国均作动员讲话。

29日 县人大召开“清水绿岸”专项工作评议涉评部门工作会议。县发改委、生态环境局、自然资源局、农业农村局等16个涉评部门分管领导和联络员、县人大督查推进组联络员参加会议。县人大常委会党组副书记、副主任唐国均到会讲话。

30日 县人大常委会召开第三十七次主任会议，听取和审议全县基层卫技人才队伍建设情况工作报告。

是日 县人大常委会召开会议，听取和审议县政府关于与德国勃兰登堡市泰尔托县建立友好城市关系的议案。

5月

6日 南通市人大常委会副主任孙建华率执法检查组到如东，开展《中华人民共和国水污染防治法》执法检查工作。县人大常委会党组书记、主任陈昌龙汇报依法监督落实情况，县委常委、常务副县长杨中坚汇报如东贯彻落实情况。市人大、市相关职能部门与县部分人大代表以及基层执法人员、工业园区和相关企业负责人共同座谈，听取相关意见建议。与会人员现场检查丰利镇润友金属制品有限公司和污水处理厂、南通外向型农业综合开发区近海村南美白对虾养殖户、掘苴河环东闸断面、如泰运河东安闸断面。

7—13日 县人大常委会副主任刘旭峰、徐鸿斌、唐国均、沈更生，分别带领部分常委会组成人员及相关部门负责人，到丰利镇、栟茶镇、大豫镇、如东经济开发区、高新技术产业开发区、马塘镇、双甸镇，开展“清水绿岸”提质行动工作督查和《中华人民共和国水污染防治法》执法检查活动。

10日 县人大常委会党组书记、主任陈昌龙带队到其挂钩党建工作联系点——高新技术产业开发区三桥村，就该村经济发展、水污染防治和党建工作等情况开展调研。

13日 县人大常委会党组书记、主任陈昌龙到马塘镇王渡村，检查该村“清水绿岸”提质行动开展情况。

14—15日 县人大常委会党组书记、主任陈昌龙带队到东和集团、锦恒集团、高新技术产业开发区和国资办，调研县国有资产运营管理情况。

16日 县人大常委会开展人大代表“问河长”观摩活动。如东经济开发区部分人大代表集中巡查河道、现场提问，并向区内河长或相关部门负责人进行会场询问。县人大常委会党组书记、主任陈昌龙，副主任唐国均、徐鸿斌参加活动。

是日 县人大常委会副主任沈更生、徐鸿斌带领县人大“问河长”工作第一督查推进组成员，到高新技术产业开发区观摩并指导“问河长”工作。

21日 县人大常委会党组书记、主任陈昌龙带队到其挂钩党建工作联系点——高新技术产业开发区如华村，就该村经济发展、水污染防治和党建工作等情况开展调研。

22日 县人大常委会召开第三十八次主任会议，听取和审议全县企业国有资产管理情况报告。

28日 县人大常委会党组书记、主任陈昌龙带领县人大“清水绿岸”督导办公室、水务局、攻坚办、作风办等相关部门负责人，专题督导县水务局“清水绿岸”提质行动开展情况。

30日 县第十七届人大常委会第十八次会议召开，任命李旭东为县政府副县长（挂职）。

6月

4日 县人大常委会党组书记、主任陈昌龙带领县人大“清水绿岸”督导办公室、县住建局、水务局、污染防治攻坚办、作风办等部门相关人员，到栟茶镇、河口镇、马塘镇督查镇区污水处理PPP（政府和社会资本合作）项目建设推进情况。

13日 县人大常委会党组书记、主任陈昌龙带领相关人员到丰利、洋口、河口等镇、村，对“清水绿岸”三年提质行动等工作推进情况进行巡查和调研。

17日 县人大组织对新修订的《中华人民共和国预算法》进行集中培训。邀请南通市人大预算工委主任陈斌作讲座，县人大常委会组成人员，县人大常委会机关工作人员，各镇人大主席，相关代表，县财政局、县审计局等单位分管负责人参加培训。

18日 县人大常委会党组书记、主任陈昌龙带领人大主任会议成员，专题视察全县旅游建设推进情况。实地视察小洋口海印文化园，小洋口科技城、海之城项目，栟茶隆力奇工业旅游项目，栟茶寿圣寺、西街文创园及中市街老街项目。副县长徐东俊汇报全县旅游发展情况，栟茶镇负责人汇报古镇旅游项目建设情况。陈昌龙对下一阶段工作提出要求。

19日 江苏省人大常委会委员、省人大教科文卫委主任周琪带队，到如东开展大运河文化带规划建设和立法调研活动。实地参观南通掘港国清寺遗址，听取关于南通掘港国清寺遗址和考古情况介绍。县人大常委会党组副书记、副主任唐国均，副县长徐东俊陪同调研。

20日 南通市人大常委会副主任孙建华带领市人大人事代表工委、农业农村工委相关人员，到如东开展“接待代表日”活动。县人大常委会党组副书记、副主任唐国均，副主任徐鸿斌参加活动。

7 月

3 日 南通市人大常委会副主任葛玉琴就《南通市城市绿化管理条例（草案）》立法工作，率市人大及市级机关相关部门负责人一行 16 人到如东进行立法调研。县人大常委会副主任徐鸿斌、县人大相关工委负责人，县司法局、住建局、自然资源局、城管局及部分镇（区）负责人参加座谈。

5 日 县人大常委会召开办公会。交流全县“清水绿岸”提质行动二季度督查情况，对南通市 2019 年度县（市、区）党的建设考核工作（人大部分）作全面部署。

是日 县人大常委会召开第四十次主任会议，听取和审议全县农业示范园区建设情况报告。

9 日 全县人大系统干部会议召开。县人大常委会党组书记、主任陈昌龙上“提高政治站位 忠诚履职担当”专题党课，并对人大党建工作和下半年人大各项重点工作提出要求。

15 日 县人大常委会副主任徐鸿斌带领县水务局、县攻坚办等部门负责人，到大豫镇专题督导助推“清水绿岸”提质行动。

15—17 日 县人大常委会党组书记、主任陈昌龙带队调研县财政局、发改委、商务局、审计局，听取 2019 年上半年计划预算执行情况报告。

16 日 南通市人大常委会副秘书长杨建忠率领执法检查组到如东，检查《南通市水利工程管理条例》贯彻实施情况。县人大常委会副主任徐鸿斌陪同执法检查组，现场检查东安新闸，临港一、二期海堤，洋口外闸，凌洋海堤滩涂养殖拆除现场等。

17—20 日 县人大常委会副主任徐鸿斌带领县人大相关人员和县政府办、农业农村局、高新技术产业开发区、曹埠镇分管负责人，到南京市浦口区、安徽省肥西县和金安区，学习考察现代农业示范园区建设工作。

18 日 县人大常委会党组书记、主任陈昌龙带领县人大办、住建局、水务局、农业农村局、财政局、高新技术产业开发区等部门和镇（区、街道）负责人，到其挂钩党建工作联系点也是经济薄弱村——高新技术产业开发区如华村、三桥村，就两村班子建设、经济发展等工作开展调研，并对“清水绿岸”工作进行专题督导。

23 日 县人大常委会召开第四十一次主任会议，听取和审议县法院、县检察院上半年工作情况报告。

24 日 县人大常委会党组书记、主任陈昌龙带队到县税务局，调研上半年税务工作情况。

8 月

6 日 县人大邀请县社会矛盾纠纷调处中心负责人作《中华人民共和国人民调解法》专题讲座。县人大常委会副主任徐鸿斌主持会议。

是日 县人大召开办公会。研究部署《城市市容和环境卫生管理条例》执法检查、人大代表“问河长”专题询问、助力小康“五项行动”、代表议案建议办理及人大创新工作等事项。

14 日 南通市人大农业和农村委员会主任戴辉一行到如东，调研农作物秸秆综合利用情况，并开展立法必要性和可行性论证研讨。县人大常委会副主任徐鸿斌陪同调研。如东、海安、如皋等地农业农村局负责人分别介绍各自农作物秸秆综合利用情况。

16 日 县人大常委会党组书记、主任陈昌龙带领县“清水绿岸”提质行动督查助推办、污染防治攻坚办、水务局、住建局、农业农村局、生态环境局等部门相关负责人，督查督导“清水绿岸”提质行动工作推进情况，了解全县河道综合整治、镇村污水处理设施建设、县城污水管网建设进展，推动相关工作保质保量落实。

19 日 县人大召开镇（区、街道）人大秘书工作会议。县人大常委会党组副书记、副主任唐国均到会提出要求。

21 日 南通市人大常委会副主任黄卫成一行到如东，调研了解如东高新技术产业开发区半导体产业园台资项目进展情况。县人大常委会党组书记、主任陈昌龙，党组副书记、副主任唐国均陪同调研。

22—23 日 县人大常委会党组书记、主任陈昌龙带队到邳州市实地考察调研县域公共空间治理工作。

23 日 县人大常委会召开第四十三次主任会议，听取和审议县政府关于贯彻落实国务院《城市市容和环境卫生管理条例》的情况报告。

30 日 县人大在新店镇、丰利镇召开人大代表“问河长”现场会。县人大常委会党组书记、主任陈昌龙，县委常委、统战部部长蒋树建，副县长陈春柳分别讲话。

9 月

10—12 日 县人大常委会副主任刘旭峰带领财经工委等相关部门人员，到浙江省乐清市人大考察学习。

18 日 县人大党总支召开“不忘初心、牢记使命”主题教育动员大会，对县人大办及各委室开展主题教育进行动员部署。县人大常委会党组书记、主任陈昌龙提出要求。县委第四指导组相关人员出席会议，并对县人大机关开展主题教育进行现场指导、提出要求。

24 日 县人大常委会党组书记、主任陈昌龙带领人大常委会主任会议成员，专题视察县内突出环境问题解决情况。实地视察县城拥军河整治现场、县城范堤路管网施工现场、富盐村南美白对虾养殖基地、洋口港经济开发区滨海村滨海横河整治现场等。县委常委、常务副县长杨中坚汇报县突出环境问题整改落实情况，陈昌龙对下一阶段工作提出要求。

25—27 日 《人民代表报》社采访组到如东开展调研采访活动，调研县人大督查助推“清水绿岸”提质行动、人大代表“问河长”、人大代表助力小康“五项行动”等工作。县人大常委会党组书记、主任陈昌龙，党组副书记、副主任唐国均参加调研活动。

29 日 县人大机关党支部开展“四重四亮”主题党日活动。组织机关全体党员干部重读入党志愿、重温入党誓词、重忆入党经历、重问入党初心，并向机关全体党员干部发出党员亮身份、服务亮承诺、工作亮标准、担当亮作为活动倡议。组织观看电教片《忠诚》。

10 月

9 日 县人大召开办公会。交流市党建考核准备情况，部署谋划 2020 年人大工作思路和调研等工作。

是日 县人大举办《江苏省爱国卫生条例》专题讲座。

11 日 南通市人大常委会党组副书记、常务副主任庄中秋一行到如东，调研街道人大工作情况。县人大常委会党组书记、主任陈昌龙汇报如东县街道人大工作情况，有关街道党工委，人大工委负责人，村、社区负责人，部分街道人大议政员先后发言。庄中秋一行到掘港街道青园社区和如东经济开发区（苴镇街道）蔡桥村开展实地调研。县委副书记陈雷，县人大常委会党组副书记、副主任唐国均参加活动。

12 日 县人大常委会副主任刘旭峰到大豫社区，为社区党员上党课，并开展“接待人大代表日”活动，听取县、镇两级人大代表对当前农村工作发展意见和建议。

14 日 县人大常委会党组书记、主任陈昌龙带领县人大机关干部和镇（区、街道）人大负责人，到海安市苏中七战七捷纪念馆参观学习，重温红色历史，追寻红色记忆，开展“红色教育”课程。

是日 启东市人大常委会副主任张卫生一行到如东，考察学前教育工作。县人大常委会党组副书记、副主任唐国均，副县长陈春柳陪同考察。

17日 县人大常委会党组书记、主任陈昌龙到南通外向型农业综合开发区参加“人大代表接待日”活动，与市、县、区三级人大代表交流座谈，听取他们对镇村特色产业发展、水环境综合整治、基础设施改善以及人居环境打造等方面意见建议。

18日 县人大常委会副主任徐鸿斌带领县人大“清水绿岸”提质三年行动督察组成员、河长办、攻坚办人员，到新店镇实地督查8月“问河长”工作现场会上提出的问题具体落实情况和整改情况。

21日 县人大召开“清水绿岸”提质行动督察督查工作部署会，对“清水绿岸”提质行动10月督察督查及询问镇级总河长工作作出动员部署。县人大常委会党组书记、主任陈昌龙就督察督查工作时间安排、分组安排、督查内容提出明确要求。

22日 县人大常委会党组书记、主任陈昌龙带领县人大主任会议成员，专题视察县城建、交通重点项目建设情况。实地视察青年公园、东环路北延、“三河六岸”大东桥工区、范堤路改造、“三河六岸”戴园建材工区、334省道东延、新汽车客运站等工程。副县长徐东俊专题汇报全县城建交通重点项目建设情况。

23日 县人大常委会党组书记、主任陈昌龙，副主任徐鸿斌分别带领县污染防治攻坚办、作风办、水务局、住建局、生态环境局等相关部门负责人，到双甸镇、岔河镇开展“清水绿岸”提质行动重点工作专题督察督查，询问镇级总河长。副县长徐炜参加活动。

24日 县人大常委会党组副书记、副主任唐国均，副主任沈更生分别带领县污染防治攻坚办、作风办、水务局、住建局、生态环境局等相关部门负责人，到马塘镇、曹埠镇开展“清水绿岸”提质行动重点工作专题督查，了解河道综合整治、镇村污水处理设施建设等情况。

25日 县人大常委会副主任刘旭峰带领县污染防治攻坚办、作风办、水务局、住建局、生态环境局等部门相关负责人，到如东经济开发区开展“清水绿岸”提质行动重点工作专题督察督查。

26日 县人大代表开展“问河长”工作被《人民代表报》一版以《代表“问”河长 生态奔小康》为题专题报道。

29日 县人大常委会召开第四十六次主任会议，听取和审议县政府关于全县农业社会化服务体系建设情况报告。

30日 县人大常委会党组召开对照党章党规找差距专题会议。县人大常委会党组书记、主任陈昌龙主持会议。

是日 县人大常委会党组书记、主任陈昌龙给县人大机关党员干部上“守初心 担使命 在担当履职尽责中彰显人大新作为”的专题党课。县人大常委会党组副书记、副主任唐国均，副主任徐鸿斌、刘旭峰参加活动。

11月

7日 安徽省砀山县人大常委会主任王洪生一行到如东，调研《中华人民共和国工会法》贯彻落实的经验和做法。县人大常委会党组书记、主任陈昌龙介绍如东经济社会发展情况和如东人大工作相关情况。

8日 县人大开展《中华人民共和国动物防疫法》专题讲座。

11日 县人大常委会党组书记、主任陈昌龙到河口镇、袁庄镇、岔河镇，调研“清水绿岸”提质行动开展情况。

12日 南通市港闸区人大常委会主任严崇明、副主任张华一行到如东，考察人大民生实事票决制、代表工作等先进经验。县人大常委会党组书记、主任陈昌龙，党组副书记、副主任唐国均陪同考察。

12—15日 县人大常委会副主任刘旭峰带领县人大财经工委、县行政审批局及相关镇区人大负责人，到浙江省桐乡市、上海市奉贤区、江苏省张家港市等地，学习考察“互联网+政务服务”“互联网+监管”和“12345”呼叫平台建设先进做法。

13日 昆山市人大常委会副主任赵坤元一行到如东，考察人大代表工作创新和民间文化传承工作。县人大常委会党组副书记、副主任唐国均陪同考察。

13—15日 县人大常委会副主任徐鸿斌带领县人大监察司法工委、农业农村工委工作人员和洋口镇、河口镇、袁庄镇人大主席，到溧阳市、浙江省海宁市考察学习乡村振兴工作。

14—15日 县人大常委会党组副书记、副主任唐国均带领县人大教科文卫工委、人事代表工委相关人员和经济开发区人大工委主任、岔河镇人大主席，到浙江省余杭区、嘉善县学习考察教科文卫工作和代表工作。

15日 新疆维吾尔自治区伊宁县人大常委会主任阿不都赛力木·吉力力一行到如东，考察地方人大工作。县人大常委会党组书记、主任陈昌龙陪同参观。

19日 县人大常委会党组书记、主任陈昌龙带领相关委室负责人到县教育体育局，听取全县教育体育工作情况。

22日 县人大常委会召开第四十七次主任会议，听取和审议县政府关于推进全县教育项目建设保持教育高质量发展情况报告。

26—28日 县人大常委会副主任沈更生带领环资城建工委相关人员及曹埠镇人大主席，到浙江省湖州市安吉县、德清县和江苏省苏州市吴江区考察学习生态文明建设和城乡环境保护等方面情况。

29日 县第十七届人大常委会第二十一次会议召开。会议听取和审议关于代表建议、常委会审议意见办理落实情况等报告。

12月

2—3日 县人大常委会党组副书记、副主任唐国均，副主任徐鸿斌分别带领县人大“清水绿岸”提质三年行动督查工作组，到洋口港经济开发区、袁庄镇开展“清水绿岸”提质三年行动督查和询问镇级总河长工作。

4日 县人大常委会举办《新时期坚持和完善人民代表大会制度》专题讲座，邀请南通市人大人事代表工委副主任廖剑飞讲课，县人大常委会党组副书记、副主任唐国均主持。

是日 县人大召开全县镇（区、街道）人大工作会议。县人大常委会党组副书记、副主任唐国均主持会议，并总结2019年人大工作。县人大常委会党组书记、主任陈昌龙对下一阶段工作提出要求。

5日 县人大常委会召开办公会。听取各委室交流市党建考核完成情况，并部署谋划2020年人大工作思路和调研等工作。

5—10日 县人大常委会党组书记、主任陈昌龙带队到县发改委、财政局、税务局、审计局、商务局、统计局开展专题调研，了解全县2019年经济工作运行情况。

6日 县人大常委会党组召开“不忘初心、牢记使命”主题教育专题民主生活会。县人大常委会党组书记、主任陈昌龙主持会议并作总结讲话，党组副书记、副主任唐国均，党组成员、副主任徐鸿斌、刘旭峰，党组成员、办公室主任卜其银出席会议，副主任沈更生列席会议。

是日 县人大办及各委室召开领导班子“不忘初心、牢记使命”主题教育专题民主生活会。县委主题教育第四指导组组长方永逸参加会议并点评。

13日 县人大常委会党组书记、主任陈昌龙到其挂钩党建工作联系点——高新技术产业开发区如华村、三桥村，调研帮扶工作进展情况。

15日 青海省贵德县人大常委会副主任王桂英、索南项秀带领人大考察团到如东，考察经济社会发展并交流人大工作。县人大常委会党组副书记、副主任唐国均陪同考察。

24日 县人大常委会召开第四十九次主任会议，听取县监察委员会关于贯彻实施《中华人民共和国监察法》情况工作报告。

29日 县第十七届人大常委会第二十二次会议召开，通过相关人事任免，听取和审议2020年如东县国民经济和社会发展计划（草案）和财政预算及部门综合预算（草案）等报告。

2020年

1月

13日 县第十七届人大常委会第二十三次会议召开，通过相关人事任免，听取和审议代表变动情况和补选代表资格审查报告。

16—19日 如东县第十七届人民代表大会第四次会议在县行政中心召开。听取和审议政府工作报告和县人大常委会工作报告，审查其他报告，并作出相关决议。

29日 县委常委、人武部部长黄涛，县人大常委会副主任刘旭峰到大豫镇，检查新冠疫情防控工作，听取大豫镇相关防控工作汇报，并走进集中隔离区和大豫社区，现场查看防控工作情况。

是日 县委常委、县委组织部部长韩强，县人大常委会副主任徐鸿斌到栟茶镇，督查指导疫情防控工作。主要对集中医学观察隔离点、公共场所、居家医学观察一线等地检查指导疫情防控工作。

2月

15日 县人大常委会党组书记、主任陈昌龙到碧霞小区相关卡口，督查防疫管控情况。

19日 县人大常委会副主任、南通外向型农业综合开发区党工委书记罗晓东到如东沿海经济开发区，指导企业疫情防控和复工复产工作。

25日 县人大专题召开市场保供督查工作会议。县人大常委会党组书记、主任陈昌龙主持会议。县人大办、财经工委相关人员以及县发改委、商务局、市场监督局等部门负责人参加会议。

是日 县人大常委会召开第五十二次主任会议，传达贯彻落实县委关于统筹推进新冠疫情防控和经济社会发展工作部署会议精神，部署2020年县人大相关重点工作。

27日 县人大常委会党组书记、主任陈昌龙，副主任刘旭峰分别带队，采用“四不两直”（不发通知、不打招呼、不听汇报、不用陪同接待，直奔基层、直插现场）方式，带领县人大办、财经工委、县市场监督管理局、商务局、农业农村局相关负责人，对全县重点农贸市场、农资供应单位、大型商超、畜禽屠宰点和部分企业进行督查督导，督促各经营主体全力做好疫情防控期间物资保障工作。

3月

3日 县人大常委会召开党组（扩大）会议，贯彻全县统筹推进新冠疫情防控和经济社会发展工作会议精神，围绕重点工作任务，对统筹做好疫情防控、助推经济社会发展和人大各项工作进行具体部署。县人大常委会党组书记、主任陈昌龙主持会议并讲话。

5日 县人大常委会党组书记、主任陈昌龙带领县人大办及县发改委、人社局相关负责人，对全县部分企业复工复产等工作进行调研，并就全力保障疫情防控和经济社会发展“两手硬”“两战赢”提出意见建议。

6日 县人大专题召开《中华人民共和国安全生产法》执法检查部署会，县人大常委会副主任刘旭峰主持会议，就执法检查内容和重点、检查方法、检查时间等作安排和部署。

10日 县人大常委会党组书记、主任、执法检查组组长陈昌龙带领各执法检查小组组长、部分常委会组成人员，对县应急管理局贯彻实施《中华人民共和国安全生产法》情况开展执法检查，并召开座谈会。

12日 县人大常委会党组书记、主任陈昌龙采取“四不两直”方式，到挂钩党建工作联系点——城中街道如华村和掘港街道三桥村，就“清水绿岸”和村居环境整治等相关工作进展情况进行调研。

中旬 县人大常委会副主任徐鸿斌、刘旭峰、罗晓东、陈晓莉分别带领4个执法检查组，深入挂钩联系镇（区、街道）和相关部门，对贯彻实施《中华人民共和国安全生产法》情况进行检查。

25日 县人大常委会召开第五十三次主任会议，听取县政府关于代表议案和重点建议办理工作计划报告，听取和讨论县人大常委会关于《中华人民共和国安全生产法》执法检查情况报告。

是日 县人大常委会党组理论学习中心组以集中学习形式，举办《中华人民共和国安全生产法》专题培训。县应急管理局相关负责人作专题辅导报告，县人大常委会党组理论学习中心组成员、县人大机关全体干部、部分市县人大代表参加培训。

是日 南通市人大常委会党组副书记、副主任陈惠娟一行到洋口镇南渔村、南通外向型农业综合开发区近海村、国家级农村产业融合示范园，调研如东县农村集体经济发展、农村人居环境整治工作以及农村一、二、三产融合发展情况。县委副书记、县长陈慧宇，县人大常委会党组书记、主任陈昌龙等陪同调研。

30日 县第十七届人大常委会第二十四次会议召开。听取和审议如东县贯彻实施《中华人民共和国安全生产法》工作报告及县人大执法检查情况报告。

4月

1日 县人大召开“智慧人大”建设方案汇报会，听取有关单位对“智慧人大”软硬件建设和平台使用情况介绍。县人大常委会党组书记、主任陈昌龙，党组副书记唐国均，副主任徐鸿斌参加会议。

7日 县人大召开工作例会，各镇（区、街道）人大、机关代表小组交流县人大常委会党组（扩大）会议精神贯彻情况、镇人代例会筹备情况。县人大常委会党组书记、主任陈昌龙提出要求。

是日 县人大常委会党组理论学习中心组以集中学习形式，举办《江苏省湿地保护条例》专题讲座。县自然资源局相关负责人作专题报告。县人大常委会党组中心组成员、县人大主任会议成员和各镇（区、街道）人大负责人、机关代表小组组长、县级机关相关部门负责人参加培训。

10日 南通市人大常委会党组副书记、副主任陈惠娟率市人大常委会调研组到如东，就机构养老建设情况暨制定《南通市养老服务条例》进行视察调研。县人大常委会党组书记、主任陈昌龙，副主任陈晓莉，副县长陈春柳陪同调研。实地参观蟥山医院老年公寓、申丞护理院、如东经济开发区颐养福利中心及东屏分院。陈春柳汇报如东县机构养老建设情况，县相关部门负责人，部分村居、养老机构负责人以及各级人大代表就制定《南通市养老服务条例》交流意见建议。陈晓莉汇报县人大社会建设工作基本情况和2020年工作重点。

14日 县人大常委会党组书记、主任陈昌龙率队调研县湿地保护工作。

16日 县人大常委会党组书记、主任陈昌龙带领县政府办、水务局、住建局、生态环境局、污染防治攻坚办、河长办等相关部门负责人，到双甸镇、新店镇、岔河镇开展“清水绿岸”提质行动督查，询问镇级总河长。县人大常委会副主任徐鸿斌、副县长徐炜参加活动。

17日 县人大常委会召开党组（主任）会议。听取县委组织部对人大内设工委负责人和政府相关部门主要负责人以及街道人大工委人选提名情况。通过掘港街道、城中街道人大工委委员名单，讨论通过《如东县人大常委会关于进一步加强“双联”工作的实施方案》。

20日 县第十七届人大常委会第二十五次会议召开，通过相关人事任免。

是日 在中共南通市委人大工作会议暨纪念南通市人大设立常委会40周年大会上，县人大常委会党组书记、主任陈昌龙作交流发言。

21日 县人大常委会副主任刘旭峰带领第二执法检查小组，到掘港街道、大豫镇、马塘镇和丰利镇，集中检查《中华人民共和国水污染防治法》贯彻实施情况。

21—22日 南通市人大常委会副主任孙建华率调研组到如东，以实地调研、深入交流和互动座谈等形式，了解如东农村住房建设情况。县人大常委会党组书记、主任陈昌龙，副主任罗晓东陪同调研。

22日 县人大常委会副主任、县工商联主席陈晓莉带领县人大常委会第四执法检查小组到如东经济开发区，对贯彻实施《中华人民共和国水污染防治法》情况开展执法检查。

27日 县人大常委会党组书记、主任陈昌龙带领各执法检查小组副组长、部分常委会组成人员，对县生态环境局贯彻实施《中华人民共和国水污染防治法》开展执法检查，并召开座谈会。

28日 县人大常委会召开第五十五次主任会议，听取和审议县政府关于全县职业教育产教融合发展情况工作报告。

5月

9日 如皋市人大组织机关党员干部到如东考察经济社会发展情况。县人大常委会党组书记、主任陈昌龙陪同考察。

12日 县人大在栟茶镇召开工作例会暨人大代表助力小康“五项行动”主题活动推进会。与会人员参观栟茶镇古镇开发、港头村环境整治现场，三星村“人大代表日”活动现场及栟茶污水处理厂、隆力奇工厂建设现场，栟茶镇、丰利镇、曹埠镇、新店镇人大负责人分别汇报2020年人大代表助力小康“五项行动”开展情况。县人大常委会副主任徐鸿斌就全县“五项行动”推进工作进行点评。县人大常委会党组书记、主任陈昌龙主持会议，并就做好下一阶段各项重点工作提出要求。

13日 睢宁县人大常委会主任赵李带领县教育局、李集中学等相关人员到如东，考察农村高中教育发展情况。

14日 县人大常委会党组书记、主任陈昌龙带领县人大办、攻坚办、河长办等部门相关负责人，对掘港街道“清水绿岸”提质行动开展情况进行督查。

15日 县人大在县行政中心举办全县人大宣传信息员培训班。邀请南通市人大常委会研究室副主任马如山和中国摄影家协会会员、如东摄影家协会主席王必春授课。人大机关各委室副主任、科长，各镇（区、街道）人大秘书、机关代表小组联络员等参加培训。

18日 县人大常委会党组理论学习中心组邀请南通市生态环境局法规处处长刘华军，就贯彻实施《中华人民共和国水污染防治法》作专题讲座。

19日 县第十七届人大常委会第二十六次会议召开，通过相关人事任免事项，听取和审议相关报告。

22日 县人大联合市银保监分局举办全县企业界人大代表助推企业发展“银企对接”强企沙龙暨“百行进万企”推进活动。县人大常委会党组书记、主任陈昌龙出席会议并讲话。全县18家银行机构和县人大各委室、县政府相关职能部门，以及部分省、市、县、镇人大代表参加会议。

25日 县人大常委会召开第五十七次主任会议，听取和审议县政府关于全县农业龙头企业发展情况工作报告。

26—27日 县人大常委会党组副书记唐国均、副主任徐鸿斌带领办公室、人事代表工委相关人员和洋口镇、大豫镇人大主席，到浙江省平湖市、临安区等地学习考察“智慧人大”建设等方面情况。

6月

3日 县人大常委会党组书记、主任陈昌龙带领县人大办、县人大环资城建工委、县住建局、县城管局相关负责人，到县“三河六岸”项目、三元世纪城整治项目、王彭小区改造项目、清华园小区改造项目、如东东高速路口环境整治项目、麒麟府开发项目等现场，实地调研工程进展情况。

是日 县人大常委会党组书记、主任陈昌龙带队到掘港街道、曹埠镇、大豫镇、洋口港经济开发区，调研人大工作和经济社会发展情况。

3—5日 县人大常委会党组副书记唐国均、副主任刘旭峰带领人大民宗侨台工委、县侨联和部分镇（区）人大相关人员，到浙江省温州市、宁波市学习考察侨务工作。

8日 全县人大代表法治行动暨县法院《中华人民共和国民法典》赠书仪式在县人大代表履职服务中心举行。县法院院长黄卫介绍《中华人民共和国民法典》编纂过程及赠书活动有关情况，并向部分市、县人大代表赠书。县人大常委会党组书记、主任陈昌龙参加赠书仪式并讲话。

16日 县人大常委会党组书记、主任陈昌龙带领人大教科文卫工委、县科技局和相关镇（区）负责人，到无锡市惠山区学习考察科技创新平台建设工作。

19日 县人大邀请县公安局法制大队负责人到人大代表履职服务中心，作《中华人民共和国道路交通安全法》专题培训。

是日 县人大常委会党组书记、主任陈昌龙，副主任刘旭峰、罗晓东带领县人大常委会组成人员，专题视察全县科技创新平台建设情况。副县长杨晶晶汇报县科技创新平台建设情况。陈昌龙提出要求。县人大常委会副主任刘旭峰主持会议。

22日 县人大常委会党组书记、主任陈昌龙带领县人大常委会部分组成人员，调研岔河镇人大各项重点工作开展情况。

24日 县人大常委会党组书记、主任陈昌龙带领县人大常委会部分组成人员，到河口镇调研经济社会发展和人大重点工作。

30日 围绕如泰运河沿线水环境整治工作，县人大召开集中“问河长”“问局长”现场会，实地视察整治现场，听取“河长制”工作落实情况汇报，并就存在突出问题进行集中询问。副县长徐炜汇报“河长制”工作落实情况。县人大常委会党组书记、主任陈昌龙，县委常委、统战部部长蒋树建分别讲话。

7 月

3 日 县人大常委会党组书记、主任陈昌龙带队到马塘镇，调研经济社会发展和人大重点工作。

8 日 县人大在代表履职服务中心召开“智慧人大”建设项目方案评审会。县人大常委会副主任徐鸿斌主持会议，各委室负责人参加会议。

10 日 县人大常委会副主任刘旭峰带领民生实事第二督办推进组成员，对 2020 年政府为民办实事教育优化项目、医疗卫生项目和社会保障项目进展情况进行专题督查。督办组听取县教体局、卫健委、人社局、残联、锦恒集团、东和集团等单位关于为民办实事项目实施情况汇报。

14 日 县人大常委会召开听取上半年财税工作情况汇报会。县人大常委会领导及相关委室负责人分别听取财政局和税务局负责人关于 2019 年县本级财政决算，2020 年上半年财政预算执行情况和上半年税收收入情况汇报，并提出相关意见建议。

是日 县人大常委会召开听取上半年经济运行情况汇报会。县人大常委会领导及相关委室负责人分别听取县发改委、商务局、统计局和行政审批局相关负责人关于上半年经济运行情况、商务工作情况和优化营商环境情况汇报，并提出相关意见建议。

16 日 县人大在洋口镇召开工作例会。与会人员观摩洋口镇人大代表服务中心、洋口村代表工作站以及洋口镇经济社会发展和人大工作亮点，并举办“智慧人大”建设集中培训。洋口镇、大豫镇、岔河镇、城中街道人大负责人分别就平台建设、“五项行动”、助推“清水绿岸”提质行动、民生实事督办等重点工作作交流发言。县人大常委会副主任徐鸿斌总结上半年全县人大工作，并部署下一阶段工作。县人大常委会党组书记、主任陈昌龙主持会议，并就推进县镇（区、街道）人大工作和“智慧人大”建设提出要求。会议讨论并通过《关于进一步规范人大代表履职平台建设的意见》和《如东县人大常委会关于审计查出问题整改工作的监督办法》。

20 日 县人大常委会党组书记、主任陈昌龙带领相关委室负责人到县审计局，对 2019 年县本级预算执行和其他财政收支审计工作情况进行调研。

是日 县第十七届人大常委会召开第五十九次主任会议，听取和审议县法院、县检察院上半年工作情况报告。

24 日 县第十七届人大常委会第二十七次会议召开。听取和审议相关报告，通过相关人事任免事项。

28 日 苏州市吴中区人大常委会党组书记、主任张炳华，副主任陆增林率队到如东参观考察，全面了解如东经济社会发展基本情况以及人大工作相关情况。县委书记沈峻峰会见考察团一行，县人大常委会党组书记、主任陈昌龙，副主任徐鸿斌陪同考察。

31 日 县人大邀请县文化广电和旅游局相关负责人，为人大机关党员作《中华人民共和国文物保护法》专题培训。

是日 县人大常委会开展组成人员集中联系人大代表活动，与洋口港经济开发区、长沙镇代表团和机关代表小组的县人大代表们“点对点”直接联系，“面对面”交流座谈，认真听取他们建议、批评和意见。县人大常委会党组书记、主任陈昌龙主持活动并讲话。

8 月

5 日 江苏省人大常委会党组副书记、副主任王燕文率队到如东，对贯彻落实安全生产“一法一条例”情况进行执法检查，并调研了解养老事业规划建设工作。南通市人大常委会党组副书记、副主任陈惠娟，县委书记沈峻峰，县委副书记、县长陈慧宇，县人大常委会党组书记、主任陈昌龙等陪同检查调研。

11—16 日 县人大组织相关人员赴厦门大学参加人大制度建设能力提升专题培训班。县人大常委会党组书记、主任陈昌龙，党组副书记、副主任徐鸿斌，副主任刘旭峰、罗晓东、陈晓莉，部分县人大常委会组成人员，各镇（区、街道）人大主席（工委主任），县人大机关工作人员近 50 人参加培训。此次培训班坚持课堂集中授课和现场教学相结合，开设落实新发展理念、创新人大工作、新冠疫情与中美关系的变化及国学知识等课程，并组织学员以“缅怀革命先烈，学习红色精神”为主旨到革命胜地龙岩市进行现场教学。开展班组研讨、心得分享等学习成果交流活动。

19 日 县人大常委会召开党组会议暨第六十一次主任会议。会议听取县委组织部人事任免提名情况，讨论县人大常委会关于建立监察和司法工作委员会等事项。

是日 县第十七届人大常委会第二十八次会议召开，通过相关人事任免。

20 日 县人大召开工作例会，交流 2020 年人大代表“强企”“助村”两项行动进展情况，部署下一阶段工作。县人大常委会副主任刘旭峰就总体情况进行点评。县人大常委会党组书记、主任陈昌龙就做好当前人大工作提出要求。

21 日 县人大组织机关全体党员进行《中华人民共和国民法典》专题学习活动。县委理论宣讲团成员缪晓红进行宣讲。

25 日 县人大常委会党组书记、主任陈昌龙率队视察县农业示范园区建设情况。副县长徐炜介绍国家级农村产业融合示范园和省级现代农业产业示范园建设发展情况。县人大常委会党组副书记、副主任徐鸿斌主持会议。陈昌龙提出要求。

28 日 县人大常委会召开第六十二次主任会议，听取和审议县政府关于实施《中华人民共和国慈善法》情况的工作报告。

31 日 县人大常委会开展组成人员集中联系人大代表活动，与栟茶镇、河口镇、袁庄镇、洋口镇代表小组的县人大代表们交流座谈。县人大常委会党组副书记、副主任徐鸿斌主持活动并讲话。

9 月

4 日 县人大专题调研全县职业病防治工作，县人大常委会副主任刘旭峰、部分常委会组成人员参加调研。

14 日 县人大召开工作例会，专题视察全县市政工程、交通基础设施和城市建设情况，交流 2020 年人大代表助力小康“五项行动”中“通达”行动进展情况。与会人员视察“三河六岸”河道整治及景观绿化 PPP 项目、三号街区（如豫苑）开发项目、鹤鸣公园等城市建设重点工程，以及八号桥改造工程、东环路北延新建工程、三元世纪城老旧小区改造等市政基础设施和交通基础设施建设现场，听取项目规划、施工管理、建设进展、工期控制等情况介绍。县人大常委会党组书记、主任陈昌龙对下一阶段工作提出要求。

15 日 县人大常委会党组书记、主任陈昌龙走访其挂钩联系的南通亿能彩色钢板有限公司，实地调研了解企业生产经营现状和发展情况。

是日 县人大常委会副主任刘旭峰带领县人大常委会部分组成人员，在县人大代表履职服务中心开展集中联系人大代表活动。大豫镇、马塘镇、丰利镇和掘港街道辖区内人大代表，就农村人居环境整治、企业安全生产监管、农村面源污染工作、河蟹苗产业发展规划等提出意见和建议。

16—18 日 县人大常委会党组副书记、副主任徐鸿斌带领县人大农业农村工委工作人员和相关镇人大主席，到浙江省缙云县、苍南县、福建省福鼎市，考察农村人居环境整治和现代农渔业发展工作。

18日 县人大组织机关全体党员进行《中华人民共和国职业病防治法》专题学习活动。邀请县卫生监督所相关负责人作专题解读。

21日 县委、县人大、县政府组成联合督查组，采取不发通知、不打招呼、不听汇报、直奔现场方式，分5个组督查全县相关镇（区、街道）“清水绿岸”提质行动重点工作和县人大集中“问河长”“问局长”整改情况，融合推进水环境综合整治工作。县人大常委会党组书记、主任陈昌龙督查曹埠镇和掘港街道，县领导蒋树建、罗晓东督查岔河镇、马塘镇，徐鸿斌、刘拓督查新店镇、双甸镇，刘旭峰、徐炜督查城中街道、大豫镇，陈晓莉督查丰利镇、南通外向型农业综合开发区，并针对发现问题提出整改要求。

22日 县人大常委会召开第六十三次主任会议，听取县政府关于全县职业病防治相关工作开展情况报告。

27日 县第十七届人大常委会第二十九次会议召开。听取和审议全县“七五”普法实施情况工作报告等。

28日 中共南通市委书记、市人大常委会主任徐惠民以省、市人大代表身份，到如东调研人大工作，并开展“接待人大代表日”活动。市人大常委会党组副书记、常务副主任庄中秋，县委书记沈峻峰，县人大常委会党组书记、主任陈昌龙等领导参加活动。

10月

10日 县第十七届人大常委会第三十次会议召开，通过相关人事任免事项。

13日 县人大召开工作例会。县人大常委会党组书记、主任陈昌龙主持会议并讲话。与会人员参观岔河镇经济社会发展和人大工作成果展示现场，岔河镇、洋口镇、长沙镇、丰利镇人大负责人汇报“法治”行动推进情况和代表服务中心建设情况。县人大常委会党组副书记、副主任徐鸿斌，副主任陈晓莉分别就县人大代表服务中心和“智慧人大”平台建设情况，以及“法治”行动开展情况进行点评。

20日 县人大邀请县水务局相关负责人到人大代表履职服务中心，作《关于在江苏省全面推行“河长制”的实施意见》专题培训。

是日 县人大召开“河长制”暨“问河长”工作落实情况座谈会。县农业农村局、河长办、作风办、县人大督查助推“清水绿岸”提质行动督查推进小组、南通外向型农业综合开发区（苴镇街道）、长沙镇、丰利镇、袁庄镇负责人结合部门职能和基层工作实际，对做好“河长制”和“问河长”工作提出建议意见。县人大常委会党组书记、主任陈昌龙参加会议并讲话。

22日 县人大常委会党组书记、主任陈昌龙率常委会组成人员及部分人大代表，对县第十七届人大四次会议议案和重点建议办理情况进行视察。

27日 南通市人大常委会党组副书记、副主任陈惠娟带领调研组到如东，对养老服务和社会救助情况开展调研。县人大常委会副主任陈晓莉参加调研。

28日 县人大常委会召开第六十六次主任会议，听取和审议县政府关于2020年度民生实事项目实施情况工作报告。

11月

5日 南通市人大常委会副主任黄卫成率队到如东调研代表工作，县人大常委会党组书记、主任陈昌龙陪同调研。

5—9日 县人大常委会副主任刘旭峰带领相

关负责人，到安徽省金安区人大和江西省修水县人大考察学习。

6日 县人大常委会组成人员开展集中联系人大代表活动。县人大常委会副主任罗晓东及4位县人大常委会专职委员、17位县人大代表参加活动。

11日 县人大常委会党组书记、主任陈昌龙带领县污染防治攻坚办、河长办、作风办、水务局、住建局、生态环境局等部门负责人，到河口镇督查“清水绿岸”提质行动开展情况。

16日 县人大召开“问河长”“问局长”推进会暨第六十七次主任会议，交流2020年全县人大系统助力小康“五项行动”中“清水”行动推进情况，听取县政府专项工作报告，谋划当前和2021年重点工作。县人大常委会党组书记、主任陈昌龙主持会议并讲话。

18日 县人大机关党组召开学习《江苏省水利工程管理条例》专题会议。江苏省水利厅政策法规处处长、水利部发展研究中心特约研究员曹东平作专题讲座。县人大全体领导、县人大机关全体人员和县水务局相关人员、基层水利站负责人参加会议。

20日 南通市人大农业委主任戴辉带领市人大农业和农村专业组代表，到如东调研水环境治理情况。县人大常委会党组书记、主任陈昌龙陪同调研。

23日 县人大常委会党组书记、主任陈昌龙带队专题视察全县养老服务体系建设情况。

24日 全国人大代表、徐州市委书记、市人大常委会主任周铁根率部分驻徐州全国人大代表到如东，实地考察洋口港经济开发区重特大项目以及阳光岛建设等情况。南通市人大常委会党组副书记、常务副主任庄中秋，县委书记沈峻峰，县委副书记、县长陈慧宇，县人大常委会党组书记、主任陈昌龙，县委副书记、洋口港经济开发区党工委书记陈雷陪同视察。

27日 县第十七届人大常委会第三十一次会议召开，听取和审议关于代表议案建议办理和常委会决议决定执行及审议意见落实情况的工作报告等。

12月

1日 县人大常委会副主任陈晓莉到县人大代表履职服务中心，同部分县人大常委会组成人员一同与企业和教育界以及镇村人大代表们交流，倾听社会发展和百姓关切热点、难点问题。

4日 县人大组织全县四级人大代表和议政员以视频电视电话会议形式，在县、镇（区、街道）两级人大代表服务中心开展“讲法典、学法典”集中培训。市、县人大代表，县法院院长黄卫作“弘扬宪法精神，推动民法典贯彻实施”专题辅导。县人大常委会党组书记、主任陈昌龙到会提出要求。

8日 县人大召开工作例会。与会人员视察长沙镇中心河、金光如东产业基地、桐昆聚酯一体化等项目现场，各镇（区、街道）人大以及县人大各委室相关负责人交流2020年工作亮点以及2021年发展思路和重点举措。县人大常委会党组书记、主任陈昌龙主持会议，并对谋划2021年工作提出要求。

15—17日 县人大常委会党组书记、主任陈昌龙带队到县财政局、税务局、审计局、发改委、商务局、统计局开展专题调研，了解全县2020年经济工作运行情况。

23日 县人大常委会召开第六十九次主任会议，听取县监察委员会关于2020年监察工作情况报告。

30日 县第十七届人大常委会第三十二次会议召开，表决通过相关人事任免决定，听取和审议《县政府关于如东县国民经济和社会发展第十四个五年规划和2035年远景目标纲要（草案）编制情况的报告》等。

2021 年

1 月

5 日 南通市人大常委会副主任孙建华带领市第十五届人大财经委成员到如东，视察调研重点产业项目建设情况。县人大常委会党组书记、主任陈昌龙，副主任刘旭峰陪同视察调研。

7 日 县第十七届人大常委会第三十三次会议召开，补选杨忠为南通市第十五届人民代表大会代表。

12—15 日 如东县第十七届人民代表大会第五次会议在县行政中心召开。听取和审议政府工作报告和县人大常委会工作报告，审查其他报告，并作出相关决议。

25 日 县第十七届人大常委会第三十四次会议召开，通过相关人事任免和县人大常委会 2021 年工作要点。

2 月

24 日 县人大常委会召开党组会议暨第七十三次主任会议。讨论确定县第十七届五次会议代表重点建议及有关工作方案等。

是日 县人大常委会党组中心组开展集中学法活动，邀请县发改委相关负责人解读《中华人民共和国中小企业促进法》。

26 日 县人大常委会召开党组（扩大）会议，贯彻落实市县人代会、全县作风建设大会、全县招商引资与项目建设动员会等会议精神，全面部署 2021 年人大重点工作。县人大常委会党组书记、主任陈昌龙出席会议并讲话。会议以视频会议形式召开，县人大代表履职服务中心设主会场，各镇（区、街道）人大代表履职服务中心设分会场。

是日 县人大专题召开《中华人民共和国中小企业促进法》执法检查工作部署会，县人大常委会副主任刘旭峰主持会议，各执法检查小组组长、联络员及被检查部门分管负责人与会。

3 月

8 日 县委第四巡察组巡察县人大机关党组工作动员会召开。县委第四巡察组组长顾久伟就巡察工作讲话；县人大常委会党组成员、办公室主任、人大机关党组书记卜其银主持会议并作表态发言。县委第四巡察组全体成员及派驻纪检组相关人员、县人大常委会机关党组全体党员干部出席会议。

是日 县人大常委会党组书记、主任、执法检查组组长陈昌龙率各执法检查小组组长、部分常委会组成人员到县发改委，召开座谈会并听取相关负责人关于全县贯彻实施新修订《中华人民共和国中小企业促进法》情况汇报。

9—12 日 县人大常委会党组副书记、副主任徐鸿斌，副主任刘旭峰分别带领人大第一、二执法检查小组人员，到县人社局、科技局、商务局、住建局、财政局、税务局、行政审批局、地方金融监督管理局、洋口港经济开发区、马塘镇、丰利镇、城中街道和大豫镇，开展《中华人民共和国中小企业促进法》执法检查。

16 日 县人大召开服务项目建设和中小企业发展重点职能部门专项工作评议动员会。县人大常委会党组副书记、副主任徐鸿斌出席会议并讲话，县政府办分管领导，县人大评议工作领导小组办公室全体人员、各评议小组副组长、联络员，被评议部门分管负责人和办公室主任参加会议。

17—19日 县人大常委会副主任刘旭峰带领县人大教科文卫工委全体人员、教育体育局相关负责人，到扬中、南京等地学习考察学前教育工作情况。

18日 县人大常委会党组书记、主任陈昌龙带领县攻坚办、河长办、“清水绿岸”督查推进办等相关部门负责人，到大豫镇、马塘镇调研了解“清水绿岸”提质行动开展情况。

23日 县人大机关党组召开党史学习教育动员会，对县人大办及各委室开展党史主题教育进行动员部署。县人大常委会党组成员、办公室主任、人大机关党组书记卜其银主持活动并讲话。

是日 县人大常委会党组中心组开展《中华人民共和国行政处罚法》专题学习活动。县司法局相关负责人作专题解读。

25日 崇川区人大常委会副主任田桦一行到如东，调研“智慧人大”建设工作。县人大常委会副主任刘旭峰陪同调研。

25—27日 由县人大常委会党组书记、主任陈昌龙带队，县人大常委会副主任徐鸿斌，县人大常委会相关委室、部分镇（区、街道）人大负责人先后到苏州市吴中区、浙江省嘉善县，考察调研水环境治理和人大特色工作，并开展县、街道人大之间友好对接。

29日 县人大常委会召开第七十四次主任会议，听取和审议县政府关于县十七届人大五次会议代表建议办理工作计划报告。

是日 县人大常委会召开第七十五次主任会议。听取并讨论县人大常委会执法检查组关于《中华人民共和国中小企业促进法》执法检查情况报告。

30日 县第十七届人大常委会第三十五次会议召开，听取和审议《中华人民共和国中小企业促进法》贯彻落实情况报告，以及县人大常委会执法检查情况报告。

4月

1日 南通市人大农业和农村工作座谈会在如东召开，通报全市人大2020年农业农村重点工作开展情况，部署2021年全市人大农业农村工作。县人大常委会党组书记、主任陈昌龙，县委副书记、洋口港经济开发区党工委书记陈雷，县人大常委会党组副书记、副主任徐鸿斌参加调研和座谈会。

7日 南通市人大常委会副主任葛玉琴带领相关委室、部门负责人到如东，调研《中华人民共和国体育法》《江苏省全民健身条例》贯彻实施情况。县人大常委会党组书记、主任陈昌龙陪同调研。

8日 2021年度人大代表议案、建议交办会议召开。县委常委、常务副县长张兴国到会讲话，县人大常委会党组副书记、副主任徐鸿斌就人大代表议案、建议办理工作进行指导。

16日 连云港市连云区人大常委会副主任夏信喜一行到如东，考察工业经济发展情况。县人大常委会副主任刘旭峰陪同考察。

20—25日 县人大常委会党组副书记、副主任徐鸿斌，副主任刘旭峰、罗晓东分别带领执法检查组，到挂钩联系镇（区、街道）和相关部门，对贯彻实施《中华人民共和国水污染防治法》情况进行检查。

22日 全县“清水绿岸”提质行动融合推进现场会在马塘镇召开。县人大常委会党组书记、主任陈昌龙主持会议并讲话。与会人员现场参观马塘镇如泰运河潮桥老集镇临河截污项目、潮南村庵堂港河、王渡村民兵河等6条河道整治和长效管护、农村人居环境整治情况。马塘镇、双甸镇、南通外向型农业综合开发区、曹埠镇、河口镇等镇（区）以及县住建局、农业农村局就“清水绿岸”提质行动工作推进情况分别交流发言。

县人大常委会党组副书记、副主任徐鸿斌对“清水绿岸”提质行动工作进行点评，并部署下一阶段督查助推工作和人大相关重点工作。县委常委徐东俊到会提出要求。

25 日 县人大机关党组中心组开展《江苏省人大常委会关于加强检察公益诉讼工作的决定》专题学习和党史学习教育活动。县检察院相关负责人作专题讲解。

27 日 南通市人大常委会副主任陈俊率市人大相关委室和政府相关部门负责人到如东，采取实地检查、听取汇报、座谈交流等方式，开展《中华人民共和国固体废物污染环境防治法》执法检查。县人大常委会党组书记、主任陈昌龙陪同检查，并汇报如东执法检查工作开展情况。县委常委、副县长许金标汇报如东贯彻实施《中华人民共和国固体废物污染环境防治法》相关情况。

29 日 县第十七届人大常委会第三十六次会议召开，通过相关人事任免事项。

5 月

14 日 南通市人大常委会副主任葛玉琴带领相关委室、部门负责人到如东，开展接待人大代表日活动。县人大常委会副主任罗晓东参加活动。

17 日 县人大机关党组中心组开展《中华人民共和国大气污染防治法》专题学习和党史学习教育活动。县生态环境局相关负责人作专题讲解。观看党史学习主题纪录片《周恩来的党性之光》。

20 日 县人大召开工作例会，县人大常委会党组书记、主任陈昌龙传达全省深入贯彻习近平法治思想推动地方人大工作实现新发展座谈会精神，并为全县人大系统干部上党史学习教育专题党课，对下一阶段重点工作提出要求。与会人员到如皋红十四军纪念馆开展主题党日活动。视察双甸镇石甸社区、高前村、淞江减震器集团、亚升安全用品有限公司、人大代表履职服务中心、宇迪党员之家等现场，听取关于乡村振兴、经济发展以及人大工作等情况介绍。

28 日 县第十七届人大常委会第三十七次会议召开，听取和审议通过人事任免议案，听取和审议县政府关于贯彻实施《中华人民共和国水污染防治法》情况工作报告等。

5 月 31 日—6 月 4 日 县人大常委会副主任刘旭峰带领相关负责人，到山东省济宁市任城区和泰安市岱岳区考察学习。

6 月

2—5 日 县人大常委会党组副书记、副主任徐鸿斌带领县人大农业农村工委、人事代表工委人员，栟茶镇、河口镇、洋口镇人大负责人，到淮安市清江浦区、山东省枣庄市等地学习调研人大工作。

7 日 县人大常委会党组书记、主任陈昌龙率相关部门负责人到城中、掘港、大豫、马塘等镇（区、街道），调研水环境治理工作。

10 日 县人大常委会党组书记、主任陈昌龙带领县人大常委会主任会议成员，专题视察县部分重大产业项目建设进展情况。

11 日 南通市人大教科文卫委主任马如山带领相关人员到如东，调研全县乡风文明建设情况，并就《南通市文明行为促进条例（草案）》征求相关部门和镇（区）意见和建议。县人大常委会副主任刘旭峰陪同调研。

21 日 县人大机关党组中心组开展《中华人民共和国退役军人保障法》专题学习活动。邀请南通市退役军人事务局相关负责人作专题讲解。

是日 县人大机关党组中心组（党总支）开展党史学习教育专题讲座。县新四军研究会常务副会长虞建宣就中国共产党 4 个伟大时期历史进行宣讲。县人大机关全体人员及县人大离退休老干部参加活动。

23日 南通市人大常委会副秘书长徐国祥到如东，调研乡村振兴战略实施情况。县人大常委会党组书记、主任陈昌龙陪同调研。

23—25日 县人大常委会副主任刘旭峰带领相关委室和镇、街道人大负责人，到南京市雨花台区、安徽省芜湖市弋江区学习考察。

28日 县人大召开工作例会暨第七十八次主任会议，听取县政府关于全县“河长制”落实情况工作报告，并开展栟茶运河水环境治理人大代表集中“问河长”“问局长”“问县长”。副县长陈威涛汇报“河长制”工作落实情况，并接受现场询问。袁庄镇、栟茶镇、河口镇、洋口镇领取水环境治理问题清单。县人大常委会党组书记、主任陈昌龙提出要求。

7月

1日 县人大常委会党组举行“永远跟党走、奋进新征程”庆祝中国共产党成立100周年主题系列活动。组织机关全体党员和部分光荣在党50年老党员集体收听收看大会直播实况，聆听习近平总书记重要讲话。县人大常委会党组书记、主任陈昌龙为光荣在党50年老党员颁发纪念章。举行党史学习教育专题党课，召开专题组织生活会，机关全体党员围绕“学党史、悟思想、办实事、开新局”主题进行个人盘点和党性分析，领导干部以普通党员身份参加组织生活会。陈昌龙讲话。党组成员还分别登门慰问部分光荣在党50年老党员，为他们颁发纪念章。

9日 县第十七届人大常委会第三十八次会议召开。听取和审议并表决通过人事任职议案。

是日 县人大常委会党组书记、主任陈昌龙率领县人大办、攻坚办、城中街道、掘港街道相关负责人，到如泰运河、掘苴运河沿线开展水岸共治专项督查行动。

12日 在南通江苏省人大代表第三小组到如东，集中视察关于贯彻落实加快建设科技强省工作情况。县委书记沈峻峰，县委副书记、县长陈慧宇，县人大常委会党组书记、主任陈昌龙等陪同视察。

20日 县人大召开工作例会，贯彻落实县党政例会对县人大督查助推“清水绿岸”提质行动新要求，推进“两清”（问题清单、整改清零）工作，并总结全县人大系统上半年工作，部署下一阶段重点工作。与会人员集中参观新店镇中国运动健身产业城、蓝城·桃李春风、永新河、新和广场等经济社会发展和人大工作成果展示现场。新店镇专题汇报经济社会发展概况和人大相关工作情况。各镇（区、街道）人大负责人围绕上半年工作亮点、“两清”工作开展情况以及下半年工作打算等作汇报交流。县人大常委会党组书记、主任陈昌龙对下一阶段工作提出要求。

22日 县人大常委会召开第八十次主任会议。听取县法院和县检察院上半年工作情况报告等。

27日 县第十七届人大常委会第三十九次会议召开，通过县政府、县监察委员会有关人事任命，听取和审议县政府关于2021年上半年国民经济和社会发展计划执行情况报告等。

8月

6日 县人大常委会党组书记、主任陈昌龙到党建联系点掘港街道盐垣社区和古池社区，就健全社区管理和服务机制，构建基层社会治理新格局开展专题调研。

8日 县人大常委会党组书记、主任陈昌龙到掘港街道日晖社区、青园社区、虹桥村、灯塔社区、古池社区和盐垣社区等疫情防控重点区域，督查核酸检测采样点工作。

10日 县第十七届人大常委会第四十次会议召开，通过相关人事任免。

16 日 县人大常委会党组书记、主任陈昌龙带队到小洋口旅游度假区，专题视察文旅重点项目建设情况。

17 日 县人大常委会机关党组开展《中华人民共和国就业促进法》《江苏省农村集体资产管理条例》专题学习和酒驾醉驾行为专题警示教育活动。组织观看酒驾醉驾警示教育专题片《醉与罪》，开展集体谈心提醒，签订酒驾醉驾警示教育知晓承诺书。

20 日 县人大召开工作例会。与会人员在曹埠镇集中参观中共如东第一支部纪念馆、虹驰家居有限公司、现代农业产业示范园等党史学习教育、经济社会发展和人大工作成果典型现场。曹埠镇主要负责人汇报该镇经济社会发展情况。县攻坚办主要负责人就 8 月污水处理设施建设运营情况督查和突出环境问题整改销号督查相关工作做说明。县人大常委会党组书记、主任陈昌龙传达相关会议、文件精神，就“清水绿岸”督查助推工作提出要求。

23 日 县人大常委会党组书记、主任陈昌龙带领县人大督查组人员、县攻坚办分管负责人、第三方机构专业人员等一行到双甸镇，开展镇污水处理设施建设运行情况专项督查。

27 日 县人大常委会召开第八十三次主任会议，听取和审议县政府关于公办养老机构发挥区域性养老服务作用情况的工作报告。

30 日 县人大常委会召开国有资产经营管理座谈会。县人大常委会党组书记、主任陈昌龙主持会议。县财政局、国资办主要负责人汇报全县行政事业单位和国有企业国有资产监督管理情况、存在问题及下一步工作打算。

是日 县委书记陈慧宇专题调研指导县人大常委会（党组）工作。

31 日 县人大常委会党组书记、主任陈昌龙带领部分常委会组成人员到东和集团、锦恒集团、水务集团，考察调研县国有资产经营管理情况。

9 月

8 日 南通市人大常委会在如东组织召开全市“助力清水行动，建设水美乡村”工作推进会，市人大常委会党组副书记、常务副主任庄中秋出席会议并讲话。市人大常委会副主任陈俊作工作部署。县委书记陈慧宇到会致辞。县人大常委会党组书记、主任陈昌龙作交流发言。各县（市、区）人大主要负责人、市相关部门负责人参加会议。与会人员实地观摩县城市水系净化、河岸共治、黑臭水体治理、智慧水利管控工程以及人大代表履职服务中心。

9 日 县人大机关党组召开“双聚双高”（聚焦全新赛程、高扬牛劲品格，聚力争先进位、高昂狼性精神）作风效能提升专项行动动员部署会，县人大常委会党组成员、办公室主任、人大机关党组书记卜其银主持会议，并给全体党员上“加强机关作风建设、提升人大工作效能”党课。

10 日 县人大常委会党组书记、主任陈昌龙带领县人大办、攻坚办相关负责人，督查掘港街道文明城市长效管理以及农村水环境综合整治提升、老集镇专项整治“百日攻坚”工作。

13 日 县人大常委会党组书记、主任陈昌龙带队开展市政工程和交通基础设施建设专题视察活动。

15 日 县人大常委会召开第八十四次主任会议，听取和审议县政府关于国有资产管理情况综合报告。

16 日 如东设分会场集中收听收看市、县（市、区）、镇人大换届选举工作培训。县人大常委会党组书记、主任陈昌龙，县人大常委会党组副书记、副主任徐鸿斌，县人大常委会各委室负责人，各镇（区、街道）人大负责人，县各相关部门负责人同步培训。

18 日 县委人大工作会议暨纪念如东县人大设立常委会 40 周年大会召开。县委书记陈慧宇出席会议并讲话，县人大常委会党组书记、主任陈昌龙对全县人大系统提出要求。县委副书记、代县长陈雷主持会议。会议以视频会议形式召开。县委、县人大、县政府全体领导，县政协主席，县“一委两院”相关负责人；曾经担任过县人大常委会领导职务老干部；县级机关各部门、各单位主要负责人；各镇（区、街道）党委（党工委）书记；县人大常委会全体组成人员以及部分省、市、县人大代表在主会场参加会议。各镇（区、街道）镇长（管委会主任、办事处主任），人大主席（工委主任）、副主席（副主任）、人大秘书；各镇（区、街道）区域范围内的省、市、县、镇人大代表及议政员在分会场参加会议。洋口镇党委、栟茶镇人大和县发改委作交流发言。

是日 全县县镇人大换届选举工作会议召开。县委书记陈慧宇出席会议并讲话。县人大常委会党组书记、主任陈昌龙主持会议，并对换届选举工作作具体部署。县委常委、组织部部长、统战部部长杨忠，县委常委、宣传部部长蔡东，分别对换届选举相关工作提出要求。

22 日 县人大常委会召开第八十五次主任会议，听取和审议县政府关于加强综合治理，加快提升危险化学品全链条管理水平的工作报告。

23 日 县人大召开“双聚双高”作风效能提升专项行动推进会。与会人员观摩袁庄镇孙庄村三号住宅河、文昌河改造工程、江苏通能新材料科技有限公司建设工程、河口镇新薛港河改造工程、新镇区建设工程和中天科技集团等现场，县人大常委会党组书记、主任陈昌龙讲话。

29 日 县第十七届人大常委会第四十一次会议召开，听取和审议相关报告，通过相关人事任免事项。

10 月

12 日 县选举委员会召开第一次会议，讨论通过县选举委员会工作职责；县选举委员会办公室各组职责、人员及分工；县选举委员会公告；换届选举工作计划；选民登记核对办法；通过《致选民的一封信》和《致外出选民的一封信》。县人大常委会党组书记、主任、县选举委员会主任陈昌龙讲话。

是日 全县县镇人大换届选举工作培训会召开，对人大换届选举各个阶段主要工作内容及选民登记、宣传、人大代表候选人考察审查等工作进行培训。县人大常委会党组副书记、副主任徐鸿斌作动员讲话。各镇（区、街道）人大主席、副主席、党委组织委员、选举工作人员、县级机关党工委、人武部、县选举委员会成员单位负责人，县人大常委会各委室主任、副主任参加培训。

13 日 县人大机关党组开展集中学法和党史学习教育活动。县卫生监督所负责人解读《中华人民共和国传染病防治法》。县人大常委会党组成员、办公室主任、人大机关党组书记卜其银主持活动，并对《如东县人大机关“双聚双高”作风效能提升专项行动实施方案》进行解读，部署下一步工作计划和安排。

20 日 县选举委员会召开第二次会议，讨论批准县人大代表选举选区划分、应选代表分配、选区工作组组成人员。县人大常委会党组书记、主任、县选举委员会主任陈昌龙主持会议。

是日 县人大召开人大工作例会，传达学习全国人大工作会议精神，交流总结工作经验，谋划布局新一年以及“十四五”期间人大工作。

22 日 县人大常委会召开第八十六次主任会议，听取和审议县政府关于基层公共卫生服务和应急能力建设情况的工作报告。

26 日 安徽省安庆市怀宁县人大常委会主任刘胜江、副主任方茂盛率考察组到如东，考察人大代表履职服务中心和“智慧人大”信息平台建设情况。县人大常委会党组书记、主任陈昌龙，党组副书记、副主任徐鸿斌陪同考察。

是日 南通市人大常委会党组副书记、副主任姜永华、党组成员沈红星到如东，调研基层人大工作、企业发展和能耗“双控”（总量控制和强度控制）工作。县人大常委会党组书记、主任陈昌龙，党组副书记、副主任徐鸿斌陪同调研。

27 日 县人大常委会党组书记、主任陈昌龙到掘港街道，以“四不两直”方式深入芳泉村、银杏村、洋岸村、天星村、丁字岸村、余荡村等村，全面督查农村水环境综合整治提升暨老集镇专项整治“百日攻坚”推进情况。

11 月

5 日 南通市人大常委会副秘书长王斌及人事代表委员会有关负责人到如东，调研县镇两级人大换届选举工作，重点了解相关工作进展和人大代表履职情况。县人大常委会党组书记、主任陈昌龙参加调研。

9 日 县人大常委会党组书记、主任陈昌龙到掘港街道虹桥村调研乡村振兴示范村创建情况。

17 日 南通市人大常委会党组副书记、副主任姜永华率队到如东，调研重点外资企业运营情况。县委书记陈慧宇，县人大常委会党组书记、主任陈昌龙等陪同调研。

是日 全县县镇人大换届选举工作推进会召开，交流前期选民登记相关情况，并部署下一阶段工作。县人大常委会党组书记、主任、县选举委员会主任陈昌龙讲话。

22 日 县人大常委会召开第八十七次主任会议，听取和审议县监察委员会关于加强重点领域监察监督情况报告。

25 日 县人大常委会召开第八十八次主任会议，听取和审议县政府关于如东打造全省向海战略先导区规划编制情况工作报告。

29 日 县第十七届人大常委会第四十二次会议召开，通过相关人事任免事项，听取和审议县政府关于代表议案建议办理和常委会决议决定执行及审议意见落实情况工作报告和县政府关于2021 年度财政收支预算调整的议案，通过县第十八届人大一次会议召开决定和关于许可县公安局对有关代表采取刑事强制措施批复。

30 日 县选举委员会召开第三次会议，研究审核县第十八届人民代表大会正式代表候选人名单。

12 月

7 日 全县县镇人大换届风气督导暨选举工作推进会召开，总结前一阶段工作，部署换届风气督导和投票选举工作。县人大常委会党组书记、主任陈昌龙对选举工作提出要求，县委常委、组织部部长、统战部部长杨忠传达中央组织部加强换届风气监督工作电视电话会议和省委推进会主要精神，部署换届风气督导工作，并对做好县镇人大换届风气监督提出要求。县委常委、纪委书记、县监察委代主任朱正俊主持会议。

14 日 南通市人大常委会副主任陈俊带队到如东，实地调研分散农户生活污水治理工作。县人大常委会党组书记、主任陈昌龙，县委常委、常务副县长许金标，县人大常委会副主任罗晓东参加调研。

23 日 县人大常委会组织新当选的县镇两级人大代表和选民代表开展培训活动。会议通过视频会议系统召开，主会场设在县人大代表履职服务中心，各镇（区、街道）人大代表履职服务中心设分会场。县人大常委会党组书记、主任陈昌龙讲话，南通市人大人事代表委员会副主任廖剑飞受邀为与会代表授课。

28 日 县第十七届人大常委会第四十三次会议召开，听取和审议县政府关于 2022 年如东县国民经济和社会发展计划（草案）和财政预算及部门综合预算（草案）的报告等。

2022 年

1 月

10—14 日　如东县第十八届人民代表大会第一次会议在县行政中心召开。会议听取和审议政府工作报告和县人大常委会工作报告，审查其他报告；选举县第十八届人大常委会主任、副主任和委员；选举县政府县长、副县长，县监察委员会主任，县法院院长、县检察院检察长。通过大会议案审查报告和各项决议。

14 日　县第十八届人大常委会第一次会议召开，通过相关人事任命和有关事项。

24 日　县人大常委会党组召开党史学习教育专题民主生活会。传达县委党史学习教育总结会议精神，并通报 2021 年县人大常委会党组民主生活会整改措施落实情况。县人大常委会党组书记、主任陈昌龙代表县人大常委会党组作对照检查，并带头作个人对照检查，其他党组成员逐一对照检查，开展批评与自我批评。陈昌龙作总结讲话，并对加强县人大常委会党组建设和个人自身建设提出要求。

26 日　县人大召开动员会，部署 2022 年度机关党员冬训工作，学习全县“双聚双高”作风效能优化年大会精神，并对年前相关工作进行部署。县人大常委会党组书记、主任陈昌龙上冬训党课。县委党校三级调研员吴金明围绕“学习中共十九届六中全会精神”为全体党员作专题理论辅导。

28 日　县人大常委会党组书记、主任陈昌龙带领相关街道负责人和安全生产专家深入工厂、企业、市场等地，督查节前安全生产、疫情防控、市场保供等工作。

2 月

16 日　县第十八届人大常委会召开第二次主任会议，讨论确定县第十八届人大一次会议代表重点建议等。

是日　县人大召开“‘双聚双高’作风效能优化年”动员部署会，对县委“‘双聚双高’作风效能优化年”动员大会精神进行再落实、再推进。县人大常委会党组书记、主任陈昌龙提出要求。

18 日　县第十八届人大常委会第二次会议召开，通过相关人事任命事项，部署 2022 年县人大重点工作。

是日　县人大常委会副主任翟建华带队督查指导掘港街道，试点开展“践行‘双聚双高’、助力乡村振兴”主题实践活动。

3 月

1 日　市、县人大代表，县人大常委会党组书记、主任陈昌龙以普通代表身份参加掘港街道周店村代表联系点活动，就人大代表“践行‘双聚双高’、助力乡村振兴”主题实践活动进行视察调研。

3—4 日　县人大常委会副主任翟建华带领县执法检查第三小组全体成员到洋口、丰利、苴镇等镇（街道），开展《江苏省农村集体资产管理条例》执法检查。

7 日　全县人大代表“践行‘双聚双高’、助力乡村振兴”主题实践活动现场推进会召开。与会人员观摩掘港街道人大代表“五加一”［助推一方产业、守护一条河（路）道、融进一个网格、当好一名志愿者、帮扶一户选民、用活一个平台]主题实践活动现场。县委常委、副县长徐东俊到会讲话，县人大常委会党组书记、主任陈昌龙对下一阶段工作提出要求。

9日 县人大常委会党组书记、主任陈昌龙带领县人大第四执法检查小组到大豫镇，开展《江苏省农村集体资产管理条例》执法检查。

11日 县人大常委会党组书记、主任陈昌龙以“四不两直”方式，深入掘港街道督查疫情防控措施落实情况。县卫健委、掘港街道相关负责人参加活动。

12日 县人大常委会党组副书记、副主任徐鸿斌到栟茶镇，察看镇域治理现代化指挥中心、鑫华园宾馆、益丰大药房、三星村等重点场所，督查指导疫情防控工作。

16日 县人大常委会副主任缪卫宏带领相关委室负责人，调研县文化旅游工作，并到县重点文化场所督查指导疫情防控工作。

21日 县人大常委会党组书记、主任陈昌龙带队到掘港街道，就疫情防控工作和2022年一季度“开门红”目标完成等情况开展督查。

24日 县第十八届人大常委会召开第三次主任会议，听取和审议县政府关于代表议案、建议办理工作计划报告。

是日 县第十八届人大常委会召开第四次主任会议，听取并讨论关于《江苏省农村集体资产管理条例》执法检查情况报告等。

是日 县人大常委会党组书记、主任陈昌龙到掘港街道督查疫情防控工作。

30日 县第十八届人大常委会第三次会议召开，审议和通过《如东县人大常委会议事操作规程》等。

4月

1—3日 县人大常委会党组书记、主任陈昌龙带队到掘港街道督查疫情防控工作开展情况。到掘港街道古池社区、港南社区、灯塔社区、虹桥村、陈高村、掘西村核酸检测点，实地查看核酸检测点设置、整体布局情况。

12日 县人大常委会党组书记、主任陈昌龙到掘港街道周店村，以人大代表身份开展“践行‘双聚双高’、助力乡村振兴”主题实践活动。

15日 县人大常委会党组书记、主任陈昌龙到掘港街道，督查全员核酸检测准备工作和企业疫情防控与生产经营情况。

16日 县人大常委会党组书记、主任陈昌龙带队到掘港街道古池社区、三桥村、余荡村、灯塔社区等核酸检测点，实地查看全民核酸检测情况。

19日 县人大常委会党组书记、主任陈昌龙带队督查掘港街道全员核酸检测及疫情防控工作。

20日 县人大常委会党组书记、主任陈昌龙带队到掘港街道挂钩联系企业，调研了解疫情期间企业生产经营情况，协调解决相关问题。

21—22日 县人大常委会副主任翟建华深入南通亿能彩钢板有限公司、汇鸿（南通）安全用品有限公司，实地调研了解企业生产经营、发展规划等情况，会商解决疫情期间企业发展中存在的困难。26日，翟建华带领如东经济开发区及县应急管理局等职能部门相关负责人，再次到南通亿能彩钢板有限公司，现场会商会办企业发展存在的瓶颈问题。

22日 县人大常委会党组书记、主任陈昌龙带队视察爱朋医疗科技股份有限公司和诺德电子有限公司2家高新技术企业，通过座谈交流，了解全县高新技术企业发展现状。县科技局负责人汇报全县高新技术企业发展情况。

是日 县人大常委会党组副书记、副主任徐鸿斌到栟茶镇陈湾村，开展“践行‘双聚双高’、助力乡村振兴”主题实践活动。

24日 县人大常委会党组书记、主任陈昌龙，副主任缪卫宏带队到马塘镇视察调研，了解县人大代表创办企业在疫情期间生产经营情况及遇到的困难问题。

27日 县人大召开《中华人民共和国大气污染防治法》执法检查部署会。邀请县生态环境局负责人作相关辅导。

28日 县第十八届人大常委会召开第五次主任会议，审议通过相关工作报告。

是日 南通市人大常委会党组成员陈俊到如东，调研重点企业发展情况。县人大常委会党组书记、主任陈昌龙，副主任缪卫宏，副县长施正泉参加调研。

5月

7日 县人大常委会党组书记、主任、执法检查组组长陈昌龙带领第四执法检查小组到县生态环境局开展执法检查，听取该局关于《中华人民共和国大气污染防治法》贯彻落实情况及2021年度全县环境状况、环境保护目标完成情况汇报。

10—13日 县人大常委会领导分别率县人大执法检查小组到部分镇（区、街道），开展《中华人民共和国大气污染防治法》执法检查。

17日 县人大常委会党组书记、主任陈昌龙带队督查人大代表"践行'双聚双高'、助力乡村振兴""五加一"主题实践活动。听取双甸镇、河口镇、袁庄镇、栟茶镇人大关于"践行'双聚双高'、助力乡村振兴""五加一"主题实践活动阶段性工作情况汇报。陈昌龙对下一阶段工作提出要求。

18日 南通市人大常委会副主任陈本高、黄卫成到如东，调研人大代表工作和民宗侨台工作。县委书记陈慧宇，县人大常委会党组书记、主任陈昌龙陪同调研。

20日 县人大机关党组开展《中华人民共和国统计法》专题学习活动。县人大常委会党组成员、办公室主任、人大机关党组书记王亚军主持活动。县统计局负责人作讲解。

23日 在江苏省委人大工作会议上，县人大常委会党组书记、主任陈昌龙作《不负新时代，展现新作为，推动如东人大工作高质量发展》交流发言。

27日 县第十八届人大常委会召开第六次主任会议，听取和审议县政府关于全县社区治理和服务情况工作报告。

31日 县第十八届人大常委会第四次会议召开，听取和审议县政府关于贯彻实施《中华人民共和国大气污染防治法》情况工作报告等，通过有关人事任命事项。

是日 县第十八届人大常委会党组（扩大）会议召开，县人大常委会党组书记、主任陈昌龙主持会议，专题学习传达江苏省委人大工作会议精神。

6月

8日 县人大召开2022年度水环境整治相关部门专项评议部署会。县人大常委会副主任翟建华参加会议并讲话。

9日 南通市人大常委会党组副书记、副主任姜永华带队，到掘港街道虹桥村、如通机械有限公司、南通大东有限公司、洋口镇洋口村、栟茶镇茗海社区、宇迪光学股份有限公司等地，开展"接待人大代表日"暨基层联系点走访调研活动。县人大常委会党组书记、主任陈昌龙，副主任翟建华陪同走访。

9—12日 县人大常委会副主任缪卫宏带领县委统战部、县民宗局负责人以及人大教科文卫（民宗侨台）工委相关人员，到镇江、无锡、杭州等地，学习考察宗教场所规范化建设等情况。

14日 县人大开展现代服务业发展情况专题调研活动。调研组视察如东电商公共服务中心、洋口港经济开发区能源交易中心、隆力奇栟茶生产基地和鼎瓯一期项目现场，县发改委、商务局、城中街道作交流发言。猫宁科技、洋口港能源公司、万洋众创、鼎瓯文化旅游 4 家服务业企业代表建言献策。县委常委、洋口港经济开发区党工委书记邵锋，县人大常委会副主任翟建华参加活动。

17 日　县人大常委会党组副书记、副主任徐鸿斌，副主任缪卫宏带领县人大常委会部分组成人员，专题视察全县公共卫生项目。实地查看县人民医院外科大楼、县公共卫生临床应急中心、双甸镇中心卫生院、河口镇卫生院、洋口镇卫生院等，听取相关项目建设运营情况汇报。

21 日　县人大常委会党组书记、主任陈昌龙到掘港街道周店村调研，并以人大代表身份深入开展“五加一”主题实践活动。

24 日　南通市人大常委会党组副书记、副主任姜永华带队到如东，调研“三农”工作情况。县人大常委会党组书记、主任陈昌龙等陪同调研。

29 日　县第十八届人大常委会召开第八次主任会议，听取和审议县政府关于全县现代服务业发展情况工作报告。

7 月

5 日　南通市人大常委会党组成员陈俊率调研组到如东，视察调研医疗卫生服务体系建设情况。县人大常委会党组书记、主任陈昌龙，副主任缪卫宏，副县长陈晓莉参加活动。

7 日　南通市人大监察和司法工委主任陈坚一行，调研如东法院民事审判工作。县人大常委会副主任缪卫宏等陪同调研。

11 日　县人大常委会党组副书记、副主任徐鸿斌带领县人大第一调研组，到南通外向型农业综合开发区（苴镇街道）重大项目现场、刘埠渔港等地，调研向海发展先导区建设情况。

12 日　县人大常委会党组书记、主任陈昌龙，副主任翟建华、缪卫宏分别率调研组到相关镇（区）、部门，开展向海发展先导区建设情况调研。

14 日　县人大常委会党组书记、主任陈昌龙带领县人大办、农业农村局、交通局等部门负责人，到掘港街道周店村开展“接待代表日暨代表联系选民日”活动。

16 日　县委人大工作会议召开。县委书记陈慧宇出席会议并讲话。县委副书记、县长陈雷主持会议。县委常委，县人大常委会、县政府其他领导班子全体成员，县法院院长，县检察院检察长，县各有关部门和单位主要负责人，县人大常委会组成人员，各镇（区、街道）党委、人大负责人出席会议。马塘镇、掘港街道、大豫镇、河口镇、县农业农村局作交流发言。

18 日　县人大常委会党组书记、主任陈昌龙率队到马塘镇，调研促进村级集体经济持续发展情况。

19 日　县人大召开人大代表“践行‘双聚双高’、助力乡村振兴”“五加一”主题实践活动半年工作推进会，全面落实县委人大工作会议精神，推动乡村振兴和代表履职提质增效。县人大常委会党组书记、主任陈昌龙主持会议并提出要求。与会人员观摩南通外向型农业综合开发区东海社区、如东经济开发区恒尚超纤维新材料二期项目、城中街道浅水湾社区代表联系点以及县现代化产业示范园和曹埠镇人大代表履职服务中心等“五加一”主题实践活动工作现场。县人大常委会副主任翟建华总结点评上半年“五加一”主题实践活动，并部署推进落实下半年工作。曹埠镇主要负责人介绍该镇乡村振兴工作，栟茶镇、丰利镇、袁庄镇、大豫镇人大分别交流“五加一”主题实践活动半年工作情况。

22 日　县第十八届人大常委会召开第九次主

任会议，听取和审议县法院、县检察院上半年工作情况报告。

28 日 县第十八届人大常委会召开第五次会议，通过有关人事任免，听取和审议县政府关于2022 年上半年国民经济和社会发展计划执行情况报告等，通过关于 2021 年县本级财政决算的决定（草案）等。

8 月

3 日 南通市人大常委会原副主任、一级巡视员孙建华一行到如东，调研乡村振兴工作。县人大常委会党组书记、主任陈昌龙陪同调研。

4 日 南通市人大常委会党组成员、市人大社会建设委员会主任委员沈红星率队到如东，调研完善社会保障促进共同富裕相关工作。县人大常委会党组书记、主任陈昌龙等参加调研。沈红星一行先后到县乐龄生活驿站、县长期照护保险集中服务展示区调研，听取如东相关工作汇报。县民政局、县财政局、县人社局等 7 个部门主要负责人，老年活动中心代表、长期照护险代表分别围绕调研内容进行交流讨论。

是日 县人大常委会党组书记、主任陈昌龙率队督查掘港街道文明城市常态长效管理工作，座谈交流相关情况，深入重点点位实地调研，并现场办公研究解决实际问题。8 日，陈昌龙率队再次督查，对前期现场交办的突出问题进行“回头看”。

5 日 南通市第十五届人大常委会党组成员、秘书长、市人大工作研究会第四届理事会会长杨扬率队到如东，指导人大工作研究会换届工作。县人大常委会党组书记、主任陈昌龙参加会议。

15—17 日 县人大常委会党组书记、主任陈昌龙率考察团到陕西省汉中市南郑区开展苏陕协作对口交流，与南郑区人大召开对口交流座谈会。县人大向南郑区中所营街道办和青树镇分别捐赠协作资金 5 万元。

22 日 县人大机关党组开展收养法规专题学习活动。

23 日 县人大常委会党组书记、主任陈昌龙带队专题调研全县农村公共空间治理情况。调研组一行先后到曹埠镇甜水村、新店镇祝套村、马塘镇沙庄村，实地观摩农村公共空间治理现场，并详细了解各村在农村道路、河道、集体资产资源、公共环境、非法住宅等方面治理情况。陈昌龙就推进全县农村公共空间治理工作讲话。

24 日 县人大召开民生实事和重点建议办理工作推进会。与会人员视察五总三期（瑞馨园）安置房、东环路北延、鹤鸣公园、泰山路公交首末站、湘江路等项目现场，听取县委常委、常务副县长徐东俊关于 2022 年民生实事和重点建议办理情况汇报。县人大常委会组成人员围绕老旧小区改造、河道整治和长效管护、营商环境提升、社区治理和居家养老服务建设等内容，对民生实事和重点建议办理工作中存在问题提出询问，相关部门主要负责人作为应询人现场答复。县人大常委会副主任翟建华向县发改委、县司法局、县人社局等 14 家单位交办领导干部代表“双日”（接待代表日、代表联系选民日）活动征集建议，并对代表重点建议和领导干部代表“双日”活动建议办理工作提出要求。县人大常委会副主任缪卫宏对民生实事项目推进工作提出要求。县人大常委会党组书记、主任陈昌龙到会讲话。

30 日 县人大常委会召开助推城市更新工作动员部署会。县人大城市更新专项工作助推小组全体成员及县住建局、城管局、锦恒集团等 5 个部门负责人参加会议。县人大城市更新专项工作助推小组组长、副主任缪卫宏对下一阶段工作提出要求。

是日 县第十八届人大常委会召开第十一次主任会议，听取和审议县政府关于全县农村公共空间治理试点情况工作报告。

9 月

2 日　湖南省株洲市人大常委会联工委原主任、一级调研员刘畅儿一行到如东，考察代表履职服务中心建设工作。

5—8 日　县人大常委会党组书记、主任陈昌龙带队到浙江、福建，学习考察沿海经济发展情况。

15—16 日　县人大常委会党组书记、主任陈昌龙率队到党建工作联系点高新技术产业开发区企业党委、掘港街道日晖社区党总支、南京医药南通健桥有限公司党委、如东水务集团有限公司党委等，调研指导党建工作。

20 日　安徽省霍山县人大常委会副主任马启智一行到如东，考察城乡居家和社区养老工作。县人大常委会副主任缪卫宏陪同考察。

21 日　南通市政协党组书记、主席黄巍东，市委常委、市纪委书记、监委主任姜东，市人大常委会党组副书记、副主任姜永华带领南通市人大代表如东代表团第四小组，到如东调研经济社会发展工作。县委书记陈慧宇，县委副书记、县长陈雷，县人大常委会党组书记、主任陈昌龙陪同调研。

22 日　县人大机关党组组织集中学习《江苏省社会信用条例》暨诚信教育实践活动，县人大常委会党组成员、办公室主任、机关党组书记王亚军主持活动。县发改委相关负责人对条例做解读。

26 日　县人大常委会党组书记、主任陈昌龙，党组副书记、副主任徐鸿斌，副主任翟建华、缪卫宏带领县人大常委会各委室组成人员，专题视察向海发展全县重点项目，并召开座谈会听取相关汇报。陈昌龙就助推如东全省向海发展先导区建设提出要求。

29 日　县第十八届人大常委会召开第六次会议，通过有关人事任免事项，听取和审议县法院和县检察院部分工作人员履职情况报告等。

10 月

8 日　县人大常委会离退休干部党支部全体党员到曹埠镇开展“喜迎二十大，永远跟党走”主题党日活动，县人大常委会副主任缪卫宏、县人大常委会原主任张桂英参加活动。

12 日　县人大常委会党组书记、主任陈昌龙率队到马塘镇，会商促进村级集体经济持续发展措施。

13 日　在苏州市相城区召开长三角全过程人民民主基层实践工作交流研讨会上，县人大常委会党组书记、主任陈昌龙作《倾听民声、满载民意、回应民盼，推动全过程人民民主在基层落地生根》交流发言。

18 日　县人大常委会党组书记、主任陈昌龙带队视察全县城市更新工程建设情况。视察组到锦恒君澜酒店、掘港街道民营工业园区、如东高级中学异地新建工程等重点项目现场，实地查看城建交通、房屋征收搬迁和老城区更新工作推进落实情况。副县长施正泉汇报全县城市更新工作情况。与会人员就掘港民营工业园区房屋征收、“三河六岸”项目推进、商业街区品牌招商等问题进行专题询问，县政府分管领导和掘港街道、城中街道以及县住建局等部门负责人现场应询答复。陈昌龙就城市更新工作谋划推进提出要求。

21 日　县人大常委会党组书记、主任陈昌龙带队到县教育体育局，开展教育事业发展情况专题调研。

25 日　县人大常委会党组书记、主任陈昌龙率县人大营商环境督查助推小组到国网如东县供电公司，走访调研改善营商环境服务经济社会发展情况。

28 日　县第十八届人大常委会召开第十三次主任会议，听取和审议县政府关于加快提升教育软实力工作情况报告，讨论通过县人大常委会相关试行办法。

是日 县人大常委会召开党组（扩大）会议，传达学习贯彻中共二十大精神。县人大常委会党组书记、主任陈昌龙主持会议，并领学中共二十大精神。

31日 县人大召开助推全县水质达标暨人大代表“问河长”现场会，重点围绕栟茶运河水质达标开展“问河长”活动。县委常委、宣传部部长吴海军到会讲话，副县长、栟茶运河河长刘拓，县政府党组成员曹贯中分别作表态发言。县人大常委会党组书记、主任陈昌龙向刘拓以及县“河长制”相关成员单位、栟茶运河沿线镇交办问题清单。

11月

4日 县人大视察县部分安全生产责任主体现场，了解全县安全生产“三年大灶”行动情况。县应急管理局、发改委、住建局、交通运输局、农业农村局等安委会相关牵头单位，汇报各单位安全生产“三年大灶”行动开展情况。县人大常委会党组副书记、副主任徐鸿斌讲话。

10日 县人大常委会党组书记、主任陈昌龙带队专题调研全县产业链发展情况，通过实地考察和座谈交流，了解重点产业链现状、存在问题和突破方向。与会人员实地考察帝京半导体科技（南通）有限公司、昕晨泰飞尔喷雾剂生产项目、江东电子铜箔项目、鸿瀚高档防护用品项目，县发改委、县科技局、县行政审批局、掘港街道、如东经济开发区分别汇报县产业链发展及重点产业链培育情况，中天科技集团、九九久科技有限公司、恒辉安防有限公司、群菱能源有限公司4家“链主”企业介绍企业形势、产业发展趋势，并提出相关建议。

15日 县人大常委会党组书记、主任陈昌龙带队到新店镇、岔河镇、河口镇，专题视察人大代表“践行‘双聚双高’、助力乡村振兴”“五加一”主题实践活动开展情况。

18日 县第十八届人大常委会召开第十四次主任会议，听取和审议县政府关于全县重点产业链发展推进情况的工作报告。

22日 县人大召开全县人大代表“践行‘双聚双高’、助力乡村振兴”主题实践活动现场推进会。与会人员先后到新店镇孙桥村人大代表联系点、岔河镇赵云家庭农场、河口镇人大代表助力乡村振兴研学基地以及南通神农生态农业科技有限公司项目现场参观，县人大常委会副主任翟建华对2022年主题实践活动开展情况进行点评，并部署下一阶段工作。岔河镇主要负责人介绍岔河镇经济发展、乡村振兴等重点工作。洋口镇、马塘镇、双甸镇和长沙镇人大作交流发言。县人大常委会党组书记、主任陈昌龙出席会议并讲话。

29日 县第十八届人大常委会第七次会议召开，听取和审议县政府关于县人大代表议案建议办理和县人大常委会决议决定执行及审议意见落实情况报告等，通过县第十八届人大五年工作规划。

12月

1日 经县人大常委会党组、人大常委会主任会议研究决定，并报备县委、县政府，建立以县人大常委会党组书记、主任陈昌龙为主任的《如东县人大志（2008—2023）》编纂委员会、《如东县人大志（2008—2023）》编纂委员会办公室，以及聘任并建立以地方志专家为主的《如东县人大志》编纂班子，正式启动《如东县人大志（2008—2023）》编纂工作。《如东县人大志（2008—2023）》的编修是在1995年《如东县人大志》创修版、2008年《如东县人大志》重修版基础上的续修。如东修志史上28年连续3次修纂人大志，属全国领先。

7 日　县第十八届人大常委会第八次会议召开，通过有关人事任免，通过关于召开如东县第十八届人民代表大会第二次会议的决定等。

是日　县人大工作研究会召开第四次会员大会。听取县人大工作研究会第四届理事会筹备组筹备工作报告；表决通过《如东县人大工作研究会章程（修订案）》；通报并表决通过第四届理事会理事、监事会监事名单。县人大常委会党组书记、主任、第四届理事会会长陈昌龙出席会议并讲话。

12 日　县人大召开全县各镇（区、街道）人大工作交流会。16 个镇（区、街道）人大相关负责人就 2022 年亮点工作、2023 年工作安排以及特色品牌创建思路进行交流。《如东县人大志（2008—2023）》编纂班子负责人对《如东县人大志》镇（区、街道）资料收集编纂工作作部署。县人大常委会党组书记、主任陈昌龙主持会议并讲话。县人大常委会党组副书记、副主任徐鸿斌，副主任翟建华、缪卫宏参加会议，并对各镇（区、街道）人大 2023 年工作安排以及特色品牌创建提出要求。

13 日　县人大常委会《打造全过程人民民主实践高地》被《人民代表报》头版报道。

14 日　江苏省人大常委会民宗侨委委员陈双贤一行到如东调研，南通市人大常委会副主任陈本高，县人大常委会党组书记、主任陈昌龙等陪同调研。

27 日　县第十八届人大常委会第九次会议召开，听取和审议县政府关于 2022 年度财政收支预算调整的议案，通过关于同意县政府调整 2022 年度财政收支预算的决定等。

2023 年

1 月

2—3 日　如东县第十八届人民代表大会第二次会议在县行政中心通过视频方式召开。听取和审议政府工作报告和县人大常委会工作报告，审查其他报告，并作出相关决议。

18 日　县人大召开机关党员冬训动员会，研究部署 2023 年度人大机关党员冬训工作。县人大常委会党组书记、主任陈昌龙上“加强领导干部党性修养教育”党课。

2 月

6 日　县第十八届人大常委会召开第十九次主任会议，讨论确定县第十八届人大二次会议重点建议推荐名单等事项。

8 日　县第十八届人大常委会第十一次会议召开，通过相关人事任免和 2023 年度县人大常委会工作要点等。

9 日　南通市人大常委会党组副书记、副主任姜永华带队到如东，调研园区建设与发展情况。市人大常委会副秘书长王国平参加调研，县委副书记、县长陈雷，县人大常委会党组书记、主任陈昌龙，常务副县长徐东俊等陪同调研。

10 日　县人大常委会党组召开 2022 年度民主生活会，聚焦主题进行对照检查，开展批评和自我批评。县人大常委会党组书记、主任陈昌龙主持会议并提出要求。

13—15 日　县人大常委会领导带队，组织人大机关全体干部分别到各镇（区、街道）集中开展调研督导，督促 2023 年人大工作各项目标任务落实。

16 日　县人大常委会召开《江苏省物业管理

条例》《南通市住宅物业管理条例》（简称“两个‘条例’”）执法检查动员会。副县长施正泉出席会议并讲话。

20日 县人大召开全县人大代表“践行‘双聚双高’、助力乡村振兴”主题实践活动暨“双创”（创特色、创品牌）工作部署会，明确融合抓好两项重点工作的思路和举措。县人大常委会党组书记、主任陈昌龙主持会议并讲话。县人大常委会党组副书记、副主任徐鸿斌，副主任翟建华分别部署2023年“双创”工作和人大代表主题实践活动。与会人员观看栟茶镇2022年人大代表主题实践活动视频展示。栟茶镇、城中街道、掘港街道、南通外向型农业综合开发区、岔河镇，以及人事代表工委、财政经济工委、教科文卫工委作交流发言。

21—25日 县人大常委会副主任缪卫宏，县人大常委会二级调研员、县老年大学校长刘旭峰率团考察学习山东省郓城县老年教育工作。

22日 县委书记陈慧宇，县人大常委会党组书记、主任陈昌龙在中天科技集团召开座谈会，欢送第十四届全国人大代表薛济萍赴北京参会。

是日 县人大“五加一”主题实践活动推进组召开第一次会议，研究落实部署会精神。县人大常委会副主任翟建华主持会议并讲话。

是日 县人大常委会召开2023年民主评议政府部门和条管单位工作动员会。评议对象包括县人力资源和社会保障局、财政局、行政审批局、发展和改革委员会等10家单位。县人大常委会党组副书记、副主任徐鸿斌参加会议并提出要求。

24日 县人大机关党组理论学习中心组召开扩大会议，集中学习《中华人民共和国湿地保护法》，并开展“聚焦‘四敢’（“敢为”担当、“敢闯”劲头、“敢干”信心、“敢首创”新风）勇担当，吹响奋进‘冲锋号’”主题党日活动。县人大常委会党组成员、办公室主任、机关党组书记王亚军主持学习活动。邀请县自然资源和规划局相关负责人作《中华人民共和国湿地保护法》专题讲座。

28日 县人大召开专题会议，听取全县国土空间总体规划编制情况报告。

3月

3日 县人大常委会党组副书记、副主任徐鸿斌，副主任缪卫宏分别带领第一、四执法检查小组到岔河镇、如东经济开发区，开展《江苏省物业管理条例》《南通市住宅物业管理条例》贯彻落实情况执法检查。

5—10日 县人大常委会副主任翟建华带队到山东省长清区、牡丹区，河南省林州市、安阳市殷都区，江苏省徐州市鼓楼区等地，考察学习河道管理工作。

6—9日 县人大常委会党组副书记、副主任徐鸿斌带队到江苏省泰州市泰兴市、安徽省安庆市怀宁县、桐城市、合肥市庐阳区等地，学习考察人大代表履职阵地建设相关工作。

13—16日 县人大常委会副主任缪卫宏带领县人大有关委室、部分镇（区、街道）人大及部门负责人，到安徽省六安市霍山县、江西省景德镇市珠山区等地，学习考察婴幼儿托育服务建设、养老和医养融合发展等。

14日 县委书记陈慧宇，县人大常委会党组书记、主任陈昌龙到中天科技集团看望慰问返如东的全国人大代表薛济萍。薛济萍向陈慧宇等领导介绍大会盛况，畅谈心得体会。

21日 县人大常委会党组书记、主任陈昌龙带领县人大执法检查组，专题调研物业管理工作，提出意见建议。

23日 县第十八届人大常委会召开第二十次主任会议，听取和审议县政府关于代表议案建议办理工作计划报告。

是日 县人大常委会召开党组（扩大）会议，集中学习第十四届全国人民代表大会第一次会议精神。县人大常委会党组书记、主任陈昌龙出席会议并讲话。

30日　县第十八届人大常委会第十二次会议召开，听取和审议县政府关于贯彻落实《江苏省物业管理条例》《南通市住宅物业管理条例》情况报告等，表决通过《如东县人大常委会关于严格实施〈如东县国土空间总体规划（2021—2035年）〉的决定》等。

4月

6日　南通市海门区人大常委会副主任姜晓静带队到如东，调研城乡建设和外向型农业发展情况。

9—15日　县人大常委会组织人员到湖南省长沙市，参加由中南大学举办的人大代表履职能力与综合素养提升培训班。县人大常委会组成人员，各镇（区、街道）人大主席（工委主任）、副主席（副主任），县人大工作人员参加培训。县人大常委会党组书记、主任陈昌龙作动员讲话。

12日　江苏省人大常委会副主任周广智率队到如东，专题调研基层治理相关工作情况。南通市人大常委会副主任葛玉琴，县委书记陈慧宇，县人大常委会党组书记、主任陈昌龙陪同调研。

20日　南通市人大常委会党组副书记、副主任姜永华到如东，开展“接待人大代表日”活动，调研人大工作基层联系点、人大代表工作站、相关企业等，与人大代表们交流，听取意见建议。县人大常委会党组书记、主任陈昌龙，副主任翟建华参加活动。

21—22日　《人民代表报》总编辑原玉苗一行到如东考察调研地方人大工作。县人大常委会党组书记、主任陈昌龙等陪同调研。

5月

6日　县人大召开全县各级人大代表“牢记嘱托、感恩奋进”学习实践暨“五加一”主题实践活动（简称“双实践”活动）现场推进会，落实省、市人大相关会议精神，部署全县学习实践活动。与会人员实地参观大豫镇大豫社区、强民村、海滨幼儿园3个人大代表联系点，听取大豫镇党委相关工作情况介绍，全国和省、市、县、镇五级人大代表（选民代表）以及河口镇人大负责人交流发言。县人大常委会党组书记、主任陈昌龙到会讲话。

8日　南通市人大常委会党组成员陈俊带领调研组，到如东相关企业开展立法专题调研。县委副书记、县长陈雷，县人大常委会党组书记、主任陈昌龙等陪同调研。

9日　县人大召开高标准农田建设座谈会。听取洋口镇、南通外向型农业综合开发区（苴镇街道）、丰利镇以及相关职能部门关于高标准农田建设情况汇报。县人大常委会副主任翟建华出席会议并讲话。

10日　县人大常委会党组书记、主任陈昌龙带领县人大常委会主任会议成员，专题视察全县食品安全监管工作情况。

12日　县人大常委会党组书记、主任陈昌龙带领县人大社会建设委员会部分委员、县人大相关委室负责人，对全县医疗保障公共服务体系建设情况开展调研，并召开座谈会。

16日　江苏省人大常委会副主任曲福田带领督查组到如东，对省委《关于新时代坚持和完善人民代表大会制度、加强和改进人大工作的实施意见》精神贯彻落实情况进行专项督查。南通市人大常委会党组副书记、常务副主任庄中秋，县委书记陈慧宇，县人大常委会党组书记、主任陈昌龙参加活动。

17日　县人大召开生态环境保护工作调研座谈会。县政府办、生态环境局、住建局、水务局、农业农村局、城管局和县水务集团相关负责人分别汇报2022年全县生态环境保护工作完成情况、存在问题以及2023年工作打算。部分与会人员围绕加强和改进全县生态环境保护工作提出意见和建议。县人大常委会党组书记、主任陈昌龙参加会议并讲话。

18日 县人大开展全县高标准农田项目建设情况专题调研，听取县发改委、农业农村局、财政局、自然资源和规划局等相关职能部门情况汇报。县人大常委会党组副书记、副主任徐鸿斌，副主任翟建华参加调研。

19日 县人大常委会党组书记、主任陈昌龙带领县人大常委会主任会议成员，视察全县公安工作情况。副县长、县公安局局长储开林汇报全县公安工作。

22日 县人大机关党组组织开展主题党日暨"思廉日"活动。县人大常委会党组成员、办公室主任、机关党组书记王亚军领学习近平在广东考察重要讲话精神。邀请县保密局相关负责人作《中华人民共和国保守国家秘密法》专题讲座。

24日 县第十八届人大常委会召开第二十二次主任会议，听取和审议县政府关于电信诈骗打击防范治理工作报告和医疗保障公共服务体系建设情况报告。

30日 县第十八届人大常委会第十三次会议召开。会议听取和审议并表决通过县人大常委会党组书记、主任陈昌龙提请的人事任职议案以及代理县监察委员会主任职务议案，任命葛峰为县监察委员会副主任，决定由葛峰代理县监察委员会主任职务。听取和审议并表决通过县法院所提请人事任职议案，表决通过关于确定人民陪审员名额数的决定。听取和审议关于2022年度全县环境状况和环境保护目标完成情况工作报告等。

6月

8日 县人大常委会党组书记、主任陈昌龙带领县人大财经工委、发改委、生态环境局相关负责人，到洋口镇走访调研挂钩服务企业发展情况，协调挂钩企业走访梳理出的6条重难点问题。县人大办共挂钩服务企业21家，其中洋口镇17家、经济开发区3家、大豫镇1家。

12—16日 县第十八届人大代表专题培训班在江苏省人大培训基地无锡分基地（宜兴）举办，全县62名县人大代表参加培训。党组副书记、副主任徐鸿斌作动员讲话。

13日 湖北省襄阳市襄城区人大常委会党组成员、副主任毛敏一行到如东考察交流"智慧人大"和会议系统建设等情况。

15日 县人大常委会党组书记、主任陈昌龙率队视察全县公共卫生服务体系建设情况，结合县卫健系统相关重点民生实事项目和重点建议办理开展视察督办。

20日 县人大常委会副主任缪卫宏带领议案督办推进工作领导小组一行6人，对加快推进以县城为重要载体的新型城镇化建设议案办理情况开展调研。

28日 县第十八届人大常委会召开第二十四次主任会议，听取和审议县政府关于现代农业产业园区建设情况报告和优化生育政策促进人口长期均衡发展报告。

7月

5日 南通市人大常委会副主任葛玉琴率队到如东专题调研基层民主立法联系点工作情况。县人大常委会党组书记、主任陈昌龙，副主任翟建华陪同调研。

18日 县人大常委会党组书记、主任陈昌龙带队视察向海发展项目建设情况。

是日 县人大召开推动园区高质量发展提升贡献度座谈会，交流分析3大园区发展现状及面临困境。县人大常委会党组书记、主任陈昌龙出席座谈会。

19 日 县人大常委会召开党组（扩大）会议，传达学习习近平总书记考察江苏重要讲话精神和上级有关会议要求。县人大常委会党组书记、主任陈昌龙主持会议，并就会风会纪问题和人大重点工作提出要求。

21 日 县人大常委会召开第二十五次主任会议，听取和审议县政府关于推动园区高质量发展，提升园区贡献度情况报告。

是日 县人大邀请南通大学经济与管理学院法律系主任、法学博士、硕士生导师王晓燕教授对《中华人民共和国科学技术进步法》进行解读。县人大常委会党组副书记、副主任徐鸿斌，副主任翟建华、缪卫宏，县人大机关全体人员，县科技局全体人员和各镇（区、街道）科技助理参加活动。

27 日 县第十八届人大常委会第十四次会议召开，听取和审议并通过县法院关于人事任免议案及县检察院关于人事任职议案。

8 月

7—8 日 江苏省人大常委会委员、省人大农业农村委副主任委员孙春雷率调研组到如东，就《江苏省农产品质量安全条例》立法后评估工作开展调研。南通市人大常委会副主任潘建华，县人大常委会党组书记、主任陈昌龙陪同调研。

8 日 南通市人大常委会副主任潘建华带队到如东，调研《中华人民共和国乡村振兴促进法》贯彻实施情况。县人大常委会党组书记、主任陈昌龙，副主任翟建华参加调研。

10 日 南通市人大常委会党组成员陈俊带领调研组到如东，开展《南通市农村自建房管理条例》立法调研。县人大常委会党组书记、主任陈昌龙，副主任缪卫宏参加调研。

是日 县人大常委会、县委政法委召开 2023 年度法官、检察官履职评议动员部署会，正式启动联合监督活动。县法院、县检察院分管领导，政治处主任及 2023 年度接受评议的法官、检察官参加会议。

14 日 江苏省人大工作理论研究会常务副会长、省第十二届人大常委会秘书长吕振霖到如东调研人大工作。南通市人大常委会党组副书记、常务副主任庄中秋，市人大工作研究会会长杨扬，县人大常委会党组书记、主任陈昌龙等陪同调研。

15 日 全县人大代表“牢记嘱托、感恩奋进”学习实践大培训暨“双创”工作推进会召开。县人大常委会党组书记、主任陈昌龙点评上半年全县人大系统“双实践”“双创”等各项重点工作，并对下一阶段推进工作提出要求。

22 日 县人大组织开展《江苏省河道管理条例》专题培训。江苏省水政监察总队相关负责人作专题解读。

30 日 县人大常委会召开第二十七次主任会议，听取和审议县政府关于优化营商环境工作情况报告。

31 日 县人大召开 2023 年民生实事及议案、重点建议办理工作推进会。县人大常委会党组书记、主任陈昌龙参加会议。

9 月

7 日 县人大常委会党组书记、主任陈昌龙带领县人大常委会执法检查第一小组，对相关镇（区、街道）和部门关于《江苏省河道管理条例》贯彻实施情况开展执法检查。

8 日 在南通省第十四届人大代表第三小组围绕以高水平科技自立自强支撑高质量发展主题，到如东开展专题调研。活动由第三小组组长、县委副书记、县长陈雷召集。市人大人事代表委员会副主任崔拥政等参加调研活动。县人大常委会党组书记、主任陈昌龙，县委常委、洋口港经济开发区党工委书记邵锋陪同调研。

11 日　县人大常委会党组书记、主任陈昌龙带队开展全县应急管理体系和能力建设情况调研。县应急管理局主要负责人汇报全县应急管理体系和能力建设相关情况。县发改委、住建局、水务局、农业农村局、城管局、海事处、消防救援大队等部门相关负责人分别汇报应急管理体系和能力建设情况。

12 日　南通市人大常委会党组副书记、副主任姜永华带队到如东调研人大 3 项重点工作推进情况。县人大常委会党组书记、主任陈昌龙汇报贯彻落实全市人大 3 项重点工作开展情况。

14 日　县人大常委会党组书记、主任陈昌龙带队调研县法院诉源治理工作。

是日　县人大常委会党组书记、主任陈昌龙带队调研全县“八五”普法工作情况。

18 日　县人大常委会党组书记、主任陈昌龙带队，开展城市更新工程建设情况专题视察。陈昌龙一行先后到桐昆北宸、如东高级中学异地新建、范堤路整治、亚萍广场南侧停车场、青园社区四院宿舍楼改造、君悦观澜安置房及喜润城等项目现场，通过实地查看，听取相关负责人介绍，全面了解县城市开发建设、学校规划、街景立面整治、老旧小区改造、商业综合体等城市更新工程建设推进情况及成效。

第一章

县人民代表大会代表

2008—2023年，县人大常委会根据第十届全国人民代表大会常务委员会第十二次会议《关于修改〈中华人民共和国全国人民代表大会和地方各级人民代表大会选举法〉的决定》、第十一届全国人民代表大会第三次会议《关于修改〈中华人民共和国全国人民代表大会和地方各级人民代表大会选举法〉的决定》、第十二届全国人民代表大会常务委员会第十六次会议《关于修改〈中华人民共和国地方各级人民代表大会和地方各级人民政府组织法〉〈中华人民共和国全国人民代表大会和地方各级人民代表大会选举法〉〈中华人民共和国全国人民代表大会和地方各级人民代表大会代表法〉的决定》，如东县第十五、十六、十七、十八届人民代表大会共举行4次换届选举。

县第十五、十六、十七、十八届人民代表大会，按新修改选举法“城乡按相同人口比例选举人大代表，实行城乡平等选举权”“增设‘选举机构’”“对乡镇人大代表总名额做出修改”“代表候选人如实提供个人情况，禁止同时两地担任代表”的决定，共选举人大代表1416人；同时，选举出席南通市人民代表大会代表270人。选出的县人大代表具有普遍广泛性和代表性，代表结构不断优化，代表素质不断提升，一批年富力强、具有大专及大专以上文化的代表成为主体。2014年起，县人大常委会对上年度优秀人大代表和先进人大代表小组（代表之家）予以表彰。

第一节 选举机构

2007—2023年，县人民代表大会共举行换届选举4次。每次换届选举都建立县选举委员会，由县委主要领导或县人大常委会主任担任县选举委员会主任，选举委员会下设秘书组、组织组等5个工作组。县选举委员会指导镇（区、街道）选举工作领导小组和各选举办事机构做好县、镇人大代表换届选举各项工作，确保每次换届选举工作如期完成。

一、县第十五届人大代表选举委员会

主　任： 周铁根

副主任： 张桂英（女）耿荣泉　潘金环　徐志平

成　员： 吴春华　陈宝来　丁　越（女）　季　峰　季耀武　葛八田　蔡瑞平　高　峰　翁仕英（女）　卢瑞华　余　科　周潮清　顾建国　赵美祥　张卫东　樊重念　高春明

县选举委员会下设办公室，潘金环兼任办公室主任，吴春华、丁越、季峰、季耀武、樊重念任办公室副主任。设立秘书组、组织组、宣传组、选民资格审查组、选举事务组。

二、县第十六届人大代表选举委员会

主　任： 徐志平

副主任： 张正权　吴春华

成　员： 王震谷　邓　华（女）白银东　朱美云　肖　斌　沈　健　沈秀芬（女）张　俊　张　炯　陈建宗　周建国　周潮清　赵美祥　姜　梅（女）顾建国　钱汉东　高春明　缪　杰　樊重念

县选举委员会下设办公室，徐志平兼任办公室主任，卜其银、张炯、陈建宗、樊重念、朱德军任办公室副主任。设立秘书组、组织组、宣传组、选民资格审查组、选举事务和后勤保障组。

三、县第十七届人大代表选举委员会

主　任： 陈昌龙

副主任： 唐国均　陈　斌　陈宝来

成　员： 丁　越（女）王震谷　刘志军　杨涟冬　肖　斌　沈　健　陈建宗　周建国　徐守华　唐李红（女）彭卫东　葛亚华（女）　蔡冬祎（女）樊重念

县选举委员会下设办公室，唐国均兼任办公室主任，卜其银、丁越、肖斌、陈建宗、彭卫东、杨涟冬、高单峰、樊重念任办公室副主任。设立秘书组、组织组、宣传组、选民资格审查组、选举事务和后勤保障组。

2016年12月3日，县选举委员会第三次会议暨人大党组会议召开，审核通过县各选区正式代表候选人名单

四、县第十八届人大代表选举委员会

主　任： 陈昌龙

副主任： 杨　忠　徐鸿斌

成　员： 丁　越（女）卜其银　尹德利　江　旭　李海燕　肖长卿　邱晓晖　沈宝泉　陆金标　陈　兵　赵　杰　耿卫东　钱　锋　徐新华　殷海燕（女）　曹建飞　董　然　缪海兵

县选举委员会下设办公室，徐鸿斌兼任办公室主任，卜其银、陆金标、高单峰、丁越、耿卫东、沈宝泉、赵杰、殷海燕任办公室副主任。设立秘书组、组织组、宣传组、选民资格审查组、选举事务和后勤保障组。

2021 年 10 月 12 日，县选举委员会召开第一次会议

第二节　代表选举

2007—2023 年，依照《中华人民共和国全国人民代表大会和地方各级人民代表大会选举法》《中国人民解放军选举全国人民代表大会和地方各级人民代表大会代表的办法》有关规定，如东县进行第十五、十六、十七、十八届人大代表换届选举。各镇（区、街道）、各选区坚持中国共产党领导、发扬民主、依法办事，认真做好换届选举工作。政党、人民团体和 10 人以上选民联名推荐初步代表候选人后，经过充分酝酿协商，并根据大多数选民意见，确定正式代表候选人。县人大代表选举前，各镇分别组织候选人与选民见面活动。拓宽民主渠道，增强选举竞争意识，完善民主选举制度。采取选民无记名投票方式，分别选举出县第十五、十六、十七、十八届人大代表。换届选举程序及代表当选条件均符合法律规定，各选区选民参选率、收回选票数和当选代表得票率均符合代表法规定。4 届人大代表中，第十六届比第十五届妇女代表占比提升 4.5 个百分点，第十七届比第十六届妇女代表占比提升 3.3 个百分点，第十八届与第十七届妇女代表占比持平；非党代表、一线人员占比逐年提高，至第十八届时，非党代表占比超过 35%、一线人员代表占比超过 50%。当选的县人大代表总体体现结构优、素质高要求。

2021 年 12 月 7 日，县人大常委会党组书记、主任陈昌龙（右二）到掘港街道第九选区，以县人大代表正式候选人身份参加选民见面会

一、县第十五届人大代表选举

2007 年 9 月 27 日，全县换届选举工作会议召开，部署换届选举工作。全县 15 个镇总人口 108.12 万人，共划分 149 个县级选区，登记并张榜公布选民 93.52 万人。通过充分酝酿协商，确定县级正式代表候选人 503 人。12 月 1—4 日，85.36 万名选民参加投票，参选率 91.4%；选出县十五届人大代表 355 人，当选代表得票率都超过参选选民 50%以上。

355 名县人大代表中，妇女代表 94 人，占代表总数（下同）26%；非党代表 113 人，占 32%；工人代表 56 人，占 16%；农民代表 97 人，占 27%；知识分子代表 120 人，占 34%；干部代表 63 人，占 18%；台侨眷和部队代表各 2 人，各占 0.6%；其他类型代表 15 人，占 4%。年龄结构方面，35 岁以下 28 人，占 7.5%；36 ~ 55 岁 308 人，占 86.8%；56 岁以上 19 人，占 5.4%。文化素质方面，大学及本科学历以上 118 人，占 33.2%，大专学历 178 人，占 50.2%，中专及高中以下 59 人，占 16.6%。

二、县第十六届人大代表选举

2011 年 12 月 2 日，全县换届选举工作会议召开，部署换届选举工作。全县总人口 105.3 万人，共划分 143 个县级选区，登记并张榜公布选民 95.8 万人。政党、人民团体和 10 人以上选民联名推荐代表候选人 2374 人，经酝酿协商，确定正式代表候选人 496 人，其中妇女、工人、农民和知识分子代表候选人比例比第十五届有所上升。县选举委员会对正式代表候选人情况，征求县公安、法院、检察院、纪检、审计、信访、国税、地税等部门意见，听取县人大常委会党组意见，要求相关选区重新协商确定正式代表候选人 3 人。2012 年 2 月 24—28 日，各镇、县人武部和驻如部队共 143 个选区组织投票选举，88.36 万名选民参加投票，依法选举出县第十六届人大代表 354 人。

354 名县人大代表中，妇女代表 108 人，占代表总数 30.5%；非党代表 119 人，占 33.6%；工人代表 70 人，占 19.8%；农民代表 102 人，占 28.8%；知识分子代表 46 人，占 13%；干部代表 106 人，占 29.9%；台侨眷代表 2 人，占 0.6%；部队代表 2 人，占 0.6%；其他类代表 26 人，占 7.3%。连任代表 143 人，占 40.4%。高中以上文化程度代表 335 人，占 94.5%。55 岁以下代表 326 人，占 92.1%。

三、县第十七届人大代表选举

2016 年 9 月 21 日，全县换届选举工作会议召开，部署换届选举工作。全县户籍总人口 103.67 万人，共登记选民 95.43 万人，划分 140 个县级选区。政党、人民团体和 10 人以上选民联名推荐代表候选人 1573 人，经酝酿协商，并经组织、纪检、统战、公安、法院、检察院、审计、信访、税务、环保、安监等部门联合审核，县选举委员会确定正式代表候选人 491 人。12 月 11—15 日，有 82.94 万人分别在 140 个选区参加选举，选举县第十七届人大代表 352 人。

2016 年 10 月 24 日，全县人大换届选举转段工作会议召开，部署宣传发动和选民登记核对阶段工作

352 名县人大代表中，妇女代表 119 人，占代表总数 33.8%；非党代表 120 人，占 34.1%；工人代表 33 人、农民代表 93 人、专业技术人员代表 46 人，合计为一线人员代表 172 人，占 48.9%；事业单位负责人 10 人，占 2.9%；企业负责人 42 人，占 11.9%；干部代表 116 人，占 32.9%；侨眷代表 2 人，占 0.6%；部队代表 2 人，占 0.6%；其他类代表 8 人，占 2.3%。连任代表 121 人，占 34.4%。高中以上文化程度代表 341 人，占 96.9%。55 岁以下代表 321 人，占 91.2%。

四、县第十八届人大代表选举

2021 年 9 月 18 日，全县换届选举工作会议召开，部署换届选举工作。全县户籍总人口 100.24 万人，共划分 144 个县级选区，登记并张榜公布选民 93.9 万人。政党、人民团体和 10 人以上选民联名推荐初步代表候选人 1235 人。经过充分酝酿协商，根据大多数选民意见，并经组织、纪检监察、统战、公安、法院、检察院、审计、税务、应急管理、生态环境等部门对正式代表候选人相关情况进行联合审核，最终县选举委员会研究确定正式代表候选人 500 人。2021 年 12 月 10—14 日，共有 82.94 万名选民分别在 144 个选区参加选举，选举县第十八届人大代表 355 人。

2021 年 9 月 18 日，全县县镇人大换届选举工作会议召开

355 名县人大代表中，妇女代表 120 人，占代表总数 33.8%；非党代表 127 人，占 35.8%；工人代表 38 人、农民代表 71 人、专业技术人员代表 69 人，合计为一线人员代表 178 人，占 50.1%；事业单位负责人 4 人，占 1.1%；企业负责人 38 人，占 10.7%；党政干部代表 127 人，占 35.8%；侨眷代表 1 人，占 0.3%；部队代表 2 人，占 0.6%；其他类代表 5 人，占 1.4%。连任代表 131 人，占 36.9%；高中以上文化程度代表 342 人，占 96.3%；55 岁以下代表 322 人，占 90.7%。

第三节　代表名录

2007—2023 年，如东县选举县第十五、十六、十七、十八届人大代表，分别为 355 人、354 人、352 人、355 人。其间，因人员变动，经县人大常委会会议审议同意，辞去县人大代表共 58 人，补选县人大代表共 54 人。

一、县第十五届人民代表大会代表

2007 年 12 月 1—4 日，如东选举县第十五届人民代表大会代表 355 人。一次会议后，耿荣泉、顾晓明、周德良、翁晓云、陶燕、周玉兵 6 名代表因工作变动调离如东，陆亚萍被认定为崇川区人大代表，根据代表法规定，上述 7 人在如东代表资格自行终止。在县第十五届人大常委会第四次会议上，陈少林辞去代表职务。至此，县第十五届人民代表大会代表 347 人。2008 年 12 月中旬，县人大常委会分别在县人武部选区、河口镇第一选区、掘港镇第二十一选区，补选王炳发、姜晓静、童玉林 3 人为县人大代表。出席县第十五届人民代表大会第二次会议代表 350 人。二次大会后，孙志祥代表因工作变动调离如东。吴锦标、顾巧琴两位代表逝世。至此，县第十五届人民代表大会代表 347 人。2009 年 12 月上、中旬，县人大常委会分别在新店镇第四选区、袁庄镇第四选区，补选王建国、徐东俊为县人大代表。出席县第十五届人民代表大会第三次会议代表 349 人。三次大会后，司祝建、王炳发、顾才群、戴建秋和薛广伟代表因工作变动调离如东。在县第十五届人大常委会第十九次会议上，缪柏泉辞去代表职务。至此，县第十五届人民代表大会代表 343 人。2010 年 12 月中旬，县人大常委会分别在栟茶镇第七选区、县人武部选区、岔河镇第七选区、洋口镇第九选区、洋口镇第六选区、丰利镇第七选区、马塘镇桐南选区、双甸镇第五选区和河口镇第七选区，补选任新峰、蔡建华、杨小军、冯健、张海荣、周俊、袁卫东、李鸿飞和杨春红 9 人为县人大代表。出席县第十五届人民代表大会第四次会议代表 352 人。

2008—2010 年，共辞去县人大代表 15 人，补选县人大代表 14 人。县第十五届人大代表名录如下：

栟茶镇

陈　斌	夏秀梅（女）	尤　进	季跟梅（女）
张　捷	朱亚慧（女）	沈更生	顾建华
宫向阳	徐海承	戴威威	董金凤（女）
周俊美（女）	顾国云	周　伟	李晓兵
刘志刚	丁海平	缪晓梅（女）	李建国
司祝建	任新峰（补选）		

洋口镇

马小燕（女）	邵生如	顾祖林	於爱国

陶国军　陆丽云（女）林　云　蔡瑞平
张宏明　徐晓玲（女）许葛华　吴红梅（女）
徐守宏　符仁俊　丛尤兵　李兴民
陈建军　蔡　东　孙志祥　陈志银
周玉兵　薛广伟　冯　健（补选）
张海荣（补选）

丰利镇

顾建国　张　华（女）缪卫宏　顾　锐
蒋树建　黄先明　于立忠　王咸泉
周亚琴（女）缪俊平（女）沙建华　陆支群
陈　咏　张本田　印宗华　陆美蓉（女）
钱小平（女）冯力如　于秀梅（女）范震勇
潘勇明　刘祝如　俞光武　顾从华
严　玉　薛　标　周　俊（补选）

如东经济开发区（直镇）

万继红（女）樊重念　林亚琴（女）王咸华
徐建华　徐晓卫　吴友林　曹　峰
丁秀梅（女）吴向阳　许　松　缪海燕（女）
解小燕（女）管怀虎　翟建华　徐鸿斌
顾才群

长沙镇

周建飞　张光平　徐永梅（女）张玉华
周志勇　陈建辉　周潮清　孙建平
陈明权　施松年　谢　林　范向红（女）

大豫镇

潘建华　周载群　刘旭峰　陈　兵
盛蔡祥　管永刘　顾瑞明　何学忠
顾洪生　姜国新　徐月红（女）潘小红（女）
徐菊萍（女）王福明　刘冬云（女）袁红利
曾敬东　卢瑞华　曹国祥　薛　梅（女）
杨贵珠（女）杨锦标　许亚军　顾建平
施益兵　徐志平　陆惠达　黄继石
王雨卉（女）

掘港镇

王亚平　张巧华　夏春林　马新平（女）
姜建新　曹国群　张正权　姜　勇
张善达　赵尊兵　徐小燕（女）朱广如
张翠芳（女）高春明　朱永泉　陈万荣
陶卫忠　王鹤军　祁建新　朱瑞清
翁　祥　杨春豪　陆锡泉　郁美云（女）
尹希发　顾淑英（女）高　玲（女）朱逢明
金　霞（女）詹立风　张美银（女）陈少林
周春霖　张卫东　周金荣　邢国萍（女）
周新建　杨锦霞（女）顾瑞生　耿汉祥
高　美（女）潘金环　张必贤　陈晓晴（女）
夏海燕（女）陆尔东　郭志平　曹彩红（女）
夏卫华　沈春如　徐建泉　高　军
陈　香　朱学山　管维界　王　艳（女）
朱希平　蔡旭东　耿荣泉　陆少庭
曹建云（女）童玉林（补选）

马塘镇

王瑞庆　李正环　戴　虹（女）翁士豪
薛加林　吴　群（女）徐宜建　徐　玲（女）
缪雪明　张新明　陆爱如（女）杨成泉
唐静平　袁　明　丁　越（女）葛　勇
施永平　严海林　周新基　宋新玉（女）
施新民　陆新志　虞天笔　俞敬超（女）
张必如　朱锦芳（女）陈桂斌　顾晓明
袁卫东（补选）

曹埠镇

张金红（女）陈宝来　何永华　钱方军
王　浩（女）王亚军　张桂英（女）胡　斌
顾亚萍（女）张宋泉　张国强　高　伟
顾　兵　潘友兵　江新泉

岔河镇

刘才盛　金爱琴（女）顾建美（女）吴春华
李　建　杨　萍（女）罗晓东　金远梅（女）
朱明高　余　科　管玉华　马吴斌
谢　骏　王金泉　刘备战　姚尤华
陈　杰　张蔚平（女）徐志远　刘和银
缪淑华　鲍爱明　顾海军　陈　婕（女）
石　磊　滕小梅（女）张咏梅（女）杨小军（补选）

新店镇

杨广胜	高　峰	周苏林	陈跃生
吴正清	张小丽（女）	翁仕英（女）	翁晓云（女）
陈　勇	邵淑娟（女）	潘　君	吴宗涛
王建国（补选）			

双甸镇

肖　斌	苏祥林	丛　俊	陈　芳（女）
石　勇	薛建明	薛虹辰（女）	钱　设
黄文春	吴迪富	吴　玲（女）	储晓燕（女）
袁小燕（女）	郭庆国	鲍泽林	丛刚远
鲍建国	周铁根	江李兵	陈建华
严玉兰（女）	李鸿飞（补选）		

河口镇

冒国平	周　勇	钱春梅（女）	徐　健
王　群（女）	陶　燕（女）	朱爱华（女）	蒋明华
徐爱东	缪建国	康　红（女）	康宜峰
缪文明	葛可山	曹秀玲（女）	薛如根
张爱明	戴建秋	姜晓静（女补选）	
杨春红（女补选）			

袁庄镇

平亚梅（女）	刘正银	江　华	杨文秀（女）
王　群（女）	丛远亮	张督平	吴锦标
李　健	陈秀珍（女）	陈昌龙	缪　建
张　华	周贤平	赵美祥	韩国军
顾巧琴	徐东俊（补选）		

机关

沈秀芬（女）	陈登山	曹津源	王爱民
余　晶	顾林海	于章宏	陈苏华
朱洁芬（女）	冒亚平	唐国均	朱余忠
余永华	钱汉东	孙晓榕（女）	曹　权
龚健伟	王永芳（女）	冯　兵	邱荣林
沈美英（女）	张泽宾	谢鸿鸣	王继兵
卜其银	龚建新		

部队

周德良	王炳发（补选）	蔡建华（补选）

二、县第十六届人民代表大会代表

2012年2月24—28日，如东选举县第十六届人民代表大会代表354人。一次大会后，蔡建华、石勇、张杰代表因工作变动调离如东。县第十六届人大常委会第六次会议接受冒乃余辞去代表职务。至此，县第十六届人民代表大会代表350人。2012年12月，县人大常委会分别在县人武部选区、边防部队选区、洋口镇第九选区、大豫镇第八选区，补选吴风俊、童仁平、张光平、储开森4人为县人大代表。出席县第十六届人民代表大会第二次会议代表354人。二次大会后，江华代表因工作变动调离如东。县第十六届人大常委会第十三次会议接受徐希平辞去代表职务。至此，县第十六届人民代表大会代表352人。2013年12月，县人大常委会分别在双甸镇第四选区、曹埠镇第三选区，补选刘旭峰、王亚军为县人大代表。出席县第十六届人民代表大会第三次会议代表354人。三次大会后，徐斌代表调离如东。杨建代表意外死亡，其代表资格自行终止。县第十六届人大常委会第二十三次会议接受姜建新辞去代表职务。至此，县第十六届人民代表大会代表351人。2014年12月，县人大常委会分别在洋口镇第六选区、掘港镇第十选区和马塘镇第四选区，补选王金泉、顾林海、蒋红霞3人为县人大代表。出席县第十六届人民代表大会第四次会议代表354人。四次大会后，詹立风、刘才盛、张成伟3位代表调离如东，县第十六届人大常委会接受管建兵、陈万荣辞去代表职务。出席县第十六届人民代表大会第五次会议代表349人。

2012—2015年，共辞去县人大代表13人，补选县人大代表9人。县第十六届人大代表名录如下：

栟茶镇

顾国云	夏秀梅（女）	王必东	王秀玲（女）
张　锋	董银凤（女）	陈　斌	徐海承

2012年3月28日，如东县第十六届人民代表大会第一次会议代表在填写选票

李　勤　徐希平　叶桂琴（女）李晓兵
陈亚勤（女）陈昌龙　沈更生　董金凤（女）
李建国　丁海平　刘志刚

沿海经济开发区（洋口镇）

顾祖林　幸玉兰（女）朱德军　许信荣
李　健　王兴富　缪　琴（女）蔡瑞平
肖　建　朱小琴（女）徐晓玲（女）缪永和
蔡　东　许葛华　韩　明　刘克梅（女）
符仁俊　陈建华　唐文忠　缪　煜
许一巾（女）冯　健　冒乃余
王金泉（补选）张光平（补选）

丰利镇

刘祝如　秦定杨　薛　标　俞光武
徐剑莉（女）严　玉　张　华（女）薛　锋
刘克荣　花培培（女）蒋树建　张本田
陆支群　顾　锐　黄先明　黄东栋（女）
徐守华　顾从华　周春霖　印宗华
缪勇刚　王震谷　章奉良　钱宏梅（女）
杨成泉　周旭东　陈竹香（女）

如东经济开发区（苴镇）

吴晶晶（女）黄建卫　翟建华　顾小琴（女）
徐鸿斌　潘建华　吴友林　樊重念
方永逸　吴鼎皋　缪纯芳（女）王咸华
曹彩红（女）沈维新　范震勇

洋口港经济开发区（长沙镇）

潘友兵　郁宏伟　张卫东　孙　慧（女）
盛凤琴（女）周建飞　张成伟　李青青（女）
张蓉蓉（女）谢　林　陈桂平（女）薛　峰
陈建辉　张　健

循环经济产业园（大豫镇）

叶菊萍（女）曹国祥　张红梅（女）季晓燕（女）
陶卫忠　周小玲（女）周炳祥　张宝霞（女）
陆卫兵　陈　娟（女）张理钧　程　军
徐志平　黄继石　龚　徽（女）陆惠达
施益兵　曾敬东　何学忠　季根如（女）
丁　保　刘允芳（女）陈威涛　周　梁
袁红利　任新峰　张志泉　陈金娥（女）
康　徐　管永刘　储开森（补选）

掘港镇

苏爱红（女）陈春泉　秦德泉　杨　勇
张曹琴（女）姜建新　赵尊兵　高金泉
郁　平（女）郭庆国　于立忠　李夏权
高佳艳（女）王戴跃　许宏英（女）曹雪兵
石银朱（女）沈宝泉　管建兵　祁建新
顾爱霞（女）詹立风　周苏林　曹海鹏
杜长泉　郭美华（女）王亚平　冯学军
苏　琴（女）朱华东　徐晓燕（女）顾小林
张盛红（女）周金荣　翁　祥　付福美（女）
袁小明　杨锦霞（女）陆锡泉　蒋小玉（女）
王苏清　陈万荣　汪拥军　陈晓晴（女）
潘金环　刘允华　刘道军　陈　香
丁居兵　赵　卫　姚　霞（女）高　军
蔡爱平（女）朱学山　朱学云　吴银山
陆少庭　陈　昀（女）桑桂如（女）
顾林海（补选）

马塘镇

陈桂斌　杨扣群（女）袁　明　丁　越（女）
葛　勇　韩新燕（女）胡　斌　虞天笔
陆爱如（女）周　勇　陈　波　顾永红（女）
张小薇（女）周新基　钱加华　姜晓静（女）

严海兵　施新民　施正泉　陈巧云（女）
吴希鹏　冯力如　薛加林　陈　杰
杨　建　姜宁兵　陆金元
蒋红霞（女补选）

曹埠镇

陆华兵　高　伟　缪　锐　李志军
张桂英（女）顾　兵　江新泉　张国强
秦爱军　张爱群（女）陈宝来　陈智荣
刘才盛　杨红梅（女）何永华　王亚军（补选）

岔河镇

石　磊　姚尤华　徐亚琴（女）李爱平（女）
李海兵　张　建　刘和银　杨　萍（女）
缪淑华　杨小军　张富华　鲍爱明
冒亚平　徐守梅（女）戴威威　刘备战
盛义明　谢　骏　任　建　蔡守梅（女）
管玉华　石海剑　沈秀梅（女）张　彬
朱明宇　陈　杰　滕晓梅（女）

新店镇

朱建飞　陆亚东　李鸿飞　陶跃东
张栩龙　曹　娟（女）陈　勇　顾晓燕（女）
鲍泽林　邵淑娟（女）冒亚锋　高　峰
潘亚军

双甸镇

万继红（女）苏祥林　吴　良　钱　设
陈国平　薛建明　薛虹辰（女）江　华
钱长勇　卜其银　袁小燕（女）丛刚远
吴　玲（女）胡玉珍（女）陈小勇　陈姚华
王　智　江李兵　丁小红（女）陈五霞（女）
王建明　吴迪富　储晓燕（女）
刘旭峰（补选）

河口镇

万浩云（女）翟以圣　冒国平　钱春梅（女）
丛尤兵　张　敏（女）沈峻峰　缪亚娟（女）
许金标　姚　健　周桂凤（女）梅德宏
许波林（女）薛如根　周　影（女）康宜峰
娄宏春　钱永建　康　勤

袁庄镇

平亚梅（女）许亚军　李辉银（女）李爱梅（女）
杨文秀（女）张海荣　王　群（女）刘正银
韩国军　罗晓东　薛书平　薛群红（女）
祁伯山　李　玉　杨中坚　李亚红（女）
邱祝山　耿卫东

机关

邱荣林　张　捷　陈卫兵　孙　娅（女）
余　晶　顾拥军　刘崇义　陈苏华
于海燕（女）王继兵　唐国均　胡连华
满　虹（女）曹　敏（女）康　晔（女）王清益
杨剑云（女）王建国　沈金梅（女）徐　斌

部队

蔡建华　张　杰　吴风俊（补选）
童仁平（补选）

三、县第十七届人民代表大会代表

2016年12月11—15日，如东选举县第十七届人民大会代表352人。一次会议后，于立忠、叶涛、周勇、张栩龙、任新峰、魏卫、徐琅7位县人大代表调离如东，万继红因工作变动在县人大常委会会议上辞去代表职务。至此，县第十七届人民代表大会代表344人。2018年1月，县人大常委会分别在长沙镇第三选区、丰利镇第一选区、洋口镇第一选区和栟茶镇第六选区，补选陈雷、杨晶晶、唐李红、高山4人为县人大代表。出席县第十七届人民代表大会第二次会议代表348人。二次会议后，潘建华、韩喜江、丛勇调离如东，胡斌辞去代表职务。至此，县第十七届人民代表大会代表344人。2019年1月，县人大常委会分别在洋口港经济开发区（长沙镇）第一选区，如东经济开发区（苴镇街道）第四选区，东湖旅游度假区（大豫镇）第九选区，高新技术产业开发区（城中街道、掘港街道）第三、十六、十七选区，马塘镇第一、八选区，补选张玉华、肖娟、曹光前、周晓兵、陈慧宇、孙玉来、徐进张、吴晓莉8人为县人大代表。出席县第十七届人民代表大会第三次会议代表352人。三次会议后，杨中坚、刘瑞、曹雁卉、张锋、许金标、顾翊调离如东，缪爱平、施逸璐辞去代表职务，冯丽红、桑芝群因病去世。至此，县第十七届人民代表大会代表342人。2020年1月，县人大常委会分别在河口镇第三选区、栟茶镇第一选区、岔河镇第四选区、部队第一选区、马塘镇第六选区、双甸镇第二选区和洋口镇第五选区，补选张兴国、韩强、刘峰、黄涛、陈晓莉、吴晶、石佑舟7人为县人大代表。出席县第十七届人民代表大会第四次会议代表349人。四次会议后，韩强、许斌、闫静翔、陈春柳、程军调离如东。至此，县第十七届人民代表大会代表344人。2020年12月，县人大常委会分别在栟茶镇第一选区、机关第七选区、长沙镇第二选区、城中街道三十选区、曹埠镇第一选区、双甸镇第一选区和栟茶镇第三选区，补选杨忠、邵锋、郁宏伟、于海东、钱宏彬、潘飞、陆金标7人为县人大代表。出席县第十七届人民代表大会第五次会议代表351人。

2017—2020年，共辞去县人大代表25人，补选县人大代表26人。县第十七届人大代表名录如下：

长沙镇

徐　荣（女）蔡　东　吴胡云（女）辛本泰
侯　晋　韩红兰（女）李　娜（女）于立忠
叶　涛　邵建华　韩益昌　王忠海
孙　慧（女）陈昌龙　陈　雷（补选）
张玉华（补选）郁宏伟（补选）

如东经济开发区

陈　斌　任先军　翟建华　陈五霞（女）
徐鸿斌　张小芳（女）方永逸　曹彩红（女）
尹美泉　沈维新　周　勇
肖　娟（女补选）

苴镇街道

张光平　罗晓东　季海平（女）顾小琴（女）
於海冬　王晖蓉（女）陈吾银（女）陈　剑
陈威涛

洋口镇

于绍银　缪建华（女）吴劲松　张德凤（女）
王金泉　陈建军　张亚勤（女）冯克山
幸玉兰（女）徐　健　王兴富　缪　琴（女）
范于松　张晓琴（女）陶玲玲（女）张大林
张秀斌　傅国华　周新基　张雪梅（女）
徐鹏飞　徐东俊　李　健　张栩龙
顾　翊　桑芝群　许金标
唐李红（女补选）石佑舟（补选）

大豫镇

王　娟（女）周志勇　黄永琴（女）张红梅（女）
陶跃东　蔚　娟（女）顾洪菊（女）龚维国
陆卫兵　蒋彩云（女）许世俊　吴亚忠
储开森　袁红利　黄继石　陆卫达
曾敬东　何学忠　陈建华　潘春红（女）
丁　保　冯玉红（女）刘旭峰　汤　浩
杨海军　汤　杰　张志泉　吴　晶（女）
丛　勇　冯丽红（女）曹光前（补选）

机关

邱荣林　陆　祎　陈卫兵　朱冬建
陈苏华　袁新华（女）余　晶　陈轶琦（女）
王继兵　顾新红（女）万继红（女）何志刚
胡连华　缪　颖（女）王银红（女）周　群
冯玲玲（女）孙晓榕（女）王佳佳（女）沈金梅（女）
陈亚苏（女）周晓兵（补选）邵　锋（补选）崔春华

掘港街道

陈宏平（女）赵尊兵　高金泉　曹美华（女）
叶　辉（女）顾金飞　冯力如　朱卫香（女）
曹雪兵　马　忠　顾建忠　曹娟娟（女）
杭佳佳　潘建华　潘　亮　沈冶军
陈　超　缪　剑（女）沈宝泉　顾小林
顾晓栋　曹金泽　叶天舒　秦志鹏
顾拥军　邱玲玲（女）姚　霞（女）高　军
高龙飞　丁居兵　张志坚　张晓燕（女）
刘允华　陈亚军　苏如华　缪凌云（女）

许玲珊（女）陈慧宇（补选）孙玉来（补选）

城中街道

张卫东　陆　云（女）季苏萍（女）杨　勇
陈宝来　张　炯　丁晓飞　王亚平
翁　祥　季佳琴（女）陈玉环（女）顾瑞生
张晶晶（女）施春燕（女）蒋小玉（女）陈　香
沈继程　郭维娟（女）许　斌　闫静翔
于海东（补选）

栟茶镇

缪小兰（女）蔡向阳　张素华　陈晓妹（女）
缪晓红　张建林　李　勤　蔡小云（女）
叶桂芹（女）康　勤　葛　红（女）沈更生
薛丽君（女）姜宁兵　李晓兵　刘志刚
李七朋　丛　杰　魏　卫　任新峰
曹雁卉　张　锋　韩　强（补选）
高　山（补选）杨　忠（补选）陆金标（补选）

丰利镇

秦　刚　薛　锋　薛　标　黄东栋（女）
周春霖　陈鸿彬　朱德军　刘　军
耿卫东　刘克荣　沈小琴（女）蒋树建
於　锋　唐桂梅（女）王晓琴（女）秦维维
钱　军　宋森洋　杨涟冬　缪勇刚
郑寒冰（女）殷竹泉　刘建梅（女）徐　军
孙　琴（女）李　军　应舒舒　徐　琅
杨晶晶（女补选）

马塘镇

顾建飞　孙红美（女）张蓉蓉（女）周映红（女）
张新民　镇艳南（女）严海兵　顾　锐
阚爱军　丁　越（女）朱玉琴（女）曹玉娥（女）
刘金华　杨　一　朱炳华　赵新萍（女）
胡　斌　施正泉　陈如军　奚金岩
陆金元　黄建卫　韩喜江　施逸璐
徐进张（补选）吴晓莉（女补选）陈晓莉（女补选）

曹埠镇

顾学美（女）高　伟　朱广明　吴云飞
张桂英（女）凌进杰　施亚云（女）管　建
杨红梅（女）周冬梅（女）陶卫忠　钱宏彬（补选）

岔河镇

高桂明　马　陈　缪朱国　唐国均
李爱平（女）袁　林　缪淑华　杨　萍（女）
张富华　丛尤兵　徐守梅（女）张德军
韩亚莉（女）赵赴兵　张　红（女）蔡守梅（女）
卢　桦（女）徐　敏　张　彬　余　乐
李　军　张　浩（女）何晓宏　沈秀梅（女）
杨中坚　刘　峰（补选）

新店镇

戴金山　缪　锐　沈瑜新　潘亚军
陈　勇　冒亚锋　顾扣林　朱建飞
曹　薇（女）顾振国　吴立新　谭燕红（女）
杨雪松　程　军

双甸镇

苏祥林　丛　玲（女）康　徐　薛建明
陈国平　樊秀玲（女）陈爱平（女）卜其银
韩　明　冯　华　张婷婷（女）董　建
姚建江　潘友兵　江李兵　吴银泉
冯小红（女）王建明　顾　萍（女）吴迪富
缪爱平　陈春柳　吴　晶（女补选）
潘　飞（补选）

河口镇

冒国平　缪国平（女）翟以圣　吴　峰
刘利利（女）杨秋菊（女）丛尤兵　周桂凤（女）
张佳燕（女）黄　卫　薛如根　徐春红（女）
康宜峰　刘海军　李宗泽　钱永建
江新泉　张兴国（补选）

袁庄镇

胡　俊　尤春香（女）高爱军　蔡红建
李爱梅（女）杨文秀（女）缪亚军　刘　雷
汤滨滨　殷海燕（女）陈　红（女）查剑宁
韶　均　邱祝山　戴昌虎

部队

刘　瑞　黄　涛（补选）

四、县第十八届人民代表大会代表

2021年12月10—14日，如东选举县第十八届人民大会代表355人。一次会议后，张兴国、陈威涛、陆翔调离如东，唐于磊因工作变动、夏红军因个人原因请求辞去县第十八届人民代表大会代表职务。至此，县第十八届人民代表大会代表350人。2022年12月，县人大常委会分别在丰利镇第七选区、新店镇第四选区、栟茶镇第三选区、长沙镇卫海选区、长沙镇富盐选区，补选吴海军、储开林、朱益峰、吴昊、崔红霞5人为县人大代表。出席县第十八届人民代表大会第二次会议代表355人。

2021年12月23日，县人大常委会组织新当选的县、镇两级人大代表和选民代表视频培训

2022—2023年，辞去县人大代表5人，补选县人大代表5人。县第十八届人大代表名录如下：

如东经济开发区

王金煜	任先军	张小芳（女）	陈五霞（女）
王咸华	邵　锋	林　鑫	许世俊
沈维新	陈慧宇		

洋口镇

刘喜君（女）	李　健	徐鹏飞	于云美（女）
吴劲松	张小平	王金泉	张慧剑
徐耀春	徐丛明	缪　锐	冯克山
徐　健	于海杰	缪小娟（女）	马小强
蒋树建	何　斌	陶玲玲（女）	杨艳红（女）
徐志军	张雪梅（女）	周新基	徐吉旺

南通外向型农业综合开发区、苴镇街道

王晖蓉（女）	张小芹（女）	张光平	邢　云（女）
刘小红（女）	韩亚莉（女）	王新泉	姜红波
刘先文	邱玲玲（女）	季海平（女）	金　仲
於海冬	刘　拓	罗晓东	徐园园（女）

掘港街道

王卫东	赵尊兵	陈亚梅（女）	顾金飞
耿玉红（女）	顾建忠	刘薛峰	曹雪兵
季　洪（女）	赵　旭	施江海	陈　雷
邢志杰	陈昌龙	徐　艳（女）	朱振岗
沈小琴（女）	王必东	张爱云（女）	缪　剑（女）
王晓银（女）	沈宝泉	吴　琼（女）	唐兴丽（女）
赵　银（女）	秦志鹏	刘利成	高　军
刘美娟（女）	陈亚军	唐亚卓	张志坚
周文华	朱韫姮（女）	周　丹	

城中街道

丁晓飞	成麟琳（女）	张溢飞	袁亚芹（女）
王玉云（女）	秦宁妍（女）	顾　炜	于海东
朱正俊	薛素红（女）	许之情	陈慧娟（女）
沈亚秋（女）	张　炯	徐海娟（女）	翟建华

栟茶镇

徐鸿斌	陆德群	张素华	蔡向阳
常兴东	唐于磊	王国山	冒海燕（女）
李七朋	顾　茜（女）	徐长胜	顾小兵
周海军	杨　忠	薛丽君（女）	丛　杰
叶桂芹（女）	刘志刚	王亚梅（女）	朱益峰（补选）

丰利镇

乔小建	薛　锋	吴丽华（女）	曹　烨
李爱琴（女）	缪卫宏	刘　军	葛加云（女）
刘克荣	於淑静（女）	李　军	圣桂霞（女）
於　锋	朱德军	陈威涛	袁玉梅（女）
骆宏丽（女）	黄　民	陈永泉	周志勇
王方舟	吴维华	郑寒冰（女）	吴晓莉（女）
徐　军	缪勇刚	吴海军（补选）	

马塘镇

顾建飞	潘　亮	杨小建	陈　娴（女）

施正泉　丁　越（女）　陈　琳　张新民
严海兵　曹爱明　阚爱军　卢拥健
许金标　曹玉娥（女）　田志栋　刘金华
陈小银（女）　耿云飞　蔡金如（女）　薛　峰
陈如军　高亚军　葛家梅（女）　马正香（女）
陆金元　黄建卫

曹埠镇

李立辉　徐东俊　黄　建　朱广明
张晓虎　张桂英（女）　王亚军　王　萍（女）
凌进杰　王　颖（女）　沈莉莉（女）　曹　兵
马卫东　张益峰　钱宏彬

岔河镇

马　陈　於维涛　桑淑平（女）　李爱平（女）
袁　林　夏金荣　曹明华　李　刚
缪淑华　张蓉蓉（女）　符根凤（女）　朱俊华
丛爱琴（女）　沈秀梅（女）　姚顾锋（女）　丁林洋
丛　兵　陈　云（女）　李云燕（女）　唐国均
桑林华　冯永军　吴　建　张　彬
张咏梅（女）　陈　进（女）　缪年菁

新店镇

郁苗苗（女）　戴金山　周　良　彭　威
吴建峰　邵玲芳（女）　陆　翔　程剑锋
米欣欣　沈瑜新　钱一兵　谭燕红（女）
储开林（补选）

双甸镇

沈更生　吴雪松　李小梅（女）　薛建明
王　明　唐雪峰　冯小红（女）　陈　明
张继南　张爱兵　李艳楠（女）　郑　秀（女）
潘　飞　冯　华　丛佳佳（女）　樊秀玲（女）
於　鑫　袁宗建　秦　刚　张春花（女）
傅小春　方海军　刘　莉（女）　江李兵

河口镇

冯亚洲　韩　燕（女）　丛纯纯（女）　林来建
冒国平　孙玉来　李　红（女）　蔡　东
王志国　张玉华　曹贯中　阚海琴（女）
石跃军　刘慰庭　曹媛媛（女）　徐亚琴（女）
谭　枫　缪小勤（女）　薛友钧　杨德华
薛如根

袁庄镇

李　勇　查剑宁　姚剑峰　杨文秀（女）
周晓煌（女）　顾昕华　陈晓莉（女）　缪亚军
戴其兵　章云峰　李爱梅（女）　陈小平
曹　薇（女）　张娟娟（女）　周　勇　韶　均
冯建军　钱维斌　邱祝山

大豫镇

朱卫卫（女）　沈　伟　龚　燕（女）　冯金辉
陆金标　柏婷娟（女）　刘长进　胡蕊兰（女）
许亚军　胡　瑶（女）　袁红利　施燕华（女）
高　山　秦亚兵　吴静静（女）　周士辉
倪　娟（女）　黄　勤（女）　曾敬东　刘旭峰
李燕兰（女）　吴　晶（女）　丁　保　秦海健
徐年璐（女）　杨海军　吴青青（女）　黄晓华（女）
李　杰　陈永强　施春华

洋口港经济开发区、长沙镇

汤亚东　孙　慧（女）　张兴国　刘　峰
吴亚云（女）　周　梁　何美芬（女）　沈富强
张建华　季冠镒　侯　晋　王忠海
夏红军　吴　昊（补选）　崔红霞（女补选）

机关

汪华伟　陈之璇（女）　丁玉兵　张　华
任　怡（女）　沈冶军　陆　祎　吴建雄
陈建军　袁新华（女）　王　震　朱文婷（女）
陈轶琦（女）　赵东燕　姜宁兵　刘　旭
张昕萌　冯玲玲（女）　倪劲松

部队

黄　涛　刘　超

第四节　出席全国、江苏省、南通市人民代表大会代表

2008—2023 年，如东县有 2 人分别被选为第十二届和第十四届全国人大代表。被选出席江

苏省第十二届、十三届、十四届人大代表分别为5人、5人、4人，出席南通市第十三、十四、十五、十六届人大代表分别是61人、70人、70人、69人（含在如东选出的市直机关代表）。

一、县出席全国人民代表大会代表

潘建华，第十二届全国人大代表。

1965年5月出生，江苏海安人，江苏省委党校研究生学历，1985年1月加入中国共产党。1981年9月—1984年12月，解放军第三地面炮兵学校通信专业学习；1984年12月—1985年8月，南京军区某团任指挥排长；1985年8月—1987年1月，南京军区某团政治处干部股正排职干事；1987年1月—1991年3月，海安县人事局干部、共青团海安县委干部；1991年3月—1993年11月，共青团海安县委副书记（其间，于1988年9月—1991年7月在江苏省委党校干部函授学院行政管理专业在职大学学习）；1993年11月—1996年11月，海安县双楼镇党委副书记、副镇长、镇长；1996年11月—2000年2月，海安县仇湖镇党委书记、人大主席（其间，于1997年9月—1999年6月在南京大学工商管理专业研究生课程进修班学习）；2000年2月—2000年12月，海安县委组织部副部长（正科级）；2000年12月—2004年3月，如皋市委常委、组织部部长（其间，于2002年9月—2004年1月在江苏省委党校政治经济学专业在职研究生学习）；2004年3月—2007年4月，如皋市委常委、常务副市长；2007年4月—2008年12月，如东县委常委、常务副县长；2008年12月—2011年6月，如东县委副书记；2011年6月—2012年3月，如东县委副书记、代县长；2012年3月—2016年2月，如东县委副书记、县长；2016年2月—2016年6月，如东县委书记、县长；2016年6月—2018年12月，如东县委书记；2018年12月—2022年1月，任南通市政府党组成员、副市长（其间，于2021年5月兼任南通国际家纺园区党工委书记）；2022年1月—2023年1月，任南通市政府党组成员、南通市家纺园区党工委书记；2023年1月起，任南通市人大常委会党组成员、副主任。

薛济萍，第十四届全国人大代表。

1951年3月出生，江苏如东人，在职大专学历，高级经济师，1972年4月加入中国共产党。1970年9月—1979年9月，在河口公社工作；1979年9月—1980年9月，任河口纺织厂厂长；1980年9月—1992年9月，任河口公社砖瓦厂、河口砖瓦厂、南通市黄海建材厂厂长；1992年9月—1996年9月，任南通中南特种电缆厂、南通中天电缆有限公司党支部书记、总经理（其间，于1992年8月—1995年6月，在江苏省委党校经济专业在职大专学习）；1996年9月—2003年5月，任江苏中天光缆集团有限公司党支部书记、董事长、总经理；2003年5月—2008年6月，任中天科技集团有限公司党支部书记、董事长；2008年6月—2012年5月，任中天科技集团有限公司党总支书记、董事长；2012年5月起，任中天科技集团有限公司党委书记、董事长。

二、县出席江苏省人民代表大会代表

（一）省第十二届人大代表

陈昌龙　1964年7月出生，如东县人，江苏省委党校研究生学历，1985年2月加入中国共产党。1984年8月，任共青团石屏乡书记、党政办公室秘书、科教文卫助理；1990年2月，任石屏乡党委委员、团委书记、科教文卫助理；1993年1月，任石屏乡党委委员、副乡长；1995年10月，任石屏乡党委副书记；1997 年 1 月，任石屏乡党委副书记、乡长；1998 年 11 月，任石屏乡党委书记；2000 年 4 月，任环港镇党委书记；2001 年 1 月，任县委候补委员，环港镇党委书记（其间，于 2001 年 1 月—2002 年 1 月在江苏省委党校第十一期青干班脱产学习）；2003 年 2 月，任县委候补委员、丰利镇党委书记；2005 年 1 月，任县委委员、县委老干部局局长；2005 年 4 月，任县委委员，县委组织部副部长、老干部局局长；2006 年 6 月，任县委常委、宣传部部长；2011 年 6 月，任县委常委、县政府党组成员、副县长；2012 年 3 月，任县委常委，县人大常委会党组副书记、副主任（主持工作）；2012 年 4 月，任县委委员，县人大常委会党组副书记、副主任（主持工作）；2013 年 6 月，任县委委员，县人大常委会党组副书记、副主任（主持工作，正处级）；2016 年 7 月，任县委委员，县人大常委会党组书记、副主任（主持工作，正处级）；2017 年 1 月，任县人大常委会党组书记、主任；2020 年 9 月，任县人大常委会党组书记、主任，一级调研员；2020 年 12 月起，任县人大常委会党组书记、主任，二级巡视员。

高　军　1965 年 1 月出生，如东县人，大专文化。1981 年 5 月，任如东县棉织厂织巾车间保全工；1987 年 1 月，任南通大东有限公司生技部技术员；1991 年 1 月，任南通大东有限公司织巾车间副主任、主任；1992 年 5 月，任南通大东有限公司总经理助理；1994 年 9 月，任南通大东有限公司副总经理（其间，于 2000 年 9 月—2003 年 7 月在南通工学院经济管理专业学习并毕业）；2003 年 5 月，任南通大东有限公司副总经理（代总经理主持工作）；2005 年 4 月起，任南通大东有限公司总经理。

吴新明　1971 年 6 月出生，如东县人，大学本科学历。1990 年 9 月，在扬州大学师范学院贸易经济系贸易经济专业学习；1994 年 8 月，任如东中专教师；2003 年 1 月，在南通市洋口港开发办公室工作；2005 年 5 月，任江苏省洋口港经济开发区招商一局副局长，招商局副局长；2009 年 1 月，任如东县港务局（总公司）副局长（副总经理）；2010 年 1 月，任如东县港口管理局副局长（2013 年 4 月兼任江苏洋口港投资开发有限公司副总经理、财务总监）；2015 年 1 月起，任江苏洋口港投资开发有限公司总经理。

徐红霞　女，1969 年 2 月出生，如东县人，大学本科学历，1997 年 12 月加入中国共产党。1990 年 8 月，任县检察院书记员；1995 年 4 月，任县检察院助理检察员；1998 年 7 月，任县检察院检察员；2003 年 4 月，任县检察院侦监科副科长（其间，于 2002 年 1 月—2004 年 9 月在中央广播电视大学法学专业大学函授学习）；2006 年 3 月，任县检察院侦监科科长；2006 年 9 月，任县检察院副主任科员、侦监科科长；2007 年 5 月，任县检察院副主任科员、侦监科科长、检察委员会委员；2009 年 1 月，任县检察院党组成员、副主任科员、侦监科科长、检察委员会委员；2009 年 3 月，任县检察院党组成员、副主任科员、公诉科科长、检察委员会委员；2009 年 11 月，任县检察院党组成员、主任科员、公诉科科长、检察委员会委员；2011 年 8 月，任县检察院党组成员、主任科员、公诉科科长、检察委员会委员，任苴镇党委副书记（挂职）、苴镇金凤村第一书记；2013 年 1 月，任如东经济开发区党工委委员、纪工委书记，苴镇纪委书记，县纪委监察局第一工作室副主任；2013 年 12 月，任如东经济开发区党工委委员、纪工委书记，苴镇纪委书记，县纪委监察局第四工作室副主任；2015 年 1 月，任如东经济开发区党工委委员、纪工委书记，苴镇纪委书记，县纪委监察局第四工作室副主任（挂职）；2015 年 5 月，任如东经济开发区党工委委员、纪工委书记，苴镇街道纪工委书记，县纪委监察局第四工作室副主任（挂职）；2016 年 11 月，任如东经济开发区党工委委员、纪工委书记，县纪委监察局第四工作室副主任（挂职）；如东经济开发区党工委副书记、纪工委书记；2018 年 2 月，任如东经济开发区党工委副书记；2021 年 11 月起，任县政协专职常委。

沙雪芬 女，1963 年 12 月出生，如东县人，大专文化。1974 年 3 月，进入如东县杂技团学习；1979 年 4 月，任如东县杂技团演员；1988 年 9 月，任如东县杂技团教练；1992 年 4 月，任如东县杂技艺校副校长；1993 年 8 月—2018 年 12 月，任南通市少年杂技团副团长。

（二）省第十三届人大代表

王建霞 女，1973 年 2 月出生，如东县人，大学本科学历。1992 年 7 月，任江苏黄海汽配集团股份有限公司技术工；2007 年 9 月—2023 年 12 月，任江苏省如东中等专业学校实训教师。

叶　生 1965 年 3 月出生，大学本科学历，高级经济师。1982 年 5 月，任如东丁店医院后勤（其间，于 1984 年 9 月—1987 年 12 月在江苏广播电视大学如东分校机械专业大专学习）；1989 年 7 月，如东县卫生局红十字会职员；1990 年 7 月，任南通市卫生工业总公司总经理（其间，于 1990 年 9 月—1992 年 12 月在南京航空学院企业管理专业大学学习）；2001 年 6 月，任南通市云顶实业总公司董事长、总经理；2006 年 2 月起，任南通市云顶实业总公司董事长、总经理，华发投资股份公司董事长。

沙雪芬 同前。

薛建明 1965 年 10 月出生，如东县人，大专文化，1999 年 7 月加入中国共产党。1981 年 4 月，任石甸农中代课老师；1987 年 7 月，任石甸五金厂业务员；1989 年 3 月，任石甸乡高天灯村专业会计；1991 年 8 月，任石甸乡高天灯村团支部书记；1992 年 3 月，任石甸乡高天灯村经济合作社社长；1993 年 12 月，任石甸金刚石工具厂厂长；1997 年 10 月，任石甸乡高天灯村经济合作社社长；1998 年 3 月，任石甸乡高天灯村村委会主任；1999 年 8 月，任石甸镇高天灯村村委会主任（主持村党支部、村委会全面工作）；2000 年 4 月，任双甸镇高前村村委会主任（主持村党支部、村委会全面工作）；2000 年 10 月，任双甸镇高前村党支部书记（其间，于 2001 年 9 月—2003 年 7 月在中国农业广播电视大学农村管理专业大专学习并毕业）；2004 年 10 月，任双甸镇高前村党总支书记（其间，于 2005 年 12 月，被评为助理农技师）；2012 年 7 月，任双甸镇高前村党委书记；2018 年 3 月起，任双甸镇高前村党委书记、村主任。

沈峻峰 1970 年 3 月出生，江苏如皋人，中央党校研究生学历，1994 年 6 月加入中国共产党。1989 年 9 月，任如皋县法院如城镇法庭书记员；1990 年 9 月，任如皋市人大常委会内务工作委员会办事员；1992 年 7 月，任如皋市人大常委会内务工作委员会助理秘书；1995 年 3 月，任如皋市人大常委会法制工作委员会秘书；1997 年 10 月，任如皋市林梓镇党委副书记；1998 年 4 月，任共青团如皋市委书记；1999 年 8 月，任共青团如皋市委书记，如皋市高压电器厂党总支书记；1999 年 12 月，任共青团如皋市委书记，如皋市高压电器厂党总支书记、党委书记；2001 年 10 月，任如皋市林梓镇党委书记；2002 年 11 月，任海门市政府副市长；2006 年 5 月，任海门市政府副市长，精细化工园（灵甸工业集中区）管委会主任；2006 年 12 月，任海门市政府副市长，海门经济开发区党工委副书记、管委会主任，精细化工园（灵甸工业集中区）管委会主任，新通海沙综合工程指挥部副总指挥；2008 年 12 月，任海门市委常委、市政府副市长，海门经济开发区党工委书记；2012 年 1 月，任如东县委常委，县政府党组副书记、常务副县长；2016 年 6 月，任如东县委副书记，县政府党组副书记、常务副县长；2016 年 7 月，任如东县委副书记，县政府党组书记、代理县长；2017年1月，任如东县委副书记，县政府党组书记、县长；2018年12月，任如东县委书记；2021年8月，任泰州市委常委、市纪律检查委员会书记，市监察委员会副主任、代理主任。2022年2月，任泰州市委常委、市纪律检查委员会书记、市监察委员会主任。2023年7月起，任泰州市委常委、市政府常务副市长。

（三）省第十四届人大代表

吴　昊　女，1977年11月出生，大学本科学历。1994年9月—1999年6月，在南京中医药大学基础医学院中医学专业学习；1999年6月—1999年9月，待业；1999年9月，任如东县中医院妇产科医生（其间，于2003年4月—2004年6月在第二军医大学长海医院妇产科专业进修；2008年6月—2009年6月，在江苏省中医院妇科进修）；2016年1月—2023年12月，任如东县中医院妇产科副主任（其间，于2019年6—12月在陕西省汉中市南郑区妇幼保健计划生育服务中心对口支援，任中心主任助理；2021年7—12月，在江苏省中医院生殖医学科进修；2021年9—12月，在江苏人民医院生殖中心辅助生殖技术临床专业进修）。

陈　雷　1973年2月出生，江苏南通人，大学本科学历，硕士学位，1995年2月加入中国共产党。1996年8月，任海门市平山乡政府生产助理、团委负责人；1997年11月，任海门市平山乡团委干事；1998年1月，任海门市政协办公室助理秘书；1999年5月，任海门市委办公室秘书；2000年11月，任海门市委办公室综合一科副科长；2001年10月，任海门市委办公室综合一科科长；2004年1月，任海门市委办公室副科级秘书；2004年3月，任南通市委办公室（研究室）副科级秘书；2006年12月，任南通市委办公室（研究室）综合三处副处长；2008年7月，任南通市委办公室（研究室）综合三处处长；2012年3月，任南通市人大常委会办公室副主任；2016年6月，任南通市人大常委会办公室主任；2016年12月，任南通市人大常委会副秘书长，办公室主任；2017年8月，任如东县委副书记（正处级）；2020年9月，任如东县委副书记（正处级）、如东洋口港经济开发区党工委书记；2021年7月，任如东县委副书记，县政府党组书记、副县长、代理县长；2022年1月起，任如东县委副书记，县政府党组书记、县长。

叶　生　同前。

赵　云　女，1982年7月出生，如东县人，中专文化。2002年10月，任江苏银河集团财务科会计；2004年12月，待业；2005年5月，任如东旭新家纺厂负责人；2015年月6月起，任如东赵云家庭农场农场主（其间，于2021年6月—2022年7月，在中央广播电视中等专业学校建筑工程施工专业中专学习）。

三、县出席南通市人民代表大会代表

（一）市第十三届人大代表

2007年12月30日，如东县第十五届人民代表大会第一次会议，选举出席南通市第十三届人民代表大会代表61人（含市直单位，下同）。

如东县出席南通市第十三届人民代表大会代表情况一览表

表1–1

姓名	工作单位及职务	性别	出生年月	民族	学历	党派
王志荣	如东县政协副主席	男	1963.8	汉	大专	非党
冯力如	如东县发改委党组书记、主任	男	1957.5	汉	大学本科	中共
张宋泉	南通红蚁王鞋业有限公司董事长	男	1951.7	汉	大专	中共

续表 1–1

姓名	工作单位及职务	性别	出生年月	民族	学历	党派
张桂英	如东县人大常委会党组书记、主任	女	1951.4	汉	大专	中共
周建飞	如东县委常委、洋口港经济开发区党工委书记、管委会主任，县行政服务中心党工委书记	男	1965.3	汉	大专	中共
周炳祥	江苏祥盛倍得满家具有限公司董事长	男	1951.12	汉	中专	中共
周铁根	如东县委书记	男	1962.11	汉	研究生	中共
宗美凌	如东文峰大世界有限公司党支部书记、总经理	女	1971.9	汉	大专	中共
顾才群	如东经济开发区党工委副书记、管委会主任	男	1966.6	汉	大学本科	中共
桑　健	如东县政协副主席、县工商联会长	男	1962.10	汉	大学本科	非党
袁新安	市人大常委会委员，洋口港经济开发区党工委副书记、管委员副主任	男	1956.6	汉	大专	中共
徐　辉	南通市政府副市长	男	1961.3	汉	研究生	非党
郭庆国	如东县招商党组书记、总局局长	男	1964.9	汉	大学本科	中共
黄继石	江苏世纪燎原针织有限公司董事长，南通市燎原针织有限公司董事长兼总经理	男	1957.11	汉	高中	中共
曹国祥	江苏顺通建设工程有限公司党委书记、董事长兼项目经理	男	1953.12	汉	大学本科	中共
扈益民	江苏南黄海实业股份有限公司董事长	男	1947.6	汉	大专	中共
蔡　东	如东沿海经济开发区党工委副书记、管委会党委书记、主任，化工园区主任	男	1969.9	汉	大学本科	中共
卢瑞华	如东县人民政府县长助理，县公安局党组书记、局长、	男	1962.12	汉	大学本科	中共
江　华	如东县袁庄镇党委书记	男	1971.6	汉	大学本科	中共
汤桑林	南通市第十二届人大常委会党组成员、副主任	男	1945.9	汉	大学本科	中共
吴　琼	南通泰禾化工有限公司职工	女	1965.9	侗	初中	非党
吴友林	如东县苴镇晓桥社区党总支书记、居委会主任	男	1956.10	汉	高中	中共
何云华	如东通用机械有限公司技术开发中心主任	男	1962.8	汉	大学本科	非党
沈一春	江苏中天科技光纤有限公司总经理	男	1979.3	汉	研究生	中共
周新基	江苏海通化工有限公司党委书记、董事长兼总经理	男	1964.12	汉	大专	中共
姜学林	正大集团江苏地区副总裁兼南通正大有限公司党委书记、董事、副总经理	男	1956.1	汉	大专	中共
娄炳南	市人大常委会委员、副秘书长，环资城建委主任	男	1951.9	汉	大学本科	中共
高　峰	如东县新店镇党委副书记、镇长	男	1976.8	汉	大学本科	中共
陶卫忠	如东县掘港党委书记	男	1961.12	汉	研究生	中共
蒋明华	如东县法院党组书记、院长	男	1954.1	汉	大专	中共
缪淑华	南通巴大饲料有限公司董事长	男	1957.8	汉	高中	中共
潘建华	如东县委常委、县政府常务副县长	男	1965.5	汉	研究生	中共
桑圣权	如东县政协副主席	男	1962.12	汉	大学本科	非党

续表 1-1

姓名	工作单位及职务	性别	出生年月	民族	学历	党派
王正龙	南通市政府驻南京办事处副主任，如东政府驻宁办事处党组书记、主任	男	1964.11	汉	大专	中共
司祝建	如东县委常委、组织部部长	男	1964.3	汉	研究生	中共
朱亚飞	如东县教育局副局长、江苏电大如东分校校长	男	1958.3	汉	大学本科	非党
刘志刚	江苏如石机械有限公司董事长兼总经理	男	1966.9	汉	大学本科	中共
汤成刚	如东县佛教协会会长兼秘书长、南通佛教协会副会长	男	1949.8	汉	大专	非党
孙　娅	如东县人民医院病案室职工	女	1965.4	汉	中专	非党
李　凤	如东县实验中学副校长	女	1963.7	汉	大学本科	非党
冷　昕	如东县委宣传部副部长，县广电局党组书记、局长	男	1956.9	汉	大学本科	中共
沈更生	如东县人大常委会副主任、市侨联副主席（不驻会）、县侨联主席	男	1961.1	汉	大学本科	非党
张毓余	南通市第十二届人大常委会党组成员、副主任	男	1948.10	汉	大专	中共
陆伯新	南通市环保局党组书记、局长	男	1954.9	汉	大学本科	中共
陈晓晴	如东县掘港镇三元社区党支部书记、居委会主任	女	1964.9	汉	大专	中共
冒亚平	如东高级中学党组副书记、校长	男	1954.3	汉	大学本科	中共
施　霞	江苏东升艾克科技股份有限公司工会主席	女	1954.3	汉	大学本科	中共
顾祖林	如东县检察院党组书记、检察长	男	1961.11	汉	大学本科	中共
章智勇	如东县委宣传部副部长，县体育局党组书记、局长，县体育总会主席	男	1957.3	汉	大学本科	中共
缪卫宏	如东县卫生监督所所长	男	1969.10	汉	大专	非党
刘　斌	南通边防检查站党委书记、站长	男	1961.12	汉	大学本科	中共
孙新设	南通市体育局党组成员、副局长	男	1955.8	汉	大学本科	中共
李　炎	南通市第十二届人大常委会党组副书记、副主任	男	1943.12	汉	大学本科	中共
张建国	宝钢集团南通钢铁有限公司总经理	男	1964.9	汉	大学本科	中共
陆建生	中共南通市纪委副书记、监察局局长	男	1955.5	汉	大学本科	中共
姚国均	南通市委统战部副部长、工商联党组书记、副会长	男	1958.5	汉	大学本科	中共
秦兆桢	南通市人大常委会党组原副书记、主任	男	1933.10	汉	大学本科	中共
钱治平	南通市房地产开发集团公司董事长、总经理	男	1945.3	汉	大专	中共
曹金海	南通市委老干部局局长，南通市中医院书记、院长	女	1966.2	汉	研究生	中共
程　静	南通市人大常委会委员，南通市妇联党组书记、主席	女	1956.9	汉	研究生	中共
锦　荣	南通狼山广教寺监院，市佛教学会副会长	男	1959.8	汉	中专	非党

（二）市第十四届人大代表

2012 年 3 月 28 日，如东县第十六届人民代表大会第一次会议，选举出席南通市第十四届人民代表大会代表 70 人。

如东县出席南通市第十四届人民代表大会代表情况一览表

表 1–2

姓名	工作单位及职务	性别	出生年月	民族	学历	党派
周春霖	如东县政府党组成员，县发展和改革委员会党组书记、主任	男	1959.12	汉	在职大学	中共
罗晓东	如东县财政局党组书记、局长	男	1961.12	汉	中央党校在职大学	中共
马　陈	如东县铁链厂有限公司党总支书记、总经理	男	1970.3	汉	省委党校在职大学	中共
王　鹏	如东县住建局市政管理处工作人员、栟茶镇洋堡村党支部书记	男	1981.1	汉	在职大学	中共
石　勇	南通市滨海园区社会管理局局长	男	1963.10	汉	在职大学	中共
刘志刚	江苏如石机械有限公司党委书记、董事长、总经理（高级工程师）	男	1966.9	汉	大学本科	中共
沈一春	中天科技精密材料有限公司总经理（高级经济师）	男	1979.3	汉	研究生	中共
张蓉蓉	如东县委常委、洋口港经济开发区党工委书记	女	1977.5	汉	省委党校在职研究生	中共
陆　燕	中国银行如东支行营业部主任（经济师）	女	1975.4	汉	在职大学	中共
陈昌龙	如东县人大常委会党组副书记、副主任	男	1964.7	汉	省委党校在职研究生	中共
罗海兰	如东县安全生产监督管理局危化科副科长	女	1983.1	苗	研究生	非党
胡　斌	南通五建建设工程有限公司党委委员、董事长（高级经济师）	男	1965.9	汉	大专	中共
袁新安	江苏省洋口港经济开发区党工委副书记、江苏洋通开发有限公司董事长、江苏省洋口港投资开发有限公司董事长	男	1956.5	汉	大专	中共
桑　健	如东县政协副主席、县工商联（总商会）主席（会长）（政工师）	男	1962.1	汉	在职大学	非党
黄继石	江苏世纪燎原针织有限公司董事长（高级经济师）	男	1957.11	汉	在职大学	中共
曹国祥	江苏顺通建设集团有限公司党委书记、董事长（高级工程师）	男	1953.12	汉	在职大学	中共
曹彩红	江苏如通石油机械有限公司党总支书记、董事长、总经理（高级经济师）	女	1950.1	汉	在职大专	中共
葛家君	如东县建筑工程管理局技术安全科科技创新研究员（高级经济师）	男	1957.07	汉	在职大学	中共
詹立风	如东县委书记，县人大常委会主任	男	1966.5	汉	省委党校在职研究生	中共
蔡　东	如东县洋口镇党委书记，沿海旅游经济开发区党工委书记、管委会主任，沿海经济开发区党工委书记	男	1969.9	汉	省委党校在职研究生	中共
赵尊兵	如东县掘港镇党委书记、掘港工业园区党工委书记、如泰农业产业园区党工委书记	男	1970.3	汉	在职大学	中共
周新基	江苏九九久科技股份有限公司党委书记、董事长（高级经济师）	男	1964.12	汉	在职大学	中共

续表 1-2

姓名	工作单位及职务	性别	出生年月	民族	学历	党派
石素梅	如东县畜牧兽医站副站长（农业推广研究员）	女	1968.1	汉	大学本科	非党
任新峰	如东县委常委、组织部部长，县委党校（行政干校）校长	男	1968.8	汉	中央党校在职研究生	中共
李梅芳	江苏快达农化股份有限公司技术部副经理（高级工程师）	女	1969.7	汉	大学本科	中共
吴　琼	南通泰禾化工有限公司职工	女	1965.9	侗	初中	非党
吴　晶	如东县新店镇深河村党支部书记	女	1986.11	汉	大学本科	中共
吴友林	如东县苴镇晓桥社区党总支书记、居委会主任	男	1956.1	汉	高中	中共
陈　培	如东县丰利镇华严村主任助理、南通丰越生物化工有限公司总经理	女	1977.5	汉	大专	非党
卓如新	南通绿洋商贸有限责任公司董事长、江苏阿润食品有限公司董事长	男	1967.8	汉	在职大专	非党
俞叶美	如东县大豫镇大豫社区党总支书记	女	1977.1	汉	大专	中共
娄宏春	如东县人民法院党组书记、院长	男	1965.11	汉	在职研究生	中共
顾淑娟	如东县土肥站副站长（高级农艺师）	女	1964.6	汉	在职大专	非党
钱宏梅	如东县丰利镇环渔村十二组农民	女	1966.8	汉	初中	非党
桑圣权	如东县政协副主席、县农业委员会副主任	男	1962.12	汉	中央党校在职大学	非党
缪淑华	南通巴大饲料有限公司党支部书记、董事长，南通神农生态农业科技有限公司董事长（高级经济师）	男	1957.8	汉	在职研究生	中共
薛建明	如东县双甸镇高前村党总支书记	男	1965.1	汉	在职大专	中共
王继兵	江苏省如东高级中学党委副书记、校长（中学高级教师）	男	1971.9	汉	在职研究生	中共
翁　祥	如东县掘港镇人大主席	男	1961.11	汉	在职大学	中共
于　萍	江苏省栟茶高级中学教师（中学高级教师）	女	1966.7	汉	在职大学	非党
叶　生	南通市云顶实业总公司董事长、总经理（工程师）	男	1965.3	汉	在职大学	非党
汤成刚	江苏省佛教协会理事、南通市佛教协会副会长，如东县佛教协会会长	男	1948.8	汉	大专	非党
李　凤	如东县实验中学副校长（特级教师）	女	1963.7	汉	大学本科	非党
沈更生	南通市侨联副主席（兼）、如东县人大常委会副主任、县侨联主席	男	1961.1	汉	省委党校在职大学	非党
沈建英	如东县人民医院供应室护士长（主管护师）	女	1978.12	汉	在职大专	非党
沈鲍华	如东县体育场副场长（小学高级教师、田径国家级裁判员）	男	1963.1	汉	在职大学	非党
张智慧	南通爱普医疗器械有限公司总经理	男	1971.1	汉	在职研究生	非党
陈晓晴	如东县掘港镇古池社区党支部书记、居委会主任	女	1964.9	汉	大专	中共
陈雪琴	如东县人民检察院反贪污贿赂局综合科副科长	女	1970.12	汉	在职大学	非党
经　纬	如东县道教协会会长	男	1964.11	汉	在职大专	非党

续表 1–2

姓名	工作单位及职务	性别	出生年月	民族	学历	党派
骆舒洪	如东县掘港小学校长（中学高级教师）	男	1968.6	汉	在职大学	中共
顾祖林	如东县人民检察院党组书记、检察长	男	1961.11	汉	在职大学	中共
唐　静	如东县青少年宫教师（小学高级教师）	女	1973.7	汉	在职大学	中共
陶国军	如东县监察局副局长（建筑经济师、工程师）	男	1968.6	汉	在职大学	非党
黄　锋	如东县侨联副主席（不驻会），县教育局电教中心副主任（中学一级教师）	男	1963.6	汉	在职大学	中共
程　军	如东县政府党组成员、副县长，县公安局党委书记、局长	男	1971.9	汉	大学本科	中共
蔡　虹	如东县文化馆副馆长（群文中级馆员）	女	1969.4	汉	在职大专	非党
缪卫宏	如东县卫生局副局长（挂职），县卫生监督所所长（主管医师）	男	1969.10	汉	在职大专	非党
曹金海	南通市委组织部副部长，市委老干部局局长（副主任医师）	男	1966.2	汉	省委党校在职研究生	中共
姚国钧	南通市委统战部副部长，市工商联党组书记、副会长	男	1958.5	汉	中央党校在职大学	中共
王庆煊	江苏省南通质量技术监督局党组书记、局长（高级工程师）	男	1961.8	汉	省委党校在职研究生	中共
张　坤	南通市委副秘书长	男	1963.6	汉	省委党校在职大学	中共
陈照煌	南通市委常委	男	1955.1	汉	省委党校在职研究生	中共
周时和	民建南通市委会副主委，中山证券有限公司总裁助理兼南通营业部总经理	男	1964.3	汉	大学本科	民建
姚　军	中国人民银行南通市中心支行党委书记、行长（经济师）	男	1962.1	汉	中央党校在职研究生	中共
秦兆桢	南通市人大常委会原党组书记、主任	男	1933.1	汉	大学本科	中共
徐　辉	南通市政府党组成员、副市长	男	1961.3	汉	研究生	中共
景圣琪	民盟南通市委会副主委，市广播电视大学副校长	男	1962.2	汉	大学本科	民盟
程　静	南通市人大常委会党组成员、副主任	女	1956.9	汉	研究生	中共
缪旭东	南通市第一人民医院党委书记、院长	男	1955.11	汉	大学本科	中共

（三）市第十五届人大代表

2017 年 1 月 13 日，如东县第十七届人民代表大会第一次会议，选举出席南通市第十五届人民代表大会代表 70 人。

如东县出席南通市第十五届人民代表大会代表情况一览表

表 1–3

姓名	工作单位及职务	性别	出生年月	民族	学历	党派
王金泉	如东县洋口镇人大主席	男	1965.2	汉	中央党校大学	中共

续表 1-3

姓名	工作单位及职务	性别	出生年月	民族	学历	党派
沈峻峰	如东县委书记	男	1970.3	汉	研究生	中共
杨　忠	如东县委常委、组织部部长	男	1976.11	汉	研究生	中共
余　飞	如东县委党校（行政干校）副校长，如东开放大学（如东中专）党委副书记、校长（高级讲师）	男	1964.2	汉	大学本科	中共
王咸华	恒辉（南通）安全防护用品有限公司董事长	男	1972.3	汉	大专	非党
陈慧宇	中共如东县委副书记、如东县人民政府县长	男	1968.11	汉	研究生	中共
孙永红	江苏通洋律师事务所主任、如东县律师协会副会长	女	1966.10	汉	大学本科	非党
张蓉蓉	中共如东县委常委、宣传部部长	女	1977.5	汉	省委党校研究生	中共
吴新明	洋口港建设发展集团总经理	男	1971.6	汉	大学本科	非党
沈一春	中天科技通信产业集团总裁、中天精密材料有限公司总经理（高级经济师）	男	1979.3	汉	研究生博士	中共
张建华	国能子金电缆（南通）有限公司董事长、总经理	男	1970.3	汉	大学本科	非党
徐成根	中广核新能源江苏海上风电基地项目公司总经理	男	1968.11	汉	大学本科	非党
高　伟	江苏亚振家具股份有限公司董事长、总经理（高级经济师）	男	1963.5	汉	大专	中共
曹彩红	江苏如通石油机械有限公司董事长、总经理（高级经济师）	女	1950.10	汉	大专	中共
黄继石	江苏世纪燎原针织有限公司董事长（高级经济师）	男	1957.11	汉	大学本科	中共
翟建华	如东经济开发区党工委书记	男	1967.12	汉	中央党校大学	中共
成晓祥	如东县信访局党组书记、局长	男	1963.2	汉	大学本科	中共
陶国军	如东县审计局副局长（经济师、工程师）	男	1968.6	汉	大学本科	非党
王　震	如东县住建局市政工程与燃气管理处主任（高级工程师）	男	1981.10	汉	研究生硕士	中共
石素梅	如东县畜牧总站副站长	女	1968.1	汉	大学本科	非党
刘　晶	洋口港经济开发区党政办公室（党群工作局、区域治理现代化指挥中心、网格化服务管理中心）主任（局长）	女	1986.4	汉	大学本科	中共
朱炳华	如东县马塘镇长路村党总支书记、村委会主任	男	1972.2	汉	省委党校大专	中共
庄晓兵	南通辉煌彩色钢板有限公司彩涂分厂车间主任	男	1979.2	汉	中专	中共
陈昌龙	如东县人大常委会党组书记、主任，二级巡视员	男	1964.7	汉	省委党校研究生	中共
杨彩燕	如东县浒澪缫丝厂工人	女	1968.8	侗	高中	非党
苏银洋	海正药业南通股份有限公司三废车间副主任	男	1988.10	汉	大学本科	非党
吴理梅	江苏快达农化股份有限公司党委副书记、工会主席	女	1970.5	汉	中央党校大学	中共
何恒华	南通外向型农业综合开发区近海村党支部书记	男	1967.8	汉	大专	中共

续表 1–3

姓名	工作单位及职务	性别	出生年月	民族	学历	党派
张　浩	如东县岔河镇燕川社区居委会党总支书记	女	1970.8	汉	高中	中共
张建虹	如东县地方金融监督管理局党组成员、副局长（高级会计师）	女	1975.11	汉	大学本科	中共
邵玲芳	如东县新店镇公共资源交易服务中心办事员	女	1986.5	汉	大学本科	中共
周　杨	南通大东有限公司设备科科长	男	1979.12	汉	大专	中共
施益华	如东县农村财务服务中心副主任（高级会计师）	男	1976.1	汉	大专	非党
钱宏梅	如东县临海水产有限公司个体户	女	1966.8	汉	初中	非党
黄　卫	如东县人民法院党组书记、院长	男	1975.9	汉	研究生	中共
彭艳玲	南通久艳服饰有限公司打样员	女	1969.11	侗	高中	非党
樊秀玲	如东县双甸镇动物医院防疫员	女	1979.11	汉	大专	非党
李建国	如东县教育体育局原党工委书记、局长	男	1962.7	汉	大学本科	中共
陈　雷	如东县委副书记、洋口港经济开发区党工委书记	男	1973.2	汉	大学本科	中共
缪卫宏	如东县卫健委主任	男	1969.10	汉	大专	非党
丁　洋	南通市少年杂技团魔术团副团长	女	1988.1	汉	中专	农工
王　骅	如东县人民检察院党组书记、检察长	女	1965.10	汉	大学本科	中共
王　群	如东县中医院妇产科主任（主任医师）	女	1967.7	汉	大学本科	中共
石剑波	如东县文联党组成员、秘书长	男	1970.10	汉	中央党校大学	中共
叶　生	南通市云顶实业总公司董事长、总经理，华发投资股份公司总经理（高级经济师）	男	1965.3	汉	大学本科	非党
刘承林	南通承林红木艺术精品雕刻工作室负责人、艺术总监	男	1967.10	汉	大专	中共
刘剑波	如东县文化广电传媒中心报纸新闻部记者、中国作家协会会员、省作家协会签约作家	男	1960.2	汉	大专	非党
刘敬华	如东县文广传媒中心广播电视台副台长	男	1983.5	汉	研究生	中共
沈亚秋	如东县城中街道党群和社会事业局副局长	女	1974.3	汉	大专	中共
陈美泉	如东县道教协会会长、如东县上真观负责人	男	1967.12	汉	初中	非党
姚炳荣	如东县人民医院大内科副主任兼重症医学科主任（副主任医师）	男	1962.9	汉	大学本科	中共
顾新红	如东县嫃山小学副校长（中小学高级教师）	女	1970.7	汉	大学本科	非党
黄　锋	如东县教师发展中心电教员（中小学一级教师），县侨联副主席（不驻会）	男	1963.6	汉	大学本科	中共
廓　清	江苏省佛教协会理事、南通市佛教协会副会长、如东县佛教协会会长	男	1948.8	汉	大专	非党
蔡　虹	如东县文化馆副馆长（群文中级馆员）	女	1969.4	汉	大专	非党
马　贻	南通工贸技师学院教师	女	1972.9	汉	在职大学	非党
徐惠民	中共南通市委书记，市人大常委会党组书记、主任	男	1963.4	汉	研究生	中共

续表 1–3

姓名	工作单位及职务	性别	出生年月	民族	学历	党派
王正龙	南通市政府办副主任、驻南京办事处主任	男	1964.11	汉	省委党校研究生	中共
潘建华	南通市人民政府副市长	男	1965.5	汉	省委党校研究生	中共
严　宾	江苏工程职业技术学院教师（高级工程师）	男	1980.9	汉	研究生	中共
吴亚军	南通市委统战部副部长，市政府侨务办公室主任，一级调研员	男	1972.7	汉	省委党校研究生	中共
吴晓春	南通市水利局党组书记、局长	男	1966.1	汉	省委党校研究生	中共
佘元原	国家税务总局南通市税务局党委书记、局长	男	1964.11	汉	省委党校研究生	中共
周剑浩	南通市第十四届人大常委会党组成员（副市级）	男	1956.3	汉	省委党校研究生	中共
张栩龙	江苏省南通狼山旅游度假区党工委副书记、副主任，中共贵德县委常委、副县长，海南州贵德旅游开发管委会常务副主任	男	1976.10	汉	省委党校研究生	中共
秦艳秋	南通市市场监督管理局局长、党组书记，知识产权局局长	女	1973.9	汉	大学本科	中共
唐建泉	南通市人大常委会副秘书长、办公室主任	男	1965.11	汉	省委党校研究生	中共
程　静	南通市第十四届人大常委会党组成员、副主任	女	1956.9	汉	省委党校研究生	中共
戴泽晖	南通市人大常委会财政经济委员会主任、一级调研员	男	1961.10	汉	省委党校研究生	中共
许　斌	南通文峰集团股份有限公司百货总部总经理助理（高级经济师）	女	1966.12	汉	大专	中共

（四）市第十六届人大代表

2022 年 1 月 14 日，如东县第十八届人民代表大会第一次会议，选举出席南通市第十六届人民代表大会代表 69 人。

如东县出席南通市第十六届人民代表大会代表情况一览表

表 1–4

姓名	工作单位及职务	性别	出生年月	民族	学历	党派
丁小建	南通五建控股集团有限公司总裁、县侨联副主席（不驻会）	男	1968.5	汉	大专	中共
王咸华	江苏恒辉安防股份有限公司董事长、总经理	男	1972.3	汉	大专	非党
庄　芳	中石油江苏液化天然气有限公司生产运营中心经理	女	1984.6	汉	研究生	中共
许金标	如东县委副书记	男	1976.06	汉	中央党校研究生	中共
孙永红	江苏通洋律师事务所主任、如东县律师协会副会长	女	1966.10	汉	大学本科	非党
李小琴	如东县行政审批局总师室副总工程师	女	1983.4	汉	研究生	非党

续表 1–4

姓名	工作单位及职务	性别	出生年月	民族	学历	党派
李锦华	江苏龙源风力发电有限公司经济运行（生产技术、市场营销部）副主任	男	1987.7	汉	大学本科	中共
吴迪富	江苏宇迪光学股份有限公司党委书记、董事长、总经理	男	1958.8	汉	大专	中共
宋才华	江苏嘉通能源有限公司常务副总经理	男	1974.12	汉	大学本科	中共
张志泉	南通万豪建材科技有限公司董事长	男	1966.9	汉	高中	中共
张智慧	江苏爱朋医疗科技股份有限公司总经理	男	1971.1	汉	大学本科	非党
陈　琳	如东县马塘镇党委书记	男	1977.9	汉	大学本科	中共
陈昌龙	如东县人大常委会党组书记、主任，二级巡视员	男	1964.7	汉	省委党校研究生	中共
陈慧宇	如东县委书记	男	1968.11	汉	省委党校研究生	中共
林永清	江苏和网源电气有限公司总经理	男	1978.4	汉	大学本科	非党
高　伟	亚振家居股份有限公司党委书记、董事长	男	1963.5	汉	大专	中共
高　军	南通大东有限公司党总支书记、总经理	男	1965.1	汉	大专	中共
曹彩红	江苏如通石油机械股份有限公司董事长、总经理	女	1950.10	汉	大专	中共
蒋梅林	金红叶纸业（南通）有限公司项目经理	男	1971.10	汉	大学本科	非党
王　彬	如东县洋口镇洋口村党委书记	男	1972.7	汉	大专	中共
付新梅	如东县掘港街道虹桥村党委书记、村委会主任	女	1974.9	汉	大专	中共
朱正俊	如东县委常委、纪委书记，监委主任	男	1980.12	汉	大学本科	中共
刘源源	如东县丰利镇双沟门村党总支副书记，富源家庭农场主	男	1986.8	汉	大学本科	中共
孙成浩	如东县发改委中小企业科副科长、能源产业团工委书记，城中街道丁杨村党总支书记	男	1986.11	汉	研究生	中共
杨　忠	如东县委常委、组织部部长、统战部部长，县政协党组副书记，县委党校（行政干校）校长	男	1976.11	汉	大学本科	中共
杨红梅	南通东晨服饰有限公司工人	女	1981.11	汉	高中	非党
杨彩燕	如东县晓星缫丝有限公司工人	女	1968.8	侗	高中	非党
杨德华	如东县人民法院党组书记、院长，四级高级法官	男	1972.2	汉	大学本科	中共
吴小强	江苏九九久科技有限公司锂盐车间常务副主任	男	1980.12	汉	大学本科	中共
何恒华	南通外向型农业综合开发区近海村党支部书记、村委会主任	男	1967.8	汉	大专	中共
佘艳香	南通光华建筑工程有限公司办公室主任	女	1986.1	汉	大学本科	中共
宋小红	如东县马塘镇马东村经管员	女	1975.4	汉	大专	中共
张小芳	如东经济开发区人大工委主任、四级调研员	女	1976.3	汉	大学本科	中共
张建虹	如东县地方金融监督管理局党组成员、副局长，三级主任科员	女	1975.11	汉	大学本科	中共
陈佳慧	如东县瑞康家庭农场主	女	1988.9	汉	高中	非党

续表 1–4

姓名	工作单位及职务	性别	出生年月	民族	学历	党派
施益华	如东县农村财务服务中心副主任	男	1976.1	汉	大专	非党
徐红梅	如东县新店镇农业农村和社会事业局副局长	女	1973.12	汉	大学本科	中共
丁　洋	如东县少年杂技团（南通市少年杂技团）副团长	女	1988.1	汉	大专	农工
王　群	如东县中医院妇产科主任	女	1967.7	汉	大学本科	中共
王新铭	如东县公安局刑警大队二中队中队长	男	1986.10	汉	大学本科	中共
王鹤兵	如东县人民医院党委书记	男	1966.1	汉	大学本科	中共
方海军	如东县人民检察院党组书记、检察长，四级高级检察官	男	1974.4	汉	大学本科	中共
石剑波	如东县文联党组成员、秘书长	男	1970.10	汉	中央党校大学	中共
叶　生	南通市云顶实业总公司董事长、总经理，华发投资股份公司总经理	男	1965.3	汉	大学本科	非党
刘承林	南通承林红木艺术精品雕刻工作室负责人、艺术总监	男	1967.10	汉	大专	中共
刘敬华	如东县广播电视台副台长	男	1983.5	汉	研究生	中共
沈亚秋	如东县城中街道综合服务中心主任	女	1974.3	汉	大专	中共
陈美泉	如东县道教协会会长、如东县上真观负责人	男	1967.12	汉	初中	非党
陈新燕	江苏省如东高级中学综治处主任	女	1976.11	汉	大学本科	非党
武峻峰	如东县掘港高级中学教师	女	1978.4	回	大学本科	非党
易丁香	如东县少儿图书馆馆长	女	1982.4	汉	大学本科	非党
施向华	江苏有线如东分公司营销管理部副主任	男	1984.1	汉	大学本科	非党
顾新红	如东县蟠山小学副校长	女	1970.7	汉	大学本科	非党
葛冬梅	如东县洋口港实验小学教导处副主任	女	1986.12	汉	大学本科	非党
廓　清	江苏省佛教协会副秘书长，南通市佛教协会副会长，如东县佛教协会会长，国清寺住持	男	1948.8	汉	大专	非党
杨丁勇	南通市残疾人联合会党组书记、理事长	男	1968.9	汉	省委党校研究生	中共
吴亚军	南通市委统战部副部长，市工商联党组书记、市工商联（总商会）副主席（副会长）	男	1972.7	汉	省委党校研究生	中共
张兴国	南通市人民政府副秘书长	男	1976.1	汉	省委党校研究生	中共
张亚萍	南通市人大常委会财政经济委员会主任	女	1966.10	汉	省委党校研究生	中共
张兆江	江苏省委巡视组组长	男	1961.8	汉	省委党校研究生	中共
张松泉	南通市人大常委会环境资源城乡建设委员会主任	男	1964.6	汉	省委党校研究生	中共
姜　东	南通市委常委、市纪委书记，市监察委员会主任	男	1974.7	汉	大学本科	中共

续表 1-4

姓名	工作单位及职务	性别	出生年月	民族	学历	党派
姜永华	南通市人大常委会党组副书记、副主任	男	1965.7	汉	中央党校研究生	中共
顾晓明	南通市委副秘书长	男	1965.8	汉	省委党校研究生	中共
唐建泉	南通市人大常委会副秘书长、办公室主任、机关党组成员	男	1965.11	汉	省委党校研究生	中共
黄巍东	南通市政协党组书记、主席	男	1961.11	汉	省委党校研究生	中共
蔡宏伟	南通市归国华侨联合会党组书记、主席	女	1966.10	汉	省委党校研究生	中共
潘建华	南通市政府党组成员、江苏南通国际家纺产业园区党工委书记	男	1965.5	汉	省委党校研究生	中共
陈威涛	共青团南通市委书记	男	1987.3	汉	研究生	中共

第五节　代表和代表小组（代表之家）表彰

2014 年起，根据《如东县人大常委会关于评选优秀县人大代表和先进县人大代表小组的暂行办法》规定，由各镇人大、县级机关代表小组推荐，县人大常委会主任会议研究，每年对优秀县人大代表、先进县人大代表小组（代表之家）进行通报表彰。至 2023 年，共表彰优秀县人大代表 402 人次、先进县人大代表小组 19 个、先进人大代表之家 90 个。

一、代表表彰

2014 年 1 月 12 日，县人大常委会表彰 40 名优秀县人大代表，分别是：刘志刚、徐海承、王兴富、幸玉兰、秦定扬、刘克荣、缪勇刚、曹彩红、沈维新、潘友兵、郁宏伟、丁保、张志泉、储开森、周梁、陈晓睛、李夏权、陆少庭、杜长泉、尹美泉、袁小明、周新基、薛加林、陆金元、高伟、秦爱军、盛义明、刘和银、缪淑华、陆亚东、潘亚军、吴迪富、薛建明、陈国平、梅德宏、钱永建、平亚梅、李爱梅、陈卫兵、徐斌。

2015 年 1 月 25 日，县人大常委会表彰 40 名优秀县人大代表，分别是：凤琴、孙慧、曹彩红、沈维新、肖建、许信荣、陆惠达、储开森、何学忠、丁保、杜长泉、高军、陆少庭、祁建新、丁居兵、朱学云、叶桂芹、刘志刚、张华、刘克荣、缪勇刚、薛加林、陈桂斌、陈杰、陈智荣、高伟、李爱平、徐亚琴、石海剑、邵淑娟、朱建飞、胡玉珍、钱长勇、江李兵、周桂凤、薛如根、薛书平、耿卫东、曹敏、王继兵。

2016 年 2 月 19 日，县人大常委会表彰 40 名优秀县人大代表，分别是：陈建辉、谢林、顾晓琴、尹美泉、周勇、缪琴、施益兵、袁红利、张红梅、张志泉、陈春泉、冯学军、刘允华、陆少庭、吴银山、姚霞、徐海承、李勤、缪勇刚、黄先明、印宗华、施正泉、陈巧云、姜宁兵、高伟、张国强、刘备战、徐守梅、张建、陈五霞、陆亚东、钱长勇、王建明、薛建明、许波林、张敏、李玉、杨文秀、余晶、胡连华。

2017 年 1 月 11 日，县人大常委会表彰 40 名优秀县人大代表，分别是：孙慧、谢林、曹彩红、尹美泉、王兴富、许信荣、何学忠、黄继石、储开森、丁保、曹雪兵、蒋小玉、陆少庭、汪拥军、翁祥、姚霞、刘志刚、叶桂芹、徐剑莉、缪勇刚、刘克荣、顾永红、陆金元、陈桂斌、王亚军、杨红梅、蔡守梅、杨萍、张富华、朱建飞、冒亚锋、吴迪富、王建明、薛建明、康宜峰、周影、邱祝山、薛书平、陈苏华、沈金梅。

2018年1月16日，县人大常委会表彰41名优秀县人大代表，分别是：侯晋、汤杰、顾小琴、任先军、于绍银、张雪梅、杨海军、张志泉、许世俊、张炯、高军、姚霞、缪凌云、应舒舒、陈玉环、张素华、李勤、江新泉、刘军、缪勇刚、镇艳南、陆金元、黄建卫、缪锐、朱广明、马陈、李爱平、李健、张彬、戴金山、谭燕红、樊秀玲、冯小红、吴迪富、薛如根、李七朋、杨文秀、刘雷、余晶、周群、陈卫东。

2019年1月23日，县人大常委会表彰41名优秀县人大代表，分别是：韩益昌、王忠海、曹彩红、沈维新、傅国华、王兴富、缪琴、桑芝群、黄继石、许世俊、张志泉、张志坚、顾瑞生、苏如华、许斌、顾晓栋、杨勇、刘志刚、张素华、刘军、孙琴、徐军、刘金华、张新明、朱炳华、朱广明、高伟、缪淑华、张浩、徐守梅、谭燕红、潘亚军、吴迪富、王建明、康宜峰、冒国平、李爱梅、缪亚军、胡连华、冯玲玲、缪颖。

2020年1月17日，县人大常委会表彰40名优秀县人大代表，分别是：辛本泰、徐荣、任先军、曹彩红、冯克山、幸玉兰、张德凤、曹雪兵、顾建忠、顾小林、顾拥军、沈冶军、张晶晶、葛红、叶桂芹、孙琴、王晓琴、宋森洋、陈如军、顾建飞、严海兵、吴云飞、朱广明、张彬、丛尤兵、余乐、朱建飞、戴金山、吴迪富、江李兵、刘海军、钱永建、刘雷、李爱梅、黄继石、许世俊、张志泉、陈苏华、王继兵、陈轶琦。

2021年1月13日，县人大常委会表彰39名优秀县人大代表，分别是：吴胡云、侯晋、任先军、曹彩红、张大林、周新基、刘允华、陈亚军、缪剑、秦志鹏、蒋小玉、陈吾银、刘志刚、张素华、李军、刘军、徐军、陈如军、顾建飞、严海兵、吴云飞、朱广明、缪朱国、杨萍、袁林、朱建飞、戴金山、顾萍、苏祥林、周桂凤、张佳燕、陈红、杨文秀、许世俊、黄继石、张志泉、陈苏华、周晓兵、陆祎。

2022年1月12日，县人大常委会表彰40名优秀县人大代表，分别是：王忠海、侯晋、任先军、曹彩红、傅国华、张秀斌、张晓琴、季海平、於海冬、缪凌云、高龙飞、叶天舒、季苏萍、沈继程、张素华、康勤、缪勇刚、徐军、钱军、孙红美、周映红、阚爱军、朱广明、吴云飞、卢桦、徐守梅、杨萍、朱建飞、潘亚军、苏祥林、薛如根、刘海军、缪亚军、杨文秀、许世俊、黄继石、张志泉、胡连华、顾新红、王银红。

2023年1月3日，县人大常委会表彰41名优秀县人大代表，分别是：任先军、王咸华、沈富强、侯晋、冯克山、张小平、张慧剑、王新泉、刘小红、周文华、张志坚、王卫东、秦宁妍、薛素红、刘志刚、张素华、於淑静、李军、刘军、马正香、高亚军、陈小银、张晓虎、马卫东、丛兵、马陈、桑林华、钱一兵、周良、江李兵、薛建明、林来建、缪小勤、韶均、冯建军、冯金辉、周士辉、施春华、陆祎、姜宁兵、倪劲松。

二、代表小组（代表之家）表彰

2014年1月12日，县人大常委会表彰5个先进县人大代表小组，分别是：县人大代表掘港小组、县人大代表大豫小组、县人大代表马塘小组、县人大代表双甸小组、县人大代表财经专业小组。

2015年1月25日，县人大常委会表彰5个先进县人大代表小组，分别是：县人大代表苴镇小组、县人大代表栟茶小组、县人大代表丰利小组、县人大代表掘港小组、县人大代表县级机关代表小组。

2016年2月19日，县人大常委会表彰5个先进县人大代表小组，分别是：县人大代表沿海经济开发区（洋口镇）小组、县人大代表高新区（掘港、城中街道）小组、县人大代表马塘小组、县人大代表岔河小组、县人大代表县级机关代表小组。

2017年1月11日，县人大常委会表彰4个先进县人大代表小组，分别是：县人大代表高新区（掘港、城中街道）小组、县人大代表马塘小组、县人大代表双甸小组、县人大代表河口小组。

2018年1月16日，县人大常委会表彰6家镇（区、街道）人大工作先进集体，分别是：河口镇人大、栟茶镇人大、马塘镇人大、如东高新技术产业开发区（城中街道、掘港街道）人大工委、如东经济开发区（苴镇街道）人大工委、沿海经济开发区（洋口镇）人大；表彰14个先进人大代表之家，分别是：长沙镇第一人大代表之家、如东经济开发区（苴镇街道）蔡桥村人大代表之家、洋口镇第三人大代表之家、大豫镇第八人大代表之家、如东高新区城中街道青园人大代表之家、栟茶镇第一人大代表之家、丰利镇第二人大代表之家、马塘镇第四人大代表之家、曹埠镇第三人大代表之家、岔河镇经济线人大代表之家、新店镇第二人大代表之家、双甸镇高前村人大代表之家、河口镇第一人大代表之家、袁庄镇孙庄村人大代表之家。

2019年1月23日，县人大常委会表彰6家镇（区、街道）人大工作先进集体，分别是：如东高新技术产业开发区（城中街道、掘港街道）人大工委、东湖旅游度假区（大豫镇）人大、如东经济开发区（苴镇街道）人大工委、沿海经济开发区（洋口镇）人大、河口镇人大、双甸镇人大；表彰14个先进人大代表之家，分别是：长沙镇第五人大代表之家、如东经济开发区振新社区人大代表之家、洋口镇第四人大代表之家、大豫镇第八人大代表之家、如东高新区港南人大代表之家、栟茶镇第五人大代表之家、丰利镇第三人大代表之家、马塘镇第二人大代表之家、曹埠镇第三人大代表之家、岔河镇农业线第三人大代表之家、新店镇第三人大代表之家、双甸镇高前村人大代表之家、河口镇第六人大代表之家、袁庄镇赵港村人大代表之家。

2020年1月17日，县人大常委会表彰6家镇（区、街道）人大工作先进集体，分别是：如东高新技术产业开发区（城中街道、掘港街道）人大工委、沿海经济开发区（洋口镇）人大、如东经济开发区（苴镇街道）人大工委、大豫镇人大、曹埠镇人大、洋口港经济开发区（长沙镇）人大工委；表彰14个先进人大代表之家，分别是：洋口港经济开发区（长沙镇）第五人大代表之家、如东经济开发区（苴镇街道）蔡桥村人大代表之家、沿海经济开发区（洋口镇）第三人大代表之家、如东高新区（掘港街道、城中街道）兴国人大代表之家、栟茶镇浒澪人大代表之家、丰利镇第五人大代表之家、马塘镇第二人大代表之家、曹埠镇第四人大代表之家、岔河镇第四人大代表之家、新店镇第四人大代表之家、双甸镇星光居委会人大代表之家、河口镇第六人大代表之家、袁庄镇第三人大代表之家、大豫镇第七人大代表之家。

2021年1月13日，县人大常委会表彰7家镇（区、街道）人大工作先进集体，分别是：洋口镇（沿海经济开发区）人大、掘港街道人大工委、城中街道人大工委、洋口港经济开发区（长沙镇）人大工委、丰利镇人大、栟茶镇人大、岔河镇人大；表彰16个先进人大代表之家，分别是：洋口港经济开发区、长沙镇第三代表工作站，如东经济开发区人大代表服务中心，洋口镇（沿海经济开发区）第一代表工作站，南通外向型农业综合开发区（苴镇街道）近海人大代表工作站，掘港街道人大代表服务中心，城中街道人大代表服务中心，栟茶镇第五代表工作站，丰利镇第五代表工作站，马塘镇第二代表工作站，曹埠镇第三代表工作站，岔河镇第一代表工作站，新店镇孙桥代表工作站，双甸镇双南代表工作站，河口镇第六代表工作站，袁庄镇第三代表工作站，大豫镇第五代表工作站。

2022年1月12日，县人大常委会表彰8家镇（区、街道）人大工作先进集体，分别是：如东经济开发区人大工委、洋口镇人大、掘港街道人大工委、大豫镇人大、南通外向型农业综合开发区（苴镇街道）人大工委、长沙镇人大、城中街道人大工委、栟茶镇人大；表彰16个先进人大代表之家，分别是：长沙镇人大代表第五工作站（富盐村）、如东经济开发区人大代表服务中心、洋口镇人大代表第五工作站（洋口村）、南通外向型农业综合开发区（苴镇街道）人大代表近海村工作站、掘港街道人大代表服务中心、城中街道人大代表第一工作站（浅水湾社区）、马塘镇人大代表第三工作站（马北村）、曹埠镇人大代表跨岸村工作站、新店镇人大代表孙桥村工作站、岔河镇人大代表第三工作站（古坝社区）、双甸镇人大代表服务中心、栟茶镇人大代表第四工作站（江安村）、丰利镇人大代表凹桥村工作站、河口镇人大代表第一工作站（太阳庙村）、袁庄镇人大代表第三工作站（海河滩村）、大豫镇人大代表第七工作站（大豫社区）。

2023年1月3日，县人大常委会表彰7家镇（区、街道）人大工作先进集体，分别是：掘港街道人大工委、岔河镇人大、河口镇人大、栟茶镇人大、城中街道人大工委、马塘镇人大、大豫镇人大；表彰16个先进人大代表之家，分别是：如东经济开发区人大代表履职服务中心、洋口港经济开发区港城社区人大代表工作站、洋口镇人大代表履职服务中心、南通外向型农业综合开发区近海村人大代表工作站、掘港街道人大代表履职服务中心、城中街道三元社区人大代表工作站、栟茶镇茗海社区人大代表工作站、丰利镇华严村人大代表工作站、马塘镇沙庄村人大代表工作站、曹埠镇人大代表履职服务中心、岔河镇新农人大代表工作站、新店镇“水韵孙桥”人大代表工作站、双甸镇高前村人大代表工作站、河口镇人大代表履职服务中心、县袁庄镇海河滩村人大代表工作站、大豫镇大同村人大代表工作站。

第二章

县人民代表大会

按照第五届全国人民代表大会第二次会议通过的《中华人民共和国地方各级人民代表大会和地方各级人民政府组织法》和第五届全国人民代表大会第五次会议通过的《中华人民共和国宪法》规定，县人民代表大会每届任期5年。县人民代表大会会议每年至少举行1次，由县人大常委会召集。2007—2023年，如东县共召开第十五、十六、十七、十八届人民代表大会。其间，每年召开一次人大代表例会。

县人民代表大会在其行政区域内保证宪法、法律、行政法规和上级人民代表大会及其常务委员会决议的遵守和执行，保证国家计划和国家预算执行；审查和批准全县国民经济和社会发展计划、预算以及执行情况报告；讨论、决定域内政治、经济、教育、科学、文化、卫生、环境和资源保护、民政、民族等工作的重大事项；选举县人大常委会组成人员；选举县长、副县长；选举县监察委员会主任；选举县法院院长和县检察院检察长；选举出席南通市人民代表大会代表；听取和审议县人大常委会工作根告；听取和审议县政府和县法院、县检察院工作报告；审查计划和预算报告；改变或撤销县人大常委会不适当决议；撤销县政府不适当决定和命令；保护社会主义全民所有财产和劳动群众集体所有财产，保护公民私人所有合法财产，维护社会秩序，保障公民的人身权利、民主权利和其他权利；保护各种经济组织合法权益；保障少数民族权利；保障宪法和法律赋予妇女的男女平等、同工同酬和婚姻自由等各项权利。

县第十五、十六、十七、十八届人民代表大会共审查确认代表议案20件，建议4504件，确定重点建议164件，督办落实议案、重点建议184件，满意率98%以上。县人大常委会每年评选表彰优秀议案、建议和优秀承办单位。

第一节　大会会议

2007年12月—2011年1月，县第十五届人民代表大会召开4次大会会议。2012年3月—2016年2月，县第十六届人民代表大会召开5次大会会议。2017年1月—2021年1月，县第十七届人民代表大会召开5次大会会议。2022年1月—2023年1月，县第十八届人民代表大会召开2次大会会议。每次大会召开时，县人大代表参加会议，不是人大代表的县四套班子有关领导，各镇（区、街道）和县级机关各部门负责人，部分离退休老干部以及县政协委员列席会议。代表们听取和审议（审查）县政府、县发改委、县财政局、县人大常委会及县法院、县检察院（简称县“两院”）工作报告，审议相关专项工作报告，提交议案和建议，会议作出相关决议。

一、县第十五届人民代表大会会议

（一）县第十五届人民代表大会第一次会议

2007年12月26—30日，如东县第十五届人民代表大会第一次会议在县会议中心召开。会议由大会主席团主持。

1. 大会机构

大会主席团成员（23人，按姓名笔画排列，下同）：

司祝建　杨成泉　邱荣林　沈更生
张桂英（女）陆锡泉　陈昌龙　陈建华
陈跃生　周建飞　周铁根　周德良
耿荣泉　顾晓明　顾淑英（女）徐志平
徐建华　翁仕英（女）詹立风　蔡瑞平
潘金环　潘建华　戴威威

秘书长：潘金环（兼）

副秘书长：吴春华　陈宝来　丁　越（女）

主席团常务主席：周铁根　张桂英（女）
潘金环　陆锡泉
徐志平　杨成泉

议案审查委员会

主任委员：潘金环

副主任委员：樊重念

委　员（按姓名笔画排列，下同）：

陆美蓉（女）顾建国　钱汉东　翁仕英（女）
戴威威

计划与预算审查委员会

主任委员：杨成泉

副主任委员：赵美祥

委　员：肖　斌　张正权　施永平
施新民　黄继石

2. 政府工作报告

会议听取和审议县长詹立风所作《政府工作报告》。报告总结县政府任期5年工作，提出后5年工作目标和2008年工作任务。2003—2007年，如东县实施“科教兴县、工业化、外向化、城镇化”和沿海开发战略，全县经济社会各项事业快速发展，“十五”计划及此届政府任期目标全面超额完成，成为如东历史上又一个辉煌5年。5年累计实现地区生产总值761亿元，按可比价计算年均增长14.7%，其中2006年人均地区生产总值突破1.5万元，提前1年完成5年目标任务。2007年，实现地区生产总值212.2亿元，同比增长15.8%；人均地区生产总值2万元；三次产业结构由2002年30.9∶39∶30.1演进为14.2∶52.2∶33.6，二、三产业比重比5年前提高16.7个百分点。5年累计完成全社会固定资产投资448.4亿元，其中2007年完成230亿元，同比增长91.7%。5年全县累计完成到账外资11.3亿美元。2007年，全县新批注册外资10亿美元、到账外资4.5亿美元、引进市外民资51亿元；全县实现财政总收入22亿元，同比增长41.5%，完成地方一般预算收入9亿元，同比增长46.1%，财政总收入和一般预算收入均达到2002年3倍；城镇居民人均可支配收入1.45万元，农民人均纯收入6200元，5年平均增幅分别为11.9%和11.5%。城镇居民失业率始终控制在3.5%以内。县域经济基本竞争力连续5年跻身全国百强县行列。

3. 国民经济和社会发展计划草案报告

会议听取和审议县发展和改革委员会主任冯力如所作《关于如东县2007年国民经济和社会发展计划执行情况及2008年国民经济和社会发展计划（草案）的报告》。2007年，地区生产总值突破200亿元，达到212.2亿元，按可比价计算（下同）增长15.8%，超额完成年计划；人均地区生产总值2.13万元，同比增加3898元，增长16.9%。经济结构更趋优化，二、三产业增加值占地区生产总值比重达到85.8%，同比提高3个百分点。实现全口径财政收入22亿元，占年计划104.8%，增长41.5%，其中地方财政一般预算收入达到9亿元，占年计划108.2%，增长46.1%，占地区生产总值比重达到4.24%，同比提高0.72个百分点。全年新批注册外资10亿美元，占年计划100%，增长11.4%；注册外资到账4.5亿美元，占年计划83.3%，增长55.8%；引进市外境内注册民资55亿元，占年计划183.3%，增长21.5%。全社会固定资产投资230亿元，实现年计划，增长91.7%。其中规模以上投资174亿元，实现年计划，增长80.5%。工业投入总量200亿元，实现年计划，增长31.6%，其中规模以上工业投入150亿元，完成年计划，增长20.1%。实现进出口总额6亿美元，增长21.5%。其中出口额5.3亿美元，完成年计划108.2%，增长27.1%，同比加快13.9个百分点。消费品零售总额达到86亿元，占年计划102.3%，增长17.2%，同比加快1个百分点。城镇居民人均可支配收入达到1.45万元，占年计划103.6%，增长16%；城镇职工登记失业率为3.2%，低于4%的控制目标。万元地区生产总值综合能耗在2006年基础上又下降4%。环境质量综合指数同比提高3.8个百分点。

4. 财政预算和执行情况报告

会议听取和审议县财政局局长余科所作《关于如东县2007年财政预算执行情况和2008年财政预算（草案）的报告》。2007年，如东县财政完成地方一般预算收入9亿元，同比增长46.1%，加上上级体制返还和财力补助以及上年结转和上级拨给专款，全年可用财力16.14亿元；当年一般预算支出15.50亿元，同比增长36%。未完项目结转下年支出1.50亿元，县镇两级筹措调入非税等资金8160万元，实现当年财政收支平衡。

2007年12月27日，县委书记周铁根参加双甸代表团讨论

5. 人大常委会工作报告

会议听取和审议县人大常委会主任张桂英所作《如东县人大常委会工作报告》。报告总结县第十四届人大常委会工作成绩和体会，对县第十五届人大常委会工作提出建议。2003—2007年，县第十四届人大常委会共召开常委会会议39次、主任会议86次，听取和审议县政府、县法院、县检察院（简称“一府两院”）工作报告142项，作出决议决定、提出审议意见128项，开展视察调研和执法检查126次。

县第十四届人大常委会一直重点关注构建经济发展平台和优化经济发展环境议题。围绕招商引资、工业项目、载体建设、民营经济以及高新技术产业发展等方面议题开展视察、调研和审议，向县政府提出针对性建议意见，力促政府将优化结构、提高效益、节能降耗和环境保护工作放在突出位置。每年安排涉港议题进行视察、调研和审议，献计献策，推进洋口港开发。组织省、市、县人大代表围绕沿海开发建设开展视察调研，提出议案和建议。县省人大代表在2007年省人代会上联名提出“突出海港开发的龙头地位，加快沿海经济开发的建议”，被省人代会列为重点建议，得到省政府重视。省人大常委会在如东专题召开现场督办会。

推进环境革命，支持城市开发和重点市政工程建设，审议并批准县城镇体系规划和县城总体规划，作出《进一步规范经营性土地开发建设，推进房地产市场健康有序发展的决议》，专题视察和审议城市规划建设管理工作，提出针对性建议意见。县第十四届人民代表大会第二次会议作出《关于全面实施我县农村公路“灰黑化”工程的决议》。2007年，县人大常委会听取和审议县政府关于交通工程建设情况报告，作出《关于批准如东县综合交通规划的决定》。

两次听取和审议县政府关于全县教育布局调整规划和实施情况汇报，提出建议意见，审议通过《如东县2004—2010年教育布局调整规划》。听取和审议《中华人民共和国职业教育法》贯彻实施情况报告，作出《关于进一步推进职业教育事业发展的决议》。

县人大常委会连续4年对《中华人民共和国环境保护法》、《中华人民共和国环境影响评价法》《中华人民共和国水污染防治法》和《环境保护条例》等法律法规贯彻执行情况进行检查。建议县政府及其职能部门强化领导，明确责任，严把环保审批关口，加大执法检查力度，对重点污染企业、行业、地区和重点生态功能保护区实施最严格环境保护措施。县政府先后对40多家重点排污企业实施限期整治，对60多家污染严重企业实施“关停并转”。审议并批准《如东生态县建设规划》，要求县政府按照规划确定目标任务，重点实施好一批生态工程项目，确保3年建成国家生态县。

县人大常委会对预算编制、执行和调整情况进行全程监督。每年年中听取和审议县政府上半年计划、预算执行情况和年度财政审计情况的报告，对重点问题整改情况进行跟踪督查。常委会对全县“十一五”规划编制情况开展调查研究，为县第十四届人民代表大会第四次会议审查和批准《如东县国民经济和社会发展第十一个五年规划纲要》做好准备工作。

县人大常委会听取和审议县“一府两院”关于依法治县工作情况报告，作出《关于法治如东建设的决议》和《关于实施法制宣传教育第五个五年规划的决议》，审查批准“一府两院”关于法治如东建设实施方案，听取贯彻落实情况报告，并提出建议意见。先后对《中华人民共和国土地管理法》《中华人民共和国价格法》《中华人民共和国人口与计划生育法》《中华人民共和国残疾人保护法》《中华人民共和国道路交通安全法》《中华人民共和国治安管理处罚法》《中华人民共和国劳动法》《江苏省集体合同条例》等30多部法律法规进行执法检查，针对检查发现问题，提出建议意见，并加强跟踪监督。

加强对司法机关工作支持和监督。先后听取和审议法律服务、法律援助、人民调解和社区矫正工作情况报告。连续5年对全县社会治安工作进行视察和审议。听取和审议法院民事审判和执行工作情况汇报。对检察院预防职务犯罪工作进行专题调研，听取人民陪审员和人民监督员制度实施情况汇报。

推进实施新型合作医疗制度，连续4年跟踪监督，督促县政府调整相关政策。每年听取劳动和社会保障、财税等部门工作汇报，开展工作评议和专题调研。对城镇最低生活保障和社会救助工作进行专题审议，提出建议意见。县人大常委会与县总工会在全国率先建立联系制度，定期召开工作联系例会，适时开展视察调研、执法检查和专题审议。建立健全人大与工会联席会议制度的做法，得到全国人大宪法和法律委员会、全国总工会、省人大和省总工会肯定。

关注“三农”问题。先后对村庄集居点规划建设、河道疏浚整治、农村改水、农业机械化建设、农村公路建设、农民增收、农村劳动力转移和防汛防旱等工作进行视察和审议，提出审议意见，督促政府及职能部门认真办理。

开展县镇两级人大代表向选民述职活动，加强对代表依法履职情况宣传，有86位代表事迹被全国和省、市、县新闻媒体报道，60多名人大代表参加常委会主任、副主任接待代表日活动。先后组织代表300多人次参加县“一府两院”工作座谈会和情况通报会，组织50多名人大代表旁听法院庭审，邀请100多名人大代表先后列席人大常委会会议，推荐100多名人大代表担任部门行风监督员。

抓好代表议案和建议批评意见办理工作。5年中，代表共提出议案和建议批评意见1113件，2007年，52件重点建议全部如期办复，代表满意率达100%。5年中，县人大常委会按照《述职评议的实施办法》，先后组织6批40多名领导干部进行述职评议，并首次将评议对象扩大到政府副县长、法院院长和检察院检察长。开展对工商、国税、地税、供电等条管部门和单位以及水务局副职领导干部的评议监督。5年共任免县人大机关和“一府两院”工作人员203人次。

加强对镇人大工作指导。定期召开镇人大主席联席会议，分批邀请镇人大主席列席县人大常委会会议和参加县人大常委会活动，组织镇人大干部学习和培训，开展人大主席、副主席向代表述职活动，指导各镇人大健全工作制度。指导各镇人大依法制定《加强财政预算审查的实施办法》，建立财政预算执行监督小组。

2007年下半年，组织县镇两级人大换届选举工作。依法选举产生县人大代表355人、镇人大代表1300人。

加强常委会自身建设，制定《关于充分发挥县人大代表作用，加强县人大常委会制度建设的若干意见》，报请县委予以转发。《中华人民共和国监督法》颁布施行后，制定出台《贯彻实施〈监督法〉的若干意见》，并对县人大常委会议事规则、工作细则和信访工作暂行办法等20多个规章制度逐一梳理，及时修改和调整。5年中交流研讨文章200多篇，在市以上报刊发表研讨文章250多篇，连续5年被南通市人大评为宣传工作先进集体。

报告总结县第十四届人大常委会在4个方面显著增强：加强思想政治建设，坚定正确政治方向，走中国特色社会主义政治发展道路的坚定性显著增强；贯彻县委重大决策部署，依法决定重大事项和任免干部，把党的主张转化为国家权力机关意志的自觉性显著增强；贯彻实施《中华人民共和国监督法》，切实强化监督职能，促进依法行政和公正司法，监督工作的规范性、程序性和实效性显著增强；密切地方国家权力机关与人民群众的联系，充分发挥人大代表作用，代表工作组织程度和人民群众参与程度显著增强。

报告总结6个方面实践体会：必须坚持中国共产党对人大工作的领导，把党的领导、人民当家作主和依法治国的有机统一作为做好人大工作的根本原则；必须坚持发展第一要义，把服从和服务于经济社会发展大局作为做好人大工作的根本要求；必须坚持以人为本，把实现好、维护好和发展好全县人民利益作为做好人大工作的根本出发点和落脚点；必须坚持正确处理人大与“一府两院”的关系，把监督与支持有机结合作为做好人大工作的根本方法；必须坚持与人大代表的密切联系，把充分发挥代表主体作用作为做好人大工作的根本依靠；必须坚持解放思想、实事求是、与时俱进的思想路线，把开拓创新作为做好人大工作的根本动力。

6. 法院和检察院工作报告

会议听取和审议县法院院长蒋明华所作《如东县人民法院工作报告》和县检察院检察长顾祖林所作《如东县人民检察院工作报告》。2007年，县法院共受理各类案件6922件，审结6678件，结收案比96.5%，法定正常审限内结案率100%。2007年，县检察院共审查批捕各类案件153件221人，批准和决定逮捕126件183人，审查移送起诉301件412人，提起公诉265件370人。立案侦查职务犯罪案件15件15人，为国家挽回经济损失300余万元。其中贪污贿赂案件13件13人，均为大案。查办商业贿赂案件9件9人。

大会共收到县政府提出议案1件，代表10人以上联名提出议案24件，共25件。其中县政府提出"关于大力推进环境革命、加快实现城乡面貌大变样的议案"，被确立为大会议案，其余24件议案转为建议。收到代表建议271件，连同议案转为建议24件，共295件。确定大会重点建议10件。

（二）县第十五届人民代表大会第二次会议

2009年1月9—12日，如东县第十五届人民代表大会第二次会议在县会议中心召开。会议由大会主席团主持。

2009年1月9—12日，如东县第十五届人民代表大会第二次会议在县会议中心召开

1. 大会机构

大会主席团成员（43人）：

丁　越（女）王亚平　王炳发　石　磊
司祝建　杨成泉　吴春华　邱荣林
沈更生　张卫东　张正权　张桂英（女）
陆美蓉（女）陆锡泉　陈　斌　陈昌龙
陈建华　陈跃生　周建飞　周春霖
周铁根　周载群　周潮清　胡　斌
赵美祥　施永平　施新民　姜建新
顾建国　钱汉东　徐志平　徐建华
翁仕英（女）高春明　黄继石　龚建新
谢　骏　蔡瑞平　管怀虎　樊重念
潘建华　潘金环　戴威威

秘书长：徐志平（兼）

副秘书长：吴春华　陈宝来　丁　越（女）

主席团常务主席：周铁根　张桂英（女）
徐志平　杨成泉
沈更生　蔡瑞平

议案审查委员会

主任委员：徐志平

副主任委员：樊重念

委　员：丁　越（女）陆美蓉（女）钱汉东
翁仕英（女）黄继石　戴威威

计划与预算审查委员会

主任委员：杨成泉

副主任委员：赵美祥

委　员：王亚平　周春霖　周载群
施永平　施新民　管怀虎

2. 政府工作报告

会议听取和审议县长詹立风所作《政府工作报告》。报告总结2008年工作，提出2009年工作任务。2008年，如东实现地区生产总值265亿元，按现行价计算同比增长24.8%，人均地区生产总值2.6万元，达省全面建设小康社会指标要求；完成财政总收入30.1亿元，同比增长36.6%，其中一般预算收入12.12亿元，同比增长34.4%，

增幅居全市第二；全社会固定资产投资175亿元，同比增长22.2%。县域经济基本竞争力继续位居全国百强县行列。洋口港实现初步通航目标。如东县通过江苏省文明城市和卫生城市复检验收。城镇居民人均可支配收入1.63万元，同比增长12%；农村居民人均纯收入7145元，同比增长12.5%。全面小康社会建设25项指标中，有22项实现或达到序时要求。

2010年1月，县委副书记、县长詹立风在县第十五届人民代表大会二次会议上做政府工作报告

3. 国民经济和社会发展计划草案报告

会议听取和审议县发展和改革委员会主任冯力如所作《关于如东县2008年国民经济和社会发展计划执行情况及2009年国民经济和社会发展计划（草案）的报告》。2008年，产业结构更加优化，二、三产业增加值占地区生产总值比重87.4%。地方一般预算收入12.12亿元，同比增长34.4%，占地区生产总值比重4.6%，比2007年提高0.36个百分点。在全国百强县行列中位列第76位，比2007年前移10位。实现工业增加值112.3亿元，同比增长27.3%，完成年计划98.8%；服务业增加值90.2亿元，同比增长26.5%，完成年计划102%。固定资产投资175亿元，完成年计划。社会消费品零售总额105.6亿元，完成年计划105.6%，增长22.5%。实现进出口总额8.5亿美元，完成年计划121.4%，增长37.5%。城市绿化覆盖率达38%，超过年计划。城乡居民收入增长均超过年计划，城镇职工登记失业率3.2%，低于4%计划控制目标。城市化水平达42.4%，与年计划差距0.3个百分点。万元地区生产总值能耗在2007年基础上下降4.4%。

4. 财政预算和执行情况报告

会议听取和审议县财政局局长余科所作《关于如东县2008年财政预算执行情况和2009年财政预算（草案）的报告》。2008年，如东县财政完成地方一般预算收入12.12亿元，同比增长34.4%，加上上级体制返还和财力补助以及上年结转和上级拨给专款，全年可用财力23.17亿元；当年一般预算支出22.45亿元，同比增长44%。未完项目结转下年支出2.70亿元，县镇两级筹措调入非税等资金1.98亿元，实现当年财政收支平衡。

5. 人大常委会工作报告

会议听取和审议县人大常委会主任张桂英所作《如东县人大常委会工作报告》。2008年，共召开常委会会议7次，听取和审议“一府两院”工作报告13项，作出决议决定、提出审议意见14项；召开主任会议17次，听取“一府两院”专题工作报告14项，开展执法检查和视察调研22次。

2008年，首次开展对规划纲要中期执行情况视察调研。县人大常委会第四次会议专题听取和审议县政府关于规划纲要实施情况中期评估报告，作出《关于批准调整〈规划纲要〉相关指标的决定》，修改通过《如东县人大常委会关于加强县级财政预算审查监督的决定》，预算监督由程序性为主向程序实体并重转变；审议2008年上半年计划预算执行情况和2007年度审计工作，就提高经济运行质量、巩固培育壮大财源和发挥同级审计监督指导作用等问题提出建议意见。审查批准县政府关于调整2008年国民经济、社会发展计划和财政收支预算的议案。

关注工业投入和工业项目建设，到重点项目

建设现场视察调研，了解项目落户、开工建设和投入运行等情况。县人大常委会第五次会议听取县政府关于全县工业投入和工业项目建设情况报告，围绕加强组织领导、创新推进机制、整合要素资源、加大技改投入和优化产业结构等提出建议意见。关注“三农”问题，对河道整治、绿化造林、农业基础设施建设、农民增收和高效农业规模化等工作进行视察调研。主任会议听取土地开发整理项目情况汇报，视察土地开发整理现场并提出建议意见。主任会议专题听取建筑业发展情况汇报，并提出建议意见。

县人大常委会对城市建设、城市管理、交通基础设施和环境保护等进行专题视察调研，听取责任单位专题报告。常委会第六次会议听取和审议县政府执行推进环境革命决议情况报告，提出针对性建议意见。专题视察“十一五”规划确定的节能减排目标实现情况，听取和审议全县节能减排工作情况报告，要求县政府建立健全工作责任制和问责制，推进县城污水管理和县城及园区供热管网工程建设，加大监管，增强政府节能减排控管能力。

关注失地农民生活保障工作，到相关部门和镇村开展视察调研，召开座谈会征求意见，主任会议专题听取调查报告，形成主任会议建议书，交县政府办理落实。关注弱势群体权益保护，听取和审议县政府关于全县农村五保、城乡低保和优抚工作情况报告，视察部分农村敬老院，要求县政府推进社会福利事业，抓好敬老院建设管理，落实养老保障措施，建立医疗保障救助体系。主任会议集体督办县第十五届人大一次会议确定的重点建议“关于做好慈善事业的建议”，要求县政府成立慈善会，拓宽慈善捐款渠道，探索慈善组织工作机制。常委会专门听取县政府对婴幼儿奶粉和手足口病疫情处置工作报告，检查《突发公共卫生事件应急条例》贯彻落实情况，提出建议意见。常委会将支持促进政府加快住房保障体系建设作为重点审议议题，组织视察调研，听取和审议县政府关于全县住房保障工作情况报告，建议县政府建立住房保障制度，健全资金筹措机制，加快廉租房和经济适用房建设。第七次主任会议听取县政府关于贯彻实施《中华人民共和国职业教育法》情况报告，提出建议意见。全年接待人民群众到访94人次，受理、交办和督办人民群众信件118件。

县人大常委会组织开展对《中华人民共和国海洋环境保护法》和《江苏省海洋环境保护条例》贯彻执行情况执法检查，围绕水环境质量、环保基础设施建设、沿海开发项目环评和海洋环境监管等环节，视察近海海域水质和内河水质情况，听取和审议县政府工作汇报和常委会执法检查情况报告，提出建议意见。县人大常委会听取和审议县政府关于全县“五五”普法工作情况报告，主任会议听取县法院执行工作和县检察院预防职务犯罪工作情况报告，提出建议意见。组织开展对发改委评议工作。全年接受县政府报送备案审查规范性文件14件，依法任免人大机关和“一府两院”人员44人次。

县人大常委会组织人大代表集中培训，出台《关于人大代表之家创建工作的实施意见》，在掘港镇第五代表小组召开全县代表之家创建工作现场会。至年末，73个代表小组全部建立代表之家。有25名人大代表参加常委会主任、副主任接待代表日活动，有56名人大代表分别列席常委会会议或参加常委会活动。县第十五届人大一次会议及闭会期间代表提出议案和建议共338件，大会确定的重点建议实行分管主任牵头督办，并首次通过政府网站向社会公开。总结掘港镇人大组织代表向选民述职活动经验，并在江苏省、南通市乡镇人大主席培训班上交流。

全年组织调研小组到有关镇、村和企业开展调查20多次，召开各类座谈会30多次，发放征求意见表200多份，形成调查报告16个。《如东县人大志》（重修）出版发行。在市级以上报刊发表信息文章50余篇，被南通市人大评为宣传工作先进集体。

6. 法院和检察院工作报告

会议听取和审议县法院院长蒋明华所作《如东县人民法院工作报告》和县检察院检察长顾祖林所作《如东县人民检察院工作报告》。2008年，县法院共受理各类案件8147件，审结8136件，结收案比99.9%，同比分别上升25.4%和5.8%。该院服务大局、促进社会公平正义做法被《新华日报》以《肩上扛着天平，心中装着人民——如东法院用“法院精神”构建司法公正》为题专题报道。2008年，县检察院共审查逮捕各类案件155件200人，批准和决定逮捕135件167人；审查移送起诉300件411人，提起公诉290件401人。立案查处职务犯罪案件14件20人，大案率78.6%。全年发出督促起诉意见书8份，为国家挽回经济损失290余万元。

2009年1月，县人民检察院检察长顾祖林在县第十五届人民代表大会二次会议上作检察院工作报告

大会共收到代表10人以上联名提出议案6件，其中“进一步加强机关作风建设，全面提升服务效能的议案”被列为大会议案，其余5件转为代表建议。共收到代表建议265件，连同议案转为建议5件，共270件。确定重点建议7件。

（三）县第十五届人民代表大会第三次会议

2010年1月12—15日，如东县第十五届人民代表大会第三次会议在县会议中心召开。会议由大会主席团主持。

1. 大会机构

大会主席团成员（44人）：

丁　越（女）	王亚平	王炳发	石　磊
司祝建	杨成泉	吴春华	邱荣林
沈更生	张卫东	张正权	张桂英（女）
陆美蓉（女）	陆锡泉	陈　斌	陈昌龙
陈建华	陈跃生	周建飞	周春霖
周铁根	周载群	周潮清	胡　斌
赵美祥	冒亚平	施永平	施新民
姜建新	顾建国	钱汉东	徐志平
徐建华	翁仕英（女）	高春明	黄继石
龚建新	谢　骏	蔡瑞平	管怀虎
樊重念	潘建华	潘金环	戴威威

秘书长：徐志平（兼）

副秘书长：吴春华　陈宝来　丁　越（女）

主席团常务主席：周铁根　张桂英（女）　徐志平　杨成泉　沈更生　蔡瑞平　冒亚平

2010年1月，县人大常委会主任张桂英主持县第十五届人民代表大会三次会议第一次主席团会议

议案审查委员会

主任委员：徐志平

副主任委员：樊重念

委　员：丁　越（女）陆美蓉（女）钱汉东
翁仕英（女）黄继石　戴威威

计划与预算审查委员会

主任委员：杨成泉

副主任委员：赵美祥

委　员：王亚平　周春霖　周载群
施永平　施新民　管怀虎

2. 政府工作报告

会议听取和审议县长詹立风所作《政府工作报告》。报告总结2009年政府工作，提出2010年工作任务。2009年，全县实现地区生产总值312亿元，同比增长14%；三次产业结构为11.7∶54.2∶34.1，二、三产业比重比上年提高1.2个百分点；完成财政总收入40.1亿元，同比增长33.4%，其中一般预算收入15.33亿元，同比增长26.6%；全社会固定资产投资221亿元，同比增长30%；新批注册外资7.8亿美元，到账外资2.6亿美元；引进市外境内民资49.1亿元；全县万元地区生产总值综合能耗同比下降4.6%；全年高新技术产业产值同比增长24%，占规模以上工业产值30%；城镇居民人均可支配收入1.82万元，同比增长10%；农村居民人均纯收入8080元，同比增长12.1%。县域经济基本竞争力继续位居全国百强县（市）行列。如东获"绿色能源之都""中华生态文化旅游名县""中国文化生态旅游强县"称号。

3. 国民经济和社会发展计划草案报告

会议听取和审议县发展和改革委员会主任潘友兵所作《关于如东县2009年国民经济和社会发展计划执行情况及2010年国民经济和社会发展计划（草案）的报告》。2009年，县域经济基本竞争力不断提高，在全国百强县行列中位次前移4位，位列第72位。实现工业增加值137亿元，同比增长23.6%，完成年计划；实现服务业增加值108.5亿元，同比增长23.3%；实现农业增加值36.5亿元，增长7.1%，完成年计划104.3%。全社会固定资产投资达221亿元，同比增长30%，完成年计划，其中规模投资191亿元，同比增长31.4%；工业投入195亿元，增长34.5%，其中规模工业投入170亿元，增长34.5%。社会消费品零售总额126亿元，增长17.2%，完成年计划。全县实现进出口总额7亿美元，完成年计划73.7%，下降16.9%。其中自营出口总额6亿美元，完成年计划70.6%，下降19.1%。城镇新增就业7150人，城镇职工登记失业率3.4%，低于4%的计划控制目标。

4. 财政预算和执行情况报告

会议听取和审议县财政局局长余科所作《关于如东县2009年财政预算执行情况和2010年财政预算（草案）的报告》。2009年，如东县财政地方一般预算收入15.33亿元，比上年增长26.6%。加上上年结转和上级拨给专款，全年可用财力29.06亿元；一般预算支出27.21亿元，比上年增长21%。未完项目结转下年支出3.85亿元，县镇两级筹措调入非税等资金2亿元，实现当年财政收支平衡。

5. 人大常委会工作报告

会议听取和审议县人大常委会主任张桂英所作《如东县人大常委会工作报告》。2009年，共召开常委会会议7次，听取和审议"一府两院"工作报告10项，作出决议决定、提出审议意见9项；召开主任会议18次，听取"一府两院"专项工作报告14项。

紧扣"全力保增长、全面达小康"目标，县人大常委会组织3个调查组深入全县近百家企业调研。听取和审议县政府专项工作报告并作出决议。听取和审议县政府关于全面达小康重点指标完成情况工作报告。部分组成人员到山东寿光学习考察蔬菜产业集群发展情况，对高效农业规模化和土地流转等项工作进行视察调研。主任会议听取农业结构战略性调整推进情况工作报告。听取和审议计划、预算执行情况和审计情况工作报告，审查批准2008年度财政决算报告。深入企业、变电所、农民集居点和电力调度中心视察调研，听取全县供电服务情况工作报告。专题调研国土资源工作，听取全县土地储备供应情况工作报告。

关注新一轮城市总体规划修编工作，组织组成人员开展视察调研，听取和审议县政府关于如东县城市总体规划（2009—2030年）修编情况工作报告以及专家关于城市总体规划修编成果介绍，对规划科学性、执行规划严肃性以及规划编制中需要关注具体问题提出要求。深入社区、居委会和住宅小区视察调研，听取和审议县政府关于小区物业管理情况工作报告。

加大对《大力推进环境革命，加快实现城乡面貌大变样的决议》督办力度，重点对城市基础设施建设和交通工程建设情况进行视察调研，听取相关部门专题报告，及时将存在问题向政府及职能部门反馈。继续跟踪督办落实上届常委会作出的《关于进一步推进职业教育事业发展的决议》，听取和审议县政府工作报告。主任会议听取全县农民健康工程实施情况、安全生产情况工作报告。

2010年1月，县人大常委会主任张桂英在县第十五届人民代表大会三次会议上作常委会报告

县人大常委会听取和审议公安队伍建设情况工作报告，提出建议意见。主任会议先后听取县法院和检察院工作情况报告及全县法律服务情况工作报告。全年接受县政府报送备案审查规范性文件9件。受理、交办和督办人民群众来信103件、来访72批次。依法任免人大机关和“一府两院”工作人员96人次。

加强和完善代表之家创建工作。4月18日，首次开展人大代表联系选民固定接待日活动，全县1200多名各级人大代表，分别在86个接待点听取选民意见，共接待选民2300多人次，走访联系选民1300多人次，收集选民意见1787条。全年有30多名代表参加县人大常委会主任、副主任“接待代表日”活动；有60多名代表列席县人大常委会会议或参加县人大常委会视察调研活动；组织100多名代表参加“一府两院”工作座谈会和情况通报会，组织20多名人大代表旁听法院庭审，推荐80多名人大代表担任政府部门行风监督员。

加强对镇人大工作的联系与指导，适时召开镇人大工作会议和镇人大主席联席会议。分批邀请镇人大主席列席县人大常委会会议和参加县人大常委会活动，组织镇人大主席参加学习培训。根据大豫镇和兵房镇合并新情况，依法作出《关于大豫镇第一届人民代表大会选举问题的决定》。

6. 法院和检察院工作报告

会议听取和审议县法院院长蒋明华所作《如东县人民法院工作报告》和县检察院检察长顾祖林所作《如东县人民检察院工作报告》。2009年，县法院共受理各类案件8460件，审结8488件（旧存218件）。其中受理各类刑事案件278件，审结278件。2009年，县检察院审查逮捕各类案件160件223人，批准和决定逮捕131件176人；审查移送起诉365件517人，提起公诉270件355人。立案查处职务犯罪案件17件20人，同比分别上升33.3%、5.9%，依法追缴赃款赃物270

万元。办理督促起诉案件5件，为国家挽回经济损失1500余万元。

会议共收到代表10人以上联名提出议案4件，其中“关于加快推进如东旅游业跨越发展的议案”被确立为大会议案，其余3件议案转为建议；共收到代表建议223件，连同议案转为建议3件，共226件；确定重点建议5件。

（四）县第十五届人民代表大会第四次会议

2011年1月7—10日，如东县第十五届人民代表大会第四次会议在县行政中心召开。会议由大会主席团主持。

1. 大会机构

大会主席团成员（45人）：

丁　越（女）卜其银　王亚平　石　磊
任新峰　杨成泉　吴春华　邱荣林
沈更生　张卫东　张正权　张桂英（女）
陆美蓉（女）陆锡泉　陈　斌　陈昌龙
陈建华　陈跃生　周建飞　周春霖
周铁根　周载群　周潮清　胡　斌
赵美祥　冒亚平　施永平　施新民
姜建新　顾建国　钱汉东　徐志平
徐建华　翁仕英（女）高春明　黄继石
龚建新　谢　骏　蔡建华　蔡瑞平
管怀虎　樊重念　潘建华　潘金环
戴威威

秘书长：徐志平（兼）

副秘书长：卜其银　陈宝来　丁　越（女）

主席团常务主席：周铁根　张桂英（女）
徐志平　杨成泉
沈更生　蔡瑞平
冒亚平

议案审查委员会

主任委员：徐志平

副主任委员：樊重念

委　员：丁　越（女）陆美蓉（女）钱汉东
翁仕英（女）黄继石　戴威威

计划与预算审查委员会

主任委员：杨成泉

副主任委员：赵美祥

委　员：王亚平　周春霖　周载群
施永平　施新民　管怀虎

2. 政府工作报告

会议听取和审议县长詹立风所作《政府工作报告》。报告总结“十一五”及2010年工作，提出“十二五”及2011年工作任务。“十一五”时期，如东实施科教兴县、工业化、外向化、城镇化战略，较好完成“十一五”规划确定目标任务，提前实现全面建设小康社会目标，开启基本现代化建设新征程。“十一五”期末，全县实现地区生产总值365亿元，年均增长19.8%，人均地区生产总值3.70万元，达到“十五”期末2.7倍；实现财政总收入50亿元，一般预算收入19.04亿元，比“十五”期末翻两番多。县域经济基本竞争力连续8年跻身全国百强县行列。产业发展进入转型升级轨道。三次产业结构由“十五”期末20.2∶48.1∶31.7演进为12.8∶52.6∶34.6；节能减排全面完成“十一五”目标任务。如东经济开发区及沿海4大特色园区配套功能不断完善，重点项目落户建设势头良好，风力发电、光伏电池等绿色能源产业逐步发展壮大。洋口港开发步入新阶段，码头、航道、管线桥等港口基础设施加快建设。县城初步展现现代城市形象，重点城镇开发建设进程加快，全县人居、商居及自然生态环境显著改善。综合交通体系建设实现历史性跨越，重点省道公路升级改造基本完成，铁路工程加快实施，通洋高速、临海高等级公路开工建设，农村道路体系进一步完善，洋口运河及重点河道疏浚基本完工，如东由江苏省交通末梢加快向沿海区域性交通枢纽转变。“十一五”期末，城镇居民人均可支配收入达2.05万元，农民人均纯收入达9100元，年均分别递增13%和13.5%。

3. 国民经济和社会发展计划草案报告

会议听取和审议县发展和改革委员会主任潘友兵所作《关于如东县2010年国民经济和社会发展计划执行情况及2011年国民经济和社会发展计划草案的报告》。2010年，县域经济基本竞争力在全国百强县行列中位次前移5位，位列第67位。实现规模工业产值860亿元，同比增长37.9%；全部应税销售收入340亿元，同比增长33.5%，均完成年计划。全社会固定资产投资达275亿元，同比增长39.3%，其中规模投资达到247亿元，同比增长40.5%；工业投入233亿元，增长40.8%，其中规模工业投入达210亿元，增长42%，均完成年计划。社会消费品零售总额153亿元，增长20.1%，完成年计划。全县实现进出口总额达到9.5亿美元，完成年计划，同比增长28.4%。其中自营出口总额达7.8亿美元，完成年计划，同比增长27.9%。万元地区生产总值与2009年相比综合能耗下降6%左右，完成“十一五”目标。城镇新增就业7600人，城镇职工登记失业率控制在3.4%以内，低于3.5%计划控制目标。

4. 财政预算和执行情况报告

会议听取和审议县财政局局长余科所作《关于如东县2010年财政预算执行情况和2011年财政预算（草案）的报告》。2010年，如东县财政地方一般预算收入19.04亿元，比上年增长24.2%。加上上年结转和上级拨给专款，全年可用财力36.05亿元；一般预算支出35.23亿元，比上年增长28.4%。未完项目结转下年支出3.66亿元，县镇两级筹措调入非税等资金2.84亿元，实现当年财政收支平衡。

5. 人大常委会工作报告

会议听取和审议县人大常委会主任张桂英所作《如东县人大常委会工作报告》。2010年，召开常委会会议7次，听取和审议“一府两院”工作报告12项，作出决议决定、提出审议意见9项；召开主任会议24次，听取“一府两院”专项工作报告21项。

县人大常委会重视全县经济运行质量提升和经济发展方式转变，推动全县经济结构调整和产业转型升级。县人大常委会会议听取和审议县政府关于加大工业结构调整力度，促进经济平稳较快发展情况的工作报告和常委会调查报告，并作出决议。组织全体人大代表参与和监督“十二五”规划编制工作，广泛征求人大代表对编制工作建议意见，并及时向县政府和相关部门反馈。听取县政府关于“十一五”规划完成和“十二五”规划编制情况的工作报告和县人大常委会调查报告，围绕如东县“十二五”规划涉及的若干重大问题进行审议，并就提升民生福祉、突出统筹发展、注重绿色增长和推进民主法治等方面提出建议意见。听取和审议计划、预算执行情况和2009年度审计情况工作报告，审查批准2009年度财政决算报告。主任会议听取县政府关于2009年公共财政资金项目支出绩效评价情况工作报告。

县人大常委会围绕优化发展环境，增强经济社会可持续发展能力，开展监督工作。首次采取由全体县人大代表推荐、常委会组成人员集体票决方式，确定将环保部门作为评议对象。常委会会议听取环保部门接受评议工作报告，并进行认真评议。主任会议听取全县安全生产情况工作报告。

县人大常委会会议听取和审议县政府关于全县文化建设情况工作报告和常委会调查报告。主任会议分别听取全县学校布局调整情况工作报告、全县人口和计生情况工作报告，提出针对性建议意见。

县人大常委会通过人大执法检查和政府部门自查、人大监督与舆论监督相结合形式，对全县贯彻执行城乡规划法情况进行执法检查。主任会议听取道路交通安全法贯彻执行情况工作报告。常委会配合省、市人大组织对《中华人民共和国

2010 年 7 月 29 日，县领导考察文化工作

动物防疫法》《中华人民共和国水污染防治法》《预防职务犯罪工作条例》等法律法规的执法检查和《江苏省农民专业合作社条例》的立法调研。依法备案审查县政府提交的《如东县市政公用设施管理办法》等规范性文件。全年县人大常委会依法任免人大机关和"一府两院"工作人员 37 人次。县人大常委会会议和主任会议先后听取县法院和县检察院工作情况报告，并重点就民事审判和检调对接工作进行审议。检查"五五"普法规划决议办理落实情况，县人大常委会组织开展视察调研活动。主任会议听取县政府关于实施"五五"普法情况工作报告。

主任会议听取全县人力资源和社会保障情况工作报告。要求县政府和相关部门采取有效措施，启动"十二五"住房保障规划，构建住房保障体系。县人大常委会关注"三农"工作和各项强农惠农政策落实，先后通过召开主任会议、视察检查和专题调研等形式，对全县项目农业建设、农村土地流转、村级为农服务社建设、粮食仓储设施建设、秸秆综合利用、城乡垃圾集中处置等工作加大监督力度，促进全县社会主义新农村建设。常委会相关组成人员专题调研全县慈善工作情况。主任会议听取全县食品安全情况工作报告。推动普遍饮用长江水工程建设，主任会议听取县政府及县水务局、住建局专题报告。县人大常委会继续加大对全县物业管理工作审议意见督办力度，主任会议听取县政府和住建部门工作报告，提出建议意见。

2010 年，县人大常委会研究决定将农村危桥改造作为重点审议议题，组织常委会组成人员分头到镇村视察调研。常委会会议认真听取和审议县政府关于农桥建设工作报告并作出决议。

突出"一号议案"督办。县第十五届人大三次会议通过关于"加快推进全县旅游业跨越发展的议案"，并作出决议。通过召开常委会会议、主任会议以及分管主任领衔督办，推进如东县旅游产业跨越发展。2010 年，县人大代表共提出议案、建议和批评意见 241 件，县人大相关工委及时梳理分类，主任会议听取政府办理准备情况工作报告，督促县政府认真交办，并加强对建议办理的跟踪督查。县人大常委会会议听取和审议县政府关于议案建议和常委会审议意见办理情况以及决议决定执行情况的工作报告，并对优秀建议和优秀承办单位作出表彰决定。

开展代表向选民述职活动。县人大常委会在掘港镇五总村召开现场推进会，全面动员部署。年末，全县有 40% 以上县、镇人大代表在代表之家向选民述职，现场接受选民评议。在代表之家开设"代表讲坛"。各镇共开展各类代表讲坛活动 73 次。掘港镇做法和经验在江苏省人大主席培训班上专题介绍。将代表联系选民固定接待日活动改为代表接待周活动，方便代表在代表之家联系选民。规范代表主题活动制度，树立和宣传代表履职先进典型，表彰优秀代表。

定期召开镇人大主席联席会议，分批邀请镇人大主席列席县人大常委会会议和参加县人大常委会视察调研活动，组织镇人大干部学习和培训，指导各镇人大健全工作制度，规范工作程序，支持镇人大依法履职和积极创新。实施县镇人大联动评议、视察调研。全年县人大常委会深入镇村和企业开展调查研究 20 余项，召开各类座谈会 40 多次，形成调查报告 20 多个。

6. 法院和检察院工作报告

会议听取和审议县法院院长蒋明华所作《如东县人民法院工作报告》和县检察院检察长顾祖林所作《如东县人民检察院工作报告》。2010 年，县法院共受理各类案件 8792 件，同比上升 3.9%，审结 8839 件，结收案比 100.5%，执结案件 2645 件，执结率 99.9%，执行标的到位率 86.2%。2010 年，县检察院共审结提请逮捕各类案件 135 件 206 人，批准逮捕 105 件 161 人；审查移送起诉 377 件 600 人，提起公诉 297 件 386 人。立案查处 9 件 11 人，所立案件均为 5 万元以上大案。侦查终结 6 件 6 人，移送起诉 6 件 6 人，有罪判决率 100%，为国家挽回经济损失 876 万元。

2011 年 1 月，县人民法院院长蒋明华在县第十五届人民代表大会四次会议上作法院工作报告

大会共收到代表 10 人以上联名提出议案 5 件，议案审查委员会审查后全部转为建议。收到代表建议 164 件，连同议案转为建议 5 件，共 169 件。确定重点建议 8 件。

二、县第十六届人民代表大会会议

（一）县第十六届人民代表大会第一次会议

2012 年 3 月 24—28 日，如东县第十六届人民代表大会第一次会议在县行政中心召开。会议由大会主席团主持。

1. 大会机构

大会主席团成员（24 人）：

于立忠　冯力如　任新峰　刘才盛
杨小军　杨中坚　杨成泉　邱荣林
沈更生　沈秀梅（女）沈峻峰　张桂英（女）
张蓉蓉（女）陈昌龙　陈建华　陈　斌
周建飞　冒亚平　徐志平　唐国均
詹立风　蔡建华　蔡瑞平　潘建华

秘书长：徐志平（兼）

副秘书长：卜其银　陈宝来　丁　越（女）

主席团常务主席：詹立风　徐志平　杨成泉　沈更生　蔡瑞平　冒亚平

议案审查委员会

主任委员：徐志平

副主任委员：樊重念

委　员：万继红（女）王震谷　何永华　沈秀梅（女）耿卫东　陶跃东　翟以圣

计划与预算审查委员会

主任委员：杨成泉

副主任委员：徐守华

委　员：李海兵　张卫东　周苏林　周新基　姜建新　黄继石　管玉华

2012 年 3 月 23 日，县第十六届人大第一次会议主席团第一次会议召开

2. 政府工作报告

会议听取和审议代县长潘建华所作《政府工作报告》。报告指出，如东提前实现全面建设小康社会目标，"十一五"任务完成，"十二五"开

局良好。总结并肯定2008—2011年取得成绩：经济发展态势良好，综合实力显著壮大。2008年后，县域经济基本竞争力持续攀升至全国第56位，4年跃升20位，连续8年跻身全国百强县行列。2011年，实现地区生产总值425.45亿元，人均地区生产总值突破4万元，是2007年2倍；沿海开发加快推进，特色优势初步显现。沿海开发进入产出互动并进新阶段；要素资源加快集聚，发展后劲持续增强。4年累计实现利用外资12亿美元，固定资产投入累计852亿元，共实施重点产学研合作项目150项，实施南通市以上科技计划项目397个，争取项目资金7046万元；城乡建设统筹推进，生态环境明显改善。4年中，县城实施重点市政工程项目40多项，用于农村基础设施及交通工程建设投资66亿元，累计实施绿化造林21万亩，绿化率达20.1%，生态环境质量居于省市前列，国家级生态县创建通过江苏省级考核验收；社会事业协调发展，社会管理日益加强。4年县本级用于教育、就业、社保、医疗、住房、养老等民生领域支出达49.6亿元，占一般预算支出53.2%，年均增长28%；政府建设得到加强，履职水平不断提升。4年共办理人大代表建议、议案1106件，满意率98%以上。

2012年3月26日，如东县第十六届人民代表大会第一次会议代表视察洋口港

3. 国民经济和社会发展计划草案报告

会议听取和审议县发展和改革委员会主任周春霖所作《关于如东县2011年国民经济和社会发展计划执行情况及2012年国民经济和社会发展计划（草案）的报告》。2011年，实现农业增加值50.50亿元，同比增长12%；实现工业应税销售收入447.94亿元，同比增长32.5%；实现建筑业增加值42.5亿元，同比增长17.4%；实现服务业增加值151.82亿元，同比增长27.6%，占地区生产总值比重达35.7%，同比提高1.9个百分点。固定资产投资250.75亿元，同比增长20.1%。完成社会消费品零售总额173.01亿元，同比增长17%。城镇居民人均可支配收入、农村居民人均纯收入增幅达16%和18.3%，成功申报“中国长寿之乡”。

4. 财政预算和执行情况报告

会议听取和审议县财政局局长罗晓东所作《关于如东县2011年财政预算执行情况和2012年财政预算（草案）的报告》。2011年，如东县财政完成地方一般预算收入25.39亿元，同比增长33.4%，加上上年结转和上级拨给专款，全年可用财力48.98亿元；当年一般预算支出42.41亿元，同比增长21.8%。未完项目结转下年7.22亿元，县镇两级筹措调入非税等资金6435万元，实现当年财政收支平衡。

5. 人大常委会工作报告

会议听取和审议县人大常委会副主任徐志平所作《如东县人大常委会工作报告》。报告总结县第十五届人大常委会工作，共召开常委会会议32次、主任会议80次，听取和审议“一府两院”工作报告105项，作出决议决定和提出审议意见66项，开展视察调研和执法检查87次。

县第十五届人大常委会围绕全县工作大局，履行监督职权。每年围绕洋口港开发、连续3年围绕工业投入和工业结构调整、工业转型等议题，组织开展视察调研和审议，县第十五届人大三次会议通过“关于加快推进全县旅游业跨越发展的议案”；听取和审议县政府关于计划、预算执行和年度财政审计情况工作报告，审议财政资金项目支出绩效情况，跟踪督查重点问题。组织人大代表参与和监督“十二五”规划编制工作，专题听取县政府工作报告，围绕全县“十二五”规划涉及若干重大问题进行审议。围绕人民群众最关心问题和优化发展环境等开展监督工作，专题听取和审议县政府关于全县文化建设情况工作报告、全县人口和计生情况工作报告，先后对广电、体育事业发展、学校布局调整、职业教育、学前教育、食品卫生安全、突发公共卫生事件处置、农民健康工程、新型农村合作医疗等议题进行视察和调研，提出建议意见。

2012年3月，县人大常委会副主任（主持工作）徐志平主持县第十六届人民代表大会第一次会议

县第十五届人大一次、二次会议分别通过“关于大力推进环境革命，加快实现城乡面貌大变样的议案”“关于进一步加强机关作风建设，全面提升服务效能的议案”。先后对全县经济普查、土地总体规划修编与土地利用、国家级生态县创建、农业结构调整、质量技术监督、建筑业发展等工作进行视察和调研。听取和审议县政府关于全县“五五”普法情况工作报告，作出《关于实施法制宣传教育第六个五年规划的决议》；以事关人民群众根本利益的法律法规贯彻为实施重点，先后对《中华人民共和国食品安全法》《中华人民共和国道路交通安全法》《中华人民共和国动物防疫法》《中华人民共和国农产品质量安全法》等30多部法律法规实施情况进行执法检查；对《中华人民共和国海洋环境保护法》和《江苏省海洋环境保护条例》贯彻执行情况进行执法检查。听取县法院执行工作和县检察院预防职务犯罪情况报告，视察县法院民事审判、人民陪审员制度和县检察院检调对接、诉讼监督、队伍建设情况等，加强对“两院”工作监督；听取全县公安队伍建设和社会治安管理情况、法律服务情况报告，提出建议意见。坚持任职资格审查、听取情况汇报、任前法律知识考试和供职报告制度，依法任免“一府两院”和人大机关人员258人次。2008年后共接待人民群众来访319人次，受理、交办和督办人民群众来信436件。

2009年4月18日，首次开展人大代表联系选民固定接待日活动，全县1200多名四级人大代表走进选区，联系走访选民3500多人次，收集意见1787条，推动解决一些民生问题。开展代表述职活动，有80%以上县镇人大代表走进选区，向选民汇报履职工作，现场接受选民测评。采取县人大代表推荐、县人大常委会组成人员集体票决方式，组织开展对县发改委、环保局、民政局、安监局和住建局工作评议。组织镇人大干部培训学习，指导镇人大健全工作制度，规范工作程序，支持镇人大依法履职。分批邀请镇人大主席列席常委会会议，联动开展部门评议、执法检查和视察调研等活动，提升镇人大工作地位。

2011年10月29日，《如东县人大保民生作用凸显》被中央电视台四套专门报道。县第十五届人大一次会议将代表提出做好慈善事业建议作为重点建议交政府办理，主任会议集体督办，县政府出台《关于加快发展全县慈善事业的意见》；听取和审议县政府关于全县农村五保、城乡低保和社会优抚、社会保障情况报告，推进社会福利事业发展，建立医疗保障救助体系，完善社会保障体系；听取和审议县政府关于全县住房保障情况工作报告，建议县政府尽快建立住房保障制度，加快廉租房和经济适用房建设。作出《关于加快推进全县农村危桥改造建设的决议》，听取和审议县政府关于全县公共交通事业发展情况工作报告，形成加快推进城乡公共交通事业发展决议。对全县项目农业建设、河道整治、绿化造林、农村土地流转、村级为农服务社建设、粮食仓储设施建设、秸秆综合利用、城乡垃圾集中处置等工作加大监督力度，听取县政府关于加快推动普遍饮用长江水工程建设专题报告，听取县政府和住建部门关于加强社区物业管理工作报告，促进相关工作意见和管理办法的出台实施。

县第十五届人大一次会议后，代表共提出议案和建议 1106 件，其中大会确定议案 3 件，重点建议 31 件。对大会确定议案，县人大常委会多次组织代表视察检查办理进展情况，确保议案办理阶段性任务落实。听取和审议县政府关于议案建议办理情况和常委会决议、审议意见执行落实情况工作报告。创建 73 个代表之家。

2011 年 10 月，组织县镇两级人大换届选举工作，首次实行城乡按相同人口比例选举人大代表，依法选举产生县人大代表 354 人、镇人大代表 1310 人。加强自身建设，提高工作水平。共深入到镇村和企业开展调研 80 余项，召开各类座谈会 110 多次，形成调查报告 100 多个，在《中国人大》《人民代表报》《人民与权力》等报刊发表稿件 160 多篇。

县人大常委会报告总结 6 个方面实践体会：必须坚持中国共产党领导，在党的路线方针政策指引下开展好人大工作，牢牢把握正确的政治方向；必须坚持科学发展观，依法行使好监督职权，促进经济社会全面可持续发展；必须坚持以人为本，切实维护好人民群众的根本利益，充分表达和体现群众意愿；必须坚持发挥人大优势，正确处理好监督与支持的关系，在推动发展中凝心聚力；必须坚持代表主体地位，切实发挥好代表作用，紧紧依靠广大代表履行人大职权；必须坚持创新精神，积极探索好的思路和机制，不断开创人大工作新局面。

6. 法院和检察院工作报告

会议听取和审议县法院代院长娄宏春所作《如东县人民法院工作报告》和县检察院检察长顾祖林所作《如东县人民检察院工作报告》。2008—2011 年，县法院共受理各类案件 3.48 万件（旧存 139 件），审结 3.48 万件，2011 年受理各类案件 9368 件（旧存 142 件），审结 9378 件，结收案比 98.6%，质效指标位居南通市前列。县检察院共审查逮捕案件 625 件 877 人，批准逮捕 505 件 687 人，审查移送起诉 1577 件 2299 人，提起公诉 1230 件 1703 人；共立案查处贪污贿赂案件 50 件 63 人，其中 5 万元以上大案 45 件 56 人，科级以上干部 8 人，为国家挽回经济损失 3000 多万元。

会议共收到代表 10 人以上联名提出议案 6 件，代表建议 317 件，连同代表议案转为建议 6 件，共 323 件；确定重点建议 8 件。

（二）县第十六届人民代表大会第二次会议

2013 年 1 月 16—19 日，如东县第十六届人民代表大会第二次会议在县行政中心召开。会议由大会主席团主持。

1. 大会机构

大会主席团成员（46 人）：

丁　越（女）	卜其银	于立忠	万继红（女）
王亚平	王震谷	石　磊	冯力如
朱德军	任新峰	刘才盛	杨小军
杨中坚	杨成泉	李海兵	吴风俊
何永华	邱荣林	沈更生	沈秀梅（女）
张卫东	张桂英（女）	张蓉蓉（女）	陈昌龙
陈建华	陈　斌	周苏林	周建飞
周新基	胡　斌	冒亚平	姜建新
耿卫东	徐守华	徐志平	高　军
唐国均	陶跃东	黄继石	韩　明
谢　骏	詹立风	蔡瑞平	管玉华
翟以圣	樊重念		

秘书长：陈昌龙（兼）

副秘书长：卜其银　张光平　丁　越（女）

主席团常务主席：詹立风　陈昌龙　沈更生　冯力如　唐国均

议案审查委员会

主任委员：陈昌龙

副主任委员：樊重念

委　员：丁　越（女）朱德军　沈秀梅（女）　周新基　姜建新　黄继石

计划与预算审查委员会

主任委员：冯力如

副主任委员：徐守华

委　员：王亚平　周苏林　胡　斌　高　军　管玉华

2. 政府工作报告

会议听取和审议县长潘建华所作《政府工作报告》。2012年，县政府把"稳增长、调结构、促转型、惠民生"紧密结合，明确任务，落实责任，目标化、项目化推进重点工作；把抓当前与谋长远结合，健全完善体制机制，强化源头性、基础性工作；把转变观念、创新举措与改进作风、提升效能结合，强化政策和资源整合，强化重点难点问题破解，着力培育典型，打造新亮点；把发展经济与改善生态、改善民生结合，尽力解决好事关群众切身利益的问题，促进经济社会和谐发展。全年全县实现地区生产总值480亿元，同比增长12.8%；实现财政总收入80.36亿元，其中公共财政预算收入32.17亿元，同比增长26.7%；固定资产投资303亿元，同比增长20.8%；社会消费品零售总额202亿元，同比增长16.8%；进出口总额13.2亿美元，同比增长4.9%；城镇居民人均可支配收入和农民人均纯收入分别为2.70万元、1.23万元，同比分别增长13.6%、14%。

3. 国民经济和社会发展计划草案报告

会议审查县发展和改革委员会主任周春霖《关于如东县2012年国民经济和社会发展计划执行情况及2013年国民经济和社会发展计划（草案）的报告》。2012年，经济平稳较快增长。第一产业稳定增长，完成一产增加值51亿元；第二产业较快增长，完成工业增加值250.5亿元；第三产业快速增长，完成第三产业增加值178.5亿元。投资实现量质并举。固定资产投资超额完成年度计划，其中工业投入233亿元，增长20.1%；服务业投入70亿元，增长23.3%。全县实施亿元以上固定资产投资项目131个，数量同比增加67个，其中工业亿元项目90个，同比净增20个，当年竣工42个，是上年8倍。区域供水实现全覆盖。发展方式加快转型。4大园区工业应税销售收入同比增长31%，占全县40%；公共财政预算收入同比增长58%，占全县21%。高新技术产业产值增长24.6%，占规模以上工业35.8%。民生事业协调发展。实现就业8135人，新增农村劳动力转移5830人，城镇登记失业率控制在3%以内。新农合参保率达99.8%。生态环境不断改善。万元地区生产总值综合能耗下降3.6%，超额完成年计划目标，主要污染物排放量达到江苏省下达要求，县城空气优良天数超过90%。

4. 财政预算和执行情况报告

会议审查县财政局局长罗晓东《关于如东县2012年财政预算执行情况和2013年财政预算（草案）的报告》。2012年，全县公共财政收入完成32.17亿元，比上年增长26.7%。加上上年结转和上级拨给专款，全年可用财力59.53亿元；公共财政支出54.71亿元，比上年增长29%。未完成项目结转下年7.23亿元，县镇（区）筹措调入非税等资金2.41亿元，实现当年财政收支平衡。

5. 人大常委会工作报告

会议听取和审议县人大常委会副主任陈昌龙所作《如东县人大常委会工作报告》。2012年，召开常委会会议9次，听取和审议"一府两院"工作报告11项，作出决议决定、提出审议意见11项；召开主任会议16次，听取"一府两院"专项工作报告17项。

县人大常委会履行监督职权，推动全县经济和社会事业发展。常委会会议听取和审议县政府关于立足资源优势，加快沿海开发情况工作报告，从战略定位、产业布局、政策保障、要素集聚、人才支撑等方面提出建设性意见。开展计划预算监督，专题听取和审议计划预算执行情况和同级审计报告，提出强化产业载体功能、发展特色产业、加快城市建设、实现城乡统筹发展等建议意见。听取和审议县政府关于全县农村水利基础设施建设情况工作报告，提出加大综合投入破解资金瓶颈、深化水利改革推动协调发展等建议意见。主任会议专题听取全县现代渔业园区建设情况工作报告，建议发挥如东资源优势，把加快发展现代农渔业作为转型升级抓手，实现产业协调发展。组织开展对县规划局工作评议。县人大常委会组成4个调查组，分赴基层各单位听取意见。主任会议听取金融行业服务地方经济发展、深化医疗卫生体制改革情况报告，并组织对环境保护、国土资源管理、安全生产、化工企业退城进区、项目行政服务、壮大村级经济、农民实用技术培训、农机合作组织建设、城市管理、市政工程和交通基础设施建设以及人口计生、宗教事务等进行专题视察调研，促进工作开展。

2012年5月4日，县人大常委会党组副书记、副主任陈昌龙（右二）在掘港镇调研城乡规划和农村水利建设情况

突出民生利益保障，支持政府为民办实事。召开现场会3次，组织部分县镇人大代表、镇人大主席和相关部门负责人集中视察农村基础设施、城乡交通工程、区域引江供水、环境综合整治、富民强村工程等现场，推进民生实事落实。主任会议专题听取县政府关于全县城乡居民普遍饮用长江水工程推进情况工作报告。县人大常委会会议听取和审议县城老旧小区改造情况报告，作出《关于加快推进县城老旧小区改造的决议》。主任会议听取县住建局关于保障房建设情况工作报告、县政府关于《中华人民共和国社会保险法》实施情况工作报告；听取县总工会关于《江苏省工会劳动法律监督条例》贯彻情况工作报告；对《中华人民共和国老年人权益保障法》贯彻情况开展专题视察。全年处理来信56件，接待来访36人次。

2012年8月21日，县人大代表视察政府为民办实事项目

推进民主法治建设，维护社会公平正义。组织开展食品安全执法检查，县人大常委会会议专题听取县政府对《中华人民共和国食品安全法》实施情况报告；主任会议听取县政府关于《中华人民共和国道路交通安全法》贯彻实施情况工作报告，提出加强道路安全监管、健全隐患排查机制、加快基础设施建设、放大宣传示范效应等意见建议。组织开展视察调研，检查“六五”普法工作情况；主任会议听取县法院关于刑事审判情况、县检察院关于延伸法律触角情况报告。全年

县人大常委会依法任免人大机关和“一府两院”工作人员62人次，任命新一届人民陪审员60人。

创新代表工作举措，发挥代表主体作用。按照“就地、就近、就选民”原则，规范“代表之家”，为代表提供集中学习、履职交流、联系群众和执行职务平台。县人大成立5个专业代表小组，发挥代表专业优势。在评议县规划局工作中，首次采用县人大常委会组成人员和人大代表询问方式。坚持县人大常委会领导联系接待代表、县人大常委会组成人员固定联系代表等制度，邀请代表参与县人大常委会组织的各项视察调研和审议活动。开展“代表联系选民周”活动，在部分镇试点开展代表向选民述职活动；有50多位代表事迹被江苏省、南通市、如东县新闻媒体和人大宣传媒介报道。2012年，县人大代表共提出建议、批评和意见320件。对县第十六届人大一次会议确定的关于小微企业发展、农业转型升级等8件重点建议，由县人大常委会分管领导领衔督办。对饮用水安全、老旧小区改造等代表反映相对集中建议，及时纳入常委会会议或主任会议议题，加大督办力度，加强跟踪督查。县人大常委会听取和审议县政府关于代表建议办理、民生实事推进、常委会决议和审议意见落实情况工作报告，加大跟踪督办力度，并对优秀代表建议和优秀承办单位作出表彰决定。

2012年4月25日，县人大评议培训动员会召开

创刊《如东人大》杂志，总结大豫镇人大“五带头、五深入”（“五带头”：带头遵守法律，宣传方针政策；带头认真学习，提高履职能力；带头劳动致富，主动扶贫帮困；带头招商引资，积极投资创业；带头引领群众，促进社会和谐。“五深入”：深入选区，每年固定联系5名以上选民；深入调研，每年参加4次以上代表活动；深入思考，每年提出3条以上代表意见；深入群众，每年为周边群众做2件实事；深入实际，每年开展1次以上代表持证视察活动）主题活动等经验，在江苏省乡镇人大主席培训班上交流。坚持求真务实作风，提升常委会工作水平。全年县人大常委会组成人员深入镇村和企业开展调研20多项，召开各类座谈会40多次，形成调查报告15篇。制定出台《关于进一步提高常委会会议和主任会议质量的意见》。在《人民与权力》《南通人大》等江苏省、南通市级以上媒体发表文章信息40多篇。

2012年10月24日，县人大常委会党组副书记、副主任陈昌龙（右二）在河口镇调研

6. 法院和检察院工作报告

会议听取和审议县法院院长娄宏春所作《如东县人民法院工作报告》和县检察院检察长顾祖林所作《如东县人民检察院工作报告》。2012年，县法院共受理各类案件8677件，审执结8528件，诉前调解案件2306件，法官人均结案157件，主要审判质效指标均居南通市法院前列。2012年，县检察院共审查逮捕各类案件153件221人，批

准逮捕115件161人，审查移送起诉602件853人，提起公诉469件645人。先后办理公安部督办的网络传播淫秽物品案、特大网络传销案等一批大案要案。重点查处侵犯民权、危害民生、损害民利的依法贿赂犯罪案件，共查办7件15人，其中100万元以上案件2件3人，为国家挽回经济损失460余万元。

会议共收到代表10人以上联名提出议案6件，列入大会议案1件；共收到代表建议204件，议案转为建议5件，共209件；确定重点建议10件。

（三）县第十六届人民代表大会第三次会议

2014年1月11—13日，如东县第十六届人民代表大会第三次会议在县行政中心召开。会议由大会主席团主持。

1. 大会机构

大会主席团成员（48人）：

丁　越（女）卜其银　于立忠　万继红（女）
王亚平　王震谷　石　磊　冯力如
朱德军　任新峰　刘才盛　杨小军
杨中坚　杨成泉　李海兵　吴凤俊
何永华　邱荣林　沈更生　沈秀梅（女）
张卫东　张桂英（女）张蓉蓉（女）陈昌龙
陈建华　陈　斌　陈宝来　陈晓晴（女）
周苏林　周建飞　周新基　胡　斌
冒亚平　姜建新　耿卫东　徐守华

2014年1月12日，如东县第十六届人民代表大会第三次会议主席团第二次会议召开

徐志平　高　军　唐国均　陶跃东
黄继石　韩　明　谢　骏　詹立风
蔡瑞平　管玉华　翟以圣　樊重念

秘书长：陈昌龙（兼）

副秘书长：卜其银　张光平　丁　越（女）

主席团常务主席：詹立风　陈昌龙
沈更生　冯力如
唐国均

议案审查委员会

主任委员：陈昌龙

副主任委员：樊重念

委　员：丁　越（女）朱德军　沈秀梅（女）
周新基　姜建新　黄继石

计划与预算审查委员会

主任委员：冯力如

副主任委员：徐守华

委　员：王亚平　周苏林　胡　斌
高　军　管玉华

2. 政府工作报告

会议听取和审议县长潘建华所作《政府工作报告》。2013年，县政府把加快发展作为主要任务，把项目建设作为工作中心，把健康协调发展作为基本要求，把优化体制机制作为重要保障，统筹抓好“稳增长、调结构、促改革、惠民生”等各项工作。全年实现地区生产总值536亿元，同比增长12.2%；实现财政总收入102.4亿元，其中公共财政预算收入40.66亿元，同比增长26.4%；固定资产投资352亿元，同比增长25%；社会消费品零售总额227亿元，同比增长12.8%；进出口总额24.5亿美元，同比增长90%；城镇居民人均可支配收入和农民人均纯收入分别达2.92万元、1.35万元，同比分别增长9.1%、11.1%；节能减排完成南通市下达任务。

3. 国民经济和社会发展计划草案报告

会议审查县发展和改革委员会主任周春霖《关于如东县2013年国民经济和社会发展计划执

行情况及2014年国民经济和社会发展计划（草案）的报告》。2013年，经济总量增长超过预期。一产增加值57.5亿元，同比增长8%。二产增加值268.5亿元，工业应税销售收入完成619.32亿元，增长24.3%，超年计划7.28个百分点；建筑业完成施工产值470亿元，同比增长29.1%。社会消费品零售总额完成227亿元，同比增长12.8%，比年计划低3.2个百分点。实现进出口总额24.5亿美元，同比增长90%，超年计划82个百分点。完成固定资产投资352亿元，增长25%，与年计划持平。其中工业投资260亿元，同比增长16.5%，增幅列5县（市）第二位；服务业投资92亿元，增长42%，增幅列5县（市）第一位。完成注册外资7.1亿美元，同比增长24.1%，超年计划16.1个百分点。城镇登记失业率控制在2.8%以内，居民消费价格指数涨幅控制在江苏省、南通市目标值以内。

4. 财政预算和执行情况报告

会议审查县财政局局长罗晓东《关于如东县2013年财政预算执行情况和2014年财政预算（草案）的报告》。2013年，全县公共财政收入完成40.66亿元，比上年增长26.4%。加上上年结转和上级拨给专款，全年可用财力70.38亿元；当年支出67.65亿元，未完成项目结转下年7.33亿元，县镇两级筹措调入其他资金4.60亿元，实现当年财政收支平衡。

5. 人大常委会工作报告

会议听取和审议县人大常委会副主任陈昌龙所作《如东县人大常委会工作报告》。2013年，召开常委会会议8次，听取和审议“一府两院”工作报告11项，作出决议决定、提出审议意见8项；召开主任会议18次，听取“一府两院”专项工作报告14项。

坚持围绕中心，服务发展大局。县人大常委会把县第十六届人大二次会议通过的“关于立足‘三实’狠抓项目建设，促进全县经济又好又快发展的议案”督办工作列为全年工作重点，成立议案督办领导组和5个督查工作组，出台议案督办实施意见。听取和审议县政府关于全县招商引资情况报告，建议县政府围绕招好商、招大商目标，优化投资环境，提升招商引资实效和园区贡献份额。主任会议听取县政府关于全县新能源发展情况报告，建议修编完善能源发展规划、打造重大装备制造基地、加快天然气管网等民生工程建设。县人大常委会听取和审议县政府关于“五个一批”（编制一批现代农业发展规划；新建一批千亩高效设施种养园区；新建一批固定资产投资500万元以上的种养示范基地；培育一批现代农业示范村；引进一批投资规模1000万元以上的农渔业加工或流通、休闲项目）农（渔）业项目实施情况工作报告。主任会议听取县政府关于全县经济薄弱村发展情况工作报告。强化计划预算监督。县人大常委会听取和审议计划执行情况报告，提出加强经济形势分析监测、破解生产要素制约、促进实体经济发展、加大科技创新力度等建议意见。听取和审议预算执行情况和同级审计的报告，提出提高财政收入质量、压缩行政运行成本、培育县域税源经济、发挥专项资金使用效益、规范政府融资行为等建议。主任会议听取县政府关于闲置土地清理及交通基础设施、市政工程建设和管理情况报告，组织人大代表开展视察活动。县人大

2013年11月8日，县人大视察洋口港开发区项目建设情况

常委会组织对发展规划管理、工业企业运行、供电通信服务、旅游业发展、安全生产、农村环境综合整治、农业机械化实施、防汛防旱、储备粮体系建设、《中华人民共和国公路法》贯彻实施、航道建设管理、城市管理、建筑工程质量监管等进行专题视察调研。

强化民本理念，持续推进民生改善。县人大常委会听取和审议县政府关于全县社会化养老服务体系建设情况报告，建议在政策扶持引导、统筹社会力量、破解制约难题、规范行业运作等方面加大力度，提升养老服务水平。主任会议听取县政府关于提升人口公共服务水平、促进人口均衡发展情况的工作报告，建议政府重视因多年人口负增长造成的人口总体结构失调、人口老龄化加剧、家庭发展能力弱化等问题，采取有效措施，实现人口均衡发展。开展对卫生局工作评议，首次委托县审计局对县卫生局及其部分下属单位进行审计调查，针对看病难看病贵、医疗队伍建设、医德医风等提出询问和审议意见。主任会议听取全县农产品质量安全情况报告，提出把保障农产品安全列入各级政府重要议事日程，形成“政府统筹协调、部门密切配合、多方统一行动”工作机制；加快农产品标准化园区建设，建立家庭农场式的适度规模经营生产方式，推动农业规模化、标准化、品牌化发展。县人大常委会专题开展饮用长江水工程进展情况视察调研，组织市县人大

2013年8月23日，召开市县人大代表视察食品安全工作汇报会

代表开展食品安全视察检查，推动饮水安全和食品安全工作。专业代表小组形成食品安全专题调查报告。主任会议听取县总工会关于《江苏省工会劳动法律监督条例》贯彻实施情况工作报告。常委会开展对县城老旧小区升级改造、保障房建设、创建义务教育优质均衡示范县、文化产业发展、文广传媒、残疾人权益保障等社会事业进行专题视察和调研。

突出法律监督，维护社会和谐稳定。县人大常委会将环境保护法执法检查作为全年一项重点议题组织实施。听取和审议县政府关于贯彻实施《中华人民共和国环境保护法》情况报告及执法检查情况报告，要求县政府抓好污染源头控制、环境执法监管、农村环境综合整治等重点环节，加大环保投入力度。县人大常委会开展“六五”普法工作视察调研，主任会议听取县法院关于商事审判情况、县检察院关于民事行政诉讼法律监督情况报告，并提出建议意见。全年处理人民来信62件，接待来访42人次。县人大常委会依法任免人大机关和“一府两院”工作人员25人次。

发挥主体作用，提升代表工作水平。县第十六届人大二次会议，代表提出议案建议、批评和意见223件（其中列为重点建议10件，闭会期间代表提出建议13件）。主任会议专题听取县政府关于办理工作打算，坚持县人大常委会分管主任牵头督办、组织代表现场督办和相关工委跟踪督办，县人大常委会听取和审议县政府关于办理工作情况报告，对优秀代表建议和优秀承办单位作出表彰决定。经常委会建议，县委、县政府首次将人大代表建议办理工作纳入机关年度整体目标考核，对办理态度认真、措施得力、效果显著的承办单位给予加分。县人大常委会出台《关于议案建议办理工作的问责办法（试行）》，推动办理工作规范化、制度化。邀请代表列席常委会会议，将代表提出的建议意见纳入审议意见，交“一府两院”办理落实。组织开展“百名代表回选

区见选民听意见”活动，近300名县、镇人大代表回选区述职，共收集整理选民意见882条，分别由县、镇、村反馈交办。

2013年8月29日，县人大常委会党组副书记、副主任陈昌龙（左二）到栟茶镇，参加县人大代表“回选区、见选民、听意见”活动

加强常委会自身建设。全年县人大常委会深入镇村和企业调研20多项，召开各类座谈会40多次，形成调查报告16个。出台《如东县人大常委会专项工作评议办法》《如东县人大常委会关于进一步加强人大宣传工作的实施意见》，全面改版如东人大网站，在《求是》《群众》《人民与权力》等国家和江苏省、南通市级媒体上发表文章信息30多篇。

6. 法院和检察院工作报告

会议听取和审议县法院院长娄宏春所作《如东县人民法院工作报告》和县检察院检察长顾祖林所作《如东县人民检察院工作报告》。2013年，县法院共受理各类案件1.10万件（含诉前调解2150件），审执结1.03万件，主要审判质效指标综合排名南通市法院第二，被南通市中院记集体三等功。2013年，县检察院共审查逮捕各类犯罪案件90件115人，提起公诉447件511人。全年办理刑事和解案件137件，成功化解执法风险案件87件。共办理各类控告、举报、申诉案件132件，救助刑事被害人13人。全年立案侦查贪污贿赂案件14件14人，查处科级干部2人。查办住房建设审批等领域滥用职权案件2件4人。

会议共收到代表10人以上联名提出议案7件，列为大会议案5件；共收到代表建议177件，议案转为建议2件，共179件；确定重点建议10件。

（四）县第十六届人民代表大会第四次会议

2015年1月24—26日，如东县第十六届人民代表大会第四次会议在县行政中心召开。会议由大会主席团主持。

2015年1月24—26日，如东县第十六届人民代表大会第四次会议召开

1. 大会机构

大会主席团成员（47人）：

丁　越（女）　卜其银　于立忠　万继红（女）
王亚平　王震谷　石　磊　冯力如
朱德军　任新峰　刘才盛　杨小军
杨中坚　杨成泉　李海兵　吴风俊
何永华　邱荣林　沈更生　沈秀梅（女）
张卫东　张桂英（女）　张蓉蓉（女）　陈昌龙
陈建华　陈　斌　陈宝来　陈晓晴（女）
周苏林　周建飞　周新基　胡　斌
冒亚平　耿卫东　徐守华　徐志平
高　军　唐国均　陶跃东　黄继石
韩　明　谢　骏　詹立风　蔡瑞平
管玉华　翟以圣　樊重念

秘书长：陈昌龙（兼）

副秘书长：卜其银　张光平　丁　越（女）

主席团常务主席：詹立风　陈昌龙
沈更生　冯力如
唐国均

议案审查委员会

主任委员：陈昌龙

副主任委员：樊重念

委　员：丁　越（女）朱德军　何永华　沈秀梅（女）胡　斌　耿卫东　高　军

计划与预算审查委员会

主任委员：冯力如

副主任委员：徐守华

委　员：万继红（女）王亚平　周苏林　周新基　黄继石　韩　明　管玉华

2. 政府工作报告

会议听取和审议县长潘建华所作《政府工作报告》。2014年，县政府主动适应经济社会发展新常态，应对挑战，攻坚克难，创新务实工作，全年实现地区生产总值590亿元，同比增长10.3%；财政总收入128.34亿元，其中一般公共预算收入50.01亿元，同比增长23%；固定资产投资425亿元，同比增长20%；社会消费品零售总额254亿元，同比增长12%；外贸进出口总额31.5亿美元，同比增长10%；注册外资实际到账3.6亿美元；城镇和农村居民人均可支配收入分别为3.16万元、1.45万元，同比分别增长9.4%、10.5%；节能减排完成南通市下达任务。

3. 国民经济和社会发展计划草案报告

会议审查县发展和改革委员会主任王金泉《关于如东县2014年国民经济和社会发展计划执行情况及2015年国民经济和社会发展计划（草案）的报告》。2014年，实现工业应税销售收入730亿元，增长18.2%，比年计划高1.9个百分点，增幅连续4年列5县（市）第一。实现服务业应税销售收入300亿元，同比增长30%，超年计划5个百分点。外贸进出口总额31.5亿美元，增长10%，其中出口总额12亿美元，增长12%，超年计划2个百分点。城镇登记失业率控制在2.5%以内。

4. 财政预算和执行情况报告

会议审查县财政局局长罗晓东《关于如东县2014年财政预算执行情况和2015年财政预算（草案）的报告》。2014年，全县一般公共收入完成50.01亿元，比上年增长23%。加上上年结转和上级拨给专款，全年可用财力78.88亿元；当年支出79.20亿元，未完成项目结转下年6.55亿元，县镇两级筹措调入其他资金6.86亿元，实现当年财政收支平衡。

5. 人大常委会工作报告

会议听取和审议县人大常委会副主任陈昌龙所作《如东县人大常委会工作报告》。2014年，共召开常委会会议8次，听取和审议“一府两院”工作报告12项，作出决议决定6项，提出审议意见7项；召开主任会议14次，听取“一府两院”专项工作报告13项。

关注沿海开发，推进项目建设。县人大常委会听取和审议涉及沿海开发、项目建设方面的议案办理专项工作报告，组织省、市、县、镇四级人大代表视察重大产业项目实施情况，从优化空间布局、加大招商力度、营造最佳服务环境等方面提出审议意见。听取和审议县政府关于国民经济和社会发展第十二个五年规划纲要实施情况中期评估报告。听取和审议县政府关于加快土地流转、促进高效规模农业发展情况工作报告，建议

2014年10月30日，县人大召开省、市、县、镇四级人大代表“问项目”现场交流会议

2014年10月30日，四级人大代表视察掘港中心市场迁建项目现场

创新土地流转机制，培育经营主体，加大扶持力度，健全组织保障。主任会议听取县政府关于促进企业上市、增强企业融资能力情况工作报告，建议加大宣传力度，加快融资整合，加强顶层设计，完善梯队培育体系，建立综合协调机制，营造良好上市环境；听取关于全县海洋渔业特色产业发展情况报告，建议以规划为龙头，以管理为抓手，以服务为支撑，更新发展理念，放大海域资源优势，统筹社会力量，规范行业秩序，优化资源配置，提高产业市场竞争力。县人大常委会还组织开展对纺织业转型升级、新能源装备制造业发展等情况视察调研，及时提出建议意见。

加强计划预算监督，建立和完善年初对接、年中跟踪、年末评估的计划监督机制，听取和审议计划执行情况报告。抓住预算编制、执行和决算环节，听取审议预算执行情况和同级审计报告，对审计发现问题加强督促整改。县人大常委会审议批准如东县2014—2020年生态文明建设规划，主任会议听取全县农村公路和市政工程建设管理情况工作报告，组织人大代表开展视察活动。对《江苏省保护和促进台湾同胞投资条例》实施情况和鼓励扶持小微企业科技创新等情况进行专题调研，推进服务环境改善。

推进社会事业，县人大常委会听取和审议县政府关于全县学前教育发展情况工作报告，建议政府及相关部门坚持规划先行、统筹发展，加大投入，完善管理和保障机制，加强人才队伍建设，提高保教质量，加快全县学前教育发展步伐。组织开展对县属医疗机构医药制度改革、全县文化事业发展等情况视察调研，提出建议意见。组织对外贸进出口、安全生产、中心镇建设、绿化造林、环保设施建设、规划执行、青年就业创业等情况进行专题视察调研。组织开展农村基础设施建设专项工作评议。采取县镇联动方式，从路、桥、渠、河、泵站建设和农村居民饮用长江水工程建设方面对10个部门开展评议。主任会议专题听取县住建局关于保障房建设、县城老旧小区改造和小区物业管理工作报告，专题开展对违规建设管控工作调研。继续跟踪食品药品安全。主任会议专题听取关于加强全县农资市场监管情况工作报告，将农产品质量安全监管列入跟踪视察计划，采取调查摸底、代表约见、专题视察、绩效评价等方式，要求各级政府强化农产品源头治理，加强农产品安全信用体系建设和长效监管机制建设。专题调研食品药品监管、农村饮用水工程支管网改造情况。重视老龄事业发展。专题调研《中华人民共和国老年人权益保障法》贯彻实施情况，要求政府统筹好集中养老和居家养老、城镇养老和农村养老、公办养老和民办养老之间的发展关系。

县镇联动开展《畜禽规模养殖污染防治条例》执法检查。县人大常委会组成3个执法检查小组，

2014年4月3日，县人大召开《畜禽规模养殖污染防治条例》执法检查部署会

到相关镇区、部门及畜禽养殖场（户），通过听取汇报、实地查看、走访座谈等方式，进行执法检查。专题听取和审议县政府关于贯彻实施《畜禽规模养殖污染防治条例》情况工作报告及常委会执法检查报告。

加强普法检查和司法监督工作。主任会议听取县法院关于人民法庭建设工作情况报告、县检察院关于监所检察工作情况报告。对公安网络安全保卫、社区矫正工作、《信访条例》贯彻实施情况进行调研，加强对规范性文件备案审查。全年交办和督办群众来信 56 件、接待来访 50 人次。

督促代表议案建议办理，三次大会后，共确定大会议案 5 件，收到代表建议 197 件。主任会议专题听取县政府办理工作安排，县人大常委会听取和审议办理落实专项工作报告，表彰优秀议案建议和优秀承办单位。县人大常委会对审议的专项资金绩效评价等 5 个议题开展跟踪视察，组织对 5 个主办部门满意度测评。

开展人大代表“访选民问项目评部门”主题实践活动。共有 287 名县人大代表回到选区，向选民反馈意见办理情况，并向选民述职；收集到 1900 多条建议意见，分层次反馈和交督办；7 条建议意见，由县人大常委会向政府集中交办。2014 年，县镇人大联动开展对县农委工作评议、农村基础设施建设专项工作评议、南通市人大对南通市 12 个部门评议调研等活动。修订完善县人大常委会议事规则、县人大常委会组成人员守则等 18 项制度，全年县人大常委会组成人员到镇村和企业开展专题调研 20 余项，召开各类座谈会 50 多次，形成调查报告 17 个，在《人民代表报》《人民与权力》《南通人大》等国家和江苏省、南通市级报刊上发表文章 30 篇。

2014 年 11 月 17 日，县人大农村基础设施建设专项工作评议会议召开

6. 法院和检察院工作报告

会议听取和审议县法院院长娄宏春所作《如东县人民法院工作报告》和县检察院检察长顾祖林所作《如东县人民检察院工作报告》。2014 年，县法院共受理各类案件 1.17 万件，审执结 1.02 万件，同比均上升 25.5%，主要审判质效指标位居南通市法院前列。被南通市中级法院记集体三等功，被县委、县政府评为“人民满意机关”。2014 年，县检察院共审查逮捕各类犯罪案件 105 件 122 人，提起公诉 533 件 649 人。化解执法风险案件 26 件。全年受理职务犯罪线索 41 件 43 人，立案侦查 16 件 18 人，立案人数同比上升 28%，大案率 100%，为国家挽回经济损失 830 余万元。办理刑事和解案件 134 件 136 人，引导、促成当事人达成和解 111 件 111 人，和解成功率 86.7%。被最高人民检察院评为全国检察宣传先进单位、全国文明接待室，被江苏省检察院和江苏省人社厅联合表彰为全省检察机关先进集体。

2015 年 1 月，县人民法院院长娄宏春在县第十六届人民代表大会四次会议上作法院工作报告

会议共收到代表 10 人以上联名提出议案 6 件，

列为大会议案3件，转为建议3件；共收到代表建议213件（包括代表议案转为建议3件）。确定重点建议16件。

（五）县第十六届人民代表大会第五次会议

2016年2月18—20日，如东县第十六届人民代表大会第五次会议在县行政中心召开。会议由大会主席团主持。

1. 大会机构

大会主席团成员（49人）：

丁　越（女）卜其银　于立忠　万继红（女）
王亚平　王震谷　石　磊　冯力如
朱德军　任新峰　杨小军　杨中坚
杨成泉　李海兵　吴凤俊　何永华
邱荣林　沈更生　沈秀梅（女）张卫东
张栩龙　张桂英（女）张蓉蓉（女）陈昌龙
陈建华　陈　斌　陈宝来　陈晓睛（女）
周苏林　周建飞　周春霖　周新基
胡　斌　冒亚平　顾林海　徐守华
徐志平　高　军　唐国均　陶跃东
黄继石　韩　明　蒋红霞（女）谢　骏
蔡瑞平　管玉华　翟以圣　樊重念
潘建华

2016年2月18日，县第十六届人民代表大会第五次会议召开主席团第一次会议

秘书长：陈昌龙（兼）

副秘书长：卜其银　张光平　丁　越（女）

主席团常务主席：潘建华　陈昌龙
沈更生　冯力如
唐国均

议案审查委员会

主任委员：陈昌龙

副主任委员：樊重念

委　员：丁　越（女）朱德军　何永华
沈秀梅（女）胡　斌　周苏林
高　军

计划与预算审查委员会

主任委员：冯力如

副主任委员：徐守华

委　员：万继红（女）王亚平　周春霖
周新基　黄继石　韩　明
管玉华

2. 政府工作报告

会议听取和审议县长潘建华所作《政府工作报告》。报告总结“十二五”及2015年工作。“十二五”期间，地区生产总值年均增长13.8%，2015年达672.69亿元，人均地区生产总值超过1万美元；2015年实现一般公共预算收入58.54亿元，为“十一五”期末3倍，年均增幅南通市领先。三次产业结构由“十一五”期末12.8∶53.4∶33.8演进为2015年9.7∶46.8∶43.5，服务业增加值占地区生产总值比重提高9.7个百分点。高新技术产业产值占比达42.92%，新兴产业产值占比达24.35%。洋口港成为国家一类口

2016年2月，县委副书记、县长潘建华在县第十六届人民代表大会五次会议上作政府工作报告

岸，正式对外开放。沿海园区载体建设、开发质态和贡献份额不断提升，产业集聚度逐步增强。“十二五”期间累计到账外资17.56亿美元。三一重工、德国巴斯夫等17家世界500强企业投资项目相继落户投产。小洋口旅游度假区成为南通首个省级旅游度假区。“十二五”期间，海洋铁路、临海高等级公路、通洋高速一期相继建成通车，交通条件实现历史性跨越。市政道路、配套管网、绿化亮化等工程累计投入近百亿元，垃圾收集处置、污水处理等基础设施不断完善，城市绿化率突破40%。引江供水实现城乡全覆盖。继续蝉联江苏省文明城市，成为国家生态县。“十二五”期末，城乡居民收入分别为3.43万元和1.58万元，年均递增10.9%和11.7%，失业率控制在2.4%以内，建档立卡贫困人员100%实现脱贫。

2016年2月19日，县人大常委会党组副书记、副主任陈昌龙（右二）等领导参加栟茶代表团讨论

3. 国民经济和社会发展计划草案报告

会议审查县发展和改革委员会主任王金泉《关于如东县2015年国民经济和社会发展计划执行情况及2016年国民经济和社会发展计划（草案）的报告》。2015年，全县实现地区生产总值672.69亿元，同比增长10%（按可比价计算），低于年计划1个百分点；实现一般公共预算收入58.54亿元，增长17.1%，超年计划5.06个百分点。实现工业应税销售收入912.76亿元，增长20.93%，总量、增幅分别列居南通市第二、第一位。实现服务业应税销售收入520亿元，增长64.6%，超年计划39.6个百分点，增幅列南通市第二位。完成固定资产投资486.98亿元，增长13.8%，其中工业投资303.25亿元，增长8.3%；服务业投资183.24亿元，增长24.3%，增幅列南通市第一位。实现社会消费品零售总额287.43亿元，增长11.5%，增幅列南通市第一位。实现进出口总额24.46亿美元，其中出口总额14.41亿美元，增长11.8%；注册外资到账4.25亿美元，超额完成年度计划。县域基本竞争力连续13年跻身全国百强县（市）行列，排名从2014年58位上升至56位。研发投入占地区生产总值比重达2.4%。常住人口城镇化率53.6%。城镇和农村居民人均可支配收入分别为3.43万元、1.58万元，分别增长8.8%、9.2%。

4. 财政预算和执行情况报告

会议审查县财政局局长罗晓东《关于如东县2015年财政预算执行情况和2016年财政预算（草案）的报告》。2015年，全县一般公共收入完成58.54亿元，比上年增长17.1%。加上上年结转和上级拨给专款，全年可用财力87.87亿元；当年支出93.89亿元，未完成项目结转下年6.45亿元，县镇两级筹措调入其他资金12.48亿元，实现当年财政收支平衡。

5. 人大常委会工作报告

会议听取和审议县人大常委会副主任陈昌龙所作《如东县人大常委会工作报告》。2015年，共召开常委会会议7次，听取和审议“一府两院”工作报告12项，作出决定、提出审议意见13项；召开主任会议18次，听取“一府两院”专项工作报告16项。

开展县人大代表“问项目”活动。筛选县镇区在建续建70多个工业、服务业和基础设施项目，组织县人大常委会组成人员和县人大代表，通过召开情况交流会、专题视察、代表约见、专题询问、跟踪督办等方式，全面了解项目进展情

2015 年 4 月 16 日，县人大常委会党组副书记、副主任陈昌龙（右二）等领导带领部分县人大代表到洋口港经济开发区开展“问项目”活动

况，分析存在问题，在规划、政策、土地、资金、服务等方面向政府及相关部门提出建议意见，督促解决项目建设过程中的矛盾问题。主任会议听取和审议县政府关于推进创新驱动战略促进产业转型升级情况工作报告，提出做深做实产业发展规划，建立健全产业规划执行机制，注重企业家能力提升，重视人才向企业聚集，完善政策支撑体系，加快功能平台建设，加强招商队伍建设和强化考核导向作用的建议意见。县人大常委会听取和审议全县海域使用管理情况工作报告，建议县政府完善海域功能区划，拓展海域发展空间，统筹资源储备，加强环境监测。

县人大常委会重视国民经济和社会发展“十二五”规划以及年度计划预算执行情况监督，专题听取工作报告，建议县政府正确研判全县经济发展面临风险和困难，重视产业发展不够均衡、财政收支矛盾凸显等问题，优化产业结构，破解发展难题，加大增收力度，统筹城乡发展。组织人大代表参与支持和监督“十三五”规划纲要编制工作，广泛听取和收集建议意见，向县政府及相关职能部门反馈。加强对新《中华人民共和国预算法》贯彻落实情况监督，将国有资本经营预算、社保基金预算管理纳入监督范围。主任会议专题听取全县安全生产监管情况工作报告，县人大常委会加大对农村基础设施建设推进监督力度，主任会议听取全县城市规划、建设、管理以及交通基础设施建设管理情况工作报告，并组织人大代表开展视察活动。县人大常委会组织对供电服务地方经济发展、培育发展新型农业经营主体、县城环境综合整治、城乡建设用地增减挂钩、地方海事工作等进行专题视察调研。

2015 年 11 月 20 日，县人大常委会党组副书记、副主任陈昌龙（左二）等领导视察城市规划建设情况

重视教育资源均衡配置。县人大常委会听取和审议县政府关于县城教育资源配置情况工作报告，建议县政府补齐资源短板，完善薄弱环节，提升县城教育现代化建设水平，加快实现从“有学上”到“上好学”转变。组织常委会组成人员专题视察调研全县农村幼儿园建设情况。推动公立医院综合改革。主任会议专题听取县政府关于全县公立医院综合改革情况工作报告，组织省人大代表提出建议，协同省、市人大加强督办，推动医疗卫生资源下沉，促进相关政策措施落实。关注社会保障工作。主任会议专题听取关于全县社会保障情况工作报告，要求县政府及相关职能部门健全社会保障体系，加强劳动维权执法，确保社保基金保值增值。持续跟踪食品药品安全监管。主任会议专题听取县政府关于全县食品药品安全监管情况工作报告。县人大常委会对全县文化人才队伍建设等社会事业发展，《江苏省工会劳动法律监督条例》《中华人民共和国未成年人权益

保护法》《中华人民共和国残疾人保障法》《江苏省少数民族权益保障条例》的贯彻实施，县城老旧小区改造，小区物业管理等民生问题进行专题视察和调研。

组织开展《中华人民共和国水污染防治法》执法检查。县人大常委会听取和审议县政府关于贯彻实施《中华人民共和国水污染防治法》情况工作报告，县镇区联动开展执法检查。县人大常委会还对贯彻实施《中华人民共和国环境保护法》《畜禽规模养殖污染防治条例》情况进行专题询问，主任会议听取县政府关于实施划定畜禽养殖禁养区、限养区意见情况工作报告，推动生态保护相关法律落实。

2015 年 4 月 8 日，县人大常委会组成人员等听取《中华人民共和国畜牧法》知识讲座

加强普法检查和司法监督。县人大常委会听取和审议县政府关于全县“六五”普法实施情况工作报告，主任会议听取县法院执行工作情况报告、县检察院关于查办和预防职务犯罪工作情况报告。县人大常委会对人民陪审员工作、公安执法规范化建设、公共法律服务体系建设、《中华人民共和国行政诉讼法》贯彻实施等情况进行视察调研。出台《如东县人大常委会规范性文件备案审查实施办法》。全年交办和督办群众来信 48 件、接待来访 60 人次。全年依法任免人大机关和“一府两院”工作人员 59 人次。加强对人大任命“一府两院”工作人员任后监督，县人大常委会出台“一府两院”工作人员报告履职暂行办法，首次听取 11 人履职报告并进行评议，提出整改建议。13 名市人大代表报告履职情况。

开展“访选民”活动。共有 270 名县人大代表联系走访选民 4586 人次，收集选民意见 1199 件。县人大常委会在配合评议 12 个市政府部门工作、农村基础设施建设专项工作评议和评议“一府两院”工作人员履职情况等活动中，通过县、镇（区）人大联动评议方式，扩大代表参与面。四次大会后共收到代表议案 3 件、代表建议 218 件，采取主任会议研究督办、县人大常委会领导领衔督办、相关工委归口督办、邀请代表现场督办相结合方式，全部办理完毕并由承办单位答复代表。2015 年办理答复工作首次采用网上公示方式。县人大常委会会议及主任会议专题听取和审议县政府关于代表议案建议办理情况工作报告，提出完善意见。

加强镇（区、街道）人大工作。县人大常委会在 6 个开发区和 3 个街道设立人大工委，完善基层人大组织体系。通过县、镇（区）联动、以片活动、工作交流、现场指导等方式，各镇（区）人大主题特色活动得到南通市人大肯定，大豫镇南坎社区代表之家成为南通市人大“十面红旗”代表之家，原掘港镇加强基层人大工作建设经验做法得到全国人大肯定。

2015 年 11 月 11 日，县人大召开镇（区、街道）人大工作座谈会

全年县人大常委会组成人员开展专题调研20多项，召开各类座谈会60多次，形成调查报告16份，在《中国人大》《人民代表报》等国家和江苏省、南通市级报刊发表文章30多篇。

6. 法院和检察院工作报告

会议听取和审议县法院院长娄宏春所作《如东县人民法院工作报告》和县检察院检察长顾祖林所作《如东县人民检察院工作报告》。2015年，县法院共受理各类案件1.35万件，审执结1.12万件，同比分别增长14.9%和10.3%，院法官人均结案数、一审判决案件改判发回重审率、一审服判息诉率等主要审判质效指标位居南通市法院前列，被江苏省高级人民法院记集体二等功。2015年，县检察院依法办理妨害企业管理秩序、破坏金融管理秩序、金融诈骗、危害税收征管、扰乱市场秩序犯罪案件38件58人。全年审查逮捕各类犯罪案件113人，提起公诉630人。办理刑事和解案件173件174人，涉及民事赔偿金额5020万元。立案查办贪污贿赂犯罪案件14件18人，均为大案，查处科级干部7人，为国家、集体挽回经济损失1000余万元；立案查办渎职侵权犯罪案件5人，移送审查起诉3件8人，均为重特大案件。连续8年被评为全国检察宣传先进单位，被评为江苏省先进基层检察院、江苏省检察文化建设先进单位。

会议共收到代表10人以上联名提出议案4件，均转为重点建议；共收到代表建议178件（包括代表议案转为建议4件）。确定重点建议16件。

三、县第十七届人民代表大会会议

（一）县第十七届人民代表大会第一次会议

2017年1月10—13日，如东县第十七届人民代表大会第一次会议在县行政中心召开。会议由大会主席团主持。

1. 大会机构

大会主席团成员（26人）：

卜其银　于立忠　冯力如　任新峰
刘旭峰　刘　瑞　闫静翔　杨小军
杨中坚　邱荣林　沈更生　沈峻峰
张栩龙　张桂英（女）张蓉蓉（女）陈昌龙
陈建华　陈　斌　陈宝来　徐鸿斌
唐国均　陶卫忠　曹雁卉　曹　薇（女）
蒋树建　潘建华

秘书长：陈昌龙（兼）

副秘书长：卜其银　张光平　丁　越（女）

主席团常务主席：潘建华　陈昌龙　沈更生　冯力如　唐国均

按照上级要求，首次设立财政经济委员会和法制委员会。

财政经济委员会

主任委员：刘旭峰

副主任委员：奚金岩

委　员：何志刚　周新基　胡　俊　胡　斌　郭维娟（女）

法制委员会

主任委员：徐鸿斌

副主任委员：张卫东

委　员：万继红（女）杨　一　陆　祎　缪勇刚　缪晓红

议案审查委员会

主任委员：唐国均

2017年1月12日，县人大常委会党组书记、副主任陈昌龙（左四）参加长沙代表团讨论

副主任委员：陶跃东

委　员：丁　越（女）朱德军　　高　军

韩　明　　翟以圣

2. 政府工作报告

会议听取和审议代县长沈峻峰所作《政府工作报告》。报告总结此届政府工作，提出新一届政府指导思想、总体定位和2017年工作任务。2012—2016年，是如东发展史上综合实力提升最快、城乡面貌变化最大、群众得实惠最多时期之一。2016年，实现地区生产总值733亿元，5年连跨3个百亿元台阶；一般公共预算收入完成54.41亿元，比2011年翻一番；城镇居民和农民人均可支配收入分别达3.73万元和1.73万元，分别是2011年1.5倍和1.6倍；三次产业结构调整为9∶45.8∶45.2。全县工业应税销售收入突破1000亿元。高新技术产业、新兴产业产值占比分别达到40%、22%。应税销售收入超1亿元企业168家，其中超10亿元企业8家，中天科技集团如东本部突破100亿元。累计完成外贸进出口额123.5亿美元。建筑业实现施工产值415亿元，是2011年1.5倍。获评中国建筑之乡。服务业增加值占比提高9.5个百分点。实现社会消费品零售总额318.5亿元，是2011年1.9倍。全社会研发投入占地区生产总值比重达2.5%，万人发明专利拥有量10.8件。创建国家科技孵化器1个，创建国家级企业技术中心1家。洋口港国家一类口岸正式开放。累计完成民生类财政支出308亿元，城镇登记失业率控制在3%以内。

2017年1月，县委副书记、代县长沈峻峰在县第十七届人民代表大会一次会议上作政府工作报告

3. 国民经济和社会发展计划草案报告

会议审查县发展和改革委员会主任王金泉《关于如东县2016年国民经济和社会发展计划执行情况及2017年国民经济和社会发展计划（草案）的报告》。2016年，经济运行总体平稳，实现地区生产总值733亿元，增长9.1%（按可比价计算），与计划相差0.9个百分点。实现一般公共预算收入54.41亿元，超额完成调整后计划目标。工业应税销售收入首次突破千亿元，达1020亿元，增长19.6%，超计划目标4.6个百分点，总量和增幅均居全市前列。实现服务业应税销售收入523亿元，增长0.6%，增幅5县市第二，与计划目标相差15.4个百分点。完成固定资产投资548.4亿元，增长12.7%，与计划目标相差2.27个百分点。实现社会消费品零售总额318.5亿元，增长10.8%，与计划目标相差0.2个百分点。实现进出口总额24.5亿美元，其中出口总额14.5亿美元，与2015年基本持平。实现注册外资到账4亿美元，超额完成年度计划。全县规模以上企业万元产值能耗同比下降6.2%。城镇居民和农村居民人均可支配收入分别达3.73万元、1.73万元，分别增长8.5%、9%。

4. 财政预算和执行情况报告

会议审查县财政局局长罗晓东《关于如东县2016年财政预算执行情况和2017年财政预算（草案）的报告》。2016年，全县一般公共财政收入完成54.41亿元，比上年下降7.1%。加上上年结转和上级拨给专款，全年可用财力85.70亿元；当年支出102.07亿元，未完成项目结转下年6.20亿元，县镇两级筹措调入其他资金22.58亿元，实现当年财政收支平衡。

5. 人大常委会工作报告

会议听取和审议县人大常委会副主任陈昌龙

所作《如东县人大常委会工作报告》。报告总结县第十六届人大常委会工作，5 年共召开常委会会议 42 次、主任会议 85 次，听取和审议“一府两院”工作报告 122 项，作出决议决定和提出审议意见 46 项。

县第十六届人大常委会持续关注项目建设，促进产业创新转型。县第十六届人大二次会议把“关于立足‘三实’狠抓项目建设，促进全县经济又好又快发展的议案”作为大会“一号议案”重点督办。从产业发展规划、重点项目建设、载体作用发挥、扶持企业发展等方面提出针对性建议意见。连续 4 年开展“问项目”活动，组织全县 5 级人大代表通过视察调研、代表约见、专题询问、跟踪督办等方式，全面了解项目推进落实情况，帮助协调解决项目推进中的矛盾和问题。重视招商引资、沿海开发、新能源产业发展，特别是推进创新驱动战略促进产业转型升级等问题，分别听取和审议政府专项工作报告，提出建议。分别听取和审议县政府关于“五个一批”农（渔）业项目实施、加快土地流转促进高效规模农业发展、全县海域使用管理和水利基础设施建设等情况的工作报告。先后对全县海洋渔业特色产业发展、现代渔业园区建设、培育发展新型农村经营主体、农民合作经济组织建设、经济薄弱村发展等工作进行视察调研，提出建议意见。

2016 年 3 月 4 日，县人大召开全县水利基础设施建设情况座谈会

履行计划预算监督职能，促进经济健康平稳运行。按照新预算法要求，县人大常委会将一般公共预算、政府性基金预算、国有资本经营预算、社会保险基金预算全部纳入审查范围。关注“十二五”规划执行情况，听取和审议县政府关于“十二五”规划纲要实施情况的中期评估报告，督促政府全力推进规划纲要实施；组织人大代表参与支持和监督“十三五”规划编制工作，为县政府及有关部门编制“十三五”规划建言献策。

立足优化发展环境，促进发展能力提升。县人大常委会围绕全县城市规划建设管理、交通基础设施建设、国土资源管理及闲置土地清理、企业劳动用工、促进企业上市增强企业融资能力、金融供电服务地方经济发展等议题开展视察调研，提出建议意见。每年均听取安全生产情况工作报告，促进全县安全生产制度建设。先后对旅游业发展、储备粮体系建设、地方海事等工作进行专题视察。

聚焦群众基本诉求，打造宜居环境。5 年中，县人大常委会审议通过《如东县生态文明建设规划（2014—2020）》，连续 3 年开展有关水环境保护和治理方面法律法规的执法检查。落实南通市人大常委会关于实施普遍饮用长江水工程决议，专题听取和审议县政府关于全县城乡居民普遍饮用长江水工程推进情况的工作报告，提出建议意见，推动全县城乡居民普遍饮用长江水实现全覆盖。县、镇两级人代例会都将农村基础设施建设列入大会议案，采取县、镇联动方式，连续 3 年对政府 10 个职能部门开展专项工作评议，形成专项工作评议意见。专题听取县政府及住建部门关于保障房建设、县城老旧小区改造及小区物业管理情况工作报告，作出关于加快推进县城老旧小区改造的决议。

顺应教育卫生改革，推动社会资源均衡配置。县人大常委会分别听取和审议县政府关于全县学前教育发展、县城教育资源配置、职业教育发展情况工作报告，建议政府从规划、投入、人才、统筹等方面补齐短板，完善提高。听取和审议县政府关于全县公立医院综合改革情况工作报告，提出深度发挥专业人才特色优势，在机制和制度上寻求突破，着力打造公立医院综合改革服务特色，为群众创造更好就医环境，实现经济和社会效益双提升。听取和审议县政府关于提升人口公共服务水平、促进人口均衡发展情况工作报告，建议政府高度重视因多年人口负增长造成人口总体结构失调、人口老龄化加剧、家庭发展能力弱化等问题，采取有效措施，实现人口均衡发展。听取和审议县政府关于社会化养老服务体系建设情况工作报告，建议在政策扶持引导、统筹社会力量、破解制约难题、规范行业运作等方面进一步加大力度，提升全县养老服务水平。

2016 年 6 月 15 日，县人大常委会组成人员等视察职业教育情况

加强农产品市场监管，保障食品药品安全。专题听取和审议关于加强全县农资市场监管情况工作报告，连续 3 年专题视察调研全县农产品质量安全监管工作情况，要求各级政府强化农产品源头治理，加强农产品安全信用体系建设和长效监管机制建设，从源头上控制食品安全。听取和审议全县食品药品安全监管情况工作报告，要求各级健全最严格监管机制，构建社会共管共治格局。先后对全县文化产业发展、文广传媒工作、文化人才队伍建设和《中华人民共和国未成年人权益保护法》《中华人民共和国老年人权益保障法》《中华人民共和国残疾人保障法》《江苏省少数民族权益保障条例》《江苏省工会劳动法律监督条例》等法律法规贯彻实施情况等工作开展视察调研。

加强执法监督，推进依法行政。对县政府贯彻实施《中华人民共和国食品安全法》《中华人民共和国环境保护法》《中华人民共和国水污染防治法》《畜禽规模养殖污染防治条例》等情况开展执法检查。加强司法监督，促进公平正义。5 年中，专题听取和审议县法院关于刑事审判、商事审判、人民法庭建设和法院执行工作情况报告，听取和审议县检察院关于延伸法律触角、民事行政诉讼法律监督、监所检察工作和查办预防职务犯罪工作情况报告，支持“两院”依法有序推进司法体制改革，打造公正、高效、权威的司法环境。对全县网络安全保卫、人民调解工作、优抚工作、社区矫正等工作进行视察调研。开展规范性文件备案审查工作，配备专职人员，完善工作机制，规范备案程序。重视信访督办工作，5 年共接待人民群众来访 238 人次，受理、交办和督办人民群众来信 272 件。加强普法教育，提升法治素养。专题视察检查全县“六五”普法工作情况，督促政府及相关部门认真组织开展法治宣传教育活动，提高普法覆盖面。县人大常委会作出《关于开展第七个五年法治宣传教育的决议》。坚持党管干部和人大依法任免有机统一，严格落实任前法律考试、供职报告和向宪法宣誓等制度。依法任免人大机关和“一府两院”工作人员 229 人次，任命人民陪审员 116 人。加强任后监督，听取“一府两院”22 人履职报告并进行评议，对县规划局、县农委开展工作评议。

创新代表活动方式，助推小康建设。坚持县人大常委会领导联系接待代表、县人大常委会组成人员固定联系代表等制度，拓展代表参与常委会活动深度和广度。2013 年，县人大常委会组织开展“百名代表回选区见选民听意见”活动。2014—2016年开展“访选民问项目评部门”主题实践活动。4年中县人大代表回到选区超千人次，收集整理选民意见3981条，并将意见分层交办，基本做到事事有答复、件件有回音。根据选民意见相对集中问题，形成17件代表建议由县人大常委会集中交督办。根据南通市人大“万名代表小康行”主题实践活动安排，2016年，县人大开展五级代表助力小康“五百”工程行动。注重分类指导，坚持一手抓服务与管理，一手抓引导与激励，增进代表履职动力。县人大做法得到省、市人大肯定。代表们提出小康村建设建议近600件，提供发展致富信息493个；反映产业发展方面的意见建议156条，协助解决拆迁让地、项目审批、企业用工融资等问题105项；查找河道污染源头，收集意见531条；向困难户慰问捐款130余万元，提供就业岗位80多个；助办各类民生实事152件。

2016年6月2日中午11时，县人大常委会党组副书记、副主任陈昌龙（中）在南通新闻广播直播室介绍如东县人大开展五级代表助力小康活动情况

健全代表活动阵地，助推基层人大规范化建设。将全县1400多名五级人大代表混合编组，创建76个代表之家。5个专业代表小组发挥专业优势，围绕常委会多个监督议题开展视察调研，提出建议意见。落实县委《关于加强县镇人大工作和建设的实施意见》，县人大常委会在6大园区和3个街道设立人大工委，完善基层人大组织体系。原掘港镇港南村代表之家、大豫镇南坎社区代表之家先后被评为南通市代表之家十面红旗单位。组织代表走进选区，向选民汇报履职工作，现场接受选民测评，听取19名南通市人大代表向原选举单位履职报告。

2016年2月29日，全县人大系统干部会议召开

加大议案建议办理力度，提升办成率和满意率。县第十六届人大一次会议后，代表共提出议案和建议1136件，其中大会确定议案9件，重点建议60件。县人大常委会每年都将事关经济社会发展、民生保障的议案建议纳入常委会会议或主任会议议题，加大督办力度。坚持每年听取和审议县政府关于议案建议办理情况工作报告，并对优秀建议和优秀承办单位进行表彰。对县第十六届常委会审议的专项资金绩效评价等5个议题开展跟踪视察，组织对5个主办部门满意度测评。出台《关于议案建议办理工作的问责办法（试行）》。

2016年9月，组织县镇两级人大换届选举工作。依法选举产生县人大代表352人、镇人大代表1079人。推进人大工作制度创新。5年中，先后修订完善县人大常委会议事规则、县人大常委会组成人员守则，制定出台《如东县人大常委会专项工作评议办法》《对人大任命的“一府两院”工作人员报告履职工作暂行办法》《关于进一步提高常委会会议和主任会议质量的意见》等。加强调查研究，5年中，县人大常委会组成人员深入到镇村和企业开展专题调研120余项，召开各类座谈会260多次，形成调查报告90多个，在《中国人大》《人民代表报》《求是》《群众》《人民与权力》等国家和省、市刊物上发表文章150多篇。

县人大常委会报告总结第十六届人大5个方面实践体会：必须始终在中国共产党领导下开展好人大工作，保持人大正确工作方向；必须始终服从和服务于改革发展大局，依法履行好人大监督职责；必须始终以维护群众利益为第一责任，切实反映民意、落实民愿；必须始终突出代表主体地位，紧紧依靠广大代表做好人大工作；必须始终坚持求真务实作风，不断创新机制、与时俱进。

6. 法院和检察院工作报告

会议听取和审议县法院院长黄卫所作《如东县人民法院工作报告》和县检察院检察长王骅所作《如东县人民检察院工作报告》。2012—2016年，县法院共受理各类案件5.02万件，审执结4.86万件，其中2016年受理1.03万件，审执结1.09万件，结案率和结收案比位居江苏省法院前列，审判质量位居南通市法院前列。被评为江苏省文明单位，被江苏省高院记集体二等功，两次被南通市中院记集体三等功。2012—2016年，县检察院共审查逮捕各类犯罪案件517件673人，提起公诉2525件3108人。共办理刑事和解案件598件609人，涉及民事赔偿金额达1.5亿元。共受理来信来访679件，办结刑事申诉43件。共立案查办贪污贿赂犯罪案件61件83人，100万元以上特大案件6件，查处科级以上干部13人，为国家、集体挽回经济损失5000余万元。共立案查办渎职侵权案件12件20人，其中科级以上干部5人，挽回经济损失1000余万元。

大会共收到代表10人以上联名提出议案15件，其中列为大会议案2件，列为大会重点建议4件；共收到代表建议205件，议案转为建议13件，共218件。确定重点建议10件。

（二）县第十七届人民代表大会第二次会议

2018年1月15—18日，如东县第十七届人民代表大会第二次会议在县行政中心召开。会议由大会主席团主持。

2018年1月17日，参加县第十七届人民代表大会第二次会议的代表在高新技术产业开发区视察重大项目建设情况

1. 大会机构

大会主席团成员（51人）：

丁　越（女）	丁晓飞	卜其银	王亚平
冯力如	冯克山	刘　瑞	刘旭峰
闫静翔	许世俊	许金标	杨　一
杨小军	杨涟东	李　军	何志刚
邱荣林	沈更生	沈冶军	张卫东
张桂英（女）	张蓉蓉（女）	陈　雷	陈昌龙
陈建华	周志勇	周春霖	周新基
郑寒冰（女）	胡　斌	查剑宁	徐　健
徐鸿斌	翁　祥	奚金岩	高　军
唐国均	陶卫忠	陶跃东	曹　薇（女）
曹雁卉	龚维国	康　勤	韩　明
韩亚莉（女）	蒋树建	傅国华	翟以圣
缪晓红	潘　亮	潘建华	

秘书长：唐国均（兼）

副秘书长：卜其银　张光平　丁　越（女）

主席团常务主席：潘建华　陈昌龙

沈更生　　唐国均

徐鸿斌　　刘旭峰

议案审查委员会

主任委员：唐国均

副主任委员：陶跃东

委　员：丁　越（女）周春霖　　高　军

韩　明　　翟以圣

2. 政府工作报告

会议听取和审议县长沈峻峰所作《政府工作报告》。2017 年，全县实现地区生产总值 850 亿元，增长 8.1%；完成一般公共预算收入 55.56 亿元，增长 2.1%；完成固定资产投资 563 亿元，增长 9.1%。全年实现工业应税销售收入 1216 亿元，增长 21.7%。新兴产业产值占比达到 22%，新培育应税销售收入超亿元企业 54 家，其中超 10 亿元企业 3 家。中天光缆获"全国制造业单项冠军产品"称号。完善企业上市挂牌扶持政策，新增入轨企业 17 家。全社会研发投入占地区生产总值比重 2.6%。全年完成进出口总额 240 亿元，增长 44.3%，增量增幅均居全市第一。实现服务业应税销售收入 520 亿元，增长 13%。实现社会消费品零售总额 348 亿元，增长 9.5%。全年接待游客 320 万人次，实现旅游收入 24 亿元，增长 16.7%。全年民生类财政支出占比 80.8%，城镇和农村居民人均可支配收入分别增长 8.8% 和 9%，城镇登记失业率控制在 1.7% 以内。

3. 国民经济和社会发展计划草案报告

会议审查县发展和改革委员会主任王金泉《关于如东县 2017 年国民经济和社会发展计划执行情况及 2018 年国民经济和社会发展计划（草案）的报告》。2017 年，工业应税销售收入、服务业应税销售收入总量持续攀升，分别达 1216 亿元、520 亿元，增长 21.7%、13%，均达到计划。固定资产投资 563 亿元，增长 9.1%，与计划目标相差 2.9 个百分点。其中，工业投入 330 亿元，增长 6.8%；服务业投入 233 亿元，增长 13.9%。消费品市场继续保持平稳较快发展，实现社会消费品零售总额 348 亿元，增长 9.5%，达到计划。外贸进出口好于预期，实现进出口总额 240 亿元，增长 44.3%，其中出口总额 104 亿元，增长 8.7%，远超计划目标。实现注册外资到账 2.5 亿美元，与计划目标相差 1 亿美元。城镇和农村居民人均可支配收入分别为 4.04 万元、1.87 万元，增幅分别为 8.8%、9%，均比 2016 年提高 0.8 个百分点，增速高于地区生产总值增长，达到计划。

4. 财政预算和执行情况报告

会议审查县财政局局长罗晓东《关于如东县 2017 年财政预算执行情况和 2018 年财政预算（草案）的报告》。2017 年，全县一般公共财政收入完成 55.56 亿元，比上年增长 2.1%。加上上年结转和上级拨给专款，全年可用财力 89.62 亿元；当年支出 108.02 亿元，未完成项目结转下年 6.30 亿元，县镇两级筹措调入其他资金 24.70 亿元，实现当年财政收支平衡。

5. 人大常委会报告

会议听取和审议县人大常委会主任陈昌龙所作《如东县人大常委会工作报告》。2017 年，共召开常委会会议 7 次，听取和审议"一府两院"工作报告 14 项，作出决议决定、提出审议意见 12 项；召开主任会议 17 次，听取"一府两院"专项工作报告 14 项。

持续关注项目建设，提升服务质效。以大会"一号议案"办理和提升项目服务质效专项工作评议为抓手，推动全县项目建设实现新突破。组织五级人大代表深入一线了解走访，梳理出近 100 条建议意见反馈给 12 家项目质效涉评部门和单位进行集中整改，并对整改落实情况进行满意度测评。专题调研石墨烯产业发展情况，形成调研报告，提出建议意见，县委、县政府主要领导作出批示。主任会议听取县政府关于全县重大项目建设情况工作报告，建议进一步抓实外来要素集聚、挖掘存量基础、培育新型产业、优化项目建设环境，推进全县重大项目建设。听取和审议县政府关于全县旅游业发展情况工作报告，从优化发展布局、创新体制机制、改善发展环境等方面提出建议意见，并形成专题调研报告供政府决策参考。主任会议听取县政府关于全县高标准农田建设情况工作报告，建议进一步加强前期规划，向上争取政策支持，统筹资源整合，注重整体推进。组织开展对农村“三资”（资产、资源、资金）管理、农民合作经济组织建设、新型农业经营主体发展、海域资源管理和文蛤资源保护等情况视察调研，提出相关建议意见，推动农村经济全面发展。

2017年11月15日，县人大常委会党组书记、主任陈昌龙（右三）等领导，到河口镇、双甸镇、岔河镇视察农村基础设施和高标准农田建设情况

加强计划预算监督，促进经济平稳增长。督促政府完善预算管理制度，规范编制县级一般公共预算、政府性基金预算、国有资本经营预算和社会保险基金预算。建立和完善与全口径预算、决算管理相适应的审计监督工作机制，对审计发现问题加强督促整改。听取和审议县政府关于全县“小康”指标完成情况工作报告，建议进一步完善组织体系建设，补齐小康建设短板，加强过程控制。主任会议对重点市政工程项目、“三河六岸”工程推进、交通基础设施建设管理、农村基础设施建设等情况进行专题视察和审议，围绕合理布局、加快建设、强化管理、科学实施等方面提出意见建议。先后组织对税源经济发展、安全生产、危化品运输安全、大气污染防治、不动产统一登记、环卫工作等情况进行专题视察调研，促进相关工作开展。

重视社会保障工作。主任会议听取县政府关于《江苏省社会保险基金监督条例》贯彻实施情况工作报告，建议县政府及相关部门加强宣传引导，提高全社会保险意识；梳理社保基金监管工作的短板、盲区和险点，破解监管难题；加强社会保险基金监管的统筹协调，优化和创新如东社保基金监督机制。主任会议听取县政府关于贯彻实施《中华人民共和国残疾人保障法》情况工作报告，建议县政府及相关部门通过不断完善救助体系，增强全县残疾人保障工作能力，营造全社会扶残助残、关心支持残疾人事业良好氛围。

2017年5月10日，县人大专题调研《江苏省社会保险基金监督条例》贯彻落实情况

推动全县社会事业发展。主任会议听取县政府关于全县教育现代化建设情况工作报告，建议县政府及相关部门针对城乡教育发展不够均衡、县城教育资源布局不够合理等问题，形成部门联动、镇区协同工作机制，建立健全社区教育网络体系，全面提升师资队伍素质。主任会议听取全县基层综合性文化服务中心建设情况工作报告，建议加强统筹，整合资源，推进镇区文化服务中心建设，打通公共文化服务“最后一公里”，保障基本公共文化服务需求。组织对贯彻实施《江苏省全民健身条例》情况视察调研。推进城乡公交一体化建设。县人大常委会听取和审议县政府

关于全县城乡公交一体化发展情况工作报告，建议县政府及相关部门树立“公交优先就是民生优先”理念，强化政府主导，发挥政策资金保障作用，全面提升公交服务品质。持续关注小区物业管理工作，督促相关部门加紧完善相关文件，提高全县小区物业管理水平。组织开展《中华人民共和国农产品质量安全法》执法检查。听取和审议县政府工作报告并开展专题询问。执法检查组与镇区联动，深入一线查看走访，发现存在问题，及时向县政府和有关方面反馈。

2017年5月23日，县人大常委会党组书记、主任陈昌龙（右三）带队视察《中华人民共和国农产品质量安全法》贯彻落实情况

加强普法宣传和司法监督。主任会议听取县法院关于行政审判情况工作报告，要求找准行政审判工作立足点、平衡点和关键点，坚持改革创新，建立司法与行政良性互动机制，加强专业人才队伍建设。听取县检察院关于反渎职情况工作报告，要求突出查办涉及民生、司法领域和重点环节的渎职侵权案件，探索健全行政执法与刑事司法的衔接机制，通过严格办案优化经济环境，维护发展秩序，提升护航水平。对县法院等单位贯彻实施《中华人民共和国刑事诉讼法》、法院审判运行机制改革和全县司法体制改革后运行等情况进行视察调研。加强人大信访督办工作，全年交办和督办群众来信43件、接待来访54人次。依法任免人大机关和“一府两院”工作人员67人次。7名市人大代表报告履职情况。

2017年1月13日，县人大常委会党组书记、主任陈昌龙带领新任职人员向宪法宣誓

组织开展以“强企、助村、通达、清水、法治”为主要内容的助力小康“五项行动”主题实践活动，健全分类指导机制，引导各级人大代表围绕项目建设、社会民生、生态环境、民主法治等高水平全面建成小康社会的新实践，自觉履行职责，涌现出一批先进典型。健全与镇（区）人大联动协同机制，用“三清单三报表”（助推小康民生实事项目清单、人大代表小康行活动项目认领清单、认领项目完成公示清单；人大代表助力小康“五项行动”排查问题梳理汇总表、人大代表助力小康“五项行动”任务落实情况汇总表、人大代表助力小康“五项行动”进展月报表）对镇（区）人大和人大代表推进参与“五项行动”情况进行管理。

2017年5月19日，全县人大代表助力小康五项行动推进会召开

代表在履职行动中共收集意见建议1363条，挂钩联系企业196家，提供招商信息163条，助推项目103个，提供就业岗位257个，帮扶困难群众699户，助力农村道路建设690公里，助推落实河长制556人次，参与畜禽污染治理行动895人次，参与普法和法治宣传630人次。

县第十七届人大一次会议期间，代表们共提出议案和建议共218件（其中大会议案2件，重点建议10件）。县人大常委会及时将代表建议归纳分类，交由政府办理，并明确办理要求和办理时限。专题听取和审议县政府关于议案建议办理情况工作报告，组织县人大常委会组成人员和提出建议代表对重点建议相关主办和协办单位进行满意度测评。

完善规范基层人大工作。出台《关于加强和规范街道人大工委工作的意见》。下发《关于进一步加强人大代表之家建设的指导意见》，按照共建共享原则和“八有”（有活动阵地、有统一标识、有规章制度、有工作计划、有台账记录、有学习资料、有办公设施、有线上平台）要求，全县共新建、重建代表之家68个、代表工作站189个，建立124个“代表履职岗”并予以公示。落实常委会与代表、代表与选民“双联”工作机制，形成以“家—站—岗”为主体，人大主席团工作室为补充的代表履职阵地新格局。组织开展以“回选区、见群众、听意见”为主要内容的百名领导干部人大代表联系人民群众活动。

加强县人大常委会自身建设，修订完善《如东县人大常委会议事规则》《如东县人大常委会工作细则》等制度。全年有30多篇文章被国家和江苏省、南通市级媒体刊用。县人大常委会机关被评为江苏省人大工作先进集体。

6. 法院和检察院工作报告

会议听取和审议县法院院长黄卫所作《如东县人民法院工作报告》和县检察院检察长王骅所作《如东县人民检察院工作报告》。2017年，县法院共受理各类案件1.20万件，立案标的金额33.27亿元，审执结1.05万件，主要审判质效指标位居南通市法院前列。被最高人民法院评选为“2017年度在司法宣传工作中做出突出贡献的人民法院”。2017年，县检察院共批准逮捕各类犯罪嫌疑人115人，提起公诉779人，同比分别上升25%、14.7%。共办理刑事和解案件125件，和解成功率88.7%。立案查办贪污贿赂犯罪案件13件18人，查处科级干部3人，20万元以上大案占比69.2%，为国家、集体挽回经济损失500余万元。立案查办渎职犯罪案件3件5人。

大会共收到代表10人以上联名提出议案17件，其中列为大会议案1件；共收到代表提出建议、批评和意见263件，议案转为建议16件，共279件。确定重点建议共14件。

（三）县第十七届人民代表大会第三次会议

2019年1月22—25日，如东县第十七届人民代表大会第三次会议在县行政中心召开。会议由大会主席团主持。

1. 大会机构

大会主席团成员（48人）：

丁　越（女）	丁晓飞	卜其银	王亚平
冯力如	冯克山	刘　瑞	刘旭峰
许世俊	许金标	杨　一	杨小军
杨涟东	李　军	何志刚	邱荣林
沈更生	沈冶军	沈峻峰	张卫东
张桂英（女）	张蓉蓉（女）	陈　雷	陈昌龙
陈建华	周志勇	周春霖	周新基
郑寒冰（女）	查剑宁	徐　健	徐鸿斌
翁　祥	奚金岩	高　军	唐国均
陶卫忠	陶跃东	曹雁卉	龚维国
康　勤	韩　明	韩亚莉（女）	蒋树建
傅国华	翟以圣	缪晓红	潘　亮

秘书长：唐国均（兼）

副秘书长：卜其银　张光平　丁　越（女）

主席团常务主席：沈峻峰　陈昌龙
沈更生　唐国均
徐鸿斌　刘旭峰

按照上级要求，县人民代表大会首次设立监察和司法委员会、社会建设委员会。此次会议对财政经济委员会、法制委员会组成人员进行调整。

财政经济委员会

主任委员：刘旭峰

副主任委员：奚金岩

委　员：王亚平　许世俊　肖　娟（女）
何志刚　周新基　胡　俊
郭维娟（女）

法制委员会

主任委员：徐鸿斌

副主任委员：张卫东

委　员：冯克山　杨　一　沈维新
陆　祎　周晓兵　缪勇刚
缪晓红

监察和司法委员会

主任委员：徐鸿斌

副主任委员：张卫东

委　员：杨涟冬　张　彬　陈卫兵
高　山　韩亚莉（女）缪爱平（女）
潘　亮

社会建设委员会

主任委员：唐国均

副主任委员：查剑宁

委　员：丁晓飞　徐　健　龚维国
翟以圣　缪晓红　潘友兵

议案审查委员会

主任委员：唐国均

副主任委员：陶跃东

委　员：丁　越（女）周春霖　高　军
韩　明　翟以圣

2. 政府工作报告

会议听取和审议代县长陈慧宇所作《政府工作报告》。2018年，全县实现地区生产总值920亿元，增长7.4%；完成一般公共预算收入57.55亿元，增长3.6%；全社会固定资产投资增长8%。县域经济基本竞争力在全国百强县（市）中排名第43位，比2017年再进4位。实现工业应税销售收入1433亿元，增长21.1%，其中50强企业占比达35.3%。工业入库税金、工业用电量、新增工业贷款等指标总量和增幅均居南通市前列。中天光缆获评工信部制造业单项冠军产品，优嘉植保获评省质量标杆企业，如石机械新三板挂牌，爱朋医疗创业板上市。全社会研发经费支出占地区生产总值比重2.6%。实现服务业应税销售收入771亿元，增长47.2%。实现社会消费品零售总额375亿元，增长9.5%。小洋口旅游度假区获评江苏省十佳特色旅游小镇，栟茶古镇保护更新项目开工建设。洋口港经济开发区正式获批江苏省级开发区，洋口港至上海洋山港航线开通。完成进出口总额390亿元，增长49.4%，增幅位居南通市第一。民生投入占公共财政支出比重77.9%，城镇和农村居民人均可支配收入分别增长8.5%和9%，城镇登记失业率控制在1.7%以内，累计脱贫率达89.7%。

2019年1月24日，县委副书记、代县长陈慧宇（右二），县人大常委会党组书记、主任陈昌龙（右一），带领出席如东县第十七届人民代表大会第三次会议的代表视察县部分重大项目建设和城市建设情况

2019 年 1 月 25 日，如东县第十七届人民代表大会第三次会议全体人大代表首次票决民生实事项目

3. 国民经济和社会发展计划草案报告

会议审查县发展和改革委员会主任王金泉《关于如东县 2018 年国民经济和社会发展计划执行情况及 2019 年国民经济和社会发展计划（草案）的报告》。2018 年，工业投资增长 7.2%，服务业投资增长 9%。实现社会消费品零售总额 375 亿元，增长 9.5%。消费价格涨幅稳定在 1.5% 左右，处于调控目标范围内。外贸进出口总额 390 亿元，增长 49.4%，其中出口总额 130 亿元，增长 8.7%。注册外资实际到账 3 亿美元。新兴产业产值占比 23.2%，高新技术产业产值占比 44%。万元地区生产总值综合能耗下降 3.7%，完成南通市下达目标；主要污染物减排完成南通市下达目标。

4. 财政预算和执行情况报告

会议审查县财政局局长罗晓东《关于如东县 2018 年财政预算执行情况和 2019 年财政预算（草案）的报告》。2018 年，全县一般公共财政收入完成 57.55 亿元，比上年增长 3.6%。加上上年结转和上级拨给专款，全年可用财力 97.57 亿元；当年支出 119.18 亿元，未完成项目结转下年 4.45 亿元，县镇两级筹措调入其他资金 31.26 亿元，实现当年财政收支平衡。

5. 人大常委会工作报告

会议听取和审议县人大常委会主任陈昌龙所作《如东县人大常委会工作报告》。2018 年，共召开常委会会议 8 次，听取和审议县政府专项工作报告 13 项，作出决议决定、提出审议意见 15 项；召开主任会议 16 次，听取县政府、县监察委员会、县法院、县检察院（简称“一府一委两院”）专项工作报告 13 项，开展常委会专题视察 6 次，提出审议和评议意见书 31 份。

围绕“一号议案”办理落实，推进项目建设和特色产业板块发展。县人大常委会把办理“关于着力打造特色产业板块，进一步提升区域竞争力的议案”作为贯彻县委“项目为王”战略部署落地见效抓手，县、镇（区、街道）两级人大联动，开展视察调研活动，建议县政府在招商选资、招才引智、精准布局、深化改革、综合推进等方面加大力度，促进特色产业板块集聚壮大，使特色产业板块成为全县高质量发展主阵地。专题视察全县重大项目建设情况，建议加强项目源头拓展、项目组织推进和项目服务效能，把重大项目建设作为全县经济社会转型跨越的重要支撑。开展 4 次以“谋发展、话责任、谈履职”为主题的企业界人大代表“沙龙”活动，组织相关职能部门现场为代表答疑解惑，让企业界人大代表献计献策。主任会议专题听取县政府关于全县建筑业发展工作报告，建议完善政策措施，加大扶持力度，提升品牌打造，推动全县建筑企业做大做优做强。持续关注农业农村工作，对全县农村基础设施建设和高标准农田建设情况进行专题视察，提出建议意见。

2018 年 5 月 16 日，县人大举办第一期企业界人大代表“沙龙”活动

建立预算联网审查监督机制。听取和审议2018年上半年计划预算执行、2019年计划预算初步安排和同级审计及审计中发现问题整改情况报告，听取和审议全县国民经济和社会发展第十三个五年规划纲要中期评估工作报告，建议县政府聚焦重点指标、重点领域、重点工作和重点任务，统筹好稳增长和调结构、保运转和促发展、抓当前和谋长远、强改革和惠民生之间关系。组织对12个部门进行专题询问，提高服务质效。主任会议专题听取县政府关于城市建设管理和交通基础设施建设工作报告，建议强化顶层设计和整体联动，形成统一谋划、统一组织、统一管理的推进体系。组织对新能源产业、石墨烯产业、服务业、旅游业、现代渔业发展和新型农业经营主体培育、已登记土地经营权抵押贷款、国土资源管理、特色镇（村）建设等情况进行视察调研。

持续推进民生事业改善。常委会听取和审议县政府关于2017年度环境状况和环境保护目标完成情况工作报告，建议县政府淘汰落后产能、严惩环境违法行为，加快环保基础设施建设，倡导全社会共同参与。组织人大代表“问河长”，通过现场会推进和县、镇（区）联动，对县、镇两级政府及相关部门负责人现场询问，助推全县水环境改善。主任会议专题听取全县“五位一体”

2018年3月28日，县人大常委会党组书记、主任陈昌龙（左三）等领导带领县环保局、住建局等相关部门，专题视察全县“263”专项行动工作进展，了解全县环境状况和环境目标完成情况

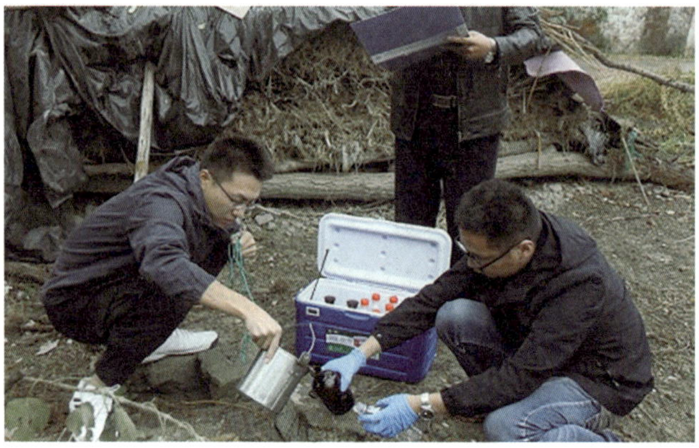

2018年10月22日，县人大召开人大代表“问河长”现场会。图为县环保局工作人员抽取水样

（河道、道路、绿化、垃圾处理、设施设备维护）长效管护工作推进落实情况工作报告，建议政府加大宣传力度，强化要素保障，健全管理体制，全方位提升农村环境整治效能。专题视察全县城乡公交一体化推进情况，建议政府精准规划施策。对全县“三河六岸”工程推进、道路交通安全、小区物业管理等情况进行视察调研，督促相关民生工程有序推进。专题视察全县贯彻实施《中华人民共和国农产品质量安全法》情况，建议加快重点工程建设，加强监管能力建设，提高全县人民对农产品质量安全参与意识和共建意识。主任会议听取县政府关于国务院《农药管理条例》贯彻实施情况工作报告，建议加强法律宣传、严格经营准入，加强源头防控，保障农业生产安全。听取和审议县政府2018年度为民办实事情况工作报告，从加大推进力度、提升质量管理、强化跟踪问效等方面提出建议意见。主任会议听取全县公共卫生服务体系建设情况工作报告，提出夯实基础、优化政策、招引人才的对策建议。县人大常委会专题视察全县教育现代化建设情况，建议在增强优先发展教育共识、补齐指标短板、加强队伍建设等方面下功夫。对基层综合性文化服务中心建设、《江苏省社会保险基金监督条例》贯彻实施、社会化养老服务体系建设、民宗侨台工作等情况进行视察调研。

组织开展《中华人民共和国促进科技成果转化法》执法检查。县人大常委会执法检查组与镇（区、街道）人大联动，突出园区和产业板块，通过举办法律知识讲座、听取报告、实地视察等方式开展执法检查，梳理出3大类8个方面问题向政府反馈。要求政府聚焦重点、补齐短板，加快科技服务体系建设，强化政策支持和保障作用，为推动科技成果转化、做强做优实体经济夯实基础。推进“七五”普法宣传教育。听取和审议县政府专项工作报告，对全县“七五”普法宣传教育整体推进情况进行总体评估，要求凝聚工作合力，增强行动自觉，注重普法实效。

2018年4月20日，县人大召开促进科技成果转化工作调研座谈会，听取相关部门关于《中华人民共和国促进科技成果转化法》组织实施情况专题报告

加强司法监督。开展“千名代表听百案”活动，组织人大代表旁听观摩庭审300多人次。主任会议专题听取县法院、县检察院、县公安局上半年工作情况报告。对县监察委员会工作、律师队伍建设等情况进行专题调研。全年交办和督办群众来信26件、接待来访11人次。全年依法任免人大机关和县“一府一委两院”工作人员32人次，任命人民陪审员160人。县人大常委会对县级机关8家部门开展工作评议并进行满意度测评。12名市人大代表报告履职情况。

开展人大代表助力小康“五项行动”。2018年，全县四级人大代表共参与“强企”行动1116人次，办理实事654件；参与“助村”行动2115人次，办理实事1029件；参与“通达”行动1653人次，办理实事723件；参与“清水”行动3658人次，办理实事1867件；参与“法治”行动1162人次，办理实事631件，制定出台镇（区、街道）人大工作考评办法，并将考评结果纳入全县法治建设考核体系。开展县人大和“一府一委两院”领导“接待人大代表日”活动，与人大代表（街道议政员）当面交流，听取意见建议，并及时反馈各相关部门办理落实。

出台《如东县人大常委会关于讨论、决定重大事项的规定》，组织开展人大干部履职能力提升学习培训，打造人大工作特色品牌。创新宣传形式，相继推出信息专刊、活动专版、电视专题。

6. 法院和检察院工作报告

会议听取和审议县法院院长黄卫所作《如东县人民法院工作报告》和县检察院检察长王骅所作《如东县人民检察院工作报告》。2018年，县法院共受理各类案件1.40万件，审执结1.23万件，同比分别上升6.7%和16.9%，结案标的额43.12亿元。县法院获评如东县满意机关、江苏省优秀法院等，被江苏省高院授予2016—2017年度集体一等功。2018年，县检察院共办理刑事、民事、行政、公益诉讼、司法救助等案件3813件，同比上升22.2%，其中批捕200人，起诉815人，同比分别上升70.3%和8.1%。获得全国检察文化建设示范院、江苏省检察机关先进集体等7项省级以上荣誉。

大会共收到代表10人以上联名提出议案12件，均转为建议；收到代表建议299件，共有代表建议311件。

（四）县第十七届人民代表大会第四次会议

2020年1月16—19日，如东县第十七届人民代表大会第四次会议在县行政中心召开。会议由大会主席团主持。

2020年1月16日，如东县第十七届人民代表大会第四次会议在县行政中心开幕

1. 大会机构

大会主席团成员（53人）：

丁　越（女）卜其银　王亚平　冯力如
冯克山　刘　峰　刘旭峰　许世俊
杨　一　杨小军　杨涟冬　李　军
吴晓莉（女）何志刚　邱荣林　沈更生
沈冶军　沈峻峰　张卫东　张玉华
张桂英（女）张蓉蓉（女）陈　雷　陈昌龙
陈建华　陈晓莉（女）罗晓东　周志勇
周春霖　周新基　郑寒冰（女）查剑宁
徐　健　徐进张　徐鸿斌　翁　祥
奚金岩　高　军　唐国均　陶卫忠
陶跃东　黄　涛　曹光前　龚维国
康　勤　韩　明　韩　强　韩亚莉（女）
蒋树建　傅国华　翟以圣　缪晓红
潘　亮

秘书长：唐国均（兼）

副秘书长：卜其银　张光平　丁　越（女）
周志勇

主席团常务主席：沈峻峰　陈昌龙
沈更生　唐国均
徐鸿斌　刘旭峰

议案审查委员会

主任委员：唐国均

副主任委员：徐进张

委　员：丁　越（女）周春霖　高　军
陶跃东　韩　明

2. 政府工作报告

会议听取和审议县长陈慧宇所作《政府工作报告》。报告总结2019年政府工作，提出2020年工作任务。2019年，完成地区生产总值1020亿元，首次突破千亿元大关，同比增长7%，增幅位居全市第一；完成一般公共预算收入57.5亿元，同比略有增长；全社会固定资产投资增长7.3%。县域经济基本竞争力在全国百强县（市）中排名第41位，比上年度再进2位。实现社会消费品零售总额395亿元，增长5.5%。全年实现外资到账3.2亿美元，签约亿元以上项目150个，其中重特大项目12个。高新技术企业申报数、入库数均创新高，高新技术产业产值占比达43%。如东首次入选国家知识产权强县工程试点示范县。完成政务服务“2330”改革目标，不动产登记“一证通办”省级试点启动，企业设立网上不见面登记实现全覆盖。县人大代表票决的10大类33件民生实事基本完成，民生投入占公共财政支出比重达79.4%。新增就业8000余人，城镇登记失业率控制在1.8%以内。城镇和农村居民人均可支配收入分别增长8.4%和8.7%。352件人大代表建议全部办结，满意率98%。

3. 国民经济和社会发展计划草案报告

会议审查县发展和改革委员会主任王金泉《关于如东县2019年国民经济和社会发展计划执行情况及2020年国民经济和社会发展计划（草案）的报告》。2019年，外贸进出口总额385亿元，同比下降4.5%，受中美贸易战影响，如东县涉及产品范围大、企业数量多，对出口增长产生影响大。注册外资到账3.2亿美元。研发经费支出占地区生产总值比重2.2%。服务业增加值占地区生产总值比重46.1%。城镇和农村居民人均可支配收入分别增长8.4%和8.7%，城镇登记失业率控制在1.8%以内。万元地区生产总值综合能耗下降 3.1%，完成南通市下达目标；主要污染物减排，完成南通市下达目标；水环境质量改善幅度江苏省第三。

4. 财政预算和执行情况报告

会议审查县财政局局长江新泉《关于如东县 2019 年财政预算执行情况和 2020 年财政预算（草案）的报告》。2019 年，全县一般公共财政收入完成 57.50 亿元，比上年增长 0.3%。加上上年结转和上级拨给专款，全年可用财力 120.86 亿元；当年支出 116.67 亿元，未完成项目结转下年 3.85 亿元，县镇两级筹措调入其他资金 4.57 亿元，实现当年财政收支平衡。

5. 人大常委会工作报告

会议听取和审议县人大常委会主任陈昌龙所作《如东县人大常委会工作报告》。2019 年，召开常委会会议 8 次，听取和审议县政府专项工作报告 14 项，作出决议决定、提出审议意见 15 项；召开主任会议 17 次，开展专题视察 4 次，听取“一府一委两院”专项工作报告 23 项；依法任免人大机关和“一府一委两院”工作人员 76 人次。

关注项目建设，县人大常委会听取和审议县政府专项工作报告，建议县政府加大项目推进力度，强化重大项目招引，提升要素保障能力，优化督查考核机制。组织代表视察全县重大项目建设情况，跟踪重大项目进展，建议县政府优化营商环境，突破制约瓶颈，加快产业集聚。对政务、法治、市场、社会 4 大领域，开展调研视察活动，从准入、审批、用地、融资、引才、减税、维权等方面，梳理制约民营企业经济发展的痛点、堵点、难点问题，支持政府在简政放权、优化服务、创新监管、联动统筹等方面先行先试，激发经济活力。组织开展“谋发展、话责任、谈履职”企业界人大代表强企“沙龙”活动，化解企业发展中遇到各类难题。专题听取县政府关于全县农业示范园区建设情况工作报告，建议完善和提升园区总体规划，探索多元投入机制，融合推进示范园区建设；听取县政府关于全县农业社会化服务体系建设情况工作报告，建议在政策扶持力度、市场主体培育、服务模式创新上下功夫，持续促进全县“三农”高质量发展。专题视察全域旅游建设情况，建议从要素配置、文旅融合、项目建设、传承创新等方面下功夫，推动全县旅游业实现全域共建、全域共融、全域共享新局面。

2019 年 6 月 18 日，县人大常委会专题视察全县全域旅游建设推进情况。图为视察栟茶隆力奇工业旅游项目

听取和审议 2019 年上半年县政府计划预算执行、同级审计和 2020 年计划预算初步安排情况报告，建议加大计划执行力度，推进“十三五”规划有序实施。审议审计工作报告、审计整改情况报告，跟踪督查整改事项落实。专题听取县政府关于企业国有资产管理情况工作报告，建议加强企业分类改革。

县人大常委会对全县城市建设和交通设施建设开展专题视察，围绕规划审批、对接协调、质量把控、品质提升等方面提出建议。听取和审议县政府关于全县环境状况和环境保护目标完成情况工作报告，专题视察突出环境问题清单任务完成情况，建议加快绿色发展，强化过程控制，落实整改责任，抓好长效管控。开展《城市市容和环境卫生管理条例》执法检查，建议县政府优化执法环境，严格重点区域执法，完善执法保障，提升城市建管品质。依法作出《关于批准如东县与德国泰尔托市建立友好城市关系的决议》。对金融业发展、产业工人队伍建设、高效设施农业发展、特色渔业发展、乡镇污水处理厂建设、餐厨废弃物管理等情况进行视察调研。

2019年3月19日，县人大常委会分别到栟茶镇、河口镇调研污水处理相关工作。实地查看河道治理等情况

组织《中华人民共和国水污染防治法》执法检查，4个执法检查小组，深入一线查看走访，对水污染防治中存在的问题和短板向县政府和有关部门进行反馈，并提出建议意见。开展人大代表"问河长"工作，制定2019年人大代表"问河长"工作方案，根据全县"清水绿岸"季度考核结果，对排名滞后相关镇区梳理出问题清单，现场集中"问河长"，对所有镇区级总河长开展专题询问。县人大代表"问河长"工作被《人民代表报》和"江苏人大发布"专题报道，得到江苏省、南通市人大充分肯定，认为全民治水的如东路径值得推广。对县政府16家涉水部门开展专项工作评议，提出整改意见。

2019年5月16日，县人大开展人大代表"问河长"观摩活动

县第十七届人大三次会议上，首次实施政府民生实事项目人大代表票决制，实现由"为民做主"到"由民作主"转变。制定督办推进工作方案，实行县人大常委会领导领衔联系督办推进制度。县、镇（区、街道）两级人大组织联系代表开展调查研究和现场监督，每季度将代表们提出意见和建议收集整理向县政府及相关部门反馈，对进度不快、难度较大项目进行重点跟踪。持续关注教育项目建设，听取县政府专项工作报告，建议推动以更优教育环境和教育资源保障教育高质量发展。关注基层卫技人才队伍建设，建议政府健全和完善人才引进、培养和激励机制。对物业管理、全民健身、优化人口结构、民族工作等情况进行视察调研。关注基层民主法治建设，推动社区社会管理体制改革，听取和审议政府专项工作报告，建议培育和发展各种社会自治组织，引导人民群众参与社区自治。专题听取县法院和县检察院上半年工作情况以及全县公安辅警队伍建设情况报告，建议提高政治站位，全面提升政法队伍素质和能力，谋求解决执行难和推进公益诉讼工作新突破。听取县监察委关于《中华人民共和国监察法》实施情况工作报告，视察调研全县法治阵地建设情况。处理人民群众来信来访29件次。

开展人大代表助力小康"五项行动"，2019年，四级人大代表共认领任务1069项，挂钩联系企业231家，帮扶困难群众1546户，助推落实河长制3073人次，参与法治宣传652人次，在补齐小康短板、服务实体经济、助推生态建设、密切联系群众、促进民生改善等方面发挥作用。

加强人大基层基础建设，推动代表之家建设提档升级。指导各镇（区、街道）人大按照规范化要求完善代表之家、代表联络工作站建设，依托“一镇一品”打造特色代表之家，拓展和延伸代表履职平台，为代表学习培训、联系选民、开展活动、沟通交流创造条件。开展领导干部“接待人大代表日”活动，安排接待代表日活动16次，共接待基层县人大代表160多人，收集代表建议和选民意见71条，并及时反馈给各相关部门办理。县人大常委会修订出台《关于县人大代表议案和建议、批评、意见的处理办法》，规范代表建议提出和办理行为；制定《建议办理工作考核计分细则》。通过县人大常委会领导领衔督办、委室对口督办、重点建议重点督办、代表现场视察调研等方式，以及听取代表建议办理工作情况报告、对代表建议办理结果进行满意度测评、开展办理工作专项督查等措施，全面提升代表建议办理质量和效果。全年共邀请108名县人大代表列席县人大常委会会议，组织12名南通市人大代表回原选区述职，联动参与市人大评议部门以及“市人大代表高质量履职助推高质量发展”主题实践活动。出台《关于加强县镇（区、街道）人大自身建设工作的意见》，制定对镇（区、街道）人大工作考评办法。

2019年11月8日，县人大举办《中华人民共和国动物防疫法》专题讲座

贯彻落实县委关于人大行使重大事项决定权要求，健全完善人大监督工作机制。开展“一月一学法”活动，探索人民代表大会制度的基层创新实践；开展调查研究，落实“四不两直”要求，形成一批具有较高“含金量”的调研成果。

6. 法院和检察院工作报告

会议听取和审议县法院院长黄卫所作《如东县人民法院工作报告》和县检察院检察长王骅所作《如东县人民检察院工作报告》。2019年，县法院实施随机分案和繁简分流，院、庭长审结案件2857件，占25.1%。全年受理案件1.26万件，审执结1.14万件，新收案件数同比下降5.9%，结收案比、一审服判息诉率、调解撤诉率、一审判决案件被改判发回重审率正向考核均排名南通市法院第一，执行综合绩效南通市法院第二，各项审判执行指标均位居江苏省法院第一方阵。2019年，县检察院共办理各类案件3282件。其中，办理刑事案件785件，审查逮捕268人，审查起诉941人；办理司法救助案件26件，为44名因案致贫被害人讨薪20余万元；办理行政公益诉讼案件28件。获得全国青年文明号、全国检察宣传先进单位、江苏省文明单位等9项省级以上集体荣誉。

大会共收到代表10人以上联名提出议案23件，其中列为大会议案3件，转为建议20件；收到代表提出建议、批评和意见365件，共有代表建议385件。

（五）县第十七届人民代表大会第五次会议

2021年1月12—15日，如东县第十七届人民代表大会第五次会议在县行政中心召开。会议由大会主席团主持。

2021年1月12日，如东县第十七届人民代表大会第五次会议在县行政中心开幕

1. 大会机构

大会主席团成员（54 人）：

丁　越（女）卜其银　王亚平　冯力如
冯克山　刘　峰　刘旭峰　许世俊
杨　一　杨　忠　杨小军　杨涟冬
杨晶晶（女）李　军　吴　晶（女）吴晓莉（女）
何志刚　邱荣林　沈更生　沈冶军
沈峻峰　张卫东　张玉华　张桂英（女）
张蓉蓉（女）陈　雷　陈昌龙　陈建华
罗晓东　周志勇　周新基　郑寒冰（女）
查剑宁　赵尊兵　徐　健　徐东俊
徐进张　徐鸿斌　翁　祥　奚金岩
高　军　唐国均　陶卫忠　黄　涛
曹光前　龚维国　康　勤　韩　明
韩亚莉（女）蒋树建　傅国华　翟以圣
缪晓红　潘　亮

秘书长：徐鸿斌（兼）

副秘书长：卜其银　张　炯　丁　越（女）
周志勇

主席团常务主席：沈峻峰　陈昌龙
徐鸿斌　刘旭峰
罗晓东

议案审查委员会

主任委员：徐鸿斌

副主任委员：陆金标

委　员：丁　越（女）查剑宁　徐进张
高　军　韩　明

2. 政府工作报告

会议听取和审议县长陈慧宇所作《政府工作报告》。报告总结 2020 年及“十三五”期间工作，提出“十四五”奋斗目标和 2021 年工作任务。2020 年，县政府围绕“发展速度争第一，百强排名升十位”3 年奋斗目标，统筹疫情防控和经济社会发展全局。疫情防控严格执行“外防输入、内防扩散”防控策略，科学统筹防疫物资和医疗设备，在南通市率先实现当地确诊病例“清零”。全年完成地区生产总值 1120 亿元，同比增长 6.5%，增速南通市领先。实现一般公共预算收入 60.02 亿元，增长 4%，增速南通市第一。完成固定资产投资 470 亿元，增长 10%，其中工业投资 285 亿元，增长 12%。实现社会消费品零售总额 405 亿元，增长 2%。城乡居民人均可支配收入分别增长 5% 和 6.9%。县域经济基本竞争力全国百强县（市）排名攀升至第 37 位，比上年度再进 4 位，上升幅度南通市最大。全年实际利用外资 3.5 亿美元，创新高。对外承包工程和劳务合作营业额首次突破 1 亿美元。全年累计签约亿元以上项目 181 个，其中 10 亿元以上重特大项目 45 个。

2021 年 1 月 12 日，县长陈慧宇作政府工作报告

2021 年 1 月 13 日，县委副书记、县长陈慧宇（前左二），县人大常委会党组书记、主任陈昌龙（前右一），带领出席如东县第十七届人民代表大会第五次会议的代表们，视察县部分重大项目建设和城市建设现场

推进“放管服”改革，颁发江苏省首张智能审批营业执照，不动产“一证通办”做法全省推广。办好县人大代表票决的10大类民生实事项目，民生投入占公共财政支出比重80.5%。新增城镇就业8600余人，城镇登记失业率控制在1.8%以内。390件人大代表议案建议全部办结。率先建成江苏省首家县域治理现代化指挥平台。

3. 国民经济和社会发展计划草案报告

会议审查县发展和改革委员会主任于海杰《关于如东县2020年国民经济和社会发展计划执行情况及2021年国民经济和社会发展计划（草案）的报告》。2020年，全县地区生产总值增长6.5%，比计划目标低0.5个百分点；一般公共预算收入60.02亿元，增长4%；全社会固定资产投资增长10%；社会消费品零售总额405亿元，增长2%，比计划目标低4个百分点；外贸进出口总额385亿元，增长2.1%，比计划目标低1.9个百分点；注册外资实际到账3.5亿美元；战略性新兴产业产值占比31%，比计划目标低1个百分点；新增高新技术企业66家，高新技术产业产值占比47%；研发经费支出占地区生产总值比重2.6%；服务业增加值占地区生产总值比重43.7%，比计划目标低4.3个百分点；城乡居民人均可支配收入分别增长5%、6.9%；城镇登记失业率控制在1.8%以内；万元地区生产总值能耗下降，完成南通市下达目标；主要污染物减排、水环境质量改善，均完成南通市下达目标。

4. 财政预算和执行情况报告

会议审查县财政局局长江新泉《关于如东县2020年财政预算执行情况和2021年财政预算（草案）的报告》。2020年，全县公共财政收入完成60.02亿元，比上年增长4%。加上上年结转和上级拨给专款，全年可用财力132.84亿元；当年支出134.83亿元，未完成项目结转下年3.90亿元，县镇两级筹措调入其他资金24.74亿元，实现当年财政收支平衡。

5. 人大常委会工作报告

会议听取和审议县人大常委会主任陈昌龙所作《如东县人大常委会工作报告》。2020年，召开常委会会议10次，听取和审议县政府专项工作报告15项，作出决议决定、提出审议意见12项；召开主任会议20次，开展专题视察5次，听取县“一府一委两院”专项工作报告23项；依法任免人大机关和县“一府一委两院”工作人员50人次。

关注重大项目建设，县人大常委会听取和审议县政府关于优化营商环境，强化企业服务，加快推进全县重特大项目建设情况工作报告，建议政府抓实重点产业培育和发展，加强产业链招商，突出大项目招引，营造有利于增强企业发展“小环境”，以重特大项目落地见效支撑高质量发展。

2020年5月22日，县人大举办全县企业界人大代表“银企对接”强企沙龙暨“百行进万企”推进活动

联合市银保监分局举办全县企业界人大代表“银企对接”暨“百行进万企”活动，帮助中小微企业解决融资难题，助推产业转型升级。专题视察全县科技创新平台建设情况，建议政府找准定位、强化统筹、抓牢保障，优化资源配置，创新体制机制。专题听取县政府关于全县农业龙头企业发展情况工作报告，建议将农业产业化融入“十四五”农村现代化建设规划，实现农业规模化、产业化、资本化运营。专题视察全县农业示

范园区建设情况，建议突出品牌展示、机制创新和融合发展的示范效应。

加强计划预算监督，听取和审议2020年上半年县政府计划预算执行情况及2021年指标安排情况的报告，建议政府化解疫情不利影响，全力保增长；听取和审议同级审计情况报告，制定出台《县人大常委会关于审计查出问题整改情况的监督办法》，要求形成审计整改闭环管理，实现审计目标任务同向合、监督举措同频共振和监督成果同步应用。听取和审议“十四五”规划和2035年远景目标纲要编制情况报告，提出建议意见。

立足城市品位提升，听取县政府关于加快全县城市重点工程建设，全力推进全国文明城市创建情况工作报告，专题视察全县市政工程和交通基础设施建设情况，建议以提升交通互联互通和城市品质做优“大互联”格局，提升新能级、展现新形象。听取和审议县政府关于2019年度全县环境状况和环境保护目标完成情况工作报告，建议严格落实治理责任，加快推进环保重点项目建设。对国有资产管理、减税降费政策执行、供销社深化改革、海洋渔业发展、突发事件预警信息发布中心建设、自然资源管理、湿地利用与保护、安置房建设、城市建筑垃圾管理等情况进行视察调研。

推进以“清水绿岸”为重点的人居环境建设。每月由县人大常委会领导带队，分组到各镇（区、街道）督查“清水绿岸”任务完成情况和前期交办问题整改销号情况，督促各镇（区、街道）人大联动开展工作。2020年，人大代表“问河长”工作扩大询问对象，拓展至“问河长”+“问局长”，此项创新工作是全国首创，被《人民代表报》和“学习强国”、“江苏人大发布”等媒体专题报道，南通市人大常委会主要领导专门作出批示。听取县政府关于加快推进“清水绿岸”提质行动进程，打造全县农村人居环境情况工作报告，对存在工作短板提出建议。

2020年4月16日，县人大常委会到双甸镇、新店镇、岔河镇开展“清水绿岸”提质行动督查，询问镇级总河长

督办助推政府民生实事项目。县人大常委会深入开展调查研究，强化工作指导，实现县、镇（区、街道）两级人大代表票决政府民生实事全覆盖。专题听取县政府关于政府民生实事推进情况专项工作报告，建议加大组织推进力度，加快实事工程推进进度。对政府民生实事项目重点实施部门开展专项工作评议，并进行满意度评价。

推动各项社会事业发展。重视职业教育产教融合发展，听取县政府专项工作报告，建议从政策扶持、人才培育、机制创新等方面，提升全县产教融合发展水平。关注职业病防治情况，建议县政府加大法治宣传，加快职业健康平台建设，健全职业健康监管。关注全县《中华人民共和国慈善法》贯彻实施情况，听取县政府专项工作报告，建议加快完善慈善工作机制，激发慈善主体活力，健全法治监管体系。专题视察社会化养老服务体系建设情况，提出加强养老服务机构建设，增加服务投入，提升养老服务水平。对妇幼保健工作、国清寺遗址博物馆建设、侨务工作等情况进行视察调研。

组织开展《中华人民共和国安全生产法》《中华人民共和国水污染防治法》执法检查。组织4个执法检查小组深入一线开展执法检查，专题听取和审议县政府关于《中华人民共和国安全生产法》贯彻实施情况工作报告，建议强化组织领导，理顺管理关系，统筹治理重点，压实工作责任，遏制生产安全事故发生。继续开展《中华人民共和国水污染防治法》执法检查，重点针对少数国考、省考断面水质不达标、全县水环境质量改善稳定性不强等现状，开展执法检查和专题询问，梳理河长制责任落实、重点流域长效管护以及严重违法行为惩处等问题清单，交政府及相关部门办理落实。

2020 年 3 月 10 日，县人大对县应急管理局贯彻实施《中华人民共和国安全生产法》情况开展执法检查

开展“七五”普法宣传教育。组织县、镇（区、街道）两级人大同步开展“七五”普法终期评估，听取和审议政府专项工作报告，加强对法治宣传教育工作监督检查，总结全县普法工作。完善人大系统“一月一学法”工作制度，将学习

2020 年 6 月 8 日，全县人大代表法治行动暨县法院《中华人民共和国民法典》赠书仪式在县人大代表履职服务中心举行

贯彻《中华人民共和国民法典》作为人大工作重要内容，举行向人大代表赠书、组织“宪法日”人大代表“讲法典、学法典”等活动，号召全县四级人大代表成为学法、守法、用法和普法表率。

加强司法和监察监督。县人大常委会专题听取县法院、县检察院上半年工作情况报告，建议县“两院”在严格公正司法、提高办案质量、深化司法改革、拓展公益诉讼等方面再提升。组织人大代表旁听法院庭审 300 多人次。听取县监察委专项工作报告，推进人大监督监察工作。对全县扫黑除恶工作、非诉执行等情况进行专题调研。全年受理和审查政府报备规范性文件 6 件，受理群众信访 42 件次。

加强智慧人大和县、镇两级人大代表履职服务中心建设。建立纵向贯通、横向联动、开放兼容的信息资源共享体系，形成“1+16+N”［县 + 镇（区、街道）+ 多个功能模块］人大工作集群，实现县、镇（区、街道）人大工作数据共建共用。出台《关于进一步规范人大代表履职平台建设的意见》，创新设立以“中心—站—点”为载体的人大代表履职平台体系，建成 1 个县人大代表履职服务中心、16 个镇（区、街道）人大代表履职服务中心、70 个人大代表工作站、179 个人大代表联系点。如东县人大代表履职服务体系建设江苏省领先，得到江苏省、南通市有关领导肯定。

以“放管服、净环境、问河长、通公交、听百案”为主抓手，继续深化提升人大代表助力小康“五项行动”。县镇联动、分类推进，及时召开经验交流会、成果点评会，通过现场观摩、例会交流，及时总结推广，掀起人大代表比学赶超浓厚氛围。2020 年，全县四级人大代表共参与“五项行动”4677 人次，办理实事 1311 件。

县第十七届人大四次会议后，代表们共提出议案和建议 390 件（其中大会议案 3 件，重点建议 10 件），县人大常委会围绕议案建议“内容高质量，办理高质量”要求，在建章立制、内容把

关、督办跟踪和考核评价上形成工作闭环。出台《2020 年度县人大议案建议考核计分细则》。注重跟踪面商，明确要求主办建议 5 件以上必须召开见面会，做到办理计划向代表通报，办理过程邀请代表参与，办理后征求代表意见。

县人大常委会坚持重大事项、重要工作向县委报告制度。县领导“接待代表日”“双联”工作等制度有效实施，人大代表“问河长”“问局长”等特色工作内涵拓展，民生实事票决工作机制优化，县人大工作月度例会常态化开展，镇（区、街道）人大工作考评制度不断完善，街道人大议政员制度在全市推广。疫情期间，县人大常委会党组第一时间发出倡议，组织全县人大系统和人大代表、议政员参与疫情防控。

围绕县委提出做好市场保供督查工作要求，迅速召开专题会议进行落实，及时对县城和重点镇区相关商超、农贸市场、农资供应点、畜禽屠宰场以及生产企业开展市场保供专项督查督导。如东县人大作为南通市人大系统唯一代表在市委人大工作会议暨市人大设立常委会 40 周年大会上交流发言，县人大工作经验在全市推广。

2021 年 1 月 15 日，在如东县第十七届人民代表大会第五次会议上，县委常委、纪委书记邵锋（左一）当选为县监察委员会主任，并进行宣誓

6. 法院和检察院工作报告

会议听取和审议县法院院长黄卫所作《如东县人民法院工作报告》和县检察院检察长王骅所作《如东县人民检察院工作报告》。2020 年，县法院共受理各类案件 1.15 万件，同比下降 7.6%，审执结 1.03 万件，员额法官人均结案 197 件。改判发回重审率指标正向考核持续保持南通市法院前列，人民群众对法院工作满意率 99.8%。2020 年，县检察院共办理各类案件 3039 件，其中办结司法救助案件 28 件，向因案致贫返贫 48 个受害人或家属发放救助金 32.9 万元；办理食品安全领域公益诉讼案件 20 件，办理非法捕捞水产品刑事附带民事公益诉讼案件 11 件 48 人；审查逮捕案件 118 件 182 人，审查起诉案件 560 件 871 人；办理刑事和解案件 112 件 116 人。被南通市委、市政府记集体二等功。

2021 年 1 月，县人民法院院长黄卫在县第十七届人民代表大会五次会议上作法院工作报告

2021 年 1 月，县人民检察院检察长王骅在县第十七届人民代表大会五次会议上作检察院工作报告

大会共收到代表 10 人以上联名提出议案 5

件，均转为建议；收到代表建议 369 件，共有建议 374 件。

四、县第十八届人民代表大会会议

（一）县第十八届人民代表大会第一次会议

2022 年 1 月 11—14 日，如东县第十八届人民代表大会第一次会议在县行政中心召开。会议由大会主席团主持。

1. 大会机构

大会主席团成员（40 人）：

丁林洋　于海东　王亚军　朱正俊
刘　峰　刘旭峰　汤亚东　许金标
孙玉来　杨　忠　李　健　吴晓莉（女）
沈秀梅（女）张光平　张兴国　张桂英（女）
张蓉蓉（女）陈　琳　陈　雷　陈永强
陈昌龙　陈建军　陈慧宇　邵　锋
罗晓东　於　锋　於维涛　赵尊兵
钱宏彬　徐东俊　徐鸿斌　黄　涛
曹　薇（女）蒋树建　程剑锋　蔡　东
蔡向阳　翟建华　缪卫宏　潘　飞

秘书长：徐鸿斌（兼）

副秘书长：王亚军　张　炯　丁　越（女）
周志勇

主席团常务主席：陈慧宇　陈昌龙
徐鸿斌　刘旭峰
罗晓东　赵尊兵

2022 年 1 月 13 日，县委书记陈慧宇等领导到代表团看望县人大代表

财政经济委员会

主任委员：翟建华

副主任委员：曹爱明

委　员：王必东　许之情　林　鑫
倪劲松　黄　建

社会建设委员会

主任委员：缪卫宏

副主任委员：徐　健

委　员：任先军　吴晓莉（女）沈亚秋（女）
沈冶军　秦海健

监察和司法委员会

主任委员：赵尊兵

副主任委员：薛　峰

委　员：任　怡（女）许亚军　赵　旭
顾昕华　高　山

法制委员会

主任委员：赵尊兵

副主任委员：薛　峰

委　员：张　彬　张小平　陆　祎
郑寒冰（女）缪勇刚

议案审查委员会

主任委员：徐鸿斌

副主任委员：陆金标

委　员：丁　越（女）查剑宁　高　军
姜宁兵　夏金荣

2. 政府工作报告

会议听取和审议代县长陈雷所作《政府工作报告》。2017—2021 年，县政府统筹疫情防控和经济社会发展，统筹发展和安全，实现"经济总量超千亿元、发展速度夺第一、项目建设扛红旗、文明创建获殊荣、综合排名快前移"等历史性突破，全面建成小康社会。经济总量大幅攀升。2021 年，全县实现地区生产总值 1280 亿元，5 年间连跨 5 个百亿元台阶，年均增幅南通市领先。人均地区生产总值超过 14 万元，比 2016 年增加 6.5 万元。一般公共预算收入 68.5 亿元，5 年增长

2022 年 1 月 11 日，代县长陈雷作政府工作报告

26%。居民人均可支配收入由 2.67 万元升至 4.14 万元，连年高于经济增速，城乡居民人均收入比值降至 2.06。固定资产投资年均增长 9%，实现社会消费品零售总额 480 亿元，是 2016 年 1.5 倍。外贸进出口总额 420 亿元，年均增长 20.4%。县域经济基本竞争力百强县（市）排名从第 51 位跃升至第 33 位。如东整体形象改善，创建成全国文明城市。栟茶镇获评全国特色小镇。每年约 80% 的公共财政用于民生支出，新建、扩建教育项目 110 个，成功创建江苏省基础教育装备示范县，高考主要指标连续 28 年江苏省领先。新增城镇就业超过 4.5 万人，退役军人就业创业特色经验获全国推介，实现江苏省双拥模范县“五连冠”。组建 3 大县级和 5 家园区国有企业集团，在江苏省率先设立国资监管机构。依法接受各方监督，

2022 年 1 月 11 日，如东县第十八届人民代表大会第一次会议上，代表们在听取报告

人大代表议案建议全部办结，满意率 96.7%。

3. 国民经济和社会发展计划草案报告

会议审查县发展和改革委员会主任于海杰《关于如东县 2021 年国民经济和社会发展计划执行情况及 2022 年国民经济和社会发展计划（草案）的报告》。2021 年，全县实现地区生产总值 1280 亿元，增长 8.8%，超计划 1.8 个百分点。实现一般公共预算收入 68.5 亿元，增长 14.1%，超计划 8.33 个百分点，增幅位居南通市第二位；全社会固定资产投资同比增长 10%，达到预期，其中工业投资增长 11%，服务业投资增长 8%，技改投资占工业投资比重达 35%，高技术产业投资占固定资产比重达 28%。实现社会消费品零售总额 480 亿元，增长 17.9%，高于计划 11.9 个百分点。实现外贸进出口总额 420 亿元，增长 6.3%，高于计划 2 个百分点，其中出口总额 165 亿元，增长 4.6%，高于计划 2.6 个百分点。注册外资实际到账 3.6 亿美元。城镇居民人均可支配收入和农村居民人均可支配收入保持较快增长，增幅分别达到 9.4%、10.6%。城镇登记失业率控制在 1.8% 以内。主要污染物减排完成上级下达任务，全县万元地区生产总值能耗总体下降。

4. 财政预算和执行情况报告

会议审查县财政局局长杨海军《关于如东县 2021 年财政预算执行情况和 2022 年财政预算（草案）的报告》。2021 年，全县公共财政收入完成 68.50 亿元，比上年增长 14.1%。加上上年结转和上级拨给专款，全年可用财力 139.85 亿元；当年支出 146.37 亿元，未完成项目结转下年 4.59 亿元，县镇两级筹措调入其他资金 20.73 亿元，实现当年财政收支平衡。

5. 人大常委会工作报告

会议听取和审议县人大常委会主任陈昌龙所作《如东县人大常委会工作报告》。报告总结县第十七届人大常委会工作，5 年共召开常委会会议 43 次、主任会议 89 次，听取和审议县“一府

一委两院”工作报告135项，作出决议决定、提出审议意见68件，开展专题视察调研223次。

立足全面小康和高质量发展中心任务，常委会听取县政府关于打造全省向海发展战略先导区规划编制情况工作报告，推进沿海开发开放。支持和推进项目建设，督办“关于着力打造特色产业板块，进一步提升区域竞争力的议案”，听取和审议县政府关于进一步优化营商环境，强化企业服务，加快全县重特大项目建设情况工作报告。先后开展提升服务质效以及服务项目建设和中小企业发展重点职能部门专项工作评议，以专题询问、满意度测评等方式增强监督精准性和有效性，推动服务效能持续提升。开展企业界人大代表“谋发展、话责任、谈履职”强企沙龙系列活动，推动“政企对接”“银企对接”。关注安全生产工作，听取县政府关于加强综合治理，加快提升危化品全链条管理水平工作报告。专题视察全县重大项目建设、科技创新平台建设、全域旅游建设等工作，对新能源和新材料产业发展、税源经济发展、减税降费政策执行、产业工人队伍建设、现代服务业和金融业发展等情况进行专题调研，为政府决策提供参考。听取县政府关于全县农业示范园区建设、农业龙头企业发展、农业社会化服务体系建设、农村基础设施和高标准农田建设、国务院《农药管理条例》实施等情况工作报告；专题调研现代渔业、高效设施农业、新型农业经营主体发展、农村“三资”管理、特色镇（村）建设等情况，促进乡村振兴。

加强计划预算监督，定期听取和审议县政府关于计划预算执行情况报告，专题调研预算绩效管理情况，建立完善预算联网审查监督机制，推进预算审查监督内容全口径。定期听取和审议同级审计情况，制定《关于审计查出问题整改情况的监督办法》，听取县政府整改情况报告，并对重点整改部门进行满意度测评。听取县政府关于国有资产管理情况的综合报告和企业国有资产管理情况工作报告，建议理顺体制、优化布局、加强管控，发挥国有资产效能。持续跟踪全县小康目标完成情况，听取和审议县政府专项工作报告，助推任务目标高质量全面完成。

立足城市品位和治理能力提升，县人大常委会听取县政府关于加快全县城市重点工程建设，全力推进全国文明城市创建情况工作报告，要求以“牛劲”品格和“狼性”精神落实工作，保证创建目标如期达成。县人大常委会领导班子挂钩镇（区、街道）一线督查，人大机关全体干部常态化参与点位包干，推动文明城市长效长治。专题视察全县市政工程和交通基础设施建设情况。县人大常委会还对自然资源管理、湿地保护与利用、城市建筑垃圾管理、小区物业管理等情况进行专题调研。围绕宜居环境和社会事业民生实事，推动完善水环境突出问题联席会办、挂牌督办等制度，实行清单交办、清零整改“两清”闭环督查助推机制，2021年，南通市“助力清水行动，建设水美乡村”工作现场推进会在如东召开，如东经验全市推广。专题听取县政府“河长制”落实情况工作报告，对16个涉水部门开展专项工作评议。常态化听取和审议全县环境状况和环境保护目标完成情况，专题视察突出环境问题清单整改情况，并组织开展大气污染防治等专题调研，提出整改意见。

2021年9月13日，县人大开展市政工程和交通基础设施建设专题视察活动

建立县人大常委会领导领衔联系督办推进制度，全程做好民生实事项目跟踪督办工作。县、镇（区、街道）两级人大组织代表联动开展视察调研和现场督办，每季度向政府及相关部门反馈代表意见和建议，对落后时序、难度较大的项目进行重点跟踪。专题听取县政府关于民生实事项目推进情况工作报告，对相关重点实施部门开展专项工作评议，并进行满意度测评。县人大常委会始终把教育事业放在优先位置，先后听取全县教育现代化建设、职业教育产教融合发展、教育项目建设、学前教育发展等情况工作报告，建议县政府把立德树人作为根本任务，深化教育改革创新，强化教师队伍建设，办好人民满意教育。听取县政府关于全县公共卫生服务体系和应急能力建设、职业病防治、基层卫技人才队伍建设等情况工作报告，建议县政府加大对医疗卫生事业投入，持续推进医药卫生体制改革，确保人民健康水平稳步提高。听取县政府关于全县公办养老机构发挥区域性养老服务作用情况工作报告，专题视察全县社会化养老服务体系建设情况，建议县政府加快构建“1+N”基本养老服务网络，探索建设高水平老年友好型城市的创新举措，让老年人共享改革发展成果。听取县政府关于全县基层综合性文化服务中心建设情况以及《江苏省社会保险基金监督条例》《中华人民共和国慈善法》《中华人民共和国残疾人保障法》贯彻实施情况工作报告，对《江苏省全民健身条例》实施、优化人口结构、妇幼保健工作、长期照护保险、中医药事业发展、劳动就业、安置房建设等情况进行专项调研。

突出普法教育和法律巡视一体联动，县人大常委会组织开展《中华人民共和国农产品质量安全法》《中华人民共和国促进科技成果转化法》《中华人民共和国水污染防治法》《城市市容和环境卫生管理条例》《中华人民共和国安全生产法》《中华人民共和国中小企业促进法》等贯彻实施情况执法检查，提出整改意见，加强跟踪监督。认真履行县委赋予的“清水绿岸”专项行动总督察职责，连续3年紧盯《中华人民共和国水污染防治法》贯彻实施，通过全面检查和重点抽查相结合、现场交办与专题询问相结合、清零整改与清单销号相结合等方式，对少数国考省考断面水质不达标、全县水环境质量改善稳定性不强等问题一抓到底，全县水环境质量得到有效改善。专题视察检查“七五”普法工作情况，及时开展中期考核和终期评估，督促政府及相关部门认真组织开展法治宣传教育活动，提高普法覆盖面。常委会作出《关于开展第八个五年法治宣传教育的决议》。开展全县四级人大代表“讲法典、学法典”集中培训。县人大常委会常态化听取“两院”工作报告，听取县法院行政审判工作和县检察院反渎职工作等专项报告，并对县法院审判改革、《中华人民共和国刑事诉讼法》贯彻实施、非诉执行、“两法衔接”、扫黑除恶、多元解纷机制建设、律师队伍建设等情况开展专题调研。5年组织各级人大代表旁听法院庭审800多人次。听取县监察委专项工作报告，稳妥推进人大监督监察工作。修订完善规范性文件备案审查办法，听取县政府专项工作报告。5年共接待人民群众来访56人次，受理、交办和督办人民群众来信164件。5年共

2021年3月18日，县人大常委会党组书记、主任陈昌龙带领县攻坚办、河长办、“清水绿岸”督查推进办等相关部门负责人，到大豫镇、马塘镇调研“清水绿岸”提质行动开展情况。图为在大豫镇召开调研座谈会

依法任免人大机关和“一府一委两院”工作人员317人次，任命人民陪审员160人。

持续开展人大代表助力小康“五项行动”，5年共参与“强企”行动3173人次，办理实事2152件；“助村”行动5651人次，办理实事4239件；“通达”行动4229人次，办理实事3145件；“清水”行动6511人次，办理实事5183件；“法治”行动4072人次，办理实事3103件。

县第十七届人大一次会议后，代表共提出议案建议1613件，其中大会议案6件，重点建议54件。修订完善《县人大代表议案和建议、批评、意见的处理办法》，制定出台《县人大议案建议办理工作考核计分细则》，坚持县人大常委会领导领衔督办、委室对口督办、重点建议重点督办和代表现场视察督办等监督方式，推动代表建议答复和落实“双满意”。

创新设立人大代表履职平台体系，高标准建成1个县人大代表履职服务中心、16个镇（区、街道）人大代表履职服务中心、70个人大代表工作站、179个人大代表联系点，实现全县1400多名四级人大代表和街道选民代表进中心进站进点全覆盖。完善《关于进一步加强“双联”工作的实施方案》，开展领导干部“接待人大代表日”、县人大常委会组成人员点对点联系代表活动，组织接待代表日活动67次，接待基层代表300多人，收集代表建议和选民意见353条。出台《关于加强和规范街道人大工委工作的意见》，填补街道人大监督工作“空白”，街道选民代表议政制度全市推广。加强对镇（区、街道）人大工作指导，出台《镇（区、街道）人大年度工作考评办法》等文件。

2021年3月27日，县人大常委会党组书记、主任陈昌龙（右一）带队在浙江省嘉善县西塘镇人大代表联络站考察学习

2021年9月，组织县镇两级人大换届选举工作，依法选举产生县人大代表355人、镇人大代表1081人、街道选民代表181人。

开展“两学一做”（学党章党规、学系列讲话，做合格党员）学习教育及“不忘初心、牢记使命”、党史学习教育等主题教育实践，组建人大机关党组，完善人大党组织体系。连续5年开展“一月一学法”活动，邀请江苏省、南通市、如东县专家开设讲座60余场次。县人大常委会组成人员深入镇村和企业一线开展专题调研，形成调查报告90多个。在《中国人大》、《人民代表报》、《人民与权力》、“江苏人大发布”等国家和江苏省、南通市媒体发表文章150多篇。县人大机关获评江苏省人大工作先进集体。

2021年8月30日，县委书记陈慧宇（二排右二）专题调研指导县人大常委会（党组）工作

县人大常委会报告总结5个方面工作体会：必须坚持中国共产党领导，把坚持和完善人民代表大会制度要求落实在人大工作各个方面；必须围绕全县工作大局开展人大工作，用好宪法赋予

人大的监督权；必须全面落实以人民为中心的发展思想，切实做到民有所呼、我有所应；必须依靠广大代表做好人大工作，支持和保障代表更好依法履职；必须加强人大政治机关建设，与时俱进推进人大工作高质量发展。

6. 法院和检察院工作报告

会议听取和审议县法院代院长杨德华所作《如东县人民法院工作报告》和县检察院代检察长方海军所作《如东县人民检察院工作报告》。2017—2021 年，县法院共受理各类案件 5.60 万件，审执结 5.50 万件，其中 2021 年受理 1.22 万件，审执结 1.12 万件，审判质效整体水平居南通市法院第一方阵。先后获评“集体一等功”“江苏省文明单位”“江苏省优秀法院”。2017—2021 年，县检察院共办理刑事、民事、行政、公益诉讼等各类案件 8427 件；共批准逮捕各类犯罪嫌疑人 797 人，提起公诉 4035 人。先后获评全国检察宣传先进单位、全国文明接待室、全国检察文化建设示范院、江苏省检察机关先进集体、江苏省文明单位等省级以上集体荣誉 30 项，被江苏省人民检察院记集体三等功，南通市委、市政府记集体二等功。

会议共收到代表 10 人以上联名提出议案 3 件，其中“关于聚焦重点产业发展，加快重大项目建设，全力打造全省向海发展先导区的议案”被列为大会议案，其他 2 件转为建议办理；共收到代表提出建议、批评和意见 356 件，连同议案转为建议 2 件，共 358 件。

（二）县第十八届人民代表大会第二次会议

2023 年 1 月 2—3 日，如东县第十八届人民代表大会第二次会议在县行政中心召开。会议由大会主席团主持。

1. 大会机构

大会主席团成员（67 人）：

丁　越（女）　丁林洋　于海东　王必东
王亚军　王金泉　王咸华　冯克山

2023 年 1 月 2 日，如东县第十八届人民代表大会第二次会议在县行政中心开幕

朱正俊　朱德军　刘　峰　刘旭峰
汤亚东　许之情　许世俊　许亚军
许金标　孙玉来　杨　忠　李　健
吴海军　吴晓莉（女）沈亚秋（女）沈秀梅（女）
沈冶军　沈宝泉　张小芳（女）张玉华
张光平　张桂英（女）张蓉蓉（女）陆金标
陈　琳　陈永强　陈昌龙　陈建军
陈慧宇　邵　锋　周志勇　周海军
周新基　於　锋　於　鑫　於维涛
郑寒冰（女）查剑宁　赵尊兵　顾昕华
夏金荣　钱宏彬　徐　健　徐鸿斌
高　山　高　军　黄　涛　曹　薇（女）
曹爱明　韩亚莉（女）蒋树建　程剑锋
蔡　东　蔡向阳　翟建华　缪卫宏
潘　飞　潘　亮　薛　峰

秘书长：徐鸿斌（兼）

副秘书长：王亚军　沈瑜新　丁　越（女）
周志勇

主席团常务主席：陈慧宇　陈昌龙
徐鸿斌　赵尊兵
翟建华　缪卫宏

议案审查委员会

主任委员：徐鸿斌

副主任委员：陆金标

委　员：丁　越（女）查剑宁　高　军
姜宁兵　夏金荣

2. 政府工作报告

会议听取和审议县长陈雷所作《政府工作报告》。报告回顾2022年工作，提出2023年主要工作。2022年，县政府全面落实“疫情要防住、经济要稳住、发展要安全”要求，锚定跨越赶超目标，担起重任重责，各项工作取得新进展。精准落实防控要求，在“动态清零”阶段，没有出现当地阳性病例。全年实现地区生产总值1340亿元，同比增长1%。完成一般公共预算收入76.85亿元，增幅南通市第一，总量在南通市首次实现赶超。兑现“减免缓退”税费97.8亿元，其中留抵退税48.3亿元，南通市第二。固定资产投资、进出口总额、存贷款余额等多项指标增幅排名居南通市前列。实际利用外资4.2亿美元。项目建设综合考核保持南通市第一方阵。认定高新技术企业106家，高新技术产业产值占比达到47%。举办首届如东质量大会，参与制修订国际标准4项，万人发明专利拥有量增长17.6%。县域经济基本竞争力位列全国百强县（市）第31位，比上年再进2位。

3. 国民经济和社会发展计划草案报告

会议审查县发展和改革委员会主任于海杰《关于如东县2022年国民经济和社会发展计划执行情况及2023年国民经济和社会发展计划（草案）的报告》。2022年，年初人代会确定24项指标中，一般公共预算收入、注册外资实际到账、研发经费支出占地区生产总值比重等17项指标，实现或基本实现预期目标。全年实现地区生产总值1340亿元，增长1%。实现同口径一般公共预算收入76.85亿元，增长7.1%，增幅居南通市前列。全社会固定资产投资增长5%，增速居南通市第一方阵，其中工业投资与同期持平，技改投资占比达到35%以上，服务业投资增长14.3%，增幅南通市第二。社会消费品零售总额突破500亿元，增长6%，总量位居南通市前列，增幅领跑南通市。实现外贸进出口总额590亿元，增长16.6%，总量、增幅均居南通市第一方阵。实现出口总额190亿元，增长8.6%，增速居南通市前列。城镇和农村居民人均可支配收入双双跑赢地区生产总值。

4. 财政预算和执行情况报告

会议审查县财政局局长杨海军《关于如东县2022年财政预算执行情况和2023年财政预算（草案）的报告》。2022年，全县公共财政收入完成76.85亿元，比上年增长7.1%。加上上年结转和上级拨给专款，全年可用财力181.31亿元；当年支出179.18亿元，未完成项目结转下年支出2.13亿元，县镇两级筹措调入其他资金32.45亿元，实现当年财政收支平衡。

5. 人大常委会工作报告

会议听取和审议县人大常委会主任陈昌龙所作《如东县人大常委会工作报告》。报告总结2022年人大常委会工作，提出2023年工作任务。2022年，召开常委会会议10次，听取和审议“一府一委两院”专项工作报告22项，作出决议决定、提出审议意见20项；召开主任会议17次，开展专题视察5次。

2023年1月，县人大常委会党组书记、主任陈昌龙在县十八届人民代表大会二次会议上作常委会工作报告

县第十八届人大一次会议将“聚焦重点产业发展，加快重大项目建设，全力打造全省向海发展先导区”列为大会议案后，县人大常委会听取

和审议县政府关于全县建设全省向海发展先导区情况的工作报告并作出决定，建议县政府激活优质资源，激发城镇活力，激情赋能推进，更好集聚发展要素、势能和合力，更高质量打造全省向海发展先导区。县、镇两级人大通过调研座谈、一线视察等方式，对服务向海发展的科技支撑、空间保障、港口物流等课题进行专题剖析，对向海发展重大项目推进中急需解决的重点难点问题现场会商督办。县人大常委会二审如东向海发展专项发展规划编制成果，并通过广泛征求基层意见建议、学习借鉴先进地区经验等方式，形成专项调研报告，得到县委、县政府主要领导肯定和批示。

2022 年 7 月 12 日，县人大常委会党组书记、主任陈昌龙（前左二）带队到洋口镇（沿海经济开发区）调研向海发展先导区建设工作

落实县委交由县人大重点监督的营商环境、城市更新工作，以“清单销号制”强化过程控制，县人大助推工作组征集各方意见建议 500 多条，敦促相关部门建立联动会商、信息互通等机制。专题开展涉及城市更新政府民生实事项目专题视察，对老旧小区综合改造等项目进行专题询问，助推项目提质提效。听取和审议县政府关于推进安全生产“三年大灶”行动情况工作报告，建议政府筑牢安全发展理念、压实安全生产责任、深化安全专项整治。主任会议听取和审议县政府关于全县高新技术企业发展情况工作报告，建议政府突出科技赋能导向，加强人才链、创新链、产业链融合，释放创新发展新动能。听取和审议县政府关于全县现代服务业发展情况工作报告，建议政府突出理念提升、产业提档、服务提优，推动现代服务业与工业、农业融合发展。听取县政府关于着力打造优势产业链情况工作报告，建议政府聚焦重点，健全机制，完善配置，优化优质产业链建设质态、业态和生态。县人大常委会听取和审议 2022 年上半年县政府计划预算执行及 2023 年指标安排、同级审计情况报告，出台《关于对审计查出问题整改情况报告开展满意度测评的办法》和《关于对审计查出问题整改情况开展询问和质询的办法》。

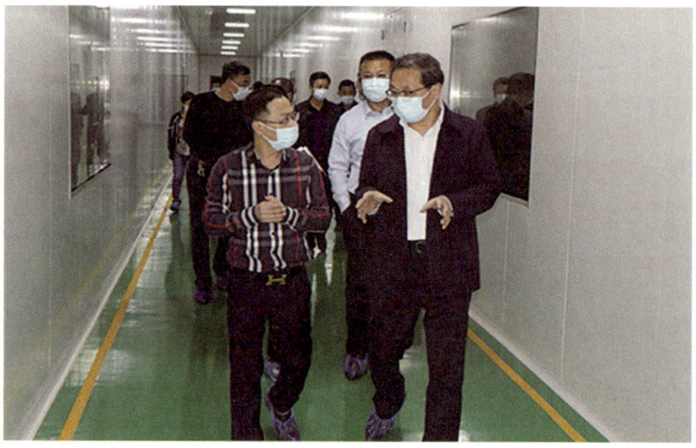

2022 年 4 月 22 日，县人大常委会党组书记、主任陈昌龙（右一）带队视察爱朋医疗科技股份有限公司和诺德电子有限公司 2 家高新技术企业

深化人大代表“问河长”“问局长”“问县长”工作，对相关国省市考断面和如泰、栟茶运河沿线镇（区、街道）“河（段）长”专题询问，交办问题清单 24 件。县、镇两级人大联动组织代表河道巡查工作，四级人大代表共巡河问政 2821 次，发现和转办、交办问题 534 条。首次启动特定问题专项解剖，联合第三方专业机构对相关镇村污水处理设施建设运行情况开展专项检查，重点检查行政村 28 个，排查点位 86 处，梳理出 295 项待整改问题，形成特定问题专项解剖报告。县人大常委会对水环境整治 9 个责任部门开展专项工

作评议并进行专题询问，通过满意度测评等方式，推动政府及有关部门扛起“属事”“属地”责任和流域“共治”责任。听取和审议县政府关于2021年度全县环境状况和环境保护目标完成情况，建议政府锚定环境保护重点方向补短板、挖潜力、强弱项，使生态环境整治工作符合县情和发展要求。主任会议听取全县农村公共空间治理情况工作报告，建议政府突出治理重点精准发力，壮大农村集体经济，美化农村发展环境。县人大常委会领导班子深入挂钩联系镇区街道和亿元企业，督查疫情防控工作，调研企业生产经营状况，协调解决一批产品积压、材料运输等实际困难和问题。定期组织代表开展民生实事项目办理情况调查研究和现场监督。发出问题清单11次，明确整改事项136项。听取县政府关于加快提升教育软实力工作情况报告，在加强人才引进、提升教学水平、优化管理体系等方面提出建议意见。专题视察全县公共卫生项目建设，建议政府加大投入，强化疾病防治举措，优化资源投入结构，提升服务保障能力。听取县政府关于全县社区治理和服务情况的工作报告，建议政府规范机制、增强力量、完善设施、疏通堵点，全面提升社区治理服务水平。

2022年6月8日，县人大召开水环境整治相关部门专项评议部署会

组织开展《江苏省农村集体资产管理条例》《中华人民共和国大气污染防治法》执法检查。组织4个执法检查小组深入一线开展执法检查，听取和审议县政府关于贯彻实施《江苏省农村集体资产管理条例》情况工作报告。主任会议专题听取县法院、县检察院上半年工作情况报告，县人大常委会首次听取县监察委关于整治群众反映强烈突出问题专项工作报告，建议加强对惠民、富民、促进共同富裕各项政策落地落实进行监督检查，构建长效监管新机制。全年接受县政府备案规范性文件1件，向市人大常委会备案规范性文件4件，报备及时率和规范率均为100%。为省、市立法建言献策，先后对《南通市城市建筑垃圾管理条例》《南通市住宅物业管理条例》等多部法规提出立法建议。依法任免人大机关和县“一府一委两院”工作人员76人次，11名市人大代表向原选举单位和县人大常委会报告履职情况。

2022年3月9日，县人大到大豫镇开展《江苏省农村集体资产管理条例》执法检查。图为在一门闸村查阅农村集体资产管理台账资料

谋划开展人大代表“践行‘双聚双高’（聚焦全新赛程、高扬牛劲品格，聚力争先进位、高昂狼性精神），助力乡村振兴”“五加一”主题实践活动，发动各级人大代表助推一方产业、守护一条河（路）道、融进一个网格、当好一名志愿者、帮扶一户选民、用活一个平台，为基层百姓办实事、解难事。全年四级人大代表深入村（社区）联动制定活动计划1569份，认领助推任务5109项，逐月实施助推工作。县人大评选出县级“最优计划”30项、“最佳展示”10家、“最美代表”50

人。开展领导干部人大代表“接待代表日暨代表联系选民日”活动，县镇两级领导干部人大代表158人参加活动，接待550名人大代表和493名选民，听取和梳理问题及建议454件，当场解决226件，交办及协调解决228件。县人大作为江苏省基层人大代表在“长三角”全过程人民民主的基层实践工作交流研讨会上交流经验。出台《关于进一步规范人大代表履职平台建设的意见》，推动人大代表履职服务中心、代表工作站、代表联系点提档升级，实现人大代表履职阵地村居（社区）全覆盖。推进“数字人大”建设，强化如东“智慧人大”平台使用，全年共在线“亮晒”代表小组活动397次，代表联系点活动1474次，代表履职活动1.16万人次。

2022年10月13日，县人大常委会党组书记、主任陈昌龙在长三角全过程人民民主的基层实践工作交流研讨会上，作《倾听民声、满载民意、回应民盼，推动全过程人民民主在基层落地生根》发言

研究出台《如东县人大常委会五年工作规划》，修订县人大常委会议事规则和工作细则，完善“审议意见卡”等会议审议机制，推进人大工作实践创新。县人大工作研究会换届。全年在《人民代表报》《新华日报》《人民与权力》等省级以上刊物发表文章30多篇。如东县人大《打造全过程人民民主实践高地》特色做法被《人民代表报》头版专题报道，并被全国人大官网全文转发。县人大作为江苏省6家单位之一、南通市人大系统唯一代表在江苏省委人大工作会议上作《不负新时代，展现新作为，奋力推动地方人大工作高质量发展》交流发言，县人大工作经验在全省推广。

6. 法院和检察院工作报告

会议听取和审议县法院院长杨德华所作《如东县人民法院工作报告》和县检察院检察长方海军所作《如东县人民检察院工作报告》。2022年，县法院共审理各类案件1.20万件，审执结1.06万件，员额法官人均结案204件，审判质效整体水平位居南通市法院第一方阵前列。县人民法院被评为“江苏省文明单位”，栟茶法庭被共青团中央评为“一星级全国青年文明号”，执行局被南通市中院记集体三等功。

2023年1月，县人民法院院长杨德华在县第十八届人民代表大会二次会议上作法院工作报告

2022年，县检察院共办理刑事、民事、行政、公益诉讼等各类案件3691件，同比上升

2023年1月，县人民检察院检察长方海军在县第十八届人民代表大会二次会议上作检察院工作报告

2.8%。获“全国检察机关文明接待室”“一星级全国青年文明号”“全国检察宣传先进单位”“江苏省文明单位”等6项省级以上荣誉。

大会共收到代表10人以上联名提出议案13件，“关于加快推进以县城为重要载体的新型城镇化建设的议案”被列为大会议案，其他12件转为建议。共收到代表提出建议、批评和意见342件，连同议案转为建议办理的12件共354件。

第二节 大会选举

如东县第十五至十八届人民代表大会选举，根据《中华人民共和国全国人民代表大会和地方各级人民代表大会选举法》和《中华人民共和国地方各级人民代表大会和地方各级人民政府组织法》有关规定，结合如东实际，制定选举办法，选举县第十五至十八届人大常委会主任、副主任、委员，县政府县长、副县长，县监察委员会主任（2018年1月起），县法院院长、县检察院检察长及出席南通市人民代表大会代表。

一、选举办法

（一）县第十五届人民代表大会选举办法

2007年12月29—30日，如东县第十五届人民代表大会第一次会议选举出席南通市第十三届人民代表大会代表61人；选举县第十五届人大常委会主任1人、副主任4人、委员26人；选举县政府县长1人、副县长6人；选举县法院院长1人；选举县检察院检察长1人。出席南通市第十三届人民代表大会代表候选人人数比应选代表名额多1/5，进行差额选举。县第十五届人大常委会主任、县政府县长、县法院院长、县检察院检察长进行等额选举。县第十五届人大常委会副主任、县政府副县长候选人人数比应选人数多1人，进行差额选举。县第十五届人大常委会委员候选人人数比应选人数多1/10，进行差额选举。县第十五届人大常委会主任、副主任、委员候选人，在此届县人民代表大会代表中产生。出席南通市第十三届人民代表大会代表候选人，由各政党、人民团体联合或单独提名推荐，也可以由代表10人以上联名推荐。县第十五届人大常委会组成人员，县政府县长，副县长，县法院院长，县检察院检察长的候选人，由此次大会主席团或代表10人以上联合提名提出，提名候选人人数不超过应选名额。大会选票为8种9张，选票上候选人名单，按姓名笔画为序排列。选举采用无记名投票方式进行，每张选票所选人数，等于或少于规定应选人数的有效，多于规定应选人数的作废。候选人获得此次大会应到代表过半数选票时，始得当选。获得过半数选票候选人人数超过应选名额时，以得票多的当选；如果票数相等不能确定当选人时，就票数相等候选人再次投票，以得票多的当选。获得过半数选票的当选人数少于应选名额时，不足名额另行选举。选举结果由大会主席团根据选举办法确认有效后，予以宣布。当选人员由主席团发布公告。

2007年12月29日，县第十五届人大一次会议通过大会选举办法

2009年1月12日，如东县第十五届人民代表大会第二次会议采用无记名投票方式，补选县第十五届人大常委会副主任1人，实行等额选举。

2010年1月15日，如东县第十五届人民代表大会第三次会议采用无记名投票方式，补选县第十五届人大常委会委员1人，实行等额选举。

2011 年 1 月 10 日，如东县第十五届人民代表大会第四次会议采用无记名投票方式，选举县第十五届人大常委会主任 1 人，实行等额选举。

（二）县第十六届人民代表大会选举办法

2012 年 3 月 27 日，如东县第十六届人民代表大会第一次会议，选举出席南通市第十四届人民代表大会代表 70 人；选举县第十六届人大常委会主任 1 人、副主任 4 人、委员 26 人；选举县政府县长 1 人、副县长 6 人；选举县法院院长 1 人和县检察院检察长 1 人。出席南通市第十四届人民代表大会代表候选人人数比应选代表名额多 1/5，进行差额选举；县第十六届人大常委会主任、县政府县长、县法院院长、县检察院检察长进行等额选举；县第十六届人大常委会副主任、县政府副县长候选人人数比应选人数多 1 人，进行差额选举；县第十六届人大常委会委员候选人人数比应选人数多 1/10，进行差额选举。县第十六届人大常委会主任、副主任、委员候选人，在此届县人民代表大会代表中产生。印制 8 种选票，选票上候选人名单，按姓氏笔画顺序排列。选举采用无记名投票方式进行，每张选票所选人数，等于或少于规定应选人数的有效，多于规定应选人数的作废。候选人获得大会应到代表过半数的选票始得当选，获得过半数选票的候选人数多于应选名额时，以得票多的当选；如票数相等不能确定当选人时，应当就票数相等的候选人再次投票，以得票多的当选。获得过半数选票的当选人数少于应选名额时，不足名额另行选举。另行选举时，可根据第一次投票时得票多少顺序确定候选人，也可依照此次选举办法规定程序另行确定候选人。选举结果由大会主席团根据选举办法确认有效后，予以宣布。当选人员由主席团发布公告。

2013 年 1 月 17 日，如东县第十六届人民代表大会第二次会议采用无记名投票方式，补选县第十六届人大常委会委员 2 人，实行等额选举。

2015 年 1 月 25 日，如东县第十六届人民代表大会第四次会议采用无记名投票方式，补选县第十六届人大常委会委员 3 人，实行等额选举。

（三）县第十七届人民代表大会选举办法

2017 年 1 月 13 日，如东县第十七届人民代表大会第一次会议，选举县第十七届人大常委会主任 1 人、副主任 4 人、委员 34 人；选举县政府县长 1 人、副县长 6 人；选举县法院院长 1 人、县检察院检察长 1 人；选举出席南通市第十五届人民代表大会代表 70 人（其中市提名在如东选举 13 人）。县第十七届人大常委会主任、副主任、委员候选人，在此届县人民代表大会代表中产生；县政府县长、副县长，县法院院长，县检察院检察长，出席南通市第十五届人民代表大会代表的候选人，不限于此届县人民代表大会代表。县第十七届人大常委会主任、县政府县长、县法院院长、县检察院检察长进行等额选举；县第十七届人大常委会副主任、县政府副县长候选人数，比应选人数各多 1 人，进行差额选举；县第十七届人大常委会委员候选人数，比应选人数多 1/10，进行差额选举；出席南通市第十五届人民代表大会代表候选人人数比应选代表名额多 1/5，进行差额选举。印制 8 种选票，选票上候选人名单，按姓氏笔画顺序排列。选举采用无记名投票方式进行，每张选票所选人数，等于或少于规定应选人数的有效，多于规定应选人数的为废票。候选人获得大会应到代表过半数的选票始得当选，获得过半数选票的候选人数多于应选名额时，以得票多的当选；如票数相等不能确定当选人时，应当就票数相等的候选人再次投票，以得票多的当选。获得过半数选票的当选人数少于应选名额时，不足名额另行选举。另行选举时，可根据第一次投票时得票多少顺序确定候选人，也可依照此次选举办法规定程序另行确定候选人。选举结果由大会主席团根据选举办法确认有效后，予以宣布。当选人员由主席团发布公告。

2018 年 1 月 18 日，如东县第十七届人民代表大会第二次会议，选举县监察委员会主任 1 人。县监察委员会主任候选人，不限于此届县人民代表大会代表。提名县监察委员会主任候选人数比应选人数多 1 人，进行差额选举。选举采用无记名投票方式进行，每张选票所选人数，等于或少于规定应选人数的有效，多于规定应选人数的为废票。候选人获得大会应到代表过半数的赞成票始得当选，获得过半数赞成票的候选人数多于应选名额时，以得票多的当选；如票数相等不能确定当选人时，就票数相等的候选人再次投票，以得票多的当选。获得过半数赞成票的当选人数少于应选名额时，另行选举。选举结果经大会主席团依法确认有效后，当场宣布，并由大会主席团发布公告。

2019 年 1 月 25 日，如东县第十七届人民代表大会第三次会议，选举县政府县长 1 人、县第十七届人大常委会委员 5 人。县长候选人不限于此届人民代表大会代表。县第十七届人大常委会委员候选人，是此届县人民代表大会代表。印制 2 种选票，选票上候选人名单，按姓氏笔画顺序排列。选举采用无记名投票方式进行，补选县政府县长和县第十七届人大常委会委员，实行等额选举。选举结果经大会主席团依法确认有效后，当场宣布，并由大会主席团发布公告。

2020 年 1 月 19 日，如东县第十七届人民代表大会第四次会议，选举县第十七届人大常委会副主任 2 人、委员 1 人。县第十七届人大常委会副主任、委员的候选人，是此届人民代表大会代表。印制 2 种选票，选票上候选人名单，按姓氏笔画顺序排列。选举采用无记名投票方式进行，补选县第十七届人大常委会副主任、委员，实行等额选举。选举结果经大会主席团依法确认有效后，当场宣布，并由大会主席团发布公告。

2021 年 1 月 15 日，如东县第十七届人民代表大会第五次会议，选举县第十七届人大常委会副主任 1 人、委员 1 人；选举县监察委员会主任 1 人。县第十七届人大常委会副主任、委员的候选人，是此届人民代表大会代表。县监察委员会主任候选人，不限于此届县人民代表大会代表。印刷 3 种选票。选举采用无记名投票方式进行，选举县第十七届人大常委会副主任、委员，县监察委员会主任，实行等额选举。选举结果经大会主席团依法确认有效后，当场宣布，并由大会主席团发布公告。

（四）县第十八届人民代表大会选举办法

2022 年 1 月 14 日，如东县第十八届人民代表大会第一次会议，选举县第十八届人大常委会主任 1 人、副主任 4 人、委员 34 人；选举县政府县长 1 人、副县长 7 人；选举县监察委员会主任 1 人；选举县法院院长 1 人；选举县检察院检察长 1 人；选举出席南通市第十六届人民代表大会代表 69 人（其中南通市提名在如东选举 13 人）。县第十八届人大常委会主任、副主任、委员的候选人，在此届县人民代表大会代表中产生；县政府县长、副县长、县监察委员会主任、县法院院

2021 年 1 月 15 日，如东县第十七届人民代表大会第五次会议上，代表们在投票

长、县检察院检察长的候选人，出席南通市第十六届人民代表大会代表候选人，不限于此届县人民代表大会代表。县第十八届人大常委会主任、县政府县长、县监察委员会主任、县法院院长、县检察院检察长进行等额选举。县第十八届人大常委会副主任、县政府副县长候选人数，比应选人数各多1人，进行差额选举。县第十八届人大常委会委员候选人数，比应选人数多1/10，进行差额选举。出席南通市第十六届人民代表大会代表候选人数，比应选代表名额多1/5，进行差额选举。共印制4种选票，选票上候选人名单，按姓氏笔画顺序排列。选举采用无记名投票方式进行，每张选票所选人数，等于或少于规定应选人数的有效，多于规定应选人数的为废票。候选人获得大会应到代表过半数的选票始得当选，获得过半数选票的候选人数多于应选名额时，以得票多的当选；如票数相等不能确定当选人时，应当就票数相等的候选人再次投票，以得票多的当选。获得过半数选票的当选人数少于应选名额时，不足名额另行选举。另行选举时，可根据第一次投票时得票多少顺序确定候选人，也可依照此次选举办法规定程序另行确定候选人。选举结果由大会主席团根据选举办法确认有效后，予以宣布。当选人员由主席团发布公告。

2023年1月3日，如东县第十八届人民代表大会第二次会议，选举县第十八届人大常委会委员2人；选举南通市第十六届人民代表大会代表1人。县第十八届人大常委会委员候选人必须是此届县人民代表，南通市第十六届人民大会代表候选人不限于此届县人民代表大会代表。印制选票1张。选举采用无记名投票方式进行，县第十八届人大常委会委员实行等额选举；南通市第十六届人民代表大会代表进行差额选举，差额人选1人。选举结果经大会主席团依法确认有效后，予以宣布，并由大会主席团发布公告。

2023年1月2日，如东县第十八届人民代表大会第二次会议表决通过选举办法

二、选举产生国家机关领导人员

（一）县第十五届人民代表大会选举国家机关领导人员

2007年12月29日，如东县第十五届人民代表大会第一次会议，选举县人大常委会和县政府组成人员、县法院院长、县检察院检察长。

县人大常委会

主　任：张桂英（女）

副主任：徐志平　杨成泉　沈更生　蔡瑞平

县政府

县　长：詹立风

副县长：潘建华　顾淑英（女）徐守宏　刘才盛　于立忠　翁晓云（女）

县法院

院　长：蒋明华

县检察院

检察长：顾祖林

2009年1月12日，如东县第十五届人民代表大会第二次会议，补选县第十五届人大常委会副主任1人，为冒亚平。

2010年1月15日，如东县第十五届人民代表大会第三次会议，补选县第十五届人大常委会委员为卜其银。

2011年1月10日，如东县第十五届人民代表大会第四次会议，选举如东县第十五届人大常委会主任为周铁根。

（二）县第十六届人民代表大会选举国家机关领导人员

2012 年 3 月 27 日，如东县第十六届人民代表大会第一次会议，选举县人大常委会和县政府组成人员、县法院院长、县检察院检察长。

县人大常委会

主　任： 詹立风

副主任： 陈昌龙　沈更生　冯力如　唐国均

县政府

县　长： 潘建华

副县长： 沈峻峰　姜晓静（女）王　智　程　军　张栩龙　江　华

县法院

院　长： 娄宏春

县检察院

检察长： 顾祖林

（三）县第十七届人民代表大会选举国家机关领导人员

2017 年 1 月 13 日，如东县第十七届人民代表大会第一次会议，选举县人大常委会和县政府组成人员、县法院院长、县检察院检察长。

县人大常委会

主　任： 陈昌龙

副主任： 沈更生　唐国均　徐鸿斌　刘旭峰

2017 年 1 月 13 日，新当选县长、副县长和法院院长向宪法宣誓

县政府

县　长： 沈峻峰

副县长： 于立忠　程　军　许金标　陈春柳（女）徐东俊　徐　炜

县法院

院　长： 黄　卫

县检察院

检察长： 王　骅（女）

2018 年 1 月 18 日，如东县第十七届人民代表大会第二次会议，选举县监察委员会主任为闫静翔。

2018 年 1 月 18 日，新当选的县监察委员会主任闫静翔向宪法宣誓

2019 年 1 月 25 日，如东县第十七届人民代表大会第三次会议，选举县政府县长为陈慧宇。

2020 年 1 月 19 日，如东县第十七届人民代表大会第四次会议，选举县第十七届人大常委会副主任 2 人，分别为罗晓东、陈晓莉（女）。

2021 年 1 月 15 日，如东县第十七届人民代表大会第五次会议，选举县第十七届人大常委会副主任 1 人，为赵尊兵；选举县监察委员会主任为邵锋。

（四）县第十八届人民代表大会选举国家机关领导人员

2022 年 1 月 14 日，如东县第十八届人民代表大会第一次会议，选举县人大常委会和县政府组成人员、县监察委员会主任、县法院院长、县检察院检察长。

县人大常委会

主　任：陈昌龙

副主任：徐鸿斌　　赵尊兵　　翟建华
　　　　缪卫宏

县政府

县　长：陈　雷

副县长：许金标　　徐东俊　　陆　翔
　　　　陈晓莉（女）陈威涛　　刘　莉（女）
　　　　施正泉

县监察委员会

主　任：朱正俊

县法院

院　长：杨德华

县检察院

检察长：方海军

第三节　大会决议

每年县人民代表大会上，代表们均对县政府工作报告及国民经济发展计划报告、财政预决算报告和县人大常委会、县法院、县检察院工作报告进行审议（审查），大会作出决议并提交全体代表表决通过。2007—2023年，共通过工作报告决议64项、计划预算决议32项、大会议案决议8项。

一、工作报告决议

（一）县第十五届人民代表大会工作报告决议

2007年12月30日，如东县第十五届人民代表大会第一次会议通过政府工作报告决议。肯定县政府2003—2007年工作，同意报告提出后5年全县经济社会发展目标。会议决定批准此报告。要求新一届县政府紧扣县十二次党代会提出的奋斗目标，实施“一兴三化”（科教兴县、工业化、外向化、城镇化）和沿海开发战略，实现全县经济社会又好又快发展。

如东县第十五届人民代表大会第一次会议通过县人大常委会工作报告决议。对县人大常委会2003—2007年工作表示满意，同意报告提出后5年主要任务。要求新一届县人大常委会把坚持党的领导、人民当家作主和依法治国有机统一，把推进全县民主法制建设作为根本任务，以新思路和新举措进一步做好各项工作。改进监督工作，增强监督实效，密切与人大代表联系，发挥代表主体作用。加强人大常委会自身建设，提高依法履职水平。

如东县第十五届人民代表大会第一次会议通过县法院、县检察院工作报告决议。对县法院、县检察院2003—2007年工作表示肯定，同意县法院、县检察院提出后5年工作部署。

2009年1月12日，如东县第十五届人民代表大会第二次会议通过政府工作报告决议。肯定2008年县政府工作，同意报告提出2009年全县经济社会发展目标。会议决定批准此报告。要求县政府把握“保增长、达小康，抢机遇、克难关，抓项目、搞服务”3条主线，按照“求高求实，求好求快”总体要求，争当江苏沿海开发第一县，如期建成全面小康社会，实现全县经济社会又好又快发展。

如东县第十五届人民代表大会第二次会议通过县人大常委会工作报告决议。会议对2008年县人大常委会工作表示满意，同意报告提出2009年主要任务。要求县人大常委会围绕县委十二届九次全体（扩大）会议确定的目标任务、人大代表提出建议意见、人民群众反映集中热点问题，履行宪法和法律赋予各项职权，依法作出决议、决定，并加强监督检查。督促和支持“一府两院”依法行政、公正司法，推进法治如东建设。支持政府加快推进以改善民生为重点的社会建设，促进改革发展成果惠及人民。加强和改进代表工作，引导、支持和保障人大代表依法行使职权。

如东县第十五届人民代表大会第二次会议通过县法院、县检察院工作报告决议。对县法院、县检察院2008年工作表示满意，同意县法院、县检察院2009年工作安排。

2010年1月15日，如东县第十五届人民代表大会第三次会议通过政府工作报告决议。肯定县政府2009年工作，同意报告提出2010年经济社会发展主要目标和工作任务，决定批准此报告。

如东县第十五届人民代表大会第三次会议通过县人大常委会工作报告决议。会议对县人大常委会2009年工作表示满意，同意报告提出2010年工作安排。要求县人大常委会坚持党的领导、人民当家作主、依法治国三者有机统一，围绕全县工作大局行使职权，努力把人大工作提高到新水平，为争当江苏沿海开发第一县，开启基本现代化建设新征程作出新贡献。

如东县第十五届人民代表大会第三次会议通过县法院、县检察院工作报告决议。对县法院、县检察院2009年工作表示肯定，同意县法院、县检察院2010年工作安排。

2011年1月10日，如东县第十五届人民代表大会第四次会议通过政府工作报告决议。肯定县政府2010年工作，同意报告提出2011年经济社会发展主要目标和工作任务，决定批准此报告。

如东县第十五届人民代表大会第四次会议通过县人大常委会工作报告决议。会议对县人大常委会2010年工作表示满意，同意报告提出2011年工作安排。要求县人大常委会坚持党的领导、人民当家作主、依法治国三者有机统一，围绕全县工作大局行使职权，努力把人大工作提高到新水平，为“十二五”成功开局，推进现代化、建设新如东作出新贡献。

如东县第十五届人民代表大会第四次会议通过县法院、县检察院工作报告决议。对县法院、县检察院2010年工作表示肯定，同意县法院、县检察院2011年工作安排。

（二）县第十六届人民代表大会工作报告决议

2012年3月28日，如东县第十六届人民代表大会第一次会议通过政府工作报告决议。政府工作报告总结2008年后工作实事求是，科学分析经济社会发展中存在的困难和问题，提出后5年奋斗目标合理可行，战略措施积极有力，2012年工作安排重点突出。会议对县政府工作表示满意，并决定批准此报告。要求新一届政府按照“争位争先争贡献，求实务实抓落实”（简称“三争三实”）要求，打基础、求突破、扩总量、提质量，全面推进集聚发展、协调发展，加快新型工业化、城市化、国际化步伐，加快实现基本现代化。

如东县第十六届人民代表大会第一次会议通过县人大常委会工作报告决议。县第十五届人大常委会围绕全县经济社会发展目标，切实履行宪法和法律赋予职责，各项工作取得新进展。会议对县第十五届人大常委会工作表示满意。要求新一届县人大常委会围绕如东科学发展和赶超争先新要求，进一步加强人大监督工作；充分激发代表履职积极性和创造性，努力提高代表工作水平；抓好常委会自身建设，争创人大工作新业绩，以优异成绩迎接中共十八大召开。

如东县第十六届人民代表大会第一次会议通过县法院、县检察院工作报告决议。对县法院、县检察院2008年后工作表示肯定，同意县法院、县检察院后5年工作部署。

2013年1月19日，如东县第十六届人民代表大会第二次会议通过政府工作报告决议。政府工作报告总结2012年工作，客观准确分析当前经济社会发展中存在的矛盾和问题，合理确定2013年经济社会发展目标和各项工作任务。会议对县政府工作表示满意，并决定批准此报告。要求县政府按照“五位一体”（统筹推进“经济建设、政治建设、文化建设、社会建设、生态文明建设”）总布局，加快推进转型升级、项目建设、环境改善和民生保障，不断提升政府工作层次、产业发展能力、经济运行质量和社会建设水平，推动经济社会更好更快发展。

如东县第十六届人民代表大会第二次会议通过县人大常委会工作报告决议。2012年，县人大常委会依法履行监督职权、突出民生利益保障、加强民主法制建设、充分发挥代表作用，在服务发展大局、监督和支持“一府两院”工作、维护民众权益、促进社会和谐等方面展现新作为，取得新成效。会议对县人大常委会2012年工作表示满意，同意报告提出的2013年工作安排。要求县人大常委会贯彻落实中共十八大精神，坚持党的领导、人民当家做主和依法治国有机统一，围绕全县工作大局和改革发展稳定的重大事项以及人民群众普遍关注的热点、难点问题，认真履职，把人大常委会工作提高到新水平，为推动全县经济社会发展作出更大贡献。

如东县第十六届人民代表大会第二次会议通过县法院、县检察院工作报告决议。对县法院、县检察院2012年工作表示肯定，同意县法院、县检察院2013年工作安排。

2014年1月13日，如东县第十六届人民代表大会第三次会议通过政府工作报告决议。政府工作报告总结2013年工作，客观分析当前经济社会发展中存在的矛盾和问题，合理确定2014年经济社会发展目标和各项工作任务。会议对县政府工作表示满意，并决定批准此报告，要求县政府围绕赶超争先奋斗目标，继续坚持稳中求进总基调和“三争三实”总要求，把改革创新贯穿于经济社会发展各个领域各个环节，着力转方式调结构、激发市场活力、改善民生，提高经济增长质量和效益，加快新兴海港城市、生态宜居城市、现代旅游城市建设步伐，开创如东改革发展新局面。

如东县第十六届人民代表大会第三次会议通过县人大常委会工作报告决议。2013年，县人大常委会履行常委会职责，发挥代表作用，在监督和支持“一府两院”工作、推进民主法制建设、维护民生利益等方面取得新成效。会议对县人大常委会2013年工作表示满意，同意报告提出的2014年工作安排。要求县人大常委会围绕改革发展总目标，全面把握改革发展新要求，认真履行职责，加强和改进人大监督工作，推进民主政治制度建设和民主法制建设，把人大常委会工作提高到新水平。

如东县第十六届人民代表大会第三次会议通过县法院、县检察院工作报告决议。对县法院、县检察院2013年工作表示肯定，同意县法院、县检察院2014年工作安排。

2015年1月26日，如东县第十六届人民代表大会第四次会议通过政府工作报告决议。政府工作报告总结2014年工作，合理确定2015年经济社会发展目标和各项工作任务。会议对县政府工作表示满意，决定批准此报告。要求县政府围绕“经济强、百姓富、环境美、社会文明程度高”（简称“强富美高”）奋斗目标和“三争三实”总体要求，以提高经济发展质量和效益为中心，转方式调结构，全面深化改革，创新驱动发展，保障改善民生，强化风险防控，促进全县经济社会发展行稳致远。

如东县第十六届人民代表大会第四次会议通过县人大常委会工作报告决议。2014年，县人大常委会围绕全县赶超争先总目标，把握改革发展新要求，依法履职，创新发展，各项工作取得新成绩。会议对县人大常委会2014年工作表示满意，同意报告提出的2015年工作安排。要求县人大常委会把握经济发展新常态，贯彻深化改革新部署，落实法治建设新要求，建立和完善新常态下加强人大监督工作新机制，综合运用多种监督方式，推动“一府两院”工作落实，促进代表议案建议办理。更加关注沿海开发、产业升级、项目建设等经济工作目标的完成，更加重视生态环境、农村基础设施建设、社会保障、教育医疗、食品安全等民生问题的解决。

如东县第十六届人民代表大会第四次会议通

过县法院、县检察院工作报告决议。肯定县法院、县检察院2014年工作，同意县法院、县检察院2015年工作安排。

2016年2月20日，如东县第十六届人民代表大会第五次会议通过政府工作报告决议。肯定县政府2015年和“十二五”时期工作，同意报告提出“十三五”及2016年经济社会发展目标和各项工作任务，决定批准此报告。要求县政府认真谋划好“十三五”开局之年工作，以“创新、协调、绿色、开放、共享”五大发展理念为指引，主动适应经济发展新常态。

如东县第十六届人民代表大会第五次会议通过县人大常委会工作报告决议。2015年，县人大常委会履行宪法和法律赋予各项职权，与时俱进推动全县人大工作发展。会议肯定2015年县人大常委会工作，同意报告提出的2016年工作任务。要求县人大常委会增强做好人大监督工作责任感，创新监督方式，加大监督力度，提高监督实效，把促进法律法规有效实施、维护群众合法权益贯穿人大监督全过程，助推“一府两院”工作落实，促进代表议案建议办理。更加关注沿海开发、重点项目建设、企业创新转型等经济工作目标完成，更加重视职业教育、食品药品安全、城乡公共交通运行、县城老旧小区改造等民生问题解决，继续跟踪生态环境改善、农村基础设施等热点问题推进落实。

如东县第十六届人民代表大会第五次会议通过县法院、县检察院工作报告决议。肯定县法院、县检察院2015年工作，同意县法院、县检察院2016年工作安排。

（三）县第十七届人民代表大会工作报告决议

2017年1月13日，如东县第十七届人民代表大会第一次会议通过政府工作报告决议。报告总结2012—2016年工作，提出2017年后5年奋斗目标合理可行，战略措施有力，2017年工作安排重点突出，会议对县政府5年工作表示满意，并决定批准此报告。要求县政府坚持稳中求进总基调，树立和贯彻落实新发展理念，增强危机意识、担当意识和争先意识，开创经济社会发展新局面。

如东县第十七届人民代表大会第一次会议通过县人大常委会工作报告决议。肯定县第十六届人大常委会工作，同意报告提出此后5年工作任务。要求新一届县人大常委会探索把握新时期人大工作规律和特点，创新工作方法和制度机制，行使好宪法和法律赋予的各项职权。关注“十三五”规划实施、计划预算执行、“小康”指标完成、重大项目建设、项目服务质效等经济运行质态和发展环境的优化；跟踪教育现代化、医疗卫生制度改革、公共文化服务体系建设、社会保险基金监管等民生事业发展和人民生活质量的提高；开展好人大代表助力小康“五项行动”主题实践活动，开创人大工作新局面。

如东县第十七届人民代表大会第一次会议通过县法院、县检察院工作报告决议。肯定县法院、县检察院2012—2016年工作，同意县法院、县检察院此后5年工作安排。

2018年1月18日，如东县第十七届人民代表大会第二次会议通过政府工作报告决议。政府工作报告总结2017年工作，合理确定2018年经济社会发展目标和各项工作任务。会议决定批准此报告。要求县政府坚持稳中求进总基调，坚持新发展理念，坚持质量第一、效益优先，全面深化供给侧结构性改革，打好“三大攻坚战”（防范化解重大风险、精准脱贫、污染防治），统筹做好稳增长、促改革、调结构、惠民生、优生态、防风险各项工作，在建设“强富美高”新如东实践中奋勇争先。

如东县第十七届人民代表大会第二次会议通过县人大常委会工作报告决议。肯定县人大常委会2017年工作，同意报告提出2018年工作安排。要求县人大常委会进一步服务发展、关注民生、推进法治，履行好宪法和法律赋予各项职责，开创人大工作新局面。关注“十三五”规划实施、计划预算执行、产业板块培育、重大项目建设、科技创新驱动、服务质效提升等经济运行质态和发展环境的优化；跟踪生态文明建设、城市建设管理、交通基础设施建设以及教育现代化创建、公共卫生服务体系建设、农产品质量安全等民生实事的推进落实。开展人大代表助力小康“五项行动”主题实践活动，激发代表履职热情。

如东县第十七届人民代表大会第二次会议通过县法院、县检察院工作报告决议。肯定县法院、县检察院 2017 年工作，同意县法院、县检察院 2018 年工作安排。

2019 年 1 月 25 日，如东县第十七届人民代表大会第三次会议通过政府工作报告决议。肯定县政府 2018 年工作，同意报告提出 2019 年目标任务和工作部署，决定批准此报告。要求县政府坚持稳中求进总基调，坚持新发展理念，把握高质量发展要求，开展重特大项目落地落实年活动，继续打好“三大攻坚战”，做好稳增长、促改革、调结构、惠民生、优生态、防风险各项工作，推动质量变革、效率变革、动力变革，在高水平全面建成小康社会道路上迈出坚实步伐。

如东县第十七届人民代表大会第三次会议通过县人大常委会工作报告决议。肯定县人大常委会 2018 年工作，同意报告提出 2019 年主要工作任务。要求县人大常委会全力推动发展、保障民生，推进民主法治建设，推动人大工作再上新台阶。关注计划预算执行、特色产业板块发展、重大项目建设、国有资产管理、农业示范园区建设、全域旅游建设等经济运行质态和发展环境的优化。围绕总体生态环境改善，组织开展《中华人民共和国水污染防治法》执法检查和四级人大代表“问河长”等工作。跟踪城市建设管理、交通基础设施建设、社区建设以及教育项目推进、基层卫技人才队伍建设等民生实事的推进落实。

如东县第十七届人民代表大会第三次会议通过县法院、县检察院工作报告决议。肯定县法院、县检察院 2018 年工作，同意县法院、县检察院 2019 年工作安排。

2020 年 1 月 19 日，如东县第十七届人民代表大会第四次会议通过政府工作报告决议。肯定县政府 2019 年工作，同意报告提出 2020 年目标任务和工作部署，决定批准此报告。要求县政府发挥港口基础和综合资源优势，突出项目建设、产业提升、园区打造，全方位融入苏南、对接上海，统筹推进稳增长、促改革、调结构、惠民生、防风险、保稳定，坚决打赢“三大攻坚战”，为发展速度争第一、百强排名升十位，争当江苏沿海高质量发展排头兵打好坚实基础。

如东县第十七届人民代表大会第四次会议通过县人大常委会工作报告决议。肯定县人大常委会 2019 年工作，同意报告提出 2020 年主要工作任务。要求县人大常委会回应人民群众重大关切，加强机关建设，推动新时代人大工作与时俱进。紧扣生态文明建设和全国文明城市创建，关注“十四五”规划编制、计划预算执行、全县重特大项目建设、城市重点工程推进、科技创新平台建设、农业龙头企业发展等经济运行质态；组织开展“清水绿岸”提质行动督查、人大代表“问河长”、水环境治理工作专题询问，努力改善人居环境；持续跟踪民生和社会事业发展，开展政府民生实事项目重点实施部门专项工作评议；开展《中华人民共和国水污染防治法》《中华人民共和国安全生产法》执法检查，关注“七五”普法实施情况，推进治理体系和治理能力现代化；深化人大代表助力小康“五项行动”主题实践活动。

如东县第十七届人民代表大会第四次会议通过县法院、县检察院工作报告决议。肯定县法院、县检察院 2019 年工作，同意县法院、县检察院 2020 年工作安排。

2021 年 1 月 15 日，如东县第十七届人民代表大会第五次会议通过政府工作报告决议。肯定县政府2020年工作，同意报告提出“十四五”及2021年目标任务和工作部署，决定批准此报告。要求县政府贯彻向海发展战略，做好稳增长、促改革、调结构、惠民生、优生态、防风险各项工作，促进城乡统筹、产业转型、速度提升、总量攀升，勇当长三角沿海高质量发展排头兵，把如东打造成为全市跨越发展增长极、全省向海战略先导区、全国绿色能源示范城。

如东县第十七届人民代表大会第五次会议通过县人大常委会工作报告决议。肯定县人大常委会2020年工作，同意报告提出2021年主要工作任务。要求县人大常委会围绕高质量发展主线，重点推进全省向海战略先导区打造、“十四五”规划实施、重大项目建设、中小企业发展、国有资产管理等工作；围绕推进民生福祉，重点关注政府民生实事项目、基层公共卫生服务和应急能力建设、学前教育发展、公办养老机构发挥区域性养老服务作用等工作；围绕乡村振兴战略实施，重点突出“清水绿岸”提质行动、美丽乡村建设、老集镇环境整治、镇区污水管网建设和“河长制”落实等工作；围绕推进县域治理现代化，组织开展《中华人民共和国水污染防治法》《中华人民共和国中小企业促进法》贯彻实施情况执法检查，持续发力，共同守护良好生态环境。

2021年1月15日，如东县第十七届人民代表大会第五次会议以举手表决方式，通过各项决议

如东县第十七届人民代表大会第五次会议通过县法院、县检察院工作报告决议。肯定县法院、县检察院2020年工作，同意县法院、县检察院2021年工作安排。

（四）县第十八届人民代表大会工作报告决议

2022年1月14日，如东县第十八届人民代表大会第一次会议通过政府工作报告决议。肯定县政府2017—2021年工作，同意报告提出对后5年工作目标和2022年工作安排，决定批准此报告。要求县政府围绕“争当表率、争做示范、走在前列”总要求，坚持稳中求进工作总基调，坚持改革创新，完整、准确、全面贯彻新发展理念，加快服务构建新发展格局，着力推动高质量发展，坚持以供给侧结构性改革为主线，统筹疫情防控和经济社会发展，统筹发展和安全，坚定不移走好向海发展之路，谱写沿海高质量发展如东篇章。

如东县第十八届人民代表大会第一次会议通过县人大常委会工作报告决议。肯定县人大常委会2017—2021年工作，同意报告提出新一届人大常委会5年主要工作任务。要求县人大常委会以事关全局的重大战略任务和人民群众所思所盼为监督重点指向，围绕全县经济社会高质量发展目标，着重对打造全省向海发展先导区、全县重大项目建设、实施乡村振兴战略等工作开展监督，推动全县中心工作加快落实。围绕转型发展，着重对优势产业链打造、产业数字化转型、现代服务业、科技创新、安全生产、国有资产管理、农村公共空间治理等工作开展监督。围绕民生改善，着重对生态环保、重大交通基础设施建设、人口均衡、高质量教育、医疗卫生事业、养老服务体系建设等工作开展监督。围绕县域治理现代化，开展《中华人民共和国乡村振兴促进法》《中华人民共和国大气污染防治法》《江苏省农村集体资产管理条例》《中华人民共和国基本医疗卫生与健康促进法》等执法检查。开展全县人大代表和街道选民代表“践行‘双聚双高’，助力乡村振兴”主题实践活动，凝聚全县人民智慧力量，在推进乡村振兴、加快全县现代化建设中作出新贡献。

如东县第十八届人民代表大会第一次会议通过县法院、县检察院工作报告决议。肯定县法院、县检察院2017—2021年工作，同意县法院2022年工作安排和县检察院对后5年工作安排。

2023年1月3日，如东县第十八届人民代表大会第二次会议通过政府工作报告决议。肯定县政府2022年工作，同意报告提出2023年目标任务和工作部署，决定批准此报告。要求县政府坚持稳中求进总基调，以推动高质量发展为主题，更好统筹疫情防控和经济社会发展，更好统筹发展和安全，聚焦跨越赶超新阶段新使命，以崭新业绩推动中国式现代化如东新实践开好局起好步。

2023年1月3日，如东县第十八届人民代表大会第二次会议以举手表决方式，通过各项决议

如东县第十八届人民代表大会第二次会议通过县人大常委会工作报告决议。肯定县人大常委会2022年工作，同意报告提出2023年主要工作任务。要求县人大常委会进一步聚焦中心、聚智发展、聚力民生、聚合力量，不断践行全过程人民民主，持续助力如东高质量发展热潮高潮，奋力书写新时代如东人大工作崭新篇章。围绕推动高质量发展，作出关于加强经济工作监督和县级预算审查监督的决定；持续助推向海发展；重点推进全县新型城镇化建设、园区高质量发展、金融服务实体经济、优化营商环境等工作。围绕民生保障工作，重点关注教师队伍建设、医疗保障公共服务体系、人口长期均衡发展等工作。围绕乡村振兴战略实施，持续关注农村污水处理设施建设运行情况和农村公路交通安全工作情况。围绕法治如东建设，对《物业管理条例》《河道管理条例》开展执法检查。持续深化人大代表“践行‘双聚双高’、助力乡村振兴”“五加一”主题实践活动，发好人大声音、展示人大作为。

如东县第十八届人民代表大会第二次会议通过县法院、县检察院工作报告决议。肯定县法院、县检察院2022年工作，同意县法院、县检察院2023年工作安排。

二、计划预算决议

（一）县第十五届人民代表大会计划预算的决议

2007年12月30日，如东县第十五届人民代表大会第一次会议通过2007年国民经济和社会发展计划执行情况及2008年国民经济和社会发展计划决议，批准县政府提出的2008年国民经济和社会发展计划（草案），批准《关于如东县2007年国民经济和社会发展计划执行情况及2008年国民经济和社会发展计划（草案）的报告》，同意县人大计划与预算审查委员会在审查报告中对实现2008年经济和社会发展目标提出建议。2008年，全县国民经济和社会发展计划主要目标安排为：地区生产总值按现价计算增长22%以上；万元地区生产总值综合能耗在2005年基础上再下降4%以上；全口径财政收入达31亿元，增长41%，财政地方一般预算收入达13亿元，增长44%；全社会固定资产投资达300亿元。其中规模以上固定资产投资232亿元；工业投入达260亿元，其中规模以上工业投入达200亿元；社会消费品零售总额增长17%，总量超过100亿元；新批注册外资确保12亿美元，力争15亿美元；注册外资到账确保8亿美元，力争10亿美元；引进市外境内注册民资60亿元；进出口总额达7亿美元，增长16.7%，其中出口总额达6.4亿美元，增长20%；城镇居民人均可支配收入增长12%，农村居民人均纯收入增长12.5%；人口自然增长率为零；城镇登记失业率控制在4%以内；城市化水平达42.7%；百户家庭电脑拥有量31台；环境质量综合指数达67；城市绿化覆盖率37.5%以上，农村森林覆盖率20%以上。

如东县第十五届人民代表大会第一次会议通过2007年财政预算执行情况和2008年财政预算决议，批准县政府提出的2008年县级财政预算（草案），批准《关于如东县2007年财政预算执行情况和2008年财政预算（草案）的报告》。同意县人大计划与预算审查委员会在审查报告中对2008年财政预算提出建议。2008年，全县财政地方一般收入预算13亿元，比上年增长44%；一般支出预算16.48亿元，比上年增长30%。县本级财政地方一般收入预算5.89亿元，比上年增长48%；县本级一般支出预算11.96亿元，比上年增长27%。

2009年1月12日，如东县第十五届人民代表大会第二次会议通过2008年国民经济和社会发展计划执行情况及2009年国民经济和社会发展计划决议，批准县政府提出的2009年国民经济和社会发展计划（草案），批准《关于如东县2008年国民经济和社会发展计划执行情况及2009年国民经济和社会发展计划（草案）的报告》，同意县人大计划与预算审查委员会在审查报告中对实现2009年经济和社会发展目标提出建议。2009年，全县国民经济和社会发展计划主要目标安排为：地区生产总值按现价增长20%；万元地区生产总值综合能耗在2008年基础上下降4.4%；全口径财政收入达36亿元，其中地方一般预算收入达15亿元；规模以上工业产值660亿元，比2008年净增130亿元；全社会固定资产投资220亿元，增长25.7%；新批注册外资6亿美元，注册外资到账3亿美元；县外境内注册资金40亿元；进出口总额达9.5亿美元，其中自营出口总额达8.5亿美元；社会消费品零售总额达124亿元，增长17.4%；农民人均纯收入8030元，增长12.5%，城镇居民人均可支配收入1.83万元，增长12.5%；城镇登记失业率控制在4%以下；城市化水平达45%；百户家庭电脑拥有量40台；环境质量综合指数保持80分以上；城市绿化覆盖率达40%，农村森林覆盖率达20%。

如东县第十五届人民代表大会第二次会议通过2008年财政预算执行情况和2009年财政预算决议，批准县政府提出的2009年县级财政预算（草案），批准《关于如东县2008年财政预算执行情况和2009年财政预算（草案）的报告》。同意县人大计划与预算审查委员会在审查报告中对2009年财政预算提出建议。2009年，全县财政地方一般收入预算15.10亿元，比上年增长25%；一般支出预算18.87亿元，比上年增长11%。县本级财政地方一般收入预算6.68亿元，比上年增长26%；县本级一般支出预算13.50亿元，比上年增长5%。

2010年1月15日，如东县第十五届人民代表大会第三次会议通过2009年国民经济和社会发展计划执行情况及2010年国民经济和社会发展计划决议，批准县政府提出的2010年国民经济和社会发展计划（草案），批准《关于如东县2009年国民经济和社会发展计划执行情况及2010年国民经济和社会发展计划（草案）的报告》，同意县人大计划与预算审查委员会在审查报告中对实现2010年经济和社会发展目标提出建议。2010年，全县国民经济和社会发展计划主要目标安排为：地区生产总值计划362亿元，增长13.5%；万元地区生产总值能耗下降6.5%；全口径财政收入48亿元，增长29.7%，地方一般预算收入18亿元；增长19.2%；规模工业产值800亿元，同比增长20.8%，规模销售收入790亿元，同比增长

23.4%，新增定报企业100家，新增亿元企业20家。全部应税销售收入300亿元，同比增长20%；全社会固定资产投资260亿元，增长17.6%。其中规模以上工业投资225亿元，增长17.8%。全部工业投入230亿元，同比增长17.9%，规模以上工业投入202亿元，增长18.8%；社会消费品零售总额145亿元，增长15.1%；进出口总额8亿美元，增长14.3%，其中出口总额7亿美元，增长16.7%；新批注册外资6亿美元，注册外资实际到账3亿美元，增长30.4%。县外境内注册资金56亿元；城镇居民人均可支配收入2.04万元，增长12.0%。农民人均纯收入9090元，增长12.5%；城镇登记失业率控制在3.5%以内。

如东县第十五届人民代表大会第三次会议通过2009年财政预算执行情况和2010年财政预算决议，批准县政府提出的2010年县级财政预算（草案），批准《关于如东县2009年财政预算执行情况和2010年财政预算（草案）的报告》。同意县人大计划与预算审查委员会在审查报告中对2010年财政预算提出建议。2010年，全县财政地方一般收入预算18亿元，比上年增长17.4%；一般支出预算22.19亿元，比上年增长12.4%。县本级财政地方一般收入预算5.34亿元，比上年增长6.8%；县本级一般支出预算14.85亿元，比上年增长10.4%。

2011年1月10日，如东县第十五届人民代表大会第四次会议通过2010年国民经济和社会发展计划执行情况及2011年国民经济和社会发展计划决议，同意县人大计划与预算审查委员会审查结果报告。批准《关于如东县2010年国民经济和社会发展计划执行情况及2011年国民经济和社会发展计划（草案）的报告》，批准2011年国民经济和社会发展计划。2011年，全县国民经济和社会发展主要目标安排为：地区生产总值安排440亿元，增长20.5%（现价）；万元地区生产总值综合能耗下降3%，二氧化碳排放强度和主要污染物排放总量达到省要求；全口径财政收入65亿元，增长29%，地方一般预算收入25亿元，增长31.3%；规模工业产值1100亿元，同比增长27.9%，规模销售收入1080亿元，同比增长28.6%。规模工业利税90亿元，同比增长30%；全社会固定资产投资335亿元，增长21.8%。其中规模以上投资300亿元，增长21.5%。全部工业投入280亿元，同比增长20.2%，服务业投入50亿元，增长25%；社会消费品零售总额180亿元，增长17.6%；进出口总额11亿美元，增长15.8%，其中出口总额9亿美元，增长15.4%；新批注册外资8亿美元，注册外资实际到账4亿美元，增长25%。县外境内注册资金65亿元；城镇居民人均可支配收入2.35万元，增长14.6%。农民人均纯收入1.05万元，增长15.4%；城镇登记失业率控制在3.5%以内。

如东县第十五届人民代表大会第四次会议通过2010年财政预算执行情况和2011年财政预算决议，同意县人大计划与预算审查委员会审查报告。批准《关于如东县2010年财政预算执行情况和2011年财政预算（草案）的报告》，批准2011年县级财政预算。2011年，全县财政地方一般收入预算25亿元，比上年增长31.3%；一般支出预算28.48亿元，比上年增长18.8%。县本级财政地方一般收入预算7.75亿元，比上年增长20.9%；县本级一般支出预算19.45亿元，比上年增长18.7%。

（二）县第十六届人民代表大会计划预算的决议

2012年3月28日，如东县第十六届人民代表大会第一次会议通过2011年国民经济和社会发展计划执行情况及2012年国民经济和社会发展计划决议，批准县政府提出的2012年国民经济和社会发展计划（草案），批准《关于如东县2011年国民经济和社会发展计划执行情况及2012年国民经济和社会发展计划（草案）的报告》。2012年，全县国民经济和社会发展计划主要目标安排为：

地区生产总值安排完成510亿元，增长19.9%；计划完成全口径财政收入80亿元，地方一般预算收入32亿元，分别增长21.6%和26%；固定资产投资实现300亿元，增长19%以上；进出口总额实现14亿美元，其中出口11亿美元，分别增长11.3%和9.2%；社会消费品零售总额202亿元，增长16.8%；全部工业应税销售收入560亿元，同比净增112亿元，增长25%；新批注册外资6.5亿美元，注册外资到账3.5亿美元，分别增长14%和3.6%，县外境内注册资金68亿元，增长3%左右；万元地区生产总值能耗下降3.1%；城镇居民人均可支配收入实现2.70万元，农民人均纯收入达1.21万元，分别增长13.2%和12.2%；城镇登记失业率控制在3.5%以内。

如东县第十六届人民代表大会第一次会议通过2011年财政预算执行情况和2012年财政预算决议，批准县政府提出的2012年县级财政预算（草案），批准《关于如东县2011年财政预算执行情况和2012年财政预算（草案）的报告》。2012年，全县财政地方一般收入预算32亿元，比上年增长26%，一般支出预算38.31亿元，比上年增长26.9%。县本级财政地方一般收入预算9.12亿元，比上年增长14.3%，县本级一般支出预算28.15亿元，比上年增长28.7%。

2013年1月19日，如东县第十六届人民代表大会第二次会议通过2012年国民经济和社会发展计划执行情况及2013年国民经济和社会发展计划决议，批准县政府提出的2013年国民经济和社会发展计划（草案），批准《关于如东县2012年国民经济和社会发展计划执行情况及2013年国民经济和社会发展计划（草案）的报告》。2013年，全县国民经济和社会发展计划主要目标安排为：地区生产总值按可比价增长12%以上，三次产业结构争取9.6∶51.4∶39；财政总收入、公共财政预算收入均增长20%以上；固定资产投资增长25%以上，其中工业投入增长20%以上，服务业投入增长40%以上；工业应税销售收入增长17%以上；社会消费品零售总额增长16%左右；进出口总额增长8%左右，其中出口总额增长8%左右；新批注册外资增长8%以上，市外境内注册资金增长20%以上；全社会研发投入占地区生产总值比重提高0.15个百分点，高新技术产业产值、新兴产业产值占规模以上工业比重分别达38%和23%；万元地区生产总值能耗下降3.6%，主要污染物排放总量达到江苏省要求；城镇居民人均可支配收入增长14%，农民人均纯收入增长14.5%；城镇登记失业率控制在3.5%以内，居民消费价格指数涨幅与江苏省、南通市调控目标保持一致。

如东县第十六届人民代表大会第二次会议通过2012年财政预算执行情况和2013年财政预算决议。批准县政府提出的2013年县级财政预算（草案），批准《关于如东县2012年财政预算执行情况和2013年财政预算（草案）的报告》。2013年，全县公共财政收入预算38.60亿元，比上年增长20%；公共财政支出预算46.67亿元，比上年增长19.6%。县本级公共财政收入预算11.81亿元，比上年增长2.5%，县本级公共财政支出预算33.38亿元，比上年增长20%。

2014年1月13日，如东县第十六届人民代表大会第三次会议通过2013年国民经济和社会发展计划执行情况及2014年国民经济和社会发展计划决议，批准县政府提出的2014年国民经济和社会发展计划（草案），批准《关于如东县2013年国民经济和社会发展计划执行情况及2014年国民经济和社会发展计划（草案）的报告》。2014年，全县国民经济和社会发展计划主要目标安排为：地区生产总值实现600亿元，增长12%；财政总收入完成128亿元，增长25%，公共财政预算收入完成50亿元，增长23%；固定资产投资完成440亿元，同比增长25%，其中工业投入完成310亿元，同比增长20%，服务业投入完成130亿元，同比增长40%；新批注册外资完成8

亿美元，同比增长13%，市外民资项目投入额完成60亿元；社会消费品零售总额256亿元，同比增长13%；进出口总额实现27亿美元，同比增长10%；高新技术产业产值占规模工业比重达40%，比上年提高2个百分点。新兴产业产值占规模以上工业比重达25%，比上年提高2个百分点。全社会研发投入占地区生产总值比重达2.4%，比上年提高0.15个百分点。万元地区生产总值能耗下降4%。主要污染物排放量达到省要求；城镇居民可支配收入达3.24万元，同比增长11%，农民人均纯收入达1.51万元，同比增长12%；全年实施5亿元以上重大项目40个，计划总投资490.50亿元，2014年计划投资113.21亿元。

如东县第十六届人民代表大会第三次会议通过2013年财政预算执行情况和2014年财政预算决议。批准县政府提出的2014年县级财政预算（草案），批准《关于如东县2013年财政预算执行情况和2014年财政预算（草案）的报告》。2014年，全县公共财政收入预算50亿元，比上年增长23%；公共财政支出预算77.02亿元，比上年增长14.5%。县本级公共财政收入预算16.72亿元，比上年增长16%；县本级公共财政支出预算57.45亿元，比上年增长16.8%。

2015年1月26日，如东县第十六届人民代表大会第四次会议通过2014年国民经济和社会发展计划执行情况及2015年国民经济和社会发展计划决议，批准县政府提出的2015年国民经济和社会发展计划（草案），批准《关于如东县2014年国民经济和社会发展计划执行情况及2015年国民经济和社会发展计划（草案）的报告》。2015年，全县国民经济和社会发展计划主要目标安排为：地区生产总值增长11%；财政总收入增长12%，一般公共预算收入增长12%；工业应税销售收入增长15%，服务业应税销售收入增长25%；固定资产投资增长16%；社会消费品零售总额增长12%；进出口总额保持适度增长，其中出口总额增长8%；注册外资到账3.5亿美元，市外民资项目投入额增长5%；高新技术产业产值占规模工业比重达42%；城乡居民收入增长与经济增长同步。

如东县第十六届人民代表大会第四次会议通过2014年财政预算执行情况和2015年财政预算决议。批准县政府提出的2015年县级财政预算（草案），批准《关于如东县2014年财政预算执行情况和2015年财政预算（草案）的报告》。2015年，全县一般公共收入预算56亿元，比上年增长12%；一般公共支出预算86.70亿元，比上年增长9.5%。县本级一般公共收入预算17.41亿元，比上年增长9.4%；县本级一般公共支出预算58.38亿元，比上年增长15.4%。

2016年2月20日，如东县第十六届人民代表大会第五次会议通过如东县国民经济和社会发展第十三个五年规划纲要决议。审查县人民政府提出的《如东县国民经济和社会发展第十三个五年规划纲要（草案）》，同意如东县第十六届人民代表大会第五次会议计划与预算审查委员会的审查报告，决定批准此规划纲要。

如东县第十六届人民代表大会第五次会议通过2015年国民经济和社会发展计划执行情况及2016年国民经济和社会发展计划决议，批准《关于如东县2015年国民经济和社会发展计划执行情况及2016年国民经济和社会发展计划（草案）的报告》，批准2016年国民经济和社会发展计划。2016年，全县国民经济和社会发展计划主要目标安排为：地区生产总值增长10%；一般公共预算收入增长12%；应税销售收入增长15%；固定资产投资增长15%；社会消费品零售总额增长11%；进出口总额增长8%，其中出口增长10%；注册外资到账3.5亿美元；高新技术产业产值占规模工业比重44%，新兴产业产值占规模以上工业比重25%；城乡居民收入增长与经济增长同步。

如东县第十六届人民代表大会第五次会议通

过 2015 年财政预算执行情况和 2016 年财政预算决议。批准《关于如东县 2015 年财政预算执行情况和 2016 年财政预算（草案）的报告》，批准 2016 年县级财政预算。2016 年，全县一般公共收入预算 65.60 亿元，比上年增长 12%；一般公共支出预算 103.23 亿元，比上年增长 9.9%。县本级一般公共收入预算 17.92 亿元，比上年增长 10.8%；县本级一般公共支出预算 63.27 亿元，比上年增长 11.7%。

（三）县第十七届人民代表大会计划预算的决议

2017 年 1 月 13 日，如东县第十七届人民代表大会第一次会议通过 2016 年国民经济和社会发展计划执行情况及 2017 年国民经济和社会发展计划决议，批准《关于如东县 2016 年国民经济和社会发展计划执行情况及 2016 年国民经济和社会发展计划（草案）的报告》，批准 2017 年国民经济和社会发展计划。2017 年，国民经济和社会发展计划主要目标安排为：地区生产总值增长 9.5%；一般公共预算收入同口径增长 7% 以上；应税销售收入增长 12%；固定资产投资增长 12% 以上；社会消费品零售总额增长 9.5% 以上；外贸进出口总额保持适度增长，其中出口总额增长 5%；注册外资到账 3.5 亿美元；城镇和农村居民人均可支配收入与经济增长同步；高新技术产业产值和新兴产业产值占规模工业比重分别达 42%、24%；城镇登记失业率控制在 3% 以内；居民消费价格涨幅与江苏省、南通市调控目标一致；万元地区生产总值能耗下降率完成江苏省下达目标任务；主要污染物排放完成江苏省下达目标任务。

如东县第十七届人民代表大会第一次会议通过 2016 年财政预算执行情况和 2017 年财政预算决议。批准《关于如东县 2016 年财政预算执行情况和 2017 年财政预算（草案）的报告》，批准 2017 年县级财政预算。2017 年，全县一般公共收入预算 55.50 亿元，比上年增长 2%（同口径增长 7%）；一般公共支出预算 106.85 亿元，比上年增长 4.7%。县本级一般公共收入预算 19.06 亿元，比上年增长 8.9%；县本级一般公共支出预算 74.51 亿元，比上年增长 13.6%。

2018 年 1 月 18 日，如东县第十七届人民代表大会第二次会议通过 2017 年国民经济和社会发展计划执行情况及 2018 年国民经济和社会发展计划决议，批准《关于如东县 2017 年国民经济和社会发展计划执行情况及 2018 年国民经济和社会发展计划（草案）的报告》，批准 2018 年国民经济和社会发展计划。2018 年，国民经济和社会发展计划主要目标安排为：地区生产总值增长 8.5%；一般公共预算收入 57.5 亿元；固定资产投资增长 9%；社会消费品零售总额增长 10%；外贸进出口总额保持适度增长，其中出口总额增长 9%；注册外资到账 3 亿美元；高新技术产业产值占规模工业比重比 2017 年提高 2 个百分点，达 44.5%；全社会研发投入占地区生产总值比重达 2.6%；万元地区生产总值能耗下降完成南通市下达目标任务；主要污染物减排完成南通市下达目标任务；城镇和农村居民人均可支配收入快于经济增长；城镇登记失业率控制在 2% 以内。

如东县第十七届人民代表大会第二次会议通过 2017 年财政预算执行情况和 2018 年财政预算决议。批准《关于如东县 2017 年财政预算执行情况和 2018 年财政预算（草案）报告》，批准 2018 年县级财政预算。2018 年，全县一般公共收入预算 57.50 亿元，比上年增长 3.5%；一般公共支出预算 113.29 亿元，比上年增长 4.9%。县本级一般公共收入预算 20.60 亿元，比上年增长 10.6%；县本级一般公共支出预算 84.55 亿元，比上年增长 13.8%。

2019 年 1 月 25 日，如东县第十七届人民代表大会第三次会议通过 2018 年国民经济和社会发展计划执行情况及 2019 年国民经济和社会发展计划决议，批准《如东县 2018 年国民经济和社会发展计划执行情况及 2019 年国民经济和社会发展计划草案报告》，批准2019年国民经济和社会发展计划。2019年，国民经济和社会发展计划主要目标安排为：地区生产总值增长7.5%；一般公共预算收入增长5%以上；固定资产投资增长8%以上；社会消费品零售总额增长9.5%；外贸进出口总额增长8%；注册外资到账3亿美元；新兴产业产值占规模工业产值比重25%；高新技术产业产值占规模工业产值比重45.5%；全社会研发投入占地区生产总值比重达2.7%；新认定高新技术企业60家；服务业增加值占地区生产总值比重45.9%；城镇和农村居民人均可支配收入快于经济增长；城镇登记失业率控制在2%以内；万元地区生产总值能耗下降、主要污染物减排、水环境质量改善均完成南通市下达任务。

如东县第十七届人民代表大会第三次会议通过2018年财政预算执行情况和2019年财政预算决议。批准《如东县2018年财政预算执行情况和2019年财政预算草案报告》，批准2019年县级财政预算。2019年，全县一般公共收入预算60.50亿元，比上年增长5.1%；一般公共支出预算123.88亿元，比上年增长3.9%。县本级一般公共收入预算19.18亿元，比上年增长6.2%；县本级一般公共支出预算90.22亿元，比上年增长4.3%。

2020年1月19日，如东县第十七届人民代表大会第四次会议通过2019年国民经济和社会发展计划执行情况及2020年国民经济和社会发展计划决议，批准《如东县2019年国民经济和社会发展计划执行情况及2020年国民经济和社会发展计划草案报告》，批准2020年国民经济和社会发展计划。2020年，国民经济和社会发展计划主要目标安排为：地区生产总值增长7%；一般公共预算收入增长4%以上；固定资产投资增长10%以上；服务业增加值占地区生产总值比重48%；社会消费品零售总额增长6%；新兴产业产值占规模工业产值比重32%；高新技术产业产值占规模工业产值比重44.5%；研发经费支出占地区生产总值比重达2.3%；新增高新技术企业60家以上；外贸进出口总额增长4%；注册外资到账3亿美元；人均公共文化财政支出220元；万元地区生产总值能耗下降、主要污染物减排均完成市下达任务；空气质量达到二级标准天数比例80%以上；城镇和农村居民人均可支配收入快于经济增长；城镇登记失业率控制在2%以内；年收入7000元以下建档立卡低收入人口脱贫率100%。

如东县第十七届人民代表大会第四次会议通过2019年财政预算执行情况和2020年财政预算决议。批准《如东县2019年财政预算执行情况和2020年财政预算草案报告》，批准2020年县级财政预算。2020年，全县一般公共收入预算59亿元，目标实现60亿元，比上年增长4%；一般公共支出预算123.99亿元，比上年增长6.3%。县本级一般公共收入预算18.30亿元，比上年下降2.6%；县本级一般公共支出预算91.21亿元，比上年增长11.3%。

2021年1月15日，如东县第十七届人民代表大会第五次会议通过2020年国民经济和社会发展计划执行情况及2021年国民经济和社会发展计划决议，批准《如东县2020年国民经济和社会发展计划执行情况及2021年国民经济和社会发展计划草案报告》，批准2021年国民经济和社会发展计划。2021年，国民经济和社会发展计划主要目标安排为：地区生产总值增长7%；一般公共预算收入增长5.8%以上；固定资产投资增长10%；规模以上工业增加值增长8%以上；规模企业培育200家；社会消费品零售总额增长6%以上；外贸进出口总额增长4%；注册外资实际到账3.4亿美元；战略性新兴产业产值占比32%；高新技术产业产值占比47.5%；研发经费支出占地区生产总值比重2.7%；网格规范达标率进入全市第一方阵；单位地区生产总值生产安全事故死亡率较上年下降；城镇污水集中收集处理率82%；主要污染物减排、$PM_{2.5}$平均浓度、空气质量达到二级标准天数比例、地表水省考以上断面优于Ⅲ类水质比例和万元地区生产总值能耗下降均完成上级下达任务；常住人口城镇化率61.3%；居民人均可支配收入快于经济增长；城镇新增就业8000人以上；每千人执业（助理）医生2.55人。

如东县第十七届人民代表大会第五次会议通过2020年财政预算执行情况和2021年财政预算决议。批准《如东县2020年财政预算执行情况和2021年财政预算草案报告》，批准2021年县级财政预算。2021年，全县一般公共收入预算63.50亿元，比上年增长5.8%；一般公共支出预算139.30亿元，比上年增长3.3%。县本级一般公共收入预算22.16亿元，比上年增长6%；县本级一般公共支出预算103.72亿元，比上年增长2.9%。

（四）县第十八届人民代表大会计划预算的决议

2022年1月14日，如东县第十八届人民代表大会第一次会议通过2021年国民经济和社会发展计划执行情况及2022年国民经济和社会发展计划决议，批准《如东县2021年国民经济和社会发展计划执行情况及2022年国民经济和社会发展计划（草案）的报告》，批准2022年国民经济和社会发展计划。2022年，国民经济和社会发展计划主要目标安排为：地区生产总值增长7.5%以上；一般公共预算收入增长8%左右；全社会固定资产投资增长10%以上；规模以上工业产值增长26%左右；新培育规模企业335家，其中工业企业150家，服务企业55家，限上企业130家；社会消费品零售总额增长10%左右；进出口总额增长4.8%左右，其中出口总额增长3%左右；注册外资实际到账36亿美元；新兴产业产值占规模以上工业产值比重不低于35%；高新技术产业产值占规模以上工业产值比重不低于45%；全社会研发经费支出占地区生产总值比重2.7%以上；居民人均可支配收入增速快于经济增长；新增城镇就业人数超过8000人；常住人口城镇化率达到61.5%；城镇污水集中收集处理率（新口径）达到60%；空气质量好于同期。$PM_{2.5}$年均浓度持续下降；空气质量达到二级标准天数比例持续提升；地表水省考以上断面优于Ⅲ类水质比例达到100%；主要污染物减排完成南通市下达任务；单位地区生产总值能耗完成南通市下达任务；单位地区生产总值生产安全事故死亡率持续下降；社会文明程度、法治建设满意度、群众安全感均处于江苏省前列。

如东县第十八届人民代表大会第一次会议通过2021年财政预算执行情况和2022年财政预算决议。批准《如东县2021年财政预算执行情况和2022年财政预算（草案）的报告》，批准2022年县级财政预算。2022年，全县一般公共收入预算74亿元，比上年增长8%；一般公共支出预算149.48亿元，比上年增长2.1%。县本级一般公共收入预算26.40亿元，比上年增长4.1%；县本级一般公共支出预算117.67亿元，比上年增长2.5%。

2023年1月3日，如东县第十八届人民代表大会第二次会议通过2022年国民经济和社会发展计划执行情况及2023年国民经济和社会发展计划决议，批准《如东县2022年国民经济和社会发展计划执行情况及2023年国民经济和社会发展计划（草案）的报告》，批准2023年国民经济和社会发展计划。2023年，国民经济和社会发展计划主要目标安排为：地区生产总值增长6%以上；一般公共预算收入增长6.5%以上；全社会固定资产投资增长7%以上；规模以上工业产值突破2000亿元；社会消费品零售总额增长8%左右；进出口总额突破600亿元，其中出口总额突破200亿元；注册外资实际到账4.2亿美元；全社会研发经费支出占地区生产总值比重2.75%以上；战略性新兴产业产值占规模以上工业产值比重不低于28%；高新技术产业产值占规模以上工业产值比重不低于43%；发明专利净增量不少于300件；空气质量好于同期。$PM_{2.5}$ 年均浓度持续下降；空气质量达到二级标准的天数比例持续提升；地表水省考以上断面优于Ⅲ类水质比例继续保持 100%；城镇污水集中收集处理率达到 65%；主要污染物减排完成南通市下达任务；单位地区生产总值能耗完成上级下达任务；居民人均可支配收入增速快于经济增长；新增城镇就业人数超过 8000 人；常住人口城镇化率达到 61% 左右；单位地区生产总值生产安全事故死亡率持续下降；社会文明程度、法治建设满意度、群众安全感均处于江苏省前列。

如东县第十八届人民代表大会第二次会议通过 2022 年财政预算执行情况和 2023 年财政预算决议。批准《如东县 2022 年财政预算执行情况和 2023 年财政预算（草案）的报告》，批准 2023 年县级财政预算。2023 年，全县一般公共收入预算 82 亿元，比上年增长 6.7%；一般公共支出预算 148.56 亿元，比上年增长 0.8%。县本级一般公共收入预算 28.10 亿元，比上年增长 0.6%；县本级一般公共支出预算 107.72 亿元，比上年下降 6.8%。

三、议案决议

2007 年 12 月 30 日，如东县第十五届人民代表大会第一次会议通过《关于大力推进环境革命，加快实现城乡面貌大变样的决议》。县政府要加快推进旧城区拆迁进程，坚持依法拆迁，维护拆迁人和被拆迁人双方合法权益，实行阳光操作，做到公平公正，坚决刹住拆迁过程中不良风气。要加快建设进程，提高建设品位，凸现海港城市特色。完善土地出让方式，提升经营城市水平，强化建设过程中的控制和监督，严肃查处开发建设中的违规行为。注重城市基础设施建设，做到建设一块，完善一片，不断提升城市功能。明确执法部门和属地管理责任，坚决查处和打击违法违章建筑，及时将查处过程和结果向社会公开，接受社会监督，提高城市执法水平和管理水平，从根本上遏制乱搭乱建现象。在改造旧城区同时，注重加快新城区规划建设。整治农村环境，重点抓好路桥沟渠的配套基础设施建设，对农村工业污水、生活污水和垃圾实施无害化处理，降低农业面源污染，将生态县创建工作推向深入。推进综合交通网络建设，重点推进港口配套的集疏运项目建设进程，按计划完成好通镇通村通集居点的道路建设改造任务，改善全县交通状况。加快各建制镇镇区改造建设步伐，落实目标责任，强化政策激励，提高小城镇建设水平。强化领导，明确责权，高效运作，为实施环境革命提供坚强组织保障。

2009 年 1 月 12 日，如东县第十五届人民代表大会第二次会议通过《关于进一步加强机关作风建设，全面提升服务效能的决议》。各级政府要解放思想，更新观念，勇于突破体制机制束缚，克服僵化思维模式，通过持续不断改革创新，为加快发展增添强大动力。坚决摒弃“短视狭隘”“急功近利”“小富即满”观念，立攀高之志，强务实之功，求又好又快发展。创新工作思路，主动争得更多政策支持，放大政策拉动效应，赢得更大发展空间。把加快发展压力传递到各个层面，把扶持发展各项举措落实到基层。在招商引资、工业经济、沿海开发、城市和交通基础设施建设和新农村建设等各项重点工作中，要有一着不让，一抓到底，不达目的绝不罢休的韧劲和冲劲。在服务项目建设中，在简化服务流程上求突破，在创新服务方式上求突破，在提高服务满意度上求突破，以一流服务，保障项目早落户、快建设、早达产。采取行政电子监察、行风评议和畅通群众投诉渠道等措施，加大机关作风监察力度，从基层反映突出问题入手，对影响投资环境行为严肃查处，坚决杜绝推诿扯皮、办事拖拉、作风漂浮现象。加强勤政廉政教育和制度建设，加大问责力度，完善考核机制，强化机关干部的监督。把加强机关作风建设与推进全年各项工作紧密结合，与建设一支能干事、干成事、不出事的人民满意干部队伍结合，把广大干部特别是领导干部精力集中到谋发展上，集中到为基层服务、为群众办实事上。

2010年1月15日，如东县第十五届人民代表大会第三次会议通过《关于加快推进如东旅游业跨越发展的决议》。县政府要把旅游业作为重要支柱产业抓，加强组织领导，完善工作机制，落实旅游规划，整合各方资源，按照“市场化运作、专业化经营、企业化管理”要求搭建开发平台，突出重大项目，搞好协调服务，全力促进旅游产业大发展、质态大提升。打造一区（江苏洋口国家级生态旅游度假区）、一心（县城旅游服务休闲中心）、一港（洋口港旅游观光）、一带（沿海生态旅游带）、一节（旅游文化节）、一线（以海上迪斯科为代表的经典旅游线路）旅游精品组合，做强如东旅游产业链，实现旅游业特色化发展和可持续发展。利用如东文物资源，保护和挖掘古镇文化遗产，逐步提升文化旅游内涵。制定旅游业发展政策扶持措施，做好特色品牌旅游项目包装，加大旅游招商力度，引导和鼓励社会资金积极参与旅游项目开发、建设、经营和管理。推动旅游产品多样化发展，培育旅游消费热点，丰富旅游文化内涵。做好宣传和推介工作，利用如东“南黄海风情游”正式被列为上海世博会旅游精品路线契机，全力做好重点景区、景点基础设施建设，提升如东旅游业发展档次和水平，争取早日建成国家级旅游度假区。加大生态环境保护力度，全力营造良好生态旅游环境。强化行业管理，优化市场环境，加强旅游从业人员引进、培养和使用，加大旅游市场监管力度，全面提升旅游服务质量。

2013年1月19日，如东县第十六届人民代表大会第二次会议通过《关于立足“三实”狠抓项目建设、促进全县经济又好又快发展的决议》。各级政府及相关部门要充分认识加快项目建设重要性和紧迫性，集聚全社会力量，关注、促进、支持、参与项目建设，把项目落地、开工、竣工和产出作为经济工作主抓手，作为检验招商引资和技术创新试金石。县政府在项目建设推进过程中要明确思路，优化策略，突出重点，统筹兼顾。加快完善全县产业发展规划，加强对一、二、三产业项目招商、项目建设指导。抓住支撑和带动全县经济发展重大项目不放松，聚力抓好重大项目上位审批，全力以赴抓好重点项目建设。发挥园区主力军作用，优化园区发展环境，提升重大项目承载能力，大幅度提升园区项目投入产出占全县比重。围绕产业定位，强化对龙头型、基地型、产业节点型项目的引进，招引大项目、真项目。帮助、支持企业加快技术创新，加快高新技术产业、战略性新兴产业项目建设，支持企业上市。扶持优势特色产业，促其集群发展，延伸产业链，加快提质升级。完善项目综合管理服务机制，促进土地等资源要素快速向财税贡献大、发展能力强的重点项目集聚。建立健全整体联动、前后对接的项目服务体系，争取上级对重点项目引进、建设的支持，鼓励各金融机构加大对项目建设的信贷支持，研究出台促进项目建设、激励企业创新的扶持政策。各级政府和领导干部要深入一线，及时协调解决项目建设中的土地、资金、人才等困难和问题，切实提升项目建设质效。优化完善项目建设考核责任机制。

2017年1月13日，如东县第十七届人民代表大会第一次会议通过《关于进一步提升服务质效，优化项目建设环境的决议》。各级政府及有关部门必须围绕“聚力创新、聚焦富民”“好上又好、能快则快”要求，创新举措、精准施策、精准服务，优化办事流程和提升项目服务质效。围绕提升服务质效、优化项目建设环境，制定实施计划，细化任务、明确要求、落实责任。全力缩减程序，全过程会办，全方面服务，为项目建设和企业发展赢得时间、抢抓先机。把着力点放在打开通道、提升枢纽、强化支撑、厚植优势等方面，多做打基础、利长远的事，着力推进铁路、高速公路、客运站、客货枢纽等交通基础设施建设，加快建成集疏运体系。统筹全县资源，高标准建设现代服务业集聚区，快速补齐载体功能短板，让企业愿意来、留得住、发展得好。在放权上做好“减法”，在服务上做好“加法”，通过完善联审联批制度、加快构建公共服务体系和企业用地、用工、融资平台等举措，为项目建设扫除障碍，为企业提供更多“一站式”服务。对于项目建设中遇到的具体与个性问题，要崇尚勇于担当、敢于负责精神，创新机制、方法、程序，注重精准服务、因企施策，第一时间跟踪、发现、研究、解决，推动项目早落地、早开工、早投产。县人大常委会要把提升服务项目建设质效和优化项目建设环境作为人大工作监督的一项重要内容。县作风效能监督部门要加大对服务项目建设中“慢作为、软作为、不作为”的相关单位和个人的惩治力度，确保项目建设全面顺利推进。

2018 年 1 月 18 日，如东县第十七届人民代表大会第二次会议通过《关于着力打造特色产业板块，进一步提升区域竞争力的决议》。各级政府及相关部门要把打造特色产业板块放在更加突出位置，科学编制特色产业发展规划，制定出台促进特色产业发展相关政策，加大项目招引力度，鼓励和引导企业加大技改投入，引进关联项目，持续推进两化深度融合项目，加快产业链整合步伐。发挥园区主战场作用，加大特色园区建设及项目整合力度，优化园区产业和空间布局，以园区产业集聚引领特色产业发展，以特色产业板块打造促进园区载体能级提升。县人大常委会要把打造特色产业板块作为人大工作监督一项重要内容，专门听取和审议县政府办理情况报告。对办理过程中县人大提出问题和意见建议，政府部门要认真剖析，提出针对性整改措施，把工作注意力和重心落实到产业结构优化、特色园区建设、厚植质量发展行动上。将打造特色产业板块纳入县委、县政府重点工作考核，以有力组织推进机制确保特色产业有序健康发展。

2022 年 1 月 14 日，如东县第十八届人民代表大会第一次会议通过《关于聚焦重点产业发展，加快重大项目建设，全力打造全省向海发展先导区的决议》。各级政府和相关部门要树立“全县都是沿海、沿海更要向海”思维，统筹推进城市与农村、陆地与海洋、经济与社会协调发展。要深化“链长制”，以系统观念强化产业培育，支持产业链骨干企业和“专精特新”中小企业加快发展，努力打造新能源、化纤新材料、智能通信及电网装备、安全防护等优势产业链。要打造特色园区，发挥重点园区产业项目主阵地作用，保持发展主导产业的定力，强化链式发展，探索“一区多园”模式，提高园区发展质量和贡献度。要坚持“项目为王”理念，鼓励重点企业加快智能化改造和数字化转型，加大技术改造投入；拓展重大项目源，坚持“双招双引”（招商引资、招才引智）努力提高项目质量；围绕重大项目报批、报建等重点环节加强服务保障，健全项目全生命周期服务推进机制，努力破解能耗、环境容量、资金、土地、产业人才等难点、堵点问题，确保重大项目早日投产达效。要优化营商环境，以深化“放管服”改革为抓手，做好行政审批“减法”，做足服务企业“加法”，主动倾听企业诉求，及时解决企业困难，努力构建“清”“亲”政商关系，激发市场主体活力。要提升城市品质，加强滨海特色城镇建设，提升产业、人口承载能力；加快融入长三角大交通体系，以交通大提升带动向海大发展。要坚持生态优先、绿色发展，为全县高质量发展打造良好生态环境。

2023 年 1 月 3 日，如东县第十八届人民代表大会第二次会议通过《关于加快推进以县城为重要载体的新型城镇化建设的决议》。各级政府和相关部门要把思想和行动统一到县委“加快推进新型城镇化建设”决策部署上，统筹推进新型城镇化建设各项工作。要全面营造开放包容城市环境，围绕提高以农业转移人口、外来人口、高端人才为重点的常住人口市民化质量，全面深化户籍制度改革，统筹推进多样化就业空间拓展、多层次公共服务供给和多元化消费需求满足，着力营造开放包容城市氛围，增强全体常住居民认同感、幸福感和归属感。要调整优化新型城镇化格局，主动融入上海、对接苏南，加快扬优势补短板强弱项，做优县城、做强县域副中心、做特乡镇，构建以县城为重要载体，主城、副城和特色小城镇一体化发展的现代化城镇体系。要建设以人为本美丽宜居新型城市，坚持走内涵式、集约型、绿色化高质量发展道路，提升人居环境质量，展现海滨文化魅力，全力打造以环境优美、人文醇美、建设精美为内涵的美丽宜居新如东。要推动城市治理体系和治理能力现代化，利用信息化、智能化、数字化方式，提高城市治理精细化、精准化、智慧化和现代化水平，系统构建空间治理、社会治理、城市治理有机衔接的现代治理体系，实现城市高效运行、高质服务和可持续发展。要促进城乡深度融合发展，健全城乡融合发展体制机制，推动形成工农互促、城乡互补、协调发展、共同繁荣的新型工农城乡关系。

第四节　代表议案、建议

县人民代表大会会议期间，大会主席团、常务委员会、人民政府和10名以上人大代表联名都可以提出议案、建议。人大代表提出议案、建议后，由议案审查委员会审查，提出审议意见，再提请大会主席团审议，决定所提议案是否列为大会议案。代表议案、建议审议通过成立后，移交县政府及相关部门办理。县人大常委会联合县政府对议案、建议办理情况组织督查、督办，确保议案、建议办理质量。每年县人民代表大会上，县人大常委会均对优秀议案、建议和优秀承办单位予以表彰。

一、代表议案、建议产生

每年代表们通过视察、专题调研等活动，深入实际，调查研究，在认真酝酿并充分准备基础上提出议案。代表议案一般在大会期间提出；符合议案基本条件、准备成熟的，也可以在大会闭会期间提出。议案一般以代表团名义提出和10人以上代表联名提出。

与议案不同，建议、批评和意见可以由代表一人提出，也可以由代表联名提出。县人大代表主要围绕全县改革发展稳定的大局，政治、经济、文化、社会生活中的重大问题和人民群众普遍关心的热点、难点问题，对县人大常委会、县政府及其部门等和其他机关、组织的工作提出建议、批评和意见。

二、代表议案、建议内容

2007—2011年，县第十五届人民代表大会期间，县人大代表重点关注城乡面貌、机关作风、旅游业，先后提出“关于大力推进环境革命、加快实现城乡面貌大变样的议案”“加强机关作风建设议案”“推进旅游业跨越发展议案”，被列为大会议案。2012—2016年，县第十六届人民代表大会期间，县人大代表重点关注项目建设、交通建设、人才人口、沿海开发、坯布产业、项目审批、农村基础设施建设、食品安全等，提出“关于立足‘三实’狠抓项目建设，促进全县经济又好又快发展的议案”“优化路网结构，提高全县交通畅通度议案”“加强农村集体资产管理议案”“强化人才、人口、人力意识和举措，促进全县经济社会可持续发展议案”等，有9件议案被列为大会议案。2017—2021年，县第十七届人民代表大会期间，县人大代表重点关注服务质效、洋口港一类口岸、特色产业、重特大项目、全国文明城市创建、农村人居环境等，提出“提升服务质效，优化项目建设环境议案”“进一步放大洋口港一类口岸优势议案”“打造特色产业板块，提升区域竞争力议案”等，有6件议案被列为大会议案。

2022—2023 年，县第十八届人民代表大会第一、第二次会议期间，县人大代表重点关注向海发展、新型城镇化，提出“打造全省向海发展先导区议案”“推进以县城为重要载体的新型城镇化建设议案”，被列为大会议案。

2007—2023 年，县人大代表每年提出的建议，根据其内容分为财政经济、农业农村、社会保障、公安政法、三产服务、教育文化卫生、组织人事、建设交通环保、其他 9 类。

三、代表议案、建议办理

（一）县第十五届人大代表议案、建议办理

1. 县第十五届人大一次会议议案、建议办理

2008 年，县政府受理人大代表议案、建议 296 件，其中议案 1 件、建议 295 件（含重点建议 10 件）。县政府常务会议专题研究部署议案、建议办理工作，及时召开议案、建议交办会，落实承办单位。各承办单位认真研究承办建议，制定办理方案，把好答复审核关。县人大人事代表工委与县政府办联合督查议案和建议办理情况。至 12 月，1 件议案、295 件建议均办理完毕。代表答复满意率 98% 以上。

推进环境革命议案 2007 年 12 月，县第十五届人大一次会议将“关于大力推进环境革命，加快实现城乡面貌大变样的议案”确定为“一号议案”后，县政府围绕市政工程、城市开发、拆迁让地、交通工程、环境整治、资金保障 6 项工作重点，对“一号议案”细化分解，明确由 10 多个部门、4 个区和 15 个镇承办。各相关部门和镇区强化目标管理和责任考核，广电、电信、电力、公安等部门配合，组织行政部门和单位开展拆迁帮扶，形成集聚推进合力。邀请中国城市规划设计院主持修编城市规划和控制性详规。县政府明确相关部门融资任务，建设、交通部门分别融资 3 亿元和 2 亿元。县政府组织相关部门调研，及时调整完善拆迁政策，调整城市拆迁货币安置补偿标准，适度提高交通工程拆迁补偿标准。制定出台《关于国家生态县创建的若干奖励扶持政策》《关于进一步加快小城镇建设的实施意见》《如东县农村生活垃圾集中收运处置工作实施意见》《关于推进集中式污水处理厂及其配套管网建设的若干政策意见》，通过责任落实、资金奖励，化解镇区筹资压力；制定出台《关于推进化工生产企业搬迁关闭转产的若干政策意见》。至年底，“一号议案”办理成效明显。城市建设。2008 年，县政府围绕“做大城市规模、做强城市功能、做美城市形象”3 大目标，坚持老城和新区并举、建设和管理并重，县城面貌有较大改观。全年实施市政工程项目 22 个，完成投资超 7 亿元。其中道路桥梁项目 16 个。中心城区面积扩展为 70 平方公里；人民路南延、泰山路北延使城区中轴线人民路南北贯通，缩短县城与洋口港之间通行距离，促进港城一体化建设。县城交通朝着“内成网、外成环”建设目标迈进。全年实施拆迁项目 12 个，总拆迁房屋建筑面积达 40 万平方米。实施房地产开发项目 17 个，其中在建面积约 65 万平方米，建成面积约 60 万平方米，完成投资约 8 亿元。文峰财富广场完成约 14 万平方米建筑施工任务。占地 18 万平方米、总投资 6500 万元浅水湾公园竣工。如东县一次性通过江苏省文明城市复检。集中整治县城违法建筑，核实 4013 户，拆除 774 户。交通建设。2008 年，全县交通基础设施建设累计完成投资近 9 亿元。海启高速预可研究报告上报省发改委，工可研究报告完成，项目线位走向明确；锡通高速预可研究报告完成，线位方案在比选。全年计划实施 13 个续建项目中，东陈连接线、正大桥改造、卫海桥改造、兵豫公路、饮泉支线、曹五公路、靖双线、河袁线、关栟线、洋口大道绿化 10 个项目完工，S334 线如东西段扩建、白蒲连接线、长掘线 3 个项目完成总量 75%；10 个新上项目中，S225 改线、苴东线等 3 个新路新建项目进行拆迁让地，长雪线、栟角线等 7 个老路、危桥改造项目进场施工；洋口

闸至南渔路、环东路等突击施工任务如期完成。全年实施农村公路350公里。开展农村公路达标创建活动，解决农村四级公路会车难和安全隐患多等问题，全县1500多公里四级农村公路全面纳入规范化管养体系。生态环境保护。对重点污染企业全部实行持证排污，并配套建设化学需氧量、二氧化硫远程在线监控和污水流量监控设施。严把建设项目环保准入关，先后劝退和否决13个重污染治理项目。对94家重点废水、烟尘、恶气污染企业实施限期治理，对37家超标排放、超量排放、恶意排放的重点污染企业实施停产治理和限期整改，关停取缔14家严重污染企业；对化工、印染、精制棉、浸胶手套、电镀等重点行业和洋口化工园区等重点地区进行专项整治。2008年，全县工业化学需氧量减排587吨、二氧化硫减排512吨，分别占年度任务144%和125%，减排量居全市首位。围绕“生态县”“环境优美镇”“生态村”等生态创建系列工作，筛选确定蓝天工程、绿地工程等10大重点生态工程。农村环境整治。全县疏浚镇村河道800条（段）1600公里，土方1661万立方米，完成道路、河道、四旁和成片经济林建设10.87万亩，实现3年任务1年完成目标；全县建立农业面源污染防治试点2处，新增“一池三改”（建沼气池，改圈、改厕、改厨）290处，建成各类沼气项目工程11个，新建农村卫生厕所1万座。农村生活垃圾集中收运处置体系全面建立。建立、统筹落实农村保洁、绿化管养、河道管护、道路管养等长效管理机制。

2. 县第十五届人大二次会议议案、建议办理

2009年，县政府共受理人大代表议案、建议295件，其中议案1件、重点建议7件，受理人大代表联系选民固定接待日反映问题5类。县政府及时分解办理任务，召开议案、建议交办会，落实承办单位。县政府主要领导亲自抓办理工作，政府常务会议专题部署，各位副县长及时阅批、调研处理涉及分工范围内的建议，对部分办理难度较大建议在政府常务会议上讨论。各承办部门主要负责人对承办建议逐件研究，确定办理方案，督查办理效果，把好答复件审核关，重点建议答复意见送交县政府领办领导审定。推行网上交办、网上办理、网上答复，县政府出台《关于规范县人大代表建议、政协委员提案网上办理工作的通知》，承办单位通过网络加强与代表沟通联系，在第一时间内反馈办理工作进展情况，听取代表意见，提高办理实效。10月，县人大人事代表工委、县政府办联合下发督查通知，对20家承办单位承办的议案、重点建议进行重点督查。至12月，295件建议已经解决、基本解决或措施基本落实的125件，占42.4%；在办理或列入计划、规划逐步解决的153件，占51.8%；因客观条件限制或与现行政策不符的17件，占5.8%。代表答复满意率98%以上。

加强机关作风建设议案 2009年，县委、县政府在全县开展机关作风建设年活动，通过加强领导、宣传教育、监督考评、严格奖惩等多项措施，促进机关作风效能和整体形象提升。县政府多次听取代表意见，并专题向人大主任会议作出汇报，及时落实“一号议案”审理意见，及时督查整改机关作风建设中存在问题。加强宣传教育。在县“两台一报”（县电视台、县广播电台、《如东日报》）和政府网站开设机关作风建设专题，加强正、反面典型宣传和曝光。向社会公开各地、各部门和各单位“服务承诺”，公示监督电话；推出《机关作风建设在行动》专栏和《一把手访谈》节目，加大社会监督力度。健全长效机制。加强对机关作风建设年活动的组织领导，建立正常例会制度。实行工作任务交办制度和效能监察联席会议制度。全年发出“交办单”76份，涉及机关部门近40家。突出项目中心。完善领导干部及机关部门挂钩服务重点项目和重点企业制度，开展“百名机关青年干部进企业”活动，从县级机关选派105名机关干部挂钩服务315家企业。提升服

务效能。继续实行首问负责制、岗位责任制、服务承诺制、限时办结制等服务制度，最大限度地简化程序、精简材料、优化流程，资料网上传递和网上审批率达100%；实行项目预审一表制、项目许可并联制、重大项目联办制和工业项目刷卡制，实现联合预审项目在1个工作日办结，一般工业项目县内审批权限事项3个工作日办结，所有事项即办件率达89.8%，服务窗口当场办结率93%以上，承诺件办理时间由7天压缩为3天。优化办事环境。进一步规范行政收费和行政处罚行政行为，增强行政行为公信力。加强中介服务管理，出台《关于进一步加强中介机构监管的若干规定》，对首批进驻行政服务中心的8个行政服务事项，采用单一来源政府限价、多个来源市场竞价方式实施招标进驻，降低服务收费标准。健全监督网络。从人大代表、党代表、企业业主代表、老干部代表、镇村干部代表等各个层面聘请100名机关作风建设监督员，聘请27名效能建设特邀监察员，调整确定70个作风效能监测点，广泛征求社会各界对作风效能建设的建议意见。发挥“896政风行风热线”“118短信平台”“书记县长信箱”“在线访谈”等媒体的舆论监督作用，营造舆论监督氛围。开展专项检查。组织对县重点交通、市政工程进行督查，对杆线迁移推进不力的相关部门进行公开曝光。组织对所有进驻县行政服务中心的29家部门2007—2008年行政许可情况进行专项督查，对10个部门存在问题提出限期整改要求。加强督查整改。出台《如东县机关作风建设年督查问责工作实施办法》，全年组织开展明察暗访70次，对发现作风效能问题在全县通报和曝光，并责成23家单位负责人在新闻媒体上对处理和整改情况进行公开承诺；修订完善《如东县作风效能投诉受理办法》。严格责任追究。制定出台《如东县机关作风效能建设责任追究暂行办法》，先后15次对存在问题单位和个人在全县通报曝光。强化绩效管理。把机关作风效能建设与干部绩效管理制度结合，开展全县机关中层干部跨部门竞岗交流活动。突出服务项目建设专项评议，在预审环节，采取“一个项目，一张测评表”办法，由项目业主对审批所涉部门质效进行全程评议；在建设环节，组织当年投资500万元以上项目业主对所涉部门服务进行专项评议。全年发出评议表500余份，收集和解决一批项目建设问题，评议测评结果计入机关作风建设考核总分。落实奖惩措施。严格落实岗位责任制，对被查实存在作风效能问题的个人，追究当事人责任，处理做到上究一级。

3. 县第十五届人大三次会议议案、建议办理

2010年，县政府共受理人大代表议案、建议241件，其中议案1件、重点建议5件。县政府及时分解办理任务，落实承办单位。9月，县政府办公室下发督查通知，县人大人事代表工委、县政府办公室联合对25家承办单位承办的议案、重点建议进行重点督查，发现问题，及时督促整改。制定人大代表建议办理工作考核暂行办法，做好评先评优工作。至12月，241件建议已解决、基本解决或措施基本落实103件，占42.7%；在办理或列入计划、规划逐步解决112件，占46.5%；因客观条件限制或与现行政策不符26件，占10.8%。代表答复满意率98%以上。

推进如东旅游业跨越发展议案 县政府常务会议专题研究全县旅游业发展，成立专门领导组，定期召开会议，推进议案办理落实。县政府专题发文《关于加快推进如东旅游业跨越发展议案办理推进工作的实施方案及任务分解表》，将议案办理分列成5个类别23个具体目标任务，排出时间任务表，明确目标任务、责任单位、完成时间、推进措施。县政府领导每月听取旅游工作推进情况汇报，召开多次专题协调会，协商解决旅游项目用地指标、路牌标识、餐饮许可、环保安全、两证领取等事宜。成立旅游协会、举办全县首期导游培训班，组织星级导游、诚信导游、优

秀导游、模范导游评选活动，提高办理成效。突出旅游发展规划引领。旅游总体规划中确定“一心五片区”（“一心”指掘港旅游服务中心区；“五片区”：苴镇滨海生态旅游区、洋口渔港休闲度假旅游区、洋口大港旅游观光区、丰利栟茶文化园景区、东凌休闲度假区）总体思路，打造“南黄海旅游胜地”名片和“黄海风情、生态如东”旅游形象，完成景区质量体系环保认证和国家A级旅游景区创建工作，形成旅游设施完善、功能齐全、品位较高的旅游体系。推动做好五片区区域规划，5月，县政府审批通过小洋口地区《江苏洋口生态旅游度假区总体规划》，并启动旅游区核心区的控制性、修建性规划编制。专门成立旅游商品开发领导组，整合如东工艺美术、人文历史、饮食烹饪、产业结构等方面资源，开发旅游纪念品、旅游日常用品、旅游食品等方面产品；推出风车、黄海大桥模型、贝壳工艺、木材雕刻等旅游纪念品；生产旅游笔记本、旅游矿泉水、旅游水杯等日常生活用品；研究海鲜产品加工，使之成为便于携带、易于加工的旅游食品。推进重点项目，整合小洋口地区特色旅游项目，洋口港旅游风景区按照国家AAA级旅游景区标准规划建设。丰利文园博物馆建成开放，扶海宫一期主体工程竣工，刘埠休闲度假村完成二期工程扩建。依托农业产业资源优势，按照省级现代农业产业园区建设标准，规划建设如东县如泰现代农业产业园区，已初具规模，“春之韵”生态葡萄园、粤光农业科技水耕作物及休闲观光农业等一批现代农业项目相继落户，园区被省农业委员会列为全省77家重点现代农业产业园区之一。推进旅游市场营销。启动如东县旅游宣传口号征集活动，评出“海鲜海港海韵，如诗如画如东”和“跳海上迪斯科，品天下第一鲜”等宣传口号。创建开通中国如东政府网站旅游频道。利用如东第四届海洽会平台，同步举办首届南黄海国际休闲旅游节。2010年，如东县被国际休闲产业协会、中国城市

2010年6月12日，丰利文园博物馆举行开馆仪式

经济学会评为“中国十大低碳休闲示范城市”，“海上迪斯科”旅游项目被评为“最具国际影响力中国十大体育休闲旅游示范品牌”。沿海旅游经济开发区获“中国旅游文化最具投资价值开发区”称号。

4. 县第十五届人大四次会议建议办理

2011年，县人大移交给县政府及各职能部门办理建议共216件（含重点建议），其中财政经济类50件，农业农村类34件，社会保障类19件，公安政法类15件，三产服务类2件，教育卫生类26件，组织人事类3件，建设交通类56件，其他类11件。3月，县政府常务会专门审议通过《如东县人大代表建议和政协委员提案办理暂行办法》，各承办单位通过网上办理系统及时收取交办建议，并按要求组织落实。承办单位深入调查研究，确保措施有针对性和可行性。县政府与各承办单位把建议办理与中心工作相结合，代表建议集中的失地农民保障、城乡公共交通、交通安全管理、养老体系建设、“四位一体”管理等都被纳入政府为民办实事项目和政府重点工作。各承办单位注重将建议办理与推动当前工作相结合，由“答复型”向“落实型”转变。至12月，所有建议均办理完毕，办理结果为A类56件，B类139件，C类13件，D类8件，分别占总数25.9%、64.4%、6%、3.7%，初次答复满意率98%以上，二次答复满意率达100%。

（二）县第十六届人大代表议案、建议办理

1. 县第十六届人大一次会议建议办理

2012年，县人大移交给县政府及各职能部门办理建议共320件（含重点建议），其中财政经济类43件、农业农村类94件、社会保障类19件、公安政法类20件、三产服务类12件、教育卫生类47件、组织人事类6件、建设交通类73件、其他类6件。县政府要求办理单位做到“统一思想真情办理、解决问题真实办理、加强领导真心办理”和“见面率、答复率、满意率、办理率”4个100%。在县长办公会上研究重点建议，按照“谁主管、谁负责”原则，由各位副县长对涉及建议进行领办。创新办理方法，变书面办理为现场办理，变一般办理为跟踪办理，县政府对承办部门严格把关，保证所有建议件件有落实，提高办理成效。至12月，所有建议均办理完毕，办理结果为A类53件、B类237件、C类21件、D类9件，分别占总数16.6%、74%、6.6%、2.8%，初次答复满意率98%以上，二次答复满意率达100%。

2. 县第十六届人大二次会议议案、建议办理

2013年，县人大移交给县政府及各职能部门办理建议共223件。大会期间210件（含大会议案1件、重点建议10件）、闭会期间13件。其中，财政经济类26件、农业农村类32件、社会保障类13件、公安政法类14件、三产服务类8件、教育卫生类40件、组织人事类3件、建设交通国土环保类66件、其他类8件。4月，县政府召开人大代表建议交办会，部署建议交办工作。县政府办督促各承办单位将办理工作列入重要议事日程，形成以单位主要领导牵头负总责，分管领导协调抓落实，相关科室具体调研答复的办理机制。各承办单位注重研究办理工作中出现的新情况、新问题，改进办理方式方法，提高代表们满意率。县政府办与县人大人事代表工委联合督查代表建议办理落实情况，确保办理工作质量。至12月，所有建议均办理完毕，办理结果为A类47件、B类156件、C类3件、D类4件，分别占总数22.4%、74.3%、1.4%、1.9%，初次答复满意率98%以上，二次答复满意率达100%。

狠抓项目建设议案 2013年初，县人大将“关于立足‘三实’狠抓项目建设，促进全县经济又好又快发展的议案”确定为“一号议案”，把项目建设作为促进经济增长主抓手，摆上首要位置。整合项目建设推进力量。实行重大项目县领导挂钩制。全县31个县级重大在建项目均由县领导直接挂钩督办，通过每月重点工作督查推进会，交流挂钩项目进展情况，实行点对点帮扶。坚持定期督办推进制。每月定期组织对全县一、二、三产项目推进情况进行核查，协调解决项目建设中存在问题。强化重点项目反馈制。对31个10亿元以上重大项目实行深度跟踪并及时反馈、综合分析，每半月梳理汇总项目进展情况，定期编发《如东重大项目专报》，将需要县级层面协调问题提交县政府决策。抓准抓实项目推进考核。首次对镇区下达工业设备投入考核指标。突出项目考核导向。提高镇区新开工、新竣工项目认定门槛：固定资产投资镇3000万元、园区1亿元以上。细化项目认定标准。新开工项目须具备计划固定资产投资3000万元以上，项目主体开工面积不低于4000平方米或项目抵扣设备投资额达到600

2013年5月16日，召开项目建设推进暨“一号议案”办理动员会议

万元等条件；新竣工项目须具备厂房竣工、设备安装且已投入生产或项目抵扣设备投资额达到1200万元等条件。亿元以上新开工项目须具备计划固定资产投资亿元以上，项目主体厂房开工面积不低于1.2万平方米或项目抵扣设备投资额达到2000万元等条件；新竣工项目须具备厂房竣工、设备安装且已投入生产或项目抵扣设备投资额达到4000万元等条件。突破重大项目上位审批，推动储备项目按序时进度要求有序开展前期工作，前三季度共争取上级对如东县省以上重大项目批准文件12个。加大对上争取政策资金扶持工作力度。2013年，全县上报争取国家、省级扶持资金项目244个，计划申请扶持资金14.54亿元。至10月底，争取到位上级资金10亿元以上。如东再生资源加工区成功申报国家级“城市矿产”示范试点基地，可获得中央项目扶持资金1.2亿元。优化项目建设环境。加强载体基础设施和配套工程建设，完善园区功能，提升园区投资发展环境。

2013年11月8日，县人大视察洋口港开发区办理“一号议案”情况

3. 县第十六届人大三次会议议案、建议办理

2014年，县人大移交给县政府及各职能部门办理建议共202件（大会议案5件、重点建议10件）。其中，财政经济类24件、农业农村类45件、社会保障类24件、公安政法类9件、教育卫生类38件、组织人事类5件、建设交通国土环保类54件、其他类3件。4月，县政府召开议案、建议交办会，常务副县长沈峻峰部署交办工作。县长办公会上，研究议案、重点建议，各位副县长分别领办所涉及议案、建议。各承办单位改进办理方式方法，变书面办理为现场办理，变一般办理为跟踪办理，提高代表们满意率。县政府办与县人大人事代表工委联合督查议案、建议办理落实情况，确保办理工作质量。至年末，所有议案、建议均办理完毕。

提高全县交通畅通度议案 县政府加快推进骨干路网和县域内快速连接路网建设，全面构筑以海启高速、通洋高速、临海高等级公路3大连接点和省道225线、洋骑线、省道223线改道3个次连接点的快进快出交通网络体系。2014年，县政府出台《如东县干线公路连接线项目管理办法》，规范干线公路连接线建设和管理，并要求各镇（区）做好连接线规划，优化交通网络格局，提高二级以上公路密度。加快部分镇（区）与主要干线公路连接线建设，先后对西北部3个镇（袁庄、河口、栟茶）以及马塘、大豫、南通外向型农业综合开发区等镇（区）连接线进行研究，连接线项目共12个。其中，在实施连接线项目8个，分别为栟茶4条连接线、大豫连接线、马塘至省道334连接线、双甸连接线、南通外向型农业综合开发区至省道223连接线；在研究连接线项目2个，分别为河口连接线和洋骑线；新店连接线与袁庄连接线被列入研究计划。加快农村公路畅通工程建设。2014年，制定下发《如东县农村公路提档升级工程的实施意见》。年末，争取584公里道路、406座桥梁进入省农村公路提档升级工程项目库，总量居全市之首。全年全县完成县道提档升级30公里，农村公路提档升级70公里，县道大中修10公里，农村公路危桥改造100座。

农村集体资产管理议案 2014年，制定出台《关于进一步加强和规范农村集体财务管理工作的意见》《关于加强村经济合作社规范化管理的指导意见》《如东县农村集体经济组织经济合同管理办法》《关于清理村（组）非家庭承包经营资源、推进村（组）非家庭承包经营资源管理规范化的指导意见》等文件，从制度源头上规范农村集体资产管理。开展农村集体“三资”清理工作，制定“三资”清理实施方案，明确清理范围、内容、时间、步骤、方法等要求，各镇（区）围绕农村集体资产家底、分布、结构、利用等情况开展清理，解决家底不清、权属不明、利用效益低下等问题。开展村级交镇代管资金专项清理工作。村集体资金管理采取由镇（区）统一设立账户，以镇（区）集中管理、专户核算的镇（区）代管模式。县农办牵头组织专项清理工作，对账户管理、资金收支等方面全面清理核实，年末，清理工作基本结束。全面部署开展农村财务管理工作检查。检查内容包括财务基础管理、资金收支管理、相关制度执行和责任落实、“三资”信息化、村集体统一经营项目合同管理等。

2014 年 4 月 10 日，县人大常委会领导到栟茶镇江安村调研

促进如东县可持续发展议案 县委成立人才工作领导小组，建立县人才办主任联席会议制度，健全完善党委联系专家、专家决策咨询、考核评估等机制，提升人才工作科学化水平。以人才工作“十大工程”为总揽，加大高层次创新创业人才和高技能人才集聚力度。至 2014 年 3 年中，先后有 2 人新当选为享受国务院特殊津贴专家，3 人入选省有突出贡献中青年专家，73 人入选省、市各类培养计划，引进紧缺专业高学历人才 232 人，引进高校毕业生 3000 余人。县政府制定出台《关于促进以创业带动就业和建设创业型城市的意见》。出台高技能人才培养激励政策，对培训学员获得高级工以上技能等级证书的培训机构给予奖励。加大一线职工技术等级培养力度，推进第二轮“万人创业计划”，发放小额担保贷款扶持人才创业 1299 人。成功创建省五星级人力资源市场，举办各类招聘洽谈会 56 场次，累计提供就业岗位 2.5 万多个，实现就业 5600 人。出台《如东县“十二五”人才发展规划》，制定出台“扶海英才”系列计划。制定实施《如东县引进高校毕业生和技能人才奖励暂行办法》，对引进全日制普通高校毕业生和技能人才实行补贴，奖励补贴经费支付总额 700 万 ~ 1000 万元。

提升放大沿海开发贡献份额与效应议案 以区镇合一和扩权强镇、产城融合发展、海域物权管理创新 3 项改革任务为重点，稳步推进陆海统筹发展综合配套改革。2014 年，对高新技术产业开发区、掘港镇实行区镇一体化管理，并对沿海经济开发区、洋口镇、小洋口旅游度假区一体化管理进行完善，全县相关园区与镇之间区镇一体化管理全面到位。推进县级管理权限下放工作，2014 年，分别向沿海经济开发区（洋口镇）、栟茶镇、高新技术产业开发区（掘港镇）下放 113 项、106 项、22 项县级管理权限。坚持港口引领、联动开发。推进洋口港“港、产、城”联动发展，加快滩涂围垦综合开发试验区审批、建设。洋口港临港工业区内道路、水系、供电线路以及临时供热站、污水处理厂等基础配套基本到位，三期 15 平方公里围堤工程竣工。LNG 接收站一期工程累计靠泊 LNG 运输船 95 艘，接卸总量达 899 万吨。洋口港国家级一类口岸开放获得国务院批准。中石化洋口港化工品物流基地、台湾中石化化工新材料、振戎洋口国际仓储项目等一批重大项目全力推进。加快港口新城开发建设步伐，推进港城商业街、职工公寓、中心市场、港口医院、港口学校、港城客运站等一批新城重点项目。2014年，沿海地区新开工亿元以上项目27个、新竣工亿元以上项目27个，完成千万元以上项目投资230亿元。沿海经济开发区、高新技术产业开发区、如东经济开发区全年工业应税销售收入分别达170.4亿元、137.6亿元和130.8亿元，形成3大超百亿元特色产业板块。

促进如东县成为全国坯布产业新型城镇化示范区议案 至2014年，岔河镇与县纺织业商会签订“中国家纺坯布交易市场框架协议”，加强合作。宣传交易市场建立相关优惠政策、前景。邀请省纺织工业协会会长谢明和专家到如东考察，就如东印染产业园选址和规划编制工作进行专题调研，对产业园建设与产业集群发展有机结合、产业园规划编制提出指导性意见。

4. 县第十六届人大四次会议议案、建议办理

2015年，县人大移交给县政府及各职能部门办理建议共221件（大会确定议案3件、重点建议16件，闭会期间建议6件）。其中，财政经济类41件，农业农村类52件，社会保障类24件，公安政法类14件，教育卫生类42件，组织人事类2件，建设交通国土环保类43件，其他类3件。县政府建立有力领导机制，明确由分管领导牵头领办大会议案和重点建议，各部门主要领导担当“第一责任人”；建立明晰责任机制，县政府在议案建议交办承办部门时，对职能明确的，坚持“谁主管、谁主办”原则，对职能交叉、跨部门的，坚持“谁牵头、谁主办”原则，对所涉事项职权难以确定的，坚持“指定谁、谁主办”原则；建立规范办理机制，落实好交办、拟办、办理、回复等环节，给代表复文由单位主要负责人审定，以单位正式文件逐人回复。办理中，勤会商、常联系、多指导，增进互动协作，实现“四个满意”，即办理态度、过程、意见、效果让代表满意，提高采纳率、落实率。至年末，所有议案、建议办理完毕。

优化项目审批和服务环境议案 梳理县级权力事项，明确保留187项行政许可事项，梳理纳入政务中心管理的非许可类事项含行政确认类事项20项，其他类事项114项，形成全县行政审批事项目录清单。对与行政审批权限相关联的中介服务项目，明确并全面放开行政审批中介服务市场，建立行政审批中介服务机构自愿入驻制度，在中心办公大厅设置中介服务区域，为中介机构开展服务提供便利。逐步扩大权限下放覆盖面，分别赋予县沿海经济开发区、市级中心镇栟茶镇、高新技术产业开发区113项、95项、22项县级管理权限事项。持续推进“三集中、三到位”（行政审批职能向一个科室集中、承担审批职能科室向行政服务中心集中、行政审批事项向电子政务平台集中，事项进驻大厅到位、审批授权窗口到位、电子监察到位）工作，对照县级行政审批事项目录清单，结合各部门“三定”（定职能、定机构、定编制）工作，及时对清单明确事项集中到中心办理情况进行比对核查，确保“应进尽进”。对进驻中心办理的县级管理权限事项明确授权、优化流程，并对县级行权系统、政务中心网上审批平台同步进行调整、更新，保证各项行政审批服务事项办理有据、过程可控、授权到位。推进商事登记制度改革，全面推动“三证合一”（工商营业执照、组织机构代码证和税务登记证三证合为一证）工作，中心设立企业注册登记并联审批综合窗口，通过实行“一窗受理、一表填报、信息共享、内部流转、统一发证”，实现工商营业执照、组织机构代码证、税务登记证同台联办，为申请人提供便利。建立行权情况月报制度，对县、镇（区）两级政务服务部门及各政务分部业务开展情况进行跟踪统计。开展项目服务工作专项执法监察，监督检查项目服务组织实施、协调服务情况，提升项目服务水平。

推进农村基础设施建设议案 加大农业综合开发力度，实施土地综合整治示范工程，全年新增高标准农田6万亩。推进农田水利工程建设，实施重点水利工程8项，确保完成拆坝建涵（桥）任务1000个，疏浚农村河道953条段。加快发展农业机械化，促进农机与农艺融合、机械化与信息化融合，确保农业生产综合机械化水平85%以上。全县新建改造农路500公里以上，农桥210座，新开通镇村公交线路5条。落实“河长制”等农村河道整治长效管护制度，加强镇村污水收集处置。县政府及相关职能部门争取上级涉及农村基础设施建设扶持的各项政策扶持、项目支持和资金保障，缓解全县农村基础设施建设压力。县政府出台《关于规范政府资金管理的实施意见》，重点支持农村公益设施建设、农村环境综合整治、改善农村生产生活条件。鼓励发展村级集体经济，针对村情实施差别化扶持政策和考核办法。倡导和鼓励社会广泛参与，走资金扶持、项目带动、政府配套、群众参与的村级公益事业建设新路，逐步改善农村基础设施现状。

加强食品安全市场监管议案 制定《全县食品安全工作意见》以及全县校园、农村集体聚餐食品安全意见，创新实施《全县食品安全基层责任管理意见》，细化《镇（区）食品安全考核办法》，加快村居协管队伍和制度规范建设，坚持底线思维、红线意识，全力推进各成员单位、各镇区食品安全职责落实。将涉及原工商、质监、食药部门及卫计委承担的餐饮服务方面的登记、审批、审核和备案等许可职能进行梳理，简化行政许可与审批项目11项，推进实施“三证合一”，探索实施融合“餐饮服务许可证”等的“多证一体”。针对国家风险监测发现当地相关海蜇企业铝残留超标问题，组织全县海水制品企业召开座谈会，维护全县海水产业安全健康发展势头。运用商标品牌、质量标准管理等职能，对食品药品行业企业实施品牌优化、质量引领、标准支撑工程，服务企业做大做强。加大对“如东大米”等无公害农产品、绿色食品、有机食品和地理标志农产品扶持。指导并挖掘和推广“中国海鲜之乡”特色餐饮，提高餐饮服务安全规范水平。清“底数”、列“清单”，开展隐患大排查、大整治，严格实施食品安全从生产、流通到餐桌的全程监控，确保食品主体合法、质量合格、行为合规。创新建立并实施食品安全信用管理“红黑榜”机制，开展“舌尖保卫战”活动，深化水产品、豆制品、食用油、食品添加剂、保健食品等专项执法。

5. 县第十六届人大五次会议建议办理

2016年，县人大移交给县政府及各职能部门办理建议共175件（重点建议17件），其中经济发展类15件，占8.6%；社会事业类26件，占14.9%；城市建设类60件，占34.3%；社会保障类16件，占9.1%；农业农村类27件，占15.4%；公安政法类10件，占5.7%；其他类21件，占12%。县政府常务会议和县长办公会专题研究部署建议办理工作，县政府各分管领导直接领办重点建议，县政府办各条线分管主任负责协调推进。主办单位会同协办单位研究办理方案、落实工作措施、解决实际问题，形成相互协作、密切配合工作机制。各承办单位都建立健全主要领导负总责、分管领导直接抓、承办处室具体办的工作责任制。完善建议办理答复与公开同步审查工作机制，推进答复内容网上公开。县政府办会同县人大人事代表工委对部分重点承办单位办理情况进行督查，并将年终考评结果纳入县级机关整体目标考评体系。至12月，相关建议均按期答复。其中，已解决或采纳占30.5%，列入计划逐步解决或部分采纳占65.2%，作为参考或向上级反映占4.3%。代表对办理结果表示满意占94.7%，表示理解占5.3%。

（三）县第十七届人大代表议案、建议办理

1. 县第十七届人大一次会议议案、建议办理

2017年，县人大移交县政府及各职能部门

办理建议共 218 件（包括议案 2 件、重点建议 10 件），其中财政经济类 37 件，占 17%；教育文化卫生类 32 件，占 14.7%；建设交通国土环保类 53 件，占 24.3%；民政社保类 13 件，占 6%；农业农村类 56 件，25.7%；公安政法类 10 件，占 4.6%；组织人事类 16 件，占 7.3%；其他类 1 件，占 0.5%。县政府按照“交办准确、操作规范、讲求实效”原则，遵循办理程序，提高办理质量，做到按期办结率达 100%、代表满意率达 100%，提高代表建议解决率和代表首次满意率。3 月 29 日，县政府专题召开交办会，县政府办专题下发办理工作通知，明确办理责任、时限和程序等。7 月 10 日，在代表议案、重点建议办理落实推进会上，县政府分管领导对办理工作提出要求。县发改委、教育局、住建局等承办量大的部门专门研究印发建议办理工作方案、通知。各承办单位把办理工作与自身职责和优化机关服务相结合，与年度重点工作和解决民生问题相结合，成立工作组织，在交办安排、调查研究、协调处理、督办催办、面商沟通、审核答复等环节严格把关。县政府主要领导要求，对建议办理工作任务完成好、办理成效明显的单位和个人给予表彰奖励。建议办理工作中，各承办单位对建议涉及问题全面梳理、调研、分析，落实针对措施。运用座谈调研、见面会、上门走访、电话沟通、QQ、微信联系等多种渠道和方式，加强与代表沟通。至 12 月，所有建议均完成答复，满意率 92.3%。其中，所提问题已解决 83 件，占 38.1%；所提问题在解决或列入计划 118 件，占 54.1%；所提问题留作研究参考 17 件，占 7.8%。

放大洋口港一类开放口岸优势议案 全面落实支持发展政策。2016 年，江苏省委、省政府出台《新一轮支持沿海发展的若干意见》，其中，明确支持洋口港政策有：支持洋口港经济开发区现代物流园申报省级生产性服务业集聚示范区、加快推进洋口港区 15 万吨级等重点工程建设、支持洋口港建设能源贸易交割中心、支持在 LNG 接收站所在地建设 LNG 调峰电厂、支持洋口港和如东经济开发区等有条件地区申请设立综合保税区（保税物流中心或保税仓库）等载体、加快推进省级滩涂围垦综合开发试验区建设等。如东将上述政策意见分解，明确由县相关部门和园区落实，支持洋口港开发建设。强化洋口港建设组织领导。江苏省、南通市、如东县均成立沿海开发和洋口港开发建设领导组织，协调发展难题、出台推进举措，加快推动沿海开发和洋口港建设。发挥洋口港建设各级领导协调机制作用，确保发展难题得到有效化解，推动洋口港建设全面步入快车道。科学规划产业岸线。加快规划建设近岸挖入环抱式作业区，主要发展通用散杂货泊位，形成 4 公里多港口岸线资源，15 个 5 万～7 万吨级通用散货泊位，与阳光岛形成分工明确、优势互补格局。已开展前期研究及规划论证工作，形成研究成果，争取尽快纳入南通港总体规划修编。结合洋口港 15 万吨级航道工程建设，洋口港先期启动产业岸线配套的防波堤工程建设。强化产业支撑拓展外贸空间。加快推进钛产业园、铜产业园、中天海洋装备产业园、甲醇经济产业园、石材产业园等特色区中园建设，利用江苏中石油国际事业公司获得 LNG 自营进出口权机遇，发展壮大 LNG 贸易，带动其相关产业发展。支持江苏中石油国际事业公司加快化工品贸易业务开展。完善配套外贸扶持政策，加快发展各种新型贸易方式，引导重点企业开展互联网 + 外贸、海外仓等新兴贸易业态，开展就地进出口业务，稳定外贸增长，推动外贸向优质优价、优进优出转变。加强港口基础配套和建设。加快推进临港一期热电、燃气等基础配套，启动阳光岛至临港工业区公共管廊建设，形成完备石化产业配套。开展临港二期、三期配套设施建设，加快推进石材保税物流中心建设。推进阳光岛环岛路等工程建设，完善电力、管网等设施。抢抓沿江码头岸线整治、沿江沿海岸线资源整合契机，加快推进重件码头回购及升等报批、石化码头回购及改造等工程，启动阳光岛D区5万～7万吨级散杂货码头报批，加快洋口港15万吨级深水航道、阳光岛C区栈桥、液化品码头二期、黄海二桥及挖入式港池及相关配套设施建设，将洋口港打造成江苏重要出海大通道和上海国际航运中心北翼重要功能组合港。加快港口集疏运体系建设。围绕优化空间衔接，打造“外接内畅、互联互通”港口交通新格局目标。争取和推进三洋铁路、洋吕铁路、通苏嘉北延、海洋铁路电气化改造和铁路进港等项目工程，加快融入“两小时江苏”快速交通圈。建成海启高速，推进通洋高速二期，形成完善高速路网。加快建设多网合一综合交通运输体系，补齐多式联运短板。组织公路、铁路、运河等运输企业与港口对接，搭建多式联运合作平台。重点实施洋口港物流园等运输综合枢纽工程，科学规划建设一批区域物流中心，加强与产业布局协调互动。构建以洋口港集疏运体系为龙头，重点产业园区为节点的综合集疏运体系，全面提升畅通能力。加快启动和推进通用航空、内河航道建设，提高多种运输方式协调发展水平，实现高效联通。推动港口智能化管理和运行。加强智慧港口建设，鼓励企业实施港口科技创新，提高码头装卸设备、水平运输车辆、堆场装卸机械的自动化、智能化水平。加快推进港口信息化管理和应用，推进信息化与港口生产、服务、管理各环节全过程融合，提升港口服务效率、安全性能、服务质量和服务便捷性。整合口岸单位和港口企业信息资源，建设港口综合数据库，重点建设洋口港港口综合管理、安全与应急管理、港口公共服务信息平台，实现港口、航运、货主、代理、口岸监管部门间电子数据联网交换，开发面向口岸部门、港航企业、港口服务对象的服务产品，建立完善物流信息平台，实现港口管理信息化、应急智能化、通关便利化。提升洋口港开发开放水平。继续加大洋口港开发开放力度，推动上海金山石化漕泾港液化品航线、洋口港至京塘港钢材航线和洋口港至上海洋山港集装箱内支航线实现正常营运。加强洋口港与伊朗相关港口在石材、天然气以及其他双边贸易方面合作，推动陆路和海上运输及贸易通道加快形成。加强与上海自贸区进行产业对接和合作，分享上海自贸区航运资源、“溢出”效应、政策红利。借鉴上海自贸区监管经验，接轨国际口岸管理通行规则，调整优化监管体制和运行机制。利用加入南通港口集团机遇，加强与省内外港口之间合作，通过“走出去”“请进来”等多种方式，与周边港口开展多层次、多渠道合作交流，建立稳定高效、互利共赢合作机制。加快推进电子口岸建设，落实南通市电子口岸签订协议，搭建电子口岸平台并实现联网。按照长江经济带一体化通关要求，推进“一次申报、一次查验、一次放行”通关模式，全面提升港口开放水平。

优化项目建设环境议案 项目建设硬环境方面：加强港口基础设施建设。加快实施南通港洋口港烂沙洋北水道15万吨级航道工程，阳光岛环岛路工程、临港三期中心路、经二路工程，阳光岛管廊工程、临港一期管廊工程、洋口港管线桥管廊工程，临港二期污水收集工程。推动中交集团PPP及EPC项目，促进二期液化码头、通用栈桥、黄海二桥等首期PPP合作项目尽早开工建设。开展阳光二岛支航道研究，启动环抱式港池建设。加快港口业务合作开拓。提升万吨级散杂货码头和液化品码头承载和服务能力，推进5000吨液化品码头对外开放。立足错位发展，强化与上海港联盟合作，争做上海港组合港，通过中转上海港等方式，提升港口吞吐量，做强洋口港至上海金山石化漕泾港液化品航线，加快开通上海洋山港至洋口港定期航班，开辟到上海（途经上海）航班航线。发展服务海运、口岸贸易、保税物流相关的船代、货代、开证、物流组织、易货、交割交易等服务业，打造便利化、高效率、低成本通关平台。协调争取通如城际纳入《长三角城际铁路网规划》，启动实质性规划技术研究等前期工作。争取海洋铁路电气化改造工程进入上海铁路局改造计划，将工程预可研究报告报送上海铁路局评审研究，争取上海铁路局支持立项。策应三洋铁路江苏境内南线建设方案研究，争取三洋铁路规划线路细化定型。加快海启高速工程实施进度，集中力量解决取土坑等缺少土地指标、房屋拆迁、杆线迁移等各类矛盾困难，促进海启高速主路工程全面开工；加快推进通洋高速二期项目前期工作，协调江苏省、南通市相关部门给予支持，争取尽早启动前期实质性工作。推进海启高速公路洋口港互通至沿海经济开发区连接线工程，抓紧完成审批、征拆等前期工作，争取年内具备开工条件。依托高速公路和国省干线，加快建设布局合理城乡客运站体系。如东客运站力争年内实现土建开工。推动岔河客运站、栟茶客运站及时落实土地指标，争取年内前期工作实现突破。加快如东通用机场前期报批工作，推动航空客运枢纽尽早实现突破。依托如东境内主要交通节点、产业中心，建立符合产业发展要求的物流园区与物流中心。重点建设洋口港物流园区，打造具有装卸储存、中转换装、多式联运等多功能综合性现代物流园区。引导县内相关企业发展铁路物流，适时扩建栟茶货运站场。开展洋口港至伊朗货运专线筹备工作，争取政策支持，促进洋口港货运站及早开展实质性准备工作。抓好《如东县现代服务业集聚区发展规划》实施，组织洋口港现代物流园、小洋口旅游度假（健康服务）区、如东科技中心等重点服务业集聚区突出主导产业，着眼产业链延伸、配套，加快项目招引和企业落户，培育龙头企业，打造特色产业集群。组织如东经济开发区现代服务业聚集区、高新技术产业开发区生命健康产业园等高起点编制产业发展规划，招引科技服务等新兴服务业企业落户，形成特色鲜明、错位发展格局。按照“政府引导、市场运作，面向产业、服务企业，资源共享、注重实效”原则，建设融资担保、大数据中心、研发设计、检验检测、行业技术转化、运营营销、物流配套、政策法律、创业孵化等公共平台建设。推进众创智谷、新区科创中心、优嘉花苑商务研发中心、石材保税交易中心、永晟商务中心、天顺智慧仓储物流、江东物流园区等重点项目建设。建设健康养老、休闲娱乐、体育文化、教育培训、批发零售、住宿餐饮等各类生活服务平台。加快如东雨润国际广场、小洋口健康产业园、必康医养中心、掘港古镇三号街区民宿休闲、栟茶古镇文化旅游、昌和时代广场、海豚湾儿童城、“橙天地”影视文化、汽车站商业综合体等重点项目建设进程。优化投资服务软环境方面：推行重大项目提前介入服务。制定《重大项目提前介入服务暂行办法》，开展重大项目联合预审工作。推行商事登记制度改革。贯彻注册资本改革，简化住所登记材料。2016 年，全县新增各类企业 1465 户，比上年增长 21.9%；新增注册资本（金）112.89 亿元，比上年减少 27.9%，新增个体工商户 9855 户，比上年增长 74.2%。统筹推进“两证整合”与“多证合一”。至 2017 年 2 月底，办理多证合一 9291 户，换照率 32.92%，两证整合 2171 户。实施外资“审批改备案”。审批改为备案管理后，外资企业设立、变更平均办理时限从 10 个工作日缩减到 3 个工作日内，需要提交纸质材料减少 60% 以上。试行证照联办。针对“办照易、拿证难”状况，在“一窗多能”基础上实行“同步告知证照联办”制度。探索创新项目服务举措。建设工程方面向“关联工作同步化”迈进，即评估同步（环评、安评、能评），设计方案审查同步（人防设计、规划设计、绿色建筑设计），施工图审查同步（气象、抗震设防、消防、施工图设计审查、人防），竣工验收同步（项目竣工、申请验收、出具意见），竣工备案同步（人防验收备案、房屋建筑竣工备案）。建设工程报批环节办理效率提升50%以上。推进政务服务网建设。编制录入权力清单及办事指南，收集上报政务服务一站通信息，让百姓“明白点菜、高效办事”。

2. 县第十七届人大二次会议议案、建议办理

2018年，县政府承办人代会议案及代表建议共278件（大会议案1件，重点建议14件），其中建设交通类70件，占25.2%；财政经济类60件，占21.6%；农业农村类55件，占19.8%；科教文卫类39件，占14%；公安政法类24件，占8.6%；社会保障类21件，占7.6%；组织人事类9件，占3.2%。3月，县政府办对移交议案建议进行网上登记和整理分类，各分管县长对分类建议阅签，确定具体承办部门，并由政府办各分管主任跟踪落实。县政府将重点建议办理工作报请县政府常务会议专题研究部署。制定下发《关于认真做好2018年建议提案办理工作的通知》，要求各承办单位把办理工作与年度工作同安排、同推进、同落实。实行“县领导领办”制度。对重点建议按照“谁分管、谁领办”原则，由各位副县长对涉及建议进行领办。实行“主协办”制度。对需要多个单位共同承办建议，明确牵头单位统筹建议办理，集中答复，协办单位全面参与配合。全年建议办理共涉及主办单位33家，承办单位40家。实行“回头看”制度。对承办单位在2017年建议办理答复件中承诺在解决或列入计划建议（B类件）及留作参考建议（C类件）进行逐个梳理，并落实解决措施。各承办单位运用座谈、调研、上门走访、电话沟通、电子邮件等多种渠道和方式，做到“没有沟通不答复、沟通到位再答复”。将议案建议办理工作纳入县委、县政府综合目标考核体系，与其他重点工作同督查、同考核。8月16日，县政府办专门召集各承办部门对议案建议办理情况进行督办，23日，联合县人大人事代表工委召开重点建议办理工作现场推进会。至12月，所有议案建议全部办理完毕，办复率100%，满意率92.6%。其中所提问题已解决建议57件，占20.5%；所提问题在解决或列入规划201件，占72.3%；所提问题留作研究参考20件，占7.2%。

提升区域竞争力议案 围绕打造特色产业板块，进一步提升区域竞争力，建立专门特色产业集聚发展领导小组，落实部门与特色产业基地“一对一”服务发展机制，采取“一事一议”做法，定期对企业发展问题进行会商协调。编制完善《如东县现代产业体系建设规划》，坚持产业集聚与整合工业园区相结合，培育大企业、大集团，推进企业产品品位提升和产业链延伸，加速形成一批技术含量高、市场占有率高、上下游配套紧密的企业集群。持续推进项目建设，在做好纺织服装等传统产业升级发展同时，按照“龙头带动、产业配套、上下游延伸”发展思路，打造新能源、新材料、高端装备、生物医药、智能通信及电网装备等特色板块。以现有产业为基础，注重向上下游发展，延伸产业链；以大项目、大企业为支撑，带动中小企业，完善产业链；承接上海、苏南产业转移，吸引境内外资金、技术等要素集聚，充实产业链。

2018年1月17日，县人大代表视察洋口港

3. 县第十七届人大三次会议建议办理

2019年，县人大移交县政府及各职能部门办理建议共352件（包括重点建议10件），其中财政经济类72件，占20.5%；教育文化卫生类51

件，占 14.5%；建设交通国土环保类 93 件，占 26.4%；民政社会保障类 18 件，占 5.1%；农业农村类 65 件，占 18.5%；公安政法类 33 件，占 9.4%；组织人事类 18 件，占 5.1%；其他类 2 件，占 0.6%。4 月 19 日，县政府专题召开交办会，县政府办下发《关于交办县十七届人大三次会议建议办理任务的通知》。各承办单位明确督办领导、经办负责人和经办人员，落实责任。县政府相关分管副县长结合调研、检查和走访等活动，对重点建议涉及重大问题和办理情况进行督查。10 月 22 日，县政府办下发《关于对 2019 年度人大代表议案建议政协委员提案办理情况开展督查的通知》，各承办单位及时将办理过程和进度向县政府办反馈。至 12 月，352 件建议均完成答复，满意率 98% 以上。其中，所提问题已解决 108 件，占 30.7%；所提问题在解决或列入计划 230 件，占 65.3%；所提问题留作研究参考 14 件，占 4%。

4. 县第十七届人大四次会议议案、建议办理

2020 年，县人大移交县政府及各职能部门办理建议共 390 件（包括议案 3 件，重点建议 10 件），其中财政经济类 75 件，占 19.2%；教育文化卫生类 59 件，占 15.1%；建设交通国土环保类 104 件，占 26.7%；民政社会保障类 19 件，占 4.9%；农业农村类 94 件，占 24.1%；公安政法类 23 件，占 6%；组织人事类 16 件，占 4.1%。县政府主要领导专题组织召开县政府常务会议和县长办公会，对代表议案建议办理相关工作进行研究部署，明确办理责任、办理时限及办理程序。县政府各分管领导按照分工直接领办议案和重点建议，一包到底。组织召开交办会议，对各部门承办人员进行业务培训，帮助解决办理中存在问题，让办理议案建议过程成为解决问题、改进工作、为群众办实事过程。至 12 月，所有议案建议均办理答复。

推进重特大项目建设议案 县政府制定出台《关于持续优化营商环境的实施意见》，从开办企业、办理建筑许可、不动产登记等 7 个方面提出相关工作举措，为企业“全生命周期”提供便利服务。贯彻“项目为王”发展理念，制定出台《重大项目提前介入服务暂行办法》，建立“容缺预审、模拟审批、全程帮办”工作机制，确保项目审批高效推进。

推进全国文明城市创建议案 推进重点项目建设。按时间节点，有序推进黑臭水体整治、老旧小区改造等民生工程实施。城区主次干道和重要节点绿化补栽及提升工程、后街背巷新增路灯工程、城区亮化提升工程、健身器材增补工程、欧贸南侧地块整治工程等全部完成；市政道路日常养护、市容市貌整治、城市河道整治与日常管护、创建宣传氛围营造等项目常态实施。补齐城市建设短板。以建成区主次干道、商业大街整治为重点，提升城市整体面貌。持续推进背街小巷、城乡结合部等改造提升工程，在完善基础设施、改善环境卫生、增设停车设施、规整管线排布、加固修缮房屋、排除消防隐患等方面提升改造标准，打造宜居生活环境。在社区规范化建设、15 分钟市民生活圈建设等方面着力提升。营造浓厚文明创建氛围。投放一批提升城市精神气质、体现如东文化特色的公益广告，组织动员群众，形成人人关心创建、人人支持创建、人人参与创建良好氛围。2020 年，如东县获评“全国文明城市”。

打造农村人居环境议案 县政府多次召开会议，专题研究部署，形成打好河道水环境整治攻坚战整体推进合力。围绕任务清单要求，开展调研，委托第三方进行河道疏浚土方测量，摸清底数，印发《关于做好 2020 年度农村河道综合整治工作的通知》，明确目标任务及整治标准。推进农村河道综合整治工程，完成三、四级河道疏浚 216 条段、325 公里，疏浚土方 234.95 万立方米；村庄沟塘整治 299 处，完成清淤土方 46 万立方米。建成生态河道 256 条（段）、510 公里；实施河道绿化 110 条段、268 公里。制定出台《如东县农村

河道综合整治验收办法（试行）》，健全巡查、暗访相结合工作机制，开展“人大代表问河长”、如泰运河流域“最美最差”河道评选等活动。

5. 县第十七届人大五次会议建议办理

2021年，县政府共收到县人大代表建议375件（含5件议案转为建议，重点建议10件），其中财政经济类57件，占总数15%；教育文化类55件，占总数15%；农业农村类92件，占总数25%；公安政法类20件，占总数5%；组织人事类3件，占1%；民政社会保障类40件，占11%；建设交通国土环保类103件，占27%；其他类5件，占1%。县政府把议案建议办理摆在全局工作重要位置，加大组织推进力度。下发《关于交办县十七届人大五次会议建议办理任务的通知》，明确办理责任、办理时限、办理程序等要求。县政府各分管副县长按照分工直接领办重点议案建议，政府办各条线分管主任负责协调推进，及时解决办理过程中各类实际问题。建章立制，办理工作实现制度化、程序化和规范化。利用交办会对各部门具体承办人员进行业务培训。办理过程中，坚持“认真负责、积极主动、实事求是、注重实效”原则，针对全县经济社会发展重大问题和人民群众普遍关心热点、难点问题，深入调查研究，落实可行措施。各承办单位办理前主动走访人大代

2021年4月8日，县政府召开人大代表建议交办会

表，听取对办理工作要求；办理中邀请代表到现场视察，汇报落实情况，直接征询改进意见；办理后及时与代表见面，报告办理结果。至12月，375件建议全部办结，办结率100%，代表满意或基本满意率达100%。

（四）县第十八届人大代表议案、建议办理

1. 县第十八届人大一次会议议案、建议办理

2022年，县政府共收到县人大代表议案1件、建议360件（重点建议12件），其中财政经济类44件，占12.1%；教育文化类71件，占19.6%；农业农村类86件，占23.7%；公安政法类29件，占8%；组织人事类10件，占2.7%；民政社会保障类45件，占12.4%；建设交通国土环保类73件，占20.1%；其他类3件，占0.8%。县政府将议案、重点建议办理工作报请县政府常务会议专题研究部署，各位分管副县长按照分工领办议案、重点建议，政府办各分管主任具体负责跟踪落实。总结办理工作经验，梳理优化办理工作流程，健全完善办理工作制度。年初，县政府下发《关于交办县十八届人大一次会议议案建议办理任务的通知》。组织相关部门认真调研，提高议案建议办理质量。加强沟通，对涉及多个部门问题，县政府分管副县长牵头，建立部门联动机制，通过现场办公、联合行动等措施推动解决。县政府把议案建议办理工作列为全县重点工作督查内容，对议案建议办理情况随时督促检查。至12月，361件议案建议全部办结，办结率100%，代表满意或基本满意率100%。

打造全省向海发展先导区议案 县政府在全省率先启动编制《如东县十四五“向海发展先导区”专项发展规划》，明确“港口码头”“新兴产业”“科技创新”“现代滨海城镇”“海洋生态文明”5个先导方向，规划目标至2025年基本建成“全省向海发展先导区”，成为全省沿海地区高质量发展重要支撑。策应《南通港总体规划（2035年）》，主动融入“大通州湾”集疏运体系，加快

建设洋口港港口基础设施，全面夯实沿海高质量发展基础，不断提升港口服务能级，构建便捷高效集疏运体系。对产业链发展水平高的重点区域和目标企业进行分析研判，确定2022年度产业链骨干企业和链主企业名单，统筹考量发展形势、政策导向以及行业动态，以更加前瞻眼光、更加科学思维进行谋划布局，打造具有竞争力和生命力特色产业集群。抢抓绿色转型大势风口，以重大项目支撑推动沿海片区绿色发展、转型发展、高质量发展。实施创新驱动发展战略，以国家创新型县份、全国科普示范县建设为抓手，围绕企业创新能力、产业创新能力“双提升”，推动科技资源加快集聚，为全县高质量发展提供更强科技创新引擎。开展重点断面水质达标整治，推动沿海生态景观带建设。创成小洋口景区、国清寺景区和洋口港景区3个国家AAA级旅游景区，打造洋口港新城、洋口镇、外向型农业综合开发区、栟茶古镇等现代化滨海特色城镇，形成“海鲜、海泉、海港、海韵”为主题的滨海生态旅游品牌，如东获评中国文化生态旅游强县和中国最佳滨海旅游城市。

2022年9月26日，县人大常委会党组书记、主任陈昌龙带队专题视察向海发展全县重点项目

2. 县第十八届人大二次会议议案、建议办理

2023年，县政府共收到县人大代表议案1件、建议360件（重点建议11件），其中教育文化卫生类52件，占14.4%；财政经济类48件，占13.3%；农业、农村类84件，占23.3%；公安政法类26件，占7.2%；组织人事类11件，占3%；民政社会保障类35件，占9.7%；建设交通国土环保类100件，占27.7%；其他类5件，占1.4%。县政府常务会议专题研究部署议案、建议办理工作，各位分管副县长按照分工领办议案、重点建议，县政府办各分管主任负责跟踪落实。及时召开议案、建议交办会，落实承办单位。组织相关部门调研，提高议案、建议办理质量。8月31日，县人大召开议案、建议办理工作推进会，组织相关人大代表视察项目现场，推动议案、建议办理提速增效。

推进新型城镇化建设议案 统筹谋划城镇发展布局。注重以县城发展为中心，强化空间资源向县城集聚，优先保障县城产业发展空间，提升县城公共服务水平。加快构建对外综合交通体系，有序推进如通苏湖城际铁路、洋吕铁路、洋通高速二期等重大工程建设，持续加大老城区道路改造和新城区道路建设力度。加快构建“3+4+2”现代产业体系［3大产业集群（新能源、新材料、新装备）、4个特色产业（新型植保、安全防护、LNG、食品）、2个新兴产业（生命健康、半导体）］，整合创新园区资源，布局重大创新载体和平台，培育高竞争力高新产业和创新型企业，至2025年，新能源、新材料、新装备3大产业规模均突破500亿元。全面放开县城落户限制，推动农村转移人口进城。落实“三孩生育”政策，聚焦“一老一少”出台整体解决方案，发展普惠性托育服务。持续优化“双招双引”推进机制，强化人才基地建设，完善相关扶持政策，坚持“产教融合”“以人引人”，打造宜居宜业“人才生态圈”。加快城市更新进程，构建“5分钟—10分钟—15分钟”社区生活圈，优化配置教育资源，加快如东高级中学新校区投入使用。推进“一镇一公立医院”建设，持续完善医疗卫生基础设施建设。推进养老设施扩容提质，累计建成各类养老床位 1.22 万张，村（居）居家养老服务中心（站）245 个。加大高端商业综合体和特色街区建设，上河印巷特色街区、喜润城、天健悦荟里商业街区、栟茶古镇步行街投入运营，有序推进“文峰荟”、瑞晶台商城等商业综合体建设，丰富居民消费场景，推动假日经济、夜经济发展。

四、代表议案、建议督办

每年年初，县人大常委会建立由常委会主任任组长、副主任和办公室主任任副组长、各委室主任和常委会委员为成员的督办工作领导小组，下设办公室，由常委会常务副主任兼任办公室主任，各委室主任为副主任，并设 3 ~ 5 个督办小组，每个小组由 1 名常委会副主任任组长，1 个委室主任任副组长，委室人员和相关人大代表 7 ~ 14 人为成员。县人大常委会办公室、县人大常委会人事代表工委负责重点建议督办工作的统筹协调和督促检查，各督办小组成员为督办责任人。

每年 2—3 月，县人大常委会印发重点建议督办方案，明确督办工作指导思想、督办对象、督办内容、督办组织及分工、督办时间及步骤和工作要求。各督办小组按照分工对每次人民代表大会上确定的议案和重点建议承办单位，采取听取汇报、实地视察、专题询问和满意度测评等形式，督查办理单位重视程度、办理工作机制建设、办理答复程序及建议所提措施落实情况。4—5 月，各督办小组走访调研各承办单位，听取承办单位关于议案“回头看”情况和重点建议办理工作安排汇报。8 月，组织常委会组成人员和相关代表进行集中视察，根据走访和现场视察了解情况开展专题询问，推动办理工作落地见效。11 月，常委会听取和审议县政府重点建议办理落实情况报告，由县人大常委会组成人员和部分县人大代表投票，对办理落实情况进行满意度测评。12 月，结合常委会审议意见和县政府建议办理情况，形成督办审议意见，并将审议意见反馈给县政府，督促县政府及相关部门将督办工作落到实处。

各督办小组加强与办理单位和代表联系。督办过程中，及时总结和提炼议案和重点建议办理工作的好经验、好做法，组织开展议案和重点建议办理工作宣传报道，扩大人大议案建议办理工作社会影响。督办工作结束后，形成议案和重点建议督办工作书面总结，交县人大人事代表工委汇总。

2008—2023 年，县人大常委会共督办议案 20 件、重点建议 164 件。

五、代表议案、建议和承办单位表彰

2007—2023 年，根据《如东县人大常委会关于评选优秀代表议案、建议、批评、意见和优秀承办单位的试行办法》规定，县人大常委会主任会议每年推荐评选优秀议案、建议和优秀承办单位，以激励人大代表积极履行职责，多提建议、批评、意见，不断提高建议质量；各承办单位规范办理程序，加大办理力度，为民多办实事，争当优秀承办单位。

（一）代表议案表彰

2010 年 1 月 14 日，县人大常委会对如东县第十五届人民代表大会第二次会议的 1 件优秀议案进行表彰，即周苏林等“关于切实加强机关效能建设，全面提升服务水平的议案”。

2011 年 1 月 9 日，县人大常委会对如东县第十五届人民代表大会第三次会议的 1 件优秀议案进行表彰，即丛尤兵等“关于加快推进如东旅游业跨越发展的议案”。

2015 年 1 月 25 日，县人大常委会对县第十六届人民代表大会第三次会议的 2 件优秀议案进行表彰，分别是：翟建华等“关于进一步强化人才、人口、人力意识和举措，促进全县经济社会可持续发展的议案”、印宗华等“关于进一步优化路网结构，提升全县交通畅通度的议案”。

2016 年 2 月 19 日，县人大常委会对县第十六届人民代表大会第四次会议的3件优秀议案进行表彰，分别是：李勤等“关于进一步优化项目审批和服务环境的议案”、陈勇等“关于加快推进农村基础设施建设的议案”、康勤等“关于构建综合整治机制，进一步加强全县食品安全市场监管的议案”。

2018年1月16日，县人大常委会对县第十七届人民代表大会第一次会议的2件优秀议案进行表彰，分别是：吴劲松等“关于进一步提升服务质效，优化项目建设环境的议案”、侯晋等“关于进一步放大洋口港一类开放口岸优势的议案”。

2019年1月23日，县人大常委会对县第十七届人民代表大会第二次会议的1件优秀议案进行表彰，即奚金岩等“关于着力打造特色产业板块，进一步提升区域竞争力的议案”。

2021年1月13日，县人大常委会对县第十七届人民代表大会第四次会议的3件优秀议案进行表彰，分别是：奚金岩等“关于进一步优化营商环境，强化企业服务，加快推进全县重特大项目建设的议案”、顾瑞生等“关于加快城市重点工程建设，全力推进全国文明城市创建的议案”、李宗泽等“关于加快推进‘清水绿岸’提质行动进程，努力打造全县农村人居环境的议案”。

2023年1月3日，县人大常委会对县第十八届人民代表大会第一次会议的1件议案进行表彰，即周梁等“关于聚焦重点产业发展，加快重大项目建设，全力打造全省向海发展先导区的议案”。

（二）代表建议表彰

2007年12月27日，县人大常委会对县第十四届人民代表大会第五次会议期间提出的10件优秀代表建议进行表彰，分别是：赵美祥“关于加强如东经济开发区工业集中区投入和管理的建议”，刘桂林、李建淮等“关于高标准、严要求制定实施县城旧城改造规划的建议”，朱锦芳等“着眼社会主义新农村建设，全力推进农村环境综合整治的建议”，蒋树建等“切实巩固农村改水成果，落实民用水厂扶持政策的建议”，王爱云等“培养大学生村干部，加强村干部队伍建设的建议”，奚金林“关于加大对违章建筑查处力度的建议”，秦小定等“关于加大对用人单位执行劳动法情况进行监督检查的建议”，杨广胜等“关于加快我县无障碍设施建设的建议”，曹峰“关注‘留守儿童’教育的建议”，陈苏华等“关于制定家养犬规定，组织开展扑杀野犬的建议”。

2009年1月11日，县人大常委会对县第十五届人民代表大会第一次会议的10件优秀建议予以表彰，分别是：潘金环“关于洋口港高起点规划，严格控制规划建设的建议”，顾才群、管怀虎“关于加快推进如东经济开发区北延扩区的建议”，高美、陈晓睛等“关于加大县城周边违章建筑查处力度的建议”，潘君“关于加快全县城镇和工业集中区环保基础设施建设的建议”，谢鸿鸣“关于加强全县各类市场规划建设管理的建议”，徐晓卫等“关于加快建立县慈善总会的建议”，顾瑞明、马小燕“关于修建镇与镇之间断头桥、断头路的建议”，张新明“关于在青少年中开展‘爱我家乡，建我如东’专题教育的建议”，缪淑华“关于对我县工业经济实施分类指导，促进企业做大做强的建议”，陈登山“关于建立县镇机关中层干部岗位交流机制的建议”。

2010年1月14日，县人大常委会对如东县第十五届人民代表大会第二次会议的9件优秀建议进行表彰，分别是：何永华、杨萍、徐月红“关于迅速采取强有力举措，全力帮助企业共克难关的建议”，周春霖“关于加大对县级金融机构指导协调力度的建议”，许松、缪淑华、龚健伟等“关于高度重视研究关联产业，做强做大我县海洋食品产业的建议”，潘君、邵生如等“关于加快生态县建设，推进如东又好又快发展的建议”，董金凤、张泽宾“关于加强农村自来水厂建设与管理的建议”，陈晓晴、潘金环等“关于加大小区建设与管理力度的建议”，李健等“关于进一步规范和改善农村集居点建设与管理的建议”，陈建辉“关于规范农村社区卫生服务站管理的建议”，施益兵“关于继续推行文明执法、不断规范执法行为的建议”。

2011年1月9日，县人大常委会对如东县第十五届人民代表大会第三次会议的7件优秀建议进行表彰，分别是：黄继石“关于加强我县工业经济结构调整，加快转型升级的建议”，朱明高“关于进一步加大高效规模项目农业建设力度的建议”，於爱国等“关于加强食品市场监管工作的建议”，张泽宾“关于重视和加强职业病防治工作的建议”，龚健伟“关于全力开创港口和沿海开发建设新局面的建议”，周俊美“关于加快初中教育布局调整步伐的建议”，李健等“关于加强秸秆禁烧和综合利用的建议”。

2012年3月25日，县人大常委会对县第十五届人民代表大会第四次会议的10件优秀建议予以表彰，分别是：顾国云等“关于推进我县新型工业化进程的建议”、袁明“关于加强优秀企业家队伍建设，增强企业发展后劲的建议”、许葛华等“关于加强我县城镇建设与管理的建议”、张捷等“关于切实加大保障性住房建设力度的建议”、范向红等“关于进一步加强我县农业基础设施建设的建议”、顾建平等“关于加强村级经济发展，着力化解村级债务的建议”、曹峰等“关于进一步加强职业教育，全面提升劳动者综合素质的建议”、陈建辉等“关于建立和完善我县养老社会服务体系的建议”、陈晓睛“关于加强外来人口综合管理的建议”、张华“关于提高基层医疗水平，加强医生素质建设的建议”。

2013年1月17日，县人大常委会对县第十六届人民代表大会第一次会议的20件优秀建议予以表彰，分别是：潘友兵等“关于进一步放大‘港口引领’战略的建议”、施益兵等“关于推进城乡居民普遍饮用长江水工程的建议”、杨红梅等“关于加快文化产业培育和发展的建议”、胡连华“关于加快如东产业领军型人才建设的建议”、陈国平“关于继续加大扶持力度，促进中小企业转型升级的建议”、张锋“关于加快农业结构战略性调整的建议”、陈晓睛“关于进一步加强城市管理的建议”、管永刘“关于围垦土地规范管理使用的建议”、杨萍“关于多措并举，促进纺织服装行业转型升级的建议”、缪淑华“关于进一步加大对农业产业化龙头企业扶持力度的建议”、曹彩红“关于加强交通管理，缓解交通拥挤压力的建议”、缪勇刚“关于加强电动车管理，努力减少交通事故发生的建议”、邱祝山“关于严厉打击高利贷行为的建议”、顾拥军“关于进一步加快保障性住房及公租房建设的建议”、杨建“关于加强农村社区卫生服务站建设的建议”、沈维新“关于加强园区基础设施建设的建议”、王兴富“关于完善幼儿教育管理体制的建议”、朱建飞“关于加强农村干部队伍建设的建议”、陈建辉“关于加大食品安全监管力度的建议”、冯学军“关于激励青年农民回归农业的建议”。

2014年1月12日，县人大常委会对县第十六届人民代表大会第二次会议的20件优秀建议予以表彰，分别是：周新基、胡连华等“关于立足‘三实’狠抓项目建设，促进全县经济又好又快发展的建议”，高伟、陆华兵等“关于大力推进特色产业园建设的建议”，蔡东、徐晓玲等“关于综合推进陆海开发建设，加速海洋大县向海洋强县跨越的建议”，周梁、曹国祥等“关于进一步加大扶持力度，加快循环经济产业园建设的建议”，潘友兵、郁宏伟等“关于进一步强化规划编制与管理工作的建议”，潘金环、谢骏等“关于筹建康平艺术馆的建议”，幸玉兰“关于加强农村环境综合治理的建议”，顾国云“关于完善民生工程建设规划，建立长效管理机制的建议”，陶卫忠“关于丰富新生代农民工精神文化生活的建议”，陈晓睛、汪拥军等“关于加强县城区污水集中收集处置的建议”，盛义明“关于制定农村建房管理办法，规范农民集居点建设的建议”，薛标“关于加强对幼托机构管理的建议”，陈波“关于加大农村环境污染整治力度的建议”，吴友林“关于加大对村级公墓的建设和管理，刹住骨灰乱埋行为的建议”，沈金梅“关于加强对县城车辆疏导、管理的建议”，邱祝山“关于加强大学生村官培养的建议”，梅德宏“关于农村中小学布局调整的建议”，顾晓燕“关于提高乡村医院护士素质的建议”，钱长勇“关于改善农村道路交通安全的建议”，杨剑云“关于合理安排城镇公交线路的建议”。

2015年1月25日，县人大常委会对县第十六届人民代表大会第三次会议的13件优秀建议予以表彰，分别是：高军“关于建立风险企业预警机制的建议”、耿卫东“关于加大金融对小微企业扶持力度的建议”、缪勇刚“关于加强国土资源管理严禁侵占耕地的建议”、徐守梅等“关于进一步做好农村土地流转工作的建议”、王兴富等“关于统筹推进农村面源污染治理的建议”、钱长勇等“关于加强秸秆禁烧工作的建议”、顾晓燕“关于联合开展病死猪处置的建议”、张宝霞“关于加强道路交通安全管理的建议”、陆金元等“关于加大对小区物业管理力度的建议”、顾小琴“关于加大重大疾病患者救助力度的建议”、沈秀梅“关于提高婚前医学检查率的建议”、顾兵“关于加强公办幼儿园师资队伍建设的建议”、黄建卫等“关于加大对大学生村官考核力度的建议”。

2016年2月19日，县人大常委会对县第十六届人民代表大会第四次会议的7件优秀建议予以表彰，分别是：陈国平等“关于进一步优化民营中小微企业发展环境的建议”、徐剑莉等“关于加大全县环境综合治理力度的建议”、陆惠达“关于加强村干部队伍建设，提升基层工作水平的建议”、陈建辉等“关于扎实解决县城交通拥堵问题的建议”、刘崇义“关于深化校企合作，缓解企业用工难的建议”、陆金元等“关于进一步重视集镇老街居住安全的建议”、张彬等“关于加大宪法法律宣传力度，加快公共法律服务体系建设的建议”。

2017年1月11日，县人大常委会对县第十六届人民代表大会第五次会议的20件优秀建议予以表彰，分别是：薛如根等“关于全要素保障中天工业园区发展，打造如东西部经济增长极的建议”、顾兵等“关于打造海派艺术家居文化产业园，培育壮大如东城郊经济的建议”、陆金元等“关于有效解决停车难、乱停车问题的建议”、谢骏等“关于将抹香鲸标本争取留在如东的建议”、顾拥军等“关于加大技术改造投入力度，加快小微企业转型升级的建议”、陈国平等“关于进一步优化服务实体经济发展环境的建议”、陈五霞等“关于进一步强化新店省级健身产业园产业配套的建议”、沈维新等“关于整合城区专业市场、提升市场发展层次的建议”、花培培等“关于大力发展农村电商的建议”、冯学军“关于发展科技农业，增强我县农业发展后劲的建议”、周桂凤“关于整合检测资源，提升农产品质量检测水平的建议”、陈桂斌等“关于设立‘农村庄线道路硬质化改造引导资金’的建议”、张宝霞“关于进一步加强和规范城市管理，持续和巩固‘六城联创’成果的建议”、李爱梅“关于加强对农村留守儿童教育管理的建议”、袁小明“关于加强精神病人的监管与救治工作的建议”、杨文秀“关于尽快解决本地少数民族部分人员无户籍问题的建议”、陈娟“关于加强农村集体聚餐监管的建议”、陈竹香等“关于大力推广居家养老事业的建议”、康晔“关于盘活农村土地，增加土地储备的建议”、高金泉“关于有序组织村干部集中轮训，提升基层村干部素质的建议”。

2018年1月16日，县人大常委会对县第十七届人民代表大会第一次会议的19件优秀建议予以表彰，分别是：曹彩红等“关于加快打造现代服务业集聚区的建议”、储开森“关于助推项目建设培植壮大税源的建议”、许世俊“关于进一步拉长我县风电产业链的建议”、冒国平等“关于服务保障河口镇中天工业园区，促进持续快速发展的建议”、陈威涛“关于加大对小微企业融资支持的建议”、邵建华“关于进一步开展农村环境综合治理的建议”、陈剑“关于进一步整合部门职能，推进海域资源统筹管理的建议”、袁新华“关于加强基层农经队伍建设的建议”、朱广明“关于加大农村庄线道路改造的建议”、李勤等“关于加快推进城乡公交一体化发展的建议”、钱军等“关于加快推进洋骑线建设推动如东中部经济发展的建议”、蒋小玉“关于加强小区物业管理的建议”、陆云“关于进一步做好机动车违章处理工作的建议”、姜宁兵等“关于强化基层学校教师队伍、防止优秀教师流失的建议”、潘亚军“关于加强农村基层文化建设，提高农村群众整体素质的建议”、李军“关于加强全县基层医疗卫生人才队伍建设的建议”、黄建卫“关于加大乡镇青年公务员及大学生村官培训力度的建议”、张富华“关于加大人才引进力度的建议”、冯小红“关于及早规划农村教育硬件设施的建议”。

2019年1月23日，县人大常委会对县第十七届人民代表大会第二次会议的24件优秀建议予以表彰，分别是：辛本泰等“关于规范沿海地区水上成品油经营行为，杜绝安全隐患的建议”、王忠海“关于加快布局洋口港LNG产业基地建设的建议”、许世俊“关于做到精准扶持中小微企业发展壮大的建议”、徐敏“关于加强基层政府债务管理、化解债务风险的建议”、曹彩红“关于支持工业企业‘机器换人’的建议”、钱永建“关于提高农村基础工程配套资金比例的建议”、曹雪兵“关于更加科学进行精准扶贫的建议”、王建明“关于做强‘如东大米’产业，加快农业产业发展的建议”、杨一等“关于加强全县基层农业科技人才队伍建设的建议”、潘亚军“关于加快高标准农田建设、促进土地流转的建议”、朱广明等“关于规范全县家庭农场的建议”、冯玲玲“关于加强全县水环境整治的建议”、张佳燕“关于改善农村河道环境，打造幸福农民生活的建议”、缪亚军“关于尽快开通镇区至县城的公交线路的建议”、任先军“关于提升我县建筑业发展水平的建议”、陈苏华等“关于推进县城老区天然气建设改造的建议”、尹美泉“关于解决停车难问题的建议”、邱玲玲“关于进一步优化城乡医疗卫生资源配置的建议”、陶玲玲“关于整体联动提升如东全域旅游核心竞争力的建议”、蔡小云“关于基层医院卫生人员短缺的困惑与建议”、吴迪富“关于加强爱国主义教育，提高全民素质的建议”、宋淼洋等“关于进一步加强网格化管理的建议”、张彬“关于加强律师队伍建设的建议”、何学忠“关于放宽政策，在计划规范下新建农村托老院的建议”。

2020年1月17日，县人大常委会对县第十七届人民代表大会第三次会议的31件优秀建议予以表彰，分别是：周春霖“关于大力发展如东新材料产业的建议”、朱玉琴“关于扶持农村小微企业发展的建议”、陈国平“关于化解企业用工荒的建议”、刘志刚“关于加快扶持实体经济发展的建议”、侯晋等“关于提升如东口岸跨境电商贸易便利程度的建议”、张彬“关于加大宣传和打击力度，预防老年人上当受骗的建议”、曹金泽“关于‘双创’背景下留住企业核心人才的建议”、吴胡云“关于大力推进特色高效农业发展的建议”、李健“关于完善农村建房政策的建议”、朱炳华“关于进一步加强农村环境整治的建议”、陈红“关于加强‘三个全覆盖’工作的建议”、张红梅“关于建立高标准农田后的长效管理机制的建议”、幸玉兰“关于对一、二级河道保洁管护工作的建议”、沈继程“关于发展农村土地股份合作社的建议”、曹光前“关于规范村集体经济组织参与农村承包土地经营权流转工作的建议”、徐健“关于加强小区业主委员会建设，推进居民小区自治的建议”、薛标等“关于尽快实施洋骑线交通工程建设的建议”、余晶等“关于加快县城污水管网建设，从根本上优化水环境的建议”、高爱军“关于加强‘四好农村路’建设的建议”、高龙飞“关于加强对餐饮服务业污染整治的建议”、任先军“关于采取切实措施解决工业固废处置难题的建议”、李爱平“关于农村垃圾分类的建议”、薛如根等“关于进一步加强城镇管理的建议”、李军“关于加强乡村医生队伍建设的建议”、王继兵等“关于整合资源，建设县城南部社区文体活动中心的建议”、张晓燕“关于建立医养融合型养老院的建议”、蔡红建“关于加快乡村旅游发展，助推乡村振兴战略的建议”、朱广明等“关于开展多种形式的慈善助医活动的建议”、冒亚锋“关于在乡镇交警中队设立交通违章处理办事处的建议”、缪勇刚“关于人民法院立案管理工作，应更加注重便民性的建议”、沈冶军“关于加强城乡养犬管理的建议”。

2021年1月13日，县人大常委会对县第十七届人民代表大会第四次会议的25件优秀建议进行表彰，分别是：杨涟冬“关于加强我县辅警队伍监管工作的建议”、陈苏华等“关于加强城市社区建设的建议”、朱广明“关于加强农村食品安全方面的建议”、姚建江“关于规范电动车行业市场的建议”、张红梅“关于优化完善河道长效管护机制的建议”、陈勇“关于加强土地规模经营风险防范的建议”、许斌“关于进一步优化县城教育资源布局的建议”、沈冶军“关于双医联动促进如东医疗转型发展的建议”、杨小军“关于加快推进我县公交通达工程的建议”、王娟“关于加强对撤并老镇区管理的建议”、朱炳华“关于调高调优补贴方式，保护种粮大户积极性的建议”、徐军“关于加快推进老集镇镇区环境整治，改善人居环境的建议”、陈剑“关于扶持传统特色海洋养殖产业，研究发展海洋食品产业的建议”、刘允华“关于加强产业工人队伍建设的建议”、周群“关于加强管道燃气安全监管的建议”、丁晓飞“关于加强应急管理队伍建设的建议”、黄建卫“关于做好非物质文化遗产进校园，进一步弘扬民族精神、增强文化自信的建议”、张秀斌“关于加大基层卫生院人才建设的建议”、缪淑华“关于发展乡村旅游、助推乡村振兴的建议”、徐进张“关于加快县城中央商务区雨润地块建设的建议”、高军“关于加强源头管控，提高掘苴河水环境质量的建议”、叶天舒“关于加强老旧小区规范化管理的建议”、唐李红“关于加大对农村电动三、四轮车进行监管的建议”、孙玉来“关于建立大数据平台提升社会治理能力的建议”、严海兵“关于加强农村空巢老人关爱工作的建议”。

2022年1月12日，县人大常委会对县第十七届人民代表大会第五次会议的30件优秀建议进行表彰，分别是：傅国华“关于加强如东乡村振兴示范村建设的建议”、杨海军“关于深入推进‘清水绿岸’提质行动，构建全域系统治水格局的建议”、沈冶军“关于加快全县医疗一体化建设的建议”、杨忠“关于将红色旅游纳入我县‘十四五’旅游产业发展整体规划的建议”、杨勇“关于选址建设综合性专业市场的建议”、侯晋“关于聚焦能源全产业链条赋能绿色高质量发展的建议”、陈苏华“关于建管并举，不断提升文明城市创建质态的建议”、姜宁兵“关于完善学生校外租房住宿联动管理机制的建议”、管建“关于加快如东县社会化养老的建议”、余晶“关于进一步做实、做强、做优、做特我县志愿服务工作的建议”、康勤“关于‘清水绿岸’提质行动第三年攻坚重点的建议”、徐荣“关于实现农村人居环境整治常态化管理的建议”、曹薇“关于新形势下秸秆三禁工作的建议”、叶天舒“关于把握‘银发经济’红利，加快发展老龄产业的建议”、陈五霞“关于加强产业工人队伍建设的建议”、许世俊“关于‘十四五’期间进一步打造我县海上风电产业基地的建议”、辛本泰“关于进一步做好外来务工人员服务工作的建议”、丁越“关于加大我县红色教育线路建设的建议”、宋森洋“关于进一步加强教师队伍培养提升教育质量、减轻学生及学生家长课业负担的建议”、曹彩红“关于从基层入手，提高文明意识，巩固创文成果的建议”、孙慧“关于加强乡村医生队伍建设、提高乡村医生福利待遇的建议”、杨雪松“关于巩固创文成果、建立长效管理机制的建议”、蒋小玉“关于写好三河六岸环境整治‘后半篇’的建议”、缪凌云“关于增加（优化）共享单车停放点、投放量的建议”、李晓兵“关于推进栟茶古镇全面开发、加快开发进度的建议”、邵建华“关于完善县域治理现代化基础设施的建议”、张浩“关于加大力度，努力提高社区居家养老服务站服务水平的建议”、陈晓莉“关于拓宽劳动力引进渠道的建议”、董建“关于完善医疗保障制度，加强大病救助体系建设的建议”、施亚云“关于烈士纪念设施保护的建议”。

2023年1月3日，县人大常委会对县第十八届人民代表大会第一次会议的28件优秀建议进行表彰，分别是：韩亚莉“关于整合资源创新网格化服务管理体系的建议”、吴琼“关于推进县城老旧小区综合改造的建议”、侯晋“关于以新能源产业为龙头拉动向海图强高质量发展的建议”、钱维斌“关于加强行政执法规范化建设的建议”、任先军“关于进一步鼓励扶持建筑业企业高质量发展的建议”、倪劲松“关于逐步扭转人口负增长局面的建议”、陈晓莉“关于探索社区‘嵌入式’养老模式的建议”、姜红波“关于‘加快镇村建设特色化、促进乡村振兴高质量’的建议”、黄建“关于加强全县农村小型污水处理设施运维管理的建议”、刘峰“关于改善项目落户营商环境的建议”、唐国均“关于加快推进老年教育事业高质量发展的建议”、赵旭等“关于加强农村集中居住点建设管理，建立健全长效管理机制的建议”、蔡向阳“关于进一步加强危化品管理的建议”、王志国“关于对乡村公交路线和停靠站点进行优化调整的建议”、丁晓飞“关于完善住宅小区消防设备设施监管执法机制的建议”、徐志军“关于整治‘散乱污’企业，打好污染防治攻坚战的建议”、周丹“关于做优南部城区，大力实施‘三整治一自治’管理模式的建议”、周文华“关于进一步弘扬新时代企业家精神，大力培育‘张謇式’企业家的建议”、沈维新“关于进一步精准发力，完善企业‘双限’政策的建议”、李立辉“关于加强产业工人队伍建设，弘扬新时代企业家精神宣传的建议”、王震“关于进一步加强和完善我县基层医疗卫生服务体系建设的建议”、林来建“关于硬核推进‘双减’工作的建议”、陈云“关于重视文化传承，助力乡村文化振兴的建议”、吴建峰“关于乡村振兴建设的建议”、秦海健“关于推进农业产业化发展的建议”、於淑静“关于应当以更加务实的举措促进‘河长制’落到实处的建议”、施春华“关于以‘五治融合’推进基层社会治理的建议”、刘长进“关于进一步提高金融案件执结率的建议”。

（三）承办单位表彰

2007年12月27日，县人大常委会表彰2007年度12个优秀承办单位，分别为：县政府办、发改委、农办、卫生局、劳动和社会保障局、水务局、公安局、交通局、教育局、财政局、环保局、建设局。

2009年1月11日，县人大常委会表彰2008年度13个优秀承办单位，分别为：县政府办、发改委、农办、交通局、民政局、教育局、卫生局、劳动和社会保障局、财政局、建设局、公安局、环保局、城管局。

2010年1月14日，县人大常委会表彰2009

年 14 个优秀承办单位，分别为：县政府办、监察局、发改委、卫生局、城管局、劳动和社会保障局、水务局、教育局、环保局、财政局、农林局、建设局、交通局、海洋与渔业局。

2011 年 1 月 9 日，县人大常委会表彰 2010 年 14 个优秀承办单位，分别为：旅游局、公安局、人力资源和社会保障局（简称“人社局”）、城管局、卫生局、住建局、经信委、教育局、水务局、交通运输局、发改委、财政局、县政府办、农办。

2012 年 3 月 25 日，县人大常委会表彰 2011 年度 12 个优秀承办单位，分别为：县政府办、公安局、交通运输局、发改委、经信委、财政局、住建局、教育局、人社局、城管局、卫生局、水务局。

2013 年 1 月 17 日，县人大常委会表彰 2012 年度 12 个优秀承办单位，分别为：县政府办、公安局、发改委、经信委、人社局、财政局、城管局、教育局、农委、交通运输局、住建局、水务局。

2014 年 1 月 12 日，县人大常委会表彰 2013 年度 14 个优秀承办单位，分别为：县政府办、公安局、发改委、经信委、人社局、财政局、城管局、教育局、卫生局、交通运输局、住建局、农办、农委、工商局。

2015 年 1 月 25 日，县人大常委会表彰 2014 年度 15 个优秀承办单位，分别是：县政府办、发改委、经信委、人社局、财政局、交通运输局、住建局、环保局、城管局、农办、农委、公安局、民政局、教育局、卫生局。

2016 年 2 月 19 日，县人大常委会表彰 2015 年度 12 个优秀承办单位，分别是：县政府办、公安局、住建局、交通运输局、城管局、农委、农办、教育局、卫计委、人社局、财政局、发改委。

2017 年 1 月 11 日，县人大常委会表彰 2016 年度 12 个优秀承办单位，分别是：县政府办、公安局、发改委、财政局、教育局、交通运输局、水务局、人社局、卫计委、住建局、市场监督管理局、农委。

2018 年 1 月 16 日，县人大常委会表彰 2017 年度 12 个优秀承办单位，分别是：县政府办、农委、人社局、教育局、公安局、水务局、住建局、交通运输局、发改委、农工办、财政局、城管局。

2019 年 1 月 23 日，县人大常委会表彰 2018 年度 12 个优秀承办单位，分别是：县政府办、发改委、公安局、人社局、水务局、教育局、交通运输局、农委、卫计委、财政局、住建局、城管局。

2020 年 1 月 17 日，县人大常委会表彰 2019 年度 12 个优秀承办单位，分别是：县政府办、发改委、公安局、农业农村局、财政局、交通运输局、住建局、教育体育局、卫健委、城管局、民政局、人社局。

2021 年 1 月 13 日，县人大常委会表彰 2020 年度 12 个优秀承办单位，分别是：县政府办、发改委、财政局、行政审批局、农业农村局、水务局、卫健委、教育体育局、住建局、城管局、公安局、民政局。

2022 年 1 月 12 日，县人大常委会表彰 2021 年度 12 个优秀承办单位，分别是：县政府办、发改委、农业农村局、城管局、卫健委、文广旅局、教育体育局、住建局、交通运输局、公安局、民政局、行政审批局。

2023 年 1 月 3 日，县人大常委会表彰 2022 年度 12 个优秀承办单位，分别是：县政府办、发改委、公安局、农业农村局、教育体育局、民政局、交通运输局、城管局、人社局、卫健委、司法局、文化广电和旅游局。

如东县第十五至十八届人民代表大会代表议案、建议统计表

表 2–1　　　　单位：件

届别	会次	大会议案	建议	其中重点建议	大会议案、建议总数
十五	一	1	295	10	296
	二	1	294	7	295
	三	1	240	5	241
	四	—	216	8	216
十六	一	—	320	8	320
	二	1	222	10	223
	三	5	197	10	202
	四	3	218	16	221
	五	—	175	17	175
十七	一	2	216	10	218
	二	1	277	10	278
	三	—	352	10	352
	四	3	387	10	390
	五	—	375	10	375
十八	一	1	360	12	361
	二	1	360	11	361

第三章

县人民代表大会常务委员会

2008—2023年，根据《中华人民共和国地方各级人民代表大会和地方各级人民政府组织法》规定，分别选举产生县第十五届、十六届、十七届、十八届人民代表大会常务委员会，该委员会是县人民代表大会闭会期间常设机关。其主要任务是：宣传、贯彻、执行党和国家方针、政策、法律、法令。依照宪法和其他法律规定，行使下列职权：审议决定如东县政治、经济、科学、教育、文化、卫生、环境与资源保护、民政、民族等工作的重大事项以及人民群众普遍关注和迫切要求解决的重大问题；审查和批准县国民经济和社会发展计划及预算在执行过程中所必须作出的部分调整方案；监督县政府、县监察委员会、县法院和县检察院工作；在其行政区域内，保证宪法、法律、行政法规和上级人大及其常委会决议的遵守和执行；撤销县政府不适当决定和命令，撤销下一级人民代表大会不适当决议、决定；根据县政府县长提名，决定副县长及县政府组成人员任免；根据县监察委员会主任提名，决定县监察委员会副主任、委员任免；根据县法院院长提请，任免县法院副院长、庭长、审判委员会委员、审判员、人民陪审员；根据县检察院检察长提请，任免县检察院副检察长、检察委员会委员、检察员。审议决定常务委员会认为应当依法审议、决定的其他重大事项；常委会组成人员3人以上联名，可以向常委会提出属于常委会职权范围内议案，由主任会议讨论，提请常委会会议审议；常委会内设办公室，研究室、信访督办室、财政经济工作委员会、农业和农村工作委员会、教科文卫（民宗侨台）工作委员会、人事代表工作委员会、监察和司法工作委员会、环境资源、城乡建设工作委员会。同时，县人民代表大会社会建设委员会也作为常委会的常设机构。内设机构不断完善，有利于发展社会主义民主，健全社会主义法制，推动经济社会高质量发展。

第一节 组成人员

根据《中华人民共和国地方各级人民代表大会和地方各级人民政府组织法》规定，县人大常委会由县人民代表大会在代表中选举主任1人，副主任若干人和委员若干人组成。每届常委会组成人员人数由省人大常委会在换届时决定。常委会组成人员不得担任国家行政机关、审判机关和检察机关职务。县人大常委会第十五届至十八届主任1人、副主任3～5人、委员30～41人；为便于联系和开展工作，均对主任、副主任作明确分工，并以文件形式下发至镇（区、街道）人大及相关部门。

一、县人大常委会组成人员

（一）县第十五届人大常委会组成人员

一次会议（31人）

主　任：张桂英（女）

副主任：徐志平　杨成泉　沈更生
蔡瑞平

委　员：丁　越（女）王亚平　石　磊
吴春华　张卫东　张正权
陆美蓉（女）陈　斌　周春霖
周载群　周潮清　胡　斌
赵美祥　施永平　施新民
姜建新　顾建国　钱汉东
翁仕英（女）高春明　黄继石
龚建新　谢　骏　管怀虎
樊重念　戴威威

二次会议（32人）

主　任：张桂英（女）

副主任：徐志平　杨成泉　沈更生
蔡瑞平　冒亚平

委　员：丁　越（女）王亚平　石　磊
吴春华　张卫东　张正权
陆美蓉（女）陈　斌　周春霖
周载群　周潮清　胡　斌
赵美祥　施永平　施新民
姜建新　顾建国　钱汉东
翁仕英（女）高春明　黄继石
龚建新　谢　骏　管怀虎
樊重念　戴威威

三次会议（33人）

主　任：张桂英（女）

副主任：徐志平　杨成泉　沈更生
蔡瑞平　冒亚平

委　员：丁　越（女）卜其银　王亚平
石　磊　吴春华　张卫东
张正权　陆美蓉（女）陈　斌
周春霖　周载群　周潮清
胡　斌　赵美祥　施永平
施新民　姜建新　顾建国
钱汉东　翁仕英（女）高春明
黄继石　龚建新　谢　骏
管怀虎　樊重念　戴威威

四次会议（33人）

主　任：周铁根

副主任：徐志平　杨成泉　沈更生
蔡瑞平　冒亚平

委　员：丁　越（女）卜其银　王亚平
石　磊　吴春华　张卫东
张正权　陆美蓉（女）陈　斌
周春霖　周载群　周潮清
胡　斌　赵美祥　施永平
施新民　姜建新　顾建国
钱汉东　翁仕英（女）高春明
黄继石　龚建新　谢　骏
管怀虎　樊重念　戴威威

（二）县第十六届人大常委会组成人员

一次会议（31人）

主　任：詹立风

副主任：陈昌龙　沈更生　冯力如
唐国均

委　员：丁　越（女）卜其银　万继红（女）
王亚平　王震谷　石　磊
朱德军　李海兵　何永华
沈秀梅（女）张卫东　陈　斌
周苏林　周新基　胡　斌
姜建新　耿卫东　徐守华
高　军　陶跃东　黄继石
韩　明　谢　骏　管玉华
翟以圣　樊重念

二次会议（33 人）

主　任：詹立风

副主任：陈昌龙　沈更生　冯力如
唐国均

委　员：丁　越（女）卜其银　万继红（女）
王亚平　王震谷　石　磊
朱德军　李海兵　何永华
沈秀梅（女）张卫东　陈　斌
陈宝来　陈晓晴（女）周苏林
周新基　胡　斌　姜建新
耿卫东　徐守华　高　军
陶跃东　黄继石　韩　明
谢　骏　管玉华　翟以圣
樊重念

三次会议（33 人）

主　任：詹立风

副主任：陈昌龙　沈更生　冯力如
唐国均

委　员：丁　越（女）卜其银　万继红（女）
王亚平　王震谷　石　磊
朱德军　李海兵　何永华
沈秀梅（女）张卫东　陈　斌
陈宝来　陈晓晴（女）周苏林
周新基　胡　斌　姜建新
耿卫东　徐守华　高　军
陶跃东　黄继石　韩　明
谢　骏　管玉华　翟以圣
樊重念

四次会议（35 人）

主　任：詹立风

副主任：陈昌龙　沈更生　冯力如
唐国均

委　员：丁　越（女）卜其银　万继红（女）
王亚平　王震谷　石　磊
朱德军　李海兵　何永华
沈秀梅（女）张卫东　陈　斌
陈宝来　陈晓晴（女）周苏林
周春霖　周新基　胡　斌
耿卫东　顾林海　徐守华
高　军　陶跃东　黄继石
韩　明　蒋红霞（女）谢　骏
管玉华　翟以圣　樊重念

五次会议（33 人）

副主任：陈昌龙　沈更生　冯力如
唐国均

委　员：丁　越（女）卜其银　万继红（女）
王亚平　王震谷　石　磊
朱德军　李海兵　何永华
沈秀梅（女）张卫东　陈　斌
陈宝来　陈晓晴（女）周苏林
周春霖　周新基　胡　斌
顾林海　徐守华　高　军
陶跃东　黄继石　韩　明
蒋红霞（女）谢　骏　管玉华
翟以圣　樊重念

（三）县第十七届人大常委会组成人员

一次会议（39 人）

主　任：陈昌龙

副主任：沈更生　唐国均　徐鸿斌
刘旭峰

委　员：丁　越（女）丁晓飞　卜其银
万继红（女）王亚平　冯克山
许世俊　杨　一　杨涟冬

李　军　何志刚　沈冶军
张卫东　周志勇　周春霖
周新基　郑寒冰（女）胡　斌
查剑宁　徐　健　翁　祥
奚金岩　高　军　陶卫忠
陶跃东　曹　薇（女）龚维国
康　勤　韩　明　韩亚莉（女）
傅国华　翟以圣　缪晓红
潘　亮

二次会议（38人）

主　任： 陈昌龙

副主任： 沈更生　唐国均　徐鸿斌
刘旭峰

委　员： 丁　越（女）丁晓飞　卜其银
王亚平　冯克山　许世俊
杨　一　杨涟冬　李　军
何志刚　沈冶军　张卫东
周志勇　周春霖　周新基
郑寒冰（女）胡　斌　查剑宁
徐　健　翁　祥　奚金岩
高　军　陶卫忠　陶跃东
曹　薇（女）龚维国　康　勤
韩　明　韩亚莉（女）傅国华
翟以圣　缪晓红　潘　亮

三次会议（41人）

主　任： 陈昌龙

副主任： 沈更生　唐国均　徐鸿斌
刘旭峰

委　员： 丁　越（女）丁晓飞　卜其银
王亚平　冯克山　许世俊
孙玉来　杨　一　杨涟冬
李　军　吴晓莉（女）何志刚
沈冶军　张卫东　张玉华
周志勇　周春霖　周新基
郑寒冰（女）查剑宁　徐　健
徐进张　翁　祥　奚金岩
高　军　陶卫忠　陶跃东
曹光前　龚维国　康　勤
韩　明　韩亚莉（女）傅国华
翟以圣　缪晓红　潘　亮

四次会议（40人）

主　任： 陈昌龙

副主任： 徐鸿斌　刘旭峰　罗晓东
陈晓莉（女）

委　员： 丁　越（女）卜其银　王亚平
冯克山　许世俊　杨　一
杨涟冬　李　军　吴　晶（女）
吴晓莉（女）何志刚　沈冶军
张卫东　张玉华　周志勇
周春霖　周新基　郑寒冰（女）
查剑宁　徐　健　徐进张
翁　祥　奚金岩　高　军
陶卫忠　陶跃东　曹光前
龚维国　康　勤　韩　明
韩亚莉（女）傅国华　翟以圣
缪晓红　潘　亮

五次会议（39人）

主　任： 陈昌龙

副主任： 徐鸿斌　刘旭峰　罗晓东
赵尊兵

委　员： 丁　越（女）卜其银　王亚平
冯克山　许世俊　杨　一
杨涟冬　李　军　吴　晶（女）
吴晓莉（女）何志刚　沈冶军
张卫东　张玉华　陆金标
周志勇　周新基　郑寒冰（女）
查剑宁　徐　健　徐进张
翁　祥　奚金岩　高　军
陶卫忠　曹光前　龚维国
康　勤　韩　明　韩亚莉（女）
傅国华　翟以圣　缪晓红
潘　亮

（四）县第十八届人大常委会组成人员

一次会议（39 人）

主　任：陈昌龙

副主任：徐鸿斌　赵尊兵　翟建华　缪卫宏

委　员：丁　越（女）丁林洋　王必东　王亚军　王金泉　王咸华　冯克山　朱德军　许之情　许世俊　许亚军　吴晓莉（女）沈亚秋（女）沈秀梅（女）沈冶军　沈宝泉　张小芳（女）张玉华　陆金标　周志勇　周海军　周新基　於　鑫　郑寒冰（女）查剑宁　顾昕华　夏金荣　徐　健　高　山　高　军　曹爱明　韩亚莉（女）潘　亮　薛　峰

二次会议（41 人）

主　任：陈昌龙

副主任：徐鸿斌　赵尊兵　翟建华　缪卫宏

委　员：丁　越（女）丁林洋　王必东　王亚军　王金泉　王咸华　冯克山　朱德军　许之情　许世俊　许亚军　吴　昊　吴晓莉（女）沈亚秋（女）沈秀梅（女）沈冶军　沈宝泉　张小芳（女）张玉华　陆金标　周志勇　周海军　周新基　於　鑫　郑寒冰（女）查剑宁　顾昕华　夏金荣　徐　健　高　山　高　军　曹爱明　崔红霞（女）韩亚莉（女）潘　亮　薛　峰

二、县人大常委会领导及党组成员分工

（一）县第十五届人大常委会领导及党组成员分工

2008 年，县人大常委会领导及党组成员工作分工及联系指导镇人大工作分工。

张桂英：主持县人大常委会全面工作，分管办公室、研究室工作；联系指导掘港、曹埠、苴镇人大工作。

徐志平：分管人事代表工作委员会、内务司法工作委员会和信访督办室工作；联系指导兵房、大豫、长沙镇人大工作。

杨成泉：分管财政经济工作委员会（农业农村工作委员会）工作；联系指导马塘、岔河、新店镇人大工作。

沈更生：分管教科文卫工作委员会（民宗侨台工作委员会）工作；联系指导栟茶、洋口、丰利镇人大工作。

蔡瑞平：分管环境资源城乡建设工作委员会工作；联系指导双甸、袁庄、河口镇人大工作。

张正权：协管财政经济工作委员会（农业农村工作委员会）工作。

2009 年，县人大常委会领导工作分工及联系指导镇人大工作分工。

张桂英：主持县人大常委会全面工作，分管办公室、研究室工作，不分工联系具体镇。

徐志平：分管人事代表工委、内务司法工委、信访督办室工作，联系指导大豫、长沙人大工作。

杨成泉：分管财经工委工作，联系指导苴镇、掘港、曹埠人大工作。

蔡瑞平：分管环资城建工委工作，联系指导马塘、丰利、洋口人大工作。

沈更生：分管教科文卫工委工作，联系指导栟茶、河口、袁庄人大工作。

冒亚平：分管教科文卫工委工作，联系指导岔河、双甸、新店人大工作。

2010 年，县人大常委会领导工作分工及联系指导镇人大工作分工。

张桂英：主持县人大常委会全面工作，分管办公室、研究室工作。

徐志平：分管人事代表工作委员会、内务司

法工作委员会和信访督办室工作。联系指导河口、大豫镇人大工作。

杨成泉：分管财政经济工作委员会（农业农村工作委员会）工作；联系指导丰利、苴镇、掘港镇人大工作。

沈更生：分管民宗侨台工作委员会工作。联系指导栟茶、长沙、袁庄镇人大工作。

蔡瑞平：分管环境资源城乡建设工作委员会工作；联系指导马塘、洋口、曹埠镇人大工作。

冒亚平：分管教科文卫工作委员会工作；联系指导新店、双甸、岔河镇人大工作。

2011 年，县人大常委会领导工作分工和联系指导镇人大工作分工。

徐志平：主持县人大常委会日常工作，分管办公室、研究室、人事代表工作委员会、内务司法工作委员会和信访督办室工作；联系指导河口、大豫镇人大工作。

杨成泉：分管财政经济工作委员会（农业农村工作委员会）工作；联系指导丰利、苴镇、掘港镇人大工作。

沈更生：分管民宗侨台工作委员会工作；联系指导栟茶、长沙、袁庄镇人大工作。

蔡瑞平：分管环境资源城乡建设工作委员会工作；联系指导马塘、洋口、曹埠镇人大工作。

冒亚平：分管教科文卫工作委员会工作；联系指导新店、双甸、岔河镇人大工作。

（二）县第十六届人大常委会领导及党组成员分工

2012 年，县人大常委会领导、督导员工作分工及联系指导镇人大工作分工。

詹立风：主持县人大常委会全面工作。

陈昌龙：主持县人大常委会日常工作，分管办公室、研究室、人事代表工作委员会工作；联系指导掘港、岔河镇人大工作。

沈更生：分管环境资源城乡建设工作委员会、信访督办室工作；联系指导栟茶、袁庄、长沙、大豫镇人大工作。

冯力如：分管财政经济工作委员会、农业农村工作委员会工作；联系指导双甸、曹埠、洋口、丰利镇人大工作。

唐国均：分管教科文卫工作委员会（民宗侨台工作委员会）、内务司法工作委员会工作；联系指导马塘、新店、苴镇、河口镇人大工作。

徐志平：协助分管人事代表工作委员会、内务司法工作委员会工作。

杨成泉：协助分管财政经济工作委员会、农业农村工作委员会工作。

蔡瑞平：协助分管环境资源城乡建设工作委员会、信访督办室工作。

冒亚平：协助分管教科文卫工作委员会（民宗侨台工作委员会）工作。

2013 年，县人大常委会领导、督导员及党组成员工作分工及联系指导镇人大工作分工。

詹立风：主持县人大常委会全面工作。

陈昌龙：主持县人大常委会日常工作，分管办公室、研究室、人事代表工作委员会工作；联系指导掘港、岔河镇人大工作。

沈更生：分管环境资源城乡建设工作委员会、信访督办室工作；联系指导栟茶、袁庄、长沙、大豫镇人大工作。

冯力如：分管财政经济工作委员会、农业农村工作委员会工作；联系指导双甸、曹埠、洋口、丰利镇人大工作。

唐国均：分管教科文卫工作委员会（民宗侨台工作委员会）、内务司法工作委员会工作；联系指导马塘、新店、苴镇、河口镇人大工作。

徐志平：协助分管人事代表工作委员会、内务司法工作委员会工作。

杨成泉：协助分管财政经济工作委员会、农业农村工作委员会工作。

蔡瑞平：协助分管环境资源城乡建设工作委员会、信访督办室工作。

冒亚平：协助分管教科文卫工作委员会（民宗侨台工作委员会）工作。

陈　斌：协助分管环境资源城乡建设工作委员会、信访督办室工作，协助联系栟茶、大豫镇人大工作。

陈宝来：协助分管财政经济工作委员会、农业和农村工作委员会工作，协助联系双甸、丰利镇人大工作。

卜其银：协助分管教科文卫工作委员会工作，协助联系马塘、河口镇人大工作。

2014年，县人大常委会领导、督导员及党组成员工作分工和联系指导各镇人大工作分工。

詹立风：主持县人大常委会全面工作。

陈昌龙：主持县人大常委会日常工作，分管办公室、研究室、人事代表工作委员会工作。联系指导掘港、岔河镇人大工作。

沈更生：分管环境资源城乡建设工作委员会工作。联系指导栟茶、袁庄、长沙、大豫镇人大工作。

冯力如：分管财政经济工作委员会、农业和农村工作委员会工作；联系指导双甸、曹埠、洋口、丰利镇人大工作。

唐国均：分管教科文卫工作委员会（民宗侨台工作委员会）、内务司法工作委员会、信访督办室工作；联系指导马塘、新店、苴镇、河口镇人大工作。

徐志平：协助分管人事代表工作委员会、内务司法工作委员会工作。

杨成泉：协助分管财政经济工作委员会、农业和农村工作委员会工作。

冒亚平：协助分管教科文卫工作委员会（民宗侨台工作委员会）工作。

陈　斌：协助分管环境资源城乡建设工作委员会工作，协助联系栟茶、大豫镇人大工作。

陈宝来：协助分管财政经济工作委员会、农业和农村工作委员会工作，协助联系双甸、丰利镇人大工作。

卜其银：协助分管教科文卫工作委员会工作，协助联系马塘、河口镇人大工作。

2015年，县人大常委会领导及党组成员工作分工及联系指导镇区人大工作分工。

詹立风：主持县人大常委会全面工作。

陈昌龙：主持县人大常委会日常工作，分管人大办公室、研究室、人事代表工作委员会工作；联系指导洋口港经济开发区（长沙镇）、高新技术产业开发区（掘港镇）、南通外向型农业综合开发区人大工作。

沈更生：分管环境资源城乡建设工作委员会工作；联系指导岔河镇、双甸镇、栟茶镇、循环经济产业园（东凌库区产业园、进口再生资源加工区、大豫镇）人大工作。

冯力如：分管财政经济工作委员会、农业和农村工作委员会工作；联系指导马塘镇、曹埠镇、袁庄镇、如东经济开发区（苴镇）人大工作。

唐国均：分管教科文卫工作委员会（民宗侨台工作委员会）、内务司法工作委员会、信访督办室工作。协助分管人事代表工作委员会工作；联系指导丰利镇、新店镇、河口镇、沿海经济开发区（小洋口旅游度假区、洋口镇）人大工作。

陈　斌：协助分管环境资源城乡建设工作委员会工作，协助联系岔河镇、双甸镇、栟茶镇、循环经济产业园（东凌库区产业园、进口再生资源加工区、大豫镇）人大工作。

陈宝来：协助分管财政经济工作委员会、农业和农村工作委员会工作，协助联系马塘镇、曹埠镇、袁庄镇、如东经济开发区（苴镇）人大工作。

卜其银：协助分管教科文卫工作委员会工作，协助联系丰利镇、新店镇、河口镇、沿海经济开发区（小洋口旅游度假区、洋口镇）人大工作。

2016年，县人大常委会领导及党组成员工作分工和联系指导镇（区、街道）人大（工委）工作分工。

陈昌龙：主持县人大常委会日常工作，分管办公室、研究室、人事代表工作委员会工作；联系指导洋口港经济开发区（长沙镇）、高新技术产业开发区（掘港、城中街道）、南通外向型农业综合开发区人大工作。

沈更生：分管环境资源城乡建设工作委员会工作；联系指导岔河镇、双甸镇、栟茶镇、循环经济产业园（大豫镇）人大工作。

冯力如：分管财政经济工作委员会、农业和农村工作委员会工作；联系指导马塘镇、曹埠镇、袁庄镇、如东经济开发区（苴镇街道）人大工作。

唐国均：分管教科文卫工作委员会（民宗侨台工作委员会）、内务司法工作委员会、信访督办室工作；协助分管人事代表工作委员会工作。联系指导丰利镇、新店镇、河口镇、沿海经济开发区（洋口镇）人大工作。

陈　斌：协助分管环境资源城乡建设工作委员会工作，协助联系岔河镇、双甸镇、栟茶镇、循环经济产业园（大豫镇）人大工作。

陈宝来：协助分管财政经济工作委员会、农业和农村工作委员会工作，协助联系马塘镇、曹埠镇、袁庄镇、如东经济开发区（苴镇街道）人大工作。

卜其银：协助分管教科文卫工作委员会工作，协助联系丰利镇、新店镇、河口镇、沿海经济开发区（洋口镇）人大工作。

（三）县第十七届人大常委会领导及党组成员分工

2017 年，县人大常委会领导及党组成员工作分工和联系指导镇（区、街道）人大（工委）工作分工。

陈昌龙：主持县人大常委会全面工作。分管办公室工作。联系指导高新技术产业开发区（掘港、城中街道）、河口镇人大工作。

沈更生：分管环境资源城乡建设工作委员会、信访督办室工作；联系指导洋口港经济开发区（长沙镇）、曹埠镇、栟茶镇人大工作。

唐国均：分管人事代表工作委员会、教科文卫工作委员会（民宗侨台工作委员会）工作；联系指导经济开发区（苴镇街道）、岔河镇、新店镇人大工作。

徐鸿斌：分管内务司法工作委员会、农业和农村工作委员会工作；联系指导沿海经济开发区（洋口镇）、南通外向型农业综合开发区、袁庄镇人大工作。

刘旭峰：分管财政经济工作委员会、研究室工作；联系指导循环经济产业园（大豫镇）、马塘镇、丰利镇人大工作。

冯力如：协助分管财政经济工作委员会、农业和农村工作委员工作；协助联系指导经济开发区（苴镇街道）人大工作。

陈　斌：协助分管环境资源城乡建设工作委员会工作；协助联系指导洋口港经济开发区（长沙镇）人大工作。

陈宝来：协助分管内务司法工作委员会工作；协助联系指导沿海经济开发区（洋口镇）人大工作。

卜其银：负责办公室工作；协助分管教科文卫工作委员会工作；联系指导双甸镇人大工作；协助联系指导高新技术产业开发区（掘港、城中街道）人大工作。

2018 年，县人大常委会领导及党组成员工作分工和联系指导镇（区、街道）人大（工委）工作分工。

陈昌龙：主持县人大常委会及党组全面工作。联系办公室、研究室工作；联系指导洋口港经济开发区（长沙镇）人大工作。

沈更生：分管环境资源城乡建设工作委员会工作；联系指导高新技术产业开发区（掘港、城中街道）、曹埠镇、新店镇人大工作。

唐国均：分管人事代表工作委员会、教科文卫工作委员会（民宗侨台工作委员会）工作；联系指导如东经济开发区（苴镇街道）、南通外向型农业综合开发区、岔河镇人大工作。

徐鸿斌：分管内务司法工作委员会、农业和农村工作委员会工作；联系指导沿海经济开发区（洋口镇）、栟茶镇、河口镇、袁庄镇人大工作。

刘旭峰：分管财政经济工作委员会、信访督办室工作；联系指导大豫镇（循环经济产业园）、马塘镇、丰利镇人大工作。

卜其银：主持办公室工作，分管研究室工作，负责人大机关党总支工作；联系指导双甸镇人大工作；协助联系指导洋口港经济开发区（长沙镇）人大工作。

2019 年，县人大常委会领导及党组成员工作分工和联系指导镇（区、街道）人大（工委）工作分工。

陈昌龙：主持县人大常委会及党组全面工作。分管办公室、研究室工作。

沈更生：分管环境资源城乡建设工作委员会工作；联系指导高新技术产业开发区（掘港、城中街道）、曹埠镇、新店镇人大工作。

唐国均：协助县人大常委会党组工作。分管人事代表工作委员会、教科文卫工作委员会（民宗侨台工作委员会）工作；联系指导如东经济开发区（苴镇街道）、南通外向型农业综合开发区、岔河镇、双甸镇人大工作。

徐鸿斌：分管监察和司法工作委员会、农业和农村工作委员会工作；联系指导沿海经济开发区（洋口镇）、栟茶镇、河口镇、袁庄镇人大工作。

刘旭峰：分管财政经济工作委员会、信访督办室工作；联系指导洋口港经济开发区（长沙镇）、东湖旅游度假区（大豫镇）、马塘镇、丰利镇人大工作。

卜其银：负责办公室工作和人大机关党总支工作，协助分管人大系统党建工作和研究室工作。

2020 年，县人大常委会领导及党组成员工作分工和联系指导镇（区、街道）人大（工委）工作分工。

陈昌龙：主持县人大常委会及党组全面工作。分管办公室、研究室工作；联系指导洋口港经济开发区、长沙镇人大工作。

唐国均：协助县人大常委会党组工作。分管人大系统党建工作。

徐鸿斌：分管人事代表工作委员会、农业和农村工作委员会工作；联系指导沿海经济开发区、洋口镇、栟茶镇、河口镇、袁庄镇人大工作。

刘旭峰：分管财政经济工作委员会、教科文卫工作委员会（民宗侨台工作委员会）工作；联系指导掘港街道、大豫镇、马塘镇、丰利镇人大工作。

罗晓东：分管环境资源城乡建设工作委员会工作；联系指导南通外向型农业综合开发区（苴镇街道）、城中街道、曹埠镇人大工作。

陈晓莉：分管监察和司法工作委员会、信访督办室工作；联系指导如东经济开发区、岔河镇、双甸镇、新店镇人大工作。

卜其银：负责办公室工作和人大机关党总支工作；协助分管人大系统党建工作和研究室工作，协助联系指导洋口港经济开发区、长沙镇人大工作。

2021 年，县人大常委会领导及党组成员工作分工和联系指导镇（区、街道）人大（工委）工作分工。

陈昌龙：主持县人大常委会及党组全面工作。分管办公室、研究室工作；联系指导洋口港经济开发区、长沙镇人大工作。

徐鸿斌：分管人事代表工作委员会、农业和农村工作委员会工作；联系指导洋口镇（沿海经济开发区）、栟茶镇、河口镇、袁庄镇人大工作。

刘旭峰：分管财政经济工作委员会、教科文卫工作委员会（民宗侨台工作委员会）工作；联系指导城中街道、大豫镇、马塘镇、丰利镇人大工作。

罗晓东：分管环境资源城乡建设工作委员会、信访督办室工作；联系指导如东经济开发区、南通外向型农业综合开发区（苴镇街道）、曹埠镇、新店镇人大工作。

赵尊兵：分管社会建设委员会、监察和司法工作委员会工作；联系指导掘港街道、岔河镇人大工作。

卜其银：负责办公室和人大机关党组工作。协助分管人大系统党建工作和研究室工作；联系指导双甸镇人大工作；协助联系指导洋口港经济开发区、长沙镇人大工作。

（四）县第十八届人大常委会领导及党组成员分工

2022年，县人大常委会领导及党组成员工作分工和联系指导镇（区、街道）人大（工委）工作分工。

陈昌龙：主持县人大常委会及党组全面工作。分管办公室、研究室工作；联系指导经济开发区、洋口港经济开发区、长沙镇人大工作。

徐鸿斌：分管人事代表工委、信访督办室工作；分管人大系统党建工作；联系指导栟茶镇、袁庄镇、双甸镇、河口镇人大工作。

赵尊兵：分管监察和司法工委工作；联系指导掘港街道、曹埠镇人大工作。

翟建华：分管财政经济工委、农业和农村工委工作；联系指导洋口镇、城中街道、南通外向型农业综合开发区（苴镇街道）、丰利镇人大工作。

缪卫宏：分管环资城建工委、教科文卫（民宗侨台）工委、社会建设委员会工作；联系指导马塘镇、岔河镇、新店镇、大豫镇人大工作。

刘旭峰：协助分管环资城建工委、监察和司法工委工作。

王亚军：负责办公室和人大机关党组工作。协助分管人大系统党建工作和研究室工作；协助联系指导经济开发区、洋口港经济开发区、长沙镇人大工作。

2023年，县人大常委会领导及党组成员工作分工和联系指导镇（区、街道）人大（工委）工作分工。

陈昌龙：主持县人大常委会及党组、人大工作研究会全面工作；分管办公室、研究室工作。联系指导掘港街道、城中街道、曹埠镇人大工作。

徐鸿斌：分管人事代表工委、信访督办室工作；分管人大系统党建工作；联系指导洋口镇、栟茶镇、双甸镇人大工作。

赵尊兵：分管环资城建工委、监察和司法工委工作；联系指导经济开发区、洋口港经济开发区、长沙镇、大豫镇人大工作。

翟建华：分管财政经济工委、农业和农村工委工作；联系指导南通外向型农业开发区（苴镇街道）、丰利镇、袁庄镇、河口镇人大工作。

缪卫宏：分管教科文卫（民宗侨台）工委、社会建设委员会工作；联系指导马塘镇、岔河镇、新店镇人大工作。

刘旭峰：协助分管教科文卫（民宗侨台）工委、社会建设委员会工作。

王亚军：负责办公室和人大机关党组工作。协助分管人大系统党建工作和研究室工作；负责人大机关党总支、人大工作研究会和人大志编纂工作；协助联系指导掘港街道、城中街道、曹埠镇人大工作。

三、县人大常委会领导及党组成员简介

张桂英　女，1951年4月出生，如东县人，大专文化。1970年11月加入中国共产党。2000年1月，任中共如东县委副书记，县人大常委会主任、党组书记兼县委党校校长。2001年1月—2010年，任县人大常委会党组书记、主任。

周铁根　1962年11月生，海安市人，省委党校大学学历。1984年11月加入中国共产党。1985年7月参加工作。2006年6月，任如东县委书记。2011年1—5月，兼任县人大常委会主任。

詹立风　1966年5月出生，东台市人，研究生文化，1987年5月加入中国共产党。2003年1月，任如东县委副书记，县人民政府党组书记、县长。2011年6月，任如东县委书记；7月，任

如东县委书记、县人大常委会党组书记。2012 年 3 月—2016 年 1 月，任如东县委书记，县人大常委会党组书记、主任。

陈昌龙 1964 年 7 月生，如东县人，研究生文化。1984 年 2 月加入中国共产党。2011 年 6 月，任中共如东县委常委，县政府党组成员、县政府副县长。2012 年 3 月，任中共如东县委常委、县人大常委会党组副书记、副主任；4 月起，任如东县人大常委会党组副书记、副主任（主持工作）。2013 年 6 月，任如东县人大常委会党组副书记、副主任（主持工作、正处级）。2016 年 7 月，任如东县人大常委会党组书记、副主任（主持工作）。2017 年 1 月起，任县人大常委会党组书记、主任。

徐志平 1954 年 3 月生，如东县人，大专文化。1970 年 12 月参加工作，1973 年 9 月加入中国共产党。2006 年 2 月—2007 年 12 月，任县人大常委会党组成员、副主任，组织部副部长。2007 年 12 月—2011 年 1 月，任县人大常委会党组副书记、副主任。2011 年 1 月—2012 年 3 月，任县人大常委会党组副书记、副主任（主持工作）。

杨成泉 1954 年 4 月生，如东县人，大学本科学历。1974 年 7 月加入中国共产党。2007 年 1 月—2012 年 3 月，任县人大常委会党组副书记、副主任。

沈更生 1959 年 12 月生，汉族，如皋市人，大学本科学历。2007 年 12 月—2020 年 1 月，任县人大常委会副主任。

蔡瑞平 1953 年 6 月生，如东县人，大学本科学历。1984 年 11 月加入中国共产党。1977 年 1 月参加工作。2001 年 1 月起，任县委委员。2008 年 1 月—2012 年 3 月，任县人大常委会党组成员、副主任。

冒亚平 1954 年 3 月出生，汉族，如东县人，大学文化，1979 年 8 月加入中国共产党，2009 年 10 月—2012 年 3 月，任县人大常委会党组成员、副主任。

冯力如 1957 年 5 月生，如东县人，大学文化，1975 年 4 月加入中国共产党。1970 年 12 月，部队服役任报务员；2011 年 1 月，任如东县政协副主席。2012 年 3 月—2017 年 1 月，任县人大常委会党组成员、副主任。

唐国均 1960 年 4 月生，如东县人，大学文化，1989 年 12 月加入中国共产党，中学高级教师。2012 年 3 月—2017 年 3 月，任县委委员、县人大常委会党组副书记、副主任。2017 年 3 月—2020 年 1 月，任县人大常委会党组副书记、副主任。2020 年 1—4 月，任县人大常委会党组副书记。

徐鸿斌 1966 年 9 月生，如东县人，大学本科学历，1986 年 11 月加入中国共产党。2017 年 11 起，任县人大常委会副主任、党组成员；2020 年 7 月起，任县人大常委会党组副书记、副主任。

刘旭峰 1963 年 6 月生，如东县人，大学本科学历，1994 年 7 月加入中国共产党。1979 年 9 月参加工作。2017 年 1 月—2022 年 1 月，任县委委员，县人大常委会党组成员、副主任。

罗晓东 1961 年 12 月生，如东县人，大学本科学历。1986 年 6 月加入中国共产党。1978 年 9 月参加工作。2020 年 1 月—2022 年 1 月，任县人大常委会党组成员、副主任。

陈晓莉 女，1972 年 10 月生，如东县人，大学本科学历。1992 年 8 月参加工作。2020 年 1 月起，任县人大常委会副主任。2021 年 11 月起，任县政府副县长。

赵尊兵 1970 年 3 月生，如东县人，大学本科学历，2000 年 6 月加入中国共产党，2021 年 1 月—2022 年 12 月，任县委委员，县人大常委会副主任、党组成员，掘港街道党工委书记，如东高新技术产业开发区党工委书记。2023 年 1—9 月，任县委委员，县人大常委会党组成员、副主任。

翟建华 1967年12月生，如东县人，大学本科学历，1993年11月加入中国共产党。2021年7月，任县人大党组成员；2022年1月起，任县人大常委会党组成员、副主任。

缪卫宏 1969年10月生，如东县人，大专学历。2022年1月起，任县人大常委会副主任。

如东县第十五届至十八届人大常委会委员概况一览表

表3–1

姓名	性别	党派	出生年月	届别	工作单位及职务
张正权	男	中共	1952.11	十五	县人大党组成员
吴春华	男	中共	1954.9	十五	县人大党组成员、办公室主任
周潮清	男	中共	1955.6	十五	县人大环资城建工委主任
顾建国	男	中共	1954.1	十五	县人大内司工委主任
赵美祥	男	中共	1955.8	十五	县人大财经工委主任
樊重念	男	中共	1957.5	十五、十六	县人大人事代表工委主任
张卫东	男	中共	1962.8	十五、十六、十七	县人大监察司法工委主任
高春明	男	中共	1955.4	十五	县人大信访督办室主任
钱汉东	男	中共	1952.3	十五	县人大专职委员
丁　越	女	中共	1965.10	十五、十六、十七、十八	县委组织部常务副部长
陈　斌	男	中共	1957.9	十五、十六	县人大党组成员
周春霖	男	中共	1959.12	十五、十六、十七	县人大专职委员
周载群	男	中共	1964.9	十五	县委农办主任
翁仕英	女	中共	1957.2	十五	县妇联主席
戴威威	男	中共	1984.10	十五	共青团如东县委书记
谢　骏	男	中共	1959.3	十五、十六	县文联主席
陆美蓉	女	中共	1956.10	十五	县纪委副书记
石　磊	男	非党	1958.5	十五、十六	如东人院外科主任
黄继石	男	中共	1957.11	十五、十六	世纪燎原总经理
施永平	男	中共	1962.8	十五	江苏快达农化股份有限公司董事长
施新民	男	非党	1966.8	十五	如东苏通丝绸厂厂长
姜建新	男	中共	1960.9	十五、十六	掘港镇人大主席
管怀虎	男	非党	1964.12	十五	如东经济开发区环保局局长
龚建新	男	非党	1967.1	十五	县教师发展中心办公室主任
胡　斌	男	中共	1965.9	十五、十六、十七	南通五建董事长
王亚平	男	中共	1961.11	十五、十六、十七	如东广隆商场总经理
陈宝来	男	中共	1957.9	十六	县人大党组成员
卜其银	男	中共	1964.7	十五、十六、十七	县人大党组成员、办公室主任
万继红	女	中共	1968.11	十六、十七	县纪委副书记

续表 3–1

姓名	性别	党派	出生年月	届别	工作单位及职务
王震谷	男	中共	1957.9	十六	县人大内司工委主任
朱德军	男	中共	1973.10	十六、十八	县人大农业农村工委主任
李海兵	男	中共	1968.1	十六	县人大农业农村工委主任
何永华	男	中共	1962.4	十六	曹埠镇人大主席
沈秀梅	女	中共	1971.10	十六、十八	县总工会主席
周苏林	男	中共	1959.1	十六	县人大常委会委员
周新基	男	中共	1964.12	十六、十七、十八	江苏九九久科技董事长
耿卫东	男	中共	1969.5	十六	县委政法委副书记
徐守华	男	中共	1957.12	十六	县人大财经工委主任
高　军	男	中共	1965.1	十六、十七、十八	大东公司董事长
陶跃东	男	中共	1959.12	十六、十七	县人大专职委员
韩　明	男	中共	1970.11	十六、十七	如东县第一中学校长
管玉华	男	中共	1962.7	十六	岔河镇人大主席
陈晓晴	女	中共	1964.9	十六	掘港镇三元社区党支部书记
顾林海	男	中共	1960.6	十六	县人大专职委员
蒋红霞	女	中共	1961.4	十六	县人大专职委员
翟以圣	男	中共	1964.10	十六、十七	县人大农业农村工委主任
冯克山	男	中共	1961.1	十七、十八	东元公司董事长总经理
许世俊	男	中共	1963.3	十七、十八	海力风电公司董事长总经理
杨　一	男	中共	1963.5	十七	马塘镇人大主席
杨涟冬	男	中共	1964.12	十七	县政法委常务副书记
李　军	男	中共	1962.2	十七	县人大专职委员
曹　薇	女	中共	1984.3	十七	共青团如东县委书记
何志刚	男	中共	1962.3	十七	县人大专职委员
陶卫忠	男	中共	1961.12	十七	县总工会主席
沈冶军	男	非党	1973.1	十七、十八	县人民医院院长助理
丁晓飞	男	中共	1967.4	十七	掘港、城中街道人大工委主任
龚维国	男	中共	1964.6	十七	县人大教科文卫工委主任
周志勇	男	中共	1969.3	十七、十八	县融媒体中心董事长
康　勤	男	中共	1964.9	十七	栟茶镇人大主席
韩亚莉	女	中共	1975.1	十七、十八	县人大科教文卫工委主任
郑寒冰	女	中共	1972.9	十七、十八	县人大教科文卫工委副主任
傅国华	男	中共	1970.3	十七	洋口镇洋口村书记

续表 3–1

姓名	性别	党派	出生年月	届别	工作单位及职务
查剑宁	男	中共	1967.11	十七、十八	县人大环资城建工委主任
徐　健	男	中共	1972.11	十七、十八	县人大信访督办室主任
缪晓红	男	中共	1965.5	十七	县人大内司工委副主任
潘　亮	男	中共	1979.4	十七、十八	县人大研究室主任
翁　祥	男	中共	1961.11	十七	县人大专职委员
奚金岩	男	中共	1962.6	十七	县人大财经工委主任
孙玉来	男	中共	1988.11	十七	共青团如东县委书记
吴晓莉	女	中共	1975.2	十七、十八	县妇联主席
张玉华	男	中共	1965.3	十七、十八	县人大专职委员
徐进张	男	中共	1964.4	十七	县人大专职委员
曹光前	男	中共	1964.11	十七	县人大专职委员
吴　晶	女	中共	1986.11	十七	共青团如东县委书记
丁林洋	男	中共	1991.12	十八	共青团如东县委书记
王必东	男	中共	1970.1	十八	锦恒城市投资公司党委书记、董事长
王亚军	男	中共	1972.6	十八	县人大党组成员、办公室主任
王金泉	男	中共	1965.2	十八	县人大专职委员
王咸华	男	非党	1972.3	十八	恒辉安防公司董事长总经理
许之情	男	中共	1986.3	十八	如东县广隆商场副总经理
许亚军	男	中共	1971.11	十八	县政法委常务副书记
沈亚秋	女	中共	1974.3	十八	城中街道工会主席
沈宝泉	男	中共	1968.4	十八	县委宣传部常务副部长
张小芳	女	中共	1976.3	十八	如东经济开发区人大工委主任
陆金标	男	中共	1967.10	十七、十八	县人大人事代表工委主任
周海军	男	中共	1971.11	十八	栟茶镇人大主席
於　鑫	男	中共	1982.1	十八	双甸镇人大主席
顾昕华	男	中共	1977.1	十八	县人大监察和司法工委副主任
夏金荣	男	中共	1982.8	十八	县人大人事代表工委副主任
高　山	男	中共	1986.5	十八	县人大办副主任
曹爱明	男	中共	1968.8	十八	县人大财经工委主任
薛　峰	男	中共	1973.6	十八	县人大监察和司法工委主任
吴　昊	男	中共	1965.10	十八	县人大专职委员
崔红霞	女	中共	1970.10	十八	县人大专职委员

第二节　常委会会议

县人大常委会根据《中华人民共和国宪法》《中华人民共和国各级人民代表大会常务委员会监督法》《中华人民共和国地方各级人民代表大会和地方各级人民政府组织法》等有关法律规定，坚持每两个月至少举行1次常务委员会会议，会议由主任召集并主持，主任亦可委托副主任召集并主持会议。县第十五届到十八届人大常委会共召开常委会会议132次，其中十五届32次、十六届42次、十七届43次、十八届（至2023年9月底）15次，常委会依法行使职权，不断提高议事效率，为推动全县经济社会发展发挥出积极作用。

一、县第十五届人大常委会会议

第一次会议　2008年1月26日召开。会议审议通过县人大常委会2008年工作要点，通过县第十五届人大常委会领导分工和代表资格审查委员会组成人员名单，作出《关于如东县人大常委会城建环保工作委员会更名的决定》，通过有关人事任免事项。

第二次会议　2008年3月27日召开。会议听取和审议县政府《关于全县“五五”普法规划实施情况的报告》以及县人大内务司法工委调查报告。会议经过票决，通过将县发展和改革委员会作为2008年工作评议部门决定。会议还通过有关人事任免事项。

第三次会议　2008年5月28日召开。会议听取县发改委关于接受评议工作报告和县人大人事代表工委测评情况报告，并进行审议和测评；听取和审议县政府《关于贯彻和执行科技进步法和科技进步条例情况报告》、县人大教科文卫工委调查报告；听取和审议县政府《关于贯彻落实〈江苏省海洋环境保护条例〉情况报告》、县人大常委会执法检查报告。

第四次会议　会议分2008年7月11日和7月30日两个阶段召开。会议听取和审议县政府《关于2008年上半年国民经济和社会发展计划执行情况报告》《关于2007年县本级财政决算（草案）和2008年上半年财政预算执行情况报告》《关于同级审计工作情况报告》《关于“十一五”规划实施情况报告》以及县人大财经工委调查报告。经过分组审议和大会审议，会议通过《关于批准如东县2007年县本级财政决算的决定》，并形成关于计划、预算、审计工作情况和“十一五”规划纲要实施情况的审议意见。会议听取和审议县政府《关于全县住房保障工作情况报告》和县人大环资城建工委调查报告。会议还通过有关人事任命，表决通过县人大代表辞职决定。

第五次会议　2008年9月18日召开。会议听取和审议县政府《关于加大工业投入和重点工业项目建设情况的报告》及县人大财经工委调查报告：表决通过县人大常委会关于批准调整《如东县国民经济和社会发展第十一个五年规划纲要》相关指标决定；表决通过修订后的《如东县人大常委会关于加强县级预算审查监督决定》。听取和审议县政府《关于完成节能减排目标任务情况的报告》及县人大环资城建工委调查报告。听取和审议县政府《关于农村五保、城乡低保和优抚工作情况的报告》及县人大内务司法工委调查报告。会议还表决通过县发改委接受县人大评议整改报告和有关人事任免事项。

第六次会议　2008年11月28日召开。会议听取和审议县政府《关于“一号议案”办理落实情况和关于县十五届人大一次会议代表建议批评意见办理情况报告》及县人大人事代表工委调查报告。通过《优秀代表建议和优秀承办单位的表彰决定》以及《关于召开县十五届人大二次会议的决定》。

第七次会议　2008年12月25日召开。会议听取和初审县政府2009年国民经济和社会发展计划（草案）、2009年财政预算及部门综合预算（草案）；听取和审议县政府关于提请调整2008年相关计划预算指标的议案，并通过相关决定。会议听取补选县十五届人大代表资格审查情况及代表和副县长变动情况报告、县十五届人大二次会议筹备工作情况，讨论通过县人大常委会工作报告。会议还通过有关人事任免事项。

第八次会议　2009年1月20日召开。会议审议通过如东县人大常委会2009年工作要点和有关人事任免事项。

第九次会议　2009年3月25日召开。会议听取和审议县政府《关于扶持中小企业发展情况工作报告》和县人大财经工委调查报告，通过《关于加大对全县中小企业扶持力度的决议》。会议邀请县委党校常务副校长吴金明作“科学发展观”专题讲座。

第十次会议　2009年6月12日召开。会议听取和审议县政府《关于县城总体规划修编情况报告》及规划专家对县城总体规划修编成果介绍和县人大环资城建工委调查报告。听取县人大人事代表工委《关于开展人大代表联系选民固定接待日活动的情况报告》。表决通过大豫镇第一届人民代表大会选举问题决定。

第十一次会议　2009年7月30—31日召开。会议听取和审议《县政府2009年上半年国民经济和社会发展计划执行情况报告》《2008年县本级财政决算（草案）和2009年上半年财政预算执行情况报告》《关于同级审计工作情况报告以及县人大财经工委的调查报告》，表决通过《县人大常委会关于批准2008年县本级决算的决定》。听取和审议县政府《关于全县公安队伍建设情况报告》和县人大内司工委调查报告。

第十二次会议　2009年9月28日召开。会议听取和审议县政府执行《如东县第十四届人大常委会关于进一步推进职业教育事业发展的决议》工作报告和县人大教科文卫工委调查报告。听取和审议县政府《关于全县小区物业管理情况报告和县人大环资城建工委的调查报告》。表决通过有关人事任免事项。

第十三次会议　2009年11月30日召开。会议听取和审议县政府《关于全面达小康建设指标完成情况的工作报告》和县人大财经工委调查报告。听取和审议县政府《关于十五届人大二次会议大会议案、代表建议、常委会决议及审议意见执行办理落实情况工作报告》和县人大人事代表工委调查报告；审议通过《关于批准如东县东泰公司发行2009年企业债券的决定》；通过《优秀代表议案、建议和优秀承办单位的表彰决定》《关于召开县十五届人大三次会议的决定》以及有关人事任免事项。

第十四次会议　2009年12月29日召开。会议听取和审议县政府《关于2010年国民经济和社会发展计划（草案）》《2010年财政预算及部门综合预算（草案）情况的工作报告》；听取和审议县政府《关于提请调整2009年度县本级财政支出预算的议案》，并通过相关决定。听取县第十五届人民代表大会代表和副县长变动情况报告以及县十五届人大三次会议筹备情况工作报告。讨论通过县人大常委会工作报告。会议补选1名市人大代表，通过有关人事任免事项。

第十五次会议　2010年2月4日召开。会议审议通过如东县人大常委会2010年工作要点和有关人事任免事项，票决确定县环保局为2010年度接受县人大常委会工作评议单位。

第十六次会议　2010年3月30日召开。会议听取和审议县政府《关于全县农桥建设情况的工作报告》和县人大常委会专题调研组调查报告，通过《关于加快推进全县农村危桥改造建设的决议》。听取和审议县政府《关于加大工业结构调整力度，促进经济平稳较快发展情况的工作报告》和县人大常委会专题调研组调查报告。通过《关于加大工业结构调整力度，促进经济平稳较快发展的决议》。

第十七次会议　2010年5月31日召开。会议听取和审议县环保部门工作的测评，并形成对县环保局工作评议意见。听取和审议县法院《关于民事审判情况的工作报告》和县人大专题调研组调查报告。会议通过相关人事任免事项。

第十八次会议　会议分2010年7月23日和7月30日两个阶段召开。会议听取和审议《县政府2010年上半年国民经济和社会发展计划执行情况报告》《2010年上半年财政预算执行情况报告》《2009年县本级财政决算（草案）报告》《县政府关于同级审计工作情况的报告》以及县人大财经工委调查报告，通过县人大常委会《关于批准2009年县本级财政决算的决定》。听取和审议县政府《关于全县文化建设情况的报告》。会议还通过相关人事任免事项。

第十九次会议　2010年9月30日召开。会议听取和审议县政府《关于贯彻落实〈中华人民共和国城乡规划法〉的情况报告》和县人大常委会执法检查报告。听取县环保局《关于人大评议环保工作整改落实情况的报告》，通过对整改情况满意度测评。会议还通过接受代表辞职决定。

第二十次会议　2010年11月30日召开。会议听取和审议县政府《关于加快推进如东旅游业跨越发展的议案、代表建议和常委会审议意见办理情况以及决议、决定执行的工作报告》。听取和审议县政府《关于“十一五”规划完成情况和“十二五”规划编制情况的工作报告》。听取和审议县政府《关于提请调整2010年财政支出预算的议案》，通过《关于批准如东县2010年县本级财政支出预算调整的决定》。通过《“双优”表彰决定》和《召开县十五届人大四次会议的决定》。会议还通过有关人事任免事项。

第二十一次会议　2010年12月27日召开。会议审看“一号议案”办理工作电视专题片。听取和初审县政府《关于2011年国民经济和社会发展计划（草案）》、县政府《关于2011年预算及部门综合预算（草案）》。听取关于代表资格审查和副县长变动情况的报告以及四次人代会筹备情况报告。修改并通过县人大常委会工作报告。会议还补选市人大代表。

第二十二次会议　2011年1月26日召开。会议审议通过县人大常委会2011年工作要点和有关人事任免事项，票决确定县安监局、县住建局和县民政局为2011年接受人大评议单位。

第二十三次会议　2011年3月25日召开。会议听取和审议县政府《关于城乡公共交通发展情况的工作报告》和县人大常委会专题调研组调查报告，作出《关于加快推进城乡公共交通事业发展的决议》。会议还通过相关人事任免事项。

第二十四次会议　2011年4月18日召开。会议听取和审议有关代表辞职报告，并通过接受代表辞职决定。

第二十五次会议　2011年5月30日召开。会议听取和审议县政府《关于贯彻落实〈中华人民共和国科技进步法〉情况的工作报告》和县人大常委会执法检查报告。听取和审议县民政局、安监局、住建局迎评工作报告和县人大常委会工作评议调查报告，通过对评议单位测评。会议还通过相关人事任免事项。

第二十六次会议　2011年6月24日召开。会议通过关于潘建华代理县长的决定，审议并通过相关人事任免事项。

第二十七次会议　2011年7月29日召开。会议听取和审议《县政府2011年上半年国民经济和社会发展计划执行情况报告》《2011年上半年财政预算执行情况报告》《2010年县本级财政决算（草案）报告》《县政府关于同级审计工作情况的报告》以及县人大财经工委调查报告；通过县人大常委会《关于批准2010年县本级财政决算的决定》。听取和审议县政府《关于加快经济发展方式转变，促进工业转型升级情况的报告》以及县人大常委会调查报告。

第二十八次会议　2011年9月27日召开。

会议听取和审议县政府《关于“五五”普法情况及“六五”普法规划情况的工作报告》。通过县人大常委会《关于实施法制宣传教育第六个五年规划的决议》。会议听取县住建局、民政局、安监局3个部门关于人大评议整改工作情况报告，通过对整改情况满意度测评。会议还通过相关人事任免事项。

第二十九次会议　2011年11月22日召开。会议听取和审议县政府《关于代表建议、常委会决议和审议意见办理落实情况的工作报告》和县人大常委会调查报告。听取和审议县政府《关于2010年度财政资金项目支出绩效评价情况的工作报告》和县人大常委会调查报告。通过县人大常委会《关于表彰优秀建议和优秀承办单位的决定》和县镇人大换届选举有关事项。

第三十次会议　2011年12月26日召开。会议讨论通过县人大常委会《关于召开如东县第十六届人民代表大会第一次会议的决定》。会议补选市人大代表，通过相关人事任免事项。

第三十一次会议　2012年1月20日召开。会议通过关于接受蒋明华辞去县法院院长职务的报告和提请娄宏春等职务任免议案、关于提请沈峻峰等职务任免议案；听取沈峻峰、张栩龙、娄宏春供职报告。

第三十二次会议　2012年3月12日召开。会议听取和通过代表资格审查委员会《关于县十六届人大代表资格审查的报告》《人代会筹备工作情况的报告》和《县人大常委会工作报告》。

二、县第十六届人大常委会会议

第一次会议　2012年3月28日召开。会议学习《中华人民共和国各级人民代表大会常务委员会监督法》《常委会议事规则》和《常委会工作细则》，审议和通过县人大常委会2012年工作要点、接受人大评议部门名单和如东县第十六届人大常委会代表资格审查委员会名单。

第二次会议　2012年4月25日召开。会议审议和通过《县政府关于提请王孝强等人任职的议案》。

2012年4月25日，县第十六届人大常委会第二次会议

第三次会议　2012年5月25日召开。会议听取和审议县规划局《关于接受人大评议，搞好自查自纠的工作报告》；听取县人大常委会副主任沈更生所作《关于对县规划局工作评议的调查报告》；县人大常委会部分委员对县规划局负责人进行询问，全体委员对县规划局进行测评。会议听取和审议副县长江华所作《县政府关于全县农村水利基础设施建设情况的工作报告》；听取县人大常委会《关于全县农村水利基础设施建设情况的调查报告》。讨论县人大常委会《关于组织开展“2012年县政府为民办实事项目”视察调研活动的意见》。

第四次会议　2012年6月4日召开。会议表决通过关于接受王平辞去南通市第十四届人大代表职务决定。

第五次会议　2012年6月13日召开。会议补选程静为南通市第十四届人大代表；表决通过关于接受陆伯新辞去南通市第十四届人大代表职务决定。

第六次会议　2012年7月27日召开。会议听取和审议县政府《关于如东县2012年上半年国民经济和社会发展计划执行情况的报告》《关于如东县2011年县本级财政决算（草案）的报告》《关于如东县2012年上半年财政预算执行情况的报告》《关于2011年度县本级预算执行和其他财政收支的审计工作报告》；会议表决通过常委会《关于批准如东县2011年县本级财政预算的决定》。听取和审议副县长姜晓静《关于贯彻实施食品安全法执行情况的报告》。会议表决通过常委会《关于接受冒乃余辞去县第十六届人大代表职务的决定》。

第七次会议　2012年9月24日召开。会议听取和审议县规划局《关于评议整改情况的工作报告》并对县规划局人大评议整改情况进行满意度测评。听取和审议县政府常务副县长沈峻峰所作《关于县城老旧小区改造情况的工作报告》；通过县人大常委会《关于加快推进县城老旧小区改造的决议》。听取和审议县政府常务副县长沈峻峰所作《关于发挥资源优势，推进沿海开发情况的工作报告》和县人大常委会调查报告。通过县人大常委会《关于进一步提高常委会会议和主任会议质量的意见》。通过有关人事任免议案，对丁晓雅、朱辉等60名新任人民陪审员颁发任职证书。

2012年9月24日，县第十六届人大常委会第七次会议

第八次会议　2012年11月27日召开。会议听取和审议县政府常务副县长沈峻峰所作《关于"2012年县政府为民办实事项目"、人大代表建议、常委会决议和审议意见办理落实情况的报告》。听取县长潘建华所作《关于提请吴建坤同志任职的议案》；投票选举吴建坤任县政府副县长。通过《如东县人大常委会关于表彰优秀建议和优秀承办单位的决定》，通过《县人大常委会关于召开如东县第十六届人民代表大会第二次会议的决定》。

第九次会议　2012年12月28日召开。会议听取和审议通过县政府《关于2013年国民经济社会发展计划（草案）的报告》《关于2013年全县财政预算与县级部门财政预算（草案）的报告》《关于提请调整2012年度财政支出预算的议案》。会议通过补选县十六届人大代表资格审查报告。听取县第十六届人民代表大会第二次会议筹备情况报告，并对县人大常委会工作报告提出建议和意见。

第十次会议　2013年2月27日召开。会议听取和审议通过相关人事任免议案。会议通过如东县人大常委会2013年工作要点；表决通过《如东县人大常委会关于议案建议办理工作的问责办法（试行）》。通过2013年接受人大评议部门名单，确定县卫生局为接受人大评议部门。

第十一次会议　2013年3月28日召开。会议听取和审议县政府《关于全县社会化养老服务体系建设情况的工作报告》和县人大常委会《关于全县社会化养老服务体系建设情况的调查报告》。

第十二次会议　2013年5月31日召开。会议听取和审议县卫生局《关于接受人大工作评议的报告》和县人大常委会调查报告。听取和审议县政府《关于贯彻实施〈中华人民共和国环境保护法〉情况的工作报告》和县人大常委会《关于〈中华人民共和国环境保护法〉执法检查的报告》；通过相关人员任免事项。

第十三次会议　2013年7月10日召开。会议表决通过《关于接受徐希平辞去县第十六届人民代表大会代表职务请求的决定》。

第十四次会议　2013年7月30日召开。会议听取和审议县政府《关于如东县2013年上半年国民经济和社会发展计划执行情况的报告》《关于如东县2012年县本级财政决算（草案）的报告》《关于如东县2013年上半年财政预算执行情况的报告》《关于2012年度县本级预算执行和其他财政收支的审计工作报告》和县人大常委会调查报告，表决通过《关于批准如东县2012年县本级财政决算的决定》。会议听取和审议县政府《关于全县招商引资情况的工作报告》和县人大常委会调查报告。

第十五次会议　2013年9月27日召开。会议审议通过县长潘建华关于提请职务任免的议案，经过表决任命阮平章为县政府副县长，免去吴建坤副县长职务。会议听取和审议县政府《关于实施“五个一批”农（渔）业项目情况的工作报告》和县人大常委会调查报告。会议听取被评议部门县卫生局整改情况报告，并进行满意度测评。会议通过《如东县人大常委会专项工作评议办法》。

第十六次会议　2013年11月28日召开。会议听取县政府常务副县长沈峻峰代表县长潘建华宣读人事任免议案，免去江华县政府副县长职务。会议听取和审议县政府常务副县长沈峻峰所作《关于“一号议案”、人大代表建议、常委会决议和审议意见办理落实情况的报告》。会议通过《如东县人大常委会关于表彰优秀代表建议、优秀承办单位的决定》和《如东县人大常委会关于表彰先进代表小组、优秀代表的决定》。通过《县人大常委会关于召开如东县第十六届人民代表大会第三次会议的决定》。

2013年11月28日，县第十六届人大常委会第十六次会议

第十七次会议　2013年12月30日召开。会议听取和审议县政府《关于2014年全县国民经济和社会发展计划（草案）的报告》《关于2014年全县财政预算与县级部门财政预算（草案）的报告》《关于提请调整2013年度财政支出预算的议案》；通过县人大常委会《关于批准2013年财政支出预算调整的决定（草案）》。会议补选黄琳为南通市第十四届人大代表。听取县第十六届人民代表大会第三次会议筹备情况报告；修改通过县人大常委会工作报告；听取县人大常委会代表资格审查委员会关于补选县第十六届人大代表资格审查的报告以及关于县第十六届人民代表大会代表和县政府副县长变动情况报告。审看“县人大‘一号议案’办理落实情况”电视专题片。

第十八次会议　2014年2月13日召开。会议审议和通过《如东县人大常委会2014年工作要点》。表决通过如东县人大常委会关于在县人大代表中开展“访选民问项目评部门”主题实践活动实施意见。票决确定县农业委员会为2014年接受人大评议部门。会议通过相关人事任免事项。

第十九次会议　2014年3月25日召开。会议听取和审议县政府《关于全县学前教育改革和发展情况的报告》和县人大常委会专题调查组调查报告。会议通过“两院”相关人事任免事项。

第二十次会议　2014年5月29日召开。会议听取和审议县农委《关于接受人大评议搞好自查自纠的工作报告》和县人大常委会调查报告。听取和审议县政府副县长蒋树建所作《关于贯彻实施〈畜禽规模养殖污染防治条例〉情况的报告》和县人大常委会执法检查报告。审议通过县人大常委会关于批准《如东县生态文明建设规划（2014—2020）的决定》。通过相关人事任免事项。

2014年5月29日，县第十六届人大常委会第二十次会议

第二十一次会议　2014年7月29日召开。会议审议和通过《县政府关于提请王孝强同志免职的议案》。会议听取和审议县政府《关于如东县国民经济和社会发展“十二五”规划纲要实施中期评估的工作报告》《关于如东县2014年上半年国民经济和社会发展计划执行情况的报告》《关于如东县2013年县本级财政决算（草案）和2014年上半年财政预算执行情况的报告》《关于同级审计工作情况的报告》及县人大常委会调查报告，表决通过《如东县人大常委会关于批准如东县2013年县本级财政决算的决定》。

第二十二次会议　2014年9月29日召开。会议听取和审议县政府《关于加快土地流转，促进高效规模农业发展情况的报告》和县人大常委会调查报告。听取和审议《县农委评议整改情况的工作报告》，并进行评议测评。会议讨论通过《如东县人大常委会关于2014年组织我县选举产生的部分南通市人大代表向选举单位报告履职情况的实施方案》；修订完善《如东县人大常委会组成人员守则》和《如东县人大常委会议事规则》。

第二十三次会议　2014年11月27日召开。会议审议和通过相关人事任免事项，通过《如东县人大常委会关于表彰优秀议案、建议和优秀承办单位的决定》《如东县人大常委会关于表彰2014年度优秀县人大代表和先进县人大代表小组的决定》《如东县人大常委会关于召开如东县第十六届人民代表大会第四次会议的决定》。会议听取蔡东等7名市人大代表报告履职情况。听取和审议县政府《关于代表议案建议和常委会审议意见办理情况以及决议执行情况的工作报告》。听取和审议县财政局等5个部门对县人大常委会跟踪审议议题落实情况报告。审议和通过县政府《关于调整公共财政预算收入预算结构的决定》。

第二十四次会议　2014年12月30日召开。会议听取和初议县政府《关于如东县2014年国民经济和社会发展计划执行情况及2015年国民经济和社会发展计划（草案）报告》和《关于如东县2015年全县财政预算与县级部门预算（草案）报告》。听取县人大代表和副县长变动情况；补选代表资格审查情况报告和县十六届人大四次会议筹备工作情况报告；修改并通过县人大常委会工作报告。会议通过相关人事任免事项。

第二十五次会议　2015年2月10日召开。会议审议和通过《如东县人大常委会关于设立县各经济园区人大工作委员会的决定》。审议和通过《如东县人大常委会2015年工作要点》、县人大常委会《对任命的“一府两院”人员开展述职评议的工作方案》及县人大常委会《关于开展县人大代表“访选民问项目评部门”主题实践活动的实施意见》。会议通过相关人事任免事项。

第二十六次会议　2015年3月30日召开。会议听取和审议县政府《关于补齐资源短板 完善薄弱环节 加快推进县城基础教育现代化步伐的工作报告》和县人大常委会《关于县城教育资源配置情况的调查报告》。审议和通过《如东县人大常委会规范性文件备案审查实施办法》。会议通过相关人事任免事项。

第二十七次会议　2015年5月28日召开。

会议听取和审议县政府《关于贯彻实施〈中华人民共和国水污染防治法〉情况的工作报告》和县人大常委会执法检查情况报告。会议对《中华人民共和国环境保护法》《畜禽规模养殖污染防治条例》执法检查、整改落实情况进行专题询问。

第二十八次会议　2015年7月30日召开。会议讨论并通过县人大常委会《关于设立掘港、城中、苴镇3个街道人大工作委员会的决定》。听取和审议县政府《关于如东县2015年上半年国民经济、社会发展计划执行情况报告》《关于如东县2014年县本级财政决算和2015年上半年财政预算执行情况报告》《关于同级审计工作情况的报告》及县人大常委会调查报告。通过县人大常委会《关于批准如东县2014年县本级财政决算的决定》。听取和审议县政府《关于全县海域使用管理情况工作报告》和县人大常委会调查报告。审议和通过《如东县人大常委会任命的县“一府两院”工作人员报告履职情况暂行办法》。会议通过许金标等人事任免事项。

第二十九次会议　2015年9月29日召开。会议通过《接受耿卫东同志辞去县第十六届人大常委会委员职务的决定》；通过相关人事任免事项；听取和审议部分县人大常委会任命的县“一府两院”工作人员履职情况报告；听取部分市人大代表履职情况报告。

第三十次会议　2015年11月27日召开。会议听取和审议县政府《关于如东县国民经济和社会发展“十二五”规划执行、“十三五”规划纲要编制情况工作报告》；县人大常委会调查报告；听取和审议县政府常务副县长沈峻峰所作《关于代表议案建议办理和常委会决议决定执行及审议意见落实情况的工作报告》。听取和审议县人大常委会《关于农村基础设施建设专项工作评议的报告》，并开展测评。听取和审议县政府副县长姜晓静所作《关于全县“六五”普法实施情况的工作报告》和县人大常委会调查报告。通过县人大常委会《关于表彰优秀议案建议、优秀承办单位和先进代表小组、优秀代表的决定》。会议决定免去阮平章县政府副县长（挂职）职务；任命韩喜江为县政府副县长（挂职）。会议通过《关于召开县十六届人大五次会议的决定》。

第三十一次会议　2015年12月29日召开。会议听取和初审县政府《关于如东县2015年国民经济和社会发展计划执行情况及2016年国民经济和社会发展计划（草案）报告》《关于2016年如东县财政预算与县级部门预算（草案）报告》；听取县第十六届人大代表和副县长变动情况报告。听取县十六届人大五次会议筹备工作情况报告；修改并通过县人大常委会工作报告。

第三十二次会议　2016年1月12日召开。会议补选周剑浩、潘建华、戴泽晖3人为南通市第十四届人大代表，并报市人大常委会代表资格审查委员会审查确认。

第三十三次会议　2016年2月18日召开。会议表决通过《关于接受詹立风辞去县第十六届人大常委会主任职务请求的决定》。会议就县人大法制委员会和财政经济委员会组成人员建议人选征求意见；通过接受陈万荣辞去县十六届人大代表职务决定。

第三十四次会议　2016年2月29日召开。会议通过《县人大常委会2016年工作要点》《县人大常委会关于深入开展县人大代表“访选民问项目评部门”主题实践活动实施意见》。

第三十五次会议　2016年3月30日召开。会议听取和审议县政府《关于全县水利基础设施建设情况的工作报告》和县人大常委会调查报告。会议传达全市“万名代表小康行”启动暨发挥代表作用会议精神。通过县法院相关人事任免事项。

第三十六次会议　2016年5月30日召开。会议听取和审议县政府《关于〈中华人民共和国环境保护法〉〈中华人民共和国水污染防治法〉〈畜禽规模养殖污染防治条例〉执法检查整改落实情况的报告》，并就相关问题进行专题询问。听取和审议部分县人大常委会任命的“一府两院”工作人员履职报告，并进行测评。

第三十七次会议　2016年7月15日召开。会议接受潘建华辞去县政府县长职务请求；接受娄宏春辞去县法院院长、审判委员会委员、审判员职务请求；接受顾祖林辞去县检察院检察长、检察委员会委员、检察员职务请求；免去王智县政府副县长职务。会议通过代理县长、代理院长、代理检察长决定，决定沈峻峰代理县政府县长职务；任命陈春柳为县政府副县长；任命黄卫为县法院副院长，决定其代理院长职务；任命王骅为县检察院副检察长，决定其代理检察长职务。县委书记潘建华到会讲话。

第三十八次会议　2016年7月26日召开。会议听取和审议县政府《关于提请于立忠任职的议案》，并通过票决任命于立忠为县政府副县长。听取和审议县政府《关于2016年上半年国民经济社会发展计划、财政预算执行情况以及2015年同级审计工作情况报告》；审查批准2015年县本级决算。听取部分南通市人大代表履职报告。

第三十九次会议　2016年8月4日召开。会议听取和审议县政府《关于提请蒋树建免职的议案》，通过票决免去蒋树建县政府副县长职务。

第四十次会议　2016年9月30日召开。会议听取县人大常委会《关于全县农村基础设施建设专项工作评议活动总结报告》和县政府《关于农村基础设施建设专项工作开展情况总结报告》；听取县发改委、财政局、农办、住建局等10家涉评部门农村基础设施建设专项工作开展情况汇报，并进行测评。会议通过《如东县人大常委会关于全县县镇两级人民代表大会换届选举若干问题的决定》《如东县选举委员会组成人员名单》《如东县第十七届人民代表大会代表名额分配具体方案》。

第四十一次会议　2016年11月29日召开。会议听取和审议县政府《关于提请徐炜等职务任免的议案》，通过票决任命徐炜为县政府副县长，免去姜晓静县政府副县长职务。听取和审议县政府《关于代表建议办理和常委会审议意见落实情况工作报告》。通过《如东县人大常委会关于批准如东县2016年度县本级财政收支预算调整的决定》《如东县人大常委会关于表彰2016年度优秀建议和优秀承办单位决定》《如东县人大常委会关于表彰2016年度优秀县人大代表和先进县人大代表小组的决定》《如东县人大常委会关于召开如东县第十七届人民代表大会第一次会议的决定》。

第四十二次会议　2016年12月29日召开。会议听取和初审县政府《关于2017年全县国民经济社会发展计划（草案）的报告》；听取和审议县政府《关于2017年全县财政预算及部门综合预算（草案）报告》。听取和审议县司法局关于《在全县公民中开展法制宣传教育的第七个五年规划》编制情况报告；通过县人大常委会《关于开展第七个五年法制宣传教育的决议（草案）》。听取关于县镇人大代表换届选举工作情况报告、县第十七届人大代表资格审查情况报告、县十七届人大一次会议筹备工作情况报告；修改通过县人大常委会工作报告；审看县十六届人大工作专题片。

三、县第十七届人大常委会会议

第一次会议　2017年1月13日召开。会议审议和通过《如东县人大常委会议事规则》《如东县人大常委会工作细则》《如东县人大常委会2017年工作要点》。

第二次会议　2017年3月29日召开。会议听取和审议县政府《关于提请韩喜江等人职务任免的议案》，并投票通过相关人事任免。听取和审议县政府《关于如东县城乡公交一体化发展情况的报告》和县人大常委会调查报告。审议和通过《县第十七届人大常委会代表资格审查委员会组成人员名单》。

第三次会议　2017年5月26日召开。会议听取和审议提升项目服务质效专项工作评议涉评部门工作情况报告，听取和审议县政府《关于贯彻实施〈中华人民共和国农产品质量安全法〉情况的工作报告》和县人大常委会执法检查情况报告。通过县“两院”相关人事任免事项。

第四次会议　2017年7月31日召开。会议听取和审议县政府《关于2017年上半年国民经济社会发展计划、财政预算执行情况、2016年同级审计工作情况的报告》和县人大常委会调查报告；听取县政府《关于“小康”指标完成情况工作报告》和县人大常委会调查报告。听取《如东县人大常委会关于加强和规范街道人大工委工作的意见》说明。表决通过《县人大常委会关于批准如东县2016年县本级财政决算的决定》《如东县人大常委会关于加强和规范街道人大工委工作的意见》。会议任命杨晶晶为县政府副县长（挂职）。

第五次会议　2017年9月28日召开。会议听取和审议提升项目服务质效专项工作评议12家涉评部门整改落实工作情况报告；县政府《关于如东旅游业发展情况工作报告》和县人大常委会调查报告；县政府关于《如东县栟茶镇历史文化名镇保护规划报告》和县政府相关项目建设议案；表决通过县人大常委会关于《如东县栟茶镇历史文化名镇保护规划决议》《县人大常委会关于同意县政府相关项目建设议案的决定》。对提升项目

2017年9月28日，县第十七届人大常委会第五次会议

服务质效专项工作评议涉评部门整改工作情况进行满意度测评。

第六次会议　2017年11月24日召开。会议补选秦艳秋为南通市十五届人民代表大会代表，接受于立忠辞去南通市十五届人大代表职务请求和万继红辞去县十七届人大代表职务请求；任命杨中坚为县政府副县长；免去于立忠县政府副县长职务。听取和审议县政府常务副县长杨中坚所作《关于代表议案建议办理和常委会决议决定执行及审议意见落实情况工作报告》。通过《召开如东县第十七届人民代表大会第二次会议的决定》。听取部分南通市人大代表履职情况报告。

第七次会议　2017年12月29日召开。会议听取和审议《关于2018年如东县国民经济社会发展计划（草案）的报告》《关于2018年如东县财政预算及部门综合预算（草案）的报告》。听取和审议通过县政府《关于如东县与佛得角博阿维斯塔市建立友好城市关系》议案。会议表决免去许金标县政府副县长职务。会议通过县人大常委会《关于表彰2017年度“三优三先”的决定》及表彰人大工作创新奖决定；听取县人大代表和副县长变动情况报告以及县十七届人大二次会议筹备情况说明；修改并通过县人大常委会工作报告。

第八次会议　2018年1月18日召开。会议通过《如东县人大常委会2018年工作要点》。会议任命肖斌为县监察委员会副主任，周晓兵、李迪胜、朱本成为县监察委员会委员。会议还通过其他人事任免事项。

第九次会议　2018年4月3日召开。会议听取和审议县政府副县长徐东俊所作《关于2017年度全县环境状况和环境保护目标完成情况的报告》和县人大常委会调查报告。通过相关人事任免事项。

第十次会议　2018年5月30日召开。会议听取和审议县政府副县长杨晶晶所作《关于贯彻实施〈中华人民共和国促进科技成果转化法〉情

况的工作报告》和县人大常委会执法检查情况报告。听取和审议县人社局、能源局、民政局、司法局、卫计委、海洋与渔业局、供销社和城管局8家被评议部门所作的接受人大评议工作报告。

第十一次会议　2018年7月30日召开。会议听取和审议县政府《关于2018年上半年国民经济和社会发展计划执行情况的报告》《关于2017年县本级财政决算（草案）和2018年上半年财政预算执行情况的报告》《关于同级审计工作情况的报告》以及县人大常委会调查报告，通过县人大常委会《关于批准如东县2017年县本级财政决算的决定》。会议通过县法院相关人事任免事项，并任命丁鹏等160人为县法院人民陪审员。

第十二次会议　2018年9月28日召开。会议听取和审议县政府《关于〈如东县国民经济和社会发展第十三个五年规划纲要〉执行情况（中期评估）的工作报告》《关于如东县国民经济和社会发展第十三个五年规划部分指标调整的报告》和县人大常委会调查报告。会议听取县政府《关于贯彻实施〈县人大常委会关于开展第七个五年法治宣传教育的决议〉情况的工作报告》和县人大常委会调查报告。听取2018年度被评议部门整改情况的工作报告，开展专题询问，并进行满意度测评。会议表决通过《县人大常委会关于同意县政府调整如东县国民经济和社会发展第十三个五年规划部分指标的决定》《如东县人民代表大会常务委员会讨论决定重大事项的规定》。会议任命周晓兵为县监察委员会副主任，任命冯新华为县监察委员会委员，并举行宪法宣誓仪式；通过其他人事任免事项。

第十三次会议　2018年11月29日召开。会议听取和审议县政府常务副县长杨中坚所作《关于2018年度为民办实事情况的工作报告》。听取和审议杨中坚所作《关于代表议案建议办理和常委会决议决定执行及审议意见落实情况的工作报告》，并进行满意度测评。会议表决通过《关于召开如东县第十七届人民代表大会第三次会议的决定》；听取部分南通市人大代表履职情况报告；通过县人大常委会《关于实施政府民生实事项目人大代表票决制的意见》；通过县监察委员会相关人事任免事项。

第十四次会议　2018年12月25日召开。会议经过审议和投票补选徐惠民、沈峻峰为南通市第十五届人民代表大会代表。

第十五次会议　2018年12月29日召开。会议表决通过关于接受沈峻峰辞去县政府县长职务请求决定；听取和审议并表决通过县政府关于提请陈慧宇等职务任免议案，县人大常委会主任会议关于提请决定陈慧宇代理县政府县长职务议案，任命陈慧宇为县政府副县长、代县长，任命吉红九为县政府副县长，免去韩喜江县政府副县长职务，陈慧宇作供职报告，并进行宪法宣誓；通过关于接受曹薇辞去县第十七届人民代表大会常务委员会委员职务请求的决定。听取和初审县政府《关于如东县2018年国民经济和社会发展计划执行情况与2019年国民经济和社会发展计划（草案）、如东县2018年财政预算执行情况和2019年财政预算（草案）、2017年度县本级预算执行和其他财政收支审计查出问题整改情况的报告》。听取和审议县政府常务副县长杨中坚所作《关于如东县2019—2020年度解决的突出环境问题清单的报告》，并通过有关决议。通过县第十七届人大常委会代表资格审查委员会组成人员调整名单；听取县人大代表和副县长变动情况报告。

第十六次会议　2019年2月28日召开。会议听取和审议县人大常委会主任陈昌龙、县政府常务副县长杨中坚、县法院院长黄卫提请人事任免议案，投票通过相关人事任免。审议通过《县人大常委会2019年工作要点》《县人大常委会2019年政府民生实事项目督办推进工作方案》。

第十七次会议　2019年3月28日召开。会议听取和审议县政府副县长陈春柳所作《关于全县社区建设情况的工作报告》和县人大常委会调查报告。通过县人大常委会副主任唐国均所作《县人大常委会关于县人大代表议案和建议、批评、意见的处理办法（草案）》和县人大常委会副主任徐鸿斌所作《县人大常委会“清水绿岸”提质行动督查助推工作方案》；听取和审议县法院院长黄卫提请人事任免议案，通过相关人事任免事项。

第十八次会议　2019年5月30日召开。会议听取和审议县政府常务副县长杨中坚所作《关于贯彻实施〈中华人民共和国水污染防治法〉情况的工作报告》《关于2018年度全县环境状况和环境保护目标完成情况报告》，以及县人大常委会关于《中华人民共和国水污染防治法》执法检查情况报告。听取和审议县政府、县检察院提请的人事任免议案，通过相关人事任免事项。

第十九次会议　2019年7月30日召开。会议听取和审议县政府《关于2019年上半年国民经济和社会发展计划执行情况、2018年县本级财政决算（草案）和2019年上半年财政预算执行情况、同级审计工作情况报告》以及县人大常委会专项调查报告，表决通过《县人大常委会关于批准如东县2018年县本级财政决算的决定》。

第二十次会议　2019年9月27日召开。会议听取和审议县政府《关于全县重大项目建设情况报告》和县人大常委会调查报告。

第二十一次会议　2019年11月29日召开。会议听取和审议县政府《关于2019年度为民办实事工程实施情况的报告》和县人大常委会调查报告。听取和审议县政府《关于代表建议、常委会审议意见办理落实情况的报告》，对重点建议办理情况和审议意见落实情况进行满意度测评。听取和审议县政府《关于2019年度财政收支预算调整议案》，通过县人大常委会《关于同意县政府调整2019年度财政收支预算的决定》。表决通过县人大常委会《关于召开如东县第十七届人民代表大会第四次会议的决定（草案）》；听取部分南通市人大代表履职情况报告。

第二十二次会议　2019年12月29日召开。会议补选韩强为南通市第十五届人大代表。听取和审议县人大常委会、县监察委员会、县法院、县检察院关于人事任免议案，投票通过相关人事任免。听取和初审县政府《关于2019年国民经济和社会发展计划执行情况与2020年国民经济和社会发展计划（草案）报告》《关于2019年财政预算执行情况和2020年财政预算（草案）报告》《关于同级审计工作情况报告》以及县人大常委会专项调查报告，进行满意度测评。听取和审议县政府《关于“清水绿岸”提质行动三年计划实施情况工作报告》及16个涉评部门“清水绿岸”提质行动工作完成情况报告，对涉评部门任务完成情况进行满意度测评。通过县人大常委会《关于表彰2019年度“三优三先”和人大工作创新奖决定》；听取县十七届人大四次会议筹备工作情况报告；修改通过县人大常委会工作报告。

第二十三次会议　2020年1月13日召开。会议听取和审议通过县长陈慧宇所作关于提请张兴国等职务任免议案，任命张兴国为县政府副县长，免去杨中坚县政府副县长职务。听取县人大常委会副主任、代表资格审查委员会主任委员唐国均作代表变动情况和补选代表资格审查报告。通过《县人大常委会2020年工作要点》。

第二十四次会议　2020年3月30日召开。会议听取和审议副县长徐炜所作《关于贯彻实施〈中华人民共和国安全生产法〉情况的工作报告》和县人大常委会执法检查情况报告。

第二十五次会议　2020年4月20日召开。会议听取和审议通过县长陈慧宇和县人大常委会主任陈昌龙所作县政府和县人大常委会相关人事任免议案，任命新一批县政府组成部门负责人和县人大常委会相关工委负责人，并向宪法宣誓。

第二十六次会议　2020年5月19日召开。会议听取和审议并票决通过县长陈慧宇作关于提请蔡东任职议案，以及县法院相关免职议案，任命蔡东为县政府副县长。听取和审议县政府副县长徐炜所作《关于〈中华人民共和国水污染防治法〉贯彻落实情况报告》和县人大常委会执法检查情况报告，进行水环境治理工作专题询问；听取和审议县政府《关于2019年度全县环境状况和环境保护目标完成情况工作报告》。

第二十七次会议　2020年7月24日召开。会议听取和审议县政府《关于如东县2020年上半年国民经济社会发展计划、财政预算执行情况和同级审计工作情况的报告》。听取县政府《关于优化营商环境，强化企业服务，推进全县重特大项目建设情况的工作报告》以及县人大常委会调查报告；听取县人大、县政府、县监察委员会、县法院关于人事任免议案，通过相关人事任免事项。

第二十八次会议　2020年8月19日召开。会议通过县人大常委会《关于建立监察和司法工作委员会的决定》。听取和审议通过县人大常委会主任陈昌龙所作县人大常委会主任会议关于提请邵锋等职务任免议案和县长陈慧宇所作县政府关于提请陆翔等职务任免议案。任命邵锋为县监察委员会副主任、代理主任，陆翔为县政府副县长。

第二十九次会议　2020年9月27日召开。会议听取和审议副县长、县公安局局长陆翔所作《关于全县“七五”普法实施情况工作报告》和县人大常委会调查报告。听取和审议县政府民生实事项目重点实施部门专项工作报告。

第三十次会议　2020年10月10日召开。会议听取和审议县政府、县法院、县检察院提请的人事任免议案，任命张建中为县政府副县长，通过其他人事任免事项。

第三十一次会议　2020年11月27日召开。会议听取和审议县政府常务副县长张兴国所作《关于代表议案建议办理和常委会决议决定执行及审议意见落实情况工作报告》。听取和审议政府民生实事项目重点实施部门工作完成情况报告；首次采用电子测评方式，对代表议案建议办理和政府民生实事项目重点实施部门工作完成情况进行满意度测评，现场公布测评结果。听取和审议县政府《关于2020年度财政收支预算调整议案》，表决通过县人大常委会《关于同意县政府调整2020年度财政收支预算的决定》。听取部分南通市人大代表履职情况报告。

第三十二次会议　2020年12月30日召开。会议表决通过《关于接受陈晓莉同志辞去如东县第十七届人民代表大会常务委员会副主任职务请求决定》；听取和审议并票决通过县长陈慧宇作关于提请陈晓莉、陈威涛职务任免议案；任命陈晓莉、陈威涛为县政府副县长。听取和审议《县政府关于如东县国民经济和社会发展第十四个五年规划和2035年远景目标纲要（草案）编制情况的报告》；听取和初审《县政府关于如东县2020年国民经济和社会发展计划执行情况与2021年国民经济和社会发展计划（草案）的报告》《县政府关于如东县2020年财政预算执行情况和2021年财政预算及部门综合预算（草案）的报告》；听取和审议《县政府关于2019年度县本级预算执行和其他财政收支审计查出问题整改情况的报告》，并进行满意度测评。表决通过《县第十七届人大代表资格审查委员会组成人员调整名单》；听取代表变动情况和补选代表资格审查、县第十七届人大常委会组成人员、县政府副县长、县监察委员会主任变动情况报告；通过县人大常委会《关于表彰“三优三先”和人大工作创新奖决定》；听取县十七届人大五次会议筹备工作情况报告；修改通过县人大常委会工作报告。

第三十三次会议　2021年1月7日召开。会议补选杨忠为南通市第十五届人民代表大会代表，并报南通市人大常委会确认。

第三十四次会议　2021 年 1 月 25 日召开。会议表决通过县人大常委会主任陈昌龙所作人大系统人事任免议案，表决通过县政府常务副县长张兴国所作县政府人事任免议案。审议通过《县人大常委会 2021 年工作要点》。

第三十五次会议　2021 年 3 月 30 日召开。会议听取和审议县政府副县长蔡东所作《关于〈中华人民共和国中小企业促进法〉贯彻落实情况的工作报告》和县人大常委会执法检查报告。

第三十六次会议　2021 年 4 月 29 日召开。会议表决通过县长陈慧宇所作《县政府关于提请许金标等同志职务任免的议案》，表决通过县法院院长黄卫所作县法院人事任免议案。任命许金标为县政府副县长，免去张建中县政府副县长职务。

第三十七次会议　2021 年 5 月 28 日召开。会议表决通过县人大常委会主任陈昌龙所作县人大常委会人事任免议案，表决通过县长陈慧宇所作县政府人事任免议案，任命姜红波为县政府副县长。

第三十八次会议　2021 年 7 月 9 日召开。会议表决通过县长陈慧宇所作人事任职议案，县人大常委会主任陈昌龙作议案说明，任命刘莉为县政府副县长，杨德华为县法院副院长、审判委员会委员、审判员，方海军为县检察院副检察长、检察委员会委员、检察员。接受黄卫辞去县法院院长、审判委员会委员、审判员职务请求，接受王骅辞去县检察院检察长、检察委员会委员、检察员职务请求。决定杨德华代理县法院院长职务并报县第十八届人民代表大会第一次会议备案，方海军代理县检察院检察长职务并报县第十八届人民代表大会第一次会议、南通市人民代表大会常务委员会和南通市检察院备案。

第三十九次会议　2021 年 7 月 27 日召开。会议接受陈慧宇辞去县政府县长职务请求；接受邵锋辞去县监察委员会主任职务请求；表决通过县政府、县监察委员会人事任职议案；任命陈雷为县政府副县长、朱正俊为县监察委员会副主任；决定陈雷代理县政府县长职务、朱正俊代理县监察委员会主任职务。听取县政府《关于 2021 年上半年国民经济和社会发展计划执行情况报告》《关于 2020 年县本级财政决算（草案）和 2021 年上半年财政预算执行情况报告》《关于同级审计工作情况报告》以及县人大常委会相应调查报告；审查批准 2020 年县本级决算。听取服务项目建设和中小企业发展重点职能部门专项工作报告。

第四十次会议　2021 年 8 月 10 日召开。会议表决通过县政府代县长陈雷和县监察委员会、县“两院”人事任免议案。任命徐东俊为县政府副县长，免去张兴国、蔡东县政府副县长职务，并通过其他人事任免事项。

第四十一次会议　2021 年 9 月 29 日召开。会议听取和审议服务项目建设和中小企业发展专项工作评议重点职能部门整改工作情况报告，县人大常委会组成人员就整改工作中的问题对相关部门进行专题询问，并作满意度测评。听取和审议县政府副县长陈晓莉所作《关于开展第八个五年法治宣传教育议案情况说明》《关于规范性文件备案审查的专项工作报告》。表决通过县人大常委会关于开展第八个五年法治宣传教育的决议。听取和审议《县法院、县检察院部分工作人员履职情况报告》，并作满意度测评。表决通过县人大常委会关于县镇人民代表大会换届选举有关问题的决定、县镇选举委员会组成人员名单，县第十八届人民代表大会代表名额分配方案。表决通过相关人事任免事项，并举行宪法宣誓仪式。

第四十二次会议　2021 年 11 月 29 日召开。会议表决通过县人大常委会、县政府和县法院相关人事任免议案，任免一批县人大常委会相关委室负责人、县政府组成部门负责人和县法院审判员，并进行宪法宣誓。听取和审议县政府副县长许金标所作《关于代表议案建议办理和常委会决议决定执行及审议意见落实情况工作报告》。采用电子测评方式对代表议案建议办理工作完成情况作满意度测评，现场公布测评结果。听取和审议县政府《财政收支预算调整议案》，表决通过《县人大常委会同意县政府调整财政收支预算的决定》。听取部分南通市人大代表履职情况报告。表决通过县人大常委会召开县第十八届人民代表大会第一次会议的决定。表决通过县人大常委会关于许可县公安局对有关代表采取刑事强制措施批复。

第四十三次会议　2021年12月28日召开。会议听取并初审县政府《关于2022年如东县国民经济社会发展计划（草案）和财政预算及部门综合预算（草案）报告》；听取和审议县政府《关于县本级财政预算执行和其他财政收支审计查出问题整改情况报告》，并作满意度测评。会议听取县选举委员会《关于县镇人大代表选举工作情况报告》和《县第十八届人大代表资格审查情况报告》《通过表彰“三优三先”［优秀县人大代表、优秀议案建议、优秀承办单位；镇（区、街道）人大工作先进集体、先进人大工作者、先进人大代表之家］和人大工作创新奖决定》。听取县十八届人大一次会议筹备工作情况报告，修改通过县人大常委会工作报告。

四、县第十八届人大常委会会议

第一次会议　2022年1月14日召开。会议通过相关人事任免和有关事项。县长陈雷宣读人事任职议案，任命姜红波为县政府副县长。会议通过修改后的《如东县人大常委会议事规则》《如东县人大常委会工作细则》《如东县人大常委会2022年工作要点》。表决通过《县第十八届人大常委会代表资格审查委员会名单》。通过《如东县人大常委会关于开展人大代表“践行‘双聚双高’、助力乡村振兴”主题实践活动的实施意见》。

第二次会议　2022年2月18日召开。会议通过相关人事任命，部署2022年全县人大重点工作，专题学习《江苏省农村集体资产管理条例》。

第三次会议　2022年3月30日召开。会议听取和审议通过《如东县人大常委会议事操作规程》。听取和审议县政府副县长徐东俊代表县政府所作《关于贯彻实施〈江苏省农村集体资产管理条例〉情况工作报告》和县人大常委会执法检查报告。

2022年3月30日，县第十八届人大常委会第三次会议

第四次会议　2022年5月31日召开。会议听取和审议县政府《关于贯彻实施〈中华人民共和国大气污染防治法〉情况的工作报告》和县人大常委会执法检查报告；听取和审议县政府《关于2021年度全县环境状况和环境保护目标完成情况的工作报告》；听取和审议县监察委员会《关于整治群众反映强烈的突出问题工作情况的报告》。会上集中展示县人大常委会组成人员参加“五加一”［助推一方产业、管护一条河（路）道、当好一名志愿者、融进一个网格、帮扶一户选民、用活一个平台］主题实践活动阶段性工作成果。会议通过法院有关人事任职事项。

第五次会议　2022年7月28日召开。会议听取和审议并表决通过县人大常委会主任陈昌龙所作县人大常委会人事免职议案；听取和审议并表决通过县长陈雷所作县政府人事任免议案；听取和审议并表决通过县法院院长杨德华所作县法院人事任免议案和县检察院检察长方海军所作县检察院人事任职议案；任命蔡东为县政府副县长，免去许金标县政府副县长职务。任命县法院副院长、审判委员会委员、审判委员会专职委员以及县检察院副检察长（挂职）。会议听取和审议《县政府关于2022年上半年国民经济和社会发展计划执行情况的报告》《县政府关于2021年县本级财政决算（草案）和2022年上半年财政预算执行情况的报告》《县政府关于同级审计工作情况的报告》以及县人大常委会相应调查报告。会议听取和审议县政府常务副县长徐东俊所作《关于全县向海发展推进情况的工作报告》和县人大常委会调查报告。会议通过《县人大常委会关于2021年县本级财政决算的决定》；通过《县人大常委会关于全力打造全省向海发展先导区的决定》。

2022年7月28日，县第十八届人大常委会第五次会议

第六次会议　2022年9月29日召开。会议听取和审议并表决通过县长陈雷所提请县政府人事任免议案，任命刘拓为县政府副县长，任命王亮为县政府副县长（挂职），免去陈威涛县政府副县长职务。会议通过县"两院"相关人事任免事项。会议开展对水环境整治相关政府部门专项工作评议，听取和审议相关部门专项工作报告，并进行专题询问。听取和审议县"两院"部分工作人员履职情况的报告和县人大常委会调查组相关调查报告，进行满意度测评。

2022年9月29日，县第十八届人大常委会第六次会议

第七次会议　2022年11月29日召开。会议听取和审议县政府常务副县长徐东俊所作《关于县人大代表议案建议办理和县人大常委会决议决定执行及审议意见落实情况的报告》《关于推进全县安全生产"三年大灶"行动情况的工作报告》以及县人大常委会相关调查报告。会议听取和审议水环境整治专项工作评议相关政府部门整改工作情况报告，并进行满意度测评。部分南通市人大代表履职情况报告。会议审议通过《如东县第十八届人大五年工作规划》。

第八次会议　2022年12月7日召开。会议听取和审议并表决通过县长陈雷所提请县政府人事任免议案，任命储开林为县政府副县长、县公安局局长，免去陆翔县政府副县长、县公安局局长职务；会议听取和审议并表决通过县法院院长杨德华所提请关于顾建国、徐炳荣职务免职议案；会议通过其他人事任免事项。会议通过县人大常委会《关于召开如东县第十八届人民代表大会第二次会议的决定》。会议通过关于接受相关人员辞去县第十八届人大代表职务请求决定。

第九次会议　2022年12月27日召开。会议听取和初审《县政府关于如东县2022年国民经济和社会发展计划执行情况与2023年国民经济和社会发展计划（草案）的报告》《县政府关于如东县2022年财政预算执行情况和2023年财政预算（草案）的报告》《县政府关于2022年度财政收支预算调整的议案》，表决通过《县人大常委会关于同意县政府调整2022年度财政收支预算的决定》；听取和审议县政府副县长施正泉所作《关于2022年度民生实事项目实施情况的工作报告》；听取和审议《县政府关于政府债务管理情况的报告》《县政府关于2021年度县本级财政预算执行和其他财政收支审计查出问题整改情况的报告》，会议审查《重点部门审计查出问题整改情况的报告》《县人大常委会关于规范性文件备案审查工作情况的报告》《关于全县人大系统开展“创特色、创品牌”活动的通知》《关于组织人大代表开展民主评议政府部门和条管单位的实施意见》；会议对审计查出问题的14个重点部门整改情况进行满意度测评，并现场公布测评结果。通过《县人大常委会关于表彰2022年度“三优三先”的决定》《县人大常委会关于表彰2022年度人大工作创新奖的决定》，会议听取《县十八届人大二次会议筹备工作情况的报告》，讨论修改《县十八届人大二次会议人大常委会工作报告》。

第十次会议　2022年12月31日召开，通报县人大代表补选情况，补选吴海军、储开林、朱益峰、吴昊、崔红霞5人为县第十八届人大代表。

第十一次会议　2023年2月8日召开。会议审议并通过《县人大常委会2023年度工作要点》《县人大常委会关于开展2023年人大代表“践行‘双聚双高’，助力乡村振兴”主题实践活动工作方案》《如东县人民代表大会常务委员会监督司法工作办法》《如东县人民代表大会常务委员会规范性文件备案审查工作办法》。会议通过相关人事任免事项。

第十二次会议　2023年3月30日召开。会议听取和审议县政府副县长施正泉所作《关于贯彻落实〈江苏省物业管理条例〉〈南通市住宅物业管理条例〉情况的工作报告》，以及县人大常委会执法检查情况报告，并就“两个条例”执法检查中发现的突出问题开展专题询问，交办问题清单。

2023年3月，在县第十八届人大常委会第十二次会议上，县人大常委会党组书记、主任陈昌龙（左）向县政府副县长施正泉（右）交办《物业管理条例》执法检查问题清单

第十三次会议　2023年5月30日召开。会议表决通过关于接受朱正俊辞去县监察委员会主任职务请求的决定；听取、审议并表决通过县人大常委会主任陈昌龙所提请人事任职议案及代理县监察委员会主任职务议案，任命葛峰为县监察委员会副主任，决定由葛峰代理县监察委员会主任职务。会议听取、审议并表决通过县法院所提请人事任职议案，表决通过关于确定人民陪审员名额数决定。会议听取和审议县政府副县长刘拓所作《关于2022年度全县环境状况和环境保护目

2023年5月，县第十八届人大常委会第十三次会议决定，任命葛峰（前排左一）为如东县监察委员会副主任、代理主任

标完成情况工作报告》《关于县人大2022年督查农村污水处理设施建设运行管理相关问题整改情况报告》及县政府党组成员曹贯中所作《关于高标准农田建设情况的工作报告》，表决通过《县人大常委会关于加强高标准农田建设的决定》。

第十四次会议　2023年7月27日召开。会议听取和审议通过县法院院长杨德华所作《县法院关于人事任免的议案》，以及县检察院检察长方海军所作《县检察院关于人事任职的议案》。听取和审议《县政府关于如东县2023年上半年国民经济和社会发展计划执行情况的报告，2023年上半年财政预算执行情况的报告，同级审计工作情况的报告》以及县人大常委会相关调查报告。审查批准2022年县本级财政决算。听取和审议副县长陈晓莉所作《县政府关于县人大常委会关于打造全省向海发展先导区的决定落实情况的工作报告》和《县政府关于全县教师队伍建设情况的报告》以及县人大常委会调研组相关调研报告。听取和审议民主评议政府部门和条管单位工作报告以及县人大常委会各评议小组相关调研报告。

第十五次会议　2023年9月27日召开。会议听取和审议并表决通过县委常委、县政府常务副县长徐东俊所提请县政府人事免职议案，免去刘拓县政府副县长职务；听取和审议并表决通过县法院院长杨德华所提请丁俊等180名人民陪审员任职议案。听取和审议通过县政府常务副县长徐东俊所作《关于全县新型城镇化建设情况的报告》、副县长姜红波所作《关于贯彻实施〈江苏省河道管理条例〉情况的工作报告》和副县长储开林所作《关于"八五"普法决议执行情况的工作报告》和县法院杨德华院长所作《县法院诉源治理工作情况的报告》以及县人大常委会执法检查组《关于〈江苏省河道管理条例〉执法检查情况报告》和县人大常委会调研组相关调研报告。听取和审议县"两院"部分工作人员履职情况的报告及县人大履职评议小组的调查报告，并进行满意度测评。表决通过县人大常委会《关于建立人大司法监督与政法委执法监督衔接机制的实施办法（试行）》。

第三节　主任会议

县人大常委会为有效行使职权，根据《中华人民共和国地方各级人民代表大会和地方各级人民政府组织法》规定，召开主任会议听取报告，掌握情况，分析研究，提出建议意见，以保障决策科学、正确。一般每月召开1～2次常务委员会主任会议，并在会议召开前7天由办公室发出预备通知，会议召开前3天发出正式通知。会议由常委会主任主持，或由主任委托副主任主持。会议在讨论决定事项时，充分发扬民主，认真听取各方面意见。县第十五届至十八届常委会先后召开主任会议278次，其中十五届75次、十六届85次、十七届89次、十八届（至2023年9月底）29次。从而使主任会议的组织权、提议权、提名权、决定权得到有效保证。

一、县第十五届人大常委会主任会议

第一次会议　2008年1月24日召开。会议讨论确定县第十五届人大常委会第一次会议议程，讨论通过《县人大常委会2008年工作要点》；讨论《县人大常委会城建环保工作委员会更名决定》；讨论县第十五届人大常委会组成人员分工；通过县委关于第十五届人大常委会领导工作分工。会议听取县委组织部负责人对政府组成部门和人大相关工委的人事提名。

第二次会议　2008年3月18日召开。会议听取县第十五届人大常委会第一次会议代表议案、建议交办情况汇报和第二次常委会相关议题准备情况。听取县委组织部负责人提请免去翁晓云县政府副县长职务情况；提请任命11人为检察院人民监督员。

第三次会议　2008年4月15日召开。会议听取和讨论评议县发展和改革委员会及执法检查、土地补偿调研准备情况。

第四次会议 2008 年 5 月 8 日召开，会议听取和审议县国土资源局《关于全县国家、省投资土地开发整理项目实施情况的报告》；听取县人大财经工委《关于对全县城郊失地农民生活现状的调查与建议》。

第五次会议 2008 年 5 月 16 日召开。会议听取评议县发改委各调查组报告；听取海洋环境保护条例执法情况报告；研究县城郊失地农民生活现状调查与建议。

第六次会议 2008 年 6 月 5 日召开。会议专题听取和审议县政府《关于全县建筑业发展情况的报告》。

第七次会议 2008 年 7 月 4 日召开。会议听取县农林局《关于全县农业结构调整、项目农业基地建设情况的报告》和县教育局《关于全县职业教育发展情况的报告》。

第八次会议 2008 年 7 月 8 日召开。会议听取县委组织部负责人介绍县政府副县长候选人姜晓静基本情况。

第九次会议 2008 年 7 月 22 日召开。会议听取和审议县政府《关于全县安全生产工作情况的报告》。

第十次会议 2008 年 7 月 25 日召开。会议听取县政府关于人大机关各工委对常委会调研议题的准备情况。

第十一次会议 2008 年 8 月 6 日召开。会议听取县十五届人大一次会议第 6 号重点建议办理情况及县民政局工作汇报。

第十二次会议 2008 年 8 月 28 日召开。会议听取和审议县妇联《关于贯彻落实〈中华人民共和国妇女权益保障法〉情况的报告》和县法院《关于执行工作的报告》。

第十三次会议 2008 年 9 月 16 日召开。会议分别听取县人大财经工委关于全县项目建设情况调查报告，县人大环资工委关于全县节能减排情况的调查报告，县人大内司工委关于全县农村五保、低保和优抚工作情况调查报告。

第十四次会议 2008 年 11 月 25 日召开。会议听取和审议县公安局《关于全县社会治安工作情况的报告》；听取县人大有关工委议案、建议办理情况视察调查汇报。

第十五次会议 2008 年 11 月 26 日召开。会议听取和审议县政府关于县十五届人大一次会议作出的《关于大力推进环境革命，加快实现城乡面貌大变样的决议》和代表建议办理情况的报告，通过“双优”表彰决定；通过召开县第十五届人大二次会议的决定。

第十六次会议 2008 年 12 月 15 日召开。会议听取和审议县检察院检察长顾祖林所作《关于预防职务犯罪工作情况报告》。

第十七次会议 2008 年 12 月 19 日召开。会议听取县委组织部负责人介绍副县长候选人卢瑞华基本情况；讨论县第十五届人大二次会议人大常委会工作报告。

第十八次会议 2008 年 12 月 23 日召开。会议修改通过县人大常委会工作报告；听取县十五届人大二次会议筹备工作情况报告；初审 2009 年国民经济社会发展计划（草案）和财政预算及部门综合预算（草案）。

第十九次会议 2009 年 1 月 16 日召开。会议听取县委组织部、县法院、县检察院有关人事任免情况介绍；讨论县人大常委会 2009 年工作要点。

第二十次会议 2009 年 3 月 16 日召开。会议听取关于县第十五届人大二次会议代表建议办理情况；听取第九次常委会会议准备情况；通过《人大代表联系选民固定接待日活动实施意见》。

第二十一次会议 2009 年 5 月 19 日召开。会议听取人事代表工委关于全县首次人大代表联系选民固定接待日活动情况汇报；讨论大豫镇人民代表大会换届选举有关问题；确定第十次常委会会议召开时间。会议听取县国土资源管理局《关于全县土地储备供应工作情况的报告》。

第二十二次会议　2009年6月10日召开。会议听取和审议《如东县城市总体规划》修编相关情况。

第二十三次会议　2009年6月18日召开。会议听取和审议县农林局《关于全县农业结构战略性调整推进情况的报告》和县人大财经工委赴山东寿光考察报告，观看山东寿光《绿食神话》专题片。

第二十四次会议　2009年6月30日召开。会议听取和审议县安监局《关于全县安全生产工作情况报告》，观看洋口港“6·16”施工事故及救援现场视频资料。

第二十五次会议　2009年7月2日召开。会议听取和审议县政府《关于全县上半年财政工作情况的报告》。

第二十六次会议　2009年7月22日召开。会议讨论第十一次常委会会议有关议题。

第二十七次会议　2009年8月6日召开。会议听取和审议县司法局《关于全县法律服务情况的工作报告》。

第二十八次会议　2009年8月10日召开。会议听取和审议县政府《关于“一号议案”办理落实情况的报告》，县行政服务中心《关于优化行政服务提升服务效能的报告》，县水务局《关于加强机关作风建设提升服务效能情况的报告》，县劳动局《关于出真招强化效能、保民生务求实效的报告》，县城管局《关于作风效能建设工作情况的报告》。

第二十九次会议　2009年9月18日召开。会议听取和审议县信访局《关于全县信访工作情况的报告》，讨论通过《规范性文件备案审查实施办法》，听取县人大相关工委关于小区物业管理和职业教育调研情况汇报。

第三十次会议　2009年9月21日召开。会议听取和审议县法院院长蒋明华《关于人民陪审员工作情况的报告》。

第三十一次会议　2009年9月23日召开。会议听取和审议县检察院检察长顾祖林《关于诉讼监督工作情况的报告》。

第三十二次会议　2009年10月30日召开。会议听取和审议县卫生局《关于全县农民健康工程工作情况的报告》。

第三十三次会议　2009年11月18日召开。会议听取和审议县广电局《关于全县广播电视事业工作情况的报告》。

第三十四次会议　2009年11月26日召开。会议听取县财政局《关于2008年公共财政项目支出绩效评价情况的报告》。

第三十五次会议　2009年11月27日召开。会议听取和审议县政府关于县十五届人大二次会议作出的《关于进一步加强机关作风建设，全面提升服务效能的决议》、代表建议和常委会审议意见办理情况的工作报告；通过“双优”表彰决定；对县政府贯彻落实《中华人民共和国城乡规划法》情况开展执法检查，听取和审议县人大常委会执法检查报告；通过召开县十五届人大三次会议的决定。

第三十六次会议　2009年12月25日召开。会议修改通过县人大常委会工作报告；听取县十五届人大三次会议筹备工作情况的报告；初审2010年国民经济社会发展计划（草案）和财政预算及部门综合预算（草案）。

第三十七次会议　2010年1月7日召开。会议对县第十五届人大常委会第三次会议相关准备工作进行再部署再落实。

第三十八次会议　2010年1月29日召开。会议听取县委组织部负责人提出的人事任免议案，讨论《县人大常委会2010年工作要点》，并提出评议政府部门初步名单。

第三十九次会议　2010年3月24日召开。

会议听取和审议县计生委《关于全县人口与计生工作情况报告》，与会人员视察县计生服务站。

第四十次会议　2010年3月25日召开。会议听取县政府副县长顾淑英《关于代表议案、建议交办工作情况的报告》，对提交县第十五届人大常委会第十六次会议审议的工业结构调整、农桥建设两个议题进行讨论。

第四十一次会议　2010年4月20日召开。会议听取和审议县司法局《关于全县“五五”普法情况的工作报告》。与会人员视察县青少年法制教育基地、县供电公司和古坝社区法制宣传阵地建设。

第四十二次会议　2010年4月26日召开。会议听取和审议县统计局《关于全县经济普查工作开展情况的工作报告》。

第四十三次会议　2010年5月18日召开。会议听取和审议县食品安全委员会办公室、县药监局《关于全县食品药品安全监督情况的工作报告》。

第四十四次会议　2010年5月21日召开。会议听取和审议县法院院长蒋明华《关于全县民事审判工作情况的报告》和县人大内务司法工委调查报告；听取县人大人事代表工委《关于评议环保部门调查报告》；听取县政府关于人事任免议案。

第四十五次会议　2010年5月24日召开。会议听取和审议县政府副县长于立忠《关于全县项目农业和土地流转工作情况的报告》。

第四十六次会议　2010年6月21日召开。会议听取和审议县政府《关于全县安全生产工作情况的报告》。与会人员视察县沿海经济开发区安全生产情况。

第四十七次会议　2010年6月24日召开。会议听取和审议县政府副县长于立忠《关于全县农村和城市饮用水安全工作情况的报告》。

第四十八次会议　2010年6月28日召开。会议审议《如东县2010年至2015年学校布局调整规划（征求意见稿）》。

第四十九次会议　2010年6月30日召开。会议听取和审议县政府《关于加快推进如东旅游业跨越发展的议案办理情况的报告》。与会人员视察港汇海鲜一条街、丰利文园博物馆、小洋口旅游接待中心等如东新兴旅游景点。听取和审议县政府副县长刘才盛以及县旅游局、旅游经济开发区、文广新局、掘港镇等9家单位关于“一号议案”办理情况报告。

第五十次会议　2010年7月21日召开。会议听取和审议县城管局《关于城乡垃圾收集处理情况的工作报告》。

第五十一次会议　2010年7月26日召开。会议对提交县第十五届人大常委会第十八次会议审议的关于2009年如东上半年计划和预算执行情况、县政府关于全县文化建设情况两个议题进行讨论。

第五十二次会议　2010年8月6日召开。会议听取和审议县政府副县长、县公安局局长卢瑞华《关于〈中华人民共和国道路交通安全法〉执行情况的工作报告》。

第五十三次会议　2010年8月6日召开。会议听取和审议县住房保障和建设局《关于全县保障性住房建设和小区物业管理情况的工作报告》。

第五十四次会议　2010年8月25日召开。会议听取和审议县检察院检察长顾祖林《关于检调对接工作情况的工作报告》。

第五十五次会议　2010年9月17日召开。会议听取和审议县人社局《关于全县社会保障情况的工作报告》。

第五十六次会议　2010年9月27日召开。会议对提交县第十五届人大常委会第十九次会议审议的《中华人民共和国城乡规划法》执法情况、环保部门评议整改落实情况两个议题进行讨论。

第五十七次会议　2010年11月8日召开。

会议听取和审议县国土局《关于全县土地利用总体规划修编和土地利用情况的工作报告》。

第五十八次会议 2010年11月22日召开。会议听取和审议县供销社《关于供销社为农服务社建设情况的工作报告》。与会人员视察掘港镇六总村、大豫镇为农服务社建设情况。

第五十九次会议 2010年11月26日召开。会议对提交县第十五届人大常委会第二十次会议审议的县政府关于提请调整2010年财政支出预算的议案等相关议题进行讨论。

第六十次会议 2010年12月9日召开。会议听取和审议县交通局《关于全县交通基础设施建设情况的工作报告》。与会人员视察交通基础设施建设情况。

第六十一次会议 2010年12月15日召开。会议听取和审议县住建局《关于全县市政工程建设情况的工作报告》。与会人员视察市政工程建设情况。

第六十二次会议 2010年12月15日召开。会议对提交县第十五届人大常委会第二十一次会议审议的县发改委关于2011年国民经济和社会发展计划（草案）等相关议题进行讨论。

第六十三次会议 2011年1月4日召开。会议对县第十五届人大常委会第四次会议相关准备工作进行再部署再落实。

第六十四次会议 2011年1月24日召开。会议对提交县第十五届人大常委会第二十二次会议审议的县安监局、住建局和民政局为2011年人大代表评议单位等相关议题进行讨论。

第六十五次会议 2011年3月22日召开。会议听取县委组织部、县“两院”提名有关人事任免议案。人事代表工委汇报相关工作情况。

第六十六次会议 2011年4月15日召开。会议听取和审议县文广传媒中心《关于全县文广事业发展和贯彻实施〈中华人民共和国广告法〉情况的工作报告》和县人大教科文卫工委调查报告。

第六十七次会议 2011年4月18日召开。会议讨论《关于接受徐建华、徐守宏辞去人大代表职务请求的决定（草案）》。

第六十八次会议 2011年4月29日召开。会议听取和审议县政府副县长于立忠《关于全县生态创建情况的工作报告》。

第六十九次会议 2011年5月26日召开。会议听取县委组织部负责人提名有关人事任免事项；会议讨论对县安监局、民政局、住建局工作评议调查报告。

第七十次会议 2011年6月20日召开。会议听取和审议县政府副县长姜晓静《关于全县学前教育情况的工作报告》。

第七十一次会议 2011年6月21日召开。会议听取和审议县农业委员会《关于〈中华人民共和国动物防疫法〉〈中华人民共和国农产品质量安全法〉〈中华人民共和国种子法〉等3部涉农法律法规贯彻落实情况的工作报告》。

第七十二次会议 2011年6月23日召开。会议听取县委关于提名潘建华、陈昌龙、张蓉蓉、王智等人事任命事项。

第七十三次会议 2011年7月14日召开。会议听取和审议县检察院检察长顾祖林《关于检察队伍建设工作情况的报告》。

第七十四次会议 2011年7月26日召开。会议对提交县第十五届人大常委会第二十七次会议审议的2011年上半年国民经济和社会发展计划执行情况等相关议题进行讨论。

第七十五次会议 2011年8月23日召开。会议听取和审议县气象局《关于气象服务地方经济社会发展情况的工作报告》。

二、县第十六届人大常委会主任会议

第一次会议 2012年4月21日召开。会议听取县委常委、组织部部长任新峰向主任会议提名人事任命等有关事项。会议听取县政府常务副县长沈峻峰《关于县十六届人大一次会议代表建议、意见办理计划的报告》。

2012 年 4 月 21 日，县人大常委会第一次主任会议

第二次会议　2012 年 5 月 18 日召开。会议听取和审议县人民银行《关于县金融行业服务于地方经济发展情况的工作报告》；县工商银行《关于围绕港口和项目建设做好服务工作情况的报告》。

第三次会议　2012 年 5 月 21 日召开。会议讨论关于对县规划局工作评议调查报告、关于全县农村水利基础设施建设情况调查报告、关于开展《中华人民共和国食品安全法》执法检查实施方案和关于组织开展“2012 年县政府为民办实事项目”视察调研活动意见。

第四次会议　2012 年 6 月 19 日召开。会议听取和审议县政府《关于城乡居民普遍饮用长江水工程推进情况的报告》。

2012 年 6 月 19 日，县人大常委会第四次主任会议

第五次会议　2012 年 7 月 22 日召开。与会人员参观苴镇河丫村南美白对虾养殖基地和万亩海参园区，听取和审议县海洋渔业局《关于全县现代渔业园区建设情况的报告》。

第六次会议　2012 年 5 月 23 日召开。会议听取和审议县法院院长娄宏春《关于商事审判工作的情况报告》。

第七次会议　2012 年 7 月 23 日召开。会议听取和审议县发改委《关于如东县 2012 年上半年国民经济和社会发展计划执行情况的报告》，县财政局《关于 2012 年全县财政预算执行情况以及 2011 年财政决算情况的报告》以及县人大常委会调查报告。会议听取和讨论县人大常委会专题调研组《关于〈中华人民共和国食品安全法〉执法检查情况的报告》《关于全县两级人大换届选举工作的汇报》和《关于组建如东县人大专业代表小组和开展专业小组活动的实施意见》《关于县镇人大代表视察“2012 年县政府为民办实事项目”活动方案》。会议听取和讨论《如东县人大常委会关于接受冒乃余辞去如东县第十六届人大代表职务的决定（草案）》。

第八次会议　2012 年 8 月 20 日召开。会议听取和审议县政府副县长姜晓静《关于全县医药卫生体制改革情况的工作报告》。

第九次会议　2012 年 8 月 22 日召开。与会人员视察掘苴河大桥建设、阳光家园保障房建设以及阳光水岸、苏建新天地房地产开发建设现场，听取和审议县住建局《关于住房和城乡建设情况的工作报告》。

第十次会议　2012 年 9 月 13 日召开。会议听取和审议县检察院检察长顾祖林《关于全县延伸法律触角工作专题报告》。

第十一次会议　2012 年 9 月 19 日召开。会议听取和讨论《如东县人大常委会关于进一步提高常委会会议和主任会议质量的意见》、县人大常委会专题调查组《关于发挥资源优势，推进沿海开发情况的调查报告》《关于老小区改造情况的调查报告》。听取县“两院”提名相关人事任免议案。

第十二次会议　2012年10月22日召开。会议听取和审议县人社局《关于贯彻落实〈中华人民共和国社会保险法〉情况的工作报告》。

第十三次会议　2012年10月31日召开。会议听取和审议县政府副县长、县公安局局长程军《关于贯彻实施〈中华人民共和国道路交通安全法〉情况报告》和《全县公安工作情况报告》。

2012年10月31日，县人大常委会第十三次主任会议

第十四次会议　2012年11月23日召开。会议讨论提交常委会会议审议通过相关事项。听取县委组织部负责人关于提名吴建坤为县政府副县长情况；听取县政府《关于提请调整2012年度国民经济计划指标的议案》；听取和讨论县人大人事代表工委《关于表彰优秀建议和优秀承办单位的决定（草案）》。

第十五次会议　2012年12月19日召开。会议听取和审议县交通运输局《关于2012年全县交通运输工作情况的报告》。

第十六次会议　2012年12月24日召开。会议讨论提交常委会会议审议通过相关事项。会议听取和审议县发改委《关于2013年全县国民经济社会发展计划（草案）》；县财政局《关于2013年全县财政预算与县级部门财政预算（草案）和关于提请调整2012年度财政支出预算的议案》；听取县人大常委会代表资格审查委员会关于补选县第十六届人大代表资格审查情况；会议审看《县人大视察调研“2012年县政府为民办实事项目”电视专题片》。

第十七次会议　2013年2月25日召开。会议听取相关人事任免提名事项；讨论《县人大常委会2013年工作要点》和《议案、建议办理工作问责办法》。

第十八次会议　2013年3月22日召开。会议听取县政府《关于如东县十六届人大二次会议代表议案、建议办理工作计划的报告》。

第十九次会议　2013年4月18日召开。会议听取和审议县政府《关于全县经济薄弱村集体经济发展情况工作报告》。

第二十次会议　2013年5月23日召开。会议听取和审议县法院院长娄宏春所作《关于县法院商事审判工作情况的报告》。

第二十一次会议　2013年5月27日召开。会议听取县委组织部人事任免提名；听取县人大相关工委关于对县卫生局开展工作评议调查报告和《中华人民共和国环境保护法》执法检查情况报告。

第二十二次会议　2013年6月20日召开。会议听取和审议县农委《关于农产品质量安全监管工作的情况报告》。与会人员视察如东供合农资连锁有限公司、掘港镇农产品质量安全监管服务站、县城中心市场、县农产品质量检测中心。

2013年6月20日，县人大常委会第二十二次主任会议现场视察

第二十三次会议　2013年6月26日召开。会议听取和审议副县长王智《关于县十六届人大二次会议“一号议案”办理情况的报告》。

第二十四次会议　2013年7月22日召开。会议听取和审议县检察院检察长顾祖林《关于民事行政诉讼法律监督工作情况的报告》。

2013年7月22日，县人大常委会第二十四次主任会议

第二十五次会议　2013年7月29日召开。会议听取和审议县政府《关于2013年上半年全县国民经济、社会发展计划执行情况的报告》《关于2012年县本级财政决算（草案）和2013年上半年全县财政预算执行情况的报告》《关于同级审计工作情况的报告》；听取和审议县政府副县长王智所作《关于全县招商引资情况的工作报告》。

第二十六次会议　2013年8月22日召开。会议听取和审议县国土资源局《关于全县闲置空闲土地清理工作情况的报告》。

第二十七次会议　2013年9月24日召开。会议讨论提交常委会会议审议的有关事项。会议听取县委组织部负责人关于县政府副县长任免的提名；讨论修改《关于全县实施“五个一批”农渔业项目情况的调查报告》；听取县人大人事代表工委对县卫生局评议整改情况的汇报，讨论《县人大常委会专项工作评议办法》。

2013年9月24日上午，县人大常委会第二十七次主任会议

第二十八次会议　2013年9月26日召开。与会人员视察大众燃气公司、江苏龙源如东海上风电场、江苏海力风电设备有限公司等新能源利用、设备制造企业。会议听取和审议县政府副县长张栩龙和县能源局负责人《关于近年全县新能源产业发展情况及风电产业发展前景的报告》。

第二十九次会议　2013年10月17日召开。会议听取和审议县政府副县长姜晓静《关于全面提升人口计生公共服务水平，努力实现人口均衡发展的工作报告》。

2013年10月17日，县人大常委会第二十九次主任会议

第三十次会议　2013年10月24日召开。会议听取和审议县总工会《关于〈江苏省工会劳动法律监督条例〉贯彻实施情况的工作报告》。

第三十一次会议　2013年11月22日召开。会议听取和审议县住建局《关于县城老旧小区改造、物业管理、市政工程建设和管理情况的工作报告》。与会人员视察富春江路、友谊路改造等项目现场。

2013 年 11 月 22 日，县人大常委会第三十一次主任会议现场视察

第三十二次会议　2013 年 11 月 26 日召开。会议讨论提交常委会会议审议有关事项，会议听取县委组织部负责人有关人事任免提名，听取县人大人事代表工委关于表彰优秀议案建议和优秀承办单位，优秀县人大代表和先进县人大代表小组情况。

第三十三次会议　2013 年 12 月 23 日召开。会议听取和审议全县交通运输工作情况。县政府副县长王智和县交通运输局负责人作《关于全县交通运输工作情况的报告》。与会人员视察海启高速服务指挥部、通洋高速建设现场。

2013 年 12 月 23 日，县人大常委会第三十三次主任会议

第三十四次会议　2013 年 12 月 26 日召开。会议讨论提交常委会会议审议通过相关事项。县发改委《关于 2014 年全县国民经济社会发展计划（草案）》，县财政局《关于 2014 年全县财政预算与县级部门财政预算（草案）》和《关于提请调整 2013 年度财政支出预算的议案》。县人大常委会人事代表工委汇报有关南通市人大代表补选和县人大代表与副县长变动情况。会议讨论修改《县人大常委会工作报告》，审看“县人大‘一号议案’办理落实情况”电视专题片。

第三十五次会议　2014 年 2 月 10 日召开。会议讨论提交常委会会议审议通过相关事项。听取县委组织部负责人所作相关人事提名；讨论并修改《县人大常委会 2014 年工作要点》和《关于在县人大代表中开展“访选民问项目评部门”主题活动的实施意见》。讨论 2014 年接受人大评议的部门名单。

第三十六次会议　2014 年 3 月 21 日召开。会议听取和审议县政府常务副县长沈峻峰《关于如东县十六届人大三次会议代表建议办理工作计划报告》。讨论县人大常委会专题调查组《关于全县学前教育情况的调查报告》，听取县法院、县检察院相关人事任免提名。

第三十七次会议　2014 年 4 月 29 日召开。会议听取县发改委负责人《多层次资本市场与直接融资》专题讲座和《全县企业直接融资工作情况的报告》。

第三十八次会议　2014 年 5 月 23 日召开。

2014 年 5 月 23 日，县人大常委会第三十八次主任会议

会议听取和审议县法院院长娄宏春《关于人民法庭工作情况的报告》。

第三十九次会议　2014年5月26日召开。会议讨论提交常委会会议审议通过相关事项。听取县委组织部负责人关于提名唐智明为县政府副县长人选基本情况；讨论并修改《关于对县农委开展工作评议的调查报告》和《关于〈畜禽规模养殖污染防治条例〉执法检查情况的报告》；讨论如东县人大常委会《关于批准〈如东县生态文明建设规划（2014—2020）〉的决定（草案）》。

第四十次会议　2014年6月27日召开。会议听取和审议县海洋与渔业局《关于全县海洋渔业特色产业发展情况的工作报告》。与会人员视察如东兵凌公司、南通维尔思公司、南通海达公司等海洋渔业特色产业项目。

第四十一次会议　2014年7月22日召开。会议听取和审议县检察院检察长顾祖林《关于如东县检察院监所检察工作专题报告》。

2014年7月22日，县人大常委会第四十一次主任会议

第四十二次会议　2014年7月25日召开。会议讨论提交常委会会议审议有关事项。听取县委组织部负责人有关人事任免提名；听取和审议县发改委《如东县2014年上半年全县国民经济和社会发展计划执行情况的报告》《如东县国民经济和社会发展第十二个五年规划纲要》；县财政局《关于2013年县本级综合预算执行情况、本级财政决算（草案）和2014年上半年全县财政预算执行情况的报告》。会议讨论《如东县人大常委会关于加强常委会联系代表、代表联系人民群众的意见》《如东县人大宣传工作方案》。

第四十三次会议　2014年8月26日召开。会议听取和审议县农委《关于加强农资监管情况的工作报告》。

第四十四次会议　2014年9月22日召开。会议听取和审议县交通运输局《关于全县农村公路建设和管理情况的报告》。与会人员视察通洋高速、县道长掘线、长兵线和掘港镇农村公路等建设和管理情况。

第四十五次会议　2014年9月25日召开。会议讨论提交常委会会议审议有关事项。讨论关于县农委评议整改情况和县人大常委会调查组关于加快土地流转、促进高效规模农业发展情况调查报告。会议就南通市人大代表报告履职情况方案、关于对部分审议议题开展跟踪视察实施方案和人大相关制度修订完善进行讨论。

第四十六次会议　2014年10月23日召开。会议听取和审议县住建局《关于市政工程建设、保障房建设、县城老旧小区改造和小区物业管理的工作报告》。与会人员视察新光安置房、阳光家园、朝阳路、东二环南延、嘉陵江路、友谊小区等保障房、道路、老旧小区建设改造现场。

第四十七次会议　2014年11月24日召开。会议讨论提交常委会会议审议的相关事项。听取县委组织部、纪委、法院关于人事任免的相关情况；讨论《如东县人大常委会关于表彰优秀议案建议和优秀承办单位的决定（草案）》《如东县人大常委会关于表彰2014年度优秀县人大代表和先进县人大代表小组的决定（草案）》和《如东县人大常委会关于召开如东县第十六届人民代表大会第四次会议的决定（草案）》。会议还讨论5个部门对常委会跟踪议题落实情况和部分南通市人大代表履职情况报告。

2014 年 11 月 24 日，县人大常委会第四十七次主任会议

第四十八次会议　2014 年 12 月 26 日召开。会议讨论提交常委会会议审议相关事项。听取县委组织部关于提名人事任免相关情况；听取和审议县发改委《关于 2015 年国民经济和社会发展计划（草案）的报告》，县财政局《关于 2015 年全县财政预算及部门综合预算（草案）的报告》；听取县第十六届人大四次会议筹备工作情况和常委会工作报告，并提出相关意见。会议对县第十六届人大四次会议筹备各项工作提出要求。

第四十九次会议　2015 年 2 月 6 日召开。会议讨论提交常委会会议审议相关事项。听取县委组织部关于提名人事任免相关情况；讨论并修改《如东县人大常委会关于县人大任命“一府两院”人员述职评议工作方案》《如东县人大常委会 2015 年工作要点》和县人大常委会《关于在县人大代表中开展“访选民问项目评部门”主题实践活动实施意见》。

第五十次会议　2015 年 3 月 19 日召开。会议听取和审议县安监局《关于全县安全生产监管工作情况的报告》。

第五十一次会议　2015 年 3 月 24 日召开。会议讨论提交常委会会议审议通过相关事项。听取县委组织部、县法院相关人事提名；讨论并修改《关于县城教育资源配置情况的调查报告》《关于开展〈中华人民共和国水污染防治法〉执法检查的实施方案》《如东县人大常委会规范性文件备案审查实施办法》和《“访问评”活动实施方案》。

第五十二次会议　2015 年 4 月 27 日召开。会议听取和审议县政府副县长蒋树建《关于实施划定畜禽养殖禁养区、限养区意见情况的工作报告》。

第五十三次会议　2015 年 5 月 20 日召开。会议听取和审议县法院《关于执行工作情况的报告》。

第五十四次会议　2015 年 5 月 25 日召开。会议讨论提交常委会会议审议相关事项。组织观看水污染防治法执法检查专题片；讨论修改《关于〈中华人民共和国水污染防治法〉执法检查情况的报告》；讨论常委会对《中华人民共和国环境保护法》《畜禽规模养殖污染防治条例》执法检查整改落实情况开展专题询问相关内容。

第五十五次会议　2015 年 6 月 29 日召开。会议听取和审议县政府副县长王智《关于推进创新驱动战略，促进产业转型升级情况的工作报告》和县人大常委会调查报告。

2015 年 6 月 29 日，县人大常委会第五十五次主任会议

第五十六次会议　2015 年 7 月 27 日召开。会议讨论提交常委会会议审议有关事项。听取和讨论《如东县人大常委会关于设立掘港、城中和苴镇街道人大工作委员会决定（草案）》。会议听

取县委组织部负责人关于提名张栩龙等人职务任免情况。讨论《如东县人大常委会关于2015年上半年全县计划预算执行和2014年财政决算以及同级审计情况的调查报告（征求意见稿）》《如东县人大常委会关于批准如东县2014年县本级财政预算的决定（草案）》和《关于县人大常委会任命的县“一府两院”工作人员报告履职情况的暂行办法》。

第五十七次会议　2015年8月20日召开。会议听取和审议县人力资源和社会保障局《关于全县社会保障情况的工作报告》。

第五十八次会议　2015年8月24日召开。会议听取和审议县检察院《关于查办和预防职务犯罪工作情况的报告》。

第五十九次会议　2015年9月8日召开。会议听取和审议县政务中心、市场监管局、住建局、农办、教育局、民政局等6家单位《关于2015年重点议案建议办理落实情况的报告》。县政府常务副县长沈峻峰参加会议。

第六十次会议　2015年9月22日召开。会议听取和审议县政府副县长姜晓静所作《关于如东县公立医院综合改革情况的工作报告》。

第六十一次会议　2015年9月23日召开。会议讨论提交常委会会议审议相关事项。听取县委组织部和县法院、县检察院提名人事任免事项；听取和审议人大选举任命11名县“一府两院”工作人员履职情况的报告和县人大常委会关于11名人员履职情况考察报告。

第六十二次会议　2015年10月29日召开。会议听取和审议县政府《关于全县食品药品安全监管工作情况的报告》。

第六十三次会议　2015年11月20日召开。会议听取和审议县政府常务副县长沈峻峰《关于全县城市规划建设管理情况工作报告》。与会人员还视察人民路、弹琴路、通海路改造、江海东路便民疏导点、数字环卫远程监控中心等现场。

第六十四次会议　2015年11月24日召开。会议讨论提交常委会会议审议相关事项。听取县委组织部、县纪委关于人事任免相关情况；听取和讨论并修改《关于“十二五”规划执行和“十三五”规划纲要编制情况的调查报告》《关于全县“六五”普法工作情况的调查报告》《如东县人大常委会关于表彰2015年度优秀议案、建议和优秀承办单位的决定（草案）》《如东县人大常委会关于表彰2015年度优秀县人大代表和先进县人大代表小组的决定（草案）》《如东县人大常委会关于召开如东县第十六届人民代表大会第五次会议的决定（草案）》。会议还讨论农村基础设施建设专项评议工作。

第六十五次会议　2015年12月23日召开。会议听取和审议县交通局《关于全县交通基础设施建设和管理情况的工作报告》。与会人员视察农路农桥、港城大道、海启高速连接线以及海启高速征收拆迁建设现场。

第六十六次会议　2015年12月25日召开。会议讨论提交常委会会议审议的相关事项。听取和审议县发改委《关于如东县2015年国民经济和社会发展计划执行情况及2016年国民经济和社会发展计划（草案）的报告》；县财政局《关于2016年全县财政预算与县级部门预算（草案）的报告》；听取县十六届人大五次会议筹备工作情况，讨论人大常委会工作报告。

第六十七次会议　2016年1月12日召开。会议听取相关人员增选为南通市第十四届人大代表议案，并提请人大常委会会议讨论通过。

第六十八次会议　2016年2月18日召开。会议听取相关人员辞去职务请求，并提请人大常委会会议讨论通过。会议讨论设立县人大财政经济委员会、法制委员会相关事项。

第六十九次会议　2016年2月25日召开。会议讨论提交常委会会议审议通过相关事项。讨论《如东县人大常委会2016年工作要点》《县人大常委会关于深入开展县人大代表“访选民、问项目、评部门”主题实践活动的实施意见》《关于明确“访选民、问项目、评部门”主题实践活动组织架构的通知》和《关于开展〈中华人民共和国环境保护法〉等执法检查审议意见落实情况专题询问工作方案》。

2016年2月25日，县人大常委会第六十九次主任会议

第七十次会议 2016年3月25日召开。会议听取和审议县国土资源管理局《关于全县土地资源开发利用和管理情况的工作报告》。

第七十一次会议 2016年3月28日召开。会议讨论提交常委会会议审议相关事项。听取县法院关于提名人事任免相关情况；讨论并修改县人大常委会专题调查组《关于全县水利基础设施建设情况的调查报告》。

第七十二次会议 2016年4月28日召开。会议听取和审议县文化广电新闻出版局《关于全县文化队伍建设情况的工作报告》。

第七十三次会议 2016年5月23日召开。会议听取和审议县法院《关于立案登记制改革工作情况的报告》。会前，县人大还邀请南通市中级人民法院立案第一庭副庭长陆久斌作立案登记制改革相关知识培训。

第七十四次会议 2016年5月27日召开。会议听取县人大常委会执法检查专题询问前期准备情况报告，讨论修改“‘一府两院’工作人员报告履职情况”程序安排，组织学习《如东县县级机关部门2016年招商引资考核办法（试行）》。

第七十五次会议 2016年6月28日召开。会议听取和审议县政府副县长姜晓静《关于全县职业教育发展情况的工作报告》。

第七十六次会议 2016年7月14日召开。会议讨论提交常委会会议审议相关事项。听取和审议县委常委、组织部部长曹雁卉对相关人事提名、县人大常委会主任人事提名议案。

第七十七次会议 2016年7月22日召开。会议讨论提交常委会会议审议相关事项。听取县委组织部负责人对相关人事的提名，听取县发改委《关于如东县2016年上半年国民经济和社会发展计划执行情况的报告》、县财政局《关于2015年县本级财政决算（草案）以及2016年上半年财政预算执行情况的报告》和县人大常委会调查组《关于2016年上半年全县计划预算执行和2015年财政决算以及同级审计情况的调查报告》，并对上述报告提出修改建议。

第七十八次会议 2016年8月25日召开。会议听取和审议县政府常务副县长于立忠《关于县第十六届人大五次会议建议办理情况的报告》。县发改委、农委、住建局、城管局、教育局、公安局作表态发言。

第七十九次会议 2016年8月30日召开。会议听取和审议县检察院代检察长王骅《关于刑事检察情况的工作报告》。

第八十次会议 2016年9月22日召开。会议听取和审议县发改委《关于推动企业创新转型情况的工作报告》。

第八十一次会议 2016年9月22日召开。会议讨论提交常委会会议审议相关事项。讨论并修改《如东县人大常委会关于全县县镇两级人民代表大会换届选举问题的决定（草案）》《如东县选举委员会组成人员名单（草案）》《如东县第十七届人民代表大会代表名额分配具体方案（草案）》以及《如东县人大常委会关于全县农村基础设施建设专项工作评议活动总结报告》。

第八十二次会议　2016年10月25日召开。会议听取和审议县住建局、县城管局和县行政审批局相关负责人关于城市规划、建设及相关管理情况工作汇报。县政府常务副县长于立忠就城市规划、建设等方面重点工作提出意见。

第八十三次会议　2016年11月23日召开。会议讨论提交常委会会议审议相关事项。听取县委组织部关于提名人事任免相关情况；听取县政府《关于提请调整2016年度县本级财政收支预算的议案》；讨论并修改《如东县人大常委会关于表彰2016年度优秀议案、建议和优秀承办单位的决定（草案）》《如东县人大常委会关于表彰2016年度优秀县人大代表和先进县人大代表小组的决定（草案）》《如东县人大常委会关于召开如东县第十七届人民代表大会第一次会议的决定（草案）》。

第八十四次会议　2016年12月3日召开。会议按选举工作相关规定，接受陈昌龙、唐国均、陈斌、陈宝来、丁越、杨涟冬辞去县选举委员会相关职务。

第八十五次会议　2016年12月26日召开。会议讨论提交常委会会议审议相关事项。听取和

2016年12月26日，县人大常委会第八十五次主任会议

审议县发改委《关于如东县2016年国民经济和社会发展计划执行情况及2017年国民经济和社会发展计划（草案）的报告》《关于2017年全县财政预算与县级部门预算（草案）的报告》；听取《关于县第十七届人大代表选举及代表资格审查情况的报告》《如东县人民代表大会常务委员会关于开展第七个五年法治宣传教育的决议（草案）》；听取县第十七届人民代表大会第一次会议相关准备事项报告。

三、县第十七届人大常委会主任会议

第一次会议　2017年1月13日召开。会议听取和讨论《如东县人大常委会议事规则》《如东县人大常委会工作细则》和《如东县人大常委会2017年工作要点》并提请常委会会议审议通过。

第二次会议　2017年3月28日召开，会议讨论提交常委会会议审议相关事项。听取县委常委、组织部部长曹雁卉和县法院院长黄卫所作相关人事任免议案，讨论修改县人大常委会专题调查组《关于全县城乡公交一体化发展情况的调查报告》，讨论通过《县第十七届人大常委会代表资格审查委员会名单》。

第三次会议　2017年4月25日召开。会议听取和审议县政府副县长陈春柳《关于全县教育现代化建设情况的工作报告》。

第四次会议　2017年5月23日召开。讨论提交常委会会议审议相关事项。会议听取县法院院长黄卫和县检察院检察长王骅所作相关人事任免议案，听取讨论县专项工作评议组相关工作报告，讨论修改县人大常委会执法检查组《关于我县贯彻实施〈中华人民共和国农产品质量安全法〉执法检查情况报告》。

第五次会议　2017年6月22日召开。会议听取和审议县政府副县长徐炜《关于〈江苏省社会保险基金监督条例〉贯彻实施情况的工作报告》。

2017年6月22日，县人大常委会第五次主任会议

第六次会议　2017年6月22日召开。会议听取和审议县法院《关于行政审判工作情况的报告》。

第七次会议　2017年7月24日召开。会议听取县委组织部关于提名杨晶晶任县政府副县长情况说明。会议讨论提交常委会会议审议相关调查报告，讨论《县人大常委会关于加强街道人大工委工作的意见》。

第八次会议　2017年7月24日召开。会议听取和审议县政府副县长徐炜所作《关于贯彻实施〈中华人民共和国残疾人保障法〉情况的工作报告》。

第九次会议　2017年8月29日召开。会议听取和审议县检察院检察长王骅所作《关于反渎职侵权工作情况的报告》。

第十次会议　2017年9月22日召开。会议听取和审议县政府副县长许金标《关于全县重大项目建设情况的工作报告》。

2017年9月22日，县人大常委会第十次主任会议

第十一次会议　2017年9月26日召开，会议听取县文广新局（旅游局）负责人《中华人民共和国旅游法》专题讲座。会议讨论提交常委会会议审议相关事项。

第十二次会议　2017年10月26日召开。会议听取和审议县文广新局局长所作《关于全县基层综合性文化服务中心建设的工作报告》。

第十三次会议　2017年10月30日召开。会议听取和审议县政府副县长徐东俊《关于2017年市政工程项目及“三河六岸”工程推进情况的工作报告》。

第十四次会议　2017年11月20日召开。会议听取和审议县政府副县长陈春柳《关于全县农村基础设施建设和高标准农田建设情况的工作报告》。

第十五次会议　2017年11月22日召开。会议听取相关人员任免提名，并提请常委会会议审议通过。

第十六次会议　2017年12月21日召开。与会人员对列入2017年计划实施部分在建交通工程建设现场进行视察。会议听取和审议县交通运输局局长《关于全县交通基础设施建设和管理情况的工作报告》。

第十七次会议　2017年12月26日召开。会议讨论提交常委会会议审议相关事项。听取县委组织部提名相关人事免职情况说明；听取和审议县发改委《关于如东县2017年国民经济和社会发展计划执行情况与2018年国民经济和社会发展计划（草案）的报告》，县财政局《关于2018年全县财政预算与县级部门预算（草案）的报告》；听取和审议县人大常委会《关于如东县与佛得角博阿维斯塔市建立友好城市关系的决议（草案）》；听取县代表资格审查委员会关于如东县第十七届人民代表大会代表和县政府副县长变动情况的报告；讨论县人大常委会《关于表彰2017年度“三优三先”的决定（草案）》；县人大常委会《关于表彰人大工作创新奖的决定（草案）》；讨论修改县人大常委会工作报告；审看人大代表助力小康“五项行动”专题片。

第十八次会议　2018 年 1 月 18 日召开。会议听取县监察委员会提名人事任免事项；讨论《县人大常委会 2018 年工作要点》。

第十九次会议　2018 年 3 月 26 日召开。会议听取和审议县政府《关于第十七届人大第二次会议代表建议办理工作计划的报告》，部署 2018 年建议办理工作。

2018 年 3 月 26 日，县人大常委会第十九次主任会议

第二十次会议　2018 年 4 月 3 日召开。会议听取人事提名事项，讨论《2017 年度全县环境状况和环境保护目标完成情况的调查报告》。

第二十一次会议　2018 年 4 月 27 日召开。会议听取和审议县政府副县长徐东俊《关于加快全县建筑业发展的工作报告》。

第二十二次会议　2018 年 5 月 28 日召开。会议听取和讨论《关于〈中华人民共和国促进科技成果转化法〉执法检查情况的报告》，并就下一步如何开展执法检查等相关事项作出部署。

第二十三次会议　2018 年 6 月 28 日召开。会议听取和审议县政府副县长陈春柳《关于全县“五位一体”长效管护工作推进落实情况的工作报告》。

第二十四次会议　2018 年 7 月 24 日召开。会议听取和审议县法院院长黄卫、县检察院副检察长石金山、县公安局政委沈健关于上半年工作情况报告。

2018 年 7 月 24 日，县人大常委会第二十四次主任会议现场视察

第二十五次会议　2018 年 7 月 26 日召开。会议讨论提交常委会会议审议相关事项，讨论通过《如东县人大常委会主任、副主任，县政府县长、副县长，县监察委员会主任，县法院院长，县检察院检察长接待人大代表日制度》。

第二十六次会议　2018 年 8 月 28 日召开。会议听取和审议县政府副县长陈春柳《关于全县公共卫生服务体系建设情况的工作报告》。

第二十七次会议　2018 年 9 月 26 日召开。会议听取和审议县政府副县长吉红九《关于着力打造特色产业板块，进一步提升区域竞争力的议案办理落实情况的工作报告》。

2018 年 9 月 26 日，县人大常委会第二十七次主任会议

第二十八次会议　2018 年 9 月 26 日召开。

会议听取县委组织部关于相关人员任免提名，并提请常委会会议审议通过。

第二十九次会议　2018年10月30日召开。会议听取和审议县政府副县长陈春柳《关于如东县贯彻实施〈中华人民共和国农药管理条例〉情况的工作报告》。

第三十次会议　2018年11月27日召开。会议听取人事任免议案相关情况说明；讨论《如东县人大常委会关于实施政府民生实事项目人大代表票决制的意见（草案）》；听取讨论县人大常委会专题调查组关于2018年县政府为民办实事项目完成情况调查报告。

第三十一次会议　2018年12月21日召开。与会人员视察掘港小学停车场、至善路西侧地产商业开发项目、新汽车客运站、海启高速互通、文体中心、青年公园等城市建设管理和交通基础设施建设项目现场。会议听取和审议县政府《关于城市建设管理和交通基础设施建设情况的工作报告》和县住建局、城管局、交通运输局2018年度工作情况汇报。

第三十二次会议　2018年12月25日召开。会议听取县委常委、组织部部长曹雁卉提名补选徐惠民、沈峻峰为南通市人大代表的议案。

第三十三次会议　2018年12月28日召开。会议讨论提交常委会会议审议相关事项。听取县政府关于《如东县2019—2020年度解决突出环境问题清单》办理落实情况，听取和审议县发改委《关于如东县国民经济和社会发展计划执行情况与2019年国民经济和社会发展计划（草案）的报告》，县财政局《关于如东县2018年财政预算执行情况和2019年财政预算（草案）的报告》，县审计局《关于2017年度县本级预算执行和其他财政收支审计审查及问题整改情况的报告》。

第三十四次会议　2019年2月26日召开。会议听取县委组织部、县法院提名相关人事任免情况说明；讨论《县人大常委会2019年工作要点》和《2019年政府民生实事项目督办推进工作方案》，决定提交县第十七届人大常委会第十六次会议审议；会议讨论修改县人大常委会《2019年人大代表助力小康“五项行动”主题实践活动实施方案》《2019年度镇（区、街道）人大工作考评办法》和《关于开展“人大代表履职能力提升年”活动实施意见》，确定2019年度重点督办代表建议。

2019年2月26日，县人大常委会第三十四次主任会议

第三十五次会议　2019年3月27日召开。会议听取县法院提名相关人事任免情况说明；讨论县人大常委会专题调查组《关于全县社区建设情况的调查报告》《县人大常委会关于县人大代表议案和建议、批评、意见的处理办法（草案）》《督查助推“清水绿岸”提质行动工作方案》《加强县镇（区、街道）人大自身建设工作的意见》，决定将相关事项提交县第十七届人大常委会第十七次会议审议。会议讨论修改《2019年人大代表“问河长”工作方案》《关于开展〈中华人民共和国水污染防治法〉执法检查实施方案》《关于开展“清水绿岸”提质行动专项工作评议的实施方案》《关于督查助推“清水绿岸”提质行动宣传工作方案》《关于督查助推“清水绿岸”提质行动考核办法》和《县人大常委会2019年度学法方案》。

第三十六次会议　2019年4月3日召开。会议听取和审议县政府《关于县第十七届人大第三次会议代表建议办理工作计划的报告》。

第三十七次会议　2019年4月30日召开。会议听取和审议县政府副县长陈春柳《关于全县基层卫技人才队伍建设情况的工作报告》。

第三十八次会议　2019年5月22日召开。会议听取和审议县国有资产监督管理办公室《关于如东县企业国有资产管理情况的工作报告》。

2019年5月22日，县人大常委会第三十八次主任会议

第三十九次会议　2019年5月28日召开。会议听取县委组织部及县检察院人事任免议案相关情况说明；讨论并修改县人大常委会执法检查组《关于〈中华人民共和国水污染防治法〉执法检查情况的报告》，决定将相关事项提交县第十七届人大常委会第十八次会议审议。会议讨论通过《关于建立镇（区、街道）生态环境状况报告制度的实施意见》。

第四十次会议　2019年7月5日召开。会议听取和审议县政府副县长陈春柳《关于全县农业示范园区建设情况的工作报告》。

第四十一次会议　2019年7月23日召开。会议听取和审议县法院、县检察院《关于上半年工作情况的报告》。

第四十二次会议　2019年7月26日召开。会议听取县委组织部、县法院、县检察院人事任免相关情况说明；听取和审议县发改委《关于如东县2019年上半年国民经济和社会发展计划执行情况的报告》，县财政局《关于2018年县本级财政决算（草案）以及2019年上半年财政预算执行情况报告》，县审计局《关于2018年度县本级预算执行和其他财政收支的审计工作报告》和县人大常委会调查组相关调查报告，决定将相关事项提交第十七届人大常委会第十九次会议审议。

第四十三次会议　2019年8月23日召开。会议听取和审议县政府副县长徐东俊《关于我县贯彻落实国务院〈城市市容和环境卫生管理条例〉情况的工作报告》。

第四十四次会议　2019年9月23日召开。会议听取和审议县公安局《关于全县辅警队伍建设情况的工作报告》。

第四十五次会议　2019年9月23日召开。会议讨论并修改县人大常委会专题调查组《关于全县重大项目建设情况的调查报告》，决定将相关事项提交第十七届人大常委会第二十次会议审

2019年7月5日，县人大常委会第四十次主任会议

2019年8月23日，县人大常委会第四十三次主任会议

议；讨论通过《关于开展县人大常委会主任、副主任，县政府县长、副县长，县监察委员会主任，县法院院长，县检察院检察长“接待代表日”活动的通知》。

第四十六次会议　2019 年 10 月 29 日召开。会议听取和审议县政府副县长徐炜《关于全县农业社会化服务体系建设情况的工作报告》。

2019 年 10 月 29 日，县人大常委会第四十六次主任会议

第四十七次会议　2019 年 11 月 22 日召开。会议听取和审议县政府副县长陈春柳《关于推进全县教育项目建设，保持教育高质量发展情况工作报告》。

第四十八次会议　2019 年 11 月 25 日召开。会议讨论修改县人大常委会调查组《关于 2019 年县政府民生实事实施情况的调查报告》；听取县财政局《关于调整 2019 年度财政收支预算议案相关说明》；听取和讨论县人大常委会《关于召开如东县第十七届人民代表大会第四次会议的决定（草案）》，决定将相关事项提交县第十七届人大常委会第二十一次会议审议。

第四十九次会议　2019 年 12 月 24 日召开。会议听取和审议县监察委员会《关于贯彻实施〈中华人民共和国监察法〉情况的工作报告》。

第五十次会议　2019 年 12 月 26 日召开。会议听取相关人事提名情况；听取和审议《关于如东县 2019 年国民经济和社会发展计划执行情况与 2020 年国民经济和社会发展计划（草案）的报告》《如东县 2019 年财政预算执行情况和 2020 年财政预算（草案）报告》《关于 2018 年度县本级预算执行和其他财政收支审计查出问题整改情况的报告》；讨论县人大常委会 2019 年度“三优三先”“人大工作创新奖”评选名单、《如东县人大常委会人大代表“问河长”工作制度》、《如东县人大常委会工作报告》和 2020 年县人大常委会主要工作计划等，决定将相关事项提交县第十七届人大常委会第二十二次会议审议。

第五十一次会议　2020 年 1 月 13 日召开。会议听取相关人事提名；听取和讨论《代表变动情况和补选代表资格审查的报告》和《县人大常委会 2020 年工作要点》。

2020 年 1 月 13 日，县人大常委会第五十一次主任会议

第五十二次会议　2020 年 2 月 25 日召开。会议传达县委关于统筹推进新冠肺炎疫情防控和经济社会发展工作部署会议精神，部署落实县委提出做好市场保供人大专项督查工作。讨论通过县十七届人大四次会议重点建议、《县人大常委会“五项行动”主题实践活动实施方案》《县人大开展专项工作评议方案、督查助推“清水绿岸”提质行动工作方案》《〈中华人民共和国安全生产法〉执法检查工作方案》《〈中华人民共和国水污染防治法〉执法检查工作方案》《重特大项目建设议案督办工作方案》《农村人居环境打造议案督办工作方案》《城市重点工程推进议案督办工作方案》

《2020年政府民生实事项目督办推进工作方案》和《人大系统自身建设工作方案》《2020年度县对镇（区、街道）人大工作考核办法》。

第五十三次会议　2020年3月25日召开。会议听取县政府《关于代表议案和重点建议办理工作计划的报告》；听取和讨论县人大常委会《〈中华人民共和国安全生产法〉执法检查情况报告》。

第五十四次会议　2020年4月17日召开。会议听取县委组织部对县人大内设工委负责人和政府相关部门主要负责人以及街道人大工委人选提名情况。通过掘港街道、城中街道人大工委委员名单，讨论通过《如东县人大常委会关于进一步加强“双联”工作的实施方案》。

第五十五次会议　2020年4月28日召开。会议听取和审议县政府副县长陈春柳《关于全县职业教育产教融合发展情况的工作报告》。

2020年4月28日，县人大常委会第五十五次主任会议

第五十六次会议　2020年5月18日召开。会议听取县委组织部、县法院人事任免提名情况；讨论并修改县人大常委会《关于〈中华人民共和国水污染防治法〉执法检查报告》，决定提交常委会会议审议。

第五十七次会议　2020年5月25日召开。会议听取和审议县政府副县长徐炜《关于全县农业龙头企业发展情况的工作报告》。

第五十八次会议　2020年6月12日召开。会议听取和审议县政府《关于加快我县城市重点工程建设、全力推进全国文明城市创建情况的工作报告》。会议组织部分与会人员视察城市重点工程建设和创建全国文明城市的相关工作现场。县委副书记、县长陈慧宇，县委常委、宣传部部长张蓉蓉，县委常委、县政府常务副县长张兴国到会并提要求。

第五十九次会议　2020年7月20日召开。会议听取和审议县法院院长黄卫、县检察院检察长王骅所作《县法院、县检察院上半年工作情况的报告》。

2020年7月20日，县人大常委会第五十九次主任会议

第六十次会议　2020年7月22日召开。会议听取县委组织部和县法院人事任免提名情况；听取和审议县发改委《关于如东县2020年上半年国民经济和社会发展计划执行情况报告》、县财政局《关于2019年县本级财政决算（草案）、2020年上半年财政预算执行情况报告》、县审计局《关于2019年度县本级预算执行和其他财政收支情况的审计工作报告》，会议决定将相关事项提交常委会会议审议。

第六十一次会议　2020年8月19日召开。会议听取县委组织部人事任免提名情况；讨论县人大常委会关于建立监察和司法工作委员会等事项，决定将相关事项提交常委会会议审议。

第六十二次会议　2020年8月28日召开。会议听取和审议县政府《关于贯彻实施〈中华人民共和国慈善法〉情况的工作报告》。

2020 年 8 月 28 日，县人大常委会第六十二次主任会议

第六十三次会议　2020 年 9 月 22 日召开。会议听取和审议县政府副县长陈春柳《关于我县职业病防治情况的工作报告》。

2020 年 9 月 22 日，县人大常委会第六十三次主任会议

第六十四次会议　2020 年 9 月 24 日召开。会议讨论县人大常委会调查组《关于全县“七五”普法实施情况调查报告》；听取县人大人事代表工委关于民生实事重点实施部门专项工作评议有关情况汇报；研究南通外向型农业综合开发区（苴镇街道）人大工委提名增补人大工委委员事项；对“智慧人大”建设、“五项行动”推进、2021 年工作思路谋划等工作提出要求。

第六十五次会议　2020 年 10 月 28 日召开。会议听取县委组织部、县法院、县检察院人事任免提名情况，决定将相关事项提交县第十七届人大常委会第三十次会议审议；讨论通过《关于县人大常委会、县“一府一委两院”负责人“接待人大代表日”活动方案》。

第六十六次会议　2020 年 10 月 28 日召开。会议听取和审议县政府《关于 2020 年度民生实事项目实施情况的工作报告》。

2020 年 10 月 28 日，县人大常委会第六十六次主任会议

第六十七次会议　2020 年 11 月 16 日召开。会议听取和审议县政府副县长徐炜《关于加快推进“清水绿岸”提质行动进程、努力打造全县农村人居环境情况的工作报告》。

第六十八次会议　2020 年 11 月 25 日召开。会议听取县财政局关于 2020 年县财政收支预算调整情况说明；听取县人大人事代表工委关于县人大常委会三十一次会议相关议题筹备情况汇报；听取人大办公室关于召开如东县第十七届人民代表大会第五次会议决定草案说明。

第六十九次会议　2020 年 12 月 23 日召开。会议听取和审议县监察委员会《关于 2020 年监察工作情况报告》。

第七十次会议　2020 年 12 月 28 日召开。会议听取县委组织部人事任免提名情况；听取和审议县发改委《关于 2020 年国民经济和社会发展计划执行情况和 2021 年国民经济和社会发展计划（草案）的报告》《关于如东县国民经济和社会发展第十四个五年规划和 2035 年远景目标纲要（草案）》编制情况说明，县财政局关于县本级 2021 年部门预算编制说明、《关于县 2020 年财政预算执行情况和2021年财政预算（草案）报告》；听取和讨论县人大相关工委关于代表资格审查委员会组成人员调整情况、代表变动和补选代表资格审查情况、“三优三先”和“人大工作创新奖”获奖建议名单、《如东县人大常委会工作报告》和2021年县人大常委会主要工作计划。

第七十一次会议　2021年1月7日召开。会议听取县委组织部关于增补南通市第十五届代表大会代表情况说明，决定提交常委会会议审议。

第七十二次会议　2021年1月22日召开。会议听取县委组织部人事任免提名情况；听取并讨论《县人大常委会2021年工作要点》，决定提交常委会会议审议。

第七十三次会议　2021年2月24日召开。会议讨论确定县十七届五次会议代表重点建议；讨论通过《全县人大代表督查助推“清水绿岸”主题实践活动工作方案》《评议服务项目建设和中小企业发展重点职能部门专项工作实施方案》《议案和五次会议重点建议督办工作方案》《镇（区、街道）人大工作考评办法》《〈中华人民共和国中小企业促进法〉〈中华人民共和国水污染防治法〉执法检查实施方案》《政府民生实事项目督办推进工作方案》《县人大常委会学法计划》《加强县镇（区、街道）人大自身建设的意见》。

2021年2月24日，县人大常委会党组会议暨第七十三次主任会议

第七十四次会议　2021年2月29日召开。会议听取和审议县政府《关于县十七届人大五次会议代表建议办理工作计划的报告》。

第七十五次会议　2021年2月29日召开。会议听取和讨论县人大常委会执法检查组《关于〈中华人民共和国中小企业促进法〉执法检查情况报告》，决定提交第十七届人大常委会第三十五次会议审议。

第七十六次会议　2021年4月29日召开。会议听取和审议县政府副县长陈晓莉《关于我县学前教育发展情况的工作报告》。

第七十七次会议　2021年5月26日召开。会议听取县委组织部人事任免提名情况；听取和讨论县人大常委会《中华人民共和国水污染防治法》执法检查报告，决定提交常委会会议审议。

第七十八次会议　2021年6月28日召开。会议听取和审议县政府副县长陈威涛《关于全县“河长制”落实情况的工作报告》，开展栟茶运河水环境治理人大代表集中“问河长”“问局长”“问县长”活动。

2021年6月28日，县人大工作例会暨第七十八次主任会议

第七十九次会议　2021年7月9日召开。会议听取县委组织部人事任免提名情况，决定提交常委会会议审议。

第八十次会议　2021年7月22日召开。会议听取和审议县法院代院长杨德华、县检察院代检察长方海军所作《县法院、县检察院上半年工作情况的报告》。

第八十一次会议　2021 年 7 月 28 日召开。会议听取县委组织部人事任免提名情况，决定提交常委会会议审议。

第八十二次会议　2021 年 8 月 9 日召开。会议听取县委组织部、县法院、县检察院人事任免提名情况，决定提交常委会会议审议。

第八十三次会议　2021 年 8 月 27 日召开。会议听取和审议县政府副县长徐东俊《关于我县公办养老机构发挥区域性养老服务作用情况的工作报告》。

2021 年 8 月 27 日，县人大常委会第八十三次主任会议

第八十四次会议　2021 年 9 月 15 日召开。会议听取和审议县政府常务副县长许金标《关于全县国有资产管理情况的工作报告》。

第八十五次会议　2021 年 9 月 22 日召开。会议听取和审议县政府常务副县长许金标《关于

2021 年 9 月 22 日，县人大常委会第八十五次主任会议

加强综合治理，加快提升危险化学品全链条管理水平工作的报告》。

第八十六次会议　2021 年 10 月 22 日召开。会议听取和审议县政府副县长陈晓莉《关于我县基层公共卫生服务和应急能力建设情况的工作报告》。

第八十七次会议　2021 年 11 月 22 日召开。会议听取和审议县监察委员会《关于加强重点领域监察监督情况的报告》。

第八十八次会议　2021 年 11 月 25 日召开。会议听取和审议县政府《关于全县打造全省向海战略先导区规划编制情况的工作报告》。

2021 年 11 月 25 日，县人大常委会第八十八次主任会议

第八十九次会议　2021 年 12 月 27 日召开。会议听取和审议县发改委《关于 2021 年国民经济和社会发展计划执行情况与 2022 年国民经济和社会发展计划（草案）报告》，县财政局《关于 2021 年财政预算执行情况和 2022 年财政预算及部门综合预算（草案）报告》；县审计局《关于 2020 年度县本级财政预算执行和其他财政收支审计查出问题整改情况报告》；听取县选举委员会《关于县镇人大代表选举工作情况报告》和《县第十八届人大代表资格审查情况报告》；听取并讨论县人大常委会《关于“三优三先”和“人大工作创新奖”决定（草案）》；听取县十八届人大一次会议筹备工作情况报告，讨论并修改县人大常委会工作报告。会议决定将相关事项提请县十七

届人大常委会第四十三次会议审议。

四、县第十八届人大常委会主任会议

第一次会议　2022年1月14日召开，会议听取相关人事提名事项。

第二次会议　2022年2月16日召开。会议讨论确定县十八届人大一次会议代表重点建议；讨论通过3个街道人大工委委员调整的报告、《开展〈江苏省农村集体资产管理条例〉和〈中华人民共和国大气污染防治法〉执法检查实施方案》、《代表主题实践活动的工作方案》、《民生实事督办实施方案》、《水环境治理督查推进方案》、《专项工作评议实施方案》、《向海发展先导区建设议案督办方案》、《十八届人大一次会议重点建议督办方案》、《2022年度镇（区、街道）人大工作考评方案》、《人大系统“‘双聚双高’作风效能优化年”活动实施方案》（聚焦全新赛程、高扬牛劲品格，聚力争先进位、高昂狼性精神）、《开展法官、检察官履职评议方案》、《年度学法方案》等。会议还听取县委组织部相关人事提名。

第三次会议　2022年3月24日召开。会议听取和审议县政府常务副县长许金标代表县政府所作《关于代表议案、建议办理工作计划的报告》。

2022年3月24日，县人大常委会第三次主任会议

第四次会议　2022年3月24日召开。会议听取和讨论县人大常委会《关于〈江苏省农村集体资产管理条例〉执法检查情况的报告》；听取和讨论《如东县人大常委会议事操作规程》。会议决定将相关事项提请县人大常委会第十八届第三次会议审议。

第五次会议　2022年4月28日召开。会议听取和审议县政府副县长陈威涛《关于全县高新技术企业发展情况的工作报告》。

第六次会议　2022年5月27日召开。会议听取和审议县政府副县长徐东俊《关于全县社区治理和服务情况的工作报告》。

第七次会议　2022年5月27日召开。会议听取县法院人事任职提名情况；听取并讨论县人大常委会《关于〈中华人民共和国大气污染防治法〉执法检查情况的报告》；讨论通过县人大常委会《关于“践行‘双聚双高’、助力乡村振兴”主题实践活动“最优计划”表彰的决定》。会议决定将相关事项提请县第十八届人大常委会第四次会议审议。

第八次会议　2022年6月29日召开。会议听取和审议县政府副县长刘莉《关于全县现代服务业发展情况的工作报告》。

2022年6月29日，县人大常委会第八次主任会议

第九次会议　2022年7月22日召开。会议听取和审议《县法院、县检察院上半年工作情况的报告》。

第十次会议　2022年7月25日召开。会议听取县委组织部、县法院、县检察院相关人事任免提名情况；听取和审议《关于2022年上半年国民经济和社会发展计划执行情况的报告》、县财政局《关于2021年县本级财政决算（草案）和2022年上半年财政预算执行情况的报告》、县审计局《关于同级审计工作情况的报告》；听取和讨论县人大常委会《关于2022年上半年全县计划预算执行和2021年县本级财政决算以及同级审计情况的调查报告》《关于向海发展先导区建设情况的调研报告》《关于批准如东县2021年县本级财政决算的决定（草案）》《关于全力打造全省向海发展先导区的决定（草案）》。会议决定将相关事项提交常委会会议审议。

第十一次会议 2022年8月30日召开。会议听取和审议县政府党组成员曹贯中作《关于全县农村公共空间治理试点情况的工作报告》。

第十二次会议 2022年9月27日召开。会议听取县委组织部、县法院、县检察院相关人事任免提名情况；听取和讨论县“两院”部分工作人员履职情况的调查报告。会议决定将相关事项提交常委会会议审议。会议听取县人大“五加一”主题实践活动推进小组关于“最佳展示”表彰名单评选推荐情况的说明。

第十三次会议 2022年10月28日召开。会议听取和审议县政府副县长陈晓莉《关于加快提升教育软实力工作情况的报告》；讨论通过县人大常委会《关于对审计查出问题整改情况开展询问和质询的办法（试行）》；讨论通过县人大常委会《关于对审计查出问题整改情况报告开展满意度测评的办法（试行）》。

第十四次会议 2022年11月18日召开。会议听取和审议县政府副县长刘拓《关于全县重点产业链发展推进情况的工作报告》。

2022年11月，县人大常委会专题调研全县产业链发展情况

第十五次会议 2022年11月24日召开。会议听取和讨论县人大常委会调查组《关于推进安全生产“三年大灶”行动情况的调查报告》；听取和讨论《如东县人大常委会“十四五”规划（草案）》；听取和讨论《关于召开如东县第十八届人民代表大会第二次会议的决定（草案）》，讨论通过县人大常委会《关于开展审计查出问题整改情况满意度测评的工作方案》；讨论通过“五加一”主题实践活动“最美代表”表彰名单。会议决定将相关事项提交常委会会议审议。

第十六次会议 2022年12月5日召开。会议听取县委组织部、县法院相关人事任免提名情况，决定将相关事项提交常委会会议审议。

第十七次会议 2022年12月27日召开。会议听取县政府《关于2022年度财政收支预算调整的议案》；听取《县政府关于如东县2022年国民经济和社会发展计划执行情况与2023年国民经济和社会发展计划（草案）的报告》《县政府关于如东县2022年财政预算执行情况和2023年财政预算（草案）的报告》《县政府关于政府债务管理情况的报告》《县政府关于2021年度县本级财政预算执行和其他财政收支审计查出问题整改情况的报告》；会议听取和讨论《县人大常委会关于同意县政府调整2022年度财政收支预算的决定（草案）》《县人大常委会关于规范性文件备案审查工作情况的报告》《县十八届人大二次会议筹备工作情况的报告》《县十八届人大二次会议人大常委会工作报告》《县人大常委会关于全县人大系统开展“创特色、创品牌”活动的通知》《县人大常委会关于组织人大代表开展民主评议政府部门和条管单位的实施意见》《县人大常委会关于表彰2022年度“三优三先”的决定（草案）》《县人大常委会关于表彰2022年度人大工作创新奖的决定（草案）》。会议决定将相关事项提交常委会会议审议。

第十八次会议　2023年2月6日召开。讨论《如东县人大常委会2023年度工作要点》、县人大常委会《关于2023年开展人大代表“践行‘双聚双高’，助力乡村振兴”主题实践活动的工作方案》《如东县人大常委会监督司法工作办法（草案）》《如东县人大常委会规范性文件备案审查工作办法（草案）》。会议决定将相关事项提交常委会会议审议。

第十九次会议　2023年2月6日召开。会议讨论确定县十八届人大二次会议重点建议；讨论通过《关于开展〈江苏省物业管理条例〉〈南通市住宅物业管理条例〉和〈江苏省河道管理条例〉执法检查的实施方案》《2023年民主评议政府部门和条管单位工作实施方案》《2023年度民生实事项目监督方案》《2023年加快推进以县城为重要载体的新型城镇化建设议案督办推进工作方案》《县第十八届人民代表大会第二次会议重点建议督办方案》《2023年度镇（区、街道）人大工作考评办法》《开展法官、检察官履职评议的工作方案》和《县人大系统2023年度学法方案》等。

第二十次会议　2023年3月23日召开。会议听取和审议县政府常务副县长徐东俊所作《关于县十八届人大二次会议代表议案、建议办理工作计划的报告》。

第二十一次会议　2023年3月28日，会议听取县人大《关于〈江苏省物业管理条例〉〈南通市住宅物业管理条例〉执法检查情况的报告》和《关于加强县级预算审查监督的决定（草案）》《关于加强经济工作监督的决定（草案）》制定情况的说明，以及相关人员辞职的报告，听取并通过《关于增补提名如东县掘港街道人大工委委员的请示》，会议决定将相关事项提交常委会会议审议。

第二十二次会议　2023年5月24日召开。会议听取和审议县政府副县长储开林所作《关于电信诈骗打击防范治理工作报告》和县政府党组成员裴银伟所作《医疗保障公共服务体系建设情况报告》。

2023年5月24日，县人大常委会第二十二次主任会议

第二十三次会议　2023年5月26日召开。会议听取县委组织部、县法院相关人事任命提名情况；听取县法院《关于确定人民陪审员名额数的报告》；讨论审议通过县人大常委会《关于确定县法院人民陪审员名额数的决定（草案）》，全县生态环境保护工作情况、农村生活污水处理设施问题整改情况、高标准农田建设情况调研报告，《如东县人大常委会关于加强高标准农田建设的决定（草案）》制定情况的说明。会议决定将相关事项提交常委会会议审议。

第二十四次会议　2023年6月28日召开。会议听取和审议县政府党组成员曹贯中《关于全县现代农业产业园区建设情况的报告》，副县长陈晓莉《全县优化生育政策促进人口长期均衡发展的报告》。会议讨论审议通过《如东县县级财政预算审查工作实施办法》和《如东县人大常委会预算审查咨询专家库管理暂行办法》。

第二十五次会议　2023年7月21日召开。听取和审议县政府副县长刘拓所作《关于推动园区高质量发展，提升园区贡献度情况的报告》。

第二十六次会议　2023年7月24日召开。会议听取和审议县法院、县检察院相关人事任命提名情况；听取县政府《关于如东县2023年上半年国民经济和社会发展计划执行情况的报告》《如东县2022年县本级财政决算（草案）和2023年上半年财政预算执行情况的报告》、县同级审计工作情况的报告、政府债务管理情况的工作报告；讨论通过《县人大常委会关于2023年上半年全县计划预算执行和2022年县本级财政决算以及同级审计情况的调查报告》、全县教师队伍建设情况调研报告、民主评议政府部门和条管单位工作调研报告。会议决定将相关事项提交常委会会议审议。

第二十七次会议　2023年8月30日召开。会议听取和审议县政府副县长刘莉所作《关于优化营商环境工作情况的报告》；讨论通过县人大常委会《县级财政预算审查工作方案》《如东县预算审查咨询专家库专家候选人名单》。

第二十八次会议　2023年9月24日召开。听取和审议县委常委、县政府常务副县长徐东俊《关于全县应急管理体系和能力建设情况的报告》和县检察院检察长方海军《关于职务犯罪检察工作情况的报告》。

第二十九次会议　2023年9月24日召开。会议听取县委组织部、县法院相关人事任免提名情况。讨论通过《关于全县新型城镇化建设情况调研报告》《关于第八个五年法治宣传教育决议贯彻落实情况调研报告》《关于县法院参与诉源治理工作调研报告》《关于部分法官、检察官履职评议工作情况调查报告》《关于〈江苏省河道管理条例〉执法检查情况报告》《关于〈建立人大司法监督与政法委执法监督衔接机制的实施办法（草案）〉的说明》。会议决定将相关事项提交常委会会议审议。

第四节　决定决议

县第十五届到第十八届人大常委会加强和规范监督工作，保证各项决议、决定的贯彻执行。根据《中华人民共和国宪法》《中华人民共和国地方各级人民代表大会和地方各级人民政府组织法》《中华人民共和国各级人民代表大会常务委员会监督法》有关规定，16年共听取和审议“一府一委两院”工作报告364项，作出决议决定、提出审议意见182件，主任会议对有关重要问题意见，分别以会议公告、常委会文件、主任会议纪要形式提交相关部门交办。

一、县第十五届人大常委会决定决议

（一）2008年1月26日，县人大常委会第一次会议作出《关于如东县人大常委会城建环保工作委员会更名的决定》。

（二）2008年3月27日，县人大常委会第二次会议作出《关于接受翁晓云辞去县政府副县长职务请求的决定》。

（三）2008年7月11日，县人大常委会第四次会议作出《关于批准如东县2007年县本级财政决算的决定》《关于接受陈少林辞去如东县第十五届人大代表职务的决定》。

（四）2008年9月18日，县人大常委会第五次会议作出《关于批准调整〈如东县国民经济和社会发展第十一个五年规划纲要〉相关指标的决定》《关于加强县级预算审查监督的决定》。

（五）2008年11月28日，县人大常委会第六次会议作出《关于召开如东县第十五届人民代表大会第二次会议的决定》。

（六）2008年12月25日，县人大常委会第七次会议作出《关于批准调整2008年度全县国民经济和社会发展计划相关指标的决定》《关于批准调整2008年度县本级财政收支预算的决定》《关于接受潘建华辞去县政府副县长职务请求的决定》。

（七）2009年1月20日，县人大常委会第九次会议作出《关于加大对我县中小企业扶持力度的决议》。

（八）2009年6月12日，县人大常委会第十次会议作出《关于大豫镇第一届人民代表大会选

举问题的决定》。

（九）2009 年 7 月 30 日，县人大常委会第十一次会议作出《关于批准如东县 2008 年县本级财政决算的决定》。

（十）2009 年 11 月 30 日，县人大常委会第十三次会议作出《关于批准如东县人民政府关于提请审议如东县东泰公司发行 2009 年企业债券相关事项的决定》《关于召开如东县第十五届人民代表大会第三次会议的决定》。

（十一）2009 年 12 月 29 日，县人大常委会第十四次会议作出《关于批准如东县 2009 年度县本级财政支出预算调整的决定》。

（十二）2010 年 3 月 30 日，县人大常委会第十六次会议作出《关于加快推进全县农村危桥改造建设的决议》《关于加大工业结构调整力度，促进经济平稳较快发展的决议》。

（十三）2010 年 7 月 23 日，县人大常委会第十八次会议作出《关于批准如东县 2009 年县本级财政决算的决定》。

（十四）2010 年 9 月 30 日，县人大常委会第十九次会议作出《关于接受缪柏泉辞去如东县第十五届人大代表职务请求的决定》。

（十五）2010 年 11 月 30 日，县人大常委会第二十次会议作出《关于批准如东县 2010 年县本级财政支出预算调整的决定》《关于召开如东县第十五届人民代表大会第四次会议的决定》。

（十六）2011 年 3 月 25 日，县人大常委会第二十三次会议作出《关于加快推进城乡公共交通事业发展的决议》。

（十七）2011 年 7 月 29 日，县人大常委会第二十七次会议作出《关于批准如东县 2010 年县本级财政决算的决定》。

（十八）2011 年 9 月 27 日，县人大常委会第二十八次会议作出《关于实施法制宣传教育第六个五年规划的决议》。

（十九）2011 年 11 月 22 日，县人大常委会第二十九次会议作出《关于表彰优秀建议和优秀承办单位的决定》《关于如东县县镇人民代表大会换届选举问题的决定》。

（二十）2011 年 12 月 26 日，县人大常委会第三十次会议作出《关于召开如东县第十六届人民代表大会第一次会议的决定》。

二、县第十六届人大常委会决定决议

（一）2012 年 6 月 4 日，县第十六届人大常委会第四次会议作出《关于接受王平辞去南通市第十四届人大代表职务的决定》。

（二）2012 年 6 月 13 日，县第十六届人大常委会第五次会议作出《关于接受陆伯新辞去南通市第十三届人大代表职务的决定》。

（三）2012 年 7 月 27 日，县第十六届人大常委会第六次会议作出《关于批准如东县 2011 年县本级财政决算的决定》《关于接受冒乃余辞去县第十六届人大代表职务的决定》。

（四）2012 年 9 月 24 日，县第十六届人大常委会第七次会议作出《关于加快推进县城老旧小区改造的决议》。

（五）2012 年 11 月 27 日，县第十六届人大常委会第八次会议作出《如东县人大常委会关于表彰优秀建议和优秀承办单位的决定》。

（六）2012 年 11 月 27 日，县第十六届人大常委会第八次会议作出《如东县人大常委会关于召开如东县第十六届人民代表大会第二次会议的决定》。

（七）2013 年 2 月 27 日，县第十六届人大常委会第十次会议作出《如东县人大常委会关于 2013 年工作评议部门的决定》。

（八）2013 年 7 月 10 日，县第十六届人大常委会第十三次会议作出《关于接受徐希平辞去县第十六届人大代表职务请求的决定》。

（九）2013 年 7 月 30 日，县第十六届人大常委会第十四次会议作出《关于批准如东县 2012 年县本级财政决算的决定》。

（十）2013 年 9 月 24 日，县第十六届人大常委会第十六次会议作出《如东县人大常委会关于表彰优秀代表建议、优秀承办单位的决定》《如东县人大常委会关于表彰先进代表小组，优秀代表的决定》《县人大常委会关于召开如东县第十六届人民代表大会第三次会议的决定》。

（十一）2013 年 12 月 30 日，县第十六届人大常委会第十七次会议作出《关于批准 2013 年财政支出预算调整的决定》。

（十二）2014 年 5 月 29 日，县第十六届人大常委会第二十次会议作出《关于批准如东县生态文明建设规划（2014—2020）的决定》。

（十三）2014 年 7 月 29 日，县第十六届人大常委会第二十一次会议作出《关于批准如东县 2013 年县本级财政决算的决定》。

（十四）2014 年 11 月 27 日，县第十六届人大常委会第二十三次会议作出《关于接受姜建新辞去县人大代表、县人大常委会委员职务请求的决定》《如东县人大常委会关于表彰优秀议案、建议和优秀承办单位的决定》《如东县人大常委会关于表彰 2014 年度优秀县人大代表和先进县人大代表小组的决定》《关于召开如东县第十六届人民代表大会第四次会议的决定》。

（十五）2015 年 2 月 10 日，县第十六届人大常委会第二十五次会议作出《如东县人大常委会关于设立县各经济园区人大工作委员会的决定》。

（十六）2015 年 7 月 30 日，县第十六届人大常委会第二十八次会议作出《如东县人大常委会关于设立掘港、城中、苴镇街道人大工作委员会的决定》《如东县人大常委会关于批准如东县 2014 年县本级财政决算的决定》。

（十七）2015 年 9 月 29 日，县第十六届人大常委会第二十九次会议作出《接受耿卫东同志辞去县第十六届人大常委会委员职务的决定》。

（十八）2015 年 11 月 27 日，县第十六届人大常委会第三十次会议作出《如东县人大常委会关于表彰 2015 年度优秀议案、建议和优秀承办单位的决定》《如东县人大常委会关于表彰 2015 年度优秀县人大代表和先进县代表小组的决定》《如东县人大常委会关于接受管建兵辞去县第十六届人大代表职务的决定》。

（十九）2015 年 12 月 29 日，县第十六届人大常委会第三十一次会议作出《如东县人大常委会关于召开如东县第十六届人民代表大会第五次会议的决定》。

（二十）2016 年 2 月 18 日，县第十六届人大常委会第三十三次会议作出《关于接受詹立风辞去县第十六届人大常委会主任职务请求的决定》。

（二十一）2016 年 7 月 15 日，县第十六届人大常委会第三十七次会议作出《如东县人大常委会关于沈峻峰代理如东县人民政府县长职务的决定》《如东县人大常委会关于黄卫代理如东县人民法院院长职务的决定》《如东县人大常委会关于王骅代理如东县人民检察院检察长职务的决定》。

（二十二）2016 年 7 月 26 日，县第十六届人大常委会第三十八次会议作出《如东县人大常委会关于批准如东县 2015 年县本级财政决算的决定》《如东县人大常委会关于全县县镇两级人民代表大会换届选举若干问题的决定》。

（二十三）2016 年 11 月 29 日，县第十六届人大常委会第四十一次会议作出《如东县人大常委会关于批准如东县 2016 年度县本级财政收支预算调整的决定》《如东县人大常委会关于表彰 2016 年度优秀建议和优秀承办单位的决定》《如东县人大常委会关于表彰 2016 年度优秀县人大代表和先进县人大代表小组的决定》《如东县人大常委会关于召开如东县第十七届人民代表大会第一次会议的决定》。

（二十四）2016 年 11 月 29 日，县第十六届人大常委会第四十二次会议作出《如东县人民代表大会常务委员会关于开展第七个五年法治宣传教育的决议》。

三、县第十七届人大常委会决定决议

（一）2017 年 12 月 29 日，县第十七届人大常委会第七次会议上，根据《如东县人大常委会“三优三先”评选表彰办法》规定，经县人大常委会主任会议评选推荐，县人大常委会会议审议决定，对 2017 年度优秀人大代表、优秀议案建议、优秀承办单位；镇（区、街道）人大工作先进集体、先进人大工作者和先进人大代表之家予以表彰。

（二）2017 年 12 月 29 日，县第十七届人大常委会第七次会议通过，根据《如东县人大工作创新奖评选表彰办法》规定，经县人大常委会主任会议推荐，县人大常委会会议审议决定，对“创新设立街道人大议政员制度”等创新工作予以表彰。

（三）2018 年 7 月 30 日，县第十七届人大常委会第十一次会议作出《县人大常委会关于批准如东县 2017 年县本级财政决算的决定》。

（四）2018 年 9 月 28 日，县第十七届人大常委会第十二次会议作出《县人大常委会关于同意县政府调整如东县国民经济和社会发展第十三个五年规划部分指标的决定》。

（五）2018 年 11 月 29 日，县第十七届人大常委会第十三次会议作出《关于召开如东县第十七届人民代表大会第三次会议的决定》。

（六）2018 年 12 月 29 日，县第十七届人大常委会第十五次会议作出《如东县人大常委会关于表彰 2018 年度“三优三先”的决定》《如东县人大常委会关于表彰 2018 年度人大工作创新奖的决定》和《如东县人大常委会关于 2019—2020 年度解决的突出环境问题清单的决议》。

（七）2019 年 7 月 30 日，县第十七届人大常委会第十九次会议作出《如东县人大常委会关于批准如东县 2018 年县本级财政决算的决定》。

（八）2019 年 11 月 29 日，县第十七届人大常委会第二十一次会议作出《如东县人大常委会关于同意县政府调整 2019 年度财政收支预算的决定》和《如东县人大常委会关于召开如东县第十七届人民代表大会第四次会议的决定》。

（九）2019 年 12 月 29 日，县第十七届人大常委会第二十二次会议作出《如东县人大常委会关于表彰 2019 年度“三优三先”的决定》《如东县人大常委会关于表彰 2019 年度人大工作创新奖的决定》。

（十）2020 年 7 月 24 日，县第十七届人大常委会第二十七次会议作出《如东县人大常委会关于批准如东县 2019 年县本级财政决算的决定》。

（十一）2020 年 8 月 19 日，县第十七届人大常委会第二十八次会议作出《如东县人大常委会关于建立监察和司法工作委员会的决定》。

（十二）2020 年 11 月 27 日，县第十七届人大常委会第三十一次会议作出《如东县人大常委会关于同意县政府调整 2020 年度财政收支预算的决定》和《如东县人大常委会关于召开如东县第十七届人民代表大会第五次会议的决定》。

（十三）2020 年 12 月 30 日，县第十七届人大常委会第三十二次会议作出《如东县人大常委会关于表彰 2020 年度“三优三先”的决定》《如东县人大常委会关于表彰 2020 年度人大工作创新奖的决定》《关于接受陈晓莉辞去如东县第十七届人民代表大会常务委员会副主任职务请求的决定》。

（十四）2021 年 9 月 29 日，县第十七届人大常委会第四十一次会议作出《关于接受吴晶辞去如东县第十七届人民代表大会常务委员会委员职务请求的决定》。

（十五）2021 年 11 月 29 日，县第十七届人大常委会第四十二次会议作出《关于同意县政府调整 2021 年度财政收支预算的决定》。

（十六）2021 年 12 月 28 日，县第十七届人大常委会第四十三次会议作出《关于表彰 2021 年度“三优三先”的决定》《关于表彰 2021 年度人大工作创新奖的决定》。

四、县第十八届人大常委会决定决议

（一）2022 年 7 月 28 日，县第十八届人大常委会第五次会议作出《县人大常委会关于 2021 年县本级财政决算的决定》和《县人大常委会关于全力打造全省向海发展先导区的决定》。

（二）2022 年 12 月 7 日，县第十八届人大常委会第八次会议作出《关于召开如东县第十八届人民代表大会第二次会议的决定》和《关于接受相关同志辞去县第十八届人大代表职务请求的决定》。

（三）2022 年 12 月 27 日，县第十八届人大常委会第九次会议作出决定，批准县人大常委会副主任翟建华所作《县人大常委会关于同意县政府调整 2022 年度财政收支预算的决定》和《县人大常委会关于表彰 2022 年度“三优三先”的决定》《县人大常委会关于表彰 2022 年度人大工作创新奖的决定》。

（四）2023 年 3 月 30 日，县第十八届人大常委会第十二次会议作出决定，批准县人大常委会《关于加强县级预算审查监督的决定》《关于加强经济工作监督的决定》《关于严格实施如东县国土空间总体规划（2021—2035）的决定》《关于接受丁林洋辞去如东县第十八届人民代表大会常务委员会委员职务请求的决定》《关于接受於鑫辞去如东县第十八届人民代表大会常务委员会委员职务请求的决定》。

（五）2023 年 5 月 30 日，县第十八届人大常委会第十三次会议作出决定，批准《县法院关于确定人民陪审员名额数的决定》和《如东县人大常委会关于加强高标准农田建设的决定》《关于接受朱正俊同志辞去县监察委员会主任职务请求的决定》。

（六）2023 年 9 月 27 日，县第十八届人大常委会第十五次会议作出《关于接受赵尊兵辞去如东县第十八届人民代表大会人大代表、常务委员会副主任职务的决定》。

如东县第十五届至十八届人大常委会决议、决定一览表

表 3-2　　　　单位：项

届别	类型				
	政法	财经、城建、环保等	人事	人大工作	合计
十五	1	15	4	8	28
十六	1	10	11	17	39
十七	0	9	2	14	25
十八	1	6	5	6	18
合计	3	40	22	45	110

第五节　监督工作

县第十五届至十八届人大常委会，主动适应新形势、新任务、新要求，严格按照《中华人民共和国各级人民代表大会常务委员会监督法》规定，切实履行监督职权。通过视察调研、听取审议（专项）工作报告、执法检查、专题询问、工作评议等监督形式，积极探索创新工作思路和做法，推进“一府一委两院”依法履职有序开展工作，保障宪法和法律法规贯彻实施。共听取和审议工作报告 375 项，执法检查 19 次，视察调研 266 次，专题询问 16 次，评议部门 104 个，为推动地方经济社会发展和民主法治建设发挥了重要作用。

一、视察调研

（一）县第十五届人大常委会视察调研

1. 计划预算执行、“五五”普法和科技进步法等贯彻实施情况视察

县人大常委会对全县经济社会发展计划和财政预算执行情况、同级财政审计、“十一五”规划实施情况、“五五”普法情况、科技进步法和科技进步条例贯彻实施情况、执行廉租房制度、工业投入和重点工业项目建设情况、节能减排目标任务完成情况、农村五保城乡低保和“三老”优抚等工作进行专题视察调研；主任会议以及各工作委员会重点对农村河道疏浚、土地项目整理情况、突发公共卫生事件、《中华人民共和国妇女儿童权益保护法》贯彻情况、职业教育发展情况、农业结构调整和项目农业基地建设、法院执行工作、安全生产监督和管理、交通运输工作进行视察调研。

2. 中小企业发展、职业教育、安全生产、公安司法队伍建设等视察

县人大常委会对扶持中小企业发展、城市总体规划修编、国民经济社会发展计划和财政预算执行情况、同级财政审计、全面达小康重点指标完成情况、职业教育和环境革命两个决议贯彻落实情况等工作进行专题视察调研。主任会议及各工作委员会重点对农业结构战略性调整、公共财政项目支出绩效评价、供电服务、土地储备供应情况、农民健康工程、安全生产、食品安全卫生、秸秆综合利用等工作进行视察调研。

3. 工农业结构调整、学校布局、新农合、防疫等工作视察

县人大常委会对全县工业结构调整、农村危桥改造建设、国民经济社会发展计划和财政预算执行情况、同级财政审计、民事审判工作、全县文化建设情况等进行专题视察调研。主任会议以及各工作委员会重点对全县经济普查、全县人力资源和社会保障、村级为农服务社建设、粮食仓储设施建设、交通基础设施建设、保障性住房建设、社区物业管理、全县学校布局调整、人口和计生、新型农村合作医疗、“五五”普法、慈善事业、食品安全、饮用长江水工程建设等工作进行专题视察和调研。

4. 普法规划、城镇低保、生态县创建等工作视察

县人大常委会对全县城乡公共交通发展情况、国民经济和社会发展计划和财政预算执行情况、同级财政审计、加快经济发展方式转变、促进工业转型升级情况、“五五”普法及“六五”普法规划情况等工作进行专题视察调研。主任会议以及各工作委员会重点对全县文广事业发展、城镇低保工作、生态县创建、学前教育、县检察院队伍建设等工作进行专题视察调研。

（二）县第十六届人大常委会视察调研

1. 沿海开发、国民经济、文化产业发展等工作视察

县人大常委会专题视察调研全县沿海开发、国民经济社会发展计划和财政预算执行情况、同级财政审计、农村水利基础设施、城市管理和老小区改造、文化产业发展等工作。积极参与和支持“2012 年县政府为民办实事项目”推进落实，组织市、县、镇人大代表和政府相关部门负责人集中视察农村基础设施、城乡交通工程建设等，有力推进民生实事落实。主任会议及各工作委员会重点对金融行业服务地方经济发展、现代渔业园区建设、城乡居民普遍饮用长江水工程、医疗卫生体制改革、市政工程建设、交通基础设施建设等工作进行专题视察和调研。

2. 县镇人大联动开展专题视察

县人大常委会加强县镇人大联动，多次召开议案办理督查推进会和开展专题视察活动，针对性地提出加快完善产业发展规划聚力抓好重点项目建设、充分发挥载体作用、加快高新技术产业和新兴产业项目建设、全面扶持企业发展等建议

意见。常委会专题视察和调研全县招商引资、“五个一批”农（渔）业项目实施、国民经济和社会发展计划、财政预算执行、同级财政审计、社会化养老服务体系建设等工作，听取和审议相关工作报告，形成审议意见和决议。

3. 违规建设管控、食品药品监管、饮用水工程等专题视察

县人大常委会先后组织开展对违规建设管控工作、食品药品监管、农村饮用水工程支管网改造工作进行视察调研。针对全县老龄化形势，常委会继续跟踪全县社会化养老服务体系建设，并专题调研老年人权益保障法贯彻实施情况。按照开展“六五”普法要求，常委会组织专题视察，加强检查督促。

4. 供电服务、新型农业经营主体、教育资源等视察调研

县人大常委会组织对供电服务地方经济发展、培育发展新型农业经营主体、县城环境综合整治、城乡建设用地增减挂钩、地方海事工作、县城教育资源配置、农村幼儿园建设等进行专题视察调研。开展农产品质量安全问题专题视察，要求相关部门进一步强化宣传教育，严格执法检查。对全县文化人才队伍建设等社会事业发展进行专题视察和调研。

5. 重点项目、土地规划等专题调研

县人大到江苏道蓬科技有限公司开展专题调研、首“问”石墨烯产业项目，对项目运行提出建议。持续跟踪政府投资项目、重点工业项目和上年度续建项目，开展专题视察。关注项目服务保障，专题调研全县土地资源开发利用和管理情况。2016 年，县人大常委会将助推水利基础设施建设列入工作要点，组织部分组成人员学习考察先进地区水利基础设施建设情况，深入各镇村开展专题调研。

（三）县第十七届人大常委会视察调研

1. 县发改委、财政、税务、审计、经济运行等工作调研

县人大常委会到县发改委调研上半年国民经济和社会发展计划执行情况；到县国税局调研上半年国税收入任务完成情况。12 月，到县财政局调研 2017 年全县财政预算执行情况和 2018 年全县财政预算初步安排及县级部门预算（草案）编制情况；到县国税局、地税局调研县第十七届人大一次会议确定收入指标完成以及主要税种与周边县市比较分析情况。

县人大常委会到县财政局调研，听取 2017 年县财政决算（草案）以及 2018 年上半年预算执行情况报告。12 月，到县发改委、财政局、税务局、审计局和商务局开展专题调研，了解全县 2018 年计划及财政预算执行总体情况、经济运行主要特点、主要困难和问题，2019 年计划及财政预算编制，审计问题整改情况，招商引资工作等情况。

县人大常委会调研县财政局、发改委、商务局、审计局，听取各相关部门负责人关于全县 2019 年上半年财政预算执行情况、经济运行情况、商务工作情况以及同级审计工作情况。12 月，到县发改委、财政局、税务局、审计局、商务局、统计局开展专题调研，了解全县 2019 年经济工作运行情况，听取县 2019 年计划预算执行、税收收入、同级审计、招商引资和统计工作情况，并提出相关建议意见。

县人大常委会对县审计局 2019 年县级预算执行和其他财政收支审计工作情况进行调研。12 月，

2017 年 12 月 14 日，县人大常委会党组书记、主任陈昌龙（左三）一行到县国税局、地税局调研

到县财政局、税务局、审计局、发改委、商务局、统计局开展专题调研，了解全县2020年经济工作运行情况。

2. 赴连云港赣榆区、连云港经济技术开发区和盐城市盐都区考察调研

2017年6月，县人大常委会党组书记、主任陈昌龙带领常委会相关人员到连云港赣榆港区学习考察，在考察过程中他详细询问港区建设和发展情况。赣榆港区两年建成，营运当年实现2000万吨吞吐量的建港速度和骄人业绩给人留下深刻印象。考察连云港经济技术开发区，参观豪森药业、国电联合动力、神鹰碳车等企业，与开发区领导就招商引资、项目建设、企业发展、园区建设、项目服务等相关内容进行深入交流，并表示将好经验做法融合进如东接轨上海工作。盐城国家高新区智能终端产业园是盐都区重点打造的主导产业，被列为该市产业创新“十大工程”，园区已建成80多万平方米标准厂房，有55家企业落户，年销售超百亿，值得如东学习和借鉴。调研组还参观考察盐都人大工作和乡村旅游发展情况，并听取相关经验介绍。

3. 赴姜堰、海安考察调研镇区人大工作和经济社会发展情况

2017年6月，县人大常委会党组书记、主任陈昌龙率县人大领导班子成员、各委室主任、各镇区人大负责人赴泰州市姜堰区、海安县考察学习。考察组到姜堰区张甸镇张甸村和罗塘街道城北村，考察人大代表之家建设情况，到罗塘街道参观人大主席团活动室，详细了解街道人大制度建设、选民代表议事会运行、档案工作等方面情况。考察组一行听取姜堰区人大工作情况介绍。双方表示要进一步加强人大工作交流，相互取长补短，促进工作创新，共同提高人大工作水平。在海安县，考察团先后参观江苏铁锚玻璃股份有限公司、中国天楹股份有限公司、江苏联发纺织股份有限公司、城东镇南屏街道人大代表之家、城东镇开屏村人大代表接待站、江苏白金汇物流有限公司、海安经济技术开发区加速成长产业园机器人（智能装备）产业基地、东部全球家具博览中心，深入了解海安县人大工作、现代服务业以及工业经济发展情况，两县人大领导进行深入交流。

2017年6月26日，县人大常委会党组书记、主任陈昌龙（右一）带领县人大班子成员、各委室主任、各镇区人大负责人赴泰州市姜堰区、海安县考察学习

4. 县旅游业发展情况专题视察调研

2017年8月31日，县人大常委会组织部分组成人员、人大代表就全县旅游业发展情况进行专题视察调研。调研组深入栟茶镇、沿海经济开发区、洋口港经济开发区、循环经济产业园等镇区，实地视察了解旅游项目开发及配套设施建设情况。

2019年6月18日，县人大常委会专题视察县全域旅游建设推进情况。实地视察小洋口海印文化园，小洋口科技城、海之城项目，栟茶隆力奇工业旅游项目，栟茶寿圣寺、西街文创园及中市街老街项目。视察过程中，详细了解每个旅游项目投资规模、建设进展、旅游定位及后续发展规划，并围绕全域旅游和“文旅融合”问题与相关负责人进行深入交流。

2021年8月16日，县人大前往小洋口旅游度假区，专题视察文旅重点项目建设情况。

2021 年 8 月 16 日，县人大常委会到小洋口旅游度假区视察

5. 石墨烯产业发展情况考察调研

2017 年 9 月 3 日，县人大常委会党组书记、主任陈昌龙带领考察调研组考察无锡格菲电子薄膜科技有限公司、常州碳星科技有限公司、江南石墨烯研究院、恒利宝纳米新材料科技有限公司、常州第六元素材料科技股份有限公司，听取相关企业介绍。9 月 4 日，考察调研组视察县洋口港石墨烯产业园规划建设情况、现场视察道蓬科技有限公司、南通强生光电科技有限公司、南通恒辉手套有限公司、如东石墨烯研究院、如东金友机械有限公司，并与相关园区、企业负责人进行座谈交流，提出建议意见。

2017 年 9 月 3 日，县人大常委会考察调研石墨烯产业发展情况

6. 岔河、新店、曹埠、大豫、栟茶等镇开展项目建设及“五项行动”推进情况调研

2017 年 9 月 7—8 日，县人大常委会党组书记、主任陈昌龙到岔河、新店、曹埠、栟茶等镇调研项目建设，督查对接服务上海和人大代表助力小康“五项行动”开展情况。先后视察岔河银河工业园区、南通荣坤纺织有限公司、新店尤力体育股份有限公司、江苏松柏纺织品有限公司、信昌玻璃有限公司等企业和项目现场，听取相关镇主要负责人关于项目建设、接轨上海和“五项行动”推进情况汇报。11 月 15 日，到河口镇、双甸镇、岔河镇视察农村基础设施和高标准农田建设情况。视察 3 个镇 3 处国家农业综合开发高标准农田项目区。

2018 年 5 月 14 日，县人大常委会到栟茶镇对相关项目建设、重大民生工程以及人大代表助力小康“五项行动”推进情况进行调研，视察栟茶古镇开发项目、寿圣寺建设项目、阳光福利中心、新庄村村部、陈湾村龙虾养殖基地等项目现场。5 月 22 日，县人大常委会党组书记、主任陈昌龙到沿海经济开发区，对市人大代表参与人大代表助力小康“五项行动”情况进行调研，到林韵堂承林木雕工作室，参观市人大代表、南通市非物质文化遗产代表性传承人刘承林红木雕刻作品，听取刘承林代表参与“五项行动”相关情况，与区、村相关负责人进行对接。5 月 23 日下午，到如东循环经济产业园（大豫镇），对相关项目建设及人大代表助力小康“五项行动”推进情况进行调研，视察南通东湖（香江）旅游度假项目、森递农场建设项目、特色农业核心示范区、东湖皇菊加工基地等项目现场。9 月 11 日，到袁庄镇调研项目建设及人大代表助力小康“五项行动”推进情况，视察南通旷美帽业有限公司及 3 个风机项目建设现场。

2020 年 8 月 25 日，县人大常委会视察全县农业示范园区建设情况。到如东经济开发区、掘港街道和曹埠镇，参观江苏翼扬食品有限公司蛋制品深加工项目、南通北渔人和水产有限公司和县现代农业产业示范园。

2017 年 9 月 7—8 日，县人大常委会到岔河、新店、曹埠、栟茶等镇调研项目建设

7. 全县环境状况和城乡公交一体化推进情况专题视察

2018 年 3 月 28 日，县人大常委会党组书记、主任陈昌龙带领县人大主任会议成员和县环保局、住建局、农委、发改委等相关部门负责人，专题视察全县“263”专项行动工作进展，了解全县环境状况和环境目标完成情况，推动相关目标措施有效落实。8 月 22 日，专题视察全县城乡公交一体化推进情况。

8. 全县教育现代化建设情况专题视察

2018 年 4 月 26 日，县人大常委会对全县教育现代化建设情况进行专题视察。实地视察掘港镇幼儿园、曹埠初中、马塘初中等地，详细了解各所学校教育现代化创建工作的进度及存在困难。专题视察组审议后认为，各镇区、各部门要细化实施方案，着重加快项目推进工作，着力解决教师队伍建设、学校合理布局、教育均衡发展等问题，不断推进县域教育现代化创建工作。

2019 年 11 月 19 日，县人大常委会到县教育体育局，专题调研全县教育体育工作情况。

9. 县监察委员会贯彻落实《中华人民共和国各级人民代表大会常务委员会监督法》情况调研

2018 年 11 月 29 日，县人大常委会党组书记、主任陈昌龙带队专题调研县监察委员会，了解县监察委员会组建后对《中华人民共和国各级人民代表大会常务委员会监督法》贯彻落实情况。参观县监察委员会机关、办案室，详细了解县监察委工作开展情况。听取县监察委员会主任闫静翔所作工作运行情况汇报。

10. 全县国有资产管理情况调研

2019 年 5 月 14—15 日，县人大常委会调研全县国有资产管理情况。先后到东和集团、锦恒集团、高新区和国资办，听取相关企业、镇区和部门负责人情况汇报。2021 年 8 月 31 日，到东和集团、锦恒集团、水务集团考察调研县国有资产经营管理情况。

11. 邳州市县域“公共空间”治理工作考察调研

2019 年 8 月 22—23 日，县人大常委会党组书记、主任陈昌龙带队赴邳州市进行实地考察调研。邳州市人大常委会主任胡汉军陪同考察。考察组先后深入村庄、街道、城区、公园、湖泊等地进行考察调研，深入了解当地公共空间治理典型事例和创新举措。

2018 年 4 月 26 日，县人大常委会专题视察全县教育现代化建设情况

2019 年 8 月 22—23 日，县人大常委会党组书记、主任陈昌龙（左三）带队到邳州市考察调研

12. 县突出环境问题解决情况专题视察

2019年9月24日，县人大常委会专题视察县突出环境问题解决情况。实地视察即将开通的海启高速掘港服务区、县城拥军河整治现场、县城范堤路管网施工现场、洋口港经济开发区富盐村南美白对虾养殖基地、滨海村滨海横河整治现场、南通外向型农业综合开发区污水处理厂、沿海经济开发区江苏优普生物化学科技股份有限公司废气治理车间以及沿海经济开发区智慧园区污染源在线监控中心。

2021年6月7日，县人大常委会调研城中、掘港、大豫、马塘等镇（区、街道）水环境治理工作。到掘苴河河岸共治工程现场，仔细了解河岸景观建设、周边环境整治等情况。8月23日，对双甸镇开展乡镇污水处理设施建设运行情况专项督查。

2020年9月21日，县人大常委会督查"清水绿岸"重点工作和县人大集中"问河长""问局长"交办问题整改情况

13. 城建交通重点项目建设情况视察

2019年10月22日，县人大常委会专题视察全县城建、交通重点项目建设情况。实地视察青年公园、东环路北延、"三河六岸"大东桥工区、范堤路改造、"三河六岸"戴园建材工区、334省道东延、新汽车客运站、"三河六岸"虹桥咀淤泥处置场、德馨园小区、洋骑线（苴东线）等工程。

2020年6月3日，县人大办、县人大环资城建工委、县住建局、县城管局相关负责人到全县相关城市建设项目现场，实地调研工程进展情况。9月14日，县人大召开工作例会，专题视察全县市政工程、交通基础设施和城市建设情况，交流2020年人大代表助力小康"五项行动""通达"行动进展情况，进一步动员、推进和落实相关工作。

2021年6月10日，县人大常委会专题视察县部分重大产业项目建设进展情况。9月13日，开展市政工程和交通基础设施建设专题视察活动。先后到黄河路东延、鹤鸣公园南区、东环路、珠江路转盘改造、"三河六岸"青园咀、"三河六岸"水泥厂商业街、紫城花苑老旧小区改造、黄山路公交首末站等现场。

2021年6月10日，县人大常委会视察全县部分重大产业项目建设进展情况

14. "清水绿岸"提质行动情况调研督查

2019年3月19日，县人大常委会党组书记、主任陈昌龙带领相关委室负责人，分别到栟茶、河口镇实地调研镇污水处理相关工作，实地考察两镇现有污水处理厂运行、污水应急处理、河道治理、污水管网规划等情况。11月11日，到河口、袁庄、岔河镇调研"清水绿岸"提质行动开展情况，详细了解3个镇在撤并老镇区水环境整治、整村推进水环境治理、每村样板河道打造等工作推进情况。

2020年9月21日，县委、县人大、县政府组成联合督查组，采取不发通知、不打招呼、不听汇报、直奔现场方式，分5个组督查全县相关镇（区、街道）“清水绿岸”提质行动重点工作和县人大集中“问河长”“问局长”整改情况，融合推进水环境综合整治工作。

2021年7月9日，县人大办、攻坚办、城中街道、掘港街道相关负责人，对如泰运河、掘苴运河沿线开展水岸共治专项督查行动。

2021年9月8日，南通市人大在如东县组织召开全市“助力清水行动，建设水美乡村”工作推进会

15. 湿地开发与企业复工复产等工作调研

2020年2月17日，县人大常委会听取县自然资源局对全县湿地开发与保护工作情况汇报。3月5日，对全县部分企业复工复产等工作进行调研，并就全力保障疫情防控和经济社会发展“两手硬”“两战赢”提出意见建议。4月14日，实地调研县湿地保护工作，为提升全县湿地保护和修复水平积极谋篇布局，推动工作落实。

16. 学习考察无锡科技创新平台建设与全县科技创新平台建设情况专题视察

2020年6月16日，县人大常委会党组书记、主任陈昌龙带领人大教科文卫工委、县科技局和相关镇区负责人赴无锡市惠山区学习考察科技创新平台建设工作。6月19日，专题视察全县科技创新平台建设情况，副县长杨晶晶汇报全县科技创新平台建设情况。

17. 议案和重点建议办理、养老服务体系建设视察

2020年10月22日，县人大常委会对县十七届人大四次会议《加快推进“清水绿岸”提质行动进程，努力打造全县人居环境的议案》《关于进一步优化营商环境，强化企业服务，加快推进全县重特大项目建设的议案》等议案和《关于进一步优化县城教育资源布局的建议》《关于加强城市社区建设的建议》等重点建议办理情况进行视察。先后到爱民路幼儿园、友谊路小学、汽车客运站、清华苑小区、县城市规划区水环境治理工程项目标段、友好社区、县综合检验检测中心、深安光电项目建设现场实地查看。

2020年11月23日，县人大常委会专题视察县养老服务体系建设情况。先后到县宾山老年公寓、掘港敬老院、苴镇街道敬老院、县社会福利中心、县乐龄生活驿站和县居家养老服务中心，实地查看养老服务机构养护环境、硬件设施设备、医养结合落实情况，详细了解养老服务机构运营情况、养老模式、服务体系以及存在问题和困难。

2020年11月23日，县人大常委会到掘港街道视察养老服务体系建设情况

18. 吴中、嘉善等地考察调研

2021年3月25—27日，由县人大常委会党组书记、主任陈昌龙带队，县人大常委会副主任徐鸿斌、县人大常委会相关委室、部分镇（区、街道）人大负责人先后赴苏州吴中、浙江嘉善，考察调研水环境治理和人大特色工作，并开展县、街道人大之间友好对接。吴中区、嘉善县人大常委会主要负

责人及相关委室负责人先后陪同考察调研。

在苏州市吴中区，先后考察吴中区公共文化中心、苏州太湖湖滨国家湿地、香山街道舟山村、苏州环球科技股份有限公司和角直古镇建设，详细了解吴中经济社会发展情况、太湖及相关镇村水环境治理情况和企业人大代表工作室建设情况。在浙江省嘉善县，先后考察姚庄镇北鹤村、西塘镇祥符荡、西塘镇人大代表联络站、罗星街道硅谷产业园、嘉善巧克力小镇等地，并听取相关负责人对嘉善特色产业发展、水环境治理、美丽乡村建设、示范区湖区建设、人大特色工作介绍。

（四）第十八届人大常委会视察调研

1. 公共卫生项目专题视察

2022 年 6 月 17 日，县人大常委会专题视察全县公共卫生项目。先后实地查看县人院外科大楼、县公共卫生临床应急中心项目、双甸镇中心卫生院、河口镇卫生院、洋口镇卫生院等，听取相关项目建设运营情况汇报，详细了解全县公共卫生服务体系建设、医院基础设施、医疗运行、设备配置、就医诊疗、社会服务等情况。

2. 向海发展全县重点项目专题视察

2022 年 9 月 26 日，县人大常委会专题视察向海发展全县重点项目，并召开座谈会听取相关汇报。先后到海之城堤顶路示范段、九九久超高分子量聚乙烯纤维项目、小洋口风电母港、刘埠渔港农渔冷链物流中心建设工程、洋口港金牛码头区等现场，通过实地查看、听取汇报、询问交流等方式，详细了解向海发展全县重点项目建设推进情况。

2022 年 9 月 26 日，县人大常委会专题视察向海发展全县重点项目

3. 全县城市更新工作专题视察

2022 年 10 月 18 日，县人大常委会视察全县城市更新工程建设情况，先后到锦恒君澜酒店、掘港街道民营工业园区、2022 年老旧小区改造工程城建宿舍楼片区、“三河六岸”商业街区、通洋高速二期、如东高级中学异地新建工程等重点项目现场，实地察看城建交通、房屋征收拆迁和老城区更新工作推进落实情况，详细了解项目规划、工程进度和存在问题。

4. “五加一”主题实践活动开展情况专题视察

2022 年 11 月 15 日，到新店、岔河、河口镇，专题视察人大代表“践行‘双聚双高’、助力乡村振兴”“五加一”主题实践活动开展情况。实地视察新店镇孙桥村人民代表大会制度文化园、河口镇人大代表助力乡村振兴研学基地、岔河镇赵云农场代表联系点，并与部分人大代表进行面对面交流互动。

2022 年 11 月 15 日，县人大常委会专题视察人大代表“五加一”主题实践活动开展情况

5. 食品安全监管工作视察

2023 年 4 月 10 日，县人大常委会专题视察全县食品安全监管工作情况。先后到县综合检验检测中心、深圳市景田食品饮料南通有限公司、

县食品科技产业园，以及县海韵幼儿园，通过实地视察、听取介绍、现场交流等方式，全面了解全县食品安全监管工作情况。

6.“双实践活动”专题视察

2023年5月6日，县人大常委会召开全县各级人大代表“牢记嘱托、感恩奋进”学习实践暨“五加一”主题实践活动（简称“双实践活动”）现场推进会，会上听取大豫镇党委相关工作情况介绍、五级人大代表（选民代表）及河口镇人大负责人进行交流发言。与会人员实地参观大豫镇大豫社区、强民村、海滨幼儿园3个人大代表联系点。

7. 公安工作视察

2023年5月19日，县人大常委会党组书记、主任陈昌龙带领县人大常委会主任会议成员，到经济开发区派出所，参观警用装备室、接警中心、综合指挥室、党员活动室等点位，了解“所队合一”、扁平化勤务指挥、基层党建阵地等情况。在县交警大队，视察交通事故联调中心法官办公室、交通事故巡回法庭、为民服务窗口、车管所服务大厅等点位。同时还参观县公安局业务大楼和王新铭、张凡工作室，分别听取刑事技术创新成果和科技创新成果展示汇报。在汇报会上，副县长、县公安局局长储开林汇报全县公安工作情况。

8. 向海发展项目建设情况视察

2023年7月18日，县人大常委会视察如东向海发展项目建设情况。先后到如东经济开发区创亿达新型显示元器件项目、龙硕换电站及3C产品项目、洋口镇锦楹重力储能项目、海力风电高端装备项目、鼎瓯天海道温泉城项目现场视察，同时视察洋口港经济开发区美高微球新材料和远东高端海底电缆项目。两个项目均为制造业新开工项目，为向海经济高质量发展提供有力支撑。

9. 民生实事项目实施情况视察

2023年8月31日，县人大常委会视察县城朝阳路停车场、弹琴路综合整治、掘港街道综合养老服务中心、示范性乡村互助养老睦邻点、县城居民管道燃气延伸扩面以及湘江路工程等项目现场，实地了解相关项目进展情况、实施效果、存在问题及后续实施计划。

10. 开展全县应急管理体系和能力调研

2023年9月11日，县人大常委会党组书记、主任陈昌龙带队开展全县应急管理体系和能力建设情况调研，先后到县级物资储备库、全国综合减灾示范社区长沙镇长堤村以及桐昆集团的市级专业救援队，实地查看物资储备情况，现场观看应急无人机操作、应急帐篷搭建、应急消防水泵操作以及消防救援装备操作、火灾演练等。

11. 开展城市更新工程建设情况专题视察

2023年9月18日，县人大常委会党组书记、主任陈昌龙带队开展城市更新工程建设情况专题视察，实地视察桐昆北宸、如东高级中学异地新建、范堤路整治、亚萍广场南侧停车场、青园社区四院宿舍楼改造、君悦观澜安置房以及喜润城等项目现场。

二、执法检查

（一）县第十五届人大常委会执法检查

1.《江苏省海洋环境保护条例》执行情况执法检查

2008年，县人大常委会重点围绕水环境质量、环保基础设施建设、沿海开发项目环评和海洋环境监管等主要环节，对近海海域水质、内河水质进行实地视察检查，形成审议意见交政府办理。

2. 食品、道路交通安全法等法律法规执行情况执法检查

2009—2011年，县人大常委会结合县情实际，以事关人民群众根本利益的法律法规贯彻实施情况为重点，先后对《中华人民共和国食品安全法》《中华人民共和国道路交通安全法》《中华人民共和国动物防疫法》《中华人民共和国农产品质量安全法》《中华人民共和国种子法》《中华人民共和国农村土地承包法》《中华人民共和国气象法》《中华人民共和国广告法》《中华人民共和国妇

女儿童权益保护法》《中华人民共和国归侨侨眷权益保护法》等法律法规进行执法检查。

3.《中华人民共和国城乡规划法》执行情况执法检查

2010年，县人大常委会于7—12月对全县贯彻实施《中华人民共和国城乡规划法》进行执法检查，通过检查，客观评价全县城乡规划建设所取得的成绩，实事求是指出存在问题和矛盾，中肯提出建议和意见，从而进一步增强全社会对执行《中华人民共和国城乡规划法》自觉性，提高政府部门贯彻实施《中华人民共和国城乡规划法》执行力和工作水平，推进全县城乡规划建设上台阶，实现城乡面貌大变样，促进经济社会城乡建设统筹协调发展。

4.《中华人民共和国科技进步法》实施情况执法检查

2011年4月，县人大常委会对全县贯彻实施《中华人民共和国科学技术进步法》情况开展执法检查。检查内容为《中华人民共和国科学技术进步法》实施后宣传教育、组织体系及其制度建立、考核情况；了解落实科技政策、增加科技投入以及资金使用情况；了解完善科技服务体系、推广先进实用技术、推动科技创新等方面工作情况；了解科技应用，推广成果转化，加强创新体系建设，企业研发能力及强化人才支撑，科技人才队伍建设情况。通过检查，有效促进政府及其职能部门大力宣传贯彻落实《中华人民共和国科学技术进步法》，加大科技投入，提高企业自主创新能力，加快以企业为主体、市场为导向、产学研相结合技术创新体系，完善激励机制，积极培养科技创新人才，不断提升全县科技进步整体水平。

（二）县第十六届人大常委会执法检查

1.《中华人民共和国食品安全法》执行情况执法检查

2012年，县人大常委会为依法推进全县食品安全体系建设，切实维护人民群众身体健康和生命安全，组织开展《中华人民共和国食品安全法》执法检查，对全县涉及食品生产、流通、销售领域多家重点单位进行视察和检查。常委会会议专题听取县政府关于全县《中华人民共和国食品安全法》实施情况工作报告。县政府及有关部门深入查找《中华人民共和国食品安全法》实施过程中薄弱环节与突出问题，认真制定整改方案，加大执法检查工作力度，保障《中华人民共和国食品安全法》有效实施。

2.《中华人民共和国环境保护法》执行情况执法检查

2013年，县人大常委会将《中华人民共和国环境保护法》执法检查作为全年的一项重点议题组织实施。成立执法检查组，深入镇区、部门及重点企业视察检查，各镇人大组织开展对镇辖区内贯彻实施情况的检查，县环委会各成员单位进行自查自纠。常委会听取和审议县政府关于贯彻实施《中华人民共和国环境保护法》情况工作报告以及常委会执法检查报告，要求县政府切实增强环保责任意识，着力抓好污染源头控制、环境执法监管、农村环境综合整治等重点环节，不断加大环保投入力度。县政府及有关部门深入查找实施过程中薄弱环节与突出问题，进一步加强统筹规划、组织协调和督查推进，有效促进全县生态环境建设。

2013年5月21—22日，县人大及环保、城管、农委等部门开展环保执法检查

3.《畜禽规模养殖污染防治条例》执行情况执法检查

2014年，县镇联动开展《畜禽规模养殖污染防治条例》（简称“条例”）执法检查。畜禽养殖污染防治是人民群众普遍关注的热点难点问题。常委会对全县贯彻实施“条例”情况开展执法检查，组成3个执法检查小组，到相关镇区、部门及畜禽养殖场（户），通过听取汇报、实地察看、走访座谈等方式，进行执法检查。常委会专题听取和审议县政府关于全县贯彻实施“条例”情况工作报告及常委会执法检查报告，要求各级政府及相关部门高度重视畜禽养殖污染防治问题，加大宣传力度，强化源头防控，落实监管责任，努力给老百姓一个干净清洁环境。各级政府认真落实，抓试点、抓关键、抓整改，这项工作取得初步成效。

2014年4月3日，县镇联动开展《畜禽规模养殖污染防治条例》执法检查

4.《中华人民共和国水污染防治法》执行情况执法检查

2015年，县人大常委会把保护生态环境作为一项重点监督议题，依据相关法律法规，持续跟踪监督，力求监督实效。常委会听取和审议县政府关于贯彻实施《中华人民共和国水污染防治法》情况工作报告，县镇区联动开展执法检查。针对全县畜禽养殖污染问题和水污染防治工作严峻形势，要求政府及相关部门健全完善机制，加大组织力度，夯实整治基础，提升推进实效。对执法检查中发现的问题及相关整改工作建议，及时开展跟踪督查。常委会还对全县贯彻实施《中华人民共和国环境保护法》《畜禽规模养殖污染防治条例》情况进行专题询问，主任会议听取县政府关于实施划定畜禽养殖禁养区、限养区意见情况工作报告，推动生态保护相关法律落实，生态环境面貌逐步得到改善。

（三）县第十七届人大常委会执法检查

1.《中华人民共和国农产品质量安全法》等执行情况执法检查

2017年，县人大常委会开展实施《中华人民共和国农产品质量安全法》情况检查，跟踪问效落实执法检查。同时，监督落实《中华人民共和国食品安全法》执法整改情况。

2.《中华人民共和国促进科技成果转化法》执行情况执法检查

2018年，县人大常委会执法检查组与镇（区、街道）人大联动，突出园区和产业板块，通过举办法律知识讲座、听取报告、实地视察等方式开展执法检查，梳理出3大类8个方面问题向政府反馈。要求政府进一步聚焦重点、补齐短板，加快科技服务体系建设，强化政策支持和保障作用，为推动科技成果转化、做强做优实体经济夯实基础。县政府及职能部门高度重视，对照薄弱

2018年4月20日，县人大对全县贯彻实施《中华人民共和国促进科技成果转化法》情况开展执法检查

环节与突出问题，认真制定整改方案，保障《中华人民共和国促进科技成果转化法》在全县有效实施。

3. 县镇（区、街道）人大联动对《中华人民共和国水污染防治法》执行情况开展执法检查

2019—2021 年，县人大常委会连续 3 年组织《中华人民共和国水污染防治法》执法检查，助推全县“清水绿岸”提质行动取得实效。县镇（区、街道）两级人大联动，对如东贯彻实施《中华人民共和国水污染防治法》情况集中检查。县人大常委会组织 4 个执法检查小组，到一线察看走访，对水污染防治中存在问题向县政府和有关方面反馈，对贯彻实施《中华人民共和国水污染防治法》提出意见和要求。

2021 年，县人大常委会在前两年执法检查工作基础上，继续组织对全县贯彻实施《中华人民共和国水污染防治法》情况进行专项检查。检查重点为县人大常委会 2019 年、2020 年《中华人民共和国水污染防治法》执法检查审议意见贯彻落实情况；全县 2019—2020 年度解决的突出环境问题清单中涉及水环境事项及上级交办突出问题整改落实情况；工业集聚区及工业企业是否配套建设污水处理设施，是否安装自动检测监控设施并与生态环境部门联网，排污单位是否持证按证排放水污染物；城镇污水处理厂是否正常运行和达标排放，污水管网是否配套，城乡污水处理设施和收集管网建设是否按计划实施并有效运行；河长制落实情况，河道整治质量和长效管理情况及南美白对虾养殖污染整治情况；港口、码头和堆场水污染防治设施建设使用是否到位等。通过持续开展执法检查，切实履行监督职责，更好发挥“法律巡视”利剑作用，进一步推动水污染防治法律法规在全县全面贯彻实施，助推全县水环境质量根本性改善。

4.《城市市容和环境卫生管理条例》实施情况执法检查

2019 年，县人大常委会组织对全县贯彻实施国务院《城市市容和环境卫生管理条例》（简称“条例”）情况进行执法检查。检查内容为市容环境卫生法律、法规和科学知识宣传贯彻实施情况；县市容环卫专项规划、基础设施建设和经费落实情况；县对市容环卫作业服务社会化项目的规范监管情况；行政执法管理部门及其工作人员在“条例”执行过程中存在的问题和困难；居民群众普遍关心的热点、难点问题。通过开展“条例”实施情况检查，强化对城市管理人员和城市执法队伍的建设和管理，严格依法行政，防止不作为和乱作为，提高执法水平。

2019 年 11 月 11 日，县人大常委会到河口镇、袁庄镇、岔河镇调研“清水绿岸”提质行动开展情况

2019 年 8 月 23 日，县人大常委会对全县贯彻实施国务院《城市市容和环境卫生管理条例》情况进行执法检查

5.《中华人民共和国安全生产法》等法执行情况执法检查

2020年，县人大常委会开展《中华人民共和国安全生产法》执法检查，组织4个执法检查小组到一线开展执法检查，专题听取和审议县政府关于《中华人民共和国安全生产法》贯彻实施情况工作报告，建议强化组织领导，理顺管理关系，统筹治理重点，压实工作责任，遏制生产安全事故发生。

2020年3月10—13日，县人大第二执法检查组对全县贯彻实施《中华人民共和国安全生产法》情况进行检查

2021年10月，南通市人大常委会党组副书记姜永华、党组成员沈红星到如东，深入企业调研企业安全风险分级管控和隐患排查治理双重预防机制。

2021年10月，南通市人大常委会党组副书记姜永华（左二）、党组成员沈红星（左一）到如东，调研基层人大工作、企业发展和能耗“双控”工作

6.《中华人民共和国中小企业促进法》执行情况执法检查

2021年，县人大常委会组织对全县贯彻实施《中华人民共和国中小企业促进法》情况进行执法检查。通过检查，客观真实地评价县、镇（区、街道）两级政府在优化中小企业发展环境，促进中小企业发展方面存在的突出问题和薄弱环节，促进政府及其有关部门认真贯彻实施《中华人民共和国中小企业促进法》，加大对中小企业扶持、引导和服务力度，更好地改善营商环境，着力帮助解决中小企业发展难题，维护中小企业合法权益，促进中小企业健康发展，为如东经济高质量发展提供强有力保障。

2021年3月8日，县人大开展《中华人民共和国中小企业促进法》执法检查

（四）县第十八届人大常委会执法检查

1.《江苏省农村集体资产管理条例》执行情况执法检查

2022年3月，县人大为了解全县农村集体资产管理现状，常委会组织4个执法检查小组深入一线开展执法检查，听取和审议县政府关于贯彻实施《江苏省农村集体资产管理条例》情况工作报告，要求进一步加快政策配套，加强宣传发动，加大扶持力度，不断增强基层“造血”功能，提升管理质效，推动农村集体经济高质量发展。

2022年3月3日，县人大执法检查第三小组到洋口、丰利、苴镇等镇（街道）开展《江苏省农村集体资产管理条例》执法检查

2.《中华人民共和国大气污染防治法》执行情况执法检查

2022年4月，县人大常委会开展《中华人民共和国大气污染防治法》执法检查，要求进一步凝聚大气污染防治共识，加强污染源头把控，深化重点领域治理，加大执法监督力度，坚决打赢蓝天保卫战。

3.《江苏省物业管理条例》《南通市住宅物业管理条例》贯彻实施情况开展执法检查

2023年3月3日，县人大常委会就《江苏省物业管理条例》《南通市住宅物业管理条例》（简称“两个‘条例’”）贯彻实施情况开展执法检查。执法检查组先后实地了解有物业小区物业管理规章制度执行、业主大会和业主委员会建设等情况，

2023年3月3日，县人大常委会组织开展物业管理“两个‘条例’”执法检查

以及无物业小区管理中存在的困难和问题，与部分人大代表、物业公司负责人、社区负责人、居民代表、相关业务部门进行深入交流。就如何进一步推动“两个‘条例’”贯彻落实和做好物业服务工作进行交流，提出意见建议。

4.《江苏省河道管理条例》实施情况执法检查

2023年8—9月，县人大常委会就《江苏省河道管理条例》贯彻实施情况开展执法检查。邀请江苏省水政监察总队副总队长周敏作《江苏省河道管理条例》专题讲座；组成4个执法检查小组到镇（区、街道）实地检查调研，听取被检查对象贯彻实施《江苏省河道管理条例》情况工作报告，召开部分人大代表（选民代表）、政府分管负责人和部门负责人等参加的座谈会，收集建议意见并进行综合分析；听取和审议县政府《关于贯彻实施〈江苏省河道管理条例〉情况工作报告》，要求进一步创新形式、健全机制、协同监管、综合治理，真正实现河畅水清岸绿景美的幸福蓝图。

三、两项评议

（一）县第十五届人大常委会评议工作

1. 县发改委工作评议

2008年，县人大常委会组织对县发改委进行工作评议，通过召开座谈会、发放调查表、走访企业、查看台账资料和满意度测评等方式，广泛征求县镇两级人大代表和人民群众建议意见，着重评议该部门服务经济、依法行政和队伍建设等方面工作，常委会2次听取汇报并作出评议意见，县发改委积极整改，评议活动取得良好的监督效果。

2. 县环保部门工作评议

2010年，县人大常委会采取由全体县人大代表推荐，常委会组成人员集体票决方式确定将环保部门作为评议对象。常委会建立评议领导组，精心制定评议计划，通过宣传发动、召开座谈会、发放调查表和走访企业等形式，广泛征求县镇两

级人大代表和人民群众建议意见。常委会会议听取环保部门接受评议工作报告，认真评议并督促环保部门整改落实。

3. 县民政局、安监局、住建局工作评议

2011年，县人大常委会组成人员采取集体票决方式，确定将县民政局、安监局、住建局作为评议对象。通过宣传发动、召开座谈会、发放调查表和走访企业等形式，广泛征求县、镇两级人大代表和人民群众建议意见。通过整改，3个迎评部门各方面工作都取得新成效，代表和群众在评议中提出的建议意见得到有效落实，评议整改工作得到常委会全体组成人员肯定。

（二）县第十六届人大常委会评议工作

1. 县规划局工作评议

2012年，县人大常委会组成4个调查组对县规划局开展工作评议。各镇人大组织县镇人大代表通过听汇报、看现场、走访选民和企业等形式，对县规划局和镇建设服务所工作进行联动评议。县规划局积极迎评，在科学合理编制城乡规划、强化城市设计、加强规划审批管理、创新规划服务发展理念，以及加强宣传教育和队伍建设等方面进行认真整改，使人大代表和群众在评议中提出的建议意见得到有效落实，评议整改工作取得实效。

2. 县卫生局工作评议

2013年，县人大常委会认真开展对县卫生局工作评议，组织县镇人大联动，广泛听取和收集建议意见，并首次委托县审计局对县卫生局及其部分下属单位进行审计调查。评议中，针对群众普遍关心的看病难、看病贵、医疗队伍建设、医德医风等方面问题提出询问和审议意见。县卫生局全面动员、积极迎评，主动向人大代表汇报工作，真诚听取意见建议并认真整改。评议工作进一步加深代表和群众对卫生工作了解，畅通代表监督卫生部门渠道，推动和促进全县卫生事业健康发展。

3. 县农委工作评议和农村基础设施建设专项工作评议

2014年，县镇人大先后联动开展对县农委工作评议和农村基础设施建设专项工作评议，广泛收集基层和群众意见，充分发挥代表作用，有效形成人大监督整体合力。

4. 12个市政府部门工作评议

2015年，为切实发挥代表主体作用，常委会在配合评议12个市政府部门工作和评议县“一府两院”工作人员履职情况等活动中，通过县镇区人大联动评议方式，进一步扩大代表参与面，增加各级代表之间互动，利用代表掌握一线资料，加强监督，提升实效。

（三）县第十七届人大常委会评议工作

1. 提升项目质效专项工作评议

2017年，县人大组织常委会组成人员、部分县人大代表，对行政审批局、发展和改革委员会、国土资源局、住房和城乡建设局、环保局、安全生产监督管理局、商务局、市场监督局、交通运输局、公安局（消防）、供电公司、人民银行12个县级机关和单位开展评议。听取和审议关于提升项目服务质效专项工作评议涉评部门工作情况的报告，要求各涉评部门树立紧迫感、责任感、使命感，全员发动、分解任务、量化指标、落实责任，促使全县项目服务质效不断提升。

2. 县人社局等8个部门工作评议

2018年，县人大常委会分4个评议调研组对县人社局、能源局、民政局、司法局、卫计委、海洋与渔业局、供销合作总社、城管局8个县级政府部门开展评议。涉评部门做好迎评准备，向评议调研组提供该部门工作主要适用法律、部门工作情况报告，评议调研组到相关镇（区、街道）召开座谈会，听取基层人大代表、下属单位、服务对象和人民群众对涉评部门意见、建议，将调查意见、建议反馈给涉评部门。各涉评部门根据县人大常委会评议审议意见，综合各方面意见建议，研究制定整改办法，落实具体整改措施，扎实开展整改工作。

2018 年 4 月 11 日，县人大到镇区开展执法检查和评议部门工作调研活动

3. 16 个涉水部门“清水绿岸”专项工作评议

2019 年，县人大常委会开展涉水部门“清水绿岸”专项工作评议，对照“清水绿岸”年度任务书和问题清单，对县政府 16 家涉水部门开展专项工作评议。16 个部门是：县生态环境局、自然资源局、农业农村局、水务局、住房和城乡建设局、交通运输局、商务局、卫生健康委员会、公安局、财政局、城市管理局、行政审批局、应急管理局、教育体育局、市场监管局等。县人大常委会听取各涉评部门工作报告，提出整改意见，抓好过程控制，跟踪改进落实情况，进行满意度评价，将结果纳入机关部门年度考核。

4. 17 个民生实事重点实施部门专项工作评议

2020 年，县人大常委会对 17 个承担民生实事任务重点实施部门，开展专项工作评议。涉评部门有县住房和城乡建设局、城市管理局、交通运输局、教育体育局、民政局、医疗保障局、人力资源和社会保障局、卫生健康委员会、农业农村局、水务局、生态环境局、应急管理局、妇联、残联、红十字会、锦恒集团、东和集团。评议内容：围绕民生实事项目实施，重点评议各部门统筹安排、落实责任、担当作为情况，以及项目推进序时、年度目标任务完成情况等。评议采取分组督查、会议审议、建议意见交办、满意度测评等方式进行。各督查组定期了解项目实施进程，通过听取汇报、走访视察、询问审议等形式，广泛听取被评议部门、人大代表、基层群众及相关方面对民生实事实施情况意见建议，并向承办部门进行反馈，推动项目有效实施。年终，常委会听取涉评部门民生实事项目完成情况专项工作报告并对其工作绩效进行满意度测评。

2020 年 11 月 28 日，县第十七届人大常委会第三十一次会议对 17 个部门满意度测评

5. 6 个服务项目建设和中小企业发展重点部门专项工作评议

2021 年，县人大常委会对服务项目建设和中小企业发展 6 个重点职能部门开展专项工作评议。被评部门有县行政审批局、发展和改革委员会、地方金融监督管理局、自然资源和规划局、生态

2021 年 3 月 16 日，县人大常委会召开服务项目建设和中小企业发展重点职能部门专项工作评议动员会

环境局、应急管理局。通过广泛了解情况、深入调查研究、形成评议报告，针对评议过程中发现突出问题进行专题询问，常委会组成人员进行审议。被评部门按照评议意见进行整改，各评议小组对被评部门存在的突出问题进行跟踪监督。

（四）县第十八届人大常委会评议工作

1. 水环境整治专项工作评议

2022年，县人大常委会按照县“水质达标决战年”的总体思路和目标要求，对县农业农村局、水务局、自然资源和规划局、生态环境局、城管局、住房和城乡建设局、交通运输局、供销总社、水务集团9个相关职能部门水环境整治工作进行专项评议，被评部门主要负责人向县人大常委会报告水环境整治工作情况，针对评议过程中发现的突出问题进行专题询问，县人大常委会组成人员进行审议，并向被评部门反馈问题清单，对被评部门整改工作进行满意度测评。

2. 县行政审批局、财政局、住建局、生态环境局等10个部门工作评议

2023年6月，县人大常委会分别召开民主评议县行政审批局、财政局、住建局、生态环境局等10个部门工作座谈会。对各局近年所取得成绩给予肯定，并要求各局做到“五要五提升”（学习要深、研究要透、服务要诚、效率要高、效果要好；以及进一步提升知晓率、通畅率、办结率、精简率、破解率）；务必主动作为，创新体制机制，持续打造高效优质便捷的政务服务、企业服务和营商环境。

四、专题询问

（一）县第十六届人大常委会专题询问

1. 议案办理跟踪问效

2014年，县人大督促代表议案建议办理，提高满意率和办成率。三次大会后，共确定大会议案5件，收到代表建议197件。为推进办理工作，主任会议专题听取县政府办理工作安排，常委会听取和审议办理落实专项工作报告。加强对议案办理跟踪问效，年中组织代表听取政府办理进展情况，开展专题询问，加强承办单位和代表联系互动。注重跟踪督办，组织议案建议办理工作“回头看”，加大协调力度，推动相关问题解决。

2. 执法检查专题询问

2015年5月28日，县第十六届人大常委会召开第二十七次会议。与会人员在听取报告和观看执法检查专题片后进行审议，并对《中华人民共和国环境保护法》《畜禽规模养殖污染防治条例》执法检查整改落实情况进行专题询问。15位县人大常委会委员、3位基层人大代表和1位县人大农业农村专业代表小组成员，分别就全县河道整治工程设计安排、部分污水处理厂运行、猪粪直排治理、电镀企业搬迁、等级河道排污口行

2023年6月26日，县人大常委会到县住建局开展民主评议工作调研

2015年5月28日，县人大对县环保局、水务局、农委、住建局、海洋与渔业局及部分镇区主要负责人进行询问

政许可、南美白对虾养殖污水治理等问题进行询问，县政府分管负责人，县环保局、水务局、农委、住建局、海洋渔业局及部分镇区主要负责人逐一回答有关询问。

3. 环境整治专题询问

2016 年 5 月 30 日，县第十六届人大常委会召开第三十六次会议，听取县政府关于《中华人民共和国环境保护法》等执法检查整改落实情况报告；与会部分县人大常委会委员、人大代表就县城区内河道环境整治、化工搬迁企业原厂区内污染物处置、浸胶手套企业环境专项整治、污水处理设施建设、畜禽养殖污染整治、环境监管联合协同机制建设等有关问题向县政府和相关部门、镇（区）负责人提出询问。副县长蒋树建和县环保、水务、住建、农委等部门主要负责人及高新区、曹埠镇、马塘镇、丰利镇等政府负责人接受询问。

（二）县第十七届人大常委会专题询问

1. 执法检查专题询问

2017 年 5 月 26 日，县第十七届人大常委会召开第三次会议。会议听取和审议县政府关于贯彻实施《中华人民共和国农产品质量安全法》实施情况报告。部分常委会成员和人大代表就落实《中华人民共和国农产品质量安全法》问题，依法对政府及涉农部门相关负责人开展询问。

2. "问河长"开启询问

2018 年 10 月 22 日，县人大常委会举行人大代表"问河长"现场会，切实推进"河长制"工作。现场会上，省、市、县、镇四级人大代表围绕全县"河长制"落实情况、河道治理难点等话题，对相关部门主要负责人展开询问。

3. 巡查询问集中问答现场应询

2019 年 5 月 16 日，全县开展人大代表"问河长"观摩活动。在巡查现场，代表们围绕河道治理的重点难点问题，进行现场提问；在座谈会环节，与会人大代表结合现场巡查发现的问题，与河长面对面，对河道整治工作实施和"河长制"落实情况进行询问。17 日，如东高新区开展人大代表、选民代表"问河长"活动，以集中问答的形式，直击河道综合整治过程中的重点、难点和痛点，助推河长履职尽职，进一步推进河道整治进程。

2021 年 6 月 28 日，县人大开展栟茶运河水环境治理人大代表集中"问河长""问局长""问县长"活动。会上，副县长陈威涛汇报河长制工作落实情况，并就如何履行河长职责、抓实全县水环境治理工作以及栟茶运河问题清单整改进行现场应询。

（三）县第十八届人大常委会专题询问

1. 如泰运河沿线水环境整治专题询问

2022 年 6 月 30 日，县人大围绕如泰运河沿线水环境整治工作，召开集中"问河长""问局长"现场会，开展实地视察整治现场，听取河长制工作落实情况汇报，并就存在的突出问题进行集中询问。

2019 年 8 月 30 日，县人大代表"问河长"现场

2. 水质达标暨人大代表"问河长"专题询问

2022 年 10 月 31 日，县人大召开助推全县水质达标暨人大代表"问河长"现场会，重点围绕栟茶运河水质达标开展"问河长"活动，促进各级河长进一步落实责任，助推栟茶运河水环境质量持续改善。县人大常委会副主任翟建华现场询问，袁庄镇、河口镇、栟茶镇主要负责人围绕

存在问题、整改措施和期限、日常监管等方面逐一应询。在随后召开的会议上，县人大常委会相关委室负责人就部分企业水污染问题和全县农村黑臭水体排查、整治、提升情况进行集中询问，县生态环境局、水务局2家单位主要负责人现场应询。

3. 民生实事及议案、重点建议办理工作专题询问

2023年8月31日，县人大召开民生实事及议案、重点建议办理工作推进会，会议听取县委常委、常务副县长徐东俊关于2023年民生实事及代表议案、重点建议办理情况的汇报。会上，县人大代表围绕交通道路推进、基层法治宣传、高标准农田建设、心理健康教育等内容，就民生实事和议案重点建议办理工作中存在的问题进行专题询问，相关部门主要负责人作为应询人现场进行答复。

五、司法监督

（一）县第十五届人大常委会司法监督

2008—2011年，县人大常委会每年都要听取县法院和县检察院专项工作报告，视察县法院民事审判、人民陪审员制度和县检察院检调对接、诉讼监督、队伍建设等情况，组织选派人大代表旁听法庭庭审，切实加强对“两院”工作的监督。常委会听取全县公安队伍建设和社会治安管理情况工作报告，提出建议意见。听取全县法律服务情况工作报告，提出提高队伍素能、拓宽服务渠道等建议意见，取得良好效果。

（二）县第十六届人大常委会司法监督

1. 源头预防管理创新

县人大常委会主任会议听取县法院关于刑事审判情况的工作报告，要求县法院围绕司法公正，进一步找准“宽与严”“防与惩”“法与情”结合点。县法院按照审议意见要求，不断改进工作，坚持政治效果、法律效果与社会效果的统一，公正高效地履行刑事审判职能。听取县检察院关于延伸法律触角情况工作报告，要求县检察院进一步丰富延伸法律监督触角工作内涵，在完善制度、整合力量、突出实效上下功夫。县检察院切实抓好落实，坚持“重内涵、多整合、可持续”工作思路，促使该项工作步入制度化、规范化、专业化轨道。

2. 普法教育与司法监督密切结合

2015年，县人大常委会听取和审议《县政府关于全县“六五”普法实施情况的工作报告》，要求继续深入开展法治宣传教育，积极推进多层次多领域依法治理，认真谋划好“七五”普法规划，努力打造具有如东特色法治文化品牌，进一步扩大法治宣传教育覆盖面。主任会议听取县法院执行工作情况报告，要求把改进执行工作作为策应司法改革的重要契机，继续抓好执行人员队伍建设，进一步创新执行工作方法，提升执行工作质效。听取县检察院关于查办和预防职务犯罪工作情况报告，要求进一步加强源头预防，重点查办人民群众反映强烈的影响发展、安全、稳定等方面的职务犯罪案件。县“两院”认真落实主任会议建议意见，积极改进相关工作，有力促进司法公正。

（三）县第十七届人大常委会司法监督

1. 公正司法公平正义

县人大常委会主任会议听取县法院《关于行政审判情况的工作报告》，要求进一步服务发展大局，找准行政审判工作立足点、平衡点和关键点，坚持改革创新，建立司法与行政良性互动机制，切实加强专业人才队伍建设。听取县检察院《关于反渎职情况的工作报告》，要求突出查办涉及民生、司法领域和重点环节的渎职侵权案件，探索健全行政执法与刑事司法衔接机制，通过严格办案优化经济环境，维护发展秩序，提升护航水平。

2. “千名代表听百案”活动有效开展

县人大常委会积极开展“千名代表听百案”

活动，组织人大代表旁听观摩庭审300多人次，加强“两院”与人大代表的联动，实现司法监督的完整性，有力推动司法理念、庭审水平和宣教效果的提升。主任会议专题听取县法院、县检察院、县公安局上半年工作情况报告，要求进一步紧扣服务大局主线和执法办案主业，切实增强服务民生和法治建设的针对性，进一步转观念、优环境、惠民生，为全县高质量发展提供优质法治保障。

2018年，县人大开展“千名代表听百案”活动

3. 监察和司法监督工作再加强

县人大常委会专题听取县法院、县检察院上半年工作情况报告，要求县“两院”围绕全县经济社会发展大局，发挥审判和检察职能，在严格公正司法、提高办案质量、深化司法改革、拓展公益诉讼等方面再提升。县、镇（区、街道）两级人大深化“人大代表听百案”工作，组织人大代表旁听法院庭审300多人次。听取县监察委专项工作报告，推进人大监督监察工作。专题调研全县扫黑除恶工作、非诉执行等情况。

4. 人大代表法庭庭审旁听

县人大监察司法工委组织部分县人大代表，到县法院第五法庭旁听一起借贷纠纷案件。代表们凝神倾听审判员的每一次发问、每一次提请注意事项。庭审结束后，代表们认真分析案件审理程序、审理层次，并对审判员的辩论引导、法庭控制能力等方面进行“打分”评议。同时，围绕庭审情况、审判人员履职能力以及所涉及的法律应用等问题提出意见建议。组织人大代表旁听庭审活动，并对庭审法官进行评议，是有效监督方式之一，可以增加审判的公开性和透明度，保证司法机关严格、文明、公正、规范地执法，提高审判水平和办案质量。同时，也可以密切司法机关与人大及其常委会和人大代表的联系，实现人大监督和法院工作良性互动。

2019年5月12日，岔河镇人大组织人大代表旁听庭审

（四）县第十八届人大常委会监察和司法监督

2022年5月31日，县人大常委会首次听取和审议《县监委关于整治群众反映强烈的突出问题工作情况的报告》，要求始终坚守人民立场，持续推动全面从严治党向基层一线延伸，让监督执纪更显力度。

2022年7月22日，县人大常委会主任会议专题听取县法院、县检察院上半年工作情况报告，要求“两院”在服务发展、司法为民、维护稳定、队伍建设上争创新业绩，争作新贡献，努力为全县经济社会持续平稳发展创造良好法治环境。加大任后监督力度，创新开展法官、检察官履职评议工作，组织开展办案质量评查，听取县“两院”部分工作人员履职情况报告并进行满意度测评，进一步增强监督的精准性和实效性。

2023年2月8日，县人大常委会通过《如东县人民代表大会常务委员会规范性文件备案审查办法》《如东县人民代表大会常务委员会监督司法工作办法》。

5月24日，县人大常委会主任会议听取和审议《县公安局打击治理电信网络诈骗犯罪工作情况汇报》，要求坚持将公安工作放在全县发展大局中思考谋划，奋力为建设更高水平法治、平安如东贡献公安力量。

9月27日，县人大常委会听取和审议《县政府关于贯彻落实第八个五年法治宣传教育的决议情况报告》《县人民法院诉源治理工作报告》《关于建立人大司法监督与政法委执法监督衔接机制的实施办法（试行）》，要求开展有针对性的法治宣传教育活动，坚持法治引领，"全链条"参与纠纷化解，"全方位"提升能力水平，"全要素"融入社会治理。全省率先推动两种监督有机贯通，增强监督的合力。继续开展法官、检察官履职评议工作，听取县"两院"部分工作人员履职情况报告，并进行满意度测评。

2008—2023年如东县人大常委会监督工作事项统计表

表3-3

届别	听取审议工作报告项数	执法检查次数	视察调研次数	专题询问次数	评议	
					部门数	人员数
十五	107	4	42	0	3	0
十六	91	4	83	2	23	22
十七	119	7	100	11	59	0
十八	58	4	41	3	19	30
合计	375	19	266	16	104	52

第六节　人事任免

县第十五届至十八届人大常委会，根据《中华人民共和国地方各级人民代表大会和地方各级人民政府组织法》《江苏省各级人民代表大会常务委员会人事任免工作条例》规定，坚持中国共产党领导，坚持民主集中制，坚持严格依法办事，实现党管干部原则与人大常委会依法行使任免权相统一。通过述职评议，加强对任免干部监督工作，2016年始，实施由人大选举和任免人员向宪法宣誓制度。2008—2023年，共任免干部1407人次。

一、县第十五届人大常委会任免

（一）第一次会议

2008年1月26日，经县第十五届人大常委会第一次会议表决通过，决定任命：

彭　忠　任县政府副县长（挂职）

周潮清　任县人大常委会环境资源、城乡建设工委主任

缪爱平　任县人大常委会教科文卫工委副主任

陈宝来　任县政府办公室主任

季耀武　任县监察局局长

吴鼎皋　任县人事局局长

徐　飞　任县民族宗教事务局局长

张　轶　任县文化局局长

唐国均　任县教育局局长

张泽宾　任县卫生局局长

顾　洛　任县人口和计划生育委员会主任

卢瑞华　任县公安局局长

管永恒　任县司法局局长

沈秀芬　任县民政局局长

冯力如　任县发展和改革委员会主任

张必如　任县安全生产监督管理局局长

王东宏　任县对外贸易经济合作局局长
沈　滨　任县科学技术局局长
罗晓东　任县劳动和社会保障局局长
周玉兵　任县交通局局长
罗文铭　任县统计局局长
郭小虎　任县农林局局长
严永春　任县水务局局长
康　凯　任县海洋与渔业局局长
丛　俊　任县建设局局长
张　恺　任县城市管理局局长
潘　君　任县环境保护局局长
余　科　任县财政局局长
肖　斌　任县审计局局长
钱　勇　任县物价局局长

（二）第二次会议

2008年3月26日，经县第十五届人大常委会第二次会议表决通过，决定任免：

翁晓云　免去县政府副县长职务
杨涟冬　任县检察院人民监督员
马健萍　任县检察院人民监督员
缪晓红　任县检察院人民监督员
缪卫宏　任县检察院人民监督员
刘亚林　任县检察院人民监督员
王鹤军　任县检察院人民监督员
徐守华　任县检察院人民监督员
朱洁芬　任县检察院人民监督员
马施喻　任县检察院人民监督员
徐光明　任县检察院人民监督员
龚健伟　任县检察院人民监督员
陆雪峰　任县法院人民陪审员

（三）第四次会议

2008年7月11日，经县第十五届人大常委会第四次会议表决通过，决定任命：

姜晓静　任县政府副县长

（四）第五次会议

2008年9月19日，经县第十五届人大常委会第五次会议表决通过，决定任免：

马福军　任县法院审判委员会委员

陈建斌　任县法院审判委员会委员、审判监督庭庭长，免去其立案庭副庭长职务

曹　军　任县法院审判委员会委员，免去其栟茶法庭庭长职务

虞苏建　任县法院行政审判庭庭长，免去其审判监督庭庭长职务

刘　俊　任县法院栟茶法庭庭长，免去其民事审判第一庭副庭长职务

樊士新　任县法院民事审判第一庭副庭长，免去其栟茶法庭副庭长职务

朱　兵　任县法院民事审判第二庭副庭长，免去其岔河法庭副庭长职务

卞建国　任县法院立案庭副庭长
郁宏军　任县法院栟茶法庭副庭长
杨　军　任县法院岔河法庭副庭长
王　蓓　任县法院审判员
严　洁　任县法院审判员
周　峰　任县法院审判员
马小英　任县法院审判员
柳小进　任县法院审判员
顾金强　免去县法院行政审判庭庭长职务

张志一　免去县法院民事审判第二庭副庭长职务

陈　勇　免去县法院审判员职务
鲍锦华　免去县法院审判员职务
缪建一　免去县法院审判员职务
曹仁华　免去县法院审判员职务

（五）第七次会议

2008年12月25日，经县第十五届人大常委会第七次会议表决通过，决定任命：

卢瑞华　任县政府副县长

（六）第八次会议

2009年1月20日，经县第十五届人大常委会第八次会议表决通过，决定任免：

张海荣　任县人大常委会办公室副主任

张　锋　任县人大常委会办公室副主任

李海兵　任县人大常委会财政经济工作委员会副主任

潘友兵　任县发展和改革委员会主任

万继红　任县人口和计划生育委员会主任

王瑞庆　任县对外贸易经济合作局局长

刘旭峰　任县交通局局长

何志刚　任县统计局局长

钱　勇　任县审计局局长，免去县物价局局长职务

葛可山　任县物价局局长

顾　洛　免去县人口和计划生育委员会主任职务

冯力如　免去县发展和改革委员会主任职务

王东宏　免去县对外贸易经济合作局局长职务

周玉兵　免去县交通局局长职务

罗文铭　免去县统计局局长职务

肖　斌　免去县审计局局长职务

缪战春　任县法院副院长、审判委员会委员、审判员

任乃林　任县法院副院长、审判委员会委员、审判员，免去县检察院检察委员会委员、检察员职务

陈晓兵　任县法院审判委员会委员、审判员，免去县检察院检察委员会委员、检察员职务

耿卫东　免去县法院副院长、审判委员会委员、审判员职务

陆　刚　任县检察院副检察长、检察委员会委员、检察员，免去县法院审判委员会委员、审判员职务

朱美云　任县检察院副检察长、检察员

（七）第十二次会议

2009 年 9 月 25 日，经县第十五届人大常委会第十二次会议表决通过，决定任免：

曹　薇　任县检察院检察员

顾文卿　任县检察院检察员

宗晓丽　任县检察院检察员

张建庆　任县检察院检察员

吴　泱　任县检察院检察员

宋　健　免去县检察院检察员职务

任命朱辉等 25 人为县法院人民陪审员，他们是：

朱　辉	戚桂如	曹新云	张小云
刘　亮	吴春花	李　飞	刘强华
杨　洋	陆志兵	陈伟梅	朱益峰
王永清	姜　玲	尹德利	严　频
汤九海	唐一琳	黄　莹	顾　勇
成卫明	陈璐璐	许雪峰	於　建
杨小平			

（八）第十三次会议

2009 年 11 月 30 日，经县第十五届人大常委会第十三次会议表决通过，决定任免：

朱　兵　任县法院洋口港法庭庭长，免去其县法院民事审判第二庭副庭长职务

郁宏军　任县法院刑事审判庭副庭长，免去其县法院栟茶法庭副庭长职务

杨　军　任县法院民事审判第二庭副庭长，免去其县法院岔河法庭副庭长职务

柳小进　任县法院审判监督庭副庭长

顾　宇　任县法院洋口港法庭副庭长

周　峰　任县法院栟茶法庭副庭长

张　崴　任县法院岔河法庭副庭长

万十平　免去县法院审判监督庭副庭长职务

赵　俊　免去县法院刑事审判庭副庭长职务

（九）第十四次会议

2009 年 12 月 30 日，经县第十五届人大常委会第十四次会议表决通过，决定免去：

杨祝兰　免去县人大常委会财经工委副主任职务

康　凯　免去县海洋与渔业局局长职务

（十）第十五次会议

2010 年 2 月 4 日，经县第十五届人大常委会

第十五次会议表决通过，决定任免：

卜其银　任县人大常委会办公室主任、研究室主任

张海荣　任县人大常委会内务司法工作委员会主任，免去其县人大常委会办公室副主任、研究室副主任职务

韩亚莉　任县人大常委会财经工作委员会副主任

吴春华　免去县人大常委会办公室主任、研究室主任职务

顾建国　免去县人大常委会内务司法工作委员会主任职务

张　恺　任县文化广电新闻出版局局长，免去其县城市管理局局长职务

王瑞庆　任县商务局局长，免去其县对外贸易经济合作局局长职务

罗晓东　任县人力资源和社会保障局局长，免去其县劳动和社会保障局局长职务

郭小虎　任县农业委员会主任，免去其县农林局局长职务

刘旭峰　任县交通运输局局长，免去其县交通局局长职务

魏　云　任县海洋与渔业局局长

丛　俊　任县住房和城乡建设局局长，免去其建设局局长职务

徐鹤松　任县城市管理局局长

吴鼎皋　免去县人事局局长职务

张　轶　免去县文化局局长职务

陆文新　任县法院审判委员会委员

何忠林　免去县法院审判员职务

李德海　任县检察院检察委员会委员

陈晓莉　任县检察院检察委员会委员

曹建飞　任县检察院检察委员会委员

陈志斌　任县检察院检察委员会委员

丁　津　任县检察院检察委员会委员

喻志成　免去县检察院检察员职务

顾文卿　免去县检察院检察员职务

（十一）第十七次会议

2010年5月31日，经县第十五届人大常委会第十七次会议表决通过，决定任命：

洪大林　任县政府副县长（挂职）

（十二）第十八次会议

2010年7月23日，经县第十五届人大常委会第十八次会议表决通过，决定任免：

蒋树建　任县政府副县长

孙　亚　免去县检察院副检察长、检察委员会委员、检察员职务

刘家俊　免去县检察院检察员职务

陆瑞义　免去县检察院检察员职务

（十三）第二十次会议

2010年11月30日，经县第十五届人大常委会第二十次会议表决通过，决定任命：

朱建勇　任县检察院副检察长、检察委员会委员、检察员

（十四）第二十二次会议

2011年1月26日，经县第十五届人大常委会第二十二次会议表决通过，决定任免：

张卫东　任县人大环境资源、城乡建设工委主任，免去其县人大教科文卫工委主任职务

钱小梅　任县人大教科文卫工委主任

高春明　免去县人大办公室副主任、信访督办室主任职务

张　锋　免去县人大办公室副主任职务

张海荣　免去县人大内务司法工委主任职务

周潮清　免去县人大环境资源、城乡建设工委主任职务

赵美祥　免去县人大财经工委主任职务

许　建　任县食品药品监督管理局局长

黄　兵　任县人口和计划生育委员会主任

宫向阳　任县人力资源和社会保障局局长

周载群　任县水务局局长

周春霖　任县住房和城乡建设局局长

罗晓东　任县财政局局长，免去其县人力资源和社会保障局局长职务

万继红　免去县人口和计划生育委员会主任职务

严永春　免去县水务局局长职务

丛　俊　免去县住房和城乡建设局局长职务

余　科　免去县财政局局长职务

（十五）第二十三次会议

2011 年 3 月 25 日，经县第十五届人大常委会第二十三次会议表决通过，决定任免：

王海斌　任县人大常委会财经工作委员会主任

顾朱建　任县人大常委会内务司法工作委员会主任

翟以圣　任县人大常委会信访督办室主任

李海兵　任县人大常委会农业和农村工作委员会主任，免去其县人大常委会财经工作委员会副主任职务

范春霞　任县人大常委会农业和农村工作委员会副主任

周丛泉　任县人大常委会环境资源、城乡建设工作委员副主任

许海虹　任县法院副院长、审判委员会委员

刘　俊　任县法院审判委员会委员、行政审判庭庭长，免去其县法院栟茶法庭庭长职务

吴宝泉　任县法院民事审判第二庭庭长，免去其县法院刑事审判庭庭长职务

吴　华　任县法院刑事审判庭庭长，免去其县法院民事审判第一庭庭长职务

赵　俊　任县法院审判委员会委员、民事审判第一庭庭长

顾薛慈　任县法院栟茶法庭庭长，免去其县法院行政审判庭副庭长职务

姜海军　任县法院审判员

虞苏建　免去县法院行政审判庭庭长职务

刘建新　免去县法院审判委员会委员、民事审判第二庭庭长职务

沈　华　免去县法院审判员职务

陈晓莉　任县检察院副检察长

（十六）第二十五次会议

2011 年 5 月 30 日，经县第十五届人大常委会第二十五次会议票决通过，决定任免：

肖　斌　任县监察局局长

季耀武　免去县监察局局长职务

（十七）第二十六次会议

2011 年 6 月 24 日，经县第十五届人大常委会第二十六次会议票决通过，决定任免：

潘建华　任县政府副县长，代理县政府县长职务

陈昌龙　任县政府副县长

张蓉蓉　任县政府副县长

王　智　任县政府副县长

刘才盛　免去县政府副县长职务

（十八）第二十八次会议

2011 年 9 月 27 日，经县第十五届人大常委会第二十八次会议票决通过，决定任免：

肖文明　任县法院审判员

曹　锐　任县法院审判员

翟国昀　免去县法院审判员职务

周廉成　免去县法院审判员职务

王　蓓　任县检察院检察员，免去县法院审判员职务

王晶晶　任县检察院检察员

汪　武　任县检察院检察员

杨利红　任县检察院检察员

吴高飞　任县检察院检察员

陈鑫林　任县检察院检察员

季鑫鑫　任县检察院检察员

梅志军　任县检察院检察员

商银涛　任县检察院检察员

潘　舫　任县检察院检察员

朱建勇　免去县检察院副检察长、检察委员会委员、检察员职务

（十九）第三十次会议

2011年12月26日，经县第十五届人大常委会第三十次会议表决通过，决定任命：

程　军　任县政府副县长、县公安局局长

（二十）第三十一次会议

2012年1月20日，经县第十五届人大常委会第三十一次会议表决通过，决定任免：

沈峻峰　任县政府副县长

张栩龙　任县政府副县长

王震谷　任县人大常委会内务司法工委主任

徐守华　任县人大常委会财经工委主任

陶跃东　任县人大常委会教科文卫工委主任

顾朱建　免去县人大常委会内务司法工委主任职务

王海斌　免去县人大常委会财经工委主任职务

钱小梅　免去县人大常委会教科文卫工委主任职务

范春霞　免去县人大常委会农业和农村工委副主任职务

娄宏春　任县法院副院长、代理院长

周春霖　任县发展和改革委员会主任，免去其县住房和城乡建设局局长职务

缪雪明　任县科学技术局局长

潘　君　任县司法局局长，免去其县环境保护局局长职务

张必如　任县环境保护局局长，免去其县安全生产监督管理局局长职务

徐东俊　任县住房和城乡建设局局长

陈　兵　任县农业委员会主任

张旭初　任县卫生局局长

王海斌　任县安全生产监督管理局局长

潘友兵　免去县发展和改革委员会主任职务

沈　滨　免去县科学技术局局长职务

管永恒　免去县司法局局长职务

郭小虎　免去县农业委员会主任职务

张泽宾　免去县卫生局局长职务

二、县第十六届人大常委会任免

（一）第二次会议

2012年4月25日，经县第十六届人大常委会第二次会议表决通过，决定任命：

2012年4月25日，县第十六届人大常委会第二次会议

王孝强　任县政府副县长（挂职）

蒋树建　任县政府副县长

张光平　任县政府办公室主任

周春霖　任县发展和改革委员会主任

李建国　任县教育局局长

缪雪明　任县科学技术局局长

程　军　任县公安局局长

肖　斌　任县监察局局长

沈秀芬　任县民政局局长

潘　君　任县司法局局长

罗晓东　任县财政局局长

宫向阳　任县人力资源和社会保障局局长

张必如　任县环境保护局局长

徐东俊　任县住房和城乡建设局局长

徐鹤松　任县城市管理局局长

刘旭峰　任县交通运输局局长

陈　兵　任县农业委员会主任

周载群　任县水务局局长

王瑞庆　任县商务局局长

张　恺　任县文化广电新闻出版局局长

张旭初　任县卫生局局长

许　建　任县食品药品监督管理局局长

黄　兵　任县人口和计划生育委员会主任

钱　勇　任县审计局局长

王海斌　任县安全生产监督管理局局长

何志刚　任县统计局局长

魏　云　任县海洋与渔业局局长

（二）第七次会议

2012 年 9 月 24 日，经县第十六届人大常委会第七次会议表决通过，决定任免：

冯　明　免去县法院审判员职务

李国群　免去县法院审判员职务

吴金国　免去县法院审判员职务

陆福泉　免去县法院审判员职务

陈金福　免去县法院审判员职务

范　明　免去县法院审判员职务

周美华　免去县法院审判员职务

钱永忠　免去县法院审判员职务

曹志祥　免去县法院审判员职务

任命丁晓雅等 60 人为县法院人民陪审员，他们是：

丁晓雅	王丽丽	王银华	王锦林
王鹤兵	卞海星	石　磊	石晓曦
丛　钰	吉玲玲	朱　辉	刘志敏
刘强华	许波涛	孙九梅	李　飞
李晓琴	杨　洋	杨小平	肖道鹏
吴庆明	闵　建	汪拥军	张小云
陆　辉	陈　勇	陈　勤	陈芸卿
陈昌华	陈建辉	陈晓晴	邵守英
茅　玲	罗海兰	周　军	周正坤
赵月峰	柯润泉	姜　玲	袁　忠
袁　聪	袁季童	顾　勇	顾一平
顾圣红	钱玉龙	高丽娟	郭振华
唐小燕	黄东升	黄建卫	戚桂如
符红梅	管陈彬	缪兆林	缪建军
缪剑英	缪祝宏	潘　兵	穆亚波

冒宏伟　任县检察院检察委员会委员

朱本成　任县检察院检察委员会委员

蒋兴东　任县检察院检察委员会委员

缪　群　任县检察院检察委员会委员

江建平　任县检察院检察委员会委员

潘风江　任县检察院检察委员会委员

（三）第八次会议

2012 年 11 月 27 日，经县第十六届人大常委会第八次会议表决通过，决定任命：

吴建坤　任县政府副县长（挂职）

（四）第十次会议

2013 年 2 月 27 日，经县第十六届人大常委会第十次会议表决通过，决定任免：

2013 年 2 月 27 日，在县第十六届人大常委会第十次会议上颁发任命书

刘建新　任县人大内务司法工委副主任

徐红霞　免去县检察院检察委员会委员、检察员职务

曹　薇　免去县检察院检察员职务

陈建斌　任县法院立案庭庭长，免去其县法院审判监督庭庭长职务

徐新宇　任县法院审判监督庭庭长，免去其县法院立案庭庭长职务

顾薛慈　任县法院少年法庭庭长，免去其县法院栟茶法庭庭长职务

王小荣　任县法院民事审判第一庭庭长，免去其县法院民事审判第一庭副庭长职务

郁宏军　任县法院栟茶法庭庭长，免去其县

法院刑事审判庭副庭长职务

严　洁　任县法院洋口港法庭庭长

周　峰　任县法院岔河法庭庭长，免去其县法院栟茶法庭副庭长职务

顾　宇　任县法院民事审判第一庭副庭长，免去其县法院洋口港法庭副庭长职务

马小英　任县法院民事审判第二庭副庭长

张晓红　任县法院行政审判庭副庭长

张志一　任县法院审判监督庭副庭长

叶德钧　免去县法院岔河法庭庭长职务

赵　俊　免去县法院民事审判第一庭庭长职务

朱　兵　免去县法院洋口港法庭庭长职务

张　崴　免去县法院岔河法庭副庭长职务

柳小进　免去县法院审判监督庭副庭长职务

马福军　免去县法院审判委员会委员职务

刘建新　免去县法院审判员职务

周志勇　任县司法局局长

江新泉　任县交通运输局局长

潘　君　免去县司法局局长职务

刘旭峰　免去县交通运输局局长职务

（五）第十二次会议

2013 年 5 月 31 日，经县第十六届人大常委会第十二次会议表决通过，决定任免：

顾　锐　任县商务局局长

王瑞庆　免去县商务局局长职务

（六）第十五次会议

2013 年 9 月 27 日，经县第十六届人大常委会第十五次会议表决通过，决定任免：

阮平章　任县政府副县长（挂职）

吴建坤　免去县政府副县长（挂职）职务

（七）第十六次会议

2013 年 11 月 28 日，经县第十六届人大常委会第十六次会议表决通过，决定免去：

江　华　免去县政府副县长职务

（八）第十八次会议

2014 年 2 月 13 日，经县第十六届人大常委会第十八次会议表决通过，决定任免：

缪爱平　任县人大常委会信访督办室主任，免去其县人大常委会教科文卫工作委员会副主任职务

翟以圣　任县人大常委会农业和农村工作委员会主任，免去其县人大常委会信访督办室主任职务

徐　健　任县人大常委会办公室副主任

缪晓红　任县人大常委会内务司法工作委员会副主任

郑寒冰　任县人大常委会教科文卫工作委员会副主任

李海兵　免去县人大常委会农业和农村工作委员会主任职务

刘建新　免去县人大常委会内务司法工作委员会副主任职务

魏　云　任县食品药品监督管理局局长，免去其县海洋与渔业局局长职务

胡连华　任县科技局局长

蔡　东　任县海洋与渔业局局长

许　建　免去县食品药品监督管理局局长职务

缪雪明　免去县科技局局长职务

（九）第十九次会议

2014 年 3 月 25 日，经县第十六届人大常委会第十九次会议表决通过，决定任免：

2014 年 3 月 25 日，县第十六届人大常委会第十九次会议颁发任命书

陈　兵　任县法院少年法庭副庭长

姜海军　任县法院岔河法庭副庭长

曹　锐　任县法院洋口港法庭副庭长

蒋小云　任县法院审判员

张鑫燕　任县法院审判员

陆身梅　任县法院审判员

卞建国　免去县法院立案庭副庭长职务

徐福生　免去县法院审判员职务

张新国　免去县法院审判员职务

缪　臻　免去县法院审判员职务

任命马健萍等 49 人为县法院人民陪审员，他们是：

马健萍	尤文华	王　陈	王永红
王咸华	王树春	王锦欣	叶　生
刘　丹	师　雪	庄亚平	朱小林
何健健	吴　璇	吴明秀	张　翱
李峰群	李燕平	杨月琴	杨建银
杨金华	沈之乐	邵小林	陈久春
陈太桂	陈伟健	陈志兰	欧阳斧正
姚尤海	姚丽华	施耿林	赵三虎
徐　杨	徐晶晶	秦小定	秦新建
郭益峰	顾宏兵	曹建云	曹晓春
曹新云	曹鹤松	强国法	焦广法
管永颢	缪忠玉	缪爱银	蔡刘莉
蔡晓钰			

免去：丁晓雅　卞海星　石晓曦　陈芸卿县法院人民陪审员职务

冯新华　任县检察院检察委员会委员

张建庆　任县检察院检察委员会委员

宗晓丽　任县检察院检察委员会委员

梅志军　任县检察院检察委员会委员

王　艳　任县检察院检察员

王建兵　任县检察院检察员

朱林焱　任县检察院检察员

许琳琳　任县检察院检察员

李士宏　任县检察院检察员

李喜莲　任县检察院检察员

韩　锋　任县检察院检察员

樊洋洋　任县检察院检察员

丁　津　免去县检察院检察委员会委员、检察员职务

顾建和　免去县检察院检察员职务

韩国建　免去县检察院检察员职务

高维宾　免去县检察院检察员职务

（十）第二十次会议

2014 年 5 月 29 日，经县第十六届人大常委会第二十次会议表决通过，决定任命：

唐智明　任县政府副县长（挂职）

（十一）第二十一次会议

2014 年 7 月 29 日，经县第十六届人大常委会第二十一次会议表决通过，决定免去：

王孝强　免去县政府副县长职务（挂职）

（十二）第二十三次会议

2014 年 11 月 27 日，经县第十六届人大常委会第二十三次会议表决通过，决定任免：

潘　亮　任县人大常委会办公室副主任

吴云霞　任县法院审判员

郭必兰　免去县法院审判员职务

（十三）第二十四次会议

2014 年 12 月 30 日，经县第十六届人大常委会第二十四次会议表决通过，决定任免：

王金泉　任县发展和改革委员会主任

潘友兵　任县人力资源和社会保障局局长

查剑宁　任县城市管理局局长

顾　锐　任县海洋与渔业局局长

冯　健　任县商务局局长

张旭初　任县卫生和计划生育委员会主任

沈卫华　任县市场监督管理局局长

赵　杰　任县民族宗教事务局局长

周春霖　免去县发展和改革委员会主任职务

宫向阳　免去县人力资源和社会保障局局长职务

徐鹤松　免去县城市管理局局长职务

蔡　东　免去县海洋与渔业局局长职务

顾　锐　免去县商务局局长职务

（十四）第二十五次会议

2015 年 2 月 10 日，经县第十六届人大常委会第二十五次会议表决通过，决定任命：

唐智明　免去县政府副县长（挂职）职务

薛　峰　任洋口港经济开发区人大工作委员会主任

徐晓玲　任沿海经济开发区人大工作委员会主任

胡　俊　任循环经济产业园人大工作委员会主任

翁　祥　任高新技术产业开发区人大工作委员会主任

徐永旗　任经济开发区人大工作委员会副主任

李　飞　任南通外向型农业综合开发区人大工作委员会副主任

（十五）第二十六次会议

2015 年 3 月 30 日，经县第十六届人大常委会第二十六次会议表决通过，决定任免：

缪爱平　任县人大常委会研究室主任，免去其县人大常委会信访督办室主任职务

龚维国　任县人大常委会信访督办室主任

卜其银　免去县人大常委会研究室主任职务

吴　华　任县法院民事审判第二庭庭长，免去其刑事审判庭庭长职务

王政红　任县法院审判委员会委员、刑事审判庭庭长

王小荣　任县法院审判委员会委员

樊士新　任县法院民事审判第二庭副庭长，免去其民事审判第一庭副庭长职务

苏　海　任县法院行政审判庭副庭长

马小英　任县法院刑事审判庭副庭长，免去其民事审判第二庭副庭长职务

张晓红　任县法院民事审判第一庭副庭长，免去其行政审判庭副庭长职务

谭中喜　任县法院审判员

黄述雄　任县法院审判员

朱琳珺　任县法院审判员

陈金平　任县法院审判员

陆文新　免去县法院审判委员会委员职务

吴宝泉　免去县法院民事审判第二庭庭长职务

（十六）第二十八次会议

2015 年 7 月 30 日，经县第十六届人大常委会第二十八次会议表决通过，决定任免：

许金标　任县政府副县长

张栩龙　免去县政府副县长职务

翁　祥　任县人大常委会掘港街道工作委员会主任、县人大常委会城中街道工作委员会主任

张小芳　任县人大常委会经济开发区工作委员会主任、县人大常委会苴镇街道工作委员会主任

徐永旗　免去县人大常委会经济开发区工作委员会副主任职务

（十七）第二十九次会议

2015 年 9 月 29 日，经县第十六届人大常委会第二十九次会议表决通过，决定任免：

查剑宁　任县人大常委会农业和农村工作委员会副主任

于海杰　任县统计局局长

耿卫东　任县城市管理局局长

何志刚　免去县统计局局长职务

查剑宁　免去县城市管理局局长职务

刘建新　任县法院审判员

宫建华　免去县法院审判员职务

万十平　免去县法院审判员职务

马银霞　任县检察院检察员

徐涵宇　任县检察院检察员

符彦玮　任县检察院检察员

曹欢欢　任县检察院检察员

朱美云　免去县检察院副检察长、检察委员会委员、检察员职务

李德海　免去县检察院检察委员会委员职务

徐文华　免去县检察院检察员职务

王鹤忠　免去县检察院检察员职务

陈德华　免去县检察院检察员职务

邓国均　免去县检察院检察员职务

徐亚明　免去县检察院检察员职务

吴福泉　免去县检察院检察员职务

朱为民　免去县检察院检察员职务

康传斌　免去县检察院检察员职务

（十八）第三十次会议

2015 年 11 月 27 日，经县第十六届人大常委会第三十次会议表决通过，决定任免：

韩喜江　任县政府副县长（挂职）

阮平章　免去县政府副县长职务（挂职）

曹光前　任县行政审批局局长

（十九）第三十五次会议

2016 年 3 月 30 日，经县第十六届人大常委会第三十五次会议表决通过，决定任免：

张　崴　任县法院立案庭庭长

柳小进　任县法院民事审判第二庭副庭长

陈　兵　任县法院民事审判第一庭副庭长，免去其少年法庭副庭长职务

鲍克俭　任县法院立案庭副庭长

吴云霞　任县法院行政庭副庭长

谭中喜　任县法院栟茶法庭副庭长

肖文明　任县法院栟茶法庭副庭长

张鑫燕　任县法院洋口港法庭副庭长

陈建斌　免去县法院立案庭庭长职务

杨　军　免去县法院民事审判第二庭副庭长职务

顾　宇　免去县法院民事审判第一庭副庭长职务

曹　锐　免去县法院洋口港法庭副庭长职务

冯晓萍　免去县法院审判员职务

（二十）第三十七次会议

2016 年 7 月 15 日，经县第十六届人大常委会第三十七次会议表决通过，决定任免：

沈峻峰　任县政府副县长、代理县长

陈春柳　任县政府副县长

王　智　免去县政府副县长职务

黄　卫　任县法院副院长、代理院长

王　骅　任县检察院副检察长、代理检察长

（二十一）第三十八次会议

2016 年 7 月 26 日，经县第十六届人大常委会第三十八次会议表决通过，决定任命：

于立忠　任县政府副县长

（二十二）第三十九次会议

2016 年 8 月 4 日，经县第十六届人大常委会第三十九次会议表决通过，决定免去：

蒋树建　免去县政府副县长职务

（二十三）第四十次会议

2016 年 11 月 29 日，经县第十六届人大常委会第四十次会议表决通过，决定任免：

徐　炜　任县政府副县长

姜晓静　免去县政府副县长职务

（二十四）第四十二次会议

2016 年 12 月 30 日，经县第十六届人大常委会第四十二次会议表决通过，决定任免：

韩亚莉　任县人大常委会研究室主任，免去其县人大常委会财经工作委员会副主任职务

缪爱平　任县人大常委会信访督办室主任，免去其县人大常委会研究室主任职务

张卫东　任县人大常委会内务司法工作委员会主任，免去其县人大常委会环境资源、城乡建设工作委员会主任职务

陶跃东　任县人大常委会人事代表工作委员会主任，免去其县人大常委会教科文卫工作委员会主任职务

查剑宁　任县人大常委会环境资源、城乡建设工作委员会主任，免去其县人大常委会农业和农村工作委员会副主任职务

龚维国　任县人大常委会教科文卫工作委员

会主任，免去其县人大常委会信访督办室主任职务

奚金岩　任县人大常委会财经工作委员会主任

唐李红　任县人大常委会农业和农村工作委员会副主任

王震谷　免去县人大常委会内务司法工作委员会主任职务

樊重念　免去县人大常委会人事代表工作委员会主任职务

徐守华　免去县人大常委会财经工作委员会主任职务

朱德军　免去县人大常委会人事代表工作委员会副主任职务

张　杰　任县文广新局局长

许亚军　任县司法局局长

王亚军　任县民政局局长

袁欣荣　任县行政审批局局长

张玉华　任县农委主任

沈宝泉　任县住建局局长

陈　斌　任县城管局局长

张　恺　免去县文广新局局长职务

周志勇　免去县司法局局长职务

沈秀芬　免去县民政局局长职务

曹光前　免去县行政审批局局长职务

陈　兵　免去县农委主任职务

徐东俊　免去县住建局局长职务

耿卫东　免去县城管局局长职务

三、县第十七届人大常委会任免

（一）第二次会议

2017年3月29日，经县第十七届人大常委会第二次会议表决通过，决定任免：

韩喜江　任县政府副县长（挂职）

邵建华　任洋口港经济开发区人大工委主任

张秀斌　任沿海经济开发区人大工委主任

丁晓飞　任如东高新技术产业开发区人大工委主任、城中街道人大工委主任、掘港街道人大

2017年3月29日，县第十七届人大常委会第二次会议

工委主任

吴亚忠　任循环经济产业园人大工委主任

薛　峰　免去洋口港经济开发区人大工委主任职务

徐晓玲　免去沿海经济开发区人大工委主任职务

胡　俊　免去循环经济产业园人大工委主任职务

翁　祥　免去如东高新技术产业开发区人大工委主任、城中街道人大工委主任、掘港街道人大工委主任职务

张光平　任县政府办公室主任

王金泉　任县发展和改革委员会主任

罗晓东　任县财政局局长

肖　斌　任县监察局局长

程　军　任县公安局局长

沈宝泉　任县住房和城乡建设局局长

张必如　任县环境保护局局长

江新泉　任县交通运输局局长

陈　斌　任县城市管理局局长

潘友兵　任县人力资源和社会保障局局长

张玉华　任县农业委员会主任

周载群　任县水务局局长

顾　锐　任县海洋与渔业局局长

沈卫华　任县市场监督管理局局长

胡连华　任县科学技术局局长
冯　健　任县商务局局长
袁欣荣　任县行政审批局局长
王海斌　任县安全生产监督管理局局长
钱　勇　任县审计局局长
于海杰　任县统计局局长
许亚军　任县司法局局长
王亚军　任县民政局局长
李建国　任县教育局局长
张旭初　任县卫生和计划生育委员会主任
张　杰　任县文化广电新闻出版局局长
赵　杰　任县民族宗教事务局局长
徐新宇　任县法院执行裁决庭庭长
朱　兵　任县法院审判委员会委员、速裁庭庭长
顾　宇　任县法院审判委员会委员、少年法庭庭长
张　崴　任县法院审判委员会委员
杨　军　任县法院审判委员会委员
任乃林　免去县法院副院长职务
顾薛慈　免去县法院少年法庭庭长职务
吴宝泉　免去县法院审判委员会委员、审判员职务
苏　海　免去县法院行政审判庭副庭长、审判员职务
张鑫燕　免去县法院洋口港法庭副庭长、审判员职务
赵　俊　免去县法院审判委员会委员职务
陈建斌　免去县法院审判委员会委员职务
陆文新　免去县法院审判员职务
王建秋　免去县法院审判员职务
陈楚新　免去县法院审判员职务
叶德钧　免去县法院审判员职务
黄述雄　免去县法院审判员职务

（二）第三次会议

2017 年 5 月 26 日，经县第十七届人大常委会第三次会议表决通过，决定任免：

吴　华　任县法院金融（清算与破产）审判庭庭长，免去县法院民事审判第二庭庭长职务
杨　军　任县法院民事审判第二庭庭长
柳小进　任县法院金融（清算与破产）审判庭副庭长，免去县法院民事审判第二副庭庭长职务
陈金平　任县法院民事审判第一庭副庭长
任志明　免去县检察院检察员职务
顾　明　免去县检察院检察员职务

（三）第四次会议

2017 年 7 月 31 日，经县第十七届人大常委会第四次会议表决通过，决定任命：

杨晶晶　任县政府副县长

（四）第六次会议

2017 年 11 月 24 日，经县第十七届人大常委会第六次会议表决通过，决定任免：

杨中坚　任县政府副县长
于立忠　免去县政府副县长职务
马小英　任县法院速裁庭副庭长
朱天晔　任县法院审判员
陈娟娟　任县法院审判员
张慧敏　任县法院审判员
季　超　免去县法院审判员职务

（五）第七次会议

2017 年 12 月 29 日，经县第十七届人大常委会第七次会议表决通过，决定免去：

许金标　免去县政府副县长职务

（六）第八次会议

2018 年 1 月 18 日，经县第十七届人大常委会第八次会议表决通过，决定任免：

肖　斌　任县监察委员会副主任
周晓兵　任县监察委员会委员
李迪胜　任县监察委员会委员
朱本成　任县监察委员会委员，免去县检察院检察委员会委员职务
冯新华　免去县检察院检察委员会委员职务

陈志斌　免去县检察院检察委员会委员职务

蒋兴东　免去县检察院检察委员会委员职务

（七）第九次会议

2018 年 4 月 3 日，经县第十七届人大常委会第九次会议表决通过，决定任免：

江新泉　任县财政局局长，免去县交通运输局局长职务

于海杰　任县交通运输局局长，免去县统计局局长职务

季海春　任县统计局局长

秦　刚　任县海洋与渔业局局长

罗晓东　免去县财政局局长职务

顾　锐　免去县海洋与渔业局局长职务

石佑舟　任县人大环城工委副主任

肖　娟　任县人大财经工委副主任

高　山　任县人大人事代表工委副主任

徐　勇　任高新区人大工委副主任、掘港街道人大工委副主任

2018 年 4 月 3 日，县第十七届人大常委会第九次会议新当选人员向《中华人民共和国宪法》宣誓

（八）第十一次会议

2018 年 7 月 30 日，经县第十七届人大常委会第十一次会议表决通过，决定任免：

高耀华　免去县法院副院长职务

谭中喜　免去县法院栟茶法庭副庭长、审判员职务

任命丁鹏等 160 人为县法院人民陪审员，他们是：

丁　鹏	于拥军	马拥前	马逢银
王　凯	王　震	王志超	王宏建
王治国	王益陈	韦保双	尤智勇
方　方	尹美泉	孔红卫	石银银
白继峰	丛　兵	丛新龙	包永兵
冯成成	朱广明	朱文员	朱文明
朱炳华	任　彬	刘　滨	刘乃祥
刘双林	刘红兵	刘海波	汤雅舒
许正吴	许正泉	许金红	孙亚丽
孙秀华	孙徐红	孙海燕	花俊俊
苏益峰	李　玉	李　琴	李张华
李晓明	李晓蓉	李铁秋	李常亮
杨　军	杨　阳	杨俊俊	杨爱红
杨海燕	吴名丽	吴红梅	吴忠宇
吴海峰	吴继陈	吴维羽	吴敦成
何明钦	余秋华	张　玮	张　洁
张小云	张丹丹	张育军	张建军
张春娣	张晓卫	张爱华	张爱兵
张道银	张新新	张慧剑	陆　云
陆亚云	陆港平	陈　娟	陈　勤
陈　璇	陈小亮	陈吾银	陈建军
陈建辉	陈裕平	邵　彬	邵明星
杭　斌	罗张琴	季　林	季　跃
季小莲	金　辉	金本华	周文强
於海东	宗艳兰	施玉霞	施安娜
施鹏飞	洪善俊	费乃泉	秦　丽
秦　梅	秦亮亮	秦菊红	袁季童
顾　平	顾　华	顾小勇	顾铁卫
顾铁芹	顾理群	顾惠红	顾瑞建
钱　进	钱　程	钱小青	钱玉龙
钱晓平	徐　丹	徐　军	徐　聪
徐青峰	徐国祥	徐建峰	徐晓丹
徐爱兵	栾云华	高志娥	高忠华
郭振华	陶珍丽	桑钱林	黄　兵

黄　峰	黄建卫	黄春华	曹瑞元
常　银	崔卫红	崔秀凤	符学军
康传礼	葛玉峰	葛亚周	葛春花
蔡佳佳	管亚琴	阚爱云	缪　军
缪　兵	缪　剑	缪丽华	缪管建
潘亚峰	薛　兵	薛　璐	戴剑刚

（九）第十二次会议

2018年9月28日，经县第十七届人大常委会第十二次会议表决通过，决定任免：

周晓兵　任县监察委员会副主任，免去县监察委员会委员职务

缪　军　免去县检察院检察员职务

程　琳　免去县检察院检察员职务

顾拥军　免去县检察院检察员职务

（十）第十三次会议

2018年11月29日，经县第十七届人大常委会第十三次会议表决通过，决定任命：

冯新华　任县监察委员会委员

（十一）第十五次会议

2018年12月29日，经县第十七届人大常委会第十五次会议表决通过，决定任免：

陈慧宇　任县政府副县长、代理县长

吉红九　任县政府副县长（挂职）

韩喜江　免去县政府副县长（挂职）职务

（十二）第十六次会议

2019年2月28日，经县第十七届人大常委会第十六次会议表决通过，决定任免：

李建国　任县教育体育局局长，免去县教育局局长职务

汤　杰　任县水务局局长

李　健　任县农业农村局局长

张　杰　任县文化广电和旅游局局长，免去县文化广电新闻出版局局长职务

张旭初　任县卫生健康委员会主任，免去县卫生和计划生育委员会主任职务

于海东　任县退役军人事务局局长

王海斌　任县应急管理局局长，免去县安全生产监督管理局局长职务

耿卫东　任县审计局局长

缪雪明　任县政府国有资产监督管理办公室主任

陈宏兵　任县医疗保障局局长

成晓祥　任县信访局局长

吴　昊　任县地方金融监督管理局局长

徐进张　任县人大常委会人事代表工委主任

秦海健　任如东循环经济产业园人大工委主任

陶跃东　免去县人大常委会人事代表工委主任职务

吴亚忠　免去如东循环经济产业园人大工委主任职务

张玉华　免去县农业委员会主任职务

周载群　免去县水务局局长职务

秦　刚　免去县海洋与渔业局局长职务

钱　勇　免去县审计局局长职务

陈庭庭　任县法院审判员

郭冬成　任县法院审判员

（十三）第十七次会议

2019年3月28日，经县第十七届人大常委会第十七次会议表决通过，决定任免：

刘　俊　任县法院立案庭庭长，免去县法院

2019年3月28日，县人大常委会党组书记、主任陈昌龙在县第十七届人大常委会第十七次会议上投票

行政审判庭庭长职务

郁宏军　任县法院刑事审判庭庭长

朱　兵　任县法院民事审判第一庭庭长，免去县法院速裁庭庭长职务

王小荣　任县法院民事审判第二庭（执行裁判庭）庭长，免去县法院民事审判第一庭庭长职务

周　峰　任县法院少年及家事审判第二庭（行政审判庭）庭长，免去县法院岔河法庭庭长职务

戴　健　任县法院审判监督庭庭长

柳小进　任县法院岔河法庭庭长，免去县法院金融（清算与破产）审判庭副庭长职务

肖文明　任县法院洋口港法庭庭长，免去县法院栟茶法庭副庭长职务

马小英　任县法院立案庭副庭长，免去县法院速裁庭副庭长职务

吴云霞　任县法院民事审判第二庭（执行裁判庭）副庭长，免去县法院行政审判庭副庭长职务

顾建国　免去县法院副院长职务

张　崴　免去县法院立案庭庭长职务

王政红　免去县法院刑事审判庭庭长职务

顾　宇　免去县法院少年法庭庭长职务

杨　军　免去县法院民事审判第二庭庭长职务

吴　华　免去县法院金融（清算与破产）审判庭庭长职务

徐新宇　免去县法院审判监督庭、执行裁判庭庭长职务

严　洁　免去县法院洋口港法庭庭长职务

鲍克俭　免去县法院立案庭副庭长职务

陈　兵　免去县法院民事审判第一庭副庭长职务

陈金平　免去县法院民事审判第一庭副庭长、审判员职务

樊士新　免去县法院民事审判第二庭副庭长职务

张志一　免去县法院审判监督庭副庭长职务

（十四）第十八次会议

2019年5月30日，经县第十七届人大常委会第十八次会议表决通过，决定任免：

李旭东　任县政府副县长（挂职）

陈晓莉　免去县检察院副检察长、检察委员会委员、检察员职务

季鑫鑫　任县检察院检察委员会委员

王　蓓　任县检察院检察委员会委员

潘　舫　任县检察院检察委员会委员

（十五）第十九次会议

2019年7月30日，经县第十七届人大常委会第十九次会议表决通过，决定任免：

缪卫宏　任县卫生健康委员会主任

陆春峰　任县监察委员会委员

杨　军　任县法院栟茶法庭庭长

蒋小云　任县法院洋口港法庭副庭长

陆身梅　任县法院栟茶法庭副庭长

曹建飞　任县检察院副检察长

张旭初　免去县卫生健康委员会主任职务

郁宏军　免去县法院栟茶法庭庭长职务

陈志毅　免去县法院审判员职务

（十六）第二十二次会议

2019年12月29日，经县第十七届人大常委会第二十二次会议表决通过，决定任免：

赵　旭　任掘港街道人大工委主任

陈红芳　任城中街道人大工委主任

丁晓飞　免去如东高新技术产业开发区人大工委主任、城中街道人大工委主任、掘港街道人大工委主任职务

徐　勇　免去如东高新技术产业开发区人大工委副主任职务

缪爱平　免去县人大信访督办室主任职务

冯新华　免去县监察委员会委员职务

赵　俊　免去县法院审判员职务

冯新华　免去县检察院检察员职务

陆　昊　免去县检察院检察员职务

李夏荣　免去县检察院检察员职务

顾洪波　免去县检察院检察员职务

汪　武　免去县检察院检察员职务

桑盛泉　免去县检察院检察员职务

王建兵　免去县检察院检察员职务

符彦玮　免去县检察院检察员职务

曹欢欢　免去县检察院检察员职务

（十七）第二十三次会议

2020年1月13日，经县第十七届人大常委会第二十三次会议表决通过，决定任免：

张兴国　任县政府副县长

杨中坚　免去县政府副县长职务

（十八）第二十五次会议

2020年4月20日，经县第十七届人大常委会第二十五次会议表决通过，决定任免：

徐东俊　免去县政府副县长职务

张　炯　任县政府办公室主任

于海杰　任县发展和改革委员会主任，免去县交通运输局局长职务

沈瑜新　任县住房和城乡建设局局长

缪　锐　任县交通运输局局长

朱海忠　任县退役军人事务局局长

张光平　免去县政府办公室主任职务

王金泉　免去县发展和改革委员会主任职务

沈宝泉　免去县住房和城乡建设局局长职务

于海东　免去县退役军人事务局局长职务

陆金标　任县人大常委会人事代表工委主任

徐进张　免去县人大常委会人事代表工委主任职务

徐　健　任县人大常委会信访督办室主任，免去县人大常委会办公室副主任职务

张小芳　免去苴镇街道人大工委主任职务

张秀斌　免去沿海经济开发区人大工委主任职务

高　山　任县人大常委会办公室副主任，免去县人大常委会人事代表工委副主任职务

夏金荣　任县人大常委会人事代表工委副主任

肖卫华　任苴镇街道人大工委主任兼南通外向型农业综合开发区人大工委主任

李　飞　免去南通外向型农业综合开发区人大工委副主任职务

（十九）第二十六次会议

2020年5月19日，经县第十七届人大常委会第二十六次会议表决通过，决定任免：

蔡　东　任县政府副县长

刘建新　免去县法院审判员职务

（二十）第二十七次会议

2020年7月24日，经县第十七届人大常委会第二十七次会议表决通过，决定任免：

姜宁兵　任县教育体育局局长

方永逸　任县监察委员会委员

李建国　免去县教育体育局局长职务

缪晓红　免去县人大内务司法工委副主任职务

任乃林　免去县法院审判委员会委员、审判员职务

曹爱丽　免去县法院审判员职务

（二十一）第二十八次会议

2020年8月19日，经县第十七届人大常委会第二十八次会议表决通过，决定任免：

邵　锋　任县监察委员会副主任、代主任

陆　翔　任县政府副县长、县公安局局长

程　军　免去县政府副县长、县公安局局长职务

张卫东　任县人大常委会监察和司法工委主任，免去县人大常委会内务司法工委主任职务

（二十二）第三十次会议

2020年10月10日，经县第十七届人大常委会第三十次会议表决通过，决定任免：

张建中　任县政府副县长

曹贯中　任县政府副县长（挂职）

陈春柳　免去县政府副县长职务

吉红九　免去县政府副县长（挂职）职务

姜海军　任县法院民事审判第一庭副庭长，免去县法院岔河法庭副庭长职务

李艳云　任县法院审判员

高沿江　任县法院审判员

吴　霞　任县法院审判员

林　涓　任县法院审判员

邓　灿　任县检察院检察员

李德海　免去县检察院检察员职务

张　云　免去县检察院检察员职务

蒋兴东　免去县检察院检察员职务

（二十三）第三十二次会议

2020 年 12 月 30 日，经县第十七届人大常委会第三十二次会议表决通过，决定任免：

陈晓莉　任县政府副县长

陈威涛　任县政府副县长

杨晶晶　免去县政府副县长职务

徐　炜　免去县政府副县长职务

（二十四）第三十四次会议

2021 年 1 月 25 日，经县第十七届人大常委会第三十四次会议表决通过，决定任免：

杨海军　任县财政局局长

秦　刚　任县农业农村局局长

胡　俊　任县应急管理局局长

郁宏伟　任县行政审批局局长

肖卫华　任县信访局局长，免去苴镇街道人大工委主任兼南通外向型农业综合开发区人大工委主任职务

薛　峰　任县人大监察和司法工委主任

顾昕华　任县人大监察和司法工委副主任

邱玲玲　任苴镇街道人大工委主任兼南通外向型农业综合开发区人大工委主任

张卫东　免去县人大常委会监察和司法工委主任职务

肖　娟　免去县人大常委会财经工委副主任职务

江新泉　免去县财政局局长职务

李　健　免去县农业农村局局长职务

王海斌　免去县应急管理局局长职务

袁欣荣　免去县行政审批局局长职务

成晓祥　免去县信访局局长职务

（二十五）第三十六次会议

2021 年 4 月 29 日，经县第十七届人大常委会第三十六次会议表决通过，决定任免：

许金标　任县政府副县长

张建中　免去县政府副县长职务

戴　健　任县法院审判委员会委员

郁宏军　任县法院审判委员会委员

周　峰　任县法院审判委员会委员

曾凡平　任县法院审判员

高耀华　免去县法院审判委员会委员职务

徐新宇　免去县法院审判委员会委员职务

王政红　免去县法院审判委员会委员、审判员职务

（二十六）第三十七次会议

2021 年 5 月 28 日，经县第十七届人大常委会第三十七次会议表决通过，决定任免：

姜红波　任县政府副县长

康　徐　任县交通运输局局长

黄　建　任县人大财经工委副主任

缪　锐　免去县交通运输局局长职务

邵建华　免去洋口港经济开发区人大工委主任职务

徐　勇　免去掘港街道人大工委副主任职务

（二十七）第三十八次会议

2021 年 7 月 9 日，经县第十七届人大常委会第三十八次会议表决通过，决定任命：

刘　莉　任县政府副县长

杨德华　任县法院副院长、代院长、审判委员会委员、审判员

方海军　任县检察院副检察长、代理检察长、检察委员会委员、检察员

（二十八）第三十九次会议

2021 年 7 月 27 日，经县第十七届人大常委会第三十九次会议表决通过，决定任命：

陈　雷　任县政府副县长、代理县长

朱正俊　任县监察委员会副主任、代理主任

（二十九）第四十次会议

2021 年 8 月 10 日，经县第十七届人大常委会第四十次会议表决通过，决定任免：

徐东俊　任县政府副县长

张兴国　免去县政府副县长职务

蔡　东　免去县政府副县长职务

顾　锐　任县审计局局长

耿卫东　任县监察委员会副主任，免去县审计局局长职务

戴新国　任县监察委员会副主任

肖　斌　免去县监察委员会副主任职务

周晓兵　免去县监察委员会副主任职务

张玲霞　任县监察委员会委员

王建兵　任县监察委员会委员

方永逸　免去县监察委员会委员职务

管飒爽　任县法院审判员

彭　鹏　任县检察院检察员

鲍克俭　免去县法院人民审判员职务

王志超　免去县法院人民陪审员职务

石银银　免去县法院人民陪审员职务

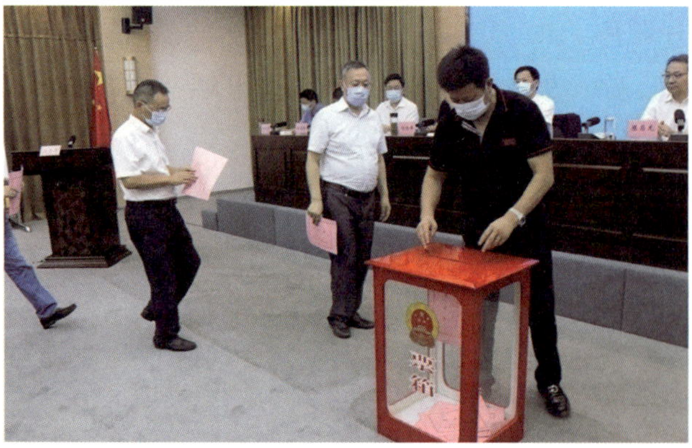

2021 年 8 月 10 日，县第十七届人大常委会第四十次会议投票现场

杨　阳　免去县法院人民陪审员职务

杨俊俊　免去县法院人民陪审员职务

陈　璇　免去县法院人民陪审员职务

施鹏飞　免去县法院人民陪审员职务

秦亮亮　免去县法院人民陪审员职务

徐　聪　免去县法院人民陪审员职务

葛亚周　免去县法院人民陪审员职务

蔡佳佳　免去县法院人民陪审员职务

孙秀华　免去县法院人民陪审员职务

（三十）第四十一次会议

2021 年 9 月 29 日，经县第十七届人大常委会第四十一次会议表决通过，决定任免：

马小英　任县法院刑事审判庭副庭长，免去县法院立案庭（诉讼服务中心）副庭长职务

蒋小云　任县法院立案庭（诉讼服务中心）副庭长，免去县法院洋口港法庭副庭长职务

卞建国　免去县法院审判员职务

顾　峰　免去县法院审判员职务

（三十一）第四十二次会议

2021 年 11 月 29 日，经县第十七届人大常委会第四十二次会议表决通过，决定任免：

王亚军　任县人大办公室主任，免去县民政局局长职务

潘　亮　任县人大研究室主任，免去县人大办公室副主任职务

韩亚莉　任县人大教科文卫工委主任，免去县人大研究室主任职务

曹爱明　任县人大财经工委主任

朱德军　任县人大农业和农村工委主任

邵　彬　任县人大财经工委副主任

顾　炜　任城中街道人大工委主任

卜其银　免去县人大办公室主任职务

奚金岩　免去县人大财经工委主任职务

龚维国　免去县人大教科文卫工委主任职务

翟以圣　免去县人大农业和农村工委主任职务

黄　建　免去县人大财经工委副主任职务

朱海忠　任县人力资源和社会保障局局长，免去县退役军人事务局局长职务

殷海燕　任县司法局局长

王　锋　任县民政局局长

陈红芳　任县退役军人事务局局长，免去城中街道人大工委主任职务

潘友兵　免去县人力资源和社会保障局局长职务

许亚军　免去县司法局局长职务

刘　宇　任县法院审判员

卫艳茹　任县法院审判员

肖永红　免去县法院审判员职务

四、县第十八届人大常委会任免

（一）第一次会议

2022 年 1 月 14 日，经县第十八届人大常委会第一次会议表决通过，决定任命：

姜红波　任县政府副县长

（二）第二次会议

2022 年 2 月 18 日，经县第十八届人大常委会第二次会议表决通过，决定任命：

沈瑜新　任县政府办公室主任

于海杰　任县发展和改革委员会主任

姜宁兵　任县教育体育局局长

胡连华　任县科学技术局局长

陆　翔　任县公安局局长

王　锋　任县民政局局长

殷海燕　任县司法局局长

2022 年 2 月 18 日，县第十八届人大常委会第二次会议新当选人员向宪法宣誓

杨海军　任县财政局局长

朱海忠　任县人力资源和社会保障局局长

杨雪松　任县住房和城乡建设局局长

陈　斌　任县城市管理局局长

康　徐　任县交通运输局局长

汤　杰　任县水务局局长

秦　刚　任县农业农村局局长

冯　健　任县商务局局长

张　杰　任县文化广电和旅游局局长

丛尤兵　任县卫生健康委员会主任

陈红芳　任县退役军人事务局局长

胡　俊　任县应急管理局局长

顾　锐　任县审计局局长

缪雪明　任县政府国有资产监督管理办公室主任

郁宏伟　任县行政审批局局长

沈卫华　任县市场监督管理局局长

季海春　任县统计局局长

陈宏兵　任县医疗保障局局长

肖卫华　任县信访局局长

吴　昊　任县地方金融监督管理局局长

（三）第四次会议

2022 年 5 月 31 日，经县第十八届人大常委会第四次会议表决通过，决定任命：

刘　宇　任县法院洋口港法庭副庭长

花岳亮　任县法院审判员

（四）第五次会议

2022 年 7 月 28 日，经县第十八届人大常委会第五次会议表决通过，决定任免：

蔡　东　任县政府副县长

许金标　免去县政府副县长职务

石佑舟　免去县人大环境资源、城乡建设工委副主任职务

陈晓兵　任县法院副院长

严　洁　任县法院副院长、审判委员会委员

肖文明　任县法院审判委员会专职委员

李小东　任县检察院副检察长（挂职）

缪战春　免去县法院副院长职务

江　旭　免去县法院副院长职务

（五）第六次会议

2022 年 9 月 29 日，经县第十八届人大常委会第六次会议表决通过，决定任免：

刘　拓　任县政府副县长

王　亮　任县政府副县长（挂职）

陈威涛　免去县政府副县长职务

杨　军　任县法院少年及家事审判庭（行政审判应）庭长，免去县法院栟茶法庭庭长职务

柳小进　任县法院民事审判第一庭庭长，免去县法院岔河法庭庭长职务

张晓红　任县法院立案庭（诉讼服务中心）副庭长，免去县法院民事审判第一庭副庭长职务

陆身梅　任县法院刑事审判庭副庭长，免去县法院栟茶法庭副庭长职务

蒋小云　任县法院栟茶法庭副庭长，免去县法院立案庭（诉讼服务中心）副庭长职务

吴云霞　任县法院岔河法庭庭长，免去县法院民事审判第二庭（执行裁判庭）副庭长职务

刘　宇　任县法院洋口港法庭庭长，免去县法院洋口港法庭副庭长职务

张慧敏　任县法院民事审判第一庭副庭长

陈庭庭　任县法院民事审判第二庭（执行裁判庭）副庭长

林　涓　任县法院洋口港法庭副庭长

朱天晔　任县法院岔河法庭副庭长

陆婷婷　任县法院审判员

高亚雷　任县法院审判员

周　峰　免去县法院少年及家事审判庭（行政审判庭）庭长、审判委员会委员职务

肖文明　免去县法院洋口港法庭庭长职务

马小英　免去县法院刑事审判庭副庭长职务

朱　兵　免去县法院民事审判第一庭庭长职务

张廷勇　任县检察院副检察长、检察委员会委员、检察员

王晶晶　任县检察院检察委员会委员

石金山　免去县检察院副检察长职务

梅志军　免去县检察院检察委员会委员职务

（六）第八次会议

2022 年 12 月 7 日，经县第十八届人大常委会第八次会议表决通过，决定任免：

储开林　任县政府副县长、县公安局局长

陆　翔　免去县政府副县长、县公安局局长职务

时孝容　任县统计局局长

季海春　免去县统计局局长职务

顾建国　免去县法院审判委员会委员、审判员职务

徐炳荣　免去县法院审判员职务

（七）第十一次会议

2023 年 2 月 8 日，经县第十八届人大常委会第十一次会议表决通过，决定任免：

陈劲松　任县人大办公室副主任

赵晶晶　任县人大环境资源、城乡建设工委副主任

石海兵　任县人大农业和农村工委副主任

唐李红　免去县人大常委会农业和农村工委副主任职务

邵亚红　任县科学技术局局长

潘　飞　任县市场监督管理局局长

彭　鹏　任县检察院检察委员会委员

2023 年 2 月 8 日，县第十八届人大常委会第十一次会议

胡连华　免去县科学技术局局长职务

沈卫华　免去县市场监督管理局局长职务

吴　昊　免去县地方金融监督管理局局长职务

许海虹　免去县法院副院长职务

陆　刚　免去县检察院副检察长职务

（八）第十三次会议

2023 年 5 月 30 日，经县第十八届人大常委会第十三次会议表决通过，决定任命：

葛　峰　任县监察委员会副主任、代理主任

罗　媛　任县法院审判员

（九）第十四次会议

2023 年 7 月 27 日，经县第十八届人大常委会第十四次会议表决通过，决定任免：

张　崴　任县法院副院长

柳小进　任县法院审判委员会委员

顾金强　免去县法院审判委员会委员职务

张志一　免去县法院审判员职务

张建庆　任县检察院副检察长

（十）第十五次会议

2023 年 9 月 27 日，经县第十八届人大常委会第十五次会议表决通过，决定任免：

刘　拓　免去县政府副县长职务

任命丁俊等 180 人为县法院人民陪审员，他们是：

丁　俊	王　纯	王　玲	王　娟
王　婷	王　燕	王方舟	王晓镜
尹爱军	孔　勇	邓娟娟	左建明
石　俊	石东红	叶海飞	田石鹏
从　兵	冯素兵	冯雪超	戎惠娟
吉　喆	朱小明	朱冬明	朱建兵
朱爱国	朱媛媛	庄　辰	刘亚平
刘昊娟	刘美娟	刘崇国	刘琴琴
江　灵	汤云鹏	许小兵	许冬梅
孙美荣	孙晓云	孙徐红	孙辉容
花燕飞	严蕴娇	李　云	李　艳
李　萍	李　琴	李可沁	李政寰
李晓明	李铁秋	李海燕	杨　叶
杨月琴	杨柳青	吴　镔	吴伟伟
吴丽利	吴明凤	吴建楠	吴爱东
吴维东	吴敦明	吴震宇	邱永田
何荣飞	汪苏丹	宋剑香	张　云
张　可	张　锦	张凤琴	张宁斌
张苏梅	张袁燕	张桂兰	张爱华
张琴琴	陆　叶	陆　颖	陆红梅
陆宝琴	陈　琛	陈飞飞	陈吾元
陈丽娟	陈建军	陈建梅	陈晓晔
陈慧敏	陈璐璐	罗张琴	季　林
季　洁	季青青	金伟伟	金晓雨
周阳阳	周来华	周晓红	周爱平
周爱芹	周皎皎	赵小梅	赵青青
胡建忠	施学明	姜　英	姚瑞翔
袁晓平	耿祝贤	夏欢欢	顾玲玲
顾爱东	顾理群	顾登峰	钱　巍
钱桂红	钱晓平	钱竞然	钱海军
徐　康	徐长胜	徐正林	徐守付
徐建峰	徐秋红	徐晓丹	徐晓丽
徐海金	徐晶晶	徐媛媛	徐瑞斌
翁亚敏	高　旺	高新元	高新燕
郭亚飞	郭亮亮	郭维维	唐一秋
唐海彬	陶鋆源	桑　亚	黄　锋
黄亚娟	曹　云	曹　亮	曹　蕾
曹　霞	曹金宏	曹新云	崔　旭
康红梅	康宗宇	商琴琴	葛　勇
葛玉峰	蒋一峰	韩宗林	景露露
曾新民	鲍俊杰	蔡红星	蔡晓勇
蔡维维	蔡婷婷	管清清	缪　兵
缪　斌	缪小娟	缪建民	缪建芸
潘勇超	潘遂高	薛艳雯	薛爱红
戴文婷	戴建萍	戴剑刚	戴素平

2008—2023 年如东县人大常委会人事任免情况统计表

表 3-4　　单位：人次

届别	小计	其中				
		人大	政府	监委	法院	检察院
十五	271	34	101	—	92	44
十六	365	42	89	—	195	39
十七	495	59	121	18	268	29
十八	276	5	43	1	219	8
合计	1407	140	354	19	774	120

第七节　重要工作

2008 年，县第十五届人民代表大会第一次会议后，县人大常委会围绕全县工作大局，认真履行常委会监督职权，共召开重要会议 130 余次；高度重视人大宣传工作，积极向上级党报党刊、人大报刊投稿，先后在《求是》《人民代表报》《中国人大》《群众》《人民与权力》《南通人大》等国家和省市报纸杂志发表稿件 460 多件；加强人大制度建设，全面提升新时代人大工作质效，更好发挥人大制度优势，依法有效履行职权；加强人大思想政治建设，坚定不移地以习近平新时代中国特色社会主义思想武装头脑、指导实践、推动工作、激发履职动能，提高人大干部队伍整体素质。指导做好镇（区、街道）人大工作。信访督办工作成效明显，信访量呈下降趋势。人大老干部工作、会报会刊编印工作均取得一定成绩，机关保障在人少事多纷繁复杂情况下，尽心尽职、有条不紊，除做好日常工作和 3 年防疫保障外，较好地完成每届各次县人民代表大会和各类会议、活动后勤保障工作。

一、宣传报道

（一）县第十六届人大常委会宣传报道

1. 市人大《代表之声》栏目组到如采访

2013年4月18日，由南通电视台、广播电台、《南通日报》、《江海晚报》记者组成的市人大《代表之声》栏目组到如东，专题就高效特种养殖项目——南美白对虾项目进行采访。栏目组采访南通外向型农业综合开发区的部分农村致富带头人，详细了解项目运作以及周边辐射情况。南通外向型农业综合开发区何丫村被农业部认定为“全国一村一品示范村镇”。南美白对虾作为何丫村主导产业，全村共有 120 多个养殖户，大棚养殖面积占全村耕地面积 95% 以上，每年为村里带来超亿元收入。何丫村基本形成从苗种供应、养殖、销售及饲料生产、病害防治配套产业链，带动全村 200 多人就业增收。

2013 年 4 月 18 日，市人大《代表之声》栏目组到如东采访

2. “万名代表小康行”理论研讨会在通举行

2016 年 12 月 8 日，江苏省人大常委会、《人民代表报》在南通举办“万名代表小康行”理论

研讨会。南通“万名代表小康行”实践经验引发百余名与会者热议和高度评价。大家观看“万名代表小康行”纪实片，如东县人大常委会党组书记、副主任陈昌龙在会上介绍分类助推人大代表助力小康“五百”工程等生动实践，得到省、市人大领导和《人民代表报》充分肯定。

2016 年 5 月 17 日，县人大常委会党组副书记、副主任陈昌龙到栟茶镇调研代表助力小康“五百”工程推进情况

3. 央媒、省媒聚焦“万名代表小康行”

2016 年 8 月 3 日，由南通市人大常委会牵头组织，《人民日报》、中央电视台、新华社、《新华日报》、江苏卫视、省电台等 10 多家中央和省级媒体 30 名记者到如东，集中采访“万名代表小康行”主题实践活动。

在循环经济产业园“双创”工业区，媒体记者们集中采访由大豫镇人大发起“爱心教育基金”运作情况及人大代表 “助建强民村小康建设”“助推再生铝项目建设”等情况。

（二）县第十七届人大常委会宣传报道

1. 县人大走进南通新闻广播直播间

2017 年 4 月 20 日，县人大常委会党组书记、主任陈昌龙和丰利镇人大主席朱德军，市人大代表、江苏通洋律师事务所主任孙永红，县人大代表、栟茶镇三星村党委书记李勤走进南通新闻广播直播间《代表访谈录》节目，与全市广大听众交流如东县 2017 年人大工作和代表履职情况。

陈昌龙介绍 2017 年县人大常委会主要工作思路和举措，具体做到“六个一”，即贯穿一条主线，以贯彻落实全省市县人大负责人学习会议精神为指导，加强县镇两级人大建设；凸现一个主题，在五级人大代表中开展以“强企、助村、通达、清水、法治”为主要内容的人大代表助力小康行动，引领人大代表自觉担当、服务发展；突出一个重点，认真抓好代表工作，完善代表工作格局，拓宽代表履职平台，提升代表履职素质；强化一个抓手，坚持做好评议工作，把服务地方经济社会建设中的重点难点作为人大持续跟踪议题，采用多种方式，提升监督实效；抓实一个建设，不断完善人大工作机制、内部管理机制、议案办理机制，依法规范履职行为；增强一个保障，加强思想、素质、作风建设，牢固树立“四个意识”，维护人大机关和人大干部队伍为民务实清廉的良好形象，不断激发做好人大工作正能量。

2017 年 4 月 20 日，县人大常委会党组书记、主任陈昌龙等走进南通新闻广播直播间《代表访谈录》节目

2.《人民代表报》采访组到如东调研采访

2019 年 9 月 25—27 日，《人民代表报》采访组到如东开展调研采访活动，深入调研如东县人大督查助推“清水绿岸”提质行动、人大代表“问河长”、人大代表助力小康“五项行动”等工作。

采访组先后参观县规划馆、3 家企业及 5 个镇（区、街道）人大代表之家，与 20 多位人大代表进行座谈。相关镇区负责人、职能部门负责人及人大代表就助力“清水绿岸”提质行动、人大代表“问河长”工作开展、人大代表助力小康“五项行动”、街道议政员制度创立和作用发挥等工作情况进行汇报交流。

《人民代表报》副总编原玉苗在采访调研总结时表示，如东人大作为沿海地区县级层面的国家权力机关，在履职行权上有自己独特的做法，工作有特色有亮点，值得总结和推广。尤其是中共十九大后，如东人大顺应新时代发展新理念、新战略、新要求，深入贯彻落实中央决策部署、全国人大常委会工作要求，积极开展各项工作，监督工作卓有成效，人大代表主体作用得到充分发挥，基层人大代表法治意识明显提升。

2019 年 9 月 25—27 日，《人民代表报》采访组到如东开展调研采访活动

3.《人民代表报》报道如东人大代表“问河长”工作

2019 年 10 月 26 日，《人民代表报》头版头条以《代表“问河长” 生态奔小康》为题，对如东县人大代表开展“问河长”工作进行专题报道，从问现场、总督察、全覆盖 3 个方面，全方位展示县人大积极发挥各级人大代表主体作用，以巡河道为前提，以“问河长”为核心，以清水绿岸、生态小康为目标，创造性地贯彻落实好河长制的积极探索和有效做法。《人民代表报》还以《高水平全面小康需要更多代表之“问”》为题作人大时评，高度评价如东县人大代表“问河长”工作，认为“问河长”工作既是人大代表依法履职、助推发展内在要求和生动体现，也是人大及其常委会坚持党的领导、提升工作水平的创新举措和有效途径，形成可复制、可推广实践范本，探索走出一条全民治水如东路径。

4. 县人大常委会在市委人大工作会议上作工作交流

2020 年 4 月 20 日，县人大常委会党组书记、主任陈昌龙在市委人大工作会议上作交流发言，介绍如东县人大常委会始终围绕全县工作大局，认真履行宪法和法律赋予的各项职责，创新工作做法。紧扣高质量发展中心任务，认真行权履职，切实担当作为；围绕“清水绿岸”提质目标，一线督查助推，促进工作落实；突出民生实事跟踪督办，践行为民宗旨，维护群众利益；深化助力小康“五项行动”，发挥代表作用，展现代表风采；强抓人大系统自身建设，坚守初心使命，提升工作水平。并表示，2020 年如东县人大常委会聚焦中共十九届四中全会精神贯彻落实，进一步加强“两个机关”（工作机关、代表机关）建设；聚焦全县经济社会发展总体布局，进一步推动打造“四个人大”（责任人大、规范人大、实效人大、活力人大）；聚焦决胜全面建成小康社会，进一步擦亮“五项行动”品牌。

（三）县第十八届人大常委会宣传报道

1. 县人大常委会在省委人大工作会议上作交流发言

2022 年 5 月 23 日，省委召开人大工作会议。县人大常委会党组书记、主任陈昌龙参加会议并代表县人大常委会作题为《不负新时代，展现新作为，推动如东人大工作高质量发展》交流发言。

2. 长三角全过程人民民主的基层实践工作交流研讨会上作交流发言

2022 年 10 月 13 日，长三角全过程人民民主的基层实践工作交流研讨会在苏州市相城区召开。会议深入贯彻落实习近平总书记关于全过程人民民主重要论述，搭建长三角地区市（区）人大工作交流平台，探讨交流全过程人民民主实践经验，为推动长三角一体化发展凝聚更强人大力量，以实际行动迎接中共二十大胜利召开。

县人大常委会党组书记、主任陈昌龙参加会议并代表县人大常委会作题为《倾听民声、满载民意、回应民盼，推动全过程人民民主在基层落地生根》交流发言。

2022 年 10 月 13 日，长三角全过程人民民主的基层实践工作交流研讨会

二、人大制度建设

（一）修改县第十八届人大常委会工作细则

为加强县人大常委会工作建设，充分发挥地方国家权力机关作用，根据《中华人民共和国宪法》《中华人民共和国地方各级人民代表大会和地方各级人民政府组织法》《中华人民共和国各级人民代表大会常务委员会监督法》《中华人民共和国全国人民代表大会和地方各级人民代表大会选举法》等有关法律规定，参照省、市人大常委会工作条例，结合如东实际情况，1987 年 4 月 30 日，制定《如东县人大常委会工作细则》，并经县第十届人大常委会第二次会议通过。2007 年 9 月 26 日，县第十四届人大常委会第三十七次会议进行修订。2017 年 1 月 13 日，县第十七届人大常委会第一次会议进行第二次修订。2022 年 1 月 14 日，县第十八届人大常委会第一次会议进行第三次修订。该细则分总则，常务委员会会议，常务委员会主任和主任会议，常务委员会工作机构和办事机构，县人民代表大会代表的选举和会议的召集，联系县人民代表大会代表和受理人民群众的来信来访，视察和调查研究，加强与县政府、监察委员会、法院、检察院的联系，附则共 9 章 55 条。

（二）修订县第十八届人大常委会议事规则

为依法行使职权，提高议事效率，根据《中华人民共和国宪法》《中华人民共和国地方各级人民代表大会和地方各级人民政府组织法》《中华人民共和国各级人民代表大会常务委员会监督法》等有关法律规定，1991 年 1 月 10 日，县第十一届人大常委会第七次会议通过《如东县人大常委会议事规则》。2004 年 11 月 29 日，县第十四届人大常委会第十二次会议进行修订。2007 年 9 月 26 日，县第十四届人大常委会第三十七次会议进行第二次修订。2014 年 9 月 29 日，县第十六届人大常委会第二十二次会议进行第三次修订。2017 年 1 月 13 日，县第十七届人大常委会第一次会议进行第四次修订。2022 年 1 月 14 日，县第十八届人大常委会第一次会议进行第五次修订。全文分总则，会议召开，议案提出，报告听取，审议和表决，询问、质询和特定问题调查，附则共 7 章 49 条。

（三）制定县第十七届人大常委会审计监督办法

为进一步加强和规范审计查出问题整改情况监督，督促审计整改落实，提高财政资金使用效益，保障经济社会健康发展，县人大常委会根据《中华人民共和国各级人民代表大会常务委员会监督法》《中华人民共和国预算法》《中华人民共和国审计法》等有关法律法规之规定及省市人大常委会工作要求，结合如东县实际，制定《如东县人大常委会关于审计查出问题整改情况的监督办法》，经县第十七届人大常委会主任会议审议通过，于 2020 年 7 月 24 日下发各委办局。此办法共 16 条，内容包括：县人大常委会依法对相关事项中审计查出问题整改情况进行监督；听取和审议关于县本级预算执行和其他财政收支审计查出问题整改情况报告；组织专项视察或者调研；审计查出问题的责任部门、单位应对审计查出问题和提出建议认真研究，制定切实可行整改方案，扎实开展整改工作，完善制度，堵塞漏洞，做到应改尽改、按时整改，整改结果按照规定期限书面报送审计部门等方面内容。

（四）制定县第十八届人大常委会监督司法工作办法

为进一步加强和规范县人民代表大会常务委员会监督司法工作，促进公正司法，根据《中共中央关于新时代坚持和完善人民代表大会制度加强和改进人大工作的意见》和《中华人民共和国地方各级人民代表大会和地方各级人民政府组织法》《中华人民共和国各级人民代表大会常务委员会监督法》等法律法规有关规定，结合如东县实际，制定《如东县人民代表大会常务委员会监督司法工作办法》，于2023年2月8日如东县第十八届人大常委会第十一次会议通过。此办法有：第一章总则，第二章对司法工作的监督，第三章对司法机关工作人员监督，第四章对司法工作监督结果的运用，第五章附则共5章33条。于2023年2月8日起施行。

（五）制定县第十八届人大常委会规范性文件备案审查办法

2023年，为进一步加强和规范备案审查工作，维护社会主义法制统一，根据《中华人民共和国立法法》《中华人民共和国各级人民代表大会常务委员会监督法》和《江苏省各级人民代表大会常务委员会规范性文件备案审查条例》等规定，结合如东实际，制定《如东县人民代表大会常务委员会规范性文件备案审查办法》，于2023年2月8日，如东县第十八届人大常委会第十一次会议通过。此办法共35条，于2023年2月8日起施行。原《如东县人民代表大会常务委员会规范性文件备案审查实施办法》予以废除。

三、镇（区、街道）人大工作指导

（一）县第十五届人大常委会指导镇（区）人大工作

1. 加强对镇人大工作的联系与指导

2009年，县人大常委会指导各镇人大利用代表之家开展工作评议、代表述职、联系接待选民等活动，丰富代表活动形式，提高代表履职能力。召开镇人大工作会议和镇人大主席联席会议，交流各镇人大工作情况，了解镇人大工作动态，有针对性提出指导性意见。分批邀请镇人大主席列席常委会会议和参加常委会活动，组织镇人大主席参加学习培训。指导各镇人大创新代表工作方法，及时推广掘港镇人大组织人大代表矛盾纠纷调解督导团活动经验，以点带面，促进代表工作开展。

2. 定期召开镇人大主席联席会议

2010—2011年，县人大常委会指导和支持镇人大依法履行职责，定期召开镇人大主席联席会议，推进民主政治建设。指导各镇人大健全工作制度，规范工作程序，有效支持镇人大依法履职和积极创新。实施县镇人大联动评议、视察调研，凸显镇人大地位和作用。

（二）县第十六届人大常委会指导镇（区、街道）人大工作

1. 坚持常委会领导联系指导镇人大工作

2012年，县人大常委会针对换届后镇人大人员变动较大情况，积极组织镇人大主席参加省人大培训班，帮助新任人员尽快掌握人大业务知识和工作方法。邀请镇人大主席列席常委会会议，组织镇人大工作人员参观学习，不断提升工作能力。出台指导意见，指导各镇人大开展代表主题活动和“代表讲坛”等活动，激发代表履职热情。召开全县镇人大工作会议，交流点评，总结推广，有效提高镇人大工作整体水平。积极鼓励镇人大工作创新，认真总结大豫镇人大“五带头、五深入”

等经验，并在全省乡镇人大主席培训班上交流。

2013 年，县人大常委会切实加强镇人大工作联系指导，召开镇人大工作会议和代表主题活动经验交流会，有针对性地提出指导意见。认真组织镇人大干部培训学习，规范工作程序，加强代表之家建设，不断提升镇人大工作水平，各镇人大和机关代表小组组织代表参加各项视察调研活动，开展具有自身特色主题活动，增强县镇人大工作互动性和实效性。

2014 年，县人大常委会多次召开专题工作交流会，了解镇（区）人大工作动态，有针对性地加强指导，努力形成基层人大工作特色。邀请人大工作专家进行辅导、培训，开展优秀代表和先进代表小组评选，宣传代表履职先进事迹，激发代表履职积极性和创造性。

2. 完善基层人大组织体系

2015 年，县人大常委会将镇（区、街道）人大负责人纳入县人大机关学习培训系统，做到同安排同布置同要求。在 6 个开发区和 3 个街道设立人大工委。按照总结、继承、完善、提高原则，及时总结镇（区、街道）人大工作的新思路、好方法。通过县镇区联动、以片活动、工作交流、现场指导等方式，各镇区人大主题特色活动丰富多彩，大豫镇南坎社区代表之家成为市人大“十面红旗”代表之家，原掘港镇加强基层人大工作建设经验做法得到全国人大常委会肯定。

2016 年 4 月 26 日，县人大常委会党组副书记、副主任陈昌龙到双甸镇人大指导工作

（三）县第十七届人大常委会指导镇（区、街道）人大工作

1. 规范人大基层基础工作

2018 年，县人大常委会制定出台《镇（区、街道）人大工作考评办法》，设定基础工作、职能工作、代表主题实践活动、县镇（区、街道）联动工作、创新工作等具体指标，细化对镇（区、街道）人大工作百分考评，考评结果纳入全县法治建设考核体系，作为评选“镇区人大工作先进集体”重要依据。推进人大代表之家建设，县人大专项工作组多次赴镇区调研指导“人大代表之家”建设，高标准推动代表之家软硬件建设提档升级，促成高新区人大学习馆等标杆性代表之家建设使用，外地人大多次到如东考察学习。全县各镇（区、街道）建立“人大代表之家”69 个，指导各镇（区、街道）人大依托人大代表之家开展专题教育、接待选民、调查研究和述职评议等多种形式活动，实现代表履职阵地规范化、制度化、效能化，开展县人大常委会和“一府一委两院”领导“接待人大代表日”活动，与人大代表（街道议政员）进行面对面交流，听取意见建议，并及时反馈各相关部门办理落实。

2. 加强人大基层基础建设

2019 年，县人大常委会出台《关于加强县镇（区、街道）人大自身建设工作的意见》，制定对镇（区、街道）人大工作考评办法，总结研究镇（区、街道）人大工作经验做法，形成“赋能助推清水绿岸，人大代表‘四问河长’”等人大创新工作。推动代表之家建设提档升级，以“规范化、常态化、效能化”为载体，使其成为闭会期间各级代表活动主阵地。指导各镇（区、街道）人大按照规范化要求完善代表之家、代表联络工作站建设，依托“一镇一品”打造特色代表之家，对代表履职平台进行拓展和延伸，为代表学习培训、联系选民、开展活动、沟通交流创造条件。以代表之家为依托，以推动党委政府中心工作为目标，组织四级人大代表联动履职、开展监督、推进重点工作的开展和落实。县人大常委会把密切与人大代表联系、代表与人民群众联系作为主题教育重要举措，开展领导干部代表“接待人大代表日”活动，安排接待代表日活动16次，接待基层县人大代表160多名，收集代表建议和选民意见71条，反馈各相关方面办理，促进“双联”工作触角下沉，制度落实更为有力。

3. 规范人大代表履职平台建设

2020—2021年，县人大常委会加强“智慧人大”和县、镇（区、街道）两级人大代表履职服务中心建设。打造智慧人大“四新工程”（建设“四个机关”的新抓手，落实“两个联系”的新平台，强化“两个服务”的新窗口，服务“五级代表”的新家园），建立信息资源共享体系，形成“1+16+N”〔县+镇（区、街道）+多个功能模块〕人大工作集群，实现县、镇（区、街道）人大工作数据共建共用。出台《关于进一步规范人大代表履职平台建设的意见》创新设立以“中心—站—点”为载体的人大代表履职平台体系，建成县人大代表履职服务中心1个、镇（区、街道）人大代表履职服务中心16个、人大代表工作站70个、人大代表联系点179个。如东县人大代表履职服务体系建设全省领先，得到省、市有关领导肯定。代表工作“网格化”服务体系，为开展常委会组成人员点对点联系代表活动，县人大常委会和“一府一委两院”负责人“接待代表日”活动等提供载体和平台，推动常委会组成人员同代表，代表同选民联系的常态化、规范化和制度化。

（四）县第十八届人大常委会指导镇（区、街道）人大工作

1. 镇（区、街道）人大工作督导

2023年2月13—15日，县人大常委会组成3个调研督导组到各镇（区、街道）开展调研督导活动。通过实地走访、会议座谈等形式，了解基层人大2023年工作谋划情况，并按照主任会议提出精心谋划、精准落实、精确表达要求，进一步务实基层基础人大工作，深入推进人大代表“践行‘双聚双高’、助力乡村振兴”“五加一”主题实践活动和人大“双创”工作落实，并就如何组织开展好2023年镇（区、街道）人大工作提出意见建议。

2. 深入指导“牢记嘱托、感恩奋进”学习实践“五加一”主题实践（“双实践”）活动

2023年5月6日，县人大常委会为深入指导2023年开展好镇（区、街道）人大“牢记嘱托、感恩奋进”学习实践暨“五加一”主题实践（“双实践”）活动，召开全县各级人大代表“双实践”活动现场推进会。与会人员实地参观大豫

2022年6月9日，市、县人大常委会领导到洋口村指导工作

2023年5月6日，县人大常委会党组书记、主任陈昌龙等领导到大豫镇指导工作

镇大豫社区、强民村、海滨幼儿园 3 个人大代表联系点，听取大豫镇党委相关工作情况介绍、全国和省、市、县、镇五级人大代表（选民代表）以及河口镇人大负责人的交流发言。全面提升各级人大代表履职能力和工作质效，以学习实践活动走在前列引领和指导全县镇（区、街道）人大不断提升工作水平。

3. 举办镇（区、街道）人大主席（工委主任）培训班

2023 年 4 月 9—15 日，县人大常委会组织镇（区、街道）人大主席（工委主任）、副主席到湖南省长沙市，参加由中南大学举办的人大代表履职能力与综合素养提升培训班。县人大常委会党组书记、主任陈昌龙作动员讲话，他指出要在“学”上下功夫，在“思”上求深度，在“践”上见实效，在“行”上显担当，力争以实实在在的工作绩效为全县人大系统“争一流、争第一、争唯一”作出贡献。参训人员通过此次培训，进一步深刻领会习近平总书记在十四届全国人大一次会议江苏代表团审议时所提出的“四个必须”（必须完整、准确、全面贯彻新发展理念，必须更好统筹质的有效提升和量的合理增长，必须坚定不移深化改革开放、深入转变发展方式，必须以满足人民日益增长的美好生活需要为出发点和落脚点）新要求和习近平总书记在中央政治局会议上

2023 年 4 月 9—15 日，县人大常委会组织参加由中南大学举办的人大代表履职能力与综合素养提升培训班

提出“让干部敢为、地方敢闯、企业敢干、群众敢首创”的“四敢”新要求，履职能力与综合素养得到进一步提升。

四、信访督办

（一）县第十五届人大常委会信访督办工作

县人大常委会始终把妥善处理群众来信来访作为关注民生、了解民情、倾听民意的重要渠道，进一步加强对信访工作的领导，落实信访工作责任制。县第十五届人大期间，共接待人民群众来访 311 人次，交办和督办人民群众来信 384 件。其中 2008 年接待人民群众来访 94 人次。受理、交办和督办人民群众来信 118 件；2009 年受理、交办和督办人民群众来信 103 件、来访 72 批次；2010 年常委会受理和督办人民群众来信 77 件，接待来访 116 人次；2011 年接待人民群众来访 109 人次，受理交办和督办人民群众来信 86 件。着力解决人民群众来信来访反映的突出问题，切实履行信访工作第一责任。做到件件有登记，事事有回音。对上级人大转办重点信访件，都逐一予以督办，并督促“一府两院”解决群众合理诉求，给当事人一个合法合理合情答复，切实维护人民群众合法权益。

2014 年 5 月 21 日，全市人大信访工作座谈会在如东召开

（二）县第十六届人大常委会信访督办工作

县第十六届人大期间，常委会高度重视信访督办工作，共接待人民群众来访 238 人次，受理、

交办和督办人民群众来信272件。其中2012年处理人民来信106件，接待来访86人次。2013年处理人民来信62件，接待来访42人次。2014年交办和督办群众来信56件、接待来访50人次。2015年全年交办和督办群众来信48件、接待来访60人次。有效化解矛盾纠纷，维护社会和谐。

（三）县第十七届人大常委会信访督办工作

县第十七届人大期间，信访工作呈逐年下降趋势，2018年，交办和督办群众来信26件、接待来访11人次。2019年，共受理群众信访42件次。2020年，共受理各类来信来访件41件（次），其中受理来信35件，接待来访6批次、共19人，受理联名信访件3件，共23人联名。经解释、疏导后，按程序转相关职能部门办理。受理上级人大机关转办信访件7件。办理后及时向上级人大机关反馈办理情况及结果。2021年度，共接到来信27件，与2020年42件相比，下降35.7%。来访4批6人次，比2020年6批19人次，总次数下降33.3%。属省、市人大信访部门转办件9件，占33.3%（2020年10件，占23.8%）。接待受理信访案件全部都给予及时交办、转办和督办，信访案件办结率得到很大提高，信访工作形势进一步好转。如省人大交办反映双甸镇德银村2000多米道路建设和危桥改造事宜，经县人大常委会领导批示后，分管副主任亲自带领信访办人员会同省、市人大信访办赴双甸督办，通过汇报交流，充分了解镇村工作部署，为道路建设和危桥改造做好相关规划，积极筹措资金，取得省、市人大认可和相关当事人理解，有力促进越级信访件圆满解决。

（四）县第十八届人大常委会信访督办工作

县第十八届人大一次会议后，把人大信访工作纳入人大整体工作格局中，充分发挥信访工作在倾听民情、了解民情、集中民情方面作用，充分体现群众愿望，广泛集中群众智慧。逐步形成人大代表与人民群众联系的具体方式和参与信访处理新机制，使人大信访督办工作出现新局面。

1. 信访总量连续下降

2022年，共接到来信20件，与2021年27件相比，下降35%；来访2批4人次，比2021年4批6人次，总批数下降50%；属省、市人大信访部门转办件7件，占35%（2021年9件，占33%），所有来信来访都做到件件有答复。截至2023年9月，共接到信访总数20件，其中属多部门重复信访件8件。

2. 信访问题结构较往年有所变化

2022年，涉诉涉法类信访比例有所上升，比2021年上升14.8%；相关求助类信件增加，占25%；揭发检举、控告国家公务员不作为、乱作为、失职渎职和基层村组干部优亲厚友等信访件锐减，比2021年减少40.7%；涉及镇（区、街道）各类信访件明显减少，比2021年减少59.3%。2023年，求助类信访件增加，占实际信访件50%，其他类型比例下降。

五、老干部工作

2008—2023年，县人大老干部工作在县人大常委会党组领导重视下，坚持以习近平新时代中国特色社会主义思想和中共十七大、十八大、十九大、二十大精神为指导，进一步践行历次教育实践活动成果，坚持从人大工作实际出发，把抓好老干部工作与人大工作同抓并举，以高度政治责任感，充分在政治上尊重、思想上关心、生活上照顾老干部，切实落实老干部待遇。让老干部老有所养，老有所学，老有所乐，老有所为。县人大老干部服务和管理工作取得一定成绩，老干部党支部多次被县委、县级机关党工委、县老干部局评为先进党组织。

2023年，县人大老干部党支部共有离退休干部56人，其中党支部书记1人、委员4人，离休党员干部1人，退休党员干部55人，女性离退休干部6人；享受处级（含正、副处级）待遇16人，享受科级（含正、副科级）待遇34人；党支部划分2个党小组。

六、会报会刊

（一）《如东县人民代表大会文件汇编》

创办于1983年3月，文件汇编主要内容有：县政府工作报告，国民经济和社会发展计划的报告，财政预算执行和财政预算报告，县人大常委会工作报告，县法院、县检察院工作报告，县人大常委会主任、副主任、委员，县长、副县长，县监察委员会主任，县法院院长、县检察院检察长选举办法及选举结果等。2008—2023年共编印44册，约450万字。

（二）《如东县人大常委会会报》

创办于1981年5月，会报主要刊载县人大常委会会议纪要，县政府及其相关部门工作报告，人大常委会有关工委调查报告，人大常委会审议以后所作决议、决定和审议意见，人大常委会根据实际需要作出规定、办法，领导讲话以及人事任免事项等。每期印400份，发至各镇（区、街道）人大代表，2008—2023年，共编印243期，约2000万字。

如东县人大常委会会报

七、机关保障

（一）财务管理

自县第十五届人大开始，县人大常委会进一步加强人大机关财务管理工作，合理有效地控制经费支出，财务管理人员坚持按章办事、不徇私情，严格执行各项财经纪律。认真执行中央八项规定，坚持“一支笔”审批原则；坚持制度管理，物品采购按照申报、预算、批准、采购4个环节运行；规范票据报支审批手续，所支票据有经办人、证明人、审核人、批准人签字；规范民主理财制度，对大宗物品采购、重大会议活动经费安排，做到集体研究决定；认真编制和执行年度经费预算方案，及时上报各类财务报表，自觉接受有关部门财务监督；坚持定期清理核对办公用品设施，及时做好固定资产的登记造册和上报工作，防止国有资产流失；健全财务档案，财务账目清楚，科目分类合理，立卷归档及时，日常管理有序。2023年，县人大机关有财务管理人员3人。全体机关干部及工作人员严格执行财经纪律，认真遵守财务制度。加强财务管理监督，坚持廉洁从政、勤俭节约原则，不铺张不浪费，无不正当开支。

（二）会务保障

县人大办公室在做好各类各次会议和活动组织、协调、保障工作的同时，重点做好县人大换届选举和历次人代会服务工作。每年一次县人代会是全县人民政治生活中的一件大事，更是办公室工作的重头戏，为确保大会如期召开，办公室做到早谋划、早安排、早准备，会务、资料、后勤保障等每一项工作都细之又细，环环相扣，确保不出现差错。此外，对召开常委会会议、主任会议及全县人大工作会议等较为重要会议和县人大组织视察调研、执法检查、部门评议等活动，做好牵头、组织、协调等工作，并为各工委提供服务和保障性工作，保障人大机关的正常高效运行。

（三）接待工作

县人大办公室公务接待坚持勤俭节约原则，严格执行接待工作有关规定。严格落实中央八项规定精神和省《关于厉行勤俭节约、反对铺张浪费的实施办法》要求；公务接待实行定点接待，由办公室统一安排，严格接待标准，一般性公务接待按常规标准办理，大型会议、上级检查等全县性的公务活动，按相关规定安排接待事宜；各工委有接待任务时，严格接待程序，第一时间告知办公室主任，并填写《公务接待审批单》，注明接待事由、接待人数、陪同人数等，并附相关文件。无具体文件的一律不在接待范畴，不予报销；公务接待费实行一月一结制，由办公室负责汇总每月接待账目，并及时向主任汇报。公务接待均严格执行就餐标准，严格控制陪餐人员，无超标和违规现象。

（四）车辆管理

公务用车由办公室实行统一管理，负责调度、维修、年检、保险等工作，实行定人定车管理模式。公务用车使用、维修、年检、加油、保险、报销，严格遵守公务用车使用规定，通过公务用车系统平台规范用车手续。车辆正常维修保养，按办公室与政府采购办与定点维修厂签订维修协议；车辆使用执行派车手续，需预先申报，批准后再派车，私自外出一律不得派车，严格规范公务用车管理，实行派车单、乘车领导签字、按规定报销制度。杜绝公务用车未经批准擅自外出、酒后驾车和车辆“带病出车”等现象发生。

（五）防疫保障

2019 年 12 月始，面对新冠肺炎疫情防控严峻形势，县人大常委会机关坚持预防在先、精准防范，竭尽全力做好疫情防控后勤保障。全面梳理机关疫情防控的重点部位、重要环节，制定办公区域、会议室等后勤保障防控具体防控措施和应急预案。严格在岗人员体温测量，严控外来人员进入机关；加大对工作场所消毒清洁力度，对机关内和公共区域定时严格消毒；购置测温枪、消毒液等防护用品，保障下沉基层一线和卡口值班党员干部工作安全。2023 年，县人大按照疫情防控方案进一步优化疫情保障措施，尤其是在召开人代会期间，严格落实各项防疫措施，确保疫情防控科学精准、保障周全到位。

第八节　工作机构

2008 年，从县第十五届人大常委会开始，常委会设办公室、研究室、信访督办室、内务司法工作委员会（2020 年 7 月改为监察和司法工作委员会）、财政经济工作委员会、环资城建工作委员会、人事代表工作委员会、教科文卫（民宗侨台）工作委员会。2010 年，增设农业和农村工作委员会。2019 年 1 月 25 日，县第十七届人大会议第三次会议通过，增设人大社会建设委员会（内设秘书科），作为县人大常委会常设工作机构，负责联系县民政局等 13 个部门工作。至 2023 年，县十八届人大常委会形成“三室七委”工作机构格局。

一、办公室

（一）第十五届人大常委会办公室负责人

主　任：

吴春华（2008 年 1 月—2010 年 2 月）

卜其银（2010 年 2 月—2012 年 3 月）

副主任：

高春明（2008 年 1 月—2011 年 1 月）

张海荣（2009 年 1 月—2010 年 2 月）

张　峰（2009 年 1 月—2011 年 1 月）

（二）第十六届人大常委会办公室负责人

主　任：

卜其银（2012 年 3 月—2016 年 12 月）

副主任：

徐　健（2014 年 2 月—2016 年 12 月）

潘　亮（2014 年 11 月—2016 年 12 月）

（三）第十七届人大常委会办公室负责人

主　任：

卜其银（2017 年 1 月—2021 年 11 月）

王亚军（2021 年 11 月—2021 年 12 月）

副主任：

徐　健（2017 年 1 月—2020 年 4 月）

潘　亮（2017 年 1 月—2021 年 11 月）

高　山（2020 年 4 月—2021 年 12 月）

（四）第十八届人大常委会办公室负责人

主　任：

王亚军（2022 年 1 月—　）

副主任：

高　山（2022 年 1 月—　）

陈劲松（2023 年 2 月—　）

二、研究室

（一）第十五届人大常委会研究室负责人

主　任：

吴春华（2008 年 1 月—2010 年 2 月）

卜其银（2010 年 2 月—2012 年 3 月）

副主任：

张海荣（2009 年 1 月—2010 年 2 月）

（二）第十六届人大常委会研究室负责人

主　任：

卜其银（2012 年 3 月—2015 年 2 月）

缪爱平（女）（2015 年 2 月—2016 年 12 月）

（三）第十七届人大常委会研究室负责人

主　任：

韩亚莉（女）（2017 年 1 月—2021 年 11 月）

潘　亮（2021 年 11 月—2021 年 12 月）

（四）第十八届人大常委会研究室负责人

主　任：

潘　亮（2022 年 1 月—　）

三、信访督办室

（一）第十五届人大常委会信访督办室负责人

主　任：

高春明（2008 年 1 月—2011 年 1 月）

翟以圣（2011 年 3 月—2012 年 3 月）

（二）第十六届人大常委会信访督办室负责人

主　任：

翟以圣（2012 年 3 月—2014 年 2 月）

缪爱平（女）（2014 年 2 月—2015 年 3 月）

龚维国（2015 年 3 月—2016 年 12 月）

（三）第十七届人大常委会信访督办室负责人

主　任：

缪爱平（女）（2017 年 1 月—2019 年 12 月）

徐　健（2020 年 4 月—2021 年 12 月）

（四）第十八届人大常委会信访督办室负责人

主　任：

徐　健（2022 年 1 月—　）

四、监察和司法工作委员会

监察和司法工作委员会于 2020 年 7 月由内务司法工作委员会更名。（东编 2020 年 28 号文）

（一）第十五届人大常委会监察和司法工作委员会负责人

主　任：

顾建国（2008 年 1 月—2010 年 2 月）

张海荣（2010 年 2 月—2011 年 1 月）

顾朱建（2011 年 3 月—2012 年 1 月）

王震谷（2012 年 1 月—2012 年 3 月）

（二）第十六届人大常委会监察和司法工作委员会负责人

主　任：

王震谷（2012 年 3 月—2016 年 12 月）

副主任：

刘建新（2012 年 11 月—2014 年 2 月）

缪晓红（2014 年 2 月—2016 年 12 月）

（三）第十七届人大常委会监察和司法工作委员会负责人

主　任：

张卫东（2017 年 1 月—2021 年 1 月）

薛　峰（2021 年 1 月—2021 年 12 月）

副主任：

缪晓红（2017 年 1 月—2020 年 7 月）

顾昕华（2021 年 1 月—2021 年 12 月）

（四）第十八届人大常委会监察和司法工作委员会负责人

主　任：

薛　峰（2022 年 1 月—　）

副主任：

顾昕华（2022 年 1 月— ）

五、财政经济工作委员会

（一）第十五届人大常委会财政经济工作委员会负责人

主　任：

赵美祥（2008 年 1 月—2011 年 1 月）

王海斌（2011 年 3 月—2012 年 1 月）

徐守华（2012 年 1 月—2012 年 3 月）

副主任：

杨祝兰（女）（2008 年 1 月—2009 年 12 月）

李海兵（2009 年 1 月—2011 年 3 月）

韩亚莉（女）（2010 年 2 月—2012 年 3 月）

（二）第十六届人大常委会财政经济工作委员会负责人

主　任：

徐守华（2012 年 3 月—2016 年 12 月）

副主任：

韩亚莉（女）（2012 年 3 月—2016 年 12 月）

（三）第十七届人大常委会财政经济工作委员会负责人

主　任：

奚金岩（2017 年 1 月—2021 年 11 月）

曹爱明（2021 年 11 月—2021 年 12 月）

副主任：

肖　娟（女）（2018 年 4 月—2021 年 1 月）

黄　建（2021 年 5 月—2021 年 11 月）

邵　彬（2021 年 11 月—2021 年 12 月）

（四）第十八届人大常委会财政经济工作委员会负责人

主　任：

曹爱明（2022 年 1 月— ）

副主任：

邵　彬（2022 年 1 月— ）

六、环资城建工作委员会

（一）第十五届环境资源、城乡建设工作委员会负责人

主　任：

周潮清（2008 年 1 月—2011 年 1 月）

张卫东（2011 年 1 月—2012 年 3 月）

副主任：

周丛泉（2011 年 3 月—2012 年 3 月）

（二）第十六届环境资源、城乡建设工作委员会负责人

主　任：

张卫东（2012 年 3 月—2016 年 12 月）

副主任：

周丛泉（2012 年 3 月—2016 年 7 月）

（三）第十七届环境资源、城乡建设工作委员会负责人

主　任：

查剑宁（2017 年 1 月—2021 年 12 月）

副主任：

石佑舟（2018 年 4 月—2021 年 12 月）

（四）第十八届环境资源、城乡建设工作委员会负责人

主　任：

查剑宁（2022 年 1 月— ）

副主任：

石佑舟（2022 年 1 月—2022 年 7 月）

赵晶晶（2023 年 2 月— ）

七、农业和农村工作委员会

农业和农村工作委员会于 2010 年 10 月增设的。（东编 2010 年 36 号文）

（一）第十五届人大常委会农业和农村工作委员会负责人

主　任：

李海兵（2011 年 3 月—2012 年 3 月）

副主任：

范春霞（女）（2011 年 3 月—2012 年 1 月）

（二）第十六届人大常委会农业和农村工作委员会负责人

主　任：

李海兵（2012 年 3 月—2014 年 2 月）

翟以圣（2014 年 2 月—2016 年 12 月）

副主任：

查剑宁（2016 年 5 月—2016 年 12 月）

（三）第十七届人大常委会农业和农村工作委员会负责人

主　任：

翟以圣（2017 年 1 月—2021 年 11 月）

朱德军（2021 年 11 月—2021 年 12 月）

副主任：

唐李红（女）（2017 年 1 月—2021 年 12 月）

（四）第十八届人大常委会农业和农村工作委员会负责人

主　任：

朱德军（2022 年 1 月—　）

副主任：

唐李红（女）（2022 年 1 月—2023 年 2 月）

石海兵（2023 年 2 月—　）

八、教科文卫（民宗侨台）工作委员会

（一）第十五届人大常委会教科文卫（民宗侨台）工作委员会负责人

主　任：

张卫东（2008 年 1 月—2011 年 1 月）

钱小梅（女）（2011 年 1 月—2012 年 1 月）

陶跃东（2012 年 1 月—2012 年 3 月）

副主任：

缪爱平（女）（2008 年 1 月—2012 年 3 月）

（二）第十六届人大常委会教科文卫（民宗侨台）工作委员会负责人

主　任：

陶跃东（2012 年 3 月—2016 年 12 月）

副主任：

缪爱平（女）（2012 年 3 月—2014 年 2 月）

郑寒冰（女）（2014 年 2 月—2016 年 12 月）

（三）第十七届人大常委会教科文卫（民宗侨台）工作委员会负责人

主　任：

龚维国（2017 年 1 月—2021 年 11 月）

韩亚莉（女）（2021 年 11 月—2021 年 12 月）

副主任：

郑寒冰（女）（2017 年 1 月—2021 年 12 月）

（四）第十八届人大常委会教科文卫（民宗侨台）工作委员会负责人

主　任：

韩亚莉（女）（2022 年 1 月—　）

副主任：

郑寒冰（女）（2022 年 1 月—　）

九、人事代表工作委员会

（一）第十五届人大常委会人事代表工作委员会负责人

主　任：

樊重念（2008 年 1 月—2012 年 3 月）

副主任：

朱德军（2008 年 1 月—2012 年 3 月）

（二）第十六届人大常委会人事代表工作委员会负责人

主　任：

樊重念（2012 年 3 月—2016 年 12 月）

副主任：

朱德军（2012 年 3 月—2016 年 12 月）

（三）第十七届人大常委会人事代表工作委员会负责人

主　任：

陶跃东（2017 年 1 月—2019 年 2 月）

徐进张（2019 年 2 月—2020 年 4 月）

陆金标（2020 年 4 月—2021 年 12 月）

副主任：

高　山（2018 年 4 月—2020 年 4 月）

夏金荣（2020 年 4 月—2021 年 12 月）

（四）第十八届人大常委会人事代表工作委员会负责人

主　任：

陆金标（2022 年 1 月—　）

副主任：

夏金荣（2022 年 1 月—　）

十、人大社会建设委员会

（一）第十七届人民代表大会社会建设委员会组成人员名单

主任委员：

唐国均（2020 年 10 月—2021 年 1 月）

赵尊兵（2021 年 1 月—2022 年 1 月）

副主任委员：

查剑宁（2020 年 10 月—2021 年 1 月）

何志刚（2021 年 1 月—2022 年 1 月）

（二）第十八届人大常委会社会建设委员会组成人员名单

主任委员：

缪卫宏（2022 年 1 月—　）

副主任委员：

徐　健（2022 年 1 月—　）

第四章

特色工作

县第十五届人大第一次会议召开后，县人大常委会面对新形势、新要求，切实扛起责任使命，不断探索实践，不负新时代，展现新作为，把坚持中国共产党的领导摆在人大工作首位；彰显担当作为，集聚发展新动能，助力县域经济高质量发展，实现经济综合实力百强排名快速前移。践行全过程人民民主，支持和保障人民当家作主。深入开展五级人大代表助力小康“五百”工程、“五项行动”和“践行‘双聚双高’，助力乡村振兴”“五加一”等主题实践活动，全力推动发展。帮助群众解难题、办实事。持续打造“责任人大、规范人大、实效人大、活力人大”建设品牌，及时作出推动改革发展的决议决定，将党委意图以法定程序转化为人民群众的共同意志。与党委同心、与法律同向、与“一府一委两院”同力、与代表同行、与时代同步的“五同”理念贯穿人大工作始终。持续助推重大项目建设、营商环境优化等议案督办，一以贯之跟踪问效。不断深化“清水绿岸”督查助推工作，聚焦水环境整治，持续开展“问河长”工作，《人民代表报》对此作深度报道。持续推进如东智慧人大“四新工程”建设品牌，健全完善以“中心—站—点”为载体线下履职平台和以“网站—公众号—小程序App”为矩阵线上履职体系，推动人大代表活动在“线上线下”常态化开展，使“智慧人大”真正成为建设“四个机关”新抓手、落实“两个联系”新平台、强化“两个服务”新窗口和服务“五级代表”新家园。不断加强人大机关自身建设和人大队伍建设，进一步健全人大议事规则，完善人大运行机制，不断提高履职水平。

第一节 工作创新

县人大常委会始终坚持与时俱进、工作不断创新，做到“权为民所用、情为民所系、利为民所谋”，在全省率先启动人大代表“问河长”工作；助推“清水绿岸”提质行动，在全国首创“问河长＋问局长”监督新模式；街道人大议政员制度、选民代表制度在人大工作中发挥出重要作用；民生实事人大代表票决制，保障有效监督政府民生实事落地生根；县、镇（区、街道）人大代表履职服务中心建设，为人大代表与人民群众之间建起一座沟通交流顺畅的“连心桥”；财政预算联网审查监督制度，提高审查监督效率，增强监督的针对性和有效性；聚焦人大立法、监督、代表服务等重点工作，探索利用大数据、人工智能等新技术手段，提升人大信息化水平，为实现全过程人民民主提供科技保障，不断开创人大工作新局面。

一、人大代表“问河长”

（一）落实“河长制”

2018 年 10 月，如东在全省率先创新启动人大代表“问河长”工作。22 日，县人大常委会召开人大代表“问河长”现场会，切实推进“河长制”落实。全县实现“河长制”建制、制度体系、河长履职“三个全覆盖”。“河长制”推行后，全县落实县级河长 13 位、镇级河长 232 位、村级河长 534 位；出台实施办法和工作守则，健全巡查、督办、考核等一系列制度；开通河长巡河 App、召开日常例会报告推行进度等。

2020 年 10 月 20 日，县人大常委会为进一步贯彻落实县委十四届九次全委会精神，助推全县打好污染防治攻坚战和“清水绿岸”提质行动，探索“河长制”工作长效机制，召开全县“河长制”暨“问河长”工作落实情况座谈会。会上，县农业农村局、河长办、作风办、县人大督查助推“清水绿岸”提质行动督查推进小组负责人结合部门职能和基层工作实际，对全县进一步做好“河长制”和“问河长”工作提出建议意见。县人大常委会党组书记、主任陈昌龙指出，水环境治理是一项综合性工作，也是事关百姓生活的民生工程，必须常抓不懈。此次以学习交流形式探索“问河长”和“河长制”工作长效机制，目的是找出薄弱环节、提出建议意见，以更好地交流互鉴、融合落实、精准谋划。要求县人大各委室、相关部门和镇（区、街道）严谨务实地转化会议成果，做到对标找差、落地落实。“问河长”工作，是人大代表助力小康“五项行动”中“清水行动”的深入和创新，已成为如东落实“河长制”工作、打好污染防治攻坚战、推进水环境治理重要机制和助推“清水绿岸”提质行动有效抓手。县人大持续放大“问河长”工作效果，跟踪督办、持之以恒、久久为功。众志成城、合心合力让“河长制”真正实现“河长治”，让“问河长”真正问出“清水绿岸”。

2022 年 10 月 31 日，县人大召开助推全县水质达标暨人大代表“问河长”现场会

2020 年，在县人大开展“问河长”工作 3 年之际，县人代会征求代表意见形成决议，进一步完善集中询问、专题报告、跟踪督办、问题销号、督查考评等制度。在“问河长”工作制度化、规范化的同时，县人大又推动属地党委、政府和条线部门工作有效融合。行政管理部门按各自职能依法对城市水环境进行管理，但有些部门没有完全掌握基层一线实际情况，相关决策和基层实际

需要存在一定偏差；各镇（区、街道）按属地进行管理，但少数属地政府在具体推进过程中，因缺乏专业经验的“拍脑袋”决策，出现“中梗阻”问题。为此，县人大秉持流域管理与属地管理相结合原则，在以往“问河长”基础上增加“问局长”，将县“河长制”成员单位负责人列入被询问对象，部门条线部门垂直管理和块状的镇（区、街道）属地管理进一步融合，从而在减少管理成本的同时，增强管理力量，提高整治效率。

（二）制订实施方案

2019年，县人大常委会主动对接、了解县委工作部署和要求，进一步细化实化人大督查工作具体安排，科学有效谋划全年督查助推各项工作。4月15日，在督查助推“清水绿岸”提质行动推进会上，统一下发《如东县人大常委会督查助推“清水绿岸”提质行动工作方案》《如东县人大常委会2019年人大代表“问河长”工作方案》《如东县人大常委会关于开展“清水绿岸”提质行动专项工作评议实施方案》《如东县人大常委会关于开展〈中华人民共和国水污染防治法〉执法检查实施方案》《如东县人大常委会督查助推“清水绿岸”提质行动宣传工作方案》和《如东县人大常委会督查助推“清水绿岸”提质行动考核办法》等系列文件，通过严密的制度设计，做到每项工作有计划、有目标、有步骤、有责任体系，确保县委交办工作任务落到实处，切实担负起县委赋予人大的全县“清水绿岸”提质行动总督察责任。

（三）督查询问

2021年，为认真落实《如东县人大常委会2019年人大代表“问河长”工作方案》等措施及考核办法，县人大常委会领导定期分别带队会同县生态环境局、住建局、水务局、河长办、攻坚办、作风办等相关部门到全县所有镇（区、街道）认真听取群众诉求，一线检查督查。通过召开镇（区、街道）部门两个层面座谈会、不打招呼实地入村明察暗访等方式调研了解一线实情，掌握第一手信息。每季度分组到全县各镇（区、街道）实地查看任务清单完成情况，并严格按照考核标准进行评比打分。同时根据季度考核情况，分别在考核排名相对滞后的镇区对镇区一级总河长进行单独询问，并由人大代表围绕群众关注的重点问题对镇村相关河长同时进行集中询问，有力增强各级河长责任，提高担当意识。

2022年10月31日，县人大召开助推全县水质达标暨人大代表“问河长”现场会，重点围绕栟茶运河水质达标开展“问河长”活动，促进各级河长进一步落实责任，助推栟茶运河水环境质量持续改善。与会人员先后到袁庄镇欣晨乳业有限公司、河口镇薛港河和栟茶老集镇，实地督查栟茶运河流域企业污水处置设施改造、重要支流进出口断面水质提升、老集镇生活污水收集处置等水环境治理情况，县人大常委会组成人员现场询问，袁庄镇、河口镇、栟茶镇主要负责人围绕存在问题、整改措施和期限、日常监管等方面逐一答复。县人大常委会相关委室负责人就部分企业水污染问题和全县农村黑臭水体排查、整治、提升情况进行集中询问，县生态环境局、水务局两家单位主要负责人现场应询。

（四）全国首创“问河长＋问局长”

2020年7月，县人大在各镇（区、街道）开展人大代表“问河长”工作过程中，将明察暗访中排查的各类问题进行集中交办，督促镇区做好整改落实。同时，对各镇区问题整改落实情况进行定期“回头看”，有力促进各镇区水环境各类“老大难”问题的最终解决。《人民代表报》对如东县人大代表“问河长”工作进行专题报道，认为全民治水的如东路径值得推广借鉴。《江苏人大发布》对该报道进行全文转发。当年，县人大又扩大询问对象，拓展至“问河长＋问局长”，促使问题不留死角，工作不留盲区。这项创新工作全国首创，被《人民代表报》和“学习强国”“江苏人大发布”等媒体专题报道，市人大常委会主要领导专门作出批示。

通过人大代表“问河长”工作持续6年的深入开展，人大代表在助推“清水绿岸”和农村人居环境改善方面发挥出积极作用，全县水环境质量明显好转，得到省市领导和县委、县政府充分肯定和人民群众高度评价。

2022年7月18日，如泰运河水环境整治县人大集中“问河长”“问局长”现场会

二、选民代表制度建设

（一）街道人大工作委员会

1954年，全国人大常委会通过《城市街道办事处组织条例》，明确在市辖区和不设区的市设立街道办事处。1995年，各地在街道探索建立代表联络工作处或人大工作委员会。2004年，《中华人民共和国地方组织法》修订时增设街道办事处相关条款。2015年7月，经上级政府批准，如东县进行部分行政区划调整，撤销掘港镇城关镇建制，改设为掘港街道、城中街道办事处，与如东高新技术产业开发区（简称“高新区”）实行一体化管理。将苴镇改设苴镇街道办事处，与如东经济开发区实行一体化管理（后于2020年6月与南通外向型农业综合开发区实行一体化管理）。8月，《中华人民共和国地方组织法》修订时明确可在街道设人大工作机构，但街道仍只设人大工作机构，没有人大代表和人民代表大会，街道人大工作相关条例法规也未相应出台。为加强街道人大工作，县人大常委会相应在掘港、城中、苴镇街道分别设立如东高新区（掘港、城中街道）人大工作委员会和如东经济开发区（苴镇街道）人大工作委员会，作为县人大常委会派出机构，接受区党工委和县人大常委会双重管理。

（二）议政员

2015年，街道设立后，区（街道）人大工作体制发生变化，原有镇人大代表资格也自行终止，失去对区（街道）工作监督主体，街道人大监督出现断层。2017年，县人大常委会下发《如东县人大常委会关于加强和规范街道人大工委工作的意见》，明确街道人大工委工作职责、工作机制、试行街道人大议政员制度等要求。要求街道人大选配思想政治素质好、基层情况熟、参政议政能力强和社会影响力高的议政员。在县人大常委会指导和区（街道）党工委领导下，高新区（掘港、城中街道）和经济开发区（苴镇街道）人大工委组织实施人大议政员推选工作。推选工作分为组织准备、宣传发动、推选产生、培训总结4个阶段，由区（街道）人大工委制订、党工委集体讨论通过实施方案，召开动员部署会，进行多种形式广泛宣传发动，经各村（居）和相关企、事业单位选民代表投票，联合公安、组织、纪检等部门进行资格审查并报区党工委批准和县人大常委会备案，当时掘港、城中街道（合署办公）和苴镇街道分别推选产生61名和50名人大议政员，各自在区（街道）2017年年中县人大代表全体会议上颁发聘任书。并分别推选产生街道人大工委委员9名和7名。

（三）议政议事

1. 议事规则

2017年，在法律、法规和上级文件没有明确议政员议事规定情况下，县人大常委会学习借鉴浙江温岭等地区经验做法，出台《关于加强和规范街道人大工委工作的意见》，本着适当可行原则，形成现行议政员议事规则。明确街道人大议政员列席街道县人大代表全体会议，参加听取和审议街道办事处工作报告和县政府部门派驻街道工作机构专项工作报告；听取和审议街道发展规划、年度计划、重大建设项目等，并提出意见建议；听取和审议街道其他重大事项。

2. 参会议政

2017 年中、2018 年初，区（街道）人大工委召开县人大代表全体会议，被选聘人大议政员列席会议参会议政，共同听取各项工作报告，参与监督区（街道）重点工作和重大事项决定。高新区（掘港、城中街道）议政员在会议上提交 24 条关于教育、环境整治、人才引进等方面建议意见，对区（街道）发展事关项目建设、园区规划建设、“263”（“两减”即减少煤炭消费总量和落后化工产能；“六治”即治理水环境、生活垃圾、黑臭水体、畜禽养殖污染、挥发性有机物污染、环境隐患；“三提升”即提升生态保护水平、环境经济政策调控水平、环境执法监管水平）专项行动、社会事业、农业农村等 5 项专项工作进行满意度测评，并参加票决 2018 年区（街道）为民办实事项目。如东经济开发区（苴镇街道）议政员积极参与园区特色产业、重点企业和新落户重点项目视察调研，围绕优化服务环境、市政管网配套、农村路桥建设、生态环境保护、蒸汽供应服务等提出建议意见，公共服务、基础设施配套等民生实事项目得到高效优质推进。

3. 主题活动

2018 年，在县人大组织开展的人大代表助力小康“五项行动”主题实践活动中，区（街道）人大工委将人大议政员与省、市、县三级人大代表统一编组、统一认领任务、共同参与行动、同等考核奖励，充分发挥议政员在助力小康中的作用。在行动任务分配、认领时，根据议政员类别和行业特点，合理安排行动任务。企业类议政员参加县人大组织的企业家“沙龙”及区企业家协会学习交流活动。农业农村类议政员在引导土地流转实行规模种养殖等方面起到很好示范带头作用。议政员和辖区内县人大代表共同参与“问河长”工作，将监督触角延伸到河长制落实，在省内开启先河，《中国水利报》作专题报道。

2021 年 5 月 14 日，城中街道 2021 年上半年人大代表议政员“问河长”活动

4. 联系群众

2017 年，区（街道）人大工委将人大议政员活动纳入县人大代表小组活动管理，与县人大代表共同参与每季度一次小组活动和每月一次代表工作站接待选民活动，保持议政员与人民群众密切联系，认真听取选民意见，积极收集和反映社情民意，帮助选民做好事、办实事、解难事。2018 年，经济开发区（苴镇街道）人大议政员全年共走访联系群众 196 人次，围绕实体经济发展、社保“费改税”、乡村振兴战略、农村“五位一体”、基础设施建设等问题向区管委会（街道办事处）提出建议意见 10 余件。

5. 工作监督

2018 年，人大议政员与县人大代表共同参加区（街道）人大工委组织开展的《中华人民共和国促进科技成果转化法》贯彻实施情况视察调研活动。积极策应县人大组织开展对行政审批局等重点服务部门评议，议政员们通过个别走访调研、填写征求意见表，分组参加开展评议活动及涉评部门下属单位和服务对象调研座谈会，提出很好的意见和建议。当年，经济开发区（苴镇街道）

人大工委组织议政员共同参与评议区综合执法局、安监局、环保局等 7 家执法部门，有力促进依法行政水平提高。2019 年，高新区（掘港、城中街道）下发关于组织代表和议政员参加《中华人民共和国水污染防治法》执法检查的通知，对工作内容、活动形式等作出明确安排。通过上下联动，使议政员主动融入党委政府中心工作，主动担负起监督职责。

2019 年 4 月 18 日，如东高新区人大工委组织部分人大代表、议政员开展《中华人民共和国水污染防治法》执法检查活动

（四）选民代表议政

2021 年，根据江苏省委《关于加强新时代人大工作和建设的意见》和南通市委关于批转《中共南通市人大常委会党组关于在街道建立选民代表议政制度的指导意见》精神，9 月 6 日，县人大常委会下发《如东县人大常委会关于在街道建立选民代表议政制度的实施意见》。文件明确提出：街道选民代表议政会议是在街道党工委领导下、由人大街道工委召集的基层民主议事形式。街道选民代表由街道辖区村、社区、企事业单位和社会各界人士组成，人数一般为 30 ~ 50 人，人口较多街道可依据实际适当增加。基层一线、妇女、非中共党员代表应占一定比例。选民代表议政会议任期为 5 年，与县镇人大届期同步。选民代表议政会议一般每年举行 2 次，必要时由街道人大工委提议，报街道党工委同意，可以临时举行会议。首次会议应通过《街道选民代表议政会议议事规则》。明确选民代表职责：听取街道办事处对辖区内经济社会发展、财政收支、重点项目安排及执行等情况通报，并进行讨论，提出意见、建议；听取街道办事处对辖区内事关群众切身利益、生态环境保护、民生实事工程和社会普遍关注重大问题专项情况通报，并进行讨论，提出意见、建议；反映人民群众对办事处及村、社区、企事业单位等各方面工作意见、建议；根据统一安排，对街道办事处及职能部门分别开展满意度测评和工作评议。并对街道选民代表选聘条件作出明确规定，原则上由村、社区、企事业单位进行民主推荐，经所在单位党组织同意后，报街道人大工委汇总初审，街道党工委组织部门进行考察审核，经街道党工委讨论通过后，在所在村、社区、企事业单位进行公示，经公示（时间为 5 个工作日）无异议的由街道人大工委予以聘任，任期与县镇人大代表相同。选民代表出现缺额或者岗位变动时，是否进行补聘、调整，由街道人大工委报街道党工委决定。选民代表议政会议的工作在街道党工委领导下，由街道人大工委组织实施；选民代表在会议期间，以书面形式提交的意见、建议，由街道人大工委进行分类梳理后，交街道办事处办理，办理部门一般应当在 3 个月内办理完毕，书面形式答复人大街道工委，并通过街道人大微信小程序（“智慧人大”信息平台）进行反馈。街道人大工委对选民代表提出意见、建议情况进行记录统计，并在下年初选民代表议政会议上进行通报；选民代表议政会议闭会期间，街道人大工委应当适时组织选民代表围绕街道经济社会发展开展视察、调研等活动，并对选民代表在活动中提出的意见、建议做好跟踪督办；街道人大工委应当建立健全选民代表学习培训、联系群众、履职管理等各项规章制度，提升选民代表履职能力。选民代表议政会议及选民代表活动经费作为街道人大工委工作经费列入同级

财政预算。选民代表履行职责，根据实际情况适当给予补贴，为街道选民代表议政制度健康有序运行营造良好氛围。

2022年1月5日，如东经济开发区第一届选民代表议政会议第一次会议代表小组议政

三、民生实事人大代表票决制

（一）依法创新实践

2018年11月29日，县第十七届人大常委会第十三次会议通过《如东县人大常委会关于实施政府民生实事项目人大代表票决制的意见》。政府民生实事项目人大代表票决制，是基层民主政治建设的一项实践创新。根据《中华人民共和国各级人民代表大会常务委员会监督法》等法律法规和县委《关于健全人大讨论决定重大事项制度、政府重大决策出台前向本级人大报告的实施方案》要求，进一步推动政府民生实事项目决策民主化、科学化、法治化，确保政府民生实事项目真正成为造福于民的民生工程。政府民生实事项目人大代表票决制，是县政府在广泛征求人民群众意见建议基础上提出民生实事的候选项目，经县人大代表在县人代会会议期间以投票表决方式选择决定的民生实事项目，由县政府组织实施，并接受人大代表和人民群众监督的制度。纳入代表票决的民生实事项目，主要是以县政府和县财政资金投入为主，由县政府在本行政区域内实施的具有普惠性、公益性和社会效益较为突出的民生类公共事业项目，一般应为当年度可以完成项目；对确需跨年度分步实施的，应明确年度阶段性目标。坚持党委对推进政府民生实事项目人大代表票决制工作的领导，支持和保证人民代表大会和人大代表依法行使职权。充分发扬民主，广泛听取民意，尊重代表主体地位，最大程度地把人民意愿体现在政府民生实事项目人大代表票决制工作各个环节。依法按程序开展工作，切实做到权限法定、运作规范、程序简明、管用可行，确保政府民生实事项目人大代表票决制工作有序推进。

（二）征集、初选、审议、票决、监督

县政府采用报纸、电视、广播、网络等多种媒体和手段发布征集“民生实事项目的意见和建议”公告。县人大代表开展集中走访，广泛联系选民，认真听取选民意见，积极提出政府民生实事项目的意见和建议。县政府对所征集民生实事项目汇集整理后进行初选，在征求实施主体和县人大意见基础上认真研究，形成候选项目建议方案，提交县政府常务会议和县委常委会研究审定。按程序经县人大常委会会议审议通过，形成县人代会审议票决的民生实事候选项目。候选项目由县政府提请每年年初举行的人代会审议票决。县政府应就候选项目确定过程和每一个候选项目基本情况（包括项目名称、项目背景、主要内容、实施主体、投资额度、资金来源、完成时限等）书面印发至全体代表，并在全体会议或主席团会议上作说明。代表审议时可以向县政府和相关部门负责人提出询问，要求其说明情况。经审议后的候选项目在全体会议上由人大代表进行票决。在开展政府民生实事项目代表票决前，由人代会通过票决办法，明确候选项目差额比例、表决方式、项目确定方法和公布方式。票决结果当场宣布，并通过媒体向社会公开。人代会结束后，县政府制定项目实施计划并书面报县人大常委会。县人大常委会将政府民生实事项目列入年度监督工作计划，通过视察、调研、听取和审议专项工作报告、专题询问等形式，加强监督检查。年底，县人大常委会专题听取和审议政府民生实事项目完成情况报告，对实施情况进行满意度测评。对未能如期完成的民生实事项目，县政府向县人大和人大代表作出说明。对因执行不力影响项目实施的，县人大常委会通过专题询问、质询等方式强化监督。此工作由县向镇（区、街道）延伸实施，2021 年，实现县、镇（区、街道）人大代表票决政府民生实事项目全覆盖。

2021 年 1 月，县第十七届人代会第五次会议各代表团对 2021 年县政府民生实事项目由人大代表票决

（三）民生实事人大代表票选结果

1. 第十七届人民代表大会票决结果

2019 年，县第十七届人大第三次会议票决政府民生实事备选项目为 12 项，根据《如东县第十七届人民代表大会第三次会议 2019 年政府民生实事项目票决办法》规定，经大会主席团第六次会议确定，投票实施的政府民生实事项目为 10 项。城郊河道整治、污水收集处理、社会保障提质、城乡公交一体化、宜居乡村建设、教育资源优化、卫生健康服务、城乡交通畅通、住房保障安居、城市品质提升工程。

2020 年，县第十七届人大第四次会议票决政府民生实事备选项目为 12 项，根据《如东县第十七届人民代表大会第四次会议 2020 年政府民生实事项目票决办法》，经大会主席团第六次会议确定，票决实施的政府为民办实事项目为 10 项：污水处理、社会保障、道路畅通、教育优化、医疗卫生、城市提质、安全环保项目、乡村宜居、关爱利民、创文惠民。

2021 年，县第十七届人大第五次会议票决政府 2021 年民生实事备选项目为 12 项，根据《如东县第十七届人民代表大会第五次会议 2021 年政府民生实事项目票决办法》，经大会主席团第六次会议确定，票决实施的政府为民办实事项目为 10 项：卫生健康守护、农村基础建设、教育资源优化、污染防治攻坚、清水绿岸提质、文明城市巩固、社会保障扩面、城市品质升级、安居工程保障、公共安全提升。

2. 第十八届人民代表大会票决结果

2022 年，县第十八届人大第一次会议票决政府民生实事备选项目为 12 项，根据《如东县第十八届人民代表大会第一次会议 2022 年政府民生实事项目票决办法》，经大会主席团第六次会议确定，卫生健康守护、教育资源优化、生态环境优化、全面乡村振兴、公共安全维护、社会保障扩面、文明城市提升、城市品质升级、便民服务完善、文化生活提升 10 项为票决实施的政府民生实事项目。

2023 年，县第十八届人大第二次会议票决政府民生实事备选项目为 12 项，根据《如东县第十八届人民代表大会第二次会议 2023 年政府民生实事项目票决办法》，经大会主席团第五次会议确定，票决实施的政府民生实事项目为 10 项：农村道路交通安全巩固提升、城市安全微改造、城市品质提升、城乡保障能力提升、教育设施升级、卫生健康守护、“一老一小”关爱、乡村振兴提质提标、生态环境优化、文明素质提升。

四、县、镇（区、街道）人大代表履职服务中心建设

（一）县人大代表履职服务中心

2019 年，县人大常委会根据《中共南通市关于加强基层人大工作和建设的实施意见》精神，在县委、县政府重视和关心支持下，城中街道钟山路西侧、浅水湾公园东侧 478 平方米建筑改造建设县人大代表履职服务中心，2020年5月投入使用。该中心共有服务人员4名，其中3名为政府招聘购买服务人员，1名为锦恒公司专门负责中心运维、服务人员。中心设有代表之家、财政预算联网审查室、规范性文件备案审查室、会议室、图书阅览室、代表接待室、活动室、代表工作室等，具备举办各类活动、召开现场会议、网络视频会议、代表接待日、代表小组活动、联通县镇（区、街道）人大、财政预算联网审查、规范性文件备案审查及图书借阅、电子图书阅览、“智慧人大”平台建设的载体和展示窗口等功能，代表们可持代表证进入中心活动。

人大代表履职服务中心除有明确的工作职能、职责，人员分工、职责外，还制订有服务、资产管理（包括固定资产、电子设备）、阅览室管理、安全管理、智慧人大平台管理、县领导接待人大代表日、县人大财政预算联网审查、县人大规范性文件备案审查、专业代表小组活动、闭会期间市县人大代表小组活动、县人大常委会列席代表座谈会等一整套规章制度。常委会积极推进信息化建设，着力打造智慧人大“四新工程”，将县人大代表履职服务中心建立纵向贯通、横向联动、开放兼容的信息资源共享体系，形成“1+16+N”（县+镇区街道+多个功能模块）的人大工作集群，实现县、镇（区、街道）人大工作数据的共建共用，为人大代表依法、高效履职提供有力保障。出台《关于进一步规范人大代表履职平台建设的意见》，创新设立以“中心一站一点”为载体人大代表履职平台体系。在建立健全县镇村三级联动的代表工作“网格化”服务体系的同时，注重发挥其作用，为开展常委会组成人员点对点联系代表活动，县人大常委会和“一府一委两院”负责人“接待代表日”活动等提供载体和平台，切实推动常委会组成人员同代表、代表同选民联系的常态化、规范化和制度化。2022—2023年，该中心共开放542天、举办各类活动100多个、联系接待人大代表300多名，接待省市县外人大参观学习活动30多次。

（二）镇（区、街道）人大代表履职服务中心

自2019年始，县人大常委会为全面落实江苏省人大常委会办公厅《关于加强和规范基层人大代表履职平台建设的指导意见》文件精神，指导各镇（区、街道）人大先后建立代表履职服务中心和工作站、联络点。各镇（区、街道）党委高度重视，政府积极支持，人大精心组织实施，均建成高标准人大代表履职服务中心，为代表履职提供良好环境。曹埠镇人大代表履职服务中心设于县现代农业产业示范园公共服务平台2楼，设有1间会议室和1间综合活动室。会议室配备视频会议系统，可容纳80人。综合活动室划分选民接待室、阅读学习室、聚言厅3个功能区。还设立5个人大代表联络站和9个人大表联络点，全镇“中心—工作站—联络点”上下延伸、已构成畅通代表履职网络体系。栟茶镇人大在栟茶古街设有镇人大代表履职服务中心，15个村（居）全部建立代表联系点，统一制作制度牌和活动任务牌，为代表提供活动场所，代表责任感、使命感和履职积极性明显提高。袁庄镇人大把11个代表联系点设在各村党群服务中心，由村党支部书记任联系点负责人，确定1名代表为联络员，保证代表活动正常化。城中街道浅水湾社区代表联系点共有2名市人大代表、3名县人大代表和5名街道选民代表，该代表联系点充分利用街道文体中心活动场所开展活动。至2023年，全县共建有16个镇（区、街道）人大代表履职服务中心、70个人大代表工作站、179个人大代表联系点。实现全县1400多名五级人大代表和街道选民代表进中心进站进点全覆盖。此项活动全省领先，得到省、市有关领导充分肯定。2023年，如东经济开发区人大代表履职服务中心、大豫镇大同村人大代表工作站等16个中心、工作站被县人大表彰为先进人大代表之家。

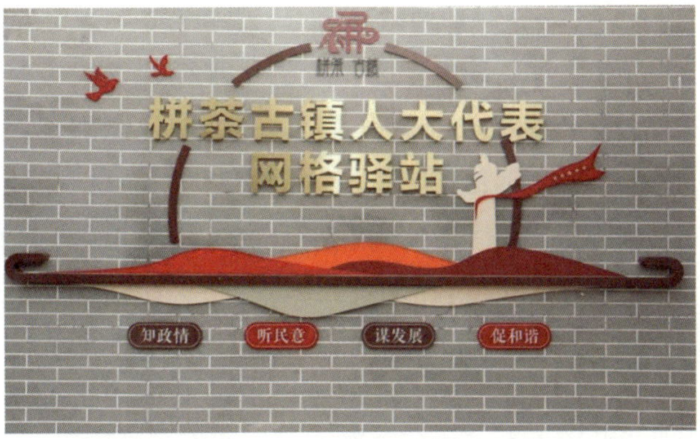

2023 年 6 月 27 日，栟茶古镇人大代表网格驿站

五、财政预算联网审查监督制度

（一）开通监督查询系统

2018 年，县人大常委会贯彻执行 2017 年 8 月省人大《关于转发全国人大常委会推进地方人大预算联网监督工作的指导意见》和市人大《关于加强和改进人大预算审查监督工作意见》精神，9 月 12 日，如东县人大预算联网审查监督综合查询系统正式开通。

2018 年 9 月 12 日，县人大常委会党组书记、主任陈昌龙在县人大预算联网审查监督综合查询系统开通仪式上讲话

（二）审查监督

2018 年始，县人大围绕全县工作大局和人民群众关注的热点难点问题确定审查监督内容，坚持问题导向，坚持“以我为主、为我所用”，合理选择数据，过滤清洗数据，不为事无巨细的“海量”数据所困。充分发挥预算联网监督系统信息完整、及时、便捷的特点和优势，有效发挥预警、分析等功能，实现预算审查监督工作由静态向动态、由阶段向全程、由被动向主动的转变。通过“线上”监督与“线下”监督相结合，一般监督与重点监督相结合，提高审查监督效率，增强针对性和有效性。通过联网数据，发挥数据之间关联性，找准问题实质，分析问题根源，从体制机制制度上提出意见建议，推进健全完善预算制度，推进预算公开透明，为县人大及其常委会审查批准预算和监督预算执行，听取政府专项报告、开展执法检查等，提供准确、科学参考依据。

（三）预算联网监督

2018 年 9 月起，县人大按照“由易到难、由简到繁、循序渐进、逐步推进”原则，不断完善查询功能，实现查询一般公共预算、政府性基金预算、国有资本经营预算、社会保险基金预算。开发对问题自动捕捉，及时发现问题并按程序处理的预警功能；开发对预算收支总量、预算执行情况、预决算信息比对分析功能；开发能够为人大代表参与预决算审查监督服务功能。实现与政府收入征管、社保、国资和审计等部门联网。制定预算联网监督系统操作规程，确保系统安全和可靠运行。制定预算联网监督系统管理工作规定，明确人大财经工委和财政等部门职责分工，建立严格规范操作规程，构建安全持续运行机制和制度保障，提高系统使用和管理规范化水平。每次人代会期间，组织部分代表进行专题预算联网监督，闭会期间，把预算联网监督作为接待代表一项内容，让代表们了解预算监督相关知识，提高代表履职能力。

六、智慧人大建设

（一）县第十七届人大常委会智慧人大建设

1. 学习考察“智慧人大”平台建设先进做法和经验

2020 年 3 月，县人大常委会党组扩大会议首次提出如东“智慧人大”平台建设工作。5 月，县人大常委会党组副书记唐国均、副主任徐鸿斌带队赴浙江平湖市、临安区、萧山区等地学习考察“智慧人大”平台建设情况，汲取其先进做法和经验。在调研考察基础上，与浙江金华鸿正科技公司合作，并结合如东实际，确定如东县“智慧人大”平台建设基本构架，包含走进代表、履职管理、议案建议、知情知政、跟踪监督、民情直通、人大动态、镇区街道人大、系统管理 9 大模块。县级层面采用手机 App 和 PC 电脑端同步模式，镇（区、街道）采用微信小程序和 PC 电脑端模式。

2020 年 5 月 26 日，县人大领导赴浙江平湖市、临安区、萧山区等地学习考察“智慧人大”平台建设

2020 年 6—10 月，县人大相关委室和镇（区、街道）人大密切配合，认真研究拟订实施计划，明确职责分工和时间节点，确保“智慧人大”平台在安全可靠、开放兼容、便捷顺畅基础上有序推进。10 月初，进行平台系统测试和试运行。10 月 19 日，县人大人事代表工委牵头组织对镇（区、街道）人大、党政办和政府部门系统管理员进行专题培训，确保“智慧人大”平台操作业务尽快熟悉和掌握。至此，如东“智慧人大”平台已经实现四级人大代表手机终端全覆盖，并延伸到政府部门和镇（区、街道）党政副职以上领导干部。形成“1+16+N”（县 + 镇、区、街道 + 多个功能模块）人大工作集群，实现县、镇（区、街道）人大工作数据共建共用。

2. 代表履职新模式管理

2021 年，如东“智慧人大”平台建立代表履职信息管理系统，将全县人大代表信息全部录入平台。建立代表履职积分管理机制，及时记录并上传代表在人代会期间参加会议、审议报告、提出议案建议等履职活动，以及在闭会期间参加代表小组活动、列席和参加常委会会议、参加执法检查、走访选民等履职活动，以积分形式实时反馈。通过日志式记录，将原先零散的履职信息进行集中管理，形成“时时有记录、月月有统计、分分有依据”评价体系，并作为年终“优秀人大代表”评选重要依据。同时，通过平台以图文并茂形式分享先进单位和先进代表成功经验和做法，帮助代表间相互学习、相互补充、相互促进，推动代表更好履职。

3. 代表建议新平台督办

2021 年，县人大常委会把议案建议办理督办工作置于平台建设重要位置，建立议案建议办理系统，构建提交“无纸化”、测评“网络化”全程监督模式，使议案建议办理由“纸对纸”“一对一”转变为“即时传送”“实时互通”。2021 年 1 月，县第十七届人大第五次会议上，首次采用“智慧人大”平台对 375 件代表议案建议进行提交、审核，代表议案建议提交和签名也全部通过手机 App 完成，实现全程“无纸化”。在审核、办理过程中，通过平台进一步明确各议案建议办理的主办、协办单位，明确要求各单位按照时间节点上传办理计划和进度，接受全体代表监督。通过平台功能使用，改进议案建议办理满意度评价机制，开启在线评价功能，将测评方式从以往“面对面”转为“背对背”。人大代表通过手机 App 随时发表意见建议，直至办理完结，确保代表议案建议不再“文来文往”“一答了之”，切实提高建议办成率和问题解决率。

4. 民生实事新格局监督

2021 年，县人大常委会着重加强平台系统在民生实事项目监督过程中的作用，建立跟踪监督民生实事项目监督系统。政府根据时间节点，及时将所有民生实事项目具体内容和实施计划在平台上予以公布，适时更新项目进展情况，方便代表真实了解项目实际进展情况。通过平台系统正常运行，代表可以轻松查看当年度及往年所有民生实事项目信息及办理状态，确保民生实事项目绝不出现“欠账”“漏账”“糊涂账”。

5. 民意直达新渠道拓宽

2021 年，在如东“智慧人大”平台中开启“民情直通”系统。代表在工作和生活中发现问题，打开手机 App，进入民情直通系统，点击“提意见”，可随时随地、图文并茂地进行反映。政府部门限时对代表提出的问题进行答复，并落实解决措施。通过解决一个个“小问题”，逐步写好民生监督“大文章”。通过搭建人大代表和部门的直接交流平台，实现提问、回答、评议一体化办理，扩大代表参与，提升履职责任感、使命感和成就感，促进人大监督更有合力、更具效力、更富活力。通过对“智慧人大”平台建设，进一步为代表密切联系群众、保障知情知政、办理议案建议和开展学习交流提供更加便捷、智能、高效服务，实现人大机关与人大代表、人大代表与人大代表、人大代表与人民群众联系方式网络化，人大代表全天候履职服务响应智能化，助力

2021 年 7 月 16 日，县人大开展“智慧人大”平台建设业务培训

代表履职驶入“互联网 +”快车道。当年，县人大常委会已全面启用“智慧人大”平台互动、计分、考核功能，形成代表发起、人大跟踪、进度展示、结果评价监督推进新机制，不断提升人大代表履职主动性和积极性。

（二）县第十八届人大常委会智慧人大建设

2022—2023 年，县人大持续打造如东智慧人大“四新工程”（奋进新时代、赋能新实践、展现新状态、打开新局面）建设品牌，健全完善以“中心—站—点”为载体线下履职平台和以“网站—公众号—小程序—App”为矩阵线上履职体系，推动人大代表活动在“线上线下”常态化开展。

通过用活“智慧人大”平台实时反映代表履职效能，充分发挥人大代表参与决策、监督协助、桥梁纽带和模范带头作用，有效回应群众关切、解决群众问题、满足群众需要，切实增强人大代表归属感、荣誉感和责任感。优化代表履职服务保障，深化代表活动载体建设，推动“中心—站—点”进一步提高运行质效，引导五级代表编组进站、定期活动、为民履职。落实“数字赋能、整体智治、高效协同”要求，充分释放“智慧人大”系统平台功能和优势，推进代表全天候、零距离联系选民群众，组织代表及时收集梳理群众的意见建议，更好地反映社情民意，服务人民群众。提升代表建议工作质量，把好建议“提出关”“办成关”“回应关”，充分发挥重点建议“县长领办、主任督办”示范作用，完善预提建议初审机制、代表与工委、部门沟通机制、建议办理全过程公开机制、办理满意度考评机制等，选编高质量代表建议和承办单位答复案例，进一步提高问题解决率、建议办成率。

第二节　助推中心工作

2008—2023 年，县人大常委会认真履职，主动作为，创新工作，坚持把围绕中心、服务大局

作为人大工作首要任务，做到县委决策部署到哪里，人大工作就跟进到哪里，全力服务重点产业发展和重点项目建设、“清水绿岸”提质行动、为民办实事工程，致力营商环境建设、城市环境建设以及文明城市创建和常态化长效管理。充分发挥代表源自群众、植根群众的特点和优势，带头建言献策、服务发展，切实发挥好参谋助手、模范带头和桥梁纽带作用，高效助推如东经济社会高质量发展。

一、重点产业发展和重点项目建设

（一）推进环境革命

县第十五届人大常委会根据县第十五届人大第一次会议通过的《关于大力推进环境革命，加快实现城乡面貌大变样的议案》，对城市建设、城市管理、交通基础设施建设和环境保护等方面进行专题视察和调研，听取和审议县政府工作报告，提出有针对性建议意见。县人大常委会对全县节能减排目标实现情况进行专题调研和审议，推进节能减排任务完成。由县政府办交由县环保局办理，确定在城乡开展蓝天、碧水、绿地3大主体生态工程，将建设清水廊道、面源污染控制、生活污水和垃圾处理纳入环保特色重点工程。县城管局认真落实“一号议案”，各镇区农村垃圾集中处置布点率100%，收运率80%。为加强经济社会发展软环境建设，县第十五届人大第二次会议通过《关于进一步加强机关作风建设，全面提升服务效能的议案》，大力促进机关作风转变，为经济社会发展凝心聚力。

（二）文旅跨越发展

县第十五届人大第三次会议通过《关于加快推进全县旅游业跨越发展的议案》，要求县政府突出旅游项目招商，强化行业管理，推进全县旅游产业快速发展。作为“一号议案”，县旅游局围绕县政府“实施方案”刚性要求，推进工作落实。2010年，接待国内旅客同比增长27.1%，入境人数同比增长17%，晋升为中国十大低碳休闲示范城市之一。2010年6月30日，县第十五届人大常委会召开第四十九次主任会议，听取和审议《关于加快推进如东旅游业跨越发展的议案》办理情况；听取和审议副县长刘才盛以及县旅游局、旅游经济开发区、县文广新局、掘港镇等9家单位关于“一号议案”办理情况汇报，推动如东旅游产业跨越发展。

（三）重点项目推进

县第十六届、十七届、十八届人大常委会持续关注项目建设，促进加快发展新兴产业。县人大积极助推政府深入实施新兴产业“三年行动计划”，围绕战略性新兴产业，加快特色产业链和产业基地建设，重点完善新能源产业链，抢抓海上风电发展机遇，着力培育引进设计研发、关键零部件制造、检测维护服务等企业，进一步拉长产业链条。做强新材料产业链，深耕产业细分领域，加强产业链上下游优势互补与协同合作，着力打造功能性高分子材料产业集群。培育汽车电子产业链，放大大唐恩智浦汽车电子芯片研发设计“磁场效应”，进一步延伸产业半径，积极引入模块制造、封装测试等配套企业。发展高端装备制造产业链，依托三一帕尔菲格、如通石油机械等行业龙头企业，大力拓展工程机械、石油机械等装备制造业。继续大力推进以中天科技集团为龙头的光电通信及相关配套产业发展。同时引导提升传统产业，积极为传统产业“剪枝嫁接”，加快向产业链、价值链中高端迈进。加大技术改造力度，促进传统企业更多运用新技术、新工艺、新装备、新材料，重点实施120个技术改造项目。深入推进两化融合，充分利用现代信息技术，推动企业生产方式、商业模式、管理手段全方位创新，新增省、市级两化融合示范企业各2家。实施强强联合、兼并重组，促进企业做优做强，新培育亿元以上企业25家，新增挂牌上市企业1家、“新三板”挂牌企业3家、“四板”挂牌企业2家。

2021 年 11 月 10 日，县人大常委会对全县产业链发展情况开展专题调研

（四）促进经济高质量发展

县第十七届、十八届人大常委会围绕中心、服务大局，聚焦县委重大决策部署，创新工作思路，强化责任担当，展现人大作为。推动产业转型升级，着力优化以项目建设为龙头的营商环境。支持和推进项目建设，督办《关于着力打造特色产业板块，进一步提升区域竞争力的议案》，听取和审议县政府关于进一步优化营商环境，强化企业服务，加快全县重特大项目建设情况工作报告，以金光、桐昆等为龙头的一批重特大项目相继投产。2017 年 9 月 22 日，县第十七届人大常委会召开第十次主任会议，专题听取县政府副县长许金标所作《关于全县重大项目建设情况的报告》。先后开展提升服务质效以及服务项目建设和中小企业发展重点职能部门专项工作评议，以专题询问、满意度测评等方式增强监督精准性和有效性，推动服务效能持续提升。多次开展企业界人大代表“谋发展、话责任、谈履职”强企沙龙系列活动，推动“政企对接”“银企对接”，不断提升企业发展活力。高度关注安全生产工作，听取县政府关于《加强综合治理，加快提升危化品全链条管理水平》工作报告，要求强化源头管控和全链条安全管理，不断夯实基础保障和管理职能，营造安全稳定的发展环境。专题视察全县重大项目建设、科技创新平台建设、全域旅游建设等工作，对新能源和新材料产业发展、税源经济发展、减税降费政策执行、产业工人队伍建设、现代服务业和金融业发展等情况进行专题调研，为政府决策提供参考。听取县政府关于全县农业示范园区建设、农业龙头企业发展、农业社会化服务体系建设、农村基础设施和高标准农田建设、国务院《农药管理条例》实施等情况的工作报告；专题调研现代渔业、高效设施农业、新型农业经营主体发展、农村“三资”管理、特色镇（村）建设等情况，促进乡村振兴。

2021 年 6 月 10 日，县人大常委会专题视察全县部分重大产业项目建设情况

（五）推进向海发展战略

2021 年，县人大常委会积极策应长三角一体化等国家战略和县委向海发展战略新要求，听取县政府关于打造全省向海发展战略先导区规划编制情况的工作报告，推进沿海开发开放。2022 年 1 月，县第十八届人民代表大会第一次会议期间，周梁等 31 名人大代表向大会提交《关于聚焦重点产业发展，加快重大项目建设，全力打造全省向海发展先导区的议案》，经大会主席团讨论，决定列为大会议案，并作为县人大全年助推的重要任务。县人大常委会听取和审议县政府关于全县建设全省向海发展先导区情况工作报告并作出决定，建议县政府激活优质资源，激发城镇活力，激情赋能推进，从而更好地集聚发展要素、势能和合力，更高质量打造全省向海发展先导区。县

镇两级人大上下联动，通过调研座谈、一线视察等方式，对服务向海发展的科技支撑、空间保障、港口物流等课题进行专题剖析，对向海发展重大项目推进中急需解决的重点难点问题现场会商督办。常委会二审如东向海发展专项发展规划编制成果，并通过广泛征求基层意见建议、学习借鉴先进地区经验等方式，形成专项调研报告，得到县委、县政府主要领导肯定和批示。全县以向海发展为引领的一批重特大项目加快推进，上位审批实现突破，为高质量跨越赶超奠定良好基础，县域综合实力百强排名继续前移。

2022 年 7 月 12 日，县人大常委会到洋口镇（沿海经济开发区）调研向海发展先导区建设工作

（六）对接服务上海

1. 推介如东

2017 年，根据县委、县政府《关于成立如东县跨江融合对接服务上海工作协调委员会的通知》精神，由县人大常委会党组书记、主任陈昌龙担任跨江融合对接服务上海工作组组长，副主任徐鸿斌担任跨江融合对接服务上海工作组副组长，县人大常委会高度重视、主动作为，积极参加全县在沪举办对接服务上海推介活动。

3 月 24 日，县跨江融合对接服务上海工作协调委员会、如东经济开发区管委会在上海联合举办“2017 如东跨江融合对接服务上海——如东经济开发区专场投资环境推介会”，现场签约 16 个项目，总投资 80 亿元。推介会由县人大常委会党组书记、主任陈昌龙主持，县委副书记、县长沈峻峰致辞，县领导徐鸿斌、许金标、桑健参加活动。如东经济开发区管委会主任翟建华作投资环境推介，详细介绍园区基本概况、发展优势及适宜投资的项目类型。客商代表江苏锵尼玛新材料有限公司总经理沈文东、天坤国际控股集团江苏公司总经理周厚强交流在如东成功投资创业体会。

2017 年 3 月 24 日，县人大常委会党组书记、主任陈昌龙主持如东县在沪举办对接服务上海推介活动

4 月 12 日，上海青浦工业园区发展（集团）有限公司党委副书记、总经理沈金华一行到如东考察，县人大常委会党组书记、主任陈昌龙，县委常委、组织部部长曹雁卉，县人大常委会副主任徐鸿斌参加活动。考察团先后参观洋口港经济开发区、如东经济开发区，并听取情况介绍。考察团对如东经济社会发展，特别是园区建设、企业发展取得的成就给予高度评价。沈金华表示，希望加强与如东交流对接，进一步探讨深化单个项目和结对合作推进机制，推动两地合作发展，共建共赢。通过此次考察，增进相互了解，加强沟通联系，努力探索青浦与如东的对接模式，为双方进一步合作发展寻求更大可能。

2018年4月12日，为更好对接服务上海发展，上海市侨商会制造业及法律专委会到如东考察投资环境，畅叙沪如合作情谊，强化产业交流对接，共谋发展大计。上海市侨商会企业家一行参观如

2017 年 8 月 25 日，如东（上海）旅游招商推介会在上海国丰酒店举行

东规划馆，洋口港香鲸馆、阳光岛，小洋口景观及栟茶镇老镇区。县委副书记陈雷对如东经济社会发展情况和投资发展优势作推介。县人大常委会党组书记、主任陈昌龙对各位企业家发出真诚邀约，希望他们持续、深入地了解、推介如东，加强交流频次，拓展互动领域，实现优势互补，以企业家实力、智慧和情怀，为如东社会经济发展牵线搭桥，积极谋求双方在产业平台、项目建设、人才资源、园区共建等方面发展共赢和成果共享。

2. “深耕上海”

2017 年 3 月初，沿海经济开发区在上海举办“海纳百商扬帆起航”招商推介会，同上海临港集团、中化国际、上海力太化学有限公司、凯璞庭资本管理集团、同程旅游等多家企业签订战略合作协议。县人大常委会党组书记、主任陈昌龙充分肯定沿海经济开发区跨江融合对接服务上海工作取得的成绩，要求沿海经济开发区在跨江融合对接服务上海工作中要聚焦“转变理念、转型发展、转化资源”，拓展服务对接大上海内涵，以引领全县跨江融合对接服务上海工作为目标，抓实抓牢工作，持续深耕上海，强化对接上海制造业、旅游业、现代农业等产业，实现园区平台共建、人才科技招引、产业融合发展 3 个突破。

3 月 12 日，县人大常委会党组书记、主任陈昌龙一行到如东经济开发区，就跨江融合对接服务上海工作开展督查。6 月 5 日，陈昌龙一行到沿海经济开发区，就跨江融合对接服务上海工作开展督查。陈昌龙要求如东经济开发区要趁着有基础、抓得实、势头好，在跨江融合对接服务上海工作中继续抓好招商信息有效梳理、对接平台打造和产业项目落户，充分发挥共建园区和平台承接制造业和服务业项目落户的优势。要突出重大项目，重点抓好 1 亿美元和 10 亿元重点项目的有效推进，力争在三季度基本完成全年考核任务，为全县项目建设和对接服务上海工作争作贡献。

6 月 19 日，县人大常委会党组书记、主任陈昌龙带领县跨江融合对接服务上海工作组，到河口镇开展督查。他要求该镇当好“店小二”，打响“中天牌”，以全新速度建设新镇区、发展新业态，全力做好跨江融合对接上海大文章。要善于借势发力，借助中天最大优势，必须依靠现有产业支撑，放大中天品牌效应，下好“一盘棋”，带动全镇接轨上海融合发展；要开拓全新模式，打造特色亮点，以服务中天发展为第一抓手，高起点开发建设“中天新城”，将跨江融合对接上海工作与项目建设、园区建设相融合，招商引资和招才引智两手抓，全力打造特色小镇。

6 月 20 日，县人大常委会党组书记、主任陈昌龙一行到洋口港经济开发区，就跨江融合对接服务上海工作开展督查。县委常委、常务副县长、洋口港经济开发区党工委书记于立忠和县政协副主席、洋口港经济开发区管委会主任蔡东分别介绍该区跨江融合对接上海相关工作情况。工作组要求该区进一步强化基础设施配套，提升承载重大项目落户能力，不断放大一类口岸开放“金字招牌”综合效用。跨江融合对接服务上海工作是抓项目、培产业、壮园区一个有效抓手，必须要强化“泛上海”意识，深耕融入，积极招引品牌型、科技型、龙头型、基地型项目，利用自身特色抓好主导产业发展。要充分挖掘和放大码头、岸线等优质资源优势，深入开展同上海港等集团合作，举全县之力突破要素瓶颈。

2017年4月12日，陈昌龙（右三）陪同上海青浦工业园区发展（集团）有限公司领导到如东县考察

9月12日，县人大常委会党组书记、主任陈昌龙率队赴上海中科建设开发总公司洽谈。中科建设开发总公司总经理顾玮国介绍公司基本情况，最新产品成果和未来发展方向。陈昌龙介绍如东基本情况，表示双方合作契合度高，在古镇开发、高新技术产业发展、港口产业发展等方面有着广阔合作空间，如东将为中科建设开发总公司在如东发展提供优质服务。

二、“清水绿岸”提质行动

（一）典型引路

2019年，是如东县“清水绿岸”提质3年行动首战之年。县人大常委会在督查助推“清水绿岸”提质行动工作过程中，重视典型引路，充分发挥掘港街道、栟茶镇、如东经济开发区、苴镇街道、丰利镇、大豫镇等单位人大代表“问河长”工作示范带头作用。在认真调研基础上提出“五个一”（紧盯一张任务清单、挖掘一批正反面典型、抓好一个撤并老镇区污水综合整治、每个镇培育一个整村水环境整治样板、每个村打造一条示范河道）工作要求。对“五位一体”（生活垃圾收运处理、道路修护、绿化养护、河道管护、公共设施维护）和“河长制”工作落实较好的河口镇双港村、高新区丁字岸村、袁庄镇孙庄村、如东经济开发区蔡桥村、新店镇祝套村派出调研组进行专题调研，并在一定范围内进行经验推广，通过典型引路有效带动整体工作水平提升。2022年，大豫镇人大加大“清水绿岸”工作监督力度，健全实施“五位一体”长效管护机制，瞄准目标，精准发力，全镇74个保洁员、56个清运工实行分片管理，由5个片长和5个管理员根据实际情况统筹安排和科学调度，切实提高清扫效率，助推农村人居环境整治管护工作走上制度化、规范化、长效化轨道。

为进一步发挥人大代表在“清水绿岸”提质行动中主体作用，县人大将全县1427名省、市、县、镇人大代表以及111名街道人大议政员组织起来，与1538位各级河长一道巡查河道、提出建议、监督共管、推动解决，逐步构筑“人大代表+河长”“党政+人大+代表”的河长闭环工作机制，构建起以河长制为统领、以人大代表作用发挥为支点、以人大有效监督为依托的治水体系新格局，有效推动全县水环境显著改善。

2020年4月18日，袁庄镇人大组织县镇人大代表视察人居环境整治示范村——孙庄村

（二）专项督查

2019年，县人大督查助推“清水绿岸”提质行动领导组每月根据当月专项督查情况形成专门督查材料，对工作推进过程中存在的相关问题提出建议意见，供县委、县政府决策参考。县委、县政府主要领导高度重视，批示给相关部门给予

重视并认真落实。县人大督促各镇（区、街道）人大认真组织开展好人大代表“问河长”工作，对人大代表闭会期间提出的关于水环境方面的建议意见做好交办工作。各镇（区、街道）认真做好涉水环境代表意见建议的办理工作，以实实在在工作成效向人民交出满意答卷。

（三）助推城美水美工程

2021年，是全面推行“河长制”第5年，是全县“清水绿岸”水质提升3年行动“见成效”收官之年。县人大督促政府进一步压紧压实各级河长、断面长、点位长责任，扎实推进水污染防治、水环境治理、水生态修复，切实改善全县环境质量。1—5月，市考以上断面达标16个，达标率94.1%，达到II类14个，优I类比例82.3%。6月28日，县人大召开专题工作会议，听取县政府关于全县“河长制”落实情况工作报告，并开展栟茶运河水环境治理人大代表集中“问河长”“问局长”“问县长”。

2022年，县人大继续围绕“水质达标”助推重点，持续深化人大代表“问河长”“问局长”“问县长”工作，对相关国省市考断面专题询问，交办问题清单24件。县镇两级人大联动组织代表河道巡查工作，四级人大代表共巡河问政2821次，发现和转办交办问题534条。首次启动特定问题专项解剖，联合第三方专业机构对相关镇村污水处理设施建设运行情况开展专项检查，重点检查行政村28个，排查点位86处，梳理出295项待整改问题，形成特定问题专项解剖报告。县委、县政府高度重视，专题听取人大报告和意见，对相关整改工作进行部署，特定问题专项解剖工作取得阶段性成效。县人大常委会对水环境整治9个责任部门开展专项工作评议并进行专题询问，通过满意度测评等方式推动政府及有关部门切实扛起“属事”“属地”责任和流域“共治”责任。县人大常委会把生态环境质量提升作为持续监督重点，听取和审议县政府关于2021年度全县环境状况和环境保护目标完成情况，建议县政府锚定环境保护重点方向补短板、挖潜力、强弱项，使生态环境整治工作更加符合县情和发展要求。10月31日，县人大召开助推全县水质达标暨人大代表“问河长”现场会，重点围绕栟茶运河水质达标开展活动，促进各级河长进一步落实，助推栟茶运河水环境质量持续改善。

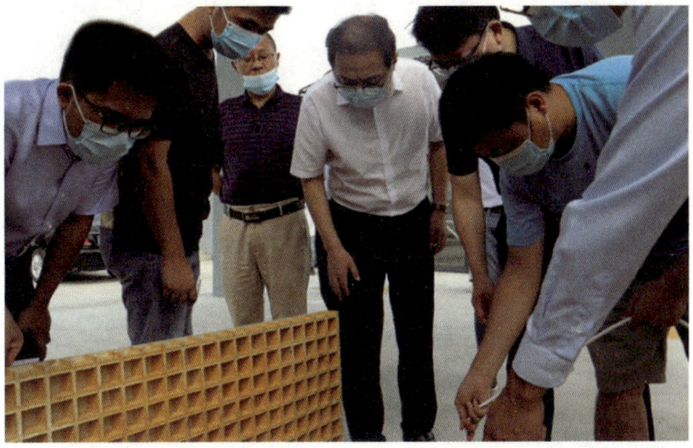

2021年9月2日，县人大常委会检查农村污水处理设施状况

2023年，在县人大督查助推下，全县共治理县城黑臭河道14条（段），疏浚、整治农村河道4000多条，累计总长4000多公里。推进农村生态示范河道建设，建成250多公里生态河道160多条，治理水土流失面积40平方公里，创建省级“水美乡镇”3个、“水美乡村”22个，农村水生态环境得到明显改善。

三、民生实事工程

（一）推进人大代表票决制产生的民生实事

2019年起，县人大常委会秉持为人民谋幸福初心，把人民群众对美好生活的向往和需求作为人大工作目标，推动代表关心关注政府民生实事取得的进展情况。实施政府民生实事项目人大代表票决制，实现由“为民做主”到“由民作主”转变。推动10项政府民生实事项目实施，制定督办推进工作方案，实行常委会领导领衔联系督办推进制度，全程做好联系项目跟踪督办工作。县、镇（区、街道）两级人大组织联系代表开展调查研究和现场监督，每季度将代表们提出的意见和建议收集整理向县政府及相关部门反馈，重点跟踪进度不快、难度较大项目，推动政府及相关部门加快实施。

（二）2019年度部分为民办实事工程

1. 城乡环境改善

2019年，根据“清水绿岸”提质行动年度计划，完成对县城规划区内黑臭河道建材支河、蟥石河东段、掘西三级河、掘西一组河、南康河、拥军河6条（段）河道实施综合整治。完成河道治理6500米；农村河道疏浚工程超额完成年度整治任务，共疏浚整治农村河道800余条，长度800多公里。完成大豫、双甸、马塘、栟茶、南通外向型农业综合开发区5座乡镇污水处理厂安装调试，将新增污水处理能力1.8万吨。县城区共完成污水主管网总长度12.9公里，超额完成年度目标。完成各镇区管网74公里，建设村庄生活污水处理设施80座，完成管网铺设232公里、污水纳管8000余户。全面完成县城区污水管网覆盖范围内56家机关事业单位雨污分流和纳管改造工程，“六小行业”排查整治完成。在“三河六岸”整治过程中，全县先后启动3个工区建设，全年累计投入1.5亿元。青年公园、浅水湾北侧公园建成并投入使用，通过实施农路提档升级、高标准农田建设、土地整治等项目，共新建、改造农路451公里、农桥142座。栟茶、河口生活垃圾中转站投入使用，建成8个粪污处置中心，日处置粪污能力800吨。

2021年2月19日，掘港街道人大工委组织县人大代表、选民代表视察整治后的“三河六岸”新貌

2. 城建交通设施

2019年，334省道如东东段工程路面施工全部完成。新客运站土建、基墙、亮化工程完成单项初验，完成室内装修施工。捍业路、金沙江路工程，海花路、范堤路改造工程通车。锦恒集团与南通汽运集团合资注册成立如东畅行公交公司，新增106辆公交车投入运营。兵房客运站改造开工建设，小洋口客运换站中心已建成，5座乡镇公交回车场及基础设施增设按序时推进。

3. 文化卫生配套建设

2019年9月，爱民路幼儿园投入使用，划定宾东、海韵幼儿园用地红线；鑫城幼儿园形成设计方案；宾山初中土建、装饰、室外配套完成；解放路小学完成施工图设计、审图、编标初稿。县级居家养老综合服务中心投入运行。县蟥山老年公寓、乐居颐养院2家医养结合机构投入运营。双甸镇中心卫生院改扩建项目竣工；完成新店镇卫生院建设项目纳入医养商融合项目。县人民医院外科大楼建设主体竣工。

4. 社会治理保障

2019年，全县新增城镇职工养老保险参保1.2万人，新增参保1.45万人，完成全年目标任务120%。县政府出台《如东县因病支出型贫困家庭救助暂行办法》，实现全县对精准脱贫有益探索。新建残疾人之家5家。完成新型职业农民培训1500人次。五总安置小区二期（润鑫园）、三期（瑞馨园）两项目共占地164亩，建成安置房1708套。完成省级宜居示范住区金色家园小区改造项目。完成城区应急水源供水和区域供水设施完善工程。

（三）2020年度部分为民办实事工程

1. 城市提升项目

2020年，县政府投资6500万元，完成对港汇小区、军休所小区、三元世纪城等6个小区改造。完成推行县城区6个公共停车场和一类区域路边临时停车泊位智慧停车。三号街区保护性开发，在保护原有街区风貌和重点历史文物建筑基础上，完成打造集商业街、高层住宅、办公等于一体的城市综合体。“三河六岸”整治，全年完成投入4.5亿元。新增景观绿化25万平方米。项目区范围内完成10条市政道路。完成如泰河、掘苴河、掘坎河、公共河4条河道清淤工程。

2. 污水处理项目

2020年6月，实现“一镇一厂”目标，完成率100%。栟茶、南通外向型农业综合开发区、马塘、大豫、双甸5座污水处理厂完工，通水试运行。丰利、河口、曹埠、新店污水处理厂主体工程完工，完成85公里污水主管网建设，完成率106%，县城污水收集率92.5%。建成村庄小型污水处理设施75座。重点河道及支流沿河打桩架设污水收集管道7.9公里。

3. 道路畅通项目

2020年，县城掘港江海西路主车道通车，解放路、江海中路完工通车、茶花路、淮河路、黄海路北延段完工，健康路、纵四路、纵十二路、横五路建设进度与地块开发、房产施工同步。新汽车客运站，占地面积107亩，总投入3.41亿，于9月29日投入运营日均旅客发送量6000人次。

4. 教育优化项目

2020年，县城宾山初中已全面完工并启用。解放路小学主体结构已封顶，装饰与室外配套进场施工。友谊路小学结构施工至3层。宾东幼儿园主体结构已封顶，1层墙体砌筑完成。鑫城幼儿园结构施工至2层。海韵幼儿园基础浇筑完成。

5. 关爱利民项目

2020年，县政府投资2900万元，对县社会福利中心老年公寓改扩建。项目建筑面积3000平方米，已全面完工并于9月交付使用。进一步推动长期照护保险，开展照护服务机构定点准入工作，以照护服务中心建设为牵引，打造多功能照护服务集中展示区，引进国内知名服务企业进驻。共受理待遇申请2711人。

6. 医疗卫生项目

2020年，县人民医院外科大楼，完成内装施工、验收；手术室、供应中心、静配中心等医疗净化区域已进场施工，手术室2021年1月16日完工；供配电工程通电调试；室外工程春节前基本完工。

（四）2021年度部分为民办实事工程

1. 教育资源优化项目

2021年，县城海韵幼儿园、宾东幼儿园、鑫城幼儿园、解放路小学、经济开发区中心小学、友谊路小学已全面启用。碧桂园幼儿园、三盛幼儿园新建工程年底全面竣工。如东第一高级中学改造工程全面竣工，秋季开学如期启用。全县46所小学教室和21所初中教室“互动教学设备（智慧黑板）及照明改造提升工程”已全面完工，并通过检测验收，全面启用。

2. 卫生健康守护项目

2021年，公共卫生临床应急中心9月30日实现主体竣工目标。全县65岁以上老年人免费基本健康体检项目于3月30日正式启动，累计完成体检超18万人。全县1～2周岁儿童水痘疫苗接种项目于6月30日下发疫苗，共为适龄儿童接种免费水痘疫苗2510剂次，完成率100%。妇幼“五免”筛查项目中适龄妇女“两癌”筛查3.06万人，产妇产前筛查、新生儿疾病筛查和先天性心脏病、遗传性耳聋基因筛查实现应查尽查。

3. 安居工程保障项目

2021年，保障性安居房年底实现封顶面积30.76万平方米，其中五总二期（润馨园）安置房项目总建筑面积10.78万平方米，五总三期（瑞馨园）安置房项目总建筑面积19.98万平方米；实现开工面积65.38万平方米，其中至善园东苑、至善园西苑、君安华庭、如意水岸及君悦珑庭安置房小区建筑开工面积分别为7.36万平方米、

6.33 万平方米、19.16 万平方米、24.88 万平方米和 7.65 万平方米。老旧小区改造项目实现竣工交付。老旧小区内涝外溢和“脏、乱、差”现象得到有效解决。

4. 城市品质升级项目

2021 年，共新增新能源汽车充电桩 66 处，完成率 132%。完成城区 4000 盏路灯城市照明节能化改造，改造后路灯节能率 45% 以上，每年可节约电费 150 万元左右。绿化面积全年累计新增 120 万平方米，其中“三河六岸”新增和提升绿化面积 67 万平方米，鹤鸣公园新增绿化 33 万平方米，新增小区等配套绿化 20 万平方米。“三河六岸”工程完成河道整治 15 公里，清淤 45 万立方米，新建改建生态驳岸总长 10.3 公里，种植水生植物面积 1.54 公顷，主要节点形成景观效果并对外开放。

5. 污染防治攻坚项目

2021 年，县城污水处理达标示范区由原计划 3 个增加为 5 个，并全面完成实施建成区内 52 座沿河截流井改造工作。乡镇污水管网完成主管网建设 40 公里，超额完成 20 公里；完成镇区支管网建设 90 公里，超额完成 50 公里。分散式农污示范区由原计划建成 10 个示范区调整为 17 个，已全面建成，覆盖农户 2 万户。乡镇污水处理厂实现“一镇一厂”全覆盖。农村水环境综合治理项目一、二期工程完工，覆盖 4.9 万余户农户。

6. 清水绿岸提质项目

2021 年，等级河道疏浚完成县镇村三级河道疏浚 93 条段，281 公里，完成疏浚土方 215 万立方米，超额完成民生实事既定目标任务。洋口外闸枢纽加固改造工程总投资 9600 万元，于 7 月 28 日实现全面竣工并通过验收，交付使用。

（五）2022 年度部分为民办实事工程

1. 社会保障扩面项目

2022 年，新增职工养老保险参保 1.61 万人；实现长期照护保险待遇、1 ~ 2 级重残人员医疗保障全覆盖；“民善康”参保率 53.07%；洋口港经济开发区（长沙镇）敬老院已完成并投入使用，丰利镇敬老院完成外墙装饰面施工和主体工程。

2. 卫生健康守护项目

2022 年 12 月，县人民医院传染科与发热门诊完成搬迁工作，县公共卫生临床应急中心 1/4/5/9 楼已投入使用，其余楼层均具备使用条件；全县新冠疫情防控应急救治病区和核酸检测基地建设基本完成；河口镇卫生院实现主体结构封顶。

2022 年 6 月 17 日，县人大组织人大代表视察县人民医院外科大楼

3. 公共安全维护项目

2022 年，完成全县食品质量安全全链环节监督抽检 7054 批次。推进居民小区管道燃气新建和改造工程，县城用户覆盖率 75%，实现 75% 镇（区、街道）管道燃气主管网覆盖或建成加压气站。基本完成如泰线、海防公路、长雪线不少于 100 公里交通标线完善及 334 省道、225 省道和 228 国道信号灯完善架设，实施洋兴公路（古丰线 –S334 线）大中修工程，保障群众交通出行安全。

4. 城市品质升级项目

2022 年，完成县城庆丰路（绿荫路—东环路）、纵四路等市政道路新建工程，进一步提高县城路网密度，提升城市交通通行能力。鹤鸣公园（北区）形成整体景观效果，提升或增加绿地面积50万平方米。完成3个老旧小区综合整治；完成22个老旧小区，共35个泵房提标改造，69套设备和管道升级改造工作，惠及用户5100多户；实现30万平方米保障房主体结构封顶。

5. 生态环境提升项目

2022年，完成县城覆盖7.73平方公里4个生活污水处理提质增效达标区建设；实施79个行政村农村（含老集镇）生活污水治理，覆盖农户2.51万户；九洋河治理工程全面完成，完成河道疏浚43条，完成农村生态河道82条建设。

6. 全面乡村振兴项目

2022年，全县建成高标准农田12.88万亩；推动农村公共空间治理，完成22个县级试点村和3个市级试点村建设；农村公路危桥改造项目基本完工；完成全县30万亩水稻农药零差率配送和204吨农药包装废弃物回收与无害化处置。

（六）2023年度部分为民办实事工程

1. 农村道路交通安全巩固提升项目

2023年，公路安全生命防护工程完成100公里县道标志标线等安全设施完善，实施334省道如东东段亮化；完成农村公路提档升级、养护大中修工程40公里；新建自然村组道路（硬质化）100公里；建立中小学生交通安全宣传教育基地。

2. 城市品质提升项目

2023年，完成人民路改造，朝阳路南段、紫琅路、绿荫路、闽江路、漓江路工程完工通车；新建改建太行山路和富春江路交叉口西北侧绿地、三元池口袋公园等街头绿地和口袋公园，县城绿地覆盖率不断提升；改造3个老旧小区；新建亚萍广场南侧公共收费停车场；对弹琴路、范堤路开展市容市貌环境整治；完成10个居民小区垃圾分类达标示范区建设；新增9个4G/5G信号覆盖公共地下空间；建设新能源汽车公共充电桩30根。

3. 城乡保障能力提升项目

2023年，马塘镇、栟茶镇、河口镇、新店镇农村供水管网升级改造累计完成各类管网铺设150公里，进户安装水表4500户；建设110千伏变电站1座，新建双回110千伏输电线路约22.54公里，新建改造10千伏配电线路326.9公里，新增配电变压器216台，容量72.2兆伏安；全县城镇居民管道燃气延伸扩面。

4. “一老一小”关爱项目

2023年，建成2家城市街道综合性养老服务中心，改造提升16个示范性村级互助养老睦邻点，为450户家庭居家适老化改造；强化残疾人服务保障，开展残疾人免费培训400人；实施“一户一策”困境妇女儿童家庭微关爱项目，关爱困境妇女儿童家庭20户；“民善康”慈善医疗互助完成率50%以上；高质量交付29间梦想小屋。

5. 乡村振兴提质提标项目

2023年，完成30万亩水稻农药零差率的配供与120吨农药包装废弃物的回收；建设高标准农田5万亩；农村户厕新建改造达1万户；实施省级高素质农民培育项目，培训高素质农民达1000人；在农村社区党群服务中心（综合服务中心）建设农村社区寄递物流综合服务站30个。

6. 生态环境优化项目

2023年，实施河道疏浚12条、34.5公里，清淤土方34万立方米，建设农村生态河道30条、127公里；栟茶运河如东段治理工程完工；拆坝建桥（箱涵）180座；实施如泰运河整治。

四、营商环境建设

（一）优化项目审批服务环境

2018年，县人大常委会在2017年提升项目服务质效专项工作评议基础上，组织对12个部门进行专题询问。2021年，县人大常委会又对服务项目建设和中小企业发展重点职能部门专项工作开展评议（详见第三章第五节“监督工作”第三目“两项评议”）。

（二）优化融资等环境

2012年，为进一步优化融资环境，主任会议专题听取金融行业服务地方经济发展情况工作报告，要求金融行业紧紧围绕经济发展，加强金融产品和服务创新，突出信贷支持重点，提高金融运行质量，为如东经济平稳较快发展提供有力支撑。2019年，联合市银保监分局举办全县企业界人大代表“银企对接”暨“百行进万企”活动，搭建互动平台，倾听企业心声，切实帮助中小微企业解决融资难题，助推产业转型升级。2022年10月，县人大常委会组织县镇人大代表对如东供电公司服务地方经济发展情况进行专题视察，要求电力行业立足地方发展多作贡献。

（三）优化重大项目建设环境

2020年，县人大常委会听取和审议县政府关于进一步优化营商环境，强化企业服务，加快推进全县重特大项目建设情况工作报告，建议政府抓实重点产业培育和发展不动摇，加强产业链招商，突出大项目招引，营造有利于增强企业发展的“小环境”，以重特大项目的落地见效支撑高质量发展。专题视察全县科技创新平台建设情况，要求县政府进一步找准定位、强化统筹、抓牢保障，不断优化资源配置，创新体制机制。专题听取县政府关于全县农业龙头企业发展情况工作报告，建议将农业产业化融入“十四五”农村现代化建设规划，实现农业规模化、产业化、资本化运营。专题视察全县农业示范园区建设情况，要求进一步突出品牌展示、机制创新和融合发展示范效应，有效促进农业增效、农民增收、农村繁荣。

（四）提升县域环境发展能级

2022年，县人大常委会认真落实县委交由县人大重点监督的营商环境、城市更新工作，以“清单销号制”强化过程控制，确保取得实际成效。县人大助推工作组广泛征集各方意见建议500多条，敦促相关部门建立联动会商、信息互通等机制，梳理完善营商环境提升“三单一表”（需求清单、问题清单、责任清单、时间表）；专题调研供电部门改善营商环境保障全县经济社会发展情况，对新建居住项目电力接入工程等清单事项现场会办，推动问题解决。专题开展涉及城市更新政府民生实事项目专题视察，对老旧小区综合改造等项目进行专题询问，全力助推项目提质提效。县人大常委会听取和审议县政府关于推进安全生产“三年大灶”行动情况工作报告，要求县政府进一步筑牢安全发展理念、压实安全生产责任、深化安全专项整治，不断提升本质安全水平。主任会议听取和审议县政府关于全县高新技术企业发展情况工作报告，要求县政府进一步突出科技赋能导向，加强人才链、创新链、产业链融合，不断释放创新发展新动能。听取和审议县政府关于全县现代服务业发展情况工作报告，要求县政府突出理念提升、产业提档、服务提优，推动现代服务业与工业、农业融合发展。县人大常委会召开现代服务业专题调研座谈会。听取县政府关于着力打造优势产业产业链情况工作报告，建议县政府进一步聚焦重点，健全机制，完善配置，不断优化优质产业链建设质态、业态和生态。2022年8月，总投资111亿元的中圣科技产业基地项目签约落户洋口港。至此，县内共有金光、桐昆等7个百亿级项目同步推进。

2022年6月15日，县人大常委会召开现代服务业专题调研座谈会

五、城市环境建设

（一）城乡公交一体化建设

2017年，为实现全县城乡公交一体化目标，

解决广大人民群众出行难问题，县人大常委会听取和审议县政府《关于全县城乡公交一体化发展情况的工作报告》，要求县政府及相关部门牢固树立“公交优先就是民生优先”理念，进一步强化政府主导，充分发挥政策资金保障作用，在完善城乡公交网络的同时，加大城乡公交配套设施建设，全面提升公交服务品质。县政府认真落实人大审议意见，采取得力措施，为城乡公交持续发展提供有效保障，努力实现从城乡客运一体化向城乡公交一体化转型升级。同时全力打造县内“全域公交”。至2019年，建成城乡客运站亭180个、站牌1580只，镇村公交回车场8个。县域内营运客车共有278辆、客运站12个，开行县内客运线路59条。开行城市公交线路11条，开行县城至各镇线路22条，开行镇村公交线路26条，全县镇村公交开通率100%。到2021年底，建成城市、城镇、镇村三级公交网络贯通融合，路、站、运配套设施齐全的公共交通体系。全县共有城市公交10条，城乡公交23条，镇村公交26条，毗邻公交1条，园区公交2条，2021年，完成客运量298.36万人次。

2020年9月14日，县人大召开工作例会，专题视察全县市政工程、交通基础设施和城市建设情况

（二）市政工程建设

城市建设管理和交通基础设施建设关系到一个城市品位形象，主任会议专题听取县政府工作报告，建议进一步强化顶层设计和整体联动，形成统一谋划、统一组织、统一管理推进体系，以实实在在的成效提升人民群众获得感和满意度。2019年，县政府高标准推进“三河六岸”景观带、上河印巷商业街、鹤鸣公园等重点项目建设，精心打造城市新亮点。加快实施城市网格化、精细化、数字化管理，提升城市智慧化管理水平。新增城市公共绿地面积70万平方米以上，大力提升城市绿化水平。倾力打造港口、风电、海鲜、温泉等独特城市符号，持续提升城市影响力，确保创成全国文明城市。完善交通基础设施。启动海启高速如东互通至如东城区连接线项目改造工程，全力推进223线改造、八号桥修建、洋骑线等工程建设，全年实施农村公路30公里，建设桥梁20座，农村公路养护提升及路域环境整治各200公里。

2020年6月3日，县人大常委会实地调研城市建设项目现场

（三）提升城市品位

2020年，县人大常委会听取县政府关于加快全县城市重点工程建设，全力推进全国文明城市创建情况工作报告，要求进一步增强责任感和紧迫感，以“狼性”精神推动工作快落实、快推进、快见效，确保创建目标如期达成和城市形象迅速提升。专题视察全县市政工程和交通基础设施建设情况，要求以提升交通互联互通和城市品质做优“大互联”格局，不断提升新能级、展现新形象。2022年10月，视察全县城市更新工

程建设情况，了解重点项目进展，加快推进城市更新工作，提升城市整体服务功能。全县聚焦老城区城市更新和河东片区新城开发，补短板、强配套，拓规模、优环境，加强规划引领、项目招引、工程建设和城市管理，全面提升城市综合承载能力和县城首位度。全县共实施 50 个城建交通重点工程。至 2023 年，县城房屋征收面积 12 万平方米，商品房销售面积 110 万平方米，建成喜润城、上河印巷等商业新地标，县城新亮点“三河六岸”、鹤鸣公园南区对外开放，通苏嘉甬北延如东段、如通苏湖城际铁路前期工作进展顺利，洋吕铁路、洋通高速二期加快建设。

六、文明城市创建和长效管理

（一）参与文明城市创建

2018 年，全县开始新一轮文明城市创建活动，县人大依靠人民群众，注重细处着眼、实处发力，以决战决胜之势，全力助推文明城市创建这场攻坚战。全县各级人大代表充分发挥为民服务、为民代言、监督促进、桥梁纽带作用，履职尽责、主动参与，当好创建全国文明城市的引领者、推动者、倡导者，以实际行动助推全国文明城市创建，为创文注入“人大力量”。县人大常委会领导分头落实好挂钩任务，深入一线、一包到底，切实做到情况摸得清、短板找得准、措施落得实、成效出得快。

2020 年 4 月 2 日，为落实“三包一会”（包镇区、包社区、包点位，文明城市创建专题推进点评汇报会）工作制度，县人大常委会副主任徐鸿斌主持召开港南、灯塔社区创文工作座谈会，将两个社区创文工作中需要县级机关相关部门解决的问题进行现场交办。8 月 31 日，县人大常委会副主任刘旭峰到青园社区督查文明城市创建工作，认真听取社区负责人关于文明创建工作汇报，就重难点问题进行现场交办。县人大常委会副主任罗晓东就名居花苑、花苑小区等 4 个小区在创文中难点问题，与街道和社区负责人共同商讨破题之策。县人大常委会副主任陈晓莉召集相关部门和社区负责人，对盐垣社区环境整治进行现场指导。

2020 年 6 月 12 日，县人大召开工作例会，融合推进全县城市重点工程建设和全国文明城市创建工作。与会人员视察参观中天博士园东侧新开河道、朝阳桥、“三河六岸”等工程现场。县人大常委会相关人员就“三河六岸”工程推进、城市规划管理、河道管护机制落实、房屋征拆、污水处理、无物业小区管理、专业市场建设等群众关心的热点问题进行集中询问，县住建、城管、水务等部门及掘港街道、城中街道负责人分别从现状和举措等层面进行详细解答。

2020 年 5 月 15 日，县人大常委会先后到蟥东、三桥、天星、新丰村等地，对文明城市创建、河道治理、人居环境整治等进行实地督查

（二）督查文明城市管理

2021 年，为进一步落实文明城市常态长效管理，切实推进省文明办暗访反馈问题整改。6 月 19 日，召开文明城市长效管理现场督查会。县人大常委会党组书记、主任陈昌龙等领导参加会议，要求各级人大代表进一步统一思想、集中精力、攻坚克难，切实提升文明城市长效管理质效。

2022 年 6 月中旬开始，县人大常委会在全县各级人大代表中开展文明促进专项行动，组织和引导人大代表积极关注和推动解决文明城市创建

2022 年 8 月 8 日，县人大常委会督查掘港街道文明城市常态长效管理工作

中存在问题，力求在群众反映强烈热点问题上寻求突破。印发《关于在全县各级人大代表中开展文明促进专项行动的通知》，向全县四级人大代表发放《在文明促进专项行动中展示代表风采的倡议书》。要求各镇（区、街道）人大引导各级人大代表学习文明城市创建要求和《南通市文明行为促进条例》，结合人大代表“践行‘双聚双高’ 助力乡村振兴”“五加一”主题实践活动，组织集中排查活动，梳理出一批与全国文明城市长效管理要求、与《南通市文明行为促进条例》不相适应问题，提交属地政府和相关部门、单位处理。

2022 年 8 月 4 日，县人大常委会党组书记、主任陈昌龙率队督查掘港街道港南村文明城市常态长效管理工作，要求把握时间节点，高标准、严要求补齐短板，全方位、常态化落地落实，推进文明城市常态长效管理工作全面提升。8 月 8 日，县人大常委会党组书记、主任陈昌龙率队二次督查掘港街道文明城市常态长效管理工作，对前期现场交办突出问题进行“回头看”。要求属地和相关部门结合乡村振兴与文明城市常态长效管理相关要求，进一步提高乡村综合管理和公共服务水平，精细推进基础设施改造，持续提升乡村环境形象，让群众生活更加舒心舒适，真正做到内外兼修、整体提升。

第五章

组织建设

县人大常委会党组处在党领导人大工作的枢纽位置，发挥地方人大常委会党组作用，是坚持党对人大工作领导不可或缺的重要组成部分。县人大常委会党组的重要作用，主要体现在把方向、谋大局、议大事，体现在人大及其常委会各项工作的总体把握、人大重要工作的创新推进，体现在抓学习、抓队伍、抓素质提升等重要环节上。

2008年后，县人大常委会机关人员变化较大，调进不少新生力量。至2023年，在职干部职工中有中共党员40人，离退休干部职工中有中共党员52人。人大常委会常设机构建有党组，人大常委会机关建有党组，并建有中共总支部委员会。县人大常委会党组每年都要围绕国计民生热点问题和全国人大颁布的法律法规贯彻执行情况组织视察和调研。县人大常委会机关建有工会委员会和人大工作研究会等群团组织。2020年，新冠疫情突发的关键时刻，如东县人大常委会党组、办公室机关工会积极组织参加志愿者活动，机关中共党员、工会会员人人参战，深入各自包干点开展阵地值守、双码查验，为实现“动态清零”，确保如东取得抗“疫”斗争胜利作出应有贡献。

第一节　县人大常委会党组及机关党组

根据《中国共产党章程》和《中国共产党和中国共产党机关基层组织工作条例》规定，80年代初，中共如东县委决定，建立如东县人民代表大会常务委员会党组；2020年8月，中共如东县委决定，在如东县人大常委会机关建立党组。县人大常委会党组和县人大常委会机关党组接受县委领导，遵照《中国共产党党组工作条例》《中共如东县人大常委会机关党组工作规则》开展工作，履行职能。2007年11月，经机关党委批准，中共如东县人大办公室机关支部亦升格为总支部委员会，总支部委员会下设机关党支部和老干部党支部。机关党支部辖第一党小组和第二党小组，老干部党支部辖第一党小组和第二党小组。党组织在中共如东县委的领导下，带领县人大常委会组成人员和机关工作人员执行党的路线、方针、政策，完成县委交给的各项任务；定期研究和决定县人大常委会机关工作中的重大问题。

一、组织架构

（一）如东县人大常委会党组

书　记：张桂英（2001.1—2010.12）
周铁根（2011.1—2012.1）
詹立凤（2012.2—2016.1）
陈昌龙（2016.7—）

副书记：徐志平（2007.12—2012.3）
陈昌龙（2012.3—2016.6）
唐国均（2017.3—2020.4）
徐鸿斌（2020.7—）

成　员：徐志平（2006.2—2007.12）
杨成泉（2007.1—2012.3）
蔡瑞平（2007.12—2012.3）
冒亚平（2009.10—2012.3）
冯力如（2013.2—2017.2）
唐国均（2012.1—2020.4）
徐鸿斌（2017.1—2020.7）
刘旭峰（2016.11—2022.1）
罗晓东（2020.1—2022.1）
翟建华（2021.7—）
赵尊兵（2021.1—2023.9）
张正权（2007.8—2012.3）
陈　斌（2012.2—2017.2）
陈宝来（2012.2—2017.2）
吴春华（2007.1—2012.3）
卜其银（2010.1—2021.11）
王亚军（2021.11—）

（二）如东县人大常委会机关党组

书　记：卜其银（2020.8—2022.2）
王亚军（2022.3—）

成　员：张卫东（2020.8—2022.2）
龚维国（2020.8—2022.2）
陆金标（2020.8—）
徐　健（2020.8—）
薛　峰（2022.3—）
曹爱明（2022.3—）

（三）人大办公室机关党总支

1. 人大办公室机关第一届（2007届）党总支

书　记：吴春华（2007.11—2010.4）

副书记：何文林（2007.11—2010.4）

委　员：周朝清（2007.11—2010.4）
徐建华（2007.11—2010.4）
高春明（2007.11—2010.4）

2. 人大办公室机关2010届党总支

书　记：卜其银（2010.4—2017.3）

副书记：谢振东（2010.4—2017.3）
张卫东（2010.4—2017.3）

委　员：张海荣（2010.4—2017.3）
樊重念（2010.4—2017.3）

3. 人大办公室机关2017届党总支

书　记：卜其银（2017.3—2022.2）

副书记：张卫东（2017.3—2022.2）
谢振东（2017.3—2022.2）
委　员：龚维国（2017.3—2022.2）
陶跃东（2017.3—2022.2）
翟以圣（2017.3—2022.2）
缪爱平（2017.3—2022.2）

4. 人大办公室机关 2022 届党总支
书　记：王亚军（2022.3—）
副书记：徐　健（2022.3—）
谢正东（2022.3—）
委　员：韩亚莉（2022.3—）
查剑宁（2022.3—）
潘　亮（2022.3—）
朱德军（2022.3—）

（四）人大办公室机关党支部

1. 人大办公室机关 2007 届党支部
书　记：周朝清（2007.11—2011.4）
副书记：高春明（2007.11—2011.4）
委　员：张卫东（2007.11—2011.4）
赵美祥（2007.11—2011.4）
樊重念（2007.11—2011.4）

2. 人大办公室机关 2011 届党支部
书　记：张卫东（2011.4—2017.3）
副书记：樊重念（2011.4—2017.3）
钱小梅（2011.4—2017.3）
委　员：李海兵（2011.4—2017.3）
王海斌（2011.4—2017.3）
顾朱建（2011.4—2017.3）

3. 人大办公室机关 2017 届党支部
书　记：张卫东（2017.3—2022.2）
委　员：韩亚莉（2017.3—2022.2）
奚金岩（2017.3—2022.2）
翟以圣（2017.3—2022.2）
查剑宁（2017.3—2022.2）

4. 人大办公室机关 2022 届党支部
书　记：徐　健（2022.3—）
委　员：韩亚莉（2022.3—）
查剑宁（2022.3—）
陆金标（2022.3—）
潘　亮（2022.3—）

（五）人大办公室机关老干部党支部

1. 人大办公室机关 2007 届老干部党支部
书　记：何文林（2007.11—2011.3）
副书记：叶　明（2007.11—2011.3）
委　员：徐建华（2007.11—2011.3）
徐爱如（2007.11—2011.3）
周宝华（2007.11—2011.3）

2. 人大办公室机关 2011 届老干部党支部
书　记：谢正东（2011.4—2017.3）
委　员：周宝华（2011.4—2017.3）
徐建华（2011.4—2017.3）
徐爱如（2011.4—2017.3）
高广忠（2011.4—2017.3）

3. 人大办公室机关 2017 届老干部党支部
书　记：谢振东（2017.4—2022.3）
委　员：徐爱如（2017.4—2022.3）
徐建华（2017.4—2022.3）
高广忠（2017.4—2022.3）
高春明（2017.4—2022.3）

2018 年 2 月，县人大常委会机关党支部召开民主生活会

4. 人大办公室机关 2022 届老干部党支部
书　记：谢振东（2022.3—）

委　员：徐爱如（2022.3—）
　　　　徐建华（2022.3—）
　　　　高广忠（2022.3—）

2022年10月，县人大机关离退休干部党支部主题党日活动组织参观“中共如东第一支部纪念馆”

二、主要活动

（一）第十五届人大常委会党组活动

县第十五届人大常委会党组以实践科学发展观为目标，以创先争优为动力，始终坚持“政治坚定、业务精良、务实高效、勤政廉洁”的工作要求，全面加强自身思想政治建设。2008年始，县人大常委会党组深入到镇村和企业开展180余项调查研究，召开各类座谈会210多次，形成调查报告150多个。2011年8月5日，县人大常委会党组召开以“坚持以人为本执政为民理念，发扬密切联系群众优良作风”为主题的民主生活会。会上，常委会党组7名成员分别介绍半年工作、学习、党风廉政建设等方面情况。各自对照分管工作认真找差距，找不足，进行批评和自我批评，提出整改措施，以促进自身思想政治理论素质和履职能力、工作水平有新提高。

县人大常委会党组通过大力营造学习氛围，不断完善学习制度，增强自身战斗力、学习力和创造力。深入学习中国特色社会主义理论，中共十七大和十七届三中、四中、五中、六中全会精神，不断提升自身的政治素质；深入学习以人民代表大会制度理论为主要内容的业务知识，不断提高自身业务素养；深入学习和实践科学发展观，正确把握科学发展观和构建和谐社会的内涵，不断增强大局意识、责任意识；深入学习《中华人民共和国宪法》《中华人民共和国全国人民代表大会组织法》《中华人民共和国各级人民代表大会常务委员会监督法》《中华人民共和国全国人民代表大会和地方各级人民代表大会代表法》等法律知识，不断提高依法履职水平。

县人大常委会党组扎实开展创先争优活动，深入基层“三解三促”（了解民情民意、破解发展难题、化解社会矛盾，促进干群关系融洽、促进基层发展稳定、促进机关作风转变），认真听取群众意见，使人大审议、决定的事项都能紧扣人民群众的呼声和要求，提高常委会工作的质量和水平。

（二）第十六届人大常委会党组活动

县第十六届人大常委会党组按照县委统一部署，认真组织学习中共十八大和十八届三中、四中、五中、六中全会精神以及习近平总书记系列重要讲话精神，深入开展党的群众路线教育和“增强政治自觉、提升三种能力”等主题教育活动，切实加强党员干部思想政治建设。通过专题培训、集中学习、法制讲座等多种形式开展学习活动，不断提升人大干部的业务能力。深入开展“三解三促”、挂钩帮扶以及社区志愿服务、文明创建等活动，真心实意为基层和群众办实事。严格贯彻落实中央八项规定和省、市、县委规定，严格遵守党风廉政建设各项规章制度，把党风廉政建设与人大依法履职相结合，落实责任，筑牢防线。

县人大常委会党组在认真总结实践经验的基础上，积极推进人大工作制度创新。先后修订完善常委会议事规则、常委会组成人员守则，制定出台《如东县人大常委会专项工作评议办法》《对人大任命的“一府两院”工作人员报告履职工作暂行办法》《关于进一步提高常委会会议和主任会议质量的意见》等；以联动评议和“双联”制度为载体，增强人大工作的科学性、主动性和实效性。县人大常委会党组重视人大宣传工作，加强对人大制度、代表活动的宣传，全面反映县人大及其常委会依法行使职权的全过程。加强调查研究工作，先后深入到镇村和企业开展专题调研120余项，召开各类座谈会260多次，形成调查报告90多个。

县人大常委会党组和机关党总支在每年除旧迎新之际，都要召开民主生活会，大家把开好民主生活会作为重要政治任务，对照党章和党风党纪要求，围绕县委、县政府的中心工作，检查自身言行，开展批评和自我批评。

2014年7月23日，县人大常委会党组召开党的群众路线教育实践活动专题民主生活会。市委督导组组长葛维先参加并指导民主生活会。县委书记、县人大常委会党组书记、主任詹立风主持专题民主生活会。县人大常委会党组副书记、副主任陈昌龙，党组成员、副主任冯力如、唐国均及县人大常委会其他党组成员出席会议，副主任沈更生列席会议。常委会党组成员切实改进作风，从加强自身思想政治建设出发，进一步落实整改措施，使思想政治素质有新提高，工作作风有大改进，遵章守纪自觉性进一步增强。

2015年6月16日，县人大常委会党组举办“三严三实”（严以用权、严以律己、严以修身，谋事要实、创业要实、做人要实）专题教育党课，县人大常委会党组副书记、副主任陈昌龙主讲。

2016年5月10日　县人大机关党总支召开“两学一做”（学党章党规、学系列讲话，做合格党员）学习教育工作动员部署会。机关党总支书记卜其银作专题党课辅导，县人大常委会党组副书记、副主任陈昌龙提要求。

（三）第十七届人大常委会党组活动

县第十七届人大常委会党组将自身思想政治建设作为重要工作常抓不懈，着力打造忠诚干净、务实担当的干部队伍，大力弘扬唯实惟先、

2019年12月，县人大常委会党组召开“不忘初心、牢记使命”主题教育专题民主生活会

善作善成的机关文化，服务大局、依法履职能力得到持续提升。强化政治建设。深入开展“不忘初心、牢记使命”、党史学习教育等主题教育实践，2019年12月6日，根据主题教育部署要求和县委工作安排，县人大常委会党组召开“不忘初心、牢记使命”主题教育专题民主生活会。紧扣学习贯彻习近平新时代中国特色社会主义思想这一主线，聚焦不忘初心、牢记使命主题，围绕理论学习有收获、思想政治受洗礼、干事创业敢担当、为民服务解难题、清正廉洁作表率的目标，盘点收获、检视问题、剖析原因，开展批评和自我批评，不断巩固深化教育成果。2020年8月组建人大机关党组，完善人大党组织体系，拓宽人大党建工作阵地。召开县委人大工作会议暨纪念县人大设立常委会40周年大会，及时研究解决人大工作重大事项。强化制度建设。修订县人大常委会议事规则、工作细则，完善审议意见形成和交办机制，出台人大常委会关于讨论决定重大事项的规定、专项评议和民生实事办理工作考核办法、加强县、镇（区、街道）人大自身建设工作意见，创新人大系统工作例会制度。强化能力建设。连续5年开展“一月一学法”活动，邀请省、市、县专家开设讲座60余场次。加强人大系统干部履职能力建设，与高校联合举办专题培训班，不断增强人大队伍政治担当、能力担当、责任担当。强化作风建设。深入基层一线调研，积极帮

2017年4月，县人大常委会党组召开民主生活会

助相关企业、镇村解决实际问题。出台《关于进一步提高常委会会议和主任会议质量的意见》，进一步规范常委会会议和主任会议行为。加强人大宣传工作，被江苏省人大常委会评为通联工作先进集体，被南通市人大评为人大工作先进单位，获得南通市人大法律知识竞赛二等奖，县人大机关获评全省人大工作先进集体，机关党建工作在南通市历年党建考核中位居第一方阵。

2017年6月29日，县人大常委会机关党支部召开“两学一做”学习教育“旗帜鲜明讲政治”专题交流会，重温入党誓词，参观苏中四分区反“清乡”斗争资料陈列馆，接受革命传统教育。县人大常委会党组书记、主任陈昌龙，县人大常委会副主任唐国均、刘旭峰以普通党员身份参加活动。

2019年3月22日，县人大常委会机关党支部组织机关全体党员赴上海参观中共一大会址，实地开展“不忘初心、牢记使命”主题学习教育活动。县人大常委会党组书记陈昌龙、党组副书记唐国均参加活动。9月18日，人大机关党总支召开“不忘初心、牢记使命”主题教育动员大会，对县人大办及各委室开展主题教育进行动员部署。常委会党组书记、主任陈昌龙提要求。县委第四指导组组长对县人大机关开展主题教育进行现场指导、提出要求。9月29日，县人大机关党支部开展党日活动，组织机关全体党员重读入党志愿、重温入党誓词、重忆入党经历、重问入党初心，并向机关全体党员干部发出党员亮身份、服务亮承诺、工作亮标准、担当亮作为“四亮”活动倡议，组织观看电教片《忠诚》。10月14日，县人大常委会党组书记、主任陈昌龙带领县人大机关干部和镇（区、街道）人大负责人，前往海安七战七捷纪念馆，重温红色历史，追寻红色记忆，开展“红色教育”。10月30日，县人大常委会党组召开对照党章党规找差距专题会议，县人大常委会党组书记、主任陈昌龙给县人大机关党员干部上主题为《守初心、担使命，在担当履职尽责中彰显人大新作为》专题党课。

2019年，健全完善老干部学习制度，结合“两学一做”教育实践活动，人大办及时将中央、省、市、县有关学习材料，有关会议精神传达到老干部中，通过集中学习和自学，不断增强老干部政治思想觉悟，拥护党的各项方针政策，了解国内外基本形势，增强党性，树立正确的人生观、价值观，政治上、思想上、行动上与党中央保持一致。组织学习习近平新时代中国特色社会主义思想，树牢“四个意识”（政治意识、大局意识、核心意识、看齐意识），坚定“四个自信”（道路自信、理论自信、制度自信、文化自信），做好“两个维护”（坚决维护习近平总书记党中央的核心、全党的核心地位，坚决维护党中央权威和集中统一领导）。组织学习县委老干部局和离退休干部工作委员会《关于推进离退休老干部党支部“六有一提升”创建工程的通知》，充分认识推进“六有一提升”（有组织，有班子，有活动，有作用发挥，有制度，有保障。提升组织力）创建工程的重要意义、总体要求、创建标准及考评细则，落实相关推进措施。对照“六有一提升”创建工程考评细则“六大项目”31项内容，建立健全有关台账资料。加强组织生活计划性、针对性。做到规定动作一个不少，自选项目丰富多彩，妥善协调安排各项活动内容。健全党小组，完善党费收缴机制。充分发挥党支部在老干部中的凝聚力和战斗力，发挥战斗堡垒作用。老党员积极参加党支部组织的各种集体活动，还根据各人身体健康状况，采取就近分散与集中相结合方式开展活动。人大老干部党支部根据自身特色，发挥老干部正能量作用和潜力，有10多名老干部被安排在县慈善总会、县关心下一代协会、县老年大学、县老区开发促进会、县创新研究会、县新四军研究会、县老科协等社会组织中工作，继续为全县经济社会发展发挥余热。

2020年，县人大常委会党组围绕县委战略部署，把事关人民群众切身利益和社会普遍关注的水污染防治、项目建设、城市建设、民生保障等重大问题作为人大监督的重点，保证县委决策的贯彻实施。认真贯彻落实县委关于人大行使好重大事项决定权的要求，规范讨论、决定重大事项的范围和程序，及时审议和讨论具有全局性、长远性的重大事项，依法作出决议决定并监督执行。县人大常委会机关党总支参加县委组织部和县级机关党工委举办的2020年县级机关党员“1+X”能力提升大赛，常委会党组和县人大机关党组严格执行党建工作责任制，引导机关党员树立正确的政绩观。

2021年3月23日，县人大常委会党组召开党史学习教育动员会，对县人大办及各委室开展党史主题教育进行动员部署。常委会党组成员、办公室主任、人大机关党组书记卜其银主持活动并讲话。县人大机关党组成员、信访督办室主任徐健布置党史学习教育任务，组织观看党史学习主题纪录片《周恩来的党性之光》。5月20日，县人大召开工作例会，县人大常委会党组书记、主任陈昌龙传达全省深入贯彻习近平法治思想推动地方人大工作实现新发展座谈会精神，并为全县人大系统干部上党课，对下阶段重点工作提要求。与会人员前往如皋红十四军纪念馆开展主题党日活动。机关党组和党总支开展党史学习教育专题讲座，县新四军研究会常务副会长虞建宣就中国共产党4个伟大时期历史进行深入浅出的宣讲。7月1日，县人大常委会党组举行“永远跟党走、奋进新征程”庆祝建党100周年主题系列活动。组织机关全体党员和部分光荣在党50年老党员集体收听收看大会直播实况，聆听习近平总书记重要讲话。县人大常委会党组书记、主任陈昌龙为光荣在党50年老党员现场颁发纪念章。县人大常委会党组成员还分别登门慰问部分光荣在党50年老党员，为他们颁发纪念章。8月6日，县人大常委会党组书记、主任陈昌龙到党建联系点盐垣社区和古池社区，就健全社区管理和服务机制，构建基层社会治理新格局开展专题调研。8月20日，常委会党组组织全体党员干部到曹埠镇集中参观中共如东第一支部纪念馆。

（四）第十八届人大常委会党组活动

县第十八届人大常委会党组以中共二十大精神为指引，以强烈使命担当，围绕“法治人大、有为代表、活力机关”的工作定位，依法履职、规范履职、充分履职，努力在新起点上开创人大工作新局面。2022年1月24日，县人大常委会党组召开党史学习教育专题民主生活会，传达县委党史学习教育总结会议精神，通报2021年县人大常委会党组民主生活会整改措施落实情况。党组书记陈昌龙做总结讲话，并对加强县人大常委会党组建设和个人自身建设提要求。2月，县人大常委会党组召开年度民主生活会，党组班子深入贯彻习近平新时代中国特色社会主义思想，落实“四敢”要求，以“敢为”的担当、“敢闯”的劲头、“敢干”的信心、“敢首创”的新风，全力落实从严治党要求。开展“5·10”思廉日活动，观看警示片，细算廉政账，加强对党员干部的廉政教育和道德教育，筑牢思想防线，做到警钟长鸣，增强党员干部自我净化、自我完善能力。常委会党组始终将自身建设作为重要工作常抓不懈，着力打造忠诚干净、务实担当的干部队伍，大力弘扬唯实唯先、善作善成的机关文化，服务大局、依法履职的能力得到持续提升。10月8日，县人大常委会老干部党支部组织党员赴曹埠镇中共如东第一支部纪念馆开展“喜迎二十大，永远跟党走”主题党日活动，县人大常委会原党组书记、主任张桂英等参加活动。

2022 年 10 月，县人大离退休老干部党支部举行“喜迎二十大，永远跟党走”主题党日活动

10 月 28 日，县人大常委会召开党组（扩大）会议，传达学习贯彻中共二十大精神。常委会党组书记、主任陈昌龙领学中共二十大精神。11 月始，县人大常委会党组把学习宣传贯彻中共二十大精神作为首要政治任务，引领全体党员永远感党恩、听党话、跟党走，踔厉奋发、勇毅前行，自觉在学习上走在前头、在宣传上发挥作用、在贯彻上贡献力量，切实把思想和行动统一到中共二十大精神上来，为推动中共二十大精神在如东落地生根、开花结果增添正能量。

2023 年 1 月 18 日，县人大召开机关党员冬训动员会，常委会党组书记、主任陈昌龙上《加强领导干部党性修养教育》主题党课，要求县人大机关全体党员对标新思想、新任务、新使命，增进党建引领“新定力”、激发干事创业“新动能”、展现创新创优“新活力”。2 月 10 日，常委会党组召开 2022 年度民主生活会，党组书记、主任陈昌龙要求常委会党组成员把忠诚拥护“两个确立”、坚决做到“两个维护”作为最高政治原则和根本政治规矩，在提高政治站位上作表率；切实担起领导责任，发挥“头雁效应”，在推动工作落实上作表率；落实“四敢”要求，做到攻坚克难扛重责，在转变工作作风上作表率；坚持把“改”字贯穿始终，扎实做好民主生活会“后半篇文章”，在抓好问题整改上作表率。

2023 年 2 月 10 日，县人大常委会党组召开 2022 年度民主生活会

2 月，县人大常委会党组和机关党总支开展“践行‘双聚双高’，助力乡村振兴”“五加一”主题实践活动，以奋发有为的精神状态和“时时放心不下”的责任意识，推动主题实践活动走深走实；强化系统思维，推动“精心谋划”；强化统筹协调，推动“精深融合”；强化督查指导，推动“精准落实”；强化总结提炼，推动“精确表达”，创新推动全过程人民民主的生动实践，打造人大特色工作品牌，为全面推进乡村振兴提供不竭动力和坚强保障。

3 月 23 日，县人大常委会党组集中学习十四届全国人民代表大会第一次会议精神，尤其是习近平总书记在江苏代表团审议时的讲话精神。组织机关全体党员观看《跟着总书记上两会》。会议要求大家把学习好、领会好、贯彻好今年全国“两会”精神作为做好当前和今后一个时期各项工作的根本指引、根本遵循。深刻领悟“两个确立”的决定性意义，更加自觉地维护习近平总书记党中央的核心、全党的核心地位，切实做到在践行全过程人民民主理念上更加坚定，在打造监督硬核成果上更加有力，在发挥人大代表作用上更加充分，为中国式现代化如东新实践开好局、起好步、走在前贡献人大力量。

5月6日，县人大常委会党组部署全县各级人大代表“牢记嘱托、感恩奋进”学习实践活动，以“五聚焦五争先”（聚焦向心力，在提升政治站位上争先向前；聚焦研究力，在一线联系群众上争先向前；聚焦服务力，在推动高质量发展上争先向前；聚焦创造力，在打造特色品牌上争先向前；聚焦凝聚力，在展现一流形象上争先向前）为抓手，全面提升各级人大代表履职能力和工作质效。各级人大代表围绕“四个走在前”（科技自强自立走在前、建设发展新格局走在前、农业现代化走在前、基层治理和民生保障走在前），深入企业、农村、社区、医院、学校等基层单位开展调查研究，形成有价值、有对策、有质量、有分量的调研报告25篇。5月22日，机关党组开展“思廉日”活动，观看警示教育片《代价》，机关党组书记王亚军要求全体党员干部坚定理想信念、保持清醒头脑、自觉接受监督、坚持廉洁自律，倍加珍惜政治生命、工作岗位和幸福家庭，兢兢业业做事、干干净净做人。

2023年5月22日，县人大机关党组开展5月主题党日暨“思廉日”活动

6月25日，县人大机关党组开展“深学思想强党性，树立正确政绩观”主题党日活动，机关党组书记王亚军为全体党员上“追溯红色记忆，弘扬红船精神”专题党课。7月19日，常委会党组集中学习习近平总书记考察江苏重要讲话精神，县人大常委会党组书记、主任陈昌龙要求牢牢把握总书记对江苏作出的新定位、提出的新要求，始终坚持干字当头、实干为先，在牢记嘱托、感恩奋进中展现人大担当，以过硬业绩为谱写“强富美高”新如东现代化建设新篇章贡献人大智慧和力量。

9月2日，县人大常委会党组和机关党组召开学习贯彻习近平新时代中国特色社会主义思想主题教育动员会议，党组书记、主任陈昌龙要求人大系统党员干部深入学习贯彻习近平总书记重要讲话精神，深刻认识把握开展主题教育的重大意义、目标任务和重点措施，切实增强开展好主题教育的政治自觉、思想自觉、行动自觉。以学在前、谋在前、干在前、走在前的实际行动推动总书记重要讲话重要指示精神落地落实，为“扛起新使命、谱写新篇章”作出新的更大贡献。

第二节　工会组织

80年代初，县人大机关建立工会组织。根据人大常委会机关配备有妇女干部的实际情况，在工会组织相应配备妇女委员。进入21世纪后，县人大机关工会又建立经费审查委员会。2015年，县人大办公室机关工会委员会改选，组成第三届人大常委会办公室机关工会委员会。人大常委会办公室机关工会委员会成立后，在县总工会指导下，经常结合自身实际开展一些富有特点的活动。2020年，人大机关工会委员会响应县总工会号召，开展以“聚焦富民、助力增收”为主题的工资集体协商“要约行动”，组织春节慰问、生活救助等帮扶活动，会员争相捐款，奉献爱心，有的还亲去挂钩镇村慰问困难户和困难老党员，向他们送上慰问金和慰问品，体现党和政府对弱势群体的亲切关怀。

一、工会委员会

2008—2014年，县人大办公室机关工会委员会主席为吴春华。

2015 年，县人大办公室机关工会委员会改选，组成第三届如东县人大常委会办公室工会委员会。

主　　席：徐　健

副 主 席：姜卫华

委　　员：邵晓蔚

妇女组长：邵晓蔚

经费审查委员会

主　　任：邵晓蔚

委　　员：邵晓蔚　　葛正涛　　徐萌萌

二、工会工作

县人大机关工会始终坚持提高政治站位，认真学习贯彻习近平新时代中国特色社会主义思想，以强烈的政治自觉、思想自觉、行动自觉开展工会活动，引导职工充分认识党领导下经济社会发展的光辉历程和辉煌成就，凝聚共同奋斗的思想基础。

2015 年，工会委员会改选组成新一届工会委员会，坚持以工会会员为中心，坚定不移贯彻新发展理念，组织动员广大干部职工为推动如东高质量发展建功立业，多次解决干部职工群众关心的事、操心的事、揪心的事。发挥工会密切联系职工群众的优势，加强作风建设，与人大本职工作紧密结合，努力形成干事创业新气象，确保工会工作在常委会党组和机关党组的领导下取得实效。

县人大机关工会先后参与组织参观中共一大会址、海安“七战七捷”纪念馆、中共如东第一支部纪念馆、苏中四分区抗日反“清乡”斗争史料陈列馆、如皋红十四军纪念馆等红色印迹。积极组织职工会员参加县总工会的各类活动，积极参加机关运动会、每年举办机关工会掼蛋比赛，组织机关优秀公务员参加休养和培训，按时做好节假日、困难职工、生病会员及其近亲属的慰问工作，确保县人大工会会员各项福利待遇落实到位。3 年疫情防控工作中，县人大机关工会始终在保障机关工会会员卫生健康的前提下，积极投身抗“疫”防疫斗争，认真做好后勤保障工作，为全面打赢抗疫斗争做出应有的贡献。

2020 年 6 月，县人大机关工会举办工会活动

第三节　人大工作研究会

如东县人大工作研究会自 1993 年成立至 2008 年，对应常委会任期和人员变化情况进行过 3 次换届。2022 年与市同步恢复工作，召开第四届全体会员大会。历届理事会积极开展对人民代表大会制度和人大工作的理论研究，为推进地方社会主义民主法制建设和人大工作、促进地方政治、经济、社会稳定发展服务，作出积极贡献。

2022 年 12 月，县人大工作研究会召开第四次会员大会

一、如东县人大工作研究会第四次会员大会

2022 年 12 月 7 日，县人大工作研究会召开第四次会员大会。

大会听取县人大工作研究会第四届理事会筹备组筹备工作报告，表决通过《如东县人大工作研究会章程（修订案）》，表决通过第四届理事会和监事会人选。

新一届县人大工作研究会成立是如东县深入学习贯彻习近平总书记关于坚持和完善人民代表大会制度重要思想，全面贯彻落实中共二十大精神和中央、省、市、县委人大工作会议精神的一项重要举措，也是以人大制度研究推进如东县人大工作守正创新的实际行动。陈昌龙要求，新一届研究会要把握重大意义，提高思想认识，增强研究会工作的自觉性。要用习近平新时代中国特色社会主义思想统揽人大工作，毫不动摇坚持、与时俱进完善人民代表大会制度，在新征程上推进如东县人大工作高质量发展。要把握努力方向，明确目标任务，增强研究会工作的针对性。要紧扣全过程人民民主以及人民代表大会制度这一实践载体来开展理论研究，紧扣人大职权和各项任务来开展工作研究，紧扣如东县地方人大工作守正创新的丰富实践来开展应用研究。要把握科学方法，提高质量水平，增强研究会工作的实效性。要以新理念、新思想、新要求引领人大工作研究全过程，把党的领导、人民当家作主、依法治国有机统一到人大工作研究各方面，把问题导向、目标导向、结果导向体现到人大工作研究全方位。

2022 年 8 月，南通市人大工作研究会到如东指导人大工作研究会换届工作

要把握特点属性，加强组织领导，增强研究会工作的系统性。要讲政治，坚持党的领导，讲效益，发挥功能作用，讲服务，注重成果转化，以习近平新时代中国特色社会主义思想为指导，不断把人大制度理论和人大工作研究引向深入，为推动全县民主法治建设、加快“强富美高”新如东现代化建设作出积极贡献。

南通市人大工作研究会第四届理事会会长杨扬到会，对如东人大工作表示充分肯定，并对如东人大工作研究会的研究方法、研究重点提出指导意见。

二、如东县人大工作研究会第四届理事会

会　　长：陈昌龙

副 会 长：徐鸿斌　王亚军　卜其银　高　军

秘 书 长：卜其银

副秘书长：徐　健　陆金标　潘　亮　高　山

理事会成员：陈昌龙　徐鸿斌　赵尊兵　翟建华　缪卫宏　刘旭峰　王亚军　卜其银　高　军　丁　越（女）　王必东　沈宝泉　王咸华　冯克山　许世俊　周新基　查剑宁　陆金标　韩亚莉（女）　徐　健　薛　峰　曹爱明　朱德军　潘　亮　张玉华　沈秀梅（女）　王金泉　吴晓莉（女）　丁林洋　薛如根　张小芳（女）　王亚平　曹　兵　丁小建　任先军

监　　事：周志勇　许亚军

会　　员：陈昌龙　徐鸿斌　赵尊兵　翟建华　缪卫宏　刘旭峰　王亚军　卜其银　高　军　丁　越（女）　沈宝泉　许亚军　王必东　王咸华　冯克山

许世俊	周新基	查剑宁
韩亚莉（女）	陆金标	徐　健
薛　峰	曹爱明	朱德军
潘　亮	张玉华	王金泉
周志勇	沈秀梅（女）	丁林洋
吴晓莉（女）	张小芳（女）	王亚平
薛如根	丁小建	任先军
曹　兵	周志勇	许亚军
周海军	於　鑫	沈冶军
沈亚秋（女）	许之情	夏金荣
郑寒冰（女）	高　山	顾昕华
吴劲松	张建华	赵　旭
邱玲玲（女）	顾　炜	曹　烨
陈　娴（女）	黄　建	李　刚
吴建峰	王志国	钱维斌
秦海建	唐李红（女）	邵　彬
邵晓蔚（女）	徐萌萌（女）	於崇铭
朱雨军	刘苏滨	蔡冬波
姚银银（女）	陈　玮（女）	韩张慧
姜　进	陈建军	赵　杰
周　峰	梅志军	于海杰
杨海军	秦　刚	倪劲松
姜宁兵	丛尤兵	缪　华
孙陈建	朱亚洲	朱小建
王鹤兵	虞建宣	石剑波
肖长卿	徐彬彬	张　华
丛　杰	李　军	叶　生
薛素红（女）	吴迪富	陆　祎
曹彩虹（女）	张素华	张志泉
张智慧	林　鑫	周士辉
刘美娟（女）	冯　华	马　陈
刘志刚	沈富强	顾金飞
沈维新	刘　军	刘金华
李立辉	张益峰	戴金山
陈　明	李爱梅（女）	冒国平

三、人大工作研究会主要活动

2022 年 12 月 7 日，如东人大工作研究会召开第四届理事会第一次会议，提出以人大制度研究推进人大工作守正创新，把握正确方向，明确目标任务，努力增强研究工作的针对性、实效性和系统性，不断把人大制度理论和人大工作研究引向深入，推动如东的民主法治建设，推进县域经济社会高质量发展。

把加强学习放在突出位置。坚持学理论，吃透政策，做到调研工作有高度。每月划定一个固定学习日，主要学习习近平新时代中国特色社会主义思想、县委领导讲话及重要工作会议精神等，通过学习原文、讨论交流，做到政治更加敏锐、视野更加开阔、思考更加深刻，为写出有一定理论高度的调研文章奠定基础。

坚持深入基层，做到调研工作有深度。组织会员深入农村、社区、企业进行调研，准确把握县情，找准发展过程中突出的矛盾和问题根源，提出解决问题、化解矛盾的办法，为政府科学决策提供参考。

加强经验交流，做到调研工作有广度。鼓励会员交流，认真学习报刊、互联网等媒体中的好文章及外地的好经验、好提法、好做法。同时，组织会员外出考察学习，借鉴学习各地发展的主要经验，达到学其所长、补己所短的目的。此外，还邀请专家名人、人大代表及政府相关部门负责人共同参加研讨，一起为人大工作建言献策，为领导决策提供依据。

2022 年，县人大工作研究会成员深入镇村和企业一线开展专题调研，形成调查报告 90 多个，在《中国人大》《人民代表报》《人民与权力》、“江苏人大发布”等国家和省市刊物发表文章 150 多篇。

2023 年，如东县人大工作研究会紧紧围绕省、市、县三级人大“牢记嘱托，感恩奋进”学习实践活动要求，坚持系统思维，坚持统筹协调，深入调查研究、积极建言献策，努力为全县经济社会高质量发展献计出力。在“大调研活动”中，人大工作研究会成员围绕习近平总书记对江苏提出的“四个走在前”和“四新”要求，深入到镇村和企业开展调查研究，形成调研报告36篇，得到县委、县政府的高度重视和转化落实。

四、2022—2023年县人大工作研究会部分调研成果

《不负新时代展现新作为推动如东人大工作高质量发展》，载2022年5月24日《新华日报》8版，作者如东县人大常委会。

《人大助力区域高质量发展》，载2022年5月30日《人民代表报》头版，作者周雨霁。

《打造全过程人民民主的实践高地》，载2020年6月8日《人民代表报》，作者周雨霁。

《在抗疫一线书写人大代表担当》，载2022年5月7日《人民代表报》，作者周雨霁。

《不负新时代为民办实事》，载2022年第6期《人民与权力》杂志，作者陈昌龙。

《一线有为善作为》《胸怀全局开新局，一线有为善作为》，分别载2022年第7期《人民与权力》杂志和2022年6月15日《人民与权力》杂志公众号，作者陈昌龙。

《做胸怀“国之大者”的人大工作者》，分别载2022年第八期《人民与权力》杂志和2022年9月22日《人民与权力》杂志公众号，作者陈昌龙。

《民有所呼我必有应推动党的二十大精神在基层落地生根》，载2022年11月《人民与权力》杂志，作者陈昌龙。

《聚焦所思所盼推动形成全过程人民民主“叠加”效应》，载2022年12月18日“学习强国”江苏学习平台，作者周雨霁。

《人大代表铆定“圆心”绘好抗疫“同心圆”》，分别载2022年4月19日“学习强国”江苏学习平台和2022年4月22日南通人大网，作者钱宇、如东县人大、城中街道人大。

《制定议事操作规程为推进人大监督提供基本遵循》，载2022年3月30日江苏人大网，作者潘亮。

《如东人大：齐心抗疫铸防线 秉心履职显担当》，载2022年4月6日南通人大网，作者潘亮、邵彬。

《星火如炬抗疫路上的人大身影》，载2022年4月8日江苏人大网，作者徐萌萌。

《人大代表不缺位 一心抗“疫”显担当》，载2022年4月10日南通人大网，作者岔河镇人大。

《如东县百名企业界人大代表向全县企业发出倡议》，载2022年4月13日南通人大网，作者如东县人大。

《尤来美：温暖守候，静待花开》，载2022年4月13日南通人大网，作者河口镇人大。

《“五加一”主题实践活动：携手抗疫彰显人大担当 共促发展助力乡村振兴》，载2022年4月15日南通人大网，作者如东县人大。

《“智慧人大”助理“智汇”民声》，载2022年4月25日《南通人大》杂志，作者徐萌萌。

《全员上阵 勇挑重担 在抗疫一线书写代表担当》，载2022年4月28日《人民与权力》杂志公众号，作者周雨霁。

《暖心同抗疫，大爱显担当——区镇人大代表和爱心企业慰问一线防疫人员》，载2022年5月5日南通人大网，作者长沙镇人大。

《如东县第十八届人大常委会召开党组（扩大）会议 专题学习传达省委人大工作会议精神》，分别载2022年6月1日南通人大网和2022年6月9日《人民与权力》杂志公众号，作者如东县人大。

《如东县人大常委会建立议事操作规程》，载2022年6月25日《南通人大》杂志，作者潘亮。

《“云”中谁寄锦书来——让云端成为代表主

题实践活动新引擎》，载2022年7月18日南通人大网和8月8日《南通人大》杂志，作者徐萌萌。

《努力打造全过程人民民主“如东实践”》，载2022年7月19日江苏人大网，作者潘亮。

《“振兴路上”化解群众“心头事”——如东县领导干部人大代表“接待代表日暨代表联系选民日”活动纪实》，载2022年7月27日南通人大网，作者周雨霁。

《不负新时代 展现新作为 推动如东人大工作高质量发展》，载2022年5月24日《新华日报》，作者如东县人大常委会。

《如东：“五项举措”不断提升人大司法监督质效》，载2022年8月8日南通人大网和9月21日《南通人大》杂志，作者顾昕华。

《如东经济开发区人大工委：用好“定”“看”“听”“评”四招，助力“水质达标”重点工程推进》，载2022年9月23日南通人大网，署名开发区人大。

《坚决守好村集体的钱袋子——如东县人大常委会开展〈江苏省农村集体资产管理条例〉执法检查侧记》，载2022年9月23日南通人大网，作者潘亮。

《助力打赢碧水保卫战：如东县人大常委会开展水环境整治专题询问》，载2022年10月8日南通人大网，作者潘亮。

《如东人大：做实“两官”履职评议 增强接受监督自觉》，载2022年10月17日南通人大网，作者如东县人大。

《民有所呼 我必有应 推动党的二十大精神在基层人大落地生根》，载2022年11月3日《人民与权力》杂志公众号，作者陈昌龙。

《踔厉奋发抓落实 沉淀而上争一流》，载2022年11月21日《南通人大》杂志，作者陈昌龙。

《江苏如东：打造全过程人民民主实践高地》，载2022年12月13日《人民代表报》头版，作者周雨霁。

《改进作风 提升效能 为做好新时代人大工作提供有力保障》，分别载2023年1月30日《人民与权力》杂志公众号和2023年第一期《人民与权力》杂志，作者陈昌龙。

《如东县长沙镇：以数字赋能，推动人大助力乡村振兴活动提质增效》，载2023年1月12日南通人大网，作者长沙镇人大。

《扬文化之帆 促乡村振兴》，载2023年2月1日《新华日报》，作者岔河镇人大。

《人勤春来早 代表助力忙——南通外向型农业综合开发区人大代表深入一线助春耕》，载2023年2月22日“南通人大发布”，作者邱玲玲。

《突出重点谋思路 服务大局快落实：如东县人大集中调研督导2023年各镇（区、街道）人大工作》，载2023年2月25日南通人大发布公众号，作者如东县人大。

《如东岔河：代表履职赋新能，探索“三级三域三新”品牌建设》，载2023年4月3日“交汇点新闻”，作者周海楼。

《鸾时三站实践早 代表履职赋新能》，载2023年4月5日“南通人大发布”和2023年4月6日南通人大网，作者许宏彬、周海楼。

《依法监督促实效，民主评议促发展——如东丰利镇人大组织开展农业农村专项评议》，载2023年5月6日“南通人大发布”，作者丰利镇人大。

《如东各级人大代表领办431个议题奏响乡村振兴共富曲》，载2023年5月10日“南通人大发布”、5月17日江苏人大网、5月24日南通人大网和5月24日《人民与权力》杂志公众号，作者杨新明。

《如东朱亚兵：扎根一线解民虑“迎春”花开别样红》，载2023年5月23日“学习强国”（南通平台），作者周海楼、葛家华。

《如东县马塘镇：首期“人大代表讲堂”开讲，聚焦乡村振兴》，载2023年4月15日“交汇点新闻”，作者陈娴、曹天仪。

《如东：理论政策“沉下去”民情民意“浮上来”》，分别载2023年4月30日《现代快报》、4月23日扬子晚报网、4月30日《紫牛新闻》、5月4日“学习强国”、5月4日《人民日报》新媒体平台、5月5日人民代表报网站，作者施鹏飞、钱宇。

《“代表书吧”助力解决“急难愁盼”》，载2023年5月2日《中国县域经济报》，作者施鹏飞、钱宇。

《南通外农区（苴镇街道）：代表热线“联联看”，治理难题“消消乐”》，载2023年5月6日“交汇点新闻”，作者苴镇街道人大。

《“微实事”助力“大民生”》，载2023年5月10日《新华日报》，作者栟茶镇人大。

《从心而治 守护群众“心健康”》，载2023年5月25日《人民代表报》，作者邵晓蔚。

《南通市如东县马塘镇：奋力打造人大助力乡村振兴“马塘样板”》，载2023年5月31日“学习强国”，作者陈娴、曹天仪。

《如东县：聚焦“三力”以高质量调查研究推动代表建议办理工作提质增效》，分别载2023年5月31日“南通人大发布”和6月2日南通人大网，作者徐萌萌。

《瞄准靶向 聚焦重点：如东县人大掀起“牢记嘱托、感恩奋进”学习实践活动新高潮》，分别载2023年6月5日江苏人大网、6月10日“南通人大发布”、6月12日南通人大网，作者潘亮、如东县人大研究室。

《新店镇：发挥代表主体作用 书写履职精彩答卷》，载6月5日南通人大网，作者新店镇人大。

《沈亚秋：胸有情怀敢担当，巾帼建功绽芳华》，载2023年6月8日“南通人大发布”，作者施鹏飞。

《如东人大：领导干部人大代表将26℃温馨服务送达企业一线》，载2023年6月19日南通人大网，作者潘亮。

《如东河口镇人大：探索人大新征程 奋进如东新实践》，载2023年6月21日江苏人大网，作者季洪健。

《脚下有泥土 肩上有担当——记掘港街道人大代表缪剑》，载2023年7月1日《人民代表报》和7月10日“交汇点”，作者邵晓蔚。

《养鸡种果树，走上致富路——记如东掘港街道人大代表张爱云创业致富事迹》，载2023年7月5日“交汇点”，作者张爱云。

《如东人大：构建精准化学习培训体系，为代表履职蓄力赋能》，载2023年6月27日江苏人大网，作者徐萌萌、夏金荣。

《如东人大：以举轻若重的责任 高度关注人口发展问题》，载2023年7月5日江苏人大网，作者韩亚莉、邵晓蔚。

《以讲促学 以学促干——如东县马塘镇人大代表大讲堂第二期开讲》，载2023年7月6日“交汇点”，作者江尢飞、曹天仪。

《如东：立法联系点“三优三创三结合”深入践行全过程人民民主》，载2023年7月10日江苏人大网和7月15日“南通人大发布”，作者顾昕华、高山。

《陈琳：从“心”出发 让马塘发展一路生花》，载2023年7月11日“南通人大发布”，作者江尢飞、曹天仪。

《高质量办理代表建议 助力文化盛宴更加惠民——如东县人大常委会督办文化旅游类建议意见》，载2023年7月12日南通人大网，作者韩亚莉、邵晓蔚。

《如东县人大代表沈维新：牢记嘱托干实业 感恩奋进勇担当》，载2023年7月13日中国江苏网，作者缪海伦。

《如东县丰利镇人大当好人民群众“代言人”》，载2023年7月13日江苏经济网，作者徐光辉。

《如东人大：助推挖掘人口素质红利 共促人口高质量发展》，载 2023 年 7 月 18 日全国人大网和 7 月 18 日江苏人大网，作者周雨霁、韩亚莉。

《南通外农区（直镇街道）：扎根基层履职为民 代表助力乡村振兴》，载 2023 年 7 月 18 日“交汇点”，作者高陈杰。

《人大代表“半月谈”，把“关键小事”办成“暖心实事”》，载 2023 年 7 月 18 日“交汇点”、7 月 14 日南通人大网和 8 月 3 日“南通人大发布”，作者秦海健、印倩文。

《如东县马塘镇：深化家站点建设 提升乡镇人大工作活力》，载 2023 年 7 月 19 日“交汇点”，作者江尤飞、陈娴、曹天仪。

《如东县洋口镇：人大代表展担当，水环境治理显成效》，载 2023 年 7 月 26 日南通人大网，作者严希希。

《何恒华：担当作为村书记 履职尽责好代表》，分别于 2023 年 7 月 28 日、7 月 31 日载于“南通人大发布”、南通人大网，作者高陈杰。

《“双创”引领聚势蓄力 助推学习实践活动“落地生花”》，载 2023 年 7 月 29 日“南通人大发布”、7 月 31 日南通人大网、8 月 16 日“紫牛新闻”和 8 月 16 日新华网，作者徐萌萌。

《如东河口镇人大：探索人大新征程 奋进如东新实践》，载 2023 年 8 月 6 日“南通人大发布”，作者季洪建。

《吴迪富：履行代表职责，担当社会责任》，载 2023 年 8 月 7 日“南通人大发布”和 8 月 8 日南通人大网，作者孙朝阳。

《大豫镇人大：聚力打造人大基层单元 助推高质量发展“新名片”》，载 2023 年 8 月 9 日南通人大网和 8 月 14 日“交汇点”，作者秦海健、印倩文。

《如东经济开发区人大工委：监督营商环境提升 助力产业集群发展》，载 2023 年 8 月 4 日“交汇点”、8 月 9 日南通人大网，作者张小芳。

《如东新店镇：代表走进“小网格”勾勒治理“大格局”》，载 2023 年 7 月 31 日江苏人大网，作者徐安琪。

《以代表工作“暖感度”换取人民群众“满意度”》，载 2023 年 7 月 31 日《人民与权力》公众号，作者如东县人大常委会人代委。

《南通市人大代表林永清：为科技型企业“代言”为科技工作者“发声”》，载 2023 年 8 月 2 日《江苏经济报》，作者姜红、江海燕。

《如东：领导干部人大代表将 26℃温馨服务送达企业一线》，载 2023 年 8 月 4 日中国日报中文网、8 月 4 日“交汇点”、8 月 4 日“紫牛新闻”、8 月 4 日《现代快报》、8 月 4 日《扬子晚报》和 8 月 16 日“学习强国”，作者潘亮。

中国日报中文网 江苏 > 本网专稿

如东：领导干部人大代表将26℃温馨服务送达企业一线

来源：中国日报网 2023-08-04 16:24 分享

近日，南通市如东县人大常委会主任陈昌龙带领县人大财经工委、发改委、生态环境局相关负责人，走访调研挂钩服务企业发展情况，倾听企业诉求，帮助纾困解难，助推企业实现更快更好发展。

零距离倾听企业代表心声，点对点服务企业发展，一辆开往春天的“直通车”，把26℃温馨服务送到发展“一线”。为进一步提振企业发展信心，激励引导相关部门增强主动服务意识，优化打造“如来如愿”营商环境品牌，县人大组织领导干部人大代表参与服务市场主体大走访活动。领导干部人大代表挂钩服务企业是落实今年县委、县政府“建立服务企业直通车机制，打造26℃温馨服务品牌”系列活动之一，也是全县人大代表践行“牢记嘱托，感恩奋进”学习实践活动的重要内容。活动通过发挥领导干部人大代表独特作用，畅通政府与企业“无障碍、零距离、心连心”的沟通与交流，切实回应企业所需所盼，助力市场主体发展，打通服务企业的“快车道”。

《如东：领导干部人大代表将 26℃温馨服务送达企业一线》刊载于中国日报中文网等媒体

《如东：领导干部人大代表将 26℃温馨服务送达企业一线》，登载于中国日报中文网。

《如东各级人大代表领办 431 个议题 奏响乡村振兴共富曲》，载 2023 年 8 月 5 日新华网，作者杨新明、印倩文。

《如东人大：提升调查研究能力，为经济社会高质量发展献计出力》，载 2023 年 8 月 7 日《现代快报》，作者潘亮。

《如东河口镇人大：探索人大新征程 奋进如东新实践》，载 2023 年 8 月 7 日南通人大网，作者赵陈城。

《提升调查研究能力 如东人大推动“牢记嘱托感恩奋进”实习实践活动走深走实》，载 2023 年 8 月 7 日新华网、8 月 13 日“南通人大发布”和 8 月 14 日南通人大网，作者潘亮。

新华网 江苏频道 PC版本

新华网 江苏要闻 融媒产品 专题策划 访谈 直播 信息动态

首页 > 正文

提升调查研究能力 如东人大推动“牢记嘱托感恩奋进”实习实践活动走深走实

2023-08-07 来源：如东人大办

近日，如东人大组织开展“牢记嘱托感恩奋进”实习实践活动以来，一直把加强调查研究工作作为推进活动的一项基础性工作，坚持系统思维，坚持统筹协调，动员全县各级人大代表采用“四不两直”方式，深入调查研究、积极建言献策，努力为全县经济社会高质量发展献计出力。

《提升调查研究能力 如东人大推动“牢记嘱托感恩奋进”实习实践活动走深走实》，载新华网等媒体

《如东人大：全过程参与民生实事 托起百姓“稳稳的幸福”》，载 2023 年 8 月 11 日江苏人大网，作者袁嘉翊、郑寒冰。

《如东县城中街道：回应群众关切 化解物管难题》，载 2023 年 8 月 14 日中国江苏网和 8 月 14 日“新江苏”，作者季登华。

《如东县掘港街道人大工委：聚焦民生清单 绘就幸福底色》，载 2023 年 8 月 15 日“交汇点”，作者王张弛。

《长沙镇人大：监督擦亮生态底色 助力绘就“三美一高”新画卷》，载 2023 年 8 月 14 日南通人大网，作者顾周卫。

《袁庄镇：紧扣中心助发展 多维度推动人大工作》，载 2023 年 8 月 14 日南通人大网，作者康玲。

《林永清：为科技型企业“代言”为科技工作者“发声”》，载 2023 年 8 月 15 日“南通人大发布”，作者姜红。

《如东县曹埠镇：“小窑潭”焕发“新风景”》，载 2023 年 8 月 16 日“交汇点”，作者黄建。

《谭燕红：发挥作用助力一方乡邻》，载 2023 年 8 月 16 日“交汇点”，作者徐安琪。

《如东掘港街道和美代表工作室：聚民生善事 树和美品牌》，载 2023 年 8 月 17 日“交汇点”，作者戴海慧。

《如东县长沙镇人大：监督擦亮生态底色 助力绘就幸福图景》，载 2023 年 8 月 18 日“交汇点”，作者顾周卫。

《代表暖童心 关爱伴成长——如东人大专业代表工作室“双室联动”开展陪伴共读活动》，载 2023 年 8 月 18 日“交汇点”和 8 月 16 日南通人大网，作者顾周卫。

《如东县马塘镇人大文化园：“小阵地”释放“大能量”》，载 2023 年 8 月 19 日“交汇点”，作者陈娴、曹天仪。

《如东长沙镇：“面对面询问”彰显人大监督刚性》，载 2023 年 8 月 18 日“交汇点”，作者顾周卫。

《如东掘港街道选民代表管文山：向光而行，做自己的追光者》，载 2023 年 8 月 21 日“交汇点”，作者王张弛。

《如东县曹埠镇“兴农”人大代表专业工作室：树兴农名片 助乡村振兴》，载 2023 年 8 月 22 日“交汇点”，作者曹涵。

《如东县曹埠镇人大：强化保障推动“三张清单”精细化》，载 2023 年 8 月 22 日“交汇点”，作者曹涵。

《加强人大监督、筑牢法治根基》，载 2023 年 8 月 23 日《江苏法治报》，作者蔡冬波。

《如东县栟茶镇人大：踔厉奋发，奋力谱写人大工作新华章》，载 2023 年 8 月 22 日南通人大网，作者蔡冬波。

《南通市人大代表王咸华：扛起使命担当奏响奋进旋律》，载 2023 年 8 月 23 日“交汇点”，作

者缪姗姗。

《如东县河口镇人大：发挥代表作用 助力乡村振兴》，载 2023 年 8 月 24“交汇点”，作者赵陈城、赵肖桢。

《如东县河口镇：“烦心路”变为“满意路”》，载 2023 年 8 月 24 日“交汇点”，作者赵陈城、范俊仪。

《如东洋口：人大代表展担当，水环境治理显成效》，载 2023 年 8 月 24 日“交汇点”，作者严希希。

《如东县曹埠镇人大：建章立制，推动代表履职常态化》，载 2023 年 8 月 24 日“交汇点”，作者曹涵。

《托起百姓稳稳的幸福》，载 2023 年 8 月 24 日《人民代表报》，作者袁嘉翊、郑寒冰。

《让代表建议掷地有声 如东县人大专题询问代表重点建议办理情况》，载 9 月 8 日中国网，作者潘亮。

《如东岔河镇：人大“六进”行动助力乡村振兴》，载 8 月 29 日中国日报中文网、8 月 30 日新浪财经和 8 月 30 日《新华日报》，作者许宏彬、葛家华。

《如东人大：聚焦民生清单 绘就幸福底色》，载 8 月 28 日新华网、9 月 8 日中国网、8 月 16 日江苏人大网和 8 月 28 日江苏人大发布，作者袁嘉翊、贾兆亮、郑寒冰。

《如东县城中街道人大：代表上门畅通民意渠道，部门“进站”解决急难愁盼》，载 9 月 8 日中国江苏网，作者徐超贤。

《如东县双甸镇人大：凝心聚力 高标准推进生态河道建设管护》，载 9 月 6 日新华网，作者丛红军。

《在通省人大代表第三小组在如东开展专题调研活动》，载 9 月 11 日中国网，作者夏金荣、徐萌萌。

《绽放在福地燕川的春华秋实 江苏省如东县岔河镇人大多措并举助力乡村振兴》，载 8 月 29 日中国网，作者许宏彬、周海楼、葛家华。

《以评促改，共建和美乡村》，载 9 月 15 日《人民与权力》杂志，作者石海兵、顾艳。

《合作社串起致富果》，载 8 月 24 日《江苏经济报》，作者邱玲玲、高陈杰。

《南通外农区人大：静听民声，大美外农》，载 8 月 30 日“交汇点”，作者高陈杰。

《南通如东：人大暖心相伴 打造“舌尖上”的幸福晚年》，载 9 月 23 日“学习强国”，作者蔡冬波

《南通外农区：担当作为村书记 履职尽责好代表》，载 9 月 7 日“交汇点”，作者高陈杰。

《让代表建议掷地有声 如东县人大专题询问代表重点建议办理情况》，载 9 月 6 日《扬子晚报》、9 月 6 日《现代快报》和 9 月 6 日“紫牛新闻”，作者潘亮。

《人大代表主动作为助推中天科技 HTS526 项目建设跑出加速度》，载 9 月 7 日“交汇点”，作者赵陈城、赵肖桢。

《如东栟茶镇人大：让低凹地变成“聚宝盆”》，载 9 月 4 日“交汇点”和 9 月 6 日江苏人大网，作者蔡冬波。

《如东城中街道：代表上门畅通民意渠道，部门“进站”解决急难愁盼》，载 9 月 5 日“交汇点”和 9 月 8 日“新江苏”，作者徐超贤。

《如东大豫镇人大：聚力打造人大基层单元助推高质量发展“新名片”》，载 8 月 16 日“江苏人大”和 9 月 5 日江苏经济网，作者秦海健。

《如东丰利镇人大：汇聚代表力量 在强链补链延链上展现新作为》，载 8 月 31 日江苏经济网，作者徐光辉、江海燕。

《如东人大：“一二三四”工作法 筑牢代表工作基石》，载 9 月 12 日江苏人大网，作者陆金标、徐萌萌。

《如东人大：创新“三个载体”提升司法监督

质效》，载9月5日江苏人大网，作者顾昕华。

《如东人大：搭建履职大舞台 展现人大新作为》，载8月21日江苏人大网和9月6日“江苏人大发布”，作者袁嘉翊。

《如东县大豫镇：在助力产业振兴征程上书写人大答卷》，载9月19日江苏经济网，作者秦海健。

《如东县大豫镇人大代表助学子逐梦》，载9月12日江苏经济网，作者秦海健。

《如东县丰利镇：发挥人大代表作用，用好“积分制+”搭建乡村治理新路径》，载9月21日江苏经济网，作者徐光辉、江海燕。

《如东县丰利镇人大：全方位打造全过程人民民主的基层实践高地》，载9月4日江苏经济网，作者徐光辉、江海燕。

《如东县河口镇人大：用“迹”效思维提升人大工作成效》，载9月7日“交汇点”，作者赵陈城、范俊仪。

《如东县双甸镇人大：打好三套“组合拳”，助力乡村养老服务“高质量”》，载9月14日新华网，作者丛红军。

《如东县双甸镇人大：发挥专业特长 聚焦和谐稳定》，载9月11日“交汇点”，作者陈丽云。

《如东县双甸镇人大：凝心聚力，高标准推进生态河道建设管护》，载9月6日“交汇点”，作者丛红军。

《如东县洋口镇：持续推进“三个三”工作，打通民意处理“大循环”》，载9月20日江苏经济网，作者严希希、江海燕。

《如东县袁庄镇人大：为留守儿童全面发展撑起一片天》，载9月12日“交汇点”，作者康玲华。

《如东县袁庄镇人大代表张娟娟：用奋斗书写“青春答卷”》，载9月13日“交汇点”，作者孙同林。

《如东新店镇：尽责履职村支书 心系群众好代表》，载9月6日江苏省人大网，作者吴建峰、徐安琪。

《如东洋口：人大代表展担当，水环境治理显成效》，载8月31日江苏经济网，作者严希希、江海燕。

《唐亚卓：在减速器赛道跑出“加速度”》，载9月22日中国江苏网，作者如东经济开发区。

《在通省人大代表第三小组在如东开展专题调研活动》，载9月11日“紫牛新闻”，作者夏金荣、徐萌萌。

第六章

代表工作

县人大常委会切实加强代表工作，充分尊重代表主体地位，建立健全代表依法履职各项机制，丰富闭会期间代表活动，确保县人大代表执行职务各种保障措施落实。建立分批邀请镇人大主席、人大代表列席常委会会议，人大代表联系选民固定接待日、代表联系选民周、县领导干部人大代表接待代表日暨代表联系选民日等项制度。县人大常委会与人大代表、人大代表与选民群众的联系成为代表工作的常态。2013 年下半年，县人大常委会组织百名县人大代表回选区、见选民、听意见，启动长达 10 年的系列主题实践活动。每项主题实践都从“访选民”着手，倾听人民群众的意见、建议、要求和期盼，助力小康建设、助推乡村振兴，“访选民”活动成为县人大畅通代表与选民沟通联系的重要渠道和常态化工作机制。

每届新代表上任，县人大常委会都对他们集中上好第一课。组织人大干部和人大代表走进高等学府进修学习或邀请上级人大领导和专家到如东对代表进行专题辅导。每年坚持不懈抓好对人大干部和人大代表“一月一学法”的学习培训。

进入新时代，3 个“人大代表之家”先后跻身南通市十面红旗单位行列。全县 70 多家“人大代表之家”成为人大代表和当地选民的“学习之家、议政之家、亲民之家、维权之家、和谐之家”。2021—2023 年，又高标准建成 1 个县人大代表履职服务中心、16 个镇（区、街道）人大代表履职服务中心、75 个人大代表工作站、247 个人大代表联系点，实现全县 1400 多名五级人大代表和街道选民代表进中心、进站点全覆盖，为代表履职创造良好条件。2023 年 2 月初，县人大常委会精准切入、持续发力，作出以“镇（区、街道）创特色、机关委室创品牌”为人大工作总体布局的决定，全面开创如东人大工作新局面。

第一节　主题实践

2013 年 8 月，县人大常委会在全县组织开展“百名代表回选区见选民听意见”活动，深入了解选民群众对家乡经济社会发展和生态环境改善的意见、建议和期盼，拉开如东人大代表助推小康建设主题实践活动序幕。2014 年初，县人大针对如东小康建设中的主要短板，谋划在县人大代表中开展“访选民问项目评部门”活动，引导代表支持项目建设，督促政府部门提高服务质量，有效推进全县项目建设。

2016 年 3 月，县人大常委会进一步分类对照全面小康所涉及的 30 多项指标，为如东建设全面小康从助建百个小康村、助推百个项目、助帮百个困难户、助护百条河道、助办百件实事 5 个方面发力，组织包括在如东的全国、省、市级代表在内的五级人大代表开展助力小康“五百”工程行动，推进全面小康建设。至 2020 年底，县人大常委会紧盯全面小康目标，持续组织人大代表开展以“强企、助村、通达、清水、法治”为主要内容的助力小康“五项行动”。如东建成全面小康后，县人大再接再厉，把主题实践活动从助力小康推向助力乡村振兴新阶段。

2021 年，县人大常委会通过开展调查研究、试点示范、精心谋划，对组织人大代表参与全县乡村振兴主题实践活动作出周密部署。2022 年 1 月 14 日，县人大常委会通过《关于开展人大代表“践行‘双聚双高’、助力乡村振兴”主题实践活动的实施意见》。2 月起，各级人大代表按照“工作方案”，充分发挥各自优势，助推一方产业、管护一条河（路）道、当好一名志愿者、融进一个网格、帮扶一户选民，并用活一个平台，简称为“五加一”的助推乡村振兴活动在全县有序展开。2023 年，县人大常委会组织人大代表结合“牢记嘱托，感恩奋进”学习实践，开展“五加一”主题实践活动，“双实践”更强劲、更扎实推进乡村振兴。当年，如东实现既定“乡村振兴提升年”目标。

一、“回、见、听”

2013 年 8 月 15—30 日，县人大常委会在全县组织开展“百名代表回选区见选民听意见”（简称“回、见、听”）活动。“回、见、听”活动为县人大代表工作的创新举措，县、镇两级人大精心组织，积极推进；县、镇人大代表和选民热烈响应，主动参与。县、镇两级人大联动，收集、梳理选民意见，交办、督办代表建议。县、镇两级政府积极回应群众期盼，推动民生实事办理，促进经济社会发展。活动收到预期效果。

2013 年 8 月 29 日，县人大常委会领导到栟茶镇，与相关选区选民面对面听取意见建议

（一）回选区

参加“回、见、听”活动的县、镇两级人大代表分别为县四套班子领导中的县人大代表，县人大常委会全体组成人员，县级机关部门负责人中的县人大代表，各镇（区）党委（党工委）、人大、政府（管委会）领导班子中的县人大代表。百名县人大代表分赴全县各自所在选区。

参加“回选区见选民听意见”活动县人大代表名单

表 6-1

代表团	姓名	职务	所在选区
长沙镇	潘友兵	洋口港经济开发区党工委副书记、管委会主任，长沙镇党委书记	卫海村
	郁宏伟	洋口港经济开发区管委会副主任	卫海村
	张卫东	县人大常委会委员、环资城建工委主任	港城村
	周建飞	县委副书记	北坎村
	张蓉蓉	县委常委，洋口港经济开发区党工委书记	陆河村
	薛　峰	长沙镇人大主席	富盐村
苴镇	翟建华	如东经济开发区党工委副书记、管委会主任，苴镇党委书记、人大主席	一（凤阳村、九阳村）
	潘建华	县委副书记、县政府县长	二（蔡桥村、刘埠村）
	徐鸿斌	如东经济开发区党工委书记	二（蔡桥村、刘埠村）
	樊重念	县人大常委会委员、人事代表工委主任	三（金凤村、居委会、驻镇单位）
	吴鼎皋	县政协副主席，县委统战部部长	四（王潭村、原种场、何丫村、近海村、环东村）
	方永逸	如东经济开发区党工委副书记、管委会副主任，苴镇党委副书记、镇长	四（王潭村、原种场、何丫村、近海村、环东村）
栟茶镇	顾国云	栟茶镇人大主席	一（陈湾村、杨堡村）
	王必东	栟茶镇党委副书记、镇长	二（大窑村、新庄村）
	张　锋	栟茶镇党委书记	三（浒澪村、双港村）
	陈　斌	县人大常委会党组成员	四（竹园村、兴镇村）
	陈昌龙	县人大常委会党组副书记、副主任	七（兴凌村、江安村）
	沈更生	县人大常委会副主任、县侨联主席	八（兴灶村、港头村）
	李建国	县教育局局长	九（茗海社区）
洋口镇	顾祖林	县人民检察院检察长	一（浒路村）
	朱德军	县人大常委会委员、人事代表工委副主任	二（耿庄村）
	徐晓玲	洋口镇人大主席	五（双墩村）
	蔡　东	如东沿海经济开发区（小洋口旅游度假区）党工委书记，洋口镇党委书记	六（王鸭村）
	韩　明	县人大常委会委员、县实验中学校长	七（油坊口村）
	陈建华	县政协主席、党组书记	八（香橼树村）
	冯　健	如东沿海经济开发区（小洋口旅游度假区）党工委副书记、管委会主任，洋口镇党委副书记、镇长	九（沿海经济开发区）
	张光平	县政府办公室主任	九（沿海经济开发区）

续表 6–1

代表团	姓名	职务	所在选区
丰利镇	徐剑莉	丰利镇人大主席	三（周桥村）
	蒋树建	县政府副县长	六（华严村、玉窑村、双沟门村）
	顾　锐	县商务局局长	七（龙口村、月河村）
	徐守华	县人大常委会委员、财政经济工委主任	八（双灰山村、九和村）
	周春霖	县发改委主任	九（兴南村、南宁村、包场村）
	王震谷	县人大常委会委员、内务司法工委主任	十（环渔村、环农村、光荣村）
	杨成泉	县人大常委会督导员	十一（张家园村、环堤村）
	周旭东	丰利镇党委副书记、镇长	十一（张家园村、环堤村）
大豫镇	陶卫忠	县总工会主席	二（巩王村、大同村）
	张理钧	县物价局副局长	五（东安闸村、东安园区）
	程　军	县政府副县长、县公安局局长	五（东安闸村、东安园区）
	徐志平	县人大常委会督导员	六（强民村、教育卫生一选区）
	黄继石	县人大常委会委员、世纪燎原有限公司董事长	六（强民村、教育卫生一选区）
	施益兵	大豫镇人大主席	七（一门闸村、工业一选区）
	储开森	县国税局局长	八（止马洼村、南坎村）
	陈威涛	团县委书记	九（香台村、农场选区）
	周　梁	如东循环经济产业园党工委书记、大豫镇党委书记	十（周墩村、豫东村、教育卫生二选区）
	任新峰	县委常委、组织部部长	十一（大豫社区、工业二选区）
	康　徐	如东循环经济产业园党工委副书记、管委会主任，大豫镇党委副书记、镇长	十二（大豫社区、工业二选区）
掘港镇	秦德泉	掘港镇纪委书记	九（如华村、八总村）
	姜建新	县人大常委会专职委员	十（六总村、宾东村）
	赵尊兵	掘港镇党委书记	十一（港南村、三桥村）
	郭庆国	县委农办主任	十二（晒盐场村、沙南村）
	于立忠	县委常委、县委政法委书记	十三（天星村、新丰村，华丰社区）
	沈宝泉	掘港镇党委副书记、镇长	十五（野营角村、余荡村）
	詹立风	县委书记，县人大常委会党组书记、主任	十六（洋岸村）
	周苏林	县人大常委会委员、县行政服务中心主任	十七（周店村、童店社区）
	王亚平	县人大常委会委员、广隆商场总经理	十八（银杏村、虹桥村）
	翁　祥	掘港镇人大主席	二十二（北场村、五总村）
	陈晓晴	县人大常委会委员、古池社区党支部书记	二十六（三元社区、友好社区、碧霞社区、通海社区）
	高　军	县人大常委会委员、南通大东公司总经理	三十一（大东公司、如通铸造、爱的电子等）

续表 6–1

代表团	姓名	职务	所在选区
马塘镇	陈桂斌	马塘镇人大主席	一（徐庄村、沙庄村）
	丁　越	县人大常委会委员，县委组织部副部长、编办主任	二（尊三村、许楼村）
	胡　斌	县人大常委会委员、南通五建公司董事长	三（蔡渡村、马丰村，新象东昌选区）
	周　勇	马塘镇党委书记	四（潮北村、亚苏村、潮南村、大力公司）
	张小薇	县接待办主任	五（马北村、桃园村、九九久公司）
	周新基	县人大常委会委员、江苏九九久公司董事长	五（马北村、桃园村、九九久公司）
	姜晓静	县政府副县长	六（王渡村、马西村、建明村）
	施正泉	马塘镇党委副书记、镇长	七（马南村、长路村、南黄海村）
	冯力如	县人大常委会副主任	八（七里镇村、马东村、快达公司）
曹埠镇	缪　锐	曹埠镇党委副书记、镇长	一（甜水村、应泉村）
	江新泉	县交通运输局局长	三（跨岸村）
	陈宝来	县人大常委会党组成员、南通外向型农业综合开发区党工委书记	四（堤南社区）
	刘才盛	县委常委、县纪委书记	五（孙窑社区、冯桥村、直港村）
	何永华	县人大常委会委员、曹埠镇人大主席	五（孙窑社区、冯桥村、直港村）
岔河镇	石　磊	县人大常委会委员、县人民医院外科主任	一（振兴村、汤桥村、南桥村、其国社区）
	李海兵	县人大常委会委员、农业农村工委主任	二（金发村、兴发村、龙发村）
	杨小军	县委常委	四（振河村、新港村、镇北村）
	冒亚平	县人大常委会督导员	五（新桥村、古北村、玉林村）
	戴威威	岔河镇党委副书记、镇长	五（新桥村、古北村、玉林村）
	谢　骏	县人大常委会委员，县文联主席	六（陆港村、龙凤村、古坝村）
	管玉华	县人大常委会委员、岔河镇人大主席	七（启秀村、坝东村、三联村）
	沈秀梅	县人大常委会委员、县妇联主席	八（金河村、金桥村、兴河村）
	高　峰	岔河镇党委书记	四（振河村、新港村、镇北居委会）
新店镇	李鸿飞	县经信委副主任	二（深河村、三角渡村、华亮健身器材等企业）
	陶跃东	县人大常委会委员、教科文卫工委主任	二（深河村、三角渡村、华亮健身器材等企业）
	张栩龙	县政府副县长	三（孙桥村、双虹桥村、文教社区等）
	陈　勇	新店镇人大主席	四（汤园社区、月池村、机关等）
	陈五霞	新店镇党委书记	四（汤园社区、月池村、机关等）

续表 6-1

代表团	姓名	职务	所在选区
双甸镇	万继红	县纪委副书记	二（曙光村）
	钱　设	双甸镇人大主席	二（石甸居委会）
	江　华	县政府副县长	四（中心村）
	卜其银	县人大常委会党组成员、办公室主任	五（镇东村）
	陈小勇	县驻南京办事处主任、县委办副主任	七（德银村）
	王　智	县政府副县长	八（双南居委会）
	李　健	双甸镇党委书记	二（曙光村）
河口镇	翟以圣	县人大常委会委员、信访督办室主任	一（锦城村）
	丛尤兵	河口镇党委副书记、镇长	三（烈士陵村、双港村）
	沈峻峰	县委常委、县政府常务副县长	四（荷园村、小溱村）
	许金标	河口镇党委书记	五（溱河村、龙坝村）
	娄宏春	县人民法院院长	九（十里桥村）
	康　勤	河口镇人大主席	九（十里桥村）
袁庄镇	许亚军	袁庄镇党委书记	一（时桥村）
	张海荣	袁庄镇党委副书记、镇长	二（小康村）
	刘正银	袁庄镇人大主席	三（孙庄村）
	罗晓东	县财政局局长	四（朱庄村）
	杨中坚	县委常委、宣传部部长	五（竹园村）
	耿卫东	县人大常委会委员、县委政法委副书记	六（赵港村）
机关团	吴风俊	县委常委、县人武部部长	人武部
	余　晶	县委宣传部副部长、文明办主任	县级机关宣统口
	陈苏华	县委组织部副部长、机关党工委书记	县级机关党群口
	唐国均	县人大常委会副主任	县级机关教育系统
	胡连华	县沿海办主任	县级机关发改口
	杨剑云	县农机局副局长	县级机关发改口
	王建国	县人行行长	县政机关财贸口
	徐　斌	如东地税局局长	县政机关财贸口

（二）见选民、听意见

2013 年 8 月中旬，县人大代表回各自选区与选民见面之前，县镇人大从多方面着手做好准备工作。县人大常委会专题召开主任会议，讨论和研究实施方案；召开镇人大主席和县级机关代表小组组长会议，专题辅导，明确要求，落实责任。各镇人大和县级机关代表小组建立组织，制定方案，精心安排。掘港、袁庄等镇人大组织活动培训；岔河、新店等镇人大组织代表视察项目现场；丰利、长沙等镇人大专门召开镇相关职能部门会议，引导选民积极参与。不少选区召开选民代表座谈会，提前收集群众意见，为代表回选区、听意见开拓思路。县人大代表回到各自选区后，抓紧采取登门拜访、召集座谈会等途径与选民见面，围绕全县经济社会发展和民主法制建设中的重大问题，以及人民群众普遍关心的问题听取意见，收集情况，回答选民提问，宣传相关政策。代表们还抓住机会向选民介绍自身履职情况，征求选民的意见和建议，接受选民监督。

在百名县人大代表与选民密切接触的半个月时间内，现场宣传解释政策205批次，回答选民提问635次，现场协调解决问题171次，提供项目、致富信息225次。栟茶镇第十选区邀请县发改委、住建局和国土局等相关部门负责人参加，回选区代表听取选民合理诉求，与相关部门协调解决退城进区扩产建设项目用地问题。曹埠镇第五选区选民反映，贯通该选区的冯直路路面偏窄，给村级经济发展和人员交通造成诸多不便，回选区代表现场协调交通部门解决冯直路拓宽问题。河口镇第九选区选民反映有一贫困户住房已成危房，回选区代表当即到现场查看，就地与村干部商定该贫困户危房改造预案，并逐一落实相关问题。

2014年，河口镇人大代表冒国平花7万多元帮助1家困难户将危房（上）改建成新房（下）

（三）一个落脚点

2013年9月29日，县人大常委会专题召开会议，召集各镇人大主席及机关代表小组组长交流“回、见、听”活动情况。会议主题定为集中讨论研究“回、见、听”活动的一个落脚点，即“给群众一个满意的答复”。经各选区、镇人大和县级机关代表小组收集整理，半月的活动共收集选民意见882件。其中属县级层面办理的270件，属所在镇（区）、村处理的612件。县人大常委会专题会议决定，属镇村处理的，由镇人大负责反馈和交督办，处理结果通过选民意见情况反馈表向选民反馈。属县级层面处理的，由县人大常委会各分管领导领衔，联系委室与政府及相关部门进行沟通和反馈，处理结果由县人大各相关委室向相关镇（区）、选民反馈。县人大常委会专题会议还作出一项特别重要决定：对选民意见反映相对集中的农村面源污染、中小企业科技创新、提高退职村干部待遇、农村基础设施建设和失地农民保障等问题，经县人大常委会办公会议讨论研究，形成闭会期间代表建议10件，由县人大常委会集中向县政府交督办。

2013年9月29日，县人大常委会召开专题会议，汇集梳理“回见听”活动中选民提出的意见建议，研究制订最佳解决办法，给群众一个满意的答复

1. 镇级办理实事

各镇人大将612件属镇级处理的选民意见归纳为314件。分类之后，迅速向镇党政联席会议通报，并结合该镇实际情况，分轻、重、缓、急提出意见，交由镇政府及相关部门、村进行处理。至2013年底，已办理243件。针对提高退职村干部待遇问题，马塘镇政府对退职村干部职工保险

自负部分进行补助，计划每年拿出 20 万元用于提高退职村干部待遇。双甸镇落实宗奎村四级河道疏浚方案和措施，协调解决镇东供电工程的用地矛盾。洋口镇针对学校周围道路太窄的问题，组织相关部门现场办公，将包括古坳中学等几所学校的道路建设纳入 2014 年建设计划。苴镇对老街老巷路灯进行全面检查和维修。大豫镇人大认真督促处理改水后续问题。

2. 县级办理大事

经县人大常委会相关工委归纳梳理，将属县级部门处理的 270 件选民意见合并成 59 件。由县人大常委会分管领导带队，相关委室参与，与政府部门进行面对面反馈交办。相关部门及时研究、回复和办理，59 件选民意见基本做到件件有回音、事事有着落。针对选民反映的废旧电杆拆除问题，县供电公司立即开展废旧电杆排查整治活动。针对当地生源高校毕业生回乡就业较少问题，县人社局出台企业引进高校毕业生奖励办法，并开展促进毕业生就业系列活动。针对政府不再招引污染严重项目的建议，县商务局积极采纳，拟在 2014 年工作中用好考核指挥棒，进一步鼓励各镇（区）招引科技含量高的项目，严格控制污染型企业落户。针对逸夫特种教育学校学生发放免费乘车证件的建议，县交通运输局运管处及时与学校协商，就学生凭残疾证免费乘坐城市公交达成一致意见。

3. 集中办理难事

县人大交督办的闭会期间代表 10 件建议，县政府由分管副县长牵头，组织相关部门办理，件件得到落实。关于要积极培植扶持科技型中小企业的建议，县经信委强化培训教育，主动上门服务，积极牵线搭桥，全力服务科技型中小企业。关于加快完善铁路货运如东站、栟茶站周边规划尤其是物流产业规划的建议，县发改委加快《如东县现代物流业发展规划》的编制工作，2020 年基本建成 1 个物流园区、8 个物流中心和 6 个配送中心。关于要提高县级配套补贴村村通、组组通道路建设标准的建议，县政府围绕农村公路提档升级工程，提高相应补助政策，同时鼓励有条件的镇村采取民间资本资助、企业资助等方式开展实施道路硬化工程。关于县级工程征地过程中对失地农民要进一步完善生活保障措施的建议，县人社局研究制定如东征地补偿和被征地农民社会保障办法及相关实施细则，经县政府常务会议讨论通过予以执行。

二、“访、问、评”

2014 年 2 月 13 日，县第十六届人大常委会第十八次会议通过《如东县人大常委会关于在县人大代表中开展“访选民问项目评部门”主题活动的实施意见》。从此，县人大将“访选民问项目评部门”（简称“访、问、评”）主题活动作为与时俱进推进人大工作的新实践和代表工作的新举措，县人大常委会围绕“党委有要求、政府正在干、群众有期盼”的要求进行谋划部署，坚持常年抓推进、抓落实。通过县人大紧密型指导和县镇人大的联动型推进，保证“访、问、评”主题实践活动得到顺利开展。

（一）访选民

2014 年 2 月始，县人大常委会组织全体县人大代表分头走访选民、征求意见，并开展政策宣传。代表们对 2013 年“百名代表回选区见选民听意见”活动中选民反映问题的办理情况，再次听取选民意见；通过与选民见面、走访座谈和发放征求意见表等形式，收集选民意见，提出建议意见，交县镇人大处理。同时，联系实际向选民宣传中共十八大和十八届三中全会精神，宣传宪法、法律和有关政策，宣传县委十三届五次全体（扩大）会议和县第十六届人大第三次会议精神。县人大代表还充分利用走访选民的机会进行述职，向选民汇报履职情况和打算，征求选民对代表履职的建议和要求。

2015 年 4—8 月，县人大组织 270 名县人大代表参加访选民活动，结合“三严三实”（严以修身、严以用权、严以律己；谋事要实、创业要实、做人要实）专题教育，深入一线，联系走访选民4586人次，收集选民意见1199件，所有建议意见均通过镇（区、街道）人大督办、县人大工委与政府部门沟通，重要问题形成代表建议意见由县人大常委会交督办，3个层面共同努力，促成事事有答复、件件有回音。绝大多数代表在回到选区与选民互动时，还向选民反馈上一年收集的建议意见办理情况，已解决的问题办理进程以及暂未解决的问题原因与计划等，面对面与选民交流。县人大常委会领导联系代表接待日，县长、法院院长、检察院检察长接待日，重点组织108名领导干部代表参加，促进领导干部代表发挥带头示范作用，更好地加强代表与选民密切联系。

（二）问项目

2014年3月始，县人大组织开展“问项目”活动，参加对象为县人大代表小组（即大会期间各镇代表团和县级机关代表团）、专业代表小组。“问项目”活动采取代表持证视察、约见询问、跟踪督办等方式进行。各代表小组按照就近、便于联系和可以推动原则，选择几个重点产业（工业和服务业）项目或企业，定期走访联系，协调督促推进，建立起代表持续关心、关注、支持和促进项目建设的长效机制。专业代表小组和县级机关代表小组侧重全县重点项目，其他代表小组侧重所在镇重点项目。代表们通过听取政府相关部门关于项目审批、建设和运行情况汇报，了解政府及其部门推进项目、服务企业和作风效能建设情况，分析存在问题，提出建议意见；对建议意见办理情况，或在推进项目、服务企业中出现的作风效能问题，组织代表约见部门负责人，开展持证视察和询问，并对整改措施与部门的承诺跟踪监督。

2015年5月10日，马塘镇人大组织30多名县、镇人大代表听取镇政府项目建设情况汇报

2015年5—10月，县人大常委会组织代表联系走访企业和项目，听取政府相关部门关于项目审批、建设和企业运行情况的汇报，突出对政府及其部门推进项目、服务企业和作风效能建设的监督。全县各专业代表小组、县级机关代表小组和镇（区、街道）的县人大代表小组重点联系在建续建的70多个工业、服务业和基础设施项目。在县人大组织的“问项目”视察交流会上，视察县城周边部分项目的县人大代表对相关部门开展工作的情况进行询问。不少代表小组通过集中组织代表持证视察、定期交流和现场询问，向党委政府建言献策，支持代表开展对重点项目推进过程中服务部门作风建设的专题询问。还有一些代表主动牵头深入项目建设一线化解矛盾。

（三）评部门

2014年3月始，评议部门工作与议案建议督办、专项工作评议结合进行。部门工作评议对象由大会期间各代表团提出建议名单，经县人大常委会表决确定10个部门接受工作评议。会后，县人大常委会邀请相关代表参加，对接受代表评议的单位进行为期半年的评议视察，视察中如发现工作不到位、不负责，且导致代表不满意的情况，随即启动询问和问责程序，并对进一步落实情况提出整改措施。10月，县人大常委会组织代表对10个接受评议单位进行评议测评。

2015年初，县人大常委会为进一步巩固和深化2014年农村基础设施建设专项工作评议成果，在县第十六届人大第四次会议上将加快农村基础设施建设问题列入大会议案，各镇（区、街

2015 年 9 月 6 日，县人大组织部分县镇人大代表对 10 家县级政府部门进行工作评议

道）在人大例会上也把加快农村基础设施建设问题列入大会议题，或列为议案，或进行专题审议，县、镇（区、街道）两级人大共同把这项工作列为 2015 年监督重点。8—11 月，县人大组织代表对农村基础设施建设情况进行视察调研，开展对 10 个涉评部门专项工作评议，突出对涉评部门的专题询问，特别是对农村基础设施建设规划编制、投入保障和项目整合的跟踪监督。各代表小组组织县镇人大代表广泛听取基层群众在路、桥、河、渠、涵等涉及农村基础设施建设方面的意见建议，汇总整理出 150 条向县政府和 10 家涉评部门反馈。县、镇（区、街道）两级政府和 10 家涉评部门虚心接受人大评议，通过确定工作目标、落实经费渠道、加强考核管理有序实施，稳步推进农村基础设施建设，农村群众生产、生活条件得到改善。县人大常委会根据农村基础设施建设项目推进情况，在基层镇（区、街道）和县级机关两个层面组织测评打分，在一定范围公开测评结果，有效促进政府及相关部门推动相关工作深入开展。

三、助力小康“五百”工程

2016 年 3 月，县人大常委会经过对照分析全面小康所涉及的经济发展、人民生活、社会发展、民主法治、生态环境五大类 22 项 36 个指标，为如东建设全面小康强弱项、补短板，决定组织五级人大代表开展助力小康“五百”工程行动。4 月 15 日，《如东县人大常委会关于实施五级代表助力小康“五百”工程行动工作方案》印发全县。“五百”工程，即干部代表助建百个小康村、专业代表助推百个项目、企业代表助帮百个困难户、农业代表助护百条河道和各界代表助办百件实事。从此，在县人大常委会科学谋划、周密部署的《工作方案》指导下，一场充分发挥各级各界人大代表优势的助力小康行动在全县有序展开，并取得显著效果。市人大对如东开展助力小康“五百”工程行动给予肯定；县人大两次走进南通新闻广播直播室，向全市广大听众介绍“五百”工程行动情况和成效；中央电视台等国家级媒体专题到如东采访报道。

（一）助建百个小康村

2016 年 4 月，县委农办与各镇（区、街道）确定百个经济社会发展相对薄弱村，县人大常委会人事代表工委与各镇（区、街道）人大确定干部代表进行一对一助建。县人大常委会人事代表工委牵头组织协调助建百个小康村具体工作，各镇（区、街道）人大负责组织干部代表助建该镇相对薄弱村。5—10 月，干部代表到选区开展行动，向群众宣传党的惠民、惠企、惠农政策，宣传如东全面小康建设的要求部署，引导群众为加速全面小康村建设献计献策、出力流汗。各镇（区、街道）人大组织干部代表进村帮助相对薄弱村科学制定发展规划，通过产业扶持、转移就业、项目助推等措施的落实，壮大村域经济，加强基础设施和为民服务体系建设。11 月，进行年度总结。当年，参与行动的 107 名干部代表提出建议近 600 件，提供发展信息 493 个，干部代表充分发挥联系选民面宽、群众信任度高、相关政策熟悉等优势，帮助全县百个集体经济相对薄弱村改善村容村貌，基本公共服务主要指标接近全县平均水平。

（二）助推百个项目

2016 年 4 月，各镇（区、街道）人大、机关代表小组结合各自实际，树立以“项目为王”理念，选择当地重大经济项目和民生类项目，作为走访联系重点。镇（区、街道）人大跟踪联系5～8个项目，机关代表小组跟踪联系2个项目。县人大常委会财经工委牵头组织协调助推项目具体工作，督查相关单位行动开展情况，跟踪政府部门查询服务效能。各镇（区、街道）人大、机关代表小组和专业代表小组组织专业代表跟踪项目建设。5—10月，各镇（区、街道）人大组织代表跟踪项目进展，重点跟踪政府性投资项目、民生福祉项目按期投入情况，督促项目服务部门提升服务质量和效率，及时汇集跟踪项目动态信息。县人大常委会组织部分人大代表分类听取跟踪项目实施进展情况，提出建议意见，转交镇（区）和相关部门办理。针对服务项目效能不高和机关部门不作为等影响项目进展方面的情况，县人大常委会约见部分项目服务主体和相关部门负责人，督促整改提升。11月，组织部分代表视察部分重点建设项目，汇报交流情况，进行行动总结。当年，107名经济、科技、项目服务等界别的专业代表通过走访、专题调研、持证视察等途径，了解反映意见156条，并采取约见、跟踪督办等监督方式，协助解决拆迁让地、项目审批、用工融资等矛盾105项，破解一批项目推进瓶颈。

（三）助帮百个困难户

2016年4月，各镇（区、街道）上报百个贫困户初步名单，县委农办审核把关确定，县人大常委会人事代表工委与各镇（区、街道）确定企业界代表进行一对一助帮。县人大常委会农业农村工委牵头组织协调助帮困难户具体工作，各镇（区、街道）人大负责组织企业代表助帮该镇（区、街道）困难户。

5—10月，各镇（区、街道）人大鼓励企业开发爱心工作岗位，吸纳和安置符合条件的贫困人口安排就业，增加贫困户工资性收入；发挥企业辐射带动作用，以合作、联营、入股等多种方式，实现搭帮互助，增加贫困户经营性收入；支

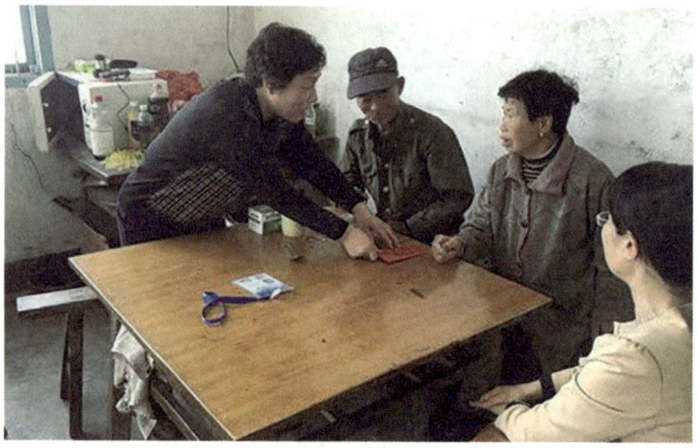

2016年5月11日，市人大代表、江苏如通公司董事长曹彩红（左一）向蔡桥村村民戴春明家孙女捐赠1000元助学金

2020年7月，县人大代表、政协主席陈建华（左一）慰问老党员

持和鼓励企业家代表优先流转贫困户承包地，优先提供就业岗位，增加贫困户财产性和工资性收入。对困难家庭学生开展爱心帮扶，给予扶贫助学补助。11月，对困难家庭进行集中慰问、重点捐助，做好年度助帮工作总结。当年，109名企业界代表慰问捐款累计130余万元，提供就业岗位80多个，参与支持农村危房改造34户，将结对帮扶的百名贫困户人均纯收入达到年度脱贫标准。

（四）助护百条河道

2016年4月，县水务局与各镇（区、街道）确定百条等级河道，县人大常委会人事代表工委与各镇（区、街道）确定农业代表进行助护，每条河道并明确1名领衔责任代表。县人大常委会

教科文卫工委牵头组织协调助护河道具体工作，各镇（区、街道）人大组织农业代表助护该镇、区河道。5—10月，助护河道行动进入推进、跟踪监督阶段。农业代表坚持注重实效原则，积极负责发挥作用，加强对县、镇（区、街道）河道整治工作的监督支持。县人大常委会建立3个定向跟踪推进小组，分工联系指导镇（区、街道）人大农业代表助护百条河道行动。9月，分组交流各镇（区、街道）助护百条河道行动情况。11月进行总结。当年，106名农业代表积极开展污染源排查，共收集意见531条。通过农业代表助护百条河道活动，使百条河道水质有明显改善，为"十三五"期间实现全县河道"面清、水净、坡洁、河畅、景美"目标开好局。

（五）助办百件实事（建议）

2016年4月，各镇（区、街道）人大、机关代表小组组织代表走访选民听取意见，并在网上开通"代表收集民意直通车"，让选民群众可通过网络向代表们提出建议意见。县人大常委会环资城建工委对收集到反映比较集中的意见，筛选确定百件实事（建议），交由代表一对一重点跟踪问效。县人大常委会环资城建工委牵头组织协调助办百件实事（建议）具体工作，各镇（区、街道）人大负责组织镇（区）代表助办实事（建议）。5—8月，县人大对意见反映比较集中的问题，组织代表约见相关办理部门负责人询问情况，着力推动问题解决落实。同时，填写好行动登记表，进一步收集选民意见，并由县人大常委会环资城建工委汇集，分类分层次做好建议意见交、督、办工作。9—10月，县、镇（区、街道）人大在选民意见中筛选与经济社会事业发展、群众生活生产密切相关的内容，重点组织代表跟踪督办。11月，听取百件实事（建议）的办理落实情况汇报，对政府办理工作提出建议。同时对行动中的意见形成闭会期间的建议，按规定交政府办理。当年，全县各界代表助办的106件实事（建议）基本办结到位，为助力小康增添强大动力。

四、助力小康"五项行动"

2017年3月1日，县人大常委会发出通知，印发由县第十七届人大常委会第一次主任会议通过的《如东县人大常委会关于开展人大代表助力小康"五项行动"主题实践活动的实施意见》。"意见"动员在如东的全国、省、市、县、镇五级人大代表中开展以"强企、助村、通达、清水、法治"为主要内容的助力小康"五项行动"主题实践活动。4月中下旬，发动代表收集小康建设中需要助力解决的问题，上报各镇（区、街道）人大和机关代表小组，进行汇总整理。按照汇总清单，组织代表根据自身类别和优势认领任务，每个代表参与1～3项行动。任务落实后，各级人大代表分头开展助力小康行动，各镇（区、街道）人大和机关代表小组跟踪了解代表行动开展情况，帮助协调解决行动过程中的矛盾和问题。县人大常委会各行动推进组定期对行动开展情况进行指导，做好行动过程中需要与县政府及相关部门沟通衔接以及代表建议意见办理跟踪督办工作。当年10月下旬至12月底，各镇（区、街道）组织人大代表对照行动认领清单完成情况，进行小结和成绩公示。县人大常委会对全县人大代表助力小康"五项行动"进行总结。在2017年初启动"五项行动"至2020年全面建成小康社会的4年中，县人大常委会不断加大推进力度，人大代表自觉担当使命、履行职责、联系选民、服务群众，为如东全面建成高水平小康社会作出积极贡献。

（一）"强企"行动

在2017年"强企"行动中，人大代表积极策应全县"中小企业提升计划"和"规模企业培植计划"，着力助推企业转型升级、做大做强。其中主要依靠企业家代表积极作为，带头围绕"专、精、特、新"发展道路，在培植壮大自身企业方面做好表率，并充分利用企业家代表自身资源，"以企引企，以商招商"，为全县经济社会发展招

2017 年，县人大代表、亚振家具董事长高伟在上海总部与客商座谈，为家乡企业寻找项目信息

引更多项目。县人大代表高伟放大自身企业亚振家具上市优势，组织上海客商开展合作洽谈 20 余次，为家乡提供有效项目信息 30 余条。特别是发挥干部代表作用与企业挂钩，挂钩联系企业 196 家，帮助解决企业转型升级过程中的困难和问题，提供招商信息 163 条，助推项目 103 个，提供就业岗位 257 个。丰利镇联系工业的人大代表曹乃冲牵头改善园区招商引资和企业生产环境，积极引导企业调优结构，帮助真荣水产、鸿杰纺织等一批草根企业产品提档升级，加快做大做强。尤其注重发动代表积极参与“提升项目服务质效专项工作评议”，督促相关行政审批服务部门改进服务举措，优化审批流程，改善营商环境，提高服务企业发展效率。

2018 年，县人大常委会根据县委提出的“坚持创新驱动，培优做强实体经济，优化产业结构，厚植高质量发展基础”要求，着力在招商引资、服务项目建设、助推企业转型升级、做大做强上发挥作用，全县 1427 名四级人大代表共参与“强企”行动 1116 人次，办理实事 654 件。高新区街道议政员周文华将规模超亿元的上海宝宫电子科技有限公司招引落户到如东半导体产业园，生产陶瓷电容广泛应用于无线充电及车载电子设备。企业界人大代表组织“企业家沙龙”，群策群力、互帮互带，招引更多项目。继续发挥干部代表作用，督促相关部门改善服务、提高效率，帮助企业解决困难和问题。

2019 年，围绕放大实体经济优势、聚焦重大项目建设、助推企业转型升级主攻方向，持续发挥企业界人大代表作用，谋求“企业家沙龙”活动更多实效。如东高新区县人大代表、南通大东有限公司总经理高军积极策应“一带一路”倡议，境外投资 3000 万美元创办“越南大东”，企业做大做强实现新跨越。注重发挥干部代表作用，特别是发挥县四套班子领导干部中的人大代表作用，挂钩联系企业 231 家，着力挂钩重特大项目，以更大力度推进项目建设。新店镇县人大代表沈瑜新和镇人大代表殷花分别与两家在镇工业新区投资的亿元企业挂钩，在企业用地、基础设施配套、失地农民矛盾化解上积极作为，保证项目如期落户并开工。

2020 年，是新型冠状病毒肺炎突发之年，全县各级各类人大代表在助力企业防疫中担当作为，推动实体经济有序复工复产。各镇（区、街道）人大针对新冠疫情对实体经济的影响，组织各级人大代表积极帮扶企业复工复产。县级机关代表小组调研走访医药企业，开展疫情防控知识科普宣传。经济开发区人大工委发挥企业代表优势，积极为疫情防控捐款捐物，协调霍尼韦尔加班加点生产口罩，为全县打赢疫情防控阻击战贡献力量。洋口镇人大针对园区企业多，外来职工多的特点，组织代表对跨省职工返岗不畅等实际问题给予帮助。丰利镇人大针对企业返岗员工数量短缺难题，“强企”行动组联系丰利人社所，组织企业开展在线招聘，在线发布用工岗位。栟茶镇人大主席团成员深入企业，了解复工困难，为企业筹措口罩、测温仪等防疫物资。城中街道人大工委组织动员代表深入企业走访服务，为企业复工复产排忧解难。疫情突发之年，人大代表坚定不移以“放管服”（放权、管理、服务）为抓手，在助推企业转型升级上都有较大作为。企业界代表围绕要素瓶颈制约问题，群策群力、现场交流，共同化解制约企业发展的矛盾和问题；干部代表聚焦重特大项目建设，采取座谈交流、政策咨询、问题解答等方式，帮助企业释疑解惑，同时督促相关部门切实改进服务举措、提升服务效能。

（二）“助村”行动

2017 年，县人大策应全县“聚焦富民”的新要求，发挥干部代表、企业代表、专业技术人员代表和农民代表的各自作用，在“富民”和“帮困”上作贡献。挂钩联系经济薄弱村，谋思路、找路子、培产业、投项目，助帮经济薄弱村达小康。发挥相关代表优势，帮助农户解决发展生产中的政策、资金、信息和技术等方面的困难，带动或培育种养大户，增加农民收入。袁庄镇人大代表王起东勇当致富带头人，为袁庄镇孙庄村引入茭白产业，村民当年增加收入 300 万元。各级各类代表与困难群众结对帮扶，帮助 699 户困难群众解决就医、就学、居住、出行等一些实际困难。如东循环经济产业园的县镇两级人大代表张志泉关注贫困学生，带领镇（区）相关爱心企业家筹集助学资金 120 余万元，资助学生 157 人次。人大代表向有一定生产能力的困难群众提供就业岗位 257 个，引导和帮扶困难群众通过多种门路和途径自力更生实现脱贫致富。

2018 年，县人大继续组织代表在农村“富民”“帮困”上发挥作用，全县人大代表参与“助村”行动 2115 人次，办理实事 1029 件。大豫镇县镇两级人大代表陆卫达组建惠民果蔬合作社，参与项目的村民年增收 20 万元。县人大继续发挥干部代表、企业代表、专业技术人员代表和农民代表的各自作用，组织代表挂钩联系经济薄弱村，为农户解决生产生活中的实际困难。经济开发区县人大代表任先军发起成立爱心助学基金，募集资金 14.7 万元，用于资助 12 名困难高中生完成学业。当年在全县慈善捐赠活动中，省、市、县、镇四级人大代表捐赠款 468 多万元。

2019 年，围绕农业转型、乡村振兴战略，人大代表敢于创新、积极作为。曹埠镇县人大代表朱广明带头在上漫社区创建“福村宝”村级医疗互助平台，发动企业家和社会能人开展爱心捐助，为居民创建一个医疗更有保障、生活更加幸福的社会保障体系。洋口镇镇人大代表王彬利用光荣农民街地理区位，争取市、县供销合作社与甜港村合资成立洋甜供销社有限公司，并打造成周边农民群众生产、生活、生态综合性服务中心，每年可为村增加村营收入 30 多万元。双甸镇镇人大代表陈波、吴曙春等在石甸居委会成立希望农地股份合作社，流转土地 3000 亩、383 户农民按自愿、互利原则，组建生产、加工专业合作社，既解决缺劳户的种田难题，又增加农户利益，当年亩均增收 200 元。在脱贫攻坚工作中，各级各类代表挂钩联系经济薄弱村，结对帮扶困难群众 1546 户。同时引导和帮扶有一定生产能力的困难群众通过多种途径实现脱贫致富。

2020 年，疫情促使人们更注重以“净环境”为抓手，把“助村”行动的重点转移到农村垃圾处置和村容村貌提升上面。人大代表充分发挥监督与模范带头作用，关注体制机制建设，突出人居环境整治，引导群众提高文明健康意识，带领群众改进生活方式，发动群众共同遵守村规民约，营造清洁有序、健康宜居的生产生活环境。长沙镇北坎村镇人大代表韩晨带头

2020 年 6 月，长沙镇镇人大代表韩晨在北坎村组织村民评选最美庭院

开展北坎村村庄清洁行动，巡查落实河道“三清”工作，宣传村规民约，规范村民行为，动员村民共同监督巩固人居环境整治成果。他在全村发起最美庭院评选活动，通过示范带头引领作用，引导村民追求美好生活环境，积极推动北坎村人居环境整治。

（三）“通达”行动

2017 年，县人大策应全县全面建成高水平小康社会要求，发挥代表监督与桥梁作用，在解决群众“出行难”问题上作贡献。全县开展“城乡公交有序实施行动”，助推相关部门结合小康指标的要求，科学有序地搭建和完善县镇、镇村公共交通网络，助力农村道路建设 690.35 千米，推动相关部门加速农路农桥建设和改造进程。岔河镇人大代表邬建发挥参谋、监督和助力作用，助推全镇完成农村水泥路 51.76 公里，新建维修农桥 4 座。新店镇县人大代表潘亚军带领选区所在村 1000 多户村民捐款 60 多万元，新修水泥路 21.3 公里，新建桥梁 3 座，有效改善边界村交通滞后状况。

2018 年，县人大继续发挥代表监督与桥梁作用，参与“通达”行动 1653 人次，办理实事 723 件，助推县镇、镇村公共交通网络和农路、农桥建设。河口镇关口村县人大代表周桂凤多次召集村民代表沟通协调，带头捐款筹集资金 10 多万元，关口村修建水泥路近 20 公里。

2019 年，按照全县高水平全面建成小康社会的要求，发挥代表作用，切实解决群众“出行难”问题。袁庄镇人大组织人大代表对农路年度建设计划、资金补助政策、规范招标程序、施工管理、质量监督、资金使用情况和竣工验收等 7 个环节进行全程监督。同时开展多部门联动检查，先后组织镇纪委、财政、公共资源交易中心等部门分阶段、分步骤对相关工程重点环节、关键手续的操作规范、重大资金的使用安排、重点工程的验收程序等进行抽查，及时督促相关部门按时依规办事。通过代表监督，确保全镇“通达工程”一张蓝图绘到底，执行不走样。在助推相关部门进一步完善县镇、镇村公共交通网络建设中，代表们注重以村村都有“代表路”为着力点，加快推进农路、农桥建设和改造进程。

2020 年，以“通公交”为抓手，以助力打造县内“全域公交”为目标，加快构建覆盖城乡的一体化公共交通服务网络，人大代表在规划引领、设施建设、优化运营等方面收集各方面的意见建议，充分发挥主体作用。马塘镇人大组织代表对全镇县级以上三横一纵道路全面进行问题摸排，摸排出问题在现场研究整治方案，并逐个整治到位。栟茶镇人大认真梳理代表提出的建议意见，对群众反映强烈的通垦桥、竹园桥、炮车桥 3 座危桥进行现场踏勘，督促政府拆除危桥，建设新桥。

（四）“清水”行动

2017 年，县人大充分发挥镇村干部代表及农民代表作用，推进城乡水环境改善。重点督促落实“河长制”，由代表参与到“河长”治理河道的进程中，助推落实“河长制”556 人次，督促“河长”加强监管，支持“河长”履行职能，帮助“河长”治理河道。在控制农村面源污染方面，参与畜禽污染治理行动 895 人次，人大代表充分发挥督促政府和宣传教育帮助群众的作用。

2018 年，县人大在促进城乡水环境改善工作中继续发挥代表作用，参与“清水”行动 3658 人次，办理实事 1867 件。充分发挥镇村干部代表及农民代表智慧，帮助“河长”制定“一河一策”和“一片一策”管护办法，有效提高河道管理水平。栟茶镇县人大代表张素华发现中引河两岸有河道倒坡情况，便带头发动整治，动员村内几位企业业主捐助 140 万元，对 3.4 公里河道两岸进行砂浆护坡，植树绿化，并承担 5 年管护费用。在控制畜禽面源污染和落实“五位一体”长效管护等方面，马塘镇县人大代表刘金华运用自家企业的技术，花费 55 万元，通过微生物活性菌来治

2018年，栟茶镇县人大代表张素华联系几位企业负责人共同捐资140万元实施新庄村中引河护坡工程，图为2023年夏拍摄的中引河“清水绿岸”新貌

理河道。经过治理的河道，水体污染物大大减少，净化率达到国家河道水体指标。

2019年，县委提出“清水绿岸”提质行动工作要求，县镇人大代表为助力打胜污染防治攻坚战，改善城乡水环境作出积极贡献，仅助推落实“河长制”就达3073人次。洋口港经济开发区在河道整治整村推进示范工作中，县人大代表韩益昌、镇人大代表马步松勇于担当作为，为选区所在的长堤、滨海两个村制定工作方案、协调镇村协商、牵头成立工作组，并在拆除坝头坝埂、拓宽引水断面、河道垃圾整治，河坡种草植树等劳动中带头出力流汗，率先把两个村打造成示范村。人大代表以《中华人民共和国水污染防治法》执法检查为抓手，通过调研和督查、跟踪了解问题整改，督促县镇政府及相关职能部门认真履职，打好污染防治攻坚战。县人大还通过组织人大代表对县政府制定的《2019—2020年整改突出环境问题清单》整改落实情况进行视察，发挥政策宣传、引导群众和督促整改的作用，着力解决水环境突出问题。

2020年，以“问河长”为抓手，建立完善工作制度和机制，通过人大代表巡河道、问河长，助推水环境持续改善。在日常“问河长”工作中，代表每月至少巡查一次河道，采用明察或暗访的形式，及时发现问题，做好巡查记录，并将巡查河道发现的问题移交给所在河道的镇级或村级河长。在集中“问河长”工作中，通过专题询问、现场询问、会议询问等方式，对“河长制”工作的开展情况进行跟踪督办，推动相关工作的落实落地。大豫镇组织人大代表视察河道整治及绿化工程实施情况，实地查看一门闸村生态河道绿化工程、如泰河绿化工程及丁家店村河道疏浚工程，举行“河长制”工作专项座谈，对工作中出现的长效管理难、宣传氛围不浓烈、群众参与度不高等难点展开探讨，推进河道管理工作。新店镇人大以水环境改善为重点，建立代表监督机制，将全镇所有的二、三、四级河道监督责任落实到每位人大代表，并在“河长制”公示牌子上公示，有力推动农村河道整治、生态河、清洁河的打造。河口镇人大督查助推“清水绿岸”提质行动任务清单，落实“问河长”制度，列出巡河清单，将河道督查责任落实到每个人大代表，细化并部署落实巡河方案。通过扩大宣传动员、加强组织引导、广泛征求意见建议等形式，鼓励和引导代表们自发、不定时地开展巡河行动，努力将活动引向深入，不断扩大活动影响力。

（五）“法治”行动

2017年，县人大策应“七五”普法要求，发挥各界代表作用，加快推进法治如东建设进程，全年参与普法和法治宣传630人次。维护司法公正，重点监督涉及公检法司的议题，适时安排人大代表旁听法院庭审。维护社会和谐稳定，监督相关部门加强对基层群众性自治组织的指导与服务。马塘镇人大代表张旭经常走访选民群众，访民生、察民情，发现矛盾及时化解，参与调解各类矛盾纠纷32起，有效维护基层和谐稳定。督促政府依法行政，组织代表参加执法检查，加强执法检查工作力度。加强普法学法，制定系统的学法计划并认真执行、付诸实施，组织代表切实做到在视察前、监督前和审议前先学法。发挥代表作用，加强对法治的原则、价值、精神的宣传，努力增强社会公众对良法和善治的鉴别力和判断力，着力营造社会法治环境。

2018 年，在“七五”普法中，继续发挥各界代表作用，加快推进法治如东建设进程，参与“法治”行动 1162 人次，办理实事 631 件。丰利镇县人大代表缪勇刚经常深入学校、企业、农贸市场等人员密集场所，加强法律法规宣传教育，定期在古丰社区代表工作站值班，接待、收集选民反映的问题和意见，并及时记录。河口镇人大代表石跃军在河口镇小溇村探索建立“村委会—村议事会—村民代表”为支撑的乡村治理体系。村内事务经村民议事会商议同意后实施，人大代表对会议过程、决策贯彻、后续执行等事项进行跟踪、监督和反馈，有效助推乡村法治建设。在“千名代表听百案”活动中，安排人大代表旁听法院庭审、组织人大代表对公检法机关案件办理情况进行评审，保证施法公正。在督促政府依法行政，组织代表参与执法检查的同时，发挥代表自身优势，开展法律援助工作。

2019 年，按照“七五”普法要求，各界代表参与法治宣传 652 人次，为加快推进法治如东建设进程积极发挥作用。大豫镇人大积极推进法治大豫建设，组织代表监督镇综治中心、法治文化广场、雪亮工程等惠民工程，各项工程从立项到组织实施，全程参与监督和管理，保证工程进度和质量。在文化广场建设中，积极争取赵家剧院支持，文艺演出加入法治内容，通过法治小品、模拟情景剧、法治快板、歌曲等形式向群众宣传法治知识，并穿插法律知识竞赛形式提高老百姓学习法律的热情与积极性。在“千名代表听百案”、评审公检法机关办案情况、监督相关部门加强群众性自治组织指导服务、参与执法检查、实施法律援助等方面，人大代表充分发挥出各自优势。

2020 年，县人大组织代表视察调研如东“七五”普法工作，督促“谁执法谁普法”要求的贯彻落实。曹埠镇人大在疫情可控后，组织部分人大代表深入企业、学校、村（居）进行《中华人民共和国安全生产法》《中华人民共和国水污染防治法》执法检查。在普法工作中，宣传方法还有所创新。双甸镇县人大代表吴迪富、陈国平在企业法治文化阵地建设中将公司“党员之家”“员工活动中心”进行资源整合，赋予新的法治元素，在企业全方位营造法治环境。各级人大代表深入开展“千名代表听百案”活动，同时推进实施法律援助。当年，县人大组织代表对全县扫黑除恶斗争等情况进行专题调研。

2019 年，大豫镇人大建成法治文化广场

五、助推乡村振兴“五加一”

2022 年 1 月，县人大常委会研究决定在全县各级人大代表中开展“践行‘双聚双高’（聚焦全新赛程、高扬牛劲品格，聚力争先进位、高昂狼性精神）、助力乡村振兴”主题实践活动，贯穿县第十八届人大 5 年全过程推进，要求每位人大代表任职期间助推一方产业、管护一条河（路）道、当好一名志愿者、融进一个网格、帮扶一户选民、用活一个平台（简称“五加一”）。1 月 14 日，县第十八届人大常委会第一次会议通过《关于开展人大代表“践行‘双聚双高’、助力乡村振兴”主题实践活动的实施意见》。2 月 16 日，县人大常委会印发主题实践活动工作方案。县人大常委会还分别于 3 月 7 日，在掘港街道召开助推乡村振兴“五加一”试点现场会、5 月召开经

2023 年 5 月 6 日，县人大常委会召开全县各级人大代表“牢记嘱托、感恩奋进”学习实践暨“五加一”主题实践活动现场推进会

验交流会、11 月召开年终总结会，不断引领和推进“五加一”活动开展。

2023 年 1—2 月，县人大常委会制定 2023 年助推乡村振兴“五加一”主题实践活动工作方案，镇（区、街道）人大确定助推重点议题。3 月始，组织代表参加助推产业、监管河（路）道、当好志愿者、融进网格或帮扶选民等代表小组及联系点活动。县人大常委会采取每两个月通报智慧人大信息平台上传信息统计情况、年中开展助推重点难点专项调研、年末组织主题实践活动成效展示等措施，全程指导、督查、推进主题实践活动扎实开展。当年，全县各级人大代表参与“五加一”主题实践活动 1.22 万人次。发挥人大集体智慧和力量，形成调查报告 32 篇，邀请第三方专家评选最佳调查报告 20 篇。代表认领重点助力议题 431 件，积极开展助力活动，对照认领清单，按时序进度完成任务。

（一）助推一方产业

2022 年 3 月始，代表们围绕产业兴旺，走访选民，调查了解选区所在镇村产业特色、村级产业振兴规划措施，提出合理化建议意见，努力在助力产业发展上有所作为。注重密切与企业主、新型农业经营主体联系，帮助协调解决资金、劳动力及土地流转中出现的矛盾等问题，助推新型农业经营主体培育，助推农业项目和园区建设，不断厚植现代农业优势。在发展乡村旅游、家庭农场、农村新型集体合作组织、庭院经济等方面，发挥人大代表自身优势，开展招商引资，联系动员成功人士回乡创业，提供产业合作项目信息。帮助创业人员协调解决人员、技术、资本引入、市场、土地流转中出现的问题和矛盾。对农村电子商务、乡村旅游等新业态、新模式开展调研，助力拓展农业功能。岔河镇人大代表赵云发挥家庭农场“领头雁”作用，利用农产品电商交易平台进行网上营销，带动周围剩余劳动力就业，为种植户增加收入 1000 多万元。当年，全县各级人大代表参与助推产业行动 2040 次。

2023 年，围绕产业兴旺，助推一方产业。县镇人大组织各级人大代表积极参与招商引资，视察项目建设情况，督促政府转变职能，优化营商环境。专题调研农业园区改革，围绕体制机制、规划设计、运行管理等方面提出建议意见，助推农业园区建设。视察了解一、二、三产业融合发展、示范基地打造、标准化养殖基地建设，支持种植业、养殖业和“一村一品”等特色农业发展，助推主导产业优化。助推新型合作农场、示范家庭农场建设，支持农业重点龙头企业做大做强。积极协调争取政策、资金、项目和试点，动员成功人士回乡创业。当年，全县各级人大代表参与助推产业行动 2202 次。

（二）管护一条河（路）道

在乡村生态宜居环境建设中，代表们主动担负起推动政府及其部门河（路）长制落实的责任。2022 年春，代表们分头对各自联系的河（路）道开展经常性巡查，检查了解河道整治、排污治理、岸坡环境治理情况。查看农村道路建设、道路周边环境，及时发现和反映相关问题。检查“清水绿岸”提质行动、人居环境整治、农业面源污染防治和“厕所革命”开展情况，了解农村生活污水纳管处置及分户生态化处理运行情况。及时提出建议意见，督促相关部门整改落实。开展沿海地区生态保护专题调研，督查“滩长制”落实情况，助推向海发展取得实实在在成果。宣传引导群众增强生态保护意识，主动参与河（路）治理和保护，共同促进打造生态宜居生活环境。当年，全县各级人大代表参与管护河（路）道2627次。

2022年9月，县委副书记许金标（右二）、县委常委、宣传部部长吴海军（右三）参加县人大助推全县水质达标现场视察活动

2023年，围绕生态宜居，监管一条河（路）道。县镇人大组织各级人大代表紧盯影响生态宜居的重点难点问题，一体化助推公共空间治理、区域治水、污水处理设施建设运行管理、“厕所革命”等工作。视察干道沿线破落建筑、危房改造和“三棚”（鸡棚、鸭棚、羊棚）、“三线”（电线、网络通信线、有线电视线）整治工作，推动依法处置违章建筑。专题调研农村道路交通安全，助推农村道路服务能力和本质安全水平提升。视察

2023年2月28日，丰利镇人大组织人大代表集中视察包场村生态河建设现场

了解农村基础设施长效管护情况，推动建立产权清晰、制度保障、管护到位的长效管理体系。宣传引导群众增强生态保护意识，主动参与河（路）治理和保护，共同打造生态宜居环境。当年，全县各级人大代表参与管护河（路）道2824次。

（三）当好一名志愿者

在乡村文明实践中，人大代表充分发挥模范带头和引领作用，在精神风貌上树导向，带动所在选区不断提高乡风文明水平；当好文明实践志愿者，助推现代公共文化服务体系建设和精神文明建设。2022年3月起，代表们纷纷深入村（居、社区），走进道德讲堂和新时代文明实践所（站），宣传社会主义核心价值观，开展乡村文明新风尚专题宣讲，政策宣讲，引导广大群众向上向善、尊老爱亲、重义守信、勤俭持家、移风易俗，推动乡村文明新风尚的形成。自觉践行并主动参与文明城市创建、疫情防控、人居环境整治等工作，参与基层志愿服务活动。开展家庭、家教、家风建设情况调研，助推道德典型宣传和培树工作。调研了解红色文化、农耕文化和民俗活动等保护工作，助力农村优秀传统文化传承和发展。调研了解城乡公共文化设施布局、队伍建设和资金保障工作，推动公共文化资源向农村倾斜。当年，全县各级人大代表参与志愿活动2566次。

2023年，围绕乡风文明，当好一名志愿者。县镇人大发挥代表联系广泛的优势，向群众宣传中共二十大精神，宣传党的路线、方针、政策。组织代表走进道德讲堂和文明实践所（站），开展文明新风尚专题宣讲。组织代表向所在村（社区）报到，发挥代表在文明城市长效管理、人居环境整治中的先锋模范和带头引领作用。组织代表参与文明家庭、星级文明户评选。做好人民代表大会制度宣传工作，讲好人民当家做主故事，展现代表履职风采，增强制度自信。当年，全县各级人大代表参与志愿活动2775次。

（四）融进一个网格

2022年3月始，人大代表在基层治理方面，围绕治理有效，推动德治、法治、自治和智治相融合，在基层治理上添活力。代表们与选民一起积极主动融入社会网格化管理，了解网格员队伍建设情况，助推网格服务管理规范化建设。定期进入选区所属网格，听取所在网格基层社会治理工作的规划和措施，听取整理在基层社会治理中选民反映集中、带有普遍性、疑难性的问题。主动问计于民，收集人民群众有针对性的建议，及时向有关部门反馈。参与网格政策宣传，力所能及参与网格内信访工作，协助矛盾纠纷调解、突发性事件处置。积极参与普法主题活动，宣传引导农民依法表达诉求、解决纠纷、维护权益，提升人民群众安全感和获得感。开展对村级重要决策、重大事务、重点工作和重点工程建设资金等村级重大事务由党支部会议提议、“两委”会议商议、党员大会审议、村民代表会议或村民会议决议后，将决议结果公告，办理结果公示的“四议两公开”制度执行情况督查，协助完善村民自治章程和村规民约。掘港街道91名人大代表和选民代表划分到26个村（社区）代表联系点，融入152个网格。当年，全县各级人大代表融进网格参加居民活动2256次。

2023年，围绕治理有效，融进一个网格。县镇人大组织代表参与人大执法检查，推动法律法规在当地贯彻实施。聚焦依法行政和公正司法，组织代表参加专项工作评议，助推“一府一委两院”优化服务、提升效能。组织代表进网格，参加接待日活动，积极融入社区治理，将人大制度优势更好转化为基层治理效能。视察了解新型城镇化建设情况，收集、反馈、督办建设管理中群众反映的问题，助推网格服务管理规范化建设。开展“四议两公开”制度执行情况督查，协助完善村民自治章程和村规民约，引导农民依法表达诉求、解决纠纷、维护权益。当年，全县各级人大代表融进网格参加活动2449次。

（五）帮扶一户选民

2022年，代表们围绕生活富裕，助推农民增收、村集体经济发展，在强村富民上求突破。根据人大代表自身工作岗位、专业特长，在网格内定向帮扶一户选民。定期不定期深入到帮扶选民中，了解其生产、生活实际情况，有针对性开展帮扶活动，帮助协调政策落实、联系培训学习实用技术、促进个体经济发展。联系走访留守儿童、贫困学生，力所能及帮助解决学习生活中的实际困难。督促村（社区）加强低收入农户动态监测，有针对性开展帮扶，巩固提升脱贫攻坚成果。调研了解城乡基本公共服务均衡发展情况，督促惠民政策落实。通过送政策、送技术、送信息、送物资，开展节假日慰问、年度慈善募捐等形式，帮助他们解决生产、生活中实际困难，帮助选民实现共同富裕。当年，全县各级人大代表帮扶选民1833次。

2023年，围绕生活富裕，帮扶一户选民。县镇人大组织各级人大代表听取政府关于农村集体资产资源排查整治工作专项报告，助推村集体经济发展。调研高标准农田建设情况，助推高标准农田建设与生态环境提升、村级经济发展更好结合。视察农民就地就近就业、农民职业教育培训和就业支持政策落实情况，多途径助推农民增收。落实“双联系”制度，固定联系乡贤、企业业主、新型农业经营主体等，开展向选民述职或原选举单位报告履职情况。联系走访留守儿童、贫困学生等，开展节假日慰问、组织慈善募捐等活动，帮助协调解决家庭实际困难。当年，全县各级人大代表帮扶选民1996次。

（六）用活一个平台

人大代表认真学习《如东智慧人大平台代表使用手册》，掌握平台使用方法，不断完善“如东智慧人大”信息平台功能设置，定期维护更新平台数据。2022年初开始，县人大组织代表利用智慧人大平台认真记录“五加一”主题实践活动中履职情况，实时上传主题实践活动信息、图片及建议、意见，客观、全面展示人大代表参与主题实践活动的风采风貌和实绩实效，不断激发代表履职争先、主动作为热情。及时将代表建议、意见审核、转办，对办理情况跟踪督办。依托智慧人大平台，修订代表履职评价办法和计分细则，将各镇（区、街道）人大组织活动情况和代表参与“五加一”主题实践活动情况进行定期汇总，为各镇（区、街道）人大和人大代表评先评优提供依据支撑。当年，智慧人大平台上传代表活动1.16万人次。

2023年，围绕作风效能优化，用活一个平台。县镇人大组织各级人大代表围绕“数字人大”建设要求，及时更新完善平台内容，组织代表加强学习和掌握使用方法。实时上传参加主题实践活动的信息、图片及建议、意见，展现履职风采和活动实绩。认真审核代表建议、意见，及时与承办单位对接、转办，对办理情况进行跟踪督办。定期汇总、通报代表参与“五加一”主题实践活动情况，提升代表履职积极性。

第二节　代表联络和培训

2008年始，县人大常委会分批邀请镇人大主席、人大代表列席常委会会议。2009年3月，县人大常委会首次开展人大代表联系选民固定接待日活动，之后陆续推出“代表联系选民周”活动、县人大常委会组成人员集中联系人大代表活动、县领导干部人大代表接待代表日暨代表联系选民日的“双日”活动等项制度。一系列制度创新完善，保证县人大常委会组成人员与人大代表、人大代表与选民群众之间不断加强密切联系。在代表工作中，县人大十分重视抓好代表学习培训。县人大常委会对每一届新任代表都做好集中培训工作。2012—2023年，县人大常委会先后对第十六届、十七届、十八届新任人大代表都进行集中培训。期间，还采取“走出去”“请进来”的方法，开展10次大型集中培训活动，组织如东人大干部和人大代表参加中国政法大学、浙江大学、厦门大学、中南大学等高等学府的培训学习，邀请省人大和相关部门领导作代表履职工作专题辅导。2019年始，县人大常委会将每年“一月一学法”内容制定出具体方案，印发到所有代表。县人大对人大干部、人大代表实施强化学习培训，全面提高代表素质，增强代表履职能力，代表工作不断取得新成效。

一、“双联”工作

（一）县人大常委会联系代表

2007年1月1日，《中华人民共和国各级人民代表大会常务委员会监督法》颁布实施后，县人大常委会紧紧依靠人大代表，丰富监督形式，强化监督实效。先后组织开展对县发改委、环保局、民政局、安监局和住建局工作评议。县人大常委会通过多种方式，组织代表广泛征求对被评部门工作的建议、意见。通过县镇人大联动评议，被评部门服务发展意识进一步增强，依法行政水平进一步提升。

2008年始，县人大常委会分批邀请镇人大主席列席常委会会议，联动开展部门评议、执法检

2008年，掘港镇举办人大代表“富民强镇”专题讲坛

查和视察调研等活动。积极鼓励镇人大大胆实践，指导镇人大工作创新，帮助掘港、大豫等镇总结在代表述职、代表讲坛、开展主题活动等方面的工作，得到江苏省、南通市人大肯定的经验做法，及时在全县推广。

2012 年，县人大常委会邀请代表列席常委会会议，及时将代表提出的意见建议纳入审议意见，交“一府两院”办理落实。正常邀请代表参与常委会开展的视察调研、执法检查和部门评议等各项活动，组织代表开展评议询问、持证视察、旁听庭审和会前调研等活动，凸显代表主体作用。各专业代表小组发挥专业优势，围绕县人大常委会多个监督议题开展视察调研，提出建议、意见，为提高常委会审议质量发挥重要作用。同年，县人大常委会创办《如东人大》刊物，搭建县人大常委会与人大代表联系平台。

2015 年，通过县镇（区、街道）联动、以片活动、工作交流、现场指导等方式，各镇（区、街道）人大主题特色活动丰富多彩，得到南通市人大肯定，掘港镇加强基层人大工作建设的经验做法得到全国人大肯定。同年，县人大常委会推进代表履职信息和活动管理数字化建设，启动代表网上履职平台建设，运用信息化手段提升代表工作水平。积极宣传报道人大工作的好经验、好典型，对先进代表小组和优秀代表进行表彰，展现人大代表履职风采。

2018 年 7 月 26 日，县第十七届人大常委会第二十五次主任会议通过，建立《如东县人大常委会主任、副主任，县政府县长、副县长，县监察委员会主任、县法院院长、县检察院检察长接待人大代表日制度》。接待日原则上每年在 10 月安排，广泛听取在如东的省、市人大代表和县人大代表对全县贯彻执行宪法和法律法规情况及有关工作建议、批评和意见。对人大代表所反映问题和提出建议、批评和意见，进行分类处理。能够现场予以答复的进行现场办理，不能现场答复，由有关镇（区、街道）人大整理后反馈给县人大常委会人事代表工作委员会，县人大常委会人事代表工作委员会以闭会期间代表建议形式，向“一府一委两院”及有关单位交办，并负责督办。相关部门按闭会期间代表建议办理要求，在规定时间内办理并答复代表，同时报县人大常委会人事代表工作委员会备案。

2021 年 9 月 6 日，县人大常委会办公室印发《关于开展县人大常委会组成人员集中联系人大代表活动的通知》。《通知》指出，为加强县人大常委会组成人员与人大代表的密切联系，充分发挥县人大代表履职服务中心主阵地作用，决定开展县人大常委会组成人员集中联系人大代表活动。活动由县人大常委会主任、副主任牵头，按照县人大常委会及党组领导班子成员分工联系点，组织县人大常委会组成人员与相关活动文件中明确的联系代表集中开展联系活动，听取人大代表建议、批评和意见。

2021 年如东县人大常委会组成人员集中联系人大代表活动安排表

表 6–2

时间	牵头领导	参加委员	参加代表	联络员
9—10 月	陈昌龙	卜其银 张玉华	王忠海 孙　慧 韩益昌 侯　晋 辛本泰 江李兵 顾　萍 吴迪富 韩红兰 徐　荣 李　娜	高　山
9—10 月	徐鸿斌	查剑宁 翟以圣 徐　健 缪晓红	缪小兰 刘志刚 蔡小云 李七朋 张素华 蔡红建 李爱梅 缪亚军 康宜峰 钱永建 吴　峰 陈建军 缪建华 张雪梅 葛　红 李晓兵 薛丽君	夏金荣

续表 6-2

时间	牵头领导	参加委员	参加代表	联络员
9—10 月	刘旭峰	奚金岩 龚维国 曹光前 徐进张 张卫东 翁　祥 郑寒冰	张红梅　陆卫兵　曾敬东　丁　保　张志泉　陆金元 张新明　曹玉娥　汤　浩　顾洪菊　冯玉红　陆卫达 潘春红　何学忠　周映红　镇艳南　朱玉琴　蒋小玉 陆　云　顾瑞生　杨　勇　沈继程　陈玉环　刘　军 刘克荣　沈小琴	郑寒冰
9—10 月	罗晓东	陆金标 何志刚	顾小琴　陈　剑　於海冬　季海平　陈吾银　顾振国 潘亚军　谭燕红　袁新华　顾新红　孙晓榕	石佑舟
9—10 月	赵尊兵	韩亚莉 李　军 潘　亮	朱卫香　杭佳佳　顾小林　张志坚　缪凌云　袁　林 杨　萍　张富华　马　陈　缪朱国　李爱平　丁居兵 高龙飞　高金泉	顾昕华

2022 年 9 月 20 日，县人大常委会党组书记、主任陈昌龙作为江苏省基层人大代表在“长三角”三省一市全过程人民民主基层实践工作交流研讨会上作题为《倾听民声 满载民意 回应民盼 推动全过程人民民主在基层落地生根》经验交流。陈昌龙发言从“两个联系”、主题实践、法律监督、制度建设 4 个方面，突出如东人大完善“全过程”“全链条”人民民主机制建设、实现民主决策和民主监督贯穿人大工作始终、推动全过程人民民主实践活动开展等重点，以及所进行的艰辛求索、所获得的创新成果、所实现的提质突破，进行深入交流，参与研讨会共同探讨。

2023 年，县人大常委会在 9 月底至 10 月初，组织开展的“双日”活动中，有 172 名领导干部代表深入基层、深入群众，接待代表 355 人，选民 1065 人。推动人大代表“践行‘双聚双高’，助力乡村振兴”，完成主题实践活动任务 431 项。同时使代表与选民开展“一问一策”活动提出的 258 条问题得到解决。

（二）代表联系选民

2009 年 3 月 16 日，县第十五届人大常委会第二十次主任会议通过《关于组织开展人大代表联系选民固定接待日活动的实施意见》。县人大为密切人大代表同人民的联系，主动接受选民监督，广泛收集人民群众意见要求，扩大代表参政议政的影响力，加快推进如东民主法制建设，决定开展人大代表联系选民固定接待日活动。“意见”明确，接待活动以代表小组为单位，由镇人大统一组织，以县、镇人大代表为主，同时邀请省、市人大代表一并参与。每年代表接待日统一确定为 4 月 18 日和 10 月 18 日。“意见”严格要求，各代表小组在接待后 3 天内，将《人大代表接待日登记表》汇总至镇人大，机关代表小组直接汇总交县人大人事代表工委。对接待收集的意见和建议，镇人大要进行梳理，按照“分级负责，归口办理”的办法，属镇一级的问题由镇人大交镇政府办理答复；属县一级的问题，应在一周内归纳交县人大人事代表工委。对有典型性或群众意见相对集中的意见，及时引导代表以闭会期间建议形式，通过网上管理系统提交。代表也可以将群众反映的情况和意见直接向各有关方面反馈，督促有关部门办理答复，并及时向群众反馈。由县、镇人大交办的意见建议，办理部门应在 1 个月内将处理结果以书面形式向接待代表答复，再由代表向群众反馈。当年 4 月 18 日，县人大首次开展人大代表联系选民固定接待日活动，全县 711 名四级人大代表走进选区 96 个固定接待点，接待选民 2982 人次，543 名人大代表上门走访，联系选民近 6000 人次。县人大常委会将广泛收集的 8000 多条意见，认真梳理归类 1787 条，向县政府有关部门和有关方面交办、督办，有力推动民生问题解决。

2011 年，县人大常委会开展“代表联系选民周”活动，此后扩展到“代表联系选民月”活动，组织代表联系走访选民，收集反馈选民意见。

2012 年，县人大在部分镇试点开展代表向选民述职活动，推动 80% 以上的县镇人大代表走进选区，向选民汇报履职工作，现场接受选民测评，切实增强代表履职的责任感和使命感。当年，全县有 50 多位代表履职事迹被省、市、县新闻媒体和人大宣传媒介报道。

2013 年 8 月 15—30 日，县人大常委会在全县组织开展“百名代表回选区见选民听意见”活动，第二年接着组织县人大代表开展“访选民问项目评部门”主题活动，人大代表广泛深入与选民密切接触，集中倾听群众意见、建议与期盼，取得更好效果（详见本章第一节第一、二条目）。

2013 年下半年至 2014 年，县人大常委会连续在系列活动中开展“访选民”活动，实现代表与选民零距离密切联系。2015 年，县人大常委会继续扎实有序地组织推进县人大代表联系走访选民活动，全年共有 270 名县人大代表联系走访选民 4586 人次，收集选民意见 1199 件。从此，“访选民”活动已实实在在成为畅通代表与选民沟通联系的重要渠道和常态化工作机制，成为人民群众与政府互动的重要纽带。

2017 年，县人大常委会下发《关于进一步加强人大代表之家建设的指导意见》，全县共新建、重建代表之家 68 个、代表工作站 189 个，同时针对人大代表岗位职责，建立 124 个“代表履职岗”，形成以“家一站一岗”为主体，人大主席团工作室为补充的代表履职阵地新格局。各镇（区）人大依托代表活动阵地，组织人大代表、村干部、群众代表等与领导干部代表进行面对面交流，拉近距离，反映民意，找准工作着力点。

2020 年 4 月，县第十七届人大常委会研究制定《关于进一步加强“双联”工作的实施方案》，经主任会议讨论通过后，于 22 日印发县政府、县人大常委会各委室和各镇（区、街道）人大。“实施方案”分别对县人大常委会组成人员“点对点”直接联系代表、县人大常委会和“一府一委两院”负责人“接待代表日”活动、人大代表向原选区或原选举单位报告履职情况，从活动内容、活动方式到主要措施都提出既可考核又便操作的实施要求。其中通过加强人大代表向选民报告履职情况这一联络关键环节的具体实施，使“双联”工作真正实现接地气、无缝隙、全覆盖。全县 1400 多名人大代表进一步密切与选民联系。

2022 年 6 月 1 日，县人大常委会办公室印发《关于开展全县领导干部人大代表“接待代表日暨代表联系选民日”活动的通知》。“通知”指出，为加强与人大代表和选民沟通联系，畅通社情民意反映和表达渠道，及时听取人大代表的建议、批评和意见及群众的呼声，经研究决定，开展全县领导干部人大代表“接待代表日暨代表联系选民日”活动（简称“双日”活动）。参加

2022 年 6 月 27 日下午，县委书记陈慧宇在如东经济开发区参加“接待代表日暨代表联系选民日”活动，与部分市县人大代表交流座谈

活动的领导干部人大代表为县第十八届人民代表大会代表中的县委、县人大、县政府、县政协领导班子成员，县监委主任，县法院院长，县检察院检察长，县级机关部门主要负责人。领导干部人大代表“双日”活动原则上安排领导干部回原选区所属镇（区、街道）的人大代表履职服务中心、工作站、联系点接待代表、联系选民，或安排到各自挂钩联系的镇（区、街道）开展活动，集中听取代表和选民的意见、建议。“双日”活动安排在6月底至7月初进行。各镇（区、街道）人大根据领导干部的主管工作领域，因地制宜、因人而异、安排接待和见面的各级人大代表（含街道选民代表）和选民，确定活动具体时间和地点。代表中158名领导干部深入基层、深入群众，接待代表550人、选民493人，听取意见、建议454条。对于代表和选民反映的问题，参加“双日”活动县镇领导干部急群众之所急，当场解决225件，交办限期解决153件；有70多个问题需要多方协同解决，县人大办公室和人事代表工委随即分门别类提交给县政府相关部门和单位，相关方面不仅在规定时间内作出人民满意的答复，县发改委、人社局、住建局等部门还向县人大提交解决问题的工作报告和情况汇报。在“双日”活动中，肩负领导重任的人大代表做

2022年6月29日上午，县委副书记、县长陈雷在掘港街道洋岸村参加“接待代表日暨代表联系选民日”活动，与人大代表、选民代表交流座谈

到“民有所呼我必有应、民有所需我必有为”，切实增强人民群众的获得感、幸福感和满意度。

2023年4月始，县人大常委会组织全县各级人大代表走进选民群众中，面对面开展“一问一策”活动，广泛收集选民意见，切实解决民生问题。活动中代表联系选民589人，收集建议、意见258条，经县人大人事代表工委汇总梳理，转化为闭会期间人大代表建议，并迅速交办，跟踪督办。

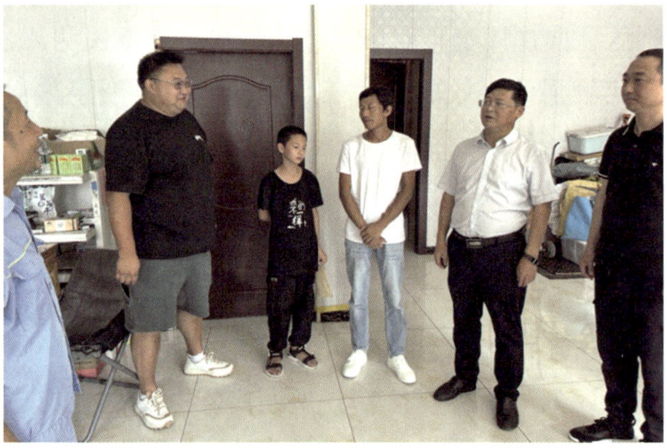

2023年8月，县人大代表、政协主席蒋树建（右二）以代表身份慰问困难选民

二、学习培训

（一）一月一学法

历届县人大重视人大代表学习教育，突出法律业务知识学习，把《中华人民共和国宪法》以及《中华人民共和国全国人民代表大会和地方各级人民代表大会选举法》《中华人民共和国环境保护法》《中华人民共和国预算法》《中华人民共和国农村土地承包法》《中华人民共和国职业教育法》《中华人民共和国行政诉讼法》《中华人民共和国水污染防治法》等作为学法的重要方面，增强代表法律意识，明确其权利和义务，完善其知识结构。

2017年4月7日，县人大常委会集中进行《中华人民共和国农产品质量安全法》专题培训。参加培训的有县人大常委会组成人员、县镇（区、

街道）人大干部和县内各级人大代表。

2019 年 3 月 27 日，县人大常委会办公室将县第十七届人大常委会第三十五次主任会议讨论通过的《如东县人大常委会 2019 年度学法方案》印发县人大常委会组成人员、县人大各委室。从此，县人大“一月一学法”制度得到坚持。

2019—2023 年如东县人大常委会集中学法安排一览表

表 6-3

年度	月份	内容	主讲人身份	责任委室
2019	4	《中华人民共和国水污染防治法》	省环保专家	环资城建工委
	5	《中华人民共和国慈善法》	县慈善总会负责人	监察司法工委
	6	《中华人民共和国预算法》	市人大财政经济委负责人	财政经济工委
	8	《中华人民共和国人民调解法》	县矛盾纠纷调解工作负责人	监察司法工委
	10	《江苏省爱国卫生条例》	县相关专家	教科文卫工委
	11	《南通市畜禽养殖污染防治条例》	市相关专家	农业农村工委
	12	《江苏省乡镇人民代表大会工作条例》	市相关专家	人事代表工委
2020	3	《中华人民共和国安全生产法》	邀请相关专家授课	财政经济工委
		组织县镇区街道人大宣传信息员培训	邀请县新闻宣传专家授课	县人大研究室
	4	组织习近平新时代中国特色社会主义思想专题学习	机关支部、老干部支部、党小组学习	县、镇（区、街道）人大
		《江苏省湿地保护条例》	邀请相关专家授课	县、镇（区、街道）人大
	5	组织学习全国“两会”精神	机关支部、老干部支部、党小组学习	县、镇（区、街道）人大
		《中华人民共和国水污染防治法》	邀请相关专家授课	环资城建工委
		开展“算好廉政账”活动	组织人大干部观看警示教育片，开设廉政党课	县、镇（区、街道）人大
	6	组织学法用法专题学习	机关支部、老干部支部、党小组学习	县、镇（区、街道）人大
		参与全国文明城市创建工作	组织县人大干部参与创文活动	县人大办公室
	7	结合建党 99 周年，开展系列纪念活动	组织机关支部、老干部支部、党小组开展活动	县人大办公室
		组织强化企业服务专题学习	机关支部、老干部支部、党小组学习	财政经济工委
	8	《中华人民共和国慈善法》	邀请县专家授课	监察司法工委
		《中共中央关于坚持和完善中国特色社会主义制度推进国家治理体系和治理能力现代化若干重大问题的决定》	机关支部、老干部支部、党小组学习	县、镇（区、街道）人大
	9	《中华人民共和国职业病防治法》	邀请县专家授课	教科文卫工委
		举办人大干部履职能力培训班	组织县镇区街道干部、部分人大代表学习培训	县人大办公室

续表 6-3

年度	月份	内容	主讲人身份	责任委室
2020	10	组织学法用法专题学习	机关支部、老干部支部、党小组学习	县、镇（区、街道）人大
		组织生态文明建设专题学习	机关支部、老干部支部、党小组学习	县、镇（区、街道）人大
	11	组织学法用法专题学习	机关支部、老干部支部、党小组学习	县镇区街道人大
		组织开展挂钩帮扶活动	组织人大干部深入基层精准扶贫	县人大办公室
	12	组织全面从严治党专题学习	机关支部、老干部支部、党小组学习	县、镇（区、街道）人大
		召开民主生活会、组织生活会，开展民主评议党员活动	按要求开展活动，提升思想政治质	县、镇（区、街道）人大
2021	2	《中华人民共和国中小企业促进法》	县发改委中小企业科科长曹卫东	财政经济工委
	3	《中华人民共和国行政处罚法》	县级相关专家	监察司法工委
	4	《江苏省人民代表大会常务委员会关于加强检察公益诉讼工作的决定》	县检察院专家	监察司法工委
	5	《中华人民共和国大气污染防治法》	县生态环境局专家	环资城建工委
	6	《中华人民共和国退役军人保障法》	市级相关专家	社会建设委
	7	《中华人民共和国就业促进法》	市级相关专家	社会建设委
	8	《江苏省农村集体资产管理条例》	县农业农村专家	农业农村工委
	9	《中华人民共和国全国人民代表大会和地方各级人民代表大会选举法》	市级相关专家	人事代表工委
	10	《中华人民共和国传染病防治法》	县卫生防疫专家	教科文卫工委
2022	2	《江苏省农村集体资产管理条例》	省农业农村局专家	农业农村工委
	3	《中华人民共和国乡村振兴促进法》	县级专业人士	农业农村工委
	4	《江苏省发展高新技术条例》	县级专业人士	教科文卫工委
	5	《中华人民共和国统计法》	季海春	财政经济工委
	6	《中华人民共和国各级人民代表大会常务委员会监督法》	市级相关专家	人事代表工委
	7	《中华人民共和国固体废物污染环境防治法》	县生态环境局专业人士	环资城建工委
	8	《中华人民共和国民法典》收养系列规定	县民政局专业人士	社会建设委
	9	《江苏省社会信用条例》	姚旭峰	财政经济工委
	10	《中华人民共和国行政诉讼法》	王春荣	监察司法工委
	11	《中华人民共和国安全生产法》	胡　俊	社会建设委
	12	《江苏省人民代表大会议事规则》	县级专业人士	县人大办公室
2023	2	《中华人民共和国湿地保护法》	县级专业人士	环资城建工委
	3	《江苏省信访条例》	县级专业人士	信访督办室
	4	《江苏省政府投资条例》	县级专业人士	财政经济工委

续表 6–3

年度	月份	内容	主讲人身份	责任委室
2023	5	《中华人民共和国保守国家秘密法》	县级专业人士	县人大办公室
	6	《江苏省行政程序条例》	县级专业人士	监察司法工委
	7	《中华人民共和国科技进步法》《江苏省科技进步条例》	县级专业人士	教科文卫工委
	8	《江苏省河道管理条例》	市专家	农业农村工委
	9	《江苏省行政事业性国有资产管理条例》	县级专业人士	财政经济工委
	10	《江苏省养老服务条例》	县级专业人士	社会建设委
	11	《中华人民共和国民法典》人格权篇	县级专业人士	监察司法工委
	12	《中华人民共和国交通安全法》	县级专业人士	监察司法工委

（二）新代表培训

1. 第十六届人大代表培训

2012 年 3 月 9 日，县人大常委会召开第十六届人大代表培训会议，对新选举产生的 354 名第十六届人民代表大会代表进行培训。培训会议由县人大常委会党组副书记陈昌龙主持。县人大常委会党组副书记、副主任徐志平作辅导报告。通过培训，使新任人大代表认清人大代表的地位、作用和义务。懂得人民把自己的权力，依法委托给自己选出的代表来行使，代表的职务为法律所确认、受法律保护；懂得人大代表在了解、集中和反映选民的意愿，参与形成、通过国家权力机关的决议、决定，监督、协助贯彻执行宪法、法律以及本级国家权力机关通过的决议、决定，协助本级政府推行工作等方面如何积极作为并发挥模范带头作用；懂得当好代表有 4 个方面义务：即模范地遵守宪法和法律、协助宪法和法律的实施，密切联系人民群众、积极反映人民群众的意见和要求，努力为人民服务、保守国家机密，协助本级人民政府推进工作。参训代表明白，法律赋予代表比一般公民更多、更大的权利，代表也必然要承担更多、更大的责任和义务。加深理解“人民选我当代表，我当代表为人民”的道理。通过培训，新任代表懂得人大代表在人代会期间所享有的审议权、表决权、提议案建议权、选举权、质询权和罢免权 6 个方面权利，并对如何正确行使这些神圣权利，深感各自所承担的重大责任。参训代表还懂得人代会开会期短，闭会期长，代表大量工作活动在闭会期间展开，更多作用在闭会期间发挥。代表们对在人代会闭会期间积极参加小组学习、视察调查和部门评议等各项活动得到新的认知，并作好心理准备。通过培训，新任代表懂得代表在执行职务时享有《中华人民共和国全国人民代表大会和地方各级人民代表大会代表法》所规定的言论自由保障、身份保障、时间保障、物质保障和社会保障等特殊保障。同时，新任代表更清醒懂得，要高质量履行好各项职责，除了得到必要的保障措施之外，人大代表必须具备和不断提高自身素质。受训代表纷纷立志在提高政治素质、增强责任意识、增强参政议政能力、增强履职胆识、加强道德修养 5 个方面狠下功夫。

2. 第十七届人大代表培训

2016 年 12 月 22 日，县人大常委会召开第十七届人大代表培训会议，对新当选的 352 名人大代表进行履职培训；全县各镇（区、街道）人大副主席（副主任）、人大秘书参加培训。县人大常委会党组书记、副主任陈昌龙主持培训会议，并在培训结束前发表讲话。江苏省人大人事代表联络委员会原副主任孙庭兆作如何提升代表履职能力辅导讲座。县委副书记、县长潘建华出席会

2016 年 12 月 22 日，县委副书记、县长潘建华在县第十七届人大代表培训会议上讲话

议并讲话。通过听取领导讲话和专家辅导讲座，新任代表了解到人大代表的权利与义务、职责与作用，为代表任职期间勤勉履职、科学履职、依法履职，打好思想理论基础。代表们以培训为新起点，加强自身建设，提高素质、增强能力，苦练学习之功、建言之功、形象之功，争当人民满意的优秀人大代表。

3. 第十八届人大代表培训

2021 年 12 月 23 日，县人大常委会召开县第十八届人大代表培训会议，对新当选的县镇两级人大代表和选民代表进行培训。培训会议通过视频会议系统召开，主会场设在县人大代表履职服务中心，各镇（区、街道）人大代表履职服务中心设分会场。培训会议由县人大常委会党组副书记、副主任徐鸿斌主持。县人大常委会党组书记、主任陈昌龙在培训会议上讲话。南通市人大常委会人事代表委员会副主任廖剑飞在培训会上授课。廖剑飞以《坚持和完善人民代表大会制度 做一名合格的人大代表》为题，具体阐述人民代表大会制度内涵、为什么要实行人民代表大会制度、人民代表大会及其常务委员会的主要职权等内容，特别对代表如何行使好重大事项的监督权、怎样提出高质量议案建议等问题进行详细讲解。会议还对智慧人大平台使用方法进行培训。

2021 年 12 月 23 日，县人大常委会党组书记、主任陈昌龙在县第十八届人大代表培训会议上讲话

（三）走出去参训

1. 全国人大会议中心培训

2015 年 7 月 1—7 日，县人大常委会组织县人大干部赴全国人大会议中心参加 2015 年第 9 期地方人大代表和干部培训班学习。县人大常委会组成人员、各镇人大主席、各区人大工委主任、机关代表小组组长以及县人大部分机关干部参加培训。培训班集中学习人大监督工作、《中华人民共和国预算法》、议案建议工作等有关知识。学员们先后听取全国人大常委会培训中心主任李维国所作《提高议案建议质量，增强履职能力》、国防大学教授孟宪生所作《我国当前国际形势与中国周边安全面临的挑战》、全国人大常委会法工委副主任郑淑娜所作《深入贯彻落实三中、四中全会精神，进一步改进人大监督工作》、全国人大常委会财经委副主任尹中卿所作《认真学

2015 年 7 月 6 日，县人大常委会领导代表培训班全体学员向全国人大会议中心赠送中国书法家协会会员、县人大常委会专职委员谢骏的书法作品

习贯彻新〈中华人民共和国预算法〉，依法加强和改进预算审查监督》等专题讲座。专家教授讲课深入浅出、通俗易懂，讲解富有很强针对性和较高权威性，为参训学员起到释疑解惑作用。学员们通过面对面聆听专家学者授课，对人民代表大会制度和新时代人大工作的理解和认识得到深化和升华，依法履职观念更加入脑入心，做好新形势下人大工作的责任感和使命感进一步增强。

2. 中国政法大学人大干部履职能力提升培训班

2017 年 8 月 12—15 日，县人大常委会组织人大干部、人大代表赴重庆市参加由中国政法大学举办的人大干部履职能力提升培训班，围绕如何开展人大监督工作、代表工作和预算检查工作进行专题学习培训。中国政法大学政治与公共管理学院教授、公共事业管理研究所所长马建川对《中华人民共和国各级人民代表大会常务委员会监督法》进行解读，并就人大监督工作进行专题讲解。马建川还专题讲解人大干部履职基础知识及其能力提升建设问题。经济学博士张德铜专题讲解新时代人大代表工作和《中华人民共和国预算法》与政府预算报告审查工作。参训学员通过聆听中国政法大学专家教授 3 堂权威性专题讲座，并下功夫进行深入研讨消化，受益匪浅。马建川

2017 年 8 月 13 日，中国政法大学教授马建川对《中华人民共和国各级人民代表大会常务委员会监督法》进行解读

对《中华人民共和国各级人民代表大会常务委员会监督法》立法背景、立法目的、演变过程和具体内容深入浅出的解读，使许多学员对相关法律条文不仅知其然而且更知其所以然，特别是对“在新的历史时期下如何更好地坚持中国共产党的领导”“如何正确处理好党管干部原则与人大人事任免权的关系”等问题得到更清醒、更透彻、更精准的理解。张德铜的专题讲解，使学员们学到做好代表工作和预算审查工作的理论和知识，进一步了解政府预算编制的组成和原则，掌握住预算、决算的编制、审查、批准、监督以及预算的执行和调整的程序和要求，为规范政府行为，强化预算约束，保障地区经济社会健康发展奠定理论基础。

3. 省宣传信息员培训

2018 年 5 月 8—12 日，县人大常委会在南京首次举办宣传信息员培训班，县人大人事代表工委、研究室负责人以及各镇（区、街道）人大宣传信息员，县人大机关部分工作人员参加培训。组织宣传信息员赴江苏省人大培训，旨在加强如东人大宣传信息员队伍建设，提升县人大宣传工作整体水平。培训班邀请江苏省委研究室处长何巨、江苏省人大宣传处处长邵学益和南京市人大人代委副主任程新元授课。何巨处长结合乡村振兴的重大意义和国内外有关促进乡村发展的理论、实践探索，详细讲解实施乡村振兴战略应注意的几个问题。邵学益处长围绕如何做好人大宣传和信息工作，详细解读人大新闻和人大信息的概念，用实例讲解如何撰写高质量的新闻作品，并针对县乡人大宣传工作需要走出的几个误区提出解决办法，邵学益处长还从人大机关公文的种类、公文规范等方面讲述如何撰写人大机关公文。程新元副主任围绕乡镇人大性质与地位，乡镇人大新形势新任务和如何加强县级人大“两个机关”（人民满意机关、和谐人大机关）建设进行深入浅出的讲解。培训中，专家与学员进行互动交流。

4. 浙江大学——如东人大干部研修班

2018 年 6 月 11—14 日，县人大常委会参加浙江大学——如东人大干部研修班，组织县人大常委会委员、县人大机关全体干部、各镇（区、街道）人大主席（工委主任）参加培训。此次培训主要目的在于提高人大干部理论水平和实际工作能力，为打造“责任人大、规范人大、实效人大、活力人大”固本赋能。11 日上午，县人大干部研修班在浙江大学西溪校区开班，县人大常委会党组书记、主任陈昌龙，副主任沈更生、唐国均、徐鸿斌、刘旭峰出席开班仪式。浙江大学继续教育学院华东二区培训部主任施笑贞向全体学员致欢迎辞。陈昌龙在开班仪式上作动员讲话。在 4 天时间内，县人大干部先后听取专家教授讲授的《宪法与人大监督制度》《创新思维与创新发展》《国际安全局势与中国外交政策》《人大对政府预算监督》《国学智慧与管理谋略》《宏观经济形势分析》等课程。研修班还组织学员赴安吉县余村、横山坞村以及杭州市“梦想小镇”，实地考察学习两地生态文明建设和创新发展先进经验。此次研修班内容丰富、教师权威、形式多样，激起学员强烈求知欲望。参训的如东人大干部经过潜心钻研，学深悟透，收到学、思、践、悟融会贯通的预期效果。

2018 年 6 月 11 日，浙江大学继续教育学院华东二区培训部主任施笑贞（右一）致欢迎辞

5. 新时代人大工作培训班

2019 年 4 月 20—26 日，县人大常委会组织人员赴陕西省西安市参加由中国政法大学举办的新时代人大工作培训班。此次培训是深入贯彻习近平新时代中国特色社会主义思想，学习中共十九大精神，做好新时代人大工作的专题培训。县人大常委会组成人员，各镇（区、街道）人大主席（工委主任）、副主席（副主任），各镇（区、街道）人大秘书、部分县人大代表、县人大机关工作人员参加培训。开班仪式上，县人大常委会党组副书记、副主任唐国均作动员讲话。中国政法大学田为民教授围绕“依法治国与人大工作”进行深入浅出讲解；丁军教授从中国传统文化角度阐述古代智慧与管理的关系；钟卫国教授对新时代国内和国际经济形势作全面深入分析；严兴平教授围绕“我国周边安全形势与我国外交战略”作专题辅导。通过此次培训，学员们进一步增强党性、拓宽视野、丰富学识，提高做好新时代人大工作的综合素质。

2019 年 4 月 20 日，中国政法大学教授田为民围绕“依法治国与人大工作”主题，深刻阐述习近平法治思想

6. 人大制度建设能力提升专题培训班

2020 年 8 月 11—16 日，县人大常委会组织相关人员赴厦门大学参加人大制度建设能力提升专题培训班。县人大常委会党组书记、主任陈昌龙，党组副书记、副主任徐鸿斌，副主任刘旭峰、罗晓东、陈晓莉，部分县人大常委会组成人员、各镇（区、街道）人大主席（工委主任）、

县人大机关工作人员近50人参加培训。在11日开班仪式上，县人大常委会党组副书记、副主任徐鸿斌作动员讲话。厦门大学王亚南经济研究院副院长王艺明教授在开班仪式上致欢迎辞。此次培训班坚持课堂集中授课和现场教学相结合，开设落实新发展理念、创新人大工作、新冠疫情与中美关系的变化及国学知识等课程，并组织学员至革命圣地龙岩市进行现场教学。培训期间，还开展班组研讨、心得分享等学习成果交流活动。经过6天培训，学员们收获颇丰，不仅增长知识、提高理论水平、拓宽工作视野，而且在革命圣地经受到党性锤炼，达到人大制度建设能力提升培训的目的。

2020年8月14日，如东人大全体参训学员到革命圣地龙岩进行现场教学，接受党性锤炼

7.中南大学——如东人大代表履职能力和综合素养提升培训班

2023年4月9—15日，县人大常委会组织人员赴湖南省长沙市，参加由中南大学举办的人大代表履职能力与综合素养提升培训班。县人大常委会组成人员，各镇（区、街道）人大主席（工委主任）、副主席（副主任），县人大工作人员参加培训。10日上午，举行开班仪式。中南大学继续教育学院院长余社平到会致辞；县人大常委会党组书记、主任陈昌龙作动员讲话。培训班重点安排理论教学和党史教育，开班第一课由湖南省哲学学会常务理事、湖南省高校马克思主义原理教学研究会副会长谭希培教授围绕“增强人大监督实效，为经济社会高质量发展保驾护航”对中共二十大报告进行深入解读。《毛泽东诗词与湖湘文化》由中国毛泽东诗词研究会副会长、中共文献研究会理事、文献研究会毛泽东思想生平研究分会常务理事、教育部高校思政工作队伍培训研修中心授课专家、教授，太和智库高级研究员张志初教授讲授，张教授从毛泽东诗词中探寻湖湘文化的精神风貌与价值追求。11日，全天安排党史教育活动，带班老师带领全体学员瞻仰毛泽东故居、刘少奇故居，翻开党史篇章，触摸红色根脉。12日，中南大学临床心理学博士、精神科执业医师，中国心理卫生协会大学生心理咨询专业委员会常委、湖南省心理卫生协会副理事长唐海波教授带学员进行一场关于领导干部阳光心态与压力调试的心灵瑜伽。罗方禄教授围绕“新国际战略形势与中国国家安全”作专题辅导。授课既有理论支撑又有案例论证，具有很强的针对性、指导性和实践性。学员们通过集中听课和分组研讨，达到预期培训目的和效果，使参训人员的履职能力和综合素养切实得到提升。

（四）请进来培训

1.省人大专家专题讲座

2014年12月4日，县人大常委会召开人大代表培训会议，对人大代表进行提升履职能力专题培训。县人大常委会党组副书记、副主任陈昌龙，县人大常委会副主任沈更生、冯力如、唐国均参加会议。培训会议邀请江苏省人大常委会人事代表联络委员会副主任孙庭兆作题为《认真履行代表职责，充分发挥代表作用》专题讲座。讲座分别从人大代表在履职方面存在主要问题，人大代表性质、地位和作用，人大代表权利和义务，人大代表的保障和监督以及人大代表应当在经济社会建设中发挥应有作用等5个方面展开，对如东人大代表如何履职进行辅导。专家辅导使人大工作者和100多名人大代表对如何依法履行职责加深理解。县人大人事代表工委负责人对人大代表如何提交议案建议进行业务指导。

2. 人大代表宪法日培训

2020 年 12 月 4 日，在第 7 个国家宪法日，同时进入第 3 个“宪法宣传周”这一天，县人大常委会召开全县四级人大代表宪法日“讲法典、学法典”集中培训会。县人大组织全县四级人大代表和街道议政员以视频电视电话会议形式，在县、镇（区、街道）两级人大代表履职服务中心开展“讲法典、学法典”集中培训，以此深入学习贯彻习近平法治思想，推动宪法精神深入人心。县委、县人大、县政府、县政协领导班子中的人大代表在各自选区参加会议。县人大常委会党组书记、主任陈昌龙在培训会议上讲话。市、县人大代表、县法院院长黄卫作题为《弘扬宪法精神，推动民法典贯彻实施》专题辅导。黄卫院长结合自身在民法方面工作多年积累的丰富经验，重点围绕《中华人民共和国民法典》（简称“民法典”）制定历程、实施意义以及民法典如何回应时代声音、保障公民权利等方面进行生动形象、深入浅出解读，使全县人大代表懂得民法典、学会应用和宣传民法典等法律知识，履职能力得到提升。

3. 人大代表“牢记嘱托、感恩奋进”学习实践培训

2023 年 8 月 15 日，县人大常委会召开全县人大代表“牢记嘱托、感恩奋进”学习实践大培训暨“双创”（镇〈区、街道〉创特色、机关委室创品牌）工作推进会。县人大常委会党组书记、主任陈昌龙在会上讲话，总结点评上半年全县人大系统“双实践”“双创”等各项重点工作，并对下阶段推进工作提要求。县人大常委会党组副书记、副主任徐鸿斌主持会议，县人大常委会副主任翟建华、缪卫宏参加会议。江苏省人大工作理论研究会常务副会长、江苏省十二届人大常委会秘书长吕振霖以“牢记嘱托、感恩奋进”学习实践为主题为全县各级人大代表开展专题培训。

2023 年 8 月 15 日，江苏省人大工作理论研究会常务副会长、江苏省十二届人大常委会秘书长吕振霖为如东人大代表作“牢记嘱托、感恩奋进”专题讲座

第三节　创新代表工作

县人大常委会始终要求人大代表工作大胆实践创新，不断做出工作特色。至 2011 年，全县镇人大创建“人大代表之家”73 家，体现出代表工作新特色。第二年，县人大常委会以“人大代表之家”建设为抓手，不断丰富代表活动的内容和形式。按照“就地、就近、就选民”原则，全面规范“代表之家”，努力为代表提供集中学习、履职交流、联系群众和执行职务的平台。代表之家提档升级，掘港镇港南、大豫镇南坎社区“人大代表之家”先后进入市十面红旗单位先进行列。2017 年 8 月 31 日，县人大常委会将第十七届人大常委会第九次主任会议通过的《如东县人大工作创新奖评选表彰办法》印发全县。从此，县人大常委会加强对人大工作创新奖评选的组织领导，动员全县各镇（区、街道）人大和县人大各委室积极参与，谋划、组织各项人大创新工作。至 2023 年，每年一次人大工作创新奖评选表彰活动的开展，有力推动人大工作创新，人大代表特色工作更是亮点频现。

一、新模式

2019 年，县人大常委会编撰人大代表学习法律知识的一本工具书——《人大代表学法手册》。

"手册"内容包括《中华人民共和国宪法》《中华人民共和国全国人民代表大会和地方各级人民代表大会代表法》《中华人民共和国地方各级人民代表大会和地方各级人民政府组织法》等基础性法律，以及《中华人民共和国各级人民代表大会常务委员会监督法》《中华人民共和国预算法》《中华人民共和国水污染防治法》《南通市畜禽规模养殖污染防治条例》等专业性法律法规。为便于代表学习理解，书中既有启发性学前思考，又有原原本本法律条文，还有帮助巩固提高的练习题。人大代表一册在手，对于进行法治宣传教育，普及法律意识，提升人大代表依法监督能力有很强实用价值。

2019年4月，县人大常委会编撰的《人大代表学法手册》

2020年，南通外向型农业综合开发区（苴镇街道）人大工委结合工作实际，提炼创造出"1+X"工作模式。模式中的"1"是可预知的基础工作，每位代表都应主动做到访民情、听民声、解民忧；"X"是充满无限可能的特色工作，鼓励每位代表结合自身实际和岗位特点，当好助力乡村振兴的模范者、发动者、监督者，在助力省市县人居环境整治示范村打造、食品产业园发展、刘埠一级渔港建设、平安法治外农创建、清水绿岸提质行动等方面，充分发挥各自优势，聚力提升人大工作效能。南通外向型农业综合开发区（苴镇街道）人大工委以"1+X"工作模式总揽人大工作，把辖区内每位人大代表的能量最大限度释放出来，为建设"全市最美海岸线"和"全县核心花园区"贡献人大智慧和力量。

2021年，如东经济开发区创新实施"人大+纪委"联动融合监督模式。围绕区党工委、管委会工作中心和重点、难点，区人大工委与纪工委联合精选监督议题、融合制定监督方案、联动开展监督活动。1年中，组织辖区内各级人大代表、街道人大议政员和行风政风监督员聚焦"清水绿岸"提质行动、政府民生实事推进、国有公司运行、服务项目建设和中小企业职能部门服务效能提升等开展联动融合监督活动161人次，进一步提升监督效能。"人大+纪委"联动融合监督统筹人大与纪委的监督力量，有效解决经济开发区工作中存在的监督触角延伸不够、监督力量不足等问题，推动人大和纪委监督从单打独斗到攥指成拳，协同联动取得"1+1>2"的监督效果。

二、新机制

2017年，如东高新区（掘港街道、城中街道）人大工委在全县率先设立街道人大议政员制度，弥补撤镇建街后街道没有本级人大代表的不足，增强区（街道）人大监督力量，为区（街道）人大监督工作和民主政治建设探索出一条新路径。区（街道）人大工委将人大议政员活动纳入县人大代表活动小组管理，与县人大代表一同参与每月一次的人大代表工作站接待选民活动，保持议政员与人民群众的密切联系，积极收集和反映社情民意，协助区管委会（街道办事处）推进工作，为促进全区（街道）经济社会发展作出应有贡献。

2019年，县人大教科文卫工委讲好"水"故事　做好"河"文章——履职尽责策应大运河文化带建设。组织人大代表参与加大历史文化遗存的挖掘与保护，推进国清寺、串场河、古范公堤的考古、研究与认定工作；参与加强运河文化传承与弘扬，推进国清寺博物馆建设，讲好如东水文化故事，促进全县对外开放与交流；参与加快运河沿线如东段环境整治，推进串场河水生态文化地标打造。具体实施方法为组织代表、专家实地调研，形成调研成果；召开运河文化带建设专题会议，提出建议、加速推进；开展专题视察，对大运河文化保护与开发工作进行回头看。

2019年，掘港街道人大工委与浙江省嘉善县罗星街道人大工委缔结友好合作关系，加强街道人大工作合作互助，建立长期交流机制，谋求优势互补，推进合作双方在人大工作、经济发展等方面共同进步。并及时传播信息，发挥先导作用，引导县内其他镇（区）人大与先进地区人大缔结友好合作关系，引进先进经验，推动如东经济社会高质量发展。

2020年，岔河镇人大将代表履职与镇域治理网格化相融合，创新工作机制，建立人大代表与网格员工作沟通与信息联系制度。按照“1+N+X”网格服务管理队伍架构，在每个网格“N”节点上设置人大代表指导员。此外，还建立人大监督问题的交办机制，充分发挥人大代表联系群众，收集群众意见的作用，对于一般意见、建议直接通过网格渠道反映到相关部门处理解决，提高代表监督工作效率。同时强化人大代表对网格化管理工作监督，镇人大每年组织代表对网格指挥系统运行情况和对交办问题的处理情况进行监督检查，确保代表意见件件有着落、事事有交代。

2020年，县人大办公室、人事代表工委建成智慧人大平台。平台建设以信息化建设为抓手，以服务代表履职为目标，运用信息化手段进一步加强县人大常委会与人大代表、选民群众之间的相互联系和互动交流。10月，“如东人大”手机App、微信小程序正式上线，县镇两级人大代表安装使用。人事代表工委运用如东“智慧人大”平台加强与镇（区、街道）人大、各级代表沟通联系。

2021年，洋口镇建立人大代表信访代理制。具体做法：走访了解及时发现苗头信息。通过人大代表密切联系选民这个渠道，在接待选民、走访选民过程中，及时了解信访信息，准确把握信访脉搏，对症施治，妥善处理信访问题，力争做到为解决问题不出村、群众上访不出镇做好宣传工作，化解群众怨气。组织代表深入地宣传好、解释好国家法律法规和党的惠农政策，监督各项政策法规在阳光下贯彻执行，保证群众的知情权、参与权、享有权；主动参与，解除群众困难。人大代表真正把信访群众当家人，把群众反映的问题当家事，站在群众立场处理问题，多做人对人、面对面、手拉手、心连心的工作，办好顺民意、解民忧、惠民生的实事。

2021年，大豫镇人大实施“三段锦”式（督导式、融合式、助力式）工作方法，监督《中华人民共和国社区矫正法》落实落地。督导式监督。年初，明确监督课题，组织涉及领域的人大代表定期不定期开展对司法所和社区矫正工作实施的监督检查，每季度审阅司法所开展社区矫正工作书面材料，每半年专题听取《中华人民共和国社区矫正法》实施和贯彻落实情况。镇人大就社区矫正工作专题进行调研，并形成调研报告。融合式监督。大豫镇人大组织相关人大代表全过程参与审前调查、“矫务长制”、日常监管。在审前调查阶段听取所在选区人大代表意见，在社区矫正日常监管中，人大代表履行监督义务，要求“矫务长”每月向人大代表汇报反馈日常管理情况。助力式监督。充分发挥各个领域人大代表优势和作用，引领“社会化”参与对矫正对象给予扶困、扶学、扶业、扶医、扶心，感召和鼓励其实现“再社会化”。镇人大先后组织企业界4名县镇人大代表与镇政府签订协议，成立社区矫正帮扶基地，全年帮助 4 名矫正对象成功再就业。

2022 年，长沙镇人大积极探索代表履职新方式、新举措，将“数字+平台”“数字+监督”“数字 + 履职”新方式落实到“五加一”主题实践活动中。“数字 + 平台”：全镇建成镇级代表履职服务中心 1 个，社区及村代表工作站 5 个，代表联络点 10 个，形成“1+5+10”的代表阵地体系。87 名四级人大代表全部编组进“站”、进“点”、进“网格”，平台履职信息实现全覆盖。“数字 + 监督”：“长沙智慧人大”平台以数字赋能打造信息互动、建议意见办理、跟踪监督、民情直通、履职管理等八位一体的代表“数字化”履职系统。“民情直通”版块有效突破时间和空间限制，为人大代表在闭会期间常态化监督问政，交办意见建议提供即时高效信息。全年平台办理系统共收到代表反馈的各类意见建议 78 条，民情民意的采纳和办结率达 90% 以上。“数字 + 履职”：将数字化手段融入代表履职管理全过程，推出主题实践活动履职登记版块，对代表履职情况进行定量和定性考核。1 年中，智慧人大平台实时上传履职动态 700 次，代表认领助推实事项目 77 件，办成 75 件。

三、新阵地

2012 年，掘港镇人大在区位条件和办公设施较好的港南村建立起“人大代表之家”，将附近 6 个村和“三产”单位 26 名县镇人大代表组成第二代表活动小组，定期集中到“家”中开展活动。代表之家建立完善各项制度，按照“五有”（有房子、有牌子、有设施、有图书室、有经费）标准进行规范化硬件建设。镇财政每年按每位代表 500 元标准，共下拨 2 万多元资金，用于港南代表之家建设和开展代表活动。借助网络平台，还为代表建立“港南人大代表之家 QQ 群”和“人大代表手机短信平台”。2012 年底，江苏省人大领导对港南代表之家建设情况进行专题调研。2014 年，掘港镇港南村代表之家被授予南通市“人大代表之家”十面红旗单位称号。同年，大豫镇人大建立起南坎社区“人大代表之家”，严格按照标准进行规范化建设。镇财政每年均全额承担“人大代表之家”所需的活动经费，确保“人大代表之家”建设和各项活动正常开展。代表之家创新开展以“树立新形象、发挥新作用、争创新业绩”为主要内容的“三新”竞赛活动，为代表发挥作用创造条件，使代表之家真正成为“学习之家、议政之家、亲民之家、维权之家、和谐之家”。2015 年 12 月，大豫镇南坎社区“人大代表之家”获评全市“人大代表之家”十面红旗单位。

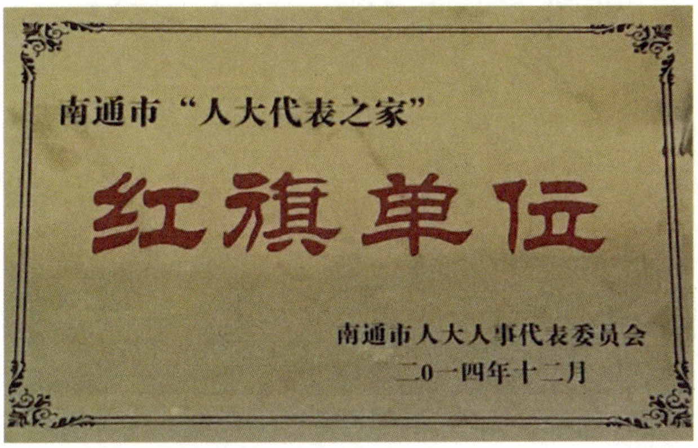

2014 年 12 月，掘港镇港南村“人大代表之家”获得南通市“红旗单位”奖牌

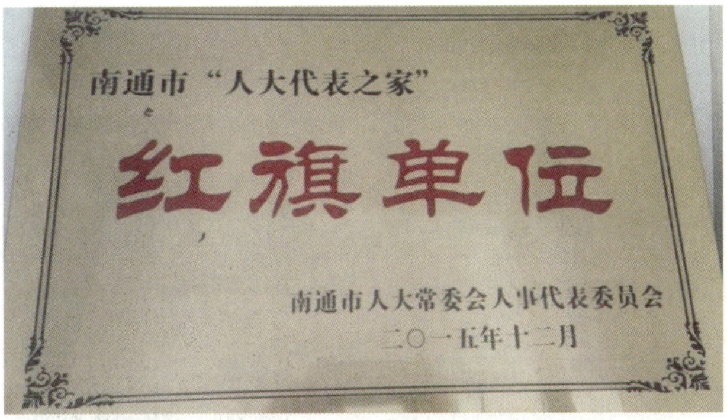

2015 年 12 月，大豫镇南坎社区“人大代表之家”获得南通市“红旗单位”奖牌

2017 年，如东经济开发区（苴镇街道）建设 3 个人大代表之家、6 个人大代表工作站，定期开展活动。区（街道）人大工委打造网上代表之家，形成“线上 + 线下”人大代表之家模式，使之成

为覆盖范围更广、履职效率更高、发挥作用更大的人大工作新平台。区（街道）人大工委依托开发区微信公众号增设“网上代表之家”栏目，成为人大代表与人民群众联系沟通、听取建议意见的全天候、全覆盖平台，架起人大代表与人民群众之间的“连心桥”。同年，岔河镇人大按照人大代表不同职责和区域分布情况，对“人大代表之家”作出新的调整，成立6个代表之家，分别是企业界、服务业界、文教卫生界和3个农业界代表之家。布局合理、提档升级的6个代表之家依托共同的载体和平台，不同职责、不同领域的代表分头汇聚到各自“人大代表之家”，反映民意、吸取民智更集中，研究问题、讨论工作更专业，组织学习、开展活动更统一。

2018年，如东高新区（掘港街道、城中街道）人大工委在虹桥村创新设立人大学习馆。项目总投资20多万元。新设立的人大学习馆，通过图片和文字资料宣传人民代表大会制度，展示原掘港镇人大和区（街道）人大工委的发展历程、辖区各级优秀人大代表在不同时期、不同岗位的履职风采，让广大选民了解人大、关心人大、支持人大，激励各级人大代表和街道人大议政员不忘初心、牢记使命、履职尽责。

2018年11月20日，浙江省嘉善县人大常委会到如东参观高新区人大学习馆

2022年，新店镇新建人民代表大会制度文化园。文化园坐落于新店镇孙桥村村部内，占地面积2000平方米。全园共分为4个部分，第一部分是人民代表大会制度沿革、包括全国人民代表大会制度、乡镇人民代表大会制度沿革，以及新店镇人民代表大会相关工作。第二部分是历届领导人关于人民代表制度的讲话，习近平总书记在中共二十大报告中阐述新时代中国特色社会主义思想的世界观和方法论的讲话内容。第三部分是人大代表大会制度文化长廊。第四部分是“五加一”主题实践活动中最美人大代表的风采展示。文化园成为新店镇人大基层原创宣传文化阵地，在镇人大宣传群众、联系群众的实践中发挥出窗口、桥梁、纽带作用。

2022年，河口镇人大在荷园村开辟河口镇人大代表助力乡村振兴研学基地。基地占地280亩，建筑面积3000平方米，环境优美，既适合开展研学活动，也便于开展群众性宣讲活动。经过镇人大主席团与荷园村代表小组商定，结合第一人大代表小组代表的优势特长，组建有县法院院长、景安初级中学校长等参加的河口镇人大代表讲师团。讲师们通过集中宣讲，向周边村村民和基层党员干部宣传法律法规、家风家训、河口精神等内容。代表们通过论坛组织学习研究，围绕如何因村制宜践行产业兴旺、治理有效、乡风文明、生态宜居、生活富裕五大课题，理清乡村振兴工作重点，解答乡村振兴中难点问题，找到乡村振

2022年，河口镇人大开辟乡村振兴研学基地，人大代表讲师团成员在宣讲习近平总书记关于保护耕地的重要论述

兴特色亮点。当年，荷园村成功申报市级乡村振兴乡风文明先进村和特色田园乡村。研学基地全年开展4次研学宣讲活动，成功构建乡村振兴研学一宣讲一研究的理论到实践，实践再到理论的新模式。

四、创特色、创品牌

2023年2月3日，县人大常委会印发《关于全县人大系统开展“创特色”“创品牌”工作的通知》。“通知”明确，经县第十八届人大常委会第九次会议研究决定，在全县人大系统中开展“镇（区、街道）创特色、机关委室创品牌”工作（简称“双创”工作）。“双创”工作目标任务为通过“双创”，推动镇（区、街道）人大在加强“中心、站、点”代表履职阵地的建设、使用、管理，着力提升代表履职质效等方面创树工作特色。县人大常委会机关委室在发展全过程人民民主，深化民主决策、民主管理、民主监督等方面创建工作品牌。

2月初，各镇（区、街道）人大、机关各委室认真组织学习中共二十大精神，学习习近平总书记关于坚持和完善人民代表大会制度的重要思想，领会开展“双创”工作内涵要求，并开展调查研究、广泛征集意见，于10日前确定当年“双创”主题。各镇（区、街道）人大、机关各委室分别按照各自“双创”主题，精心谋划，制定好“双创”工作方案。2月底前，方案全部报送县人大常委会办公室。县人大建立督查小组，由县人大常委会领导带队，定期到联系的镇（区、街道）人大、机关各委室指导、督查；每季度召开工作推进会进行交流，推进“双创”工作稳定开展。县人大常委会及时颁布优秀“镇（区、街道）特色工作、机关委室品牌工作”评比奖励办法，鼓励争先创优，增强“双创”工作推动力。

2023年8月15日，县人大常委会党组书记、主任陈昌龙在县人大系统“双创”工作推进会上讲话

至9月，县人大系统“创特色”“创品牌”工作取得可喜成果。县人大常委会办公室、人事代表工委、研究室等委室围绕解决留守儿童、外来务工人员儿童问题，打造出“山禾”“蒲公英”“袁梦”“豫润”人大代表工作室；县人大常委会人事代表工委、监察司法工委围绕社会矛盾化解问题，打造出人大代表诉源治理工作站、法律专业代表工作室、“和韵调解”人大代表工作室；县人大常委会农业和农村工委聚焦乡村振兴，打造出“新能人”“绿珠”代表工作室；栟茶镇人大突出为民排忧解难，打造出“静”听民声代表工作室等，办实“民生微实事项目”；河口镇人大创建“助力乡村振兴研学基地”，全县人大系统共打造出12项特色品牌。

第七章

镇（区、街道）人民代表大会

2007—2023年，全县各镇（区、街道）人大先后召开4届人民代表大会，召开年初和届中代表大会280次，选举产生镇人大代表4973名。针对部分镇（区、街道）区划调整等实际情况，县人大设立高新区（掘港街道、城中街道）、如东经济开发区、南通外向型农业综合开发区（苴镇街道）人大工委，先后共选聘人大议政员142人、选民代表181人。人民代表大会换届期间，各镇按人口比例确定人大主席团成员，主席团一般由7～15人组成。主席团成员任期与人民代表大会任期相同。大会期间，代表们听取和审议大会各项报告累计1120多个。人民代表大会闭会期间，代表们充分发挥国家权力机关主体作用，依法督办批评、建议、意见落实1.4万多件，积极参与河路监护1.35万次、部门述职评议活动882次，代表履职取得显著成效。2021—2023年，各镇（区、街道）领导干部代表开展“接待代表日暨代表联系选民日”活动，共接待人大代表1360名，选民代表1040名，收到问题建议1023件，现场解决901件，交办镇部门解决落实122件。各镇人大、区（街道）人大工委苦练内功，不断加强自身建设，建立健全规章制度，努力探索出基层人大工作法制化、规范化的新路子。积极参加助力小康“五百”工程、“五项行动”、“践行‘双聚双高’、助力乡村振兴”等主题实践活动，在助力“清水绿岸”、乡村振兴、推动经济社会高质量发展等方面做出积极贡献。至2023年，全县共建有镇（区、街道）人大代表履职服务中心16个、人大代表工作站75个、人大代表联系点247个，其中有16个中心、工作站获评县“先进人大代表之家”。

第一节　如东经济开发区人大工委

2009年5月，如东经济开发区与苴镇实行一体化管理后，苴镇第十六届人大代表有68名，2012年3月，苴镇第十七届人大第一次会议，选举产生人大代表73名。镇人大共召开代表大会6次。2015年2月，设立如东县人大常委会经济开发区工作委员会，与镇人大合署办公。9月，设立如东县苴镇街道办事处，与如东经济开发区实行一体化管理。苴镇第十七届人大（届期未满）自行终止，73名镇人大代表资格也自行终止。2017年，街道人大工委根据县人大常委会关于加强和规范街道人大工委工作要求，建立人大议政员制度，在选民中选聘人大议政员50人，参与街道人大工委工作。2020年3月，南通外向型农业综合开发区与苴镇街道实行一体化管理，按相关规定对议政员相应调整。6月，在选民中补充选聘人大议政员12人。2023年2月，选聘选民代表40人。

一、镇人民代表选举

（一）代表选举机构

1. 镇选举委员会

镇第十六届选举委员会（2007年10月）

主　任： 王瑞庆

副主任： 许　松　吴开林　吴向阳

成　员： 陈红芳（女）杨美娟（女）徐永旗　於维建　陆亚萍（女）夏爱红（女）　陈晓红（女）黄振祥　潘遂明　丛爱明　周　健　戴文祥

下设办公室

主　任： 吴开林（兼）

镇第十七届选举委员会（2011年12月）

主　任： 徐鸿斌　翟建华

副主任： 袁卫东　张小芳（女）徐永旗

成　员： 周　健　於维健　黄振祥　赵宗余　严　频（女）缪秀英（女）　李　俊　潘遂明

下设办公室

主　任： 张小芳（女、兼）

2. 区（街道）人大议政员推选工作领导小组（2017年9月）

组　长： 翟建华

副组长： 方永逸　张小芳（女）

成　员： 刘益松　李建国　虞文君　徐红霞（女）冯　岗　张　明　高志刚

3. 街道选民代表推选工作领导小组（2021年12月）

组　长： 邵　峰

副组长： 陈五霞（女）张小芳（女）

成　员： 倪德智　翁雪峰　张　明　顾新林　周群群　仇海鸥

（二）镇人大代表选举、区（街道）人大议政员及区（街道）选民代表推选

1. 镇人大代表选举

2007—2012年，苴镇共进行2次代表选举，累计选民总数8.02万人，参选人数7.4万人，参选率92.55%，共选出代表141人。

2015年9月，行政区划调整，撤销苴镇，设立如东县苴镇街道办事处。根据《中华人民共和国地方组织法》“因行政区划调整，乡镇人大、乡镇政府相应撤销，人大代表资格相应终止”相关规定，苴镇第十七届73名代表资格自行终止。

2007—2015年苴镇人大代表选举情况一览表

表7–1　　单位：人

届次	选举日	选民总数	参选人数	参选率	代表总数	附注
十六届	2007年12月1日	34219	32363	94.6%	68	—
十七届	2012年2月24日	45983	41653	90.5%	73	届期未满

2. 区（街道）人大议政员推选

2017 年 9 月，根据县人大常委会《关于加强街道人大工作的意见》要求，设立人大议政员制度。全区 6 个选区推选产生人大议政员 50 人，并颁发聘书，进行任职培训。

2020 年 3 月，因区、街分设，苴镇街道办事处划归南通外向型农业综合开发区，苴镇街道原 27 名人大议政员职务自行终止。6 月，在振新社区及驻区企业推选议政员 12 人。至 2023 年，有 5 人因工作变动等原因辞去议政员职务。

3. 区选民代表推选

2021 年 12 月，按照市、县人大常委会《关于在街道建立选民代表议政制度的实施意见》要求，苴镇街道推选产生第一届选民代表 40 人。2022 年，有 2 人因工作变动等原因辞去选民代表职务。

2023 年 1 月，如东经济开发区与掘港街道高端产业板块优化整合，掘港街道有 6 名选民代表调整到如东经济开发区。

二、镇人民代表大会会议、区（街道）县人大代表会议、街道选民代表议政会议

（一）镇人民代表大会

2007 年 12 月 18 日—2015 年 2 月 12 日，共召开 2 届 8 次代表大会，出席大会正式代表总人数 483 人，列席代表总人数 836 人，特邀代表总人数 78 人（第十六届第二、三、第十七届一次会议）。会议主要议程，听取和审议通过《苴镇政府工作报告》、《苴镇人大主席团工作报告》、《苴镇财政预算执行情况和财政预算（草案）的报告》（包括第十六届第二、三、四、第十七届第一、二、三、四次会议）、《代表建议、批评和意见办理情况的报告》。

在苴镇召开的 2 届 8 次人民代表大会上，共有 4 次会议选举或补选人大主席、副主席和镇长、副镇长。

（二）区（街道）县人大代表全体会议

2017 年 9 月 8 日—2019 年 2 月 26 日，共召开 5 次人民代表全体会议，出席大会人大代表总人数 93 人，人大议政员总人数 197 人，列席代表总人数 307 人。会议主要议程，听取和审议通过《如东经济开发区 2017 年上半年经济社会发展情况工作报告》（包括 2018 年年初、年中会议，2019 年年初、年中会议）、《如东经济开发区人大代表助力小康“五项行动”推进情况的报告》。2018 年年初县人大代表全体会议议程增加听取和审议通过《如东经济开发区 2017 年财政预算执行情况和 2018 年财政预算（草案）的报告》（包括 2018 年年中、2019 年年初、年中会议）、《如东经济开发区人大工委 2017 年工作报告》（包括 2018 年年初会议）。2018 年年中县人大代表全体会议议程增加听取和审议通过《如东经济开发区 2018 年上半年农业农村重点工作情况报告》《如东经济开发区 2018 年上半年安全环保工作情况报告》，2019 年年中县人大代表全体会议议程增加听取和审议通过《全区 2019 年上半年生态环境状况和环境保护目标实现情况工作报告》。

（三）如东经济开发区县人大代表全体会议

2021 年 3 月 2 日和 2021 年 8 月 12 日，共召开 2 次会议，出席大会县人大代表总人数 32 人、议政员总人数 46 人。会议主要议程，听取和审议通过《全区 2020 年经济社会发展情况工作报告》（包括年中会议）、《全区 2020 年生态环境状况和环境保护目标实现情况工作报告》（包括年中会议）、《全区 2020 年财政预算执行情况和 2021 年财政预算（草案）的报告》、《如东经济开发区区人大工委 2020 年工作报告》（包括年中会议）。

（四）如东经济开发区第一届选民代表议政会议

2022 年 1 月 5 日—2023 年 3 月 2 日，共召开 3 次会议。县人大代表 12 名、选民代表 116 名出席会议，列席会议 118 人。会议主要议程，听取和审议通过《全区 2021 年经济社会发展情况工作报告》(包括2022年)、《全区2021年生态环境状况和环境保护目标实现情况工作报告》(包括2022年)、《全区2021年财政预算执行情况和2022年财政预算情况报告》(包括2022年)。2023年，第三次会议议程增加《全区2022年人大工作情况报告》。

三、代表履职

（一）镇人大代表

苴镇第十六届、十七届人大代表为141人。大会期间，人大代表充分发挥职能作用，认真撰写议案、建议意见，共提出建议意见102件。

（二）区（街道）人大议政员

2017年8月，选聘区（街道）人大议政员后，议政员在区（街道）年初、年中县人大代表全体会议期间，积极参会议政。2017—2021年，区（街道）人大议政员提出建议意见134件。

（三）区选民代表

2021年12月，选民代表在区议政会期间，按照《如东经济开发区选民代表议政会议议事规则》要求，积极参会议政。2022—2023年，共提出建议意见36件。

四、镇人民代表大会主席团、区（街道）人大工委、区人大工委

（一）镇人大主席团、区（街道）人大工委及区人大工委

1. 镇人大主席团

在人大代表中选举产生。主席团一般由11～13人组成。镇人大主席、副主席为主席团成员。主席团成员不担任政府职务，在区党工委、镇党委领导和县人大常委会指导下，依法开展人大各项工作。

第十六届人民代表大会

第一次会议主席团成员及秘书长

卜新华　万继红(女)　冯　岗　许　松
孙露霞(女)　吴友林　吴向阳　陈红芳(女)
陈昌华　周　健　顾明峰

秘书长：陈红芳(女、兼)

第二次会议主席团成员及秘书长

卜新华　冯　岗　许　松　孙露霞(女)
吴友林　吴向阳　陈昌华　周　健
顾明峰　黄建卫

秘书长：周　健(兼)

第三次会议主席团成员及秘书长

卜新华　冯　岗　许　松　孙露霞(女)
吴友林　吴向阳　陈昌华　顾才群
顾明峰　黄建卫

秘书长：周　健(兼)

第四次会议主席团成员及秘书长

卜新华　冯　岗　许亚军　孙露霞(女)
吴友林　陈昌华　周　健　顾明峰
徐永旗　黄建卫　翟建华

秘书长：周　健(兼)

第十七届人民代表大会

第一次会议主席团成员及秘书长

卜新华　方永逸　冯　岗　朱耘君
任先军　吴友林　张小芳(女)　陈昌华
袁卫东　徐永旗　徐鸿斌　蔡　林
翟建华

秘书长：袁卫东(兼)

第二次会议主席团成员及秘书长

方永逸　冯　岗　朱耘君　任先军
吴友林　张小芳(女)　陈昌华　袁卫东
徐永旗　徐红霞(女)　徐鸿斌　蔡　林
翟建华

秘书长：徐永旗(兼)

第三次会议主席团成员及秘书长

方永逸　冯　岗　任先军　吴友林
张小芳(女)　陈昌华　袁卫东　徐永旗
徐红霞(女)　徐鸿斌　蔡　林　翟建华

秘书长：徐永旗(兼)

第四次会议主席团成员及秘书长

方永逸　冯　岗　任先军　吴友林

张小芳（女）陈昌华　袁卫东　徐永旗
徐红霞（女）徐鸿斌　高志刚　蔡　林
翟建华

秘书长：徐永旗（兼）

2. 区（街道）人大工委

2017 年 8 月 29 日，按照《如东县人大常委会关于加强和规范街道人大工委工作的意见》规定，经区（街道）党工委会议讨论确定和县人大常委会第九次主任会议研究，张小芳（女）、尹美泉、顾小琴（女）、於海冬、吴建忠、张育铭、蔡林 7 人为如东经济开发区（苴镇街道）人大工委委员，张小芳为主任。

3. 区人大工委

2015 年 2 月 10 日，如东县第十六届人大常委会第二十五次会议通过，徐永旗为县人大常委会经济开发区工作委员会副主任。2020 年 4 月 17 日，县人大常委会第五十四次主任会议研究，张小芳为县人大常委会经济开发区工作委员会主任，沈维新、尹美泉、王锋、薛璐（女）、王金煜、缪小阳（女）6 人为如东经济开发区人大工委委员。

（二）镇人大主席团、区（街道）人大工委及区人大工委工作

1. 镇人大主席团工作

镇第十六届人民代表大会主席团

2009—2011 年，共召开人代会 3 次。2011 年 3 月，选举人大主席 1 人、副主席 1 人、镇长 1 人。闭会期间，召开主席团成员会议 6 次，开展视察调研和执法检查 4 次。（2007—2008 年开发区（苴镇）一体化管理前略）

镇第十七届人民代表大会主席团

2012—2015 年，共召开人代会 4 次。选举人大主席 1 人、副主席 1 人、镇长 1 人、副镇长 3 人，第二次会议增补副镇长 1 人。闭会期间，召开主席团成员会议 10 次，听取和审议政府专项工作报告 10 项，开展视察调研和执法检查活动 20 次。

2. 区（街道）人大工委工作

2017—2019 年，共召开年初、年中县人大代表全体会议 5 次。闭会期间，共召开人大工委会议 8 次。

3. 区人大工委工作

2021—2023 年，共召开年初、年中县人大代表会议 2 次、区选民代表议政会议 3 次。闭会期间，共召开人大工委会议 12 次。

（三）镇人大主席和副主席、如东经济开发区（苴镇街道）及如东经济开发区（振新街道）人大工委主任

1. 镇人大主席、副主席

苴镇第十六届人大第二次会议补选人大主席 1 人、副主席 1 人。第十七届人大第一次会议选举人大主席 1 人，副主席 1 人。

2007—2015 年苴镇人大主席、副主席一览表

表 7–2

届次	职务	姓名	在任时间
第十六届	主　席	吴向阳	2007 年 12 月—2011 年 1 月
	主　席	翟建华	2011 年 3 月—2012 年 3 月
	副主席	徐永旗	2011 年 3 月—2012 年 3 月
第十七届	主　席	翟建华	2012 年 3 月—2015 年 5 月
	副主席	徐永旗	2012 年 3 月—2015 年 4 月

2007—2015 年直镇政府镇长、副镇长一览表

表 7-3

届次	职务	姓名	在任时间
第十六届	镇　长	许　松	2007 年 12 月—2011 年 1 月
		许亚军	2011 年 3 月—2012 年 1 月
	副镇长	徐永旗	2007 年 12 月—2012 年 3 月
		冯云志	2007 年 12 月—2012 年 3 月
		袁步兵	2007 年 12 月—2012 年 3 月
		张鸿飞	2007 年 12 月—2012 年 3 月
第十七届	镇　长	方永逸	2012 年 3 月—2015 年 5 月
	副镇长	冯云志	2012 年 3 月—2015 年 5 月
		张鸿飞	2012 年 3 月—2015 年 5 月
		袁步兵	2012 年 3 月—2015 年 5 月
		陈　勇	2013 年 3 月—2015 年 5 月

2. 区（街道）人大工委主任、副主任（详见本节“区（街道）人大工委”与“区人大工委”）

2015—2020 年如东经济开发区（直镇街道）人大工委主任、副主任一览表

表 7-4

姓名	在任时间	职务
徐永旗	2015 年 2 月—2015 年 7 月	如东经济开发区人大工委副主任
张小芳	2015 年 7 月—2020 年 3 月	如东经济开发区（直镇街道）人大工委主任

3. 区人大工委主任

2020 年 4 月 20 日，经县人大常委会第五十四次主任会议通过，张小芳任如东经济开发区人大工委主任。

2020—2023 年如东经济开发区人大工委主任一览表

表 7-5

姓名	在任时间	职务
张小芳（女）	2020 年 4 月—	如东经济开发区人大工委主任

第二节　洋口镇人民代表大会

2007—2023 年，洋口镇人大先后召开第三、四、五、六届共 26 次人民代表大会，共选举产生镇人大代表 392 名。2013 年，镇人大组织开展人大代表“访选民”活动 3 次。102 名县、镇代表带着问题回选区，走访选民 411 人次。2019 年，中国网报道洋口镇《助推村级重点工作　共圆民富村美之梦——洋口镇人大开展“助村”活动》。2022 年始，镇人大持续深入推进人大代表“践行‘双聚双高’，助力乡村振兴”“五加一”主题实践活动，镇人大代表深入村居联动

制定活动计划98份，认领助推任务490项，共助推产业活动349次，管好河（路）道活动411次，开展志愿活动473次，融入网格活动471次，帮扶选民活动368次。在接待代表日活动中，共接待人大代表44名、选民58名，收到建议意见50件，现场解决18件。至2023年，全镇建有1个代表履职服务中心、6个代表工作站、19个代表联系点。

一、镇人民代表选举

（一）选举机构

1. 第三届选举委员会（2007年12月）

主　任：孙志祥

副主任：沈绍贵　徐晓玲（女）徐金山　李　建

成　员：李建国　蒋勇刚　陈敬东　蔡晓燕（女）张昌群　徐　均　缪福仁　蔡　红（女）徐　斌　季建华　施正国　张德军

下设办公室

主　任：徐金山（兼）

2. 第四届选举委员会（2012年3月）

主　任：徐晓玲（女）

副主任：李　健　刘先栋　徐卫明

成　员：徐海龙　钱宏彬　周　娟（女）

下设办公室

主　任：徐卫明（兼）

3. 第五届选举委员会（2017年1月）

主　任：徐晓玲（女）

副主任：王伟东　徐金山　徐小东

成　员：马小强　孙炳林　吴亚铭　张　平　张　婷（女）杨晓峰　周新仁　秦亚兵　翟平忠　缪　涛　缪马铭　缪鑫梅（女）

下设办公室

主　任：王伟东（兼）

4. 第六届选举委员会（2022年1月）

主　任：王金泉

副主任：马小强　徐唐浩

成　员：林冬云　张大兵　许　鑫　周贝贝（女）周新仁　钱宏彬　张玲娟（女）徐　军　缪鑫梅（女）　戴佩雯（女）

下设办公室

主　任：徐唐浩（兼）

（二）代表选举

2007—2021年，洋口镇共进行4次代表选举，累计选民总数为29.5万人，参选人数为25.5万人，参选率为86.4%，共选出代表392人。

2007—2021年洋口镇人大代表选举情况一览表

表7-6　　单位：人

届次	选举日	选民总数	参选人数	参选率	代表总数
第三届	2007年12月1日	76528	67972	88.82%	98
第四届	2012年2月24日	75689	65563	86.62%	98
第五届	2016年12月11日	73686	62619	84.98%	98
第六届	2021年12月10日	69878	59486	85.15%	98

二、镇人民代表大会

2007年12月18日—2023年7月30日，共召开4届26次代表大会，出席大会正式代表总人数2412人，列席代表总人数2453人。会议主要议程，听取和审议通过《洋口镇政府工作报告》《洋口镇人大主席团工作报告》《洋口镇财政预算执行情况和财政预算（草案）的报告》《代表建议、批评和意见办理情况的报告》。自第四届第七次会议起，按县人大统一要求增加年中会议（包括第五届第二、四、六、八、十、第六届第二、四次会议）。并根据政府中心工作变化，会议议程也相应调整。第七次会议议程增加听取和审议通过《〈如东县洋口镇（沿海经济开发区、小洋口旅游度假区）总体规划〉初步方案及编制工作情况的报告》《关于人大代表助力小康“五百”工程行动推进情况的报告》。第五届第二次会议议程增加听取《2017 年预算调整情况的说明》。第四次会议议程增加听取《关于调整洋口镇卫生院财务运行管理体制的说明》。第六次会议议程增加听取和审议通过《洋口镇生态环境状况和环境保护目标实现情况的报告》(包括第五届第七、八、第六届第二、三、四次会议)。第九次会议议程增加听取和审议通过《小洋口旅游度假区关于旅游产业发展情况的专题报告》。第六届第二次会议议程增加听取和审议通过《洋口镇民生实事完成情况和人大代表建议、批评、意见办理情况的报告》(包括第三、四次会议)。第四次会议议程增加听取和审议通过《洋口镇上半年经济和社会发展情况的报告》。

在洋口镇召开的 4 届 26 次人民代表大会上，共有 11 次会议选举或补选人大主席、副主席和镇长、副镇长。

2007—2023 年洋口镇政府镇长、副镇长一览表

表 7-7

届次	职务	姓名	在任时间
第三届	镇　长	丛尤兵	2007 年 11 月—2010 年 12 月
	副镇长	倪进余	2007 年 11 月—2011 年 1 月
		柳建明	2007 年 11 月—2011 年 1 月
		蒋勇刚	2007 年 11 月—2011 年 1 月
		张芙蓉（女）	2007 年 11 月—2011 年 1 月
		徐　健	2007 年 11 月—2011 年 1 月
第四届	镇　长	张　锋	2011 年 1 月—2012 年 1 月
		李　健	2012 年 1 月—2013 年 1 月
		冯　健	2013 年 1 月—2013 年 9 月
		于海东	2014 年 1 月—2016 年 11 月
	副镇长	蒋勇刚	2011 年 1 月—2015 年 1 月
		保海平（女）	2011 年 1 月—2013 年 12 月
		杨永辉	2012 年 1 月—2014 年 1 月
		倪进余	2011 年 1 月—2012 年 1 月
		柳建明	2011 年 1 月—2012 年 1 月
		缪　涛	2014 年 1 月—2016 年 11 月
		张建军	2014 年 1 月—2016 年 11 月
		陆海山	2014 年 1 月—2016 年 11 月
		丛爱杨	2014 年 1 月—2016 年 11 月

续表 7–7

届次	职务	姓名	在任时间
第五届	镇　长	范于松	2016 年 11 月—2020 年 4 月
		吴劲松	2020 年 4 月—2021 年 2 月
		缪　锐	2021 年 5 月—2022 年 1 月
	副镇长	缪　涛	2016 年 11 月—2022 年 1 月
		张建军	2016 年 11 月—2022 年 1 月
		秦友兵	2016 年 11 月—2018 年 3 月
	副镇长	朱　伟	2016 年 11 月—2022 年 1 月
		陆海山	2016 年 11 月—2018 年 3 月
		张爱明	2021 年 5 月—2022 年 1 月
		丛爱杨	2020 年 4 月—2021 年 10 月
第六届	镇　长	缪　锐	2022 年 1 月—2023 年 7 月
	副镇长	朱　伟	2022 年 1 月—2023 年 2 月
		张建军	2022 年 1 月—
		张爱明	2022 年 1 月—
		彭海慧（女）	2022 年 1 月—
		徐唐浩	2022 年 1 月—2023 年 7 月
		季建华	2023 年 1 月—
		曲　政	2023 年 1 月—2023 年 3 月
		杨刘磊	2023 年 7 月—

三、镇人民代表大会主席团

（一）主席团产生

1. 第三届人民代表大会

第一次会议主席团成员及秘书长

孙志祥　吴桂成　沈绍贵　陆生明
陈志银　林国华　顾理云　徐金山
徐晓玲（女）徐　健　徐健民　符仁俊
缪金生

秘书长：徐晓玲（女、兼）

第二次会议主席团成员及秘书长

孙志祥　吴桂成　沈绍贵　陆生明
陈志银　林国华　顾理云　徐金山
徐晓玲（女）徐　健　徐健民　符仁俊
缪金生

秘书长：徐晓玲（女、兼）

第三次会议主席团成员及秘书长

刘长春　李建国　吴明建　张树林
顾　群　徐　健　徐晓玲（女）蔡　东
缪柏泉

秘书长：刘长春（兼）

第四次会议主席团成员及秘书长

刘长春　李建国　吴明建　张树林
顾　群　徐　健　徐晓玲（女）蔡　东
缪柏泉

秘书长：刘长春（兼）

第五次会议主席团成员及秘书长

刘长春　李建国　吴明建　张树林
顾　群　徐　健　徐晓玲（女）蔡　东

秘书长： 刘长春（兼）

2. 第四届人民代表大会

第一次会议主席团成员及秘书长

王兴富　石文权　冯　建　吴劲松
张树林　李建国　钱宏彬　顾　群
徐　健　徐晓玲（女）陈建军　蔡　东
蔡晓燕（女）

秘书长： 蔡晓燕（女、兼）

第二次会议主席团成员及秘书长

王兴富　冯仕云　李建国　吴　晖（女）
吴劲松　张树林　陈建军　顾　群
钱宏彬　徐　健　徐晓玲（女）蔡　东
蔡晓燕（女）

秘书长： 顾　群（兼）

第三次会议主席团成员及秘书长

王兴富　冯仕云　李建国　吴　晖（女）
吴劲松　张树林　陈建军　顾　群
钱宏彬　徐　健　徐晓玲（女）蔡　东
蔡晓燕（女）

秘书长： 顾　群（兼）

第四次会议主席团成员及秘书长

王兴富　冯仕云　刘　军　吴　晖（女）
吴劲松　张秀斌　张树林　陈建军
周　勇　顾　群　钱宏彬　徐　健
徐晓玲（女）陶玲玲（女）蔡晓燕（女）

秘书长： 顾　群（兼）

第五次会议主席团成员及秘书长

王兴富　冯仕云　刘　军　吴　晖（女）
吴劲松　张秀斌　张树林　陈建军
周　勇　顾　群　钱宏彬　徐　健
徐晓玲（女）陶玲玲（女）蔡晓燕（女）

秘书长： 顾　群（兼）

第六次会议主席团成员及秘书长

王兴富　冯仕云　吴　晖（女）吴劲松
张秀斌　张树林　陈建军　周　勇
顾　群　钱宏彬　徐　健　徐晓玲（女）
陶玲玲（女）蔡晓燕（女）

秘书长： 顾　群（兼）

第七次会议主席团成员及秘书长

王兴富　冯仕云　吴　晖（女）吴劲松
张秀斌　张树林　陈建军　周　勇
顾　群　钱宏彬　徐　健　徐晓玲（女）
陶玲玲（女）蔡晓燕（女）

秘书长： 顾　群（兼）

3. 第五届人民代表大会

第一次会议主席团成员及秘书长

吴劲松　张秀斌　张栩龙　张树林
蔡晓燕（女）陶玲玲（女）徐晓玲（女）丛爱杨
曹树佳　冯爱群　杨晓峰　吴孝举
张海霞（女）傅国华　王伟东　于绍银

秘书长： 王伟东（兼）

第二次会议主席团成员及秘书长

吴劲松　张秀斌　张栩龙　张树林
蔡晓燕（女）陶玲玲（女）徐晓玲（女）丛爱杨
曹树佳　冯爱群　杨晓峰　吴孝举
张海霞（女）傅国华　王伟东　于绍银

秘书长： 王伟东（兼）

第三次会议主席团成员及秘书长

于绍银　王伟东　丛爱杨　冯爱群
朱建军　杨晓峰　吴劲松　张秀斌
张树林　张海霞（女）徐晓玲（女）陶玲玲（女）
曹树佳　傅国华　蔡晓燕（女）

秘书长： 王伟东（兼）

第四次会议主席团成员及秘书长

于绍银　丛爱杨　冯爱群　朱建军
杨晓峰　吴劲松　张秀斌　张树林
周建春　洪美娟（女）徐晓玲（女）陶玲玲（女）
曹树佳　傅国华　蔡晓燕（女）

秘书长： 周建春（兼）

第五次会议主席团成员及秘书长

于绍银　丛爱杨　冯爱群　朱建军
杨晓峰　吴劲松　张秀斌　张树林

周建春　洪美娟（女）徐晓玲（女）陶玲玲（女）
曹树佳　傅国华　蔡晓燕（女）

秘书长：周建春（兼）

第六次会议主席团成员及秘书长

于绍银　丛爱杨　吴劲松　张秀斌
徐晓玲（女）陶玲玲（女）曹树佳　傅国华
蔡晓燕（女）冯爱群　朱建军　杨晓峰
吴劲松　张秀斌　张树林　周建春

秘书长：周建春（兼）

第七次会议主席团成员及秘书长

于绍银　王金泉　冯爱群　朱建军
杨晓峰　张秀斌　范于松　季建华
洪美娟（女）徐东俊　徐唐浩　徐鹏飞
陶玲玲（女）曹树佳　傅国华

秘书长：徐唐浩（兼）

第八次会议主席团成员及秘书长

于绍银　王金泉　杨晓峰　张秀斌
季建华　徐东俊　徐唐浩　陶玲玲（女）
傅国华　冯爱群　朱建军　张秀斌
范于松　洪美娟（女）徐东俊　徐鹏飞
曹树佳

秘书长：徐唐浩（兼）

第九次会议主席团成员及秘书长

于绍银　王金泉　冯爱群　朱建军
杨晓峰　李　健　张秀斌　范于松
季建华　徐唐浩　徐鹏飞　陶玲玲（女）
傅国华

秘书长：张秀斌（兼）

第十次会议主席团成员及秘书长

于绍银　马小强　王金泉　冯爱群
朱建军　李　健　吴劲松　张秀斌
范于松　季建华　徐唐浩　徐鹏飞
陶玲玲（女）傅国华　蔡晓美（女）

秘书长：马小强（兼）

4. 第六届人民代表大会

第一次会议主席团成员及秘书长

马小强　王金泉　孙仁标　李　健
吴劲松　张秀斌　张慧剑　林冬云
范于松　季建华　周　培（女）周贝贝（女）
徐鹏飞　陶玲玲（女）蔡晓美（女）

秘书长：马小强（兼）

第二次会议主席团成员及秘书长

马小强　孙仁标　李　健　吴劲松
张秀斌　张慧剑　林冬云　范于松
季建华　周　培（女）周贝贝（女）徐鹏飞
陶玲玲（女）蔡晓美（女）

秘书长：马小强（兼）

第三次会议主席团成员及秘书长

马小强　朱　伟　孙仁标　李　健
吴劲松　张秀斌　张慧剑　林冬云
周　培（女）周贝贝（女）冒旭斌　陶玲玲（女）
蔡晓美（女）

秘书长：马小强（兼）

第四次会议主席团成员及秘书长

马小强　朱　伟　孙仁标　李　健
吴劲松　张秀斌　张慧剑　林冬云
周　培（女）周贝贝（女）冒旭斌　陶玲玲（女）
蔡晓美（女）

秘书长：马小强（兼）

（二）主席团工作

1. 第三届人民代表大会主席团

2007—2011年，共召开5次会议。先后督促政府累计投入资金2100多万元，拆建农桥70座，维修农桥20座；投入资金4200多万元，改造农路120公里。代表累计提出批评意见163件，答复率100%。

2. 第四届人民代表大会主席团

2012—2016年，共召开7次会议。2012年区镇合一后，分别于 2013 年 8 月、2016 年 8 月召开镇 4 届人大三次会议和七次会议。2014 年，区镇先后投资 2000 多万元建设洋口农场公租房。组织开展人大代表“访选民”活动 3 次。走访选民 411 人次，参与调处矛盾纠纷的 146 起，为民办实事好事 200 多件。

3. 第五届人民代表大会主席团

2017—2021 年，共召开 10 次会议。先后共收集代表建议意见 333 条。全镇建成 6 个代表之家。2020 年率先在全县建成人大代表履职服务中心。连续 3 年开展人大代表助力小康“五项行动”主题实践活动。在全县庆祝地方人大成立 40 周年大会上，洋口镇作《党旗领航奋进路，人大助推开新局》经验介绍，并在多家媒体报道。

4. 第六届人民代表大会主席团

2022—2023 年，共召开 4 次会议。分别听取和审议政府工作报告 4 个，主席团报告 2 个，财政预决算报告 4 个。会议选举镇人大主席、镇长各 1 人，副镇长 6 人，副主席 1 人。票决民生实事项目 20 项、票选民主评议单位 4 个，表彰优秀人大代表之家 2 个，优秀代表建议 8 条，优秀人大代表 30 人。

2022 年 2 月 8 日，洋口镇人大主席团会议

（三）镇人民代表大会主席、副主席

2007 年，第三届镇人大换届选举始，至 2022 年，六届镇人大换届选举，共选举产生镇人民代表大会主席 6 人，副主席 7 人。

2007—2023 年洋口镇人大主席、副主席一览表

表 7-8

届次	职务	姓名	在任时间
第三届	主　席	徐晓玲（女）	2007 年 11 月—2012 年 3 月
	副主席	刘长春	2007 年 11 月—2012 年 1 月
第四届	主　席	徐晓玲（女）	2012 年 3 月—2016 年 11 月
		张秀斌	2016 年 11 月—2017 年 1 月
	副主席	冯仕云	2013 年 1 月—2015 年 1 月
		顾　群	2013 年 1 月—2015 年 1 月
		吴　晖	2013 年 1 月—2015 年 1 月
第五届	主　席	张秀斌	2017 年 1 月—2020 年 3 月
		王金泉	2020 年 4 月—2022 年 1 月
	副主席	张秀斌	2020 年 4 月—2021 年 4 月
		马小强	2021 年 4 月—2022 年 1 月
第六届	主　席	吴劲松	2022 年 1 月—
	副主席	马小强	2022 年 1 月—

第三节　南通外向型农业综合开发区（苴镇街道）人大

由于行政区划调整，南通外向型农业综合开发区（苴镇街道）人大体制几经变化。2007—2008年，设立苴镇人民代表大会，选举产生第十六届人民代表68人，召开镇人代会1次。2009年，苴镇并入如东经济开发区。2012年，南通外向型农业综合开发区正式组建。2020年，县委、县政府推进区镇分设，苴镇街道并入南通外向型农业综合开发区实施一体化管理。2021年，区（街道）建立人大议政员制度，共有议政员31人，后有2人因工作变动等原因辞去议政员职务。人大工委召开代表全体会议4次。2022年，区（街道）建立选民代表议政会制度，共选聘代表42人。至2023年，人大工委召开选民代表议政会4次。

一、街道人大议政员、选民代表选举

（一）南通外向型农业综合开发区（苴镇街道）人大议政员

2020年3月，南通外向型农业综合开发区与苴镇街道实行一体化管理。9月，按照有关程序在近海村召开苴镇街道补选人大议政员会议，补选议政员1人，共有议政员31人。2021年，因工作变动等原因，2人辞去议政员职务，共有议政员29人。

（二）南通外向型农业综合开发区（苴镇街道）选民代表

2022年，根据江苏省委《关于加强新时代人大工作和建设的意见》、南通市委关于批转《中共南通市人大常委会党组关于在街道建立选民代表议政制度的指导意见》和《如东县人大常委会关于在街道建立选民代表议政制度的实施意见》精神，区（街道）执行选民代表议政会制度。街道选民代表，由村、社区、企事业单位进行民主推荐，经所在单位党组织同意后报区（街道）人大工委汇总初审，区（街道）党工委组织部门进行考察审核，经区（街道）党工委讨论通过后，在所在村、社区、企事业单位进行公示，经公示（时间为5个工作日）无异议的由人大街道工委予以聘任，任期与县镇人大代表相同。2022年，共聘任第一届选民代表42名。

二、区（街道）人大代表全体会议、选民代表议政会

（一）区（街道）县人大代表全体会议

2020年9月26日—2021年7月24日，共召开会议3次，出席大会正式代表、议政员总人数70人，列席代表总人数182人。会议主要议程，听取和审议通过《南通外向型农业综合开发区（苴镇街道）工作报告》、《南通外向型农业综合开发区（苴镇街道）生态环境状况和环境保护目标完成情况报告》（包括2021年年中会议）、《南通外向型农业综合开发区（苴镇街道）2020年财政预算执行情况和2021年财政预算（草案）的报告》（包括2021年年中会议）、《南通外向型农业综合开发区（苴镇街道）人大工委工作报告》（2021年年中会议），听取和审议通过《南通外向型农业综合开发区（苴镇街道）2021年上半年经济和社会发展情况的报告》《南通外向型农业综合开发区（苴镇街道）2021年上半年人大代表、议政员建议办理情况的报告》。

（二）区（街道）选民代表议政会

2022年1月7日—2023年7月29日，共召开会议4次，出席大会正式代表总人数164人，列席代表总人数183人。会议主要议程：听取和审议通过《南通外向型农业综合开发区（苴镇街道）工作报告》（包括第三次会议）、《南通外向型农业综合开发区（苴镇街道）生态环境状况和环境保护目标完成情况报告》（包括第二、三、四次会议）、《南通外向型农业综合开发区（苴镇街道）2021年财政预算执行情况和2022年财政预算（草案）的报告》（包括第二、三次，四次会议为调整方案）、《南通外向型农业综合开发区（苴镇街道）人大工委工作报告》（包括第

三、四次会议），第二次会议议程增加听取和审议通过《南通外向型农业综合开发区（苴镇街道）2022年上半年经济和社会发展情况的报告》（包括第四次会议）、《南通外向型农业综合开发区（苴镇街道）2022年上半年代表意见建议办理情况的报告》（包括第三次会议），第三次会议议程增加书面审议《南通外向型农业综合开发区（苴镇街道）2022年民生实事项目完成情况报告》《南通外向型农业综合开发区（苴镇街道）"践行'双聚双高'、助力乡村振兴"主题实践活动方案及"三张清单"》。第四次会议议程增加书面审议《南通外向型农业综合开发区（苴镇街道）2023年上半年代表建议、批评和意见办理情况的报告》及被评议部门2023年上半年工作报告。

三、区（街道）人大工委

（一）南通外向型农业综合开发区（苴镇街道）人大工委产生

2020年9月，根据《如东县人大常委会关于张小芳等7人任如东经济开发区（苴镇街道）人大工委委员的批复》顾小琴、於海冬、蔡林、张育铭4人为苴镇街道人大工委委员。后经区党工委（扩大）会议暨党政联席会议讨论确定，并报县人大常委会第六十四次主任会议研究，同意增补肖卫华、何恒华2人为南通外向型农业综合开发区（苴镇街道）人大工委委员。

2021年，因人事变动，区（街道）人大工委委员调整为邱玲玲、顾小琴、於海冬、蔡林、何恒华、张育铭6人。

2022年，邱玲玲、陈勇、陈炳慧、卜新华、何恒华、张育铭、蔡林7人为区（街道）人大工委委员。

（二）南通外向型农业综合开发区（苴镇街道）人大工委主任

2015—2020年，李飞任南通外向型农业综合开发区人大工委副主任。

2020年4月24日，经县第十七届人大常委会第二十五次会议表决通过，肖卫华任如东县苴镇街道人大工委主任，兼任南通外向型农业综合开发区人大工委主任。

2021年1月25日，经县第十七届人大常委会第三十四次会议表决通过，邱玲玲任如东县苴镇街道人大工委主任，兼任南通外向型农业综合开发区人大工委主任。

2012—2023年南通外向型农业综合开发区（苴镇街道）人大工委主任、副主任一览表

表7-9

姓名	在任时间	职务
李　飞	2015年2月—2020年4月	南通外向型农业综合开发区人大工委副主任
肖卫华	2020年4月—2021年1月	南通外向型农业综合开发区（苴镇街道）人大工委主任
邱玲玲（女）	2021年1月—	南通外向型农业综合开发区（苴镇街道）人大工委主任

四、南通外向型农业综合开发区（苴镇街道）人大工委履职

2020—2023年，南通外向型农业综合开发区（苴镇街道）人大工委主持召开年初、年中县人大代表全体会议3次、选民代表议政会议4次。听取和审议政府工作报告8个，区人大工委工作报告4个，财政预决算报告7个，生态环境状况和环境保护目标完成情况报告8个。非会议期间，区（街道）人大工委共召开人大工委会议13次，因行政区划调整，2020年，共

召开3次。2021—2022年，共召开8次。2023年，召开2次。

第四节　掘港街道人大工委

2007—2023年，由于行政区划调整等因素，掘港街道行政和人大体制几经变化。2007—2015年，为掘港镇人民代表大会，共选举产生第十七、十八届人大代表390人，召开镇人大会议8次。2009—2011年，掘港镇人大特色工作连续3次在全省乡镇人大主席培训会议上介绍经验。2013年12月，设立如东高新技术产业开发区，与掘港镇实行“区镇合一”管理体制。2015年2月，县人大设立县人大常委会高新技术产业开发区工作委员会，与镇人大合署办公。7月，行政区划部分调整，撤销掘港镇，设立掘港街道、城中街道办事处，与如东高新区实行一体化管理。县人大常委会相应设立掘港街道、城中街道工作委员会。11月，全国人大办公厅《联络动态》上刊载掘港镇加强人大工作和建设的做法。2017年，在全县率先设立人大议政员制度，选聘人大议政员61人。2017—2019年度，如东高新区（掘港、城中街道）人大工委被县人大评为镇（区、街道）人大工作先进集体。2020年1月，掘港、城中街道实行分设和实体化运行。撤镇设街道后，镇第十八届人大届期未满自行终止，155名镇人大代表资格也自行终止。2021年，选聘选民代表49人，参与街道人大工委工作。2020—2022年度，掘港街道人大工委被县人大评为先进集体。

一、镇人民代表选举

（一）代表选举机构

1.镇选举委员会

镇第十七届选举委员会（2007年10月）

主　任：张正权

副主任：陶卫忠　王鹤军　翁　祥　陈建权　沈寿涛

成　员：姜建新　石　勇　张　杰　李长和　严　格　陈　健　秦德泉　沈亚夫　王戴跃　朱　明　江有荣　曹建云（女）　徐希红

下设办公室

主　任：王鹤军（兼）

镇第十八届选举委员会（2011年12月）

主　任：姜建新

副主任：于海东　龚尹斌　王戴跃

成　员：张晓嵘（女）　杨超颖（女）　於亚平（女）　袁新兰（女）　阚　美（女）　吴爱琴（女）　曹建云（女）　叶　勇　张炜东

下设办公室

主　任：姜建新（兼）

2012年1月，根据县人事变动会议精神，对掘港镇选举委员会及其办事机构组成人员进行适当调整，调整后的选举机构名单如下：

主　任：翁　祥

副主任：于海东　龚尹斌　陈银忠　王十田　王戴跃

成　员：张晓嵘（女）　杨超颖（女）　袁新兰（女）　朱益峰　阚　美（女）　吴爱琴（女）　曹建云（女）　叶　勇　张炜东

下设办公室

主　任：翁　祥（兼）

2.区（街道）人大议政员推选工作领导小组（2017年7月）

组　长：赵尊兵

副组长：丁晓飞

成　员：陈红芳（女）　赵　旭　邵亚红（女）　邱玲玲（女）　邓丽娟（女）　刘薛峰　缪建周　周　丹　赵海建

3.街道选民代表推选工作领导小组（2021年12月）

组　长：赵尊兵
副组长：刘薛峰　赵　旭　徐　伟
　　　　朱益峰
成　员：曹金泽　周　丹　赵海建
　　　　刘　臻　吴亚锋　骆英英（女）
　　　　吴　琼（女）单蔡薇蓉（女）
　　　　罗钰鹏　马志坚　盛小梅（女）
　　　　沈春梅（女）顾翠华

（二）镇人大代表选举、区（街道）人大议政员及街道选民代表推选

1. 镇人大代表选举

2007 年、2011 年，掘港镇依法选举产生镇第十七、十八届人大代表。累计选民总数 32.08 万人，参选人数 28.84 万人，参选率 89.9%，共选出代表 290 人。

2015 年 9 月，因如东部分行政区划调整，撤销掘港镇，设立掘港街道、城中街道。根据全国人大关于《中华人民共和国地方组织法》司法解释中“因行政区划调整，乡镇人大、乡镇政府相应撤销，人大代表资格相应终止”相关规定，掘港镇第十八届人大 155 名代表资格自行终止。

2007—2015 年掘港镇人大代表选举情况一览表

表 7-10　　　　单位：人

届次	选举日	选民总数	参选人数	参选率	代表总数	附注
第十七届	2007 年 12 月 1 日	137096	124935	91.1%	130	—
第十八届	2012 年 2 月 24 日	183672	163482	89.0%	160	届期未满

2. 区（街道）人大议政员推选

2017 年 7 月，掘港街道（城中街道）在全县率先设立人大议政员制度。经各村（居）和相关企事业单位选民代表投票，联合公安、组织、纪工委等部门进行资格审查并报区（街道）党工委批准，推选产生人大议政员 61 人（2018 年辞职 1 人），并颁发聘书，进行任职培训。

2019 年 12 月，按照街道实体化运行改革分设方案，对 60 名议政员进行划分，掘港街道 44 人、城中街道 16 人，后掘港街道辞职 1 人。2020 年 3 月，按照相关程序在芳泉、虹桥和晓河村补选议政员 3 人。

3. 街道选民代表推选

2020 年 11 月，掘港街道深化推进选民代表议政制度的做法在全市作经验交流，得到市人大领导高度评价。

2021 年 12 月，按照市、县人大常委会《关于在街道建立选民代表议政制度的实施意见》要求，推选产生掘港街道第一届选民代表 49 人。2022 年，有 5 人因工作变动等原因辞去代表职务。

2023 年 1 月，如东经济开发区与掘港街道高端产业板块优化整合，掘港街道有 6 名选民代表调整到经济开发区。2023 年 2 月，增补选民代表 12 人，掘港街道第一届选民代表共有 50 人。

二、镇人民代表大会会议、区（街道）县人大代表全体会议、街道选民代表议政会议

（一）镇人民代表大会会议

2007 年 12 月 18 日—2015 年 1 月 31 日，共召开 2 届 8 次代表大会，出席大会正式代表总人数 1140 人，列席代表总人数 963 人。会议主要议程，听取和审议通过《掘港镇政府工作报告》《掘港镇人大主席团工作报告》《掘港镇 2007 年财政预算执行情况和 2008 年财政预算（草案）的报告》（以上报告均包括第十七届第二、三、四、第

十八届第一、二、三、四次会议）。第四次会议议程增加听取和审议通过《关于调整掘港镇部分农民集中居住社区布局规划的报告》，并作出决议。

在掘港镇召开的2届8次人民代表大会上，共有4次会议选举或补选人大主席、副主席和镇长、副镇长。

（二）区（街道）县人大代表全体会议

2017年8月30日—2019年8月14日，共召开会议5次，出席会议县人大代表总人数230人，列席会议总人数636人。会议主要议程，听取和审议通过《如东高新区2017年上半年经济社会发展情况工作报告》（2018年年中、2019年年中会议）、《如东高新区人大代表助力小康“五项行动”推进情况的报告》、《如东高新区招商引资和项目建设情况的报告》、《如东高新区园区规划建设情况的报告》、《如东高新区开展“263”专项行动情况的报告》。2018年年初县人大代表全体会议议程调整为听取和审议通过《如东高新区管委会工作报告》（包括2019年年初会议）、《如东高新区人大工委工作报告》（包括2019年年初、年中会议）、《如东高新区2017年财政预算执行情况和2018年财政预算（草案）的报告》（2018年年中、包括2019年年初、年中会议）、《如东高新区社会事业工作情况的报告》、《如东高新区农业农村工作情况的报告》。2018年年中县人大代表全体会议议程增加听取和审议通过《如东高新区人大代表、议政员助力小康“五项行动”推进情况的报告》。2019年年中县人大代表全体会议议程增加听取和审议通过《如东高新区生态环境状况和环境目标实现情况的报告》《如东高新区人大代表、议政员建议办理情况的报告》。

（三）街道县人大代表全体会议

2020年4月8日—2021年8月2日，共召开会议4次，出席会议县人大代表总人数145人，列席会议总人数570人。会议主要议程，听取和审议通过《掘港街道办事处工作报告》（包括2020年年中会议）、《掘港街道人大工委工作报告》（包括2020年年中会议）、《掘港街道生态环境状况和环境保护目标实现情况的报告》（包括2020年年中、2021年年初、年中会议）、《掘港街道2019年财政预算执行和2020年财政预算（草案）的报告》（包括2020年年中、2021年年初、年中会议）。2020年年中县人大代表全体会议调整为听取和审议通过《掘港街道2020年上半年经济和社会发展情况的报告》、《掘港街道2020年上半年人大代表、议政员助力小康“五项行动”情况的报告》、《掘港街道人大代表、议政员建议意见办理情况的报告》（2021年年中会议）。2021年年初县人大代表全体会议议程增加听取和审议通过《掘港街道2020年度民生实事项目完成情况的报告》。

（四）街道第一届选民代表议政会议

2022年1月7日—2023年8月4日，共召开会议4次，出席会议选民代表总人数197人，列席人员总人数456人。会议主要议程，表决通过《掘港街道选民代表议政会议议事规则》，听取和审议通过《掘港街道办事处工作报告》（包括第三、四次会议）、《掘港街道人大工委工作报告》（包括第三、四次会议）、《掘港街道2021年财政预算执行情况和2022年财政预算（草案）的报告》（包括第二、三、四次会议），第二次会议议程调整为听取和审议通过《掘港街道2022年上半年经济和社会发展情况的报告》、《掘港街道2021年以来生态环境状况和环境保护目标实现情况的报告》（包括第三、四次会议）、《掘港街道2022上半年选民代表建议办理情况的报告》（包括第四次会议），第三次会议议程增加《掘港街道2022年民生实事项目完成情况的报告》。

2007—2015 年掘港镇政府镇长、副镇长一览表

表 7–11

届次	职务	姓名	在任时间
第十七届	镇　长	赵尊兵	2007 年 12 月—2012 年 1 月
	副镇长	石佑舟	2007 年 12 月—2011 年 3 月
		周　梁	2007 年 12 月—2009 年 1 月
		赵　旭	2007 年 12 月—2012 年 3 月
		赵晓春	2007 年 12 月—2012 年 3 月
		顾建海	2007 年 12 月—2012 年 1 月
		龚尹斌	2007 年 12 月—2009 年 1 月
		缪建梅（女）	2009 年 1 月—2011 年 3 月
		许金标	2009 年 1 月—2011 年 3 月
		杨晶晶（女）	2011 年 3 月—2011 年 6 月
		邵亚红（女）	2011 年 3 月—2012 年 3 月
第十八届	镇　长	沈宝泉	2012 年 3 月—2015 年 5 月
	副镇长	赵　旭	2012 年 3 月—2014 年 2 月
		赵晓春	2012 年 3 月—2014 年 2 月
		邵亚红（女）	2012 年 3 月—2014 年 2 月
		邱玲玲（女）	2012 年 3 月—2015 年 7 月
		朱益峰	2012 年 3 月—2015 年 7 月
		周　丹	2012 年 3 月—2015 年 5 月
		张　伟	2014 年 2 月—2015 年 7 月
		徐嘉键	2014 年 2 月—2015 年 7 月
		曹金泽	2014 年 2 月—2015 年 7 月

三、代表履职

（一）镇人大代表

掘港镇第十七、十八届人大代表，在人代会期间认真听取审议各项报告决议，提交议案建议，两届代表共提出议案 18 件、建议 484 件，其中大会确定议案 3 件。

（二）区（街道）人大议政员

2017 年 7 月，选聘街道人大议政员后，议政员在区（街道）年初、年中县人大代表全体会议期间，积极参会议政，讨论决定重大事项。2017—2021 年，票决确定民生实事项目 40 项，累计提出建议意见 139 件。

（三）街道选民代表

2021 年 12 月，选聘街道选民代表后，选民代表在街道议政会期间，按照《如东县掘港街道选民代表议政会议议事规则》要求，积极参会议政，讨论决定重大事项，参与专项工作评议测评。2022—2023 年，票决确定民生实事项目 20 项，累计提出建议意见 46 件。

四、镇人民代表大会主席团、区（街道）人大工委、街道人大工委

（一）镇人大主席团、区（街道）人大工委及街道人大工委产生

1. 镇人大主席团

在人大代表中选举产生。掘港镇因人口多，主席团一般由 13 ～ 17 人组成。镇人大主席、副主席为主席团成员。主席团成员不担任政府职务，在镇党委领导和县人大常委会指导下，依法开展人大各项工作。

第十七届人民代表大会

第一次会议主席团成员及秘书长

丁居兵　王　军　朱学云　朱剑锋
汤雨辰　张　杰　张　勇　张恒山
陈　健　陈春泉　姜建新　徐志良
翁　祥　陶卫忠　曹建云（女）

秘书长：姜建新（兼）

第二次会议主席团成员及秘书长

丁居兵　王　军　王海城　朱学云
朱剑锋　汤雨辰　张　勇　张恒山
陈　健　陈春泉　姜建新　徐志良
徐希红　翁　祥　陶卫忠　曹建云（女）
龚尹斌

秘书长：姜建新（兼）

第三次会议主席团成员及秘书长

丁居兵　王　军　王海城　朱学云
朱剑锋　汤雨辰　张　勇　张恒山
陈　健　陈春泉　姜建新　徐志良
翁　祥　陶卫忠　曹建云（女）龚尹斌

秘书长：姜建新（兼）

第四次会议主席团成员及秘书长

丁居兵　王　军　王戴跃　朱学云
汤雨辰　张　勇　张恒山　陈　健
陈春泉　姜建新　徐志良　翁　祥
陶卫忠　曹建云（女）龚尹斌

秘书长：姜建新（兼）

第十八届人民代表大会

第一次会议主席团成员及秘书长

丁晓飞　王　军　王十田　王荣华
朱益军　张　勇　张炜东　张晓嵘（女）
陈银忠　赵尊兵　徐建泉　翁　祥
龚尹斌　谢建平（女）缪建梅（女）

秘书长：翁　祥（兼）

第二次会议主席团成员及秘书长

丁晓飞　王　军　王十田　王荣华
朱益军　张　勇　张炜东　张晓嵘（女）
陈银忠　赵尊兵　徐建泉　翁　祥
龚尹斌　谢建平（女）缪建梅（女）

秘书长：翁　祥（兼）

第三次会议主席团成员及秘书长

丁晓飞　王　军　王十田　王荣华
朱益军　吴　丽（女）张　勇　陈银忠
赵晓春　赵尊兵　徐建泉　翁　祥
龚尹斌　谢建平（女）缪建梅（女）

秘书长：翁　祥（兼）

第四次会议主席团成员及秘书长

丁晓飞　王　军　王荣华　朱益军
吴　丽（女）张　勇　陈银忠　赵晓春
赵尊兵　徐建泉　翁　祥　谢建平（女）
缪建梅（女）

秘书长：翁　祥（兼）

2. 区（街道）人大工委

2017 年 8 月 29 日，按照《如东县人大常委会关于加强和规范街道人大工委工作的意见》规定，经区（街道）党工委会议讨论确定和第十七县人大常委会第九次主任会议研究，同意丁晓飞等 9 人为如东高新区（掘港、城中街道）人大工委委员。

3. 街道人大工委

2020年4月20日，根据街道实体化运行需要，经街道党工委会议讨论确定和县第十七届人大常委会第五十四次主任会议研究，同意赵旭等 7 人为掘港街道人大工委委员。

2022 年 2 月 16 日，经街道党工委会议讨论确定和县第十八届人大常委会第二次主任会议研究，同意赵旭等 7 人为掘港街道人大工委委员。

2023 年 3 月 28 日，因如东经济开发区与掘港街道高端产业板块优化整合，经街道党工委会议讨论确定和县第十八届人大常委会第二十一次主任会议研究，同意赵旭等 7 人为掘港街道人大工委委员。

（二）镇人大主席团、区（街道）人大工委及街道人大工委工作

1. 镇人大主席团工作

镇第十七届人民代表大会主席团

2007—2011 年，共召开代表会 4 次。选举产生镇人大主席 1 人、副主席 1 人、镇长 1 人、副镇长 6 人、增补人大副主席 1 人、副镇长 2 人。共召开主席团成员会议 16 次，听取和审议政府专项工作报告 12 项，提出审议意见 12 项，开展视察调研和执法检查 27 次。

镇第十八届人民代表大会主席团

2012—2015 年，共召开代表会 4 次。选举产生人大主席 1 人、副主席 3 人、镇长 1 人、副镇长 6 人、增补人大副主席 2 人、副镇长 3 人。共召开主席团成员会议 11 次，听取和审议政府专项工作报告 11 项，开展视察调研和执法检查活动 23 次。

2. 区（街道）人大工委工作

2017—2019 年，召开年初、年中县人大代表全体会议 5 次。非会议期间，共召开人大工委会议 10 次，其中 2017 年召开 1 次，2018 年召开 4 次，2019 年召开 5 次。

3. 街道人大工委工作

2020—2023 年，召开年初、年中县人大代表全体会议 4 次、街道选民代表议政会议 3 次。非会议期间，2020—2022 年共召开人大工委会议 12 次。

（三）镇人大主席和副主席、如东高新区（掘港、城中街道）及掘港街道人大工委主任和副主任

1. 镇人大主席、副主席

2007 年，掘港镇第十七届人大换届选举始，至 2015 年撤销掘港镇改设街道，第十八届人大自行终止前，共选举产生镇人大主席 2 人，副主席 7 人。

2007—2015 年掘港镇人大主席、副主席一览表

表 7-12

届次	职务	姓名	在任时间
第十七届	主　席	姜建新	2007 年 12 月—2012 年 1 月
	副主席	陈　健	2007 年 12 月—2011 年 3 月
		龚尹斌	2009 年 1 月—2012 年 3 月
		王戴跃	2011 年 3 月—2012 年 1 月
第十八届	主　席	翁　祥	2012 年 3 月—2015 年 7 月
	副主席	龚尹斌	2012 年 3 月—2014 年 2 月
		王十田	2012 年 3 月—2015 年 1 月
		陈银忠	2012 年 3 月—2015 年 2 月
		吴　丽（女）	2014 年 2 月—2015 年 5 月
		赵晓春	2014 年 2 月—2015 年 7 月

2. 区（街道）人大工委主任、副主任

2015 年 2 月 10 日，县第十六届人大常委会第二十五次会议表决通过，翁祥任如东高新区人大工委主任；7 月 30 日，第二十八次会议表决通过，翁祥任掘港、城中街道人大工委主任。

2017 年 3 月 30 日，县第十七届人大常委会第二次会议表决通过，丁晓飞任如东高新区人大工委主任及城中、掘港街道人大工委主任。

2018 年 4 月 4 日，县第十七届人大常委会第九次会议表决通过，徐勇任如东高新区人大工委副主任、掘港街道人大工委副主任。

2015—2019 年如东高新区（掘港、城中街道）人大工委主任、副主任一览表

表 7–13

姓名	在任时间	职务
翁　祥	2015 年 2 月—2015 年 7 月	如东高新区人大工委主任
	2015 年 7 月—2017 年 3 月	如东高新区人大工委主任，城中街道人大工委主任、掘港街道人大工委主任
丁晓飞	2017 年 3 月—2019 年 12 月	如东高新区人大工委主任，城中街道人大工委主任、掘港街道人大工委主任
徐　勇	2018 年 4 月—2019 年 12 月	如东高新技术产业开发区人大工委副主任、掘港街道人大工委副主任

3. 街道人大工委主任、副主任

2019 年 12 月 29 日，县第十七届人大常委会第二十二次会议表决通过，赵旭任掘港街道人大工委主任。

2019—2023 年掘港街道人大工委主任、副主任一览表

表 7–14

姓名	在任时间	职务
赵　旭	2019 年 12 月—	掘港街道人大工委主任
徐　勇	2019 年 12 月—2021 年 5 月	掘港街道人大工委副主任

第五节　城中街道人大

2020 年 1 月，城中街道与掘港街道实行分设和实体化运行，2021 年，选聘选民代表 50 人，参与街道人大工委工作。街道人大工委在县人大常委会和街道党工委领导下，遵守和执行宪法、法律、法规、县人民代表大会及其常务委员会决议、决定，对辖区内县派出机构工作进行监督，收集和反映人大代表、议政员和选民代表的批评、建议、意见，积极践行全过程人民民主，坚持一切为了人民、一切依靠人民，注重调查研究、问计于民，自觉接受人民监督，在推动新型城镇化建设、构建现代化产业体系、服务实体经济、助力乡村振兴等方面为如东高质量发展贡献人大力量。2020—2023 年，共召开街道县人大代表全体会议 4 次、街道选民代表议政会议 3 次。街道人大工委被县人大评为 2022 年度镇（区、街道）人大工作先进集体。

一、街道人民代表选举

（一）街道选民代表推选工作领导小组（2021 年 12 月）

组　长：于海东

副组长：丁晓飞　　陈红芳（常务、女）

缪建周　　顾　炜

成　员： 邓丽娟（女）张　伟　　张正银
周旭东　　陈　燕（女）冯建伟
施沈娟（女）袁新兰（女）戴　建
陆海山　　张　伟（挂职）
胡珺辉（挂职）

（二）街道选民代表推选

2019 年 12 月，根据县关于街道实体化运行改革要求，按照街道实体化运行改革人大议政员分设方案，对 60 名议政员进行相应划分，掘港街道议政员 44 人、城中街道议政员 16 人。

2020 年 4 月，经各相关村（社区）及单位民主推荐、街道人大工委审核、街道党工委会议决定，增补选民代表于海东、陈红芳。

2021 年 12 月，按照市、县人大常委会《关于在街道建立选民代表议政制度的实施意见》要求，经各村（社区）及单位民主推荐、组织考察审核等程序，推选产生城中街道第一届选民代表 50 人。

二、街道县人大代表全体会议、街道选民代表议政会议

（一）街道县人大代表全体会议

2020 年 4 月 18 日—2021 年 8 月 23 日，共召开 4 次会议，出席大会县人大代表总人数 74 人、列席会议总人数 382 人。会议主要议程，听取和审议通过《城中街道办事处工作报告》（包括 2021 年年初、年中会议）、《城中街道安全生产专项整治工作报告》、《城中街道 2020 年财政预算报告（草案）》（包括 2020 年年中、2021 年年初、年中会议）、《城中街道人大工委工作报告》（包括 2020 年年中、2021 年年初会议）。2020 年年中县人大代表全体会议议程增加听取和审议通过《城中街道 2020 年上半年经济和社会发展情况的报告》（包括 2021 年年中会议）、《城中街道 2020 年上半年生态环境状况和环境保护目标实现情况的报告》（2021 年年初县、年中会议）、《城中街道人大代表、议政员建议办理情况的报告》（包括 2021 年年中会议）。2021 年年初县人大代表全体会议议程增加听取和审议通过《2020 年度民生实事项目实施情况的工作报告》。2021 年年中县人大代表全体会议议程增加听取和审议《〈城中街道国民经济和社会发展第十四个五年规划和 2035 年远景目标纲要（草案）〉编制情况的说明》。

（二）街道选民代表议政会议

2022 年 1 月 7 日—2023 年 8 月 29 日，共召开 4 次会议，出席会议选民代表总人数 200 人，列席会议总人数 460 人。会议主要议程，听取和审议通过《城中街道办事处工作报告》（包括第三次会议）、《城中街道 2021 年财政预算执行情况和 2022 年财政预算（草案）的报告》（包括第三、四次会议）、《城中街道人大工委工作报告》（包括第三次会议）。第二次会议议程增加听取和审议通过《城中街道办事处上半年经济和社会发展情况的报告》（包括第四次会议）、《城中街道办事处 2022 年上半年生态环境状况和环境保护目标实现情况的报告》（包括第三、四次会议）、《城中街道 2022 年上半年代表建议、批评和意见办理情况的报告》（包括第四次会议），第三次会议议程增加听取和审议通过《城中街道 2022 年度办事处民生实事项目完成情况报告》。

三、代表履职

（一）街道人大议政员

2020 年，街道实体化运行开始，在街道年初、年中县人大代表全体会议期间，议政员积极参会议政，听取各项报告，讨论决定重大事项，票决确定民生实事项目，参与专项工作评议测评，向街道提出意见和建议。2020—2021 年，街道人大议政员共提出建议意见 23 件。

（二）街道选民代表

2021 年 12 月始，在街道选民代表议政会期间，选民代表按照《如东县城中街道选民代表议政会议议事规则》要求，积极参会议政，听取各项报告，讨论决定重大事项，票决确定民生实事项目，参与专项工作评议测评，向街道提出意见和建议，2022—2023年，街道选民代表共提出建议意见24件。

四、街道人大工委

（一）城中街道人大工委组成人员

2020年4月20日，根据街道实体化运行需要，经街道党工委会议讨论确定和县第十七届人大常委会第五十四次主任会议研究，同意陈红芳等7人为如东县城中街道人大工委委员。

2022年1月5日，街道人大工委委员进行调整，经街道党工委会议讨论确定和县第十八届人大常委会第二次主任会议研究，同意顾炜等9人为如东县城中街道人大工委委员。

（二）城中街道人大工委工作

2020—2023年，城中街道人大工委主持召开年初、年中县人大代表全体会议4次、街道选民代表议政会议3次。非会议期间，街道人大工委共召开人大工委会议12次。

（三）城中街道人大工委主任

2019年12月29日，经县第十七届人大常委会第二十二次会议表决通过，陈红芳任城中街道人大工委主任。2021年11月29日，经县第十七届人大常委会第四十二次会议表决通过，顾炜任城中街道人大工委主任。

2019—2023年城中街道人大工委主任一览表

表7-15

姓名	在任时间	职务
陈红芳（女）	2019年12月—2021年11月	城中街道人大工委主任
顾　炜	2021年11月—	城中街道人大工委主任

第六节　栟茶镇人民代表大会

2007—2023年，栟茶镇人大先后召开第十六、十七、十八、十九届共24次人代会，共选举产生镇人大代表328名。由于区划调整等因素，个别届次换届有些不满5年。主席团一般由7～11人组成，任期与人代会任期相同。2022年组织县、镇11名领导干部代表开展“接待代表日暨代表联系选民日”活动，接待人大代表78名，选民代表14名，收到问题建议61件，现场解决44件，交办镇部门解决落实17件。全镇建有15个村（居）专用代表联系点，为代表营造出一个温馨舒适的活动场所。2022年，蔡向阳《关于进一步加强危化品管理的建议》获评县优秀代表建议，镇人大获评县人大工作先进集体。2023年，镇人大共组织代表小组活动64次，代表联系选民活动15次，代表参与活动762人次，智慧人大平台实时上传信息762条，代表认领助推实事项目418件，办成率100%。

一、镇人民代表选举

（一）选举机构

1. 第十六届选举委员会（2007年10月）

主　任：宫向阳

副主任：奚金岩　桑六茂　李建国　缪志平　顾国云　蔡正林

成　员：邵　克　沈瑜新　徐建华　杨雪松　刘海燕（女）蔡　华（女）　陈　卫　杨新明　缪海山　王志国

下设办公室

主　任：桑六茂（兼）

2. 第十七届选举委员会（2011 年 12 月）

主　任：顾国云

副主任：沈建华　符学斌

成　员：王志国　蒋　华　沈玮峰　李小军　沈　锋　季　泓　刘　亮　叶红军　陈志佳　牛　宇

下设办公室

主　任：沈建华（兼）

3. 第十八届选举委员会（2016 年 10 月）

主　任：张　锋

副主任：周俊发　张东锋

成　员：骆宏丽（女）李小军　葛伶俊　唐丹丹（女）耿　俊　王　鹏　缪海兵　徐向东　蔡素兰（女）季　泓　杨心怡（女）顾国云　刘秀萍（女）

下设办公室

主　任：周俊发（兼）

4. 第十九届选举委员会（2021 年 10 月）

主　任：周海军

副主任：缪慧敏（女）

成　员：孙　睿　丛爱民　季　泓　沈　锋　陈宝明　徐向东　于雪娟（女）李　倩（女）姜亚东　蔡冬波

下设办公室

主　任：缪慧敏（女、兼）

（二）代表选举

2007—2021 年，栟茶镇共进行 4 次代表选举，累计选民总数为 21.6 万人，参选人数为 18.01 万人，参选率为 83.4%，共选出代表 328 人。

2007—2021 年栟茶镇人大代表选举情况一览表

表 7–16　　单位：人

届次	选举日	选民总数	参选人数	参选率	代表总数
第十六届	2007 年 12 月 1 日	54338	45318	83.4%	82
第十七届	2012 年 2 月 24 日	55220	45004	81.5%	82
第十八届	2016 年 12 月 11 日	55842	46675	83.6%	82
第十九届	2021 年 12 月 10 日	50645	43201	85.3%	82

二、镇人民代表大会

2007 年 12 月 18 日—2023 年 8 月 8 日，共召开 4 届 24 次代表大会，出席大会正式代表总人数 1735 人（其中第八次会议因疫情改为材料交流），列席代表总人数 2664 人。会议主要议程，听取和审议通过《栟茶镇政府工作报告》《栟茶镇人大主席团工作报告》《栟茶镇财政预算执行情况和财政预算（草案）的报告》《代表建议、批评和意见办理情况的报告》。自第十七届第六次会议起，按县人大统一要求增加年中会议（包括第十八届第二、四、六、八、十、第十九届第二、四次会议）。并根据政府中心工作变化，会议议程也相应调整。第十七届第六次会议议程改为听取和审议通过《栟茶镇上半年经济社会发展和小康建设的情况报告》（包括第十八届第二、四、六、八、十、第十九届第四次会议）、《栟茶镇农村基础设施建设情况的专项报告》、《助力小康“五百”工程行动推进情况的报告》。第十八届第七次会议增加听取和审议通过《栟茶镇污染防治攻坚专项工作报告》（包括第十次会议）。第八次会议增加听取和审议通过《栟茶镇 2020 上半年污染防治攻坚暨人居环境整治专项工作报告》。第九次会议增加听取和审议通过《栟茶镇2020年生态文明建设工作报告》。第十九届第四次会议议程改为听取和审议通过《栟茶镇人大主席团2023年上半年工作报告》《栟茶镇2023年上半年财政预算执行情况的报告》《栟茶镇2023上半年生态环境状况的报告》。

在栟茶镇召开的4届24次人民代表大会上，共有12次会议选举或补选人大主席、副主席和镇长、副镇长。

2007—2023年栟茶镇政府镇长、副镇长一览表

表7-17

届次	职务	姓名	在任时间
第十六届	镇　长	尤　进	2007年12月—2012年3月
	副镇长	符学斌	2007年12月—2011年3月
		杨雪松	2007年12月—2011年3月
		沈瑜新	2007年12月—2012年2月
		许　疆	2007年12月—2011年3月
		田晨宇	2011年3月—2012年3月
		周俊发	2011年3月—2012年3月
		张东峰	2011年3月—2012年3月
第十七届	镇　长	王必东	2012年3月—2016年11月
	副镇长	刘　亮	2012年3月—2013年2月
		张东峰	2012年3月—2015年2月
		周俊发	2012年3月—2013年2月
		唐于磊	2012年3月—2017年1月
		周海军	2013年2月—2017年1月
		刘歆荃	2013年2月—2017年1月
		刘　春	2015年2月—2016年12月
第十八届	镇　长	蔡向阳	2016年11月—2019年10月
		唐于磊	2019年11月—2022年2月
	副镇长	刘歆荃	2017年1月—2018年4月
		周旭东	2017年1月—2021年6月
		周海军	2017年1月—2018年4月
		唐于磊	2017年1月—2018年4月
		田志栋	2017年8月—2021年6月
		骆宏丽（女）	2017年8月—2019年11月
		蔡建军	2017年8月—2021年1月
		耿　俊	2020年4月—2022年1月
		丁建伟	2021年2月—2022年1月
		孙　杨	2021年7月—2022年1月
		李　勤	2021年7月—2022年1月

续表 7-17

届次	职务	姓名	在任时间
第十九届	镇长	唐于磊	2022 年 1 月—2022 年 8 月
		朱益峰	2022 年 8 月—
	副镇长	耿　俊	2022 年 1 月—
		丁建伟	2022 年 1 月—
		孙　杨	2022 年 1 月—2023 年 1 月
		李　勤	2022 年 1 月—
		曹　曲	2023 年 2 月—

三、镇人民代表大会主席团

（一）主席团产生

1. 第十六届人民代表大会

第一次会议主席团成员及秘书长

宫向阳　李建国　刘　斌　顾国云
缪志平　蔡正林　刘志刚　刘秀萍（女）
缪　明　顾用生　徐希平

秘书长：李建国（兼）

第二次会议主席团成员及秘书长

宫向阳　李建国　刘　斌　顾国云
缪志平　蔡正林　刘志刚　刘秀萍（女）
缪　明　顾用生　徐希平

秘书长：李建国（兼）

第三次会议主席团成员及秘书长

宫向阳　李建国　刘　斌　顾国云
缪志平　蔡正林　刘志刚　刘秀萍（女）
缪　明　顾用生　徐希平

秘书长：李建国（兼）

第四次会议主席团成员及秘书长

周　勇　李建国　刘　斌　顾国云
缪志平　蔡正林　刘志刚　刘秀萍（女）
缪　明　顾用生　徐希平

秘书长：李建国（兼）

2. 第十七届人民代表大会

第一次会议主席团成员及秘书长

刘志刚　刘秀萍（女）李建国　沈志相
沈瑜新　张　锋　顾国云　徐希金
符学斌　翟　平　缪凤群（女）

秘书长：顾国云（兼）

第二次会议主席团成员及秘书长

刘志刚　刘秀萍（女）沈志相　张　锋
周俊发　顾国云　徐希金　符学斌
蔡素兰（女）翟　平　缪凤群（女）

秘书长：符学斌（兼）

第三次会议主席团成员及秘书长

王东宁　王志国　刘志刚　刘秀萍（女）
李小军　张　锋　沈志相　吴侦明
周俊发　顾国云　徐希金　蔡素兰（女）

秘书长：刘秀萍（女、兼）

第四次会议主席团成员及秘书长

王东宁　王志国　刘志刚　李小军
张　锋　张东锋　沈志相　周俊发
顾国云　徐希金　蔡素兰（女）缪兆林

秘书长：李小军（兼）

第五次会议主席团成员及秘书长

王志国　刘志刚　李小军　张　锋
张东锋　沈志相　周俊发　姜宁兵
顾国云　徐希金　蔡素兰（女）缪兆林

秘书长：李小军（兼）

第六次会议主席团成员及秘书长

刘志刚　李小军　张　锋　张东锋
沈志相　周俊发　姜宁兵　顾国云

徐希金　蔡素兰（女）缪兆林

秘书长：李小军（兼）

3. 第十八届人民代表大会

第一次会议主席团成员及秘书长

刘秀萍（女）李小军　何　强　沈桂芬（女）
张　锋　陈永强　姜宁兵　骆宏丽（女）
康　勤　蔡素兰（女）缪兆林

秘书长：李小军（兼）

第二次会议主席团成员及秘书长

刘秀萍（女）李小军　何　强　沈桂芬（女）
张　锋　陈永强　姜宁兵　骆宏丽（女）
康　勤　蔡素兰（女）缪兆林

秘书长：李小军（兼）

第三次会议主席团成员及秘书长

刘秀萍（女）李小军　沈桂芬（女）张　锋
陈永强　郁红军　姜宁兵　骆宏丽（女）
康　勤　蔡素兰（女）缪兆林

秘书长：陈永强（兼）

第四次会议主席团成员及秘书长

刘秀萍（女）李小军　沈桂芬（女）张　锋
郁红军　周海军　姜宁兵　唐丹丹（女）
康　勤　蔡素兰（女）缪兆林

秘书长：周海军（兼）

第五次会议主席团成员及秘书长

刘秀萍（女）李小军　沈桂芬（女）张　锋
郁红军　周海军　姜宁兵　唐丹丹（女）
康　勤　蔡素兰（女）缪兆林

秘书长：周海军（兼）

第六次会议主席团成员及秘书长

刘秀萍（女）李小军　李　勤　沈桂芬（女）
张　锋　周海军　姜宁兵　唐丹丹（女）
康　勤　蔡素兰（女）缪兆林

秘书长：周海军（兼）

第七次会议主席团成员及秘书长

刘秀萍（女）李小军　沈桂芬（女）周海军
骆宏丽（女）姜宁兵　唐丹丹（女）顾理政
康　勤　蔡向阳　蔡素兰（女）缪兆林

秘书长：骆宏丽（女、兼）

第八次会议主席团成员及秘书长

因新冠疫情影响，第八次会议通过材料审查形式召开，未确定主席团成员及秘书长。

第九次会议主席团成员及秘书长

从　杰　刘秀萍（女）李小军　沈桂芬（女）
周海军　唐丹丹（女）顾理政　康　勤
蔡向阳　蔡建军　蔡素兰（女）缪兆林

秘书长：蔡建军（兼）

第十次会议主席团成员及秘书长

从　杰　刘秀萍（女）李小军　沈桂芬（女）
周海军　唐丹丹（女）顾理政　康　勤
蔡向阳　蔡建军　蔡素兰（女）缪兆林

秘书长：蔡建军（兼）

4. 第十九届人民代表大会

第一次会议主席团成员及秘书长

从　杰　李　鹏　李　倩（女）刘秀萍（女）
周海军　顾理政　康　勤　蔡向阳
蔡建军　缪兆林　缪　斌

秘书长：蔡建军（兼）

第二次会议主席团成员及秘书长

从　杰　李　鹏　李　倩（女）刘秀萍（女）
周海军　顾理政　康　勤　蔡向阳
蔡建军　缪兆林　缪　斌

秘书长：蔡建军（兼）

第三次会议主席团成员及秘书长

李　鹏　刘秀萍（女）周海军　顾理政
康　勤　蔡向阳　蔡建军　缪兆林
缪　斌

秘书长：蔡建军（兼）

第四次会议主席团成员及秘书长

刘秀萍（女）周海军　顾理政　康　勤
蔡向阳　蔡建军　缪兆林　缪　斌

秘书长：蔡建军（兼）

（二）主席团工作

1. 第十六届人民代表大会主席团

2007—2011 年，共召开 4 次会议。分别听取和审议政府工作报告 4 个，财政预决算报告 4 个。会议选举产生人大主席 1 人，副主席 2 人；镇长 1 人，副镇长 7 人。交办和督办代表批评、建议、意见（含闭会期间）300 余件，办结率为 98%。

2. 第十七届人民代表大会主席团

2012—2016 年，共召开 6 次会议。分别听取和审议政府工作报告 6 个，财政预决算报告 5 个。会议选举产生人大主席 2 人、镇长 1 人、人大副主席 3 人、副镇长 7 人。先后表彰优秀代表 127 人次。

3. 第十八届人民代表大会主席团

2017—2021 年，共召开 10 次会议。分别听取和审议政府工作报告 10 个，财政预决算报告 7 个。会议选举产生人大主席 2 人、副主席 1 人，镇长 2 人、副镇长 11 人。张素华、缪兆林、沈志相、徐希金、缪斌 5 位代表先进事迹被收录进《如东县人大代表助力小康“五项行动”风采录》，张素华、刘志刚被评为县优秀人大代表。

4. 第十九届人民代表大会主席团

2022 年召开 2 次会议。2023 年召开 2 次会议。共听取和审议政府工作报告 4 个，人大主席团报告 3 个，财政预决算报告 4 个，污染防治攻坚工作报告 1 个，生态文明建设工作报告 3 个。会议选举镇人大主席 1 人、镇长 2 人，副镇长 5 人。票决民生实事项目 14 项、票选民主评议单位 4 个，表彰“五好”人大代表 20 人，先进代表工作站 6 个。

（三）镇人民代表大会主席、副主席

2007 年，第十六届镇人大换届选举始，至 2023 年第十九届镇人大第四次会议，共选举产生镇人大主席 6 人，副主席 6 人。2020 年 9 月，在南通市镇人大工作座谈会上作“创新制度保障，强化使命担当，推动代表履职尽责”经验介绍。2021 年 9 月，在县人大工作会议暨纪念如东县人大设立常委会 40 周年大会上，作题为“厚植为民情怀、践行使命担当，奋力谱写新时代人大工作篇章”会议发言。

2007—2023 年栟茶镇人大主席、副主席一览表

表 7–18

届次	职务	姓名	在任时间
第十六届	主　席	顾国云	2007 年 11 月—2012 年 3 月
	副主席	符学斌	2011 年 3 月—2012 年 3 月
		沈建华	2007 年 11 月—2012 年 3 月
第十七届	主　席	顾国云	2012 年 3 月—2015 年 2 月
		张　锋	2015 年 2 月—2016 年 5 月
	副主席	符学斌	2012 年 3 月—2014 年 2 月
		刘秀萍（女）	2013 年 2 月—2015 年 2 月
		李小军	2014 年 2 月—2017 年 2 月
第十八届	主　席	康　勤	2016 年 11 月—2019 年 10 月
		周海军	2019 年 10 月—2022 年 1 月
	副主席	李小军	2017 年 2 月—2020 年 12 月
第十九届	主　席	周海军	2022 年 1 月—

第七节 丰利镇人民代表大会

2007年始，镇人大先后召开第十七、十八、十九、二十届共23次人代会，共选举产生镇人大代表400名。代表活动阵地从6个代表之家发展到21个村（社区）专用代表联系点；2015年，镇人大被南通市人大确立为基层民主立法联系点；古丰文化底蕴深厚、源远流长，镇人大助力建成古丰文园博物馆，2017年，出版发行《丰利文化丛书》；2022年，镇人大开展各种慰问活动20余次，30户困境儿童家庭与镇规上企业成功对接。通过平台累计收集镇代表建议86条，发布人大工作动态20条，发送活动短信284条，代表履职记录42条，代表在智慧人大平台实时上传实践活动计划100条，覆盖率100%；“五加一”主题实践活动记录人均1条，代表覆盖率和完成率均为100%，五项内容记录累计1080条。2023年，凹桥、陈葛庄、家庙桥村获评县人大2022年度“最优计划”，镇人大获评县人大2022年度“最佳展示”。

一、镇人民代表选举

（一）选举机构

1. 第十七届选举委员会（2007年10月）

主　任： 蒋树建

副主任： 陈　咏　周　勇　徐剑莉（女）　刘　斌　石明山　丁　俊　徐训明　朱　明　葛八银

成　员： 田　亚（女）　马建华（女）　徐建华　徐海频　张　俊　桑圣林　王松林　周　媛（女）　於　锋　陈亚峰　薛广明

下设办公室

主　任： 丁　俊（兼）

2. 第十八届选举委员会（2011年12月）

主　任： 周　俊

副主任： 丁　俊　周　媛（女）

成　员： 张　俊　何　杰　施正国　王松林　许晓梅（女）　刘海军　王小燕（女）　宋仪芹（女）　唐小兵

下设办公室

主　任： 丁　俊（兼）

调整第十八届选举委员会

（2012年1月组织人事调整）

主　任： 徐剑莉（女）

副主任： 赵广瑜　蒋　华

成　员： 张　俊　何　杰　桑圣荣　施正国　杨晓祥　王松林　许晓梅（女）　刘海军　王小燕（女）　宋仪芹（女）　唐小兵

下设办公室

主　任： 赵广瑜（兼）

3. 第十九届选举委员会（2016年10月）

主　任： 徐剑莉（女）

副主任： 顾美凤（女）

成　员： 张　俊　何　杰　袁雪峰　曹乃冲　许晓梅（女）　刘海军　杨雅丽（女）　陈雨晴（女）　陈秋君（女）

下设办公室

主　任： 徐剑莉（女、兼）

4. 第二十届选举委员会（2021年9月）

主　任： 朱德军

副主任： 李海建

成　员： 袁雪峰　许　林　周新波　曹乃冲　桑圣荣　张　维（女）　管学琴（女）　黄艳丽（女）　於卫东

下设办公室

主　任： 李海建（兼）

（二）代表选举

2007—2022年，丰利镇共进行4次代表选举，累计选民总数为29.39万人，参选人数为25.49万人，参选率为86.7%，共选出代表400人。

2007—2021 年丰利镇人大代表选举情况一览表

表 7-19

单位：人

届次	选举日	选民总数	参选人数	参选率	代表总数
第十七届	2007 年 12 月 1 日	78347	72983	93.2%	100
第十八届	2012 年 2 月 24 日	74962	65259	87.1%	100
第十九届	2016 年 12 月 11 日	71626	58017	81.0%	100
第二十届	2021 年 12 月 10 日	68930	58633	85.1%	100

二、镇人民代表大会

2007 年 12 月 13 日—2023 年 8 月 6 日，共召开 4 届 24 次代表大会，出席大会正式代表总人数 2236 人，列席代表总人数 2546 人。会议主要议程，听取和审议通过《丰利镇政府工作报告》《丰利镇人大主席团工作报告》《丰利镇财政预算执行情况和财政预算（草案）的报告》《代表建议、批评和意见办理情况的报告》。自第十八届第六次会议起，按县人大统一要求增加年中会议（包括第十九届第二、四、六、八、十，第二十届第二、四次会议）。并根据政府中心工作变化，会议议程也相对调整。第六次会议议程为会议听取和审议通过《关于 2016 年以来经济社会发展情况及小康建设情况的工作报告》（包括十九届第六次会议），《关于农村基础设施建设情况的专项报告》《关于人大代表助力小康“五百”工程行动推进情况的报告》。第十九届第二次会议议程增加听取和审议通过《关于 2017 年上半年经济发展及小康社会建设情况的工作报告》（包括第十九届第四、八、第二十届第二、四会议）、《关于加快丰利镇老城区基础设施改造的议案办理落实情况的报告》、《关于 2017 年上半年财政预算执行情况的报告》（包括第十九届第四、六、八、第二十届第二、四次会议）、《关于人大代表助力小康建设“五项行动”推进工作的报告》（包括第八次会议）、《关于为贯彻落实“河长制”要求提请增加河道整治专项经费预算的议案》。第四次会议议程增加听取和审议通过《关于人大代表助力小康建设“五项行动”推进情况的报告》。第六次会议议程增加听取和审议《丰利镇生态环境状况和环境保护目标实现情况的报告》（包括第十九届第八次、第二十届第二、四次会议）。

在丰利镇召开的 4 届 23 次人民代表大会上，共有 12 次会议选举或补选人大主席、副主席和镇长、副镇长。

2007—2023 年丰利镇政府镇长、副镇长一览表

表 7-20

届次	职务	姓名	在任时间
第十七届	镇　长	顾　锐	2007 年 12 月—2011 年 1 月
		许金标	2011 年 3 月—2012 年 1 月
	副镇长	朱峰涛	2007 年 12 月—2011 年 1 月
		陈建明	2007 年 12 月—2012 年 1 月
		顾美凤（女）	2007 年 12 月—2012 年 1 月
		张秀斌	2007 年 12 月—2008 年 8 月
		李　欢	2007 年 12 月—2011 年 1 月

续表 7–20

届次	职务	姓名	在任时间
第十七届	副镇长	徐　伟	2007 年 12 月—2011 年 12 月
第十八届	镇　长	周旭东	2012 年 3 月—2014 年 1 月
		邵亚红（女）	2014 年 2 月—2016 年 11 月
	副镇长	徐　伟	2012 年 3 月—2013 年 1 月
		蒋　兵	2012 年 3 月—2016 年 11 月
		朱峰涛	2012 年 3 月—2016 年 11 月
		汪华伟	2012 年 3 月—2013 年 1 月
		臧达生	2012 年 3 月—2014 年 1 月
		崔　鹏	2012 年 3 月—2014 年 1 月
		蒋　华	2013 年 3 月—2016 年 11 月
		於　锋	2013 年 3 月—2016 年 5 月
第十九届	镇　长	於　锋	2017 年 1 月—2021 年 1 月
		骆宏丽（女）	2021 年 2 月—2022 年 1 月
	副镇长	戴建军	2017 年 1 月—2020 年 12 月
		汪华伟	2017 年 1 月—2019 年 5 月
		徐明光	2017 年 1 月—2019 年 5 月
		罗晓辉	2017 年 1 月—2021 年 1 月
		朱建生	2019 年 7 月—2022 年 1 月
		曹　烨	2019 年 7 月—2021 年 5 月
		刘　勇	2021 年 7 月—2022 年 1 月
		潘香香（女）	2021 年 2 月—2022 年 1 月
		沈　城	2021 年 7 月—2022 年 1 月
第二十届	镇　长	骆宏丽（女）	2022 年 1 月—
	副镇长	朱建生	2022 年 1 月—
		潘香香（女）	2022 年 1 月—2023 年 1 月
		刘　勇	2022 年 1 月—
		沈　城	2022 年 1 月—2023 年 1 月
		应舒舒	2023 年 1 月—

三、镇人民代表大会主席团

（一）主席团产生

1. 第十七届人民代表大会

第一次会议主席团成员及秘书长

丁　俊　孙年华　陈　咏　张本田　季海泉　周　俊　於　锋　徐汉明　徐剑莉（女）赵广瑜　蒋树建　薛　标　薛广明

秘书长：丁　俊（兼）

第二次会议主席团成员及秘书长

丁　俊　孙年华　张本田　季海泉　陈　咏　周　俊　於　锋　赵广瑜

徐汉明　徐剑莉（女）蒋树建　薛广明
薛　标
秘书长：丁　俊（兼）
第三次会议主席团成员及秘书长
丁　俊　孙年华　陈　咏　张本田
季海泉　周　俊　於　锋　赵广瑜
徐汉明　徐剑莉（女）蒋树建　薛　标
秘书长：丁　俊（兼）
第四次会议主席团成员及秘书长
丁　俊　王松林　孙年华　张本田
季海泉　周　俊　赵广瑜　顾　锐
徐建华　徐剑莉（女）薛　标
秘书长：丁　俊（兼）
2. 第十八届人民代表大会
第一次会议主席团成员及秘书长
马建华（女）王松林　刘　斌　许晓梅（女）
张本田　陈昌泉　陈建明　季海泉
赵广瑜　柳建明　顾　锐　顾美凤（女）
徐剑莉（女）葛仁贵　薛　标
秘书长：赵广瑜（兼）
第二次会议主席团成员及秘书长
马建华（女）王松林　刘　斌　许晓梅（女）
张本田　陈昌泉　陈建明　赵广瑜
柳建明　顾　锐　顾美凤（女）徐剑莉（女）
葛仁贵　薛　标
秘书长：赵广瑜（兼）
第三次会议主席团成员及秘书长
马建华（女）王松林　刘　斌　许晓梅（女）
张本田　陈昌明　陈昌泉　陈建明
赵广瑜　柳建明　周旭东　顾美凤（女）
徐　伟　徐剑莉（女）葛仁贵
秘书长：徐　伟（兼）
第四次会议主席团成员及秘书长
马建华（女）王松林　刘　斌　许晓梅（女）
张本田　陈昌明　陈昌泉　陈建明
赵广瑜　柳建明　周旭东　顾美凤（女）
徐　伟　徐剑莉（女）葛仁贵
秘书长：徐　伟（兼）
第五次会议主席团成员及秘书长
马建华（女）王松林　刘　斌　许晓梅（女）
张本田　陈昌明　陈昌泉　陈建明
赵广瑜　柳建明　周旭东　顾美凤（女）
徐　伟　徐剑莉（女）葛仁贵
秘书长：徐　伟（兼）
3. 第十九届人民代表大会
第一次会议主席团成员及秘书长
马建华（女）朱德军　刘　勇　许向阳
杨冠华（女）杨雅丽（女）李鹤林　沈　城
张东锋　陈昌泉　於　锋　胡　佳
耿卫东　顾美凤（女）曹　烨　曹乃冲
葛仁贵
秘书长：顾美凤（女、兼）
第二次会议主席团成员及秘书长
马建华（女）朱德军　刘　勇　许向阳
杨冠华（女）杨雅丽（女）李鹤林　沈　城
张东锋　陈昌泉　於　锋　胡　佳
耿卫东　顾美凤（女）曹　烨　曹乃冲
葛仁贵
秘书长：顾美凤（女、兼）
第三次会议主席团成员及秘书长
马建华（女）朱德军　刘　勇　许向阳
张东锋　杨冠华（女）陈昌泉　陈秋君（女）
沈　城　李鹤林　胡　佳　耿卫东
顾美凤（女）曹　烨　曹乃冲　葛仁贵
秘书长：顾美凤（女、兼）
第四次会议主席团成员及秘书长
朱德军　朱建生　刘　勇　许向阳
张东锋　杨冠华（女）陈昌泉　陈秋君（女）
沈　城　李鹤林　胡　佳　耿卫东
顾美凤（女）曹　烨　曹乃冲　葛仁贵
秘书长：顾美凤（女、兼）

第五次会议主席团成员及秘书长

朱德军　朱建生　刘　勇　许向阳
杨冠华（女）陈昌泉　陈秋君（女）沈　城
李鹤林　胡　佳　秦　刚　顾美凤（女）
袁雪峰　曹　烨　曹乃冲　葛仁贵

秘书长：顾美凤（女、兼）

第六次会议主席团成员及秘书长

丁建伟　朱德军　刘　勇　许向阳
李鹤林　汪华伟　沈　城　陈昌泉
陈　粲　陈秋君（女）胡　佳　秦　刚
袁雪峰　顾美凤（女）徐明光　曹乃冲
葛仁贵

秘书长：顾美凤（女、兼）

第七次会议主席团成员及秘书长

丁建伟　朱德军　刘　勇　许向阳
李鹤林　应舒舒　汪华伟　沈　城
陈　粲　陈昌泉　秦　刚　袁雪峰
顾美凤（女）徐明光　曹乃冲　葛仁贵

秘书长：顾美凤（女、兼）

第八次会议主席团成员及秘书长

丁建伟　朱德军　刘　勇　许向阳
李鹤林　应舒舒　汪华伟　沈　城
陈　粲　陈昌泉　秦　刚　顾美凤（女）
徐明光　曹乃冲　葛仁贵

秘书长：汪华伟（兼）

第九次会议主席团成员及秘书长

朱德军　许向阳　李鹤林　应舒舒
汪华伟　沈　城　陈　粲　陈昌泉
邵　彬　於　锋　耿　建　袁雪峰
顾美凤（女）曹乃冲　葛仁贵

秘书长：汪华伟（兼）

第十次会议主席团成员及秘书长

朱德军　许向阳　沈　城　应舒舒
李鹤林　陈　粲　陈昌泉　邵　彬
於　锋　耿　建　袁雪峰　顾美凤（女）
曹　烨　曹乃冲　葛仁贵

秘书长：曹　烨（兼）

4. 第二十届人民代表大会

第一次会议主席团成员及秘书长

马本泉　冯亦琦（女）许向阳　邢春燕（女）
李泓柏　应舒舒　张　维（女）陈　粲
陈昌泉　於　锋　袁雪峰　耿　建
徐剑莉（女）徐琦雯（女）曹　烨　曹乃冲
管学琴（女）

秘书长：耿　建（兼）

第二次会议主席团成员及秘书长

于振华　马本泉　冯亦琦（女）邢春燕（女）
许向阳　李泓柏　应舒舒　张　维（女）
陈昌泉　陈　粲　於　锋　耿　建
徐剑莉（女）徐琦雯（女）曹乃冲　曹　烨
管学琴（女）

秘书长：耿　建（兼）

第三次会议主席团成员及秘书长

于振华　马本泉　冯亦琦（女）邢春燕（女）
许向阳　花亚聪　李泓柏　陈昌泉
於　锋　耿　建　徐　俨　徐剑莉（女）
徐琦雯（女）曹　烨　曹乃冲　管学琴（女）
缪晶晶

秘书长：耿　建（兼）

第四次会议主席团成员及秘书长

于振华　马本泉　冯亦琦（女）邢春燕（女）
许向阳　花亚聪　李泓柏　陈昌泉
於　锋　耿　建　徐　俨　徐剑莉（女）
徐琦雯（女）曹　烨　曹乃冲　管学琴（女）
缪晶晶

秘书长：耿　建（兼）

（二）主席团工作

1. 第十七届人民代表大会主席团

2007—2011 年，共召开 4 次会议，分别听取和审议政府工作报告 4 个，财政预决算报告 4 个；交办和督办代表批评、建议、意见（含闭会期间）228 件，办结率 98%；召开主席办公会 45 次，组织人大代表视察 17 次、组织人大代表调研 8 次、共撰写调查报告 15 篇。

2. 第十八届人民代表大会主席团

2012—2016 年，共召开 5 次会议，分别听取和审议政府工作报告 5 个，财政预决算报告 5 个；会议选举产生人大主席 1 人，副主席 5 人，副镇长 8 人。2014 年 10 月 20 日，增开镇人民代表大会专题会议，审议通过《丰利镇总体规划》修编报告，并形成决议。

3. 第十九届人民代表大会主席团

2017—2021 年，共召开 10 次会议，分别听取和审议镇政府和各相关部门工作报告 67 项，就重大决策出台等征求意见 571 件、开展工作调研 25 次，票决督促政府为民办实事 30 件，主席团集中学习 20 次，基层民主立法联系点共收到南通市人大常委会拟出台的条例草案 9 部，南通市人大立法委员会采纳反馈建议 11 件，组织代表法庭旁听庭审 102 人次。

4. 第二十届人民代表大会主席团

2022—2023 年 8 月，共召开 4 次会议。2022 年 1 月，选举产生镇长 1 名、人大主席 1 名、副镇长 4 名；2023 年 2 月，补选副镇长 1 名。每年票决民生实事项目 10 项，依法作出决定决议 12 项。

（三）镇人民代表大会主席、副主席

2007 年，第十七届镇人大换届选举始，至 2023 年二十届镇人大第四次会议，共选举产生镇人大主席 5 人，副主席 9 人。

2007—2023 年丰利镇人大主席、副主席一览表

表 7–21

届次	职务	姓名	在任时间
第十七届	主　席	陈　咏	2007 年 12 月—2010 年 10 月
		周　俊	2011 年 3 月—2012 年 1 月
	副主席	丁　俊	2007 年 12 月—2012 年 1 月
		赵广瑜	2011 年 3 月—2012 年 1 月
		徐建华	2011 年 3 月—2012 年 1 月
第十八届	主　席	徐剑莉（女）	2012 年 3 月—2016 年 11 月
	副主席	赵广瑜	2012 年 3 月—2014 年 1 月
		陈建明	2012 年 3 月—2016 年 3 月
		顾美凤（女）	2012 年 3 月—2016 年 11 月
		柳建明	2012 年 3 月—2015 年 4 月
		陈昌明	2014 年 2 月—2014 年 10 月
第十九届	主　席	朱德军	2017 年 1 月—2021 年 11 月
	副主席	顾美凤（女）	2017 年 1 月—2020 年 3 月
第二十届	主　席	曹　烨	2022 年 1 月—

第八节　马塘镇人民代表大会

2007—2023 年，马塘镇人大先后召开第十七、十八、十九、二十届共 23 次人代会，共选举产生镇人大代表 395 名。2021 年 3 月 9 日，马塘镇召开人大代表“问河长”暨“清水绿岸”现场推进会新闻信息在《人民日报》海外版刊登。2022 年 1 月镇第二十届人大第一次会议闭会后，镇人大用“1 中心 +4 站 +18 联系点”平台载体，先后组织代表小组活动 32 次，代表联系选民活动 198 次，代表参与活动 380 次，智慧人大平台实时上传动态 1384 次。代表认领助推实事项目 645 件、办成 615 件，占 95.34%。代表小组联系选民活动中提出建议 35 条，其中助推产业 9 条，管护河（路）道 12 条，志愿服务 3 条，融入网格 3 条，帮扶选民 8 条，均得到落实。2022 年，镇人大被南通市人大常委会换届选举工作办公室评为南通市县镇两级人大换届选举工作先进单位。至 2023 年，全镇受县人大表彰优秀代表之家 15 个，优秀代表联系点 4 个，优秀人大代表 176 人次。

一、镇人民代表选举

（一）选举机构

1. 第十七届选举委员会（2007 年 10 月）

主　任：周福林

副主任：奚金林　夏一飞　包永宏　陈桂斌　杨一峰

成　员：莫德军　虞文君　季晓勤（女）　陆铁军　赵子林　薛　成　许新林　翁亚芳（女）　阚红婷（女）　浦金泉

下设办公室

主　任：陈桂斌（兼）

2. 第十八届选举委员会（2011 年 12 月）

主　任：陈桂斌

副主任：夏一飞　季晓勤（女）　石高华

委　员：翁亚芳（女）　徐　敏　纪卫华　袁文钊　葛家余　周　清（女）

下设办公室

主　任：陈桂斌（兼）

3. 第十九届选举委员会（2016 年 10 月）

主　任：陈桂斌

副主任：李建军

委　员：杨云霞（女）　韩　斌　吴媛媛（女）　周玲慧（女）　陈海飞（女）　王忠民　张宏云（女）　于　梅（女）　方　凡

下设办公室

主　任：陈桂斌（兼）

4. 第二十届选举委员会（2021 年 9 月）

主　任：缪四海

副主任：吴媛媛（女）

委　员：方　凡　季　峰　管图南　江尤飞　顾海鹏　李建军　杨云霞（女）　丁　楠（女）　宋彦儒（女）　曹陈延　缪管建

下设办公室

主　任：缪四海（兼）

（二）代表选举

2007—2021 年，马塘镇共进行 4 次代表选举，累计选民总数为 30.42 万人，参选人数为 27.41 万人，参选率为 90.09%，共选出代表 395 人。

2007—2021 年马塘镇人大代表选举情况一览表

表 7-22　　单位：人

届次	选举日	选民总数	参选人数	参选率	代表总数
第十七届	2007 年 12 月 1 日	80256	72179	89.94%	99
第十八届	2012 年 2 月 24 日	80699	74923	92.84%	98
第十九届	2016 年 12 月 11 日	73035	67511	92.44%	99
第二十届	2021 年 12 月 10 日	70279	59510	84.68%	99

二、镇人民代表大会

2007 年 12 月 17 日—2023 年 8 月 6 日，共召开 4 届 23 次代表大会，出席大会正式代表总人数 1793 人，列席代表总人数 1594 人。会议主要议程，听取和审议通过《马塘镇政府工作报告》《马塘镇人大主席团工作报告》《马塘镇财政预算执行情况和财政预算（草案）的报告》《代表建议、批评和意见办理情况的报告》。第十七届第二次会议议程增加听取和审议通过《马塘镇总体规划方案（草案）的报告》。第四次会议议程增加《马塘镇总体规划方案调整（草案）的报告》。第十八届第五次会议增加听取和审议通过《马塘镇国民经济和社会发展第十三个五年规划纲要报告》。自第十八届第六次会议起，按县人大统一要求增加年中会议（包括第十九届第二、四、六、八次，第二十届第二、四次会议）。并根据政府中心工作变化，会议议程也相应调整。第六次会议议程调整为听取和审议通过《关于 2016 年以来马塘镇经济社会发展情况及小康建设情况的工作报告》（包括第十九届第二、四、六、第二十届第四次会议）、《关于人大代表助力小康“五百”工程行动推进情况的报告》、《关于农村基础设施建设情况的专项报告》《关于面源污染治理的专项报告》。第十九届第二次会议议程改为听取和审议通过《关于人大代表助力小康“五项行动”工程推进情况的报告》《关于农村基础设施建设及“263”专项行动开展情况的报告》。第六次会议议程增加听取和审议通过《马塘镇生态环境和环境目标实现情况工作报告》（包括第九次会议），第八次会议议程增加听取和审议通过《马塘镇关于 2020 年度政府民生实事项目完成情况的报告》（包括第二十届第二、三次会议）。

在马塘镇召开的 4 届 23 次人民代表大会上，共有 13 次会议选举或补选人大主席、副主席和镇长、副镇长。

2007—2023 年马塘镇政府镇长、副镇长一览表

表 7-23

届次	职务	姓名	在任时间
第十七届	镇　长	缪雪明	2007 年 12 月—2009 年 1 月
		袁卫东	2009 年 1 月—2011 年 1 月
		施正泉	2011 年 1 月—2012 年 3 月
	副镇长	徐新亚	2007 年 12 月—2012 年 3 月
		秦友兵	2007 年 12 月—2012 年 3 月
		陈昌明	2007 年 12 月—2012 年 3 月
		张芙蓉（女）	2011 年 3 月—2012 年 1 月
		鲍向阳	2007 年 12 月—2010 年 4 月（科技副镇长）
		顾翠红（女）	2007 年 12 月—2010 年 12 月
		张德华	2007 年 12 月—2012 年 1 月
第十八届	镇　长	施正泉	2012 年 3 月—2014 年 1 月
		顾　锐	2014 年 1 月—2017 年 1 月
	副镇长	秦友兵	2012 年 3 月—2014 年 1 月
		徐　敏	2012 年 3 月—2013 年 1 月
		吴祯殊（女）	2012 年 3 月—2013 年 1 月

续表 7-23

届次	职务	姓名	在任时间
第十八届	副镇长	沈建军	2012 年 3 月—2014 年 1 月
		周金峰	2013 年 1 月—2015 年 1 月
		张正银	2013 年 1 月—2016 年 11 月
		陈晓祥	2014 年 1 月—2016 年 11 月
		俞力彦	2014 年 1 月—2017 年 1 月
		陈永强	2015 年 1 月—2016 年 11 月
		缪卫宏	2014 年 1 月—2015 年 12 月（挂职）
		周旭东	2014 年 1 月—2015 年 12 月（挂职）
第十九届	镇　长	杨雪松	2017 年 1 月—2020 年 4 月
		陈　琳	2020 年 4 月—2021 年 4 月
		田志栋	2021 年 4 月—2022 年 1 月
	副镇长	俞力彦	2017 年 1 月—2021 年 1 月
		王　鹏	2017 年 1 月—2021 年 4 月
		马贤芳（女）	2017 年 1 月—2018 年 3 月
		蒋　华	2017 年 1 月—2018 年 3 月
		朱映燃（女）	2018 年 3 月—2022 年 1 月
		张松徐	2018 年 3 月—2019 年 12 月
		袁　建	2020 年 4 月—2021 年 4 月
		赵子睿（女）	2021 年 4 月—2022 年 1 月
		缪徐飞	2021 年 4 月—2022 年 1 月
		徐爱兵	2021 年 4 月—2022 年 1 月
第二十届	镇　长	田志栋	2022 年 1 月—
	副镇长	朱映燃（女）	2022 年 1 月—
		赵子睿（女）	2022 年 1 月—2023 年 1 月
		徐爱兵	2022 年 1 月—
		缪徐飞	2022 年 1 月—
		张　珂（女）	2023 年 1 月—

三、镇人民代表大会主席团

（一）主席团产生

1. 第十七届人民代表大会

第一次会议主席团成员及秘书长

石高华　孙福华　杨　一　杨　建
吴国轩　陈桂斌　秦广田　夏一飞
缪雪明

秘书长：石高华（兼）

第二次会议主席团成员及秘书长

石高华　孙福华　杨　一　杨　建
吴国轩　陈桂斌　秦广田　夏一飞
缪雪明

秘书长：石高华（兼）

第三次会议主席团成员及秘书长

石高华　孙福华　杨　一　杨　建
吴国轩　陈桂斌　秦广田　夏一飞
缪雪明

秘书长：石高华（兼）

第四次会议主席团成员及秘书长

石高华　孙福华　杨　一　杨　建
吴国轩　陈桂斌　秦广田　夏一飞
缪雪明

秘书长：石高华（兼）

2. 第十八届人民代表大会

第一次会议主席团成员及秘书长

朱仲秀（女）杨　一　杨　建　张建国
张锦国　陈昌明　陈桂斌　季晓勤（女）
周　勇　施　艳（女）秦建军　夏一飞
徐新亚

秘书长：陈昌明（兼）

第二次会议主席团成员及秘书长

朱仲秀（女）杨　一　杨　建　张锦国
陈昌明　陈桂斌　季晓勤（女）周　勇
施　艳（女）秦建军　莫德军　夏一飞
徐新亚

秘书长：陈昌明（兼）

第三次会议主席团成员及秘书长

朱仲秀（女）杨　一　沈建军　张锦国
陈桂斌　季晓勤（女）施正泉　秦建军
莫德军　夏一飞　徐新亚

秘书长：徐新亚（兼）

第四次会议主席团成员及秘书长

朱仲秀（女）杨　一　沈建军　张锦国
陈桂斌　季晓勤（女）施正泉　秦建军
莫德军　顾　锐　夏一飞　徐新亚

秘书长：莫德军（兼）

第五次会议主席团成员及秘书长

朱仲秀（女）杨　一　沈建军　张锦国
陈桂斌　季晓勤（女）施正泉　秦建军
莫德军　顾　锐　夏一飞　徐新亚

秘书长：莫德军（兼）

第六次会议主席团成员及秘书长

朱仲秀（女）杨　一　沈建军　张锦国
陈桂斌　季晓勤（女）施正泉　秦建军
莫德军　顾　锐　夏一飞　徐新亚

秘书长：莫德军（兼）

3. 第十九届人民代表大会

第一次会议主席团成员及秘书长

朱仲秀（女）朱炳华　杨　一　吴忠宇（女）
吴国轩　季晓勤（女）赵雪峰　莫德军
顾　锐　黄建卫　缪四海

秘书长：莫德军（兼）

第二次会议主席团成员及秘书长

朱仲秀（女）朱炳华　杨　一　吴忠宇（女）
吴国轩　季晓勤（女）赵雪峰　莫德军
顾　锐　黄建卫　缪四海

秘书长：莫德军（兼）

第三次会议主席团成员及秘书长

朱仲秀（女）朱炳华　杨　一　吴忠宇（女）
吴国轩　季晓勤（女）赵雪峰　莫德军
顾　锐　黄建卫　缪四海

秘书长：莫德军（兼）

第四次会议主席团成员及秘书长

马贤芳（女）朱仲秀（女）朱炳华　杨　一
吴忠宇（女）吴国轩　赵雪峰　莫德军
顾　锐　黄建卫　缪四海

秘书长：莫德军（兼）

第五次会议主席团成员及秘书长

马贤芳（女）朱仲秀（女）朱炳华　杨　一
吴忠宇（女）吴国轩　莫德军　顾　锐
黄建卫　缪四海

秘书长：莫德军（兼）

第六次会议主席团成员及秘书长

马贤芳（女）朱仲秀（女）朱炳华　杨　一

吴忠宇（女）吴国轩　莫德军　顾　锐
黄建卫　缪四海
秘书长：莫德军（兼）
第七次会议主席团成员及秘书长
朱仲秀（女）朱炳华　杨　一　吴忠宇（女）
吴国轩　莫德军　顾　锐　黄建卫
彭　威　缪四海
秘书长：莫德军（兼）
第八次会议主席团成员及秘书长
朱仲秀（女）朱炳华　杨　一　吴忠宇（女）
吴国轩　郭振华　莫德军　顾　锐
黄建卫　缪四海
秘书长：郭振华（兼）
第九次会议主席团成员及秘书长
朱仲秀（女）朱炳华　杨　一　吴忠宇（女）
吴国轩　陈　琳　郭振华　莫德军
黄建卫　缪四海
秘书长：郭振华（兼）

4. 第二十届人民代表大会

第一次会议主席团成员及秘书长
丁　楠（女）方　凡　花丽娟（女）张　峰
陈　娴（女）陈　琳　陈桂斌　袁新华
郭振华　黄建卫　葛政新
秘书长：郭振华（兼）
第二次会议主席团成员及秘书长
丁　楠（女）方　凡　花丽娟（女）张　峰
陈　娴（女）陈　琳　陈桂斌　袁新华
郭振华　黄建卫　葛政新
秘书长：郭振华（兼）
第三次会议主席团成员及秘书长
丁　楠（女）方　凡　花丽娟（女）张　峰
陈　娴（女）陈　琳　陈桂斌　袁新华
郭振华　黄建卫　葛政新
秘书长：郭振华（兼）
第四次会议主席团成员及秘书长
丁　楠（女）方　凡　花丽娟（女）张　峰
陈　娴（女）陈　琳　陈桂斌　袁新华
郭振华　黄建卫　葛政新
秘书长：郭振华（兼）

（二）主席团工作

1. 第十七届人民代表大会主席团

2007—2011 年，共召开 4 次会议。先后共受理群众来信 116 件，接待群众来访 1500 余人次。将每年 4 月 18 日作为县镇人大代表固定接待选民日，广泛听取选民心声，共梳理建议意见 398 条。

2. 第十八届人民代表大会主席团

2012—2016 年，共召开 6 次会议。积极创新开展“争当环境啄木鸟”活动，定期了解贫困户生活状况，鼓励贫困户用自己的劳动创造财富。积极组织代表对管护区域的“五位一体”工作进行巡查，发现问题，要求立即整改。

3. 第十九届人民代表大会主席团

2017—2021 年，共召开 9 次会议。以人大代表助力小康“五项行动”主题实践活动为抓手，组织代表走访选民、视察调研、专题询问，进行“一对一”跟踪问效，做到项目“件件有监督”，代表“人人有任务”。

4. 第二十届人民代表大会主席团

2022—2023 年，共召开 4 次会议。先后获评南通市县镇两级人大换届选举工作先进单位、县人大工作先进集体。

（三）镇人民代表大会主席、副主席

2007 年，第十七届镇人大换届选举始，至 2022 年第二十届镇人大换届选举，共选举产生镇人民代表大会主席 6 人、副主席 7 人。

2007—2023 年马塘镇人大主席、副主席一览表

表 7–24

届次	职务	姓名	在任时间
第十七届	主　席	陈桂斌	2007 年 12 月—2012 年 3 月
	副主席	石高华	2007 年 12 月—2012 年 1 月
第十八届	主　席	陈桂斌	2012 年 3 月—2014 年 1 月
		杨　一	2014 年 1 月—2017 年 1 月
	副主席	陈昌明	2012 年 3 月—2014 年 2 月
		莫德军	2013 年 1 月—2017 年 1 月
		沈建军	2014 年 1 月—2016 年 11 月
		徐新亚	2012 年 3 月—2015 年 2 月
第十九届	主　席	杨　一	2017 年 1 月—2019 年 3 月
		缪四海	2019 年 3 月—2021 年 11 月
	副主席	莫德军	2017 年 1 月—2020 年 6 月
		张　峰	2021 年 2 月—2021 年 4 月
第二十届	主　席	陈　娴（女）	2022 年 1 月—

第九节　曹埠镇人民代表大会

2007—2023 年，镇人大先后召开第二、三、四、五届共 24 次人代会，共选举产生镇人大代表 299 名。主席团一般由 14 ~ 16 人组成。2022 年，接待代表日暨代表联系选民日活动中，接待人大代表 32 名，选民代表 26 名，收到问题建议 17 件，现场解决 14 件，交办镇部门解决落实 3 件。镇人大在农业园区公共服务平台全新打造人大代表履职服务中心，标准化建设 5 个代表联系站，9 个代表联系点，获评南通市 2022 年度先进人大代表之家。上漫社区代表联系点被县人大授予 2022 年主题实践活动“最优计划”，张晓虎、马卫东、张小梅被县人大评为“最美代表”。

一、镇人民代表选举

（一）选举机构

1. 第二届人民代表大会选举委员会

主　任：何永华

副主任：管　军　　顾雪峰　　虞文君　　陈治林

成　员：郑寒冰（女）钱卫平　　陶红兵　　吴林新　　杨金秀（女）

下设办公室

主　任：陈治林（兼）

2. 第三届人民代表大会选举委员会

主　任：何永华

副主任：管　军　　顾雪峰　　陈　琳

成　员：张玲霞（女）朱映燃（女）陶红兵　　张　峰　　邱宗鹏　　吴美娟（女）　　丛爱民　　王　萍（女）顾　军　　周宏兵　　郑　旭　　王　娟（女）　　张　兵　　于志勇

下设办公室

主　任：陈　琳（兼）

3. 第四届人民代表大会选举委员会

主　任：何永华

副主任：曹　凯　　顾雪峰　　张俊才

成　员：於亚平（女）周红兵　　张　昆

吴光明　　金益峰　　朱春均
杨春燕（女）张冬冬　　路忠贤

下设办公室

主　任：曹　凯（兼）

4. 第五届人民代表大会选举委员会

主　任：王　萍（女）

副主任：刘佳炜

成　员：花飞飞　　朱嘉诚　　季　田（女）
徐国际　　张雯雯（女）王　娟（女）
邵　棣（女）张晨珏（女）周文兵

下设办公室

主　任：刘佳炜（兼）

（二）代表选举

2007—2023年，曹埠镇共进行4次代表选举，累计选民总数为18.14万人，参选人数为14.69万人，参选率为81%，共选出代表300人。

2007—2021年曹埠镇人大代表选举情况一览表

表7-25　　单位：人

届次	选举日	选民总数	参选人数	参选率	代表总数
第二届	2007年12月1日	49180	39589	80.5%	75
第三届	2012年2月24日	47220	38767	82.1%	75
第四届	2016年12月11日	43314	34598	79.88%	75
第五届	2021年12月10日	41693	33962	81.64%	75

二、镇人民代表大会

2008年3月9日—2023年7月30日，共召开4届24次代表大会，出席大会正式代表总人数1721人，列席代表总人数1528人。会议主要议程，听取和审议通过《曹埠镇政府工作报告》《曹埠镇人大主席团工作报告》《曹埠镇财政预算执行情况和财政预算（草案）的报告》《代表建议、批评和意见办理情况的报告》。自第三届第六次会议起，按县人大统一要求增加年中会议（包括第四届第二、四、六、八、十次会议，第五届第二、四次会议）。并根据政府中心工作变化，会议议程也相应调整。第六次会议议程为听取和审议通过《曹埠镇经济社会发展情况及小康建设情况的工作报告》《曹埠镇农村基础设施建设情况的专项报告》《曹埠镇人大代表助力小康“五百”工程行动推进情况的报告》。第四届第四次会议议程增加听取和审议通过《曹埠镇政府2018年上半年经济社会发展情况的报告》（包括第四届第六、八、十次，第五届第二、四次会议），第六次会议议程增加听取和审议通过《曹埠镇政府生态环境状况和环境保护目标实现情况报告》（包括第四届第八、九、十次，第五届第二、三、四次会议），第九次会议议程增加听取和审议通过《曹埠镇2020年民生实事项目完成情况报告》（包括第五届四次会议）。

在曹埠镇召开的4届24次人民代表大会上，共有8次会议选举或补选人大主席、副主席和镇长、副镇长。

2008—2023年曹埠镇政府镇长、副镇长一览表

表7-26

届次	职务	姓名	在任时间
第二届	镇　长	王亚军	2008年1月—2012年1月

续表 7–26

届次	职务	姓名	在任时间
第二届	副镇长	沈建军	2008 年 1 月—2012 年 1 月
		张俊才	2008 年 1 月—2012 年 1 月
		陈银忠	2008 年 1 月—2012 年 1 月
		管　建	2008 年 1 月—2012 年 1 月
第三届	镇　长	缪　锐	2012 年 1 月—2016 年 11 月
	副镇长	管　建	2012 年 1 月—2014 年 1 月
		黄　陈	2013 年 1 月—2016 年 12 月
		张秀芳（女）	2012 年 1 月—2013 年 1 月
		张德华	2012 年 1 月—2016 年 11 月
		陈彩红（女）	2012 年 1 月—2014 年 12 月
第四届	镇　长	沈秀梅（女）	2017 年 1 月—2019 年 2 月
		程剑锋	2019 年 3 月—2021 年 12 月
	副镇长	刘小军	2017 年 1 月—2021 年 2 月
		陶红兵	2017 年 1 月—2021 年 4 月
		黄　陈	2017 年 1 月—2020 年 3 月
		曹　凯	2017 年 1 月—2021 年 5 月
		马德均	2020 年 5 月—2021 年 4 月
		李小维	2021 年 7 月—2021 年 12 月
		路忠贤	2021 年 7 月—2021 年 12 月
		张小峰	2021 年 7 月—2021 年 12 月
第五届	镇　长	王　萍（女）	2022 年 1 月—
	副镇长	李小维	2022 年 1 月—2023 年 1 月
		张　昆	2022 年 1 月—
		路忠贤	2022 年 1 月—
		张小峰	2022 年 1 月—
		张水剑	2023 年 2 月—

三、镇人民代表大会主席团

（一）主席团产生

1. 第二届人民代表大会

第一次会议主席团成员及秘书长

丁春明　王荣奎　潘友兵　苏如华
何永华　张宋泉　张金红（女）管　军
王亚军　顾雪峰　陈治林　虞文君
郑寒冰（女）钱卫平　张　峰　陶红兵

秘书长：陈治林（兼）

第二次会议主席团成员及秘书长

丁春明　王荣奎　江新泉　苏如华
何永华　张宋泉　张金红（女）
张玲霞（女）陈治林　钱卫平　陶红兵

秘书长：陈治林（兼）

第三次会议主席团成员及秘书长

丁春明　王荣奎　江新泉　苏如华
何永华　张宋泉　张金红（女）张玲霞（女）
陈治林　钱卫平　陶红兵

秘书长：陈治林（兼）

第四次会议主席团成员及秘书长

丁春明　王荣奎　江新泉　苏如华
何永华　张宋泉　张金红（女）张玲霞（女）
陈治林　钱卫平　陶红兵

秘书长：陈治林（兼）

2. 第三届人民代表大会

第一次会议主席团成员及秘书长

王荣奎　江新泉　张金红（女）秦爱军
倪德智　苏如华　何永华　郑锦岩
顾雪峰　缪　锐　张玲霞（女）陈　琳
高　伟　张俊才　管　军

秘书长：何永华（兼）

第二次会议主席团成员及秘书长

王荣奎　江新泉　张金红（女）秦爱军
倪德智　苏如华　何永华　郑锦岩
顾雪峰　缪　锐　张玲霞（女）陈　琳
高　伟　张俊才　管　军

秘书长：何永华（兼）

第三次会议主席团成员及秘书长

王荣奎　江新泉　张金红（女）秦爱军
管　建　何永华　郑锦岩　顾雪峰
缪　锐　彭小丽（女）朱映燃（女）李奕涵（女）
曹　凯　王　萍（女）於亚平（女）张　峰

秘书长：何永华（兼）

第四次会议主席团成员及秘书长

王亚军　王荣奎　李奕涵（女）何永华
张金红（女）张俊才　郑锦岩　高　伟
秦爱军　顾雪峰　管　军　管　建
缪　锐　缪铁军

秘书长：何永华（兼）

第五次会议主席团成员及秘书长

王亚军　王荣奎　李奕涵（女）何永华
张金红（女）张俊才　郑锦岩　秦爱军
顾雪峰　高　伟　管　军　管　建
缪　锐　缪铁军

秘书长：何永华（兼）

第六次会议主席团成员及秘书长

王亚军　王荣奎　李奕涵（女）何永华
张金红（女）张俊才　郑锦岩　秦爱军
顾雪峰　高　伟　管　军　管　建
缪　锐　缪铁军

秘书长：何永华（兼）

3. 第四届人民代表大会

第一次会议主席团成员及秘书长

王　萍（女）王锡华　李小维　吴光明
何永华　沈秀梅（女）张　昆　周红兵
於亚平（女）顾　兵　顾雪峰　高　伟
韩国成　管　建　缪　锐　缪铁军

秘书长：李小维（兼）

第二次会议主席团成员及秘书长

王　萍（女）王锡华　李　华（女）李小维
吴光明　何永华　沈秀梅（女）张　昆
周红兵　於亚平（女）顾　兵　顾雪峰
韩国成　管　建　缪　锐　缪铁军

秘书长：李小维（兼）

第三次会议主席团成员及秘书长

王　萍（女）王锡华　李　华（女）李小维
吴光明　何永华　沈秀梅（女）张　昆
周红兵　於亚平（女）顾　兵　顾雪峰
韩国成　管　建　缪　锐　缪铁军

秘书长：李小维（兼）

第四次会议主席团成员及秘书长

王　萍（女）王锡华　李小维　李　华（女）
张冬冬　何永华　沈秀梅（女）张　昆
周红兵　顾　兵　顾雪峰　韩国成
路忠贤　管　建　缪铁军　缪　锐

秘书长：李小维（兼）

第五次会议主席团成员及秘书长

王　萍（女）王锡华　李小维　李　华（女）
张冬冬　何永华　张　昆　周红兵
顾　兵　顾雪峰　韩国成　程剑锋
路忠贤　管　建　缪铁军　缪　锐

秘书长：李小维（兼）

第六次会议主席团成员及秘书长

王　萍（女）王锡华　李小维　李　华（女）
张冬冬　何永华　张　昆　周红兵
顾　兵　顾雪峰　韩国成　程剑锋
路忠贤　管　建　缪铁军　缪　锐

秘书长：李小维（兼）

第七次会议主席团成员及秘书长

王　萍（女）王锡华　李小维　李　华（女）
张冬冬　何永华　张　昆　陈海云（女）
周红兵　顾　兵　钱宏彬　顾雪峰
韩国成　程剑锋　路忠贤　管　建

秘书长：李小维（兼）

第八次会议主席团成员及秘书长

王　萍（女）王锡华　李小维　李　华（女）
张冬冬　何永华　张　昆　陈海云（女）
周红兵　顾　兵　钱宏彬　顾雪峰
韩国成　程剑锋　路忠贤　管　建

秘书长：李小维（兼）

第九次会议主席团成员及秘书长

王　萍（女）王锡华　李小维　李　华（女）
张冬冬　何永华　张　昆　陈海云（女）
周红兵　顾　兵　钱宏彬　顾雪峰
韩国成　程剑锋　路忠贤　管　建

秘书长：李小维（兼）

第十次会议主席团成员及秘书长

王　萍（女）王锡华　李小维　李　华（女）
何永华　张　昆　陈海云（女）顾　兵
钱宏彬　顾雪峰　韩国成　程剑锋
路忠贤

秘书长：李小维（兼）

4. 第五届人民代表大会

第一次会议主席团成员及秘书长

马德均　王　萍（女）王慧银（女）刘佳炜
花飞飞　何永华　沈　炜　陆中尧
陈海云（女）陈智荣　邵银银（女）赵　鉴
俞　茜（女）钱宏彬　黄　建　梁建松

秘书长：马德均（兼）

第二次会议主席团成员及秘书长

马德均　王　萍（女）王慧银（女）刘佳炜
花飞飞　何永华　沈　炜　陆中尧
陈海云（女）陈智荣　邵银银（女）赵　鉴
俞　茜（女）钱宏彬　黄　建　梁建松

秘书长：马德均（兼）

第三次会议主席团成员及秘书长

马德均　王　萍（女）王慧银（女）刘佳炜
花飞飞　何永华　沈　炜　陆中尧
陈海云（女）陈智荣　邵银银（女）赵　鉴
俞　茜（女）徐鹏飞　黄　建　梁建松

秘书长：马德均（兼）

第四次会议主席团成员及秘书长

马德均　王　萍（女）王慧银（女）刘佳炜
何永华　沈　炜　陆中尧　陈海云（女）
陈智荣　邵银银（女）赵　鉴　俞　茜（女）
徐鹏飞　黄　建　梁建松

秘书长：马德均（兼）

（二）主席团工作

1. 第二届人民代表大会主席团

2007—2011 年，共召开 4 次会议，分别听取和审议政府工作报告 4 个，财政预决算报告 4 个。会议选举产生人大主席 1 人，镇长 1 人、副镇长 4 人。交办和督办代表批评、建议、意见 136 件，办结率 98%。

2. 第三届人民代表大会主席团

2012—2016 年，共召开 6 次会议，分别听取和审议政府工作报告 6 个，财政预决算报告 5 个。

会议选举产生人大主席1人、副主席3人、镇长1人、副镇长5人。交办和督办代表批评、建议、意见106件，办结率98%。在助力小康“五百”工程行动中，走访慰问代表30人次，涌现出3名优秀人大代表。

3. 第四届人民代表大会主席团

2017—2021年，共召开10次会议，分别听取和审议政府工作报告10个，财政预决算报告5个。会议选举产生人大主席1人，镇长2人、副镇长8人。交办和督办代表批评、建议、意见280件，办结率98%。开展视察观摩活动8次，召开代表座谈会12次，累计开展活动240余次。

4. 第五届人民代表大会主席团

2022—2023年，共召开4次会议，分别听取和审议政府工作报告4个，财政预决算报告4个。会议选举产生人大主席1人，镇长1人、副镇长5人。交办和督办代表批评、建议、意见288件，办结率99%。新冠疫情暴发后，人大代表第一时间奔赴疫情防控一线，捐赠物资，参与全员核酸检测、卡口值班等，受到人民群众赞扬。

（三）镇人民代表大会主席、副主席

2008年，第二届镇人大换届选举始，至2023年五届人大四次会议，共选举产生镇人民代表大会主席5人，副主席3人。

2008—2023年曹埠镇人大主席、副主席一览表

表7–27

届次	职务	姓名	在任时间
第二届	主　席	何永华	2008年11月—2012年2月
第三届	主席	何永华	2012年3月—2016年12月
	副主席	管　军	2012年3月—2016年12月
		顾雪峰	2012年3月—2016年12月
		张俊才	2012年3月—2016年12月
第四届	主　席	管　建	2017年1月—2021年6月
		王　萍（女）	2021年7月—2021年12月
第五届	主　席	黄　建	2022年1月—

第十节　岔河镇人民代表大会

2007—2023年，岔河镇先后召开第十六、十七、十八、十九届共24次人代会，共选举产生镇人大代表405名。2022年，接待代表日暨代表联系选民日活动中，代表认领助推实事项目418件，办成100%。组织县、镇11名领导干部代表“接待代表日暨代表联系选民日”活动，共接待人大代表78名、选民代表14名，收到批评、建议、意见61件，现场解决44件，交办镇相关部门解决落实17件。镇人大深入开展助推“清水绿岸”、乡村振兴等中心工作及“五项行动”“五加一”等主题实践活动。全镇建有25个村（居）专用代表联系点，中心一站一点建设更加完善。2022—2023年，镇人大组织代表小组活动52次，代表联系选民活动56次，代表参与活动912人次，智慧人大平台实时上传活动信息870条。

一、镇人民代表选举

（一）选举机构

1. 第十六届选举委员会

主　任：张蓉蓉（女）

副主任：徐守泉　　花松建

成　员：张督平　管玉华　陈春建
李海兵　缪建周　毕福如
翁仕来　沈　斌

下设办公室

主　任：徐守泉（兼）

2. 第十七届选举委员会

主　任：杨小军

副主任：管玉华　陈春建

成　员：邬　建　杨勇建　钱国跃（女）
缪　华　吴春健　吴一旻（女）
高单峰　卢科宁　翁仕来
周建梅（女）

下设办公室

主　任：管玉华（兼）

3. 第十八届选举委员会

主　任：李　健

副主任：邬　建　缪　华

委　员：李慧敏（女）卢科宁　梅爱建
许　兵　翁仕来　刘菊卉（女）
周建梅（女）张利国

下设办公室

主　任：邬　建（兼）

4. 第十九届选举委员会

主　任：於维涛

副主任：李　刚

委　员：孙雨潇　应晓亮　鲁伟蟒
陆国强　许　璐（女）韩　飞
许春晖（女）刘菊卉（女）吴天宇
沈杨阳（女）季芝燕（女）

下设办公室

主　任：李　刚（兼）

（二）代表选举

2007—2021年，岔河镇共进行4次代表选举，第十六届设39个选区、第十七届设41个选区，第十八、十九届设42个选区；累计选民总数为29.94万人，参选人数为26.95万人，参选率为90.01%，共选出代表396人。

2007—2021年岔河镇人大代表选举情况一览表

表7-28　单位：人

届次	选举日	选民总数	参选人数	参选率	代表总数
第十六届	2007年12月1日	79671	74909	94%	99
第十七届	2012年2月24日	75269	69553	92.4%	99
第十八届	2016年12月11日	73263	66214	90.4%	99
第十九届	2021年12月10日	71294	58873	82.5%	99

二、镇人民代表大会

2007年12月18日—2023年8月7日，共召开4届24次代表大会，出席大会正式代表总人数2175人，列席代表总人数2500人。会议主要议程，听取和审议通过《岔河镇政府工作报告》《岔河镇人大主席团工作报告》《岔河镇财政预算执行情况和财政预算（草案）的报告》《代表建议、批评和意见办理情况的报告》。自第十七届第六次会议起，按县人大统一要求增加年中会议（包括第十八届第二、四、六、八、十、第十九届第二、四次会议），并根据政府中心工作变化，会议议程也相应调整。第十七届第六次会议议程为听取和审议通过《关于今年以来经济社会发展情况及小康建设情况的工作报告》（包括第十八届第二次会议）、《关于农村基础设施建设情况的专项报告》《关于人大代表助力小康“五百”工程行动推进情况的报告》。第十八届第四次会议议程增加听取和审议通过《岔河镇2018年上半年经济社会发展情况的报告》（包括第十八届第六、八次，第十九届第二次会议），第六次会议议程增加听取和审议通过《生态环境状况和环境保护目标实现情况的报告》（包括第十八届第八、十次，第十九届第一、四次会议）、《岔河镇2019年上半年财政预算执行情况的报告》（包括第十八届第十次，第十九届第四次会议），第七次会议议程增加听取和审议通过《全镇生态环境状况和“清水绿岸”提质行动的报告》（包括第九次会议），第十九届第二次会议议程增加听取和审议《岔河镇2022年上半年工作述职报告》。

在岔河镇召开的4届24次人民代表大会上，共有13次会议选举或补选人大主席、副主席和镇长、副镇长。

2007—2023年岔河镇人民政府镇长、副镇长一览表

表7-29

届次	职务	姓名	在任时间
第十六届	镇　长	江新泉	2007年12月—2009年1月
		杨小军	2009年1月—2010年1月
		戴威威	2010年1月—2012年3月
	副镇长	王孝侯	2007年12月—2012年3月
		周忠华	2007年12月—2012年3月
		缪　华	2007年12月—2012年3月
		邬　建	2007年12月—2011年3月
		朱亚平	2007年12月—2012年3月
第十七届	镇　长	戴威威	2012年3月—2014年2月
		徐　敏	2014年2月—2017年1月
	副镇长	丛海峰	2012年3月—2017年1月
		朱亚平	2012年3月—2017年1月
		严　频（女）	2012年3月—2017年1月
		杨　婧（女）	2012年3月—2017年1月
		周忠华	2012年3月—2017年1月
		殷海燕（女）	2012年3月—2013年3月
		吴一旻（女）	2013年3月—2017年1月
		李　欢	2014年2月—2016年2月
第十八届	镇长	徐　敏	2017年1月—2020年4月
		於维涛	2020年4月—2021年7月
		冯永军	2021年7月—2022年1月
	副镇长	许　兵	2017年1月—2022年1月
		李　刚	2017年1月—2021年2月

续表 7–29

届次	职务	姓名	在任时间
第十八届	副镇长	沈　伟	2017 年 1 月—2019 年 7 月
		梅爱建	2017 年 1 月—2021 年 7 月
		卢科宁	2019 年 7 月—2021 年 2 月
		孙朝阳	2021 年 2 月—2021 年 7 月
		陈竹香（女）	2021 年 2 月—2022 年 1 月
		石　磊（女）	2021 年 7 月—2022 年 1 月
		赵晶晶	2021 年 7 月—2022 年 1 月
第十九届	镇长	冯永军	2022 年 1 月—
	副镇长	许　兵	2022 年 1 月—
		陈竹香（女）	2022 年 1 月—
		石　磊（女）	2022 年 1 月—
		赵晶晶	2022 年 1 月—2023 年 1 月
		张宝霞（女）	2023 年 1 月—

三、镇人民代表大会主席团

（一）主席团产生

1. 第十六届人民代表大会

第一次会议主席团成员及秘书长

马　陈　王金泉　朱海华　李鸿飞
吴小娟（女）吴竹君　陈春健　钱国跃（女）
钱德田　曹爱明　蒋建泉　管玉华
戴其军

秘书长：钱国跃（女、兼）

第二次会议主席团成员及秘书长

马　陈　王孝倶　王金泉　朱海华
吴竹君　陈春建　钱国跃（女）钱德田
蒋建泉　管玉华　戴其军

秘书长：钱国跃（女、兼）

第三次会议主席团成员及秘书长

马　陈　王孝倶　朱海华　杨小军
吴竹君　陈春建　钱国跃（女）钱德田
蒋建泉　管玉华　戴其军

秘书长：钱国跃（女、兼）

第四次会议主席团成员及秘书长

马　陈　朱小建　朱海华　邬　建
杨小军　吴竹君　陈春建　钱国跃（女）
钱德田　蒋建泉　管玉华

秘书长：钱国跃（女、兼）

2. 第十七届人民代表大会

第一次会议主席团成员及秘书长

马　陈　吉春茂　邬　建　杨小军
杨　勇　吴一旻（女）吴庆明　吴春健
陈春建　赵　进　钱国跃（女）管玉华
缪　华

秘书长：钱国跃（女、兼）

第二次会议主席团成员及秘书长

马　陈　吉春茂　邬　建　杨勇建
吴庆明　吴春健　陈春建　赵　进
钱国跃（女）殷海燕（女）高　峰　管玉华
缪　华

秘书长：钱国跃（女、兼）

第三次会议主席团成员及秘书长

马　陈　吉春茂　邬　建　吴庆明

吴春健　　邱　鹏　　陈春建　　周丛泉
赵　进　　钱国跃（女）高　峰　　管玉华
缪　华

秘书长：缪　华（兼）

第四次会议主席团成员及秘书长

马　陈　　韦志华　　邬　建　　吴庆明
吴春健　　周丛泉　　赵　进　　钱国跃（女）
高　峰　　管玉华　　缪　华

秘书长：缪　华（兼）

第五次会议主席团成员及秘书长

马　陈　　韦志华　　邬　建　　孙海建
吴庆明　　吴春健　　赵　进　　钱国跃（女）
高　峰　　管玉华　　缪　华

秘书长：缪　华（兼）

第六次会议主席团成员及秘书长

马　陈　　韦志华　　邬　建　　孙海建
吴庆明　　吴春健　　赵　进　　钱国跃（女）
高　峰　　管玉华　　缪　华

秘书长：缪　华（兼）

3. 第十八届人民代表大会

第一次会议主席团成员及秘书长

丁建华　　马　陈　　刘　忠　　邬　建
李　健　　李慧敏（女）严　频（女）何卫林
吴庆明　　周忠华　　高桂明

秘书长：邬　建（兼）

第二次会议主席团成员及秘书长

丁建华　　马　陈　　刘　忠　　邬　建
李　健　　李慧敏（女）严　频（女）何卫林
吴庆明　　周忠华　　高桂明

秘书长：邬　建（兼）

第三次会议主席团成员及秘书长

丁建华　　马　陈　　刘　忠　　邬　建
李　健　　李慧敏（女）严　频（女）何卫林
吴庆明　　周忠华　　高桂明

秘书长：邬　建（兼）

第四次会议主席团成员及秘书长

丁建华　　马　陈　　刘　忠　　邬　建
李　健　　李慧敏（女）严　频（女）何卫林
吴庆明　　周忠华　　高桂明

秘书长：邬　建（兼）

第五次会议主席团成员及秘书长

丁建华　　马　陈　　刘　忠　　邬　建
李慧敏（女）严　频（女）何卫林　　吴庆明
沈秀梅（女）陈春建　　周忠华

秘书长：邬　建（兼）

第六次会议主席团成员及秘书长

丁建华　　马　陈　　刘　忠　　邬　建
李慧敏（女）严　频（女）何卫林　　吴庆明
沈秀梅（女）陈春建　　周忠华

秘书长：邬　建（兼）

第七次会议主席团成员及秘书长

丁建华　　马　陈　　马德军　　刘　忠
邬　建　　李慧敏（女）严　频（女）何卫林
吴庆明　　沈秀梅（女）陈春建

秘书长：严　频（女、兼）

第八次会议主席团成员及秘书长

丁林洋　　丁建华　　马　陈　　马德军
刘　忠　　邬　建　　李慧敏（女）何卫林
吴庆明　　沈秀梅（女）陆国强　　陈春建
鲍向阳

秘书长：鲍向阳（兼）

第九次会议主席团成员及秘书长

丁林洋　　丁建华　　马　陈　　马德军
刘　忠　　邬　建　　李　刚　　何卫林
吴庆明　　陆国强　　陈春建　　於维涛
鲍向阳

秘书长：鲍向阳（兼）

第十次会议主席团成员及秘书长

丁月彤（女）丁建华　　马　陈　　马德军
邬　建　　刘　忠　　许宏彬　　李　刚
吴庆明　　陆国强　　陈春建　　於维涛

鲁伟蟒

秘书长：许宏彬（兼）

4. 第十九届人民代表大会

第一次会议主席团成员及秘书长

丁月彤（女）马　陈　马德军　刘　忠

许宏彬　孙海燕（女）李　刚　吴兴华

陆国强　於维涛　鲁伟蟒

秘书长：许宏彬（兼）

第二次会议主席团成员及秘书长

丁月彤（女）马　陈　马德军　刘　忠

许宏彬　李　刚　吴庆明　吴兴华

陆国强　於维涛　鲁伟蟒

秘书长：许宏彬（兼）

第三次会议主席团成员及秘书长

丁月彤（女）马　陈　马德军　刘　忠

许宏彬　吴庆明　吴兴华　陆国强

於维涛　鲁伟蟒　曹　凯

秘书长：曹　凯（兼）

第四次会议主席团成员及秘书长

丁月彤（女）马　陈　马德军　刘　忠

许宏彬　吴庆明　吴兴华　陆国强

於维涛　潘陆源　曹　凯

秘书长：曹　凯（兼）

（二）主席团工作

1. 第十六届人民代表大会主席团

2007—2011年，共召开代表大会4次，出席会议正式代表383人，列席代表413人；听取政府工作报告4个、人大主席团工作报告4个、财政预决算报告4个；收到建议意见57条，办结率100%。先后组织人大代表深入选民中就“三农”问题进行调查研究20余次，帮助解决农村、农民、农业产业化等实际问题。

2. 第十七届人民代表大会主席团

2012—2016年，共召开代表大会6次，出席会议正式代表575人，列席代表631人；听取政府工作报告6个、人大主席团工作报告6个、财政预决算报告6个；会议选举产生人大主席1人、副主席3人、镇长2人、副镇长8人；收到建议意见82条，办结率100%。

3. 第十八届人民代表大会主席团

2017—2021年，共召开代表大会10次，出席会议正式代表944人，列席代表1076人；听取政府工作报告10个、人大主席团工作报告5个、财政预决算报告8个，污染防治攻坚工作报告5个；会议选举产生人大主席3人、副主席2人、镇长3人、副镇长9人；收到建议意见400条，办结率100%。

4. 第十九届人民代表大会主席团

2022—2023年，共召开代表大会4次，出席会议正式代表370人，列席代表410人；听取政府工作报告4个、人大主席团工作报告3个、财政预决算报告4个、污染防治攻坚工作报告4个；会议选举产生人大主席2人、镇长1人、副镇长5人。

2007—2023年岔河镇人大主席、副主席一览表

表7–30

届次	职务	姓名	在任时间
第十六届	主　席	管玉华	2007年12月—2012年3月
	副主席	钱国跃（女）	2008年1月—2014年1月
第十七届	主　席	管玉华	2012年3月—2017年1月
	副主席	吴春健	2012年3月—2015年2月
		钱国跃（女）	2012年3月—2014年2月
		缪　华	2012年3月—2017年1月

续表 7–30

届次	职务	姓名	在任时间
第十八届	主　席	高桂明	2017 年 1 月—2019 年 3 月
		陈春建	2019 年 3 月—2021 年 2 月
		李　刚	2021 年 2 月—2022 年 1 月
	副主席	郐　建	2017 年 1 月—2020 年 4 月
		鲍向阳	2020 年 9 月—2021 年 7 月
第十九届	主　席	李　刚	2022 年 1 月—2023 年 1 月
		许宏彬	2023 年 1 月—

第十一节　新店镇人民代表大会

2007—2023 年，新店镇人大先后召开第十四、十五、十六、十七届共 24 次人代会，共选举产生镇人大代表 270 名。大会期间，代表听取和审议大会各项报告 81 个。闭会期间，代表依法督办落实批评、建议、意见 514 件；4 届主席团共有成员 39 人，召开主席团会议 66 次。全镇建有 12 个村（居）专用代表联系点。2022 年，接待代表日暨代表联系选民日活动中，共联系选民 227 次，参与活动 794 次，代表办成助推实事项目 37 件，在代表小组联系选民活动中提出建议 17 条，办结率 100%。2023 年，镇人大共组织代表小组活动 4 次，代表联系选民活动 3 次，代表参与活动 150 人次，智慧人大平台实时上传信息 156 条，代表认领助推实事项目 23 件。

一、镇人民代表选举

（一）选举机构

1. 第十四届选举委员会（2007 年 10 月）

主　任：翁晓云（女）

副主任：杨广胜　周苏林　朱海林　司正国　吴宗涛

成　员：李智斌　周献成　季　伟　缪四海　曹卫东　缪　飞　李　梅（女）贾　伟　范　焰　朱　斌

下设办公室

主　任：朱海林（兼）

2. 第十五届选举委员会（2011 年 11 月）

主　任：陈　勇

副主任：朱卫东　陈季春

成　员：周献成　葛卫峰　陈晓琴（女）　吴宇峰

下设办公室

主　任：周献成（兼）

3. 第十六届选举委员会（2016 年 10 月）

主　任：陈　勇

副主任：朱卫东　邱晓辉（女）

成　员：杨卫海　陆　亮　陆晓东　陈　昊　赵　勇　吴宇峰

下设办公室

主　任：陈季春（兼）

4. 第十七届选举委员会（2021 年 10 月）

主　任：吴建峰

副主任：孙朝阳　何婷婷（女）

成　员：蔡　燊（女）杨卫海　张峰峰　沈荣荣（女）葛卫峰　张子琛　高东钰（女）邵玲芳（女）倪海燕（女）

下设办公室

主　任：孙朝阳（兼）

（二）代表选举

2007—2021年，新店镇共进行4次代表选举，累计选民总数为15.2万人，参选人数为14万人，参选率为92.1%，共选出代表270人。

2007—2021年新店镇人大代表选举情况一览表

表7-31　　单位：人

届次	选举日	选民总数	参选人数	参选率	代表总数
第十四届	2007年12月1日	38995	35765	91.7%	68
第十五届	2012年2月24日	38756	34756	89.6%	68
第十六届	2016年12月11日	38926	36875	94.7%	68
第十七届	2021年12月10日	35777	32927	92%	66

二、镇人民代表大会

2007年12月18日—2023年8月6日，共召开4届24次代表大会，出席大会正式代表总人数1547人，列席代表总人数1507人。会议主要议程，听取和审议通过《新店镇政府工作报告》《新店镇人大主席团工作报告》《新店镇财政预算执行情况和财政预算（草案）的报告》《代表建议、批评和意见办理情况的报告》。自第十五届第六次会议起，按县人大统一要求增加年中会议（包括第十六届第二、四、六、八、十次，第十七届第二、四次会议）。并根据政府中心工作变化，会议议程也相应调整。第六次会议议程为听取和审议通过《新店镇上半年经济社会发展和小康建设的情况报告》（包括第十六届第四、六次会议）、《新店镇农村基础设施建设情况的专项报告》、《助力小康“五项工程”行动推进情况的报告》。第十六届第二次会议议程增加听取和审议通过《新店镇关于今年以来经济社会发展情况及小康建设情况的工作报告》《“263”专项行动工作报告》，第四次会议议程增加听取和审议通过《新店镇人大代表助力小康“五项行动”工作的报告》。第六次会议议程增加听取和审议通过《新店镇污染防治攻坚专项工作报告》。第七次会议议程增加听取和审议通过《新店镇生态环境状况和环境保护目标实现情况的报告》（包括第十六届第八、九、十次，第十七届第二、四次会议）。第十七届第二次会议议程增加听取和审议通过《新店镇2022年上半年九项实事落实推进情况和代表建议、批评和意见办理情况的报告》（包括第三次会议和第四次会议为十项实事）。第四次会议议程增加听取和审议通过《新店镇2023年上半年财政预算执行情况和2023年财政预算调整方案（草案）的报告》。

在新店镇召开的4届24次人民代表大会上，共有10次会议选举或补选人大主席、副主席和镇长、副镇长。

2007—2023年新店镇政府镇长、副镇长一览表

表7-32

届次	职务	姓名	在任时间
第十四届	镇　长	高　峰	2007年11月—2011年1月
		李鸿飞	2011年1月—2012年1月
	副镇长	季方亮	2007年11月—2010年12月

续表 7-32

届次	职务	姓名	在任时间
第十四届	副镇长	季　伟	2007 年 11 月—2012 年 1 月
		周献成	2007 年 11 月—2012 年 1 月
		倪德智	2007 年 11 月—2012 年 1 月
		李　欢	2011 年 1 月—2012 年 1 月
第十五届	镇　长	李鸿飞	2012 年 1 月—2013 年 1 月
		沈瑜新	2013 年 1 月—2017 年 1 月
	副镇长	季　伟	2012 年 1 月—2017 年 1 月
		钟小梅（女）	2012 年 1 月—2012 年 12 月
		吴小娟（女）	2012 年 1 月—2017 年 1 月
		徐管均	2012 年 1 月—2017 年 1 月
		吴建峰	2013 年 1 月—2017 年 1 月
第十六届	镇　长	沈瑜新	2017 年 1 月—2018 年 3 月
		曹　薇（女）	2018 年 3 月—2021 年 1 月
		彭　威	2021 年 1 月—2022 年 1 月
	副镇长	季　伟	2017 年 1 月—2021 年 1 月
		吴建峰	2017 年 1 月—2018 年 3 月
		徐管均	2017 年 1 月—2018 年 3 月
		陈季春	2018 年 3 月—2022 年 1 月
		许宏彬	2018 年 3 月—2021 年 1 月
		唐明明	2021 年 1 月—2021 年 5 月
		葛鹏斌	2021 年 5 月—2022 年 1 月
		王俊峰	2021 年 1 月—2022 年 1 月
		张桂霞（女）	2021 年 5 月—2022 年 1 月
第十七届	镇　长	彭　威	2022 年 1 月—
	副镇长	陈季春	2022 年 1 月—2023 年 2 月
		王俊峰	2022 年 1 月—
		葛鹏斌	2022 年 1 月—
		张桂霞（女）	2022 年 1 月—
		张晶晶（女）	2023 年 2 月—

三、镇人民代表大会主席团

（一）主席团产生

1. 第十四届人民代表大会

第一次会议主席团成员及秘书长

司正国　朱海林　杨广胜　李　梅（女）　李智斌　陈　勇　季　跃　周苏林　顾　亮　高　峰　曹镜明

秘书长：李智斌（兼）

第二次会议主席团成员及秘书长

司正国　朱海林　杨广胜　李　梅（女）

李智斌　陈　勇　季　跃　周苏林
顾　亮　高　峰　曹镜明
秘书长：李智斌（兼）
第三次会议主席团成员及秘书长
司正国　朱海林　杨广胜　李　梅（女）
李智斌　陈　勇　季　跃　周苏林
顾　亮　高　峰　曹镜明
秘书长：李智斌（兼）
第四次会议主席团成员及秘书长
司正国　朱海林　杨广胜　李　梅（女）
朱卫东　陈　勇　季　跃　高　峰
顾　亮　曹镜明
秘书长：朱卫东（兼）
2. 第十五届人民代表大会
第一次会议主席团成员及秘书长
王益峰　朱卫东　吴宗涛　陈季春
陈　勇　陈晓琴（女）杨广胜　周献成
顾扣林　高　峰　葛卫峰
秘书长：朱卫东（兼）
第二次会议主席团成员及秘书长
王益峰　朱卫东　吴宗涛　陈季春
陈　勇　陈晓琴（女）杨广胜　周献成
顾扣林　陈五霞（女）葛卫峰
秘书长：朱卫东（兼）
第三次会议主席团成员及秘书长
王益峰　朱卫东　杨广胜　吴宗涛
陈　勇　陈五霞（女）陈季春　陈晓琴（女）
周献成　顾扣林　葛卫峰
秘书长：朱卫东（兼）
第四次会议主席团成员及秘书长
丁泉铭　王益峰　朱卫东　杨广胜
吴宗涛　陈　勇　陈五霞（女）陈季春
周献成　顾扣林　葛卫峰
秘书长：朱卫东（兼）
第五次会议主席团成员及秘书长
丁泉铭　王益峰　朱卫东　杨广胜
吴宗涛　陈　勇　陈五霞（女）陈季春
周献成　顾扣林　葛卫峰
秘书长：朱卫东（兼）
第六次会议主席团成员及秘书长
丁泉铭　王益峰　朱卫东　杨广胜
吴宗涛　陈　勇　陈五霞（女）陈季春
周献成　顾扣林　葛卫峰
秘书长：朱卫东（兼）
3. 第十六届人民代表大会
第一次会议主席团成员及秘书长
朱卫东　何婷婷（女）沈瑜新　吴宇峰
陈五霞（女）陈季春　陈　勇　曹　杨（女）
曹志荣　葛鹏斌　鲍长兵
秘书长：朱卫东（兼）
第二次会议主席团成员及秘书长
朱卫东　何婷婷（女）沈瑜新　吴宇峰
陈五霞（女）陈季春　陈　勇　曹　杨（女）
曹志荣　葛鹏斌　鲍长兵
秘书长：朱卫东（兼）
第三次会议主席团成员及秘书长
朱卫东　何婷婷（女）沈瑜新　吴宇峰
陈季春　陈　勇　曹　杨（女）曹志荣
葛鹏斌　鲍长兵
秘书长：朱卫东（兼）
第四次会议主席团成员及秘书长
朱卫东　何婷婷（女）沈瑜新　吴宇峰
陈季春　陈　勇　曹　杨（女）曹志荣
葛鹏斌　鲍长兵
秘书长：朱卫东（兼）
第五次会议主席团成员及秘书长
朱卫东　何婷婷（女）沈瑜新　吴宇峰
陈季春　陈　勇　曹　杨（女）曹志荣
葛鹏斌　鲍长兵
秘书长：朱卫东（兼）
第六次会议主席团成员及秘书长
朱卫东　何婷婷（女）沈瑜新　吴宇峰

陈季春　陈　勇　曹　薇（女）曹　杨（女）
曹志荣　葛鹏斌　鲍长兵

秘书长：朱卫东（兼）

第七次会议主席团成员及秘书长

朱卫东　何婷婷（女）杨雪松　吴宇峰
陈季春　陈　勇　曹　薇（女）曹　杨（女）
曹志荣　葛鹏斌　鲍长兵

秘书长：朱卫东（兼）

第八次会议主席团成员及秘书长

朱卫东　许宏彬　何婷婷（女）杨雪松
吴宇峰　陈季春　陈　勇　曹志荣
彭　威　葛鹏斌　鲍长兵

秘书长：许宏彬（兼）

第九次会议主席团成员及秘书长

朱卫东　孙朝阳　何婷婷（女）杨雪松
吴宇峰　陈季春　陈　勇　曹志荣
彭　威　葛鹏斌　鲍长兵

秘书长：孙朝阳（兼）

第十次会议主席团成员及秘书长

朱卫东　孙朝阳　杨雪松　吴宇峰
吴建峰　何婷婷（女）陈　勇　曹志荣
彭　威　葛卫峰　鲍长兵

秘书长：孙朝阳（兼）

4. 第十七届人民代表大会

第一次会议主席团成员及秘书长

朱陈霞（女）朱海林　刘建亮　孙朝阳
吴建峰　何婷婷（女）沈荣荣（女）彭　威
葛卫峰　程剑锋　蔡建飞

秘书长：孙朝阳（兼）

第二次会议主席团成员及秘书长

朱陈霞（女）朱海林　刘建亮　孙朝阳
吴建峰　何婷婷（女）沈荣荣（女）彭　威
葛卫峰　程剑锋　蔡建飞

秘书长：孙朝阳（兼）

第三次会议主席团成员及秘书长

朱陈霞（女）朱海林　刘建亮　吴建峰
陈季春　何婷婷（女）沈荣荣（女）彭　威
葛卫峰　程剑锋　蔡建飞

秘书长：陈季春（兼）

第四次会议主席团成员及秘书长

朱陈霞（女）朱海林　刘建亮　吴建峰
陈季春　何婷婷（女）沈荣荣（女）彭　威
葛卫峰　程剑锋　蔡建飞

秘书长：陈季春（兼）

（二）主席团工作

1. 第十四届人民代表大会主席团

2007—2011 年，共召开 4 次代表大会，分别听取和审议政府工作报告 4 个，财政预决算报告 4 个。交办和督办代表批评、建议、意见（含闭会期间）137 件，办结率为 98%。全镇 20 名人大代表兴办民营企业，35 名人大代表有致富项目，人大代表带头创业占 50% 以上。

2. 第十五届人民代表大会主席团

2012—2016 年，镇人大共召开 6 次代表大会，6 次主席团成员会议，组织县镇人大代表开展观察调研 9 次、开展执法检查 8 次、政府部门评议活动 5 次。交办和督办代表批评、建议、意见 223 件，办结率 98%。

3. 第十六届人民代表大会主席团

2017—2021 年，共召开 10 次代表大会，组织县镇人大代表开展视察调研 15 次、开展执法检查 6 次、政府部门评议活动 5 次。监督完成民生实事项目 44 个，交办和督办代表批评、建议、意见 134 件，办结率 98%。先后建成 1 个镇人大代表履职服务中心，4 个人大代表之家，12 个人大代表联系站。

4. 第十七届人民代表大会主席团

2022—2023 年，共召开 4 次代表大会，分别听取和审议政府工作报告 4 个，财政预决算报告 4 个，污染防治攻坚工作报告 1 个，生态文明建设工作报告 2 个。会议选举镇人大主席、镇长各 1 人，副镇长 5 人。票决民生实事项目 19 项。

（三）镇人民代表大会主席、副主席

2007 年，第十四届镇人大换届选举始，至 2023 年十七届镇人大 4 次会议，共选举产生镇人大主席 5 人，副主席 3 人。镇人大获 2018 年、2019 年度县人大工作创新奖优秀奖。2022 年，镇人大被评为南通市先进人大代表联络工作站，“水韵孙桥”代表联络站被县人大评为“最优计划”和“先进人大代表工作站”，被南通市人大评为“先进联络工作站”

2007—2023 年新店镇人大主席、副主席一览表

表 7–33

届次	职务	姓名	在任时间
第十四届	主　席	陈　勇	2007 年 11 月—2012 年 1 月
	副主席	司正国	2007 年 11 月—2012 年 1 月
第十五届	主　席	陈　勇	2012 年 3 月—2017 年 1 月
	副主席	周献成	2012 年 1 月—2014 年 1 月
		丁泉铭	2014 年 1 月—2016 年 4 月
第十六届	主　席	陈　勇	2017 年 1 月—2021 年 5 月
		吴建峰	2021 年 5 月—2022 年 1 月
第十七届	主　席	吴建峰	2022 年 1 月—

第十二节　双甸镇人民代表大会

2007—2023 年，双甸镇先后召开镇第八届、九届、十届、十一届共 24 次人民代表大会，共选举产生镇人大代表 372 名。在全民创业热潮中，人大代表们率先垂范、先人一步，先后涌现吴迪富、陈国平等创业典范，为双甸镇获评全国“坯布之乡”作出积极贡献。2022 年，接待代表日暨代表联系选民日活动中，接待人大代表 23 名，选民代表 14 名，收到建议意见 31 件，现场解决 28 件，交办镇部门解决落实 3 件。镇人大在助力“清水绿岸”、乡村振兴、推动经济社会高质量发展等方面成绩显著。全镇建有 16 个村（居）专用代表联系点。2023 年，镇人大共组织代表小组活动 24 次，代表联系选民活动 12 次，代表参与活动 362 人次，智慧人大平台实时上传信息 362 条，代表认领助推实事项目 218 件，办成率 100%。

一、镇人民代表选举

（一）选举机构

1. 第八届选举委员会（2007 年 10 月）

主　任：钱　设

副主任：吴银泉　杨剑云（女）陈艳飞　王孝明

成　员：张　生　胡　俊　董　建　袁宗建　周铁军　黄　震

下设办公室

主　任：钱　设（兼）

2. 第九届选举委员会（2011 年 12 月）

主　任：钱　设

副主任：吴银泉　王孝明

成　员：张　生　张俊青　袁宗建　袁小建　徐　逢　张爱明

下设办公室

主　任：钱　设（兼）

3. 第十届选举委员会（2016 年 10 月）

主　任：吴银泉

副主任：钱　设　张俊青　刘建圣　杨晓娟（女）纪光熙　董　建　杨　宇

成　员：吴　晶（女）於　鑫　袁宗建　姚　瑶　卢海学（女）陶　琦　花飞飞　张　浩

下设办公室

主　任：吴银泉（兼）

4. 第十一届选举委员会（2021 年 10 月）

主　任：於　鑫

副主任：杨舒倩（女）

成　员：顾旭东　祁亮亮　薛天琴（女）陶　旭　陈丽云（女）袁其峰　丛红军

下设办公室

主　任：於　鑫（兼）

（二）代表选举

2007—2021 年，双甸镇共进行 4 次代表选举，累计选民总数为 26.7 万人，参选人数为 22.1 万人，参选率为 82.7%，共选出代表 372 人。

2007—2021 年双甸镇人大代表选举情况一览表

表 7–34　　单位：人

届次	选举日	选民总数	参选人数	参选率	代表总数
第八届	2007 年 12 月 1 日	68022	57002	83.8%	93
第九届	2012 年 2 月 24 日	67523	552334	81.8%	93
第十届	2016 年 12 月 11 日	67041	55387	82.6%	93
第十一届	2021 年 12 月 10 日	64843	53615	82.6%	93

二、镇人民代表大会

2007 年 12 月 18 日—2023 年 8 月 6 日，共召开 4 届 24 次代表大会，出席大会正式代表总人数 2134 人，列席代表总人数 2414 人。会议主要议程，听取和审议通过《双甸镇政府工作报告》《双甸镇人大主席团工作报告》《双甸镇财政预算执行情况和财政预算（草案）的报告》《代表建议、批评和意见办理情况的报告》。自第九届第六次会议起，按县人大统一要求增加年中会议（包括第十届第二、四、六、八、十次会议，第十一届第二、四次会议）。并根据政府中心工作变化，会议议程也相应调整。第六次会议议程为听取和审议通过《双甸镇上半年经济社会发展和小康建设的情况报告》《双甸镇农村基础设施建设情况的专项报告》《助力小康“五百”工程行动推进情况的报告》。第十届第二次会议议程增加听取和审议通过《双甸镇 2017 年上半年政府工作报告》（包括第十一届第四次会议）。第四次会议议程增加听取和审议通过《双甸镇政府上半年经济社会发展情况的报告》（包括第十届第六、十次，第十一届第二次会议）。第六次会议议程增加听取和审议通过《双甸镇污染防治攻坚专项工作报告》（包括第七、八、十次会议）。第九次会议议程增加听取和审议通过《双甸镇 2020 年生态文明建设工作报告》（包括第十一届第二、四次会议）。第十次会议议程增加听取和审议通过《双甸镇 2021 年上半年财政预算执行情况报告》（包括第十一届第二、四次会议）。

在双甸镇召开的 4 届 24 次人民代表大会上，共有 13 次会议选举或补选人大主席、副主席和镇长、副镇长。

2007—2023 年双甸镇政府镇长、副镇长一览表

表 7–35

届次	职务	姓名	在任时间
第八届	镇　长	石　勇	2007 年 12 月—2010 年 3 月
		陈小勇	2010 年 3 月—2012 年 3 月
	副镇长	张俊青	2007 年 12 月—2010 年 3 月
		周　彦	2007 年 12 月—2012 年 1 月
		杨小娟（女）	2007 年 12 月—2012 年 1 月
		刘建圣	2007 年 12 月—2012 年 1 月
第九届	镇　长	陈小勇	2012 年 3 月—2013 年 11 月
		陈五霞（女）	2013 年 11 月—2014 年 12 月
		杨海军	2015 年 1 月—2016 年 12 月
	副镇长	周　彦	2012 年 1 月—2012 年 11 月
		杨小娟（女）	2012 年 1 月—2016 年 2 月
		关卫东	2012 年 1 月—2016 年 12 月
		董　建	2012 年 1 月—2016 年 11 月
		袁小建	2014 年 3 月—2015 年 11 月
		管周宁	2014 年 3 月—2016 年 11 月
		袁文钊	2014 年 3 月—2016 年 11 月
第十届	镇　长	秦　刚	2017 年 1 月—2019 年 6 月
		潘　飞	2019 年 7 月—2020 年 6 月
	副镇长	董　建	2017 年 1 月—2018 年 4 月
		纪光熙	2017 年 1 月—2018 年 4 月
		於　鑫	2017 年 8 月—2021 年 6 月
		刘　春	2017 年 8 月—2019 年 11 月
		袁宗建	2017 年 4 月—2021 年 12 月
		吴　熙	2021 年 7 月—2021 年 12 月
		吴庆飞	2021 年 9 月—2021 年 12 月
		吴徐兵	2021 年 2 月—2021 年 12 月
第十一届	镇　长	傅小春	2022 年 1 月—2023 年 2 月
		丁林洋	2023 年 2 月—
	副镇长	吴庆飞	2022 年 1 月—2022 年 11 月
		吴徐兵	2022 年 1 月—2022 年 11 月
		吴　熙	2022 年 1 月—
		张冬冬	2022 年 1 月—
		袁宗建	2022 年 1 月—
		章飞剑	2022 年 1 月—

三、镇人民代表大会主席团

（一）主席团产生

1. 第八届人民代表大会

第一次会议主席团成员及秘书长

卜其银　石　勇　钱　设　杨剑云（女）
吴迪富　胡玉珍（女）张　生　黄　震
袁宗建

秘书长：钱　设（兼）

第二次会议主席团成员及秘书长

卜其银　石　勇　钱　设　杨剑云（女）
吴迪富　胡玉珍（女）张　生　黄　震
袁宗建

秘书长：钱　设（兼）

第三次会议主席团成员及秘书长

石　勇　钱　设　杨剑云（女）吴迪富
胡玉珍（女）张　生　张俊青　黄　震
袁宗建

秘书长：钱　设（兼）

第四次会议主席团成员及秘书长

石　勇　钱　设　杨剑云（女）吴迪富
胡玉珍（女）张　生　张俊青　黄　震
袁宗建

秘书长：钱　设（兼）

2. 第九届人民代表大会

第一次会议主席团成员及秘书长

石　勇　李鸿飞　钱　设　杨剑云（女）
吴迪富　胡玉珍（女）张　生　张俊青
黄　震

秘书长：钱　设（兼）

第二次会议主席团成员及秘书长

石　勇　陈小勇　钱　设　杨剑云（女）
吴迪富　胡玉珍（女）张　生　张俊青
黄　震

秘书长：钱　设（兼）

第三次会议主席团成员及秘书长

石　勇　陈小勇　钱　设　杨剑云（女）
吴迪富　胡玉珍（女）张　生　张俊青
黄　震

秘书长：钱　设（兼）

第四次会议主席团成员及秘书长

陈小勇　陈五霞（女）钱　设　杨剑云（女）
吴迪富　胡玉珍（女）张　生　张俊青
黄　震

秘书长：钱　设（兼）

第五次会议主席团成员及秘书长

李　健　杨海军　钱　设　刘建圣
吴迪富　胡玉珍（女）张　生　张俊青
黄　震

秘书长：钱　设（兼）

第六次会议主席团成员及秘书长

李　健　杨海军　钱　设　刘建圣
吴迪富　胡玉珍（女）张　生　张俊青
黄　震

秘书长：钱　设（兼）

3. 第十届人民代表大会

第一次会议主席团成员及秘书长

李　健　杨海军　吴银泉　刘建圣
吴迪富　张　生　张俊青　黄　震
江李兵　王建明　薛建明

秘书长：吴银泉（兼）

第二次会议主席团成员及秘书长

康　徐　杨海军　吴银泉　刘建圣
吴迪富　张　生　张俊青　黄　震
江李兵　王建明　薛建明

秘书长：吴银泉（兼）

第三次会议主席团成员及秘书长

康　徐　杨海军　吴银泉　刘建圣
吴迪富　张　生　张俊青　黄　震
江李兵　王建明　薛建明

秘书长：吴银泉（兼）

第四次会议主席团成员及秘书长

康　徐　杨海军　吴银泉　刘建圣

吴迪富　张　生　张俊青　黄　震
江李兵　王建明　薛建明
秘书长：吴银泉（兼）
第五次会议主席团成员及秘书长
康　徐　杨海军　吴银泉　刘建圣
吴迪富　张　生　张俊青　黄　震
江李兵　王建明　薛建明
秘书长：吴银泉（兼）
第六次会议主席团成员及秘书长
杨海军　秦　刚　吴银泉　刘建圣
吴迪富　吴　晶（女）张俊青　黄　震
江李兵　王建明　薛建明
秘书长：吴银泉（兼）
第七次会议主席团成员及秘书长
杨海军　秦　刚　吴银泉　刘建圣
吴迪富　吴　晶（女）张俊青　黄　震
江李兵　王建明　薛建明
秘书长：吴银泉（兼）
第八次会议主席团成员及秘书长
杨海军　秦　刚　吴银泉　刘建圣
吴迪富　吴　晶（女）张俊青　黄　震
江李兵　王建明　薛建明
秘书长：吴银泉（兼）
第九次会议主席团成员及秘书长
王建明　刘建圣　吴银泉　江李兵
吴迪富　杨晓娟（女）黄　震　董　建
傅小春　潘　飞　薛建明
秘书长：吴银泉（兼）
第十次会议主席团成员及秘书长
王建明　江李兵　吴迪富　於　鑫
黄　震　董　建　潘　飞　薛建明
秘书长：董　建（兼）
4. 第十一届人民代表大会
第一次会议主席团成员及秘书长
潘　飞　傅小春　於　鑫　吴迪富
吴徐兵　杨舒倩（女）路国庆　吴庆飞
江李兵　王建明　薛建明
秘书长：於　鑫（兼）
第二次会议主席团成员及秘书长
潘　飞　傅小春　於　鑫　吴迪富
吴徐兵　杨舒倩（女）路国庆　吴庆飞
江李兵　王建明　薛建明
秘书长：於　鑫（兼）
第三次会议主席团成员及秘书长
傅小春　丁林洋　孙朝阳　吴迪富
吴徐兵　杨舒倩（女）江李兵　王建明
薛建明
秘书长：孙朝阳（兼）
第四次会议主席团成员及秘书长
傅小春　丁林洋　孙朝阳　吴迪富
吴徐兵　杨舒倩（女）江李兵　王建明
薛建明
秘书长：孙朝阳（兼）

（二）主席团工作

1. 第八届人民代表大会主席团

2007—2011 年，镇第八届人大共召开 4 次会议，分别听取和审议政府工作报告 4 个，财政预决算报告 4 个。交办和督办代表批评、建议、意见（含闭会期间）198 件，办结率为 96%。

2. 第九届人民代表大会主席团

2012—2016 年，镇第九届人大共召开 6 次会议，分别听取和审议政府工作报告 6 个，财政预决算报告 6 个。会议选举产生人大主席 1 人、副主席 2 人，副镇长 7 人。先后表彰优秀代表 27 人次。

3. 第十届人民代表大会主席团

2017—2021 年，镇第十八届人大共召开 10 次会议，分别听取和审议政府工作报告 10 个，财政预决算报告 10 个，经济发展情况报告 1 个，污染防治攻坚暨人居环境整治专项工作报告 2 个。会议选举产生人大主席 1 人、副主席 1 人，镇长 2 人、副镇长 8 人。2020 年后，把票决通过民生实事项目列为人代会议程。

4. 第十一届人民代表大会主席团

2022 年 1 月 6—7 日召开镇第十一届人代会一次会议后，又召开 3 次例会，分别听取和审议政府工作报告 4 个，财政预决算报告 4 个，污染防治攻坚工作报告 1 个，生态文明建设工作报告 2 个。会议选举人大主席、镇长各 2 人，副镇长 4 人。票决民生实事项目 16 项。

（三）镇人民代表大会主席、副主席

2007 年，第八届镇人大换届选举始，至 2023 年第十一届人大四次会议，共选举产生镇人大主席 7 人，副主席 5 人。

2007—2023 年双甸镇人大主席、副主席一览表

表 7–36

届次	职务	姓名	在任时间
第八届	主　席	钱　设	2007 年 11 月—2012 年 3 月
	副主席	张　生	2007 年 11 月—2012 年 3 月
第九届	主席	钱　设	2012 年 3 月—2016 年 2 月
	副主席	张　生	2012 年 3 月—2014 年 2 月
		张俊青	2014 年 2 月—2016 年 2 月
		刘建圣	2014 年 2 月—2016 年 2 月
第十届	主　席	吴银泉	2016 年 11 月—2021 年 1 月
		董　建	2021 年 2 月—2021 年 5 月
		於　鑫	2021 年 6 月—2021 年 12 月
	副主席	刘建圣	2016 年 2 月—2021 年 5 月
第十一届	主　席	於　鑫	2022 年 1 月—2023 年 1 月
		孙朝阳	2023 年 2 月—

第十三节　河口镇人民代表大会

2007—2023 年，河口镇人大先后召开第十六、十七、十八、十九届共 23 次人代会，共选举产生镇人大代表 340 人。听取和审议通过大会各项工作报告 112 个，选举产生镇长、副镇长 24 人，共收到代表建议意见 994 件，回复 660 件，占 66.3%；其余交相关部门办理，占 33.7%。先后组织代表进行执法检查 18 次，提出建议、整改方案 27 条。票决为民办实事项目 98 项，表彰先进人大代表 76 人。代表先后接待走访选民 295 次，现场解决 54 件，办结率 95%。2017 年，江苏省委书记、省人大常委会主任李强视察中天公司总部；镇人大获县 2018 年度人大工作先进集体、人大工作创新奖优秀奖。2023 年，组织代表小组活动 14 次，代表联系选民活动 19 次，代表参与活动 380 人次，智慧人大平台实时上传信息 1000 条，4 月 12 日，江苏省人大常委会副主任周广智率队到河口镇社会治理综合服务中心视察基层治理工作。

一、镇人民代表选举

（一）选举机构

1. 第十六届选举委员会（2007 年 12 月）

主　任： 葛可山

副主任： 戴　杨　　徐　健　　顾　锐　　康　勤

成　员： 范钦明　许学农　陈卫东
刘秀萍（女）肖纪平　李素兰（女）
李九明　李宗泽　王国庆
周俊发　黄正华　薛　飞
张群凤（女）

下设办公室

主　任： 顾　锐（兼）

2. 第十七届选举委员会（2012 年 3 月）

主　任： 杨春红（女）

副主任： 丛尤兵　徐　健

成　员： 贾海川　王国庆　范钦明
朱君池（女）邱　鹏　汤亚东
缪　仲　孙富山　杨描云（女）

下设办公室

主　任： 徐　健（兼）

3. 第十八届选举委员会（2016 年 10 月）

主　任： 丛尤兵

副主任： 李宗泽

成　员： 孙玉来　王志国　端海燕（女）
邵　彬

下设办公室

主　任： 李宗泽（兼）

4. 第十九届选举委员会（2021 年 10 月）

主　任： 王志国

副主任： 杨　柳

成　员： 李　卫　沈新峰　孙富山
陈　耿　汤建华　陈　杰
陈芸卿（女）吴名丽（女）钱　陈
尤来美（女）

下设办公室

主　任： 王志国（兼）

（二）代表选举

2007—2021 年，河口镇共进行 4 次代表选举，累计选民总数为 21.54 万人，参选人数为 17.88 万人，参选率为 83%，共选出代表 340 人。

2007—2021 年河口镇人大代表选举情况一览表

表 7-37　　单位：人

届次	选举日	选民总数	参选人数	参选率	代表总数
第十六届	2007 年 12 月 1 日	45646	39332	86.17%	85
第十七届	2012 年 2 月 24 日	56826	46137	81.19%	85
第十八届	2016 年 12 月 11 日	58000	50040	86.28%	85
第十九届	2021 年 12 月 10 日	54975	43277	78.72%	85

二、镇人民代表大会

2007 年 12 月 18 日—2023 年 8 月 4 日，共召开 4 届 23 次代表大会，出席大会正式代表总人数 1917 人，列席代表总人数 2732 人。会议主要议程，听取和审议通过《河口镇政府工作报告》《河口镇人大主席团工作报告》《河口镇财政预算执行情况和财政预算（草案）的报告》《代表建议、批评和意见办理情况的报告》。自第十八届第二次会议起，按县人大统一要求增加年中会议（包括第十八届第二、四、六、八、十次，第十九届第二、四次会议），并根据政府中心工作变化，会议议程也相应调整。第二次会议议程改为专题听取和审议通过《关于 2017 年上半年经济社会发展情况及小康建设情况的工作报告》《河口镇总体规划调整方案说明》。第六次会议议程增加听取和审议通过《河口镇生态环境状况和环境保护目标实现情况报告》（包括第十八届第八、十次，第十九届第二、四次会议）、《关于河口镇 2019 年上半年财政预算执行情况报告》(包括第十八届第八、十次，第十九届第二会议)。第十九届第四次会议议程增加书面报告《2023 年上半年财政预算执行情况及 2023 年财政预算调整方案》和《河口镇第十九届人民代表大会第三次会议代表建议、批评和意见办理情况》。

在河口镇召开的 4 届 23 次人民代表大会上，共有 13 次会议选举或补选人大主席、副主席和镇长、副镇长。

2007—2023 年河口镇政府镇长、副镇长一览表

表 7-38

届次	职务	姓名	在任时间
第十六届	镇　长	周　勇	2007 年 12 月—2009 年 1 月
		杨春红(女)	2009 年 2 月—2011 年 3 月
		从尤兵	2011 年 3 月—2012 年 3 月
	副镇长	李素兰(女)	2007 年 12 月—2012 年 3 月
		肖纪平	2007 年 12 月—2012 年 3 月
		陈卫东	2007 年 12 月—2011 年 3 月
		薛　飞	2007 年 12 月—2010 年 1 月
		胡　俊	2011 年 3 月—2012 年 3 月
第十七届	镇　长	从尤兵	2012 年 3 月—2015 年 8 月
		徐鹏飞	2015 年 8 月—2017 年 1 月
	副镇长	肖纪平	2012 年 3 月—2016 年 11 月
		周　彦	2012 年 3 月—2017 年 1 月
		汤亚东	2012 年 3 月—2016 年 5 月
		彭　威	2012 年 3 月—2017 年 1 月
第十八届	镇　长	徐鹏飞	2017 年 1 月—2019 年 5 月
		孙玉来	2020 年 4 月—2021 年 4 月
		冯亚洲	2021 年 7 月—2022 年 1 月
	副镇长	周　彦	2017 年 1 月—2022 年 1 月
		彭　威	2017 年 1 月—2018 年 3 月
		张爱明	2017 年 1 月—2021 年 4 月
		王小波	2017 年 1 月—2019 年 12 月
		端海燕(女)	2018 年 3 月—2021 年 1 月
		陈　凯	2020 年 4 月—2021 年 4 月
		周　磊	2021 年 2 月—2022 年 1 月
		张　杰	2021 年 7 月—2022 年 1 月
第十九届	镇　长	冯亚洲	2022 年 1 月—
	副镇长	周　彦	2022 年 1 月—2023 年 1 月
		周　磊	2022 年 1 月—

续表 7-38

届次	职务	姓名	在任时间
第十九届	副镇长	张　杰	2022 年 1 月—
		杨　柳	2022 年 1 月—2023 年 1 月
		张新新	2023 年 1 月—

三、镇人民代表大会主席团

（一）主席团产生

1. 第十六届人民代表大会

第一次会议主席团成员及秘书长

张铁军　张爱明　张群凤（女）范钦明
周　勇　徐　健　康　勤　康传美
康宜峰　缪爱余

秘书长：康　勤（兼）

第二次会议主席团成员及秘书长

张铁军　张爱明　张群凤（女）范钦明
周　勇　徐　健　康　勤　康传美
康宜峰　葛可山　缪爱余

秘书长：康　勤（兼）

第三次会议主席团成员及秘书长

杨春红（女）张群凤（女）范钦明　贾海川
徐功彬　徐　健　梅德宏　康宜峰
缪爱余

秘书长：贾海川（兼）

第四次会议主席团成员及秘书长

杨春红（女）张群凤（女）范钦明　贾海川
徐功彬　徐　健　梅德宏　康宜峰
缪爱余

秘书长：贾海川（兼）

2. 第十七届人民代表大会

第一次会议主席团成员及秘书长

许金标　康　勤　王国庆
蔡冬祎（女）康传美　冒国平　路国庆
薛翠红（女）吴小建　张群凤（女）陈卫东

秘书长：胡　俊

第二次会议主席团成员及秘书长

许金标　康　勤　王国庆　徐明光
康传美　冒国平　路国庆
薛翠红（女）吴小建　张群凤（女）陈卫东

秘书长：徐鹏飞

第三次会议主席团成员及秘书长

许金标　康　勤　王国庆　徐明光
康传美　冒国平　路国庆　薛翠红（女）
吴小建　张群凤（女）陈卫东

秘书长：徐鹏飞

第四次会议主席团成员及秘书长

许金标　康　勤　王国庆　徐明光
康传美　冒国平　路国庆　薛翠红（女）
吴小建

秘书长：徐鹏飞

第五次会议主席团成员及秘书长

丛尤兵　康　勤　王国庆　徐明光
康传美　冒国平　路国庆　薛翠红（女）
吴小建

秘书长：孙玉来

3. 第十八届人民代表大会

第一次会议主席团成员及秘书长

马秀飞　王志国　丛尤兵　孙玉来
孙爱民（女）李宗泽　康传美　路国庆
缪　琴（女）

秘书长：孙玉来（兼）

第二次会议主席团成员及秘书长

马秀飞　王志国　丛尤兵　孙玉来
孙爱民（女）李宗泽　康传美　路国庆
缪　琴（女）

秘书长：孙玉来（兼）

第三次会议主席团成员及秘书长

马秀飞　王志国　丛尤兵　孙玉来
孙爱民（女）李宗泽　康传美　路国庆
缪　琴（女）

秘书长：孙玉来（兼）

第四次会议主席团成员及秘书长

丛尤兵　孙爱民（女）汤建华　李宗泽
徐　健　彭　威　路国庆　缪　琴（女）

秘书长：彭　威（兼）

第五次会议主席团成员及秘书长

丛尤兵　孙爱民（女）汤建华　李宗泽
徐　健　彭　威　路国庆　缪　琴（女）

秘书长：彭　威（兼）

第六次会议主席团成员及秘书长

王志国　丛尤兵　孙爱民（女）汤建华
李宗泽　徐　健　彭　威　路国庆
缪　琴（女）

秘书长：彭　威（兼）

第七次会议主席团成员及秘书长

王志国　丛尤兵　冯亚洲　孙爱民（女）
汤建华　李宗泽　徐　健　路国庆
缪　琴（女）

秘书长：冯亚洲（兼）

第八次会议主席团成员及秘书长

丛尤兵　冯亚洲　孙爱民（女）汤建华
李宗泽　徐　健　路国庆　缪　琴（女）

秘书长：冯亚洲（兼）

第九次会议主席团成员及秘书长

王志国　冯亚洲　孙玉来　孙爱民（女）
汤建华　李宗泽　徐　健　路国庆
缪　琴（女）

秘书长：冯亚洲（兼）

第十次会议主席团成员及秘书长

王志国　冯亚洲　孙玉来　孙爱民（女）
汤建华　李宗泽　徐　健　路国庆
缪　琴（女）

秘书长：李宗泽（兼）

4. 第十九届人民代表大会

第一次会议主席团成员及秘书长

王志国　王拥军　叶振华　朱晶晶（女）
汤建华　孙玉来　孙春飞　张红梅（女）
陈　凯　钱　群　徐　健

秘书长：陈　凯（兼）

第二次会议主席团成员及秘书长

王志国　王拥军　叶振华　朱晶晶（女）
汤建华　孙玉来　孙春飞　张红梅（女）
陈　凯　钱　群　徐　健

秘书长：陈　凯（兼）

第三次会议主席团成员及秘书长

王志国　王拥军　叶振华　朱晶晶（女）
汤建华　孙玉来　孙春飞　张红梅（女）
陈　凯　钱　群　徐　健

秘书长：陈　凯（兼）

第四次会议主席团成员及秘书长

王志国　王拥军　叶振华　朱晶晶（女）
汤建华　孙玉来　孙春飞　张红梅（女）
陈　凯　钱　群　徐　健

秘书长：王志国（兼）

（二）主席团工作

1. 第十六届人民代表大会主席团

2007—2011 年，共召开 4 次会议，分别听取和审议政府工作报告 4 个，财政预决算报告 4 个。收集代表批评、建议、意见 113 件，督促政府办理 63 件，村（居）落实处理 50 件，办结率为 56%、44%。

2. 第十七届人民代表大会主席团

2012—2016 年，共召开 5 次会议，分别听取和审议政府工作报告 5 个，财政预决算报告 5 个。先后收集代表批评、建议、意见 137 件，督促政府办理 91 件，村（居）落实处理 46 件，办结率为 66%、34%。

3. 第十八届人民代表大会主席团

2017—2021 年，共召开 10 次会议，分别听取和审议政府工作报告 10 个，财政预决算报告 10 个。收集代表批评、建议、意见 273 件，督促政府办理 143 件，村（居）落实处理 130 件。新冠肺炎防疫期间，主席团提出处置意见 20 条，政府迅即落实。

4. 第十九届人民代表大会主席团

2022—2023 年，共召开 4 次会议，分别听取和审议政府工作报告 4 个，财政预决算报告 4 个。收集整理代表批评、建议、意见 117 件，督促政府办理 66 件，村（居）落实处理 51 件。镇人大将 10 项政府民生实事列入监督重点，中心幼儿园、卫生院、耙齿凌战斗纪念馆等项目先后开工建设。

（三）镇人民代表大会主席、副主席

2007 年，第十六届镇人大换届选举始，至 2023 年十九届镇人大三次会议，共选举产生镇人民代表大会主席 5 人，副主席 8 人。

2007—2023 年河口镇人大主席、副主席一览表

表 7–39

届次	职务	姓名	在任时间
第十六届	主　席	徐　健	2007 年 12 月—2012 年 3 月
	副主席	范钦明	2007 年 12 月—2012 年 3 月
		徐功彬	2009 年 2 月—2012 年 3 月
		张群凤（女）	2009 年 2 月—2012 年 3 月
		康　勤	2010 年 1 月—2012 年 3 月
		陈卫东	2011 年 3 月—2012 年 3 月
第十七届	主　席	康　勤	2012 年 3 月—2017 年 1 月
	副主席	徐功彬	2012 年 3 月—2017 年 1 月
		张群凤（女）	2012 年 3 月—2015 年 8 月
		陈卫东	2012 年 3 月—2014 年 11 月
第十八届	主　席	李宗泽	2017 年 1 月—2021 年 5 月
		王志国	2021 年 7 月—2022 年 1 月
第十九届	主　席	王志国	2022 年 1 月—

第十四节　袁庄镇人民代表大会

2007—2023 年，袁庄镇先后召开第十七、十八、十九、二十届共 24 次人代会，共选举产生代表 328 名。共收到代表批评、建议、意见 548 件。镇人大第二十届第一次会议后，共组织代表小组活动 6 次，代表联系选民活动 12 次，代表参与活动 481 人次，智慧人大平台实时上传信息 472 条，代表认领助推实事项目 46 件。县、镇 6 名领导干部代表开展“接待代表日暨代表联系选民日”活动，接待人大代表 6 名，选民代表 7 名，收到建议意见 12 件，现场解决 11 件。2021 年，镇人大获县 2020 年度人大工作创新奖优秀奖。2022 年，镇人大网格引领，代表带头，全民参与共建文明乡村获县创新奖优秀奖。全镇建有 6 个代表之家、11 个村（居）专用代表联系点，从而使中心—站—点建设更加完善，代表们形成以站、点活动室为家的良好氛围，2023 年，海河滩村人大代表工作站被评为县2022年度先进人大代表之家。

一、镇人民代表选举

（一）选举机构

1. 第十七届选举委员会（2007年10月）

主　任： 江　华

副主任： 刘正银　张朋建

成　员： 钱爱平　钱维斌　陈　轼　邱建国　钱国兵　袁其峰　佘　钧

下设办公室

主　任： 刘正银（兼）

2. 第十八届选举委员会（2011年12月）

主　任： 许亚军

副主任： 刘正银

成　员： 马发俊　吴　彭　冒　军　佘　钧　缪管建　佘拥军　徐元国　胡成林

下设办公室

主　任： 刘正银（兼）

3. 第十九届选举委员会（2016年10月）

主　任： 李宗泽

副主任： 冒　军　胡礼豹

成　员： 郭彦鑫　佘　钧　康传珍（女）　杨　帅　王　欢（女）

下设办公室

主　任： 冒　军（兼）

4. 第十九届选举委员会（2021年10月）

主　任： 袁小建

副主任： 刘　雷　曹晓春

成　员： 张俊鹏　孙文书　许波朝　袁小兵　胡成林　康玲华（女）　李果元　张馨雨（女）李　然

下设办公室

主　任： 张　悠（女）

（二）代表选举

2007—2021年，袁庄镇共进行4次代表选举，累计选民总数为20.82万人，参选人数为18.46万人，参选率为88.68%，共选出代表328人。

2007—2021年袁庄镇人大代表选举情况一览表

表7-40　　单位：人

届次	选举日	选民总数	参选人数	参选率	代表总数
第十七届	2007年12月1日	53126	46038	86.85%	82
第十八届	2012年2月24日	52363	47362	90.45%	82
第十九届	2016年12月11日	51440	46842	91.06%	82
第二十届	2021年12月10日	51287	44415	86.60%	82

二、镇人民代表大会

2007年12月18日—2023年7月28日，共召开4届24次代表大会，出席大会正式代表总人数1140人，列席代表总人数1737人。会议主要议程，听取和审议通过《袁庄镇政府工作报告》《袁庄镇人大主席团工作报告》《袁庄镇财政预算执行情况和财政预算（草案）的报告》《代表建议、批评和意见办理情况的报告》。自第十八届第六次会议起，按县人大统一要求增加年中会议（包括第十九届第二、四、六、八、十次会议，第二十届第二、四次会议）。并根据政府中心工作变化，会议议程也相应调整。第十九届第二次会议议程改为专题听取和审议通过《关于今年以来经济社会发展及小康建设情况的工作报告》。第四次会议议程增加听取和审议通过《袁庄镇上半年经济社会发展情况的报告》（包括第十九届第八、十次，第二十届第二、四次会议）、《评议测评部门情况的报告》。第六次会议议程增加听取和审议通过《袁庄镇污染防治攻坚专项工作报告》（包括第二十届第八、十次会议）。第七次会议议程增加听取和审议通过《评议袁庄镇污染防治攻坚专项工作报告》。第八次会议议程增加听取和审议通过《袁庄镇年度八项实事落实推进情况和人大代表批评、建议、意见办理情况报告》（包括第二十届第十次会议十项实事）。

在袁庄镇召开的 4 届 24 次人民代表大会上，共有 13 次会议选举或补选人大主席、副主席和镇长、副镇长。

2008—2023 年袁庄镇政府镇长、副镇长一览表

表 7–41

届次	职务	姓名	在任时间
第十七届	镇　长	张督平	2008 年 1 月—2011 年 1 月
		张海荣	2011 年 1 月—2011 年 12 月
	副镇长	高爱军	2008 年 1 月—2011 年 12 月
		钱爱平	2008 年 1 月—2011 年 12 月
		赵一锋	2008 年 1 月—2011 年 12 月
		刘建圣	2009 年 2 月—2011 年 12 月
		陈彩红（女）	2011 年 3 月—2011 年 12 月
第十八届	镇　长	张海荣	2012 年 1 月—2013 年 12 月
		陈威涛	2014 年 1 月—2016 年 12 月
	副镇长	高爱军	2012 年 1 月—2014 年 12 月
		钱爱平	2012 年 1 月—2016 年 12 月
		刘建圣	2012 年 1 月—2013 年 12 月
		邵守懿	2012 年 1 月—2016 年 12 月
		钱维斌	2013 年 1 月—2016 年 12 月
		关卫东	2015 年 1 月—2016 年 12 月
第十九届	镇　长	殷海燕（女）	2017 年 1 月—2020 年 12 月
		章云峰	2021 年 1 月—2021 年 12 月
	副镇长	钱爱平	2017 年 1 月—2021 年 11 月
		关卫东	2017 年 1 月—2019 年 7 月
		钱维斌	2017 年 1 月—2020 年 3 月
		邵守懿	2017 年 1 月—2020 年 7 月
		冯亚洲	2019 年 7 月—2020 年 3 月
		冒　军	2020 年 4 月—2021 年 1 月
		胡礼豹	2020 年 7 月—2021 年 12 月
		章飞剑	2021 年 7 月—2021 年 11 月
第二十届	镇　长	章云峰	2022 年 1 月—
	副镇长	胡礼豹	2022 年 1 月—

续表 7–41

届次	职务	姓名	在任时间
第二十届	副镇长	曹晓春	2022 年 1 月—
		王晓艳（女）	2022 年 1 月—
		张水剑	2022 年 1 月—2023 年 1 月

三、镇人民代表大会主席团

（一）主席团产生

1. 第十七届人民代表大会

第一次会议主席团成员及秘书长

刘正银　张李富　张朋建　李　林
李宗泽　周秀文　周贤平　赵兴龙
徐东俊　顾秀芳（女）缪五群　薛　云

秘书长：张朋建（兼）

第二次会议主席团成员及秘书长

刘正银　张李富　张朋建　李　林
李宗泽　周秀文　周贤平　赵兴龙
徐东俊　顾秀芳（女）缪五群　薛　云

秘书长：张朋建（兼）

第三次会议主席团成员及秘书长

刘正银　张李富　张朋建　李　林
李宗泽　周秀文　周贤平　赵兴龙
徐东俊　顾秀芳（女）缪五群　薛　云

秘书长：张朋建（兼）

第四次会议主席团成员及秘书长

刘正银　张李富　张朋建　李　林
李宗泽　陈　轼　周秀文　周贤平
赵兴龙　徐东俊　顾秀芳（女）缪五群
薛　云

秘书长：张朋建（兼）

2. 第十八届人民代表大会

第一次会议主席团成员及秘书长

刘正银　许亚军　苏根红　李宗泽
张李富　陈　轼　冒福如　钱　宏
陶悦丹（女）缪五群　薛　云

秘书长：苏根红（兼）

第二次会议主席团成员及秘书长

刘正银　关卫东　许亚军　李宗泽
张李富　冒福如　钱　宏　殷海燕（女）
陶悦丹（女）缪五群　缪向阳　薛　云

秘书长：缪向阳（兼）

第三次会议主席团成员及秘书长

刘正银　关卫东　许亚军　李宗泽
张李富　冒福如　钱　宏　殷海燕（女）
陶悦丹（女）缪五群　缪向阳　薛　云

秘书长：缪向阳（兼）

第四次会议主席团成员及秘书长

刘正银　许亚军　李宗泽　张李富
冒福如　钱　宏　殷海燕（女）高爱军
陶悦丹（女）缪五群　缪向阳　薛　云

秘书长：缪向阳（兼）

第五次会议主席团成员及秘书长

刘正银　许亚军　李宗泽　张李富
冒福如　钱　宏　殷海燕（女）高爱军
缪五群　缪向阳　薛　云

秘书长：缪向阳（兼）

第六次会议主席团成员及秘书长

刘正银　许亚军　李宗泽　张李富
冒福如　钱　宏　殷海燕（女）高爱军
缪五群　缪向阳　薛　云

秘书长：缪向阳（兼）

3. 第十九届人民代表大会

第一次会议主席团成员及秘书长

杨素梅（女）佘拥军　张兴林　陈威涛
冒福如　袁小建　高爱军　章云峰
缪五群　薛　云　薛贻勇

秘书长：高爱军（兼）

第二次会议主席团成员及秘书长

杨素梅（女）张兴林　陈威涛　冒福如
袁小兵　袁小建　高爱军　章云峰
缪五群　薛　云　薛贻勇

秘书长：高爱军（兼）

第三次会议主席团成员及秘书长

杨素梅（女）张兴林　陈威涛　冒福如
袁小兵　袁小建　高爱军　章云峰
缪五群　薛　云　薛贻勇

秘书长：高爱军（兼）

第四次会议主席团成员及秘书长

刘　勇　杨素梅（女）张兴林　冒福如
胡　俊　袁小兵　袁小建　高爱军
章云峰　缪五群　薛　云　薛贻勇

秘书长：高爱军（兼）

第五次会议主席团成员及秘书长

刘　勇　杨素梅（女）张兴林　胡　俊
袁小兵　袁小建　殷海燕（女）高爱军
章云峰　缪五群　薛　云　薛贻勇

秘书长：高爱军（兼）

第六次会议主席团成员及秘书长

刘　勇　张兴林　冒福如　胡　俊
袁小兵　袁小建　钱维斌　殷海燕（女）
高爱军　章云峰　缪五群　薛　云
薛贻勇

秘书长：高爱军（兼）

第七次会议主席团成员及秘书长

刘　勇　杨素梅（女）张兴林　冒福如
胡　俊　袁小兵　袁小建　钱维斌
殷海燕（女）高爱军　章云峰　缪五群
薛　云　薛贻勇

秘书长：高爱军（兼）

第八次会议主席团成员及秘书长

刘　勇　杨素梅（女）张兴林　冒福如
胡　俊　袁小兵　袁小建　钱维斌
殷海燕（女）高爱军　章云峰　缪五群
薛　云　薛贻勇

秘书长：高爱军（兼）

第九次会议主席团成员及秘书长

刘　勇　杨素梅（女）张兴林　冒福如
胡　俊　袁小兵　袁小建　钱维斌
殷海燕（女）高爱军　章云峰　缪五群
薛　云　薛贻勇

秘书长：高爱军（兼）

第十次会议主席团成员及秘书长

刘　勇　杨素梅（女）张兴林　冒福如
胡　俊　袁小兵　袁小建　钱维斌
殷海燕（女）高爱军　章云峰　缪五群
薛　云　薛贻勇

秘书长：高爱军（兼）

4. 第二十届人民代表大会

第一次会议主席团成员及秘书长

卢　军　杨素梅（女）冒　军　冒福如
钱爱平　袁小兵　钱维斌　曹　薇（女）
章云峰　缪五群　缪亚军　薛　云
薛贻勇

秘书长：冒　军（兼）

第二次会议主席团成员及秘书长

卢　军　杨素梅（女）冒　军　冒福如
钱爱平　袁小兵　钱维斌　曹　薇（女）
章云峰　缪五群　缪亚军　薛　云
薛贻勇

秘书长：冒　军（兼）

第三次会议主席团成员及秘书长

卢　军　杨素梅（女）冒　军　冒福如
钱爱平　袁小兵　钱维斌　曹　薇（女）
章云峰　缪五群　缪亚军　薛　云
薛贻勇

秘书长：冒　军（兼）

第四次会议主席团成员及秘书长

刘　雷　冒　军　冒福如　袁小兵

袁绍建　钱爱平　钱维斌　曹　薇（女）
章云峰　缪五群　缪亚军　薛　云
薛贻勇
秘书长：冒　军（兼）

（二）主席团工作

1. 第十七届人民代表大会主席团

2007—2011 年，镇人大共召开 4 次会议，分别听取和审议政府工作报告 4 个，财政预决算报告 4 个，选举产生人大主席 1 人、副主席 1 人、镇长 1 人、副镇长 1 人。共收到代表批评、建议、意见 35 件，答复率 100%。

2. 第十八届人民代表大会主席团

2012—2016 年，镇人大共召开 6 次会议。此届期间，建立健全代表管理、代表学习培训、联系走访选民等制度。每年确定 2 天为“人大代表征询选民意见日”；5 年，共组织人大代表进行专题调研 20 余次，提出有较强针对性、可操作性和有一定前瞻性的建议意见 30 余件，使代表履职作用得到充分发挥。

3. 第十九届人民代表大会主席团

2017—2021 年，镇人大共召开 10 次会议，分别听取和审议政府工作报告 10 个、财政预决算报告 10 个，人大主席团工作报告 5 个。人大主席团创新人大代表活动形式，积极调动周边群众一起参加“环保啄木鸟”活动，通过书法比赛、编排环保文艺节目，宣传环保法律法规，使“环保啄木鸟”活动形式多样、内容丰富、效果明显，得到南通市人大充分肯定。

4. 第二十届人民代表大会主席团

2022—2023 年，镇人大共召开 4 次会议，分别听取和审议政府工作报告 4 个、财政预决算报告 4 个、人大主席团工作报告 3 个、《年度八项实事工程推进和代表批评、建议、意见办理情况的报告》4 个，选举产生镇人大主席 1 人、镇长 1 人、副镇长 5 人。

（三）镇人民代表大会主席、副主席

2007 年，第十七届镇人大换届选举始，至 2022 年第二十届镇人大换届选举，共选举产生镇人大主席 7 人，副主席 6 人。

2007—2023 年袁庄镇人大主席、副主席一览表

表 7–42

届次	职务	姓名	在任时间
第十七届	主　席	刘正银	2008 年 1 月—2011 年 12 月
	副主席	张朋建	2008 年 1 月—2011 年 12 月
第十八届	主　席	刘正银	2012 年 1 月—2014 年 1 月
		李宗泽	2014 年 1 月—2016 年 12 月
	副主席	苏根红	2012 年 1 月—2013 年 12 月
		缪向阳	2013 年 1 月—2016 年 12 月
		关卫东	2013 年 1 月—2015 年 1 月
		高爱军	2015 年 1 月—2016 年 12 月
第十九届	主　席	陈威涛	2017 年 1 月—2018 年 3 月
		袁小建	2018 年 3 月—2021 年 9 月
		钱维斌	2021 年 10 月—2021 年 12 月
	副主席	高爱军	2017 年 1 月—2021 年 12 月
第二十届	主　席	钱维斌	2022 年 1 月—

第十五节　大豫镇人民代表大会

2009年5月，大豫镇与兵房镇合并为新大豫镇后，镇人大工作由人大筹建组负责。2010年1月—2023年8月，大豫镇先后召开第一届、二届、三届、四届共22次人代会，共选举产生代表494名。至2023年，共收到代表建议意见1030件。第四届第二次会议闭会后，镇人大共组织代表小组活动56次，代表联系选民活动256次，代表参与活动340人次，智慧人大平台实时上传信息1064条，代表认领和助推实事项目85件、办成率100%，组织县、镇6名领导干部代表“接待代表日暨代表联系选民日”活动，接待人大代表13名，选民代表7名，收到问题建议52件，现场解决40件，交办镇部门解决落实12件。2023年，全镇建有18个村（居）专用代表联系点。2022年，镇人大获评县人大工作先进集体。

一、镇人民代表选举

（一）选举机构

1. 第一届选举委员会

主　任：施益兵

副主任：陈五霞（女）刘同春　樊天红（女）　张建华

成　员：陈　勇　石海兵　杨兴民　陈永斌　李奕涵（女）高琼宇（女）

下设办公室

主　任：陈五霞（女、兼）

2. 第二届选举委员会

主　任：胡　俊

副主任：陈　静（女）施益兵

成　员：刘　臻　汤成达　金　锋　吴红飞　何恒国　顾洪生　黄炜涛　郭彦沁（女）

下设办公室

主　任：王爱民

3. 第三届选举委员会

主　任：秦海健

副主任：陈　静（女）袁琴琴（女）

成　员：唐国华　黄建春　黄建冲　徐凡蓉（女）陆清怡（女）毛琳琳（女）　王　春　张虞慧（女）蔡　杰　张小梅（女）

下设办公室

主　任：陈　静（女、兼）

4. 第四届选举委员会

主　任：秦海健

副主任：陈　静（女）袁琴琴（女）

成　员：唐国华　黄建春　黄建冲　徐凡蓉（女）陆清怡（女）毛琳琳（女）　王　春　张虞慧（女）蔡　杰　张小梅（女）

下设办公室

主　任：陈　静（女、兼）

（二）代表选举

2009—2021年，大豫镇共进行4次（不含2009年前老大豫镇和兵房镇的换届选举）代表选举，累计选民总数为35.7万人，参选人数为33.42万人，参选率为93.7%，共选出代表494人。

2009—2021年大豫镇人大代表选举情况一览表

表7-43　　单位：人

届次	选举日	选民总数	参选人数	参选率	代表总数
第一届	2009年12月2日	94430	92400	97.85%	119
第二届	2012年2月24日	90647	88762	97.92%	125
第三届	2016年12月11日	89718	80061	89.24%	125

续表 7-43

届次	选举日	选民总数	参选人数	参选率	代表总数
第四届	2021 年 12 月 10 日	82035	72962	88.94%	125

二、镇人民代表大会

2010 年 1 月 29 日—2023 年 8 月 6 日，共召开 4 届 22 次会议，出席会议代表总人数 2655 人，列席代表总人数 2137 人。会议主要议程，听取和审议通过《大豫镇政府工作报告》《大豫镇人大主席团工作报告》《大豫镇财政预算执行情况和财政预算（草案）的报告》《代表建议、批评和意见办理情况的报告》。自第二届第六次会议起，按县人大统一要求增加年中会议（包括第三届第二、四、六、八、十次，第四届第二、四次会议），并根据政府中心工作变化，会议议程也相应调整。第六次会议议程改为听取和审议通过《关于 2016 年 1—8 月经济社会发展情况及小康建设情况的工作报告》《人大代表助力小康“五百”工程行动推进情况的报告》《关于农村基础设施建设情况的专项报告》。第三届第二次会议议程增加听取和审议通过《大豫镇经济社会发展及小康建设情况的工作报告》《镇政府两个重大事项（东湖旅游度假区总体规划编制情况、兵房小学异地新建方案）报告》。第四次会议议程增加听取和审议通过《大豫镇南坎村庄规划编制事项的报告》《省 222 线复线大豫段规划建设事项的报告》。第六次会议议程增加听取和审议通过《大豫镇上半年经济和社会发展情况的报告》、《大豫镇生态环境状况和环境保护目标实现情况的报告》（包括第三届第七、八、九次会议，第四届第二次会议），第十次会议议程增加听取和审议通过《大豫镇生态环境状况和环境保护目标实现情况和“清水绿岸”提质行动阶段性任务完成情况的报告》。

在大豫镇召开的 4 届 22 次人民代表大会上，共有 13 次会议选举或补选人大主席、副主席和镇长、副镇长。

2007—2009 年大豫镇与兵房镇合并前镇政府镇长、副镇长一览表

表 7-44

镇别	职务	姓名	在任时间
大豫镇	镇　长	陈　兵	2007 年 11 月—2009 年 5 月
	副镇长	秦海健	2007 年 11 月—2009 年 5 月
		曹金泽	2007 年 11 月—2009 年 5 月
		李　华	2007 年 11 月—2009 年 5 月
		杨海军	2007 年 11 月—2009 年 5 月
		石海兵	2007 年 11 月—2009 年 5 月
兵房镇	镇　长	许亚军	2007 年 11 月—2009 年 5 月
兵房镇	副镇长	袁卫华	2007 年 11 月—2009 年 5 月
		杨美娟（女）	2007 年 11 月—2009 年 5 月
		秦　刚	2007 年 11 月—2009 年 5 月
		杨　胜	2007 年 11 月—2009 年 5 月

2009 年 5 月—2010 年 1 月大豫镇政府筹建组负责人一览表

表 7–45

筹建组职务	姓名	在任时间
组长	陈　兵	2009 年 5 月—2010 年 1 月
常务副组长	许亚军	2009 年 5 月—2010 年 1 月
副组长	秦海健	2009 年 5 月—2010 年 1 月
	杨美娟（女）	2009 年 5 月—2010 年 1 月
	秦　刚	2009 年 5 月—2010 年 1 月
	曹金泽	2009 年 5 月—2010 年 1 月
	杨海军	2009 年 5 月—2010 年 1 月
	杨　胜	2009 年 5 月—2010 年 1 月
	李　华	2009 年 5 月—2010 年 1 月

2010—2023 年大豫镇政府镇长、副镇长一览表

表 7–46

届次	职务	姓名	在任时间
第一届	镇　长	陈　兵	2010 年 1 月—2011 年 4 月
		康　徐	2011 年 4 月—2012 年 3 月
	副镇长	秦海健	2010 年 1 月—2012 年 3 月
		曹金泽	2010 年 1 月—2011 年 4 月
		杨海军	2010 年 1 月—2011 年 4 月
		杨美娟（女）	2010 年 1 月—2012 年 3 月
		秦　刚	2010 年 1 月—2011 年 4 月
		杨　胜	2010 年 1 月—2011 年 4 月
		陈威涛	2011 年 4 月—2012 年 3 月
		管宏图	2011 年 4 月—2012 年 3 月
		周　洪	2011 年 4 月—2012 年 3 月
第二届	镇　长	康　徐	2012 年 3 月—2017 年 1 月
	副镇长	秦海健	2012 年 3 月—2013 年 3 月
		范春霞（女）	2012 年 3 月—2017 年 1 月
		范晓丽（女）	2012 年 3 月—2015 年 3 月
		丁　杰	2012 年 3 月—2015 年 2 月
		陈　燕（女）	2012 年 3 月—2013 年 3 月
		杨美娟（女）	2012 年 3 月—2013 年 3 月
		周　洪	2012 年 3 月—2013 年 3 月
		石海兵	2013 年 3 月—2017 年 1 月

续表 7–46

届次	职务	姓名	在任时间
第二届	副镇长	俞叶美（女）	2013 年 3 月—2017 年 1 月
		刘　勇	2014 年 2 月—2017 年 1 月
		刘文军	2015 年 2 月—2017 年 1 月
第三届	镇　长	胡　俊	2017 年 1 月—2018 年 7 月
		邵文明	2018 年 7 月—2020 年 4 月
		陈永强	2020 年 4 月—2021 年 9 月
		吴　晶（女）	2021 年 9 月—2022 年 1 月
	副镇长	石海兵	2017 年 1 月—2018 年 7 月
		范春霞（女）	2017 年 1 月—2021 年 3 月
		俞叶美（女）	2017 年 1 月—2021 年 9 月
		刘　勇	2017 年 1 月—2019 年 3 月
		刘文军	2017 年 1 月—2022 年 1 月
		沈　伟	2020 年 4 月—2022 年 1 月
		陈　静（女）	2020 年 4 月—2022 年 1 月
		管永庆	2021 年 3 月—2022 年 1 月
		王　鹏	2021 年 9 月—2022 年 1 月
第四届	镇　长	吴　晶（女）	2022 年 1 月—
	副镇长	王　鹏	2022 年 1 月—
		管永庆	2022 年 1 月—
		刘文军	2022 年 1 月—2022 年 12 月
		孙　丹	2022 年 1 月—
		朱　江	2022 年 1 月—
		刘少良	2022 年 1 月—2022 年 12 月

三、镇人民代表大会主席团

（一）主席团产生

1. 第一届人民代表大会

第一次会议主席团成员及秘书长

刘同春　陈　兵　吴建忠　张志泉
张志连　杨兴民　何学忠　陆忠耀
施益兵　盛建忠　翟建华　樊天红（女）

秘书长：刘同春（兼）

第二次会议主席团成员及秘书长

刘同春　陈　兵　吴建忠　张志泉
张志连　杨兴民　何学忠　陆忠耀
施益兵　康　徐　盛建忠　樊天红（女）

秘书长：刘同春（兼）

2. 第二届人民代表大会

第一次会议主席团成员及秘书长

石　勇　刘同春　杨兴民　杨海军
李奕涵（女）张志连　张志泉　张理钧
陆忠跃　周　梁　施春华　施益兵
曹　薇（女）康　徐　樊天红（女）

秘书长：刘同春（兼）

第二次会议主席团成员及秘书长

刘同春　杨兴民　张志连　张志泉
陆忠跃　周　梁　施春华　施益兵
翁雪峰　黄建春　曹　薇（女）康　徐
樊天红（女）

秘书长：翁雪峰（兼）

第三次会议主席团成员及秘书长

王爱民　刘同春　张志连　张志泉
陆忠跃　周　梁　胡　俊　施春华
施益兵　翁雪峰　黄建春　康　徐
樊天红（女）

秘书长：翁雪峰（兼）

第四次会议主席团成员及秘书长

王爱民　刘同春　张志连　张志泉
陆忠跃　周　梁　胡　俊　施春华
施益兵　翁雪峰　黄建春　康　徐
樊天红（女）

秘书长：翁雪峰（兼）

第五次会议主席团成员及秘书长

王爱民　刘同春　张志连　张志泉
陆忠跃　周　梁　胡　俊　施春华
施益兵　翁雪峰　黄建春　康　徐
樊天红（女）

秘书长：翁雪峰（兼）

第六次会议主席团成员及秘书长

王爱民　刘同春　张志连　张志泉
陆忠跃　胡　俊　施春华　施益兵
翁雪峰　黄建春　康　徐　樊天红（女）

秘书长：翁雪峰（兼）

3. 第三届人民代表大会

第一次会议主席团成员及秘书长

王爱民　杨海军　吴亚忠　张红梅（女）
张志泉　张建华　陆忠跃　胡　俊
施春华　唐国华　秦海健　翁雪峰
黄　建

秘书长：翁雪峰（兼）

第二次会议主席团成员及秘书长

王爱民　杨海军　吴亚忠　张红梅（女）
张志泉　张建华　陆忠跃　胡　俊
施春华　唐国华　秦海健　翁雪峰
黄　建

秘书长：翁雪峰（兼）

第三次会议主席团成员及秘书长

王爱民　杨海军　吴亚忠　张红梅（女）
张志泉　张建华　陆忠跃　陈　静（女）
胡　俊　施春华　秦海健　唐国华
黄　建

秘书长：张建华（兼）

第四次会议主席团成员及秘书长

王爱民　刘　臻　杨海军　吴亚忠
张红梅（女）张建华　陆忠跃　陈　静（女）
陈永强　邵文明　秦海健　唐国华
黄　建

秘书长：张建华（兼）

第五次会议主席团成员及秘书长

王爱民　刘　臻　杨海军　张红梅（女）
张志泉　张建华　陆忠跃　陈　静（女）
陈永强　邵文明　秦海健　唐国华
黄　建

秘书长：张建华（兼）

第六次会议主席团成员及秘书长

王爱民　刘　臻　杨海军　张红梅（女）
张志泉　张建华　陆忠跃　陈　静（女）
陈永强　邵文明　秦海健　唐国华
黄　建

秘书长：张建华（兼）

第七次会议主席团成员及秘书长

王爱民　刘　臻　杨海军　张红梅（女）
张志泉　张建华　陆忠跃　陈永强
施春华　秦海健　袁季童　唐国华
黄　建

秘书长：张建华（兼）

第八次会议主席团成员及秘书长

王爱民 刘 臻 杨海军 张红梅（女）
张志泉 张建华 陆忠跃 陈永强
施春华 秦海健 袁季童 唐国华
黄 建

秘书长：张建华（兼）

第九次会议主席团成员及秘书长

王爱民 刘 臻 张红梅（女）张志泉
张建华 陆忠跃 陈永强 施春华
秦海健 袁季童 袁琴琴（女）唐国华
黄 建

秘书长：张建华（兼）

第十次会议主席团成员及秘书长

王爱民 孙 丹 张红梅（女）张志泉
陆忠跃 陈永强 陈 静（女）施春华
秦海健 袁琴琴（女）唐国华

秘书长：陈 静（女、兼）

4. 第四届人民代表大会

第一次会议主席团成员及秘书长

冯金辉 朱 慧（女）吴 晶（女）吴振华
沈 伟 张志泉 陆忠跃 陈 静（女）
陈永强 施春华 秦海健 袁琴琴（女）
唐国华

秘书长：陈 静（女、兼）

第二次会议主席团成员及秘书长

冯金辉 朱 慧（女）吴 晶（女）吴振华
沈 伟 张志泉 陆忠跃 陈 静（女）
陈永强 施春华 秦海健 袁琴琴（女）
彭 振

秘书长：陈 静（女、兼）

第三次会议主席团成员及秘书长

冯金辉 朱 慧（女）吴 晶（女）吴振华
沈 伟 张志泉 陆忠跃 陈永强
施春华 秦海健 袁琴琴（女）彭 振

秘书长：朱 慧（女、兼）

第四次会议主席团成员及秘书长

冯金辉 朱 慧（女）刘文军 吴 晶（女）
吴振华 沈 伟 张志泉 陆忠跃
陈永强 施春华 秦海健 袁琴琴（女）
彭 振

秘书长：朱 慧（女、兼）

（二）主席团工作

1. 第一届人民代表大会主席团

2010—2011年，共召开2次会议，分别听取和审议政府工作报告2个，财政预决算报告2个。交办和督办代表批评、建议、意见90余件，办结率99%。

2. 第二届人民代表大会主席团

2012—2016年，共召开6次会议，分别听取和审议政府工作报告6个，财政预决算报告6个。会议选举产生人大主席2人、副主席3人，镇长1人、副镇长12人。2016年，第八代表小组代表之家通过南通市人大验收，被评为南通市级代表之家十面红旗单位。

3. 第三届人民代表大会主席团

2017—2021年，共召开10次会议，分别听取和审议政府工作报告10个，财政预决算报告10个。会议选举产生人大主席2人、副主席1人，镇长4人、副镇长9人。2017—2021年，有3项创新成果获得县人大工作创新奖二等奖，1项获得三等奖，1项获得优秀奖；兵房居委会代表工作站被南通市人大评为先进人大代表联络工作站。

4. 第四届人民代表大会主席团

2022年1月—2023年8月召开4次会议，分别听取和审议政府工作报告4个，财政预决算报告4个，生态环境状况和环境保护目标实现情况的报告4个。会议选举镇人大副主席1人，副镇长3人。票决民生实事项目16项，评议6个镇级职能部门。

（三）镇人民代表大会主席、副主席

2010年，第一届镇人大换届选举始，至2023年镇第四届人大第三次会议，共选举产生镇人民代表大会主席6人，副主席10人。

2007—2009年大豫镇与兵房镇合并前人大主席、副主席一览表

表7–47

镇别	职务	姓名	在任时间
大豫镇	主　席	盛蔡祥	2007年11月—2009年5月
	副主席	朱国健	2007年11月—2007年12月
		陈秀高	2007年11月—2009年5月
兵房镇	主　席	施益兵	2007年11月—2009年5月
	副主席	徐爱萍（女）	2007年11月—2009年1月

2009年5月—2010年1月新大豫镇人大筹建组负责人一览表

表7–48

筹建组职务	姓名	在任时间
组　长	盛蔡祥	2009年5月—2010年1月
副组长	施益兵	2009年5月—2010年1月

2010—2023年大豫镇人大主席、副主席一览表

表7–49

届次	职务	姓名	在任时间
第一届	主　席	施益兵	2010年1月—2012年3月
	副主席	樊天红（女）	2010年1月—2012年3月
		刘同春	2011年4月—2012年3月
第二届	主　席	施益兵	2012年3月—2014年2月
		胡　俊	2014年2月—2017年1月
	副主席	刘同春	2012年3月—2014年2月
		樊天红（女）	2012年3月—2014年2月
		王爱民	2014年2月—2017年1月
第三届	主　席	吴亚忠	2017年1月—2019年3月
		秦海健	2019年3月—2022年1月
	副主席	王爱民	2017年1月—2022年1月
第四届	主　席	秦海健	2022年1月—
	副主席	吴振华	2022年1月—

第十六节　长沙镇人民代表大会

2007—2023年，长沙镇人大先后召开第四届、五届、六届、七届共23次人代会，共选举产生代表299名。镇人大围绕打造"全省向海发展战略先导区的核心区""长三角沿海高质量发展排头兵的第一名"等方面建言献策。全镇建有10个村（社区）专用代表联系点，构成中心一站一点活动网络，把代表之家建成"学习之家""服务之家""议政之家"。2022年，镇人大共组织代表小组活动25次，代表联系选民活动90次，代表参与活动452人次，智慧人大平台实时上传信息700条。代表认领助推实事项目77件、办成75件，办成率97.4%。在接待代表日暨代表联系选民日活动中，接待人大代表77人，选民代表14人，收到问题建议38件，现场解决23件，交办镇部门解决落实15件。2023年，召开镇第七届人大第三次会议，会议期间收到代表建议意见48件，代表票决产生民生实事项目10项。

一、镇人民代表选举

（一）选举机构

1. 第四届选举委员会（2007年10月）

主　任：施松年

副主任：郁建丰　何素红（女）

成　员：康传兵　王小兵　童晓燕（女）　季　红（女）　赵洪清　吴宏飞

下设办公室

主　任：施松年（兼）

2. 第五届选举委员会（2011年12月）

主　任：薛　峰

副主任：郁建丰　肖卫东

成　员：朱亚昌　童仁平　童晓燕（女）　季　红（女）　赵洪清　葛冰冰（女）

下设办公室

主　任：薛　峰（兼）

3. 第六届选举委员会（2016年10月）

主　任：薛　峰

副主任：李　飞　吴征华　童晓燕（女）

成　员：张　伟　戴　震　季　红（女）　刘永军　吴　璇（女）　张海容（女）　夏丽榕（女）　施　为

下设办公室

主　任：薛　峰（兼）

4. 第七届选举委员会（2021年10月）

主　任：张建华

副主任：吴琪玲（女）　叶红军

成　员：施　为　葛　奎　许　茂　程艳娟（女）　顾　勇　刘张豪　王雪萌（女）　张佳伟（女）　王　陈　顾周卫（女）

下设办公室

主　任：吴琪玲（女、兼）

（二）代表选举

2007—2021年，长沙镇共进行4次代表选举，累计选民总数为14.21万人，参选人数为12.97万人，参选率为91.26%，共选出代表299人。

2007—2021年长沙镇人大代表选举情况一览表

表7-50　　单位：人

届次	选举日	选民总数	参选人数	参选率	代表总数
第四届	2007年12月1日	35002	32748	93.56%	69
第五届	2012年2月24日	34559	32763	94.8%	77
第六届	2016年12月11日	38665	33248	85.99%	76
第七届	2021年12月10日	34899	30766	88.00%	77

二、镇人民代表大会

2008 年 2 月 6 日—2023 年 8 月 8 日，共召开 4 届 23 次代表大会，出席大会正式代表总人数 1626 人，列席代表总人数 1589 人。会议主要议程，听取和审议通过《长沙镇政府工作报告》《长沙镇人大主席团工作报告》《长沙镇财政预算执行情况和财政预算（草案）的报告》《代表建议、批评和意见办理情况的报告》。自第五届第六次会议起，按县人大统一要求增加年中会议（包括第六届第二、四、六、八、十次，第七届第二、四次会议）。并根据政府中心工作变化，会议议程也相应调整。第六届第四次会议议程增加听取和审议通过《长沙镇政府上半年经济社会发展情况的报告》（包括第六届第六、八次、第七届第四次会议）、《评议测评部门情况的报告》。第五次会议议程增加听取和审议通过《四次会议代表建议办理满意度情况报告》。第六次会议议程增加听取和审议通过《长沙镇污染防治攻坚专项工作报告》。第七次会议议程增加听取和审议通过《评议长沙镇污染防治攻坚专项工作报告》。第八次会议议程增加听取和审议通过《长沙镇 2020 年上半年财政预算执行情况的报告》（包括第七届第四次会议）、《长沙镇 2020 上半年污染防治攻坚暨人居环境整治专项工作报告》。第七届第四次会议议程增加听取和审议通过《长沙镇 2023 年上半年生态环境状况报告》。

在长沙镇召开的 4 届 23 次人民代表大会上，共有 10 次会议选举或补选人大主席、副主席和镇长、副镇长。

2008—2023 年长沙镇政府镇长、副镇长一览表

表 7–51

届次	职务	姓名	在任时间
第四届	镇　长	周志勇	2008 年 1 月—2011 年 2 月
		缪　锐	2011 年 2 月—2011 年 12 月
	副镇长	邵建华	2008 年 1 月—2011 年 12 月
		傅晓春	2008 年 1 月—2011 年 12 月
		何素红（女）	2011 年 1 月—2011 年 12 月
第五届	镇　长	郁宏伟	2012 年 1 月—2012 年 12 月
		汤　杰	2013 年 1 月—2016 年 12 月
	副镇长	邵建华	2012 年 1 月—2013 年 1 月
		傅晓春	2012 年 1 月—2014 年 1 月
		何素红（女）	2012 年 1 月—2016 年 12 月
		吴　健	2013 年 1 月—2016 年 12 月
		肖卫东	2013 年 1 月—2016 年 12 月
		刘乃群	2013 年 1 月—2016 年 12 月
		韦建明	2014 年 1 月—2016 年 12 月
第六届	镇　长	汤　杰	2017 年 1 月—2019 年 2 月
		吴亚云（女）	2020 年 3 月—2021 年 12 月
	副镇长	何素红（女）	2017 年 1 月—2021 年 4 月

续表 7-51

届次	职务	姓名	在任时间
第六届	副镇长	吴　健	2017 年 1 月—2021 年 4 月
		刘乃群	2017 年 1 月—2020 年 6 月
		许姚军	2017 年 1 月—2020 年 3 月
		季小东	2020 年 6 月—2021 年 4 月
		金　琪	2020 年 6 月—2021 年 12 月
		陈　炜	2021 年 4 月—2021 年 12 月
		唐明明	2021 年 4 月—2021 年 12 月
		王晓晨	2021 年 4 月—2021 年 12 月
第七届	镇　长	吴亚云（女）	2022 年 1 月—2023 年 1 月
		於　鑫	2023 年 1 月—
	副镇长	金　琪	2022 年 1 月—2023 年 3 月
		陈　炜	2022 年 1 月—
		唐明明	2022 年 1 月—2023 年 1 月
		王晓晨	2022 年 1 月—
		陈　薇（女）	2022 年 1 月—2023 年 1 月
		袁晓娜（女）	2023 年 1 月—
		董　然	2023 年 1 月—

三、镇人民代表大会主席团

（一）主席团产生

1. 第四届人民代表大会

第一次会议主席团成员及秘书长

刘乃祥　朱海忠　汤　杰　吴宝泉
陈　梅（女）郁建丰　周志勇　施松年
姚海燕　徐志翔　薛　峰

秘书长：薛　峰（兼）

第二次会议主席团成员及秘书长

刘乃祥　朱海忠　汤　杰　吴宝泉
陈　梅（女）郁建丰　周志勇　施松年
姚海燕　徐志翔　薛　峰

秘书长：薛　峰（兼）

第三次会议主席团成员及秘书长

刘乃祥　朱海忠　汤　杰　吴宝泉
陈　梅（女）郁建丰　周志勇　周建飞
施松年　徐志翔　薛　峰

秘书长：薛　峰（兼）

第四次会议主席团成员及秘书长

刘乃祥　朱海忠　汤　杰　吴宝泉
陈　梅（女）郁建丰　周志勇　周建飞
施松年　徐志翔　薛　峰

秘书长：薛　峰（兼）

2. 第五届人民代表大会

第一次会议主席团成员及秘书长

朱亚昌　朱海忠　刘国峰　余　科
张蓉蓉（女）陆　军　陈明泉　郁宏伟
郁建丰　倪建华　徐志翔　潘友兵
薛　峰

秘书长：朱海忠（兼）

第二次会议主席团成员及秘书长

朱亚昌　刘国锋　余　科　周明浩

张蓉蓉（女）陆　军　　陈明泉　　郁宏伟
郁建丰　　倪建华　　徐志翔　　潘友兵
薛　峰

秘书长：周明浩（兼）

第三次会议主席团成员及秘书长

刘国锋　　余　科　　吴　璇（女）吴征华
周明浩　　张蓉蓉（女）陆　军　　陈明泉
郁宏伟　　倪建华　　徐志翔　　潘友兵
薛　峰

秘书长：周明浩（兼）

第四次会议主席团成员及秘书长

刘国锋　　余　科　　吴　璇（女）吴征华
张蓉蓉（女）陆　军　　陈明泉　　郁宏伟
倪建华　　徐志翔　　蔡　东　　薛　峰
戴新国

秘书长：戴新国（兼）

第五次会议主席团成员及秘书长

于立忠　　刘国锋　　余　科　　吴　璇（女）
於维涛　　吴征华　　陆　军　　陈明泉
郁宏伟　　倪建华　　徐志翔　　蔡　东
薛　峰

秘书长：於维涛（兼）

第六次会议主席团成员及秘书长

于立忠　　刘国锋　　余　科　　吴　璇（女）
吴征华　　陆　军　　陈明泉　　郁宏伟
於维涛　　倪建华　　徐志翔　　蔡　东
薛　峰

秘书长：於维涛（兼）

3. 第六届人民代表大会

第一次会议主席团成员及秘书长

于立忠　　李　翔　　吴　璇（女）张　伟
陆　军　　邵建华　　郁宏伟　　於维涛
倪建华　　徐志翔　　傅小春　　蔡　东
樊祥兵

秘书长：於维涛（兼）

第二次会议主席团成员及秘书长

李　翔　　陆　军　　张　伟　　吴　璇（女）
邵建华　　郁宏伟　　於维涛　　倪建华
徐志翔　　傅小春　　蔡　东　　缪　华
樊祥兵

秘书长：於维涛（兼）

第三次会议主席团成员及秘书长

李　翔　　陆　军　　张　伟　　吴　璇（女）
邵建华　　郁宏伟　　於维涛　　倪建华
徐志翔　　傅小春　　蔡　东　　缪　华
樊祥兵

秘书长：於维涛（兼）

第四次会议主席团成员及秘书长

李　翔　　陆　军　　张　伟　　吴　璇（女）
邵建华　　郁宏伟　　於维涛　　倪建华
徐志翔　　傅小春　　蔡　东　　缪　华
樊祥兵

秘书长：缪　华（兼）

第五次会议主席团成员及秘书长

李　翔　　陆　军　　张　伟　　吴　璇（女）
邵建华　　郁宏伟　　於维涛　　徐志翔
傅小春　　蔡　东　　缪　华　　樊祥兵

秘书长：缪　华（兼）

第六次会议主席团成员及秘书长

李　翔　　陆　军　　张　伟　　吴　璇（女）
邵建华　　郁宏伟　　於维涛　　徐志翔
傅小春　　蔡　东　　缪　华　　樊祥兵

秘书长：缪　华（兼）

第七次会议主席团成员及秘书长

许姚军　　江海涛　　李　翔　　李锡泉
肖卫东　　陆　军　　张　伟　　邵建华
周　梁　　郁宏伟　　徐志翔　　蔡　东
樊祥兵

秘书长：肖卫东（兼）

第八次会议主席团成员及秘书长

许姚军　　江海涛　　李锡泉　　肖卫东

陆　军　　张　伟　　邵建华　　周　梁
郁宏伟　　徐志翔　　樊祥兵

秘书长：肖卫东（兼）

第九次会议主席团成员及秘书长

叶红军　　江海涛　　汤亚东　　许姚军
李锡泉　　肖卫东　　张建华　　陆　军
邵建华　　周　梁　　徐志翔　　曹　凯
樊祥兵

秘书长：肖卫东（兼）

4. 第七届人民代表大会

第一次会议主席团成员及秘书长

马步松　　叶红军　　江海涛　　刘　晶（女）
汤亚东　　许佳佳　　李锡泉　　张佳伟（女）
张建华　　邵建华　　周　梁　　徐志翔
曹　凯

秘书长：曹　凯（兼）

第二次会议主席团成员及秘书长

马步松　　叶红军　　江海涛　　刘　晶（女）
汤亚东　　许佳佳　　李锡泉　　张佳伟（女）
张建华　　邵建华　　周　梁　　徐志翔
曹　凯

秘书长：曹　凯（兼）

第三次会议主席团成员及秘书长

马步松　　叶红军　　刘　杰　　刘　晶（女）
江海涛　　汤亚东　　李锡泉　　张佳伟（女）
张建华　　邵建华　　金　琪　　周　梁
徐志翔

秘书长：刘　晶（女、兼）

第四次会议主席团成员及秘书长

马步松　　叶红军　　刘　杰　　刘　晶（女）
江海涛　　汤亚东　　李锡泉　　张佳伟（女）
张建华　　邵建华　　金　棋　　周　梁
徐志翔

秘书长：刘　晶（女、兼）

（二）主席团工作

1. 第四届人民代表大会主席团

2007—2011年，共召开代表大会4次，出席会议正式代表254人，列席代表248人；听取政府工作报告4个、人大主席团工作报告4个、财政预决算报告4个；收到建议意见210条，办结率98%。

2. 第五届人民代表大会主席团

2012—2016年，共召开代表大会6次，出席会议正式代表435人，列席代表423人；听取政府工作报告6个、人大主席团工作报告6个、财政预决算报告6个；会议选举产生人大主席1人、副主席2人、镇长2人、副镇长7人；收到建议意见195条，办结率98%。

3. 第六届人民代表大会主席团

2017—2021年，共召开代表大会9次，出席会议正式代表648人，列席代表635人；听取政府工作报告9个、人大主席团工作报告6个、财政预决算报告6个、污染防治攻坚工作报告3个；会议选举产生人大主席2人、副主席1人、镇长2人、副镇长9人；收到建议意见205条，办结率99%。

4. 第七届人民代表大会主席团

2022—2023年，共召开代表大会4次，出席会议正式代表292人，列席代表283人；听取政府工作报告4个、人大主席团工作报告3个、财政预决算报告4个、污染防治攻坚工作报告4个；会议选举产生人大主席1人、副主席2人、镇长2人、副镇长8人；收到建议意见172条，办结率100%。票决民生实事项目18项、票选民主评议单位8个，表彰最美人大代表16个，先进代表工作站3个、先进代表联系点3个。

（三）镇人民代表大会主席、副主席

2008年，第四届镇人大换届选举始，至2022年第七届镇人大换届选举，共选举产生镇人民代表大会主席5人，副主席6人。

2008—2023 年长沙镇人大主席、副主席一览表

表 7–52

届次	职务	姓名	在任时间
第四届	主　席	施松年	2008 年 1 月—2011 年 12 月
	副主席	郁建丰	2008 年 1 月—2011 年 12 月
第五届	主　席	薛　峰	2012 年 1 月—2016 年 12 月
	副主席	郁建丰	2012 年 1 月—2014 年 1 月
		吴征华	2013 年 1 月—2016 年 12 月
第六届	主　席	邵建华	2017 年 1 月—2021 年 5 月
		张建华	2021 年 5 月—2021 年 12 月
	副主席	李　翔	2017 年 1 月—2020 年 12 月
第七届	主　席	张建华	2022 年 1 月—
	副主席	许佳佳	2022 年 1 月—2023 年 1 月
		金　琪	2023 年 3 月—

第八章

人物·荣誉

如东县人大志 2008—2023
RUDONG XIAN RENDA ZHI

人物节设人物传略、人物简介。人物传略为2008—2023年先后去世的担任过县人大常委会领导职务的老领导立传，将他们为人大工作所作出的突出贡献载入史册，以裨风教。人物简介则按志体惯例，将2008—2023年通过县人民代表大会选举产生本应归入“人民代表大会”章的第十五届、十六届、十七届、十八届人大常委会主任、副主任移入“人物·荣誉”章，主要记载他们的工作简历。

荣誉节设“先进集体”“先进人物”，分别收录第十五届、十六届、十七届、十八届人民代表大会期间获得的县级以上荣誉。2008—2023年，县人大各级组织、人大代表和人大系统干部围绕县委统一部署，在各自工作岗位上，立足本职、敬业奉献、勇于开拓，成为勇立在各个时期人大工作的先锋者、奋斗者、改革者，不断推进人大工作创新发展。16年间，全县人大系统先进集体和先进人物不断涌现。

第一节 人 物

遵循“生不立传”原则，“人物传略”收入2008—2023年期间，先后因病去世的10位县人大常委会副主任，分别记述他们在新民主主义革命、社会主义革命和建设、改革开放和社会主义现代化建设新时期、中国特色社会主义新时代所作出的特殊贡献。同时，为县第十五届、十六届、十七届、十八届人大常委会4位主任、12位副主任分别以志体人物简介的形式记述他们的工作简历。“人物传略”排列以卒年为序，“人物简介”排列以届次为序。

一、人物传略

吴锦标（1947—2009）1947年8月生，如东县靖海乡人，大专文化。1979年7月加入中国共产党。获中国国际管理科学院化工技术与管理博士学位。1966年5月，于如东县靖海乡农机站参加工作。1970年7月，任如东县化肥厂工长、调度、科长、厂长、厂长兼党委书记。1993年3月，任县计划委员会党组书记、主任。1996年3月，任县政府副县长。1996年12月，任县政府副县长兼如东县经济开发区管委会主任。1997年3月，任县政府副县长、党组成员。2001年1月—2007年9月，任县人大常委会党组成员、副主任。2009年10月逝世，享年62岁。

赵赴前（1917—2011）1917年11月生，如东县潮桥乡人。1943年5月加入中国共产党。1942年后，历任民运工作队义务通信员，乡民兵大队副指导员、土改工作组组长，区委组织科科长、副书记、书记，县委组织部副部长、部长，县委副书记，南通三余拖拉机站副站长，南通地委农工部副部长，南通县袁桥公社党委书记，南通县委副书记兼晏福、祖望公社党委书记，石港区委书记，海安县副县长、生产办公室副主任、生产指挥组副组长，如东县生产指挥组副组长，县农办主任，县委常委、县革会副主任。1981年5月，在县第八届人大一次会议上当选为县人大常委会党组副书记、副主任（1981年5月—1983年12月）。1983年8月离职休养（享受地市级待遇）。2011年4月逝世，享年94岁。

徐 仪（1924—2016）1924年11月生，江苏省建湖县建阳乡人。1942年3月加入中国共产党。1941年10月—1944年9月，在建湖县建湖区队任队员、班长、排长；1944年10月—1947年8月，任建湖县武工队分队长、队长；1947年9月—1948年4月，任建湖区公安股副股长；1948年5月—1949年7月，任建湖县公安局荡东派出所所长；1949年8月—1950年9月，任盐城专区公安处科员、股长；1950年10月—1952年3月，任淮南盐管局盐东盐场公安股长；1952年3月—1952年11月，任淮南盐管局通东办事处主任；1952年12月—1956年1月，任淮南盐管局如东盐场场长、党总支书记；1956年2月—1957年1月，任如东县委委员，县委政法部副部长、部长；1957年2月—1964年11月，任县委委员，县法院院长、政法党组书记；1964年12月—1968年12月，任县委常委、县政府副县长；1968年12月—1970年12月，任县委委员、县化肥厂筹建组负责人；1971年1月—1974年12月，任县委委员、岔河区委书记；1975年1月—1979年4月，任县委委员、县农办副主任、

主任；1979 年 4 月—1980 年 3 月，任县委委员、县革委会副主任；1980 年 3 月—1984 年 3 月，任县委委员、县政府副县长；1984 年 3 月—1985 年 6 月，任县人大常委会党组成员、副主任。1985 年 11 月离职休养（享受地市级待遇）。2016 年 1 月 14 日逝世，享年 92 岁。

汤旭之（1930—2017）1930 年 8 月生，如东县洋口乡五尖村人。1946 年 1 月加入中国共产党。1944 年 8 月—1949 年 12 月，任苏中分区兴化文工队队员、连队卫生员、医务所所长；1950 年 1 月—1951 年 5 月，为五爱学校小学教师；1951 年 6 月—1951 年 12 月，任栟茶区委组织干事；1952 年 1 月—1952 年 7 月，在县“三反”办公室工作；1952 年 8 月—1956 年 3 月，任县委组织部干事、组织员；1956 年 4 月—1956 年 6 月，任县人事科科长；1956 年 7 月—1957 年 3 月，任县委文教部副部长；1957 年 4 月—1958 年 4 月，任县民政科科长（其间，于 1957 年 10 月—1958 年 8 月，在中央政法干校民政系学习）；1958 年 10 月—1960 年 6 月，任县文教局局长；1960 年 7 月—1961 年 12 月，任县委宣传部副部长；1962 年 1 月—1963 年 2 月，任县文教局局长；1963 年 3 月—1964 年 9 月，任县委整党工作队副队长；1964 年 10 月—1966 年 1 月，任新林公社党委副书记、书记；1966 年 2 月—1969 年 9 月，任东海县安峰公社党委书记；1969 年 10 月—1970 年 12 月，任东海县石湖公社革委会主任；1971 年 1 月—1974 年 1 月，任东海县农林科副科长；1974 年 2 月—1975 年 3 月，任如东县凌民公社党委书记；1975 年 4 月—1975 年 9 月，任县教育局局长；1975 年 10 月—1981 年 5 月，任县委宣传部副部长；1981 年 6 月—1981 年 11 月，任县纪委副书记；1981 年 12 月—1986 年 2 月，任县委常委、县纪委书记；1986 年 3 月—1990 年 12 月，任县人大常委会党组副书记、副主任。1990 年 12 月离职休养（享受正处级待遇）。2017 年 1 月 5 日逝世，享年 87 岁。

叶　明（1927—2018）女，1927 年 6 月 13 日生，如东县掘港镇人。1949 年 7 月加入中国共产党。1948 年 9 月—1949 年 9 月，任南通军分区卫生处材料股配药员兼统计干事。1949 年 9 月—1950 年 1 月，在南通师范学院学习。1950 年 1 月—1953 年 6 月，任共青团南通市委组织部组织干事；1953 年 6 月—1954 年 6 月，任共青团如东县委组织部副部长；1954 年 6 月—1969 年 5 月，任县妇联秘书、科长、副主任、主任；1969 年 5 月—1969 年 12 月，为县“五七干校”战士；1969 年 12 月—1971 年 10 月，下放南坎公社五大队劳动；1971 年 10 月—1972 年 4 月，任县“一打三反”工作队队员、指导员、队部副队长；1972 年 4 月—1973 年 8 月，任北坎公社革委会副主任兼妇女主任；1973 年 8 月—1984 年 3 月，任县妇联副主任、主任（其间，于 1978 年 9 月—1983 年 9 月任全国妇联第四届候补执委，1978 年 10 月—1983 年 10 月任省妇联执委）；1984 年 3 月—1985 年 12 月，任县人大常委会副主任。1985 年 12 月离职休养。离休后历任县老年大学副校长、名誉校长等职。2018 年 4 月 15 日逝世，享年 91 岁。

傅宝山（1925—2018）1925 年 12 月 30 日生，如东县凌河乡人。1946 年 4 月加入中国共产党。1945

年2月—1946年4月，任新利乡工抗会副会长；1946年4月—1946年11月，任新利乡村民兵中队长、村长；1946年11月—1947年2月，任新利乡基干队支委、指导员；1947年2月—1947年5月，任新利乡农会主任；1947年5月—1948年1月，任新利乡民兵队长、副支书；1948年1—6月，任苴丰区委候补委员；1948年6月—1949年5月，任县委工作队组长；1949年5月—1950年4月，任南通地委工作队队员、大队长；1950年4月—1951年4月，任地委农委实验工作组组长；1951年4月—1952年1月，任地委检查队支委、组长；1952年1月—1952年5月，任地委农委直属队支部书记；1952年5月—1953年2月，任地委农委工作组组长；1953年2月—1954年6月，任江苏省委党校五队十组副组长；1954年6月—1955年1月，任海安县生产合作部副部长；1955年1月—1956年1月，任海安县委委员、生产合作部副部长；1956年1月—1956年4月，任海安县委委员、生产合作部部长；1956年4月—1956年8月，任海安县委常委、生产合作部部长；1956年8月—1959年6月，任海安县委副书记（其间，为江苏省文化干校学员）；1959年6月—1960年10月，任海安县委常委、农工部部长；1960年10月—1961年11月，任海安县委常委、农工部部长，邓庄公社第一书记；1961年11月—1966年10月，任海安县沙岗区区委书记；1966年10月—1968年2月，任海安县农村工作政治部负责人；1968年2月—1972年6月，海安县革命委员会常委、县委常委、生产指挥组政工组组长；1972年6月—1975年11月，出国任援助赤道几内亚棉花专家组组长、党支部书记；1975年11月—1977年5月，任海安县委常委；1977年5月—1977年7月，任如东县革委会副主任；1977年7月—1978年1月，任县委常委、县革命委员会副主任（其间，为江苏省委党校理论学员）；1978年1月—1979年2月，任县委副书记、县革命委员会副主任；1979年2月—1979年7月，为浙江大学干部培训班学员；1979年7月—1984年2月，任县委副书记、县革命委员会副主任；1984年2月—1985年11月，任县人大常委会副主任。1985年12月离职休养（享受地市级待遇）。2018年8月7日逝世，享年93岁。

杨成泉（1954—2018）1954年4月生，如东县新光乡人，大学本科文化。1974年7月加入中国共产党。1970年1月，任新光公社一大队农技员、县农业局病虫测报员。1974年7月—1976年6月，任新光公社一大队党支部副书记、书记；1976年6月—1978年5月，任新光公社党委副书记；1978年5月—1979年1月，为南通地区农大学员。1979年2月—1983年8月，任新光公社党委副书记、管委会主任；1983年8月—1984年8月，任新光乡党委副书记、乡长；1984年8月—1985年9月，任苴镇乡党委副书记、乡长；1985年9月—1987年9月，任长沙乡党委书记；1987年9月—1989年11月，任苴镇区指导组组长；1989年11月—1992年1月，任掘东区党工委书记、指导组组长；1992年1月—1993年1月，为江苏省委党校青年干部班学员；1993年2月—1995年12月，任如东县政府副县长；1995年12月—1997年12月，任县委常委、县政府常务副县长；1998年6月—2000年4月，任县农业局副局长（主持工作）、局长、党委书记；2000年4月—2000年12月，任掘港镇党委书记；2000年12月—2001年1月，任县政府党组成员，如东经济开发区、南通外向型农业综合开发区党工委书记、管委会主任，掘港镇党委书记；2001年1月—2001年3月，任县委委员、县政府党组

成员，如东经济开发区、南通外向型农业综合开发区党工委书记、管委会主任，掘港镇党委书记；2001年3月—2004年9月，任县委委员、县政府党组成员，如东经济开发区、南通外向型农业综合开发区党工委书记、管委会主任；2004年9月，任县委委员、县政府党组成员，如东经济开发区党工委书记、管委会主任兼如东经济开发区新区党工委书记；2007年1月始，任县第十四、十五届人大常委会党组成员、副主任。2012年4月—2014年4月，任县人大常委会副处级督导员；2014年4月退休。2018年8月21日逝世，享年65岁。

冯如开（1927—2019）1927年12月生，如东县新光乡人。1946年3月加入中国共产党。1944年8月参加革命，1945年1月—1945年7月，任苴镇区武装委员会会计；1945年7月—1945年10月，为县财经轮训队学员；1945年10月—1946年1月，在苏四专校学习；1946年1月—1946年4月，任苏中公学分校四队班长；1946年4月—1946年5月，任苏中公学分校支部生活干事；1946年5月—1946年7月，任苏中公学分校七队生活干事；1946年7月—1946年11月，任四地委土改工作队小组长；1946年11月—1947年3月，任九专署（前南通专署）巡视组队员；1947年3月—1947年6月，任九专署查粮队队员；1947年6月—1948年2月，任九分区荣军联络站干事；1948年2月—1949年12月，任九专署荣军管理局科员、科长；1949年12月—1951年1月，任九专署民政科主任科员；1951年1月—1951年10月，任九专署普选办公室科长；1951年10月—1952年3月，任统购统销工作队组长；1952年3月—1953年3月，任九地委整党办公室秘书；1953年3月—1954年9月，任南通地区中级人民法院秘书、九地委政法部干部科长；1954年9月—1955年6月，任九地委（南通地委）审干办公室组长；1955年6月—1956年2月，任九地委审干办公室组长；1956年2月—1960年9月，任九专署人事科科长；1960年9月—1962年10月，任九专署劳动局副局长；1962年10月—1963年1月，任如东县委宣传部副部长；1963年1月—1964年12月，任掘港镇委书记；1964年12月—1966年12月，任岔河区委书记；1966年12月—1969年10月，被审查；1969年10月—1970年12月，任岔河区党的核心领导小组组长；1970年12月—1976年10月，任马塘区委书记；1976年10月—1984年1月，任县委宣传部副部长、县人大常委会副主任兼县委宣传部部长；1984年1月—1987年11月，任县人大常委会副主任（正处级）。1987年12月离职休养（享受地市级待遇）。2019年1月2日逝世，享年92岁。

杨兴章（1938—2021）1938年5月生，如东县栟茶镇双港村人，大学本科学历。1965年7月加入中国共产党。1955年9月—1958年4月，在如皋师范学习；1958年4—8月任海安旧场农业中学教师；1958年8月—1960年5月，在江苏教育学院物理科学习；1960年6月—1962年11月，在南京大学物理系进修、任助教；1962年12月—1970年10月，任涟水县高沟中学教师、团委副书记、校革委会副主任；1970年11月—1974年1月，任如东县双甸中学负责人、县教育局负责人；1974年2月—1976年8月，任县委宣传部副部长、光荣公社党委副书记；1976年9月—1982年1月，任丰利区委书记、领导组组长；

1982年2月—1984年1月，任县农委党组副书记、副主任；1984年2月—1985年2月，任县计划生育委员会党组副书记、副主任；1985年3月—1986年11月，任县政府办公室副主任；1986年12月—1990年2月，任县经委副主任、主任、党组书记，县委候补委员；1990年3月—1993年1月，任县委委员、县政府副县长；1993年2月—1998年6月，任县人大常委会党组成员、副主任。1998年6月退休。2000年7月—2017年10月，任县老年大学校长。2021年10月11日逝世，享年83岁。

何九林（1940—2023）1940年11月生，如东县五义乡人。1960年9月加入中国共产党。1959年1月—1964年8月，任南京军区守备三团战士、班长；1964年8月—1964年12月，任守备三团一营一连排长；1964年12月—1968年8月，任守备三团政治处宣传股干事；1968年8月—1970年4月，任南通市军代表；1970年4月—1972年8月，任南通军分区政治部组织科干事；1972年8月—1973年12月，任南通军分区政治部群工科副科长；1973年12月—1976年10月，任南京军区守备二团政治处主任；1976年10月—1979年4月，任南京军区守备三团党委常委、政治处主任；1979年4月—1983年8月，任南京军区守备三团党委常委、副政委、纪委书记（其间，于1981年在南京高级陆军学校学习1年）；1983年8月—1986年6月，任如东县委常委、人武部政委、党委书记；1986年6月—1993年3月，任县委常委，县人武部（归建地方）政委、党委副书记；1993年3月—1993年5月，任县委常委，县人大常委会党组成员、副主任，县人武部政委、党委副书记；1993年5月—2001年1月，任县人大常委会党组成员、副主任。2001年1月退休。2023年1月5日逝世，享年83岁。

二、人物简介

（一）第十五届人大常委会主任、副主任

张桂英 女，1951年4月生，如东县栟茶镇人，大专文化。1970年11月加入中国共产党。1970年12月—1972年12月，任中共栟茶镇委常委、镇团委书记兼街道党支部书记、县委候补委员；1972年12月—1973年2月，任县人民医院党总支委员、县委候补委员、县委委员；1973年2月—1973年12月，任县委常委、团县委副书记；1973年12月—1978年12月，任县委常委、双甸公社党委副书记、党委书记兼革委会主任；1978年12月—1983年12月，任栟茶镇革委会副主任、栟茶镇党委书记兼镇长；1983年12月—1985年3月，任县委常委、县体改办主任兼县妇联主任；1985年3月—1987年3月，任县政府党组成员、副县长；1987年3月—1990年3月，任县委常委、县纪委书记；1990年3月—1996年11月，任县委副书记；1996年11月—2000年1月，任县委副书记兼县委党校校长；2000年1月—2001年1月，任县委副书记，县人大常委会党组书记、主任兼县委党校校长；2001年1月—2010年12月，任县人大常委会党组书记、主任；2011年1月—5月，任县人大常委会正处级督导员。2011年6月退休。

周铁根 1962年11月生，江苏海安人，省委党校大学本科学历。1984年11月加入中国共产党。1985年7月参加工作，江苏省环本农场干部，任副指导

员；1986—1987年，南通市公安局政治处干部；1987—1989年，南通市委研究室干部；1989—1993年，南通市委研究室副科级研究员、正科级研究员（其间，于1989年9月—1991年7月，在江苏省委党校函授学院对外经济专业在职大学学习）；1993—1994年，任南通市委办公室综合科科长；1994—1995年，任南通市委办公室主任助理、综合科科长；1995—1996年，南通市委办公室主任助理、副处级秘书；1996—2000年，任南通市委办公室副主任（其间，于1996—1998年在南京大学工商管理专业研究生课程进修班学习）；2000年—2006年6月，任如皋市委副书记、代市长、市长；2006年6月—2011年1月，任如东县委书记；2011年1—5月，任县委书记、县人大常委会主任；2011年5月—2015年12月，任无锡市委常委、市纪委书记，江阴市委书记、江阴高新技术产业开发区党工委书记；2015年12月—2021年7月，任徐州市委副书记、代市长、市长，市委书记，市人大常委会党组书记、主任；2021年7月，任江苏省人大财政经济委员会副主任委员，代理省人大财政经济委员会主任委员职务。2023年，任省人大社会建设委员会主任委员。历任第十三届全国人大代表，第十三届江苏省委委员，第十二届江苏省纪委委员，省第十一次、十二次、十三次党代会代表，省第十届、十一届、十二届、十三届人大代表，第十二届南通市委委员，南通市第十二次党代会代表，第十六届市人大代表。

徐志平　1954年3月生，如东县兵房镇人，大专文化。1973年9月加入中国共产党。1970年12月参加工作。1970年12月—1972年6月，任中国人民解放军某连战士、代理文书；1972年6—12月，任某军教导队学员；1972年12月—1975年12月，任陆军40师120团1连副班长、班长；1975年12月—1976年7月，任陆军40师120团1连排长；1976年7月—1977年10月，为昆明军区军政干校参谋训练队学员。1977年10月—1979年2月，任昆明军区步兵学校战术教研室教员；1979年2月—1983年6月，任昆明陆军学院司令部教研室正连职教员；1983年6月—1984年8月，任昆明陆军学院八中队政治教导员；1984年8月—1989年11月，任昆明陆军学院第一战术教研室正营职、副团职教员；1989年11月—1992年6月，任昆明陆军学院第一战术教研室副主任；1992年6月—1993年10月，任昆明陆军学院第一战术教研室正团职副主任；1993年10月—1996年12月，任如东县委宣传部副部长、县委党校常务副校长；1996年12月—1997年1月，任县委组织部副部长；1997年1月—2001年3月，任县委组织部副部长、县级机关党工委书记；2001年3月—2006年2月，任县委组织部副部长、县编制委员会办公室主任、县事业单位登记管理局局长；2006年2月—2007年12月，任县人大常委会党组成员、副主任，兼县委组织部副部长；2007年12月—2012年3月，任县人大常委会党组副书记、副主任（其间，于2011年1月—2012年3月，任县人大常委会党组副书记、副主任〈主持工作〉）；2012年4月—2014年4月，任县人大常委会副处级督导员。2014年4月退休。

杨成泉（参见本章第一节“人物”下“人物传略”）

沈更生　1959年12月生，如皋市人，大学本科文化。1976—1977年，任如东县石甸信用社会计；1977—1978年，任掘港信用社会计。1978—1981年，

在南通师范专科学校中文科学习。1981—1984年，任掘郊中学教师；1984—1990年，为县侨联秘书；1990—1996年，为县侨办秘书。1996—1999年，任县侨联副主席；1999年—2001年1月，任县侨联副主席、县侨办副主任（挂职）；2001年1—9月，任县政协副主席、县侨联副主席、县侨办副主任（挂职）；2001年9月—2007年10月，任县政协副主席、县侨联主席；2007年10月—2007年12月，任南通市侨联副主席（兼）、县政协副主席、县侨联主席；2007年12月—2020年1月，任南通市侨联副主席（兼）、县人大常委会副主任、县侨联主席。历任南通市第十一届、十二届、十三届、十四届人大代表。2020年1月退休。

蔡瑞平　1953年6月生，如东县洋口乡人，大学本科文化。1984年11月加入中国共产党。1973年9月南京工学院土木工程系工民建专业学生。1977年1月—1979年6月，任如东县制药厂技术员、基建科长；1979年6月—1983年1月，任县工业局助理工程师；1983年1—3月，任县建筑设计院助理工程师；1983年3月—1984年3月，在县计委工作；1984年3月—1985年3月，任县计委基建组组长；1985年3月—1989年2月，任县计委党组成员、副主任；1989年2月—1990年3月，任县建委党组书记、党总支书记、建委主任兼县计委副主任；1990年3月—1997年12月，任县政府党组成员，县建委党组书记、党总支书记、主任；1997年12月—2001年1月，任县人大常委会委员，县总工会党组书记、党总支书记、主席；2001年1—6月，任县委委员、县人大常委会委员，县总工会党组书记、党总支书记、主席；2001年6月—2007年11月，任县委委员、县人大常委会委员，县总工会党组书记、党总支书记、主席（副处级）；2007年11—12月，任县委委员，县人大常委会党组成员，县总工会党组书记、党总支书记、主席（副处级）；2007年12月—2008年1月，任县委委员，县人大常委会党组成员、副主任，县总工会党组书记、党总支书记、主席；2008年1月—2011年6月，任县委委员，县人大常委会党组成员、副主任；2011年6月—2012年3月，任县人大常委会党组成员、副主任；2012年4月—2013年7月，任县人大常委会副处级督导员。2013年7月退休。

冒亚平　1954年3月生，如东县岔北乡新池村人，大学本科文化。1979年8月加入中国共产党。1972年1月—1975年9月，任岔北农业中学民办教师。1975年9月—1977年9月，在如皋师范学校学习。1977年9月—1978年9月，任如东县教育局办事员；1978年9月—1983年9月，任岔北中学教师、教导主任、副校长。1983年9月—1985年9月，在南通教育学院中文系离职进修。1985年9月—1988年9月，任如东县中学教师、校长办公室副主任；1988年9月—1993年12月，任栟茶中学副校长、校长；1993年12月—1999年6月，任江苏省如东高级中学副校长；1999年6月—2006年6月，任江苏省如东高级中学党委副书记、校长；2006年6月—2009年1月，任县委候补委员，江苏省如东高级中学党委副书记、校长；2009年1—10月，任县委委员、县人大常委会副主任，江苏省如东高级中学党委副书记、校长；2009年10月—2012年3月，任县人大常委会党组成员、副主任。2012年4月—2014年3月，任县人大常委会正处级督导员。2014年4月退休。

（二）第十六届人大常委会主任、副主任

詹立风 1966年5月生，东台市人，研究生文化。1987年5月加入中国共产党。1985年7月—1986年5月，任东台市少年宫教师；1986年5—9月，任共青团东台市委办事员。1986年9月—1988年4月，任共青团东台市委学少部副部长。1988年4月—1989年10月，任共青团东台市委经济工作部部长；1989年10月—1991年11月，任共青团东台市委副书记；1991年11月—1993年1月，任共青团东台市委书记；1993年1月—1994年1月；任盐都县伍佑镇党委副书记、镇长；1994年1月—1996年1月，任盐都县便仓乡党委书记、人大主席；1996年1月—1997年8月，任共青团盐城市委副书记、党组成员；1997年8—11月，任共青团江苏省委统战部副部长（正处级）；1997年11月—1999年1月，任共青团江苏省委统战部部长、江苏省青联秘书长；1999年1月—2002年5月，任如东县委副书记（正处级）。2002年5月—2003年1月，任县委副书记，县政府党组书记、副县长，代县长（其间于2002年9月—2004年1月，在江苏省委党校政治经济学专业在职研究生学习）；2003年1月—2011年6月，任县委副书记，县政府党组书记、县长；2011年6月—2012年3月，任县委书记；2012年3月—2016年1月，任县委书记，县人大常委会党组书记、主任；2016年1—2月，任镇江市政府副市长；2016年2月—2017年8月，任镇江市政府党组成员、副市长；2017年8月—2017年12月，任镇江市委常委、市政府副市长、镇江高新技术产业开发区党工委书记；2017年12月起，任镇江市委常委、镇江高新技术产业开发区党工委书记。历任江苏省第十届、十一届人大代表；江苏省第八届政协委员；南通市第十三届、十四届人大代表；镇江市第八届市委委员。

陈昌龙 1964年7月生，如东县石屏乡人，研究生文化。1985年2月加入中国共产党。1984年7月—1990年2月，任共青团石屏乡书记、办公室秘书、科教文卫助理；1990年2月—1993年1月，任石屏乡党委委员、团委书记、科教文卫助理；1993年1月—1995年10月，任石屏乡党委委员、副乡长；1995年10月—1996年11月，任石屏乡党委副书记；1996年11月—1998年11月，任石屏乡党委副书记、乡长；1998年11月—2000年4月，任石屏乡党委书记；2000年4月—2001年1月，任环港镇党委书记；2001年1月—2003年2月，任县委候补委员、环港镇党委书记（其间，于2001年2月—2002年2月，在江苏省委党校第十一期青年干部班脱产学习）；2003年2月—2005年1月，任县委候补委员、丰利镇党委书记；2005年1月—2006年6月，任县委委员、县委组织部副部长、县老干部局局长；2006年6月—2011年6月，任县委常委、县委宣传部部长；2011年6月—2012年3月，任县委常委、县政府党组成员、县政府副县长；2012年3—4月，任县委常委、县人大常委会副主任；2012年4月—2016年7月，任县委委员、县人大常委会党组副书记、副主任（主持工作、正处级）；2016年7月—2017年1月，任县委委员，县人大常委会党组书记、副主任（主持工作、正处级）；2017年1月—2020年9月，任县委委员，县人大常委会党组书记、主任；2020年9—12月，任县委委员，县人大常委会党组书记、主任，一级调研员；2020年12月起，任县委委员，县人大常委会党组书记、主任，二级巡视员。

历任江苏省第十届、十二届人大代表，南通

市第十次、十二次党代会代表，南通市第十四届、十五届、十六届人大代表，南通市第十五届、第十六届人大常委会委员。

沈更生（参见本章第一节“人物”下“人物简介”）

冯力如 1957年5月生，如东县掘港镇人，大学本科文化。1975年3月加入中国共产党。1970年12月，到部队服役为报务员。1976年3月，为县化肥厂工人。1977年3月，在南京化工学院学习。1980年2—10月，任如东县计量所技术员；1980年10月—1983年3月，任县化肥厂技术员。1983年3月—1985年6月，任县化肥厂技术科副科长（主持工作）；1985年6月—1988年4月，任县经委技术组副组长；1988年4—12月，任县政府办公室秘书；1988年12月—1994年11月，任县政府办公室副主任（其间，于1989年9月—1992年1月，在南京航空学院继续教育学院经济管理专业如东本科班学习并毕业）；1994年11月—1995年1月，任县科委党组书记；1995年1月—1996年1月，任县科委党组书记、主任；1996年，任县委委员，县科委党组书记、主任；1996年12月—1999年1月，任县委委员，县计经委党组副书记、主任；1999年1月—2001年3月，任县委委员，县计经委党组书记、主任；2001年3—9月，任县委委员，县政府党组成员，县计经委党组书记、主任；2001年9月—2002年12月，任县委委员，县政府党组成员，县发展计划与经济委员会党组书记、主任兼县体改办主任；2002年12月—2005年7月，任县委委员，县政府党组成员，县发展计划与经济委员会党组书记、主任，县体改办党委书记、主任兼县属工办主任；2005年7月—2006年1月，任县委委员，县政府党组成员，县发展和改革委员会党组书记、主任、兼县经济贸易委员会主任；2006年1—10月，任县委委员，县政府党组成员，县发展和改革委员会党组书记、主任，兼县经济贸易委员会主任、县乡镇企业局局长、县中小企业局局长；2006年10月—2007年1月，任县委委员，县政府党组成员（副处级），县发展和改革委员会党组书记、主任，兼县经济贸易委员会主任、县乡镇企业局局长、县中小企业局局长；2007年1月—2009年1月，任县委委员，县政府党组成员（副处级），县发展和改革委员会党组书记、主任，兼县乡镇企业局局长、县中小企业局局长；2009年1月—2011年1月，任县委委员，县政府党组成员（副处级），县发展和改革委员会党组书记；2011年1月—2012年3月，任县政协副主席；2012年3月—2017年1月，任县人大常委会副主任。2017年6月退休。

唐国均 1960年4月生，如东县新林乡新港村人，大学本科文化。1989年12月加入中国共产党。1983年8月—1989年8月，任如东县中学教师；1989年8月，任如东县中学政教处副主任。1992年8月—1994年8月，任如东县中学教导处副主任；1994年8—11月，任如东县中学教导处副主任、团委书记；1994年11月—1996年11月，任县教育局局长助理；1996年11月—1997年11月，任县中办公室主任；1997年11月—1999年6月，任县委党校副校长；1999年6月—2007年11月，任江苏省如东高级中学副校长、县实验中学校长；2007年11月—2008年9月，任县教育局党工委副书记、局长，江苏省如东高级中学副校长，县实验中学校长；2008年9

月—2009年9月，任县教育局党工委副书记、局长，江苏省如东高级中学副校长；2009年9月—2011年6月，任县教育局党工委副书记、局长；2011年6月—2012年1月，任县委委员，县教育局党工委副书记、局长；2012年1—3月，任县委委员，县人大常委会党组成员、副主任，县教育局党工委书记、局长；2012年3月—2017年3月，任县委委员，县人大常委会党组成员、副主任；2017年3月—2020年4月，任县人大常委会党组副书记、副主任，2020年1—4月，任县人大常委会党组副书记。2020年5月退休。

（三）第十七届人大常委会主任、副主任

陈昌龙（参见本章第一节“人物”下“人物简介”）

沈更生（参见本章第一节“人物”下“人物简介”）

唐国均（参见本章第一节“人物”下“人物简介”）

徐鸿斌 1966年9月生，如东县双甸镇人，大学本科学历。1986年11月加入中国共产党。1984年8月—1986年8月，任双甸小学教师；1986年8月，任团县委干事。1987年6月—1990年3月，任团县委学少部副部长；1990年3月—1992年3月，任团县委学少部部长；1992年3—6月，任团县委副书记；1992年6—12月，任团县委副书记，童店乡党委副书记、副乡长（挂职）；1992年12月—1995年12月，任团县委副书记；1995年12月—1996年1月，任团县委书记；1996年1月—2000年12月，任县委委员、县人大常委会委员、团县委书记；2000年12月—2001年3月，任县委委员，县人大常委会委员，县委办公室副主任、县委研究室主任；2001年3月—2003年2月，任兵房镇党委书记；2003年2月—2005年12月，任县政府党组成员、工业助理、招商三局局长；2005年12月—2006年1月，任县科技局党组书记；2006年1月—2006年6月，任县科技局党组书记、局长，地震局局长；2006年6—8月，任县委候补委员，县科技局党组书记、局长，地震局局长；2006年8月—2007年1月，任县委候补委员，县科技局党组书记、局长，地震局局长、县知识产权局局长；2007年1月—2009年1月，任县委候补委员、县委办公室主任；2009年1—5月，任县委委员、县委办公室主任；2009年5—7月，任县委委员、如东经济开发区党工委书记、县委办公室主任；2009年7月—2016年7月，任县委委员、如东经济开发区党工委书记；2016年7月—2017年1月，任如东经济开发区党工委书记；2017年1月—2017年11月，任县人大常委会党组成员、副主任，如东经济开发区党工委书记；2017年11月—2020年1月，任县人大常委会党组成员、副主任；2020年1—7月，任如东县人大常委会党组成员、副主任，三级调研员；2020年8月起，任县人大常委会党组副书记、副主任，三级调研员。南通市第十二次党代会代表。

刘旭峰 1963年6月生，如东县掘港镇人，大学本科学历。1994年7月加入中国共产党。1979年9月—1980年11月，为掘港供销社工作人员；1980年11月—1987年1月，任九总供销社棉检员（其间，于1985年8月—1986年12月，借县供销合作联社副业股工作）；1987年1月—1992年12月，为县环境监测站工作人员；1992年12月，任县供销合作联社业务股副股长。1994年11月—1998年11月，任县供销大厦党

支部副书记、副总经理；1998年11月—2001年9月，任岔河镇党委副书记；2001年9月—2003年2月，任大豫镇党委副书记、镇长；2003年2月—2009年1月，任大豫镇党委书记；2009年1月—2010年1月，任县交通局党组书记、局长；2010年1月—2011年6月，任县交通运输局党组书记、局长；2011年6月—2013年1月，任县委委员，县交通运输局党组书记、局长；2013年1月—2016年11月，任县委委员、县委办公室主任；2016年11月—2017年1月，任县委委员，县人大常委会党组成员；2017年1月—2022年1月，任县人大常委会党组成员、副主任；2023年1月起，任县人大常委会二级调研员。2023年6月退休。为南通市第十二次党代会代表。

罗晓东 1961年12月生，如东县长沙镇人，大学本科学历。1986年6月加入中国共产党。1978年9月—1991年6月，为长沙供销社职工；1991年6月—1993年1月，任长沙供销社社务管理委员会副主任；1993年1月—1994年5月，在县供销合作总社秘书股工作，任总社办公室主任（1993年12月被录用为国家干部）；1994年5月—1996年8月，任县供销合作总社党委委员、秘书股股长；1996年8—11月，任县供销合作总社党委委员、主任助理；1996年11月—1998年11月，任县供销合作总社副主任、县茧丝绸集团总公司副总经理；1998年11月—1999年1月，任丰利镇党委副书记、镇长，县茧丝绸集团总公司副总经理；1999年1月—2001年3月，任丰利镇党委副书记、镇长；2001年3月—2003年2月，任丰利镇党委书记；2003年2月—2004年3月，任县物价局党组书记、局长；2004年3月—2010年1月，任县劳动和社会保障局党组书记、局长；2010年1月—2011年1月，任县人力资源和社会保障局党组副书记、局长；2011年1—6月，任县财政局党组副书记、局长；2011年6月—2013年1月，任县委委员，县财政局党组副书记、书记、局长；2013年1月—2016年7月，任县委委员，县财政局党组书记、局长，县政府国有资产监督管理办公室主任；2016年7月—2017年11月，任县财政局党组书记、局长，县政府国有资产监督管理办公室主任；2017年11月—2018年3月，任南通外向型农业综合开发区党工委书记，县财政局党组书记、局长，县政府国有资产监督管理办公室主任；2018年3月—2020年1月，任南通外向型农业综合开发区党工委书记；2020年1—3月，任县人大常委会党组成员、副主任，南通外向型农业综合开发区党工委书记；2020年3—12月，任县人大常委会党组成员、副主任；2020年12月—2021年12月，任县人大常委会党组成员、副主任，三级调研员。2021年12月退休。

陈晓莉 女，1972年10月生，如东县潮桥乡人，大学本科学历。1992年8月—1994年8月，任如东县马塘中学教师；1994年8月调县检察院工作；1995年8月—1997年8月，任县检察院书记员（其间，于1996年12月在南京大学省高等教育自学考试法律专业大学学习并毕业）；1997年8月—1998年10月，任县检察院助理检察员；1998年10月—2001年4月，任县检察院反贪局侦查一科副科长、检察员；2001年4月—2003年4月，任县检察院监所检察科副科长；2003年4月—2006年3月，任县检察院办公室副主任；2006年3月—2006年8月，任县检察院办公室副主任、人民监督员办公室主任（其间，于2003

年5月—2006年4月，在苏州大学法律硕士学位学习并毕业）；2006年8月—2008年6月，任县检察院副主任科员、办公室副主任、人民监督员办公室主任；2008年6月—2009年1月，任县检察院副主任科员、办公室副主任、人民监督员办公室主任、案件监督管理科科长；2009年1月—2010年1月，任县依治办专职副主任（副科级），县检察院副主任科员、办公室副主任、人民监督员办公室主任、案件监督管理科科长；2010年1月—2011年1月，任县检察院检察委员会专职委员、副主任科员；2011年1月—2019年2月，任县检察院副检察长、检察委员会委员；2019年2月—2020年1月，任县工商联（总商会）主席（会长）；2020年1—12月，任县人大常委会副主任、县工商联（总商会）主席（会长）。2020年12月—2021年11月，任县政府副县长、县工商联（总商会）主席（会长）；2021年11月起，任县政府副县长。历任第十一届、十二届南通市政协委员，第十三届、十四届县政协常委。

赵尊兵（简介略）

（四）第十八届人大常委会主任、副主任

陈昌龙（参见本章第一节“人物”下“人物简介”）

徐鸿斌（参见本章第一节“人物”下“人物简介”）

赵尊兵（简介略）

翟建华 1967年12月生，如东县洋口乡人，大学本科学历。1993年11月加入中国共产党。1987年8月—1991年7月，任丰利小学教师；1991年7月—1995年6月，任丰利小学副教导主任、教导主任；1995年6月—1996年7月，任丰利镇教管站教学辅导员；1996年7月—1997年11月，任县委办公室秘书（借用）；1997年11月—2001年9月，任县委办公室秘书、副科长、科长；2001年9月—2003年2月，任县委研究室副主任；2003年2月—2005年12月，任县委办公室副主任；2005年12月—2006年4月，任岔河镇党委副书记；2006年4月—2007年1月，任岔河镇党委副书记、镇长；2007年1月—2009年5月，任兵房镇党委书记；2009年5月—2010年11月，任大豫镇党委书记；2010年11月—2011年1月，任如东经济开发区管委会主任、大豫镇党委书记；2011年1月—2012年1月，任县政府党组成员，如东经济开发区党工委副书记、管委会主任，苴镇党委书记、人大主席；2012年1月—2015年5月，任如东经济开发区管委会党工委副书记、主任，苴镇党委书记、人大主席；2015年5月—2016年7月，任如东经济开发区管委会党工委副书记、主任，苴镇街道党工委书记；2016年7—11月，任县委委员，如东经济开发区管委会党工委副书记、主任，苴镇街道党工委书记；2016年11月—2017年11月，任县委委员，如东经济开发区管委会党工委副书记、主任；2017年11月—2020年1月，任县委委员、如东经济开发区党工委书记；2020年1月—2021年7月，任县委委员，如东经济开发区党工委书记，三级调研员；2021年7月—2022年1月，任县人大常委会党组成员（副处职）、三级调研员；2022年1月起，任县人大常委会党组成员、副主任，三级调研员。

缪卫宏 1969年10月生，如东县靖海乡灶东村人，大专学历。1989年8月—1991年1月，任丰利区卫生所防疫医生；1991年1月—1992年5月，任县卫生协会防疫医生；

1992年5月—1993年3月，任县爱国卫生办公室防疫医生；1993年3月—1995年11月，任县妇幼保健所办公室工作人员；1995年11月—2003年12月，任县妇幼保健所办公室主任；2003年12月—2004年6月，任县妇幼保健所所长助理；2004年6月—2005年1月，任县妇幼保健所副所长；2005年1月—2007年11月，任县妇幼保健所所长；2007年11月—2012年1月，任县卫生监督所所长；2012年1月—2013年1月，任县卫生监督所所长、县卫生局副局长（挂职）；2013年1月—2014年1月，任县卫生局副局长；2014年，任县卫生局副局长、马塘镇副镇长（挂职）；2015年1月—2016年1月，任县卫生和计划生育委员会副主任、县疾控中心主任、马塘镇副镇长（挂职）；2016年1月—2017年8月，任县卫生和计划生育委员会副主任、县疾控中心主任；2017年8月—2019年2月，任县卫生和计划生育委员会副主任；2019年2—5月，任县卫生健康委员会副主任；2019年5月—2022年1月，任县卫生健康委员会主任；2022年1月起，任县人大常委会副主任。

第二节 荣 誉

自2008年起，县第十五届至第十八届常委会围绕县委统一部署，不断加强社会主义民主和法治建设，依法履行工作职责和监督职能，为推进全县经济社会发展、改善民生作出积极贡献。至2023年，先后有县镇（区、街道）人大机关及人大代表小组、工作站，获得县级以上先进集体荣誉111项次；有各级人大代表、机关干部、工作人员，获得县级以上先进个人荣誉619人次。“先进集体”“先进个人”以获奖时间先后为序。

一、先进集体

2009—2023年，如东县人大系统先后获得江苏省级集体荣誉1次；南通市级集体荣誉18项次。县人大常委会向全县人大系统颁授集体荣誉92项次。

（一）省级

2017年12月，如东县人大机关被评为江苏省人大系统先进集体，获得省人大常委会办公厅、省人力资源和社会保障厅联合授予的奖牌。

（二）市级

2014—2023年，如东县人大系统先后获得南通市级集体荣誉18项次。其中2017年1月县人大机关被评为市“万名代表小康行”先进集体；镇（区、街道）人大机关、活动中心获得市集体荣誉6项次；村（社区）人大代表之家、联络工作站获得市集体荣誉11项次。

2014—2023年如东县人大系统获南通市级集体荣誉一览表

表8–1

获奖单位	荣誉名称	授奖单位	获奖时间
掘港镇港南村人大代表之家	市人大代表之家十面红旗单位	市人大常委会人事代表委员会	2014.12
大豫镇南坎社区人大代表之家	市人大代表之家十面红旗单位	市人大常委会人事代表委员会	2015.12
大豫镇人大	市“万名代表小康行”先进集体	市人大常委会	2017.1
如东高新区（掘港街道、城中街道）人大工委	市“万名代表小康行”先进单位	市人大常委会	2017.1
如东县人大机关	市“万名代表小康行”先进集体	市人大常委会	2017.1
如东高新区（掘港街道、城中街道）港南人大代表之家	市人大代表之家先进单位	市人大常委会人事代表委员会	2017.12

续表 8–1

获奖单位	荣誉名称	授奖单位	获奖时间
掘港街道虹桥人大代表之家	市人大代表之家先进单位	市人大常委会人事代表委员会	2018.12
掘港街道青园社区人大代表联络工作站	市人大代表联络工作站先进单位	市人大常委会人事代表委员会	2019.12
城中街道人大代表第二联络工作站	市人大代表联络工作站先进单位	市人大常委会人事代表委员会	2020.12
岔河镇龙发人大代表联络工作站	市人大代表联络工作站先进单位	市人大常委会人事代表委员会	2020
长沙镇人大代表履职服务中心	市人大代表之家先进单位	市人大办	2022.1
曹埠镇人大代表履职服务中心	市人大代表之家先进单位	市人大常委会	2022.12
大豫镇人大代表之家	市人大代表之家先进单位	市人大常委会	2022.12
丰利镇凹桥村人大代表联络工作站	市人大代表联络工作站先进单位	市人大常委会人事代表委员会	2022.12
掘港街道周店村人大代表联络工作站	市人大代表联络工作站先进单位	市人大常委会人事代表委员会	2022.12
新店镇孙桥村人大代表联络工作站	市人大代表联络工作站先进单位	市人大常委会人事代表委员会	2022.12
马塘镇人大	全市县镇两级人大换届选举工作先进单位	市人大常委会	2022
新店镇水韵孙桥代表联络站	市人大代表联络工作站先进单位	市人大常委会	2022

（三）县级

2009—2023 年，县人大常委会先后授予镇（区、街道）人大机关、活动中心、县人大代表小组集体荣誉 72 项次；村（社区）人大代表之家、联络工作站集体荣誉 20 项次。

2009—2023 年如东县人大系统获县级集体荣誉一览表

表 8–2

获奖单位	荣誉名称	授奖单位	获奖时间
袁庄镇人大	县优秀论文组织奖	县人大常委会	2009.2
掘港镇人大	县优秀论文组织奖	县人大常委会	2009.2
大豫镇人大	县优秀论文组织奖	县人大常委会	2009.2
马塘镇人大	县优秀论文组织奖	县人大常委会	2009.2
大豫镇人大	县优秀研究文章组织奖	县人大常委会	2010.3
掘港镇人大	县优秀研究文章组织奖	县人大常委会	2010.3
新店镇人大	县优秀研究文章组织奖	县人大常委会	2010.3
袁庄镇人大	县优秀研究文章组织奖	县人大常委会	2010.3
县人大代表掘港镇小组	先进县人大代表小组	县人大常委会	2013.12
县人大代表苴镇小组	先进县人大代表小组	县人大常委会	2014.12
县人大代表栟茶小组	先进县人大代表小组	县人大常委会	2014.12
县人大代表丰利镇小组	先进县人大代表小组	县人大常委会	2014.12
县人大代表掘港镇小组	先进县人大代表小组	县人大常委会	2014.12
县人大代表县级机关小组	先进县人大代表小组	县人大常委会	2014.12

续表 8-2

获奖单位	荣誉名称	授奖单位	获奖时间
县人大代表沿海经济开发区（洋口镇）小组	先进县人大代表小组	县人大常委会	2015.11
县人大代表高新区（掘港、城中街道）小组	先进县人大代表小组	县人大常委会	2015.11
县人大代表马塘镇小组	先进县人大代表小组	县人大常委会	2015.11
县人大代表岔河镇小组	先进县人大代表小组	县人大常委会	2015.11
县人大代表县级机关小组	先进县人大代表小组	县人大常委会	2015.11
县人大代表马塘镇小组	先进县人大代表小组	县人大常委会	2016.11
县人大代表双甸镇小组	先进县人大代表小组	县人大常委会	2016.11
县人大代表河口镇小组	先进县人大代表小组	县人大常委会	2016.11
县人大代表高新区（掘港、城中街道）小组	先进县人大代表小组	县人大常委会	2016.11
如东高新区（掘港街道、城中街道）人大	全县镇区（街道）人大工作先进集体	县人大常委会	2017.12
如东高新区（掘港街道、城中街道）人大工委	县人大工作创新奖一等奖	县人大常委会	2017.12
如东高新区（掘港街道、城中街道）青园人大代表之家	县先进人大代表之家	县人大常委会	2017.12
岔河镇经济线人大代表之家	县先进人大代表之家	县人大常委会	2017.12
岔河镇人大	县人大工作创新奖三等奖	县人大常委会	2017.12
大豫镇人大	全县镇区（街道）人大工作先进集体	县人大常委会	2018.12
岔河镇农业线第三人大代表之家	县先进人大代表之家	县人大常委会	2018.12
岔河镇人大	县人大工作创新奖三等奖	县人大常委会	2018.12
如东高新区（掘港街道、城中街道）人大	全县镇区（街道）人大工作先进集体	县人大常委会	2018.12
如东高新区（掘港街道、城中街道）人大工委	县人大工作创新奖一等奖	县人大常委会	2018.12
如东高新区（掘港街道、城中街道）港南人大代表之家	县先进人大代表之家	县人大常委会	2018.12
马塘镇人大	县人大工作创新奖优秀奖	县人大常委会	2018.12
马塘镇第二人大代表之家	县先进代表之家	县人大常委会	2018.12
河口镇人大	县人大工作先进集体	县人大常委会	2018.12
河口镇人大	人大工作创新奖优秀奖	县人大常委会	2018.12
河口镇第六人大代表之家	县先进人大代表之家	县人大常委会	2018.12
大豫镇人大	全县镇区（街道）人大工作先进集体	县人大常委会	2019.12
大豫镇人大	县人大工作创新奖二等奖	县人大常委会	2019.12
如东高新区（掘港街道、城中街道）人大	县人大工作创新奖二等奖	县人大常委会	2019.12
如东高新区（掘港街道、城中街道）人大	全县镇区（街道）人大工作先进集体	县人大常委会	2019.12
如东高新区（掘港街道、城中街道）兴国人大代表之家	县先进人大代表之家	县人大常委会	2019.12
掘港街道人大	县人大工作创新奖三等奖	县人大常委会	2020.12
掘港街道人大	全县镇区（街道）人大工作先进集体	县人大常委会	2020.12
掘港街道人大代表服务中心	县先进人大代表之家	县人大常委会	2020.12

续表 8–2

获奖单位	荣誉名称	授奖单位	获奖时间
大豫镇人大	县人大工作创新奖优秀奖	县人大常委会	2020.12
城中街道人大	全县镇区（街道）人大工作先进集体	县人大常委会	2020.12
城中街道人大	县人大工作创新奖三等奖	县人大常委会	2020.12
城中街道人大代表服务中心	县先进人大代表之家	县人大常委会	2020.12
岔河镇人大	县人大工作创新奖优秀奖	县人大常委会	2020.12
岔河镇第一代表联络工作站	县先进人大代表之家	县人大常委会	2020.12
岔河镇人大	县人大工作先进集体	县人大常委会	2020.12
马塘镇第二代表联络工作站	县先进人大代表之家	县人大常委会	2020.12
洋口港（长沙镇）人大	县人大工作先进集体	县人大常委会	2020.12
长沙镇人大	县人大工作先进集体	县人大常委会	2021.12
岔河镇人大	县人大工作创新奖优秀奖	县人大常委会	2021.12
城中街道人大	全县镇区（街道）人大工作先进集体	县人大常委会	2021.12
城中街道人大工委	县人大工作创新奖一等奖	县人大常委会	2021.12
大豫镇人大	全县镇区（街道）人大工作先进集体	县人大常委会	2021.12
大豫镇人大	县人大工作创新奖三等奖	县人大常委会	2021.12
掘港街道人大	全县镇（区、街道）人大工作先进集体	县人大常委会	2021.12
掘港街道人大代表服务中心	县先进人大代表之家	县人大常委会	2021.12
掘港街道人大工委	县人大工作创新奖二等奖	县人大常委会	2021.12
岔河镇太阳庙村第一代表联络工作站	县先进人大代表之家	县人大常委会	2021.12
马塘镇人大代表第三联络工作站（马北村）	县先进人大代表之家	县人大常委会	2021.12
袁庄镇人大	人大工作创新奖优秀奖	县人大常委会	2021.12
袁庄镇人大代表第三联络工作站	县先进人大代表之家	县人大常委会	2021.12
河口镇人大	县人大工作创新奖三等奖	县人大常委会	2021.12
长沙镇人大	县人大工作创新奖三等奖	县人大常委会	2022.12
长沙镇人大	县人大工作先进集体	县人大常委会	2022.12
岔河镇人大	县人大工作先进集体	县人大常委会	2022.12
岔河镇人大	县人大工作创新奖三等奖	县人大常委会	2022.12
掘港街道人大工委	县人大工作创新奖一等奖	县人大常委会	2022.12
掘港街道人大	县人大工作先进集体	县人大常委会	2022.12
掘港街道人大代表履职服务中心	县先进人大代表之家	县人大常委会	2022.12
马塘镇人大	县人大工作先进集体	县人大常委会	2022.12
马塘镇沙庄村人大代表联络工作站	县先进人大代表之家	县人大常委会	2022.12
大豫镇人大	县人大工作先进集体	县人大常委会	2022.12
大豫镇人大	县人大工作创新奖三等奖	县人大常委会	2022.12
城中街道人大工委	县人大工作创新优秀奖	县人大常委会	2022.12

续表 8–2

获奖单位	荣誉名称	授奖单位	获奖时间
城中街道人大	全县镇（区、街道）人大工作先进集体	县人大常委会	2022.12
城中街道三元社区人大代表之家	县先进人大代表之家	县人大常委会	2022.12
南通市外向型农业综合开发区（苴镇街道）、人大工委	县人大工作创新奖	县人大常委会	2022.12
南通市外向型农业综合开发区近海村人大代表联络工作站	县先进人大代表之家	县人大常委会	2022.12
曹埠镇人大代表履职服务中心	县先进人大代表之家	县人大常委会	2022.12
曹埠镇人大	县人大工作创新奖优秀奖	县人大常委会	2022.12
高前村代表联络工作站	县先进人大代表之家	县人大常委会	2022.12
袁庄镇人大代表第三联络工作站	县先进人大代表之家	县人大常委会	2022.12
新店镇水韵孙桥代表联络工作站	县先进人大代表之家	县人大常委会	2022.12

二、先进个人

2009—2023 年，如东县各级人大代表，人大系统干部、工作人员先后获得国家级荣誉 13 人次；江苏省级荣誉 27 人次；南通市级荣誉 81 人次；县级荣誉 510 人次。

（一）国家级

2009—2023 年，如东县各级人大代表，人大系统干部、工作人员先后获得国家级荣誉 13 人次。其中经济部门授予 5 人次；教科文卫部门授予 5 人次；群团组织授予 3 人次。

2009—2023 年如东县人大系统获国家级个人荣誉一览表

表 8–3

获奖者姓名	荣誉名称	授奖单位	获奖时间
葛政新	全国优秀高级职业经理人	中国施工企业协会	2009.3
葛政新	全国优秀建造师	中国建筑业协会	2011.10
沈建峰	全国新教育实验先进个人	新教育研究院	2012.7
沈更生	全国归侨侨眷先进个人	中国侨联国务院侨办	2013.11
王忠海	全国优质工程金奖突出贡献者	中国石油工程建设协会	2018
周士辉	全国十大海洋人物	国家海洋渔业局	2019.6
缪兆林	全国乡镇卫生院优秀院长	中国农村卫生协会	2020.9
高　山	全国最美家庭	全国妇联	2020
邵爱徐	全国百优保供先锋	农业农村办公厅	2021.9
沈亚秋	第八届全国道德模范提名奖	中央文明办	2021.11
刘承林	全国文化与旅游系统劳动模范	人社部、文化和旅游部	2021.11
蔡瑞平	突出贡献奖	中国老科协	2022.5
侯　晋	全国海关系统稽查岗位练兵个人技能比武百强	海关总署	2022.10

（二）省级

2008—2023 年，如东县各级人大代表，人大系统干部、工作人员先后获得江苏省级荣誉 27 人次。其中党建部门授予 3 人次；经济部门授予 9 人次；教科文卫部门授予 9 人次；群团组织授予 6 人次。

2008—2023 年如东县人大系统获江苏省级个人荣誉一览表

表 8–4

获奖者姓名	荣誉名称	授奖单位	获奖时间
葛政新	省科技进步创新先进个人	省建工局	2008.1
丁　越	省“三八”红旗手	省妇联	2008.11
葛政新	省优秀企业家	省建筑业协会	2008.12
葛政新	省杰出建造师	省建筑业协会	2009.12
吴庆明	全省关心下一代工作先进工作者	省关工委省文明办	2011.10
蔡瑞平	第七届省专利项目金奖	省知识产权局、省财政厅	2011.12
沈更生	省侨联工作先进个人	省侨联	2012.7
吴国轩	省纺工学会优秀工作者	省纺织工程学会	2012.7
丁　越	全省组织系统讲党性重品行作表率先进个人	省委组织部	2012.8
沈建峰	省科技教育优秀校长	省教育厅、科技厅、科协	2013.10
何学忠	省吴仁宝式优秀村书记	省委组织部	2016.11
王晓兵	省优秀科技教育校长	省教育厅、省科技厅	2016
沈更生	省侨联系统先进工作者（享受市劳模待遇）	省人力资源和社会保障厅 省归国华侨联合会	2017.8
宋小红	省百佳计生专干	省卫计委	2017.12
徐相华	县三峡移民致富带头人	省水利厅	2018.1
何学忠	省党建工作特殊贡献奖	省委组织部	2018.2
周士辉	省劳动模范	省委、省政府	2018.4
高　山	省文明家庭	省委宣传部	2019
翟建华	省商务系统先进工作者	省人社厅、省商务厅	2020.1
刘承林	省有突出贡献中青年专家	省政府	2020.5
丛爱民	省抗疫先进个人	省委、省政府	2020.11
刘承林	省劳动模范	省政府	2021.4
徐相华	省劳动模范	省政府	2021.4
宋小红	省计生协工作成绩突出个人	省计划生育协会	2021.7
徐志平	省关心下一代工作优秀个人	省关工委、省文明办	2021.9
葛家梅	省巾帼建功标兵	省妇联	2022.7
葛家梅	全省教科研工作先进个人	省教育科学研究院	2022.11

（三）市级

2008—2023 年，如东县各级人大代表，人大系统干部、工作人员先后获得南通市级荣誉 81 人次。其中市委、市政府授予 20 人次；市人大常委会授予 14 人次；获相关领域荣誉 47 人次。

2008—2023 年如东县人大系统获南通市级个人荣誉一览表

表 8–5

获奖者姓名	荣誉名称	授奖单位	获奖时间
丁　越	全市县乡两级人大换届选举工作先进个人	市人大常委会	2008.5
刘秀萍	市科普先进个人	市科普宣传周领导小组	2008.10
冯克山	市建筑业优秀项目经理	市建设局	2009.2
严海兵	市“乡村学华西 · 农村干部学吴仁宝”活动先进个人	市委	2009
张新明	市“乡村学华西 · 农村干部学吴仁宝”活动先进个人	市委	2009
葛政新	市建筑铁军创优功臣	市委、市政府	2011.2
冯克山	市优秀中国特色社会主义事业建设者	市委统战部	2011.7
管永刘	市优秀党务工作者	市委、市政府	2012.2
葛政新	市优秀企业家	市建工局	2013.2
冯小利	市优秀村妇代会主任	市妇联	2013.3
吴庆明	2009—2014 年度市关心下一代工作先进个人	市委、市政府	2014.10
邵爱徐	市青年农民创业之星	市关工委	2014.12
薛建明	市优秀人大代表	市人大常委会	2014.12
丁　保	市优秀村（社区）党员中心户	市委组织部	2015.6
潘　亮	市人大好新闻奖	市人大	2015.9
徐萌萌	2013—2015 年度《南通人大》杂志和南通人大网站优秀通讯员	市人大常委会	2015
周士辉	市“五一”劳动奖章获得者	市总工会	2016.4
宋小红	市幸福家庭	市卫计委	2016.10
陆惠达	市优秀村党组织书记	市委组织部	2016.11
汪拥军	市“万名代表小康行”主题实践活动先进个人	市人大常委会	2017.1
吴爱琴	市“万名代表小康行”主题实践活动先进个人	市人大常委会	2017.1
邵爱徐	市新型职业农民优秀标兵	市农业委员会	2017.2
周士辉	市劳动模范	市委、市政府	2017.4
缪鑫梅	市人大换届选举工作先进个人	市人大常委会	2017.5
吴理梅	市人大换届选举工作先进个人	市人大常委会	2017.5
于绍银	市优秀村组织书记	市委组织部	2017.5
刘承林	市履职先进个人	市人大常委会	2018.1
于绍银	市十佳党组织书记	市委组织部	2018.5
刘承林	市宣传文化系统“四个一批”人才	市委宣传部	2018.6
周士辉	市最美退役军人	市退役军人事务工作领导小组办公室	2019.7
冯克山	市第 40 次文明新风典型	市文明委	2019.9
吴庆明	市“老区扶贫之星”	市老区开发促进会市扶贫开发协会	2019.11

续表 8–5

获奖者姓名	荣誉名称	授奖单位	获奖时间
高　山	市最美家庭	市妇联	2019
徐相华	市劳动模范	市委、市政府	2019
沈志相	市优秀共产党员	市委	2020.6
沈志相	市优秀医师标兵	市医师协会	2020.8
沈志相	市抗疫英雄	市文明委	2020.11
吴亚云	市二等功	市委	2020.10
刘承林	市工艺美术大师	市政府	2020.12
缪兆林	市抗疫先进个人	市委、市政府	2021.1
赵　云	市新型职业农民标兵	市农业农村局	2021.1
何爱玲	市“三八”红旗手	市妇联	2021.3
张玲娟	市红十字会系统优秀志愿者	市红十字会	2021.4
丁　保	市优秀共产党员	市委	2021.6
从　兵	市优秀共产党员	市委	2021.6
沈建峰	市教育系统优秀共产党员	市教育工委	2021.7
刘承林	市企业首席技师	市人社局	2021.8
顾新红	市“最美人大代表”	市人大常委会	2021.11
叶　生	市“最美人大代表”	市人大常委会	2021.11
张志坚	市“最美人大代表”	市人大常委会	2021.11
周士辉	市创新创业二等奖	市退役军人事务局	2021.12
顾建飞	市全面建成小康社会暨决战“过万亿”先进个人	市委、市政府	2021
于海东	市勇当全省“争当表率、争做示范、走在前列”排头兵先进个人	市委、市政府	2021
沈亚秋	市优秀共产党员	市委	2021
袁亚芹	市优秀党务工作者	市委	2021
於维涛	市优秀镇（街）党政正职干部	市委、市政府	2021
许信荣	市“千名领先”村党组织书记	市委组织部	2022.1
周贝贝	市最美执委	市妇联	2022.1
从　兵	市“千名领先”书记	市委组织部	2022.1
赵　云	市巾帼建功标兵	市妇联	2022.4
陈永强	市勇当全省“争当表率、争做示范、走在前列”排头兵先进个人	市委	2022.1
陈如军	市“千名领先”村（社区）党组织书记	市委组织部	2022.1
张玲娟	市优秀基层退役军人服务站站长	市退役军人事务局	2022.2
陈如军	市勇当全省“争先表率、争做示范、走在前列”排头兵先进个人	市委、市政府	2022.2
李　健	市三等功	市考核工作委员会	2022.3

续表 8–5

获奖者姓名	荣誉名称	授奖单位	获奖时间
赵　旭	市人大换届选举工作先进个人	市人大常委会	2022.5
缪于鹏	市最美城乡社区工作者	市民政局	2022.9
缪　斌	市优秀校外教育辅导员	市关工委、市文明办	2022.12
葛家梅	市记功	市人社局	2022.5
潘　亮	市优秀学员	市委党校	2022.11
葛家梅	市优秀校长	市委教育工委、市教育局	2022.9
何韦韦	市最美城乡社区工作者	市委组织部、市民政局	2022.9
徐连凤	市最美城乡社区工作者	市委组织部、市民政局	2022.9
高　山	市第二届书香家庭	市委宣传部	2022
高　山	首届文明南通代言人	市委宣传部	2022
冯金辉	市青年农民创业创新标兵	市农业农村局、团市委	2022
曹佳琪	市“倪伯苍式”法律明白人	市司法局	2022
顾建飞	市“千名领先”村书记	市委组织部	2022
吴维羽	市医师奖	市卫健委	2022
於崇铭	市记功	市人社局	2023.5

（四）县级

2008—2023 年，如东各级人大代表，人大系统干部、工作人员先后获得县级荣誉 510 人次。其中受县委、县政府表彰奖励 86 人次；县人大常委会颁授 372 人次；获相关领域荣誉 52 人次。

2008—2023 年如东县人大系统获县级个人荣誉一览表

表 8–6

获奖者姓名	荣誉名称	授奖单位	获奖时间
严海兵	县民营经济二十佳支部书记	县委、县政府	2008.2
潘金环	县优秀代表建议	县人大常委会	2008.11
顾才群	县优秀代表建议	县人大常委会	2008.11
管怀虎	县优秀代表建议	县人大常委会	2008.11
高　美	县优秀代表建议	县人大常委会	2008.11
陈晓琴	县优秀代表建议	县人大常委会	2008.11
潘　君	县优秀代表建议	县人大常委会	2008.11
谢鸿鸣	县优秀代表建议	县人大常委会	2008.11
徐晓卫	县优秀代表建议	县人大常委会	2008.11
顾瑞明	县优秀代表建议	县人大常委会	2008.11
马小燕	县优秀代表建议	县人大常委会	2008.11
张新明	县优秀代表建议	县人大常委会	2008.11

续表 8–6

获奖者姓名	荣誉名称	授奖单位	获奖时间
缪淑华	县优秀代表建议	县人大常委会	2008.11
陈登山	县优秀代表建议	县人大常委会	2008.11
徐相华	县民营经济二十佳支部书记	县委、县政府	2009.2
葛政新	县科技先进工作者	县政府	2009.2
葛政新	县突出贡献奖	县政府	2009.2
徐相华	县农村富先锋岗	县委组织部	2009.3
缪晓毅	县优秀人民调解员	县社会矛盾纠纷调处中心	2009.3
孔新明	县综治平安建设工作先进个人	县委、县政府	2009.3
张新明	县“农村‘双富’先锋岗”	县委组织部	2009
葛政新	县优秀企业家	县委、县政府	2011.2
丁　保	县优秀共产党员员	县委	2011.6
丁　保	县风范人物	县委、县政府	2011.7
顾国云	县优秀代表建议	县人大常委会	2011.11
袁　明	县优秀代表建议	县人大常委会	2011.11
许葛华	县优秀代表建议	县人大常委会	2011.11
王雨卉	县优秀代表建议	县人大常委会	2011.11
范向红	县优秀代表建议	县人大常委会	2011.11
顾建平	县优秀代表建议	县人大常委会	2011.11
曹　峰	县优秀代表建议	县人大常委会	2011.11
陈建辉	县优秀代表建议	县人大常委会	2011.11
陈晓琴	县优秀代表建议	县人大常委会	2011.11
张　华	县优秀代表建议	县人大常委会	2011.11
陈　兵	县优秀党务工作者	县委、县政府	2012.2
康　徐	生态县创建工作先进个人	县委、县政府	2012.2
康　徐	县依法行政工作先进个人	县委、县政府	2012.2
施松兵	全县财政工作先进个人	县委、县政府	2012.2
翁雪峰	县纪检监察工作先进个人	县委、县政府	2012.2
樊天红	县社会事业工作先进个人	县委、县政府	2012.2
周　新	县工业经济工作先进个人	县委、县政府	2012.2
倪　兵	县农业农村工作先进个人	县委、县政府	2012.2
施春华	县民营经济发展优秀支部书记	县委、县政府	2012.2
何学忠	县优秀党务工作者	县委、县政府	2012.2
陈信祥	县优秀党务工作者	县委、县政府	2012.2
丁　保	县优秀共产党员	县委	2012.6
丁　保	县平安家庭示范户	县综治办、县妇联	2012.8

续表 8–6

获奖者姓名	荣誉名称	授奖单位	获奖时间
潘友兵	县优秀代表议案	县人大常委会	2012.11
施益兵	县优秀代表建议	县人大常委会	2012.11
杨红梅	县优秀代表建议	县人大常委会	2012.11
胡连华	县优秀代表建议	县人大常委会	2012.11
陈国平	县优秀代表建议	县人大常委会	2012.11
张　峰	县优秀代表议案	县人大常委会	2012.11
陈晓琴	县优秀代表建议	县人大常委会	2012.11
管永刘	县优秀代表建议	县人大常委会	2012.11
杨　萍	县优秀代表建议	县人大常委会	2012.11
缪淑华	县优秀代表建议	县人大常委会	2012.11
曹彩红	县优秀代表议案	县人大常委会	2012.11
缪勇刚	县优秀代表建议	县人大常委会	2012.11
邱祝山	县优秀代表建议	县人大常委会	2012.11
顾拥军	县优秀代表建议	县人大常委会	2012.11
杨　建	县优秀代表建议	县人大常委会	2012.11
沈维新	县优秀代表议案	县人大常委会	2012.11
王兴富	县优秀代表建议	县人大常委会	2012.11
朱建飞	县优秀代表建议	县人大常委会	2012.11
陈建辉	县优秀代表建议	县人大常委会	2012.11
冯学军	县优秀代表建议	县人大常委会	2012.11
丁　保	县十佳爱心家庭	县纪检委、县委组织部、县文明委、县级机关工委、县妇联	2012.12
缪晓毅	县社区优秀教育志愿者	县教育局	2013.1
冯克山	县建筑业优秀企业家	县建工局	2013.2
康　徐	县人口和计划生育工作先进个人	县委、县政府	2013.2
施益兵	县人口和计划生育工作先进个人	县委、县政府	2013.2
张志连	县新型农村合作医疗先进个人	县委、县政府	2013.2
顾建华	县新型农村合作医疗先进个人	县委、县政府	2013.2
丁　保	县优秀共产党员	县委	2013.2
印雪峰	县优秀共产党员	县委	2013.2
杨海军	县优秀共产党员	县委	2013.2
周　梁	2012 年度宣传思想文化工作先进个人	县委办、县政府	2013.2
康　徐	县社会稳定先进个人	县委办、县政府	2013.2
康　徐	县生态环境保护和建设工作先进个人	县委办、县政府	2013.2
曹　薇	县科技人才工作先进个人	县委办、县政府	2013.2

续表 8–6

获奖者姓名	荣誉名称	授奖单位	获奖时间
周　新	县服务工业经济先进个人	县委办、县政府	2013.2
倪　兵	县为农服务先进个人	县委办、县政府	2013.2
陈信祥	县长安法治建设先进个人	县委办、县政府	2013.2
张志泉	县一星级企业家	县委办、县政府	2013.2
黄继石	县一星级企业家	县委办、县政府	2013.2
陆忠跃	县企业技术创新先进个人	县委办、县政府	2013.2
周新基	县优秀代表议案	县人大常委会	2013.11
高　伟	县优秀代表建议	县人大常委会	2013.11
蔡　东	县优秀代表建议	县人大常委会	2013.11
周　梁	县优秀代表建议	县人大常委会	2013.11
潘友兵	县优秀代表建议	县人大常委会	2013.11
潘金环	县优秀代表建议	县人大常委会	2013.11
幸玉兰	县优秀代表建议	县人大常委会	2013.11
顾国云	县优秀代表建议	县人大常委会	2013.11
陶卫忠	县优秀代表建议	县人大常委会	2013.11
陈晓琴	县优秀代表建议	县人大常委会	2013.11
盛义明	县优秀代表建议	县人大常委会	2013.11
薛　标	县优秀代表建议	县人大常委会	2013.11
陈　波	县优秀代表建议	县人大常委会	2013.11
吴友林	县优秀代表建议	县人大常委会	2013.11
沈金梅	县优秀代表建议	县人大常委会	2013.11
邱祝山	县优秀代表建议	县人大常委会	2013.11
梅德宏	县优秀代表建议	县人大常委会	2013.11
顾晓燕	县优秀代表建议	县人大常委会	2013.11
钱长勇	县优秀代表建议	县人大常委会	2013.11
杨剑云	县优秀代表建议	县人大常委会	2013.11
刘志刚	县优秀人大代表	县人大常委会	2013.12
徐海承	县优秀人大代表	县人大常委会	2013.12
王兴富	县优秀人大代表	县人大常委会	2013.12
幸玉兰	县优秀人大代表	县人大常委会	2013.12
秦定扬	县优秀人大代表	县人大常委会	2013.12
刘克荣	县优秀人大代表	县人大常委会	2013.12
缪勇刚	县优秀人大代表	县人大常委会	2013.12
曹彩红	县优秀人大代表	县人大常委会	2013.12
沈维新	县优秀人大代表	县人大常委会	2013.12

续表 8–6

获奖者姓名	荣誉名称	授奖单位	获奖时间
潘友兵	县优秀人大代表	县人大常委会	2013.12
郁宏伟	县优秀人大代表	县人大常委会	2013.12
丁　保	县优秀人大代表	县人大常委会	2013.12
张志泉	县优秀人大代表	县人大常委会	2013.12
储开林	县优秀人大代表	县人大常委会	2013.12
周　梁	县优秀人大代表	县人大常委会	2013.12
陈晓琴	县优秀人大代表	县人大常委会	2013.12
李夏权	县优秀人大代表	县人大常委会	2013.12
陆少庭	县优秀人大代表	县人大常委会	2013.12
杜长泉	县优秀人大代表	县人大常委会	2013.12
尹美泉	县优秀人大代表	县人大常委会	2013.12
袁小明	县优秀人大代表	县人大常委会	2013.12
周新基	县优秀人大代表	县人大常委会	2013.12
薛加林	县优秀人大代表	县人大常委会	2013.12
陆金元	县优秀人大代表	县人大常委会	2013.12
高　伟	县优秀人大代表	县人大常委会	2013.12
秦爱军	县优秀人大代表	县人大常委会	2013.12
盛义明	县优秀人大代表	县人大常委会	2013.12
刘和银	县优秀人大代表	县人大常委会	2013.12
缪淑华	县优秀人大代表	县人大常委会	2013.12
陈亚东	县优秀人大代表	县人大常委会	2013.12
潘亚军	县优秀人大代表	县人大常委会	2013.12
吴迪富	县优秀人大代表	县人大常委会	2013.12
薛建明	县优秀人大代表	县人大常委会	2013.12
陈国平	县优秀人大代表	县人大常委会	2013.12
梅德宏	县优秀人大代表	县人大常委会	2013.12
钱永建	县优秀人大代表	县人大常委会	2013.12
平亚梅	县优秀人大代表	县人大常委会	2013.12
李爱梅	县优秀人大代表	县人大常委会	2013.12
陈卫兵	县优秀人大代表	县人大常委会	2013.12
徐　斌	县优秀人大代表	县人大常委会	2013.12
于绍银	县优秀党务工作者	县委组织部	2014.6
丁　保	县优秀共产党员	县委	2014.7
印宗华	县优秀代表议案	县人大常委会	2014.11
高　军	县优秀代表建议	县人大常委会	2014.11

续表 8–6

获奖者姓名	荣誉名称	授奖单位	获奖时间
耿卫东	县优秀代表建议	县人大常委会	2014.11
缪勇刚	县优秀代表建议	县人大常委会	2014.11
徐守梅	县优秀代表建议	县人大常委会	2014.11
王兴富	县优秀代表建议	县人大常委会	2014.11
钱长勇	县优秀代表建议	县人大常委会	2014.11
顾晓燕	县优秀代表建议	县人大常委会	2014.11
张宝霞	县优秀代表建议	县人大常委会	2014.11
陆金元	县优秀代表建议	县人大常委会	2014.11
顾小琴	县优秀代表建议	县人大常委会	2014.11
沈秀梅	县优秀代表建议	县人大常委会	2014.11
顾　兵	县优秀代表建议	县人大常委会	2014.11
黄建卫	县优秀代表建议	县人大常委会	2014.11
张　健	县优秀人大代表	县人大常委会	2014
孙　慧	县优秀人大代表	县人大常委会	2014
曹彩红	县优秀人大代表	县人大常委会	2014
沈维新	县优秀人大代表	县人大常委会	2014
唐文忠	县优秀人大代表	县人大常委会	2014
许信荣	县优秀人大代表	县人大常委会	2014
陆惠达	县优秀人大代表	县人大常委会	2014
储开森	县优秀人大代表	县人大常委会	2014
何学忠	县优秀人大代表	县人大常委会	2014
丁　保	县优秀人大代表	县人大常委会	2014
叶桂芹	县优秀人大代表	县人大常委会	2014
刘志刚	县优秀人大代表	县人大常委会	2014
张　华	县优秀人大代表	县人大常委会	2014
刘克荣	县优秀人大代表	县人大常委会	2014
缪勇刚	县优秀人大代表	县人大常委会	2014
杜长泉	县优秀人大代表	县人大常委会	2014
高　军	县优秀人大代表	县人大常委会	2014
陆少庭	县优秀人大代表	县人大常委会	2014
祁建新	县优秀人大代表	县人大常委会	2014
丁居兵	县优秀人大代表	县人大常委会	2014
朱学云	县优秀人大代表	县人大常委会	2014
陈桂斌	县优秀人大代表	县人大常委会	2014
薛加林	县优秀人大代表	县人大常委会	2014

续表 8–6

获奖者姓名	荣誉名称	授奖单位	获奖时间
陈　杰	县优秀人大代表	县人大常委会	2014
陈智荣	县优秀人大代表	县人大常委会	2014
高　伟	县优秀人大代表	县人大常委会	2014
李爱平	县优秀人大代表	县人大常委会	2014
徐亚琴	县优秀人大代表	县人大常委会	2014
石海剑	县优秀人大代表	县人大常委会	2014
邵淑娟	县优秀人大代表	县人大常委会	2014
朱建飞	县优秀人大代表	县人大常委会	2014
胡玉珍	县优秀人大代表	县人大常委会	2014
钱长勇	县优秀人大代表	县人大常委会	2014
江李兵	县优秀人大代表	县人大常委会	2014
周桂凤	县优秀人大代表	县人大常委会	2014
薛如根	县优秀人大代表	县人大常委会	2014
薛书平	县优秀人大代表	县人大常委会	2014
耿卫东	县优秀人大代表	县人大常委会	2014
曹　敏	县优秀人大代表	县人大常委会	2014
王继兵	县优秀人大代表	县人大常委会	2014
孙红美	县最美村官	县委	2014
薛加林	县优秀人大代表	县人大常委会	2014
陈桂斌	县优秀人大代表	县人大常委会	2014
陈　杰	县优秀人大代表	县人大常委会	2014
陆金元	县最美家庭	县委宣传部	2015.3
万浩云	县“三八红旗手”	县妇联	2015.3
宋小红	县最美家庭	县委宣传部、县教育局、县文广传媒中心、县文明办、县妇联	2015.3
宋小红	县“三八红旗手”	县妇联	2015.3
孔新明	县优秀党务工作者	县委	2015.6
丁　保	县优秀共产党员	县委	2015.6
李　勤	县优秀代表议案	县人大常委会	2015.11
陈　勇	县优秀代表议案	县人大常委会	2015.11
康　勤	县优秀代表议案	县人大常委会	2015.11
陈国平	县优秀代表建议	县人大常委会	2015.11
徐剑莉	县优秀代表建议	县人大常委会	2015.11
陆惠达	县优秀代表建议	县人大常委会	2015.11
陈建辉	县优秀代表建议	县人大常委会	2015.11

续表 8-6

获奖者姓名	荣誉名称	授奖单位	获奖时间
刘崇义	县优秀代表建议	县人大常委会	2015.11
陆金元	县优秀代表建议	县人大常委会	2015.11
张　彬	县优秀代表建议	县人大常委会	2015.11
陈建辉	县优秀人大代表	县人大常委会	2015.11
谢　林	县优秀人大代表	县人大常委会	2015.11
顾晓琴	县优秀人大代表	县人大常委会	2015.11
尹美泉	县优秀人大代表	县人大常委会	2015.11
周　勇	县优秀人大代表	县人大常委会	2015.11
缪　琴	县优秀人大代表	县人大常委会	2015.11
施益兵	县优秀人大代表	县人大常委会	2015.11
袁红利	县优秀人大代表	县人大常委会	2015.11
张红梅	县优秀人大代表	县人大常委会	2015.11
张志泉	县优秀人大代表	县人大常委会	2015.11
陈春泉	县优秀人大代表	县人大常委会	2015.11
冯学军	县优秀人大代表	县人大常委会	2015.11
刘允华	县优秀人大代表	县人大常委会	2015.11
陆少庭	县优秀人大代表	县人大常委会	2015.11
吴银山	县优秀人大代表	县人大常委会	2015.11
姚　霞	县优秀人大代表	县人大常委会	2015.11
徐海承	县优秀人大代表	县人大常委会	2015.11
李　勤	县优秀人大代表	县人大常委会	2015.11
缪勇刚	县优秀人大代表	县人大常委会	2015.11
黄先明	县优秀人大代表	县人大常委会	2015.11
印宗华	县优秀人大代表	县人大常委会	2015.11
施正泉	县优秀人大代表	县人大常委会	2015.11
陈巧云	县优秀人大代表	县人大常委会	2015.11
姜宁兵	县优秀人大代表	县人大常委会	2015.11
高　伟	县优秀人大代表	县人大常委会	2015.11
张国强	县优秀人大代表	县人大常委会	2015.11
刘备战	县优秀人大代表	县人大常委会	2015.11
徐守梅	县优秀人大代表	县人大常委会	2015.11
张　建	县优秀人大代表	县人大常委会	2015.11
陈五霞	县优秀人大代表	县人大常委会	2015.11
陆亚东	县优秀人大代表	县人大常委会	2015.11
钱长勇	县优秀人大代表	县人大常委会	2015.11

续表 8–6

获奖者姓名	荣誉名称	授奖单位	获奖时间
王建明	县优秀人大代表	县人大常委会	2015.11
薛建明	县优秀人大代表	县人大常委会	2015.11
许波林	县优秀人大代表	县人大常委会	2015.11
张　敏	县优秀人大代表	县人大常委会	2015.11
李　玉	县优秀人大代表	县人大常委会	2015.11
杨文秀	县优秀人大代表	县人大常委会	2015.11
余　晶	县优秀人大代表	县人大常委会	2015.11
胡连华	县优秀人大代表	县人大常委会	2015.11
于绍银	县优秀党务工作者	县委组织部	2016.6
丁　保	县优秀共产党员	县委	2016.6
张红梅	县“三八红旗手”	县妇联	2016.11
薛如根	县优秀代表议案	县人大常委会	2016.11
顾　兵	县优秀代表议案	县人大常委会	2016.11
陆金元	县优秀代表议案	县人大常委会	2016.11
谢　骏	县优秀代表建议	县人大常委会	2016.11
顾拥军	县优秀代表建议	县人大常委会	2016.11
陈国平	县优秀代表议案	县人大常委会	2016.11
陈五霞	县优秀代表议案	县人大常委会	2016.11
沈维新	县优秀代表议案	县人大常委会	2016.11
花培培	县优秀代表建议	县人大常委会	2016.11
冯学军	县优秀代表建议	县人大常委会	2016.11
周桂凤	县优秀代表议案	县人大常委会	2016.11
陈桂斌	县优秀代表议案	县人大常委会	2016.11
张宝霞	县优秀代表议案	县人大常委会	2016.11
李爱梅	县优秀代表建议	县人大常委会	2016.11
袁小明	县优秀代表建议	县人大常委会	2016.11
杨文秀	县优秀代表议案	县人大常委会	2016.11
陈　娟	县优秀代表议案	县人大常委会	2016.11
陈竹香	县优秀代表议案	县人大常委会	2016.11
康　晔	县优秀代表建议	县人大常委会	2016.11
高金泉	县优秀代表建议	县人大常委会	2016.11
孙　慧	县优秀人大代表	县人大常委会	2016.11
曹彩红	县优秀人大代表	县人大常委会	2016.11
王兴富	县优秀人大代表	县人大常委会	2016.11
何学忠	县优秀人大代表	县人大常委会	2016.11

续表 8–6

获奖者姓名	荣誉名称	授奖单位	获奖时间
储开森	县优秀人大代表	县人大常委会	2016.11
曹雪兵	县优秀人大代表	县人大常委会	2016.11
陆少庭	县优秀人大代表	县人大常委会	2016.11
翁　祥	县优秀人大代表	县人大常委会	2016.11
刘志刚	县优秀人大代表	县人大常委会	2016.11
徐剑莉	县优秀人大代表	县人大常委会	2016.11
刘克荣	县优秀人大代表	县人大常委会	2016.11
陆金元	县优秀人大代表	县人大常委会	2016.11
王亚军	县优秀人大代表	县人大常委会	2016.11
蔡守梅	县优秀人大代表	县人大常委会	2016.11
谢　林	县优秀人大代表	县人大常委会	2016.11
尹美泉	县优秀人大代表	县人大常委会	2016.11
许信荣	县优秀人大代表	县人大常委会	2016.11
黄继石	县优秀人大代表	县人大常委会	2016.11
丁　保	县优秀人大代表	县人大常委会	2016.11
蒋小玉	县优秀人大代表	县人大常委会	2016.11
汪拥军	县优秀人大代表	县人大常委会	2016.11
姚　霞	县优秀人大代表	县人大常委会	2016.11
叶桂芹	县优秀人大代表	县人大常委会	2016.11
缪勇刚	县优秀人大代表	县人大常委会	2016.11
顾永红	县优秀人大代表	县人大常委会	2016.11
陈桂斌	县优秀人大代表	县人大常委会	2016.11
杨红梅	县优秀人大代表	县人大常委会	2016.11
杨　萍	县优秀人大代表	县人大常委会	2016.11
张富华	县优秀人大代表	县人大常委会	2016.11
朱建飞	县优秀人大代表	县人大常委会	2016.11
冒亚峰	县优秀人大代表	县人大常委会	2016.11
吴迪富	县优秀人大代表	县人大常委会	2016.11
王建明	县优秀人大代表	县人大常委会	2016.11
蒋建明	县优秀人大代表	县人大常委会	2016.11
康宜峰	县优秀人大代表	县人大常委会	2016.11
周　影	县优秀人大代表	县人大常委会	2016.11
邱祝山	县优秀人大代表	县人大常委会	2016.11
薛书平	县优秀人大代表	县人大常委会	2016.11
陈苏华	县优秀人大代表	县人大常委会	2016.11

续表 8-6

获奖者姓名	荣誉名称	授奖单位	获奖时间
沈金梅	县优秀人大代表	县人大常委会	2016.11
徐萌萌	县扶贫工作先进个人	县委、县政府	2016
查晓飞	县十佳党组织书记	县委	2017.2
陈如军	县扶贫工作先进个人	县委办公室、县政府办公室	2017.2
何韦韦	县优秀共青团干部	团县委	2017.4
陆金元	县优秀党务工作者	县委	2017.6
陆金元	县优秀人大代表	县人大常委会	2017.12
高　军	县优秀人大代表	县人大常委会	2017.12
姚　霞	县优秀人大代表	县人大常委会	2017.12
缪凌云	县优秀人大代表	县人大常委会	2017.12
应舒舒	县优秀人大代表	县人大常委会	2017.12
陈玉环	县优秀人大代表	县人大常委会	2017.12
张　炯	县优秀人大代表	县人大常委会	2017.12
侯　晋	县优秀人大代表	县人大常委会	2017.12
吴爱琴	县先进人大工作者	县人大常委会	2017.12
郭振华	县统一战线工作先进个人	县委	2017
彭　振	县产业项目先进个人	县委、县政府	2017
於崇铭	全县扶贫工作先进个人	县委办、县政府办	2018.2
吴亚忠	县先进人大工作者	县人大常委会	2018.2
杨海军	县优秀人大代表	县人大常委会	2018.2
张志泉	县优秀人大代表	县人大常委会	2018.2
许世俊	县优秀人大代表	县人大常委会	2018.2
陈如军	县十佳村（社区）党组织书记	县委	2018.4
徐相华	县十佳村（社区）党组织书记	县委	2018.4
於崇铭	县级机关优秀共产党员	县级机关工委	2018.7
於崇铭	县先进人大工作者	县人大常委会	2018.12
顾瑞生	县优秀人大代表	县人大常委会	2018.12
苏如华	县优秀人大代表	县人大常委会	2018.12
许　斌	县优秀人大代表	县人大常委会	2018.12
顾晓栋	县优秀人大代表	县人大常委会	2018.12
杨　勇	县优秀人大代表	县人大常委会	2018.12
吴爱琴	县先进人大工作者	县人大常委会	2018.12
王忠海	县优秀人大代表	县人大常委会	2018.12
周玲慧	县先进人大工作者	县人大常委会	2018.12
张新明	县优秀人大代表	县人大常委会	2018.12

续表 8-6

获奖者姓名	荣誉名称	授奖单位	获奖时间
潘　亮	县先进人大工作者	县人大常委会	2018.12
宋小红	县优秀村（居）计生专干	县卫健委	2019.2
陈军军	县优秀人大代表	县人大常委会	2019.3
陈如军	县十佳村（社区）党组织书记	县委	2019.4
冯克山	最美如东人	县文明委	2019.5
何爱玲	县优秀共产党员	县委	2019.6
於崇铭	县级机关优秀共产党员	县级机关工委	2019.7
於崇铭	县先进人大工作者	县人大常委会	2019.12
陈如军	优秀县人大代表	县人大常委会	2019.12
缪小娟	县首届最美网格员	县委政法委	2019.12
曹雪兵	县优秀人大代表	县人大常委会	2019.12
顾建忠	县优秀人大代表	县人大常委会	2019.12
顾小林	县优秀人大代表	县人大常委会	2019.12
顾拥军	县优秀人大代表	县人大常委会	2019.12
沈冶军	县优秀人大代表	县人大常委会	2019.12
张晶晶	县优秀人大代表	县人大常委会	2019.12
吴爱琴	县先进人大工作者	县人大常委会	2019.12
顾建飞	优秀县人大代表	县人大常委会	2019.12
莫德军	县先进人大工作者	县人大常委会	2019.12
杨锦飞	县优秀人大代表	县人大常委会	2020.4
陈如军	县十佳村（社区）党组织书记	县委	2020.4
於崇铭	县高质量发展先进个人	县委、县政府	2020.5
缪　磊	县优秀农家书屋管理员	县委宣传部	2020.5
周士辉	县优秀共产党员	县委	2020.6
郑寒冰	县优秀共产党员	县委	2020.6
高亚军	县优秀党务工作者	县委	2020.6
林冬云	县优秀党务工作者	县政府	2020.6
张慧剑	县优秀共产党员	县委	2020.6
侯　晋	县优秀人大代表	县人大常委会	2020.12
陈如军	县优秀人大代表	县人大常委会	2020.12
宋小红	县文明家庭示范家庭	县文明委	2020.12
丁　保	县文明家庭示范家庭	县文明委	2020.12
徐爱如	县创建全国文明城市先进个人	县委、县政府	2020.12
刘允华	县优秀人大代表	县人大常委会	2020.12
陈亚军	县优秀人大代表	县人大常委会	2020.12

续表 8–6

获奖者姓名	荣誉名称	授奖单位	获奖时间
缪　剑	县优秀人大代表	县人大常委会	2020.12
秦志鹏	县优秀人大代表	县人大常委会	2020.12
吴爱琴	县先进人大工作者	县人大常委会	2020.12
陈如军	县优秀人大代表	县人大常委会	2020.12
顾建飞	县优秀人大代表	县人大常委会	2020.12
严海兵	县优秀人大代表	县人大常委会	2020.12
宋彦儒	县先进人大工作者	县人大常委会	2020.12
蒋小玉	县优秀人大代表	县人大常委会	2020.12
丛爱建	县先进人大工作者	县人大常委会	2020.12
冯金辉	县优秀党务工作者	县委	2020
高　山	县书香家庭	县委宣传部	2020
徐连凤	县“三八红旗手”	县妇联	2021.1
缪小娟	县“三八红旗手”	县妇联	2021.1
冯克山	县抗疫爱心先进个人	县企业家协会	2021.2
宋小红	县妇联工作先进个人	县妇联	2021.3
李玉华	县优秀人大代表	县人大常委会	2021.3
丁　保	县“五一”劳动奖章获得者	县总工会	2021.4
曹永忠	县优秀共产党员	县委	2021.6
许信荣	县优秀党务工作者	县政府	2021.6
高亚军	县高质量发展先进个人	县政府	2021.7
缪小娟	县高质量发展先进个人	县政府	2021.7
刘喜君	县优秀德育工作者	县教育体育局	2021.9
冯克山	县最具爱心捐赠个人	县政府	2021.9
周士辉	县最具爱心捐赠个人	县政府	2021.9
缪小娟	县全民终身学习百姓学习之星	县教育体育局	2021.11
张玲娟	县安康关爱行动先进个人	县老龄工委	2021.11
缪小娟	县百姓学习之星	县教育体育局	2021.11
王忠海	县优秀人大代表	县人大常委会	2021.12
缪凌云	县优秀人大代表	县人大常委会	2021.12
高龙飞	县优秀人大代表	县人大常委会	2021.12
叶天舒	县优秀人大代表	县人大常委会	2021.12
吴爱琴	县先进人大工作者	县人大常委会	2021.12
侯　晋	县优秀人大代表	县人大常委会	2021.12
孙红美	县优秀人大代表	县人大常委会	2021.12
周映红	县优秀人大代表	县人大常委会	2021.12

续表 8–6

获奖者姓名	荣誉名称	授奖单位	获奖时间
阚爱军	县优秀人大代表	县人大常委会	2021.12
宋彦儒	县先进人大工作者	县人大常委会	2021.12
季苏萍	县优秀人大代表	县人大常委会	2021.12
沈继程	县优秀人大代表	县人大常委会	2021.12
丛爱建	县先进人大工作者	县人大常委会	2021.12
徐萌萌	县人大先进工作者	县人大常委会	2021
顾建飞	县优秀党务工作者	县委	2021
顾建飞	县优秀志愿者	县文明委	2021
冯金辉	县模范退役军人	县退役军人事务局	2021
石俊良	县高质量发展争先进位先进个人	县委、县政府	2021
彭　振	县高质量发展争先进位先进个人	县委、县政府	2021
缪莉丽	县名教师	县教育体育局	2022.1
林冬云	县优秀基层所队长	县公安局	2022.2
马小强	县优秀公务员	县政府	2022.2
马小强	县政法工作先进个人	县委政法委	2022.2
钱宏彬	县优秀公务员	县政府	2022.2
张玲娟	县红十字优秀工作者	县红十字会	2022.2
施春华	县文明城市长效管理工作“海子牛奖”	县政府	2022.3
冯金辉	县文明城市长效管理工作“海子牛奖”	县政府	2022.3
季林荣	县农保征收工作“海子牛奖”	县政府	2022.3
柏玉兵	县农保征收工作“海子牛奖”	县政府	2022.3
黄浩新	县十佳村党组织书记	县委	2022.4
严海兵	县高质量发展争先进位先进个人	县委、县政府	2022.7
沈建军	县高质量发展争先进位先进个人	县委、县政府	2022.7
张慧剑	县高质量发展争先进位先进个人	县政府	2022.7
邵爱徐	县退役军人“红色先锋”	县委组织部、县退役军人事务局	2022.7
张玲娟	县“99 公益日”先进个人	县慈善总会	2022.8
孙伟伟	县“民善康”慈善医疗互助项目先进个人	县民政局、县慈善总会	2022.8
葛家梅	县优秀校长	县委教育工作领导小组	2022.9
刘承林	县最美代表	县人大常委会	2022.11
缪小娟	县最美人大代表	县人大常委会	2022.11
冯克山	最美代表	县人大常委会	2022.11
冯克山	县优秀人大代表	县人大常委会	2022.11
周文华	县优秀人大代表	县人大常委会	2022.12
张志坚	县优秀人大代表	县人大常委会	2022.12

续表 8-6

获奖者姓名	荣誉名称	授奖单位	获奖时间
王卫东	县优秀人大代表	县人大常委会	2022.12
侯　晋	县优秀人大代表	县人大常委会	2022.12
侯　晋	县最美代表	县人大常委会	2022.12
高亚军	县优秀人大代表	县人大常委会	2022.12
张慧剑	2022 年度优秀人大代表	县人大常委会	2022.12
王忠海	县最美代表	县人大常委会	2022.12
沈富强	县优秀人大代表	县人大常委会	2022.12
张爱云	县“践行双聚双高、助力乡村振兴”主题实践活动最美代表	县人大常委会	2022.12
马爱东	县“践行双聚双高、助力乡村振兴”主题实践活动最美代表	县人大常委会	2022.12
戴海慧	县“践行双聚双高、助力乡村振兴”主题实践活动最美代表	县人大常委会	2022.12
施春华	县优秀人大代表	县人大常委会	2022.12
姚银银	县先进人大工作者	县人大常委会	2022.12
王新泉	县优秀人大代表	县人大常委会	2022.12
刘小红	县优秀人大代表	县人大常委会	2022.12
吴一旻	县先进人大工作者	县人大常委会	2022.12
周佳慧	县先进人大工作者	县人大常委会	2022.12
缪小勤	县优秀人大代表	县人大常委会	2022.12
徐萌萌	县先进人大工作者	县人大常委会	2022
丁　楠	县党员冬训先进个人	县委组织部、宣传部	2022
冯金辉	县优秀志愿者	县文明委	2022
冯金辉	县优秀人大代表	县人大常委会	2022
冯金辉	县优秀志愿者	县文明委	2022
彭　振	“强富美高”新如东现代化建设先进个人	县委、县政府	2022
阚　楠	县优秀共产党员	县政府	2022
周文强	县最美书香家庭	县全民阅读活动领导小组	2022
顾建飞	县十佳村党组织书记	县委	2022
秦宁妍	县优秀人大代表	县人大常委会	2022
薛素红	县优秀人大代表	县人大常委会	2022
陈　玮	县先进人大工作者	县人大常委会	2022
陆金元	县最美代表	县人大常委会	2022
朱炳华	县最美代表	县人大常委会	2022
陈桂斌	县最美代表	县人大常委会	2022
黄建卫	县最美代表	县人大常委会	2022
马正香	县优秀人大代表	县人大常委会	2022
高亚军	县优秀人大代表	县人大常委会	2022
陈小银	县优秀人大代表	县人大常委会	2022

续表 8–6

获奖者姓名	荣誉名称	授奖单位	获奖时间
曹天仪	县先进人大工作者	县人大常委会	2022
赵　越	县优秀党务工作者	县委	2022
莫德军	县优秀共产党员	县委	2022
杨扣群	县“银发生辉·扶困助老”先进个人	县老年协会	2022
张小林	市生态环境信访工作先进个人	市生态环境局	2023
於崇铭	县优秀党务工作者	县委	2023.6
潘　亮	“强富美高”新如东现代化建设先进个人	县委、县政府	2023.1

丛录

县人大为有效行使法律所赋予的职能，根据《中华人民共和国宪法》《中华人民共和国各级人民代表大会常务委员会监督法》等法律法规制定一系列规范性文件，彰显人大监督的权威性及其履职程序的规范化、制度化。“要文选辑”选存此类重要文件10篇。

县人大常委会领导除在代表大会、常委会会议和主任会议等例会上作报告、发表讲话之外，还召开各种工作性专题会议，作为会议组织者、召集人必须有动员报告或主旨讲话。此类针对实际情况、解决实际问题、推动实际工作的讲话，每年不少于10次。2009—2023年，县人大领导先后在专题会议上发表讲话或参加上级会议发言120余篇，“领导讲话”选载13篇。

进入全面依法治国，加强法治建设，推进全过程人民民主新时代，人大工作创新发展面临诸多新情况、新问题、新挑战。为此，县人大常委会建立研究机构，开展调查研究、交流研讨活动，取得丰硕成果。“研究成果”列表存目。

“丛录”收存3个方面内容，分别为“要文选辑”“领导讲话”“研究成果”。

一、要文选辑

如东县人民代表大会常务委员会关于议案建议办理工作的问责办法（试行）

（2013年2月27日如东县第十六届人大常委会第十次会议通过）

第一条　为进一步加强议案和建议、批评、意见（以下简称议案建议）办理工作，提高议案建议办理质量和效率，根据《中华人民共和国地方各级人民代表大会和地方各级人民政府组织法》《中华人民共和国全国人民代表大会和地方各级人民代表大会代表法》《中华人民共和国各级人民代表大会常务委员会监督法》及《如东县人大常委会关于县人大代表议案和建议、批评、意见处理办法》《如东县人民政府关于人大议案建议和政协委员提案办理暂行办法》等法律规章的规定，对不认真研究、办理、答复和落实议案建议的承办单位及责任人予以问责追究，特制定本办法。

第二条　本办法所称议案，是指县人大常委会、县人民政府、县人民代表大会代表团或代表10人以上联名按照法定程序，向本级人民代表大会提出的属于本级国家权力机关职权范围内的重大事项，并经大会审议通过的议事原案。

本办法所称建议，是指县人大代表在执行职务时，按照法定程序，提出属于本级人民代表大会及县人民政府、县人民法院、县人民检察院职权范围内的建议、批评和意见。包括大会期间提出的建议、议案转为的建议和闭会期间提出的建议。

第三条　县人民政府及其工作部门、县人民法院、县人民检察院和其他相关单位（以下简称承办单位）在收到议案建议后要及时办理，并区别不同情况，将议案建议办理结果，按下列规定答复代表：

（一）规定时限内能够解决的问题，应当尽快办结并明确答复代表；

（二）应该解决，但在规定时限内难以解决的问题，应当向代表如实说明情况，明确办结时限，在办结后，再向代表作出答复；

（三）受客观条件限制，两年内无法解决的问题，应当向代表说明原因；

（四）议案建议内容与法律、法规规定不符的，应当向代表作出说明和解释。

第四条　在议案建议办理过程中，不履行或不正确履行法定职责，造成不良影响和后果，将对其承办单位及责任人依照本办法问责。

第五条　问责由县人大常委会主任会议确定，提交县人大常委会组织实施。

问责坚持实事求是、依法有序、权责一致、追究责任与改进工作相结合的原则。

第六条　承办单位及责任人有下列情形之一的，应当进行问责：

（一）议案建议办理中有条件解决而未解决实际问题的；

（二）议案建议办理中推诿扯皮、敷衍塞责的；

（三）议案建议的答复内容与事实不符的；

（四）议案建议答复后不按时兑现承诺的；

（五）无故拖延议案建议办理时限的；

（六）县人大常委会主任会议认为其他不当的。

对由多个单位共同办理的议案建议，根据调查情况，对相关单位及责任人进行问责。

第七条　县人大代表、县人大常委会专业代表小组、县人大常委会工作委员会认为承办单位及责任人有被问责情形的，应当书面向县人大常委会主任会议提出问责申请。

申请内容包括：基本情况、存在问题和申请要求。

第八条　县人大常委会主任会议根据问责申请，成立由县人大常委会相关工作委员会负责人和3—5名县人大代表组成的调查组进行调查。

第九条　调查组应在15个工作日内完成调查工作。在开展调查时，通过看、听、问的形式，听取议案建议承办单位负责人和代表的意见，深入实际调研分析，并形成调查报告，提请县人大常委会主任会议研究确定是否提交常委会实施问责。

调查报告内容包括：基本情况、存在问题和原因、处理意见。

第十条 经县人大常委会主任会议确定需要启动问责程序的，调查组形成问责通知书，县人大常委会办公室书面通知被问责单位及责任人。对不需问责的，由县人大常委会人事代表工委负责答复申请人。

第十一条 被问责单位及责任人收到通知后7个工作日内，应按照被问责事项，制定具体的整改措施。县人大常委会主任会议组织部分代表以询问的形式，听取被问责单位及责任人的整改工作汇报，为县人大常委会问责做好准备工作。

第十二条 县人大常委会专题听取和审议被问责单位及责任人整改落实情况的工作报告，对整改情况报告进行满意度测评，并根据测评情况作出问责决定。县人大常委会邀请相关代表列席会议并参加测评。

问责形式如下：

（一）责令被问责单位向代表公开道歉；

（二）对问责单位或责任人进行通报批评；

（三）对被问责单位负责人进行质询。

第十三条 测评分为“满意、基本满意、不满意”三个档次。满意票达到参评人数80%以上（含80%）的为满意；60%（含60%）以上不到80%的为基本满意；60%以下的为不满意。测评结果当场公布。

第十四条 测评结果为满意的，责令被问责单位及责任人公开向代表道歉以取得代表理解；测评结果为基本满意的，对问责单位进行通报批评；测评结果为不满意的，被问责单位应继续进行整改，在下一次县人大常委会会议上报告整改情况并接受询问，由常委会对其再次进行满意度测评。

第十五条 再次测评结果满意率仍不足60%的，将对被问责单位主要负责人依法提出质询，问题严重的建议“一府两院”（县人民政府、县人民法院、县人民检察院）依照（或参照）公务员法对分管负责人和具体承办工作人员进行处理。处理结果及时报县人大常委会。

第十六条 议案建议办理问责情况同时抄送县委、“一府两院”主要领导和分管领导，抄送党委组织部门、政府人事部门，将相关责任事实反馈给相关部门。

第十七条 被问责单位及问责人对问责决定不服的，可自收到问责决定书之日起15日内向县人大常委会主任会议提出申诉，主任会议收到申诉后，应当进行复议复查，并在15个工作日内作出申诉处理，并提请常委会批准。

第十八条 为进一步提高议案建议质量，会前，代表要认真联系走访选民，了解民情，倾听群众意见，并认真思考归纳提出有针对性、可行性和可操作性的议案建议；各镇人大、代表小组要组织代表培训，帮助代表完善议案建议，着力提高议案建议的质量；代表大会期间，大会议案组认真做好议案建议的受理工作，把好议案建议的入口关。闭会期间，代表的建议由县人大常委会人事代表工作委员会受理把关并负责交办。联系督办的县人大常委会各相关工作委员会及时了解议案建议的办理进展情况，加强跟踪督办。

第十九条 调查人员滥用职权、徇私舞弊、玩忽职守，作出的调查结论严重失实的，应当依照有关规定追究其责任。

第二十条 本办法自通过之日起施行。

如东县人大常委会专项工作评议办法

（2013年9月27日如东县第十六届人大常委会第十五次会议通过）

第一条 为进一步加强监督工作，发挥常委会组成人员和人大代表作用，促进本级国家行政机关、审判机关、检察机关依法行政、公正司法，根据《中华人民共和国宪法》《中华人民共和国地方各级人民代表大会和地方各级人民政府组织法》《中华人民共和国各级人民代表大会常务委员会监督法》的有关规定，以及县人大常委会《关于进一步提高常委会会议和主任会议质量的意见》，借鉴市人大常委会和外地相关经验，结合工作实际，制定本办法。

第二条 本办法所称专项工作，是指县人民政府及其所属部门、本辖区垂直管理部门、县人民法院、县人民检察院拟向县人大常委会报告的专项工作。专项工作评议项目按照《中华人民共和国各级人民代表大会常务委员会监督法》第九条的规定进行选择和确定，由主任会议决定列入年度工作计划要点。主任会议也可以根据需要，适时调整专项工作评议项目及被评机关。专项工作评议项目主要分三个类别：

（一）县人民代表大会议案的办理情况以及县人大常委会根据议案所作相应决议的执行情况；

（二）县人大代表提出的并经主任会议确定为重点督办建议以及其他重要建议的办理情况；

（三）县人大常委会会议重点听取和审议的县政府及其所属部门、垂直管理部门、县人民法院、县人民检察院的专项工作。

第三条 县人大常委会有关工作机构制定专项工作评议方案，经主任会议审定后以文件形式下发实施。评议工作邀请部分县人大代表和镇（区）人大负责人参加。评议县人民代表大会议案办理及相应决议执行情况时，邀请联名提出议案的相关县人大代表参加；评议重点督办的建议和其他重要建议的办理情况时，邀请提出建议的县人大代表参加；评议部门工作时，邀请相关领域的县人大代表参加。

第四条 县人大常委会在开展评议活动1个月前正式通知被评议单位开展自查，做好专项工作报告起草等相关准备。常委会成立由县人大常委会组成人员、部分县人大代表和相关工作人员组成的评议工作调查组，认真开展调研，客观作出评价。被评议单位在召开评议会议15日前，将专项工作报告送交评议工作调查组征求意见。评议工作调查组在召开评议会议7日前形成调查报告，并提交主任会议讨论。

第五条 评议调查可采取听取汇报、走访座谈、约见询问、查阅资料、民意调查、明察暗访等多种方式，广泛听取被评议单位、基层群众、下属单位以及上级主管领导和相关单位等各方面的意见，全面客观地了解被评议专项工作的情况。必要时，主任会议可以要求审计、监察部门对被评议单位进行审计或者调查。

第六条 评议程序一般包括：

（一）听取被评议单位专项工作报告；

（二）听取评议工作调查组的调查报告；

（三）专题询问；

（四）评议发言；

（五）对专项工作或部门工作进行满意度测评，并当场宣布测评结果。评议情况和结果向社会公布。

第七条 满意度测评分为“满意、基本满意、不满意”三个档次。获得满意票超过出席会议的评议人员总数80%以上（含80%）的为满意；获得满意和基本满意票超过出席会议的评议人员总数60%以上（含60%）的为基本满意；低于60%为不满意。测评的内容一般包括：

（一）报告是否如实反映工作情况；

（二）所报告工作的实效及社会效果；

（三）对前阶段工作中尚存在问题的查找是否准确；

（四）对下一步工作拟采取的措施和做法是否可行；

（五）其他需要测评的内容。

第八条 县人大常委会组成人员和人大代表

对被评议单位提出的意见，由评议工作调查组及时负责汇总整理，经主任会议审定形成县人大常委会评议意见，以县人大常委会文件形式交由被评议单位研究处理。满意度测评被评为不满意的，经主任会议决定，常委会适时再次听取相关情况报告，并再次进行满意度测评，如果满意度仍达不到60%，将依法启动问责程序。

第九条 被评议单位应按照交办的评议意见进行整改，并在收到评议意见之日起15日内，向县人大常委会报送整改方案，3个月内，经征求县人大常委会有关工作机构意见，向县人大常委会提交整改情况报告。县人大常委会对专项工作评议情况将向相关方面进行通报和反馈。

第十条 本办法由县人大常委会主任会议负责解释，自通过之日起施行。

如东县人大常委会关于加强常委会联系代表、代表联系人民群众的意见

（2014年7月29日如东县第十六届人大常委会第二十一次会议通过）

为深入贯彻党的十八大和十八届三中全会精神，进一步加强和改进代表工作，根据《中华人民共和国全国人民代表大会和地方各级人民代表大会代表法》和《如东县人大常委会关于县人大代表联系选民的试行办法》等有关规定，现就加强县人大常委会联系代表、代表联系人民群众，提出如下意见。

一、完善常委会联系代表机制，充分发挥代表作用

1. 加强常委会组成人员同代表的联系。在征得代表本人同意后，常委会组成人员每人固定联系5名以上县人大代表。通过正常上门走访、召开座谈会、电话沟通、信函交流和网上互动等方式，与代表保持密切联系。联系内容突出宣传法律政策，通报相关工作，了解、关心代表履职和工作生活情况，直接听取代表建议意见。县人大人事代表工委主动做好服务，及时收集整理组成人员联系代表情况，每年底向主任会议汇报，并根据主任会议要求在一定范围内通报。

2. 完善常委会领导接待代表日制度。常委会领导每年定期接待县人大代表，认真听取代表建议意见。围绕常委会监督、代表工作以及议案建议督办等议题，确定接待活动主题。引导代表在活动前收集意见，在活动中讲真话、说实情，提升活动效果。对代表提出的建议意见转交有关方面处理，重要的纳入主任会议或常委会会议审议监督内容。

3. 扩大代表对常委会工作的参与面。常委会审议决定重大事项前，根据需要征求代表意见。常委会组织开展专项视察、工作调研、工作评议和执法检查时，邀请部分熟悉该项工作的代表参加。适当扩大代表列席常委会会议人数，注重邀请工人、农民、知识分子代表和专业代表小组代表列席会议。列席代表可以发言，形成的审议意见要注意吸纳列席代表意见。县人大各工作委员会加强与专业代表小组的联系，指导和开展好专业代表小组活动。

4. 加强议案建议意见的交督办。对联系代表提出的个性问题建议意见，常委会组成人员可直接反馈给“一府两院”及其部门；对共性问题的建议意见，可向主任会议反映；必要时，由主任会议形成主任会议建议书交“一府两院”办理。对县人代会例会确定的议案和重点建议，由常委会分管领导牵头组织交督办，适时组织代表听取年中办理进展情况。加大督办推进力度，必要时可将办理情况列为专项工作评议议题。县人大各工作委员会加强与承办单位的联系沟通，着力提高议案建议办成率和代表满意率。

二、健全代表联系人民群众制度，畅通民情民意渠道

5. 加强代表同人民群众的联系。县人大代表在各自选区固定联系10名以上选民群众，并正常

与他们保持互动型、紧密型联系。充分发挥密切联系群众优势，联系内容突出宣传解释政策，收集反馈意见，力所能及帮助协调解决群众生产生活中的难题。县人大代表自觉接受群众监督，通过多种形式向群众报告履职情况。

6. 丰富代表联系人民群众方式。县人大代表切实增强群众观念，通过多种途径密切联系群众。积极参加代表小组活动，通过定点联系深入一线，真实反映群众意见和要求。在各“代表之家”设立联系电话，方便人民群众约见代表、反映意见。严格执行民情日记、代表接待选民日、代表述职评议等制度，通过定期接待、定期走访、定点协调、专题协调等方式，丰富联系内容，提升联系成效。进一步加强县人大网站建设，设置代表页面，开设网民留言，增加网上互动栏目。

7. 增强代表视察调研活动实效。严格按照代表法要求，县、镇人大认真组织代表开展年中专题调研和会前集中视察。每年县人代会例会前，由主任会议确定议题，委托镇人大组织开展集中视察。代表视察和专题调研应当围绕党委政府的中心工作和人大的重点议题，有计划、有主题、有成效地开展。视察和调研活动要与走访选民群众结合起来，深入实际，深入选民，了解真实情况。县人大各代表小组（含专业代表小组）积极开展专题调研活动，并提交质量较高的调研报告。

8. 建立群众意见处理反馈制度。县人大代表联系群众收集到的建议意见，需要解释说明的，应直接向群众解释说明；需要向相关部门反映的，可以在出席县人代会例会审议时提出，可以向县、镇人大反映，可以在列席常委会会议、应邀参加人大和“一府两院”召开的座谈会时发言提出，可以作为闭会期间代表建议提出。对代表收集的群众意见，县人大相关工作机构及时整理归纳，向主任会议汇报，并根据主任会议要求进行处理。县人大代表及时将选民意见处理情况在一定范围内向群众反馈。

三、强化服务管理职能，保障代表履行职责

9. 加强代表履职培训，畅通代表知情知政渠道。常委会制定代表履职学习计划，开展初任培训、履职培训和专题培训，增强代表的政治意识、法治意识和群众观念，提高代表履职的责任感和自觉性。定期向代表寄送常委会会报和有关资料，联系督促“一府两院”定期通报经济社会发展情况、法院和检察工作情况。发挥好县人大网站作用，运用现代信息手段扩大代表知情知政范围。

10. 为代表履职提供时间和物质保障。代表活动经费和培训经费列入本级财政预算，做到严格管理，专款专用，并根据经济发展情况适时调整。县、镇人大加强督促协调，确保代表在履职活动中，所在单位依法给予必要的时间和物质保障。

11. 加强对代表履职情况的管理。县人大人事代表工委根据代表的职业和专业特长建立资源库。县人大各代表小组切实加强对代表出席县人代会、提出议案建议、参与常委会活动和联系人民群众等履职情况的登记管理。县人大常委会建立和完善人大代表履职信息管理系统，将代表履职情况作为考核评优和推荐连任的重要依据。

12. 大力营造代表依法履职的氛围。常委会各办事机构和工作机构是代表履职的服务机构，要尊重代表、关心代表、宣传代表，支持代表依法履职并提供服务保障。各镇人大受常委会的委托，组织所属地县人大代表开展活动，及时向常委会报告活动情况。县、镇人大切实加强对常委会联系代表、代表联系人民群众的宣传，总结推广好经验好做法，为代表充分发挥作用营造良好环境。

如东县人大常委会任命的县“一府两院”工作人员报告履职情况暂行办法

（2015年7月30日如东县第十六届人大常委会第二十八次会议通过）

第一条　为了加强对县人大常委会任命的

县人民政府、县人民法院、县人民检察院（简称“一府两院”）工作人员履职情况的监督，根据《中华人民共和国宪法》《中华人民共和国地方各级人民代表大会和地方各级人民政府组织法》《中华人民共和国各级人民代表大会常务委员会监督法》等有关法律的规定，结合本县实际，制定本办法。

第二条 报告履职情况的对象为县人大常委会任命的县人民政府组成人员、县人民法院和人民检察院的工作人员。

第三条 履职报告工作在县人大常委会的领导下进行，由主任会议组织实施。报告履职情况的对象和履职报告工作实施方案由主任会议研究确定，在县人大常委会会议召开一个月前下发通知，并报送有关方面。

第四条 履职报告的内容：贯彻党的路线、方针、政策情况；执行国家宪法、法律和依法行政、公正司法的情况；履行岗位职责，完成工作任务的情况，勤政廉政的情况；贯彻执行县人民代表大会及其常委会的决议、决定的情况；办理人大代表议案和建议、批评、意见的情况；县人大常委会要求报告的其他事项。

第五条 报告履职情况的对象按照本办法第四条规定，撰写履职报告，并在本部门及所属单位征求意见。履职报告应在县人大常委会会议召开7天前送达县人大常委会办公室。

第六条 县人大常委会建立考察小组，分别到所属部门和有关方面了解履职情况。考察小组起草初步考察报告，经主任会议讨论后，书面提供县人大常委会会议审议参考。

第七条 县人大常委会会议听取和审议履职报告时，可邀请部分县人大代表参加，以无记名投票方式进行满意度测评，并公开测评结果。满意度测评设满意、基本满意、不满意三个档次：满意票和基本满意票超过80%（含80%）为满意；满意和基本满意票低于80%，超过60%（含60%）为基本满意；满意和基本满意票低于60%为不满意。

第八条 县人大常委会会议召开后，考察小组负责形成书面审议意见，反馈给报告履职情况的对象。报告履职情况的对象在接到审议意见一个月内，向县人大常委会提交书面整改方案，六个月内提交书面整改情况报告。考察小组负责跟踪检查整改工作，并将检查情况向主任会议报告。

第九条 对测评结果为不满意的报告履职情况的对象，县人大常委会将启动问责程序。

第十条 按照坚持党管干部原则，将报告履职工作的情况向县委报告，并向相关方面进行反馈和通报。

第十一条 本办法由县人大常委会主任会议负责解释。

第十二条 本办法自通过之日起实施。

如东县人大常委会议事规则

（2022年1月14日如东县第十八届人大常委会第一次会议通过）

1991年1月10日，如东县第十一届人大常委会第七次会议通过《如东县人大常委会议事规则》。2004年11月29日，如东县第十四届人大常委会第十二次会议进行修订。2007年9月26日，如东县第十四届人大常委会第三十七次会议进行第二次修订。2014年9月29日，如东县第十六届人大常委会第二十二次会议进行第三次修订。2017年1月13日，如东县第十七届人大常委会第一次会议进行第四次修订。2022年1月14日，如东县第十八届人大常委会第一次会议进行第五次修订。全文如下：

第一章 总 则

第一条 为了依法行使职权，提高议事质量和效率，根据《中华人民共和国宪法》及《中华人民共和国各级人民代表大会常务委员会监督法》《中华人民共和国地方各级人民代表大会和地方各级人民政府组织法》等有关法律的规定，结合县人民代表大会常务委员会的工作实际，制定本规则。

第二条 常务委员会应坚持中国共产党的领导，坚持全过程人民民主，始终同人民保持密切联系，倾听人民意见和建议，从人民利益出发，对人民负责，受人民监督。

第三条 常务委员会审议议案、决定问题，应当充分发扬民主，实行民主集中制原则，依照法定的权限和程序，集体行使职权。

第二章　会议的召开

第四条 常务委员会会议一般每两月举行一次，必要时可以加开会议。有特殊需要时，经主任会议讨论决定，可以临时召集会议。

常务委员会会议由主任召集并主持，主任可以委托副主任召集并主持会议。

第五条 常务委员会会议必须有常务委员会组成人员过半数出席，才能举行。

第六条 常务委员会组成人员应当出席常务委员会会议，并服从会议安排，非特殊原因不得请假。确有原因需请假的，可以在会议举行 3 日前以书面形式或会议期间以口头形式，通过常务委员会办公室并报请领导同意后方可请假。

第七条 常务委员会会议日期由主任会议确定，会议议程草案和日程草案由主任会议拟定，提请常务委员会会议决定。

第八条 常务委员会举行会议应当在会议举行前 15 天，将会议日期、会议议程草案，通知常务委员会全体组成人员。临时召集的会议可以临时通知。

第九条 常务委员会举行会议 15 天前，办公室根据主任会议决定，需将会议日期、议程草案通知县人民政府、监察委员会、县人民法院和县人民检察院。

县人民政府、监察委员会、人民法院、人民检察院应当在常务委员会举行会议的 10 日前，由其办事机构将专项工作报告送交常务委员会有关工作机构征求意见；县人民政府、监察委员会、县人民法院、县人民检察院须在常务委员会会议举行前 7 天，将提请会议审议的专项工作报告或者其他议案送交常务委员会办公室，常务委员会办公室将会议材料发给常务委员会组成人员。

第十条 常务委员会举行会议前，主任会议根据会议审议的需要，可以组织组成人员和县人大代表对有关工作进行视察或专题调查研究，提出意见。

常务委员会办事机构应当将各方面对该工作的意见汇总，交由县人民政府、监察委员会、人民法院、人民检察院研究并在专项工作报告中作出回应。

第十一条 常务委员会举行会议时，县人民政府县长、监委主任、县人民法院院长和县人民检察院检察长列席会议；根据需要，经主任会议同意，县人民政府副县长、有关部门主要负责人可以列席常务委员会会议。

县人民政府有关部门、监察委员会、人民法院、人民检察院主要负责人因特殊情况不能列席会议的，应事先向主任或主任会议说明情况，经同意后，可委托副职领导列席会议。

第十二条 常务委员会举行会议时，常务委员会各工作机构负责人列席会议。经主任会议同意，可以邀请参加视察或者专题调查研究的县以上人民代表以及镇（区）人大主席（人大工委主任）列席会议，视情况可邀请市民进行旁听。

列席常务委员会会议的人员有发言权，没有表决权。

第十三条 常务委员会会议在审议报告或议案时，应通知有关部门负责人到会听取意见，回答询问。

第十四条 常务委员会会议情况应当公开报

道，必要时可以举行新闻发布会。

第三章　议案的提出

第十五条　县人民代表大会交付常务委员会审议的议案，由常务委员会有关工作委员会讨论、提出意见后，再由主任会议提请常务委员会会议审议。

第十六条　主任会议可以向常务委员会提出属于常务委员会职权范围内的议案，由常务委员会会议审议。

第十七条　县人民政府、县人民法院和县人民检察院可以向常务委员会提出属于常务委员会职权范围内的议案，由主任会议决定提请常务委员会会议审议，或者先交有关工作委员会调查提出意见，提请常务委员会会议审议。

第十八条　常务委员会组成人员3人以上联名，可以向常务委员会提出属于常务委员会职权范围内的议案，由主任会议决定是否提请常务委员会会议审议，或者先交有关工作委员会调查、提出意见，再决定是否提请常务委员会会议审议。

第十九条　向常务委员会提出的议案，必须采取书面形式，写明议题、理由和具体方案，提供有关资料，对常务委员会组成人员提出的问题作必要的说明。

常务委员会组成人员联名提出的议案，县人民政府、监察委员会、县人民法院和县人民检察院提出的议案，应在常务委员会会议举行前7天交常务委员会办公室。

第二十条　对列入常务委员会会议议程的议案，提议案的机关、提案人应提供有关的资料，并作必要的说明。

第二十一条　列入常务委员会会议议程的议案，在交付表决前，提案人要求撤回的，经主任会议研究，并征得多数组成人员同意，对该议案的审议即行停止。

第二十二条　主任会议决定不提请常务委员会审议的议案，主任会议应向常务委员会会议报告并向提案人说明。

第二十三条　人事任免议案的提出，按照《如东县人大常委会人事任免办法》执行。常务委员会通过人事任命事项后，应当依法举行颁发任命书仪式和宪法宣誓仪式。

第四章　报告的听取

第二十四条　常务委员会全体会议根据主任会议提请，听取和审议县人民政府、监察委员会、人民法院、人民检察院的专项工作报告或常务委员会的执法检查报告、评议部门的工作报告、专项工作评议报告和任命人员的述职报告等。

第二十五条　常务委员会全体会议听取和审议的专项工作报告，一般应由县长、副县长、监察委主任、法院院长、检察院检察长到会作报告。因特殊情况不能到会作报告时，经常务委员会主任同意，县人民政府可以委托组成部门主要负责人，县监察委员会、县人民法院、县人民检察院可以委托副职到会作报告。常务委员会的执法检查报告一般由分管副主任作报告，特殊情况可由相关工作委员会主要负责人作报告。评议部门的工作报告和专项工作评议报告应由部门主要负责人到会作报告。述职报告应由述职对象本人到会作报告。专项工作报告或执法检查报告、评议部门工作报告、专项工作评议报告和述职报告应抓住重点，实事求是，客观反映成绩和问题，提出改进措施。

第二十六条　若有特殊情况，主任会议可以事先听取县人民政府、监察委员会、人民法院、人民检察院的专项工作报告。如有必要，应向常务委员会会议说明。

常务委员会的执法检查报告应由主任会议先行听取并提出意见，修改后再提请常务委员会会议听取和审议。

第二十七条　对代表和群众反映的属于常务委员会职权范围内比较突出的问题，由主任会议交有关工作委员会或其他有关部门调查核实后，向主任会议作出报告，由主任会议决定是否列入常务委员会会议议程、听取专题报告或提出质询。

县人民政府、监察委员会、人民法院、人民检察院可以向本级人民代表大会常务委员会要求报告专项工作。由主任会议决定是否列入常务委员会会议议程。

第五章　审议和表决

第二十八条　常务委员会审议报告和议案，采取全体会议或分组会议审议的方式进行。

分组审议时，被审议工作的部门负责人应回避，待全体会议时听取审议意见汇总。

第二十九条　常务委员会审议报告和议案后可以进行表决，也可以作出决议、决定，或者提出审议意见。

有关工作委员会应根据会议审议的情况，起草决议草案、决定草案或审议意见。决议草案、决定草案提请本次常务委员会会议审议，通过后交有关单位执行。

审议意见一般由相关工作委员会在闭会之日起 5 个工作日内整理成文并由常务委员会分管副主任审核，主任签署后，交有关单位研究办理；重要的审议意见报主任会议研究，再交有关单位办理。

第三十条　常务委员会通过的决议决定或提出的审议意见，连同听取的专项工作报告或执法检查报告向本级人大代表通报并向社会公布，由常务委员会相关工作委员会负责跟踪督促检查。县人民政府、监察委员会、人民法院、人民检察院应在决议、决定通过之日起或者审议意见送达之日起 15 日内提出办理方案，送交常委会办公室和相关委室，3 个月内将办理落实的阶段性成果和情况向常委会作出书面报告。对办理不认真、不及时、不到位的，主任会议应直接听取有关责任机关的专题汇报，常委会也可按照法律规定启用质询、特定问题调查等方式进行问责。

第三十一条　按照正确监督、有效监督、依法监督的总要求开展审议工作。推动审议关口前移，进一步强化审前调查研究，建立健全专项工作报告预审机制。提升常委会会议组织化水平，规范审议发言，改进审议方式，提高审议质量，增强审议效果。持续打造工作闭环，健全完善常委会审议意见交办督办机制和落实情况评价机制，以条目式、清单式的梳理方式反映审议成果，通过视察、检查等方式开展全过程跟踪监督，常态化施行“两清式”（清单销号、清零整改）和“两动式”（调研推动、审议促动）审议。

常务委员会组成人员和列席会议的人员，会前应积极走访群众，认真调查研究；会上要紧紧围绕议题，踊跃发言。发言要抓住中心，力求简明扼要。在会上未发言的常务委员会组成人员要认真填写审议意见登记表作为书面发言材料。

如有必要，常务委员会组成人员也可在会上自由选题发言，发言一般不超过十五分钟。

第三十二条　参加表决的对象为出席常务委员会会议的常务委员会组成人员。表决采取无记名投票方式、举手方式或其他方式。

第三十三条　表决的主要事项及方式

（一）表决常务委员会作出的决议决定，采取举手方式，分同意、反对、弃权三个档次；

（二）表决县人民政府、监察委员会、人民法院、人民检察院提交常务委员会会议审议的专项工作报告、部门接受常务委员会评议的工作报告以及专项工作评议报告，采用无记名投票方式，分满意、基本满意、不满意三个档次；

（三）表决常务委员会和县人民政府、监察委员会、人民法院、人民检察院人事任免议案，采用无记名投票方式，分同意、反对、弃权三个档次；

（四）表决国家机关工作人员述职报告，采用无记名投票方式，分称职、基本称职、不称职三个档次；

（五）对其他需要表决的事项和方式，由主任会议提出，常务委员会全体会议决定。

第三十四条 表决结果的处置

（一）每次表决同意的、满意和基本满意的、称职和基本称职的得票数超过常务委员会全体组成人员半数的为通过，否则为未被通过。

（二）对表决未能通过的事项，分别按照下列情况作出处理。

1. 常务委员会决议决定经表决未被通过的，可经修改后再提交常务委员会会议进行表决。

2. 县人民政府、监察委员会、人民法院、人民检察院专项工作报告、部门接受常务委员会评议的工作报告和专项工作评议报告经表决未被通过的，原则上经修改后再向常务委员会会议作出报告，常务委员会再行审议表决；也可以先向主任会议汇报，由主任会议提请常务委员会全体会议审议决定。

3. 常务委员会和县人民政府、监察委员会、人民法院、人民检察院人事任免议案经表决未被通过的，由提请单位按《如东县人大常委会人事任免办法》的有关规定办理。

第三十五条 列入常务委员会会议议程需要表决的议案和报告，在审议中如认为有重大问题，需进一步研究，经主任或主任会议提出，出席会议的常务委员会组成人员过半数同意的，可以暂不表决，交有关工作委员会进一步研究，提出意见后，再提交下一次常务委员会会议进行表决。

第三十六条 常务委员会组成人员在常务委员会会议上的发言和表决，不受法律追究。

第六章 询问、质询和特定问题调查

第三十七条 常务委员会审议议案和报告时，常务委员会组成人员可以向有关部门和单位提出询问。

常务委员会举行全体会议、联组会议时，有关部门和单位负责人应当到会听取意见、回答询问。

第三十八条 经主任会议决定，常务委员会可以在听取和审议专项工作报告和执法检查报告时，以及围绕改革发展稳定大局和人民切身利益、社会普遍关注的重大问题，就相关问题进行专题询问。专题询问一般采取联组会议的形式。

根据专题询问的议题，县人民政府、监察委员会、人民法院、人民检察院的负责人应当到会，听取意见，回答询问。

专题询问中提出的意见送有关机关研究落实，有关部门应当及时向常务委员会提交整改落实情况报告。必要时，可以由主任会议将整改落实情况报告提请常务委员会审议，由常务委员会作出决议。

第三十九条 常务委员会会议期间，常务委员会组成人员 3 人以上联名，可以向常务委员会书面提出对县人民政府及其所属组成部门，县人民法院、县人民检察院的质询案。

第四十条 质询案必须写明质询对象、质询的问题和内容。

第四十一条 质询案由主任会议决定，由受质询机关的负责人在常务委员会会议或者主任会议上口头答复，也可书面答复。

质询案以书面答复的，应当由被质询机关负责人签署，并印发常务委员会全体组成人员；质询案在主任会议上答复的，应通知提质询案的常务委员会组成人员列席会议，发表意见。

受质询机关在常务委员会会议答复质询时，会议应进行审议。

第四十二条 提出质询案的常务委员会组成人员对受质询机关答复不满意的，可以继续质询，经主任会议决定，受质询机关应重新作出答复。必要时，可以由常务委员会作出决定，交质询机关执行。

第四十三条 列入常务委员会会议的质询案，在受质询机关未作出答复前，提出质询案的常务委员会组成人员要求撤回的，经主任会议同意，对该质询案的审议即行终止。

第四十四条 主任会议或者五分之一以上的

常务委员会组成人员书面联名，可以提议组织关于特定问题的调查委员会，由主任会议提请常务委员会会议决定。

第四十五条 调查委员会由主任委员、副主任委员和委员若干人组成，由主任会议在常务委员会组成人员或其他县人民代表中提名，提请常务委员会会议通过。与调查问题有利害关系的常务委员会组成人员和其他人员不得参加调查委员会。

调查委员会可以聘请有关人员参加调查工作。

第四十六条 调查委员会进行调查的时候，一切有关的国家机关、企业事业组织、社会团体和公民都有义务如实提供必要的材料。

提供材料的公民要求对材料来源保密的，调查委员会应当予以保密。

调查委员会在调查过程中，可以不公布调查的情况和材料。

第四十七条 调查委员会向常务委员会提出调查报告，常务委员会会议根据调查委员会的报告，可以作出相应的决议、决定。

第七章 附 则

第四十八条 本规则由县人民代表大会常务委员会负责解释。

第四十九条 本规则自常务委员会会议修订之日起执行。

如东县人大常委会工作细则

（2022年1月14日如东县第十八届人大常委会第一次会议通过）

1987年4月30日，如东县第十届人大常委会第二次会议通过《如东县人大常委会工作细则》。2007年9月26日，如东县第十四届人大常委会第三十七次会议进行修订。2017年1月13日，如东县第十七届人大常委会第一次会议进行第二次修订。2022年1月14日，如东县第十八届人大常委会第一次会议进行第三次修订。全文如下：

第一章 总 则

第一条 为了加强县人大常委会的工作建设，充分发挥地方国家权力机关的作用，根据《中华人民共和国宪法》《中华人民共和国地方各级人民代表大会和地方各级人民政府组织法》《中华人民共和国各级人民代表大会常务委员会监督法》《中华人民共和国全国人民代表大会和地方各级人民代表大会选举法》的有关规定，参照省、市人大常委会工作条例，结合我县的实际情况，特制定本细则。

第二条 县人民代表大会常务委员会是县人民代表大会的常设机关，是地方国家权力机关，在县人民代表大会闭会期间，依照宪法和法律的规定行使职权，对县人民代表大会负责并报告工作。

第三条 常务委员会的主要职权是：在本行政区域内，保证宪法、法律、行政法规和上级人民代表大会及其常务委员会决议的遵守和执行；主持或者领导县、镇两级人民代表大会的选举；召集县人民代表大会会议；讨论决定本县的政治、经济、教育、科学、文化、卫生、环境和资源保护、民政、民族等工作的重大事项；根据县人民政府建议，决定对本县国民经济和社会发展计划、预算的部分变更；监督县人民政府、县监察委员会、县人民法院、县人民检察院的工作，联系本级人民代表大会代表，受理人民群众对上述机关和国家工作人员的申诉和意见；撤销县人民政府不适当的决定和命令；撤销镇人民代表大会不适当的决议；依照法律规定的权限，决定国家机关工作人员的任免；在县人民代表大会闭会期间，补选上一级人民代表大会出缺的代表和罢免个别代表；决定授予县一级的荣誉称号。

第四条 常务委员会坚持中国共产党领导，坚持全过程民主，坚持民主集中制的原则，实行集体负责制。

第五条 常务委员会履行监督职权，按照《中华人民共和国各级人民代表大常务委员会监督法》执行。

第六条 常务委员会履行讨论、决定重大事项的职权，按照《如东县人大常委会讨论、决定本行政区域内重大事项的规定》执行。

第七条 常务委员会履行人事任免的职权，按照《如东县人大常委会人事任免办法》执行。

第二章 常务委员会会议

第八条 常务委员会会议由主任召集，每两个月至少举行一次。

第九条 常务委员会会议建立签到制度。常务委员会组成人员除因病或者其他特殊原因请假的以外，必须出席会议。

第十条 县人民代表大会交付常务委员会审议的议案，由常务委员会有关工作委员会讨论，提出意见后，再由主任会议提请常务委员会会议审议。

主任会议可以向常务委员会提出属于常务委员会职权范围的议案，由常务委员会会议审议。

县人民政府、县监察委员会、县人民法院、县人民检察院可以向常务委员会提出属于常务委员会职权范围内的议案，由主任会议决定是否提请常务委员会会议审议；或者先交常务委员会有关工作委员会研究并提出报告，再由主任会议决定是否提请常务委员会会议审议。

常务委员会组成人员3人以上联名，可以向常务委员会提出属于常务委员会职权范围内的议案，由主任会议决定是否提请常务委员会会议审议，或者先交有关工作委员会研究提出报告，再由主任会议决定是否提请常务委员会会议审议。

第十一条 常务委员会会议的议程草案和开会日期，由上一次常务委员会会议初步确定。常务委员会办公室在会议举行的十五天前，通知常务委员会组成人员和列席会议的有关部门或者有关人员。

第十二条 常务委员会举行会议的时候，县人民政府、县监察委员会、县人民法院、县人民检察院的负责人列席会议；依照会议内容，常务委员会有关委室负责人和县人民政府所属有关部门负责人可以列席会议；根据会议需要，可以邀请政协负责人、县人民代表大会代表或镇区人大、政府的负责人列席。

第十三条 常务委员会举行会议的时候，首先根据主任会议的建议，讨论通过会议的议程和日程。

会议根据确定的议程，听取和审议有关方面的工作报告或常务委员会的执法检查报告，讨论通过有关的决议、决定或提出审议意见。

常务委员会会议审议的议案，在交付全体会议表决前提案者要求撤回的，对该议案的审议即行终止。

第十四条 在常务委员会会议期间，常务委员会的组成人员3人以上联名，可以向常务委员会书面提出对县人民政府、县监察委员会、县人民法院、县人民检察院的质询案，由主任会议决定交受质询机关答复。

第十五条 常务委员会组成人员和列席会议的人员在全体会议和联组会议以及分组会议上的要主动积极发言，事先做好准备，围绕议题，简短明确地提出意见和建议。发言离开议题或者发言时间过长时，会议主持人应向发言人提示注意。

第十六条 常务委员会会议审议的议案、人事任免案，作出的决议等，由常务委员会以全体组成人员的过半数通过。

第十七条 常务委员会应当将会议的决议、决定或审议意见，分别交县人民政府、县监察委员会、县人民法院、县人民检察院贯彻实施，并加强检查督促。

第十八条 县人民政府、县监察委员会、人民法院、人民检察院一般应在3个月内向常务委员会提出贯彻实施决议决定或研究办理审议意见的情况报告。由主任会议决定是否提交常务委员会会议审议。

第三章　常务委员会主任和主任会议

第十九条　常务委员会主任主持常务委员会的工作，副主任协助主任工作。

第二十条　常务委员会主任、副主任组成主任会议，处理常务委员会的重要日常工作：

一、决定常务委员会每次会议的会期，拟定会议议程草案；

二、研究决定提请常务委员会会议审议的议案；

三、决定办公室和各工作委员会提出的重要事项；

四、听取县人民政府、县监察委员会、县人民法院、县人民检察院的专题工作汇报；

五、处理常务委员会授权的事项和其他日常工作。

第二十一条　主任会议每半个月举行一次，必要时可随时召开。

第二十二条　常务委员会办公室主任、各工作委员会主任、研究室主任、信访督办室主任、专职委员列席主任会议；各委室副主任以及其他有关人员，根据需要也可以列席主任会议。主任会议认为有必要，可以请县人民政府及其部门、县监察委员会、县人民法院、县人民检察院负责人列席会议。

第四章　常务委员会办公室和各工作委员会、研究室、信访督办室

第二十三条　办公室是常务委员会的办事机构，办公室设主任1人，副主任若干人。主任主持办公室工作，副主任协助主任工作。

办公室根据工作需要设若干科，承办办公室的有关工作。

第二十四条　办公室的主要工作：

一、承办县人民代表大会会议、常务委员会会议、主任会议和常务委员会有关活动的具体工作；

二、起草常务委员会的文件，负责机关文书处理，编印常务委员会的刊物；

三、负责机关党的建设、精神文明建设、工会工作、机关工作人员的调配、考核、奖惩等事宜；

四、加强与上级人大常委会工作机构及县“一府一委两院”或其他单位的工作联系；

五、负责常务委员会领导参加各项活动的组织安排；

六、承办机关行政管理工作、接待工作和老干部服务工作；

七、办理常务委员会和领导交办的其他事项。

第二十五条　常务委员会根据法律规定和实际工作需要，设立监察和司法工作委员会、财政经济工作委员会、农业和农村工作委员会、教科文卫工作委员会、人事代表工作委员会、城乡建设环境资源工作委员会和常务委员会认为需要设立的其他工作委员会。各工作委员会都是常务委员会的工作机构。

第二十六条　各工作委员会由主任1人，副主任1至2人和若干人组成，必要时可以聘请顾问。

第二十七条　各工作委员会的主任主持工作，副主任协助主任工作。各工作委员会可以根据工作需要，在组织调查研究或召开会议时，邀请有关人员参加。

第二十八条　各工作委员会的职责：

一、受常务委员会委托，检查国家法律、法令、地方性法规以及上级人大常委会有关决议、决定的执行情况；

二、围绕常务委员会会议审议决定的重大问题，进行调查研究，提出处理意见和建议，为常务委员会会议做好准备；

三、受常务委员会或主任会议的委托，听取受质询机关对质询案的答复，并向常务委员会或主任会议报告；

四、办理常务委员会交办的议案，会同办公室检查催办代表提出的议案、建议、批评和意见；

五、按照常务委员会的分工，加强与“一府委两院”有关部门的联系，检查了解有关工作情况；

六、受常务委员会委托，组织讨论上级人大常委会征求意见的法律、法规（草案），提出意见和建议；

七、加强与相关代表的联系，办理常务委员会或者主任会议交办的其他事项，向主任会议提出同本委员会有关的工作意见。

第二十九条 研究室的职责：

一、按照新时期的工作要求和任务，对人大工作开展研究，确定研究课题，正常开展活动，搞好组稿和投稿工作；

二、参与综合文字、《如东人大网》建设维护和常务委员会刊物的编辑工作；

三、负责机关的宣传报道工作，加强与新闻媒体的联系，负责与上级人大报刊的通讯联络工作。

第三十条 信访督办室的职责：

一、具体负责常务委员会的信访工作，负责来信来访的统一接待、登记、交办、督办、归档和保密工作；

二、承办上级人大常委会交由处理的信访事项；

三、配合常务委员会相关工作机构对应由县人大常委会受理的重要信访事项开展调查和督办工作；

四、定期研究分析信访工作形势，提出阶段性工作要求，集中会办重要信访事项。

第五章 县人民代表大会代表的选举和会议的召集

第三十一条 常务委员会主持本级人民代表大会代表的选举，并指导镇人民代表大会代表的选举工作。

县人民代表大会任期届满以前，常务委员会必须完成下届县人民代表大会代表的选举。

第三十二条 县人民代表大会代表名额的确定和分配，依照选举法规定，由常务委员会决定，并报上一级人民代表大会常务委员会备案。

第三十三条 县人民代表大会代表选出后，由代表资格审查委员会进行审查。常务委员会根据代表资格审查委员会提出的报告，确认代表的资格或者确定个别的当选无效，并在每届县人民代表大会第一次会议前公布代表名单，培训新一届人大代表。

第三十四条 县人民代表大会代表，任期内如因故出缺，经常务委员会决定，在原选举单位依法补选。补选的县人民代表大会代表，由代表资格审查委员会进行审查，经常务委员会确认代表的资格后，公布补选代表的名单。

第三十五条 县人民代表大会会议每年至少举行一次。由常务委员会负责召集。经过五分之一代表提议，也可以临时召集。常务委员会应当在县人民代表大会会议举行1个月以前，将开会日期和建议大会讨论的主要事项通知县人民代表大会代表。临时召集的县人民代表大会不适用这一规定。

第三十六条 县人民代表大会每次会议举行的预备会议由常务委员会主持。每届人民代表大会第一次会议的预备会议，由上届常务委员会主持。

第三十七条 在县人民代表大会召开前，常务委员会应当组织有关方面做好以下筹备工作：

一、拟定会议议程草案和日程草案，制订工作计划；

二、组织会议的各项工作报告和有关决议草案的起草；

三、筹建会议的办事机构；

四、提出会议主席团、秘书长和议案审查委员会等项建议名单；

五、其他事项。

第六章 联系县人民代表大会代表和受理人民群众的来信来访

第三十八条 常务委员会必须加强同县人民代表大会代表的联系，了解代表们的意见和要求。

常务委员会可以创新活动方式，丰富活动内容，组织代表主题实践活动，发挥县人民代表大会代表的作用。

第三十九条 县人民代表大会代表以镇区建立代表小组，每组推选组长1人。各小组每季度至少活动一次，并及时向常务委员会报告活动情况。常务委员会定期提出小组活动内容的建议，检查了解代表小组活动情况。

第四十条 常务委员会及其工作委员会在举行会议或组织视察、调查时，可以邀请有关代表参加。

第四十一条 常务委员会工作机构及时向代表寄送《会报》，提供学习材料和有关资料。

第四十二条 认真处理来信来访，对县人民代表向常务委员会反映群众的意见和要求，提出的批评和建议，人民群众向常务委员会提出的申诉和意见，由常务委员会信访督办室转交有关部门研究处理并负责答复；重大问题，应当根据主任会议的决定，由常务委员会信访督办室组织调查。

第七章 视察和调查研究

第四十三条 常务委员会应当围绕宪法、法律和地方性法规的实施，需要审议的重大事项以及人民群众普遍关心的重大问题，进行视察和调查研究。

第四十四条 每年常务委员会组织全体人员进行1至2次视察，平时各工作委员会就有关问题进行专题视察。

第四十五条 在县人民代表大会每次会议召集之前，县人大常委会或委托镇区人大统一安排本行政区域内的代表开展集中视察活动，为大会审议工作报告做好准备。

第四十六条 调查研究是常务委员会的基本工作方法，要坚持实事求是的原则，深入了解情况，分析研究问题，提出解决方法，为常务委员会讨论决定重大事项提供切实可靠的依据。调查研究的内容和要求，由主任会议确定。

第四十七条 常务委员会和有关工作委员会在视察和调查中发现的问题，属于应由所在镇区解决的，转交当地人民政府研究处理，属于应由县级有关部门研究决定的，交县人民政府和有关部门解决。处理情况由常务委员会相关工作机构负责检查。

第四十八条 在视察和调查研究工作结束以后，应将视察和调查研究的情况向常务委员会或主任会议作出报告。

第八章 加强与县人民政府、县监察委员会、人民法院、人民检察院的联系

第四十九条 常务委员会制订工作要点时，要征求“一府一委两院”的意见。常务委员会举行会议时，邀请“一府一委两院”及有关部门负责人参加，会议议题需要“一府一委两院”准备的，要提前30天通知。“一府一委两院”将提交常务委员会会议审议的材料，在会议举行前十天报送常务委员会办公室。

第五十条 常务委员会会议需要作出的决议或决定，事先可征求政府或“一委两院”的意见。决议、决定通过后，由常务委员会分别交政府及有关部门或“一委两院”组织实施。实施情况，应主动向常务委员会报告。常务委员会及相关机构要负责对有关决议、决定的贯彻落实情况进行检查督促。

第五十一条 常务委员会组织的视察检查活动，事先要与“一府一委两院”通报情况，根据工作需要，可以邀请“一府一委两院”及其所属的有关部门负责人参加。视察检查中发现的问题和提出的建议意见，要转交“一府一委两院”办理，“一府一委两院”要及时将办理情况向常务委员会汇报。

第五十二条 常务委员会各工作委员会同政府所属各职能部门及“一委两院”进行对口联系，互通情况，可以参加其一些必要的会议，县人民政府所属的委、办、局和“一委两院”的文

件和工作报告，要抄送常务委员会相应的工作委员会。

常务委员会办公室和政府、监委、“两院”办公室之间，要经常联系，协调工作。

第五十三条 常务委员会的文件、会刊、简讯等材料，由常务委员会办公室发给政府、监委、“两院”及有关部门。

县人民政府作出的决定和发布的命令，“一府一委两院”的工作计划、总结、简报及其重要调查报告、统计资料、重要工作部署、重大案件等应报送常务委员会。

第五十四条 常务委员会每年召开 1 至 2 次主任与县长、监委主任、法院院长、检察院检察长参加的会议，互通情况，交换意见，协调工作。

第九章 附 则

第五十五条 本细则自常务委员会会议修订之日起实施。

如东县人大常委会议事操作规程

（2022 年 3 月 30 日如东县人大常委会印发）

第一条 为了保障如东县人民代表大会常务委员会（以下简称常委会）依法行使职权，规范常委会组成人员议事行为，推进正确监督、有效监督、依法监督，提高审议意见形成和落实质量，结合《如东县人大常委会议事规则》和《如东县人大常委会工作细则》，制定本操作规程。

第二条 常委会坚持以习近平新时代中国特色社会主义思想为指导，坚持党的领导、人民当家作主、依法治国有机统一，以维护宪法、法律的尊严，维护国家和人民的根本利益，体现人民的意志，接受人民的监督作为议事的准则。常委会组成人员应当自觉贯彻落实党中央决策部署，增强“四个意识”（政治意识、大局意识、核心意识、看齐意识），坚定“四个自信”（道路自信、理论自信、制度自信、文化自信），做到“两个维护”（坚决维护习近平总书记党中央的核心、全党的核心地位，坚决维护党中央权威和集中统一领导），捍卫“两个确立”（确立习近平同志党中央的核心、全党的核心地位，确立习近平新时代中国特色社会主义思想的指导地位），忠于宪法和法律，履行法定职责，对人民负责，受人民监督。

第三条 常委会会议审议议题，作出决议、决定，实行民主集中制的原则，集体行使职权。

第四条 常委会加强调研工作，组织常委会组成人员深入一线掌握实情，认真思考，形成有质量的调研材料，提出切实可行的意见建议。

第五条 常委会根据年度工作计划，由相关工作委员会提前一个月将常委会议题通知相关方面。常委会举行会议 10 天前，县人民政府、监察委员会、人民法院和人民检察院要根据常委会议题形成相关专项工作报告初稿报县人大常委会办公室，县人大常委会相关工作委员会调研报告初稿也同步报县人大常委会办公室。

第六条 常委会办公室收到各类报告初稿后，分发至常委会领导班子成员及各工作委员会进行初审，常委会领导班子成员及各工作委员会根据调研情况形成修改意见，2 天内反馈给相关方面。

第七条 县人民政府、监察委员会、人民法院、人民检察院（简称“一府一委两院”）和县人大常委会相关工作委员会要根据反馈意见对相关报告进行修改，并将修改稿于常委会召开前 7 天报送至常委会办公室。

第八条 常委会举行会议 5 ~ 7 天前召开主任会议，对相关专项工作报告和调研报告进行初步审议，会后将相关材料和审议意见卡发送至常委会全体组成人员。

第九条 常委会全体组成人员要认真审阅相关工作报告和调研报告，结合视察调研和一线走访的情况，形成审议意见。

第十条　建立审议意见卡制度，审议意见卡上明确审议议题、审议时间、审议意见、审议人签字栏等内容，由各组成人员将审议内容填写在审议意见卡上。常委会各组成人员要围绕议题，紧扣主题，凝练文字，认真撰写，审议内容篇幅一般不超过500字。审议卡填写完成后，于常委会召开2天前报常委会办公室。由常委会办公室按照常委会审议小组编排方案分别报送给各审议小组召集人，提前进行审议意见汇总。

第十一条　常委会会议审议可以采取全体会议或分组会议审议。分组会议设召集人，召集人由常委会组成人员轮流担任。分组会议召集人按序组织本组成员依次审议发言。分组会议召集人及时归纳总结本小组发言内容，在常委会上进行交流发言。全体会议审议由常委会会议主持人主持，由各小组召集人依次交流发言，提出有针对性、可操作性的审议意见，促动相关问题更有效解决。

第十二条　常委会相关工作委员会根据会议审议的情况，起草决议草案、决定草案或审议意见。审议意见一般由相关工作委员会在常委会会议结束之日起5个工作日内整理成文，并附上相关问题清单，报常委会分管领导审核后，由常委会主任签发，交相关方面办理。

第十三条　县人民政府、监察委员会、人民法院、人民检察院应在决议、决定通过之日起或者审议意见送达之日15日内提出办理方案，送交常委会办公室或相关委室。3个月内将办理落实的阶段性成果和情况，特别是问题清单的整改落实情况向常委会作出书面报告，实行“清单交办，清零整改”，实现闭环监督。情况特殊的，需说明原因，可适当延长时限。

第十四条　本议事操作规程由县人大常委会负责解释。

第十五条　本议事操作规程自2022年3月30日起执行。

如东县人民代表大会常务委员会规范性文件备案审查办法

（2023年2月8日如东县第十八届人大常委会第十一次会议通过）

第一条　为加强和规范备案审查工作，维护社会主义法制统一，根据《中华人民共和国立法法》《中华人民共和国各级人民代表大会常务委员会监督法》和《江苏省各级人民代表大会常务委员会规范性文件备案审查条例》等规定，结合我县实际，制定本办法。

第二条　县人民代表大会常务委员会（简称“县人大常委会”）对规范性文件的备案审查工作，适用本办法。

本办法所称规范性文件，是指本县人民政府、县监察委员会、县人民法院、县人民检察院和各镇人民代表大会（以下简称各镇人大）依照法定权限和程序制定的，涉及公民、法人和其他组织的权利义务，具有普遍约束力，在一定期限内反复适用的文件。

第三条　规范性文件备案审查工作应当坚持“有件必备、有备必审、有错必纠”的原则。采取依职权审查（备案审查）、依申请审查（审查建议）等方式进行审查，做到统一受理、分工负责、依法审查。

第四条　下列规范性文件，应当报送县人大常委会备案：

（一）县人民政府发布的决定、命令以及制定的其他规范性文件；

（二）县监察委员会制定的指导、规范监察工作的规范性文件；

（三）县人民法院、县人民检察院制定的指导、规范审判、检察业务工作的规范性文件；

（四）各镇人民代表大会作出的决议、决定；

（五）“一府一委两院”任一机关与其他国家机关联合制定的规范性文件；

（六）县人大常委会认为应当报送备案的其他规范性文件。

第五条 规范性文件应当自公布之日起30日内，由规范性文件报备责任单位报送县人大常委会备案：

（一）县人民政府的规范性文件由司法局负责报送备案工作；

（二）县监察委员会、县人民法院、县人民检察院制定的规范性文件由其办公室负责报送备案工作；

（三）各镇人民代表大会作出的决议、决定，由各镇人大主席团负责报送备案工作；

（四）联合制定的规范性文件由主办机关负责报送备案。

第六条 县人大常委会应当加强对规范性文件备案审查工作的领导。县人民代表大会法制委员会（以下简称县人大法制委员会）负责规范性文件备案审查、核查通报、相关文书制发工作，负责按照职责分工分送县人民代表大会专门委员会、常务委员会工作委员会（以下统称县人大相关委员会）进行审查。各专门委员会、各工作委员会应当建立规范性文件备案审查工作机制，明确分管领导和工作人员，落实工作责任，加强协调配合，依法履行审查工作职责。

县人大常委会监察和司法工作委员会（以下简称备案审查机构）承担报送备案规范性文件及审查建议和移送审查资料的接收、登记、审查和存档等日常工作，负责备案审查信息平台的使用管理，做好平台运行等相关工作。

第七条 报送备案的规范性文件应包括以下内容：

（一）备案报告；

（二）规范性文件正式文本；

（三）规范性文件制定的法律、法规、政策依据、制定的程序以及说明等有关材料。

上述文件材料应装订成册，一式五份。同时通过江苏省人大常委会备案审查信息平台（以下统称备案审查信息平台）报送电子材料。电子材料应当符合备案审查信息平台的格式标准和要求。

规范性文件制定的说明应当包括对规范性文件制定的必要性、合法性、制定过程以及文件主要内容的说明。

第八条 备案审查机构应当自收到备案文件之日起10个工作日内进行形式审查，对不符合备案要求的，以备案审查信息平台电子指令形式按下列规定处理：

（一）不属于报送备案范围的，不予收件登记，并告知报备责任单位；

（二）报送备案材料不齐的，告知报备责任单位十个工作日内补充齐全；

（三）不符合报送备案格式标准和要求的，告知报备责任单位10个工作日内补正或者按规定重新报送备案。

第九条 经形式审查符合报送备案要求或者经报备责任单位按要求补充、补正、重报后符合报送备案要求的，备案审查机构应当对规范性文件的报送备案情况及时收件登记，建立台账。

报送备案情况的台账应当包括下列内容：规范性文件名称、文号、报送备案单位、报送备案时间、发布时间、施行时间、登记时间、县人大相关委员会初审意见、是否存在问题及处理结果等。

第十条 规范性文件报备责任单位应当于每年1月31日前，将其上年度制定、修订、废止的规范性文件目录报送县人大法制委员会。

县人大法制委员会于每年第一季度对上一年度规范性文件报备情况进行核查，形成书面核查通报印发县人大常委会会议，并向社会公布。

县人大常委会每年向人民代表大会报告工作，应当有备案审查工作的内容。县人大常委会每届至少听取一次备案审查专项工作报告。

每届人大常委会或者主任会议至少听取一次

同级人民政府开展规范性文件备案审查工作情况的报告。

第十一条 国家机关、社会团体、企业事业组织和公民可以对本办法第四条所列规范性文件向县人大常委会提出审查建议。审查建议由备案审查机构具体办理。

审查建议应当包括建议审查的规范性文件名称、建议审查的内容和理由。

审查建议应当书面提出，注明审查建议提出人的身份信息、联系方式。审查建议可以通过信函、人大网站、备案审查信息平台提出。

第十二条 备案审查机构收到书面审查建议后，予以收件登记编号，并在5个工作日内进行形式审查，按照下列规定处理：

（一）对不符合形式要求的审查建议，告知审查建议提出人予以补正或者重新提出，需要补正的内容应当一次性告知；

（二）符合本办法第十一条审查建议要求的，且属于县人大常委会审查范围的，提出“予以受理”的书面意见并进行受理登记编号；

（三）不属于县人大常委会审查范围的，提出“不予受理”的书面意见并说明理由，于收件登记之日起5个工作日内书面告知审查建议提出人，处理程序即行终止；

（四）对县政府工作部门或镇政府（区管委会、街道办事处）制定的规范性文件提出审查建议的，在收件登记5个工作日内移送县司法局。县司法局应当于收到移送函件后两个月内进行审查并答复申请人，同时将审查情况报送县人大法制委员会备案。必要时，县人大法制委员会可以会同县人大相关委员会同步进行审查。

第十三条 经初步研究，接收登记的审查建议有下列情形之一的，可以不启动审查程序，并告知审查建议提出人：

（一）建议审查的规范性文件的相关规定已经修改、废止或者自动失效；

（二）就建议审查的规范性文件存在的程序性问题与制定机关作过沟通，制定机关书面明确表示同意修改或者废止；

（三）对建议审查的规范性文件的同一规定进行过审查，已有审查结论；

（四）建议审查的理由不明确或者明显不成立；

（五）其他不宜启动审查程序的情形。

第十四条 县人大法制委员会应当在受理登记后的5个工作日内将审查建议函告制定机关。制定机关应当在1个月内按本办法第七条的要求报送材料，针对审查建议提出人的建议研究提出答复意见并书面反馈给县人大法制委员会。

第十五条 对完成形式审查的报送备案和审查建议的规范性文件，由县人大法制委员会在5个工作日内分送县人大相关委员会审查，县人大法制委员会、备案审查机构同步进行审查。

县人大相关委员会应当在1个月内提出审查意见反馈给县人大法制委员会。

第十六条 对规范性文件进行审查研究，发现规范性文件存在违背宪法规定、精神和原则，与党中央的重大决策部署不相符或者与国家重大改革方向不一致问题的，应当提出审查意见。

第十七条 对规范性文件进行审查研究，发现规范性文件违反法律、法规的规定，有下列情形之一的，应当提出审查意见：

（一）超越法定权限制定规范性文件；

（二）违法设定减损公民、法人和其他组织权利或者增加其义务，违法增加部门的权力或者减少部门的法定职责；

（三）违法设定行政许可、行政处罚、行政强制，或者对法律、法规设定的行政许可、行政处罚、行政强制违法作出调整和改变；

（四）与法律、法规的规定明显不一致，或者与法律、法规的立法目的、原则明显相违背，旨在抵消、改变或者规避法律、法规的规定；

（五）同上级或者本级人民代表大会及其常务

委员会的决议、决定相抵触；

（六）违反评估论证、公开征求意见、合法性审查、集体讨论决定、公开发布等法定程序；

（七）其他违反法律、法规规定的情形。

第十八条 对规范性文件进行审查研究，发现规范性文件明显存在不适当问题，有下列情形之一的，应当提出审查意见：

（一）明显违背社会主义核心价值观和公序良俗；

（二）对公民、法人或者其他组织的权利和义务的规定明显不合理；

（三）为实现制定目的所规定的措施与制定目的明显不匹配；

（四）因现实情况发生重大变化而不宜继续施行；

（五）其他明显不适当的情形。

第十九条 县人大常委会建立备案审查工作专家咨询制度，聘请相关领域专家学者和实务工作者等担任咨询专家。县人大法制委员会可以委托咨询专家、人大代表等对规范性文件进行审查，提出意见和建议。

第二十条 县人大相关委员会及县人大法制委员会对规范性文件进行审查，可以采取下列方式进行：

（一）要求制定机关书面说明情况、补充解释、提供资料，也可以当面听取制定机关的意见和说明；

（二）通过书面征求意见、座谈会、论证会、委托第三方、邀请有关专家等方式广泛听取意见；

（三）涉及相关部门职责权限的，要求相关部门协助审查；

（四）对社会影响大、涉及面广的规范性文件，县人大法制委员会召开全体会议进行审查；

（五）规范性文件涉及县人大多个相关委员会时，由县人大各相关委员会分别提出审查意见，交县人大法制委员会综合汇总。审查意见有较大分歧的，由县人大法制委员会向主任会议汇报。

第二十一条 经审查研究，认为规范性文件存在本办法第十六条、第十七条、第十八条所列情形应当予以纠正的，由县人大法制委员会提出意见，与制定机关沟通，建议制定机关予以修改或者废止。

制定机关书面向县人大法制委员会提出同意一个月内修改或者废止规范性文件的，审查程序中止。

规范性文件中止审查期间，规范性文件全部或所涉部分内容不得作为管理的依据。

第二十二条 规范性文件制定机关不同意修改、废止规范性文件，理由不成立的，或者未在一个月内修改、废止规范性文件的，县人大法制委员会提请主任会议研究同意后，向制定机关制发《规范性文件审查意见书》，约谈制定机关相关负责人，要求制定机关予以修改或者废止。

第二十三条 规范性文件制定机关收到《规范性文件审查意见书》后，应当在1个月内修改或废止，并将落实情况书面报告县人大常委会。

第二十四条 县人大相关委员会、县人大法制委员会未发现规范性文件存在本办法第十六条、第十七条、第十八条所列情形的，经县人大法制委员会负责人决定，审查终止。

第二十五条 规范性文件制定机关对规范性文件进行修改后应当重新公布，并按规定重新报送备案。

对规范性文件进行废止的应当予以公告。

县人大法制委员会收到重新报送备案的规范性文件或废止规范性文件公告材料后，审查程序终止。

第二十六条 县人民政府及各镇人大收到《规范性文件审查意见书》后，未按照主任会议的要求修改或者废止的，县人大法制委员会可以提出撤销该规范性文件的建议，由主任会议决定是否向县人大常委会提出撤销该文件的议案。

县人大常委会会议审议撤销规范性文件的议案时，制定机关有关负责人应当到会，听取意见、回答询问，并可以书面陈述意见。

第二十七条 县监察委员会、人民法院、人民检察院制定的规范性文件存在本办法第十六条、第十七条、第十八条所列情形的，制定机关未按照主任会议的要求修改或者废止的，应当向县人大常委会提出专题报告。

县人大常委会审议专题报告时，制定机关有关负责人员应当到会，听取意见、回答询问。常委会组成人员的审议意见，交制定机关研究处理。

第二十八条 对审查建议不启动审查程序、移送审查、审查终止或者审查处理结束后，县人大法制委员会应当在10个工作日内向审查建议提出人反馈。

对通过备案审查信息平台提出的审查建议，可以通过备案审查信息平台反馈。

第二十九条 规范性文件审查应当在收件登记之日起3个月内审查完毕。如遇特殊情况需要延长审查时间的，经县人大常委会分管副主任同意后可以延期1个月。

审查中止期间不计算在审查期限内。

第三十条 “一府一委两院”应当在每年第一季度将当年度规范性文件立项计划报送县人大常委会备案。年中对立项计划调整的，应当在1个月内将调整后的立项计划报送备案。

“一府一委两院”应当坚持和发展全过程人民民主，在规范性文件立项和制定过程中，可以邀请县人大法制委员会及其他县人大相关委员会成员、县人大相关专业代表参加，听取意见建议。

第三十一条 县人大法制委员会应当定期组织对“一府一委两院”制定规范性文件报送备案情况开展监督核查，对不报、漏报、不按期报送规范性文件备案的，由县人大法制委员会通知制定机关限期补报，并视情予以通报。

根据工作需要，县人大法制委员会可以会同县人大相关委员会选择涉及经济社会发展稳定重大问题和群众切身利益以及社会普遍关注的规范性文件，列入监督工作计划，组织实施跟踪评估。

县人大常委会根据工作需要，组织开展对县政府履行规范性文件审查职责情况的监督，听取专项工作汇报。

第三十二条 县人大法制委员会应当加强与党委、政府、监察委员会、法院、检察院备案审查工作机构的联系，落实规范性文件备案审查衔接联动机制。

县人大法制委员会可以根据上级统一部署和我县经济社会发展的实际需要，会同县委、县政府规范性文件备案审查机构开展对规范性文件专项审查。

第三十三条 “一府一委两院”应当定期对现行有效的规范性文件进行专项清理，经清理后将废止的文件目录和经修改的及继续保留实施的规范性文件文本向县人大常委会报送备案。

第三十四条 县人大常委会应当加强备案审查制度和能力建设，配备专业人员，提高备案审查工作能力和水平。

县人大法制委员会应当通过人员培训、工作交流、个案指导、公开点评、典型案例通报等形式，加强与规范性文件制定机关及报送单位的工作指导和交流。

第三十五条 本办法自通过之日起施行。原《如东县人大常委会规范性文件备案审查实施办法》予以废止。

如东县人民代表大会常务委员会
关于加强经济工作监督的决定

（2023年3月30日如东县第十八届人大常委会第十二次会议通过）

为更好地履行县人民代表大会及其常务委员会的法定监督职责，贯彻落实中央和省委、市委、县委决策部署，进一步加强经济工作监督，增强监督实效，推动高质量发展，结合本县实际，作如下决定：

一、县人民代表大会常务委员会（以下简称县人大常委会）依法对县人民政府经济工作行使监督职权。县人民代表大会财政经济委员会（以下简称县人大财经委）和有关专门委员会、常委会工作机构在县人民代表大会及其常委会领导下，承担有关具体工作。县人民政府及其有关部门应当做好协助和配合。

二、县人大常委会开展经济工作监督，应当坚持中国共产党的领导，坚持以马克思列宁主义、毛泽东思想、邓小平理论、“三个代表”重要思想、科学发展观、习近平新时代中国特色社会主义思想为指导，坚持以人民为中心，坚持和完善社会主义基本经济制度，坚持正确监督、有效监督、依法监督，保障宪法和法律法规的实施，推动中央和省委、市委、县委决策部署的贯彻落实，保障和促进市场在资源配置中起决定性作用和更好发挥政府作用，立足新发展阶段，贯彻新发展理念，构建新发展格局，推动实现高质量发展。

三、县人大常委会对县人民政府的下列经济工作开展监督：

（一）中央经济工作方针政策、决策和省委、市委、县委部署的贯彻实施；

（二）经济方面法律法规的实施和县人民代表大会及其常委会相关决议、决定的执行；

（三）全县国民经济和社会发展年度计划、五年规划纲要和中长期规划纲要的编制、执行和调整；

（四）县级重要专项规划、区域规划的编制和实施；

（五）县级重要经济政策、重大决策的出台；

（六）全县政府投资项目的安排和建设；

（七）地方金融工作；

（八）其他重要经济工作。

四、县人大常委会在编制工作规划、制定年度工作要点和工作计划时，应当聚焦本县国民经济和社会发展五年规划纲要和中长期规划纲要确定的主要任务和发展重点，统筹安排经济工作监督项目，可以协同各镇（区、街道）人大开展监督。

五、县人大常委会通过听取和审议专项工作报告、执法检查、询问和质询、特定问题调查、工作评议、议案建议督办等方式对县人民政府及其有关部门的经济工作开展监督。重点关注深化改革扩大开放、优化营商环境、构建现代产业体系、科技创新和成果转化、建设现代化基础设施、实施乡村振兴战略、推进区域协调发展、绿色低碳发展、保障和改善民生、促进共同富裕、维护经济安全等方面工作落实情况，必要时可以作出相关决议、决定。

县人大常委会，县人大财经委和有关专门委员会、常委会工作机构应当针对经济工作监督事项开展广泛深入的调查研究，结合预算审查监督、国有资产管理情况监督、政府债务监督、审计整改情况监督等，形成监督合力；注重运用审计监督、财会监督和统计监督成果，也可以通过聘请研究机构和专家学者、委托第三方评估、应用大数据技术等方式，提高经济工作监督效能。

六、县人民代表大会会议举行的三十日前，县人民政府有关主管部门应当就上一年度国民经济和社会发展计划执行情况的主要内容与本年度国民经济和社会发展计划草案的初步方案，向县人大财经委报告，由财经委进行初步审查。县人民代表大会有关专门委员会、常委会工作机构可以开展专项审查，提出专项审查意见，送财经委研究处理。

县人大财经委进行初步审查时，应当邀请有关的人大代表、专门委员会、常委会工作机构参加，可以听取各镇（区、街道）人大的意见，邀请有关专家学者进行研讨或者委托相关专业机构进行研究。

七、对国民经济和社会发展年度计划初步审查时，县人民政府有关主管部门应当提交以下材料：

（一）关于上一年度国民经济和社会发展计划执行情况主要内容与本年度国民经济和社会发展计划草案初步方案的报告，其中包括县人民代表大会决议贯彻落实情况，上一年度国民经济和社会发展计划主要目标和任务完成情况，对本年度国民经济和社会发展计划主要目标、工作任务及相应的主要政策、措施的编制依据和考虑作出说明；

（二）本年度国民经济和社会发展计划草案的初步方案；

（三）关于全县上一年度政府投资项目计划执行情况的说明和本年度政府投资项目计划的安排；

（四）本年度列入县级重大项目清单；

（五）初步审查所需要的其他材料。

八、对国民经济和社会发展年度计划初步审查的重点是：

（一）上一年度国民经济和社会发展计划完成情况，特别是主要目标和任务的完成情况；

（二）本年度国民经济和社会发展计划编制的指导思想应当符合法律法规要求和国家宏观经济政策，符合中央和省委、市委、县委决策部署，符合本县国民经济和社会发展五年规划纲要和中长期规划纲要；

（三）主要目标、重点任务和重大工程（项目）安排应当符合国民经济和社会发展五年规划纲要实施的基本要求，科学合理，有利于经济社会高质量发展，与本县经济社会发展需要以及资源、财力、环境等支撑能力相匹配；

（四）主要政策取向和措施安排应当符合完善体制机制和依法行政的要求，坚持目标导向和问题导向，针对性强且切实可行，并与主要目标相匹配。

九、县人民代表大会会议举行的二十日前，县人大财经委应当形成初步审查意见，送县人民政府有关主管部门。县人民政府有关主管部门应当在县人民代表大会会议举行的十日前，将处理情况反馈县人大财经委。

十、县人大财经委向县人民代表大会主席团提出关于上一年度国民经济和社会发展计划执行情况和本年度国民经济和社会发展计划草案的审查结果报告。审查结果报告应当包括下列内容：

（一）关于上一年度国民经济和社会发展计划执行情况的总体评价，需要关注的主要问题；

（二）对本年度国民经济和社会发展计划报告和计划草案的可行性作出评价，对本年度国民经济和社会发展计划执行工作提出意见和建议；

（三）对县人民代表大会会议批准国民经济和社会发展年度计划报告和计划草案提出建议。

十一、县人大常委会应当加强对县人民代表大会批准的国民经济和社会发展年度计划执行的监督。

县人大常委会应当在每年 7 月听取和审议县人民政府关于本年度上半年国民经济和社会发展计划执行情况的报告。常委会组成人员的审议意见交由县人民政府研究处理，县人民政府应当在规定期限内将研究处理情况向常委会提出书面报告。国民经济和社会发展年度计划执行情况的报告、常委会组成人员的审议意见和县人民政府对审议意见的研究处理情况，向县人民代表大会代表通报并向社会公布。

县人大财经委应当就计划执行情况开展专题调研，并结合上半年经济形势分析做好相关准备工作，向常委会提出调研报告。

十二、对国民经济和社会发展年度计划执行监督的重点是：

（一）国民经济和社会发展年度计划执行应当贯彻中央和省委、市委、县委决策部署，落实县人民代表大会决议要求，符合政府工作报告中提出的各项目标和任务要求；

（二）主要目标特别是约束性指标完成情况、

重点任务和重大工程（项目）进展情况应当符合国民经济和社会发展年度计划进度安排；

（三）国民经济和社会发展计划执行情况的报告应当深入分析存在的主要困难和问题及其原因，对未达到预期进度的指标和任务应当作出说明，提出具有针对性且切实可行的政策措施，推动国民经济和社会发展年度计划顺利完成。

十三、县人大财经委应当建立健全经济运行情况定期分析机制，一般在每年年中的常委会会议之前和十二月召开经济形势调研分析会议，邀请部分县人大常委会组成人员、人大代表、专家学者参加，听取县人民政府有关部门关于上半年和全年国民经济运行情况的汇报，对经济形势进行分析研究、交流研讨，就做好相关工作提出意见建议，并报主任会议决定批转县人民政府及有关部门。

因重大自然灾害、公共安全事件等特殊情况可能对经济运行造成重大影响时，财经委可以召开专题经济形势分析会议。

十四、县人大常委会应当加强对国民经济和社会发展五年规划纲要和中长期规划纲要编制、实施和调整的监督。

国民经济和社会发展五年规划纲要和中长期规划纲要草案提请县人民代表大会审查批准的前一年，县人大常委会围绕五年规划纲要和中长期规划纲要编制工作开展专题调研，听取调研工作情况的报告，为县人民代表大会审查批准做好准备工作。

县人民代表大会有关专门委员会和常委会工作机构根据安排拟定调研工作方案，开展专题调研，形成调研报告。

十五、对国民经济和社会发展五年规划纲要和中长期规划纲要草案初步审查时，县人民政府有关主管部门应当提交以下材料：

（一）五年规划纲要和中长期规划纲要草案；

（二）关于五年规划纲要和中长期规划纲要草案及其编制情况的说明，其中应当对县人民代表大会决议贯彻落实情况、上一个五年规划纲要的主要目标和任务完成情况、本五年规划纲要主要目标和重点任务的编制依据和考虑等作出说明；

（三）关于重大工程（项目）的安排；

（四）初步审查所需要的其他材料。

十六、对国民经济和社会发展五年规划纲要和中长期规划纲要草案初步审查的重点是：

（一）上一个五年规划纲要实施情况；

（二）本五年规划纲要编制的指导思想应当符合党中央和省委、市委、县委关于五年规划的建议精神，能够发挥下一规划期的发展蓝图和行动纲领的作用；

（三）主要目标、重点任务和重大工程（项目）应当符合国情、省情、市情、县情和发展阶段，符合经济社会发展的客观规律，符合国家、省、市、县中长期发展战略目标，兼顾必要性与可行性；

（四）主要政策取向应当符合党的基本理论、基本路线、基本方略，针对性强且切实可行。

十七、县人民政府应当加强对国民经济和社会发展五年规划纲要实施情况的动态监测、中期评估和总结评估。县人大常委会应当加强对五年规划纲要实施的监督。

县人大财经委和有关专门委员会、常委会工作机构在县人民代表大会及其常委会领导下，有针对性地做好五年规划纲要实施的监督工作，推动五年规划纲要顺利实施。

县人民政府有关主管部门应当将五年规划纲要实施情况的动态监测材料送县人大财经委。

十八、国民经济和社会发展五年规划纲要实施的中期阶段（第三年下半年），县人民政府应当将实施情况的中期评估报告提请县人大常委会审议。常委会组成人员的审议意见交由县人民政府研究处理，县人民政府应当在规定期限内将研究处理情况向常委会提出书面报告。五年规划纲要实施情况的中期评估报告、常委会组成人员的审议意见和县人民政府对审议意见的研究处理情况，向县人民代表大会代表通报并向社会公布。

县人大财经委会同有关专门委员会、常委会工作机构开展专题调研，向常委会提出调研报告。

对五年规划纲要实施情况中期评估监督的重点是：

（一）五年规划纲要实施应当符合党中央和省委、市委、县委的建议精神，贯彻落实县人民代表大会决议要求；

（二）主要目标特别是约束性指标完成情况、重点任务和重大工程（项目）进展情况应当符合五年规划纲要进度安排；

（三）中期评估报告应当深入分析存在的主要困难和问题及其原因，对未达到预期进度的指标和任务应当作出说明，提出有针对性且切实可行的政策措施。

十九、县人民政府应当对上一个国民经济和社会发展五年规划纲要实施情况进行总结评估，形成总结评估报告，与提请县人民代表大会审查批准的五年规划纲要草案一并印发县人民代表大会会议。总结评估报告应当包括下列内容：

（一）主要指标完成情况；

（二）重点任务落实情况；

（三）重大工程（项目）实施情况；

（四）存在的主要困难和问题；

（五）相关意见建议。

二十、经县人民代表大会批准的国民经济和社会发展年度计划、五年规划纲要在执行过程中，出现下列情况之一的，可以进行调整：

（一）因经济形势发生重大变化导致宏观调控政策取向和主要目标、重点任务等必须作出重大调整的；

（二）发生特别重大自然灾害、全局性的重大公共安全事件或者进入紧急状态等特殊情况导致年度计划、五年规划纲要无法正常执行或者完成的；

（三）上一级发展规划调整或者修订的；

（四）国家、省、市、县发展战略和发展布局进行重大调整的；

（五）经过中期评估需要调整或者修订的；

（六）法律法规规定的其他情形。

二十一、国民经济和社会发展年度计划、五年规划纲要经县人民代表大会批准后，在执行过程中需要作部分调整的，县人民政府应当将调整方案提请县人大常委会审查和批准。国民经济和社会发展年度计划调整方案的提出一般不迟于当年第三季度末；五年规划纲要调整方案的提出一般不迟于其实施的第四年第二季度末。除特殊情况外，县人民政府应当在县人大常委会会议举行的二十日前，将调整方案报送县人大常委会。

除特殊情况外，县人民政府有关主管部门应当在县人大常委会会议举行的三十日前，将县人民政府的调整方案送交县人大财经委，由财经委进行初步审查，并向县人大常委会提出审查结果报告。

经县人大常委会批准的国民经济和社会发展年度计划、五年规划纲要调整方案，应当向县人民代表大会下次会议报告。

二十二、编制县级重要专项规划、区域规划时应当征求县人民代表大会有关专门委员会、常委会工作机构的意见。有关专门委员会、常委会工作机构认为规划内容违反有关法律法规规定或者与相关规划相矛盾时，可以提出意见，县人民政府有关部门应当研究处理。

县人大常委会可以就规划实施情况开展监督，督促整改存在的问题，推动规划的有效实施。

二十三、县人民政府对事关国民经济和社会发展全局、涉及人民群众切身利益的重要经济政策、重大决策，依法在出台前向县人大常委会报告。

出现下列情况之一的，县人民政府或者县人民政府有关部门应当向县人大常委会或者财经委和有关专门委员会、常委会工作机构报告，作出说明：

（一）因经济形势或者经济运行发生重大变化需要对宏观调控政策取向作出重大调整；

（二）涉及经济安全、本县发展大局和人民群众切身利益的重大改革或者政策方案出台前；

（三）重大自然灾害或者给国家财产、集体财产、人民群众生命财产造成严重损失的重大事件发生后；

（四）其他有必要报告的重大经济事项。

县人大常委会认为必要时，可以依法作出决议、决定，也可以将讨论中的意见建议转送县人民政府及其有关部门研究处理。

二十四、对涉及面广、影响深远、投资巨大的县级特别重大建设项目，县人民政府可以向县人民代表大会或者常委会提出议案，由县人民代表大会或者常委会审议并作出决定。

根据县人民代表大会或者常委会安排，县人大财经委会同有关专门委员会、常委会工作机构对前款所述议案进行初步审查，并向县人民代表大会或者常委会提出审查结果报告。

二十五、县人大常委会对国民经济和社会发展年度计划、五年规划纲要确定的重大工程（项目）和本决定第二十四条所述的县级特别重大建设项目等，根据需要听取县人民政府的工作汇报，进行审议，认为必要时可以作出决议。

根据县人大常委会安排，财经委会同有关专门委员会和常委会工作机构，可以对前款所述项目的实施情况开展专题调研，向常委会提出专题调研报告。

县人民政府或者县人民政府有关部门应当每半年向县人大财经委提供全县政府投资项目计划实施情况的有关材料。

二十六、县人大常委会应当加强对金融工作的监督。县人民政府应当在每年第四季度向县人大常委会报告引导金融支持和服务实体经济、金融风险防范与化解、地方金融监督管理等金融工作情况。

县人民政府有关主管部门应当及时向县人大财经委提供月度、季度和年度金融运行数据和相关分析材料。中央金融监管机构驻如单位配合支持跟踪监督工作。

二十七、县人大常委会可以就关系经济社会发展大局和群众切身利益、社会普遍关注的重大经济问题，对有关法律法规的实施情况组织执法检查。在执法检查中可以同步开展法律法规知识问卷调查和普法宣传教育，以学法知法促进执法守法。

执法检查结束后，执法检查组应当提交执法检查报告，根据执法检查中发现的问题，提出改进工作的具体建议，推动有关国家机关依法履职，并可以提出修改完善法律法规的建议。

二十八、对县人民代表大会及其常委会在经济工作监督中作出的决议、决定和审议意见等，常委会应当加强跟踪监督，督促县人民政府及其有关部门贯彻执行决议、决定，认真研究处理意见和建议并及时反馈。常委会认为必要时，可以就有关情况听取和审议县人民政府的专项工作报告。县人民政府应当在规定期限内，将决议、决定的执行情况或者审议意见的研究处理情况向县人大常委会报告，常委会可以对县人民政府有关部门的工作进行满意度测评。县人民代表大会有关专门委员会、常委会工作机构承担跟踪监督的具体工作。

二十九、县人大常委会行使经济工作监督职权的情况，应当向县人民代表大会报告，接受监督。

县人大财经委和有关专门委员会、常委会工作机构提出的意见和建议，应当报告主任会议，由主任会议决定是否批转县人民政府及其有关部门研究处理，并将结果报告县人大常委会。

三十、县人大常委会开展经济工作监督，应

当充分发挥人大代表的作用，认真听取代表意见建议，主动回应代表关切，支持代表依法履职。

县人大常委会每年选取若干涉及经济工作的县人民代表大会代表建议作为重点处理代表建议，由主任会议成员牵头督办。

县人大财经委和有关专门委员会、常委会工作机构应当建立健全经济工作监督联系代表工作机制。确定监督项目、开展监督工作，应当认真听取县人民代表大会代表的意见建议，根据需要邀请有关方面的代表参加有关活动。

县人大财经委和有关专门委员会、常委会工作机构围绕代表议案建议提出的、代表普遍关注的经济社会发展工作中的突出问题，组织开展专题调研。

开展经济工作监督的有关情况应当及时向县人民代表大会代表通报，有关材料应当及时发送县人民代表大会代表。

三十一、县人大常委会、县人大财经委和有关专门委员会、常委会工作机构听取和审议、讨论本决定所列事项时，县人民政府及其有关部门应当根据要求，及时提供相关的信息资料和情况说明，并派县人民政府负责人或者有关部门负责人到会汇报情况，听取意见，回答询问。

县人民政府有关部门根据县人大财经委和有关专门委员会、常委会工作机构的要求，利用电子政务网等方式，提供月度、季度、年度国民经济和社会发展数据及相关分析材料。

三十二、县人大常委会应当加强对各镇（区、街道）人大经济工作监督的指导，共同做好经济工作监督。

三十三、在经济工作监督中，有关部门对县人大常委会作出的决议、决定和提出的重要审议意见不执行、不办理或者执行、办理不力造成严重后果的，县人民代表大会及其常委会可以通过专题询问、质询、特定问题调查等方式加强监督，可以向有关国家机关移交监督中发现的问题，提出问责建议。

三十四、县人大常委会开展经济工作监督的情况，除法律法规另有规定外，向社会公开。

本决定自公布之日起施行。

如东县人民代表大会常务委员会
关于加强县级预算审查监督的决定

（2023 年 3 月 30 日如东县第十八届人大常委会第十二次会议通过）

为深入贯彻落实党中央、全国人大关于加强人大预算审查监督职能的决策部署和省、市、县工作要求，健全完善预算审查监督制度，规范预算行为，强化预算约束，提高预算绩效，根据《中华人民共和国地方各级人民代表大会和地方各级人民政府组织法》《中华人民共和国预算法》等法律法规，结合本县实际，就加强县级预算的审查监督，作如下决定：

一、加强全口径审查和全过程监管。县人民代表大会及其常务委员会对政府预算决算开展全口径审查和全过程监管，坚持党的领导，坚持围绕中心、服务大局，坚持以人民为中心，坚持依法审查监督，聚焦重点，注重实效，保障宪法和法律法规贯彻实施，保障国家方针政策、决策部署和省、市、县工作要求贯彻落实。

（一）加强财政政策审查监督。审查监督重点包括：财政政策贯彻落实国家方针政策、决策部署和省、市、县工作要求的情况；与全县经济社会发展总体要求、主要目标、重点工作相衔接的情况；加强中期财政规划管理，强化支出政策对年度预算的约束和指导，建立跨年度预算平衡机制的情况；财政体制调整完善情况；财政政策制定过程中充分听取人大代表和社会各界意见建议的情况；财政政策的合理性、可行性、可持续性和绩效性等情况。

（二）加强一般公共预算审查监督。审查监督支出总量和结构的重点包括：支出总量和结构贯彻落实国家方针政策、决策部署和省、市、县工作要求的情况；坚持厉行节约、尽力而为、量力而行，支出总量增减及支出结构变化的情况；调整优化支出结构，严格控制一般性支出，提高财政资金配置效率和使用绩效的情况；支持优化产业结构，推动经济高质量发展的情况；保障基本民生需求，提高财政支出公共性和普惠性等情况。

审查监督重点支出与重大投资项目的重点包括：重点支出对国家方针政策、决策部署和省、市、县重点工作及重大改革举措的细化落实情况；重点支出预算和支出政策相衔接的情况；重点支出规模变化和结构优化的情况；重点支出决策论证、政策目标和绩效等情况。重大投资项目与城市总体规划、国民经济和社会发展规划、计划相衔接的情况；重大投资项目储备、决策论证、资金统筹、投资安排、成本管控、实施进度及实施效果等全生命周期管理情况。

审查监督部门预算的重点包括：部门各项收支全部纳入预算的情况；部门预算与支出政策、部门职能及承担的重点工作、重大改革任务衔接匹配的情况；项目库建设及按照轻重缓急和项目成熟度安排项目预算的情况；部门重点项目预算安排和绩效目标设立及事前评估、事后评价的情况；跨年度项目预算执行情况；新增资产配置、盘活存量资产的情况；结转资金使用情况；政府采购、政府购买服务情况；审计查出问题整改落实等情况。

审查监督财政转移支付的重点包括：各类转移支付与财政事权和支出责任划分相匹配的情况；促进地区间财力均衡及增强基层公共服务保障能力的情况；健全规范转移支付制度、优化转移支付结构的情况；专项转移支付设立、分配、定期评估、清理整合和退出的情况；转移支付预算编制、下达和使用情况；转移支付绩效等情况。

审查监督一般公共预算收入的重点包括：预算收入安排与国家宏观调控总体要求、本县经济社会发展目标相适应的情况；收入预计规模的合理性、可行性情况；预算收入依法依规征收、真实完整的情况；预算收入总量变化、结构优化、质量提高的情况；各项税收收入与对应税基相协调的情况；各类政府性资源统筹管理情况；依法规范非税收入管理等情况。

（三）加强政府性基金预算审查监督。审查监督重点包括：政府性基金预算与一般公共预算统筹情况；基金征收、使用和期限符合法律法规规定的情况；收支政策和预算安排的合理性、可行性、可持续性的情况；政府性基金支出使用和结转情况；政府性基金项目绩效和评估调整等情况。

（四）加强国有资本经营预算审查监督。审查监督重点包括：预算范围完整、制度规范的情况；国有资本足额上缴收益和产权转让等收入的情况；国有企业上缴收益与经营状况、效益指标等的匹配情况；支出结构、使用方向和项目符合法律法规规定和政策的情况，与本县优化国有资本布局、深化国资国企改革相衔接的情况；国有资本经营预算调入一般公共预算的情况，资本性支出和费用性支出等情况。

（五）加强社会保险基金预算审查监督。审查监督重点包括：各项基金收支安排、财政补助和预算平衡的情况；预算安排贯彻落实社会保障政策，与经济社会发展状况、享受社会保险待遇人数变化、待遇标准变动等因素相适应的情况；收支安排和基金管理在各相关部门之间统筹协调的情况；基金绩效和运营投资的情况；中长期收支预测及基金安全可持续运行等情况。

（六）加强政府债务审查监督。审查监督重点包括：政府债务总规模、新增债务限额的合理性情况；政府债务纳入预算管理，与一般公共预算、政府性基金预算统筹衔接的情况，政府债务资金安排使用与政府投资统筹衔接的情况；政府债务项目库建设情况，包括项目类型、投资金额、年度资金需求等，新增一般债务项目合规性情况，专项债务项目科学性、绩效性及全生命周期收支平衡的情况；根据债务率、偿债资金保障倍数、利息支出率等指标评估政府债务风险的情况，建立健全应急处理机制情况；政府债券管理和使用情况、举债项目的执行和资金管理情况、重大政策措施的落地落实情况；政府债务偿还情况；隐性债务化解、政府债务风险管控情况；建立政府债务信息披露机制等情况。

（七）进一步推进预算决算公开，提高预算决算透明度。以公开为常态、不公开为例外，监督县人民政府及其部门和单位依法及时公开预算决算信息，细化政府和部门预算决算公开内容及相关报表，主动回应社会普遍关注的问题，接受社会监督。

二、加强县级预算编制的监督工作。坚持先有预算、后有支出、严格按预算支出的原则，细化预算和提前编制预算，提升预算编制的科学化、规范化和法治化水平。按预算法规定的时间编制预算。县级预算应当按照宪法和法律法规规定，贯彻落实国家方针政策、决策部署和省、市、县工作要求，做到政策明确、标准科学、安排合理，增强可读性和可审性。预算编制前应当听取人大代表和社会各界关于重点支出、重大投资项目、重大支出政策等方面的意见建议。

县级预算草案所包含的内容、表式等应按可读可审的原则进行编制。县级一般公共预算草案，应当列示预算收支情况表、预算收支平衡表、转移支付预算表、基本建设支出表、政府债务情况表、政府专项资金预算表等，说明收支预算安排及转移支付绩效目标情况。县级政府性基金预算草案，应当按基金项目分别编列、分别说明；政府性基金支出编列到资金使用的具体项目，说明结转结余和绩效目标情况。县级国有资本经营预算草案，收入编列到行业或企业，说明纳入预算的企业单位的上年总体经营财务状况；支出编列到使用方向和用途，说明项目安排的依据和绩效目标。县级社会保险基金预算草案，应当按保险项目编制，反映预算编制范围内各险种基金预算收支和结余情况，反映社会保障领域的财政补助情况，说明社会保险基金可持续运行情况。

县人民政府应当在预算草案或者预算说明中，具体说明四本预算的编制原则、收入测算依据、支出政策、标准和项目内容等情况。在预算草案中应列出当年体制分成财力、预算财力及当年总财力来源及支出等收支平衡情况。县人民政府应当建立年度重点支出与重大投资项目的目录制度，确定具体项目报县人民代表大会审查。

三、加强和改善县级预算的初步审查工作。县人民政府财政部门应当及时向县人民代表大会财政经济委员会和县人民代表大会常务委员会财经工作委员会通报有关县级预算编制的情况。财经工作委员会应当结合听取县人大代表和社会各界意见建议情况，与县人民政府财政等部门密切沟通，研究提出关于年度预算的分析报告。在县人民代表大会会议举行的三十日前，县人民政府财政部门应当将县级预算草案初步方案提交财政经济委员会。财政经济委员会对县级预算草案初步方案进行初步审查，并就有关重点部门预算草案、重点支出和重大投资项目开展专题审议，提出初步审查意见。初步审查工作情况及重要事项、发现的重大问题，应及时向县人大常委会党组报告，必要时向县委报告。

财政经济委员会开展初步审查阶段，县人民代表大会有关专门委员会和常务委员会有关工作委员会可以围绕国家方针政策、决策部署和省、市、县工作要求，对相关领域部门预算初步方案、转移支付资金和政策开展专项审查，提出专项审查意见。专项审查意见中增加相关支出预算的建议，应当与减少其他支出预算的建议同时提出，以保持预算的平衡性、完整性和统一性。专项审查意见及时送财政经济委员会、财经工作委员会研究处理，必要时作为初步审查意见的附件印发县人民代表大会会议。

四、加强县级预算执行情况的监督工作。在县人民代表大会及其常务委员会领导下，财政经济委员会和财经工作委员会应当做好有关工作，县人民代表大会有关专门委员会和常务委员会有关工作委员会可以开展对口政府部门预算执行情况的跟踪监督。县人民政府财政等部门应当及时向财政经济委员会、财经工作委员会提交落实县人民代表大会关于预算决议的情况。县人民政府财政部门应当及时提供各类政府专项资金、预备费等专项预留经费分配到具体项目的情况，定期提供全县的预算执行报表等有关资料，反映预算收支、政府债务等相关情况。县人民政府有关部门应当通过人大预算联网监督平台，按要求定期提供预算执行、政府投资项目、宏观经济、金融、审计、税务、统计、商务、社会保障、国有资产等方面政策制度和数据信息。

县人民代表大会常务委员会可以采取听取和审议专项工作报告、执法检查、专题调研、询问和质询、特定问题调查等方式，加强对重点收支政策贯彻实施、重点领域财政资金分配和使用、重大财税改革和政策调整、重大投资项目落实、政府债务管理情况等方面的监督，必要时可以作出决议、决定。县人民政府应当将执行决议、决定的情况向县人民代表大会常务委员会报告。加强对重点支出和重大投资项目预算执行进度和绩效目标实现情况的监督，对重点支出和重大投资项目执行情况监督过程中发现的重点问题，建立提醒告知制度。县人民政府于每年七月向县人民代表大会常务委员会报告上半年预算执行情况。县人民政府有关部门每季度提供预算执行、政府债务、有关政策实施和重点项目进展情况。

五、加强县级预算调整方案的审查工作。县级预算执行中，需要增加或者减少预算总支出，调入预算稳定调节基金，调减农业、教育、科技、社会保障等重点领域支出，增加举借债务数额，须经县人民代表大会常务委员会审查和批准。县级预算执行中必须作出预算调整的，县人民政府应当依法编制县级预算调整方案，提交县人民代表大会常务委员会审查。严格控制预算调剂，各部门、各单位的预算支出应当按照预算执行，因重大事项确需调剂的，严格按照规定程序办理。县级预算执行中出台重要的增加财政收入、支出的政策措施，或者预算收支结构发生重要变化，县人民政府财政部门应当及时向财经工作委员会通报。财经工作委员会及时将有关情况向财政经济委员会通报，必要时向县人民代表大会常务委员会报告。

六、加强县级决算的审查工作。县级决算草案应当如实反映预算执行的结果，按照县人民代表大会批准的预算所列科目编制，按预算数、调整预算数、决算数分别列出，并对变化情况作出说明，做到规范、直观、明细和完整，增强可比性和可审性。一般公共预算支出应当按功能分类编列到项，按经济性质分类编列到款。政府性基金预算支出、国有资本经营预算支出、社会保险基金预算支出，应当按功能分类编列到项。县级决算草案应当于县人民代表大会常务委员会举行会议审查和批准的三十日前提交财政经济委员会。财政经济委员会结合审计工作报告，对县级决算草案进行初步审查。可以就决算草案中的有关问题听取相关县级预算部门的情况汇报，并就县级部门决算草案、重点支出和重大投资项目的完成情况进行专题审议。财政经济委员会开展初步审查阶段，县人民代表大会有关专门委员会和常务委员会有关工作委员会可以对对口部门决算草案开展专项审查，通过座谈调研、专题审议等形式，提出专项审查意见，作为财政经济委员会初步审查意见的重要参考。县人民政府财政等部门应当在县级决算批准后，依法及时公开县级决算、部门及所属二级单位决算。

七、加强预算绩效的审查监督工作。各部门、各单位应当实施全面预算绩效管理，强化事前绩效评估，严格绩效目标管理，完善预算绩效指标体系，做好绩效运行监控，提升绩效评价质量。加强绩效评价结果运用，促进绩效评价结果与完善政策、安排预算和改进管理相结合，推进预算绩效信息公开，将重要绩效目标、绩效评价结果与预算决算草案同步报送县人民代表大会及其常务委员会审查。县人民代表大会常务委员会加强对政府专项资金、政府投资基金等重点支出和重大项目绩效目标、绩效评价结果的审查监督。必要时，召开预算绩效听证会。

八、加强对县级预算执行和决算的审计监督。县人民政府审计部门应当按照真实、合法和效益的要求，对县级预算执行和其他财政收支情况以及决算草案进行审计监督，为县人民代表大会常务委员会审查批准决算提供支持服务。县人民政府应当于每年七月向县人民代表大会常务委员会提出对上一年度县级预算执行和其他财政收支情况的审计工作报告。审计工作报告应当重点报告上一年度县级预算执行和决算草案、重要政策实施、财政资金绩效、政府债务管理、国有资源、国有资产等审计情况，全面客观反映审计查出的问题，揭示问题产生的原因，提出改进工作的建议，并提供审计查出问题清单、单项审计结果、专项绩效审计情况等附件。加强审计结果运用，依法及时纠正、处理审计查出的问题，强化责任追究。完善审计查出问题整改工作机制，健全整改情况公开机制。必要时，县人民代表大会常务委员会可以对审计工作报告作出决议。

财经工作委员会应当加强与县人民政府审计部门的信息沟通和工作协同。县人民政府审计部门应当聚焦审计重点，加大对支出预算和政策执行的审计监督，加强绩效审计，在研究提出下一年度审计监督重点内容、项目时，应当征求财经工作委员会意见建议，注重与县人民代表大会常务委员会相关重点监督工作相衔接，形成监督合力。

九、加强审计查出问题整改情况的监督工作。县人民代表大会常务委员会对审计查出突出问题整改情况开展跟踪监督。综合运用听取和审议专项工作报告、满意度测评、专题询问、质询、特定问题调查等方式，对审计查出突出问题整改情况开展跟踪监督，加大监督力度，增强监督效果，推动建立健全整改长效机制，完善预算管理制度。审计查出的突出问题涉及下级政府的，可以与下级人大协同开展监督，实现各级人大监督工作联动。健全人大预算审查监督与纪检监察监督、审计监督的贯通协调机制，加强信息共享，形成监督合力。

县人民代表大会常务委员会于每年年底前听取和审议县人民政府关于审计查出问题整改情况的报告，并开展满意度测评，根据需要可以听取审计查出突出问题相关责任部门、单位的单项整改情况报告。有关责任部门、单位负责人应当到会听取意见，回答询问。县人民政府提交的整改情况报告，应当与审计工作报告揭示的问题和提出的建议相对应，重点反映审计查出突出问题的整改情况、整改效果、完善体制机制情况、未整改问题的原因和下一步举措等内容，并提供审计查出突出问题的单项整改结果和详细整改清单作为附件。每届县人大常委会至少开展一次对审计查出问题整改情况的专题询问。必要时，县人民代表大会常务委员会可以对审计查出问题整改情况报告作出决议。

十、加强预算联网监督工作。县人民代表大会常务委员会应当建立健全横向联通、纵向贯通的预算联网监督工作机制，利用现代信息技术开展预算联网监督，实现预算审查监督的信息化、智能化，提高预算审查监督效能。按照全口径审查、全过程监管的要求建好用好预算联网监督系统。财经工作委员会应当运用预算联网监督系统的查询、预警、分析、服务功能，建立预算审查指标体系和监测预警模型，探索线上分析与线下查证相结合的方式，提升预算审查监督内容的翔实性和时效性，增强预算审查监督工作的针对性和有效性。建立健全数据共享协调工作机制，县人民政府有关部门、单位要按时提供相关数据，保证数据的完整性、准确性和及时性。对预算联网监督信息报送情况及预算联网监督中发现的问题，财经工作委员会及时向县人民政府有关部门通报。对相关问题，有关部门应当核实处理并反馈处理情况。

十一、依法执行备案制度、强化预算法律责任。县人民政府应当将出台的有关预算管理、国有资产管理、社保基金管理的规范性文件，县对镇财政体制和转移支付的具体办法，县级预算决算及各镇人民政府报送备案的镇级预算决算的汇总，县级政府综合财务报告，以及其他应当报送的事项，及时报送县人民代表大会常务委员会备案。有关预算的重要规范性文件出台前，县人民政府财政部门应当向财经工作委员会通报，必要时，依法向县人民代表大会常务委员会报告。

县人民代表大会常务委员会开展预算决算审查监督工作发现的问题，相关机关、部门、单位和地方应当及时研究处理，对违反预算法等法律法规规定的，依法追究法律责任；需要给予政务处分的，县人民代表大会常务委员会有关工作机构及时通报监察机关。

十二、充分发挥人大代表作用。深入践行全过程人民民主重大理念，在预算审查监督各项工作中，广泛听取各方面意见建议，高度关注和回应社会关切，切实保障和改善民生。县人民政府财政等部门应当通过座谈会、通报会、专题调研、办理议案建议和邀请人大代表视察等方式，将听取代表意见建议贯穿于编制预算、制定政策、推进改革的全过程，主动回应代表关切。县人民代表大会有关专门委员会、常务委员会有关工作机构应当加强与县人大代表的沟通联系，组织人大代表参与全过程预算审查监督，听取人大代表意见建议，完善人大代表意见反馈机制，更好发挥人大代表作用。完善预算审查重点代表工作联系机制，发挥好预算审查重点代表在预算审查监督中的沟通、引导和骨干作用。完善咨询专家库制度，发挥专业力量优势，提高预算审查监督能力和水平。

十三、切实履行财经工作委员会职责。财经工作委员会是县人民代表大会常务委员会的工作机构，协助财政经济委员会承担县人民代表大会及其常务委员会审查国民经济和社会发展计划、规划及财政预算决算、预算调整方案和监督预算执行方面的具体工作；承担国有资产管理情况监督、政府债务管理情况监督、审计查出突出问题整改情况跟踪监督、预算联网监督等方面的具体工作；承办本决定规定和常务委员会、主任会议交办以及财政经济委员会需要协助办理的其他有关财政预算的具体事项。经主任会议同意，财经工作委员会可以要求县人民政府有关部门和单位提供预算情况，并获取相关信息资料及说明，可以对各部门、各预算单位、重点支出和重大投资项目的预算资金使用和专项资金使用进行调查，县人民政府有关部门和单位应当积极协助、配合。

本决定自公布之日起施行。

二、领导讲话

突出重点　凸现成效
着力做好新时期地方人大工作

——在省人大工作会议上的交流发言

张桂英

（2009 年 8 月 17 日）

换届以来，我县人大常委会在县委的领导下，在省、市人大的指导下，坚持以科学发展观统领各项工作，牢固确定“围绕中心、突出重点、讲求实效”的监督工作思路，认真履行好宪法和法律赋予的各项职权，充分发挥了地方人大在推动科学发展中的作用。

一、突出监督重点，增强推动科学发展的工作实效

面对新形势、新任务，我县人大常委会自觉融入全县经济社会发展大局，从人大工作的性质和职能出发，把握人大工作与经济建设的结合点，分析研究影响和制约全县经济社会发展的矛盾和症结，找准人大履行职能的着力点，全力以赴助推全县经济社会又好又快发展。

围绕重点工作履行好职权，着力推动科学发展。在应对国际金融危机，保持经济平稳较快发展的形势下，保增长、促发展是人大工作的首要任务。为此，我们紧紧围绕经济载体建设、产业产品结构调整、招商引资、重点项目建设、港口建设和县城总体规划修编等重点工作，听取政府专项工作报告，依法实施经济工作监督，全力推进中央关于保增长、促发展各项政策措施的贯彻落实。随着江苏沿海开发上升为国家战略层面，开发洋口港、发展沿海经济是全县经济建设的重中之重。本届常委会重点围绕洋口港开发建设和海洋环境保护方面进行视察、调研和审议，积极献计献策，确保在沿海开发的同时，切实保护好海洋环境。为扶持全县中小企业发展，全力以赴帮助企业渡过难关，今年年初，我们组织三个调查组深入到全县146家企业进行调研，并作出了《关于加大对全县中小企业发展扶持力度的决议》。县政府多次召开政府常务会议进行专题研究，及时出台了《关于保增长快发展，调结构促转型，全力加快新型工业化进程的意见》和《关于鼓励扶持工业企业更好更快发展的政策意见》等12个政策性文件。到目前为止，全县规模以上企业没有一家因资金困难而停产破产。我们十分关注工业投入和工业项目建设，去年深入到重点项目建设现场进行视察调研，了解项目落户、开工建设和投入运行等情况，专题听取了全县工业投入和工业项目建设情况报告。县政府及有关部门采取有效措施，着力解决化工企业退城入园、工业用地圈而不用、投资强度低和项目融资等难题，确保了一批实实在在的项目在我县落户投产。我县是传统农业大县，为推动城乡统筹发展，我们先后对河道整治、绿化造林、农业基础设施建设、农民增收、高效农业规模化和土地流转等项工作进行了视察调研，要求县政府切实加强农业服务体系建设、加大政策扶持力度、着力推进农业产业化经营和培育壮大龙头企业。仅去年，县政府投入到“三农”工作中的资金占了全县财政收入的六分之一，有效地促进了农业增效，农民增收。随着城镇化和工业化进程不断加快，沿海开发进程的推进，我们及时将失地（海）农（渔）民生活保障问题纳入常委会议题，开展了专题调研，并以主任会议建议书的形式交政府办理。县委书记专门对失地农民生活保障的调查报告作了批示。县政府高度重视，认真进行了研究，建立健全了失地（海）农（渔）民生活保障体系。

围绕民生改善履行好职权，着力构建和谐社会。我们始终牢固树立以人为本的工作理念，把推动解决民生问题作为人大工作的出发点和落脚点，促进改革发展成果更多地惠及民生。换届以来，我们认真督促政府切实解决好医疗卫生、社会救助、社会治安和劳动就业等方面的问题，采取了多项惠民措施。为切实维护职工的合法权益，我们与县总工会在全国率先建立了联系制度，每年确定一至两个议题，列入人大常委会工作要点，围绕《中华人民共和国劳动法》和相关条例开展视察调研和执法检查等活动，为新形势下维护职工的合法权益创造了一条新途径，取得了良好的社会效果。我们高度关注弱势群体的权益保护，大力推动各项保障措施的落实到位，先后听取和审议了县政府关于全县农村五保、城乡低保和优抚工作情况报告，着力推进社会福利事业、落实养老保障措施和建立医疗保障救助体系等重点工作，实实在在提高了社会救助对象的幸福指数。低收入家庭住房保障问题一直是代表关注的热点问题，我们及时将支持促进政府加快住房保障体系建设作为重点议题，组织常委会组成人员进行视察调研，督促县政府尽快建立住房保障制度，加大政策扶持力度，健全稳定的资金筹措机制，加快廉租房和经济适用房建设。县政府高度重视，出台了《如东县城市低收入家庭2008–2010年住房保障规划》等相关文件，并在住宅小区回购商品住房作为廉租房使用，以改善低收入家庭的居住条件。

围绕法治建设履行好职权，着力优化发展环境。环境是生产力、竞争力，越是发展的形势紧迫和任务艰巨，越要营造良好的发展环境。为此，我们将法治建设和优化发展环境作为人大的重要任务，认真分析改革发展中出现的不稳定因素，综合运用各种监督手段，加强对经济发展环境建设的督促检查。换届以来，我们在积极推进依法行政和公正司法的同时，十分重视加强机关作风效能建设，县十五届人大二次会议将《进一步加强机关作风建设，全面提升服务效能水平》作为“一号议案”，并作出决议。县政府围绕作风效能建设多次召开会议，采取走访调研和明察暗访等形式，及时发现存在问题，并通过媒体予以曝光督促整改到位。半年来，全县上下围绕项目建设狠抓作风效能建设，取得了明显的成效，发展的环境得到明显改善。为促进政府部门依法行政，去年常委会会议以票决的形式，通过了对县发改委进行工作评议的决定。我们严格按照监督法有关要求，制定了评议方案和实施意见，重点围绕服务经济社会发展、依法行政和队伍建设等方面，对县发改委进行了评议。由于评议指导思想明确，重点突出，加之县镇两级人大代表的积极参与，县发改委主动接受监督、积极迎评整改，评议活动取得了改进作风、促进工作的良好效果。

二、突出代表主体，提升代表工作水平

我们认真贯彻落实中央［2005］9号文件和省委23号文件精神，按照“全覆盖、重规范、求实效”的要求，扎实推进“一个载体、两项制度”建设，代表工作取得了新成效。我县代表述职和代表履职工作得到省市人大的充分肯定，先后在全省第十二、十三期乡镇人大主席培训班上进行了专题介绍。

以代表之家为平台不断丰富代表活动形式。我们及时出台了《关于人大代表之家创建工作的实施意见》，按照“三项原则”（就近、就地、就选民的原则，勤俭节约的原则，“三同步”的原则）和“六个有”（有办公设施、有醒目的标志、有完整的制度、有专门的联络人、有活动计划、有活动记录）的要求，全面推进代表之家创建工作，全县73个代表小组全部建立了代表之家。各镇人大利用代表之家这一平台，先后开展了学习培训、工作评议、代表述职、联系接待选民和约见政府负责人等活动，有效丰富和创新了代表活动形式，提高了代表的履职能力。今年4月18日，我县首次开展了“人大代表联系选民固定接待日”活动，全县1200多名各级人大代表，分别在全县86个点听取选民意见，共接待选民2282人次，走访联系选民1348人次，收集选民意见1787条，我们根据汇集交办的有关建议，分别督办落实，有力地推动了一些矛盾和问题的解决。我们还鼓励各镇人大大胆实践，积极创新代表工作，及时推广了掘港镇组织的人大代表巡回司法调解督导和代表论坛活动，以点带面，有效地促进了代表工作的开展。

认真督办代表议案、建议、批评和意见。我们把交办督办代表议案建议作为支持和保障代表依法履职的重要工作来抓。换届以来，县人大代表共提出629件大会议案和建议、批评、意见，我们及时梳理分类，每年坚持主任会议听取政府办理准备工作的专项汇报，会同县政府联合召开交办会议，开展对议案办理进展情况年中视察检查，对大会确定的重点建议实行分管主任牵头督办，认真听取和审议了县政府关于办理工作情况报告，并对优秀建议和优秀承办单位进行了表彰。我们注重抓好议案的跟踪督办，将2007年新农村建设议案和2008年环境革命议案的办理落实情况列入本届常委会工作重点。今年，我县首次通过政府网站向社会公布代表建议内容、办理答复情况，主动接受人民群众监督。对代表反映集中、社会普遍关注和涉及群众切身利益问题的建议，常委会通过约见政府负责同志进行交办，确保代表建议的办理取得实实在在的效果。

不断拓宽代表知情知政渠道。换届以来，先后有40多名人大代表参加了常委会主任、副主任接待代表日活动，开辟了一条闭会期间代表反映民情的“绿色通道”；先后有80位人大代表分别列席了常委会会议或参加了常委会活动；连续两次在人代会期间组织全体人大代表视察了洋口港、江苏如东经济开发区、沿海经济开发区、县城改造和市政重点工程；先后组织代表300多人次参加了“一府两院”的工作座谈会和情况通报会，组织50多名人大代表旁听了法院庭审，推荐100多名人大代表担任政府部门行风监督员。定期向代表提供全县经济社会发展和法治建设情况的资料，努力拓宽代表知情知政的信息渠道。

三、突出自身建设，着力增强履职能力

换届以来，我们紧密结合人大工作实际，坚持把自身建设摆在突出位置。通过开展学习实践科学发展观、专题报告会、理论学习和“一月学一法”等活动，深入学习领会党的十七大、十七届三中全会精神、科学发展观以及有关法律法规，使常委会全体组成人员拓宽了视野，提升了素质，增强了把党的主张依法转化为国家意志的本领、围绕大局谋划人大工作的本领和依法履行职责的本领。

按照监督法的规定要求，我们及时出台了《如东县人大常委会机关贯彻实施〈监督法〉的若干意见》，对常委会在实施监督法中的职责和任务作出了明确规定，并认真抓好规范衔接工作，重点对议事规则、工作程序和操作办法等21个规章制度进行了修改和调整，使常委会各项工作更加制度化、规范化。全面加强县人大常委会及机关的思想建设、组织建设和作风建设，组织开展了机关核心价值理念大讨论活动，形成“规范、务实、创新、廉洁”的机关核心价值理念，增强了机关人员胸怀大局服务中心的意识。我们十分重视人大志的修编工作，组织专门人员，历时两年率先对1995年版的《如东县人大志》进行了修编充实，并以人大志出版发行为契机，在全县组织开展了纪念改革开放30周年和宣传人民代表大会制度的系列活动。我们十分重视加强人大机关干部的培养、锻炼、交流和使用。换届以来，从上海复旦和华东政法引进了法律专业的硕士研究生2名，从乡镇、机关政府部门考察择优调入年轻干部8名，先后有6名同志在人大机关提拔到副科级岗位，3名同志在人大机关提拔到正科级领导岗位，8名同志交流到政府部门和“两院”担任领导职务。同时，我们积极加强机关机构建设，增设了正科级建制的信访督办室和人大研究室，机构单立、定员定岗。

大力倡导求真务实的工作作风。我们明确人大机关每名副科级干部挂钩联系一个村或企业，围绕县委中心工作、常委会审议议题和群众关心的热点、难点问题，深入镇村开展调查研究，倾听基层和群众的反映，针对经济社会发展和涉及人民群众根本利益的重大问题，提出切实可行的建议意见。换届以来，共组织调研小组深入到镇、村和企业开展调查40多次，召开各类座谈会50多次，发放征求意见表600多份，形成调查报告25个，为常委会审议相关议题提供了翔实依据。

我们将以这次全省人大工作座谈会为契机，认真总结，积极探索，不断增强工作实效，为促进全县经济社会又好又快发展作出新的贡献。

在全县《中华人民共和国食品安全法》执法检查动员会上的讲话

陈昌龙

（2012 年 5 月 31 日）

开展食品安全法执法检查是今年县人大常委会的一项重要工作。明天 6 月 1 日，是《中华人民共和国食品安全法》（简称“食品安全法”）颁布实施 3 周年的日子。在这个特殊的时候，县人大常委会召开全县“食品安全法”执法检查动员会议，就是要进一步统一思想，提高认识，明确任务，落实责任，扎实开展好今年我县的“食品安全法”执法检查工作。下面，我就开展这次执法检查工作，讲三点意见。

一、认清形势，形成共识，切实增强做好“食品安全法”执法检查工作的自觉性

国以民为本，民以食为天，食以安为先。党和国家高度重视食品安全，全国人大历经五年制定了“食品安全法”，并在 2009 年颁布实施。从国务院到省市县各级政府都十分重视“食品安全法”的贯彻实施，不断加强食品安全工作，我国食品安全相关法律法规逐步建立，食品安全监管机制不断完善，食品安全总体稳定向好。但是，同时我们也要清醒看到，食品安全问题仍然不少，各类食品安全事件仍有发生，食品安全的基础比较薄弱。少数食品生产者和经营者在利益驱动之下，置人民利益于不顾，生产和销售劣质、不达标甚至是有毒食品，瘦肉精、塑化剂、苏丹红、地沟油、毒胶囊、老酸奶等事件接连曝光。从我县的情况来看，总体情况是比较好的，但也存在一些应当关注的问题。这说明食品安全的形势仍不容乐观，食品安全必须警钟长鸣，常抓不懈。

1. 开展“食品安全法”执法检查是保障人民健康安全、促进社会和谐稳定的需要。这次执法检查，就是要进一步增强全社会的食品安全意识，进一步提高食品安全监管水平，进一步消除食品生产经营领域存在的不安全隐患，积极推动食品“从农田到餐桌”全方位的安全，切实保障群众健康，努力维护社会和谐。

2. 开展“食品安全法”执法检查是推进依法治县战略，创设良好法治环境的需要。通过这次执法检查，要发现和纠正“食品安全法”贯彻执行中的问题。促进政府及相关部门完善食品安全管理的机制；增强人民群众食品安全知识和法律意识，学会用法律武器来维护自己的合法权益；增强食品生产经营者的法制观念和社会公德意识，按照国家的法律、法规规范自己的生产经营行为，从而把全县的食品安全监管工作提高到一个新的水平。

3. 开展“食品安全法”执法检查是坚持监督为民、履行人大职责的需要。食品安全问题是人民群众关心的热点，因此也就是人大常委会监督工作的重点。人大工作的重要职能之一就是监督法律法规的有效实施，切实维护人民群众利益。在“食品安全法”实施短短三年时间里，全国人大常委会就组织了两次执法检查，江苏省和南通市人大常委会也相继组织开展了专题视察和调研活动。今年，县人大常委会把“食品安全法”执法检查确定为全年工作的重点，是对人民群众利益高度负责的体现。通过认真履行监督职责，切实为人民群众办好事办实事。

二、明确任务，整体联动，扎实有序地开展好“食品安全法”执法检查工作

县人大常委会组织开展“食品安全法”的执法检查，主要是支持政府进一步落实好“食品安全法”的各项规定，推动法律实施中一些重点和难点问题的解决。

这次执法检查的指导思想是：以邓小平理论、“三个代表”重要思想和科学发展观为指导，以《中华人民共和国各级人民代表大会常务委员会监督法》“食品安全法”及相关法律、法规为依据，以保证食品安全、保障人民身体健康和生命安全为目的，通过执法检查，推动“食品安全法”的深入贯彻实施，加强食品安全监管，督促解决法律实施过程中的突出问题，切实构建起完善的食品安全体系，进一步保障和改善民生，维护人民群众切身利益，促进社会和谐稳定。

执法检查要在全面了解“食品安全法”实施情况的基础上，重点检查食品安全监管职能体制、机制建设及运行情况、食品生产经营者依法生产经营情况、食品安全源头治理情况、“食品安全法”及相关法律法规的宣传教育情况。

为确保本次执法检查扎实有效地开展，一方面要实行三个层面整体联动。即县人大常委会“食品安全法”执法检查组对全县食品安全相关监管环节进行执法检查和对镇区进行督查、相关承担食品安全管理职能部门对本部门履职情况进行自查自纠、各镇人大组织对辖区内的“食品安全法”实施情况进行检查的整体联动。另一方面要从“四个结合”上把执法检查做实。“四个结合”即各相关单位和各镇区全面自查与检查组重点检查相结合、听取汇报与实地视察相结合、会议审议与专题询问相结合、检查监督与媒体监督相结合。具体步骤分为“五个阶段”进行。第一是宣传发动阶段（5月中下旬到6月上旬）。县人大常委会制定执法检查实施方案并向社会公布，召开“食品安全法”执法检查动员会议并进行执法检查知识培训，县政府及相关部门、镇人民政府，开展“食品安全法”及其相关法律法规的学习宣传，制定执法检查迎查工作方案，做好有关准备工作。第二是自查自纠阶段（6月上中旬）。各职能部门进行自查自纠，各镇组织检查，并形成检查报告。县人大常委会执法检查组召开相关座谈会，听取对贯彻“食品安全法”的意见建议。第三是集中检查阶段（6月下旬至7月上旬）。各执法检查小组分别听取相关部门关于“食品安全法”贯彻实施情况的自查汇报，查阅资料，询问情况。通过对生产、流通、餐饮服务等环节实地查看，深入了解和掌握我县食品安全现状，形成执法检查书面汇总材料。第四是形成报告、提交审议阶段（7月中下旬）。县政府要综合各职能部门自查情况，形成县政府贯彻实施“食品安全法”的工作报告。同时，县人大常委会执法检查组汇集执法检查情况，形成执法检查报告，7月下旬召开县人大常委会会议，专题听取和审议这两个报告，并提出审议意见，交县政府研究办理。执法检查结果通过新闻媒体向社会公布。第五是整改提高阶段（8月至11月）。县政府及相关职能部门按照县人大常委会的审议意见，认真进行整改，整改情况由县政府于11月下旬会同今年代表建议及审议意见办理情况一起向县人大常委会报告。县人大常委会教科文卫工委将负责对整改落实情况进行跟踪督查。

三、精心组织，从严要求，确保“食品安全法”执法检查取得实效

食品安全执法检查涉及的监管部门多、监管对象多、监管环节多，因此，要切实加强领导，精心组织安排，各方同心协力，确保取得实实在在的效果。

一要加强组织领导，强化宣传发动。“食品安全法”执法检查是今年县人大常委会法律监督的一项重点工作，今天动员会之前，县人大常委会已成立了执法检查组，制定了执法检查方案。可以说，本次执法检查领导高度重视，准备积极充分，部署细致周密，态度严肃认真。县政府及有关部门要高度重视，认真对待，积极配合，加强领导，落实责任。各镇要按照要求，把这次执法检查工作作为今年的重点工作，认真组织实施。积极组织代表参与执法检查工作，通过代表视察、检查、走访，深入了解“食品安全法”贯彻实施的实际情况，督促执法机关依法行政；要积极发挥人大代表的桥梁纽带作用，既要广泛收集广大选民的意见和建议，又要将政府的执法情况及时向群众反馈，形成互动，取得共识。要以这次执法检查为契机，通过多种渠道、采取多种

形式，学习、宣传相关法律法规，提高全社会的法制意识。县新闻媒体和县人大宣传平台要大力宣传食品安全相关法律法规，加强执法检查全过程的报道，提高人民群众对食品安全工作的关注度和参与度。

二要通力协作配合，增强工作合力。此次“食品安全法”执法检查目的非常明确，就是要推动“食品安全法”在我县的全面有效贯彻实施，切实保障人民群众切身利益，努力改善全县食品安全状况。因此，搞好此次执法检查工作，不仅是人大常委会的责任所在，也是各级政府和相关职能部门的共同职责，需要各有关部门通力协作，紧密配合，形成合力。一是要认真自查。自查是开展执法检查的一项基础性工作，相关单位和部门要按照执法检查实施方案的要求，进行一次全面、深入的自查工作。既要重视总结成绩和经验，又要注意查找工作中存在的问题，有针对性地提出改进措施，并按时向检查组提交自查报告。要将自查自纠工作与日常工作、执法工作紧密结合起来，通过自查自纠工作，促进工作水平和执法能力的提高。二是要主动配合。县人大常委会执法检查组的同志要集中精力，全力以赴，各执法检查小组要制定详细的检查方案，团结协作，加强配合，搞好执法检查。要切实转变工作作风，不怕吃苦、不怕麻烦，深入现场、深入群众，了解实情，掌握第一手资料，及时沟通情况，形成整体合力，共同做好这次执法检查工作。各镇政府和有关职能部门要高度重视，认真研究部署迎查工作，要建立工作小组，配备专门的工作人员，制定具体工作方案，要向社会发放征求意见表、设置意见箱和举报电话，广泛征集社会意见，充分发挥舆论和社会的监督作用。

三要坚持求真务实，深入调研视察。这次执法检查，任务重，要求高，法律性、政策性和专业性都很强。为确保执法检查工作的规范性和成效性，要认真学习法律。熟悉和掌握好法律法规是搞好执法检查的重要前提。为此，县人大常委会专门在这次会议上安排了法制讲座。会后，检查组要组织相关人员对这部法律开展进一步的学习讨论，准确把握法律的精神实质，熟悉检查内容所涉的相关资料，明确检查方法，做到心中有数，依法履职。要认真调查研究。检查组要深入到有关单位、企业、工地、镇村和干部群众中走访，听取意见；采取听汇报、召开座谈会，查看台账资料、抽样调查等各种方式进行调查了解，既要明查，也要暗访，力求掌握客观真实的情况。检查要做到“真”“实”“严”。“真”就是真查、真看，真正发现问题、真实反映问题、真心帮助解决问题；“实”就是切实做到深入实际、深入基层、深入群众，不走过场、不搞形式；“严”就是要维护法律的严肃性，对发现的问题要认真核查，严肃处理。

四要认真落实整改，加强跟踪监督。执法检查工作，最终是为了推进法律法规的贯彻实施，检查是手段，整改才是目的。我们要把整改工作贯穿于执法检查工作的全过程，对检查出来的问题，要督促相关方面认真加以整改，对其中的突出问题，还要举一反三，做到实实在在解决问题，切切实实抓出成效。同时，要通过这次执法检查，建立健全长效监管机制。县人大常委会将对整改工作实行跟踪督查，真正把执法检查与工作监督结合起来，进一步加大监督力度，提高监督实效。年底，县人大常委会还将听取县政府关于整改落实工作情况的专题汇报，适时对执法检查工作进行“回头看”，促进存在问题整改落实到位。

切实保障“食品安全法”的贯彻实施是关注民生、体贴民生、改善民生的德政工程，是人大和各级政府的共同责任，政府和有关部门一定要高度重视食品安全工作，要按照这次会议的要求，把执法检查工作做好。希望大家同心协力，扎实工作，确保这次执法检查取得好的成效。

定坐标　接地气　改作风
坚持群众路线引领新时期人大工作

陈昌龙

（2014 年 3 月 28 日）

群众路线是党的生命线和工作路线，核心是密切联系群众，依靠群众，为了群众。人大及其常委会作为国家的权力机关和民意机关，根基在人民、血脉在人民、力量在人民，一切工作的出发点和落脚点就是为人民服务。新时期人大工作增强为民意识，践行群众路线，就是要按照一线要求定坐标，就是要坚持群众观点接地气，就是要突出勤政为民改作风。

一、按照一线要求定坐标——就是要在履职时展现新状态，以良好的精神面貌坚定理想信念

此次教育实践活动开始时，县人大机关党员干部普遍认为，开展教育实践活动，抓住了党和人民群众的关系这一根本，聚焦了作风建设这一突出问题，非常必要和及时。但也有少数同志存在观望心理和畏难情绪，认为人大是“二线”岗位，状态可以“降级”，要求可以“降档”。我觉得引起这一错误认识的根源不是法律问题，而是工作方法和工作内涵的问题；不是职权问题，而是没有把宪法和法律的规定用好用足，是自我认知和定位的问题。尤其在我们这个区域，人大工作地位是高的，环境是好的，人大工作者是能充分履职、发挥作用的，特别是从队伍结构、工作分工、考核、干部使用、社会影响等方面都得到了充分体现。所以我们在职务待遇上要“知足”，在工作事业上要“知进”。“知进”就是讲奉献，讲责任，始终保持奋发有为的精神状态，保持锐意进取的工作劲头。张德江委员长强调，人大工作是一线，有时还是“火线”，绝不能认为人大工作是二线工作。因此，只有秉持“一线思维”，才能找准人大工作定位，才能在履职过程中更加善用正能量，更加真实地进行管理，才能展现“在位当有为”的新状态，并以这种状态影响行为，以行为实现成效，以成效催生变革，以变革提升质态。为了破解少数同志思想上的误区，今年春节后上班第一天，我们就提出人大工作要“按照一线要求定坐标”，即树立一线意识、掌握一线本领、搭建一线平台、实施一线监督，努力克服“二线”思想，力戒工作作风漂浮、华而不实、底气不足。今年常委会审议的第一个议题是学前教育，我们严格按照一线要求，坚持人大工作在一线开展，问题在一线发现，办法在一线获得，经验在一线产生，监督在一线进行，成效在一线取得。我们组织了部分组成人员和人大代表，深入县城及镇区的多个幼儿园进行视察和走访，召集相关部门负责人和镇村干部座谈，常委会议邀请了来自基层一线的人大代表、教育工作者和选民代表参与审议，并充分吸纳形成审议意见，并继续深入基层开展跟踪督办。工作的实践使我们深刻感受到，“一线要求”进一步坚定了人大党员干部的理想信念，展现了更加积极的精神状态，实现了更加务实的履职成效。

二、坚持群众观点接地气——就是要在行动上树立新形象，以扎实的基层交流回应群众关切

县级人大是基层一线，看似对基层观点、群众观点能够感同身受，但在实际工作中，有时我们和群众的接触还不多，对群众需求的认识还不足，与群众的互动还不够，开展的各项工作与群众的愿望还有差距。因此，我们提出要“坚持群众观点接地气”，让党员干部真正走出机关、走出办公室，直接与普通群众面对面、心贴心地交流，坚持与群众换位思考，站在群众的立场上看问题、办事情，真心实意为群众谋利益、解难题，进一步优化承接“地气”的心态和姿态，进一步增强收受“地气”的效应和效果。

一是把准方向，为民代言，工作重心“不偏”。人大工作中增强为民意识、践行群众路线，必须正确认识和把握对党负责、服务大局与对人民负责的一致性。因此，常委会始终立足服务全县发展大局，综合运用各种工作形式和制度，开展了一系列有深度、有力度的监督活动。比如去年，我们围绕促进全县经济转型发展这个目标，把以项目建设为主要内容的“一号议案”督办工作作为全年三项重点工作之一，组织召开推进会议和开展视察调研活动，邀请人大代表参与监督和出谋划策，凝聚正能量，营造好环境，有力推动了全县重点项目建设。这让我们深刻感受到人大工作找准了方向，真正实现了与县委工作大局“合拍”、与政府工作重点“合力”、与人民群众愿望“合心”。今年，我们要继续把握好工作重心，在工作的谋篇布局、方案设计和推进落实中充分体现以民为本、执政为民的理念。

二是依法履职，顺应民心，工作实效“不虚”。人大及其常委会的各项权力来自人民，本质意义上讲必须对人民负责。换届以来，我们在工作中努力做到监督更加贴近民生，决策更加顺应民心，行使权力更加尊重民意，将重视民生、维护民利贯穿于依法履职的全过程。比如2012年，我们组织开展了对“全县为民办实事项目”的专题视察调研，有力回应群众呼声，助推民生实事落实。又如近年来，我们认真听取群众意见，把普遍饮用长江水工程、食品安全、养老服务体系建设、老旧小区改造和保障房建设等人民群众普遍关注的问题作为重要议题，并将群众满意作为检验工作成效的标准。今年，我们还要结合教育实践活动，更加重视诸如学前教育、畜禽养殖污染防治、农村道路建设等民心工程和民生热点议题，用决议、决定、评议、质询、问责问效等方式充分体现监督支持的力度和实度。

三是搭建平台，畅通民意，联系选民“不断”。把人大工作建立在深厚的群众基础上，人大代表在联系群众中有着不可替代的优势，听民声、纳民言、解民难，努力增强群众工作本领，保障群众利益，维护社会和谐是人大代表的天职。群众意见带着原生态的质朴，传递着最真实的“草根”声音，是转变作风、改进工作的良药。只有深入群众，依靠群众，感同身受，人大工作才能更好地代表群众利益，才能符合客观实际，才会更见成效。去年，我们先学一步、先行一步、先改一步。组织开展了县镇机关的百名县人大代表“回选区、见选民、听意见”（简称“回见听”）主题活动，各镇人大也组织镇人大代表一同参与活动，近300名县、镇人大代表回到选区，听选民意见，向选民述职，积极为选民办实事、解难题。活动共收集整理选民意见882条。我们对收集到的选民意见分三个层面进行反馈交办，涉及镇村层面的由各镇人大组织交办，涉及县各部门层面的由常委会分管主任牵头沟通反馈，听意见中形成的10件代表建议由常委会集中交督办，在社会各个层面都获得了较好的互动和反响。开展这项活动，让我们在深刻感受到群众工作真谛的同时，进一步加强了县镇人大联动，进一步发挥了代表表率作用，进一步争取了相关方面的支持。今年，我们要继续打造联系群众活动的“升级版”，组织开展人大代表“访选民、问项目、评部门”主题活动。要在去年以“访”为主的基础上，加强对重大项目、重点民生工程和企业的关注和协调，并收集群众反映比较强烈的问题，有针对地开展专项工作评议，进一步扩大代表参与范围，拓展代表问政范畴，提高代表履职能力。“访问评”活动从本月开始已经正式启动，我们出台了实施意见，召开了部署会，将发动代表深入一线联系选民，最广泛真实地了解一线群众情况，反映一线群众心声，为一线群众解困。此外，我们还要执行好人大常委会组成人员联系代表，代表联系选民的“双联”制度；对代表“回见听”活动及意见的反馈、沟通、交督办形成制度；对人大代表提出的议案、建议办理要问时、问责、问效。

四是决策监督，依靠群众，集中民智“不空”。要在开门议事时问计于民，进一步拓宽代表、群众参与人大工作的渠道，正常邀请代表和群众参与常委会的各项会议和活动，对一些重大决策事项，坚持开门问计，听取基层群众意见，在议事决策中增加基层群众的话语权。要在接受监督中问政于民。要坚持把公开作为接受群众监督的抓手，适时将人大监督事项、过程和决策，以及“一府两院”执行人大决议、决定和审议意见处理情况，通过会报、网络、重大事项通报会等形式向社会公开，听取群众意见。要在调查研究上问策于民。调研前要精心准备，根据议题举办专题培训、辅导，使代表们尽快熟悉有关政策。例如我们今年确定了 14 个专题学习计划，多掌握一些涉农法规和惠农政策、畜禽规模养殖污染防治条例、物权法、物业管理条例等关乎民生的专业知识；调研中要深入基层一线，坐下来听，走下去访；调研后要将成果转化为审议意见和各项决议决定，督促相关方面落实，并把调研提出的建议提交党委参考，转变为政府推进工作的重要着力点。

三、突出勤政为民改作风——就是要在工作中建立新机制，以务实的措施手段提高工作实效

一是常联系，办实事，服务民生的感情要实。要提高人大工作实效，必须要增进人大党员干部与群众的感情。要建立常态化联系群众工作机制，让机关干部做老百姓的“近邻”，摸准群众的所思所想所盼，有的放矢地做好群众工作。要建立为民办实事工作机制，结合县委“双百双解”（为 100 个重大项目、100 家重点企业的项目建设解难、生产运行解忧）、“三解三促”“结对帮扶”等活动，制订帮扶计划，确定帮扶项目，落实帮扶目标，真心实意为群众谋利益。要建立健全畅通的民意表达渠道和有效的群众意见处理机制，更加广泛地听取群众意见，解决群众问题。

二是强监督，改方法，服务民生的举措要实。要健全科学选题工作机制，在制定年度工作要点和确定各项议题时要坚持在满足“规定动作”的基础上，广泛征求群众意见，多让群众“点菜”，使人大工作更好地体现人民群众的意愿和要求。要不断改进监督方式，增强监督工作效能，不断研究和解决监督工作中“程序性监督多，针对性监督少；弹性监督多，刚性监督少；对事监督多，对人监督少；督促权运用多，处理权运用少；事后监督多，事前监督少；提意见建议多，跟踪落实少”等问题。我们结合近年来先后出台的《进一步提高常委会会议和主任会议质量的意见》《代表议案建议办理工作问责办法》《专项工作评议办法》等制度，把群众的满意度放在监督工作的重要位置，努力延伸监督的触角，丰富监督的内涵，增强监督的实效。

三是抓推进，促成效，服务民生的作风要实。要进一步推进人大机关工作作风转变，去年以来，我们严明会风会纪，从人大常委会议、主任会议抓起，严格各项制度；严格执行公务活动厉行节约各项规定，以“三风”（学风、党风、文风）的改进带动人大机关作风建设，让群众感受到人大工作作风的转变。今年，我们进一步完善人大办公会制度，发扬民主、集思广益，更加准确细致地研究群众工作；进一步狠抓会议审议质量，坚持审议询问、满意度测评、形成审议意见、落实承诺“四步走”原则，提高审议实效；进一步加强跟踪监督，对重要议题形成的决议、确定的目标一抓到底，力促决议目标实现，力争向人民群众交上满意答卷。

强理念　转作风　善作为
不断提高人大工作科学化水平

——在全县人大系统干部会议上的讲话

陈昌龙

（2016 年 2 月 29 日）

为认真贯彻落实县委十三届九次全体（扩大）会议、县十六届人大五次会议、全县作风建设会议精神和县委主要领导在县人代会及县重点工作部署推进会上的讲话要求，全县人大系统干部要强理念，转作风，善作为，围绕中心，服务大局，努力实现全县人大工作新开局更有新作为、新常态更有新状态、新目标更有新成效。下面我讲四点意见，与同志们共勉。

一、把握一个基点，策应发展大局更要聚焦新方向

人大工作要打开新局面，首要的任务是找准工作的“基点”。这个“基点”，就是新形势下“大局与中心”对我们提出的新要求。把握一个基点就是要立足新“汇点”。今年是实施“十三五”规划的起步之年，面对新开局，人大必须要有新作为；今年也是换届工作之年，人大工作责任重大，责无旁贷；今年更是县委县政府谋划和推进工作“转型提质，务实发展”的关键之年，在新的交汇点上，全县工作有了新布局、新要求，县镇（区）两级人大必须要更好地站在全县改革发展大局上想问题、干实事、履好职，把人大工作与县委重大决策部署衔接好、统一好。把握一个基点就是要树立新目标。这个新目标，就是源于县十六届人大五次会议确定的各项目标任务，以及县委主要领导在闭幕大会上对人大工作提出的殷切希望；就是源于二月份全县召开的几个重要会议精神，强理念、促发展，抓项目、促转型，转作风、促提质已经成为全县上下加快发展的风向标和强引擎；就是源于市人大对新时期全市人大工作提出的“六个创新”新要求，为推动县镇人大工作与时俱进指明了方向。这些重要精神都需要我们认真领会，在谋划、部署、推进各项工作时融会贯通，践行落实。把握一个基点就是要提升新定力。这个新定力，就是始终保持人大工作政治定力，付诸县委关于加强和改进县乡人大工作意见的落实上，就是体现在更加依法履行好人大“围绕中心、服务大局、加强监督、推动工作”的监督职责担当上；就是必须保持专注发展的定力，体现在推动改革发展、民生改善更有作为上。

二、顺应两种态势，开展人大工作更要展现新面貌

面对新的目标、新的任务，人大工作者应当以新的工作质态来回应，要在具体工作中顺应好两种态势。

一是要适应新常态：人大工作新常态，就是要按照党委的要求、群众的期盼、法定职责的赋予和时代的呼唤，策应、对照、查找不足，大力改进各项工作，体现在加强对依法履职的研究和探索，推进人大制度在基层的与时俱进上；体现在力戒形式主义，维护人大工作的严肃性和权威性上；体现在唤醒监督手段，探索监督方式，拓展监督路径，提升监督实效上。适应新常态，就是要体现党委的新要求。人大工作要紧跟党委工作中心，无论听取专项工作报告还是开展执法检查，无论开展代表视察还是进行工作调研都要紧贴中心、体现党委意图，与县委同向、与政府同力、与百姓同心、与法定职能同行。适应新常态，就是要体现法治新精神。人大要带头维护法律尊严，切实担负起宪法法律赋予的监督职责，加强法律监督和工作监督。适应新常态，就是要体现群众新期盼。县镇（区）人大要善于敏锐地从社会热点难点中、从代表提出的议案建议中、从群众的来信来访中寻找民生监督的切入点，努力使人大工作更加贴近民生、符合民生。

二是要提振新状态：人大工作者要展现新的状态，就是要提高奋发有为的新能力，做到带头学法用法，严格依法履职，善于用法治思维来思考问题、分析问题，用法治方式来解决问题、落实问题，让法治精神根治于心，时时处处遵从法律，处处时时敬仰法律，养成依靠法律出思路、在法律中找办法、在依法办事中出实效的行为习惯，争做法治的坚定捍卫者和积极践行者，真正把法治意识贯穿于工作实践中，体现到行权履职的全过程，用法治思维统领人大工作，为依法履职、服务大局提供强有力的法律支撑和保障。就是要树立求真务实的新作风，人大的每一位同志都要把自己当成人大干事创业的核心力量，不断加强“岗位任期有限，实现自我价值无限”的思想认识，面对最现实的，珍惜最难得的，留下最美好的，回味最自豪的。在工作中做到勇于担当，敢于负责，瞄准今年确定的几项重点工作，抓亮点、抓特点、抓成效，为老百姓办点实实在在的事情。

三、坚持三个导向，回应社会关切更要谋求新突破

一是要坚持问题导向。不回避问题，不掩盖问题，善于发现问题，勇于助推解决问题是人大履职的特点。人大要真正提高监督实效，就必须树立问题意识，坚持问题导向，与问题“打好交道”。以今年的两项重点工作为例，近几年我们无论是在深入一线“访选民”收集意见，还是视察检查部分环境现场，都发现了不少问题。发现问题就要提出问题，要把各类问题及时交由“一府两院”处理。同时，还要把促进问题解决作为重要内容来抓，对提交“一府两院”处理的问题要紧抓不放，跟踪到底。今年，我们要加强刚性监督力度，通过专题询问、专项工作评议等方式一以贯之推动问题的解决和落实。

二是要坚持发展导向。我们要通过听取审议等方式围绕“十三五”规划纲要的实施，特别是启动之年的具体推进情况进行监督。着力围绕重点项目、重点民生领域的问题，如何调动和保护企业家积极性，为企业家干事创业提供良好的法律环境、人文环境、政策环境等，从人大的角度开展调研，提出意见建议。以“问项目”活动为抓手，加大跟踪问效的力度，切实推动问题的解决。通过探索实施全口径财政预决算监督新机制，助推经济健康可持续发展。紧紧围绕企业创新转型、企业用工、对外贸易等情况开展调研和审议，助推经济发展质量的不断提升。

三是坚持民生导向。继续把践行群众路线贯穿人大工作的全过程，以群众满意度为标准考量人大工作，推动人大工作全面提升。要问需于民，今年常委会的各项审议、视察和调研议题，是经过认真听取群众意见、吸纳群众反映强烈的共性问题后确定的，必须力求做到精准回应群众关切，助推解决群众困难。要问计于民，县镇（区）两级人大在设计工作方案、推进落实工作中要进一步拓宽群众参与人大工作的渠道，继续邀请公民旁听常委会会议，并在开展视察检查、专题询问、述职评议等工作中，邀请涉及切身利益的群众代表参加，让他们提出意见建议。要务实为民，把常委会各项决议决定和审议意见落实情况等人大工作开展的过程和结果都及时向社会公开，自觉把人大工作置于群众的监督之下。进一步加强常委会组成人员同代表的联系和代表同人民群众的联系，有针对性地开展民生问题调查，重视代表和选民之声，力求听到真话、掌握真情、表达真知灼见，形成有分量、有质量的调研报告。

四、强化四个落实，践行责任担当更要显化新作为

一是要在突出重点上强化落实。今年人大工作的重点，主要是按照市人大和县委的新要求，围绕县十六届人大五次会议确定的目标，力求对常委会所安排的各项议题进行有力有序有效监督。要将法律监督与工作监督有机结合。在组织专题视察、专题审议前，注重加大对相关法律知识的学习和理解，组织相关人员有针对性地摸清吃透，让参加活动的人员知道看什么、怎么看，不看热闹，看出门道，监督工作才能有的放矢、贴近主题、直奔目标。要将提出审议意见与加强督办问效有机结合。在抓好听取专项工作报告和提出意见建议等常态工作的同时，把功夫放在促进提质增效上。常委会审议意见和主任会议纪要所提出的要求要更有针对性和可操作性，适时对相关部门提出整改时间要求，便于跟踪问效。要在监督实效的可见性上下功夫，特别是一些看得见、摸得着的工作，应当紧盯不放，及时深入办理现场去走一走、看一看，做到眼见为实。要将推动代表建议办理的"满意率"和"办成率"有机结合。对五次人代会上代表提出的178条建议，不仅要考量承办单位的办理态度和解释情况，更要把监督重点放在办成见效上，切实推动实际问题的解决。

二是要在更新理念上强化落实。今年我们开展工作要从人大工作的性质和特点出发，推动理念的转变和落实。为创新发展凝心聚力。听取发改委推动企业创新转型的报告，在激发创新创业活力、推动新技术新产业新业态等方面提出建议，为县域经济拓展新空间。为协调发展做好工作。要在党委的领导下，围绕协调发展依法讨论决定重大事项和行使任免权，协助协调好社会各方利益关系。听取和审议国民经济和社会发展计划及执行情况，促进城乡协调发展，增强发展的整体性和协调性。为绿色发展建言献策。抓住人民群众普遍关注的热点问题，对《中华人民共和国环境保护法》《中华人民共和国水污染防治法》《南通市畜禽规模养殖污染防治条例》等执法检查整改落实情况以专题询问等方式一抓到底，促进绿色发展工作落地生根。为开放发展搭建桥梁。充分发挥人大代表人才济济、联系面广的优势，凝集各方代表力量，为开放发展积极建言献策。为共享发展倾心倾力。我县有1名全国人大代表、5名省人大代表、69名市人大代表、349名县人大代表和1000多名镇人大代表，代表着104万如东人民，这是一个重要的政治资源。围绕人大代表扎根基层、植根群众的特点，组织好代表参加"访问评"主题实践活动，收集人民群众所思所盼所愿，多向各级党委政府提出合理化建议，为维护广大人民群众的根本利益尽到人大代表的应尽之责，在推动共享发展中尽心尽力。更加密切代表与群众的联系，帮助和带动群众共同发展，共同致富，使人民群众在共建共享发展中感受到更多的获得感。

三是要在善于创新上强化落实。全县人大系统的同志要在思维上求创新，在坚持人大工作法律性、程序性的同时，敢于在法律规定下对具体工作内容、方式方法进行探索、改进和发展，努力打造工作特色和亮点。要在内容上求创新，针对当前的发展阶段和发展特点，善于研究新情况，解决新问题。要在方法上求创新，对一些常态化的工作，要勇于突破，比如在往年"一月一法"学习培训的基础上，要坚持用心、精准和学用结合地计划和组织，形成制度，常学常新。同时不断改进和完善人大干部学习培训机制。总之，在思考、布局、落实工作的过程中要做到不守陈、不僵化、不固有，不当甩手干部，更不当甩手掌柜。

四是要在支撑保障上强化落实。全县人大干部要认真参加中央即将开展的"两学一做"专题教育活动（即学党章党规、学系列讲话，做合格党员），切实加强自身建设，严守政治纪律和政治规矩，增强政治意识、大局意识、责任意识和看齐意识，努力提升政治业务素质。要加强互联互通，对照全县作风建设大会的要求，常委会领导要做好表率，树好样子，一级抓好一级，一级管好一级；各委室的管理要强化、要常态，加强委室的运转协调，发挥好每一个人的积极性、创造性，有条不紊、张弛有度地开展工作；镇区人大要加强规范化建设，积极协同县人大开展好各项工作，上下联动，同步同拍，既要县镇一体化推进，更要创出自身特色，努力提高工作的组织化程度和运行质量。要以平常心态快乐工作。在人大工作保持平和的心态尤为重要。要经得起诱惑、耐得住寂寞、抵得住浮躁、管得住自己，倍加珍惜组织和人民给予的工作岗位，倍加珍惜自己为政声誉和人格。倡导快乐工作，从工作中体味人生的幸福和快乐，形成重团结、守纪律、既有组织意志、又有个人心情舒畅的工作环境。

如东县人大工作显现务实创新特色亮点

——在南通市人大工作座谈会上的发言

陈昌龙

（2017 年 10 月 31 日）

2017 年，如东县人大常委会在市人大常委会的精心指导和县委的正确领导下，围绕大局，服务发展，关注民生，充分履行了人大监督职责。我们在做好人代会设计本年度“规定动作”的同时，不断创新、求实、提质，以下三个方面工作实现了新突破，取得了新成效。

一、围绕“三个转”，在发挥监督作用上“求效”

一是紧紧围绕“中心”转，有力助推经济社会发展。县人大自觉把人大工作纳入全县的大局中思考，紧紧围绕县委中心工作切实履行好法定职权。县十七届人大一次会议围绕县委“项目为王”的总体要求，将《关于进一步提升项目服务质效，优化项目建设环境的议案》确定为大会“一号议案”，开展提升项目服务质效专项评议工作，将 12 家行政审批和服务职能部门确定为评议对象。通过部门自查、走访了解、一线调研等方式，梳理出对各涉评部门的意见建议 100 多条。在此基础上，评议组提炼出 59 条审议意见清单，要求各涉评部门进行落实整改。各涉评部门根据清单要求逐条整改，取得了较好成效。如县行政审批局加快线上线下智慧政务大厅建设，优化县政务服务管理平台，目前已有 80% 的审批服务事项上线运行，实现了“让数据多跑腿，群众少跑路”。县消防大队对重大工程项目开辟“绿色通道”，在工程方案或初步设计阶段提前介入、主动服务，并落实专人进行全过程服务，等等。9 月份，县人大常委会专题进行了组织满意度测评并当场公布，涉评部门既有动力也有压力。

二是紧紧围绕“民意”转，把群众利益放在首位。常委会广泛听取民意，畅通与人民群众的联系渠道，重点围绕人民群众关心的热点难点问题，如城乡公交一体化、教育现代化、环境治理等开展审议和视察调研，努力推动有关民生问题的解决。常委会高度重视代表议案建议办理，特别是涉及民生的相关建议，通过常委会分管领导牵头督办、联合政府督办、深入承办单位督办等多种形式，切实加大代表建议督办工作力度，促使代表和群众关心、关注的问题得到妥善解决。深入贯彻落实全国人大《关于完善人大代表联系人民群众制度的实施意见》精神，从 10 月 20 日—11 月 10 日，县人大常委会开展了以“回选区、见群众、听意见”为主要内容的百名领导干部人大代表联系人民群众活动，要求领导干部人大代表以“三服务”（服务发展、服务民生、服务群众）为目标，结合“代表接待日”“选民接待日”活动，回到各自选区，与基层人大代表和人民群众开展走访座谈交流、听取意见建议活动，了解社情民意，帮助当地谋划发展思路、解决发展难题、听取意见建议、了解群众诉求。

三是紧紧围绕“法律”转，依法履行好监督职责。始终坚持以跟踪问效落实执法检查，突出监督重点，增强监督实效。在上届人大常委会连续三年专题视察调研全县农产品质量安全监管工作的基础上，今年，县人大继续围绕农产品质量安全这个主题进行跟踪监督，对我县贯彻实施《中华人民共和国农产品质量安全法》情况开展执法检查，要求政府及相关职能部门对照此次执法检查要求，结合会议审议意见，认真进行梳理、融合、提炼，确定重点目标、主要措施和整改时限。县人大采取了严格的跟踪问责措施，确保执法检查的各项要求落到实处、取得实效。与此同时，常委会还对县农委、市场监管局、海洋与渔业局等部门落实上届人大常委会关于《中华人民共和国食品安全法》执法检查工作的审议意见、主任会议纪要情况进行了跟踪监督。

二、构建“三个机制”，在推进代表工作上“求实”

一是构建平台机制，代表履职出成效。为充分发挥全县五级人大代表在服务“两聚一高”（聚力创新、聚焦富民，高水平全面建成小康社会）和助推如东小康社会建设中的积极作用，今年，如东人大策划开展了以“强企、助村、通达、清水、法治”为内容的人大代表助力小康“五项行动”主题实践活动，以行动构建代表工作平台，促进代表倾心履职。县人大认真总结去年组织开展人大代表助力小康“五百”工程行动中形成的“分类指导”工作经验，对全县1507名五级人大代表的类别做了进一步细分，确保每名人大代表都能充分发挥自身优势，投身助力小康建设。为使每位代表都能在各自专长领域精准参与助力小康行动，提高活动开展质量，县人大用“三清单三报表”对镇区人大和人大代表推进和参与“五项行动”情况进行管理，要求每位人大代表根据“五项行动”内容深入基层一线听民情、知民难，明确助力内容并各自认领任务，将认领情况、目标举措、完成时限在选区内向选民公布。各镇区人大对代表收集的情况进行梳理，组织代表开展集体活动并进行有针对性的指导。今年以来，全县参加五项行动代表1364名，收集代表建议1363条，代表认领建议1163条，纳入后期跟踪建议214条。县人大高度重视示范引领作用，将典型培育作为检验五项行动实际成效的抓手之一。在行动中，县人大分阶段对镇区人大五项行动开展情况进行推动和指导，各镇区也结合各自工作实际挖掘和培育了一批代表典型。县人大还组织了开展了“我的履职故事”代表宣传活动，收集整理在“五项行动”中为老百姓办实事、解难题的人大代表典型案例47个，并将编印成册，同时对相关代表进行集中采访和报道。11月份将召开人大代表助力小康“五项行动”专题报告会，邀请部分代表宣讲典型事迹，进一步激发代表助力小康的履职热情。

二是构建阵地机制，代表活动有长效。常委会拓宽组织阵地，努力打造高标准的人大代表之家，增强代表归属感。常委会出台《关于进一步加强人大代表之家建设的指导意见》，以全覆盖、规范化为要求，从建、管、用三个方面对代表之家建设进行了规定。各镇（区、街道）按照文件要求对人大代表之家进行标准化建设，选齐配强小组组长、副组长，完善规章制度、活动计划和资料台账。同时，坚持重心下移和网络下延，要求各镇区根据实际情况在相关选区内的村（居）、社区设立人大代表工作站和人大代表履职岗，更加方便代表开展主题活动、参加学习培训、密切联系群众。目前，各镇区共建成67个人大代表之家、83个人大代表工作站、124个人大代表履职岗并已全部完善到位。

三是构建保障机制，议政工作见真效。随着城市化进程的推进，我县有两个镇转为街道（掘港街道、城中街道、苴镇街道），并相应设立了街道人大工委，但与镇人大相比，街道人大工委面临既没有本级人大代表又不能召开人代会的困境，无法依法履行监督街道办事处工作的职责，也无法收集反映辖区18万选民的意见，存在诸多不足。为了充分发挥街道人大作用，使之有序有效地助推地方经济社会发展，推进基层民主政治建设，县人大出台了《关于加强和规范街道人大工委工作的意见》，从总体要求、工作职责、工作机制等方面加以明确。同时，在街道试行人大议政员制度，由街道在辖区范围内的选民中，选聘具有代表性、参政议政能力比较强的人员担任街道人大议政员，扩大公民有序参政议政。目前，各街道已推选产生111名人大议政员，并迅速参与到人大代表助力小康“五项行动”、联系选民群众等活动中。

三、突出“三个抓”，在强化自身建设上“求优”

一是抓制度建设，坚持正常例会与重点督办相结合。常委会坚持“以制度促规范，以规范促提升”，健全完善常委会议事规则、主任会议制度、重大事项决定等各项工作的业务规范、工作流程和工作标准，形成科学合理、程序严谨、操作性强的制度规范。完善办公例会制度，常委会领导、常委会各委室以及各区人大工委每月初沟通交流月度重点工作安排，同时对相关工作推进过程中的薄弱环节加以研究并重点督办。

二是抓能力建设，坚持“请进来”与“走出去”相结合。常委会把学习培训、提升素质作为重要内容来抓，每月围绕常委会、主任会议议题，结合县人大“一月一学法”的工作要求，邀请相关领域专家或部门业务能手对常委会组成人员进行培训，使之在审议过程中言之有“数”、言之有“据”、言之有“物”。加强人大干部履职能力建设，今年组织县人大常委会委员、县人大机关全体干部以及各镇（区、街道）人大负责人参加中国政法大学培训，专题学习我国人大监督工作、干部履职、代表工作、预算审查等方面的内容。

三是抓创新建设，坚持激励和考评相结合。研究探索人大工作考核评价体系和监督激励机制，出台《如东县人大工作创新奖评选表彰办法》和《“三优三先”（优秀县人大代表、优秀议案建议、优秀承办单位、镇（区、街道）人大工作先进集体、先进人大工作者、先进人大代表之家）评选表彰办法》，议案建议办理工作列入党政整体目标综合考核等，进一步激发人大代表、人大工作者和镇区人大的积极性和主动性。

2018年如东县人大常委会将认真贯彻落实十九大精神，主动靠前、积极作为，紧盯热点有效监督，以“责任人大”落实县委工作部署；完善方式深化监督，以“规范人大”促进政府为民服务；回应关切重点监督，以“实效人大”保障人民安居乐业；激发代表广泛监督，以“活力人大”开创工作崭新格局。经过初步考虑，具体将抓好以下三个方面的工作：

（一）坚持以党的十九大精神为指引，力求在人大监督工作上取得新成效

常委会将认真学习贯彻党的十九大精神，融入、参与、支持中心工作，积极推动以项目建设为统领的经济社会发展。县人大将通过完善工作机制、发挥代表作用、加大监督力度等方式，在助推重大项目招引和建设上帮实忙、干实事、求实效，奋力推进全县项目招引和建设工作取得新进展、大突破。继续围绕民生问题开展监督，对城市建设、公立医院综合改革、县城小区物业管理等老百姓关心关注的热点难点问题开展专题视察，让改革和发展成果更多更公平惠及全县人民。围绕法治建设抓监督，突出普法、执法、司法三大重点，进一步增加法律监督议题，对覆盖城乡的法律服务体系建设、涉法涉诉信访工作等情况开展专题调研，更大力度推进法治建设。

（二）深化提升代表助力小康“五项行动”，力求在人大基层基础工作上实现新突破

一是充分发挥人大代表的主体作用，持续深入开展“人大代表助力小康五项行动”。二是落实人大代表联系人民群众制度新要求，组织全县1507名各级人大代表和111名街道人大议政员将“回、见、听”工作常态化，真正身心走近群众、融入群众、服务群众。三是拓宽代表履职平台，充分发挥基层人大“家、站、所”的作用，进一步健全制度、完善功能、拓展内涵。四是加强基层组织建设，完善基层人大运行机制，推动基层人大规范化、制度化、标准化、精细化建设。

（三）切实加强常委会自身建设，力求在人大干部队伍建设上展现新风貌

思想政治建设求高，展现一线作为。要求全县人大系统干部真正走出“二线论”“图章论”和“保守论”，做到思想警醒、看重自己、与时俱进、敬业奉献。能力建设求强，培树人大品牌。要求全县人大系统干部加强学习，提升能力，在工作中树立“品牌”意识，抓典型、提品质、求特色，

围绕人大各项工作认真策划，打造亮点，叫响特色。作风建设求硬，坚持固本强基。坚持领导干部率先垂范、党员干部从严要求，在服务大局、亲民为民、理性务实、公允正派和淡泊名利这五个方面树立新的形象，不断改进工作方式，提升人大工作的针对性、有效性。

务实奋进　积极作为
在助推高质量发展中彰显人大担当

陈昌龙

（2018 年 5 月 7 日）

近期，根据南通市委统一部署和县委具体工作要求，我们认真学习领会习近平新时代中国特色社会主义思想以及关于推动高质量发展的系列重要论断，立足县情实际，结合人大特点，对解放思想、追赶超越、推动高质量发展的问题进行了深入思考。要理解好、把握好、落实好高质量发展的新要求，需要人大干部进一步树立新理念、担当新使命、探索新实践、展现新作为，具体要在以下三个方面加以贯彻落实。

一、紧跟新时代，深化新认识，使解放思想、追赶超越、推动高质量发展内化为人大干部的共识和追求

当前，中国特色社会主义进入了新时代，我县经济社会也正加速进入高质量发展的新阶段，面对新的形势和挑战，人大干部需要在思想上提高认识，进一步明确解放思想、追赶超越、推动高质量发展的重要意义和丰富内涵。首先，思路决定出路，解放思想是推动事业发展的首要前提。改革开放 40 年以来，全国上下特别是我县取得的辉煌成就充分证明了解放思想的重要性，只有思维转变，才能迎来发展的跨越；只有观念更新，才能收获经济的腾飞。人大干部要始终树立“归零”意识和“自觉”意识，不断突破惯性思维和传统观念，不守陈、不僵化、不固有，以新的心态、质态和姿态开展人大工作。其次，态度决定高度，追赶超越是我县现阶段发展的重要取向。在肯定成绩的同时，我们也清醒地认识到，我县经济社会发展还存在不平衡、不充分的问题，与先进地区之间还存在一定的差距，这就更加需要我们高点定位，奋力赶超，以敢为人先的锐气和昂扬拼搏的斗志在新一轮经济发展中掌握主动权。人大干部要真正走出“二线论”“图章论”和“保守论”，始终保持奋发有为的精神状态和锐意进取的工作劲头，在工作中树立一线意识，掌握一线本领，实施一线监督，展现一线作为。最后，格局决定结局，推动高质量发展是新时代迈过转型超越关口的根本要求。当前，社会主要矛盾已经转化为人民日益增长的美好生活需要和不平衡不充分的发展之间的矛盾，经济发展的重点必然要从量的扩张转到质的提升。人大干部要准确把握我县高质量发展的阶段、路径和方式，就必须要以“大学习”提升本领能力，以“大调研”开阔眼界思维，以“大讨论”凝聚智慧共识，以“大落实”确保实际成效，积极主动为推动高质量发展贡献人大力量。

二、找准新定位，聚焦新目标，使解放思想、追赶超越、推动高质量发展固化为人大工作的坐标和导向

人大干部要解放思想、追赶超越、推动高质量发展，最关键的是要找准立场和定位，才能做到工作重心“不偏”，工作实效“不虚”。具体而言，就是要做到三个“坚持”。

一是要坚持党的领导。要坚持人大工作正确的前进方向，就必须坚定不移地在政治上、思想上、行动上和以习近平同志为核心的党中央保持高度一致，坚定不移地以习近平新时代中国特色社会主义思想为指导，坚定不移地贯彻执行党中央和省市县委的决策部署，做到在思想上与党委同心、目标上与党委同向、行动上与党委同步。

二是要坚持依法行权。要紧紧围绕法律要求，高质量开展监督工作，拓展监督领域，找准监督入口，强化刚性监督；要高质量讨论决定重大事项，紧紧围绕落实县委重大决策，推进全局性、根本性、长远性重大工作，解决事关人民群众切身利益的事项；要高质量行使人事任免权，坚持党管干部和人大依法任免干部相统一的原则，确保党组织推荐的人选通过法定程序成为国家机关领导人员。

三是要坚持人民立场。要牢固树立群众观点，使高质量发展着眼于满足人民日益增长的美好生活需要，坚持在发展中保障和改善民生；始终将人大工作根植于人民群众的沃土，倾听群众呼声，使人大职权的行使符合人民群众的意志，赢得群众的信赖和支持；认真督促解决事关群众切身利益的突出矛盾和问题，切实把服务群众落实到实际行动上，使工作真正顺应民心、反映民意、贴近民生。

三、追求高标准，体现高水平，使解放思想、追赶超越、推动高质量发展落实为改进工作的成果和实效

要真正把解放思想、追赶超越、推动高质量发展落在实处，转化为良好的经济社会发展质态和人民群众的获得感，我觉得作为人大干部，要聚焦打造“责任人大、规范人大、实效人大、活力人大”，在推动高质量发展的新征程中主动靠前、务实担当、积极作为。

一是要紧跟核心，以“责任人大”提升服务高质量发展的效力。要把服务高质量发展放在人大工作的首要位置，通过人大特定的工作方式，聚民智、凝民心、抓监督、促落实，保证党委决策的贯彻实施和政府工作的顺利推进。同时，坚持以党委决策统领工作全局，把党委有关高质量发展的决策要求贯穿于监督、重大事项决定等工作的全过程，务实履职，担当作为，通过人大的工作把党委的决策转化为人民的意愿，把人民的意愿变成美好的现实。积极推动以项目建设为统领的经济社会发展，有序有效助力现代化经济体系建设。通过完善工作机制、发挥代表作用、加大监督力度等方式，在助推全县产业结构调整、城乡建设、生态环境、小康短板等方面帮实忙、干实事、求实效，奋力推进全县重点工作取得新进展、新突破。

二是要紧扣中心，以“规范人大”汇聚促进高质量发展的动力。要以支持促进政府工作为出发点，充分发挥自身优势，使人大监督工作在更高层次上发挥作用。要推动发展观念的转变，把提升经济发展质量和效益放在首位。今年我们开展《中华人民共和国促进科技成果转化法》执法检查工作，就是要用法治办法适应经济发展增速换挡、方式转型、结构调整、动力转换的新常态，助推我县创新驱动发展战略的实现。紧盯助推实体经济发展，坚定不移地推进产业强县战略、产业布局的优化和发展体制机制的完善。通过加强议案建议办理工作，把打造特色产业板块作为人大工作监督的一项重要内容，督促政府部门和各大园区板块把工作的注意力和重心落实到产业结构优化、特色园区建设、厚植质量发展的具体行动上。

三是要紧贴民心，以“实效人大”增强推动高质量发展的能力。要紧紧抓住办好民生实事目标，在开展人大代表助力小康“五项行动”、执法检查、评议政府部门工作中推动民生实事落实。要坚持深入基层一线，通过开展专题调研、代表视察、执法检查等活动，真心访民情、虚心集民智、耐心释民惑、倾心解民忧，深入了解人民群众关心的热点难点问题，摸清实情，接好地气。要高度关注人民群众所思所想所盼所愿，着眼于推动人民最关心最直接最现实的利益问题，主动回应社会关切，积极推进教育文化、医疗卫生、安全保障等问题的解决，切实增强广大人民群众的获得感、幸福感和安全感。

四是要紧握重心，以“活力人大”有效激发高质量发展的潜力。坚持“请进来”与“走出去”相结合，开展好人大干部和人大代表培训，进一步增强人大工作者在投身高质量发展的实践中依法履职的意识和能力。持续深入开展人大代表助力小康“五项行动”，将助推高质量发展的意识融入强企、助村、清水、通达、法治行动全过程，积极认领任务、解决问题、发挥作用。要围绕“代表提质”工程拓宽代表履职平台，充分发挥基层人大“室、家、站、岗”的作用，健全制度、完善功能、拓展内涵，使其真正成为高质量发展新时期代表服务民生的“连心桥”、化解矛盾的“减压阀”、民主政治建设的“新平台”。

在《中华人民共和国水污染防治法》专题讲座暨县人大督查助推“清水绿岸”提质行动推进会上的讲话

陈昌龙

（2019 年 4 月 15 日）

近年来，县委、县政府把打好污染防治攻坚战，特别是水环境治理工作摆在重中之重的位置；今年更是把“清水绿岸”提质行动列为事关如东长远发展的“十大任务”之首，表明了县委、县政府着力攻坚的信心和决心，关注民生的责任和担当。县委明确了这项行动的目标取向和实践内涵，并对全县人大系统和人大代表提出了督查助推的要求，使命光荣，责无旁贷。

下面，我就贯彻落实两个会议的精神，简要讲三点意见。

一、抓落实，就是要扛起责任，把县委的各项要求转化为实实在在的行动

一是谋划要实。各镇区和县级机关相关部门，以及各级人大代表要将会议的精神学深吃透，融会贯通。依据相关工作意见，针对各自承担的重点任务清单和时间部署，因地制宜，迅速制定切实可行的工作方案，迅速开启行动落实模式，迅速融入党委政府整体工作推进体系。

二是履职要实。“清水绿岸”提质行动及督查助推工作中的每个责任主体、责任人要扛起自身责任，对号入座，对照检查，各就各位，理直气壮，履职尽责。做到严肃工作规矩，严格操作规程，严守行动规范。

三是督查要实。今年全县人大系统要聚焦县委“清水绿岸”提质行动“督查、助推、造势、联动、问效”工作总要求，贯穿于“问河长”、执法检查、专项工作评议、水环境突出问题清单及建立县、镇区两级政府“清水绿岸”提质行动三年计划实施情况向人代会报告制度等重点工作的始终，实行闭环推进。治水各方要同心同德，切实做到治水工作要务实，治水过程要扎实，治水结果要真实。

二、抓落实，就是要聚焦问题，把老百姓的期盼转变为美好的现实

一要坚持民生导向。基层是工作的落脚点，“清水绿岸”工作各项措施有没有落实、落实得好不好，老百姓是第一感受者，最有发言权。参与这项工作的各责任主体和责任人都时刻要眼睛向下、俯身实干，深入一线察实情、体民意，才能及时发现新情况新问题，才能找准难点、堵点，摸到实情，听到真话，从而及时准确完善新思路，采取新举措，力求使各地各部门统一思想没有大的“温差”，认识与行动没有大的“偏差”，工作标准与工作质效没有大的“落差”。

二要坚持问题导向。围绕问题清单，把发现并解决问题作为督查助推工作的出发点和落脚点，切实推动工作中的问题得到有效落实。全县人大系统要严格执行清单销号制，对任务清单中已经完成的任务，及时进行销号；对没有完成的事项紧盯不放，直至问题得到最终解决。

三要坚持效果导向。各工作主体和责任主体，既要对照省市考核任务抓治标，全力实现国省考断面和入海断面今年全面消除劣五类、力争四类的必成目标，又要围绕“清水绿岸”提质行动年度任务目标抓治本，特别是围绕河道整治乱排、乱搭、乱建、乱抛、乱堆、乱放，多措并举、综合施策，让老百姓感受到真真切切的变化。督查助推工作将对各项工作任务明确责任、严格考评、运用结果。

三、抓落实，就是要形成合力，把督查助推成果转换为高质量推进水环境治理的强大动力

一要增强融合度。要形成高质量推进水环境治理的强大动力，理顺推进体制机制是基础，强化整体协作是关键。县、镇区及各部门要在“一体化”推进机制融入上下功夫，形成协调一致、合力攻坚的工作格局；要在工作布局融入上下功夫，研究、部署、督办、会办工作要与“清水绿岸”提质行动实现同部署、同推进、同落实，形成同频共振、契合互补的工作效应。

二要增强联动性。五指分开没力，攥成拳头才行。督查助推工作要取得实实在在的成果，全县人大系统和人大代表一方面要放大这些年形成的上下联动、左右协同的工作优势，在实施督查助推“清水绿岸”提质行动过程中，动真情、用真心、下真功、出真招，加强协作、主动衔接，积极互动、有效联动，切实增强工作的整体合力。

三要增强影响力。全县人大系统在督查助推全县“清水绿岸”提质行动中，要注重典型的培树，既要及时推广好的经验和做法，促进各地各部门不断出实招、出实策，提升执行力托举全局；要注重深度挖掘各级人大代表参与督查助推的先进事迹，进一步激发广大代表的积极性和主动性；要注重善于与媒体沟通，强化舆论引导，突出特色亮点，营造声势，提升影响力凝心聚力，为督查助推“清水绿岸”提质行动顺利开展营造良好氛围。

“清水绿岸”提质行动，是一项惠民生、利长远的大事要事，全县人大系统和各地、各部门要按照全县工作部署，紧密结合实际，精心组织实施，确保“清水绿岸”提质行动督查助推工作高质量开展，为建设美丽如东、宜居如东作出新的更大的贡献！

坚持守正创新　切实担当作为
全力谱写人大工作新篇章

——在南通市委人大工作会议暨纪念市人大设立常委会40周年大会上的交流发言

陈昌龙

（2020年4月20日）

地方人大设立常委会40年来，我们健全体制，高效运行，让人民代表大会制度在基层焕发生机和活力；40年来，我们依法行权，创新探索，人大自信和人大干劲得以充分释放和提升；40年来，我们监督有为，支持有方，坚持接地气、察民情、聚民智，以有效监督助推大事，持续增进民众福祉。走进新时代，我们不忘初心、牢记使命，坚持高站位、突出高标准、追求高质量，特色工作持续深化，品牌效应不断彰显。

一、找准定位，提升站位，着力打造“四个人大”

一是打造“责任人大”提升政治定力。我们将贯彻落实党委重大决策部署作为做好人大工作的前提和基础，及时作出推动改革发展的决议决定，始终保持与党委同心同向同力。切实把党委决定部署、政府正在推动、群众最想解决的事摆上重要位置，正确有效实施监督，做到尽职尽责尽能。县委高度重视人大工作，出台进一步加强和改进人大工作等意见，定期听取人大党组汇报，及时研究解决人大工作事项，真正让人大有威有为有位。

二是打造“规范人大”推动制度创新。我们狠抓审议质量关，健全相关制度，通过会前“备课”、会中“较真”、会后“跟踪”，使审议的事项言之有物、落地有声。突出工作的规范化标准化，出台常委会专项工作评议办法、议案建议办理问责办法等制度，使监督踏石留印、抓铁有痕。力求改革的精准度融合度，率先建立开发园区人大工委运行机制和街道人大“议政员”制度，县镇两级全面实施政府民生实事项目人大代表票决制、建立人大及其常委会讨论决定重大事项、财政预算联网审查监督等制度，使改革步伐坚定、步履铿锵。

三是打造“实效人大”强化系统思维。我们聚焦重点联选议题，通过与县镇两级政府联动沟通、两级人大联席讨论、向四级人大代表征求意见等方式确定监督议题。聚焦质效联抓活动，开展执法检查、专项评议、满意度测评等均做到上下联动，同频推进。聚焦短板联解难题，对群众反映集中的事项和发展中的难点问题，定期与“一府两院”互联互通，做到联合视察、现场会商、协同落实，切实解决问题。

四是打造“活力人大”锤炼坚强队伍。我们以教育促提升，深入开展“不忘初心、牢记使命”等主题教育，增强坚持和完善人民代表大会制度的自觉性坚定性。以激励促提升，持续开展人大工作创新奖、“三优三先”评选等活动，充分调动干事创业的责任感使命感。以创新促提升，通过每月初召开人大工作例会，每年初梳理“突破性”工作清单等方式，推动人大工作“微创新”，在人大干部中形成“该做事、能做事、做有用有效事”的干事创业氛围。2018年，如东人大机关获评省人大工作先进集体。

二、聚力发展，聚焦民生，不断强化人大担当

一是坚持把服务发展大局贯穿人大工作始终。我们紧扣中心，将洋口港开发建设、重大项目推进、特色产业板块打造等涉及全县发展大局的议题列为人代会议案，连续四年开展“问项目”活动，协同推动工作落实。找准重心，围绕县委“清水绿岸”提质三年行动计划，全力开展人大督查助推工作，推动完善水环境突出问题联席会办等机制，创新人大代表“问河长”工作，有力推动“河长制”落实，《人民代表报》、“江苏人大发布”对此进行专题报道，认为全民治水的如东路径可复制、可推广。聚力凝心，开展企业界人大代表“谋发展、话责任、谈履职”沙龙系列活动，形成助推高质量发展的合力。

二是坚持把以人民为中心贯穿人大工作始终。我们持续关注交通基础设施建设、教育文化、医疗卫生等民生议题，有力回应群众关切。紧盯代表票决确定的政府民生实事项目，实行常委会班子领衔联系督办推进制度，推动问题解决。开展百名领导干部人大代表“回选区、见选民、听意见”活动，常委会班子深度对接薄弱村，以现场办公、问题领办等方式帮助基层解决发展难题，全力助推脱贫攻坚。

三是坚持把实现良法善治贯穿人大工作始终。我们精准“出击”，围绕南通市地方立法实施工作，对畜禽养殖污染防治、义务教育优质均衡发展等情况开展调研，提供依据。强化刚性“巡视”，以现场问政、专题询问等方式对政府贯彻实施《中华人民共和国食品安全法》《中华人民共和国环境保护法》《中华人民共和国水污染防治法》《中华人民共和国安全生产法》等开展执法检查，对跨年度执法检查内容以“清单销号制”一抓到底。注重直击“现场”，深入基层一线，调查了解“七五”普法实施情况，开展“千名代表听百案”活动，有力促进司法公平公正。

三、高标引领，高效履职，充分激发人大干劲

一是主动融入，在决胜全面小康建设中争作贡献。我们贯穿一条主线，连续四年开展以“强企、助村、通达、清水、法治”为内容的人大代表助力小康“五项行动”主题实践活动。抓牢一个主体，四级人大代表全员参与，并采用分类指导、项目认领、进度上榜等方式对代表行动情况进行跟踪。落实一项主责，以“放管服”“净环境”“问河长”“通公交”“听百案”为主抓手，梳理落实助推任务3000多项，涌现一批“助贫代表”“实干代表”等先进典型。

二是彰显狼性，在推动经济社会高质量发展中争先进位。我们以目标强定力，围绕南通市委对如东提出的“发展速度争第一，百强排名升十位”三年奋斗目标，把争先进位作为新时代人大工作最鲜明的主题。以实干添动力，扎实践行“一线工作法”，强化“作为”意识，提高“能为”本领，找准“善为”路径，以争先进位的精气神提升工作执行力。以共建聚合力，积极投身重大项目建设、污染防治攻坚、文明城市创建等工作，共同绘蓝图、争先进、谱新篇，充分彰显人大智慧，贡献人大力量。

三是务实奋进，在开创人大工作新局面中争创一流。我们坚持“赋能”基层，通过制定加强镇（区、街道）人大建设工作意见、镇（区、街道）人大考核办法等完善镇区街道人大工作机制，激发基层干劲，激活“神经末梢”。坚持文化“育人”，将“精品”意识、“工匠”精神贯穿人大依法履职的全过程，有力推动人大干部、人大代表素质提升。坚持高效“互联”，以门户网站平台、履职信息平台、政务工作平台、电子会议平台、人大代表服务中心等为依托，加速推进“智慧人大”建设。

在全县四级人大代表宪法日“讲法典、学法典”集中培训会上的讲话

陈昌龙

（2020年12月4日）

今天是我国第七个“宪法日”。我们在这里通过“智慧人大”视频会议系统对全县四级人大代表进行集中培训，目的是深入推进全县人大代表助力小康“五项行动”主题实践活动，以“法治”行动为抓手，深入学习贯彻习近平法治思想，推动宪法精神深入人心，凝聚全县人大系统和全体人大代表的力量，加快法治如东建设，为推进县域治理体系和治理能力现代化，谱写新时代如东高质量发展新篇章提供坚强的法治保障。

11月16—17日，中央首次召开全面依法治国工作会议，将习近平法治思想明确为全面依法治国的指导思想。习近平总书记在会上发表重要讲话，对当前和今后一个时期推进全面依法治国提出了坚持党的领导、坚持以人民为中心、坚持中国特色社会主义法治道路、坚持依宪治国、依宪执政等11个方面的要求，为新时代全面依法治国、实现美好法治愿景提供了根本遵循，注入了不竭动力，必将引领法治中国建设在新发展阶段实现更大跨越。11月19日，栗战书委员长在山西出席第二十六次全国地方立法工作座谈会时强调，“要认真学习贯彻习近平法治思想和中央全面依法治国工作会议精神，为全面建设社会主义现代化国家提供法律保障”，对新时代人大工作提出了新的更高要求。

下面，我就全县人大系统和四级人大代表、议政员坚持以习近平法治思想武装头脑、指导实践、实干笃行，为推动全县经济社会发展和民主法治建设作出积极贡献讲三点意见：

一、深入领会全面依法治国思想

此次中央全面依法治国工作会议最重大的成果，就是确立了习近平法治思想。这一重要思想，是在党的十八大以来进行伟大斗争、建设伟大工程、推进伟大事业、实现伟大梦想的实践中形成和丰富发展的，是顺应实现中华民族伟大复兴时代要求应运而生的重大理论创新成果，是马克思主义法治理论中国化最新成果，是习近平新时代中国特色社会主义思想的重要组成部分。这一重要思想，从历史和现实相贯通，国际和国内相关联，理论和实际相结合上深刻回答了新时代为什么实行全面依法治国、怎样实行全面依法治国等一系列重大问题，是新时代全面依法治国的根本

遵循和行动指南。全县人大系统和四级人大代表要准确把握、充分领会习近平法治思想的重大意义，将“11个坚持”（见本文第二自然段）落实到人大工作的全过程、各方面，把习近平法治思想作为人大工作的指导思想。一是要与学习贯彻党的十九届五中全会精神紧密结合起来，全面准确把握贯彻全会精神的关键点和着力点，做到维护核心态度坚定、行动自觉，切实增强“四个意识”、坚定“四个自信”、做到“两个维护”。始终坚持在县委领导下统筹工作、行使职权、推进创新，做到工作部署贴近县委中心，重大事项决定体现县委要求，人事任免贯彻县委意图。二是要与学习贯彻总书记视察江苏及南通重要讲话指示精神紧密结合起来，围绕县委“争先进位，争做贡献”“双争”目标，主动融入“十四五”规划编制、重大项目建设、“清水绿岸”提质行动、文明城市创建长效管理等中心工作，综合运用听取专项工作报告、视察调研、专题询问、工作评议等方式开展监督，推动县委重大决策部署落地落实，充分发挥人大在推进县域治理现代化中的重要作用。三是要与学习贯彻习近平总书记关于坚持和完善人民代表大会制度的重要思想紧密结合起来，认真学习宪法、遵守宪法、维护宪法，保证宪法在全社会的贯彻实施；不断健全人大工作制度体系，在法律框架内稳妥推进人大工作实践创新；坚持依法履职，按照法律规定、法定程序作决策、定决议、行职权；全县人大系统干部和四级人大代表要做尊法学法守法用法的模范，切实提高运用法治思维和法治方式深化改革、推动发展、化解矛盾、维护稳定、应对风险的能力，努力把学习成果转化为依法履职的实践成果。

二、强化严格依法行使监督职权

人大监督是我国法律监督体系的核心，在维护有法必依、执法必严、违法必究中发挥着重要作用。全县人大系统要认真学习贯彻习近平法治思想的精髓、涵义，就必须围绕县委重大决策部署，善思考、强举措、创特色，在原有工作基础上守正创新、不断突破，为全县实现争先进位、争作贡献目标助力赋能。

一是要正确监督。要深入研究人大履职规律和人大工作优势，继续有条不紊推动人大监督工作创新。依法运用听取和审议专项工作报告、执法检查、专题询问、代表视察、专题调研等多种监督方式，直面经济社会发展中的各种困难问题，着力在吃透政策、掌握实情、找准结合上下功夫，对经济发展、民生改善、社会和谐、生态文明、依法行政、司法公正等社会关注、群众关心的重点问题开展监督，努力把监督的过程转化为依法履职、献计出力、助推发展的动力。

二是要精准监督。重点从制约如东发展的短板、影响人民群众获得感、幸福感的难点痛点堵点问题，找准人大工作的切入点和着力点。加强对“十四五”规划实施、年度计划编制、实体经济发展、重大项目建设、营商环境优化、国有资产管理等工作的监督，全力助推高质量发展。继续围绕“清水绿岸”提质三年行动、“文明城市创建”长效管理、民生实事项目督办、议案建议办理、审议意见落实等重点工作，进一步完善跟踪督办、问题销号等工作制度。强化对规范性文件备案审查的法律监督，加大审查监督力度，提高规范性文件审查质量。充分发挥执法检查的“法律巡视”功效，精细开展法律法规实施情况检查，推进依法行政、依法监察、公正司法。以督促贯彻实施“八五”普法规划为抓手，把法制宣传教育列入检查督导的内容，不断提升全体公民法治意识和法治素养。

三是要有效监督。健全人大对“一府一委两院”的监督制度，引入融合监督模式，催生“视察＋询问”“审议＋测评”“调研＋评议”“执法检查＋质询”等人大监督新路径，打好人大监督“组合拳”。加强全程监督，对相关工作跟踪问效，一抓到底，形成监督工作闭环。适时探索和试行质询、特定问题调查等新的监督方式，进一步增强监督刚性。密切关注全国人大组织法和议事规则修改情况，适时修改县人大及其常委会相关工作制度，提升人大工作的法治化、规范化水平。

三、充分发挥代表履职担当作用

人大代表是国家权力机关的组成人员，代表人民的利益和意志，依法参加行使国家权力，不仅使命光荣，而且责任重大。代表依法履职是一种重大的政治责任，也是法律赋予的神圣职责。

一是要提升代表履职能力。代表履职能力是发挥代表主体作用的前提和基础，必须不断在代表想履职、会履职上下功夫。建立健全代表履职培训规范化、常态化、制度化机制，制定代表培训方案，建立代表履职和培训台账，实现代表履职学习、专题学习有效衔接。创新培训方式，做到“线上线下”、上下联动并举。今天我们借助人大代表服务中心，对全县1400多名四级人大代表和议政员集中培训，就是一次联动培训的生动实践。今后，我们将更好地发挥人大各类平台和载体的作用，以多种形式对各级代表开展培训，进一步增强代表履职意识，更好地服务和保障代表依法履职。

二是要用好活动载体。围绕建设“两个机关”（人民满意机关、和谐人大机关）的新抓手、落实“两个联系”的新平台、强化“两个服务”的新窗口和服务“两级代表”的新家园的“四新工程”目标，充分发挥县、镇区两级人大代表服务中心和“智慧人大”平台作用。今年全县已建成县级人大代表服务中心1个、镇区街道人大代表服务中心16个、人大代表工作站70个、人大代表联系点179个。“智慧人大”平台已经实现四级人大代表和议政员手机终端全覆盖。下一阶段，我们要继续把人大履职阵地平台建设作为基础性、保障性工作紧抓不放，进一步完善建、管、用工作机制。“智慧人大”平台的互动、计分、考核功能也将在明年全面启用，形成代表发起、人大跟踪、进度展示、结果评价的监督推进新机制，不断提升人大代表履职的主动性和积极性。

三是要密切联系群众。人大代表助力小康“强企、助村、清水、通达、法治”五项行动是县人大连续四年持续开展的品牌工作，也是代表密切联系群众的重要途径。明年我们将在巩固提升小康建设成果的基础上，进一步将行动重点聚焦在全县水环境治理上。四级人大代表和议政员要根据行动要求深入一线，围绕“净水”主题倾听群众意见，反映群众呼声，帮助群众解决困难和问题。要加强和完善民生实事项目人大代表票决制工作，各级人大代表要广泛听取和收集社会各界意见，协同政府筛选出一批群众最急需、最紧迫、最现实的民生项目，并在人大代表服务“中心一站一点”常态化开展民生实事项目督办助推工作，实现线上全过程互动与监督，进一步提高民生实事项目实施质效。各级人大代表和议政员要结合当前的新形势、新任务、新要求，积极向群众宣传党的路线、方针、政策；宣传宪法、法律、法规，以及县委重大决策部署和县人大及其常委会的决议、决定，当好“宣传员”“引导员”“促进员”。

守正创新　接续奋斗
为新时代新赛程贡献人大力量

——在县委人大工作会议暨纪念如东县人大设立常委会40周年大会上的讲话

陈昌龙

（2021年9月18日）

在纪念如东人大设立常委会40周年之际，县委专题召开人大工作会议，全面落实省委、市委人大工作会议决策部署，谋划新形势下我县人大工作，意义十分重大。这次会议的召开，必将有力推动人民代表大会制度在如东的生动实践，促进我县人大工作迈上新台阶。

40年来，我们健全体制，高效运行，让人民代表大会制度在基层焕发生机和活力；我们依法行权，创新探索，人大自信和人大干劲得以充分释放和提升；我们监督有为，支持有方，坚持接地气、察民情、聚民智，以有效监督助推大事，持续增进民众福祉。走进新时代，我们不忘初心、牢记使命，坚持高站位、突出高标准、追求高质量，特色工作持续深化，品牌效应不断彰显。人大工作得以有力推进，得益于各级党委高度重视，为推进人大工作提供了坚强保证；得益于“一府一委两院”积极支持，为推进人大工作创造了良好环境；得益于全县人大系统始终保持“一线”的精神状态，依法履职，锐意创新，全面提升了人大工作水平。

一个时代有一个时代的主题，一代人有一代人的使命。县第十五次党代会审时度势提出了“跑赢新赛程、勇当排头兵，奋力谱写沿海高质量发展如东篇章”的战略目标。作为地方国家权力机关，必须认真贯彻落实中央和省市县委关于加强新时代人大工作和建设的指示精神，围绕中心、服务大局，切实履行好宪法法律赋予的各项职责，充分发挥人大职能优势，全面提升新时代人大工作质量和水平。

一、在强化党的领导上坚定不移

我们将紧紧抓住党对人大工作的领导这个“根本点”，把“讲政治”贯穿人大工作始终。

一是更加自觉地提高政治站位。全县人大系统将树牢“四个意识”，坚定“四个自信”，充分认识人民代表大会制度这一根本政治制度独特而巨大的优越性，在学习和实践中练就政治慧眼，对问题矛盾有政治洞察，对是非曲直有政治判断，对利弊得失有政治考量，始终做政治上的明白人。

二是更加自觉地保持政治定力。全县人大系统将紧紧围绕党委中心工作，始终确保人大工作与党委决策部署同轴运转、同频共振、同向发力，切实做到党委有号召、人大有行动，党委有部署、人大有落实。

三是更加自觉地强化政治规矩。我们将时时处处维护党委总揽全局、协调各方的地位和作用。严格落实重大事项、重要活动请示报告制度，及时作出推动改革发展的决议决定，将党委意图以法定程序转化为人民群众的意志，转化为工作实践，转化为全县人民的共同追求和自觉行动。

二、在助推高质量发展上持续发力

我们将紧紧围绕县第十五次党代会确定的新发展格局，与时俱进审视人大工作目标取向、理念思路、部署举措，自觉以全局视野统筹谋划人大各项工作，以精准监督推动新目标新任务落地落实，以代表作用发挥汇聚强大合力，努力在全县发展新赛程中展现人大的担当和作为。

一是聚力推动经济社会发展高质量。我们将积极策应长三角一体化等国家战略和省委向海发展战略新要求，持续助推全省向海战略先导区打造；进一步将支持和推动产业发展和项目建设列为重要议事日程，加强对重大项目建设工作的全过程闭环监督，组织代表视察调研，为加快产业转型升级和项目建设进度把脉问诊，力促项目建设质效并举；进一步聚焦营商环境优化，以跟踪督办相关重点议案建议、开展专项工作评议、满意度测评等方式，推动服务效能持续提升；进一步积极投身文明城市常态长效管理，加强计划预算执行、生态环境保护、安全生产管理等工作，推动全县经济社会协调发展。

二是聚力推动民生福祉高质量。我们将进一步围绕县委水环境治理总体目标，一以贯之抓助推、一把尺子抓督查、一线工作抓实效，严格执行“清水绿岸”工作计划，对相关涉水评议、执法检查法律巡视整改建议、审议意见、会议纪要、“问河长”问题清单进行回顾梳理，有效落实会办机制，实现清单交办、清零整改“两清”工作闭环督办。进一步加强对民生实事督办工作，完善民生实事项目人大代表票决制，将“领导牵头督导、工委分工督办、代表定期督查”的跟踪监督机制落实到位，确保民生实事项目的进度、质量、保障达到预期。进一步紧盯老百姓急难愁盼的民生问题不放松，持续关注全县教育、卫生、养老、食品安全、老旧小区改造和社区建设等热点难点问题，督促有关部门抓重点、补短板、强弱项，推动实现更高质量的学有所教、病有所医、老有所养、行有所便上主动作为，促进改革发展成果更多更广惠及人民群众。

三是聚力推动代表履职高质量。我们将组织和发动全县1400多名人大代表和议政员，围绕助力乡村振兴，持续深化人大代表主题实践活动；进一步推动“两个联系”常态化制度化，加强常委会组成人员与代表，代表与选民的直接联系，畅通民意沟通渠道，做到面对面常交流，键对键勤沟通；进一步加强人大代表履职服务中心、代表工作站、代表联系点等履职平台建设，持续打造智慧人大“四新工程”，使“智慧人大”成为建设“两个机关”的新抓手、落实“两个联系”的新平台、强化“两个服务”的新窗口和服务“两级代表”的新家园；进一步牢固树立“人民选我当代表，我当代表为人民”责任意识，扩大代表对人大工作的全方位参与，积极组织代表参与视察调研、执法检查、专项评议、专题询问等活动，正确有效地引导代表主动作为、担当作为、联动作为。

三、在展现自身建设形象上勇争一流

人大制度是中国特色社会主义制度的重要组成部分，我们要深入贯彻新时代党的建设总要求，层层压实各级人大党的建设政治责任，以高质量党建保障高质量履职，确保党的意志和主张在人大得到全面贯彻落实。

一是讲政治，注入“四个人大”建设新内涵。我们将坚持依法行权，聚焦发展，以“责任人大”提升服务发展的效力；定好位、抓大事、强内功，以“规范人大”汇聚高质量发展动力；倾听群众呼声，聚焦民生实事，以“实效人大”增强自身履职能力；联动工作，联享资源，以“活力人大”激发人大工作潜力。

二是重学习，注入推进工作新机制。健全人大学法工作机制，不断提升人大干部运用法治思维、法治方式分析解决问题的能力；健全“法律监督”、法律巡视工作和监督司法工作机制；健全“两清两动两评”机制，让清单式审议、清零式整改，调研推动、审议促动，工作评议、满意度测评成为人大推进工作的常态。

三是守规矩，注入规范履职新标准。做遵纪守法的表率，严格遵守政治纪律和政治规矩；作为民代言的表率，进一步整肃履职作风，提高会议质量，严肃会议纪律；做廉洁自律的表率，慎独慎初慎微慎权，牢牢守住法律和道德底线。

四是提效能，注入担当作为新动能。我们将按照省委“两在两同”（同人民群众想在一起、干在一起，风雨同舟，同甘共苦）建新功行动和县委“双聚双高”作风效能提升新要求，始终保持“奔跑状态”和“拼抢精神”，持之以恒提振精气神；大力营造研究型工作氛围，注重培养专业素养和专业精神，着力锻造忠诚干净担当的高素质人大干部队伍；健全完善县镇区街道两级人大联动监督工作机制，加强对基层人大工作指导、联系和监督，提高人大工作整体实效。

同志们，奋斗，是对过去的最好传承；争先，是对使命的深刻回应；实干，是对梦想的责任担当。全县人大系统将以本次会议为新起点，从走过的奋斗历程中激发前行动力，从取得的成功经验中汲取丰厚滋养，致敬历史、继往开来，牢记使命、争先进位，矢志不渝坚持和完善人民代表大会制度，为奋力谱写沿海高质量发展如东篇章而不懈努力！

不负新时代　展现新作为 奋力推动地方人大工作高质量发展

——在江苏省委人大工作会议上的发言

陈昌龙

（2022 年 5 月 19 日）

这次省委召开人大工作会议，释放了省委进一步加强和改进人大工作的强烈信号，特别是吴书记的重要讲话，为我们基层人大奋进新时代、赋能新实践、展现新状态、打开新局面指明了目标方向、提供了思路遵循，让我们备受鼓舞鞭策、倍感责任重大，行权履职更有底气、担当作为更具信心、前行目标更加清晰。

近年来，如东人大始终在落实党委决策部署上忠诚履职，把坚持党的领导摆在人大工作首位；始终在集聚发展动能上高效履职，助力县域经济高质量发展，实现经济综合实力快速前移；始终在践行全过程人民民主上创新履职，持续开展省市县镇四级人大代表“强企、助村、通达、清水、法治”五项行动，帮助群众解难题、办实事。

担当方显本色，奋斗铸就辉煌。面对新形势、新要求，如东人大将切实扛起使命担当、不断探索实践，不负新时代，展现新作为，奋力推动地方人大工作高质量发展。

一是政治立场更加坚定。我们将更加自觉地在政治立场、政治方向、政治原则、政治道路上同以习近平同志为核心的党中央保持高度一致。坚持用习近平法治思想和习近平总书记关于坚持和完善人民代表大会制度的重要思想指引方向、武装头脑，统领新时代全县人大工作。持续打造“责任人大、规范人大、实效人大、活力人大”建设品牌，推动全县人大系统提高政治站位、保持政治定力、强化政治规矩，时时处处维护党委总揽全局、协调各方的地位和作用，严格落实重大事项请示报告等制度，及时作出推动改革发展的决议决定，将党委意图以法定程序转化为人民群众的共同意志。

二是服务大局更加有为。聚焦县委“两个转变”“四个提升”“三强三新”工作要求和今年重点开展的“六个年”（向海发展标志年、招商引资突破年、转型升级攻坚年、营商环境提升年、水质达标决战年、作风效能优化年）活动，将与党委同心、与法律同向、与“一府一委两院”同力、与代表同行、与时代同步的“五同”理念贯穿人大工作始终。充分发挥和运用好人大监督方式，紧扣党委战略部署实施正确监督、有效监督、依法监督，认真践行清单工作法、闭环工作法、一线工作法。持续推进重大项目建设、营商环境优化、向海发展先导区打造等议案督办，一以贯之跟踪问效。不断深化“清水绿岸”督查助推工作，持续聚焦水环境整治和“河长制”落实，开展人大代表“问河长”工作，实行清单交办、清零整改“两清”闭环督查推进，努力推动市考以上断面水质大幅改善。我们将把“担当”作为人大工作最醇厚的底色，把“实干”作为人大工作最鲜明的标签，有力助推全县经济社会高质量发展，为如东奋进现代化新征程、加快实现跨越赶超贡献人大智慧和力量。

三是为民情怀更加深厚。将“全过程人民民主”镌刻在人大工作全过程，深入开展人大代表“践行‘双聚双高’，助力乡村振兴”“五加一”主题实践活动，发动各级人大代表深入基层、深入一线，用心用情用力助推一方产业、守护一条河（路）道、融进一个网格、当好一名志愿者、帮扶一户选民、用活一个平台，充分发挥人大代表参与决策、监督协助、桥梁纽带和模范带头作用，有效回应群众关切、解决群众问题、满足群众需要，让老百姓成为如东现代化建设的积极参与者、过程评判者、最大受益者。

四是自身建设更加严实。持续打造如东智慧人大“四新工程”建设品牌，健全完善以“中心一站一点”为载体的线下履职平台和以“网站—公众号—小程序—App”为矩阵的线上履职体系，推动人大代表活动在“线上线下”常态化开展，努力使“智慧人大”真正成为建设“四个机关”的新抓手、落实“两个联系”的新平台、强化“两个服务”的新窗口和服务“四级代表”的新家园。不断加强人大机关自身建设和换届后人大队伍建设，强化“作为”意识，提高“能为”本领，找准“善为”路径，特别是准确把握人大工作的新特点新规律，进一步健全人大议事规则，完善人大运行机制，不断提高履职能力水平。

我们将认真学习贯彻落实本次会议精神，始终保持奋发进取的精神状态、一往无前的奋斗姿态，攻坚克难、勇毅前行，以实际行动迎接党的二十大胜利召开！

倾听民声　满载民意　回应民盼 推动全过程人民民主在基层落地生根

——在“长三角”三省一市人大工作交流研讨会上的发言

陈昌龙

（2022年9月20日）

发展和完善全过程人民民主，是践行以人民为中心发展思想的政治要求。近年来，如东人大突出以“责任人大、规范人大、实效人大、活力人大”为内涵的“四个人大”建设，始终坚持党对人大工作的全面领导，不断完善“全过程”“全链条”的人民民主机制建设，将民主决策和民主监督贯穿人大工作始终，推进人民关切、人民参与、人民满意的人大监督，服务保障代表履职实现“民有所呼、我有所应”，把全过程人民民主重大理念具体地、现实地体现到人大工作的全过程各方面，不断推动全过程人民民主“如东实践”在传承中创新、在实践中求索、在突破中提质。

一是以“两个联系”为基点，为倾听人民心声“迈开步子”。密切人大常委会同代表、代表同人民群众的联系，是做好人大工作的力量所在、优势所在。近年来，我们把服务大局、服务民生作为人大工作的出发点和落脚点，不断健全吸纳民意、汇集民智的工作机制，通过与县镇两级政府联动沟通、两级人大联席讨论、向四级人大代表征求意见、与村、社区干部群众面对面交流等方式把握民心所向、确定监督议题，将群众呼声体现在谋划人大工作的全过程，通过人大议题来反映、落实、解决人民群众反映强烈的现实问题。健全人大常委会组成人员“点对点”直接联系代表、人大常委会和“一府一委两院”负责人“接待代表日”等四项工作机制，持续推动领导干部人大代表“回选区、见选民、听意见”工作常态化开展。今年，我们深入开展了领导干部人大代表“接待代表日暨代表联系选民日”活动，发动县四套班子领导、各镇区街道领导干部中的人大代表回到各自选区，围绕县委交给人大重点助推的向海发展、水质达标、营商环境、城市更新四项工作，听取代表和选民意见。县镇领导干部人大代表有158人参加活动，接待了550名人大代表和493名选民，提出了454件问题及建议，当场解决226件，交办及协调解决228件。我们始终将“一线工作法”贯穿人大工作始终，坚持在基层一线召开工作例会，把群众关心关注的问题“带下去办、专题督办、现场会办”，做到监督在一线实施，问题在一线发现，办法在一线产生，成效在一线检验。

二是以主题实践活动为抓手，为解决人民诉求“蹚出路子”。人大工作的主体是代表、基础在代表、活力看代表。经过这些年来的实践，我们觉得人大工作要提质提效、出新出彩，就必须充分发挥人大代表来自人民、植根人民的优势，反映群众呼声，推动问题解决，凝聚各方力量，彰显代表风采。自县十六届人大以来，我们紧紧围绕老百姓关切的产业发展、路桥基础设施建设、人居环境改善等问题，先后开展了人大代表助力小康“五百”工程行动、人大代表中助力小康“强企、助村、通达、清水、法治”五项行动等主题实践活动，坚持问题导向逐项销号，贯穿代表任期持续发力，涌现出一批“助贫代表”“实干代表”等先进典型。今年，我们针对新形势下人民群众特别是农村群众的新需求，深入开展人大代表“践行‘双聚双高’，助力乡村振兴”“五加一”主题实践活动，发动各级人大代表助推一方产业、守护一条河（路）道、融进一个网格、当好一名志愿者、帮扶一户选民、用活一个平台，切切实实为基层百姓办实事、解难事。生态环境是重大民生，人民群众普遍关注，我们近四年来持续开展“清水绿岸”提质行动人大督查助推工作，推动完善水环境突出问题联席会办等机制，创新人大代表“问河长”工作，将专题询问的对象拓展至“问河长”+“问局长”“问县长”，推动市考以上断面水质大幅改善，群众的幸福感和满意度明显提升。

三是以法律监督为支撑，为维护人民利益“干成样子”。习近平总书记强调，民主不是装饰品，不是用来做摆设的，而是要用来解决人民需要解决的问题的。近年来，我们充分发挥和运用人大监督方式，紧扣民生需求实施正确监督、有效监督、依法监督。2019 年起，我们实施了政府民生实事项目人大代表票决制，实现县、镇区两级人大代表票决政府民生实事全覆盖。多层面助推政府民生实事项目，完善常委会班子领衔联系民生实事项目督办推进制度，全程做好联系项目的跟踪督办工作；加强县镇两级人大联动，定期组织代表开展民生实事项目办理情况的调查研究和现场监督；开展民生实事项目实施情况专题视察，对进度不快、难度较大的项目进行重点跟踪；对民生实事项目重点实施部门开展专项工作评议，并进行满意度测评，一大批民生实事项目得以快速推进。围绕群众反映强烈的突出问题强化刚性巡视，对《中华人民共和国食品安全法》《中华人民共和国水污染防治法》《中华人民共和国大气污染防治法》等涉及民生的法律开展执法检查，针对突出问题进行代表现场问政和专题询问，并实行清单交办、清零整改“两清”闭环督查推进，确保问题整改逐条清零、达标见效。

四是以制度建设为保障，为汇聚人民力量“擦亮牌子”。我们按照“数字人大”建设要求，持续打造如东智慧人大“四新工程”建设品牌，形成代表发起、人大跟踪、进度展示、结果评价的监督推进新机制，健全完善以“中心—站—点”为载体的线下履职平台和以“网站—公众号—小程序—App”为矩阵的线上履职体系，推动人大代表活动在“线上线下”常态化开展，使人大公共数据资源为人大干部、政府机关、人大代表、社会公众等共享利用，将监督触角延伸到社区村居、田间地头，使人民群众参政议政有了新渠道，使人大代表听民意、聚民智、办民事有了新阵地，使“智慧人大”真正成为建设“四个机关”的新抓手、落实“两个联系”的新平台、强化“两个服务”的新窗口和服务“五级代表”的新家园，为全过程人民民主的如东实践提供了坚实保障。

今后，我们将认真贯彻落实好此次研讨会精神，吸纳先进经验和优秀做法，让基层实践更充分、更贴切地体现全过程人民民主全链条、全方位、全覆盖，最广泛、最真实、最管用的特点，转化为谋划更科学、推动更精准、举措更扎实、特色更鲜明的如东实践和成效，以实际行动迎接党的二十大胜利召开！

在全县各级人大代表“牢记嘱托、感恩奋进”学习实践暨“五加一”主题实践活动现场推进会上的讲话

陈昌龙

（2023 年 5 月 6 日）

今天召开全县各级人大代表“牢记嘱托、感恩奋进”学习实践暨“五加一”主题实践活动现

场推进会，任务非常明确，接下来的重点和关键就是如何落实。下面，我就如何抓好“双实践活动”工作落实，讲三点意见。

一、要以忠诚担当的态度抓落实

今年是全面贯彻党的二十大精神的开局之年，是持续掀起高质量发展热潮高潮、在新征程上全面推进中国式现代化如东新实践的起步之年，落实好省、市人大常委会部署要求，组织好“牢记嘱托、感恩奋进”学习实践活动，使命光荣、意义重大。近期，省、市人大相继印发了关于全省、全市人大代表“牢记嘱托、感恩奋进”学习实践活动实施方案，并召开了动员部署会。我们第一时间对上级方案和会议精神进行了学习，深刻领会省人大提出的“学思践行”工作要求，特别是聚焦“助力推动全省经济运行率先整体好转”这一重点，以及市人大提出的“八个一百”（开展百场学习研讨、形成百篇优质调研成果、推动百个项目落地、化解百个涉企难题、助推百件民生实事、评选百件优秀建议、表彰百名优秀代表、讲述百名代表故事）活动要求，在充分融合今年县委中心工作、县人大各项重点工作和创新工作的基础上，形成了以“五聚焦五争先”（聚焦向心力，开展大学习活动，在提升政治站位上争先向前；聚焦研究力，开展大调研活动，在一线联系群众上争先向前；聚焦服务力，开展大助推活动，在推动高质量发展上争先向前；聚焦创造力，开展大创新活动，在打造特色品牌上争先向前；聚焦凝聚力，开展大评比活动，在展现一流形象上争先向前）为主要内容的个性化学习实践活动实施方案。县镇两级人大及各级人大代表要统一思想，提高认识，既要充分认识到这项工作是坚定拥护“两个确立”、坚决做到“两个维护”的内在要求，是发展全过程人民民主、提升人大工作质量水平的重要举措，是激发各级人大代表奋进新征程、建功新时代的生动实践，更要认识到这项工作是一项规定性、联动性、融合性的工作，是自上而下一线贯穿、一以贯之、一体推进的工作。我县学习实践活动实施方案主要体现了“五个融入”：一是融入了习近平总书记对江苏工作的一系列重要讲话和重要指示精神，特别是在江苏代表团参加审议时提出的“四个必须”（必须完整、准确、全面贯彻新发展理念，必须更好统筹质的有效提升和量的合理增长，必须坚定不移深化改革开放、深入转变发展方式，必须以满足人民日益增长的美好生活需要为出发点和落脚点）明确要求和“四个走在前”（在科技自立自强上走在前、在构建新发展格局上走在前、在推进农业现代化上走在前、在强化基层治理和民生保障上走在前）重大任务；二是融入了全面建强人大“四个机关”、推进全过程人民民主建设的新要求、新使命；三是融入了省人大“学思践行”、市人大“八个一百”等学习实践活动要求；四是融入了县委十五届五次全会提出的推动向海发展、构建现代化产业体系、服务实体经济、助力乡村振兴、回应民生关切、促进法治如东建设等重要议题，以及县十八届人大二次会议明确的各项重要任务；五是融入了县人大常委会2023年各项重点工作，特别是融入了全县各级人大代表“践行‘双聚双高’、助力乡村振兴‘五加一’”主题实践活动，把省市的规定性学习实践活动要求和具有我县特色的个性化主题实践活动有机结合起来联动推进，作为充分发挥人大代表主体作用，推动代表更好履职的有力有效抓手。我们也应当看到，“双实践活动”中安排的各项学习、调研、代表建议、阵地建设、典型宣传等工作，都是今年年初县人大既定的相关重点工作，不是另起炉灶，也不是刻意求新，都是我们的“责任田”和“综合体”。希望大家统一思想、深刻领会，进一步吃透精神，环环相扣，抓实工作。

总之，我们要推进在这项工作中进一步增强责任感和使命感，把思想、智慧、注意力、行动力充分集中和聚焦在落实“双实践活动”的各项目标任务中，充分展现忠诚担当、奋进有为的人大干部和人大代表形象。具体要做到把准“三个势”：

一是县级人大层面要“善谋势”。“双实践活动”覆盖广泛，各级人大各个条线都有任务，县人大及各相关委室要在统筹、谋划和指导上下功夫，无论是在工作任务的布局设计上还是在推进过程中，都要充分结合今年省市县镇人大的既定任务，联动开展、形成声势、体现合力，真正做到为基层减负，切忌“两张皮”。

二是镇级人大层面要“善借势”。要以落实“双实践活动”为契机，更好策应区域中心工作，加快推动今年全县人大系统各项重点工作中既定的计划、项目、任务、清单、特色和品牌的落实。

三是代表层面要“善乘势”。全县各级人大代表（选民代表）需“乘势而为，有效履职”，要结合“双联”工作、代表议案建议办理工作等要求，在“双实践活动”中进一步加强对习近平新时代中国特色社会主义思想、党的二十大精神、习近平关于坚持和完善人民代表大会制度的重要思想等一系列重要会议、重要论述的认识，进一步提高凝聚和贡献代表智慧力量，提升助力中心工作和人大工作的履职能力，进一步发挥代表联系群众以及代表在各自专业领域内的作用，突出履职成效，展现代表风采。

二、要以时不我待的速度抓落实

如何推动“双实践活动”落地见效、拿出成果，关键就是一个“快”字。具体而言，需要大家在三个方面展现“快速度”。

一是要在谋划上展现快速度。比如在“大学习活动”工作方案中，已经明确了每个月的学习内容、学习形式、学习对象和责任单位，为此，有些工作就需要有关方面靠前谋划和统筹细化。比如今年 6 月至 9 月的几期县级、镇级人大代表履职能力提升学习班，相关责任单位从现在开始就要纳入人大整体工作进行考虑和安排，精心设计好培训的时间、地点、方式以及如何体现学习成效等。只有提前布局、靠前谋划，“双实践活动”中的各项工作才能开展得有条不紊，有序有效。

二是要在推进上展现快速度。比如“人大代表专业工作室创建”这项工作，我们要求每个镇区街道人大至少完成一个人大代表专业工作室阵地建设的打造，创建时间也已经作了明确。做好这项工作的关键是把专业课题定好，把“能人”代表选好，把活动计划排好，至于活动场所和服务设施，都可以依托各镇区街道现有的中心、站、点来进行延伸、打造和完善，有条件的，可以打造新的中心、站、点。因此，大家绝不能抱着“等指导”“看别人”的观望心态，而应当从当下就要思考起来、酝酿起来、策划起来、推进起来，围绕辖区特色产业发展、弱势群体援助、基层社会治理、乡村振兴促进等方面，精心选择和对接在专业领域有热情、有能力、有作为、有影响的人大代表或代表团队，快速拿出本镇区街道人大代表专业工作室的创建方案，并同步进行阵地打造和组织活动。

三是要在成效上展现快速度。此次开展的“双实践活动”，总方案上没有划分活动阶段，但在各个子方案中仍体现了阶段性，大致包括了启动阶段、推进阶段和成果展示阶段。这里要特别提醒大家注意，不能把成果展示阶段看成是时间安排上的最后一个阶段，不能等到万事俱备、瓜熟蒂落才开始考虑成果展示的问题，而应当要做到边谋划边梳理、边启动边总结、边推进边提炼，把成果展示融入“双实践活动”开展的全过程，不断提升工作质效。比如“五加一”主题实践活动的“三张清单”（各镇（区、街道）人大（工委）清单、各代表小组清单、各代表联系点清单），各镇区街道人大已经围绕产业兴旺、生活富裕、生态宜居、乡风文明、治理有效五个方面，报送了 431 个助力议题，分别由人大代表、代表小组、代表联系点这三个层面进行认领和助推，并且明确了助力议题、助力目标、助力措施、责任代表和时间安排等。我们对此进行了梳理，也形成了汇编，这个设计和汇编的过程其实就是一个成果展示，现在就可以进行阶段性的经验总结和提炼。当然，在“三张清单”的推进落实过程中，我们还要进行持续跟踪和总结更多的经验、亮点，持续挖掘和培育更多的案例、典型，为“大评比活动”提供源源不断的素材和事迹。

三、要以一着不让的力度抓落实

在“双实践活动”的各个方案中，我们对开展学习活动的频次和人数，调研课题成果的数量和时限、代表“一问一策”（发一问、献一策）和专业工作室的创建个数，乃至宣传活动信息、代表典型事迹的报送数量都作了明确要求。需要大家注意的是，推进“双实践活动”不仅要有数量，更要有质量；不仅要有速度，更要有力度，绝不能搞成形式主义，做成表面文章，最终要体现在深度、精度和实度上。

一是要把推进“双实践活动”的力度体现在落实的深度上。比如“大调研活动”这项工作，各委室、各镇区街道都明确了调研课题，县、镇人大还要组织好各级人大代表和选民代表开展调查研究。在推进这项工作的过程中，如何做到不浮于表面，体现深度？大家要多问几个“是不是”？比如“调研的课题是不是契合‘四个走在前’以及全县和辖区中心工作？”“调研的方式是不是体现了‘双联’工作以及全县人大‘一线工作法’的要求？”“调研收集的信息是不是具有普遍性，能够反映面上的突出问题？”“形成的调研报告是不是具有翔实的案例、数据、分析和对策，能够为党委政府决策提供参考？”……通过这样的方式，把“双实践活动”中各项活动的每个环节都做深做透，这几项工作才能够起到应有的成效。

二是要把推进“双实践活动”的力度体现在表达的精度上。比如“人大代表专业工作室创建”这项工作，锚定的是专业领域的社会关切，回应的是人民群众个性化特色化需求，发挥的是人大代表中的“能人”作用。因此，大家在创建人大代表专业工作室的过程中，就要区别于以往中心、站、点的创建工作，按照“精选代表、精选课题、精选场所”的“三精”要求，进行个性化表达。尤其是要精心指导和设计好专业代表工作室活动计划，组织好有个性、有特色、有影响的多种活动，并通过文字、照片、视频等多样化方式进行精准记录和宣传。绝不能让人大代表专业工作室“一建了之”、标牌“一揭了之”、代表“一进了之”。

三是要把推进“双实践活动”的力度体现在成果的实度上。“双实践活动”开展得是否扎实、是否到位、是否有效，最终要体现在各项成果的展示上，特别是要体现在人民群众的获得感和满意度上。比如全县人大系统“创特色、创品牌”这项工作，请大家再次围绕“双创”工作要求，充分学习和借鉴兄弟委室、镇区街道的“双创”工作方案，力求与时俱进、精准谋划、彰显品质，进一步以目标导向、民生导向和成果导向对各自方案进行完善，确保“双创”工作转化为实实在在的工作成效。同时，各镇区街道人大要围绕“双实践活动”中的各项工作，把成果展示与完成党委中心工作的目标任务结合起来、与解决人民群众“急难愁盼”的堵点难点问题结合起来、与各自特色亮点品牌的打造结合起来、与展示人大代表风采形象结合起来。县人大各条线、各委室要紧盯“双实践活动”成果，加强对各镇区街道人大推进工作的跟踪和指导，协同策划各类好典型、好做法、好经验的培育和打造工作，畅通上级媒体、县主流媒体、“数字（智慧）人大”平台等各类媒介的宣传渠道，用好评比考核等激励机制，确保“双实践活动”开展有声有色、有序有效。

开展“双实践活动”是今年全县人大系统一项重要的政治任务，我们要以当表率、做示范、走在前的果敢担当，站在一线、干在实处、争创一流，在“双实践活动”中更好引领人大事业高质量发展、人大代表高水平履职，为打造全过程人民民主如东实践新高地，加快推进中国式现代化建设如东新实践贡献人大智慧和力量！

三、研究成果

（一）国家级

2008—2023年如东县人大系统国家级研究成果一览表

作者姓名	作品名称	体裁	发表		获奖情况
			年份	刊名及期号	
吴爱琴	接受选民评议　提升履职能力	经验文章	2008	《人民代表报》11月20日三版	—
吴爱琴	民情日记“本小事大”	经验文章	2014	《人民代表报》2月20日四版	—
徐萌萌	优化代表结构把握一个“质”字	经验文章	2017	《人民代表报》7月29日 理论实践版	—
周雨霁	共谋共建“问”出清水绿岸新提升	经验文章	2020	《人民代表报》2020年7月15日	—
徐萌萌	四部闭环法　切实提升办理工作质量	经验文章	2020	《人民代表报》5月17日 理论实践版	—
徐萌萌	“互联网+”赋能　寻求人大工作新路径	经验文章	2021	《人民代表报》7月29日 理论实践版	—
徐萌萌	“三全”机制　描绘民生幸福画卷	经验文章	2021	《人民代表报》9月9日 理论实践版	—
缪慧敏 蔡冬波	民生“微实事”缩小服务“微距离”	经验文章	2021	半月谈网	—
周雨霁	在抗疫一线书写人大代表担当	实践札记	2022	《人民代表报》5月7日	—
周雨霁	人大助力区域高质量发展	实践札记	2022	《人民代表报》5月30日	—
周雨霁	打造全过程人民民主实践高地	经验文章	2022	《人民代表报》12月13日	—
施鹏飞 钱　宇	“代表书吧”助力解决“急难愁盼”	经验文章	2023	《中国县域经济报》5月2日 《人民日报》新媒体平台5月4日 人民代表网5月5日	—
邵晓蔚	从心而治　守护群众“心健康”	研究文章	2023	《人民代表报》5月25日	—
潘　亮	如东：提升代表主题实践活动实效	经验文章	2023	《中国人大年鉴》 《人民与权力》第3期	—
周雨霁 韩亚莉	如东人大：助推挖掘人口素质红利 共促人口高质量发展	经验文章	2023	全国人大网7月18日 江苏人大网7月18日	—
潘　亮	如东：领导干部人大代表将26℃温馨服务送达企业一线	经验文章	2023	中国日报中文网《交汇点》 《现代快报》《扬子晚报》《紫牛新闻》 8月4日	—
杨新明 印倩文	如东各级人大代表领办431个议题奏响乡村振兴共富曲	经验文章	2023	新华网8月5日 中国江苏网8月3日	—
潘　亮	提升调查研究能力　如东人大推动“牢记嘱托感恩奋进”实习实践活动走深走实	经验文章	2023	新华网8月7日 《南通人大发布》8月13日 南通人大网8月14日	—

续表

作者姓名	作品名称	体裁	发表		获奖情况
			年份	刊名及期号	
徐萌萌	“双创”引领聚势蓄力 助推学习实践活动“落地生花”	经验文章	2023	新华网 8 月 16 日 南通人大网 7 月 29 日 南通人大网 7 月 31 日 《紫牛新闻》8 月 16 日	—
袁嘉翊 郑寒冰	托起百姓稳稳的幸福	实践札记	2023	《人民代表报》8 月 24 日	—
许宏彬 周海楼 葛家华	绽放在福地燕川的春华秋实 ——江苏省如东县岔河镇人大 多措并举助力乡村振兴	经验文章	2023	中国网 8 月 29 日	—
许宏彬 葛家华	如东岔河镇：人大“六进”行动助力乡村振兴	经验文章	2023	中国日报中文网 8 月 29 日 《新浪财经》8 月 30 日 《新华日报》8 月 30 日	—
丛红军	如东县双甸镇人大：凝心聚力 高标准推进生态河道建设管护	经验文章	2023	新华网 9 月 6 日 《交汇点》9 月 6 日	—
潘　亮	让代表建议掷地有声 如东县人大专题询问代表重点建议办理情况	经验文章	2023	中国网 9 月 8 日 《扬子晚报》《现代快报》 《紫牛新闻》9 月 6 日	—
袁嘉翊 贾兆亮 郑寒冰	如东人大：聚焦民生清单 绘就幸福底色	实践札记	2023	中国网 9 月 8 日 新华网 8 月 28 日 江苏人大网 8 月 16 日 《江苏人大发布》8 月 28 日	—
丛红军	如东县双甸镇人大：打好三套“组合拳”，助力乡村养老服务“高质量”	经验文章	2023	新华网 9 月 14 日	—

（二）省级

2009—2023 年如东县人大系统江苏省级研究成果一览表

作者姓名	作品名称	体裁	发表		获奖情况
			年份	刊名及期号	
吴爱琴	有效的载体　服务的平台	经验文章	2009	《人民与权力》第 2 期	—
吴爱琴	“流动调解庭”：奏响和谐新乐章	经验文章	2009	《人民与权力》第 6 期	市级 三等奖
吴爱琴	代表活动创特色	经验文章	2013	《人民与权力》第 7 期	—
陈昌龙	突出三个精准，推动“万名代表小康行”	经验文章	2016	《人民与权力》第 9 期	—
高　山	把创新作为人大工作的活力之源	经验文章	2018	《人民与权力》第 5 期	—
徐萌萌	鲜活基层人大工作办法多	实践札记	2018	《人民与权力》第 5 期	—
徐萌萌	撤镇建街道后试行人大 议政员制度的如东实践	调查报告	2018	《人民与权力增刊》 总第 428 期	省级 三等奖
徐萌萌	如东人大：“三借力”筑牢代表履职新高地	经验文章	2018	《人民与权力》第 5 期	—
韩亚莉	代表问河长　生态奔小康	实践札记	2020	《人民与权力》第 1 期	—

续表

作者姓名	作品名称	体裁	发表		获奖情况
			年份	刊名及期号	
陈昌龙	坚持守正创新　切实担当作为　全力谱写人大工作新篇章	经验文章	2020	《人民与权力》第 9 期	—
邵晓蔚 韩亚莉	如东县职业教育和产业融合情况调查报告	调查报告	2020	省人大常委会征文比赛	省级三等奖
韩亚莉	让民生实事离老百姓再近一点	学习笔记	2021	《人民与权力》第 2 期	—
周雨霁 韩亚莉	聚监督之力　护生命之源	实践札记	2021	《人民与权力》第 8 期	—
韩亚莉	创新要接地气	学习笔记	2021	《人民与权力》第 9 期	—
邱玲玲 周佳慧	办好民生实事，让乡村振兴更有温度	经验文章	2021	江苏大走访 2021.11.8	—
潘　亮	如东：奋楫笃行护碧水	经验文章	2022	《人民与权力》第 3 期	—
周海军	创新履职展风采 融合助推谱新篇	经验文章	2022	省市乡镇（街道）人大负责同志培训班经验交流	—
潘　亮	制定议事操作规程为推进人大监督提供基本遵循	经验文章	2022	江苏人大网 3 月 30 日	—
钱　宇	人大代表铆定“圆心”绘好抗疫“同心圆”	实践札记	2022	《江苏学习平台》4 月 19 日	—
陈昌龙	不负新时代　为民办实事	经验文章	2022	《人民与权力》第 6 期	—
陈昌龙	胸怀全局开新局　一线有为善作为	学习笔记	2022	《人民与权力》第 7 期	—
如东县人大常委会	不负新时代展现新作为推动如东人大工作高质量发展	经验文章	2022	《新华日报》5 月 24 日	—
潘　亮	努力打造全过程人民民主“如东实践”	经验文章	2022	江苏人大网 7 月 9 日	—
陈昌龙	倾听民声　满载民意　回应民盼 推动全过程人民民主在基层落地生根	经验文章	2022	“长三角”三省一市人大工作研讨会交流 9 月 20 日	—
陈昌龙	做胸怀“国之大者”的人大工作者	研究论文	2022	《人民与权力》第 9 期	—
陈昌龙	民有所呼我必有应推动党的二十大精神在基层落地生根	学习笔记	2022	《人民与权力》第 11 期	—
周雨霁	聚焦所思所盼推动形成全过程人民民主“叠加”效应	学习笔记	2022	《江苏学习平台》12 月 18 日	—
岔河镇人大	扬文化之帆　促乡村振兴	经验文章	2023	《新华日报》2 月 1 日	—
陈昌龙	改进作风　提升效能　有力保障新时代人大工作	研究论文	2023	《人民与权力》第 3 期	—
施鹏飞 钱　宇	如东：理论政策“沉下去”民情民意“浮上来”	实践札记	2023	扬子晚报网 4 月 30 日	—
杨新民	人大代表领办议题奏响乡村振兴共富曲	实践札记	2023	《人民与权力》第 5 期	—
栟茶人大	“微实事”助力“大民生”	实践札记	2023	《新华日报》5 月 10 日	—
潘　亮	瞄准靶向 聚焦重点：如东县人大掀起“牢记嘱托、感恩奋进”学习实践活动新高潮	实践札记	2023	《人民与权力》第 5 期	—

续表

作者姓名	作品名称	体裁	发表		获奖情况
			年份	刊名及期号	
季洪健	如东河口镇人大：探索人大新征程　奋进如东新实践	经验文章	2023	江苏人大网 6 月 21 日	—
徐萌萌 夏金荣	如东人大：构建精准化学习培训体系，为代表履职蓄力赋能	经验文章	2023	江苏人大网 6 月 27 日	—
韩亚莉 邵晓蔚	如东人大：以举轻若重的责任　高度关注人口发展问题	经验文章	2023	江苏人大网 7 月 5 日	—
顾昕华 高　山	如东：立法联系点“三优三创三结合”深入践行全过程人民民主	经验文章	2023	江苏人大网 7 月 10 日 《南通人大发布》7 月 10 日	—
徐光辉	如东县丰利镇人大当好人民群众“代言人”	实践札记	2023	江苏经济网 7 月 13 日	—
高陈杰	南通外农区（苴镇街道）：扎根基层履职为民　代表助力乡村振兴	实践札记	2023	《交汇点》7 月 18 日	—
秦海健 印倩文	人大代表“半月谈”，把“关键小事”办成“暖心实事”	经验文章	2023	《交汇点》7 月 18 日 南通人大网 7 月 14 日 《南通人大发布》8 月 3 日	—
江尤飞 陈　娴 曹天仪	如东县马塘镇：深化家站点建设　提升乡镇人大工作活力	经验文章	2023	《交汇点》7 月 19 日	—
徐安琪	如东新店镇：代表走进“小网格”勾勒治理“大格局”	实践札记	2023	江苏人大网 7 月 31 日	—
县人大常委会人事代表工委	以代表工作“暖感度”换取人民群众“满意度”	经验文章	2023	《人民与权力》公众号 7 月 31 日	—
姜　红 江海燕	南通市人大代表林永清：为科技型企业“代言”为科技工作者“发声”	经验文章	2023	《江苏经济报》8 月 2 日 《南通人大发布》8 月 15 日	—
张小芳	如东经济开发区人大工委：监督营商环境提升助力产业集群发展	经验文章	2023	《交汇点》8 月 4 日 南通人大网 8 月 9 日	—
潘　亮	如东人大：提升调查研究能力，为经济社会高质量发展献计出力	经验文章	2023	《现代快报》8 月 7 日	—
袁嘉翊 郑寒冰	如东人大：全过程参与民生实事 托起百姓“稳稳的幸福”	经验文章	2023	江苏人大网 8 月 11 日	—
秦海健 印倩文	大豫镇人大：聚力打造人大基层单元 助推高质量发展“新名片”	经验文章	2023	《交汇点》8 月 14 日 南通人大网 8 月 9 日	—
季登华	如东县城中街道：回应群众关切 化解物管难题	经验文章	2023	中国江苏网 8 月 14 日 《新江苏》8 月 14 日	—
王张弛	如东县掘港街道人大工委：聚焦民生清单　绘就幸福底色	经验文章	2023	《交汇点》8 月 15 日	—
黄　建	如东县曹埠镇：“小窑潭”焕发“新风景”	实践札记	2023	《交汇点》8 月 16 日	—
潘　亮	南通如东：26℃温馨服务让高质量发展有“力度”更有“温度”	经验文章	2023	《学习强国》8 月 16 日	—

续表

作者姓名	作品名称	体裁	发表		获奖情况
			年份	刊名及期号	
戴海慧	如东掘港街道和美代表工作室：聚民生善事　树和美品牌	实践札记	2023	《交汇点》8月17日	—
顾周卫	如东县长沙镇人大：监督擦亮生态底色　助力绘就幸福图景	经验文章	2023	《交汇点》8月18日	—
顾周卫	代表暖童心 关爱伴成长——如东人大专业代表工作室“双室联动”开展陪伴共读活动	经验文章	2023	《交汇点》8月18日 南通人大网8月16日	—
陈　娴 曹天仪	如东县马塘镇人大文化园：“小阵地”释放“大能量”	实践札记	2023	《交汇点》8月19日	—
顾周卫	如东长沙镇：“面对面询问”彰显人大监督刚性	经验文章	2023	《交汇点》8月18日	—
王张弛	如东掘港街道选民代表管文山：向光而行，做自己的追光者	实践札记	2023	《交汇点》8月21日	—
曹　涵	如东县曹埠镇“兴农”人大代表专业工作室：树兴农名片　助乡村振兴	实践札记	2023	《交汇点》8月22日	—
曹　涵	如东县曹埠镇人大：强化保障推动“三张清单”精细化	实践札记	2023	《交汇点》8月22日	—
蔡冬波	加强人大监督、筑牢法治根基	研究文章	2023	《江苏法治报》8月23日	—
缪姗姗	南通市人大代表王咸华：扛起使命担当奏响奋进旋律	实践札记	2023	《交汇点》8月23日	—
严希希	如东县洋口镇：人大代表展担当，水环境治理显成效	实践札记	2023	南通人大网7月26日 《交汇点》8月24日	—
赵陈城 赵肖桢	如东县河口镇人大：发挥代表作用　助力乡村振兴	实践札记	2023	《交汇点》8月24日	—
赵陈城 范俊仪	如东县河口镇：“烦心路”变为“满意路”	实践札记	2023	《交汇点》8月24日	—
曹　涵	如东县曹埠镇人大：建章立制，推动代表履职常态化	经验文章	2023	《交汇点》8月24日	—
秦海健	如东大豫镇人大：聚力打造人大基层单元 助推高质量发展“新名片”	经验文章	2023	《江苏人大》8月16日 江苏经济网9月5日	—
袁嘉翊	如东人大：搭建履职大舞台 展现人大新作为	经验文章	2023	江苏人大网8月21日 《江苏人大发布》9月6日	—
邱玲玲 高陈杰	合作社串起致富果	实践札记	2023	《江苏经济报》8月24日	—
高陈杰	南通外农区人大：静听民声，大美外农	实践札记	2023	《交汇点》8月30日	—
严希希 江海燕	如东洋口：人大代表展担当，水环境治理显成效	经验文章	2023	江苏经济网8月31日	—
徐光辉 江海燕	如东丰利镇人大：汇聚代表力量 在强链补链延链上展现新作为	经验文章	2023	江苏经济网8月31日	—
徐光辉 江海燕	如东县丰利镇人大：全方位打造全过程人民民主的基层实践高地	经验文章	2023	江苏经济网9月4日	—

续表

作者姓名	作品名称	体裁	发表		获奖情况
			年份	刊名及期号	
蔡冬波	如东栟茶镇人大：让低凹地变成“聚宝盆”	经验文章	2023	《交汇点》9月4日 江苏人大网9月6日	—
徐超贤	如东城中街道：代表上门畅通民意渠道，部门“进站”解决急难愁盼	经验文章	2023	《交汇点》9月5日 《新江苏》9月8日 中国江苏网9月8日	—
顾昕华	如东人大：创新“三个载体”提升司法监督质效	经验文章	2023	江苏人大网9月5日	—
赵陈城 赵肖桢	人大代表主动作为助推中天科技HTS526项目建设跑出加速度	经验文章	2023	《交汇点》9月7日	—
赵陈城 范俊仪	如东县河口镇人大：用“迹”效思维提升人大工作成效	经验文章	2023	《交汇点》9月7日	—
陈丽云	如东县双甸镇人大：发挥专业特长 聚焦和谐稳定	经验文章	2023	《交汇点》9月11日	—
陆金标 徐萌萌	如东人大:“一二三四”工作法 筑牢代表工作基石	经验文章	2023	江苏人大网9月12日	—
康玲华	如东县袁庄镇人大：为留守儿童全面发展撑起一片天	调研报告	2023	《交汇点》9月12日	—
秦海健	如东县大豫镇人大代表助学子逐梦	经验文章	2023	江苏经济网9月12日	—
石海兵 顾艳	以评促改，共建和美乡村	经验文章	2023	《人民与权力》9月15日	—
秦海健	如东县大豫镇：在助力产业振兴征程上书写人大答卷	经验文章	2023	江苏经济网9月19日	—
严希希 江海燕	如东县洋口镇：持续推进“三个三”工作，打通民意处理“大循环”	经验文章	2023	江苏经济网9月20日	—
徐光辉 江海燕	如东县丰利镇：发挥人大代表作用，用好“积分制+”搭建乡村治理新路径	经验文章	2023	江苏经济网9月21日	—
如东经济开发区	唐亚卓：在减速器赛道跑出“加速度”	实践札记	2023	中国江苏网9月22日	—
蔡冬波	南通如东：人大暖心相伴 打造“舌尖上”的幸福晚年	经验文章	2023	《学习强国》9月23日	—

（三）市级

2008—2023年如东县人大系统南通市级研究成果一览表

作者姓名	作品名称	体裁	发表		获奖情况
			年份	刊名及期号	
张海荣	民生成为如东人大监督的“主题词”	经验文章	2008	《南通人大》第4期	—
顾建国 张海荣	新起点 新媒划——如东人大常委会组成人员纵论普法	研究札记	2008	《南通人大》第5期	—

续表

作者姓名	作品名称	体裁	发表		获奖情况
			年份	刊名及期号	
张海荣 朱德军	如东人大邀请普通群众旁听常委会热点话题	实践札记	2008	《南通人大》第 7 期	—
吴春华 张海荣	创新评议工作　让监督更具实效	实践札记	2008	《南通人大》第 7 期	—
赵美祥 杨祝兰 李海兵	如东县人大为发展高效农业规模化“把脉开方”	经验文章	2008	《南通人大》第 8 期	—
张桂英	在实践中完善和发展人民代表大会制度	经验文章	2008	《南通人大》第 9 期	—
顾建国	做好规范性文件备案审查的几点思考	研究论文	2009	《南通人大》第 2 期	—
张桂英	发挥人大职能作用　努力推进科学发展	经验文章	2009	《南通人大》第 5 期	—
朱林军	如东法院代表联络工作坚持“五项机制”和“六字方针”	经验文章	2009	《南通人大》第 5 期	—
樊重念 朱德军	密切联系人民群众的新实践	实践札记	2009	《南通人大》第 6 期	—
周丛泉	为了城市明天更美好	实践札记	2009	《南通人大》第 8 期	—
吴春华 张海荣	“一号议案”见证人民的力量	实践札记	2009	《南通人大》第 9 期	—
周丛泉	携手共建和谐小区	实践札记	2009	《南通人大》第 11 期	—
徐　健	关于做好代表培训工作的几点思考	研究论文	2009	《南通人大》第 3 期	—
樊重念 朱德军	关于进一步完善代表联系选民接待日制度的思考	研究论文	2010	《南通人大》第 3 期	—
卜其银	咬定青山不放松——如东县人大常委会连续关注民生纪实	实践札记	2010	《南通人大》第 5 期	—
单国锋	创新代表培训形式　提高代表履职能力	经验文章	2010	《南通人大》第 11 期	—
吴爱琴	掘港镇人大开办“人大代表讲坛”效果好	经验文章	2010	《南通人大》第 11 期	—
卜其银 单国锋	强化执法检查　推动科学发展	经验文章	2011	《南通人大》第 5 期	—
吴爱琴 周　霞	镇领导班子工作如何　人大代表来评说	经验文章	2011	《南通人大》第 10 期	—
单国锋	询问规划大计　奏响监督强音	实践札记	2012	《南通人大》第 6 期	—
李海兵 高　山	固农水之基　谋民生之利	实践札记	2012	《南通人大》第 7 期	—
周丛泉	助推老旧小区改造　共享城市发展成果	实践札记	2012	《南通人大》第 11 期	—
高　山	加强阵地建设　激发代表活力	经验文章	2013	《南通人大》第 5、6 期	—
吴爱琴	坚持“三求三效应”代表活动创特色	经验文章	2013	《南通人大》第 10 期	—
掘港镇人大	坚持在传承中创新 代表活动有效开展	经验文章	2013	《南通市乡镇（街道）人大工作培训班材料汇编》	—

续表

作者姓名	作品名称	体裁	发表		获奖情况
			年份	刊名及期号	
朱德军	回选区、见选民、听意见、解民忧	实践札记	2014	《南通人大》第 5 期	—
高　山	如东人大主任会议“三转变”提升会议质效	经验文章	2014	《南通人大》第 8 期	—
朱德军	以专项工作评议积极回应社会关切	实践札记	2014	《南通人大》第 10 期	—
朱德军	人大评议催生农林工作新状态新作为	实践札记	2014	《南通人大》第 11 期	—
徐萌萌	人大监督工作“四部曲”	经验文章	2015	《南通人大》第 1、2 期	—
韩亚莉 邵晓蔚	人大代表“亮剑”项目建设	实践札记	2015	《南通人大》第 1、2 期	—
潘　亮	十八届四中全会对做好县级人大监督工作的四点要求	学习笔记	2015	《南通人大》第 3 期	—
高　山	“评”出来的满意答卷	实践札记	2016	《南通人大》第 1、2 期	—
高　山	融入互联网，人大工作思维应实现“三种转变”	经验文章	2016	《南通人大》第 4 期	—
陈昌龙	以“四个坚持”统揽人大工作	经验文章	2017	《南通人大》第 2、3 期	—
潘　亮	为了人民群众舌尖上的安全	实践札记	2017	《南通人大》第 6 期	—
韩亚莉	浅议人大代表在推进依法治国中的作用	研究文章	2017	《南通人大》第 6 期	—
高　山	健全“四个机制”　增强代表主题活动实效	经验文章	2017	《南通人大》第 9 期	—
韩亚莉 邵晓蔚	以创新书写基层人大工作精彩答卷	实践札记	2017	《南通人大》第 10 期	—
陈昌龙	打造“四个人大”以十九大精神推动人大工作再上新台阶	经验文章	2018	《南通人大》第 3 期	—
韩亚莉	人大监督也是“生产力”之如东实践	实践札记	2018	《南通人大》第 4 期	—
邵晓蔚	如何对待代表意见建议办理中的“不满意”	研究文章	2019	《南通人大》第 1 期	—
韩亚莉 吴爱琴	选聘人大议政员　人大助推基层民主政治发展的新探索	调研报告	2019	《南通人大》第 2 期	—
邵晓蔚	我与选民来唠嗑	实践札记	2019	《南通人大》第 2 期	—
徐萌萌	构建多方位网络　为代表履职赋能	实践札记	2019	《南通人大》第 2 期	—
陈昌龙	以扎实有效的新作为推动“四个人大”建设再上新台阶	经验文章	2019	《南通人大》第 4 期	—
韩亚莉	开启以“清水绿岸”为主旋律的精彩“四重奏”	实践札记	2019	《南通人大》第 5 期	—
陈昌龙	坚持守正创新 切实担当作为　全力谱写人大工作新篇章	经验文章	2020	《南通人大》第 2 期	—
韩亚莉	聚焦民生民本　文明之花别样红	实践札记	2020	《南通人大》第 4 期	—
徐萌萌	四步闭环法 提升建议办理工作质量	实践札记	2020	《南通人大》第 5 期	—
掘港街道人大工委	以“三个融合”为抓手 深化推进选民代表议政制度	经验文章	2020	《全市街道建立选民代表议政制度工作交流会材料汇编》	—
陈昌龙	紧扣“三力”　为推进县城治理现代化贡献人大力量	经验文章	2021	《南通人大》第 3 期	—

续表

作者姓名	作品名称	体裁	发表		获奖情况
			年份	刊名及期号	
周佳慧 邱玲玲	人大代表下沉一线“问诊”清水绿岸	经验文章	2021	《南通人大》第 4 期	—
徐萌萌	以“互联网 +”赋能人大履职实践	实践札记	2021	《南通人大》第 5 期	—
陈昌龙	守正创新　全面加强人大“四个机关”建设	经验文章	2021	《南通人大》第 6 期	—
周佳慧	强国复兴有我在　人大代表担使命	体会文章	2022	南通人大网 3 月 10 日	—
潘　亮	在家门口投上神圣一票	实践札记	2022	《南通人大》第 1 期	—
徐萌萌	“智慧人大”助力“智汇”民声	实践札记	2022	《南通人大》第 2 期	—
陈昌龙	扛起使命担当　不断探索实践	学习笔记	2022	《南通人大》第 3 期	—
宋彦儒	携手抗疫彰显人大担当　共促发展助力乡村振兴	经验文章	2022	《南通人大》第 4 期	—
徐萌萌	让云端成为代表主题实践活动新引擎	研究文章	2022	《南通人大》第 4 期	—
宋彦儒	马塘镇人大代表情系民生　“烂民路”变“惠民路”	经验文章	2022	《南通人大》第 5 期	—
陈昌龙	踔厉奋发抓落实　积淀而上争一流	经验文章	2022	《南通人大》第 6 期	—
潘　亮	坚决守好村集体的钱袋子——如东县人大常委会开展〈江苏省农村集体资产管理条例〉执法检查侧记	实践札记	2022	南通人大网 9 月 23 日	—
潘　亮	助力打赢碧水保卫战：如东县人大常委会开展水环境整治专题询问	经验文章	2022	南通人大网 10 月 8 日	—
如东人大	如东人大：做实“两官”履职评议　增强接受监督自觉	经验文章	2023	南通人大网 10 月 17 日	—
长沙镇人大	如东县长沙镇：以数字赋能，推动人大助力乡村振兴活动提质增效	经验文章	2023	南通人大网 1 月 12 日	—
开发区人大	如东经济开发区人大工委：用好“定”“看”“听”“评”四招，助力“水质达标”重点工程推进	经验文章	2023	南通人大网 9 月 23 日	—
许宏彬 周海楼	鸢时三站实践早 代表履职赋新能——如东县岔河镇各代表联系站开展主题实践活动	实践札记	2023	南通人大网 4 月 6 日	—
丰利镇人大	依法监督促实效，民主评议促发展——如东丰利镇人大组织开展农业农村专项评议	实践札记	2023	《南通人大发布》 5 月 6 日	—
顾昕华	如东:“五项举措”不断提升人大司法监督质效	经验文章	2023	《南通人大》第 9 期	—
徐萌萌	聚焦“三力”以高质量调查研究推动代表建议办理工作提质增效	经验文章	2023	南通人大网 6 月 2 日	—
周雨霁	“振兴路上”化解群众“心头事”——如东县领导干部人大代表“接待代表日暨代表联系选民日”活动纪实	实践札记	2023	南通人大网 7 月 27 日	—
潘　亮	如东人大：领导干部人大代表将 26℃温馨服务送达企业一线	实践札记	2023	南通人大网 6 月 19 日	—
江尤飞 曹天仪	陈琳：从“心”出发 让马塘发展一路生花	实践札记	2023	《南通人大发布》 7 月 11 日	—
韩亚莉 邵晓蔚	高质量办理代表建议　助力文化盛宴更加惠民——如东县人大常委会督办文化旅游类建议意见	经验文章	2023	《南通人大发布》 7 月 12 日	—

续表

作者姓名	作品名称	体裁	发表		获奖情况
			年份	刊名及期号	
季洪建 赵陈城	如东河口镇人大：探索人大新征程 奋进如东新实践	经验文章	2023	《南通人大发布》 8 月 6 日 南通人大网 8 月 7 日	—
顾周卫	长沙镇人大：监督擦亮生态底色　助力绘就“三美一高”新画卷	经验文章	2023	南通人大网 8 月 14 日	—
康　玲	袁庄镇：紧扣中心助发展　多维度推动人大工作	经验文章	2023	南通人大网 8 月 14 日	—
蔡冬波	如东县栟茶镇人大：踔厉奋发，奋力谱写人大工作新华章	经验文章	2023	南通人大网 8 月 22 日	—

编后记

2022年11月，县人大常委会党组作出编写《如东县人大志（2008—2023）》的决定，随即由党组书记、主任陈昌龙向县委主要领导作了报告，并得到县委、县政府高度重视。12月1日，县人大常委会召开《如东县人大志（2008—2023）》编纂工作会议，正式启动志书编纂。陈昌龙亲自到会动员。会上，成立《如东县人大志（2008—2023）》编纂委员会、编纂办公室、编纂班子（下设“资料组”“编纂组”“协调组”）。由于本次人大志为续修，且为如东人大志史上“三连修”，从县人大常委会领导到全体人大工作者，形成党组领导、县镇联动、全员参与、专家修志的良好局面。全体人大工作者和修志人员，认真贯彻实事求是、秉笔直书、详略得当的原则，彰显地方特色，体现时代特征。力求思想性、科学性、资料性相统一。从篇目创新、体例完备、布局合理、内容翔实、表述精准等方面入手，为打造全新《如东县人大志（2008—2023）》的续修工作开了个好头。

2022年12月2日，《如东县人大志（2008—2023）》召开编纂办公室、资料组、编纂组、协调组人员会议。会议讨论通过由总纂提出《如东县人大志（2008—2023）》篇目方案和“凡例”“行文通则”草案；就如何续修人大志做了业务辅导；根据人大志编纂实际，即视工作量大小和重轻难易及专业特长，做出合理分工。虞建宣在全体编纂者、资料员配合下，负责统稿、总纂，以及“篇目设计”“凡例”“行文通则”等部类的撰写；沈伯华在材料员朱雨军配合下，负责“序”“总述”“组织建设”“编后记”和“彩页”等部类的撰写；顾久芬在材料员李明飞配合下，负责“大事记”“县人民代表大会代表”和“县人民代表大会”等部类的撰写；管霖在材料员唐李红配合下，负责“县人民代表大会常务委员会”“特色工作”“镇（区、街道）人民代表大会”等部类的撰写；冯万富在材料员於崇铭配合下，负责“代表工作”、“人物·荣誉”和“丛录”等部类的撰写。统稿、总纂采用“流水作业法”，编纂人员完成一个部类，总纂统审一个部类，主编、副主编审定一个部类。

2022年12月12日，县人大常委会召开专题会议进行动员会部署。会议由党组书记、主任陈昌龙主持，总纂对《如东县人大志（2008—2023）》镇（区、街道）人民代表大会部类资料收集和志稿承编工作作了动员部署和业务辅导。

2023年1月29日，启动编纂班子第一次工作例会。此后，根据编纂工作实际召开工作例会12次。每次例会均设置“交流互动”“总结讲评”“学习辅导”“落实任务”“明确要求”5个议程和环节。2月20日，在栟茶镇、掘港街道部类试点的基础上，召开试写稿讲评会。会议肯定试写稿优长、指出不足，并提出修改意见。为保证试写稿符合镇（区、街道）人大工作实际和志体要求，编纂人员于3月7日到栟茶镇实地指导试写稿修改和完善工作。其间，下沉镇（区、街道）指导编纂工作6次。在“镇（区、街道）”两个类型试点单位试写稿基本符合要求后，编纂办公室于3月23日召集各镇（区、街道）人大秘书会议。会上，两个试点单位介绍试点工作做法和体会，全面部署镇（区、街道）人民代表大会部类的编写任务，要求按时间节点倒轧进度，确保编纂任务按时保质完成。

《如东县人大志（2008—2023）》篇目，根据“事以类聚，类为一志；门类齐全，不缺要项；分类合理，归属得当；排列科学，先后有序；特色鲜明，个性彰显”的原则制定。编纂人员和资料收集人员以高度的责任感、使命感和严谨科学的态度，以时不我待、只争朝夕的精神，在保持志书体例的基础上再创新，按照高标准、严要求，力争编纂出经得起历史检验、能够彰显如东人大工作特色、具有较高存史、育人、资政价值的精品志书。资料组同志认真查阅案卷、搜集资料。编纂组同志认真做好各部类编纂撰稿。在克服诸多编写志稿、征求意见、修改完善等困难方面，做了大量艰苦细致的工作。协调组同志适时召开分组会商会，及时调整解决续修工作中遇到的问题。在续修过程中，各小组明确责任，咬定目标，突出重点，确保入编资料的全面性、客观性和系统性。至4月，各章（部类）初具雏形。5月31日，全志初稿合成。6月底，完成以记述内容是否完整为审定目标的初审。7月，完成以史实是否准确为审定重点的复审。8—9月，全面进入以篇目设计是否彰显如东人大工作特色为审定主攻方向的终审阶段。10—12月，进入方志出版社出版。在稿件“三审”期间，为抢时间、争速度、保质量，县人大常委会领导和“三审”评委做到了“边审边改”“审深审透”，编纂人员做到了“边整边改”“审改同步”。最终在短短1年时间内完成《如东县人大志（2008—2023）》编纂出版发行。

《如东县人大志（2008—2023）》坚持以习近平新时代中国特色社会主义思想为指导，坚持辩证唯物主义和历史唯物主义的立场、观点和方法，全面、系统、客观记述如东县人大及其常委会在中共如东县委领导下，紧扣中心，关注民生，创新发展，务求实效，认真履行宪法和法律赋予的各项职责的历程，真实地记录如东县人民代表大会历史和现状。部分内容上溯至2007年12月，下断至2023年9月。内容记述上做到以人大工作为主线，以事实为依据，以志体为准绳，力求做到观点正确、资料翔实、结构合理、文风端正、印制精美，真正融思想性、科学性、资料性和客观性于一体。在符合规范的基础上力图创新。

《如东县人大志（2008—2023）》编修过程中，自始至终在县人大常委会及其党组直接领导下，在人大常委会全体新老领导和工作人员大力支持下，他们或热心出谋划策，或协助查找资料，或参与审稿校对，或不厌其烦修改志稿，倾注了大量心血。南通市人大常委会、中共如东县委办公室、如东县人民政府办公室、如东县纪律检查委员会（县监察委员会）、中共如东县委组织部、中共如东县委宣传部、如东县人民法院、如东县人民检察院、如东融媒体中心、中共如东县党史办公室、如东县档案局（馆）、各镇（区、街道）人大等机关和部门均给予了大力支持和帮助。相关单位、镇（区、街道）和摄影界专家提供了精美的照片资料。本书编写过程中，还得到社会各界的关心支持和帮助。谨向上述单位和个人致以诚挚的感谢！

本书在编写中参考《如东县志》《南通市志》等公开出版的史志书籍，注意吸收其史料精华和编修经验，力求通过努力，使本书能够达到与历史发展、认识水平、研究成果、群众需求相符合的新层次。囿于编修水平，加之资料尚不够系统完整，书中不足之处在所难免，敬请专家同行和广大读者不吝指正，以便我们适当时机再版时订正、充实和完善。

编　者

2023年9月